# Südosteuropa

Kiew

Lemberg

GALIZIEN

Bartfeld
Karschau
KARPATHENUKRAINE
Munkatsch
Tschernowitz
Dnjester

BUKOWINA
Sereth
BESSARABIEN
Kischinew
Odessa

Sathmar
SATHMAR
Bistritz
Klausenburg
Pruth

SIEBENBÜRGEN
Schässburg

RUMÄNIEN
Marosch
Kronstadt
Hermannstadt
BURZENLAND
KÖNIGSBODEN

Temeschburg
BANAT
Werschetz
Pantschowa
BUKAREST
DOBRUDSCHA

SCHWARZES MEER

BELGRAD
Donau

SOFIA
BULGARIEN

Robert Rohr

UNSER
KLINGENDES
ERBE

ROBERT ROHR

# UNSER KLINGENDES ERBE

Beiträge zur Musikgeschichte
der Deutschen und ihrer Nachbarn
in und aus Südosteuropa
unter besonderer Berücksichtigung
der Donauschwaben
Von den Anfängen bis 1918

VERLAG PASSAVIA PASSAU

Meinen Eltern
und meinem Bruder Rudolf
zum Gedenken

© 1988
Printed in Germany
Veröffentlicht von der Forschungsstelle Musik
der Landsmannschaft der Donauschwaben in Bayern e.V.
Gesamtherstellung: Passavia Druckerei GmbH Passau
Verlag Passavia Passau
Typographie: Helmut Jerney, Max Reinhart, Passau
ISBN 3-87616-134-7

*Zuerst in stillen Räumen entsprungen*
*Das Lied erklingt von Ort zu Ort;*
*Wie es in Geist und Seel erklungen*
*So hallt's nach allen Seiten fort.*

Weimar
May. 1825.
                                    Goethe

Felix Mendelssohn-Bartholdy
musizierte am 20. Mai 1825 im Hause Goethes.
Aufgeführt wurde sein „Drittes Quartett für Fortepiano, Violine,
Viola und Violoncell", das er dem Dichter gewidmet hat.
Goethes Zeilen könnten aus diesem Anlaß entstanden sein.

*Das Original der Handschrift*
*befindet sich im Besitz des Goethe-Museums*
*Anton-und-Katharina-Kippenberg-Stiftung,*
*Düsseldorf.*

# VORWORT

Die Geschichte und das Schicksal der deutschen Siedler in ost- und südosteuropäischen Ländern gehören jenen Bereichen historischer Forschung an, die nur selten gestreift, aber kaum in ihrer vollen Konsequenz aufgearbeitet werden. Seit dem Mittelalter, als die Gottscheer aus ihrer kärntnerisch-osttiroler Heimat in Krain angesiedelt wurden, über die im Zuge der Gegenreformation aus dem süddeutschen Raum nach Siebenbürgen „verbrachten" Lutherischen, über die nach den Türkenkriegen in den bevölkerungsarmen Gebieten um die mittlere Donau angesiedelten „Donauschwaben", über die von der Zarin Katharina der Großen im binnendeutschen Raum angeworbenen „wolgadeutschen" Bauern ... bis zu den Deutsch-Mokranern, die im Jahr 1775 aus dem Salzkammergut in die Karpato-Ukraine wanderten, um dort als Holzfäller sich eine neue Existenz aufzubauen: über fünf Jahrhunderte hinweg ist die deutsche und die Geschichte der slawischen, madjarischen und romanischen Völker des genannten Raumes durch die friedliche Koexistenz unterschiedlicher ethnischer Gruppen geprägt worden. Erst das Aufkommen des Nationalismus im 20. Jahrhundert hat diese Situation verändert: Zum Schaden aller Beteiligten, wie heute zweifelsfrei feststeht.

Forschungs-Institute – wie das „Johannes Künzig-Institut für ostdeutsche Volkskunde" in Freiburg im Breisgau – und wissenschaftliche Sozietäten – wie die Ost- und Südosteuropagesellschaften, die Johann-Gottfried-Herder-Forschungsstelle für Musikgeschichte oder die Kommission für ostdeutsche Volkskunde in der Deutschen Gesellschaft für Volkskunde – bemühen sich um Dokumentation, Erforschung und Publikation einschlägiger Materialien. Doch muß leider gesagt werden, daß deutsche Sprachinselforschung heute nicht in Mode ist, ja, daß sie sogar dem einen oder anderen nicht opportun erscheint. Von dem schweren Schicksal der Umsiedler und Heimatvertriebenen im Gefolge des Zweiten Weltkrieges spricht kaum jemand. Auf eine erste Zusammenfassung der musikhistorisch wichtigen Quellen und Sammlungen von Walter Salmen (Das Erbe des ostdeutschen Volksgesanges, Würzburg 1956 = Marburger Ostforschungen, Band 6) folgen zwar einzelne Untersuchungen in den „Musik des Ostens"-Bänden und im „Jahrbuch für ostdeutsche Volkskunde", jedoch stehen großangelegte Forschungsprojekte aus.

Seit mehreren Jahrzehnten beschäftigt sich Robert Rohr mit der Musikgeschichte der Donauschwaben. Ihm verdanken wir eine Fülle größerer und kleinerer Aufsätze in Fachpublikationen und in den Zeitschriften der Landsmannschaften. Er hat damit einerseits die Forschung bereichert, andererseits das Bewußtsein um die kulturellen Werte seiner Volksgruppe wach gehalten. Musikgeschichte verstand und versteht er dabei stets als die Gesamtheit der musikalisch-kulturellen Äußerungen, vom mündlich tradierten Lied bis zur Kirchenmusik, von der bäuerlichen Blaskapelle bis zur Rezeption der Musik großer Meister – voran Wolfgang Amadeus Mozart und Richard Wagner – im südosteuropäisch-deutschsprachigen Raum. Und auch die Instrumentenbauer, das Musik- und Sprechtheater, die Querverbindungen zu den Nachbarvölkern und zu den Zigeunern, die Reisen einheimischer Ensembles bis in die Vereinigten Staaten von Amerika mit ihren Erfolgen und Schallplatteneinspielungen dort fehlen nicht.

Dies alles hat nun Robert Rohr im vorliegenden Buch zusammengefaßt. Es ist damit ein Kompendium donauschwäbischen Musiklebens und Musikgeschehens entstanden, das genau bis in jenes Jahr heraufreicht, in dem die Donaumonarchie ihr Ende fand.

So wird ein wichtiger Bereich donauschwäbischer Kultur dank der Untersuchungen von Robert Rohr und vor allem dank dieser Veröffentlichung eine gerechte Beurteilung erfahren können.

O. PROF. DR. WOLFGANG SUPPAN
Vorstand des Instituts für Musikethnologie
an der Hochschule für Musik
und Darstellende Kunst in Graz

# ZUM GELEIT

Seit vielen Jahren zieht uns Robert Rohrs unwiderstehliche Begeisterung in einen Interessenkreis, der dem sonst so geistig regen Banat sonderbarerweise fernzuliegen schien, obgleich gerade hierin so viel geschehen ist: das weite, vielverzweigte Feld der Musik und musikalischen Betätigung im Lande selbst, ferner die weltweiten Ströme und fruchtbaren Wechselbeziehungen, die uns ein bisher unbekanntes Bild gesellschaftlicher Kultur erschließen – dies hat uns Robert Rohr mit Liebe, Ausdauer, Umsicht und wissenschaftlicher Präzision erschlossen. Sein Werk hat so viele und gute Ergebnisse gezeigt, daß es so bald durch kein anderes zu ersetzen sein wird. Er hat demnach Dauerndes und Bleibendes hervorgebracht. Und damit steht er fest und gut in der Tradition seiner Heimat. Ihre Grundlage ist wohl in der natürlichen Musikalität unseres Volksstammes zu suchen, die sich bei allen weltlichen und kirchlichen Anlässen im Jahreslauf manifestierte. Aus ihrem Erdreich gingen überraschend viele musikalische Talente und Begabungen hervor.

Werschetz gewann frühzeitig eine Art kultureller Vorrangstellung im südlichen Banat. Im Jahre 1783 schrieb der k.k. Hofrat Heinrich Gottfried Bret(t)schneider an Friedrich Nicolai in Berlin: „Hier in Werschetz ist Konzert und Ball, in Temeswar Schauspiel". Dies möge als ein authentischer Hinweis auf das eben aufblühende Gesellschaftsleben des neu angewurzelten Bürgertums gelten, das die Türkengefahr noch aus der Nähe wahrnehmen konnte, wo der Dichter Joachim Hödl 1792 in seiner „Werschetzer Muse" das verflossene Kriegsgeschehen um Belgrad in lateinischen Versen schilderte. Dieses selbstbewußte Bürgertum verstand es durch das ganze 19. Jahrhundert, seine politischen und kulturellen Anliegen beispielhaft zu verteidigen. Wir heben bloß zwei Persönlichkeiten unserer Zeit hervor, die aus der Werschetzer Tradition emporstiegen: Felix Milleker, der Kustos des Städtischen Museums und Verfasser grundlegender historischer und kulturpolitischer Schriften, beschloß sein langes Arbeitsleben in Werschetz, während Franz Herzog-Herczeg seine Heimatstadt verließ, um als ungarischer Schriftsteller von Namen und Rang in Budapest sein Lebenswerk zu vollenden. In Werschetz, im Zentrum auch des Südbanater Katholizismus, bekleideten dort namhafte Priester ihr Amt, von denen wir zwei in Erinnerung rufen möchten – in theresianischer Zeit Paul Brankowitsch, der Neffe des Bischofs Stanislawich, und nach 1848/49 Joseph Nowak, den Verfasser der Bogaroscher Schwabenpetition an den Kaiser.

In solchem kulturellen Erbe beheimatet und aus ihm hervorgegangen ist schließlich Robert Rohr, dessen Beitrag zum vielgestaltigen donauschwäbischen geistigen Mosaik im vorliegenden Buch versammelt ist.

Als eine bemerkenswerte Episode aus Robert Rohrs Jugendjahren mag unsere Begegnung Geltung besitzen. Er war zeitweilig in Werschetz mein Schüler, dann als Junglehrer mein Kollege in Weißkirchen. Nach dem verlorenen Krieg fand der Schwerverwundete in Soldatenuniform unsere Flüchtlingslager im Bayerischen Wald, wo er in fürsorglicher Pflege dem zivilen Leben in Deutschland wieder entgegengebracht werden konnte. Seit Jahrzehnten verbindet uns ein gemeinsam erlebtes Flüchtlingslos, das gleiche Berufsethos und das nämliche kulturelle Streben im Dienste unseres Volksstammes.

Robert Rohrs immer bereiter Einsatz und sein erfolgreiches Tun und Wirken befestigte seinen Standort im Felde der kulturschaffenden Landsleute immer mehr. Heute blicken wir erfreut und dankbar auf sein unverwesliches Werk, das in unendlich vielgestaltiger Weise das musikalische Geschehen bei den Donauschwaben in ein Gesamtbild der Deutschen schlechthin einordnet, um es in allen seinen Erscheinungsformen auch für künftige Generationen lebendig zu erhalten.

*Hans Diplich*

HANS DIPLICH
Oberstudienrat i. R.

# EINIGE GRUNDGEDANKEN

Die Bewältigung des hier zur Aufarbeitung gewählten Themas durch einen einzelnen stellt hohe Anforderungen und bedeutet zugleich ein Wagnis.

Allein der angesprochene Zeitraum – von den Anfängen bis 1918 – zwingt, nicht die heutigen, sondern die damaligen geographischen, politischen und gesellschaftlichen Gegebenheiten vor Augen zu haben. Diese unterlagen jedoch häufigen Veränderungen und waren oft derart komplex, daß sie noch einiger Erläuterungen bedürfen.

Schon beim Lesen der ersten Personen- und Ortsnamen wird deutlich, daß das Musikgeschehen in einem europäischen Teilbereich betrachtet werden soll, welcher sich aus einem bunten Völkergemisch zusammensetzte. Wie im übrigen Alltag dieser Menschen, so hatte auch in ihrer kulturellen Entfaltung das zwangsläufige Miteinander im engen Zusammenleben überwogen. Das macht erforderlich, nicht nur die musikalischen Beiträge der Deutschen, sondern auch diejenigen ihrer andersnationalen Nachbarn aufzuzeigen. Wer seinerzeit, wo und in welcher Form auch immer, aktiv oder passiv am Musikleben im östlichen Teil der damaligen kulturellen Großlandschaft Österreich–Ungarn teilgenommen hatte, hatte dies wie selbstverständlich im Geiste der Völkerverständigung getan.

Möglicherweise war im Zeitraum dieser Berichterstattung das Behindertenproblem nicht so aktuell wie heute. Dennoch kann an einigen Beispielen aufgezeigt werden, daß die Musik beispielsweise für Blinde eine hervorragende Brücke zur Integration in die Gesellschaft und zum Gefühl der Vollwertigkeit dargestellt hatte.

Die Musik gehört zu denjenigen Künsten, welche an staatlichen Grenzen nicht Halt machen. Bereits lange vor dem Ausbau des Eisenbahnnetzes kann man eine Vielzahl von Konzertreisen westeuropäischer Einzelpersonen und Gruppen nach dem Südosten und umgekehrt verzeichnen. Hatten schon die Vorfahren des Inseldeutschtums aus ihren Herkunftsgebieten ein entsprechendes Erbe mitgebracht und weiter gepflegt, so führte der eben erwähnte häufige Austausch von künstlerischen Kräften zu intensiven musikalisch-kulturellen Berührungspunkten zwischen den Donauschwaben und dem geschlossenen deutschen Sprachraum, darüber hinaus auch mit dem übrigen europäischen Ausland in Ost und West und sogar mit Amerika. An diesen Vorgängen waren natürlich auch die übrigen Südostdeutschen und ihre Nachbarn anderer Nationalität und Konfession beteiligt.

So gesehen, ist die vorliegende Arbeit natürlich nicht nur für die Südostdeutschen geschrieben, sondern auch für jene Interessierten, in deren Gegenden namentlich die angedeuteten Berührungspunkte zustande gekommen waren.

Das legitime Streben von Völkern und Gruppen, ihr kulturelles Erbe zu pflegen und zu erhalten, gilt auch für die Donauschwaben. Einen höheren Stellenwert besitzen solche Bemühungen freilich erst dann, wenn es gelingt, solche ideellen Güter in das Kulturbewußtsein des gesamten eigenen Volkes einzubauen. Hinsichtlich der Vergangenheit sind derartige Prozesse der Integration anscheinend problemlos verlaufen. Die Folge davon war aber, daß sie beiderseits offensichtlich niemals als solche registriert wurden. So möchten die nachfolgenden Kapitel dieses gemeinsame Erbe allen aufzeigen, um das bislang leider vernachlässigte Bewußtmachen des Verbindenden nachzuholen.

Nachdem mir gerade unter diesen Aspekten bisher kein vergleichbares Werk bekannt geworden ist, lege ich hiermit freudigen Herzens die Ergebnisse meiner fünfundzwanzigjährigen Forschungsbemühungen der interessierten Öffentlichkeit vor!

Im Laufe der Zeit hatten mir unzählige Menschen aus allen Weltteilen mit Informationen und Dokumentationsmaterialien geholfen, bei diesen Arbeiten voranzukommen. Ich kann sie unmöglich alle nennen, benütze aber gerne diese Gelegenheit, ihnen allen von ganzem Herzen zu danken! Es möge sich dabei jeder einzelne persönlich angesprochen fühlen, wenn er irgendwo im Text die Aufarbeitung seiner Mitteilung findet oder ein Bild entdeckt, welches er mir vor Jahren zur Verfügung stellte.

Ein aufrichtiges Dankeschön gebührt den Bibliotheken und anderen Einrichtungen im In- und Ausland, welche mir in der Regel freundlichst entgegengekommen sind!

Besonders verbunden bin ich meinem Kollegen Prof. Dr. Anton Scherer, Graz, für wissenschaftliche Hinweise auf geschichtlichem, geographischem und kulturhistorischem Gebiet. Dr. Anton Tafferner, München, half stets bereitwillig bei Schwierigkeiten in der ungarischen Sprache.

Zu danken habe ich aber auch meiner Frau Grete für zahlreiche Hilfen und Handgriffe, Korrekturen und unbestechliche kritische Hinweise, vor allem aber für das Verständnis, daß ich meine Freizeit diesem Werk widmen konnte, was zwangsläufig auf Kosten des Familienlebens ging!

München, im Frühjahr 1988

*Robert Rohr*

ROBERT ROHR
Sonderschulrektor i. R.

# INHALTSÜBERSICHT

| | |
|---|---|
| Vorwort | 7 |
| Zum Geleit | 8 |
| Einige Grundgedanken | 9 |

## ZUR EINFÜHRUNG

| | |
|---|---|
| 1. Alles, was singt und klingt, ist Musik | 15 |
| 2. Die Deutschen in Südosteuropa | 15 |
| 3. Ihre Nachbarn | 16 |
| 4. Die Donauschwaben | |
|    a) Die Türkenkriege und ihre Folgen | 17 |
|    b) Zur Siedlungsgeschichte | 18 |
|    c) Der Stammesbegriff „Donauschwaben" | 20 |
| 5. Ein Kommen und Gehen, ein Geben und Nehmen | 21 |
| 6. Der Mittelpunkt Wien | 21 |
| 7. Heimatliche Musikforschung einst und jetzt | 22 |

## SACHTEIL

| | |
|---|---|
| Bemerkungen | 23 |

### Von den Anfängen bis zur Ansiedlung der Donauschwaben

| | |
|---|---|
| 1. Kurzer historischer Rückblick | 25 |
| 2. Aus dem Musikleben | 25 |

### Im 18. Jahrhundert

| | |
|---|---|
| 1. Liedgut aus der Zeit der Begegnung mit dem Halbmond | 33 |
| 2. „Esztergom Kalesi…" – ein türkisches Gegenstück zu den kaiserlichen Liedern | 35 |
| 3. Musikalische Regungen auf den „Ulmer Schachteln" | 36 |
| 4. Beginnende Musikentfaltung der donauschwäbischen Kolonisten | 37 |
| 5. Kirchenmusik und Volksgesang | 39 |
| 6. Das Musikgeschehen in der Militärgrenze | 40 |
| 7. Musikausübende, Komponisten | 41 |
| 8. Konzerte, Theater, Opern, Ballett | 44 |
| 9. Erstaufführungen musikalischer Bühnenwerke | 49 |
| 10. Der Musikinstrumentenbau | 51 |
| 11. Die ungarische und die Zigeunermusik | 51 |

### Die erste Hälfte des 19. Jahrhunderts

| | |
|---|---|
| 1. Aus der Musikentfaltung im Heimatbereich | 53 |
| 2. Musikschaffende | 55 |
|    a) Aus dem Heimatbereich | 55 |
|    b) Von auswärts | 59 |
|    c) Ein Mozart-Schwager – Domkapellmeister in Diakowar | 60 |
|    d) An den Höfen der Aristokraten | 61 |
|    e) Wunderkinder | 62 |

3. Die Kirchenmusik 65
4. Das Theaterleben 66
 a) Allgemeines 66
 b) Bühnenkünstler aus dem Heimatraum 71
 c) Auswärtige Künstler 75
 d) Frühbegabungen 76
 e) Uraufführungen 77
 f) Werke heimatlicher Komponisten auf auswärtigen Bühnen 78
 g) Werke heimatlicher Bühnenschriftsteller auf auswärtigen Bühnen 83
 h) Theater-Direktoren 85
 i) Besonderheiten 86
5. „Die Schwaben-Wanderung" (Posse von 1817) –
 erste literarische Beachtung der donauschwäbischen Kolonisation 87
6. Gesangskultur 89
7. Beethoven und wir 91
8. Amerika-Tournee 1848. Josef Gungl auch in der Neuen Welt erfolgreich 92
9. Musikliteratur 93
10. Instrumentenbauer 93
11. Das Musikgeschehen in der Militärgrenze 94

## Die österreichische Militärmusik – ein Vorbild des donauschwäbischen Musizierwesens

1. Abriß ihrer Entwicklung 97
2. Ihre Wirkung auf die Öffentlichkeit 97
3. Die Donauschwaben und die Militärmusik 98
4. Donauschwäbische und südostdeutsche k. u. k Militärkapellmeister 100
5. Auswärtige k. u. k. Militärkapellmeister in Garnisonen des Heimatraumes 105
6. Die Hausregimenter der österreich-ungarischen Armee in Südosteuropa
 und ihre offiziellen Märsche 107
7. Heimatmusiker in fremden Heeren 109
8. Musiker in der Kriegsgefangenschaft 110

## Von 1850 bis zum Ende des 1. Weltkrieges

1. Blaskapellen bis ins kleinste Dorf 111
2. Streich- und Schrammelkapellen 115
3. Kleinstbesetzungen und Alleinunterhalter 116
4. Die Knabenblaskapellen – ein schillerndes Kapitel unserer Musikgeschichte 117
 a) Ausbildungsorte 119
 b) Schriftlich geregelte Ausbildung – Kapellmeister-Vertrag aus dem Jahre 1868 122
 c) Konzertreisen durch Europa, Amerika und Afrika 126
 d) Donauschwäbische Jugend-Blaskapelle im Indischen Ozean 134
 e) Konzertreisen ins Deutsche Reich dokumentiert 137
 f) Zwei Tagebücher einer Übersee-Tournee 139
 g) Die kulturelle Bedeutung der Knabenblaskapellen 141
5. Repertoire und Besetzung unserer Blaskapellen 144

6. Einsatzmöglichkeiten und Wirkungsbereich der Musikkapellen 149
   a) Beim Sonntagstanz 150
   b) Im Jahreslauf, bei Sitte und Brauchtum 151
   c) Lokalitäten- und Kinomusik 154
   d) Zirkus-Begleitmusik 154
7. Die volkstümliche Musik und unsere andersnationalen Nachbarn 156
8. Die Vokalmusik im weltlichen Bereich 156
   a) Volksgesang, Liederbücher 156
   b) Der Anteil heimatlicher Autoren an der Entstehung volkstümlicher Lieder 163
   c) Kunstlieder und Lieder im Volkston, Dichter und Liederkomponisten 175
   d) Theater- und Komödienlieder, Wiener Lieder, Soldatenlieder 189
   e) Gesangvereine entstehen 197
   f) Aktivitäten der Gesangvereine 199
   g) Musik und Gesang – ein Mittel der Völkerverständigung 200
9. Aus dem musikalischen Bühnenleben 201
   a) Allgemeine Entwicklungstendenzen 201
   b) Uraufführungen, Librettisten und Komponisten 215
   c) Werke heimatlicher Komponisten und Librettisten an auswärtigen Theatern 222
   d) Bühnenkünstler aus Südosteuropa 235
   e) Auswärtige Darsteller bei uns 246
   f) Theater-Direktoren 248
   g) Inhaltliche Bezüge der Theaterkunst des 19. Jahrhunderts zu Südosteuropa 253
10. Musikausübende und Komponisten 257
    a) Aus dem Südosten hervorgegangen 258
    b) Musik-Direktoren 291
    c) Junge Talente 291
    d) Lehrer, Doktoren und Pfarrer als Kapellmeister und Komponisten 292
    e) Unsere blinden Musiker 293
    f) Bei uns zu Gast bzw. heimisch geworden 294
11. Richard Wagner und wir 298
12. Konzerte, Kammermusik, Hausmusik 300
13. Musiklehrer und Musikunterricht 302
14. Die Kirchenmusik
    a) Allgemeines 303
    b) Komponisten 304
    c) Kirchenchöre 306
    d) Gesangbücher 307
    e) Die Blaskapellen bei kirchlichen Festanlässen 311
15. Ein Blick über den östlichen Nachbarzaun
    (Bulgarien, Griechenland, Rumänien, Serbien, Türkei) 312
16. Die Madjarisierung und Slawisierung mit ihren Folgen 315
17. Instrumentenhersteller 316
18. Heimatmusiker fassen in Amerika Fuß 319
19. Der technische Medienbereich 322
    a) Notenscheiben, Metallplatten, Musikautomaten 323
    b) Edison-Walzen 324

| | |
|---|---:|
| c) Schallplatten mit Werken heimatlicher Autoren | 324 |
| d) Erste donauschwäbische Schallplatten im Heimatbereich | 330 |
| e) Schellacks in Amerika | 331 |
| f) Tonträger mit südostdeutschen Mundarten | 332 |
| g) Begegnungen mit dem Film | 333 |
| 20. Musikliteratur, Verlage, Musikalienhandlungen | 334 |

## Eine kurze Rückschau

| | |
|---|---:|
| 1. Nach 200 Jahren ein neuer Volksstamm | 339 |
| 2. Unser Musikwesen aus eigener Sicht | 339 |
| 3. Musikalisch-kulturelle Berührungspunkte und Gemeinsamkeiten zwischen Donauschwaben und dem deutschen Binnenraum | 340 |
| 4. Ein musik- und gesangliebender Stamm übertrifft sich in seinen Leistungen | 343 |

## Farbteil 345

## ANHANG

| | |
|---|---:|
| Personenregister | 355 |
| Gebiets- und Ortsnamen-Verzeichnis | 371 |
| Ausgewertete Literatur | 377 |
| Bildnachweis | 381 |
| Veröffentlichungen des Verfassers | 387 |

# ZUR EINFÜHRUNG

## 1. Alles, was singt und klingt, ist Musik

Von der ursprünglichen Absicht, eine Geschichte der donauschwäbischen Blasmusik zu schreiben, mußte ich bald absehen, zumal die meisten Bläserformationen auch in Streichbesetzung gespielt hatten. So mancher Kapellmeister oder Musiker hatte sich noch anderweitig betätigt – als Dirigent eines Gesangvereins oder als Organist. Zur Verschönerung der Gottesdienste wurde überhaupt viel an vokaler und instrumentaler Musik aufgewendet. Bei dem erstaunlich reichen Theaterleben ist man ohne Musiker und Sänger nicht ausgekommen. Bei den Ausführenden handelte es sich bei all diesem Tun oft um die gleichen Personen, so daß ein Entwirren dieser zuweilen kaum überschaubaren Verflechtungen äußerst schwierig, auf keinen Fall aber zweckmäßig wäre.

Bei der Tatsache, daß die donauschwäbischen Vorfahren nach ihrer Ansiedlung in jeder Hinsicht bei der „Stunde Null" anfangen mußten, gewinnen sämtliche musikalische Regungen Bedeutung und sind beachtenswert. Sogar die aus Weiden selbst geschnitzten „Pfeifen" der Kinder, die Signalhörner der „Halter" (Hirten), Nachtwächter und Postillione, die Melodien der Mütter beim Beruhigen der Kleinen oder die Schlaflieder fallen darunter.

In den Spinnstuben und bei unzähligen anderen Anlässen, selbst bei der Arbeit – namentlich der Handwerker – wurden Volkslieder gesungen. Bei kleineren Gesellschaften (Geburtstags- und Namenstagsfeiern, Hochzeiten usw.) traten Akkordeonspieler oder verschiedene Kleinbesetzungen auf.

Verhältnismäßig früh gingen aber auch Hochbegabungen hervor, die nach ihrer ersten Ausbildung im Heimatbereich ihre Vervollkommnung auswärts erlangten. Viele kamen wieder zurück und stellten eine beachtliche Bereicherung des Musiklebens dar. Andere wiederum blieben, so daß oft nur mehr die Kunde von ihren Erfolgen widerhallte, was jedoch mit Stolz verzeichnet wurde und als Ansporn wirkte.

Personell waren es wiederum meist die gleichen Menschen, die landesweit Musikunterricht auf allen damals üblichen Instrumenten erteilten, Hausmusik pflegten und sich zu Klangkörpern für konzertante Musik zusammenschlossen.

Allein aus diesen Andeutungen wird ersichtlich, warum es geradezu zwingend erforderlich erscheint, sich einmal an das gesamte Musikgeschehen heranzuwagen – das instrumentale und vokale, das weltliche und religiöse, das volkstümliche und dasjenige der gehobenen Ansprüche. Denn schließlich ist alles, was singt und klingt, Musik!

## 2. Die Deutschen in Südosteuropa

Eine stammesmäßige Abgrenzung des Musiklebens auf die Donauschwaben allein erscheint ebenso problematisch wie bei den dargestellten inhaltlichen Bezügen. Bereits Jahrhunderte vor der Ansiedlung der donauschwäbischen Vorfahren gab es in Südosteuropa deutsches Leben und deutsche Kulturpflege – um so mehr aber danach!

Wir würden den bewußten „roten Faden" verlieren, ließen wir auch hier die vielfachen Verflechtungen und Zusammenhänge außer Betracht, welche im musikalischen Geschehen eine Rolle gespielt hatten.

So gesehen, wollen wir uns hier vor allem im Bereich „Altungarns" bewegen, also innerhalb der Grenzen des einen Teiles der österreich-ungarischen Monarchie, wie sie am Ende des 1. Weltkrieges gezogen waren. Dabei müssen wir allerdings berücksichtigen, daß das einstige Oberungarn heute die Slowakei innerhalb der ČSSR darstellt und die Karpaten-Ukraine nach dem Ende des 2. Weltkrieges an die UdSSR fiel. Ansonsten versteht man gegenwärtig unter dem Begriff **Südostdeutsche** jene Deutschen, die in **Ungarn, Rumänien, Jugoslawien** und **Bulgarien** beheimatet waren oder noch sind.

Hierzu sind aber noch einige Bemerkungen notwendig. Die Bukowina (Buchenland) war seinerzeit nicht von Ungarn, sondern von Österreich verwaltet worden. Trotzdem müssen wir auch sie in unsere Betrachtungen mit einbeziehen. Das westliche Burgenland wiederum, welches heute zu Österreich gehört, war im Berichtszeitraum innerhalb der ungarischen Grenzen gelegen. Ebenso auch Kroatien, nicht aber die Untersteiermark sowie Krain, die seit 1363 bestandene deutsche Sprachinsel Gottschee und Teile Dalmatiens. (Krain war ein selbständiges österreichisches Kronland, die Untersteiermark ein Teil des Kronlandes Steiermark.)

Die zuletzt erwähnten Bereiche fielen nach dem Ende des 1. Weltkriegs an Jugoslawien. Die Deutschen aus Jugoslawien sind heute zum Großteil bereits im Pensionsalter und verstehen sich hinsichtlich ihres Heimatbewußtseins zweifellos als Südostdeutsche. Sie würden es als Mangel empfinden, wenn hier nicht auch ihre Vorfahren aus dem Musiksektor Berücksichtigung fänden.

Alles in allem könnte man sich den Raum, für welchen hier Beiträge aus dem Musikleben beabsichtigt sind, bildlich wohl am besten so vorstellen: Ungarn in seinen Grenzen aus der Zeit vor dem Ersten Weltkrieg und darüber, quasi auf Klarsichtfolie, die Grenzen der Nachfolgestaaten der einstigen Donaumonarchie – Ungarn, Rumänien, Jugoslawien. Dabei ist anzumerken, daß auch die Grenzen zwischen Rumänien und Rußland zuweilen Änderungen unterlagen.

Daraus folgt, daß außer den donauschwäbischen Stammesgebieten hier u.a. auch folgende Bereiche berücksichtigt werden sollen: das **Burgenland, Oberungarn, Bessarabien** (welches zeitweilig Rußland zugehörte), die **Bukowina, Siebenbürgen,** die **Zips,** die **Dobrudscha** (am Schwarzen Meer gelegen), die **Untersteiermark, Kroatien, Slowenien** (vor allem Krain mit der Gottschee) und **Teile der dalmatinischen Küste.**

Hierbei ist sicherlich bereits aufgefallen, daß sich zuweilen stammesmäßige und staatliche Zugehörigkeiten nicht abdecken, wobei die letzteren im übrigen mehrfachen Veränderungen unterlagen. Außerdem haben wir es zu einem Teil mit Inseldeutschtum und solchem in diversen Streulagen zu tun, andererseits aber auch mit Stammesangehörigen in enger Anlehnung an geschlossene deutschsprachige Siedlungsräume.

*Siehe Farbtafel: Altungarn, Seite 348–349*

## 3. Ihre Nachbarn

Die österreich-ungarische Monarchie war ein **Vielvölkerstaat.** Das Zusammenleben der Nationalitäten hatte sich von selbst eingespielt. Dennoch blieben dem Lande, welches wohl ein ideales Modell für ein vereintes Europa hätte sein können, Erschütterungen nicht erspart. Das hatte zur Folge, daß die internen Einflußgrenzen öfter verändert und dabei die kulturellen Entfaltungsmöglichkeiten völkischer Gruppen zuweilen erheblich beeinträchtigt wurden.

Der Staat, der westlichen Hochkultur zugehörend, zeigte im Bereich der Musikentfaltung ein recht differenziertes Bild. Die bäuerliche Bevölkerung auf dem Lande und in den Kleinstädten pflegte in Sitte und Brauchtum ihre Überlieferungen, wobei es selbst hier nicht ausblieb, daß durch das Zusammenleben mit den Nachbarn gegenseitig Formen und Inhalte Einflüsse ausübten. Sogar im volkstümlichen Musikbereich kam es vor, daß sich derartige Wechselbeziehungen auch in personeller Hinsicht ausdrückten.

Anfangs waren es in erster Linie die Städte mit Garnisonen und Behörden, welche für die Freizeit und den Feierabend höhere Ansprüche stellten. So setzte eine Entwicklung der Musikkultur ein, welche sich mancherorts ohne weiteres mit dem Stand in den Metropolen messen konnte.

Bei diesen langzeitig vor sich gegangenen Abläufen war nicht nur die nach Unterhaltung und Kunstgenuß dürstende Bevölkerung in nationalitätenmäßiger Hinsicht recht bunt gemischt, sondern auch die ausübenden Künstler – Musiker, Schauspieler, Sängerinnen und Sänger, Komponisten, Textschreiber. Nicht viel anders war es selbst bei den Militärmusiken.

Daraus wird verständlich, daß wir uns der Gefahr eines Zerrbildes aussetzen, würden wir die hier beabsichtigten musikgeschichtlichen Beiträge auf eine Nationalität beschränken. Oft stehen zur Auswertung nur Namen und Werk von Künstlern zur Verfügung, welche jedoch keinerlei gesicherten Hinweis auf eine bestimmte Volkszugehörigkeit bieten. Schließlich wüßte man in zahlreichen Fällen, trotz aller Recherchen, nicht, zu welcher Nation oder gar Religion sich dieser oder jener Mensch seinerzeit subjektiv zugehörig gefühlt hatte.

Eine befriedigende Lösung kann nur darin versucht werden, daß für den skizzierten Teil der **kulturellen Großlandschaft,** welche die einstige Donaumonarchie darstellte, alle an den Leistungen Beteiligten genannt werden, ob sie Deutsche, Ungarn, Rumänen, Serben, Kroaten, Tschechen, Slowaken, Slowenen, Juden usw. waren. Die letzteren hatten sich im deutschen oder ungarischen Kultur- und Geistesleben eingebunden gefühlt, und ohne ihre Beiträge wäre das Erbe aus dieser Epoche um einiges geringer, namentlich auf dem Gebiete des musikalischen Bühnenlebens. Eine besondere Kennzeichnung der Nationalität könnte auch nicht in allen Fällen vorgenommen werden, weil – wie bereits angedeutet – eine einwandfreie Klärung heute oft kaum mehr möglich ist und dieses Buch nicht zuletzt auch die Absicht hat, die beeindruckende gesamte kulturelle Kraft des angesprochenen Raumes aufzuzeigen. Im übrigen scheint es, daß sich seinerzeit viele Menschen ganz einfach als „Österreicher" fühlten und ausgaben, ohne Rücksicht darauf, was ihre eigentliche Muttersprache war. Im ungarischen Teil der Doppelmonarchie war es sinngemäß ähnlich. Hier kommt allerdings hinzu, daß schon früh Bestrebungen ausgingen, die Nationalitäten mit dem madjarischen Volkstum zu verschmelzen. Nebst dieser forcierten Madjarisierung ist die freiwillige Assimilation nicht zu bestreiten. Dabei gab es vielfach auch Namensänderungen, was bei der Zuordnung von einzelnen Künstlern zu einem bestimmten Volkstum ein weiteres Erschwernis wäre.

Aber auch die Titelbenennungen der Werke erfolgten in verschiedenen Sprachen und erlauben ebenfalls keine gesicherten Rückschlüsse auf die Volkszugehörigkeit der Autoren.

Es kann bei der Berücksichtigung all der angedeuteten Verzahnungen und Verflechtungen trotzdem keinen Widerspruch bedeuten, wenn hier in erster Linie die geleisteten musikalischen Beiträge der Südostdeutschen und insbesondere der Donauschwaben ins Auge gefaßt werden!

Zu den Nachbarn der Südostdeutschen wollen wir jedoch nicht nur ihre andersnationalen Mitbürger innerhalb der Grenzen des beschriebenen Staatsgebildes zählen, sondern auch da und dort musikalische Regsamkeiten in den angrenzenden Ländern (Serbien, Rumänien, Bulgarien usw.) aufzeigen, an welchen nebst einheimischen Kräften zuweilen auch Deutsche beteiligt waren.

# 4. Die Donauschwaben

a) Die Türkenkriege und ihre Folgen

Nachdem sich die Türken schon längst des Balkans bemächtigt hatten, war ihnen nach der gewonnenen **Schlacht bei Mohatsch**/Mohács in Ungarn 1526 ein bedeutender Schritt in Richtung Zentraleuropa gelungen. Die meisten deutschen Siedlungen, welche es bereits seit dem Mittelalter in Ungarn gab, gingen nun unter.

Erst im Jahre 1683 trat die Wende des Schicksals ein – die Türken wurden am **Kahlenberg**, also vor den Toren Wiens, geschlagen und zunehmend in die Defensive gedrängt. Weitere Stationen dieser Entwicklung waren die Schlachten bei Ofen/Buda (1686), Mohatsch (1687), Belgrad/Beograd (1688), Slankamen/Sovár (1691), und Zenta/Senta (1697). Nachdem sich dann die Osmanen wieder geregt hatten, fanden weitere Siege der Kaiserlichen bei Peterwardein/Pétervár/Petrovaradin (1716), Temeschburg/Temesvár/Timișoara (1716) und Belgrad (1717) statt.

An dieser Stelle muß daran erinnert werden, daß es damals ein „Deutschland" oder „Österreich" nach dem heutigen Verständnis nicht gab, sondern das **„Heilige Römische Reich Deutscher Nation"** mit dem Sitz des Kaisers in Wien!

Bei den erwähnten geschichtsmarkierenden Schlachten hatten sich u.a. folgende große Feldherren hervorgetan: Herzog **Karl von Lothringen**, Kurfürst **Max Emanuel von Bayern**, Markgraf **Ludwig von Baden** (genannt „Türkenlouis"), **Prinz Eugen von Savoyen**, Graf **Florimund Mercy**, Herzog **Karl Alexander von Württemberg.**

Wie aber das nunmehr befreite Land im pannonischen Becken nach rund 150 Jahren türkischer Herrschaft aussah, schilderte der Werschetzer Franz Julius Wettel in seinen „Biographischen Skizzen" vortrefflich: „Ein Bericht aus dem 18. Jahrhundert bezeichnet das Banat nach der Türkenvertreibung als eine Wildnis, die dem mit Betrübnis umherblickenden Auge eine Wüste zeigte, wo seit der Römer Zeiten kein Pflug die Erde durchschnitten. Dörfer, die kaum aus zwanzig Erdhütten bestanden und manchmal zur Hälfte von Einwohnern entblößt waren, machten die Wohnstätten der wenigen Menschen aus, die der türkische Krummsäbel und schreckliche Krankheiten übriggelassen hatten. Große, unabsehbare Sümpfe breiteten sich in erschreckender Weise über das flache Land aus, und es bedurfte des kundigen Auges der Eingeborenen, um sich ungefährdet durch die sumpfigen Niederungen, Moore und toten Flußarme durchzufinden. Was dem alles zerstörenden Wüterich entging, das wurde ein sicheres Opfer der mit giftigen Dünsten geschwängerten Luft, die aus fauligen Wasserlachen emporstieg". Natürlich gilt diese Darstellung nicht nur für das Banat allein, sondern uneingeschränkt auch für die übrigen Gebiete an der mittleren Donau, welche unter der Türkenherrschaft standen.

Konrad Blum schreibt zum selben Thema in seinem Heimatbuch „Liebling" (Weilheimer Druckerei, 1958) auf Seite 16 u.a.: „Während der langen Türkenherrschaft und der vielen Kriege war das Land als umstrittenes Grenz- und Durchzugsgebiet in einen trostlosen Zustand geraten. Die Bevölkerung war stark vermindert, und viele Ortschaften wiesen eine äußerst geringe Bewohnerschaft auf: Von 151 gezählten Ortschaften wurden in einem Bericht 101 als ganz verödet, nur 50 als teilweise oder spärlich bewohnt bezeichnet. Die ewigen Kriegsunruhen verhinderten eine regelmäßige Feldarbeit. Der Bauer hörte auf, sein Feld zu bestellen, denn wenn er säte, so wußte er nie, ob er auch ernten werde. Auf dem Acker wuchsen nur Unkraut und Disteln. Die Flüsse waren nicht im Stand gehalten, sie überschwemmten große Gebiete, so daß mit der Zeit überall ausgedehnte Sümpfe entstanden. Dadurch wurde das Klima des Landes äußerst ungesund, und das Sumpffieber forderte Tausende von Menschenopfern. Auch die Pest und andere Seuchen kosteten viele Menschenleben. Hinzu kam noch die Räuberplage, die immer nach anhaltenden Kriegen auftrat und dem ganzen Land den Stempel der Unsicherheit aufdrückte … Die kulturellen Zustände des Banats zur Zeit der Besitzergreifung durch Österreich waren recht trostlos. Die vielen Türkenkriege und ihre Folgen hatten die Bevölkerung nicht nur wirtschaftlich zugrunde gerichtet,

*Ulmer Schachtel
(Magdalena Kopp-Krumes)*

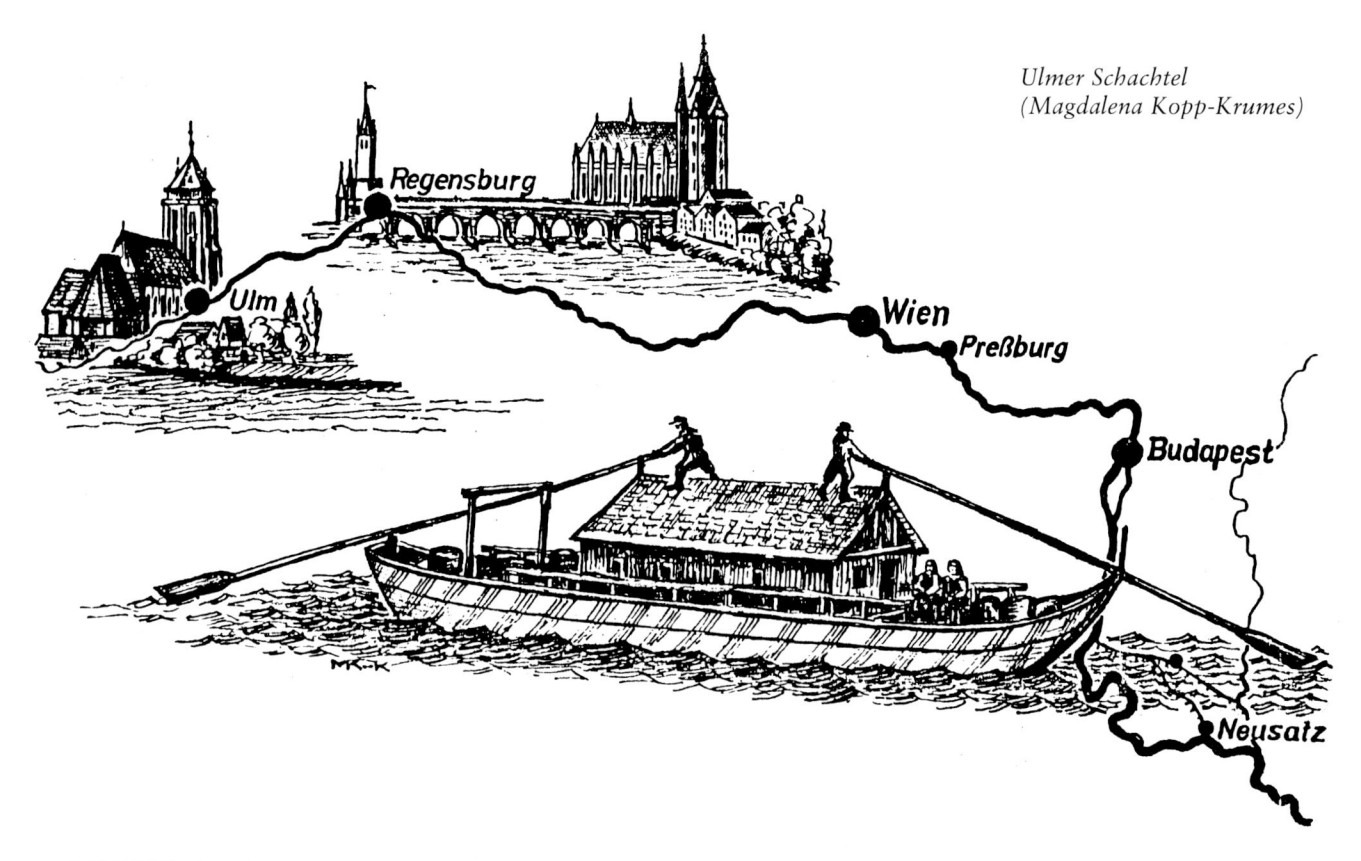

*Johann Jakob Hennemann. Die Türken drangen 1788 nochmals ins Banat ein. Werschetz blieb von der Brandschatzung verschont. Anton Szirmay verewigte die Retter auf einem Gemälde, welches sich in der römisch-katholischen Pfarrkirche befindet und die folgende Inschrift hat: „Den Verteidigern der Gemeinde und ihrer Kirche im 1788er Türkenkriege: Jakob Hennemann und seinen Getreuen gewidmet"*

sondern auch seelisch und kulturell ganz verkommen lassen."

b) Zur Siedlungsgeschichte

Nun galt es, die zurückeroberten fruchtbaren, jedoch völlig verödeten Landstriche wieder in eine Kulturlandschaft zu verwandeln. Hierzu hatte man sich entschlossen, siedlungswillige Menschen aus West- und Südwestdeutschland anzuwerben. Die Auswandernden wurden im ganzen und großen **in drei** sogenannten **Schwabenzügen** auf „**Ulmer Schachteln**" und „**Kehlheimer Plätten**" donauabwärts nach dem Südosten Europas gebracht (unter Kaiser Karl VI. von 1722 bis 1727, Kaiserin Maria Theresia 1763 bis 1773 und Kaiser Josef II. von 1782 bis 1787).

Die Kolonisten kamen hauptsächlich aus Hessen, der Pfalz, aus Elsaß-Lothringen, Baden, Württemberg, aus Bayern, Österreich, Böhmen, teils sogar aus der Schweiz; es wurden jedoch auch Franzosen, Spanier und Tschechen angesiedelt.

Das donauschwäbische Siedlungsgebiet umfaßte **das Ungarische Mittelgebirge** (Buchenwald, Schildgebirge, das Ofner Bergland mit Budapest und seiner Umgegend), die **Schwäbische Türkei** (zwischen Donau, Plattensee und Drau mit dem Hauptort Fünfkirchen/Pécs), die **Batschka** oder das Batscher Land (zwischen Donau und Theiß mit Neusatz/Újvidék/Novi Sad als Hauptort), das **Banat** (zwischen Donau, Theiß, Marosch und Karpaten mit dem einstigen gemeinsamen Zentrum Temeschburg),

*Kriegskarte vom Banat 1788*

**Slawonien** und **Syrmien** (zwischen Sawe, Drau und Donau mit dem Hauptort Essegg/Eszék/Osijek), **Sathmar** (nordöstliche ungarische Tiefebene mit dem Mittelpunkt Großkarol). Einige Volkstumsforscher rechnen auch die Jugoslawiendeutschen der Zwischenkriegszeit in Oberkroatien, Agram/Zagreb, Bosnien, Belgrad und Altserbien und die deutschen Tochtersiedlungen in Nordbulgarien zum Donauschwabentum.

Das Heimatbuch der Banater Gemeinde Lenauheim (früher: Csatád) sagt über die Kolonisten folgendes aus: „Sie kamen aus kulturell und wirtschaftlich hochentwickelten Gebieten in unterentwickelte Landstriche: Bergleute aus der Steiermark, aus Tirol, Oberösterreich und Bayern; Waldbauern aus Böhmen ins Banater Bergland (Reschitza, Anina, Steierdorf, Orawitza u. a.). Bauern aus den österreichischen Erbländern an der Mosel, an der Saar und dem Rhein, aus Elsaß-Lothringen und Luxemburg sowie aus dem Sauerland und Westfalen in die Heide zwischen Temesch, Theiß und Marosch. Handwerker aus ganz Österreich und Süddeutschland und der Schweiz. Mit ihrem einmaligen Werk vergrößerten sie den abendländischen Kultur- und Wirtschaftskreis beträchtlich."

Die deutschen Ansiedler hatten in den ihnen zugewiesenen neuen Heimatgebieten Bevölkerungsreste verschiedener slawischer Volksstämme angetroffen, auch Ungarn und Rumänen.

Im Banat war als erster **Gouverneur Graf Florimund Mercy** eingesetzt worden. Er erfreute sich außerordentlicher Beliebtheit, denn er hatte sich mit großem Engagement für die Besserung der wirtschaftlichen und kulturellen Verhältnisse des Gebietes eingesetzt. Schon bei Beginn der Besiedlung war er um die Errichtung von Kirchen und Schulen bemüht und trachtete, daß die neugegründeten Orte Pfarrer und Lehrer erhielten. Gegen das Räuberunwesen, welches das Land verunsicherte, wurde streng vorgegangen. Die hygienischen und Verkehrsverhältnisse wurden verbessert.

Die Zahl der Donauschwaben war bis zum Ende des 1. Weltkrieges auf rund 1,5 Millionen angewachsen.

Tatsächlich aber kamen die ersten Einwanderer bereits nach der Befreiung der im westlichen Ungarn gelegenen Gebiete, und zwar aus den benachbarten niederösterreichischen, böhmischen, mährischen und donaubaierischen Bereichen.

Die Kolonisten wurden nicht nur im Rahmen der vom Reich organisierten Aktionen angesiedelt, sondern auch von ungarischen Grundherren, was zur Folge hatte, daß die Lebensbedingungen der ins Land gekommenen Menschen oft völlig unterschiedlich waren. Während die einen mit Steuerbefreiungen und anderen Erleichterungen an ihr ohnehin bitteres Kolonistenwerk herangehen konnten, stöhnten die anderen unter all den zusätzlichen Härten der Leibeigenschaft.

Aber auch die politischen Verhältnisse waren verschiedenartig und änderten sich im Laufe der Zeit mehrfach. So wurde beispielsweise das Banat, zwischen Donau, Theiß und Marosch gelegen, kaiserliches Kronland und bestand als solches bis zum Jahre 1779. Aber auch die von 1764 bis 1769 hauptsächlich als Schutz gegen neuerliche Türkeneinfälle errichtete Militärgrenze, welche sich durch kroatische, slawonische, syrmische und Banater Landstriche bis nach Siebenbürgen zog, war direkt Wien unterstanden; die Amtssprache war deutsch. Im Jahre 1779 wurden nördlichere Banater Landesteile in die Komitate Torontal, Temes und Krasso einbezogen und Ungarn unterstellt. 1849 wurde ein neues verwaltungsmäßiges Gebilde geschaffen – „Serbische Wojwodschaft und Temescher Banat", welches wiederum kaiserliches Kronland (bis 1861) mit deutscher Amtssprache war. Die Militärgrenze wurde in den Jahren 1872 und 1873 aufgelöst. Aber bereits das Jahr 1867 brachte den sogenannten „**Ausgleich**", wobei erstmals der gesamte Raum, in welchem Donauschwaben siedelten, verwaltungsmäßig Ungarn überlassen wurde. Damit setzte allenthalben ein massiver Madjarisierungsdruck ein, welcher für die Nachkommen der deutschen Ansiedler und andere Nationalitäten schwerwiegende Folgen in kultureller Hinsicht haben sollte.

c) Der Stammesbegriff „Donauschwaben"

Alle Autoren bestätigen in einschlägigen Publikationen, daß die anderen Nationalitäten die deutschen Einwanderer ohne Rücksicht darauf, woher sie tatsächlich kamen, allgemein als „**Schwaben**" bezeichneten. Im Laufe der Zeit nannten sie sich zum Großteil selbst so. Dieser Stammesbegriff floß dann immer wieder auch in die Namensgebungen der eigenen kulturellen und sonstigen Organisationen ein.

Anton Scherer zitiert auf Seite 15 des „Donauschwäbischen Ortsnamenbuches", welches er zusammen mit Isabella Regényi erstellt und veröffentlicht hat, aus eigenen Arbeiten: „Die Bezeichnung ‚Donauschwaben' für etwa anderthalb Millionen Deutsche, die ihre Heimat bis 1944 in Ungarn, Rumänien, Jugoslawien und Bulgarien hatten, aber zum Teil auch heute noch in Ungarn und Rumänien leben, ist kein dialektgeographischer, sondern ein stammeskundlicher, daher auch ein siedlungsgeographischer, historischer und volkskundlicher Name, der spätestens 1922 geprägt wurde, und zwar mit einer an Gewißheit grenzenden Wahrscheinlichkeit von Robert Sieger, dem damaligen Inhaber des Lehrstuhles für Geographie an der Universität Graz."

Weltweit hatte sich aber der Begriff „**Donauschwaben**" erst nach dem Ende des 2. Weltkrieges durchgesetzt. In der Publizistik, in den Medien, von den „Einheimischen" und Vertriebenen wird er heutzutage wie selbstverständlich verwendet, und man weiß auch in der Regel, wer damit gemeint ist.

Ich schließe mich dieser Gepflogenheit uneingeschränkt an, denn der historische Prozeß der Neubildung eines deutschen Volksstammes in Südosteuropa ist wohl von niemandem abzuleugnen. Dennoch kann nicht verkannt werden, daß die Stammesbenennung „Donauschwaben" auch bei eigenen Landsleuten nicht immer Gegenliebe findet, insbesondere bei denjenigen nicht, deren Vorfahren mit Sicherheit nicht aus Württemberg oder dem bayerischen Schwaben eingewandert waren. Südostdeutsche waren bzw. sind sie jedoch allemal, welche in diese Arbeit ja ebenfalls einbezogen werden.

Der Begriff „Donauschwaben" und seine Abwandlungen wird allerdings nicht exklusiv für die hier zur Rede stehende Volksgruppe verwendet.

Nicht uninteressant ist, daß sich in dem Heft „Volksmusik aus Schwaben" (aufgezeichnet und gesammelt vom schwäbischen Volksmusikpfleger Michael Bredl; Musikverlag Josef Preißler, München 1966, 24 Seiten) unter den 15 Titeln auch ein Tanz „Donau-Schwäbisch-Schottisch" befindet. Leider kann sich der Sammler nicht mehr erinnern, wann und von wem er diese Melodie vorgespielt bekam, um sie aufzuzeichnen; nach seinen Worten könnte es ein Schwabe aus Bayern oder auch ein Donauschwabe gewesen sein. Auf jeden Fall reicht – laut Herrn Bredl – das Stück in das 19. Jahrhundert zurück.

Anläßlich einer Gemäldeausstellung im Schloß Sigmaringen vor etwa zwölf Jahren wurden einige alte Exponate als „donauschwäbisch" bezeichnet, vermutlich zur regionalen oder epochalen Einordnung. Später angestellte Recherchen blieben ohne Erfolg.

Der in Berlin geborene Hans Joachim Moser, Sohn eines Semliner Musikers, hatte in seinem 1957 erschienenen Werk „Die Musik der deutschen Stämme" (Eduard Wancura Verlag Wien/Stuttgart) den Altstamm Schwaben in „1. Neckarschwaben, 2. Donauschwaben, 3. Bodenseeschwaben" aufgegliedert; was unseren Stamm angeht, behandelte er dagegen unter der Überschrift „Deutsche Musik in Ober- und Niederungarn sowie Siebenbürgen".

Einige Landsmannschaften ziehen es vor, sich als **„Donaudeutsche"** zu bezeichnen.

## 5. Ein Kommen und Gehen, ein Geben und Nehmen

Im Kunstbereich der Menschheit ist der Ortswechsel von ausübenden Persönlichkeiten seit altersher eher die Regel als die Ausnahme. Diese Tatsache, welche uneingeschränkt auch für Südosteuropa gilt, verpflichtet zu einigen weiteren Bemerkungen.

In den von den vordringenden Türken verschont gebliebenen Randgebieten des in unsere Betrachtungen einbezogenen Raumes konnte sich die kulturelle Entfaltung der Menschen einigermaßen kontinuierlich gestalten. Aber auch hier, wo das Musikleben – außer dem volkstümlichen Bereich – hauptsächlich auf die Kirchen und Garnisonen begrenzt war, hatten Versetzungen und Verlegungen die angedeuteten Bewegungen begünstigt.

Die donauschwäbischen Kolonisten-Vorfahren hatten verständlicherweise zunächst um ihr physisches Überleben zu kämpfen. Dennoch ist man überrascht, daß sich schon relativ früh kulturelle Äußerungen zeigten, welche ohne Zweifel in den Orten mit Militär und Verwaltung intensiver waren. Die im allmählichen Aufblühen befindlichen Gebiete hatten gewiß anziehende Wirkungen auf Musiker ausgeübt. Viele kamen, manche blieben, andere zogen wieder weiter. Auf der anderen Seite verzeichnen wir aber auch Kolonisten-Nachkommen, die von ihren Eltern zur Ausbildung in „Stammgebiete" der Monarchie geschickt wurden; manche von ihnen fanden daraufhin ihren Weg außerhalb des engeren Herkunftsgebietes.

Ein weiterer Personenkreis, welchem wir Beachtung schenken müssen, sind die in unseren Siedlungsgebieten zur Welt gekommenen Kinder österreichischer Militärs, Beamter u. a. m. Diese hatten mit ihren südostdeutschen, donauschwäbischen und gewiß auch andersnationalen Nachbarkindern gespielt und die Schule besucht. Manche sind geblieben, andere wiederum zogen weg. Nachdem eine Anzahl von Kolonisten aus den gleichen Gebieten als die eben Genannten gekommen waren, vermag ich hierbei keinen Unterschied zu machen. So werden in dieser Arbeit eben alle in dem Berichtsraum geborenen einschlägigen Künstler genannt, ohne mittels einer „Goldwaage" auszusondern, ob es sich um eine „zufällige" Geburt in unserer Heimat handelte oder nicht, ob der Betreffende genügend lange bei uns gelebt hatte usw. **Die Geburtsheimat zählt.**

Hier sollen somit alle mit der Musik befaßt gewesenen Personen einbezogen werden, die im Südosten geboren wurden, zu ihrer Kunstausübung dorthin gingen oder aber auch dieses Gebiet wieder verließen.

Nebst diesem sogar äußerst intensiven Kommen und Gehen, muß noch ein Wort über das Nehmen und Geben gesagt werden. Ohne jeden Zweifel – wer von außerhalb kam, hatte in der Regel Neues und Anregendes mitgebracht und war nebst seiner eigenen Person auch dadurch eine Bereicherung. Andererseits sind künstlerische Kräfte aus dem südosteuropäischen Raum sogar in beträchtlicher Anzahl auch als Gebende in Erscheinung getreten, wie wir es noch reichlich erfahren werden.

Diese gegenseitig befruchtenden Entfaltungen im Musikbereich stellten gewiß eine Bereicherung im Kulturgeschehen dar.

## 6. Der Mittelpunkt Wien

Es sind fast immer die Hauptstädte, welche die bedeutendsten Kulturzentren ihrer Länder darstellen. So war es auch in der Donaumonarchie. Alle Impulse auf dem Musiksektor waren von Wien ausgegangen und erreichten schließlich den letzten Winkel des Landes.

Natürlich sind in der Musik auch inhaltliche und stilistische Entwicklungen aus dem Ausland festzustellen. Sie erreichten jedoch zuerst einmal die Metropole, wo sie – je nach ihrer Aufarbeitung – weiter in die Provinzen gelangten.

Hierbei ist allerdings nicht zu übersehen, daß eine Hauptstadt auch eine geradezu magnetische Anziehungskraft in personeller Hinsicht ausübt. So war Wien schon immer mit zahlreichen Künstlern aus allen Teilen des Reiches bevölkert, auch mit solchen aus dem europäischen Südosten. Die **Faszination der Hauptstadt**, das damals als Glanz empfundene Kaisertum, die besten Entfaltungsmöglichkeiten, die Wiener und die nach Wien gekommenen Künstler – das alles zusammen mag wohl schlechthin das bedeuten, was wir auch heute nicht auszudefinieren brauchen: eben Wien!

Bei diesem Sachverhalt müßte jetzt freilich noch nachgetragen werden, daß diese Arbeit zwangsläufig auch Beiträge zur Musikgeschichte Wiens und anderer Städte und Gegenden der einstigen Monarchie enthält.

Die Tatsache, daß manche in die Metropole übergesiedelten Menschen aus den Provinzen des Kaiser- und Königsstaates zu den überzeugtesten Österreichern wurden, macht die Frage nicht überflüssig, ob und inwieweit diese in sich selbst noch Bezüge zu ihrer Geburtsheimat aufrecht erhalten hatten. Es war sicherlich nicht jedem gegeben, seine diesbezüglichen Empfindungen so auszudrücken, wie es der 1836 in Orschowa/Orsava/Orsova geborene Banater Dichter **Stephan Milow** (Millenkovich) in seinem in Mödling bei Wien im Juli 1913 verfaßten Gedicht „Heimat", welches er Franz Wettel aus Werschetz widmete, vermochte (1. und 6.Strophe):

*„Früh war die Heimat mir entschwunden, / Als kaum das Aug' ich aufgetan; / Doch blieb ich immer ihr verbunden / Auf meiner langen Lebensbahn. / Ob mich von meiner Heimat Stätten / Getrennt ein noch so großer Raum, / Ich wußt' im Geist sie mir zu retten, / Ich hielt sie fest in meinem Traum."*

Viele mögen so oder ähnlich gefühlt haben. Andererseits bestanden vielfach noch persönliche Verbindungen durch Briefwechsel und Heimatbesuche. Nicht selten lassen sich solche Fragen auch durch Werkbenennungen der Autoren beantworten.

Auf jeden Fall – mit Wien sind die intensivsten musikalisch-kulturellen Berührungspunkte und Beziehungen der Donauschwaben und Südostdeutschen mit ihren Nachbarn zustande gekommen. Wien war darüber hinaus in den meisten Fällen der Ausgangspunkt für die weiteren, weltweiten Kontakte künstlerischer Kräfte aus Südosteuropa.

*Siehe Farbfoto: Blaskapelle „Original-Donauschwaben", S. 345*

# 7. Heimatliche Musikforschung einst und jetzt

Obwohl es über das Musikleben der Südostdeutschen im allgemeinen und der Donauschwaben im besonderen bis zum Ende des 2. Weltkrieges zahlreiche Veröffentlichungen gab, vermißt man darin einige Sparten fast vollständig, während andere nur lückenhaft aufgearbeitet wurden. Eine Gesamtüberschau fehlt.

Erst in den letzten Jahrzehnten werden die Versäumnisse der Vergangenheit mit zunehmender Intensität angegangen. Dabei registrieren wir mit besonderer Freude die einschlägigen Bemühungen der in Rumänien verbliebenen **Banater Schwaben und Siebenbürger Sachsen** sowie der noch in der Heimat lebenden **Ungarndeutschen**, welchen wertvolle Erkenntnisse und Festhaltungen gelungen sind.

Hinweise auf zahlreiches Quellenmaterial bieten die beiden Bände „**Donauschwäbische Bibliographie**" von Anton Scherer (1935–1955 und 1955–1965, Verlag Südostdeutsches Kulturwerk, München 1966 bzw. 1974) in den Sparten „Musik" und „Theater".

Der Verfasser darf jedoch für sich in Anspruch nehmen, als erster anläßlich seiner Gründung der „Donauschwäbischen Blaskapelle München" (später „**Original-Donauschwaben**" mit dem „**Donau-Duo**" – Mathias und Theresia Klein aus Parabutsch bzw. Batsch – unter Kapellmeister Kornel Mayer, dann Josef Schmalz und derzeit Jakob Konschitzky) am 28. Februar 1964 in das „**Gründungsprotokoll**" die Forderung nach Musikforschung festgeschrieben zu haben. Zwanzig Jahre hindurch Vorsitzender dieser Formation, hat er auch die **Forschungsstelle** aufgebaut und betrieben. Die Ergebnisse all dieser Bemühungen, welche oft nur Bruchteile von einem Ganzen einbrachten, und die Auswertung einer nahezu unüberschaubaren Fülle von bisher anscheinend völlig unbeachtet gebliebenem Bibliotheksmaterial läßt nun den Versuch zu einem Ganzen wagen.

```
Referent für Heimatmusik         8000 München 2, den 28.2.1964
im Bundesvorstand der LM         Sendlinger Str. 55/I, 2.Aufg.
der Deutschen aus Jugosl.
- Robert  R o h r -

         G R Ü N D U N G S P R O T O K O L L
       der "DONAUSCHWÄBISCHEN BLASKAPELLE MÜNCHEN"

Auf Initiative des Bundesbeauftragten für Heimatmusik versam-
meln sich heute, den 28. Februar 1964, in München-Moosach, Gast-
stätte zum "Alten Wirt", donauschwäbische Musiker und Sachver-
ständige für Volksmusik, um die Gründung einer Donauschwäbischen
Blaskapelle in München vorzunehmen.
Das Ziel der Donauschwäbischen Blaskapelle ist die Pflege do-
nauschwäbischen Musikgutes. Ihr Repertoire setzt sich daher in
erster Linie aus Kompositionen donauschwäbischer Dorfkapellmei-
ster und -musiker aus der Heimat zusammen. Neukompositionen do-
nauschwäbischer Musiker nach dem Kriege sind eine weitere Auf-
gabe. Der Verwendung anderer, in der Heimat einst beliebt gewe-
sener Stücke bei Tanzveranstaltungen steht, sobald der eigene
Vorrat erschöpft ist, nichts im Wege.
Bei der Auswahl des Musiziergutes arbeitet die Kapelle auf das
engste mit dem Beauftragten für Volksmusik zusammen; sie hilft
```

# SACHTEIL

## Bemerkungen

Es scheint wichtig darauf hinzuweisen, daß es sich hier keinesfalls um eine Musikgeschichte handeln kann, sondern nur um Beiträge zu einer solchen. Dies gilt auch für die Donauschwaben, den jüngsten deutschen Volksstamm, obwohl sie besonders berücksichtigt werden. Es wäre demnach falsch, etwa nach abgeschlossenen Kapiteln zum Thema Musik für einzelne Ortschaften zu suchen. Mehrere Monographien wurden hier zur Auswertung herangezogen; diese, und mit Sicherheit auch viele andere, dürften aber hier mancherlei Ergänzungen zu ihren einschlägigen Abschnitten finden.

Die Fülle des auswertbaren Materials zwingt in vielen Fällen, lediglich Wesentliches zu nennen. An zahlreichen Stellen könnte man daher stereotyp die Vermerke „zum Beispiel" oder „beispielsweise" anbringen. Wo zu wenige Unterlagen vorlagen, war eine kürzere Abhandlung zwangsläufig.

Zuweilen werden frühere Veröffentlichungen des Verfassers eingebaut, wobei die darin mitgeteilten Erkenntnisse dem Zeitpunkt der Publikation entsprechen und nicht unbedingt deren neuesten Stand bedeuten. Wo es wichtig erschien, wurden solche Einfügungen gekürzt, korrigiert oder auch ergänzt.

Die vorgenommene **Gliederung des Werkes** dient der besseren Überschaubarkeit und wird weniger von musikgeschichtlichen Einschnitten oder gar Stilepochen diktiert. Dabei ist nicht zu vermeiden gewesen, daß das Wirken von Persönlichkeiten bzw. Werkangaben während zweier Epochen behandelt werden mußte. Die **Zeitbegrenzung bis zum Ende des 1. Weltkrieges** (1918) wurde gelegentlich insofern überschritten, als interessante und wichtig erscheinende Tätigkeiten in der Folgezeit jetzt schon nennenswert erschienen.

Viele Künstler hatten sich auf mehreren Gebieten des Musikgeschehens entfaltet. So kommt es zwangsläufig zur öfteren Erwähnung, ohne in einem Abschnitt ein abgerundetes Bild des Betreffenden vorzufinden. Die in solchen Fällen praktizierte **Wiederholung der Lebensdaten und des Herkunftsortes** wird dabei eher als dienlich erachtet.

Wegen der Mehrsprachigkeit und den schon geschilderten häufigen Grenzveränderungen in Südosteuropa treten in der **Schreibweise** namentlich **der Ortsnamen** oft beträchtliche Schwierigkeiten auf. Hier werden diese, meist bei ihrer ersten Nennung, nach dem deutschen Sprachgebrauch, den seinerzeitigen offiziellen Namen bis 1918 und, sofern Änderungen eingetreten sind, auch nach dem Stand ab 1945 gebracht; in Einzelfällen werden außerdem die nach dem Ende des 2. Weltkrieges eingeführten neuen Namensgebungen erwähnt. Beim Wiederholen werden dann nur die deutschen Bezeichnungen verwendet. Zur Erleichterung und besseren Orientierung wird ein Gebiets- und Ortsnamenverzeichnis angefügt. Hierfür wurden vor allem folgende Werke herangezogen: „Donauschwäbisches Ortsnamenbuch" (von Isabella Regényi und Anton Scherer, herausgegeben vom Arbeitskreis donauschwäbischer Familienforscher [AKdFF], 2. Auflage, Schriesheim 1987), „Duden, Wörterbuch geographischer Namen, Europa" (Bibliographisches Institut, Mannheim) und „Deutsche Ortsnamen in der Slowakei", zusammengestellt von I. Lasslob, Arbeitsgemeinschaft der Karpatendeutschen aus der Slowakei, Stuttgart 1974.

Trotzdem bleibt es nicht aus, daß ein gewisser Rest von insbesondere kleineren Ortsbezeichnungen nur nach der in der Musikliteratur vorgefundenen Schreibweise gebracht werden kann, wobei Fehler nicht ausgeschlossen werden können.

Ähnliche – oder vielleicht noch größere – Schwierigkeiten bestehen bei den **Personennamen**, zumal es sich, außer um deutsche, häufig um ungarische, slawische, rumänische und andere handelt. Auch sie werden im Quellenmaterial häufig unterschiedlich geschrieben, so daß die korrekten Formen oft gar nicht mehr geklärt werden könnten.

In den Nachschlagewerken finden sich schließlich auch unterschiedliche **Lebens- und andere Daten;** so werden manchmal für ein und dieselbe Person zwei verschiedene Geburtsorte genannt. Eine Überprüfung kann heute oftmals nicht mehr vorgenommen werden. So sind auch diesbezüglich in dieser Arbeit einige Fehler durchaus denkbar.

Nachdem der in die Betrachtungen einbezogene **geographische Raum** bereits ausführlich beschrieben wurde, wird nachfolgend aus Vereinfachungsgründen oftmals nur vom „Heimatbereich", „Heimatgebiet" oder „Heimatraum" gesprochen.

In einem gegen Schluß angefügten **Personenregister** wurden nahezu alle Namen aufgenommen, was das spezielle Suchen wesentlich erleichtern kann. Die alphabetische Reihung wurde mit einem Klein-Computer vorgenommen und unterliegt dessen Programmierung.

Wenn beim historischen Rückblick von „Osmanen" gesprochen wird, so sind damit die Türken gemeint.

Bei mehreren Programm- und Theaterzetteln sowie anderen Exponaten wurden Personen, auf die es in dieser Arbeit besonders ankommt, vom Verfasser durch Unterstreichen o. ä. hervorgehoben. Aber auch in einigen Zitaten aus fremden Veröffentlichungen wurden zum besseren Sichtbarmachen von Wesentlichem eigene **Hervorhebungen** vorgenommen.

Im **Bildnachweis** wird der Standort der zahlreich wiedergegebenen Fotos, Theater- und Programmzettel, Notendrucke usw. genannt. Wo dies nicht der Fall ist, handelt es sich zumeist um Erwerbungen aus Antiquariaten. Nur in Ausnahmefällen ist der Spender von solchem Dokumentationsmaterial leider nicht mehr erinnerlich.

# VON DEN ANFÄNGEN BIS ZUR ANSIEDLUNG DER DONAUSCHWABEN

## 1. Kurzer historischer Rückblick

Der **südosteuropäische Großraum** und namentlich die Gebiete beiderseits der mittleren Donau war infolge seiner geographischen Gegebenheiten seit Menschengedenken das **Ziel zahlreicher Völker und Stämme** zum Nomadisieren, Siedeln oder bloß nur zum Durchwandern.

So hatten beispielsweise **die Römer** das indogermanische Volk der Daker besiegt und die Provinz Dakien (Dazien) errichtet (ca. 101–225 n. Chr.), wobei sie sich bei ihren häufigen Feldzügen auch germanischer Hilfstruppen bedienten, welche im Banat gesiedelt hatten. Danach besetzten die Ostgoten dieses Land, bis sie um das Jahr 380 von den aus Asien einfallenden Hunnen besiegt wurden. Etwa ab 450 begannen die germanischen Gepiden das Hunnenvolk zu bedrängen, worauf sie um die Theiß, in Siebenbürgen und in der Walachei ein Reich errichten konnten, ehe sie um 600 den Byzantinern unterlagen. Seit etwa 896 hatten sich vor allem im pannonischen Becken die **Ungarn** durchgesetzt, welche, nachdem sie das Nomadenleben aufgegeben hatten und kurz vor 1000 christianisiert wurden, in der Folgezeit mit dem Schicksal der Deutschen fast in dem gesamten hier angesprochenen Raum auf das engste verbunden blieben. Als Stephan (István) 996 Gisela, die Tochter des Herzogs von Bayern, heiratete, kamen in ihrem Gefolge zahlreiche Deutsche (Bauern, Handwerker, Ritter und Mönche) nach Ungarn. Der König war bestrebt, sein Land nach westlichem Vorbild aufzubauen, wobei natürlich auch die kulturellen Einflüsse aus dieser Richtung und vornehmlich aus den deutschsprachigen Räumen kamen. Städte wie Preßburg, Raab, Ofen, Pest, Fünfkirchen, Schemnitz, Neusohl, Tyrnau, Großwardein u. a. waren **deutsche Gründungen.** Um 1030 wurde das Bistum Tschanad (Csanád, Cenad) gegründet und dort eine Schule errichtet, an welcher schon in den Anfängen zwei deutsche Lehrer nachgewiesen werden können. Während der Regierungszeit des Königs Geyza II. (1141–1161) kam es zu bedeutenden deutschen Einwanderungen in die Gegend von Ofen, der Zips und Siebenbürgen.

Schon früher dehnte Pipin, der Sohn Karls des Großen, der um 790 die Awaren bezwungen hatte, den fränkischen Machtbereich bis Syrmien, also vor die Tore des späteren Belgrad, aus. In Ungarn ist deutscher Bevölkerungsanteil nachgewiesen. Er mußte 1241 beim **Einfall der Tataren** flüchten. Bereits im 13. Jahrhundert können in **Serbien** im Zusammenhang mit dem Bergbau deutsche Orte festgestellt werden. Ab 1427 hatte der ungarische König Sigismund (zugleich deutscher Kaiser) Belgrad eingenommen; von den daraufhin errichteten fünf Festungswerken wurden vier mit Deutschen besetzt und eines mit Serben. Um die gleiche Zeit veranlaßte Sigismund die Übernahme der Festung Severin bei Orschowa und die Verwaltung des dort umliegenden Teiles des Banats durch deutsche Einwanderer. Aber auch inmitten der letztgenannten Landstriche, u. a. im **Banat,** weisen die Historiker für das Mittelalter mehrere Orte mit deutschem Bevölkerungsanteil nach.

Mit dem **Übergreifen der Türken** nach Europa und ihrem Sieg bei Mohatsch 1526 fielen für rund 150 Jahre die Zentralgebiete Ungarns unter die Herrschaft des Halbmonds. Die bislang im ganzen positiv verlaufenen politischen, wirtschaftlichen und kulturellen Entwicklungen fanden damit ein Ende; sie konnten sich lediglich in den Randgebieten erhalten.

## 2. Aus dem Musikleben

Alle von den Menschen geschaffenen Gegenstände und Hilfsmittel dienten ursprünglich ausschließlich unmittelbaren praktischen Zwecken. Nicht anders war es bei den Anfängen musikalischer Äußerungen, welche zunächst bei unentbehrlichen Lebensvollzügen (rituell-magische Bedürfnisse, Jagd, Krieg usw.) zum Tragen kamen. Es war ein langer Weg, bis darüber hinaus Ansprüche anderer Natur realisiert werden konnten und die Musik über den reinen Selbstzweck hinaus zu einem Medium wurde, welches Freude, Erbauung, Trost und Genuß brachte. Die Entwicklung der zur Klangerzeugung benötigten Gegenstände verlief ähnlich – von den Primitivinstrumenten bis zu den schrittweisen technischen Verbesserungen und den zweckfreien ästhetischen Beigaben dauerte es ebenfalls seine Zeit.

Diese Vorgänge hatten um die **Zeitenwende,** wo wir mit unseren Betrachtungen im heimatlichen Südosten Europas beginnen wollen, bereits einen beachtlichen Stand erreicht. In zahlreichen Filmen aus der **Römerzeit** kommen Szenen mit Bläsern diverser Blasinstrumente vor, welche bei religiösen und weltlichen Anlässen auftraten. Aber auch von den **Germanen** ist bekannt, daß sie bereits in der vorchristlichen Zeit die Lure und das Horn, zum Beispiel bei Opferungen, benutzt hatten. Es darf angenommen werden, daß diese Instrumente von den genannten Völkern bei uns ebenfalls zur Verwendung gekommen waren.

Aber auch das **Christentum** konnte auf die in der heidnischen Zeit bei Festanlässen gebrauchten Blas- und Schlaginstrumente (Posaunen, Hörner, Trompeten, Pauken), welche stets Symbolcharakter hatten, nicht verzichten; sie waren im Volke bereits zu tief verwurzelt.

Das Musikgeschehen im Südostraum war im kirchlichen und weltlichen Bereich in dieser Periode bereits sehr beachtlich. Wir wollen es nachfolgend in exemplarischen Andeutungen aufzeigen.

Im Jahre 1931 fand man bei Budapest die **Orgel von Aquincum** (römisches Militärlager und Stadt im Raum der heutigen ungarischen Metropole) aus dem 3. Jahrhundert; es war eine „Wasserorgel". Aus der gleichen Gegend stammt der Fund eines Sarkophags der Sängerin und Orgelspielerin **Aelia Sabina.** Der **Bischofssitz von Syrmium** (Mitrowitz/Mitrovicza/Sremska Mitrovica) soll die Zerstörungen der Völkerwanderungszeit überstanden haben; andere, von denen wir keine konkreten Angaben zur Verfügung haben, dürfte es jedoch in dieser alten Zeit auch bereits gegeben haben.

Im 9. Jahrhundert wurde von Salzburg aus die Gegend südlich des Plattensees missioniert, von Passau aus Nord-Transdanubien und von Regensburg aus der Nordwesten Ungarns. Dabei wurde mit dem Glauben auch die **Kirchenmusik** mitgebracht. Stephan der Heilige (997–1038) hatte deutsche, italienische, französische und slawische Priester ins Land gerufen. Es wurden neue Bistümer gegründet, u. a. in Agram (1092); andere bestanden schon, z. B. in Gran/Esztergom, Raab/Győr. In den **Kloster- und Domschulen** wurde eifrig Musik- und Gesangpflege betrieben. So in Stuhlweißenburg/Székesfehérvár, wo ein Antiphonar (Antiphon = Wechselgesang zwischen Priester und Chor bzw. Gemeinde) aus der ersten Hälfte des 12. Jahrhunderts nach süddeutschem Muster hergestellt worden war. In Statuten und Protokollen war festgehalten, daß an rund einhundert Tagen pro Jahr „Die Schüler die Zeit mit Schreiben der Gesänge verbringen" sollen (in Agram 1334, Großwardein/Nagyvarad/Oradea 1370, Gran 1397). In derselben Zeit bestanden auch **Stadtpfarrschulen,** beispielsweise in Potok/Sárospatak. Nicht nur **an den Höfen der Bischöfe** in den Berg- und Handelsstädten im nördlichen Landesbereich und in Siebenbürgen war der Einfluß der deutschen Musik spürbar. Auswärtige Anregungen wurden damals auch durch Studenten an den Universitäten von Paris, Bologna, Padua, Wien, Prag und Krakau ins Land gebracht. In der letztgenannten Stadt sollen im 15. Jahrhundert etwa 2300 Hörer aus Ungarn studiert haben. Die Kloster- und Dombibliotheken scheinen allgemein relativ gut ausgestattet gewesen zu sein. So hatten die Benediktiner zu Martinsberg/Pannonhalma bereits im Jahre 1093 rund 80 Werke besessen.

Die heutige ungarische Hauptstadt Budapest geht, wie schon erwähnt, auf die römische Ansiedlung Aquincum zurück; die am linken Donauufer im 9. Jahrhundert entstandene Niederlassung wurde Pest und die an der rechten Seite Ofen/Buda genannt. Der Zusammenschluß zu Budapest/Ofenpest erfolgte erst im Jahre 1872/1873. Das ganze Mittelalter hindurch war das Kloster des Paulanerordens in **Ofen** ein bedeutendes Musikzentrum, zu welchem Sänger, Kodexschreiber und sogar Orgelbauer zählten. Die Maria Magdalenen-Kirche hatte hier einen eigenen Chor und eine selbständige Musikschule. Insgesamt soll es um das Jahr 1500 in Ofen sieben Schulen mit eigenen Chören gegeben haben und in Pest zwei.

Aber auch über die weltliche Musikpflege liegen Nachweise aus relativ frühen Zeiten vor. Später kam es zum Zustandekommen eines ausgesprochenen Sängerstandes. So hatten beispielsweise die „**Spielleute des Hofes**" im 12. Jahrhundert sogar Landschenkungen erhalten. Nach einem Dokument von 1347 gab es im nordöstlichen Teil von Pest eine Siedlung der königlichen Spielleute. Von größter Bedeutung für die Entwicklung der Musikkultur waren die Heiraten ungarischer Könige mit westlichen adeligen Bräuten. Mit diesen kamen auch Musiker aus dem Ausland herein. Die deutschen und anderen Einwanderer, welche ab dem 12. Jahrhundert zuzogen und häufig in geschlossenen Siedlungen lebten, hatten ihre Musik mitgebracht und pflegten sie weiter. Aber schon unter Stephan dem Heiligen, der im Jahre 1000 gekrönt worden war, stellte Ungarn „den südöstlichen Eckpfeiler im europäischen musikalischen Verkehrsnetz" dar. Fahrende Musiker, auch im Zusammenhang mit den Kreuzzügen, deren eine Straße durch das Land führte, brachten aus dem Westen Musikgut mit. Die politisch-kulturelle Orientierung des Landes wechselte zwar zuweilen, so kamen im 12. Jahrhundert auch französische Sänger nach Ungarn, später wieder zunehmend deutsche Musiker. Bei einer von König Sigismund einberufenen Fürstenversammlung nach Ofen hatten 36 Trompeter das Eröffnungszeremoniell bewältigt.

Es muß aber auch erwähnt werden, daß die musikalischen Beziehungen Ungarns zu Westeuropa keine Einbahnstraße waren. Die ungarischen Hofmusiker traten in deutschen Städten auf, in der Schweiz, in Frankreich und in den Niederlanden. Ebenfalls im

15. Jahrhundert hatte Englands König um **ungarische Pauken** gebeten. Im Zusammenhang mit **Wallfahrten**, welche sich bis nach Aachen erstreckten, kamen aus Ungarn Volksmusiker, deren Auftreten Gefallen gefunden haben mußte, denn manche Sackpfeifer und Bärenführer blieben länger hier als die Pilger. Die im Westen noch lange beliebt gewesenen „Ungaresca"-Tänze gehen auch auf die Auslandsreisen der ungarischen Spielleute zurück.

Schließlich läßt sich auch das **Theaterleben** in Ungarn bereits im Mittelalter belegen. Felix Milleker schreibt darüber in seiner „Geschichte des deutschen Theaters im Banat" wörtlich: „So befiehlt 1279 ein Kanon der Ofner Synode, daß man die Mimen nicht anhören dürfe. 1460 verbietet die Zipser Synode, daß man den Mimen aus dem ‚Almosen Christi' spende. Endlich wissen wir, daß am Hofe des ungarischen Königs Ludwig II. (1516–1526) das Spiel der Komödianten bewundert wurde."

Nachdem die Türken in der Schlacht bei Mohatsch (1526) die Ungarn besiegt und 1540 Ofen erobert hatten, zerfiel das Land; ein Teil verfiel der türkischen Besatzung, ein anderer kam zu Österreich und ein dritter blieb das siebenbürgische Fürstentum. Damit hatte eine hoffnungsvolle Entwicklung ihr Ende gefunden. Über das Musikleben hinterließ die rund 150jährige **türkische Besatzungszeit** keine schriftlichen Belege. In den übrigen Bereichen lebten freilich Musik und Gesang weiter. Im damaligen **Oberungarn** und in **Siebenbürgen** trug das Kulturleben auch weiterhin ein deutsches Gepräge. Ansonsten aber kam es durch den erwachenden ungarischen Nationalismus und dem Bestreben, von Österreich abzurücken, auf dem Musiksektor zu einigen Veränderungen. Die Ungarn suchten nach neuen Stilformen, und es erschienen nun auch zahlreiche Notendrucke. Für diese bekundeten auch westeuropäische Verleger und Sammler Interesse, so daß auf diese Weise Exponate erhalten blieben. Die **Kunstmusik** hatte sich bei den Erschütterungen der Zeit in die Höfe und Burgen des Adels, der Kirchen und Klöster und Schulen zu erhalten gesucht. Ansonsten werden die Verhältnisse namentlich für das 17. Jahrhundert in „Musik in Geschichte und Gegenwart", Seite 1071, wie folgt trefflich geschildert: „Auf den Adelssitzen erschienen ländliche Orchester (Trompeter, Fiedler, Virginalisten, Lauten- und Zymbalspieler) oft bäuerlicher Art, aber auch unter Heranziehung geschulter Musikanten, und führten Turmmusik, Tafelmusik, Tanzmusik zu den Festlichkeiten auf. (Als Trompeter solcher Residentialorchester erschien in Oberungarn und Siebenbürgen um die Mitte des Jahrhunderts der Deutsche D. Speer, Verfasser des Ungarischen Simplicissimus, 1683.) Kunstliebende Magnaten, wie die Esterházy, Rákócsi, Thököly, Batthyány, Nádasdy verfügten oft über 15–20gliedrige Ensembles von Pfeifern, Orgel-, Klavichordspielern, Sackpfeifern, Geigern und Trompetern; gelegentlich wurden auch Krummhörner, Posaunen, Harfe, Gambe und Gitarre verwendet. Diese Ensembles standen zwischen 1640 und 1690 in voller Blüte; an sie schließt sich später die Zeit der streng organisierten Residentialorchester des 18. Jahrhunderts an."

An der nachstehenden kurzen Darstellung von Einzelpersönlichkeiten dieses Abschnittes wird bereits die Tendenz sichtbar, welcher wir auch in den späteren Kapiteln begegnen werden – es war ein Kommen und Gehen von Künstlern und in ihren Werken ein Geben und Nehmen.

Der bekannte Minnesänger **Oswald von Wolkenstein**, der 1377 auf Schloß Schöneck in Tirol zur Welt kam und 1445 in Meran starb, war im Jahre 1415 von König Sigismund, der 1433 auch deutscher Kaiser wurde, in den Dienst genommen worden. Dadurch kam Wolkenstein mindestens zweimal nach Ungarn, im Jahre 1419 und 1424 nach Preßburg/Pozsony/Bratislava. Von fremden Spielleuten am ungarischen Königshof um diese Zeit werden auch Peter Suchenwirt und Michael Beheim genannt.

Der um 1440 vermutlich in Lüttich geborene **Johannes Stokem** hatte in den 1480er Jahren als Kantor bei König Matthias Corvinus gewirkt. Ein von ihm geleiteter Chor genoß großes Ansehen. Von Ungarn aus begab sich Stokem nach Rom, wo er in die päpstliche Kapelle eintrat. Der Künstler hatte mehrere Kompositionen in Druck herausgebracht.

In Schweidnitz, Schlesien, wurde um 1480 **Thomas Stoltzer** geboren, welcher dann als Geistlicher in Breslau erste kompositorische Werke hervorbrachte. Die ungarische Königin Maria setzte sich bei König Ludwig II. dafür ein, Stoltzer an den Hof nach Ofen als „magister capellae" zu bringen. Es wird angenommen, daß seine Hochzeitsmotette „Beati omnes" bei der Vermählung des Königspaares am 13. Januar 1522 aufgeführt wurde. Zum Leiter des Knabenchores hatte Stoltzer den deutschen Humanisten J. Lang berufen. Die musikalisch ausgebildete Königin kümmerte sich sehr um die Entwicklung der Hofkapelle und gab Stoltzer Anregungen für mehrere Kompositionen. Der Musiker ist im Zusammenhang mit der Schlacht bei Mohatsch am 29. August 1526 auf der Flucht vor den Türken in der Donau ertrunken.

**Wolfgang Grefinger**, der um 1485 in Krems geboren wurde, war in Wien um 1510 Organist am Stephansdom und um 1525 in gleicher Eigenschaft am ungarischen Königshof zu Ofen tätig gewesen.

Zu einem bedeutenden Repräsentanten ungarischer Musikkultur wurde **Sebestyén (Sebastian) Tinódi**. Seine Geburt wird zwischen 1505 und 1510 in der Branau/Baranya vermutet. Er lebte in der Residenz des Staatsmannes Bálint Török in Gränz-Sigeth/Szigetvár und wurde in dessen Umkreis Augenzeuge und Berichterstatter des türkischen Vordringens ins Land. Später mußte er den Ort verlassen, bereiste das ganze ungarische Gebiet und wohnte von 1548 bis 1553 in Kaschau/Kassa/Košice, bis er dann 1556 in Sárvár, Nordwest-Ungarn, starb. Tinódi erlangte durch seine „Zeitungslieder", besonders aber durch sein Hauptwerk „Cronica" (Klausenburg/Koloszvár/Cluj 1554) als Dichter und Sänger nationale Bedeutung. Das letztgenannte Werk enthält 23 originelle Melodien, von welchen sich einige recht lange erhalten hatten, zumal sie, obwohl der Kunstmusik zuzurechnen, in einer volkstümlich-ungarischen Rhythmik und Melodik gehalten sind.

**Johann Zanger,** 1517 in Innsbruck geboren und 1587 in Braunschweig gestorben, befand sich als Mitglied der Hofkapelle ab etwa 1523 in Ofen, von wo er allerdings nach der Schlacht bei Mohatsch im Gefolge der Königin Maria 1527 nach Wien kam. Später hatte er in Österreich und Deutschland erfolgreich gewirkt.

Im Jahre 1507 kam in Kronstadt/Brasso/Brașov (Siebenbürgen) **Valentin Greff** zur Welt, der später „Bakfark" (Bockschwanz) genannt wurde. Er war, wie auch sein Bruder Michael, als Lautenist ausgebildet worden, erlangte jedoch europäische Geltung. Johann Zápolya, der ungarische König ab dem Jahre 1526, nahm ihn an seinen Hof. Als Virtuose und Diplomat trat er dann in Litauen, Preußen, am polnischen Königshof, in Wien, im heimatlichen Siebenbürgen und in Italien auf. Er starb 1576 in Padua. In Lyon in Frankreich, welches er ebenfalls bereist hatte, erschien 1552 von ihm eine viel beachtete „Tabulatur" (alte Tonschrift besonders für Lautenspieler). Um 1565 kam in Krakau sein zweites Lautenbuch heraus, welches prunkvoll ausgestattet und dem König gewidmet war. Der 1888 ebenfalls in Kronstadt geborene Egon Hajek hatte dem unsteten, doch genial begabten Künstler in Wien in dem Roman „König Lautenspieler" ein Denkmal gesetzt.

Der älteste Notendruck in Ungarn war 1548 in Kronstadt durch den Siebenbürger Reformator **Johannes Honterus** erschienen.

Der 1594 verstorbene, damals bedeutende Lyriker **Bálint Balassi** hatte auf italienische, türkische und deutsche Weisen gedichtet.

In Siebenbürgen hatte die Reformation auch in kirchenmusikalischer Hinsicht anregend gewirkt. So hatte der in Groß-Scheyer geborene **Hieronymus Ostermayer** von 1530 bis zu seinem Tode 1551 in Kronstadt als Organist zum Ansehen der Stadt beigetragen. Sein Sohn, **Georg Ostermayer,** der um 1530 in Kronstadt zur Welt kam, wurde später ein beachteter Organist in Heilbronn, wo er 1571 starb.

Von dem aus Klausenburg stammenden **Antonius Jung,** der Pfarrer in Urwegen/Girbova war, stammt aus dem Jahre 1576 die älteste in Siebenbürgen erhaltene (sechsstimmige) Motette (Gesangwerk nach Bibeltexten, meist ohne Instrumentalbegleitung).

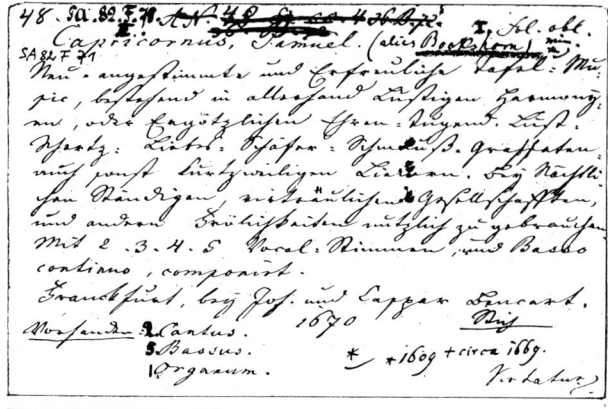

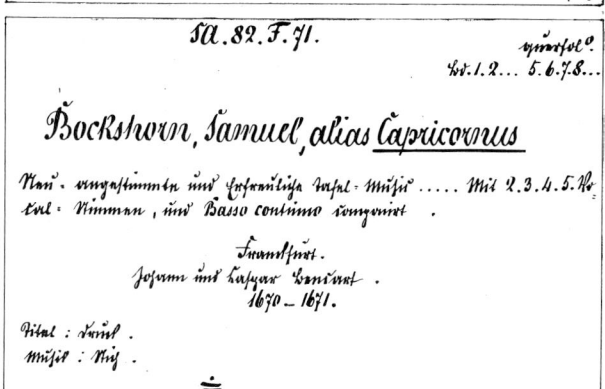

In Preßburg kam 1507 **Melchior Neusiedler** (Neusidler) zur Welt, der als Lautenist u. a. in Augsburg (1552–1561) und Italien (1565–1566) aufgetreten ist. Er hatte einige Werke für die Laute veröffentlicht und starb 1590 in Nürnberg.

**Hans Neusiedler,** 1508 gleichfalls in Preßburg geboren, war als Lautenist auch außerhalb bekannt geworden. In Nürnberg, wo er sich seit 1530 aufhielt, starb er 1563.

Kaiser Friedrich III. hatte dem Rat von Laibach/Ljubljana 1478 mitgeteilt, daß er seinem Hoftrompeter **Wolfgang Wetter** die „Spielgrafschaft" über die Steiermark, Kärnten und Krain verliehen habe.

**Jakob Handl-Gallus** wurde 1550 in Reifnitz/Ribnica (Krain) geboren. Er war Kantor, dann von 1579–1585 bischöflicher Chordirektor in Olmütz. Er hatte einige Messen und Motetten komponiert und starb 1591 in Prag.

Der in Raščica in Slowenien 1508 zur Welt gekommene **Primus Truber** (Primož Trubar) war protestantischer Priester geworden und mußte nach Württemberg fliehen. Der von ihm herausgegebene slowenische Katechismus führte als Anhang ein Gesangbuch.

In Laibach wirkte in der zweiten Hälfte des 16. Jahrhunderts als Kantor der Stände **Wolfgang Striccius** (Stricker?) aus Wunstorf bei Hannover. 1588 erschien von ihm in Nürnberg „Neue teutsche Lie-

**Neue Teutsche Lieder mit vier** Stimmen/mehrer thails ad pares voces componirt/

Durch **Wolffgangum Striccium** Saxonem, E. Ersamen Landschafft in Crain Cantorem.

**Discant.**

Mit Röm. Kay. Maiestat Freyheit nit nachzutrucken.

Gedruckt zu Nürmberg durch Katharinam Gerlachin.

M D LXXXVIII.

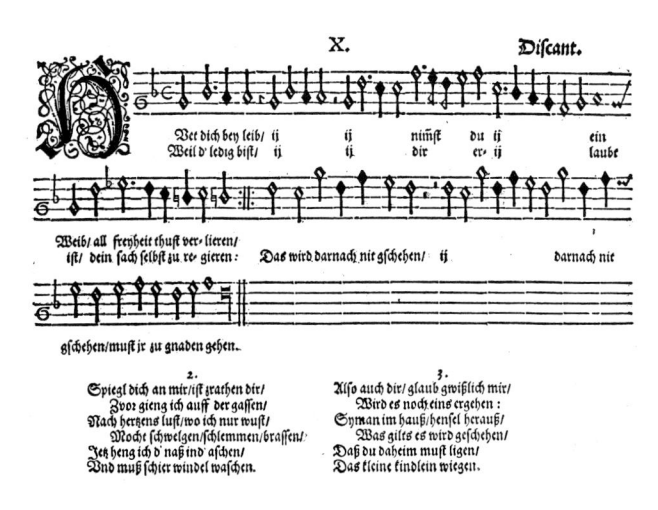

X. Discant.

Hüet dich bey leib/ ij ij nimbst du ij ein laube
Weil d' ledig bist/ ij ij dir er ij

Weib/ all freyheit thust verlieren/ Das wird darnach nit gschehen/ ij darnach nit
ist/ dein sach selbst zu regieren:

gschehen/must ir zu gnaden gehen.

2.
Spiegl dich an mir/ist grathen dir/
Zvor gieng ich auff die gassen/
Nach hertzens lust/wo ich nur wust/
Möcht schwelgen/schlemmen/prassen/
Jetz heng ich d' naß ind' aschen/
Vnd muß schier windel waschen.

3.
Also auch dir/ glaub gwißlich mir/
Wird es noch eins ergehen:
Syman im hauß/hensel herauß/
Was gilts es wird geschehen/
Daß du daheim must ligen/
Das kleine kindlein wiegen.

der" (21 kirchliche und weltliche Gesänge), welche er den Krainern widmete.

Ende des 16. Jahrhunderts hatte in Laibach der evangelische Slowene **Adam Bohorič** eine große Musikbibliothek angelegt.

Das 17. Jahrhundert hatte eine weitere Anzahl bedeutender Musikerpersönlichkeiten hervorgebracht:

Der Stadtpfeifer **Laurenz Bessler** in Ödenburg/Sopron entstammte vermutlich einer Musikerfamilie aus Breslau-Brieg; 1665 hatte er sich, wohl aus religiösen Gründen, nach Schwaben begeben.

Der aus der Zips/Szepes/Spiš hervorgegangene **Johann Celscher** dürfte um 1600 „auf einem Schloß in Ungarn" („Scepesvár"?) tätig gewesen sein. Sicher ist jedoch sein Wirken in westpreußischen Orten; u.a. war er 1601 Musikdirektor in Thorn. Von seinen Kompositionen ist der „1. Theil kurtzweiliger deutscher weltlicher Liedlein, mit 4 Stim. lieblich zu singen, vnd auff Instrum. zu gebrauchen, nach Villanellen art ..." im Jahre 1600 in Königberg (Ostpreußen) erschienen. In Thorn kamen drei Hochzeitslieder von Celscher heraus. Bereits 1596 veröffentlichte er in Königsberg drei Gesänge zu 6 und 7 Stimmen.

In Preßburg war 1615 in der evangelischen kirchenmusikalischen Betätigung **Johann Crügers** ein Begriff.

**Johann Baptist Dolar,** dessen Familienname auch in anderen Schreibweisen vorkommt und auch mit Janez Krstnik bezeichnet wurde, kam um 1620 in Stein/Kamnik, Slowenien, zur Welt und starb in Wien am 13.2.1673. Während seiner Unterrichtstätigkeit am Jesuitengymnasium in Laibach leitete er dort 1657 die Musik. Nach einer zwischenzeitlichen Berufung nach Passau kam er 1661 nach Wien, wo er die Musikkapelle der Kirche Am Hof leitete. Von ihm sind 19 geistliche und 6 weltliche Kompositionen bekannt geworden.

Aus Neusiedl im Burgenland war der Stammvater einer berühmt gewordenen Orgelbauerfamilie hervorgegangen: **Johann Engler** (1620–1694), der in Breslau starb. **Michael Engler jun.** (1688–1770) hatte in Schlesien eine Reihe hoch anerkannter Instrumente dieses Faches hervorgebracht.

In Preßburg lebte im 17. Jahrhundert der Notendrucker **Gottfried Gründer.**

Vermutlich in Preßburg war auch der Notendrucker **Andreas Hörmann** aus Tyrnau/Nagyszombat/Trnava tätig.

Der „Cantor und Conrector" in St. Georgen/Szentgyörgy/Svätý Jur, **Johann Kaspar Kessler,** hatte aus religiösen Gründen fliehen müssen und wurde in Stuttgart Hoforganist. Später kehrte er wieder nach Ungarn zurück.

Die kirchenmusikalischen Aktivitäten in Preßburg, u. a. auch im evangelischen Gymnasium und in der Dreifaltigkeitskirche werden beispielsweise durch reichliche Musikalienverzeichnisse belegt, in welchen von den Ausführenden Namen wie **Haßler, Schütz, Schein** und **Rosenmüller** genannt werden.

Nach Preßburg kam 1657 als Kirchen- und Schulkantor **Johann Kusser,** der 1826 in Ödenburg zur Welt kam. Auch er mußte sich als verfolgter Evangelischer in Sicherheit bringen und fand am württembergischen Hof ein Unterkommen. Zu besonderem Ansehen gelangte sein Sohn **Johann Sigismund Kusser (Cousser),** der 1660 in Preßburg geboren wurde und 1727 in Dublin starb. Aus seinem unsteten Leben – er war u.a. in Paris und Braunschweig, von 1693 bis 1696 Mitpächter der Hamburger Oper, 1698–1704 Opern-Kapellmeister in Stuttgart und zuletzt Hofkapellmeister des Vizekönigs in Irland. Außer Gelegenheitskompositionen hatte er folgende 17 Opern geschrieben (in Klammern Ort und Jahr der Erstaufführungen):

Julia (Braunschweig 1690), Kleopatra (1690), La grotta di Saldahl (1691), Ariadne (1692), Die unglückliche Liebe des tapferen Jason (1692), Narcissus (1692), Der durch Großmut

LANDSCHAFTSDENKMALE DER MUSIK
SCHLESWIG-HOLSTEIN UND HANSESTÄDTE
BAND 3

JOHANN SIGISMUND KUSSER
⟨1660–1727⟩
Arien, Duette und Chöre
aus
ERINDO
oder
Die unsträfliche Liebe

Herausgegeben von
HELMUTH OSTHOFF

1938

HENRY LITOLFF'S VERLAG / BRAUNSCHWEIG

und Tapferkeit besiegte Porus (1692), Erindo = Die unsträfliche Liebe (Hamburg 1693), Pyramus und Thisbe (1694), Scipio Africanus der Großmütige (1694), Der verliebte Wald (Stuttgart 1698), Junio (1699), Alarich in Pulcherien verliebt (1699), Floridaspe = Die gerechtfertigte Unschuld (1701), Le festin des Muses (1700), Appollon enjoue (1700), La cicala della Cetra d'Eunomio (1700).

**Daniel Lagkner,** der aus Marburg/Maribor an der Drau stammte, war um 1606 in Losdorf (Österreich) als Organist tätig und zugleich als Musiker im Dienste des Grafen Losenstein. Er brachte mehrere kirchenmusikalische Kompositionen heraus und „Newe teutsche Lieder mit 4 Stimmen" (Nürnberg 1606).

Von dem Organisten **S. Markfelder** in Leutschau/Löcse/Levoča stammt eine Sammlung deutscher, ungarischer, slowakischer und polnischer Tanzmusik aus der Zeit zwischen 1660 bis 1670.

Im Jahre 1695 war in Preßburg ein Konzertwerk „Lyra coelestis" von **Georg Naray** erschienen.

In Mainz war von 1612 bis 1641 als erzbischöflicher Kapellmeister der in Laibach geborene **Gabriel Plautz(ius)** tätig, der zu Aschaffenburg 1621 einen Band mit Kirchenmusik im venezianischen Stil hatte drucken lassen.

Im Jahre 1630 kam der im niederösterreichischen Pottendorf geborene **Andreas Rauch** als Organist nach Ödenburg, wo er um 1650 starb. Zuvor war er in gleicher Eigenschaft bei den evangelischen Landständen Hernals (Wien) tätig. Aus seiner Feder gingen mehrere, damals hoch bewertete kirchliche Kompositionen hervor: „Thymiaterium musicale, d.i. Musikalisches Rauchfäßlein oder Gebetlein mit 4, 5, 6, 7 und 8 Stimmen sammt dem B.C." (Nürnberg 1625), „Conectus votivus" (Wien 1664), „Motetti, deutsche Concerte und 1 Missa von 3 und 8 Stimmen mit Violinen", „Corrus triumphales Musicus" (1648). Rauch organisierte und popularisierte in Ödenburg aber auch die „Turmmusik", wobei er zu einem Förderer der Blasmusik wurde.

In St. Georgen in der Zips wird der Geburtsort von **Gabriel Reilich** vermutet. Er war in Hermannstadt/Nagyszeben/Sibiu Organist. Von Bedeutung ist seine barocke Liedersammlung „Geistlichmusikalischer Blumen- und Rosenwald" (erster Teil 1673, zweiter Teil 1677). Reilich war auch ein Vertoner von Gedichten des Martin Opitz, der 1623 an der siebenbürgischen Fürstenschule zu Weißenburg (= Karlsburg/Gyulafehérvár/Alba Jula) gelehrt hatte. Er vertonte aber auch Werke von Angelus Silesius. Weitere Kompositionen: „Vesperae brevissimae" (1664), „Ein Neu-Musicalisches Wercklein" (1665), „Neu-Musicalische Concerten (1668). Reilich starb am 12. November 1677 in Hermannstadt.

In Leutschau war um das Jahr 1660 **Johannes Spiegelberger** als Chordirigent tätig. Von ihm stammen eine Messe und einige Motetten.

### Der Lobende

*Georg Christoph Strattner*

1. Lobe den Herren, den mächtigen König der Ehren,
2. Lobe den Herren, der alles so herrlich regieret,
3. Lobe den Herren, der künstlich und fein dich bereitet,

1. meine geliebete Seele, das ist mein Begehren,
2. der dich auf Adelers Fittichen sicher geführet,
3. der dir Gesundheit verliehen, dich freundlich geleitet;

1. kommet zu Hauf, Psalter und Harfe wacht auf,
2. der dich erhält, wie es dir selber gefällt,
3. in wieviel Not hat nicht der gnädige Gott

1. lasset die Musicam hören, lasset die Musicam hören!
2. hast du nicht dieses verspüret, hast du nicht dieses verspüret?
3. über dir Flügel gebreitet, über dir Flügel gebreitet!

4. Lobe den Herren, der deinen Stand sichtbar gesegnet,
Der aus dem Himmel mit Strömen der Liebe geregnet;
Denke daran, was der Allmächtige kann,
Der dir mit Liebe begegnet.

5. Lobe den Herren, was in mir ist, lobe den Namen.
Alles was Odem hat, lobe mit Abrahams Samen.
Er ist dein Licht; Seele vergiß es ja nicht;
Lobende, schließe mit Amen.

**Georg Strattner** (Stradner) kam aus Marburg a. d. Drau, er war Stiftsorganist in Wels und Graz, dann mußte er sich nach dem toleranteren Ungarn begeben. Wahrscheinlich war **Georg Christoph Strattner** sein Enkel, der um 1645 im burgenländischen Gols zur Welt kam. Er begab sich nach Preßburg zu seinem Vetter, dem städtischen Musikdirektor **Samuel F. Capricornus (Bockshorn)**, zur Ausbildung. Mit diesem übersiedelte er nach Stuttgart, wo Capricornus Hofkapellmeister wurde. Strattner arbeitete von 1666 bis 1682 als markgräflicher Kapellmeister am Hofe zu Durlach. Danach erhielt er die Kapellmeisterstelle an der Barfüßerkirche in Frankfurt am Main. 1694 findet er in Weimar einen Posten als Tenorist und Kanzlist. Ab 1697 wurde er mit der Leitung des neu eröffneten Opernhauses betraut und dürfte auch für die Bühnenmusik besorgt gewesen sein. Hier starb er um das Jahr 1705. Strattner hatte eine ganze Reihe geistlicher und weltlicher Kompositionen hinterlassen:

„Levavi oculos" (1670), „Herr, wie lange" (1670), „In corde dixit fatuus" (1675), „Ich stelle mich bei meinem Leben" (1676), „Herr, der du uns hast anvertraut" (um 1682), „Erstanden ist des Todes Tod" (um 1682), „O Gott, du Ursprung der Liebe" (nach 1682), „Aus der Tiefe" (1685), „Getreuer Schöpfer, der du mich ..." (vor 1686), „Du Hirt Israel" (1686), „Drei sind, die da zeugen" (1687), „Himmel und Erde werden vergehen" (1687), „Barmherzig treuer Gott" (1687), „Ach mein Vater, ich habe gesündiget" (1689), „Die Welt, das ungestüme Meer" (1690), „Ich will den Herrn loben allezeit" (1690), „Sehet doch, ihr Menschenkinder (1692), „Ihr Himmelsfeste" (1693); 64 Lieder in „Vermehrte Glaub- und Liebesübung" von Joachim Neander; 3 weltliche Sololieder mit Begleitung, Roßballett (1667), Tafelstücke; Durlacher Bühnenwerke; Tanz-Spiel „Glück und Tugend" (1666); „Der Liebestriumph" (Singballett 1670); „Musen-Preiß-Ballett" (1670); Singballett „Atlas oder die vier Theil der Welt" (1681).

Bei einer weiteren Anzahl musikalischer Bühnenwerke ist die Urheberschaft Strattners nicht ganz sicher nachweisbar. Von ihm stammt jedoch eine überarbeitete Melodiefassung des Kirchenliedes „Lobet den Herren, den mächtigen König der Ehren" (Text: Joachim Neander).

**Johann Wohlmuth** (1643–1724) stammte aus Ödenburg und studierte in Wittenberg und Breslau. In Regensburg konnte er seine Musikkenntnisse vertiefen. In die Heimatstadt zurückgekehrt, wurde er Dirigent und Organist an der evangelischen Kirche. Darüber hinaus hatte er auch die Organisation des Musiklebens der Stadt übernommen und die schon bestandene Turmmusik weiter entwickelt. Wohlmuth trat mit Eigenkompositionen und als Orgelkünstler, auch in Wien, hervor.

Aus Bartfeld/Bártfa/Bardejov wird über eine Orgeltabulatur berichtet, welche **Zacharias Zarewutius** in der Zeit von 1625 bis 1665 angelegt hatte und von musikgeschichtlicher Bedeutung ist.

# IM 18. JAHRHUNDERT

## 1. Liedgut aus der Zeit der Begegnung mit dem Halbmond

Zeiten kriegerischer Auseinandersetzungen und Gefahren hatten noch immer ein spezifisches Liedgut hervorgebracht. Darin werden oft Feindbilder gezeichnet, um den Widerstandswillen zu wecken, Helden gepriesen, um Vorbilder zu schaffen, Erlebnisse mitgeteilt, Spott geäußert, Eigenlob produziert, aber auch Humor angedeutet. Nicht anders war es in den historischen Phasen der militärischen Begegnungen mit den Türken.

Schon die erste Belagerung Wiens im Jahre 1529 hatte **Arnold von Bruck,** den Kapellmeister Kaiser Ferdinands I., zu einem Lied angeregt, welches er 1534 veröffentlicht hatte:

*„Ihr Christen all gleiche / merkt auf mit sunderm Fleiss, / Wie es in Österreiche / geschehn in schneller Weis, / vom Türken überzogen / für Wien mit seiner Rott / jedoch hat er nit mügen / die Christen übersiegen, / Lob sei dem höchsten Gott!"*

Anläßlich der zweiten Belagerung Wiens (1683) soll folgender Text nach der **Melodie des Prinz-Eugen-Liedes** („ein bayerischer Tanz!") gesungen worden sein (1. und 3. Strophe):

*„Als Chur-Sachsen das vernommen, / daß der Türck vor Wien war kommen, / rüst er seine Völker bald, / thät sich eilend dahin machen, / da hört man das Pulver krachen, / da wurden viele Bluthunde kalt. / Kasche, kasche, Rocklisabka, / walle, walle, Predeschea, / Großvesier gab Fersengeld. / Der Polen-König thät nachsetzen und die türkischen Hunde hetzen / als ein braver Kriegesheld."*

(Aus „Carmina historica. Geschichte(n) im Bild. Gestaltet von Johannes Holzmeister. Fidula").

Der wohl populärste Gesang aus jenen Ereignissen bis auf den heutigen Tag ist unbestritten das **„Prinz-Eugen-Lied",** dessen älteste oder eine der ältesten Niederschriften sich in der Musikbibliothek der Stadt Leipzig befindet. Es ist auf Seite 144 einer „Sammelhandschrift in Klaviernotation mit Textunterlegung der 1. Liedstrophe" enthalten in: „Musicalische Rüstkammer auff der Harffe aus allerhand schönen und lustigen Arien, Menuetten, Sarabanden, Giquen und Märschen bestehend aus allen Thonen. 1719." Über seine Entstehung heißt es in einer Version, daß es ein brandenburgischer Krieger gedichtet habe, „der unter dem Fürsten von Dessau, im Heere Eugens dienend, bei Hochstädt und Turin mitfocht".

Über dieses Lied folgen auf Seite 34 drei Melodieversionen samt dem Text aus „Deutscher Liederhort" von Franz M. Böhme, Leipzig 1893.

**Johann Nepomuk Vogl,** ein Wiener Dichter, dessen Mutter Ungarndeutsche war, hatte im vergangenen Jahrhundert in „Meyer's Groschen-Bibliothek der Deutschen Classiker für alle Stände" ein Gedicht „Prinz Eugen" veröffentlicht, von dessen zehn Strophen die erste lautet:

*„Vor der Schanz' bei Zent gewahret / Viel Soldaten man geschaaret, / Küraßier und Musketier, / Auch Constabler und Husaren, / Die auf das Signal nur harren / Zur Bataille mit Begier."*

**Carl Loewe** hatte 1844 die folgende von **Ferdinand von Freiligrath** sechs Jahre zuvor geschaffene Ballade nach einem Volkslied vertont; hiervon die 1. Strophe:

*„Zelte, Posten, Werda-Rufer, / lust'ge Nacht am Donau-Ufer, / Pferde stehn im Kreis umher, / angebunden an den Pflöcken, / an den engen Satteldecken / hängen Karabiner schwer."*

Aber auch der Wechselgesang **„Die vermeinte Jungfrau Lille"** zwischen Prinz Eugen („Lill', du allerschönste Stadt …") und der Stadt Lille stellt einen Bezug zum genialen Feldherrn dar.

In der Wiener National-Bibliothek befindet sich ein Büchlein **„Volkslied nach der Eroberung Belgrads,** gesungen den 14ten Oktober 1789. Wien, gedruckt bey Thaddäus Edl. von Schmidtbauer", worin in 35 Strophen recht schwungvoll die damaligen Ereignisse geschildert werden. In der 10. Strophe wird auch unsere Heimat erwähnt und über „den Türken" gesagt:

*„Wohl wagt sein Volk sich ins Bannat / Und spielte Räuber-Rollen, / Doch mußte nach der Winter-Saat / Sich das Gesindel trollen; / So zoh es nackend her und hin – / Das war sein einziger Gewinn!"*

Bei Ditfurth, Historische Lieder des österreichischen Heeres, wird unter Nr. 31 **„Laudon vor Belgrad (1789)"** angeführt:

## 324. Prinz Eugen vor Belgrad. 1717.

*a) Notation von Erk.*

*Mäßig und nachdrücklich.* — *In ganz Deutschland bekannte Volksweise.*

Prinz Eu-gen, der ed-le Rit-ter, wollt' dem Kai-ser wied'-rum krie-gen Stadt und Fe-stung Bel-ge-rad. Er ließ schla-gen ei-nen Brucken, daß man kunnt' hin-ü-ber ru-cken mit d'r Ar-mee wohl für die Stadt.

*b) Taktirung von Fr. Silcher, um 1860.*

*Nachdrücklich und mäßig bewegt.*

Prinz Eu-ge-ni-us der ed-le Rit-ter, wollt dem Kai-ser wiedrum krie-gen Stadt und Fe-stung Bel-ge-rad. Er ließ schla-gen ei-nen Brucken, daß man kunnt hin-ü-ber-ru-cken mit d'r Ar-mee wohl vor die Stadt.

*c) Original der Melodie 1719 handschriftlich.*

2. Als der Brucken nun war geschlagen,
Daß man kunnt' mit Stuck und Wagen
Frei passiern den Donaufluß:
|: Bei Semlin schlug man das Lager,
Alle Türken zu verjagen,
Ihn'n zum Spott und zum Verdruß. :|

3. Am einundzwanzigsten August so eben
Kam ein Spion bei Sturm und Regen,
Schwur's dem Prinz'n und zeigt's ihm an,
Daß die Türken futragieren,
So viel als man kunnt' verspüren,
An die dreimal hunderttausend Mann.

4. Als Prinz Eugenius dies vernommen,
Ließ er gleich zusammen kommen
Seine General und Feldmarschall;
Er thät sie recht instrugieren,
Wie man sollt' die Truppen führen
Und den Feind recht greifen an.

5. Bei der Parole thät er befehlen,
Daß man sollt' die zwölfe zählen
Bei der Uhr um Mitternacht;
Da sollt' all's zu Pferd aufsitzen,
Mit dem Feinde zu scharmützen,
Was zum Streit nur hätte Kraft.

6. Alles saß auch gleich zu Pferde,
Jeder griff nach seinem Schwerte,
Ganz still ruckt' man aus der Schanz';
Die Musk'tier' wie auch die Reiter
Thäten alle tapfer streiten;
's war fürwahr ein schöner Tanz!

7. „Ihr Konstabler auf der Schanzen,
Spielet auf zu diesem Tanzen
Mit Kartaunen groß und klein,
Mit den großen, mit den kleinen
Auf die Türken, auf die Heiden,
Daß sie laufen all' davon!"

8. Prinz Eugenius wohl auf der Rechten
Thät als wie ein Löwe fechten
Als General und Feldmarschall.
Prinz Ludewig ritt auf und nieder:
„Halt't euch brav, ihr deutschen Brüder,
Greift den Feind nur herzhaft an!"

9. Prinz Ludewig, der mußt' aufgeben
Seinen Geist und junges Leben,
Ward getroffen von dem Blei.
Prinz Eugen war sehr betrübet,
Weil er ihn so sehr geliebet;
Ließ ihn bring'n nach Peterwardein.

**Volkslied nach der Eroberung Belgrads gesungen den 14ten Oktober 1789.**

WIEN,
gedruckt bey Thaddäus Edl. von Schmidtbauer.

„Marschieren wir in das türkische Land, / Stadt Belgrad ist uns wohlbekannt; / marschieren wir in das Feld, / bei Belgrad übers Gebirge. / Da kam daher ein starker Held, / zum Trutz der stolzen Türken."
(Weitere sechs Strophen.)

Aber auch **„Auf Kaiser Josephs II. Tod** (20. Februar 1790)" erinnert an die Kämpfe gegen die Osmanen:

„Josephus, der römische Kaiser, der weltberühmte Held, / der mit dem türkischen Kaiser gekämpfet hat im Feld, / thut sich der Welt empfehlen, sein' getreuesten Generälen, / muß in sein' frühsten Jahr'n schon auf die Todesbahr."

In einem 1793 bekannt gewordenen Trinklied mit einem Text von **Vulpius** und der Melodie von **Dittersdorf** kommen bereits verklärte und vom Kämpferischen entfernte Passagen vor:

„In Ungarn, in Ungarn, da wächset mein Wein, / Doch will ich des Franzmannes Tadler nicht sein …" und „Die Türken sind Narren, sie trinken nicht Wein: Wir wollen gescheidter denn Muhamed sein!"

## 2. „Esztergom Kalesi …" – ein türkisches Gegenstück zu den kaiserlichen Liedern

Eine Studienreise im März/April 1986 durch die Türkei führte auch im Hinblick auf unsere heimatliche Musikforschung zu einer einmaligen Überraschung. Anläßlich eines Gesprächs über die Ausdehnung des Osmanenreiches bis nach Wien im 17. Jahrhundert und den daraufhin begonnenen Schrumpfungsprozeß hatte ich das „Prinz-Eugen-Lied" erwähnt. Daraufhin stimmte unser freundlicher türkischer Reiseleiter, Herr Ali, sofort **„Esztergom …"** an und erklärte dann lächelnd, daß auch die Türken in ihrem Liedgut Erinnerungen an jene Zeiten besäßen.

Die freie deutsche Übersetzung von Frau Eva-Maria Gehrle, München, lautet:

„Burg von Esztergom, wie bist du schön! / Deine Quelle ist Halt. / Heimtückische Trennung zerreißt mein Herz, / mein Herz ist in Bedrängnis, / in Bedrängnis weit von dort.

*Fließ nicht, Donau, fließ nicht so schnell, / ach, ich bin in Not, / ich möchte mit dir laufen, aber mein Schicksal / ist es, daß ich verbrenne.*

*Burg von Esztergom, du Urbild einer Festung. / Die Eulen schreien, aber die Nachtigallen schweigen. / Schadenfroh hängen die Ungläubigen / die Fahne auf.*

*Burg von Esztergom, du Urbild eines Felsens. / Es zerreißt mir das Herz, wenn ich in Liebe von dir spreche. / Schau gnädig auf mich, der ich weggebracht wurde von dir, / komm und quäle mich nicht.*

*Burg von Esztergom, du Urbild einer Burg, / zum Himmel das Haupt erhoben, / du starke Bastion, wir hätten dich nicht / aus der Hand gegeben!"*

Bei der besungenen Burg von Esztergom handelt es sich um die Stadt **Gran an der Donau**, welche nach der Schlacht am Kahlenberg 1683 noch im gleichen Jahre von den Kaiserlichen erobert wurde.

Dieses Lied stellt meines Wissens das bisher erste und einzige bekannt gewordene türkische Gegenstück zu den deutschen Gesängen aus jener ereignisreichen Zeit dar. Es erstaunt gewiß von seinem Inhalt her. Man hätte vermuten können, daß es harte, kriegsbetonte und zum Kampf anfeuernde Appelle enthält – statt dessen überraschen die gefühlsbetonten Zeilen, Aussagen über eigene Nöte, Bedrängnisse und Trauer.

## 3. Musikalische Regungen auf den „Ulmer Schachteln"

Auf der Hülle der um das Jahr 1970 in den Vereinigten Staaten von Nordamerika erschienenen Schallplatte VANGUARD VSD-2068 „Bonbons aus Wien" des Willi Boskovsky Ensembles heißt es über die Ländler in deutscher Übersetzung u. a.: „Die andere genealogische Linie geht auf die ‚**Linzer Geiger**' zurück, welche auf Schiffen aus Ulm die Donau hinunterfuhren und Ländler spielten, und zwar in der Besetzung von zwei Geigen, Gitarre, Doppel-Baß und gelegentlich zuzüglich einer Klarinette."

Über die erwähnten Linzer-Geiger gibt es eine recht umfangreiche Literatur, dennoch wird nirgends ausdrücklich hervorgehoben, daß diese auch auf den Auswandererschiffen, den Ulmer Schachteln und Kelheimer Plätten, für die Kolonisten-Vorfahren der Donauschwaben tätig geworden wären. Eine solche Möglichkeit ist freilich nicht auszuschließen, denn im Repertoire unserer Musikkapellen befanden sich meist auch „uralte" Ländler österreichischer Art. Solche gefälligen und sehr beliebt gewesenen Melodien könnten ohne weiteres auch den Linzer Geigern abgelauscht worden sein. Diese hatten in der Tat ihre „Landlerischen" auch nach Wien verpflanzt. Ursprünglich waren die Linzer-Geiger mit zwei Violinen und einem „Linzer-Baß" (ein Instrument zwischen Cello und Baßgeige) aufgetreten, später kam das eine oder andere Instrument hinzu. Kleinbesetzungen dieser Art hatte es interessanterweise im donauschwäbischen Bereich sogar noch bis zum Heimatverlust 1944/45 gegeben.

Bei der wohl niemals restlos zu klärenden Frage, ob und inwieweit auf den Ulmer Schachteln ausgewanderte Musiker tatsächlich mit Linzer Geigern in Berührung gekommen sind und musikalische Anregungen mitgenommen und auch umgesetzt hatten, muß noch bemerkt werden, daß die Blütezeit der letzteren wohl erst am beginnenden 19. Jahrhundert eingesetzt hatte. Sie wurden in Wien so populär, daß sich viele Wiener Kleinbesetzungen selbst als Linzer Geiger bezeichneten. Österreichische Fachleute sind von Begegnungen mit Aussiedlern überzeugt, das Österreichische Fernsehen brachte vor wenigen Jahren eine dahindeutende Szene.

Erste musikalische Regungen dürfte es auf den Ulmer Schachteln auf jeden Fall gegeben haben. Obwohl hierzu keine dokumentierten Nachweise vorliegen, können die von mehreren Schriftstellern in ihren **Heimatromanen** geschilderten einschlägigen Szenen nicht als aus der Luft gegriffen angesehen werden. Hierzu einige Beispiele aus der erwähnten Literatur:

„Jemand hat ein Lied auf den Lippen: Eine alte Weise der verlassenen Heimat erklingt und gleitet mit dem Schiff stromabwärts." (Aus „Der Auswanderer" von **Klaus Günther**, Donau-Schwaben-Kalender 1967.)

„Das Schiff glitt auf den Wogen der Donau ... Von weitem hörte man die Kirchenglocken. Thebel und Lisbeth sangen aus ihrem Gebet- und Gesangbuch schöne Kirchenlieder ... Alle stimmten ein, und das Schiff wurde zu einer schwimmenden Kirche ...", schrieb **Gustav Adolf Famler**, Pfarrer, zum 100jährigen Bestehen der Gemeinde Torschau/Torzsa/Torža. (Aus Anton Tafferners Beitrag „Zeugnisse donauschwäbischer Vergangenheit. Gustav Adolf Famler: Torzsa und seine Ansiedlung, Neusatz 1884".)

Aus Adam Müller-Guttenbrunns **„Der große Schwabenzug"** kann zitiert werden: „Und sie trug einen Berg von seltenen Sachen zusammen in Regensburg bei der Base, wo sie bereitliegen sollten für ihr Schiff, wenn es die Donau herabkam. Und auch Bestellungen für Freunde führte sie aus. Der Kantor brauchte eine Trompete für die Begleitung des Eugeniusliedes, und Trompeten wurden nur in Nürnberg gemacht. Gern hätte er auch einmal eine Klarinette gesehen, die man in Nürnberg erfunden, aber dafür langte sein Beutel nicht ... – Das Schiff glitt bei Günzburg vorbei und fuhr in den dämmernden Maiabend hinein. Josef und Gretel saßen vor der Stube ihrer Herrin und stimmten heimatliche Lieder an. Fröhliche und traurige in bunter Reihe ... Übermütig sangen sie: Morgen will mein Schatz verreisen ... Aber sie fielen gleich darauf in eine andere Tonart: Und es fällt mir so schwer, aus der Heimat zu gehn ... Die einfache herzliche Weise ergriff alle. Schiffmeister, Steuermann, die Ruderknechte ... Und die Base kam wieder ganz gefaßt hervor. Nur hatte sie ihr Gebet- und Gesangbuch bei sich ... – Den ganzen Tag waren sie ernst und schweigsam, nun aber ging ihnen allen das Maul, und sie stimmten sogar ein Lied an. Es war ein Chor, den sie taktmäßig mit ihren Ruderschlägen begleiteten ... Als wir jüngst in Regensburg waren ... – Aber als die Mädchen jetzt leise ein Lied anstimmten, da erhob er sich und hinkte zu ihnen hin. Seine Decke schleifte er hinten nach, und das Nürnberger Waldhorn hatte er auch zur Hand. Er begleitete die Sängerinnen darauf jeden Abend. Blies auch manchmal einen Dreischritt, und man tanzte ein wenig ... – Zwei kräftige, halbwüchsige junge Burschen gingen rechts und links, und jeder hatte eine Flinte über der Schulter hängen, voraus aber schritt ein junger Knecht, der auf der Sackpfeife einen alten Liedertanz blies ... – ... und der Matz ... blies ihnen ein neues Lied vom Prinzen Eugenius auf der Sackpfeife, das er in Frankfurt gehört hatte ... – Singend war das ,Moidle-Schiff' in Regensburg gelandet und lockte Hunderte ans Ufer. Und es schien gar kein lustiges Liedlein zu sein, das sie während der Landung im Chor vortrugen, als säßen sie in der Spinnstube: Es war ein Markgraf über dem Rhein, der hatte drei schöne Töchterlein ... Und sie huben an und sangen das Liedlein: ,Hüt' du dich!' ...".

Konrad Gerescher schreibt in seinem Beitrag „Die ersten Bücher unserer Ahnen" über **Johann Eimann,** der im Jahre 1785 aus der Pfalz eingewandert war, u. a.: „Im Reisegepäck dieses später ersten donauschwäbischen Schriftstellers befanden sich (nach Friedrich Lotz) einige für jene Zeit charakteristischen Standardwerke: Ein Lexikon, eine Handfibel, ein Neues Testament, zwei Gesangbücher ..." („Donau-Schwaben-Kalender" 1976, Seite 65.)

# 4. Beginnende Musikentfaltung der donauschwäbischen Kolonisten

Es besteht gar kein Zweifel, daß die Kolonisten – für die Zeitverhältnisse aus entsprechend entwickelten Gegenden kommend – ein **reiches musikalisches Erbe** mitbrachten. Das Problem war nur die Tatsache, daß sie aus unterschiedlichen Bereichen eingetroffen waren und praktisch in jeder Hinsicht erst einmal zu einer örtlichen Gemeinschaft zusammenwachsen mußten. Diese Vorgänge konnten erst in den nachfolgenden Generationen zu Vereinheitlichungen in der Mundart, in den Lebens- und Arbeitsgepflogenheiten, in Sitte, Brauchtum und kulturellen Äußerungen führen. Um so länger währten diese Prozesse, ehe es zu einer Stammesbildung gekommen war. Dabei darf nicht vergessen werden, daß die Ansiedler zunächst alle ihre Kräfte zum reinen Überleben aufwenden mußten – zum Kampf um die Rekultivierung des Bodens und gegen die verheerenden Krankheiten und Seuchen.

Daß es unter den Ansiedlern auch **Musiker** gab, läßt sich mosaikhaft aus mehreren Quellen belegen. So schreibt Luzian Geier in seinem Beitrag „Schwäbische Dorfmusik" (in „Schwäbische Familie", Facla Verlag, Temeswar 1981) u. a., daß sich nach einer amtlichen Eintragung 1718 in Temeswar ein „,Böckl Pangrätz aus Bamberg/Franken', von Beruf Musikant" als Bürger niedergelassen, jedoch die Stadt noch im gleichen Jahr wieder verlassen hätte; daß bereits 1717 „ein ,Herr Cram Frederic aus Lössa bei Braunschweig', von Beruf Trompeter, vermerkt" wurde; daß in einer von ihm entdeckten Dokumentensammlung aus der Ansiedlungszeit „der Kapellmeister Pieringer und Musikus Platschek genannt werden"; aus einer Arbeit von einem Leo Hoffmann zitiert er: „In Temeswar bestand schon 1721 eine Musikbanda der Landesregierung, welche ausgezeichnete Mitglieder hatte". Geier verweist mit Recht auf die damals schon aufgetretenen Wandermusikanten und kann zu weiteren Aufschlüssen beitragen: „In einem Dokument vom 4. August 1751 macht die Landesadministration den ,raizischen Stadtrath' darauf aufmerksam, daß in Hinkunft von denen Wirtshäusern wegen der haltenden Musik nichts abgenommen werden soll" und: „In einem Schreiben vom 29. Januar 1752 wird nachgefragt, wie sich der Stadtrichter gegen den Platzmajor Schwarzbach verhalten soll, weil dieser ,von denen Fabriker Wirtsleuten von jeden 2 fl. an Musikgelder gewaltsam abnehmen will'."

Der „Deutsche Kalender" 1969, Budapest, brachte aus der Feder von Friedrich Wild und Franz Szeitl einen Beitrag über die Musik in **Werischwar/Pilisvörösvar**, worin es u. a. heißt: „Zu den Musikern, die schon im 18. Jahrhundert eine führende Rolle im Musikleben der Gemeinde eingenommen haben, gehören die Mauterers."

Von denselben Verfassern wird in dem Bericht noch eine hochinteressante Begebenheit aus dem Jahre 1743 erzählt. Beim damaligen Faschingsball war es zu einer Rauferei gekommen. „Der anwesende Dorfpfarrer schien für den Ausgang des Abends schwarz zu sehen und nahm, in weiser Voraussicht, dem Trompeter das Mundstück weg, steckte es in seine Tasche und ging beruhigt nach Hause." Von all dem wüßte man heute nichts mehr, würden nicht Prozeßakten vorliegen.

In seinem Beitrag „Michael Winkler, eine hervorragende Priestergestalt des Donauschwabentums (1729–1810)", schreibt Anton Tafferner u. a., daß dieser Geistliche (es dürfte in den 1760er Jahren gewesen sein) „so manche Mädchen in **Sagetal** von der Verderblichkeit der vielen Tanzunterhaltungen überzeugt hat". (Aus „Donauschwäbische Forschungs- und Lehrerblätter", Heft 3, September 1984.) Sagetal (Szakadát) liegt in Ungarn.

Im „Heimatbuch der Stadt **Weißkirchen** im Banat. Salzburg 1980" weiß Alfred Kuhn auf Seite 377 zu berichten: „In einer Verordnung des Stadtmagistrats vom 12. September 1799 wurde verfügt: ‚… in jenen Schildwirtshäusern, wo Musik ist, wäre solche an Sonn- und Feiertagen … nur bis 12 Uhr nachts, an Werktagen dagegen gar nicht zu gestatten.'" Danach dürfte es bereits vor dieser Zeit sogar in mehreren Wirtshäusern regelmäßig Musik gegeben haben.

„Mit den Instrumenten aus der alten Heimat einwandernd, machten die Süddeutschen die **Zupf- und Streichinstrumente** (Fiedel, Gitarre) und die Böhmerwälder die **Blasinstrumente** (Horn, Trompete, Posaune, Baßtuba, Flügelhorn) in der neuen Heimat bekannt", meint Konrad Gerescher in seiner Broschüre „Unserer Hände Arbeit", 1981, Gauke GmbH Verlag, Hann. Münden, Seite 83.

Laut Paul Flach (Heimatbuch „Waschkut", München 1983) hatte der „Schulmeister Michael Schweitzer, der von 1788 bis 1811 in **Waschkut/Vaskút** wirkte, auch im Wirtshaus mit Musik" aufgespielt.

Ein interessanter Beitrag aus der südostdeutschen Vielfalt findet sich in der „Sänger- und Musikantenzeitung, Zweimonatsschrift für Volkstumspflege, 26. Jahrgang, München, November/Dezember 1983", auf Seite 370. Josef Kaschak schreibt hier über „Steirische und böhmische Musikanten im Banat" und zitiert aus der „Geschichte von Steierdorf vom Jahre 1773 bis 1873": „Im Monate Juni 1773 betraten Fremdlinge aus dem fernen Alpenland Steiermark die Banater Urwälder, ließen sich in denselben nieder und gründeten den Ort Steierdorf." Dann erläutert er, daß man zur Förderung der um 1790 entdeckten Steinkohle Fachleute aus Böhmen und der Zips geholt hätte und bemerkt wörtlich: „Sicher waren diese neuen Siedler genau so spielfreudig wie die Steirer, und so ist es in den Spielgruppen zu einer guten Mischung gekommen. In jedem Haus gab es Musikanten, die mehrere Instrumente beherrschten." Auf dem dort beigegebenen Foto sieht man die Musikkapelle um 1890 in **Steierdorf/Anina** (6 Geigen – oder auch Bratschen? –, 2 Querflöten und 1 Kontrabaß); es könnte sein, daß diese Besetzung seit Jahrzehnten bestand.

In **Groß-Sankt-Peter** (Nagyszentpéter/Sînpetru Mare) wurde mit der Geige, Flöte, Klarinette und dem Waldhorn musiziert.

Im Heimatbuch „Lenauheim, Tschatad" lesen wir aus der Feder von Hans Bräuer: „In **Großbetschkerek** ist auch wirklich der Rauchfang eingestürzt … In diesem Ort muß auch der Lehrer mit seinem Instructor und zwei Sangknaben mit Musik in Wirtshäusern wider die allerhöchste Vorschrift das Brot verdienen."

Johann Centurius Graf Hofmannsegg, der 1794 das Banat besucht hatte, schrieb in einem Brief u. a., daß bei **Temeschburg** ein „geräumiges Lusthaus gebaut ist, mit einem Tanzlokale und Nebenkabinetten", wie Anton Peter Petri im „Donau-Schwaben-Kalender 1983", Seite 59, zu berichten wußte.

Musiker wurden aber auch buchstäblich angefordert. So heißt es in dem Werk „Die österreichisch-ungarische Monarchie in Wort und Bild, Ungarn, Band II" u. a.: „Die Stadt **Zombor** schritt 1784 bei der Colonisirungs-Commission bittlich ein, ihr aus Deutschland Handwerker zu verschaffen. Sie brauchte Drechsler, Handschuhmacher, Bäcker, Strumpfwirker, Seifensieder, Kupferschmiede, Sattler, Siegelstecher, Stärkefabrikanten, Spielkartenfabrikanten, Kunstgärtner, Musikanten, Töpfer, Gelbgießer, Siebmacher, Weber, Frauenschneider, Seiden- und Stofffärber, Tapezierer, Leimsieder, Schleifer und andere Gewerbeleute."

Aus der Frühzeit unserer Kolonisten-Ahnen geben darüber hinaus ebenfalls **literarische Arbeiten** weitere, wenn auch nicht dokumentarisch belegte Aufschlüsse. Sie betreffen nunmehr nebst den zivilen auch den militärischen Bereich.

So beschrieb **Adam Müller-Guttenbrunn** in einem seiner Romane eine Reise des 1743 in Italien gefallenen Grafen Mercy durch das Banat. Die Neudorfer hatten damals bereits eine Kirche erbaut und feierten gerade ihr Kirchweihfest. „Nach der Vesper begann der Tanz um das Faß. Und die Musikanten spielten schöne alte Liedertänze, zu denen die Mädchen sangen und sich im Reigen drehten."

In seiner Schrift „Andreas, der Kolonist" läßt **Mathias Merkle** diesen Schwabenjungen mit dem serbischen Hirtenknaben Lazar zusammentreffen, der auf seiner „Frula" mit beachtlicher Fingerfertigkeit „melancholische Töne zu entlocken" verstand. Später erklärte Andreas' Vater, daß dieses Instrument eine aus Weidenruten von den Hirten selbst hergestellte Flöte sei … – „Dafür riß er (Andreas) einen Grashalm ab, legte ihn zwischen seine Hände und zirpte damit wie eine Grille … Bei diesem Spiel empfanden beide Jungen Sympathie zueinander und waren überrascht, wie wenig man braucht, um sprachliche Schwierigkeiten zu überwinden und Freundschaft zu schließen." – Bei der Schilderung eines Schulausflugs von Franzfeld nach Apfeldorf schreibt der Verfasser über den Lehrer: „Immer wieder stimmte er ein Volkslied oder ein Kirchenlied an." Als für Franzfeld neue Kolonisten angekündigt wurden, hätte der Lehrer zum Willkommen einige Lieder einstudiert. (Franzfeld = Ferenczhalom/Kraljićevo. – Apfeldorf = Almás/Jabuka.)

Aus dem Roman „Die Werschetzer Tat", in welchem die Rettung der Stadt durch Johann Jakob Hennemann anläßlich des Türkeneinfalls 1788 geschildert wird, läßt **Karl von Möller** vernehmen: „‚Heut ist Maskenball', kopfschüttelte Apotheker Miltenberg, ‚morgen a Konzert …'" (in Temeschburg). – „Man schaute Masken an den Scheiben vorüberhuschen, die Musik spielte einen Tanz. Es war zwar Sonntag, längst jedoch war das Gelöbnis der Pestzeit eingeschlafen, an Sonntagen nicht zu tanzen und nicht zu spielen." – „Rosafarbene und silberne Wölkchen zogen nach dem Süden: die Bühnengesellschaft des Friedel versuchte zum zweitenmal in diesem Jahr ihr Glück zu Werschetz." Diese Gesellschaft war bereits in Lugosch, Orschowa, Lippa und Temeschburg gewesen. – „Gezwitscher von Querpfeifen drang herein und hartes Gerassel von Trommeln … Das Spiel kam näher und näher. Der Major tauchte auf, hoch zu Roß, die beiden gelben Fahnen folgten, Spielleute … in straffem Tritt" (in Werschetz). – „Man spielte ein Lustspiel aus der fruchtbaren Feder des Direktors Johann Friedel …" – „Am Abend hernach hört Brenka wiederum den kaiserlichen Zapfenstreich pfeifen und trommeln, acht Trommler, acht Querpfeifer …"

## 5. Kirchenmusik und Volksgesang

Hans Eck schreibt im „Handwörterbuch des Grenz- und Auslandsdeutschtums, Band 1, 1933" auf den Seiten 261–262 zum Thema „Musik(-Schaffen der Deutschen im Banat bis 1918)" u. a.: „Bis in das zweite Viertel des 19. Jahrhunderts war die Trägerin einer ernsten Musikpflege bei den Dt. (Deutschen) des B.s (Banats) ausschließlich die Kirche, die durch die Aufstellung und Organisierung von Kirchenchören bestrebt war, die gottesdienstlichen Handlungen zu verschönern. So wurde an der Domkirche in Temeswar bereits 1721 ein derartiger Chor ins Leben gerufen …"

Diese Aussage trifft auf den gesamten donauschwäbischen Siedlungsraum zu, was die kirchenmusikalische Entfaltung angeht. Ansonsten war das übrige, reichhaltige Musikleben damals offensichtlich noch nicht erforscht.

In seiner „Geschichte der Marktgemeinde Ruma" schreibt Carl Bischof u. a.: „Die stärkste aller kulturellen Leistungen bekundete sich auf dem Gebiete der Tonkunst. Anfangs wurden nur die aus der alten Heimat überlieferten Volkslieder gesungen und daneben der Kirchengesang gepflegt. Die beliebtesten Instrumente des 18. Jahrhunderts waren die Klarinette und die Fiedel, die damals zur Tanzmusik gespielt wurde."

Aus einzelnen Gemeinden kann beispielhaft erwähnt werden:

**Bukin** (Buchenau)/Bács Bukin/Mladenovo erhielt 1762 seinen ersten Kantorlehrer. Laut Hermann Rüdiger („Die Donauschwaben in der südlichen Batschka") hatte hier die Familie Jelinek seit dem Jahre 1790, „immer vom Vater auf den Sohn übergehend, die Kantorlehrerstelle" innegehabt. „Ihre Verschönerung des Kirchengesangs wurde weit über den Ort hinaus bekannt; selbst wohlhabende Bauern spielen ein Instrument, so daß nicht selten bei Kirchweihunterhaltungen eine ‚Musikbanda' aus lauter Nichtberufsmusikern gebildet werden konnte."

*Wallfahrtsbüchlein 1774 aus Kéménd (Keimend/Máriakémend)*

In **Gajdobra** (Schönau/Szépliget) war der Kantorlehrer Balthasar Horning mit den Ansiedlern eingewandert. Nachdem die provisorische Kirche dort 1765–1767 errichtet worden war, wurde 1788–1791 die endgültige gebaut.

Der erste Kantorlehrer in **Hodschag** (Hódság/Odžaci) war 1764 Josef Plondo aus Bukin.

Im Heimatbuch der Gemeinde **Kakasd** in der Schwäbischen Türkei wird bei der Aufstellung der im Ort tätig gewesenen Kantorlehrer auch Christoph Hillmandl erwähnt, der dort bereits von 1724 bis 1733 gewirkt hatte.

Als Lehrer und Organist war 1737 in **Kudritz** (Temeskutas/Gudurica) Mathäus Walther tätig, der vorher in gleicher Eigenschaft in Weißkirchen gewirkt hatte.

Aus einem weiteren Heimatbuch kann zitiert werden: „1798 hatte man auch das Bulkeser Gesangbuch (das sog. Preßburger Gesangbuch) in **Neu-Pasua** eingeführt. Dadurch hatte der Kirchengesang an Einheit und Wohltönigkeit ungemein viel gewonnen."

Im Jahre 1793 hatte die Gemeinde **Pußtawahn** (Pusztavám) ihre erste Kirchenorgel erhalten.

**Sonta** (Szónta) bekam 1755 einen Kantorlehrer.

Die römisch-katholische Pfarrkirche zu **Werschetz** (Versecz/Vršac) hatte 1751 eine Orgel bekommen.

Nach einer Mitteilung des St. Gerhardswerkes, Stuttgart, führt Franz Greszl in seinem Buch „Tausend Jahre deutsches Leben im Karpatenraum" folgendes **Gebet- und Liederbuch** an:

„Homagium christiano-Marianum, Ein Ordentliche Christcatholische Art Schuldiger Huldigung dem allerhöchsten Gott, Mariae, Der gloreichisten Himmels-Königin und H. Patronen täglich, oder wöchentlich abzustatten. Von In der Exempten Pfarr-Kirchen zu Kemed gewöhnlicher Rosenkranz-Bruderschaft allen Mitgliedern, als lieben Pfarr-Kindern zum Seelen-Trost, und geistlichen Unterricht ausgetheilet, und verehret im Jahr 1774. – Fünfkirchen, gedruckt bey Johann Joseph Engel, Königl. Privil. Buchdruckern."

In **Raab** war am bischöflichen Dom für eine Zeit auch Johannes Albrechtsberger (1763–1809) als Organist beschäftigt. Aus Klosterneuburg stammend, wirkte er ansonsten in Wien. Seine Kompositionen, Oratorien, Motetten und Messen, wurden im ungarischen Raum gerne aufgeführt.

Für diesen Zeitabschnitt ist zu bemerken, daß im Hinblick auf das kirchliche Leben zahlreiche **von den Ansiedlern mitgebrachte Lieder- und Gebetbücher** in Gebrauch waren. Vielerorts gab es daher Probleme der Angleichung. Es ist überliefert, daß deshalb auch **handschriftliche Aufzeichnungen** angelegt wurden. Andererseits wurden aus Österreich bzw. Deutschland Gebet- und Gesangbücher angeschafft, von welchen sich manche großer Beliebtheit erfreuten. Allmählich regten sich aber auch, wie ersichtlich, Eigeninitiativen aus dem eigenen Raum für den eigenen Gebrauch. Hierzu zählen natürlich auch die kirchenmusikalischen Werke, welche Joseph Haydn während seiner Tätigkeit in Ungarn hervorgebracht hatte.

# 6. Das Musikgeschehen in der Militärgrenze

Nach den Türkenkriegen und der Rückgewinnung von Teilen Südosteuropas im ausgehenden 17. und am Beginn des 18. Jahrhunderts waren die Gefahren, welche von den Osmanen ausgingen, noch längst nicht überwunden. Hatte das (Heilige Römische) Reich (Deutscher Nation) schon während der rund 150jährigen Besetzung des pannonischen Beckens und Teilen von Kroatien an seinen Grenzen immer wieder militärische Vorkehrungen treffen müssen, so kristallisierte sich nach langwieriger und oft auch komplizierter Entwicklung um die Mitte des 18. Jahrhunderts die „Militärgrenze" in der Form heraus, wie sie in etwa bis zu ihrer Auflösung in den Jahren 1872 und 1873 als **Schutzschild gegen die Türken,** aber auch als „Seuchen-Kordon", bekannt war. In diesen Grenzstreifen waren die männlichen Bewohner nebst ihren beruflichen Pflichten – zumeist als Bauern und Handwerker – zugleich auch einer Art **Miliz** zugehörig. Die Verwaltung und das gesamte öffentliche Leben wurde vom Militär gelenkt und getragen.

Um die Entwicklung des (militärischen) Musiklebens in diesen Gebieten, welche mehr oder weniger auch von Donauschwaben und Südostdeutschen besiedelt waren, entsprechend aufzeigen zu können, ist es notwendig, zunächst den organisatorischen Aufbau in den südöstlichen Grenzstreifen des Reiches zu beschreiben. Die österreichischen Linien-Infanterie-Regimenter wurden im Jahre 1769 durchnumeriert; die **Grenzregimenter** hat man im Anschluß daran ebenfalls fortlaufend numeriert, bis sie 1789 für ihre Regimenter eigene Nummern, nämlich 1 bis 17, erhielten.

Im Jahre 1742 wurde die **Karlstädter Militärgrenze** mit folgenden Einheiten geschaffen: 1. Liccaner-Regiment in Gospić, 2. Otočaner-Regiment in Otočac, 3. Oguliner-Regiment in Ogulin, 4. Szluiner-Regiment in Karlstadt/Karlovac. Im selben Jahr errichtete man auch die **Warasdiner Militärgrenze** (beide gehörten zur „Kroatischen Militärgrenze"): 5. Warasdiner Kreuzer Regiment in Belowar/Bjelovar, 6. Warasdiner St. Georger Regiment, ebenfalls in Belowar.

Die **Slawonische Militärgrenze,** 1746 entstanden, hatte folgende Garnisonen: 7. Broder Regiment in Winkowzi/Vinkovci, 8. Gradiškaner Regiment in Neu-Gradischka/Nova Gradiška), 9. Peterwardeiner Regiment in Mitrowitz/Sremska Mitrovica.

Die **Banal-Militärgrenze** wurde 1750 gebildet: 10.

Erstes Banal-Regiment in Glina, 11. Zweites Banal-Regiment in Petrinja.

Die **Banater Militärgrenze** umfaßte 1765 (zunächst): 12. Deutschbanater Regiment in Pantschowa/Páncsova/Pančevo, 13. Wallachisch-Illyrisches Regiment in Karansebesch/Karánsebes/Caransebeș.

Die **Siebenbürgische Militärgrenze:** 14. Erstes Szekler Regiment in Csikszereda/Miercurea Ciuc, 15. Zweites Szekler Regiment in Neumarkt/Kezdyvásárhely/Tirgu-Secuiesc, 16. Erstes Wallachisches Regiment in Orlat, 17. Zweites Wallachisches Regiment in Naszód/Năsăud. Ihre Errichtung erfolgte ebenfalls 1765. Das 1764 in Tittel/Titel an der Theiß gebildete „Czaikisten-Bataillon" zählte auch zu den Grenztruppen.

Ein entsprechender Erlaß des Hofkriegsrates in Wien vom Jahre 1766 gab den Grenzregimentern „grünes Licht" für die Aufstellung eigener **„Hautboisten-Banden"** (Musik-Banden bzw. -kapellen).

Das Wort „Hautbois" bedeutet „Oboe" und wurde gegen Ende des 17. Jahrhunderts auch im Reich gebräuchlich, als dieses aus Frankreich gekommene Instrument an Stelle der Schalmeien eingeführt wurde. Den Musiker selbst pflegte man als „Hautboisten" zu bezeichnen, auch dann, wenn er später ganz andere Instrumente spielte. Die gesamte Kapelle wurde sogar noch lange einfach „Hautboisten-Bande" genannt.

Das Warasdiner St. Georger Regiment in Belowar besaß bereits 1769 eine solche „Hautboisten-Banda". Dies geht aus einem Schreiben des Kommandanten des Regiments an den Hofkriegsrat hervor, in welchem es u. a. heißt: „... daß die Errichtung der Hautboisten-Banda auf keinen anderen Endzweck abgezihlet hat, als die Ehre Gottes zu befördern und in der Kürchen den Gottes-Dienst zu erhöhen, um dadurch die Gränitzer von ihrem rauhen und barbarischen Gemüth abzuziehen, und ihnen dagegen einen anderen Geschmack von Gesitteten Völkern einzuflössen ..." Nebst dieser Begründung erfahren wir aus der Eingabe noch, daß es sich bei den acht Hautboisten (diese Stärke war die damals üblicherweise genehmigte) nicht um eigentliche Grenzsoldaten, sondern gegen Bezahlung aufgenommene Musiker handelte: „... dahero auch diese Banda theils selbsten aus Gränitz Kindern bestehet, welche, um solche in einer ordentlich Lehre oder Pflantz-Schule zu unterhalten, mit deütschen oder Ausländern als Lehr-Meisters untermischet ist, die alle als Tambours bey verschiedenen 8 Compagnien eingetheilet stehen."

Über die **Besetzung der damaligen Hautboisten-Banden** sind uns aus der Musikliteratur zwei Beispiele bekannt. Die acht Lehrlinge beim St. Georger Regiment waren: 2 Waldhornisten, 4 Hautboisten (Oboisten) und 2 Fagottisten. Beim Kreuzer-Regiment in Warasdin gab es: „1. Clarinist blaset die Hoboy, 2. Clarinist, 3. u. 4. blasen die Pfeifen, 5. Tambourin, 6. Türkische Teller, 7. Große Trommel, 8. Kleine Trommel."

Während man die erstgenannte Besetzung der Instrumentalisten, übrigens auch im zivilen Bereich, damals schlicht „Harmonie" oder **„Harmoniemusik"** nannte, wurde die zweite Besetzung als **„türkische Musik"** bezeichnet – deshalb, weil Schlaginstrumente dabei waren. Hier handelte es sich also keinesfalls um eine inhaltlich türkische Musik (eine solche boten die „Janitscharen-Musiken"), sondern um eine Benennung, welche aus der Einbeziehung von selbst nur wenigen Instrumenten nach osmanischem Vorbild herrührte.

Vom Wallachisch-Illyrischen Grenzregiment liegt ein Bericht seines Obersten an den Hofkriegsrat aus dem Jahre 1781 vor, in welchem es u. a. heißt: „Man hat den Versuch gemacht, ob es möglich seyn werde, zur Verschönerung und Ermunterung des Regiments eine Hautboisten-Banda zu errichten." Im selben Jahre wurden dort fünf „Spielleute zur Musik abgerichtet", zwei am Waldhorn, zwei auf der Oboe und einer am Fagott. Der Oberst hatte darüber hinaus beantragt, daß ein Kapellmeister „förmlich" aufgenommen werden dürfe und bat um die Bewilligung, zur Vervollständigung seiner Banda die erforderlichen Instrumente auf Kosten des „Gräntzfonds" neu und „complett" anschaffen zu dürfen.

Aus aktenkundigen Belegen kann man aus dieser Zeit den Schluß ziehen, daß zumindest im Karlstädter Bereich die Hautboisten auch außerdienstlich tätig waren, sogar auf Streichinstrumenten, was auf **Kontakte mit der Zivilbevölkerung** hinweist.

# 7. Musikausübende, Komponisten

Auch nach der Ansiedlung der Donauschwaben und ihrer allmählichen Entwicklung und Entfaltung bleibt es hinsichtlich der zu nennenden Musikerpersönlichkeiten charakteristisch, daß sie von auswärts kamen und hier wirkten, oder aber aus dem Heimatraum hervorgegangen sind, daheim oder auswärts tätig wurden.

**Anton (von) Csermak** (1771 in Böhmen – 1822 Wesprim/Veszprém) war bereits ein geschätzter Violinspieler, als er um 1790 aus Böhmen über Wien nach Ungarn kam. In Pest und Ofen war er in den Jahren 1795 und 1796 als Vorgeiger bei der ersten ungarischen nationalen Schauspielergesellschaft tätig. Später war er an den Höfen einiger Adeliger in Oberungarn und hatte auch am Wiener kaiserlichen Hof und in Rußland gewirkt. 1822 starb er, geistig schwer erkrankt. Csermak hatte sich anfänglich nur mit der Musik Haydns, Mozarts und Viottis beschäftigt, doch widmete er sich ab 1800 zunehmend der neuen ungarischen Nationalmusik. In diesem Stile brachte er dann eine Reihe viel beachteter (konzertanter) Kompositionen hervor.

Der heute noch nicht vergessene **Karl Ditters von Dittersdorf** (1739–1799) aus Wien wurde als Nachfolger Michael Haydns als Domkapellmeister nach Großwardein/Nagyvárad/Oradea berufen. 1769 begab er sich nach Johannisburg. Er schrieb zahlreiche weltliche und kirchliche Werke.

In der Mitte des 18. Jahrhunderts zählte die Hofkapelle zu Salzburg 99 Personen (Instrumentalisten und Sänger); darunter befand sich auch der in Ungarn geborene **Johann Drauner** als Alt-Falsettist.

**Georg Druschetzky** (Jiři/György Družecky und weitere andere Schreibweisen) kam 1745 in Jemniky (Peheri?) in Böhmen zur Welt und starb 1819 in Ofen. Nachdem er es bis zum Militärkapellmeister gebracht hatte, entfaltete er in Linz eine ersprießliche musikalische Tätigkeit. Über Wien begab er sich 1786 nach Preßburg, wo er in der Hauskapelle des Grafen Anton Grassalkovich wirkte. Um 1796 kam er nach Pest. Er wurde Komponist des Erzherzogs Joseph Anton Johann und später Musikdirektor. Seine zahlreichen Kompositionen fanden aufmerksame Anerkennung (Symphonien und Konzerte, Harmoniemusik, Kammermusik und einige geistliche Werke).

Der 1691 im damaligen oberungarischen Neusohl/Besztercebánya/Bánska Bystrica zur Welt gekommene **Johannes Francisci** war in Leipzig 1725 auch Schüler von Johann Sebastian Bach gewesen. Er war dann Kantor im Heimatort und brachte mehrere Kompositionen hervor, welche anscheinend verschollen sind.

Der später auch als Komponist von Konzertmusik hervorgetretene **Franz Xaver Hammer** kam 1741 in Öttingen im Rieß zur Welt. In Eisenstadt war er in der Esterházyschen Kapelle unter der Leitung von Joseph Haydn von 1771 bis 1778 als Virtuose am Violoncello tätig, spielte aber auch auf Schloß Eszterháza. Anschließend war er einer Berufung des Kardinals Joseph Graf von Batthyány in dessen Kapelle nach Preßburg gefolgt. Hernach begab er sich ins Mecklenburgische, trat in Berlin auf und wirkte auch in Wien. Am 11.10.1817 starb er in Schwerin.

Weltberühmt geworden ist der am 31.3.1732 in Rohrau/Leitha geborene **Joseph Haydn**, der durch die adeligen Hofkapellen einige Jahrzehnte seines Lebens in unserem Berichtsraum verbrachte. Schon als Kind mit seinem hochmusikalischen Talent aufgefallen, war sein Lebens- und Ausbildungsweg allerdings nicht einfach und leicht. Im Jahre 1761 erhielt er schließlich eine Anstellung als Hofkapellmeister des Fürsten Paul Anton Esterházy in Eisenstadt und als dieser 1762 starb, bei Fürst Nikolaus Joseph Esterházy. Ab 1769 wurde Haydn auch im Schloß Eszterháza am Neusiedler See tätig; beide Orte lagen damals in Ungarn. Als die Musikkapelle 1790 aufgelöst wurde, begab er sich nach Wien, von wo aus er sich zweimal nach England begeben hatte; von der Oxforder Universität erhielt er die Doktorwürde. Nach der Wiedererrichtung der Esterházyschen Kapelle wurde er erneut deren Kapellmeister. Bekanntlich ist Haydns Komposition des Liedes „Gott erhalte Franz den Kaiser" im Jahre 1797 später die österreichische, dann auch die deutsche Hymne geworden („Deutschland, Deutschland über alles", seit der Bundesrepublik Deutschland: „Einigkeit und Recht und Freiheit").

Joseph Haydns Kompositionen sind zum größten Teil in Ungarn entstanden: rund 200 Sinfonien, einige Dutzend Suiten, Divertimenti u. ä., etwa 40 Klavierkonzerte, über 80 Streichquartette, 3 Dutzend Klaviertrios, 14 Messen, 3 Oratorien, etwa 20 Opern, Chöre, Lieder und andere.

**Michael Haydn**, der Bruder Josephs, kam ebenfalls in Rohrau zur Welt (14.9.1737) und starb 1806 in Salzburg. Bereits mit zwanzig Jahren wurde er zum bischöflichen Kapellmeister in Großwardein berufen, wo er sechs Jahre lang wirkte und den Domchor gegründet hatte. 1762 wurde er nach Salzburg berufen. Er schuf zahlreiche kirchenkompositorische Werke.

In der zweiten Hälfte des 18. Jahrhunderts kam in Ungarn (nähere Angaben fehlen) **Joseph Kaempfer** zur Welt, der zunächst als kaiserlicher Offizier in Kroatien diente. Nachdem er sich autodidaktisch auf dem Kontrabaß soweit gebildet hatte, erregte er in Wien Bewunderung und wurde in die Fürst Esterházysche Kapelle in Eisenstadt unter der Direktion von Joseph Haydn aufgenommen. Schließlich unternahm er als Virtuose Konzertreisen nach Deutschland, Dänemark, Rußland und England. Zum Transport seines großen Instrumentes erfand er selbst eine Methode der Zerlegung und des Zusammensetzens desselben mit Hilfe von 26 Schrauben.

In Ödenburg kam am 13.10.1734 **Matthias Kamienski** zur Welt, der kirchenmusikalische Werke hervorbrachte und der erste polnische Opernkomponist wurde („Nedza Uzczediwiona", 1778; „Zoska", 1779, u. a.). Er starb am 25.11.1821 in Warschau.

Der Cello-Virtuose **Nikolaus Kraft** wurde am 14.12.1778 in Eszterháza/Fertöd geboren. Vom Vater Anton unterrichtet, hatte er bereits als Knabe Kunstreisen unternommen. Ab 1796 war er in der fürstlichen Kapelle tätig. Nach weiterer Vervollkommnung in Berlin, war er besonders in Wien, aber auch im Ausland tätig geworden. Aus seiner Feder sind mehrere Werke für sein Instrument im Druck erschienen. 1853 starb er in Prag.

Von 1769 bis 1774 war in der fürstlichen Kapelle des Nikolaus Esterházy auch **Andreas Lidl** (Lidel) tätig, über den keine näheren Daten vorliegen. Er war Baritonvirtuose, der anschließend auf Konzertreisen in Deutschland, Frankreich und England war. Seine Kompositionen waren seinerzeit sehr verbreitet.

**Johann Ludwig** aus Wolkendorf im Burzenland (Gebiet um Kronstadt) lebte um die Mitte des 18. Jahrhunderts. Nach einem Aufenthalt in Amerika begab er sich nach Paris, wo er bei einem Adeligen als Musiker unterkam.

Aus Debrezin (Debrecen) stammte **Georg** (György) **Maróthi** (1715–1744). Nach seinem Studium in der Schweiz und in Holland wurde er in seiner Heimatstadt Professor für Rhetorik, Sprachen und Mathematik. Darüber hinaus wurde er zum musikalischen Initiator im Bereich des Calvinismus in Ungarn mit Ausstrahlungen bis nach Siebenbürgen. Nach Schweizer Vorbildern förderte er das mehrstimmige Psalmensingen und den mehrstimmigen Chorgesang. Hierzu waren in Debrezin aus seiner Feder mehrere Werke erschienen, welche sich bis in die Anfänge des 19. Jahrhunderts aktuell hielten.

Am 14.9.1761 kam in Zwikowitz (Böhmen) **Paul Maschek** (auch Pavel Lambert Mašek geschrieben) zur Welt. Er hatte sich als Komponist einen Namen gemacht und verstarb am 22.11.1826 in Karansebesch im Banater Bergland.

Der Musiker **Johann Mederitsch**, auch **Gallus** genannt, wurde am 27.12.1752 in Wien getauft (nach einer anderen Quelle kam er 1755 in Nieburg a. d. Elbe zur Welt). Als Theatermusiker wirkte er 1793/94 in Ofen und wahrscheinlich ab 1798 in Pest. Er hatte auch Kompositionen hinterlassen, von welchen einige in unserer Heimat entstanden sein dürften.

Ende des Jahres 1797 wurde in Temeschburg das Infanterie-Regiment St. Julien Nr. 61 aufgestellt, mit der Leitung der Musik wurde als unobligater Kapellmeister **Ambros Salzer** bestellt, der auch vom Regiment besoldet wurde.

Aus Hermannstadt stammte der Militärmusiker **Schencker**, der um die Mitte des 18. Jahrhunderts über Wien nach Paris kam, wo er in einem angesehenen Orchester musizierte. Er hatte 1775 sechs Sonaten für Harfe, Geige und Baß hervorgebracht.

**Christoph Sonnleithner** kam am 28.12.1734 in Segedin (Szeged) zur Welt und starb am 25.12.1786 oder 1788 in Wien. Sein Vater war Wiener und als Beamter in Ungarn tätig. Christoph wurde Rechtsanwalt und erlangte die Doktorwürde. Seit frühester Jugend hatte er sich mit der Musik befaßt, später komponierte er auch Kirchen- und konzertante Musik. Für Kaiser Joseph I. schrieb er drei Dutzend Quartette, welche sich dieser wöchentlich gerne anhörte. Im Stich war erschienen „III Quatuors pour 2 Vol. Alt, et Vclle., Oevr. postume".

Der Geburtsort des 1753 geborenen **Anton Stadler** ist nicht bekannt. Er hatte sich vor allem in Wien als Musiker einen Namen gemacht und war Mozarts Solist in Prag. Im Jahre 1799 hatte er vom Grafen Georg Festetics den Auftrag erhalten, „„Aufklärungen und Belehrungen', wie eine zu Keszthely (Kesthell) am Plattensee zu errichtende Musikschule zu organisieren sei". Er war auch als Leiter der Kammermusik innerhalb der Musikschule vorgesehen.

Erwähnenswert ist, daß der Großvater des berühmt gewordenen Komponisten Johann Wenzel Anton Stamitz (1717–1757) aus Deutschbrod (Böhmen), **Martin Stamitz**, aus Marburg an der Drau stammte und um 1660 nach Böhmen zog.

Ein Klarinettenvirtuose, **Anton Tirry**, 1757 in Ungarn geboren (Ort nicht bekannt, auch Sterbedaten nicht), begab sich nach seinem Aufenthalt in Wien auf Kunstreisen nach Italien, durch Deutschland und Rußland. Zwischendurch war er in der Kapelle des Grafen Grassalkovich in Wien angestellt. Er hatte auf seinem Instrument auch einige eigene Kompositionen vorgetragen.

Um das Jahr 1789 war in Werschetz (Versecz/Vršac) der Lehrer **Johann Michael Watzelhan** gestorben, der die 7 Worte Christi in Musik gesetzt hatte, welche noch bis zur Mitte des vorigen Jahrhunderts am Karfreitag in der dortigen Kirche gesungen wurden.

Aus Bayern war der am 19.3.1740 geborene und am 25.1.1820 in Wien verstorbene **Franz Josef Weigl**, der als Violoncellist in der Hofkapelle des Fürsten Esterházy wirkte.

Vorgänger Joseph Haydns als fürstlicher Kapellmeister der Esterházyschen Kapelle zu Eisenstadt war **Gregor Josef Werner** gewesen, der 1695 zur Welt kam und am 3.3.1766 in Eisenstadt starb. Er schrieb Messen, Oratorien und Sinfonien.

**Paul Wranitzky** (1756–1808) aus Neureisch in Mähren war unter Haydn Geiger in der Esterházyschen Kapelle. 1785 wurde er in Wien Hofkapellmeister und entfaltete eine beachtliche kompositorische Tätigkeit.

**Anton Zimmermann** (1741 bis 8.10.1781) war Preßburger. Er betätigte sich als Chordirigent des Herzogs Batthyány und Domorganist des Domes seiner Heimatstadt. Einige Singspiele, Melodramen (z.B. „Andromeda und Perseus"), Klavierkonzerte, Kammermusikwerke usw. entstammten seiner Feder.

# 8. Konzerte, Theater, Opern, Ballett

Der Werschetzer Polyhistor Felix Milleker schrieb in seiner „Kulturgeschichte der Deutschen im Banat" u. a.: „Konzerte gab es schon im 18. Jahrhundert; für Vršac sind sie schon 1775 bezeugt." Außerdem: „Ernstere weltliche Musik wurde später im Theater kultiviert, welches in Temesvar schon 1753 organisiert war und in der Provinz schon in den 60er Jahren zu finden ist. 1780 führte in Temesvar Direktor Hilverding schon Liederspiele auf. Nach 1790 unter Direktor Johann Kristof Kuntz kommen schon Opern in der Spielordnung vor. Und unter dem Direktor Franz Xaver Rünner wurden dann die Opernaufführungen stabilisiert. Unter Rünner führte man 1796 – zwei Jahre nach Pest – Mozart's Zauberflöte auf."

Diese Ansätze werden auch von Josef Brandeisz und Erwin Lessl in „Temeswarer Musikleben" bestätigt. Danach gastierten ab 1776 regelmäßig deutsche Theatertruppen in der Stadt, welche Dramen und Ballette gaben, ab 1790 auch Opern. Im Jahre 1799 wurde „Der Jahrmarkt von Venedig" von Salieri gebracht.

Über die Entwicklung dieser gehobeneren Kunstansprüche liegen weitere Informationen vor, welche annähernd ein Bild jener Zeit vermitteln. Mögen die Initiativen hierzu vom österreichischen Militär und der deutschsprachigen Beamtenschaft ausgegangen sein, so hätte dieser Personenkreis allein mit Sicherheit nicht ausgereicht, um beispielsweise ständige deutsche Theater betreiben zu können. Das sich allmählich herangebildete Bürgertum kam als Kulturkonsument hinzu, aber auch interessierte Kreise aus dem Handels- und Handwerkerstand. Nicht zuletzt muß darauf hingewiesen werden, daß man damals oft gezwungen war, auf **einheimische Musiker** zurückzugreifen, welche allmählich herangewachsen waren. Diese aber kamen praktisch aus allen Bevölkerungskreisen, auch als Nachkommen der Kolonisten aus den Dörfern. Deren Angehörige, Bekannte und Freunde zählten teilweise ebenfalls zum Publikum, sobald sie in den Städten zu tun hatten.

In der „Zeittafel" des Werkes „Entwicklung und Erbe des donauschwäbischen Volksstammes" heißt es u. a., daß es ein **deutsches Theater in Pest** bereits 1737, in **Raab** 1742, in **Temeschburg** 1746, in **Essegg** 1750 gegeben hätte; die erste ungarische Theateraufführung in Pest erfolgte im Jahre 1784.

Nikolaus Engelmann ergänzt diesen Überblick in seinem Bildband „Die Banater Schwaben. Auf Vorposten des Abendlandes" wie folgt: „... aber auch in den anderen Städten, wie **Werschetz, Weißkirchen, Reschitza** und **Großbetschkerek** herrschte fast über zweihundert Jahre lang reges deutsches Theaterleben. Das älteste Theatergebäude im Südosten wurde noch im Rokokostil in dem Banater Bergstädtchen **Orawitza** erbaut."

In **Ödenburg** war bereits 1726 die Theatertruppe der Madame Feld aufgetreten, in Pest gab Peter Felix mit seiner Gesellschaft 1737 Vorstellungen. In **Arad** hatten 1745 die Minoriten ein deutschsprachiges Gymnasium gegründet, in welchem – wie es damals verbreitet war – auch deutsche und lateinische Komödien und Dramen gepflegt wurden. Im Jahre 1787 hatte hier Philipp Berat mit seiner Truppe um Spielerlaubnis nachgesucht. Ausgangs des 18. Jahrhunderts hatte in Arad auch der aus **Hermannstadt** gekommene Wolfgang Stephanie mit seiner Theatergesellschaft gastiert.

Helmut Frisch verlautet in seinem Heimatbuch „Werschetz" zu diesem Thema: „Mit der Feststellung Heinrich Gottfried Bretschneiders aus dem Jahre 1777, in Werschetz gäbe es Konzerte und Bälle, scheint der frühe Anspruch der Werschetzer auf gehobenes musikalisches Vergnügen erwiesen." Weiter erfahren wir: „1788 gastierte das deutsche Theater aus Temeschwar in Werschetz." Auch Richard Thor sen. schrieb in seiner Arbeit „Aus dem Musikleben der Stadt Werschetz", „... daß es laut einer Quelle (R. Z.) ‚schon im 18. Jahrhundert Konzerte'" in der Stadt gab. Dann zitiert er seinen Landsmann Robert Zichler-Gasparović: „Einen Beweis, daß man im Banat (schon) in den 1760er Jahren Theatervorstellungen gab, bieten die Kudritzer Gemeindematrikeln. Diese besagen, daß in Kudritz am 9. 8. 1763 der Komödiant Arnold Bacher, 33 Jahre alt, gestorben sei, und daß dieser beim Komödianten Anton Eintrag spielte." Letzterer trat mit seiner Truppe u. a. in Orawitz und Temeschburg auf.

In seinem Beitrag „Einiges über das ‚deutsche Agram'" im „Donau-Schwaben-Kalender 1983" führt Valentin Oberkersch aus, daß es dort um 1780 ein deutsches Theater gab. Hans Joachim Moser erweitert unseren Einblick über **Agram,** indem er in seinem Buch „Musik der deutschen Stämme" auf Seite 914 sagt: „Seit 1790 die Truppe Weilhammer erstmals mit einem Opernensemble in die Hauptstadt Kroatiens gekommen war, hat der deutsche Theatereinfluß hier bis 1945 nicht wieder geschwiegen."

Helfried Patz schrieb in seinem Beitrag „Deutsche Theaterkunst im Banat", veröffentlicht in der Wochenschrift „Neuland", über **Orawitz** folgendes: „Die ersten Bühnenspiele fanden im dortigen Posthause statt. Erst 1793 errichtete der Gastwirt Peter Eirich eine ständige Bühne, auf der nicht nur Berufsschauspielertruppen, sondern auch ein heimischer Dilettantenverein auftraten."

Von Hans Diplich erfahren wir in seinem Beitrag „Das barocke Erbe der Donauschwaben" (in „Entwicklung und Erbe des donauschwäbischen Volksstammes"): „Cremeri führte das ‚ständige Theater' in Temeswar ein. Seipp brachte 1774 Shakespeares ‚König Lear' in Pest zur Aufführung. Seine Erinnerungen (1793) gelten mit Recht als ein beachtenswertes Zeitdokument. Am Ende des Jahrhunderts herrschten auf den deutschen Bühnen Ungarns das Singspiel und die Oper vor. Das beliebte Ballett trat hinzu. Die Beamtenschaft, das Militär und die ständig wachsende Zahl der Stadtbürger bildeten die damalige Gesellschaft ..."

Konrad Gerescher schrieb über „Die ersten städtischen Schauspielhäuser" in „Der Donauschwabe" (11. Mai 1986, S. 4): „Wanderbühnen und Schaustellbuden gab es schon immer und überall, auch in den ersten Siedlungen unserer Ahnen im Südosten. Doch feste Einrichtungen zur Bildung und Unterhaltung wurden erst ab der Regierungszeit Kaiser Karls III., in der ersten Hälfte des 18. Jahrhunderts genehmigt... Für eines der bedeutendsten Gymnasien unseres Siedlungsraumes, das Piaristengymnasium in **Segedin,** wird schon zwei Jahre nach seiner Eröffnung im Jahre 1723 eine Schauspielvorführung für die Schülerschaft und deren Eltern vorgesehen... Das erste Erwachsenentheater entstand 1735 auch unter der Regie der Piaristenlehrer-Pfarrer ... So wurden kleinere deutschsprachige Theater in **Ofen, Kaschau** und **Temeschburg** entdeckt. Aus Wien waren Wandertrupps unterwegs. Mit ihnen wurden Versuche an Segediner und Sabatkaer Bühnen durchgeführt und als erfolgreich befunden. Sie waren billiger als die Aufstellung örtlicher Trupps, und so blieb man in unregelmäßigen Abständen und Aufführfolgen bis ans Ende des 18. Jahrhunderts."

In **Pest** hatten die Theatervorstellungen ab 1760 – laut Wilhelm Kronfuss – „im Gasthof ‚Zum roten Igel' in der Burg und im Gasthaus ‚Zum weißen Kreuz' in der Hauptgasse am Ofner Donauufer" stattgefunden („Südostdeutsche Vierteljahresblätter", Folge 1, München 1985, S. 56). Im Jahre 1773 wurde hier ein ständiges Theaterlokal in einem Festungsrondell eröffnet. Felix Milleker schreibt: „In Pest führt nach 1770 Wahr die ersten regelmäßigen Stücke auf. Johanna Schmallögger kultivierte in den 80er Jahren das Ballett, und Bulla führte 1786 die erste Oper auf." Karl Wahr kam 1745 in St. Petersburg zur Welt.

Aus der Feder Christian Ludwig Brückers lesen wir, daß nach dem Einzug Prinz Eugens in **Belgrad** am 22. August 1717 Karl Alexander von Württemberg Statthalter und Oberbefehlshaber für Belgrad und Serbien wurde und nach 14jähriger Aufbauzeit „zwischen der Festung und einer massiven Stadtmauer... die ‚Deutschenstadt' mit Kirchen, Schulen, einem Rathaus, mit Dienstwohnungen, Privatwohnungen, Spital, Theater, Kaufläden, Handwerksbetrieben und Gasthäusern" lag („Donauschwäbische Forschungs- und Lehrerblätter", Heft 2, Juni 1985, S. 80).

Der Dichter **Ernst Moritz Arndt** hatte 1798 und 1799 eine Reise durch Mitteleuropa unternommen, welche ihn auch durch Ungarn führte. „Budapest hat für Arndt noch den Charakter zweier Städte, Ofen und Pest. Er hat beide gründlich besichtigt. Die Abende brachte er in den Theatern zu, in denen ‚durchgängig teutsch gespielt' wurde." (Aus: „Das Deutschtum im Ausland". Monographiensammlung. Herausgegeben von Dr. Karl Bell. Deutscher Buch- und Kunstverlag William Berger, Dresden.)

Über die **Bühnenpflege an Schulen** gibt auch Felix Milleker in „Geschichte des deutschen Theaters im Banat" Aufschluß, indem er von Temeschburg berichtet: „So führte im Jesuiten-Gymnasium die Jugend im Schuljahre 1770–1771 das lateinische Theaterstück ‚Alexis' auf, bei welcher Gelegenheit sämtliche militärischen und städtischen Honoratioren anwesend waren. Im nächsten Schuljahre, 1771-1772, wurde dann das lateinische Drama ‚Cyrus' zur Aufführung gebracht."

Wie schon gesagt, ging das Bedürfnis nach dem Genuß von Theater in allen seinen damaligen Formen ursprünglich von dem aus Österreich und Deutschland gekommenen Verwaltungspersonal, der Intelligenz, dem Militär und dem Bürgertum aus. Aber auch die Stücke und die ausübenden Künstler kamen anfänglich von außerhalb, hauptsächlich aus Wien. Jedoch bereits im Verlauf des 18. Jahrhunderts gingen aus dem Heimatraum künstlerische Kräfte hervor, die sich sowohl hier als auswärts entfalteten. So kam aus Pest **Friedrich Zöllner**, der zum Begründer einer Schauspielerfamilie wurde.

Das Theaterleben wurde seinerzeit nahezu ausschließlich durch Schauspielgesellschaften bestritten, welche häufig von Agenturen, vornehmlich in Wien, engagiert wurden. So schreibt Milleker: „Um die Mitte des 18. Jahrhunderts spielten deutsche Wandergesellschaften in allen Städten des gewesenen Ungarns, so auch in unserer Nachbarschaft, in **Peterwardein** 1765 und in **Szegedin** 1766. 1776–1777 schreibt Fr. Wilh. Taube in seinem Buche über Syrmien (T. I, S. 63): ‚In **Semlin** und auch an anderen Orten werden deutsche Schauspiele aufgeführt'."

Nachdem das Gebiet zwischen der Donau, Theiß und Marosch von 1716 bis 1779 als das **„Temeswarer Banat"** eine selbständige österreichische Verwaltungseinheit mit deutscher Amtssprache und dem Hauptsitz Temeschburg war, herrschten hier besonders günstige Voraussetzungen für kulturelle Entfaltungen.

So war im Jahre 1760 im Temeschburg die Gesellschaft der Witwe **Gertrud Bodenburg** aufgetreten, welche, laut Felix Milleker, „damals Ungarn, Siebenbürgen und vermutlich auch das Banat kreuz und quer durchzog". In Kaschau war sie 1762 aufgetreten, 1764 löste sie sich in Hermannstadt auf. **Josef Hasen-**

**hut,** ein Mitglied der Truppe, heiratete die Tochter seiner Chefin, Juliana, machte sich selbständig und gab als Direktor Vorstellungen in Temeschburg und Hermannstadt. Mehrere unglückliche Umstände, u. a. der Brand des im serbischen Magistratsgebäude der Banater Hauptstadt gelegenen Theaters, hatten Hasenhut bewogen, sich 1766 nach Peterwardein an der Donau zu begeben. „Direktor Josef Hasenhut spielte mit seiner Gesellschaft auch in Szegedin und Pest. Dann durchkreuzte er Ungarn von einem Ort zum anderen, und es gab vielleicht keine einzige Stadt, wo er nicht Vorstellungen gab", berichtet Milleker.

**Anton Hasenhut,** der Sohn des Vorgenannten, wurde 1766 in Peterwardein geboren und trat später als Komiker in Wien auf, wo er auch Mitglied der Hofoper wurde. In Wien hatte er 1834 seine Memoiren unter dem Titel „Launen des Schicksals, oder: Szenen aus dem Leben und der theatralischen Laufbahn des Schauspielers Anton Hasenhut" veröffentlicht.

Der 1752 in Wien geborene **Benedikt Dominik Anton Cremeri** wird als zweiter Direktor des Theaters zu Temeschburg genannt (1772–1774). Anschließend hatte er bis 1775 die Hermannstädter Bühne geleitet. Im Jahre 1780 fungiert in Temeschburg Direktor **Hilverding** (Hülverding), der auch in Pest und Hermannstadt mit seiner Truppe aufgetreten ist. Ein Jahr später spielte hier auch **Direktor Kuhn,** der aber schon 1781 nach Preßburg ging. Ihm folgte bis 1784 **Christoph Ludwig Seipp** (1747 in Worms geboren und seit 1772 in unserem Heimatraum) mit seiner Gesellschaft, der dann von 1788 bis 1790 in Hermannstadt auftrat. Der als Ballettmeister in Eszterháza und Preßburg und dann als Direktor des deutschen Theaters in Pest tätig gewesene **Josef Schmallögger** hatte in den Jahren 1784 und 1785 die Direktion des Temeschburger Theaters inne gehabt. Laut Felix Milleker hatten in den beiden nächsten Jahren **Johanna Schmallögger** (die Gattin Josefs, nach einer anderen Version dessen Mutter) und **Franz Heinrich Bulla** das Theater gepachtet; sie waren zugleich Leiter des Theaters in Pest und Ofen. 1787 und 1788 hatte **Ignaz Schiller,** von Beruf Perückenmacher, das Temeschburger Theater in Pacht. Ihm folgte der Klausenburger **Franz Diwald,** doch mußte dieser im Herbst 1788 wegen des ausgebrochenen Türkenkrieges die Vorstellungen einstellen. Danach, also 1789, kam **Johann Christoph Kunz** (Kuntz) in die Banater Hauptstadt, der bis dahin als Direktor in Tyrnau, aber auch in Raab, Neusatz (Újvidék/Novi Sad) und Peterwardein tätig war. Diese Truppe hatte das Programm vom Ballett mehr auf die Singspiele verlagert und führte in Temeschburg als erstes Mozarts „Entführung aus dem Serail" auf. Die Kunzsche Truppe, aus 15 Herren und 6 Damen bestehend, spielte abwechselnd in Temeschburg und Hermannstadt. Im Winter 1793/94 scheint hier als Theaterunternehmer **Franz X. Felder** auf, worauf bis 1802 **Franz Xaver Rünner** die Direktion übernahm; zuvor war er als Schauspieler in Pest beschäftigt. Vorübergehend hatte sich Rünner mit der Truppe eines gewissen **Seicher** vereinigt, der sich in Peterwardein betätigt hatte. Die Gesellschaft des Direktors Rünner hatte große Erfolge verbuchen können. Im Jahre 1796 führte sie in Temeschburg erstmals „Die Zauberflöte" von Wolfgang Amadeus Mozart auf; dabei wurde, wie es in „Temeswarer Musikleben" von Josef Brandeisz/ Erwin Lessl heißt, das Orchester mit lokalen Kräften ergänzt.

Milleker zitiert in seiner Schrift „Geschichte des deutschen Theaters im Banat" den seinerzeitigen Theaterreferenten von Temeschburg, der u. a. ausführte: „Selbst **Peterwardein, Semlin** und **Pančevo** unterhielten von Zeit zu Zeit reisende Schauspielergesellschaften und fanden bald Geschmack an regelmäßigen Vorstellungen."

Als **erste deutsche Theaterzeitung in Ungarn** brachte Hülverding ab 1. Juni 1778 das „Teatral Wochenblatt" bei Martin Hochmeister in Hermannstadt heraus. Die darin erschienenen Kritiken waren recht genau und nicht milde, jedoch schnitten die Mitglieder der Gesellschaften hinsichtlich der erbrachten Leistungen im allgemeinen recht gut ab.

Hermannstadt in Siebenbürgen hatte 1788 und Temeschburg im Banat 1795 einen eigenen **Theaterbau** erhalten.

Der durch sein Libretto für Mozarts Oper „Die Zauberflöte" allgemein bekannt gewordene **Emanuel Schikaneder,** am 1.9.1751 in Straubing/Niederbayern geboren, wirkte jahrelang mit Erfolg auch an den Theatern zu Preßburg, Ofen und Pest. Im Jahre 1777 heiratete er seine Schauspielkollegin **Maria Magdalena Arth** (1751–1821) aus Hermannstadt. Gemeinsam mit ihr, die sich nunmehr nur „Eleonore" nannte, trat er im Rahmen einer Gesellschaft erfolgreich auf. Nach dem Tode der Prinzipalin übernahm er 1778 selbst die Leitung des Unternehmens. Über das Ende des populären Schauspielers und Bühnenschriftstellers, der mit unserem Volksstamm in enge Berührung gekommen war, heißt es in „Musik in Geschichte und Gegenwart" wörtlich: „Auf einer Reise nach Budapest, wohin der seit Jahren Erkrankte 1812 ein Engagement als Direktor des neuen Deutschen Stadttheaters angenommen hatte, brach bei ihm der offene Wahnsinn aus. Nach Wien zurückgekehrt, starb er nach kurzem Krankenlager im Elend." 1782 war Schikaneder bereits Theaterdirektor in Temeschburg gewesen.

Von besonderem Interesse für uns ist die Tatsache, daß, während die Truppe Schikaneder 1782 und 1783 in Preßburg weilte, zu dieser als Schauspieler **Johann Friedel** stieß, der am 17. August 1751 (1752?) in Temeschburg zur Welt kam und von Felix Milleker als der erste Dichter der Banater Deutschen bezeichnet wurde. Friedel war Offizier geworden, hatte dann aber seinen Dienst quittiert und widmete sich der schriftstellerischen und dichterischen Tätigkeit. So hatte er auch ab 1780 Aufsätze in der „Literatur- und Theater-Zeitung" und im „Theaterjournal für Deutschland" in Berlin veröffentlicht. Seiner Neigung zum Theater nachgehend, trat er bereits anfangs 1781 in Erfurt als Schauspieler auf, hernach auch in Kassel und in Göttingen. Nachdem sich das Ehepaar Schikaneder getrennt hatte, gründete Johann Friedel zusammen mit Eleonore Schikaneder eine eigene Theatergesellschaft, welche u. a. auch in Triest und Laibach auftrat. Als Theaterdirektor war er später namentlich in Wien sehr erfolgreich. „Am 24. März 1788 eröffnete Friedel das Theater im Freihause auf der Wieden und leitete es bis zu seinem am 31. März 1789 erfolgten Tode", führt Felix Milleker in seiner Schrift über diesen wörtlich aus und bemerkt weiter: „Sein Repertoire bestand so ziemlich aus Bühnenstücken besserer Gattung, aber auch aus Ritter- und Kasperlstücken. Aber auch die deutsche Oper nahm er in seinen Spielplan auf, wozu er für Ostern 1789 sich schon eine Gesellschaft deutscher Sänger verschrieben hatte." Johann Friedel starb am 31. März 1789 im Alter von 38 Jahren in Wien. Seine Posse „Christel und Gretchen" wurde am 21. Februar 1784 im Wiener Nationaltheater uraufgeführt. Am 17. Dezember 1784 war die Premiere seines Stückes „Der Fremde", am 28. 9. 1789 kam „Gutherzigkeit und Leichtsinn" auf die Bühne.

In der „Gallerie von Teutschen Schauspielern und Schauspielerinnen der älteren und neueren Zeit", Wien 1783, heißt es über „**Mad. Schikaneder,** geb. Artim" (?) u. a.: „Ist 1752 zu Hermannstadt geboren, debütierte 1770. Sie spielt Mütter, Liebhaberinnen, verschmitzte Mädchen und heftige Rollen... Ihre Stimme ist hell, voll und melodiereich, sie singt immer aus der Brust, bleibt in der Höhe sowohl als in der Tiefe gleich rein, und affektiert in ihren Bewegungen nie." Johann Friedel hatte noch vor seinem Tode Eleonore Schikaneder zur Alleinerbin seines Anteils an der Theatergesellschaft eingesetzt.

In dem zuvor genannten Werk wird auch eine „**Mad. Brockmann,** geb. Bodenburg" erwähnt und ausgesagt: „Geboren zu Eschenburg in Ungarn 1741, debütierte 1769 auf dem Wiener Theater. Sie macht alte Kuplerinnen, alte schwazhafte Kammerjungfern, abgelebte Koketten sehr gut." Ihre Mutter war die Prinzipalin Gertrud Bodenburg, ihr Ehemann der aus Graz stammende **Karl Brockmann**, der bereits 1764 bei dieser Gesellschaft tätig und im Heimatgebiet u. a. in Essegg und Temeschburg aufgetreten war. Brockmann wurde ein berühmter Schauspieler in Hamburg, Berlin und Wien, wo er auch Direktor des Burgtheaters war.

Im Werschetzer Stadtmuseum waren zwei auf Seide gedruckte **Theaterzettel** aus dem Jahre 1798 aufbewahrt, wovon der eine das Stück „Die Fiaker in Wien" von Emanuel Schikaneder in Temeschburg ankündigte. Bereits 1792 hatte dort die Kunzsche Gesellschaft „Die Entführung aus dem Serail" von Wolfgang Amadeus Mozart auf die Bühne gebracht.

Das Theaterleben in Alt-Ungarn und weiten Teilen Südosteuropas geht ausschließlich auf deutsche Einflüsse zurück. Jolantha Pukánszky-Kádár schreibt in ihrer **„Geschichte des deutschen Theaters in Ungarn"** (Von den Anfängen bis 1812, München 1933) u. a.: „Allmählich aber bildete sich aus den Hunderten der rastlos herumwandernden Truppenmitgliedern ein Stamm, der die Ungarn liebgewann und hier ansässig wurde. Die Söhne dieser Schauspielerfamilien widmeten sich dann anderen bürgerlichen Berufen, gingen größtenteils in dem Ungarntum auf, und ihre Nachkommen leben teils auch heute noch in Ungarn. Es seien nur die Familien Grimm, Grill, Babnigg in Pest, oder die Familien Rünner und Cibulka in Temesvár erwähnt. Die Ansiedlung deutscher Schauspieler in Ungarn im 18. und 19. Jahrhundert war somit eine Art der Kolonisation." Bei aller Anerkennung, die sich die Autorin mit ihrem wichtigen Quellenwerk erwirbt, überrascht doch die Tatsache, daß sie an keiner Stelle von der „anderen Kolonisation", der Ansiedlung der donauschwäbischen Vorfahren spricht, die ja das Hinterland der Städte bildeten und diese erst lebensfähig machten. Aber auch die aus diesen Kreisen hervorgegangenen Statisten, Musiker, Autoren und Bühnenkünstler werden unzulänglich erwähnt, schon gar nicht, daß im Laufe der Zeit auch von da her ein Teil des Theaterpublikums herkam. Auch das „Aufgehen im Ungarntum" der Schauspielernachkommen wird nicht näher erläutert, verlief aber wohl sicher nicht so ausschließlich, wie eben zitiert.

Der 1757 in München geborene **Hubert Kumpf** kam 1778 nach Preßburg. Er war Sänger, wurde alsbald musikalischer Leiter der Oper und wirkte jahrelang an verschiedenen deutschen Theatern in Ungarn. Ausgangs des 18. Jahrhunderts besaß er unter Kapellmeister Panek zum größten Teil einheimische Musiker aus Ofen und Pest.

In Dillingen wurde 1764 der Bassist **Weinmiller** geboren. Von 1790 bis 1796 betätigte er sich als Opernregisseur in Ofen und Pest. Nach erfolgreichem Wirken in Wien kam er 1804 zu einem Gastspiel abermals nach Ofen.

**Georg Jung** kam in Mannheim zur Welt. 1793 übernahm er für eine Zeit die Leitung des deutschen Theaters in Preßburg.

Nachdem **Johann Christoph Kunz** 1793 Direktor des Theaters in Kaschau wurde, versuchte er ein Jahr später mit seiner Gesellschaft in Käsmark aufzutreten; da ihm das mißlang, spielte er in Leutschau, Bartfeld und Eperjes.

**Johann Matthias Menninger** stammte aus Komorn. Er wirkte mit seiner Theatergesellschaft – nachdem er in Wien tätig war – im Heimatbereich, auch in Pest. Marinelli, ein Mitglied der Truppe, schrieb einige Stücke mit Bezügen zum Lande, z. B. „Der Ungar in Wien", 1773, und „Die Überschwemmung" (von Pest), 1775.

**Alois Cibulka** entstammte ebenfalls dem Heimatraum. Er war zunächst Kapellmeister, 1798 debütierte er auf der Pester Bühne.

In Pest wurden schon in der zweiten Hälfte des 18. Jahrhunderts, z. B. bei **Matthias Trattner**, Theaterstücke gedruckt.

Die „Preßburger Zeitung" gab ab 1798 für eine Zeit als Beilage die **„Allgemeine Deutsche Theaterzeitung"** heraus. Sie brachte u. a. das Repertoire der deutschen Theater in Ungarn: Preßburg, Kaschau, Ofen, Pest, Ödenburg, Temeschburg, Hermannstadt, Warasdin und Raab.

Die Übersiedlung der Landesbehörden von Preßburg nach Ofen und Pest unter Joseph II. bedeutete zwangsläufig auch eine Verlagerung des Florierens im Bühnenleben. Im übrigen – die **Tätigkeit der Theatergesellschaften** war damals, abgesehen von den beschwerlichen Reise- und Transportmöglichkeiten, oft noch mit manchen anderen Schwierigkeiten verbunden.

Aus dem schon erwähnten Artikel von Helfried Patz soll noch zitiert werden: „Von den Anfängen des serbischen Theaters im Banat ist bekannt, daß der Lehrer **Marko Jelisejić** 1783 mit Kindern in Petrovgrad (Groß-Betschkerek) Vorstellungen gab. 1793 führte **Emanuel Janković** in Werschetz russische Stücke auf. Die serbische Bühne blieb noch lange ein Liebhabertheater."

Es ist nicht uninteressant festzustellen, daß Anton Scherer in seiner „Einführung in die Geschichte der donauschwäbischen Literatur", Graz 1960, nach kurzer Schilderung der Entwicklung des donauschwäbischen Volksstammes mit dem ungewöhnlichen **Reichtum an Volksschauspielen** desselben beginnt, um dann bereits auf der ersten und zweiten Seite auf das Theaterleben im 18. Jahrhundert einzugehen. Daß das Musiktheater schon wegen seiner Textbücher ebenfalls in den Aufmerksamkeitsbereich der Literatur fällt, wurde ansonsten kaum beachtet.

Die (musikalischen) **Bühnenwerke** hatten im 18. Jahrhundert einige Entwicklungsphasen durchgemacht. Anfangs gab es kaum inhaltlich festgeschriebene Stücke, man hatte sich mit „extemporierten" Komödien begnügt, d. h., die Schauspieler hatten von ihrem Prinzipal (Direktor) den Inhalt erfahren, ansonsten aber aus dem Stegreif gespielt. Dabei war der „**Hanswurst**" als Spaßmacher und mit seinen oft recht derben Einlagen nahezu „unentbehrlich". In Deutschland wurde er bereits 1737 von Johann Christoph Gottsched und Friederike Caroline Neuber von der Bühne verdrängt, in Wien später. Sein Nachfolger wurde der „**Kasperle**", welcher sich später ebenfalls überlebte und ins **Marionettentheater** verdrängt wurde. Ein solches wird beispielsweise in Temeschburg 1776 unter der Leitung von Matthias Unger genannt. Der Kasperle hatte sich aber auch bei zahlreichen Wanderbühnen gut gehalten und stellt heute noch für Kinder eine Faszinations-Figur dar. Aber auch er erhielt auf den Bühnen einen Nachfolger – den „**Thadädl**", welchen um 1790 der schon einmal genannte Anton Hasenhut aus Peterwardein kreierte.

Wahrscheinlich um die Auswüchse auf den Bühnen einzudämmen, hatte die Kaiserin Maria Theresia 1768 das „**Extemporieren**" verboten, was wohl nicht immer eingehalten wurde, aber doch den Weg zu „echten" Stücken bedeutend begünstigte.

Nach Felix Milleker hatte Kaiser Joseph I. im Jahre 1771 die bis dahin vorherrschenden italienischen Vorstellungen eingestellt und in der Folgezeit im Hofburgtheater die erste deutsche Bühne geschaffen.

# 9. Erstaufführungen musikalischer Bühnenwerke

Uraufführungen sind zwar kein Maßstab für das gesamte Bühnengeschehen in einer Region, sie können jedoch einen Einblick in den Bedarf an Popularität und die Interessiertheit vermitteln.

Derartige Veranstaltungen können im Heimatbereich bei kunstliebenden weltlichen und geistlichen Herren und in Häusern mehrerer Städte festgestellt werden. Sofern es sich um Autoren handelt, die in Südosteuropa zur Welt kamen, werden deren uraufgeführten Werke auch dann genannt, wenn sie außerhalb des Raumes stattgefunden hatten. Wenn die Librettisten bekannt sind, werden sie in Klammern genannt. Die Jahreszahlen der Aufführungen werden angegeben.

Eisenstadt, Schloßtheater des Fürsten Esterházy: Von Joseph Haydn (31.3.1732 Rohrau/N.Ö. – 31.5.1809 Wien):

„La marchesa Nepota" 1762, „La vedova" 1762, „Il dottore" 1762, „Il Sganarello" 1762, „Die sieben Wörte" 1797.

Von Karl Ditters von Dittersdorf (2.11.1739 Wien bis 24.10.1799 in Böhmen):

„Il tutore e la pupilla", komische Oper, 1773; „Il maniscalco", komische Oper, 1775; „Il finto pazzo per amore", komische Oper, 1775; „La contadina fedele", komische Oper 1776; „La moda", komische Oper, 1776; „Il barone di Rocca antica", komische Oper, 1776; „L'Arcifanfono re di Matti", komische Oper, 1777; „Il tribunale di Giove", Serenade, 1774.

Schloß Eszterháza: Von Joseph Haydn:

„Le Pescatrici", komische Oper (Carlo Goldoni), 1770; „Philemon und Baucis = Jupiters Reise auf der Erde", Marionettenoper mit dem Vorspiel „Der Götterrat", 1773; „Der Hexensabbath", Marionettenoper, 1773; „L'infedeltadelusa", Burletta, 1773; „L'incontro improviso", komische Oper (Karl Fribeth), 1775; „Genoveva", Marionettenoper, 1777; „Il mondo della luna", komische Oper, 1777; „Dido", Marionettenoper, 1778; „La vera costanza", komische Oper (Franc. Puttini), 1779; „L'isola disabitata", Oper (Goldoni), 1778; „Orlando Paladino", Oper (Nunziato Porta), 1782; „Armida", Oper (Durandi), 1784; „L'infedeltà fedele", 1783.

Großwardein:

Von Karl Ditters von Dittersdorf „Amore in musica", komische Oper, 1767. Michael Haydn, der Bruder Joseph's (14.9.1737 Rohrau – 10.8.1806 Salzburg) – „Endimione", Serenata (Metastasio), 1765; „Die Schuldigkeit des ersten Gebotes", geistliches Singspiel, 1765; „Patritius", 1766; „Das fröhliche Wiedersehen", 1767.

Der aus Laibach hervorgegangene Komponist Johann Berthold von Höffer (1667–1718) führte dort 1715 und 1716 seine Oratorien auf: „Magdalenae conversio" und „Patentia victrix in amico Dei Job".

Der vermutlich aus Pest stammende Schauspieler Schüller brachte dort 1794 die Pantomime „Harlekin, der gekrönte König auf der Insel Liliputi" zur Aufführung.

Preßburg, Privattheater des Grafen Erdödy:

Von Gennano Astaritta, um 1745 in Neapel geboren – „Circe e Ulisse", Oper, 1782.

Von einem gewissen Panek – „Die christliche Judenbraut = Die Alte muß bezahlen", komische Oper (Girzik), 1788.

Von Johann Tost – „Der Sonderling", 1788.

Franz Xaver Girzik stammte aus Pest, er war Schauspieler (Baritonsänger) und Bühnenschriftsteller.

Gennano Astaritta:

„L'isola disabitate", Oper (Metastasio), „La Didone abbandonata", Oper (Metastasio), „Il trionfo della pietà", Oper (Metastasio) – alle Preßburg 1780.

Hubatschek (aus Siebenbürgen stammend) war Dirigent und Komponist:

„Alle irren sich" und „Hans bleibt Hans", Singspiele, Hermannstadt (Sibiu), Deutsches Theater 1787, „Der kluge Jakob" (Welzel) und „Don Quixotte" (Soden), Singspiele, Hermannstadt 1788, „Die Weinlese", Oper, Hermannstadt 1798.

*Theaterzettel aus Preßburg vom 19. August 1764*

F. Jast:

„Der Barbier von Benzing", Operette, Preßburg 1787; „Der Lügner" und „Figaro", Singspiele, Preßburg 1790.

Kamienski Mathias (13. 10. 1734 Ödenburg – 25. 1. 1821 Warschau):

hatte die erste polnische Nationaloper geschrieben, welche am 11.5.1778 in Warschau zur Aufführung kam – „Nedza Usszezesliwiena" (Bohomela); dort kamen von ihm zwischen 1779 bis 1794 weitere 5 polnische Opern auf die Bühne. Wann und wo seine deutschen Opern „Sultan Wampu" und „Anton und Nannette" erstaufgeführt wurden, ist nicht mehr bekannt.

Paul Maschek/Pavel Lambert Mašek (14.9. 1761 Zwikowitz/Böhmen – 22. 11. 1826 Karansebesch):

Er schrieb u. a. zwei Ballette und zwei Singspiele, welche 1793 und 1799 in Wien zur Aufführung kamen.

J. Mazalik:

„Das erste Veilchen", Ballett, Hermannstadt 1793.

Kaspar Pacha:

„Die Treue der Ungarn" (Franz Verseghy), Pest 1795, war der „1. Opernversuch in ungarischer Sprache vor Ruziczka's (?) ‚Béla futasa'".

Franz Johann Raymann:

„Die christliche Judenbraut" (Girzik), 2. Teil der gleichnamigen Oper von Panek, Ofen 1795.

Josef Rösler (1773 Schemnitz [Selmecbánya/Banská Štiavnica] – 28. 1. 1812 Prag):

„Il cornetto magico (Das Zauberhörnchen)", Pantomime, 1796; „Il Sarto Vez-Vez (Die Geburt des Schneiders Wez-Wez)", Pantomime, 1796; „La sorpresa", Oper, 1796; „Psiche e Amore" (Defranceschi), Oper, 1797; „La pastorella della Alpi" (Piatoli), Oper, 1797; „Il custode di se stesso", Oper, 1797; „La Pace di Klentsch" (Defranceschi), Oper, 1798; „La forza dell'amore = Terese e Claudio" (Piatoli), Oper, 1798 – alle in Prag erstaufgeführt.

Seidl:

„Miranda", Oper, Kaschau um 1800.

Christoph Sonnleithner (1734 Segedin – 1786 oder 1788 Wien):

„Orakel" (Gellert), Oper – Aufführungsdaten nicht bekannt.

Franz Teyber aus Wien (1756–1810):

„Laura Rosetti", Oper, Preßburg 1784.

Johann Tost:

„Witwe und Witwer", Singspiel, Preßburg 1785; „Der Jahrmarkt", Singspiel, Preßburg 1792.

Vinzenz Wallner (1771 Laibach – 1799 Wien):

„Der erste Kuß" und „Der Schatzgräber = Der Äpfeldieb", komische Opern, 1796, vermutlich in Laibach.

Ernst Baron Wanzura (um 1750 in „Wancberg/Ungarn" geboren, 1802 in Petersburg, heute Leningrad, gestorben):

„Der tapfere und starke Held Archidejitsch", Oper, Petersburg 1787.

Josef Weigl (28.3.1766 Eisenstadt – 3.2.1846 Wien):

„Die betrogene Arglist = Die unnötige Vorsicht" (F. L. Schmidl), 1783; „La sposa collerica", 1786; „Il pazzo per forza", 1788; „La caffetiera bizzarra" (L. da Ponte), 1790; „Der Lumpensammler = Ein gutes Herz ziert jeden Stand" (Paul Weidmann), 1792; „La principessa (contessa) d'Amalfi" (Giov. Bertati), 1794; „Das Petermännchen" (Hensler), 1794; „La donna di testa tebola" (G. Bertati u. a.), 1794; „Giuletta e Pierotto" 1794; „I solitari" (de Camerra), 1797; „L'amor marinaro = Der Korsar aus Liebe" (de Camerra), 1797; „Das Dorf im Gebirge" (Kotzebue), 1798; „L'accademia del maestro Cisolfante" (de Camerra), 1798 – alles Opern, komische Opern und Singspiele und in Wien erstaufgeführt.

Seine Ballette wurden ebenfalls in Wien (Kärntnertor-Theater) uraufgeführt:

„Das Sinnbild des menschlichen Lebens" (A. Muzzarelli), 1794; „Die Müller" (A. Muzzarelli), 1794; „Die Reue des Pygmalion" (A. Muzzarelli), 1794; „Richard Löwenherz" (S. Vigano), 1795; „Der Raub der Helena" (A. Muzzarelli), 1795;

„Der Brand (Die Zerstörung) Trojas" (A. Muzzarelli), 1796; „Alonso und Cora" (L. Traffieri), 1796; „Alcina" (L. Traffieri), 1798; „Rollas Tod = Die Spanier in Peru" (L. Traffieri), 1799; „Alceste" (Gioja), 1800.

Kantaten: „Minerva e Flora" (da Ponte), Wien 1791; „Veneve e Adone", Wien 1792.

Festspiel: „Diana ed Endimione", Wien 1792.

Anton Zimmermann aus Preßburg (1741–1781):

„Narcisse und Pierron = Betrug für Betrug", Duodrama, Preßburg 1772. Zwei Melodramen führte er 1781 und 1782 in Wien auf.

Hierbei muß erwähnt werden, daß im Jahre 1751, wahrscheinlich gegen die Auswüchse des „ex-tempore-Spiels", eine Theaterzensur eingeführt wurde. In einer im Jahre 1796 erschienenen „Instruction" wird das Theater als Schule der Moral bezeichnet und verfügt, „daß nur solche Stücke gegeben werden können, die diesem Endzwecke entsprechen". So durften ohne Vorzensur nur Werke gebracht werden, welche bereits in Wien aufgeführt wurden; „neue Stücke mußten vor der Aufführung der Zensurbehörde unterbreitet werden" (Milleker).

Diese Verfügungen dürften nicht ohne Auswirkungen auf die Uraufführungen auf den Provinzbühnen geblieben sein.

## 10. Der Musikinstrumentenbau

Das inzwischen im weltlichen und vor allem im kirchlichen Bereich entfaltete Musikleben hatte einen entsprechenden Bedarf an Instrumenten und Reparaturwerkstätten zur Folge. Dabei war es wichtig, daß Instrumentenbauer möglichst einfach zu erreichen waren. So blühte dieses Handwerk auch bei uns allmählich auf.

Es können im einzelnen genannt werden:

Der in Pest ansässig gewesene Orgelbauer **Joseph(us) Janichek** hatte für die Banater Gemeinde Hatzfeld/Zsombolya/Jimbolia im Jahre 1776 eine Orgel geliefert.

Noch vor dem Jahre 1800 waren der aus Arad stammende **Dangl** und der Temeschburger **Joachim Josephin** im Orgelbauerhandwerk tätig.

Für Neubeschenowa/Újbesenyö/Dudeștii Noi hatte 1764 die **Firma Ochsenreiter** aus Temeschburg die Orgel erbaut.

Bereits 1780 wird in Temeschburg Franz **Anton Welter** (Welder) als Orgelbauer erwähnt. Dieser hatte 1805 für die Kirche in Hatzfeld eine neue Orgel errichtet.

In Neusiedl (Burgenland, damals zu Ungarn gehörig) wurde **Johann Engler** (1620–1694) geboren, der nach Schlesien übersiedelte und dort ein angesehener Orgelbauer wurde. Einer seiner Nachkommen, Michael Engler jun. (1688–1770), brachte es in Schlesien zu besonderem Ansehen.

## 11. Die ungarische und die Zigeunermusik

Zu diesem Thema gibt es eine beachtliche Literatur mit nicht immer übereinstimmenden Meinungen. Es liegen auch Äußerungen und Schriften von großen Musikern vor, die ebenfalls unterschiedliche Auffassungen beinhalten. **Béla Bartók** soll gesagt haben: „Was Sie als Zigeunermusik bezeichnen, ist keine Zigeunermusik. Keine Zigeuner-, sondern ungarische Musik: eine neuere ungarische, volkstümliche Kunstmusik."

Wie dem auch sei – wer namentlich bis zum Ende des 1. Weltkrieges im Bereich Altungarns, oder bedingt auch in ganz Südosteuropa, beheimatet war bzw. gelebt hatte, ist an der Wirkung dieser Musik kaum vorbeigekommen. Sie hatte Anregungen für weltbekannt gewordene Werke der gehobenen Musikliteratur geliefert und zu romantischen Aufarbeitungen in zahlreichen Stücken des Musiktheaters geführt. In den Lokalitäten konnte man ihrem Zauber beggenen, an großen Feier- und Festtagen kamen die Kapellen auch in die Häuser begüterter Leute und verfehlten ihre Wirkung nicht.

Allein diese Andeutungen sind Grund genug, sich mit diesem Thema hier zu beschäftigen, denn wenn man Zigeunermusik sagt, kommt man an der ungarischen Musik nicht vorbei, aber auch umgekehrt.

Für eine ausführliche Aufarbeitung und letztgültige Bewertung dieses Phänomens fehlt dieser Arbeit jedoch der Raum und die Zuständigkeit.

Als die österreichische Armee während der Regierungszeit der Kaiserin Maria Theresia Soldaten in den Ortschaften angeworben hatte, spielten **Wiener Volksweisen** eine nicht unbedeutende Rolle. Zigeunermusiker nahmen diese Melodien auf und interpretierten sie, mit ungarischen Motiven bereichert, auf ihre unnachahmliche Weise. So kam es zu den „Werbeliedern" („**Verbunkos**"), welche in der ungarischen Volksmusik eine bedeutende Rolle spielten. Aus diesen soll auch der „**Csárdás**" hervorgegangen sein, wie Josef Wekerle schreibt („Franz Liszt und die Zigeunermusik" in „Der Donauschwabe" vom 8. März 1987, Seite 7).

Nahezu alle im Verlauf des 18. Jahrhunderts angestrengten Bemühungen um die ungarische Identitätssuche im Volkslied kamen mit westlichen Tendenzen in Berührung. Es gab sogar Strömungen namhafter Dichter und Schriftsteller, die ein Europäisieren der ungarischen Musik und Literatur verfolgten. Die Gegenrichtung, welche das traditionell Ungarische in den Vordergrund stellte, erklärt sich aus der politischen Gegnerschaft zum regierenden Haus Habsburg. Am nachhaltigsten hatte sich aber die Instrumentalmusik durchgesetzt, welche ihren Ausgang in den erwähnten Werbeliedern hatte und „mit zigeunerisch-freier Improvisation" und „leidenschaftlichem Schwung" bereits die „patriotische Romantik von Ungarns Neuzeit" in der Musik ankündigte („Die Musik in Geschichte und Gegenwart"). Alle fremden Elemente wurden in den neuen Stil integriert. Österreichische, deutsche und andere westeuropäische Musiker waren von dieser als ungarische Musik bekannt gewordenen Art begeistert und oftmals deren eifrigste Verbreiter. Damit war aber auch die untrennbare Verbindung zwischen der ungarischen und der Zigeunermusik vollzogen.

**Bálint Sárosi** hat seine langjährigen Forschungsergebnisse 1970 in seinem Buch „Zigeunermusik" veröffentlicht, woraus aus seiner Sicht noch einige Einzelheiten folgen sollen. So waren im Jahre 1782 bei der ersten offiziellen Zählung der Zigeuner in Ungarn nur 1582 Musikanten, jedoch 5886 Schmiede. Der Verfasser reduziert aber auch die Überbetonung der natürlichen Musikveranlagung des Volkes der Zigeuner auf ein realistisches Maß. Er gibt zu bedenken, daß auch in anderen verbreiteten Berufen, wenn die Kinder in die Tätigkeit der Erwachsenen hineinwachsen – und das seit Generationen – diese in der Regel die gleichen Fertigkeiten beherrschen. Der Verfasser betont: „Die ungarischen Zigeuner (Romungró) besitzen im allgemeinen keine Zigeunervolksmusik, sondern empfinden die Musik der Ungarn, unter denen sie leben, als ihre eigene." Dasselbe gilt sinngemäß für alle anderen Gebiete Südosteuropas und darüber hinaus, wo die Zigeuner als Berufsmusikanten tätig sind. Sárosi schreibt auf Seite 54 wörtlich: „Die Unterhaltungsmusik hatte im Ungarn des 15. und 16. Jahrhunderts natürlich nicht nur eine bis zur Landnahme (896) zurückreichende Tradition. Die Ungarn schalteten sich im Laufe des Mittelalters sowohl auf bäuerlichem als auch auf höherem Niveau in den Blutkreislauf der europäischen Kultur ein." Hinsichtlich der Präsenz deutscher Musiker gibt ein anderes Zitat Aufschluß: „Eine interessante und wahrscheinlich im ganzen Land übliche Unterscheidung war die Benennung ‚ungarische' und ‚deutsche Musikanten'; die deutschen Musikanten spielten ständig nach Noten, wogegen die ungarischen vorher eingelernte Stücke ohne Noten, auswendig vortrugen." Als Verbunkos-Komponisten führte der Autor an: Bengraf, Berner, Drechsler, Kauer, Kossovits, Mohaupt, Ruzitska, Stocker, Strádl, Tost... und sagt: „Fremde Namen von kulturell nur wenig oder gar nicht assimilierten Neuungarn."

Wohl ganz in der Auffassung Bálint Sárosi's bewegte sich der aus Werschetz gebürtige Schriftsteller **Ferenc Herczeg** (Franz Herzog), aus dessen Erzählung „Die Zigeunermusik" (Ungarischer Künstler-Almanach, Budapest, ca. 1920) einige Zitate sprechen sollen: „Der Triumph des Zigeuners ist, daß er

*Idylle aus dem Zigeunerleben*

durch mein Herz, durch meine Phantasie empfindet. Wenn ich einen wirklich guten Zigeuner höre, vergesse ich völlig den Zigeuner, den Komponisten, aber ich finde mich selbst. In der Zigeunermusik bin ich der Künstler... Die Zigeunermusik kann jedermann verstehen, nur gerade der Tonkünstler nicht... Es leben ja Zigeunermusiker auch in Rußland, in Spanien, in Rumänien, und keine Musik dieser Zigeuner gleicht der ungarischen, und die Musik, die diese machen, ist ärmer, niedriger als jene des ungarischen Zigeuners, weil es zweifellos ist, daß die Empfindungsskala des ungarischen Volkes unter allen die reichste ist." Nach Herczegs literarischer Intention „tastet" beispielsweise in einem Lokal der Zigeunerprimás durch sein Spiel erstmals die „Lage" ab, bis er gewissermaßen in die Seele eines von irgendeinem Problem geplagten Zuhörers „schlüpft" und danach die Interpretation eines Stückes nach Rhythmik und Ausdruck individuell anpaßt; der Betreffende fühle sich damit persönlich angesprochen und empfinde die befreiende Wirkung der für ihn aufgespielten Musik.

Der Zigeunerprimás **János Bihari** (1764 Nagyabony/Velký Abon – 1827 Pest) entstammte einer Musikerfamilie und wurde berühmt, ohne Noten lesen und schreiben beherrscht zu haben. Er musizierte u. a. anläßlich einer Ständeversammlung in Preßburg, vor Ludwig van Beethoven in Wien, in zahlreichen ungarischen Städten, vor Adeligen auf deren Schlössern und auch vor Franz Liszt. Manche Themen seiner Kompositionen hatten namhafte Komponisten bearbeitet. Den **„Rákóczi-Marsch"** hatte allerdings nicht Bihari, wie man glaubte, sondern **Miklós Scholl** komponiert.

# DIE ERSTE HÄLFTE DES 19. JAHRHUNDERTS

Die Ansiedlung der Kolonisten und die Errichtung von Dörfern in den von den Türken verwüstet zurückgelassenen Gebieten war inzwischen – bis auf die Gründung einiger Tochtersiedlungen – abgeschlossen. Die Vorfahren der Donauschwaben hatten aber auch im Sinne eines alten Kolonistenspruches die Phasen des Todes und der Not weitgehend überwunden und in beispielloser harter und zäher Arbeit das Land buchstäblich „mit der Pflugschar, und nicht mit dem Schwerte", erobert. Sie aßen schon längst ihr eigenes Brot und waren auch später, bis zu ihrer Entrechtung und brutalen Vertreibung von Haus und Hof, zu keiner Zeit auf milde Gaben ihrer zuweilen wechselnden staatlichen Obrigkeiten angewiesen ...

Das kulturelle Leben war ebenso längst erwacht und keinesfalls auf das Beamtentum und die Intelligenz oder das Militär beschränkt geblieben. Begabungen aus den eigenen Reihen wurden initiativ oder verließen gar ihre Heimat, um außerhalb ihr Können zur Entfaltung zu bringen. In den Städten intensivierte sich das Zusammenwirken auswärtiger und bodenständiger Kräfte zum Nutzen einer Kulturentfaltung, wie wir sie aus der heutigen Rückschau nur mit größtem Staunen und mit Bewunderung nachempfinden dürfen.

## 1. Aus der Musikentfaltung im Heimatbereich

Im Heimatbuch „Elek" (Renndorf) lesen wir auf Seite 201 wörtlich: „Es steht fest, daß zu Beginn des 19. Jahrhunderts in der Arader Waggonfabrik eine bekannte, gute Musikkapelle fungierte, die oft nach **Elek** kam, um Konzerte zu geben."

Valentin Oberkersch schrieb: „1827 wurde der ‚Agramer Musikverein' gegründet. Sein erster Präsident war Baron Gustav Prandau, der erste Direktor Georg Wiesner von Morgenstern. 1829 eröffnete er die erste Musikschule mit den Lehrern Wiesner, Anton Kirschhofer und Ignaz Scheitinger."

(„Einiges über das ‚deutsche Agram'", Donau-Schwaben-Kalender 1983, Seite 65.)

In **Billed**/Billéd/Biled spielte um 1830 zum Tanz eine kleine Kapelle auf, später auch eine Ziehharmonika.

„Die römisch-katholische Kirchengemeinde errichtete 1813 eine Mädchenerziehungsanstalt. Darüber berichtet Anton Egyed folgendes: ‚Die deutsche Gräfin Anna Philippine begann 1813 adelige Mädchen im Alter von 16 bis 20 Jahren bei Kost und Quartier in Nähen, Stricken, Fortepiano, Tanzen, Lesen, Schreiben, Rechnen, in Geschichte und Geographie, in Französisch und Religion, nur in deutscher Sprache zu unterrichten...'" (Aus: „Geschichte Bonyháds/Bonnhards / von der Urzeit bis 1945, von Wilhelm Knabl, München 1972, Seite 21). – Im selben Ort sei während der Revolutionsjahre 1848/49 anläßlich einer Versammlung die Volksmenge „mit Musik" aufmarschiert.

Um das Jahr 1850 hatte es in **Deutsch-St.-Peter**/Némestszentpéter/Sinpetru German eine „Musik", bestehend aus Klarinette, Flügelhorn, Euphonium, Trompete, Baßgeige und Schlagzeug gegeben.

In **Grabatz**/Garabos/Grabaţ existierte um die gleiche Zeit ebenfalls eine Ortsmusik.

Eine große Kapelle gab es um 1850 auch in **Groß-Jetscha**/Nagyjécsa/Iecea Mare. Für diese Gemeinde wird aber auch folgende Besetzung genannt: Fiedel, Klarinette, Ziehharmonika, Trompete und Posaune.

Im Jahre 1840 bestand in **Großkowatsch**/Nagykovácsi im Komitat Pest eine Musikkapelle unter der Leitung von Adam Pitz.

Für **Groß-St.-Peter**/Nagyszentpéter/Sinpetru Mare wird aus dieser Zeit folgende Besetzung mitgeteilt: Flügelhorn, Althorn, Waldhorn, Kontrabaß, kleine und große Trommel.

Eine Knabenblaskapelle wird erstmals in **Guttenbrunn**/Temeshidegkút/Zăbrani unter Adam Danius erwähnt.

In **Karlsdorf**/Nagy-Károlyfalva/Banatski Karlovac hatte Adam Röder um 1850 eine Musikkapelle gegründet.

Schon vor 1848 hatte in **India**/Indjija – laut Valentin Oberkersch – der Lehrer Wilhelm Gössl eine Blechmusikkapelle aufgestellt, welche bis 1944 bestanden hatte.

In **Klein-Betschkerek**/Kisbecskerek/Becicherecu hatte der Kantorlehrer Johann Götter zwischen 1835 und 1869 mehrere Musikkapellen ausgebildet.

Die erste Musikkapelle in **Königsgnad**/Királykegye/Tirol hatte von 1814 bis 1848 der Lehrer Christoph Wittmann, bestehend aus „10–12 böhmischen Musikanten", geleitet, wie Günther Friedmann recherchieren konnte.

Für **Ostern**/Kiskomlós/Comloşu Mic wird von 1837 bis 1879 als erster Leiter der Musikkapelle Matthias Krämer genannt.

In dieser Zeitspanne hatte es in **Pantschowa** öffentliche und private Konzerte gegeben. Dort wurde 1839 ein Musikverein gegründet, der eine Musikschule errichtete; diese bestand bis 1848. In den Verein wurde noch im Gründungsjahr eine Kapelle der Landwehr mit ihrem Kapellmeister Jakob Häußler aufgenommen. In zahlreichen Familien wurde die Musik gepflegt.

Im ersten Viertel des 19. Jahrhunderts war in **Reschitz**/Resiczabánya/Reşiţa ein Arnold Skertics mit seinen Musikanten aufgetreten. Dortselbst hatte man, laut „Neue Banater Zeitung" vom 5. 12. 1978, eine Fanfarenstimme mit einem entsprechenden Vermerk aus dem Jahre 1828 gefunden. Die Werkkapelle wird zuverlässig 1836 erwähnt.

In **Ruma** (Syrmien) bestand schon vor 1848 eine Blaskapelle.

Johann Jauß vermittelt bereits 1886 in seinem Buch „Szeghegy (**Sekitsch**/Sekić/Lovćenac) im ersten Jahrhundert seines Bestandes" interessante Einblicke in das beginnende 19. Jahrhundert: „Schon im ersten und zweiten Jahrzehnt dieses Jahrhunderts kamen öfter im Jahre Musikanten von Jarek nach Szeghegy u. spielten der tanzlustigen Jugend zum Tanze auf. Die nöthige Musik zu den Hochzeiten wurde in dieser Zeit aus den umliegenden deutschen Ortschaften geholt. Getanzt wurde nur ‚Landler' und ‚Galopp'. Schon in den 30er Jahren bildete sich in Szeghegy selbst eine Musikbanda, aber diese verstanden noch keine Noten, sondern bliesen und fiedelten nach dem Gehör. Erst die Familie Walter, welche seit dieser Zeit durch drei Menschenalter hindurch die hierortige Musik beherrscht, brachte dieselben zu einem Rufe, daß die Szeghegyer Musikbanda besonders auf Blasinstrumenten als die ausgezeichnetste der ganzen Gegend gilt."

Der Werschetzer Anton Eberst berichtet in seinem Buch „Musički Amateri Vojvodine" (Amateurmusiker der Wojwodina), daß 1822 in **Zombor** / Sombor ein dilettantischer musikalischer Zusammenschluß gegründet wurde.

In **Tekes** / Siebenbürgen vermerkt die Ortschronik schon für das Jahr 1827 die Existenz einer Blaskapelle, wie die Zeitung „Neuer Weg", Bukarest, am 10. 10. 1977 berichtete.

In **Marienfeld** gründete um 1810 der Lehrer Johann Bradl die erste Musikkapelle, um 1820 gab es ein kleines Orchester, bestehend aus Flügelhorn, Baßflügelhorn, Klarinette, Es- und F-Trompete sowie einer Baßtuba.

Hans Eck gibt über **Temeschburg** an: „1845 wurde in Temeswar unter dem Protektorat von Bischof Lonovics der erste Musikverein ins Leben gerufen, der es sich zur Aufgabe stellte, gute Musik zu pflegen u. zu verbreiten". Felix Milleker erläutert hierzu: „Als Zweck des Vereins wurde angegeben: Verbreitung der Musik, weshalb er 1846 eine Musikschule errichtete, in welcher Knaben und Mädchen in den verschiedenen Zweigen der Musik Unterricht genossen. Zum Klavierlehrer wurde 1846 Vinzenz Maschek aus Ruskberg (Ruszkabánya, Rusca Montană) gewählt. Dieser war nicht nur ein praktischer Musiker, sondern auch ein Komponist. Geigenlehrer wurde 1847 Michael Jaborßky. Diese Schule wurde 1848 sistiert und hörte 1862 gänzlich auf. Das kreisrunde Siegel dieses Vereines zeigt die deutsche Umschrift: Temesvarer Musikverein". Milleker berichtet weiter: „Konzerte von deutschen Klavier-, Geigen-, Gitarr-, und Gesangskünstlern kamen in dieser Zeit in Temesvar nicht selten vor. Am 14. Mai 1841 konzertierte der Klaviervirtuos Gustav Mahler im städtischen Theater. 1846 beabsichtigte der Violinkünstler Strone, sich in Temesvar niederzulassen. Am 24. November 1846 gab Franz Lißt dort ein Konzert, wobei ihm Ovationen, Ständchen, dargebracht wurden". – In den „Normalschulen, in welchen die Lehrer herangebildet wurden" war 1813 der Kapellmeister Josef Kratochwill Musiklehrer (laut Milleker). Schließlich zitieren wir noch aus Felix Millekers „Kulturgeschichte der Deutschen im Banat": „Um 1811 war Franz Friedrich Musiklehrer im Ignaz Gyulay'schen Regimentserziehungsinstitut in Temesvar, was bezeugt, daß in diesen Instituten auch Musikunterricht erteilt wurde."

Der weltberühmte Kapellmeister und Operettenkomponist **Johann Strauß Sohn** aus Wien (1825 bis 1899) hatte am 7., 12. und 14. November 1847 mit seinem Orchester in Temeschburg konzertiert, hernach in Arad, Lugosch (Lugos, Lugoj), Hermannstadt, Klausenburg, Kronstadt, in einigen Orten der Walachei und in Serbien.

Aus dem „Heimatbuch der Deutschen aus **Vinkovci** und Umgebung" können wir über diese Periode Aufschlußreiches erfahren: „Familien, die etwas auf sich hielten, hatten ein Spinett im Hause, und man tanzte ebenso leidenschaftlich den Walzer wie in der Donaumetropole. Eine ‚Bande', die sich aus der Regimentskapelle bildete, gab Konzerte, auf denen Schubert'sche Lieder vorgetragen wurden, und der ‚Freischütz' von Carl Maria v. Weber wurde wiederholt aufgeführt" und „Im bewirtschafteten Lusthaus, das später ebenfalls verkam, spielte an Sonn- und Feiertagsnachmittagen die Regimentskapelle."

In **Waschkut** soll die erste Musikkapelle während der Dienstzeit des Schullehrers Michael Hirmann zwischen 1814 und 1834 zustandegekommen sein.

Helmut Frisch berichtet im Heimatbuch „Werschetz": „So ist auch eine lustige Veranstaltung aus dem Jahre 1836 überliefert, wonach sich ein ‚kostümirter Zug' entlang der Hauptstraßen bewegte, und allen voran ‚kostümirte Musikanten' ihren Spaß trieben, welch letzterer schließlich mit einem öffentlichen Ball in ‚Stenzer's Gasthaus' endete."

Nach Felix Milleker traf in Werschetz am 4. September 1849 eine Einheit des Regiments Graf Khevenmüller mit Musikkapelle ein.

## 2. Musikschaffende

In der ersten Hälfte des letzten Jahrhunderts sind aus dem Heimatraum der Südostdeutschen besonders viele Künstler hervorgegangen, von denen sich später manche einen klingenden Namen machen konnten. Andererseits waren zahlreiche Persönlichkeiten aus anderen Teilen der Donaumonarchie zu uns gekommen, um sich hier zu entfalten.

Der besseren Übersicht halber wollen wir nachfolgend unter obigem Aspekt gliedern, wobei wir in den Fällen, wo die Herkunft nicht geklärt werden konnte, diese Personen im ersten Teil anführen.

a) Aus dem Heimatbereich

**Johann Ainweg** war Kantor in Frankenstadt/Baja, der im Jahre 1838 seine (heute nicht mehr näher bekannten) Kompositionen herausbrachte.

Der am 20. 3. 1811 geborene und am 29. 5. 1830 in Preßburg verstorbene **Alexander von Aliticz** hatte Bühnenmusiken, Oratorien u. a. komponiert.

In Baranya-Sellye kam 1809 **Prosper Amtmann** zur Welt, der ein ausgezeichneter Flötenspieler war. Im Jahre 1848 wurde er in Fünfkirchen tätig.

**Georg Arnold** (1781–1848) war in Maria-Theresiopel / Szabadka / Subotica Chordirigent. Aus seiner Feder stammen eine deutsche Messe, eine Requiem, Offertorien. In Essegg hatte er 1809 ein illyrisches Gesangbuch veröffentlicht.

1798 wurde **Andreas Bartay** in „Széplak", Ungarn, geboren. Er wurde 1838 Direktor des ungarischen Nationaltheaters, ab 1848 lebte er in Paris und Hamburg. Er hatte ungarische Opern, Ballette, Oratorien und Messen hervorgebracht und starb am 4. 10. 1856 in Mainz.

**Béni Egressy** (Galambos), der Sohn eines reformierten Pastors, 1814 in Sajókazinc geboren und 1851 in Ónod gestorben, war zunächst Lehrer, dann am Theater zu Kaschau Chorsänger, Darsteller von Nebenrollen und Übersetzer von französischen, italienischen und deutschen Bühnenwerken ins Ungarische. Ab 1837 war er am ungarischen Nationaltheater zu Pest tätig, wo er sich als Librettist einen Namen machte (u. a. die Opern „Bátori Mária", „Hunyadi László" und „Bánk bán" von Franz Erkel). Mit der Vertonung des patriotischen Gedichtes „Szózat" (Zuruf) ist er als Komponist bekannt geworden. Er wurde zum Begründer des ungarischen volkstümlichen Kunstliedes, und einige seiner Melodien haben ihre Beliebtheit bis heute aufrechterhalten. Namhafte Komponisten fanden bei ihm Anregungen oder bearbeiteten Motive von ihm. Er hatte auch Tanz-, konzertante und kirchliche Kompositionen geschaffen.

In Bonnhard kam 1812 **Matthias Engesser** zur Welt. 1835 war er Kantor in Kalotscha/Kolotschau/Kalocsa, ab 1846 Musiklehre an der Pest-Ofener Musikschule, 1846 wurde er Chordirigent an der Innenstädter Kirche zu Pest, wo er auch 1885 starb. Er hatte Kirchenmusik und Kompositionen für Frauen- und gemischte Chöre hervorgebracht.

**Johann Fuß** wurde 1777 in Tolnau/Tolna geboren und starb 1819 in Wien (nach einer anderen Version in Ofen). Musikalisch hochbegabt, war er in

**Die Verlassne an ihr Kind**
Karl Müchler — Joh. Fuss

Mäßig, mit Empfindung

1. Es muß das Herz an et - was han - gen, muß fremdes Glück und Leid ver-
2. So hängt mein Herz aus die - sem Kin - de in ei - ner Welt, vol - gen die mich ver-
3. So schenkt mir tau - send heil' - ge Freu - den die in hol - tern Schick - sals Lei - den
4. Nie werd' ich lieb - los dich ver - las - sen, ver-laß auch du die Mut - ter

1. stehn, mit Lieb' ein We - sen süß um - fan - gen, sonst muß es in sich selbst ver - gehn,
2. Blick zieht mich zu ei - ner Welt voll Sün - de in ei - ne Un - schuldswelt zu - rück.
3. stieß, und mei - nes bit - tern Schick - sals Lei - den macht mir sein hol - des Lä - cheln süß,
4. nicht, bis ih - re Lip - pen einst er - blas - sen, im To - desschlaf ihr Au - ge bricht,

1. in sich selbst ver - gehn.
2. Un - schuldswelt zu - rück.
3. hol - des Lä - cheln süß.
4. schlaf ihr Au - ge bricht.

*Gesänge mit Begleitung des Pianoforte in Musik gesetzt und der Frau Josephine v. Csuzy, geb. v. Kvassay hochachtungsvoll gewidmet von JOHANN FUSS. No 2. 24tes Werk. Pr 16 Gr. Bey Breitkopf & Härtel in Leipzig.*

In dieser Sammlung war u. a. das weit verbreitet gewesene Lied „Das Mädchen am Bach" aufgenommen

Frankenstadt/Baja Sängerknabe, später in Preßburg Musikmeister. In Wien hatte er bei Albrechtsberger studiert. Dann war er Kapellmeister am Preßburger Theater, später Musiklehrer in Wien. Da wurde er auch Mitarbeiter der „Leipziger Allgemeinen Zeitung" für Musik. Zu einigen musikalischen Bühnenwerken hatte er die Libretti selbst verfaßt. Er schrieb Quartette und Duos für Blasinstrumente, Duos für Klavier und Violine, Sonaten, 2- und 4händige Klavierstücke, Messen, Ouvertüren (zur „Braut von Messina" von Schiller, zum Melodram „Isaac"). Er war auch Komponist bekannt gewordener Lieder. Einige Opuszahlen können noch genannt werden:

Op. 16 Gesänge: 1. Die Verlass'ne an ihr Kind: „Es muß das Herz an etwas hangen". 2. Dem Kleinmütigen: „Das Leben hat für dich nur Grauen". 3. Sonst und jetzt: „Ich habe gelacht, nun lach' ich nicht mehr". 4. Sehnsucht: „Kein Sohn der Schweiz verläßt so schwer...". 5. Bitte beim Abschied: „Also gehst du".

Op. 22 Gesänge: Das Mädchen am Bach: „Ein Mädchen saß am Bach". – Lied der Freude: „Gesang ist das Leben". – Romanzen aus Kotzebues Schauspiel „Das Gespenst": War einmal eine edle Dirne. Lieb' Söhnlein sprach meine alte Großmutter. Komm herein, mein holdes Liebchen.

Op. 23 Gesänge: Des Müllers Klage: „Der Müller kann nicht singen zur Nacht". 2. Die Rose: „In einem Haine, düster und dicht". Gegenwart: „Ich weiß einen Hügel, so duftend und grün". 4. Zufriedenheit: „Ich bin vergnügt". 5. Die Erscheinung: „Gestern, Brüder, könnt ihr's glauben?"

Op. 29 Elysium, für 1 Singstimme. – Namentlich bekannt wurde sein Lied „Das ist alles eins, ob wir Geld haben oder keins".

**Johann Lukas Hedwig** wurde am 5. August 1802 in Heldsdorf/Hălchiu) in Siebenbürgen geboren und starb am 8. 1. 1849 in Kronstadt. Als Siebzehnjähriger hatte er sich nach Wien zum Musikstudium begeben, wo er auch Orchestermusiker am Theater an der Wien war. Ab 1840 war er Stadtorganist in Kronstadt. Er schrieb einige Kantaten und gab eine Gesangschule heraus. Bekannt geblieben ist seine Melodie zu „Siebenbürgen, Land des Segens", der Volkshymne der Siebenbürger.

Von Josef (József) **Heinisch** ist nur das Sterbedatum – 7. 11. 1840 in Pest – bekannt; es wird jedoch österreichische Abstammung vermutet. Er war um das Jahr 1812 bei dem siebenbürgischen Grafen Farkas Bethlen als Musiklehrer tätig, von 1824 bis 1830 als Theaterkapellmeister in Klausenburg, bis 1836 in gleicher Eigenschaft in Kaschau. Am 22. August 1837 wurde das Pester Ungarische Theater (später: Ungarisches Nationaltheater) mit seiner Ouvertüre „Thalia Diadala az Elöiteleteken" eröffnet. Hier hatte er fortan als stellvertretender Kapellmeister (ab 1838 von Franz Erkel) gewirkt. Seine musikalischen Verdienste liegen vor allem im Bereich der ungarischen Opernpflege durch die Auswahl und Bearbeitung von geeigneten ausländischen Stücken und einigen Schöpfungen, welche einen ungarischen Nationalstil anstrebten.

**Heß de Calvé, Gustav** (Adolf) **Gustavowitsch** ist 1784 in Pest zur Welt gekommen. Nach Studien im Ausland war er Offizier und als Hauslehrer in Ungarn tätig. Als Pianist hatte er Konzerte in Pest, Lemberg, Krakau und Warschau gegeben. Später lebte er in Charkow, wo er gleichfalls als Pianist auftrat. Von ihm stammt das erste umfassende Werk über die Musik in Rußland (Teorija musyki). 1812 hatte er in Charkow ein Konzert für 2 Klaviere und Orchester veröffentlicht und weitere theoretische Abhandlungen zu Fragen der Musik verfaßt. Es ist nicht bekannt, wo er sein Leben beschloß.

Im damals oberungarischen Malatzka/Malaczka/Malacky wurde am 14. 3. 1808 **Franz Seraph Hölzl** geboren. Seine Musikalität wurde schon früh erkannt, er wurde in Wien Chorknabe, sang im Chor des k. k. Hof-Operntheaters und erhielt bei namhaften Lehrern musikalische Ausbildung. Bereits 1830 kam er im Rahmen einer Kunstreise nach Polen, wo er bei einem Fürsten die Musikmeisterstelle annahm. Anschließend war er als Musiklehrer in Wien tätig und brachte erste Kompositionen hervor, welche Beachtung fanden. Hernach begab er sich nach Innsbruck, wo er im Jahre 1842 einen Männerchor mit den Namen „Liedertafel" gründete und artistischer Direktor des Musikvereins wurde. In einem Ehrendiplom wurde er als „erster Gründer der Liedertafel" (in Tirol bzw. Österreich) bezeichnet (in Berlin hatte Karl Friedrich Zelter bereits 1808/09 eine Liedertafel ins Leben gerufen). In dem von Hofrat Mag. W. J. Meindl zur Verfügung gestellten Material befinden sich auch Kunstkritiken in „Bote für Tirol und Vorarlberg" vom 23. 3. 1843, woraus zitiert werden kann: „Das dritte dießjährige Musikvereinskonzert am 17. März brachte uns schöne Genüsse und erregte das lebhafte Interesse des sehr zahlreichen Publikums … Eine Ouverture vom Hrn. Musikvereinskapellmeister Hölzl konnte dazu dienen, denselben dem Publikum als Kompositeur von der vorteilhaftesten Seite vorzuführen … Mit Freude müssen wir uns gestehen, daß das Orchester unter der tüchtigen Leitung des Kapellmeisters Hölzl von Konzert zu Konzert Forschritte macht …" Hölzl wurde Ehrenmitglied des Vereins. Im Jahre 1843 nahm er die Stelle eines Domkapellmeisters in Fünfkirchen an, wo er bis zu seinem Ableben im Jahre 1884 blieb. Für seine 1852 dem Kaiser gewidmete Messe in D-Dur erhielt er die goldene Medaille für Kunst und Wissenschaft. Seine Werke:

6 festliche Messen, 17 kleine, 4 vokale für Männerstimmen, 6 vokale für gemischten Chor; 13 Gradualien; 16 Offertorien; 1 großes Requiem für Männerstimmen und Orchester; 5 kleine Requiems: 3 Te Deum; Tantum ergo; 2 Veni sancte spiritus; 1 Ecce sacerdos; 14 Vesperpsalmen, 5 Vesperhymnen; 1 Hymne. Für die Kammermusik hinterließ er 7 Streichquartette, 2 Sonaten für Fortepiano und Violine und 8 kleine Charakterstücke. Lieder: „Herbstmelancholie", „An Suleika", „Mühlenlieder", „Bilder aus der Schweiz", „Lieder für die Jugend", „Waldstimmen", „Aus dem Kinderparadiese", „Der Negersclave", „Das Kind in der Wolfsschlucht", „Das Wiederfinden" (wahrscheinlich nach dem Gedicht von Anton von Klesheim aus Peterwardein: „Von der Wanderschaft der Bua"), „In die Ferne", „Trennungsklage", „Des Menschenherzen Ebbe und Fluth", „Die Flüchtende". Für Männerchöre: „An die Freude", „Liedertafellied: Die Zeit der Zöpfe ist vorüber", „Im Walde", „Laute Freude", „Deutscher Männer Festgesang". Für Orchester: 2 Konzert-Ouvertüren, 1 Symphonie in Fis-Moll; Oratorium „Noah".

**Michael Jaborsky**, am 11.9.1805 in Werbau/Verbó/Vrbové geboren und am 20.9.1884 in Temeschburg verstorben, hatte am Pester Konservatorium studiert. Im Jahre 1832 wurde er als erster Geiger des Orchesters der Domkirche zu Temeschburg berufen, welchem er dann rund fünfzig Jahre lang vorstand. Als Solist und Orchesterdirektor wirkte er auch beim Theater mit. Jaborsky hatte auch Konzertreisen nach Arad, Lugosch, Pest, Bukarest, nach Siebenbürgen, Jassy, Odessa und Semlin unternommen.

**Franz Kärgling** war der Sohn des Augsburger Porträtmalers Johann Tobias Kärgling (1780–1845), der sich 1809 in Pest niedergelassen hatte. Er war ein ausgezeichneter Pianospieler. „Le Papillon, Etude" war seine erste in Druck erschienene Komposition.

Um 1830 war **Ferdinand Kreutz** an der Elisabethenkirche zu Ofen Chordirigent. Aus seinen Kompositionen kennt man eine Rokoko-Messe.

Chordirigent an der Sankt-Michaels-Kirche in Ödenburg war **Franz Kurzweil** (1792–1865), der dort 1829 den Musikverein gründete.

**Johann Langer** wurde in Saßwar/Szászvár/Sachsenburg geboren. Nach Musikstudien in Preßburg und Pest wurde er 1838 Violinist am deutschen Theater in Pest. Nach Tätigkeit beim Innenstädtischen Kirchenchor wurde er Kantor an der Rochuskirche und zuletzt Chordirigent an der St.-Stephans-Basilika in Pest. Er schrieb mehrere kirchenkompositorische Werke.

**Johann** (Jan) **Lavotta**, * 1764 in Pusztafödemes (heute Pustý Fedýmeš in der Slowakei), war nach Musikstudien in Wien 1792/93 Musikdirektor der ungarischen Theatergesellschaft. Nachdem er in Miskolc war, leitete er von 1802 bis 1804 das Theaterorchester in Klausenburg. Er betätigte sich auch als Violin- und Klavierlehrer und gab in ganz Ungarn Konzerte. Seiner Feder entstammten mehrere Klavier- und Violinstücke. 1820 starb er in Tállya, Komitat Zemplin.

Der 1780 in Preßburg geborene **Peter Lichtenthal** lebte seit 1810 in Mailand/Milano. Er hatte Opern, Ballette und Kammermusik geschrieben.

Der 1806 ebenfalls in Preßburg geborene und 1856 in Wien verstorbene **Johann Kaspar Mertz** war Musiklehrer und Gitarrenvirtuose. Für letzteres Instrument brachte er über 100 Kompositionen heraus.

**Josef Nipp** kam in Temeschburg als Sohn eines dort beschäftigt gewesenen Lehrers zur Welt. Er war Klaviervirtuose und ist, nach einem Abschiedskonzert am 13.11.1840, zu einer Konzertreise aufgebrochen.

In Kömlöd (Ungarn) wurde 1760 **Ádám Pálóczi Horváth** geboren, der in Debrezin u.a. Theologie studiert hatte; er veröffentlichte 1813 „Ó és Új, mintegy Ötödfélszáz Enekek..." (Alte und neue, etwa 450 Gesänge, zum Teil von mir, zum Teil von anderen gemacht...); mit dieser Sammlung nach mündlichen Überlieferungen hatte er „ein zuverlässiges Bild von der volkstümlich-nationalen musikalischen Kultur des adeligen Mittelstandes in Ungarn um 1800" vermittelt, wie es in der „Musik in Geschichte und Gegenwart" wörtlich heißt. Pálóczi starb 1820 in Nagybajom.

Im nordöstlich von Agram gelegenen Čakovec kam 1798 der Ordensmann Pater **Fortunat** (Josef) **Pintarić** zur Welt, der auch Orgel und Komposition studiert hatte. Er brachte eine Reihe von Kirchenkompositionen hervor, schrieb 1830 aber auch „7 Deutsche Tänze". Nach Tätigkeit in mehreren Orten Kroatiens starb er 1867.

**Francesco Pollini** war Schüler Mozarts gewesen. Er wurde 1763 in Laibach geboren, übersiedelte aber nach Mailand, wo er 1809 starb. Von ihm stammen mehrere Klavierkompositionen.

**Anton** (Antonio) **Alois Polzelli** kam 1783 in Eszterháza zur Welt und starb 1855 in Pest. Von Joseph Haydn, dessen uneheliches Kind er gewesen sein soll, wurde er ausgebildet. In Wien und in Eisenstadt war er als Geiger in den Theaterorchestern tätig. Später erteilte er in Pest Musikunterricht. Polzelli hinterließ Messen, Offertorien, Lieder, Trios u.a.

**Johann Josef Rösler** (*1771 Schemnitz, † 1813 Prag) wurde zunächst vom Vater in Musik unterrichtet, später war er Autodidakt. Nachdem er als Kapellmeister am Theater in Prag und in Wien tätig war, nahm ihn der Fürst Lobkowicz in seine Dienste. Jetzt leitete er die musikalischen Veranstaltungen in Wien und in Raudnitz. Als Klavierspieler und Komponist war er sehr geschätzt:

Opus 1 Sonate, op. 2 Rondo, op. 3 Drei Quartette; außerdem schrieb er: Deutsche Lieder I: Nr. 1 Das harte Mädchen: „Ich sah so froh und wonnereich...", 2. Die Mutter bei der Wiege: „Schlaf', süßer Knabe, süß und mild", 3. Der Engelgarten: „Ich weiß ein Gärtchen wonniglich", 4. Ständchen: „Tralirum larum, höre mich", 5. Aus Kotzebues Graf Beniowsky: „Komm, fein Liebchen, komm ans Fenster", 6. Tändelei: „Ich ward zum Turteltäubchen im allerschönsten Traum", 7. Der Entfernten: „Wohl denk' ich allenthalben". – Gesänge II: Nr. 1 Lied des alten Harfners: „Wer sich der Einsamkeit ergibt", 2. Weisheit und Torheit: „Ich wollt' es mit der Weisheit halten", 3. Auf das erste Veilchen: „Sei mir gegrüßt", 4. Am Aschermittwoch: „Weg vom Lustgesang und Reigen", 5. Schwestern, wagt euch in den Hain. – Rundgesang: „Freude, Schwester edler Seelen". – Von seinen Bühnenwerken wurde die Oper „Elisene" am bekanntesten.

**Ignác Ruzitska** (* 1777 Bösing/Bazin/Pezinok, † 1833 Wesprim) war der Sohn eines Regens chori und begann seine Laufbahn als Sängerknabe am Dom zu Preßburg. Nach einer Zeit als Orchestermusiker wurde er 1827 Domkapellmeister in Wesprim, wo er jedoch auch Konzerte mit weltlicher Musik gab und teils eigene Werke verwendete. Von großer Bedeutung ist heute noch seine Herausgabe einer Sammlung von 135 für das Klavier komponierte ungarische Tänze mehrerer Autoren („Magyar Nóták Veszprém Vármegyéböl").

In Poppa/Pápa wurde 1775 **József Ruzitska** geboren, von dessen Lebensende keine Daten vorliegen. Nachdem er Militärkapellmeister war, betätigte er sich als Theatermusiker in Großwardein, 1822/23 in Klausenburg als Kapellmeister des ungarischen Theaters. Anschließend begab er sich nach Italien. Seine kompositorischen Verdienste werden in seinen Versuchen einer originalen Opernkunst in Ungarn erblickt. Arien aus seinen Bühnenwerken wurden im ganzen Lande populär.

Der Organist und Chordirigent an der Innenstädter-Kirche in Pest, **Josef Semann**, lebte von 1782 bis 1839. Er hatte Messen, Oratorien und Requien komponiert.

Aus Preßburg stammte **Johann Spech** (1756–1832), der Schüler Joseph Haydns war und in Pest als Chordirigent wirkte. Seine „Missa solemnis" war seine bedeutendste Komposition.

**Karl Angelus Winkhler** kam im ersten Jahrzehnt des 19. Jahrhunderts in Ungarn zur Welt und starb am 15. 12. 1845 in Pest. Er war ein bedeutender Klavierspieler und -lehrer, der über 40 Kompositionen herausbrachte, z. B. op. 2 Polonaise brillante pour le pianoforte, op. 3 Trio für Pianoforte, Violine und Violoncell, op. 22 Vierhändige Sonate, op. 44 Sextett für Piano, 2 Violinen, Alt, Cello und Contrabass usw.

Von **Anton Würm**, der in der ersten Hälfte des vorigen Jahrhunderts in Kremnitz (Körmöcbány, Kremnica) Kantor und Chorleiter war, ist eine Messe und ein Tantum ergo erhalten geblieben.

b) Von auswärts

**Friedrich August Kanne** (* 1778 Delitzsch in Sachsen, † 1833 Wien) hatte Medizin und Theologie studiert und sich nebenbei mit Musik beschäftigt, doch wurde er auf diesem Gebiet recht erfolgreich, was seine anerkannten Kompositionen beweisen. 1809/10 war er Kapellmeister der Oper in Preßburg.

Der im niederösterreichischen Aspern 1791 geborene **Franz (Ferenc) Kirchlehner** hatte Musik in Wien und an der Bergakademie Schemnitz in Oberungarn studiert. Ab 1839 war er als Violinist am Ungarischen Nationaltheater tätig. 1855 brachte er die Oper „Die Doppelgänger" hervor. Er starb 1868 in Ofen/Buda.

In Rudelsdorf, Mähren, wurde 1756 **Heinrich Klein** geboren, der ein ausgezeichneter Orgel- und Klavierspieler war und 1799 die Tastenharmonika erfunden hatte. In Preßburg, wo er auch 1830 starb, war er Musiklehrer am Stift für adelige Fräulein. Nebst einer Schrift „Nationaltänze der Ungarn" hinterließ er zahlreiche Eigenschöpfungen – Messen, Kantaten, Lieder und Klavierstücke.

Aus Mindelheim im Allgäu stammte **Franz Xaver Kleinheinz** (Jahrgang 1772), der um das Jahr 1832 in Pest gestorben ist. Dort war er von 1814 bis 1824 am Deutschen Theater Kapellmeister gewesen. Er schrieb Opern, Kammermusik, eine Festmesse, Lieder u. a.

Der bekannte Wiener Kapellmeister und Komponist **Josef Lanner** (1801–1843) hatte in den 1830er Jahren im Rahmen seiner zahlreichen Konzertreisen auch Auftritte in Pest und Preßburg gehabt.

**Johann Georg Lickl** kam am 11. 4. 1769 in Korneuburg zur Welt. Seine musikalische Begabung wurde früh erkannt. Nach gediegener Ausbildung im Hei-

*Fräulein Marie von Lucam.*
ZU MARIA SCHUTZ.
Gedicht von G. Reinau.
AM KALVARIENBERG.
Gedicht von Sephine.
FÜR JULIEN,
Gedicht aus Friedrich von Novalis Nachlasse.
FÜR EINE SINGSTIMME
mit Begleitung des
Pianoforte
in Musik gesetzt
von
C. GEORG LICKL.
Op. 82.
WIEN, C.A. SPINA,
k. k. Hof-Kunst-u. Musikalienhandlung, Graben, 1133.
(vorm. A. DIABELLI et C?)

matort, wo er bereits mit 14 Jahren Kantor war, und in Wien, hatte er für das Schikaneder'sche Theater Opern und Singspiele vertont. Von 1807 bis zu seinem Tode am 12. Mai 1843 versah er die Stelle eines Kirchen-Musikdirektors im heimatlichen Fünfkirchen, wo er den Chor und das Orchester bald zu hohem Ansehen brachte.

Lickls kompositorisches Schaffen erreichte rund 100 Opuszahlen. Er schrieb Klavier- und Kammermusik, besonders in Fünfkirchen Messen, Motetten und andere Kirchenmusik, welche in der Fachwelt höchste Anerkennung fanden.

Sein Sohn, **Karl Ägidius Lickl,** der 1803 in Wien zur Welt kam, war ab 1831 als Musiklehrer in Triest tätig, wo er 1864 starb. Auch er schrieb Opern, Kirchen-, Kammermusik und Stücke für die Gitarre.

**Karl Georg Lickl** (1801–1877) aus Wien, sein älterer Sohn, war Virtuose auf der Phisharmonika, für die er Stücke schrieb; er komponierte aber auch Kirchenmusik.

Um 1808 wurde in Wien **Franz Limmer** geboren. Er war ein ausgezeichneter Violin- und Klavierspieler. Mit 17 Jahren komponierte er bereits eine allgemein anerkannte Messe. Im Jahre 1834 wurde er nach Temeschburg als Orchesterdirigent des Theaters berufen. 1845 ernannte ihn der dortige Bischof Lonovics zum Musikdirektor der Domkirche. Im Musikleben der Banater Hauptstadt spielte er eine herausragende Rolle. Am 19. Januar 1857 starb er dort.

Limmer hatte einige Symphonien, Kammermusik, vor allem für das Violoncello, geschrieben, aber auch viel Kirchenmusik (Messen, Gradualien, Offertorien). In der Literatur wird namentlich sein Streichquartett op. 10 „1ier Quatour pour deux Violins, Alto et Violoncelle, G-Dur" hervorgehoben.

Der bekannte Opern- und Liederkomponist **Heinrich Marschner** (1795–1861) aus Zittau war nach 1816 bis 1822 auch in Pest und Preßburg tätig.

Der Komponist **Paul Lambert Maschek** (Pavel Mašek) aus Zwikowitz in Böhmen hatte 1826 seinen Lebensabend bei seinem Sohn in Karansebesch beschlossen.

**Franz de Paula Roser von Reiter** kam 1779 im niederösterreichischen Naarn zur Welt. Nachdem er in Wien Theaterkapellmeister war, arbeitete er von 1821 bis zu seinem Ableben im Jahre 1830 in gleicher Eigenschaft in Pest.

In Jinc/Horowitz wurde 1806 der „böhmische Paganini" **Josef Slavik** geboren, der nach Tätigkeiten im Wiener Hofopernorchester zuletzt in Pest war und dort 1833 starb.

**Ludwig Joseph Wolf** war Wiener (Jahrgang 1775) und wurde als Gitarrenvirtuose und Komponist bekannt. Von Klausenburg aus, wohin er sich 1812 begeben hatte, unternahm er Konzertreisen. Zum Schluß lebte er in Jassy (Jaşi), wo er 1819 verstarb.

c) Ein Mozart-Schwager – Domkapellmeister in Diakowar

(Eigener Beitrag, veröffentlicht in Donauschwäbische Forschungs- und Lehrerblätter, Heft 4, München, Dezember 1985, S. 170:)

Unsere heimatliche Musikforschung der letzten Zeit legt auch interessante Zusammenhänge zwischen donauschwäbischem Geschehen und Genies von Weltruf offen. Im Konkreten können wir über eine Beziehung zu **Wolfgang Amadeus Mozart** (1756 bis 1791) berichten.

Wie bekannt, war Mozart mit Konstanze Weber verheiratet, deren jüngste Schwester Sophie hieß und die Lieblingsschwägerin des Meisters war. Sie war es auch, die Mozart bis zu seinem Tode gepflegt hatte und seine letzten Stunden schildern konnte.

**Sophie Weber** hatte am 7. Januar 1807 in **Diakowar** (Djakovo), Slawonien, den verwitweten Domkapellmeister Jakob Haibel geheiratet und blieb in unserem Heimatbereich bis zu dessen Tode am 27. März 1826. Hernach zog sie nach Salzburg, wo sie auch ihre Schwester **Konstanze**, verwitwete Mozart und Nissen (nach ihrem zweiten Manne), bis zu deren Tode im Jahre 1842 betreute. Sie selbst starb am 26. 10. 1846 als 83jährige. Sophie Weber genoß in Wien eine Ausbildung als Sängerin und war offensichtlich auch als Schauspielerin aufgetreten.

---

**DER TIROLER WASTEL**

Komische Oper in drei Akten
von
EMANUEL SCHIKANEDER

Musik
von
JOHANN JAKOB HAIBEL

Textliche und musikalische Neufassung
von
JOSEPH STROBL

Klavierauszug von Joseph Strobl

VERLAG DOBLINGER, WIEN – MÜNCHEN

*Kastell des Grafen Nákó in Groß-St.-Nikolaus*

**Jakob Haibel** (in der Literatur auch als Jacob Haibl oder auch Heibel angegeben) war von Geburt kein Donauschwabe. Er kam am 20.7.1762 in Graz zur Welt. 1789 begab er sich nach Wien, wo er als Sänger und Schauspieler auftrat (hauptsächlich in der Truppe von E. Schikaneder). Haibel begann jedoch alsbald auch zu komponieren, und seine Bühnenstücke (zumeist Operetten) wurden damals in sämtlichen Wiener Vorstadttheatern aufgeführt. Den größten Erfolg hatte er mit seinem Stück „Tiroler Wastel" (1796), welches auch in Druck erschienen war.

Im Jahre 1806 berief der Bischof von Diakowar Jakob Haibel zum Domkapellmeister, wo er bis zu seinem Lebensende verblieb. Als er ein Jahr darauf Sophie Weber heiratete, wurde er 16 Jahre nach dem Tode Wolfgang Amadeus Mozarts dessen Schwager. Die Fachwelt ist sich in der Vermutung einig, daß sich die beiden persönlich gekannt hatten.

Im slawonischen Diakowar, also in unserem früheren Heimatbereich, brachte Jakob Haibel zahlreiche kirchenmusikalische Werke hervor. Man nimmt an, daß allein 16 Messen aus seiner Feder im Jahre 1900 beim Brand der Domkirche den Flammen zum Opfer fielen. Haibel hatte auch eine Sammlung kroatischer Volksweisen angelegt, welche ebenfalls als verschollen gilt.

d) An den Höfen der Aristokraten

Wie schon früher, so hatten auch im 19. Jahrhundert mehrere der zahlreichen weltlichen und kirchlichen Fürsten im Heimatraum ihre Kunstliebe in unmittelbarer Nähe verwirklichen wollen. So hielten sie an ihren Schlössern eigene Orchester, teils sogar Theater. Dieses wiederum schaffte für Künstler die Möglichkeit, sich zu profilieren und weiter zu empfehlen.

Wir wollen aus diesem Geschehen nur beispielhaft einige Persönlichkeiten nennen:

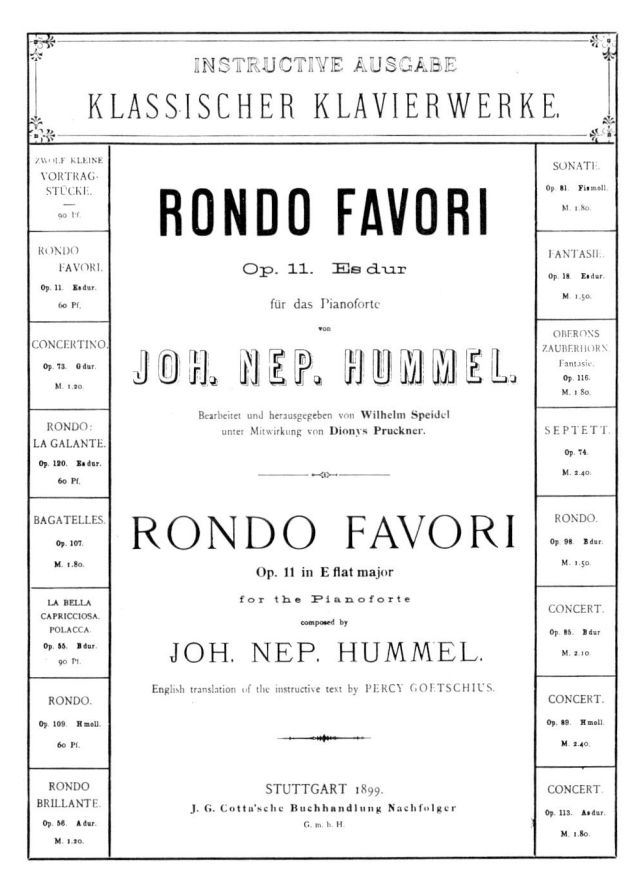

**Johann Nepomuk Hummel** kam am 14.11.1778 in Preßburg zur Welt und starb am 17.10.1837 in Weimar. Mit vier Jahren erhielt er bereits Musikunterricht. Sein Vater, Johann Hummel, hatte sich nach Wien begeben, wo er Orchesterdirektor beim neu erbauten Schikaneder'schen Theater wurde, sein Sohn aber wurde als Siebenjähriger Schüler von Wolfgang Amadeus Mozart. Nach zwei Jahren Ausbildung unternahmen Vater und Sohn Hummel eine Konzertreise nach Deutschland, Dänemark, England, Schottland und Holland, welche 6 Jahre lang dauerte. Johann Nepomuk vervollständigte anschließend sein Studium. Auf Empfehlung Joseph Haydn's wurde er daraufhin vom Fürsten Nikolaus Esterházy in Eisenstadt angestellt, wo er von 1804 bis 1811 der aus 100 Personen bestehenden Musikkapelle vorstand. Bis 1816 war er dann als Klavierlehrer in Wien tätig, darauf begab er sich als Kapellmeister nach Stuttgart. 1820 folgte er einem Ruf nach Weimar. Bei seiner von dort aus unternommenen Reise nach St. Petersburg, dem heutigen Leningrad, konnte er triumphale Erfolge feiern. 1825 ist er wieder in Paris, 1826 in Holland und Belgien, 1827 in Wien, 1828 in Warschau, 1829 in Frankreich, 1830 in England. In London leitete er 1833 die deutsche Oper.

In allen diesen Phasen trat er immer wieder mit seinen viel beachteten Kompositionen hervor. Er war ein ausgezeichneter Klavierspieler, und seine Impro-

**Stuttgart.**

**Königliches Hof-Theater.**

**N° 2.**

Sonnabend, den 7. Junius 1823:

## Die Ahnfrau,

Trauerspiel in fünf Akten, von Grillparzer.
Die im Stück vorkommende Musik ist vom Kapellmeister Hummel.

**Personen:**

Graf Zdenko von Borotin — — — Hr. Gnauth.
Bertha, seine Tochter — — — *)
Jaromir — — — Hr. Maurer.
Boleslav — — — Hr. Schloß.
Günther, Kastellan — — — Hr. Pauli.
Ein Hauptmann — — — Hr. Braun.
Walter, ein Soldat — — — Hr. Kunz.

Die Ahnfrau des Hauses Borotin. Mehrere Soldaten und Diener.

*) Mad. Miedke — als Bertha.

**Preiße der Plätze:**

Erste Gallerie 1 fl. 12 kr. — Zweite Gallerie 1 fl. — Offene Plätze der zweiten Gallerie 48 kr. — Gesperrter Sitz im Parterre 1 fl. — Parterre und Parterre-Logen 48 kr. — Logen der dritten Gallerie 36 kr. — Offene Plätze der dritten Gallerie 24 kr. — Letzter Platz 12 kr.

Der Anfang ist um 6, das Ende gegen 9 Uhr.

---

*Schloß Esterházy in Eisenstadt (Blick von Südosten)*

visationen wurden in der Fachwelt als unübertroffen bezeichnet. Hans Joachim Moser schreibt außerdem: „Johann Nepomuk Hummel erfand wohl den Konzertwalzer".

Hummel veröffentlichte 1828 in Wien eine „Ausführliche theoretisch-praktische Anweisung zum Pianofortespiel vom ersten Elementar-Unterricht an bis zur vollkommensten Ausbildung", 1838 „Fünfzig leichte ein- und zweistimmige Lieder verschiedener Componisten für die Schuljugend".

Der Meister hatte mehrere Opern, Ballette und Kantaten komponiert, für die Kirche Messen, Offertorien und Gradualien; ferner eine große Anzahl konzertanter Stücke, insgesamt an die 125 Opuszahlen, welche nahezu lückenlos im „Pazdirek" aufgezählt werden.

Seine „Fugen", opus 7, und „Variationen", op. 8, machten auf ihn aufmerksam, mit seiner „Sonate in Es", op. 13, erwarb er sich als Komponist einen Namen. Einige seiner Klavierkonzerte sind heute noch bekannt.

Die deutsche Kaiserin Augusta (1811–1890) war Musikschülerin J. N. Hummels gewesen.

Der Cello-Virtuose **Nikolaus Kraft**, Sohn des bereits für das 18. Jahrhundert genannten Anton Kraft, kam 1778 in Eszterháza zur Welt. Hier erhielt er die ersten Unterweisungen vom Vater, später wurde er in Wien für seine weitere Laufbahn vorbereitet. Da war er im Orchester des Fürsten Lobkowitz tätig. Zuletzt war er als Kammermusiker der Hofkapelle in Stuttgart angestellt, wo er 1853 starb. Kraft hatte Kompositionen für das Violoncello geschrieben.

Von **Bernhard Menner** weiß man nur, daß er, hoch betagt, 1846 in Totis/Tata in Ungarn starb. Dort hatte er ab etwa 1804 die Leitung der gräflich Esterházyschen Kapelle übernommen. Selbst ein befähigter Violinspieler, hatte er wertvolle Leistungen erzielt und vor allem Kirchenmusik komponiert. – Ein Bruder Menners war als Musik-Professor in Pest tätig, eine Schwester, die **Sängerin Czibulka**, wurde ebenfalls um diese Zeit in Pest gefeiert.

Aus dem Elsaß – in Landau – ging 1787 **Josef Sellner** hervor, der 1843 in Wien starb. Mit acht Jahren gab der spätere Oboe-Virtuose bereits öffentliche Konzerte. Nachdem er sich ab 1808 in Prag hatte weiter ausbilden lassen, folgte er „dem Rufe eines ungarischen Edelmannes als Director der Capelle, welche dieser auf einem seiner Schlösser unterhielt und eine ebenso trefflich geschulte Harmoniemusik als ein tüchtiges Streichquartett bildete" (laut Wurzbach: „Biographisches Lexikon"). 1811 trat er in Pest auf. Später konnte er seinen Ruf in Prag, Wien, in Italien usw. festigen. Mehrere Konzerte für Oboe und Orchester entstammten seiner Feder.

### e) Wunderkinder

Der Begriff „Wunderkinder" löst zuweilen zwiespältige Empfindungen aus – einerseits solche des Mitleids und des Bedauerns gegenüber jungen Menschen, die infolge ihrer frühen Inanspruchnahme ihrer Kinder- und Jugendzeit beraubt würden, und andererseits Gefühle der Begeisterung und Hochstimmung, weil junge, noch „unfertige" Leute bei der Darbietung von künstlerischen Leistungen eben ein zusätzliches Wohlwollen und sogar „Vorschußlorbeeren" erfahren.

Nachdem jedoch die Kunst ursächlich mit einem potentiellen Können zusammenhängt und junge Hochbegabungen geradezu nach einer Vervollkommnung ihrer Möglichkeiten streben, wird man den

„Wunderkindern" doch eine ausgewogenere Haltung entgegenbringen müssen.

In den gewissermaßen „vergilbten Blättern" unserer musikgeschichtlichen Vergangenheit finden wir eine ganze Anzahl von Kindern und Jugendlichen mit Höchstbegabungen und ebensolchen Leistungen, die seinerzeit mit Recht gefeiert wurden und späterhin als Künstler sich Rang und Namen erwarben. Leider sind die meisten von ihnen nahezu gänzlich in Vergessenheit geraten.

Nachdem es sich hierbei um Komponisten, Solisten, Interpreten und Kapellmeister der gehobenen Musikkultur handelt, ist es verständlich, daß nahezu alle – wie in solchen Fällen bis auf den heutigen Tag üblich – nicht sehr lange ortsgebunden tätig waren, sondern durch Kunstreisen und Verpflichtungen ihr „Zuhause" auf den verschiedensten heimischen und auswärtigen Bühnen und anderen Wirkungsstätten gefunden hatten. So war es unausbleiblich, daß die im Heimatraum Geborenen überwiegend außerhalb desselben tätig waren.

Die Zahl der Wunderkinder war erstaunlich groß. Viele wurden bereits in anderen Zusammenhängen genannt, andere werden ebenfalls innerhalb anderer Kapitel behandelt werden, so daß im Rahmen dieses Stichwortes nur wenige exemplarische Fälle vorgestellt werden.

**Karl Ebner** kam am 4.10.1811 in Ofen zur Welt und starb am 15.7.1837 in Paris. Mit vier Jahren hatte er bereits Musikunterricht erhalten und wurde ein viel beachteter Violinvirtuose. Im Jahre 1822 trat er zum ersten Male öffentlich auf, dann u. a. auch in Wien – zusammen mit seinem um ein Jahr älteren Bruder Anton Ebner. 1823 musizierte er in München und Berlin. Nach zusätzlichen Studien führte ihn eine Tournee über Dresden und Breslau nach Rußland, wo er auch in Moskau und St. Petersburg erfolgreich aufgetreten war. Auch in Skandinavien feierte er Triumphe – er wurde Ehrenmitglied der philharmonischen Gesellschaften zu Stockholm, Kopenhagen und Oslo. Danach wurde er in Berlin königlicher Kammermusiker und Violinist der Hofopernkapelle. In Paris, wo er ab etwa 1830 lebte, trat er in Konzerten auf und gab Violin- und Klavierunterricht. Seine diversen Kompositionen erreichten rund 50 Opuszahlen.

**Karl Filtsch** zählte zu den phänomenalsten Wunderkindern, die je aus Südosteuropa hervorgegangen sind; man hatte ihn mit Liszt und Mozart verglichen.

*Carl Filtsch: Grabmal in Venedig*

Am 28. Mai 1830 wurde er in Mühlbach/Szászebes/Sebeș in Siebenbürgen geboren. Er war das jüngste von sechzehn Kindern und erhielt seinen Vornamen nach seinem verstorbenen Bruder Karl, der ebenfalls musikalische Talente besaß. Der 1772 geborene Vater war als evangelischer Pfarrer u.a. in Broos/Szászváros/Orăștie tätig; durch seinen schönen Gesang und sein gutes Schachspielen hatte er Zugang zu den Kreisen der ungarischen Magnaten, u.a. im Hause des Grafen Georg Bánffy, dessen Schwiegertochter, die Gräfin Jeanette Bánnfy, eine große Förderin des musikalisch genial veranlagten Karl wurde. Der Junge hatte in sein Tagebuch geschrieben: „… schon mit sechs Jahren spielte ich in Klausenburg und Hermannstadt vor vielen adeligen Personen, dem Kommandierenden und dem Erzherzog Ferdinand". Mit sieben Jahren ging es über Pest nach Wien, wo er bei Mittag, Lenz und dem berühmten Kontrapunktisten Sechter Unterricht erhielt. Letzterer sagte einmal: „Ich würde mit Karl dort anfangen, wo ich bei anderen aufhöre". Karl trat in Wien u.a. vor dem Kaiser auf und erntete überall stürmischen Beifall. Hier hatte er auch Franz Liszt kennen gelernt, mit dem er bei den Adeligen zusammen musizieren durfte. Nun reifte der Gedanke, daß man das junge Talent in Paris bei Chopin weiter ausbilden lassen solle. Zuvor reiste Karl mit seinem um 16 Jahre älteren Bruder Josef, der im Außenministerium in Wien angestellt war, ins heimatliche Siebenbürgen, wo er in mehreren Städten Konzerte gab. Auf der Fahrt in die französische Hauptstadt anfangs November 1841 fand in Salzburg ein Aufenthalt statt, wo der Bub Mozarts Witwe besuchte und dort auf dem Klavier des großen Meisters spielen durfte. In München wurde Karl Filtsch mit dem etwa gleichaltrigen Anton Rubinstein bekannt, mit dem er zusammen musizieren konnte. Am 1. Dezember 1841 fand in Paris die erste Begegnung mit Frédéric Chopin statt, der damals kaum mehr neue Schüler aufzunehmen bereit war. Nachdem der Junge vorgespielt hatte, umarmte ihn der große Künstler und drückte ihm die Hände. Er wurde der Liebling Chopins. Bei dessen Abwesenheit erteilte Franz Liszt den Unterricht – kostenlos, „aus patriotischer Pflicht und zu seinem eigenen Ruhme". Die intensive Beanspruchung des Knaben blieb aber nicht ohne Folgen. Es trat eine ernste gesundheitliche Krise auf, welche schließlich überwunden werden konnte. Im Mai 1843 begab sich Karl mit seinem Bruder nach England, wo er auch im Buckingham-Palast sein geniales pianistisches Können beweisen konnte. In London komponierte er, ohne ein Klavier zu benutzen, ein Konzertstück für Orchester und ein Scherzo für Chopin. Sein erstes Werk, ein Choral-Kanon, war 1839 in Wien nach dem Besuch des Stephansdomes entstanden. Karl brachte auch späterhin Kompositionen hervor. Am 12. November 1843 trat er wieder in Wien auf. Kurz vor dem nächsten Auftritt, wobei er auch ein eigenes Werk dirigieren sollte, brach er zusammen. Die Ärzte empfahlen dringend, ein halbes Jahr auszuruhen, weshalb man den Jungen nach Venedig brachte. Der Zustand des Knaben hatte sich gebessert, und man plante, ihn nach Siebenbürgen zu den Eltern zu schicken. Dann trat wieder ein Rückschlag ein, man hatte „einen inneren Abszeß" diagnostiziert. Wieder nach Venedig verbracht, ist das junge Genie am 11. Mai 1845, also kurz vor seinem 15. Geburtstag, in den Armen seines Bruders Josef entschlafen. Auf seinem Grabstein ist eingemeißelt: „Karl Filtsch. Geb. den 28. Mai 1830 zu Mühlbach in Siebenbürgen. gest. den 11. Mai 1845 in Venedig. – Der Künstler schlaeft. es ruhn die theuren Haende. Die maechtig einst beherrscht der Töne Meer. Doch immer wache. tiefe Herzenssehnsucht. Nennt seinen Namen. segnet ihn und weint". Karls Nichte, Irene Andrews, geborene Filtsch, die in New York lebte, hinterließ ein Geheft über die kurze Laufbahn des Genies („Karl Filtsch, der Liebling Chopins, aus Briefen und Tagebüchern zusammengesetzt und in Andacht seinem Andenken gewidmet"), welches die „Gesellschaft der Musikfreunde" in Wien verwahrt.

> **CONCERT,**
> welches
> **der zwölfjährige Adolph Pfeiffer**
> aus Pesth,
> **zum Besten**
> seiner durch die Ueberschwemmung in
> Pesth verunglückten Eltern,
> im Saale der Musikfreunde,
> am Ostermontag den 16. April 1838 Mittags
> zu geben die Ehre haben wird.
>
> Vorkommende Stücke:
> 1. Ouverture von Mozart.
> 2. Concertstück für zwei Flöten, von Anton Pfeiffer, vorgetragen von Herrn Aicher und dem Concertgeber.
> 3. Arie aus Torquato Tasso, von Donizetti, gesungen von Dlle. Jenny Lutzer, k. k. Hof-Kammersängerin.
> 4. Adagio und Allegro eroico für das Pianoforte von Ries, vorgetragen von Herrn Babel.
> 5. Das Ständchen, von Fr. Schubert, vorgetragen von Herrn Lutz, k. k. Hofkapellsänger.
> 6. Introduction und Variationen für die Flöte, über ein ungarisches National-Lied, von Anton Pfeiffer, vorgetragen von dem Concertgeber.
>
> Sämmtliche Mitwirkende haben ihre Leistungen aus besonderer Gefälligkeit für den Concertgeber bereitwilligst übernommen. Auch hat die löbl. Gesellschaft der Musikfreunde, aus Berücksichtigung des edlen Zweckes, dem Concertgeber ihren Saal unentgeltlich überlassen.
>
> Eintrittskarten à 1 fl. C. M. und Sperrsitze à 1 fl. 30 Kr. C. M.
> sind in den Kunsthandlungen der Herren Haslinger, Artaria, Diabelli und Mechetti, sowie am Tage der Aufführung an der Cassa zu haben.
>
> Der Anfang ist um halb 1 Uhr.
>
> Gedruckt bey J. B. Wallishausser.

Um das Jahr 1826 kam in Pest **Adolf Pfeiffer** zur Welt. Von ihm ist nur bekannt, daß er am 16. April 1838 in Wien ein Konzert „zum Besten seiner durch die Überschwemmung in Pesth verunglückten Eltern im Saale der Musikfreunde" leitete. Dabei kamen auch zwei seiner eigenen Werke zum Vortrag: „Concertstück für zwei Flöten" und „Introduction und Variationen für die Flöte über ein ungarisches National-Lied."

**Prónay von Próna und zu Tót-Blathnitza, Gabriel Freiherr,** kam am 1.4.1812 in Neusohl zur Welt. Er hatte schon als Knabe seine große Neigung zur Musik erkennen lassen und komponierte selbst, wobei seine Stücke der Verlag Diabelli in Wien veröffentlichte. 1849 zog er nach Pest, wo ihn der dortige Gesangsverein zum Präsidenten wählte. Seinen Bemühungen war es zu verdanken, daß die Stadt ein Konservatorium mit sechs Lehrsitzen für Musik erhielt. Prónay ist auch deshalb erwähnenswert, weil er sich intensiv um die Errichtung einer deutschen Universität oder zumindest einer deutschen theologischen (evangelischen) Fakultät in Pest bemüht hatte; wenn dies auch nicht gelang, so tat er alles, „was das Studium der ungarischen Deutschen auf deutschen Hochschulen fördern kann". König Friedrich Wilhelm IV. ernannte ihn wegen seiner diesbezüglichen Verdienste zum Ritter des Johanniter-Ordens.

Die Pianistin und Komponistin **Seipelt Josephine** kam 1816 in Bartfeld (heute in der Slowakei) zur Welt und starb 1841 in Wien. Ihr Vater stammte aus Roggendorf (Kiszsidány). Im Alter zwischen 9 und 14 Jahren trat sie bei verschiedenen Konzerten, u. a. im Theater an der Wien, mit großem Erfolg auf. Als sie erkrankte, erteilte sie ihrer Schwester Amalie, die später Sängerin am Kärntnertor-Theater wurde, Musikunterricht. Sie hinterließ einige melodiöse Lieder und einige Werke im Stile der Kirchenmusik.

Im Alter von erst 16 Jahren war **Joseph Eduard Wimmer**, 1820 in Wien geboren, bereits Kapellmeister am Theater zu Ofen. 1837 berief man ihn in der gleichen Eigenschaft nach Fünfkirchen. Im Rufe eines tüchtigen Organisten, wurde er Lehrer an der Fünfkirchner städtischen Musikschule. Auf Anregung des Bischofs komponierte er für den dortigen Dom: „Introitus", „Graduale", „Offertorium" und „Communion für vier Singstimmen ohne Begleitung". Sein Opus 113 war ein Requiem, welches in Pest im Druck erschienen war. Wimmer betätigte sich aber auch als Musiktheoretiker und -schriftsteller. 1846 hielt er in Fünfkirchen einen Vortrag „Zur Theorie des Echos", welcher in der „Wiener allgemeinen Musik-Zeitung" abgedruckt wurde. In der gleichen Zeitung behandelte er noch folgende Themen: „Über die Stimmung der Blasinstrumente", „Über Intonation der Metallinstrumente" und „Über Sicherung des Eigenthumsrechtes der Kirchenkomponisten."

## 3. Die Kirchenmusik

Zur Verschönerung der Gottesdienste wurde seit jeher viel aufgewendet. Manche der bereits genannten Komponisten hatten auch Kirchenmusik geschrieben. In den neu entstandenen Dörfern der angesiedelten donauschwäbischen Vorfahren war es von Bedeutung, für ihre Kirche eine Orgel zu bekommen. War eine solche vorhanden, ergab es sich fast von selbst, daß ein als Organist Befähigter gefunden wurde; meist war es der Lehrer, den man dann als Kantorlehrer bezeichnete.

Im Heimatbuch „Bulkes" (Bulkeszi/Buljkes/Maglić) heißt es auf Seite 186 wörtlich: „Um 1830 gab es kaum noch ein Bethaus in der Batschka, sondern unter Opfern festgebaute Kirchen mit Orgeln, die zum Teil noch heute stehen und fremden Zwecken dienen."

Kurz nach dem Jahre 1830 war in **Großkowatsch** ein Kirchenorchester entstanden.

**Kernei**/Kernyáya/Krnjaja hatte bereits 1811 eine Orgel.

In der evangelischen Kirche zu **Liebling**/Kedvencz gab es schon 1817 eine Orgel.

Orzydorf/Orczyfalva/Orțișoara hatte schon vor 1815 in ununterbrochener Reihenfolge einen Kantorlehrer.

In der Notkirche von **Parabutsch**/Parabuty/Parabuć/Ratkovo hatte man 1784 eine kleine Orgel gehabt, 1835 wurde für die neue Kirche auch eine neue Orgel angeschafft.

Im Jahre 1815 bediente in **Ruma** der Lehrer Weippert die Orgel.

Die evangelische Kirche in **Sekitsch** hatte 1824 eine Orgel.

In **Maria-Theresiopel** wurde 1803 durch Djuro Arnold die Gründung eines Kirchenorchesters aus 5 Personen vollzogen, wie Anton Eberst mitteilt.

Nach **Warjasch**/Varjas/Variaș kam 1805 als erster Kantorlehrer Michael Huber aus Hof im Leithagebirge, der ein großer Musikliebhaber war und dessen Sohn Karl Huber und Enkel Jenő Hubay (Eugen Huber) später durch ihre großartigen Leistungen in die Musikgeschichte eingegangen sind.

Die Orgel für die reformierte Kirche in **Werbaß**/Verbász/Vrbas wurde 1842 fertiggestellt.

Im Heimatbereich wurden u. a. folgende **Kirchenliederbücher** veröffentlicht:

„Katholische Aufmunterung, das ist: ein auserlesenes Gesang- und Gebetbuch, welches für diejenigen Christen, so sich gern im Singen und Bethen üben und erquicken wollen, mit Fleiß zusammen getragen, zum Trost in verschiedene Theile verfaßt auch mit einem Anhange anderer nützlicher Lieder vermehret werden", Apatin 1824.

Josef Stanislaus Albach: „Heilige Anklänge", erste Auflage, Pest 1828. 1848 wurde das Buch „Öffentliche Andachtsübungen im Fünfkirchner Bisthume" hergestellt, welches 132 Seiten umfaßte und einige Lieder sowie drei Meßgesänge enthielt.

Im Heimatbuch „Werbaß" heißt es auf Seite 102: „1832 ließ das Batsch-Syrmische evangelische Seniorat in der deutschen Verlagsanstalt Karl Trattner in Pesth 10 000 Stück Gesangbücher drucken. Es war ... das erste Einheitsgesangbuch, das in den Kirchengesang-Wirrwarr endlich Ordnung brachte." Es hieß wörtlich: „**Christliches Gesangbuch** für öffentliche und häusliche Gottverehrung zum Gebrauche der deutschen evangelischen Gemeinden im Batsch-Syrmier Seniorate. Pesth 1832" und enthielt 469 Lieder.

Der 1766 in Wien geborene Johann Conrad Bexheft kam schon als Kind mit seinen Eltern nach Eperies (Preschau/Prešov) im damaligen Oberungarn. Nach seinen theologischen Studien in Erlangen wirkte er als Geistlicher in verschiedenen Orten der Zips, wo er 1825 in Großschlagendorf (Nagyszalók/Vel'ké Leváre) verstarb. Er hatte eine Anzahl viel beachteter **Kirchenlieder** dichterisch hervorgebracht.

Der aus Stuttgart hervorgegangene Karl von Eckhartshausen hatte 1812 in Reutlingen ein Kirchenliederbuch, „Gott ist die reine Liebe", herausgebracht. Es wurde auch in Pest verlegt und erfreute sich im Heimatraum großer Verbreitung.

In Preßburg war als Musiklehrer **Heinrich Klein** (1756–1832) tätig, der Kantaten, Motetten und ein Dutzend Messen komponierte.

In Ofen hatte um 1830 **Ferdinand Kreutz** als Chordirigent gewirkt. Er schuf eine Rokoko-Messe.

Der 1801 in Wien geborene **Josef Kumlik** lebte in Preßburg als Musiklehrer und Komponist. Ab 1843 dirigierte er den dortigen Kirchenmusikverein. Nebst einer Messe brachte er weitere kirchenmusikalische Werke hervor. Er starb 1869 in Preßburg.

## 4. Das Theaterleben

a) Allgemeines

Noch während der verschiedenen Ansiedlungsphasen unserer Vorfahren im südöstlichen Europa begann sich zunehmend auch **das musikalisch-kulturelle Leben** zu entfalten. Vornehmlich auf den Dörfern erhielt es im Verlauf von einigen Generationen das typisch donauschwäbische Gepräge, wie es in unserer Erinnerung lebt und heute noch intensiv gepflegt wird.

In den Städten gingen die Bedürfnisse naturgemäß oft weit über das rein Volkstümliche hinaus. Dort stellten manche Bevölkerungskreise Ansprüche an ihre Freizeit, wie sie nicht anders in den übrigen Bereichen der damaligen Donaumonarchie anzutreffen waren. So setzte allmählich auch ein Bühnenleben ein, welches in der Folge zu einer staunenswerten Blütezeit führte.

Inhaltlich waren diese Vorgänge verständlicherweise von den großen Kulturzentren beeinflußt, insbesondere von Wien. Bemerkenswert ist dabei aber, daß sich bei uns nicht nur ein kunstkonsumierendes Publikum fand, sondern auch schöpferische Kräfte erwuchsen, welche teilweise sogar an international bekannt gewordenen Werken entweder als Komponisten oder als Librettisten (Textautoren) beteiligt waren.

Zu berücksichtigen ist allerdings, daß im damaligen Vielvölkerstaat unserer Heimat die Urheber von Werken der gehobenen Musikkultur auch aus den verschiedensten Nationalitäten herkamen, wobei wir heute nur aufgrund der Namen keine gültigen Schlüsse auf deren tatsächliche volkstumsmäßige Zugehörigkeit ziehen können. Nachdem bei der vorliegenden Thematik die Musik selbst die verbindende Sprache war, werden alle bekannt gewordenen Autoren genannt, ob sie sich damals als Deutsche, Ungarn, Slawen oder Juden fühlten – was wir heute übrigens kaum mehr objektiv nachprüfen könnten. Selbst bei den Texten muß man berücksichtigen, daß die Darbietungen meistens für ein gemischtsprachiges Publikum stattfanden, so daß es für die Kunstgenüsse kaum von Bedeutung ist, ob in der deutschen, ungarischen oder gar italienischen Sprache gesungen oder gesprochen wurde. Dies freilich nur solang, als es dem freien Spiel der Kräfte entsprang.

Das **Theater** wurde also auch in der ersten Hälfte des 19. Jahrhunderts verstärkt zu einer bedeutenden **Pflegestätte der Musikkultur.**

Matthias Annabring bemerkte in seiner Schrift „Vater, erzähl von der Heimat" (Südost-Stimmen, Neuhausen/F. bei Stuttgart 1975) u. a.: „**Ständige deutsche Theater** gab es in den Städten Preßburg, Ödenburg, Ofen (Buda) und **Pest** (1873 zu ,Budapest' vereinigt), in Kaschau, Raab, Fünfkirchen, Temeschwar, Hermannstadt, während die Städte Wesprim, Stuhlweißenburg, Sathmar, Klausenburg, Erlau, Szegedin, Baja, Arad, Gran, Komorn und Güns regelmäßige deutsche Gastspiele hatten." Diese beeindruckende Aufzählung ist allerdings nicht vollständig.

Aus dem Beitrag „Einiges über das ‚deutsche Agram'" von Valentin Oberkersch im „Donau-Schwaben-Kalender 1983" können wir wörtlich zitieren: „Johann v. Csaplovics vermerkt in seinem 1819 veröffentlichten Werk, daß ,**Agram** (ein) kompendiöses Theater'" hatte. „Unter seinem Direktor Josef Bubenhofen (1803–1817) erreichte es ein beachtliches Niveau. 1834 wurde das Theater erbaut und mit ,Zrinyi' von Theodor Körner eröffnet. Zum Repertoire gehörten die Werke von Schiller, Goethe, Lessing, Kleist, natürlich auch Shakespeare, Kotzebue, Iffland, Grillparzer, Raimund, Nestroy u. a. Beinahe 100 Jahre wurden in Agram deutsche Vorstellungen gegeben."

Im **Arad** war 1812 die Theatergesellschaft Christoph Kunz (Kuntz) aufgetreten. Von 1816 bis 1820 wurde ein Theaterbau errichtet. Die erste Oper kam hier 1824 auf die Bühne. Im Jahre 1842 standen u. a. folgende Stücke auf dem Programm: „Hamlet", „Die Zauberflöte", „Lumpazivagabundus". Die Revolution der Jahre 1848/49 hatten schwerwiegende Folgen für das Arader deutsche Theater – das Haus wurde nur mehr ungarischen Trupps zur Verfügung gestellt. Den deutschen Schauspielern verblieb die Möglichkeit, die Kasematten der Wehranlagen für ihre Vorstellungen zu benützen. (Nach „Das deutsche Theater in Arad" in „Beiträge zur deutschen Kultur".)

In (**Groß-)Betschkerek**/(Nagy) Bacskerek/(Veliki) Bečkerek/Petrovgrad/Zrenjanin hatte 1841 Alexander Schmidt mit seiner Theatergesellschaft aus Temeschburg Vorstellungen gegeben. Laut Felix Milleker entstand etwa um diese Zeit aus einem „kameralischen Getreidemagazin" ein Theatergebäude.

*Deutsches Theater in Pest: Innenansicht*

*Deutsches Theater in Pest (1812 eingeweiht, am 2. Februar 1847 abgebrannt)*

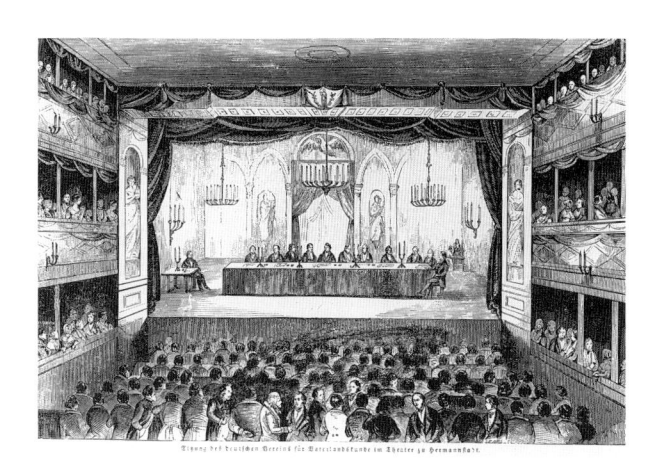

*Theatersaal in Hermannstadt. Sitzung des deutschen Vereins für Vaterlandskunde im Jahre 1844*

Um die Mitte der vorigen Jahrhunderthälfte gastierte das Temeschburger Theater u. a. auch in **Herkulesbad**/Herkulesfürdö/Bäile Herculane.

Theodor Müller, 1831 bis 1840 Theaterdirektor in Temeschburg, hatte auch in **Kronstadt**/Siebenbürgen und in **Bukarest** Gesellschaften unterhalten.

Etwa um dieselbe Zeit war in **Laibach** und **Marburg** Lorenz Gindl Theaterdirektor.

In seiner „Geschichte des deutschen Theaters im Banat" schreibt Felix Milleker wörtlich: „In **Lugosch** wurde am 1. April 1835 im Hofe des Gasthauses ‚Zum schwarzen Adler', an der Stelle alter Stallungen, von Eigentümer Seilermeister Anton Lißka, der für ideale Zwecke Sinn hatte, durch dessen fünfjährigen Sohn der Grundstein zu einem Theatergebäude gelegt, das später von dem nachfolgenden Besitzer Paroy renoviert und verschönert wurde, und bis zum Jahre 1875 fast ausschließlich der deutschen Muse diente."

Vom gleichen Verfasser erfahren wir auch Interessantes aus dem Theaterleben in **Orawitz**/Oravicsabánya/Oravița. Hier werden bereits für das Jahr 1806 Dilettanten erwähnt, die das Theaterlokal in der „Krone" mit neuen Dekorationen versehen hatten. 1817 hatte der Ort ein neues Theater erhalten. Im Oktober desselben Jahres hatte es das Kaiserehepaar Franz I. mit Gefolge anläßlich einer Rundreise besucht. Es wurde das Lustspiel in drei Aufzügen „Die beschämte Eifersucht" von Johann Franul von Weißenthurm gespielt. Die Aufführung wurde von 9 Darstellern bestritten. Bis zum Jahre 1828 wurden die Vorstellungen von der Dilettanten-Gesellschaft gegeben, später kamen auch Wandergesellschaften. Ab 1830 wurde hier die Bühne vom „Theater-, Casino- und Lese-Klub" betrieben.

**Pest** hatte 1812 einen Neubau für das Deutsche Theater erhalten, welcher anläßlich des Hochwassers von 1838 arg beschädigt und bei den Kämpfen der Revolutionsjahre 1848/49 durch Kanonenbeschuß zerstört wurde. In Ofen wurden im Horváth-Garten deutsche Theaterstücke aufgeführt. Beide Bühnen hatte Alois Czibulka geleitet, der danach auch in

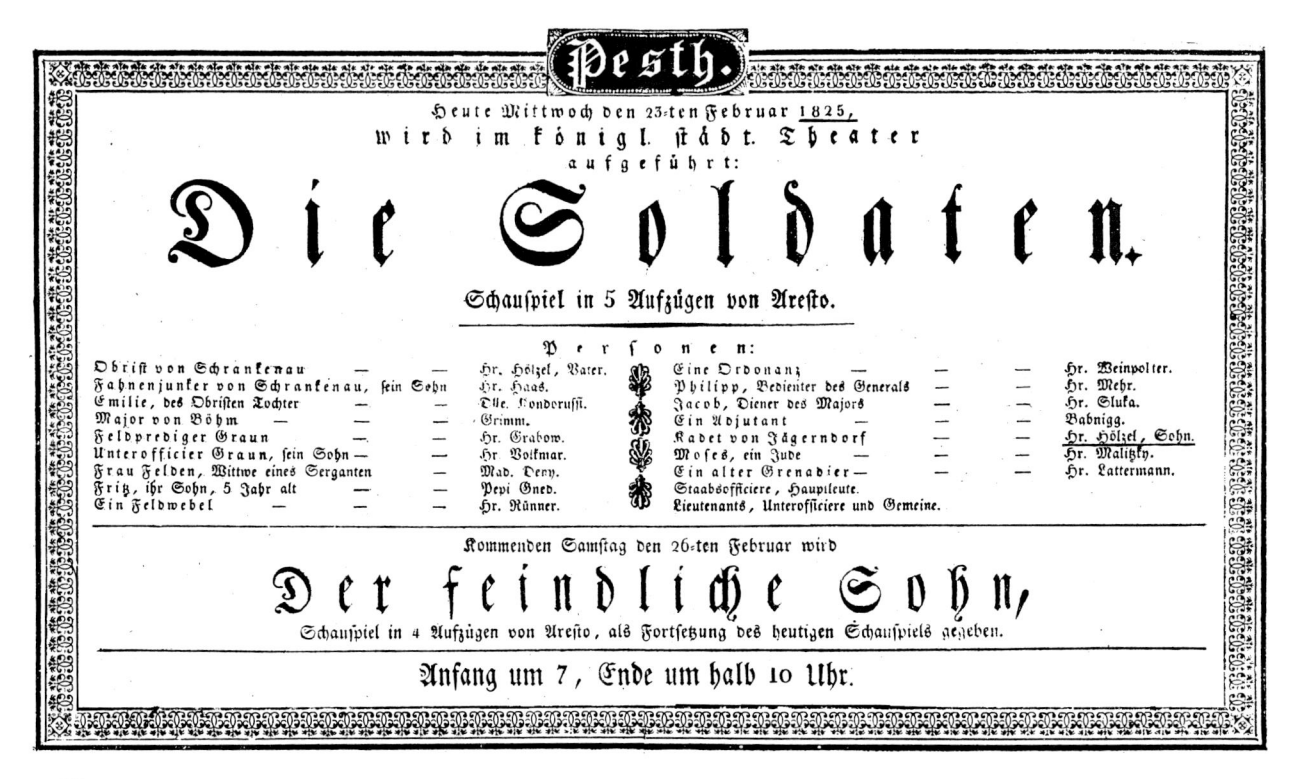

Temeschburg tätig geworden war. Vor 1840 war in Pest Alexander Schmidt, ein Seidenfabrikant aus Wien, Direktor. In Ofen fungierte in dieser Eigenschaft um 1845 Ignaz Huber. 1848 übernahm Philipp Nötzl die Pester Bühne. Von 1830 bis 1841 war hier Karl Haffner (1804 Königsberg? – 1876 Wien) als Dramaturg und Theaterschriftsteller tätig.

In **Pantschowa**/Páncsova/Pančevo bestand im Hause des Bürgers Dragičević ein Theaterlokal. Es ist bekannt, daß bereits 1827 eine Theatergesellschaft im Ort aufgetreten ist, welche sich dann nach Peterwardein begeben hatte. Um 1838 arbeitete hier das deutsche Theater unter der Leitung eines gewissen Hain. 1843 wurde eine Vorstellung von dem Pascha Ali aus Bosnien besucht. Nachdem die Stadt eine Regimentskapelle stationiert hatte, waren Veranstaltungen für das abwechslungsreiche gesellschaftliche Leben leichter durchführbar.

*Theaterzettel vom 13. Oktober 1821 aus Raab mit der Kuntzischen Schauspieler-Gesellschaft*

Constant von Wurzbach verlautet in „Biographisches Lexikon des Kaiserthums Österreich" u. a.: „In der damaligen Zeit, es war im Jahre 1809, waren viele Wiener vor der französischen Invasion nach **Temeswar** geflüchtet, unter diesen befand sich auch Castelli, der anläßlich des Geburtsfestes des Kaisers Franz ein Gelegenheitsgedicht verfaßte, welches Josef Seipelt in Musik setzte und den Solopart darin sang." Seipelt stammte aus Roggendorf im Komitat Vás. Die Statthalterei in Ofen hatte dem in Temeschburg tätig gewesenen Direktor Franz Xaver Rünner (1797–1802) einen Spielplan für die Saison 1801–1802 genehmigt, aus welchem wir von den sechs Abonnements das erste aus dem schon erwähnten Werk Felix Millekers wiedergeben:

Oktober 1801 = 18.: Die beiden Königsborg (von Kotzebue), 20.: Der Erbprinz (von Ziegler), 22.: Der Revers (von Jünger), 24.: Die falsche Scham (von Kotzebue), 25.: Der Wildfang (von Kotzebue), 26.: Der Fremde (von Friedel), 29.: Taddädl, der 30jährige A. B. C.-Schütz, Oper (Kotzebue-Müller), 31.: Der Taubstumme (von Bonilly). November 1801 = 1.: Der Fagottist, Oper (von Perinet), 3.: Der Maytag (von Hagemann), 5.: Oberon, Oper (von Giezeke, Wranitzky), 7.: Er mengt sich in alles (von Jünger), 8.: Taddädl, Oper (Henzler, Musik von Müller), 10.: Die Korsen in Ungarn (von Kotzebue), 12.: Der erste Kuß, Oper, 14.: Der Mann von Wort, 15.: Edelmuth stärker als Liebe, Oper.

Milleker bemerkt zutreffend: „Das Temesvarer Publikum schien damals auch an den Produkten der Wiener Vorstadtmuse großen Gefallen gefunden zu haben, denn neben Jünger, Iffland, Kotzebue und Soldatenstücken (für letztere war die starke militärische Garnison von Temesvar ein gutes Publikum und bot auch reichlich Statisten und Militärmusik) nehmen Wiener Vorstadtsingspiele, die als ‚Opern' ausgegeben wurden, den größten Raum ein."

Dem Direktorat Rünners folgte kurzfristig sein Schwiegersohn Schneider, von 1804 bis 1806 Konstantin Paraskowitz, darauf bis 1811 Ludwig Bladl, dann bis 1812 Lorenz Gindl und von 1812 bis 1814 Alois Czibulka, der auf einen guten Spielplan achtete und aus Ofen und Pest gute Kräfte nach Temeschburg brachte. Anschließend trat vorübergehend eine „Vereinigte Theaterunternehmungs-Gesellschaft" als Pächter des Temeschburger Theaters auf. Das inhaltliche Niveau der Bühne war eng mit der Entwicklung in Wien verquickt. In der Zwischenzeit kamen Stücke von Karl Meisl, einem aus Laibach stammenden Librettisten, und Emanuel Schikaneder hinzu (z. B. „Das Donauweibchen", „Die Zauberflöte"). Von 1816 bis 1820 traten als Pächter des Theaters Johann B. Hirschfeld und Josef Scotty auf, die selbst Schauspieler waren. Bühnendarsteller war auch der in Temeschburg geborene Franz Herzog, der nach ausländischen Erfahrungen von 1820 bis 1831 das deutsche Theater seiner Vaterstadt leitete; dabei hatte er in der Sommerzeit in Hermannstadt gespielt. Unter dem Direktor Theodor Müller wurde der Theaterbau erweitert. Während seiner Direktion (1831–1840) kam als Leiter des Orchesters der tüchtige Franz Limmer in die Stadt, und das Repertoire erfuhr weitere qualitative Anhebungen. Nun wurden in der Banater Hauptstadt bereits Opern von Weltgeltung aufgeführt („Der Freischütz" von Weber, „Die Italienerin

*1. Dezember 1828 in Temeschburg.*
*Mariane Sessi, 1776 in Rom geboren, war bereits eine europaweit gefeierte Schauspielerin*

in Algier" von Rossini, „Norma" von Bellini, „Don Juan" von Mozart usw.). 1840 war aus Pest Alexander Schmidt gekommen, der das Haus sieben Jahre lang führte. Auch er machte sich um die Bereicherung des Programms verdient. Von 1847 bis 1848 leitete Eduard Kreibing und Philipp Nötzl das Theater, von 1849 bis 1852 tat es der erstere allein. Die Blütezeit der Bühne hielt auch unter diesen an. Es wurden Stücke gegeben, wie man sie auch an den übrigen deutschen Bühnen der Zeit antraf.

Über das Theaterleben in **Werschetz** gibt wiederum Felix Milleker kompetenten Aufschluß: „In Vršac erbaute 1842 der Lebzeltermeister Franz Rittinger im Stadtgarten eine Arena. Im Dezember 1845 spielte im Stentzerschen Gasthause ‚Zum Schwan' die Uhlisch'sche Gesellschaft. Eine im Jahre 1844 gegründete Aktiengesellschaft erbaute 1847 ein einstöckiges Kaffeehaus, das ‚Concordia' getauft wurde. In dessen oberem Stockwerke war ein großer Saal für Konzert und Ball. Dessen Nordseite war für eine Bühne bestimmt." In die Stadt kamen häufig Wanderbühnen, welche zumeist Lustspiele boten.

Zu den bisherigen Betrachtungen wollen wir noch zwei Sätze aus Felix Millekers Feder festhalten: „Bis in das dritte Jahrzehnt stand im Banat das deutsche Theater konkurrenzlos da. Es wurde auch von der Intelligenz der Serben, Madjaren und Rumänen, welche die deutsche Sprache vollkommen beherrschte und gebrauchte, gerne besucht."

Während es in Pest bereits um die Wende des Jahrhunderts ein anscheinend stets unterstützungsbedürftiges ungarisches Theater gab, werden **ungarische Theatervorstellungen** in Temeschburg erstmals für 1826 angegeben. Damals hatte die Gesellschaft Josef Horváth und Franz Komlóssy aus Stuhlweißenburg/Székesfehérvár gastiert. In den beiden folgenden Jahren waren Ensembles aus Betschkerek und aus Siebenbürgen gekommen. 1832 spielte eine Truppe aus Kaschau in der Stadt; diese gab auch in Betschkerek Vorstellungen, wo 1846 ein „Unterstützungsverein des ungarischen Theaters" gebildet wurde. In Temeschburg fand das ungarische Theatergeschehen weitere Entfaltungsmöglichkeiten. 1847 trat die Truppe Emmerich Hevesy auf, 1848 die Gesellschaft Nikolaus Feleky. Im ersten Viertel des 19. Jahrhunderts wurden auch in Arad Theaterstücke in ungarischer Sprache gegeben.

Im Jahre 1813 trat in Pest eine von dem Schriftsteller Vuić initiierte Dilettantentruppe auf, welche **serbisches Theater** auch in Temeschburg und Pantschewo darbot; hier wurde auch 1824 gespielt. 1835 war es Vuić gelungen, auch in Pantschewo Dilettanten für mehrwöchige Theateraufführungen zu gewinnen. In derselben Stadt trat 1839 die Wandergesellschaft Michael Brežovsky auf. Dann hatte 1842 hier Nikolaus Djurković eine Truppe angeworben, zu deren Entlohnung die ortsansässigen Serben Spenden leisteten. In Neu-Betsche (Türkisch-Betsche)/Törökbecse/Novi Bečej war 1844 Jovan Knježević mit einer Truppe aufgetreten. Eine serbische Theatergesellschaft ist 1847 in Temeschburg aufgetreten. Das Repertoire der serbischen Bühnen bestand seinerzeit zu einem erheblichen Teil aus Stücken von Jovan Sterija Popović, der 1806 in Werschetz zur Welt kam.

Aus dem Jahre 1846 ist die Aufführung des Kotzebueschen Stückes „Zwei Vergeßliche", übersetzt von Joan Popovici, **in rumänischer Sprache** in Arad bekannt.

b) Bühnenkünstler aus dem Heimatraum

Der Eindruck über die Theaterkultur in Südosteuropa während der ersten Hälfte des 19. Jahrhunderts wird durch die nachfolgende Nennung von Schauspielern und Schauspielerinnen, Sängern und Sängerinnen sowie Tänzern wesentlich erweitert. Manche hatten nur im Heimatbereich gewirkt, andere wieder waren sowohl hier als auch im Ausland tätig; es gab aber auch Künstler, die nur außerhalb der heimatlichen Grenzen aufgetreten sind. Das Gesamtbild wird jedoch erst annähernd vervollständigt, wenn in den nächsten Abschnitten die Auswertung des vorliegenden Quellenmaterials aufgezeigt ist.

Die Personen:

**Johann Nepomuk Beck** (* 5.5.1828 Pest, † 9.4.1904 Preßburg) hatte Gesang und Jura studiert. Die Musik überwog schließlich sein Interesse. Im Jahre 1846 trat er erstmals am Deutschen Theater in Pest auf. Sein Erfolg war Ermutigung, die künstlerische Ausbildung in Wien zu vervollständigen. Als Bariton stand er u.a. in Hamburg, Bremen, Köln, Mainz, Würzburg, Wiesbaden, Frankfurt am Main auf der Bühne. Seit 1853 verblieb er an der Wiener Hofoper, wobei er namentlich in Opern von Mozart und Verdi vielbeachtete Erfolge erzielte.

Der im Jahre 1811 in Ofen geborene **Karl Benza** war Buffosänger und ab 1835 in Wien, ab 1838 in Pest aufgetreten. Nach 1844 hatte er sich Wanderbühnen angeschlossen.

**Siegmund von Czako** (* 1820 in Dés/Dej, † 1847 in Pest) war ab 1840 ein ortsfester Schauspieler und wurde 1842 in den Chor des Nationaltheaters zu Pest aufgenommen.

Die in Jasbrin/Jászberény im Komitat Szolnok 1793 geborene und 1872 in Miskolc verstorbene **Rosa Déry** hieß eigentlich Schönbach. Im Rahmen der Schauspielertruppe Adam Lang trat sie als Rosa Szépp auf. Ihre Popularität konnte sie nach ihrer Vermählung mit dem Schauspieler Stefan Déry steigern. Sie trat auf Provinzbühnen in Ungarn auf und war 1823 in Klausenburg. 1837 wurde sie Mitglied des damals gegründeten Nationaltheaters in Pest und feierte als Primadonna der ungarischen Oper triumphale Erfolge. Als sie sich 1852 von der Bühne zurückzog, betätigte sie sich schriftstellerisch; dabei übersetzte sie einige Lustspiele von Kotzebue ins Ungarische.

**Gabriel Döbrentei**, * 1785 in Nagyszöllös (Vinogradov), † 1851 in Ofen, war 1833 Leiter des Schauspielhauses in Pest. Als Übersetzer mehrerer Bühnenwerke in die ungarische Sprache hatte er Erfolge.

In Hermannstadt kam 1791 **Anna Engelhardt** zur Welt, die – nach Johann Weidlein – die erste große Tragödin der ungarischen Bühne wurde. Sie trat zumeist in der Provinz auf. 1854 starb sie in Neumarkt.

**Beatrix Fischer-Schwarzböck** war eine geborene Macher und kam in Temeschburg zur Welt – nach dem Werschetzer Forscher Milleker am 6. Februar 1808, nach dem Weißkirchner Raimund Kuhn 1806, eine andere Quelle gibt gar 1805 an. Nachdem ihr Vater früh gestorben war, hatte ihre Mutter in Wien den Regisseur und Chordirektor Ludwig Schwarzböck geheiratet. Beatrix nahm dessen Familiennamen

*Bei der Aufführung der Mozart-Oper „Die Zauberflöte" am 31. August 1838 am Stadttheater Hamburg standen gleich drei Südostdeutsche auf der Bühne: Josef Wurda aus Raab, Beatrix Fischer-Schwarzböck aus Temeschburg und Josef Reichel aus Weindorf (bei Budapest)*

**Großherzogliches Hoftheater zu Karlsruhe.**

Sonntag, den 5. September 1852.
Neunundsiebzigste Abonnements-Vorstellung.
Drittes Quartal.

## Othello.

Große Oper in drei Aufzügen, von Rossini.

Personen:

| | |
|---|---|
| Der Doge von Venedig | Herr Uetz. |
| Rodrigo, sein Sohn | Herr Eberius. |
| Othello, Feldherr der Republik | Herr Chrudimsky. |
| Brabantio, Senator | Herr Bregenzer. |
| Desdemona, seine Tochter, heimlich mit Othello vermählt | Frau Fischer. |
| Jago,  \ Othello's Freunde | Herr Hauser. |
| Lucio, / | Herr Klages. |
| Emilia, Desdemona's Vertraute | Fräulein Rochlitz. |

Senatoren. Ritter. Damen. Pagen. Offiziere. Trabanten. Soldaten. Volk.

Der Text der Gesänge ist Abends an der Kasse für 12 Kreuzer zu haben.

Anfang: sechs Uhr. Ende: gegen neun Uhr.

Krank: Herr Mayerhofer. Herr Fischer.

---

**Großherzogliches Hoftheater zu Karlsruhe.**

Freitag, den 16. April 1852.
Neunundvierzigste Abonnements-Vorstellung.
Zweites Quartal.

## Fidelio.

Oper in zwei Aufzügen, von L. van Beethoven.

Personen:

| | |
|---|---|
| Don Fernando, Minister | Herr Bregenzer. |
| Don Pizarro, Gouverneur einer Festung | Herr Oberhoffer. |
| Florestan, Gefangener | Herr Eberius. |
| Leonore, seine Gemahlin, unter dem Namen Fidelio | Frau Fischer. |
| Rocco, Kerkermeister | Herr Rieger. |
| Marzelline, seine Tochter | Fräulein Wabel. |
| Jaquino, Pförtner | Herr Hoffmann. |

Staatsgefangene. Offiziere. Soldaten. Volk.

Die Handlung geht in einem Staatsgefängnisse in der Nähe von Sevilla vor.

Der Text der Gesänge ist Abends an der Kasse für 12 Kreuzer zu haben.

Anfang: sechs Uhr. Ende: halb neun Uhr.

Krank: Herr Uetz.

---

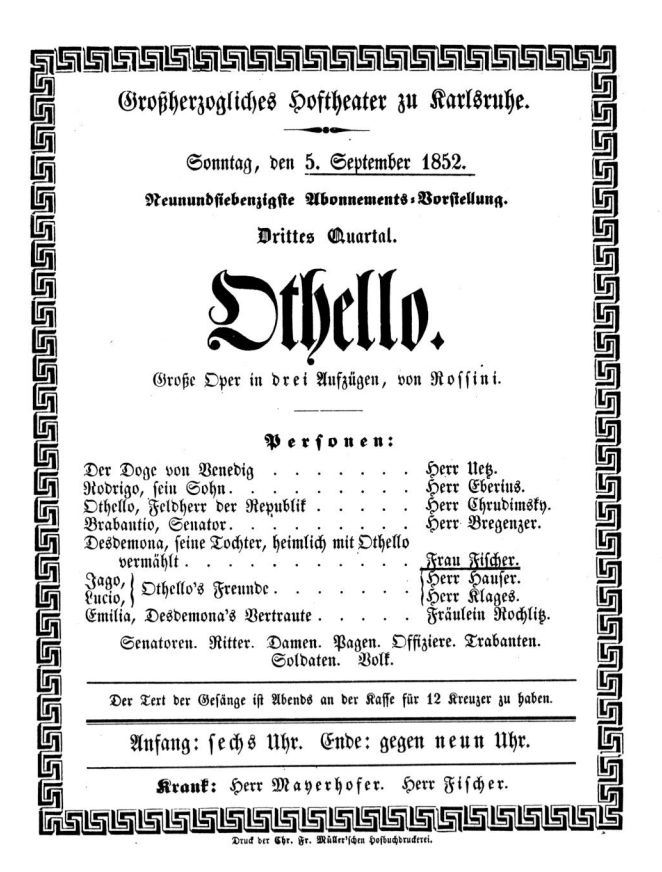

an. Schwarzböck war um die Ausbildung seiner Stieftochter sehr bemüht. Im Jahre 1823 fing sie als Choristin an einem Wiener Theater an, dann wechselte sie zum Schauspiel, um 1825 endgültig als dramatische Sopranistin bei der Oper zu verbleiben. In der Zeit von 1829 bis 1831 sang die Künsterlin anläßlich der ersten deutschsprachigen Opernvorstellungen in Paris. Von 1831 bis zur Beendigung ihrer Laufbahn war sie am großherzoglichen Hoftheater in Karlsruhe engagiert. Dazwischen gab sie Gastauftritte in London, auf namhaften deutschen, österreichischen und ungarischen Bühnen; 1831 hatte sie in Pest im deutschen Theater gesungen. Nach einem erfolgreichen Künstlerleben verstarb Beatrix Fischer-Schwarzböck am 16. September 1885 in Karlsruhe. Ihr Ehemann, Karl Fischer, stammte aus Wien und war ebenfalls Schauspieler. Raimund Kuhn hatte in der „Pressekorrespondenz des Deutschen Ausland-Instituts Stuttgart" (Jg. 17, N. 5, Sept. 1935, Seite 3) geschrieben: „Das bleibende Verdienst dieser hervorragenden Künstlerin ist, in Paris als erste deutsche Theatersängerin in ihrer Muttersprache gesungen zu haben, so daß ihr Name in der Geschichte der deutschen Oper für alle Zeiten eine Ehrenstellung einnimmt."

Im Jahre 1811 wurde in Sárvár (Nordwest-Ungarn) **Alois (Louis) Grois** geboren, der Lehrer werden wollte, jedoch als Kirchensänger auffiel und zur entsprechenden Ausbildung angeregt wurde. Zunächst trat er als Bassist in Lemberg auf, dann sang er in Opern in Ofen und Hermannstadt. In Graz wechselte er zu komischen Rollen und erntete in Wien als Charakterdarsteller große Erfolge. Grois ist auch als Librettist mehrerer Bühnenwerke in Erscheinung getreten und schrieb Gedichte, die vertont wurden.

Aus Temeschburg stammte **Friederike Herbst**, Jahrgang 1803, die 1866 in Prag starb. Ihr Vater, selbst Schauspieler, ließ sie ausbilden. Zunächst spielte sie sentimentale Liebhaberinnen, später Heroinen. Die Stationen ihrer Laufbahn: 1817 Berlin, 1818 Magdeburg, 1822 bis 1824 Graz, anschließend in Wien und Hamburg und bis 1854 in Prag.

Direktor **Josef Holzmann** in Kaschau, ein Landeskind, bewarb sich 1812 um den gleichen Posten in Fünfkirchen, wo ebenfalls ein entwickeltes Theaterleben herrschte.

**Martin Hüttenmeyer** trat 1804 als Schauspieler in seinem Geburtsort Hermannstadt auf.

**Ferenc Komlóssy** (1797–1806) aus Pest trat da bereits 1811 als Schauspieler auf. 1826 wurde er Regisseur bei einer Theatergesellschaft in Raab/Györ, 1834 bis 1838 Direktor des Theaters von Kaschau. Von 1842 bis 1845 war er Theaterdirektor in Klausenburg, Raab und Stuhlweißenburg. Anschließend übernahm er die Stelle des Verwalters und Bibliothekars des Nationaltheaters in Pest. Er schrieb auch Theaterstücke und übersetzte solche ins Ungarische.

Seine Tochter, **Ida Komlóssy**, kam 1822 in Stuhlweißenburg zur Welt. Sie trat als Schauspielerin in

Erlau (Eger), Klausenburg, Kaschau, Debrezin, Segedin und anderen Orten auf. Ab 1845 war sie Mitglied des Nationaltheaters in Pest. Auch sie übersetzte Bühnenwerke in die ungarische Sprache. Sie starb 1893 in Budapest.

**Judith Benke von Laborfalva** trat als Schauspielerin unter dem Namen Róza Laborfalvy auf. Sie wurde 1817 in Miskolc geboren und starb 1886 in Budapest. Bereits 1835 begann sie ihre Laufbahn am ungarischen Theater in Ofen. Zwei Jahre später wechselte sie an das neueröffnete Theater in Pest, dem späteren Nationaltheater, wo sie vom Publikum sehr gefeiert wurde.

**Ádám János Láng,** 1772 in Jászóujfalu/Nováčany (heute Slowakei in der ČSSR) geboren und 1847 in Pest gestorben, war bereits um 1790 Mitglied der ersten ungarischen Theatergesellschaft und um 1806 in Pest bei der zweiten. Er war u. a. aufgetreten: 1796 in Klausenburg, als Wanderschauspieler 1818 in Neumarkt, 1819 in Komorn/Komárom, 1828 in Kaschau. Zwischendurch war er aber auch am deutschen Theater zu Pest tätig. Anfangs lagen ihm die Heldenrollen, wegen seiner beachtenswerten Tenorstimme wurde er jedoch in Lustspielen und Operetten erfolgreicher. Láng machte sich um die Heranbildung des Schauspielernachwuchses verdient und verfaßte selbst einige Bühnenstücke, z. B. „Genovéva" (1842).

Im Jahre 1808 kam in Neumarkt (Marosvásárhely/ Qsorhei/Tirgu Mureş) **József László** zur Welt, der von 1826 bis 1831 am Theater zu Klausenburg auftrat. 1837 wurde er Mitglied des Nationaltheaters in Pest. Später trat er vor allem in Klausenburg auf, wo er 1878 verstarb.

**Anikó Lendvay-Hivatal** (1814–1891) aus Pest war schon als Elfjährige in Kinderrollen bei der Theatergruppe des L. Balogh in Preßburg aufgetreten. Später spielte sie in Pest und in anderen Städten des Heimatraumes, 1834 war sie am Ofner Burgtheater und von 1837 bis 1860 am National-Theater in Pest. Sie zählte damals zu den talentiertesten Schauspielerinnen.

1832 heiratete sie den aus Siebenbürgen stammenden Schauspieler **Márton Lendvay** (1807–1858), der mit Wandertruppen auf zahlreichen südosteuropäischen Bühnen aufgetreten ist; von ihm ließ sie sich 1850 scheiden.

Der in Lugosch 1824 geborene **Vasile Maniu** hatte 1847 mit einer dortigen Theatertruppe eine Reise durch Siebenbürgen mitgemacht und sich danach nach Bukarest begeben, wo er mit der Gesellschaft Caragiales auftrat. Nach der Revolution 1848/49 war er im Banat in der Verwaltung tätig, später in Bukarest, wo er 1901 starb, als Jurist, Politiker und Schriftsteller.

Aus Weindorf/Pilisborosjenő ging der am 27. Januar 1801 geborene **Joseph Reichel** hervor. Schon als Kind wurde sein Talent im Hause seines Großvaters

*Josef Reichel aus Weindorf*

mütterlicherseits angesprochen, wo viel musiziert wurde. Als Sechzehnjähriger hatte er bereits im Dom zu Waitzen/Vác gesungen. Nach seiner Ausbildung in Pest trat er dort als Bassist auf, alsbald auch in Preßburg, dann in Baden bei Wien und auch dortselbst. Nach Gastspielen in Berlin (1824) und Magdeburg (1825) sang er zehn Jahre lang an der Hofbühne in Karlsruhe. Anschließend folgten mehrere Gastspiele in Stuttgart, Magdeburg und Berlin. Während eines Urlaubs in der Heimat sang er auf der Pester Bühne. Im Jahre 1837 war er zum zweiten Male in Italien, wo er in Bologna zwei Monate hindurch mit Rossini beisammen war. Später erntete er große Erfolge in Hamburg, Schwerin, Strelitz, Danzig, Königsberg, Riga, Dresden und Frankfurt am Main. Als er dann wieder in seiner Geburtsheimat weilte, sang er in Pest auch in ungarischer Sprache. Von 1840 bis 1844 war er in Darmstadt. Der Künstler hatte allenthalben höchstes Lob erhalten. In Wurzbachs Biographischem Lexikon heißt es über ihn u. a. wörtlich: „Nicht nur der Umfang seiner Stimme – eine Tonreihe vom Contra-B bis zum zweigestrichenen Fis mit Brust – war gewaltig, auch seine imposante Erscheinung, verbunden mit einem naturgemäßen Spiele, unterstützte seine natürlichen Mittel." Reichel wurde 1853 leidend und starb am 30. Januar 1856 in Darmstadt.

In Waitzen kam am 2.9.1800 **Franz Rosner** zur Welt, der am 3.12.1841 in Stuttgart starb. Er hieß eigentlich Rosnik. In Pest war er Sängerknabe an der Domkirche, in Wien an der St. Stephanskirche. Nach der Ausbildung seiner Tenorstimme sang er von 1820 bis 1823 im Wiener Kärntnertor-Theater mit großem Erfolg. Anschließend war er zwei Jahre in Amsterdam, dann in Braunschweig und London, worauf er wieder nach Amsterdam und nachher nach Brüssel ging. Nach weiteren Stationen in Kassel und Darmstadt wurde er 1833 königlicher Hofsänger in Stuttgart. Rosner genoß als Opernsänger einen ausgezeichneten Ruf.

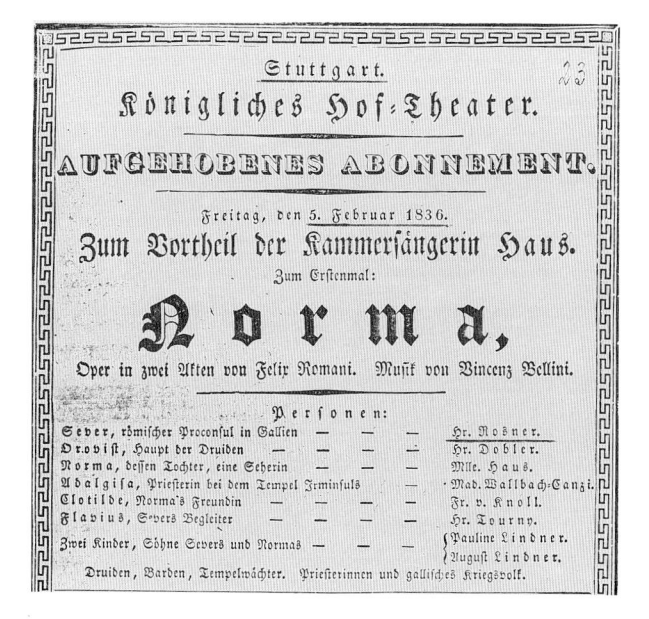

**Joseph Seipelt** (1787–1847) ging aus Roggendorf hervor. Nach dem Tode seines Vaters kam er zu seinem Onkel nach Preßburg. Nachdem er Chorsänger in Wien war und dort ausgebildet wurde, engagierte ihn das Theater in Lemberg als ersten Baßsänger. Später trat er in Hermannstadt auf und dann vier

Jahre hindurch in Temeschburg. Sein Rollenrepertoire aus verschiedenen Opern war recht umfangreich. Seipelt sang in der Folgezeit in Linz, Wien, Pest, Kaschau und Bad Bartfeld. Darauf leitete er vier Jahre lang die Bühne im damals oberungarischen Eperies. Zuletzt wurde er am Theater an der Wien angestellt, wo er in den letzten Jahren seiner Tätigkeit Chordirektor war. Er machte sich auch als Komponist einen Namen. Seipelt wurde für sein Mitwirken bei mehreren Wohltätigkeitskonzerten zum Ehrenbürger von Wien ernannt, wo er auch starb.

**Friedrich Zöllner** stammte aus Pest, er war Schauspieler und (wahrscheinlich am Beginn des 19. Jahrhunderts) Direktor des Theaters in Preßburg. Zuletzt war er Mitglied des Deutschen Theaters zu Pest, wo er nach 45 Jahren Bühnentätigkeit starb. Sein Sohn,

**Anton Zöllner**, war in komischen Rollen aufgetreten und Mitglied der Bühnen in Brünn, Ofen und Graz gewesen.

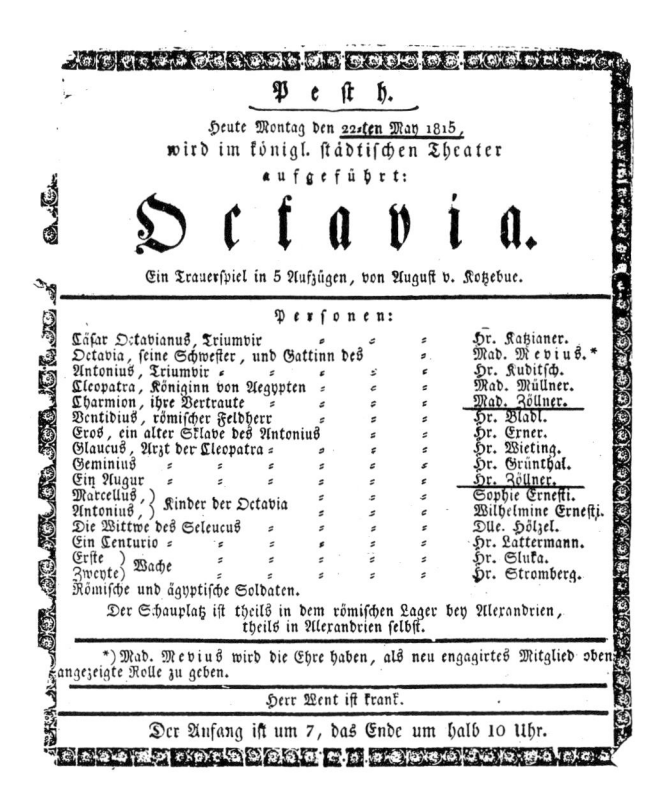

**Philipp Zöllner**, ebenfalls ein Sohn Friedrichs, wurde am 7.9.1785 in Pest geboren. Erst 16 Jahre alt, spielte er seine ersten Rollen am Theater zu Neusatz. Seine Erfolge brachten ihm Engagements der Bühnen von Essegg, Fünfkirchen, Segedin, Großwardein u.a. ein. Sein Ruf als Schauspieler und Komiker drang bis nach Wien, wo er dann ebenfalls aufgetreten ist. Nach einer Verpflichtung in Pest begab er sich nach Maria-Theresiopel/Subotica, um eine Theaterdirektion zu übernehmen. Mit dieser Truppe hatte er ganz Nieder- und Oberungarn mit gutem Erfolg bereist.

Als er dann Theaterdirektor in Kaschau war, wo er wegen seiner Verdienste die Ehrenbürgerschaft erhalten hatte, folgte er einem Ruf des Theaters in Pest, wo er die Regie und später die Oberregie der Oper und Posse übernahm. Ab 1824 führte er die Direktion des Theaters in Ofen, ging später wieder nach Pest und anschließend nach Preßburg. 1852 zog er sich aus dem Berufsleben zurück. Als Sänger hatte er sich in zahlreichen Partien bewährt, z.B. als Papageno in Mozarts „Zauberflöte". Er starb in Wien.

Von Zöllners neun Kindern widmeten sich – bis auf eine Ausnahme – alle dem Bühnenfach: **Katharina** war als Schauspielerin mit tragischen Rollen in Preßburg, Ofen und Wien engagiert. – **Elise** bevorzugte komische Rollen und trat in Wien und Lemberg auf. – **Marie** war Sängerin und ließ sich in Prag und Wien hören. – **Christine** war ebenfalls Sängerin und von deutschen und österreichischen Bühnen verpflichtet gewesen. – **Josephine** trat als Schauspielerin auf Provinzbühnen auf. – **Emma** war Lokalsängerin, betätigte sich auf Bühnen der Provinz und dann in Wien. – **Ferdinand** und **Friedrich** waren Schauspieler und traten auf Provinzbühnen auf.

Als Tänzer und später als Ballettmeister war **Ignaz (Ignatz) Klahs (Klass)** aus Pest (* ca. 1802, † ca. 1850) tätig. Er wirkte in Wien am Kärntnertor- bzw. Hofopernthheater, 1829–1831 war er in Braunschweig, 1832 in Ulm, 1833 am Leopoldstädter Theater zu Wien, 1837/38 in Prag, 1840 in London, 1842 in Basel. Seine Ehefrau war ebenfalls Tänzerin, von den vier Kindern erlernten drei dasselbe Fach und machten sich hauptsächlich in Wien einen Namen.

### c) Auswärtige Künstler

**Anton Babnigg**, 1793 in Wien geboren, hatte 1815 als Opernsänger erstmals in Temeschburg die Bühne betreten. Später wurde er als Tenor sehr bekannt.

Aus Wien stammte auch die Opernsängerin **Magdalena Behrend-Brandt** (1828–1903), die am Beginn ihrer Karriere u.a. in Pest gesungen hatte.

Die Schauspielerin **Antonie Erhardt** kam 1826 in Wien zur Welt und war am Ende ihrer Laufbahn in Pest aufgetreten, wo sie 1853 starb.

Auch der Sänger **Josef Erl** (1811–1874) war aus Wien nach Pest gekommen, wo er 1835 tätig geworden war.

**Carl Matthias Koch** war u.a. ab 1826 als Cellist am Theater in Preßburg, ab 1827 in Triest. 1836 trat er in Pest auf. Er war Schauspieler und Gesangskomiker. In Wien kam er 1807 zur Welt und starb dort 1876.

Der Schauspieler und Theaterdirektor **Eduard Kreibing** (* 1810 in Prag, † 1888 in Graz) hatte in Hermannstadt 1838 die Leitung des Stadttheaters übernommen, 1842 die Bühne von Arad und 1847 auch die von Temeschburg. Bis 1854 leitete er diese drei Theater.

Die aus Freudenthal in Schlesien stammende **Therese Krones** (1801–1830) war im Rahmen einer Familien-Wandergesellschaft unter Leitung ihres Vaters in Ungarn gewesen und später, zusammen mit ihrem Bruder, u. a. in den Theatern von Agram, Laibach und Temeschburg aufgetreten.

Wieder eine Wiener Sängerin – **Therese Mink**, geborene Schweitzer (1812–1881) – war ab 1824 und dann wieder ab 1841 am Pester Deutschen Theater. Ihre glänzenden ersten Sopranpartien trugen ihr das Prädikat „ungarische Nachtigall" ein.

Die 1790 in Rom geborene **Anna Maria Neumann**, geborene Sessi, war eine hervorragende Sopranistin. 1823 hatte sie anläßlich eines Gastspiels in Pest ihre Stimme verloren.

Der Schauspieler und Theaterdirektor **Karl Philipp Nötzl** (* 1789 Wien, † 1848 Temeschburg) betrat erstmals 1813 in Kaschau die Bühne. Von 1824 bis 1827 war er in Pest engagiert. In Hermannstadt leitete er von 1829 bis 1837 zusammen mit Franz Herzog das Theater, wobei er allerdings in den Jahren 1831 bis 1833 lediglich als Schauspieler und Regisseur tätig war. Das Stadttheater in Ofen hatte er 1837 übernommen; dort eröffnete er ein Jahr später ein Sommertheater. Ab 1841 war ihm wieder das Stadttheater (dieses Mal gemeinsam mit Eduard Kreibing) von Hermannstadt anvertraut. Nachdem er anschließend noch in Arad und Temeschburg tätig war, starb er.

Der später berühmt gewordene Bühnenschriftsteller **Ferdinand Raimund** (1790–1836) aus Wien war auch Schauspieler und kam mit einer kleinen Theatertruppe 1810 nach Ödenburg; er spielte auch in Steinamanger und Raab. In Ungarn weilte er jahrelang.

Die Sängerin **Luigia Polzelli**, geborene Moreschi (1760–ca. 1832), stammte aus Neapel. Ihr Lebensende beschloß sie im damals oberungarischen Kaschau.

Der 1773 unbekannten Ortes geborene **Karl Schmidtmann** kam ab dem Jahre 1815 als Opernsänger nach Pest, wo er am 14. 1. 1822 starb.

**Matthäus (Matthias) Stegmayer** aus Wien (1771 bis 1820) war als Schauspieler u. a. in Raab und Preßburg aufgetreten; er brachte mehrere Kompositionen für die Bühne hervor.

d) Frühbegabungen

**Ludwig Kilanyi** aus Pest (17. 3. 1819–22. 4. 1861) wurde am dortigen deutschen Theater Ballett-Tänzer, ebenso wie auch seine Frau, **Therese Papp**, damals erst 15 Jahre alt, Ballett-Tänzerin war. Beide waren mit einer Nationaltänzer-Gesellschaft auf Tournee gegangen und besuchten mehrere Städte

*Mathilde Marlow*

Deutschlands, Paris und London. Später traten beide wieder in Pest auf. Schließlich gingen sie nach Wien, wo sie verblieben. Ludwig wurde dort Ballettmeister.

Die Sängerin **Mathilde Marlow** (eigentlich Wolfram) kam im Jahre 1830 in Agram zur Welt. Mit 15 Jahren trat sie bereits im Hofoperntheater zu Wien auf, dann auch in Brünn, Preßburg und Ödenburg. Ihr Ruf öffnete ihr auch die Bühnen von Florenz, Darmstadt, Hamburg, Stuttgart usw., bis sie schließlich wiederum nach Wien zurückkam.

Aus Klausenburg (Siebenbürgen) stammte die 1811 geborene und 1850 verstorbene **Rosalie Schodel**, geborene Klein. Mit 14 Jahren heiratete sie ihren Gesangslehrer und trat alsbald bei einem Konzert in Preßburg auf. Nachdem sie am Kärntnertor-Theater in Wien, dann auf mehreren deutschen Bühnen gesungen hatte, kam sie 1836 nach Pest und gab am dortigen Deutschen Theater mehrere Gastvorstellungen. Als sie sich später in ihre Heimatstadt zurückgezogen hatte, wurde sie vom Pester Nationaltheater eindringlich gebeten, dort mitzuwirken. Sie tat es bis 1842 und hatte zur Hebung des Ansehens der ungarischen Oper wesentlich beigetragen. In Wurzbachs Biographischem Lexikon wird hierzu wörtlich angemerkt: „Das Charakteristische ihrer Künstlerschaft bestand in der Verschmelzung der Vorzüge des ungarischen Naturells mit jenen der deutschen Kunst und deutschen Kunstbildung."

Im Jahre 1810 wurde in Pest **Pauline Sicard** geboren, die, nach entsprechender Ausbildung, bereits mit 15 Jahren im Theater „San Carlo" zu Neapel als Sängerin eine Rolle von Rossini bewältigte. Daraufhin wurde sie auf drei Jahre nach Lissabon verpflichtet. Sie wurde derart beliebt, daß man sie schonungslos einsetzte, was jedoch ihrer brillanten Stimme schadete. Sie versuchte es dann als Schauspielerin auf verschiedenen Bühnen, bis sie sich schließlich in Berlin niederließ und dort eine gesuchte Gesanglehrerin wurde.

In Arad kam 1830 die Sängerin **Elise Zengraf** zur Welt. Nach gründlicher musikalischer Ausbildung betrat sie als Fünfzehnjährige in der Rolle der „Norma" in ihrer Heimatstadt zum ersten Male die Bühne. Hier blieb sie bis 1847 verpflichtet und sang in Opern, Possen und Vaudevilles (kleine Theaterstücke mit heiteren Liedeinlagen). Ab 1848 trat sie in Linz, Prag, Graz, Hannover und Dresden mit großem Erfolg auf. Später hatte sie noch auf den Bühnen zu Preßburg und Lugosch gesungen. Einige ihrer Glanzrollen waren: Zerline in „Don Juan", Zigaretta in „Indra", Rose in „Der Verschwender".

e) Uraufführungen

Zu den in alphabetischer Reihenfolge aufgezählten Orten werden hierzu die Jahreszahlen, die Titel der Stücke, deren Verfasser und in Klammern die Komponisten angeführt, was jedoch nicht immer vollständig möglich ist. Über die Autoren, sofern Näheres überhaupt bekannt ist, wurden die Lebensdaten zum Teil bereits vorher angegeben; in anderen Fällen erfolgt dies später.

Arad:

1848   „Betyár", Posse von Miklos Lukacsy (Stefan Bartay). – „Az idegenek Aradon", Lustspiel mit Gesang von Julius von Sarossy (Eduard Gots).

Agram:

1840   „Percival und Grieselda", Oper von Anton von Klesheim und Herzenskron (Friedrich Müller).

Eisenstadt (bei Fürst Nikolaus Esterházy):

1806   „Le vicente d'amore" („Die verliebten Ränke"), (Johann Nepomuk Hummel).

In Groß-Komlosch/Nagykomlós/Comloşu Mare im Banat fanden 1847 im Theater des Gutsbesitzers Josef Nakó folgende Opern-Neuaufführungen statt:

„Buda liberata" (Sacchero) und „Un matrimonio per rappresaglia" von Luigi Guglielmi statt.

Hermannstadt:

1815   „Faust's Leben und Taten" (Josef Strauß, * 1793 Brünn, † 1866 Karlsruhe).

1816   „Die Söhne des Waldes" (Josef Strauß).

Klausenburg:

1826   „Béla futása" (Ignaz Ružicka).

Kronstadt:

um 1810   „Alonso", Oper von Christian Heyser, 1776–1830, aus Kronstadt (Ignaz Ružicka).

Laibach:

1830   „Der Harfner = Das Gericht zu Dublin", Oper (Ludwig W. Reuling, 1802–1879, aus Darmstadt. – „Yelva", Melodrama (Ludwig W. Reuling).

Ödenburg:

1841   „Stumm, beredt und verliebt", Posse (Franz von Suppé).

Ofen:

1811   „Moses Tod = Israels Wanderung", Melodrama von Xaver Girzik (Franz Roser). – Franz de Paula Roser von Reiter, 1779 im oberösterreichischen Naarn geboren, 1830 in Pest gestorben.

1814   „Harald", große heroische Oper von M. Stegmayer (Franz Xaver Kleinheinz).

1816   „Roderich der Grausame, Raubgraf von Rabenstein", komische Oper von Vincenz Ferrarius Tuczek, um 1755 in Prag geboren, um 1825 in Pest gestorben.

1817   „Lais und Amindas = Der Kampf für Vaterland und Liebe", heroische Oper von V. F. Tuczek.

1818   „Fürstin Wlasta = Der Amazonenkrieg", komische Oper von V.F. Tuczek.

1819   „Ludmilla", Volksmärchen (Karl Josef Schikaneder).

1825   „Witwentränen" (Franz Roser).

1826   „Hamlet, Prinz vom Tandelmarkt", Parodie (Fr. X. Kleinheinz).

1839   „Hymens Zauberspruch = Heiraten nach Geld", Zauberspiel von Schickh (Wenzel L. Görgl).

1841   „Rock, Handschuh und Brille", Posse von Edmund Weil (Wenzel L. Görgl). – „Ein Gläschen Schnaps", Parodie (Wenzel L. Görgl).

1843   „Die Räuber", Oper nach Schiller (Löschinger).

Pest:

1805   „Der Junker in der Mühle", Operette (Alois Anton Polzelli). – „Die Wassernixe von Trentschin", Oper von Anton Wall (Franz Roser).

1808   „Der beglückte Pirot oder das bezauberte Posthorn", Pantomime des Pester Ballettmeisters Klees.

1809   „La Peyrouse", Oper (Franz Roser). – „Die Jugendjahre Heinrichs V.", Oper (Franz Roser).

1812   „Die Belagerung Wiens", Drama (Musik dazu: Josef Strauß).

1813   „Lanassa", große Oper (Vincenz F. Tuczek). – „La Passione di Giesu Cristo", Oratorium (Franz Xaver Kleinheinz).

1814   „Kosak und Freiwilliger", komische Oper von August von Kotzebue, 1761 Weimar – 1819 Mannheim, (V. F. Tuczek).

„Ines und Pedro = Die Johannisnacht", Oper (Johann Spech aus Preßburg, 1768– um 1834).

1839   „Peter Szápáry", Oper (L. Schindelmeißer). – „Mátyas Királynak választása" (Die Erwählung des Königs Mathias), Oper (Josef Heinisch).

77

1840 „Tünderlack magyarhonban"; Oper (Szerdahelyi Josef). – „Báthori Maria" (Franz Erkel, * 1810 Jula/Gyula, † 1893 Budapest).
1841 „Die Königin von 24 Jahren", Singspiel nach dem Französischen von C. W. Koch (Johann Grill). – „Der Rekrut = Rettung und Lohn", Lebensbild von J. von Raics (Johann Grill). – „Malvina", romant. Oper nach Tromlitz von Dr. Uffer (L. Schindelmeißer). – „Gizul", Oper von Lengyel (Karl Thern).
1843 Béla futása" (Belas Flucht), Oper (Josef Heinisch). „A szökött katona" von Ed. Szigligeti (J. Szerdahelyi).
1844 „Hunyady László", Oper von Benjamin Egressy, 1814 Latzendorf/Lászlófalva/Abramova – 1851 Pest, (Franz Erkel). – „Bonifaz, der deutsche Apostel", Oratorium von Kahlert (L. Schindelmeißer). – „Báthori Mária", Oper (Franz Erkel).
1845 „Napolyi Johanna" (Die Ungarn in Neapel), Oper von Nay (Andreas von Bartay). – „Tihany ostroma", Oper (Karl Thern).
1846 „Der Rächer", Oper nach dem „Cid" von Otto Prechtler (L. Schindelmeißer). – „Moppels Abenteuer", Posse von Johann Nestroy (Johann Grill).
1847 „Eisele und Beisele", Posse (Wenzel L. Görgl). – „Benjovsky", Oper nach Kotzebue (Franz Albert Doppler). – „La Buda liberata", Oper von Luigi Guglielmi (Sacchero). – „Liliomfi", Volksstück von Eduard Szigligeti, 1814 Großwardein – 1878 Budapest, (J. Szerdahelyi).
1849 „Ilka" (Die Husarenwerbung), Oper (Franz Albert Doppler).
„Nagyapó", Volksstück von Eduard Szigligeti (Karl Doppler).

Preßburg:

1800 „Pyramus und Thisbe", Melodrama (Johann Nepomuk Fuß).
1829 „Leonore", Oratorium nach G. Bürgers Ballade von Karl Holtei (Alexander von Aliticz).
1830 „Leonore" (wie oben!) – im Stadttheater.
1815 „Der Sieg der Treue", Schauspiel von Franz Karl Weidmann aus Wien (Johann Spech).
1816 „Die Polterhexe von Greifenstein = Die Zwergenhöhle", Volksmärchen von J. Einweg (V. F. Tuczek). – „Der Kanarienvogel", Operette (V. F. Tuczek). – „Romulus und Remus", große historische Oper von Treitschke (Johann Nepomuk Fuß). – „Das Vaterunser", Oratorium von Dr. Clynmann (Fr. X. Kleinheinz). – „Der Käfig", Oper von A. Kotzebue (Fr. X. Kleinheinz).
1817 „Lais und Amindas = Der Kampf für Vaterland und Liebe", Oper (V. F. Tuczek). – „Roderich der Grausame, Raubgraf von Rabenstein", komische Oper (V. F. Tuczek).
1818 „Zriny", Trauerspiel von Theodor Körner – 1791–1813 – aus Dresden (Fr. X. Kleinheinz). – „Arabella = Die Schreckensfolgen der Eifersucht", Oper (V. F. Tuczek). – „Josua am Jordan", Melodrama von Franz von Schlechte (V. F. Tuczek).
1819 „Attila, König der Hunnen", Schauspiel von Z. Werner (V. F. Tuczek).
1821 „Felicia", romantisches Märchen (Johann Spech).
1822 „Der Freischütze", Trauerspiel von Riesch (Fr. X. Kleinheinz).
1824 „Die schöne Fischerin" (Franz Roser).
1825 „Herzog und Hirt = Die Hochzeit zu Pistoja", romantische Oper (Franz Roser). – „Der Herbsttag", Ballett (Franz Roser).
1828 „Die Bürgschaft", Oper von Freiherr von Biedenfeld (Franz Lachner, geb. 1803 in Rain/Bayern, † 1890 in München).
1832 „Die Höllenbraut = Der Sieg der Eintracht gegen die Zwietracht", Oper von Börnstein (Ludwig Wilhelm Reuling).
1834 „Die Raubschützen = Die Locke des Enthaupteten", Melodrama von Karl Haffner (Johann Grill).
1835 „Die Liebeszauberin" romantische Oper von Klara Grill (Johann Grill).
1837 „Don Juan in der Hölle und seine Wiederkehr", komisches Drama (Johann Grill). – „Aurelie = Das Weib am Konradstein", Oper von Karl Haffner (Andreas von Bartay, * 1798 Széplak, † 1856 Mainz).
1838 „Die Giftmischerin (Marquise von Brinvilliers)", Oper von Friedrich Genée (Louis A. B. Schindelmeißer, 1811–1864, aus Königsberg).
1842 „Der Mulatte", Drama (Franz von Suppé). – „Rokoko", Zeitbild von Bäuerle (Franz von Suppé).
1844 „Die Hexe von Inverness", Melodrama von Therese von Megerle (Johann Jakob Wimmer).

Temeschburg:

1833 „Die Nacht im Walde", romantische Oper von Karl Haffner (Wachmann).
1848 „Die Alpenhütte", Oper von Alexander Schmidt (Franz Limmer).

Vöröb (Besitzung im Komitat Stuhlweißenburg):

1807 „Der chinesische Wunderhut", komisches Singspiel von Franz Xaver Girzik (Franz Roser).
1808 „Das Frühstück", Singspiel (Franz Roser). – „Die schöne Winzerin", Singspiel (Franz Roser).
1809 „Minoa und Onego", heroische Oper von Josef Uffer (Franz Roser).
1810 „Florindo a Cordona", Oper (Franz Roser).

Waraschdin/Varaždin:

1803 „Das Donauweibchen", Feenmärchen (Franz Roser).
1846 „Ljubav i zloba" (Eintracht und Liebe), komponiert von Vatroslav Lisinsky – es war die erste kroatische Oper.

Zara/Zadar:

1834 „Der Apfel", Operette (Franz von Suppé).

Von **Adám János Láng** (1772 in Jaszoújfalu/Novančany – 1847 Pest) sind folgende Kompositionen, vermutlich in Pest, erstaufgeführt worden: „Genovéva" (1824) und „Mátyás Deák", ein Singspiel (1842).

f) Werke heimatlicher Komponisten auf auswärtigen Bühnen

Die Präsentationen des Schaffens der im Heimatraum zur Welt gekommenen Komponisten und Bühnenschriftsteller erfolgten häufig, in manchen Fällen sogar ausschließlich außerhalb. In ihren Werken sind sie jedoch oftmals wieder heimgekehrt, wo man sie aber nicht immer als die einstigen Landsleute wiedererkannte.

Nebst den wichtigsten Personaldaten werden anschließend die Werke, in Klammern die Bühnenschriftsteller, der Ort und das Jahr der Erstaufführung angegeben.

Johann Fuß (* 1777 Tolnau, † 1819 Wien):

„Watwort", Duodrama, 1805. – „Isaak (= Abraham)", Melodrama (nach Metastasio von Perinet), Wien 1812. – „Judith = Die Belagerung von Bethulien", biblische Oper (Georg A. Meister), Wien 1814. – „Der Käfig", Oper (Kotzebue), Wien 1816. – „Die Büchse der Pandora", Parodie, Wien 1818. – „Der lustige Fritz", Zauberspiel, Wien 1818. – „Jakob und Rachel", Duodrama.

Jakob Haibel, 1716 in Graz geboren, lebte ab 1806 bis zu seinem Tode 1826 in Diakowar; aus dieser Zeit stammten:

„Der Müllertonnerl = Das Bergmännchen", ländliche Oper (Emanuel Schikaneder), Wien 1807. – „Waldram von Hartenstein", Singspiel (A. Gleich), Wien 1814.

Franz Seraph Hölzl (* 1808 Malatzka in Oberungarn, † 1884 Fünfkirchen):

„Noah", Oratorium (Anton von Perger), Wien 1841. – „Die Colonna", Oper (Anton von Perger), Wien 1847.

Johann Nepomuk Hummel (* 1778 Preßburg, † 1837 Weimar):

„Pimmalione", Azione teatrale, Wien. – „Mathilde von Guise", Oper (nach dem Französischen), Wien 1810. – „Stadt und Land", Operette, Wien um 1810. – „Das Haus ist zu verkaufen", Operette, Wien um 1812. – „Der Junker in der Mühle", komische Oper, 1813. – „Die Rückfahrt des Kaisers", Oper (Emanuel Veith), Wien 1814. – „Die Messenier", gr. Oper. – „Diana ed Endimione", Kantate, Wien 1807. – „Helena und Paris", Ballett (Corally), Wien 1807. – „Das belebte Gemälde", Ballett (Taglioni), Wien 1809. – „Der Zauberring = Harlekin als Spinne", Pantomime (Nic. Angiolini), Wien 1811. – „Der Zauberkampf = Harlekin in der Heimat", Pantomime (Franz Kees), Wien 1812. – „Sappho und Mytilene = Die Rache der Venus", Ballett (Vigano), Wien 1812. – „Die Eselshaut = Die blaue Insel", Feenmärchen (nach dem Französischen von Gewey), Wien 1814. – Musik zum Trauerspiel „Die Ahnfrau" von Franz Grillparzer, Stuttgart 1823.

Von **Johann Georg Lickl**, der am 11.4.1769 im niederösterreichischen Korneuburg zur Welt kam und am 12.5.1843 in Fünfkirchen starb, wurde während seiner dortigen Zeit 1812 in Wien die komische Oper „Slawina von Pommern" aufgeführt.

Der produktivste Komponist aus dem donauschwäbischen Siedlungsbereich war **Adolf Müller senior** (1801 in Tolnau geboren, 1886 in Wien gestorben), von dessen rund 640 musikalischen Bühnenwerken, welche sämtlich in Wien zur Erstaufführung gelangt waren, vorerst diejenigen bis 1850 angeführt werden:

„Wer andern eine Grube gräbt, fällt selbst hinein", komische Oper. – „Die Schauspielergesellschaft im Olymp", Posse; beide 1825. – „Die schwarze Frau", Parodie (Karl Meisl), 1826. – „Gutsherr und Schuster", Posse (A. Gleich). – „Die erste Zusammenkunft", Operette. – „Astera, die Geisterfürstin = Die Reise nach der fliegenden Insel", Zauberspiel (A. Gleich) – alle 1827. – „Seraphine = Der Kriegsgefangene", komische Oper (nach Kotzebues „Beniovsky" von M. Schmid), 1828. – „Der Barbier von Sievering", Parodie (K. Meisl), 1828. – „Der

*Adolf Müller sen.*

Wartturm = Bürgertreue", Schauspiel (Charlotte Birch-Pfeiffer), 1829. – „Othellerl, der lustige Mohr von Wien = Die geheilte Eifersucht", Parodie (K. Meisl), 1829. – „Julerl, die Putzmacherin", Parodie (K. Meisl), 1829. – „Fortunats Abenteuer zu Wasser und zu Land", Zauberspiel (J.W. Lembert), 1829. – „Der Rosamundenturm = Ritterliche Treue", Schauspiel (Marsano), 1829. – „Hyppolitus Wildfang = Die schuldlosen Gefangenen", Lustspiel mit Gesang (Eduard Linden), 1829. – „Die elegante Braumeisterin", Posse (nach Kringsteiner von Schickh), 1839. – „Kleopatra", Parodie (Therese Krones), 1830. – „Die Walpurgisnacht", Zauberspiel (Charlotte Birch-Pfeiffer), 1830. – „Das Bergknappenfest zu Freiberg = Die Hubertusnacht", Schauspiel (nach Schlenkert), 1830. – „Die Räuber in den Strapazen = Tapperl seines Herrn Retter", Parodie (Schickh), 1830. – „Die Grafen Lucanor", Drama (nach Calderon von Herrmann), 1830. – „Tivoli", Posse (Dreger? von Reil), 1830. – „Domi, der afrikanische Affe = Negerrache", Melodrama (F.X. Told), 1831. – „Der Nimmersatt", Posse (L. Erwin/Dreger mit Fr. Gläser), 1831. – „Vanilli, das redende Stummerl", Parodie, 1831. – „Der Ritter von der Sichel = Der großmütige Löwe", Zauberspiel (Reidinger), 1831. – „Die verhängnisvolle Limonade = Liebe und Kabale", Parodie (Schickh), 1831. – „Der Gärtner und die Schlange = Das Zauberkäppchen", Zauberposse (F.V. Ernst), 1831. – „Harfenist und Violinspielerin", Posse, 1831. – „Christian und Pummerl = Wien, die Heimat des Glückes", phantastisches Gemälde (Meisl), 1831. – „Das Zauberrütchen = Der Liebhaber als Bettelmusiker", Zauberposse (P.V. Ernst), 1831. – „Die Zauberhöhle = Der Hausmeister unter den Hottentotten", Posse (Jos. Krones), 1832. – „Robert der Tiger", Schauspiel (Charlotte Birch-Pfeiffer), 1832. – „Felix Mauserl = Fatalitäten aus gutem Herzen", Posse (Al. Gleich), 1832. – „Der gefühlvolle Kerkermeister = Adelheid, die verfolgte Witwe", Posse (Johann Nestroy), 1832. – „Karl von Österreich", Schauspiel (Kollmann), 1832. – „Nagerl und Handschuh = Die Schicksale der Familie Maxenpfutsch", Parodie (Joh. Nestroy), 1832. – „Dreißig Jahre aus dem Leben eines Lumpen", Posse (Joh. Nestroy), 1832. – „Schnackerl der Universalerbe – Die Zusammenkunft in Neulerchenfeld", Posse (K.A. Frey), 1832. – „Zamperl der Tagdieb = Die Braut Vongyps", Parodie (Joh. Nestroy), 1832. – „Die Brigittenau", Lokal-Gemälde (nach Püchler von K.A. Frey), 1832. – „Lysardo mit der Feuerlarve", Melodrama, 1832. – „Die Johanneskinder", Schauspiel (K.A. Frey), 1832. – „Der confuse Zauberer = Treue und Flatterhaftigkeit", Zauberspiel (Joh. Nestroy), 1832. – „Die Zauberreise in die Ritterzeit = Die Übermütigen", Posse (Joh. Nestroy), 1832. – „Der Sommerfasching auf dem Lande = Die bekehrten Verkehrten", Posse, 1833. – „Der Zauberer Februar", Zauberposse (K.A. Frey), 1833. – „Lumpacivagabundus, der böse Geist = Das liederliche Kleeblatt", Zauberposse (Joh. Nestroy), 1833. – „Ori, der brasilianische Affe = Das Zigeunerweib", Posse (Reidinger), 1833. – „Das steinerne Herz", Zauberspiel (Gulden), 1833. – „Robert der Teuxel", Parodie (Joh. Nestroy), 1833. – „Goldkönig, Vogelhändler und Pudelscherer", Zauberposse (Friedr. Hopp), 1833. – „Tritsch-tratsch", Posse (Joh. Nestroy), 1833. – Maurerpolier Klucks Reise von Berlin nach Wien", Posse (Püchler), 1833. – „Der Zauberer

Sulphuelektromagneticophosphoratus und die Fee Walpurgiblocks' Bergiseptemerionalis", Zauberspiel (Joh. Nestroy), 1834. – „Der Erlkönig = Das Gelübde", Melodram (mit Benützung der Musik zu Fr. Schuberts ‚Der Erlkönig'), 1834. – „Putzdocken", Posse; „Müller, Kohlenbrenner und Sesselträger", Zauberposse (Joh. Nestroy), 1834. – „Gleichheit der Jahre", Posse (Joh. Nestroy), 1834. – „Die Familie Zwirn, Leim und Knieriem", Posse (Joh. Nestroy), 1834. – „Der Zauberwald = Der Brautwerber aus dem Tierreiche", Zauberposse (F.X. Told), 1834. – „Die Entführung vom Maskenball = Die ungleichen Nebenbuhler", Posse (Schickh), 1835. – „Weder Lorbeerbaum noch Bettelstab", Parodie (Joh. Nestroy), 1835. – „Hans Jörgel in Wien = Die Überraschung im Floratempel", Posse (Schickh), 1835. – „Eulenspiegel", Posse (Joh. Nestroy), 1835. – „Der melancholische Schuster = Die Engländer in Wien", Posse (Wenzel Scholz), 1835. – „Die schöne Holländerin", Posse (Schickh), 1835. – „Schnauferl als Toter", Posse (Schickh), 1835. – „Entführung über Entführung = Der Onkel aus Amerika", Posse (Schickh), 1835. – „Junker Schnautzenschnabel = Wer ist der Rechte?", Posse, 1835. – „Die weißen Mohren = Der Bräutigam aus Haiti", Posse, (Schickh), 1835. – „Zu ebener Erde und im ersten Stock", Posse (Joh. Nestroy), 1835. – „Die Mißverständnisse", Posse (E. Ritter), 1835. – „Die Ballnacht = Der Faschingsdienstag", Posse (Schickh, Gesangseinlagen von J. Nestroy), 1836. – „Die Treulose = Saat und Ernte", Lebensbild (Joh. Nestroy), 1836. – „Prinzessin Gold = Die Abenteuer in der Johannisnacht", Zauberposse (F.X. Told), 1836. – „Die beiden Nachtwandler = Das Notwendige und das Überflüssige", Posse (Joh. Nestroy), 1836. – „Armband und Fingerring = Abenteuer zweier Handwerksburschen", Zauberposse (F.X. Told), 1836. – „Wohnungen zu vermieten", Posse (Joh. Nestroy), 1837. – „Hutmacher und Strumpfwirker", Posse (Friedr. Hopp), 1837. – „Moppels Abenteuer", Posse (Joh. Nestroy), 1837. – „Maurer und Ziegeldecker als Gymnastiker = Die Wette um den Araber", Posse (Ernst Ritter), 1837. – „Die Cachucha = Er ist sie und sie ist er", Posse (L. Grois), 1837. – „Das Haus der Temperamente", Posse (Joh. Nestroy), 1837. – „Barbier und Seiler = Die Steckbriefe", Posse (K. Haffner), 1837. – „Die Glücksjäger = Die silberne Hochzeit", Zauberspiel (K. Haffner), 1838. – „Eine Hand wäscht die andere = Der Freier im Dampfschiff", Posse (K. Haffner); „Die Fahrt auf der Eisenbahn nach Wagram = Der Bräutigam von Ödenburg", Posse (Louis Grois), 1838. – „Glück, Mißbrauch und Rückkehr = Die Geheimnisse des grauen Hauses", Posse (Joh. Nestroy), 1838. – „Der Kobold = Staberl im Feendienste", Posse (Joh. Nestroy), 1838. – „Der Edelstein = Die Wiener an der Meeresküste", Posse (Reidinger m. Haffner?); „Gegen Torheit gibt's kein Mittel", Posse (Joh. Nestroy), 1838. – „Die Theaterwelt = Dichter-Schicksal", Posse (Friedr. Kaiser u. Thalhammer), 1838. – „Lady Fee und der Holzdieb = Die Wette gilt ein Mädchen", Posse (Haffner mit M. Hebenstreit), 1838. – „Florian Spitzkopf = Der Bräutigamspiegel in der Drudenfußgasse", Posse (Friedr. Hopp), 1839. – „Der Stock im Eisen = Das schwarze Weib im Wienerwalde", Volksmärchen (K. Haffner), 1839. – „Die Tischlerherberge = Das Scheibenfest zu Schnabelfeld", Posse, 1839. – „Gutsherr und Messerschmied = Hilf, was helfen kann", Posse (Friedr. Kaiser), 1839. – „Der Dreißigjährige A, B, C-Schütz", Posse (Friedr. Hopp), 1839. – „Die verhängnisvolle Faschingsnacht", Posse (Joh. Nestroy), 1839. – „Die goldene Zaubermuschel = Amors Schelmereien", Pantomime (Schadetzky), 1839. – „Drei Jahre = Der Wucherer und sein Erbe", Posse (Wenzel Scholz), 1839. – „Der Stefansturm, die Spinnerin am Kreuz und das rote Haus bei Berchtoldsdorf", Zeitbild (Friedr. Hopp), 1839. – „Der Malheurgeorgel = Glückskind und Unglücksvogel", Posse (Friedr. Hopp), 1839. – „Der Oelerer auf Reisen = Geliebte und Schwester in einer Person", Posse (Gulden), 1839. – „Die Bajaderen aus dem Zigeunerwalde", Posse (Friedr. Hopp), 1839. – „Haarlocken statt Dukaten = Leichter Sinn, nicht Leichtsinn", Posse, 1838. – „Das Zauberrätsel", Zauberspiel (Friedr. Blum), 1839. – „Asmoleus, der hinkende Teufel = Die Promenade durch die gegenwärtigen, vergangenen und künftigen Jahre", Posse (K. Haffner), 1839. – „Barnabas, der unglückliche Mädchenhüter", Posse (Karl Haffner), 1839. – 1840 – „Der Färber und sein Zwillingsbruder", Posse (Joh. Nestroy); „Das unterbrochene Ballfest = Die Mädchen in Uniform", Posse (Karl Haffner); Der Lebensmüde wider Willen", Posse (Wilh. Brabbée); „Die Gefangenen = Die Räuber bei der Haushaltung", Posse (Conderussi); „Der Erbschleicher", Posse (Joh. Nestroy); „Das Preisstück", Posse (Friedr. Kaiser); „Die Perlenschnur" = Hans Jörge", Melodrama (Karl Holtei); „Der Menschenfresser = Das Mädchen als Ehemann", Posse (Karl Haffner); „Wer wird Amtmann? = Des Vaters Grab", Lebensbild (Friedr. Kaiser); „Die Fee am Schneeberge = Fagott und Zither", Zauberspiel; „Der Seiltänzer aus Liebe", Posse (W. Brabbée); „Der Talismann", Posse (Joh. Nestroy). 1841 – „Käthe = 20 Jahre arm, 3 Stunden reich", Zauberspiel (Friedr. Blum); „Alle Augenblicke ein anderer und doch immer derselbe = Die Zauberkorallen", Posse (Schickh); „Das verschwundene Grabenhaus", Charakterbild (Bäuerle); „Leopoldstadt und Jägerzeile", Zeitbild (Friedr. Blum); „Die Posse seit vier Jahrhunderten", dramat. Zeitbild (zusammengestellt von Heim); „Die beiden Rauchfangkehrer = Welcher ist's? Das ist die Frage", Posse (Schickh); „Das Marmorherz", Volksmärchen (Karl Haffner); „Wolfsklaue, der Raubritter = Der Burggeist", Pantomime (Joh. Fenzl); „Der Zeitgeist = Der Besuch aus der Vorzeit", Gemälde (Karl Haffner); „Der tote Bär", Schwank (Friedr. Kaiser); „Der Mauren Treuebruch in Granada", Spektakelstück (Friedr. Blum mit Philipp Fahrbach); „Graf Waltron", Schauspiel (Möller); „Die neue Krankheit und die neue Kur", Posse (Merei); „Der Zigeuner in der Steinmetzwerkstatt", Charakterbild (Friedr. Kaiser);

„Das Mädel aus der Vorstadt", Posse (Joh. Nestroy); „Geld", Posse (Friedr. Kaiser); 1842 – „Die Tränenquelle", Volksmärchen (Karl Haffner); „Einen Jux will er sich machen", Posse (Joh. Nestroy); „Die blonden Locken", Gemälde (nach dem Französischen von K. Meisl); „Tschingischan = Die Eroberung von China", Schauspiel (Friedr. Blum); „Der lustige Chorist = Fröhlich und doch nicht fröhlich", Posse (Schneider); „Die Schicksalsstiefeln", Zauberspiel (Joh. Landner); „Die Mamsell aus der Stadt", Posse (Wenzel Scholz); „Ein alter Musiker", Charakterbild (Friedr. Kaiser); „Wahlspruch, Cœurdame und Brief", dramat. Bild (Moritz Markbreiter); „Marquis Kappenstiefel = Das Mädchen aus dem Thale", Posse (Karl Haffner); „Die falschen Engländer = Die unterbrochene Verlobung", Posse (Eduard Breier); „Die Papiere des Teufels = Der Zufall", Posse (Joh. Nestroy); „Chouchou die Savoyardin = Die neue Fauchon", Vaudeville (nach dem Französischen von F. E. Lynker); „24 Stunden Königin", Vaudeville (nach dem Französischen von C. W. Koch); 1843 – „Der Schneider als Naturdichter = Der Herr Vetter aus Steiermark", Posse (Friedr. Kaiser); „Marie, die Tochter des Regiments", Vaudeville (nach dem Französischen von Friedr. Blum m. a.); „Die Verlobung vor der Trommel = Mutter Angedenken", Vaudeville (wie vorstehend); „Kakadu", Vaudeville (wie vorstehend); „Die Amerikabraut", Posse (Giugno/C. Juin); „Die gestrengen Herrn = Tempora Mutantur", Posse (Friedr. Blum); „Guter und schlechter Ton", Vaudeville (K. Blum); „Die dramatischen Zimmerherrn", Vorspiel (Joh. Nestroy); „Des Schauspielers letzte Rolle", Lustspiel mit Gesang (Friedr. Kaiser); „Lisette = Borgen macht glücklich", Vaudeville (K. Blum m. a.); „Der Rastelbinder = 10.000 Gulden", Posse (Friedr. Kaiser); „Serafine, das Blumenmädchen von Paris", Vaudeville (u. a. von Friedr. Blum); „Indienne und Zephire = Die beiden Masken", Vaudeville (nach dem Französischen von F. W. Zierrath); „Die Localposse in Lerchenfeld", Posse (Friedr. Blum); „Nur Ruhe", Posse (Joh. Nestroy); „Ein Abend, eine Nacht und ein Morgen in Paris", Vaudeville (Friedr. Kaiser mit A. M. Storch); „Die Matrosenbraut = Die abenteuerliche Wette", Posse (Friedr. Blum); „Aspasie, der weibliche Figaro", Vaudeville (Friedr. Blum); 1844 – „Die Köchin von Baden", Posse (Friedr. Blum); „Die seltsame Brautwerbung = Wer wird seine Schulden bezahlen?", Posse (nach dem Französischen von Fr. Blum); „Viel Lärm um nichts",

*Johann Nestroys Possen mit der Musik von Adolf Müller wurden im gesamten deutschen Sprachraum aufgeführt. Obige Ankündigung stammt aus München*

Vaudeville (Lembert); „Wohlgemuth", Vaudeville (L. Schneider mit Gumbert); „Die Spiel-(Schul-)Kameraden", Posse (Friedr. Kaiser); „Kleine Leiden des menschlichen Lebens", Vaudeville (Schuselka-Brünning m. a.); „Die beiden Waisen", Drama (nach dem Französischen von Friedr. Blum); „Der Zerrissene", Posse (Joh. Nestroy); „Das Ritterwort", Lustspiel (Raupach); „Talismann und Feenschutz", dialogisierte Zauberpantomime (Heine): 1. Teil: „Die Zauberpillen", 2. Teil: „Der Feenkampf"; „'S letzte Fensterln", Alpenszene (J. G. Seidl); „Stadt und Land", Posse (Friedr. Kaiser); „Das verhängnisvolle Liebespfand", Vaudeville (nach Bayard mit Gumbert); „Hieronymus Klecks", Posse (nach dem Französischen); „Lord und Wirt", Posse (Friedr. Kaiser); „Sie will zum Theater", Vaudeville (nach dem Französischen); „Satan in Paris", Drama (nach dem Französischen von Castelli); „Robinhall", Schauspiel (Jul. Findeisen); 1845 – „Der Hausherr in der Schindelsdorfergasse", Posse (Friedr. Hopp); „Die beiden Herren Söhne", Posse (Joh. Nestroy); „Das Gewürzkrämerkleeblatt = Der unschuldige Schuldige", Posse (Joh. Nestroy); „Tänzerin und Enthusiast", Vaudeville (Friedr. Kaiser); „Die Schule der Verliebten", Vaudeville (nach dem Französischen von Friedr. Blum u. a.); „Die Komödie im Zimmer", Posse (Friedr. Hopp); „Unverhofft", Posse (Joh. Nestroy); „Drei Jahr nach'n letzten Fensterlein", Alpenszene (J. G. Seidl); „Der verhexte Birnbaum", ländl. Bild (Castelli); „Veni, vidi, vici = Er geht auf's Land", Vaudeville (nach dem Französischen von Friedr. Blum); „Red'n s' mit 'n Hausmasta", Posse; „Schnepf und Wachtel", Posse (Louis Grois); „Die Figurentin", Vaudeville (Friedr. Blum); 1846 – „Kein Jux", Posse (Louis Grois); „Hans in Wien", Posse (nach Kringsteiner); „Alexander Stradellerl", Parodie (Löbl); „Der Unbedeutende", Lebensbild (Joh. Nestroy); „Der fliegende Holländer zu Fuß", Burleske (Joh. Nestroy); „Das schwarze Blatt", Posse (Friedr. Blum); „Der Fehlschuß", Alpenszene (Prinz Max in Bayern); „Fauchon, das Leyermädchen", Vaudeville (nach dem Französischen von Kotzebue); „Zwei Bräutigame und keiner der Rechte", Posse; 1847 – „Ein Held der modernen Romantik", Posse (Karl Böhm); „Eine Dorfgeschichte, die in der Stadt endet", Posse (Louis Grois); „Ein Zaubermärchen ohne Zauberei", Phantasiebild (nach dem Französischen); „Der Schützling", Posse (Joh. Nestroy); „König René's Tochter", lyr. Drama (nach Hertz v. Vesemann); „Bankier und Maler", Lebensbild (Pfundheller); „Leni Wind = Die Enthusiastin", Scherz (Friedr. Bach und Gust. Schönstein); „Der seltene Freundschaftsbund = Christ und Jude", Lebensbild (J. C. Böhm); 1848 – „Die Musketiere der Viertelmeisterin", Parodie (Schickh); „Nathalie", Drama (Kuppelwieser); „Die Haimonsbuben = Vier Reiter auf dem Schimmel", Burleske (Karl Haffner); „Städtische Krankheit und ländliche Kur", Posse (Friedr. Kaiser); 1849 – „Die Rückkehr ins Vaterland = Das ländliche Kirchweihfest", Posse (Karl Haffner); „Ein Fürst aus dem Volke = Die Rückkehr ins Vaterhaus", Lebensbild (J. C. Böhm); „Paperl = Die Weltreise des Wiener Kapitalisten", Zauberposse (K. Elmar); „Bubenstückeln", Posse (Anton von Klesheim); „Künstlerstolz und Nahrungssorgen", Lebensbild (Alois Berla); 1850 – „Die Kunst, Frauenherzen zu gewinnen", Vaudeville (nach dem Französischen mit Dessauer und Hölzl); „Der Denunciant", Lebensbild (L. Wysber); „Die Gefangenen in Sibirien", Melodrama (nach dem Französischen von J. N. Vogl); „Schwester Anna = Windbeutel und Börsenspekulant", Posse (Karl Haffner).

[Bemerkung: Vaudeville (französisch) = Singspiel.]

Friedrich Müller (* um 1820 in Sümeg, † 1854 in Lemberg):

„Salerl, die schöne Wienerin", Lokalstück, Wien ca. 1837. – „Percival und Griselda", romantische Oper (Anton von Klesheim und Herzenskron), Wien 1838. – „Voltaire bei Ninon de Lenclos", Oper (Sydon), Sondershausen 1846.

Josef Rösler (* 1773 Schemnitz/damals Oberungarn, † 1812 Prag):

„Le due burle", Dresden 1812. – „Elisene Prinzessin von Bulgarien", Oper (nach dem Französischen von Castelli), Prag 1805. – „Die Rache = Das Räuberschloß in Sardinien", Oper (nach dem Französischen), Prag 1808. – „Clementine = Die Felsen von Arona", Oper (Treitschke), Prag 1809. – „Jasons Vermählung", romant. Schauspiel (E. R. Bayer), Prag 1810.

Josef Weigl (* 1766 Eisenstadt, † 1846 Wien) war ab 1825 Kapellmeister der italienischen Oper in Wien. Außer musikalischen Bühnenwerken, welche nachstehend als Fortsetzung aus dem 18. Jahrhundert genannt werden, hatte er auch Messen, Kammermusik u. a. komponiert:

„L'uniforme" (Carpani), Wien 1803. – „Festas Feuer", Oper (E. Schikaneder), 1805. – „Il principe invisibile", Laxenburg 1806. – „Kaiser Hadrian", Oper (J. C. Mayer), 1807. – „Adrian van Ostade", Oper (Treitschke), 1807. – „Cleopatra", Oper (Romanelli), Mailand 1807. – „Il rivale di se stesso", Oper (Romanelli), Mailand 1808. – „Das Waisenhaus", Oper (Treitschke), 1808. – „Die Schweizerfamilie", Oper (Castelli), 1809. – „Der Einsiedler auf den Alpen", Oper (Treitschke), 1810. – „Franziska von Foix", Oper (Castelli), 1812. – „Der Bergsturz", Oper (Friedrich Reil), 1812. – „Die Jugend Peters des Großen", Oper (Treitschke), 1814. – „L'imbocasta", Oper (L. Romanelli), Mailand 1815. – „Il ritorno d'Astrea" (Monti), Mailand 1816. – „L'orfana d'Inghilterra", Oper, 1816. – „Nachtigall und Rabe", Oper (nach Marsollier von Treitschke), 1818. – „Baals Sturz = Daniel in der Löwengrube", Oper (F. Reil und Georg v. Hoffmann), 1820. – „König Waldemar = Die dänischen Fischer" (Castelli), 1821. – „Eduard und Karoline", 1821. – „Die eiserne Pforte", Oper, 1823. – Wo nicht anders angegeben, war Wien der Ort der Erstaufführung.

### g) Werke heimatlicher Bühnenschriftsteller auf auswärtigen Bühnen

Eduard Breier, 1811 in Warasdin geboren und 1886 in Wien gestorben:

„Der Geizige", Lebensbild (Scutta), Wien 1841. – „Die falschen Engländer", Posse (Adolf Müller), Wien 1842. – „Die Stiefschwestern", Lebensbild (Karl Binder), Wien 1846.

Karl Julius Folnes (* 25. 6. 1816 in Ofen, † 20. 8. 1878 in Coburg):

„Ein deutsches Weib", Schauspiel (Em. Tittl), Wien 1847.

Louis Grois, der bereits bei den Bühnenkünstlern vorgestellt wurde, hatte für den Heimatkomponisten Adolf Müller folgende Stücke verfaßt, welche alle in Wien uraufgeführt worden sind:

„Di Cachucha = Er ist Sie und Sie ist Er", Posse, 1837. – „Die Fahrt auf der Eisenbahn nach Wagram = Der Bräutigam von Oedenburg", 1838. – „Schnepfe und Wachtel", Posse, 1845. – „Kein Jux", Posse, 1846. – „Eine Dorfgeschichte, die in der Stadt endet", Posse, 1847.

Anton Baron von Klesheim aus Peterwardein, über den noch getrennt und ausführlich berichtet wird:

K. K. priv. Theater in der Josefstadt.
Unter der Direction des Alois Pokorny

**Vorläufige Anzeige.**

Morgen, Sonntag den **7. Oktober 1849.**

Zum ersten Male:

# Peterwardein.

Zeitgemälde in österreichischer Mundart, in drei Abtheilungen, von Klesheim.

Musik vom Kapellmeister A. M. Storch.

Sämmtliche Dekorationen neu, von Herrn Jachimovicz, Dekorateur des k. k. priv. Theaters in der Josefstadt.

Erste Abtheilung:
**Der Amtsschreiber.**
Zweite Abtheilung:
**Das Lager vor Komorn.**
Dritte Abtheilung:
**Der Wanderbursch.**

**Die Logen sind bereits vergeben.**

Sperrsitze sind von heute an, in der Stadt, Herrengasse, in der Hutniederlage des Herrn Frank, dann im Josefstädter Theatergebäude in der Piaristengasse zu bekommen.

"Percival und Griselda", Oper, zusammen mit Herzenskron (Friedrich Müller), Wien 1838. – „'s Alraunl", Märchen (Franz von Suppé), Wien 1849. – „Bubenstückeln", Posse (Adolf Müller), Wien 1849. – „Peterwardein", Zeitbild (Anton Maria Storch), Wien 1849. – „Vater Ferdinand", Szene (Hellmesberger jun.), Wien 1848.

Johann Albin Medelhammer (Meddlhammer, Mädlhammer) kam am 26.8.1776 in Marburg an der Drau zur Welt. Er war zunächst Schauspieler und arbeitete im Rahmen einer Wandergesellschaft. Nachdem er sich auf seinen Reisen die italienische Sprache perfekt angeeignet hatte, erteilte er längere Zeit in Ungarn Sprachunterricht. Er war übrigens der Onkel und Ziehvater des fruchtbarsten Komponisten aus dem Donauschwäbischen, nämlich Adolf Müllers, über den später ausführlich berichtet wird. Medelhammer war zum Schluß Sprachlehrer in Berlin, wo er am 8.2.1838 starb. Seine Lustspiele und Possen schrieb er unter dem Pseudonym „Albini", von welchen einige erwähnt werden können:

„Die Bekehrten", 1827. – „Fragt nur mich um Rat", 1827. – „Kunst und Natur", 1828. – „Die Menagerie", 1828. – „Der Weise im Thale", 1828. – „Seltsame Ehen", 1828. – „Studenten-Abentheuer", 1834. – „Das Crimen plagii", 1835. – „Frau und Freund", 1836. – „Endlich hat er es doch gut gemacht", 1836. – „Enzian", 1837. – „Im Kleinen wie im Großen", 1837. – „Der General-Hof-Schneider", 1838. – „Mir gelingt alles", 1839. – „Der Familienkongreß", 1840.

**Karl Meisl** wurde in Laibach am 30.6.1775 geboren, am 8.10.1853 starb er in Wien. Nachdem er in seiner Heimatstadt das Gymnasium besucht hatte, trat er in militärische Verwaltungsdienste in Wien ein. Als Bühnenschriftsteller kommt ihm eine besondere Bedeutung insofern zu, als er an dem Übergang vom Hanswursttheater der Zeit zum Wiener Volkstheater erheblich mitgewirkt hatte. Viele seiner rund 200 Stücke fanden großes Gefallen und wurden oft aufgeführt. Bekannte Komponisten lieferten die Musik- und Gesangseinlagen. Meisl war auch einer der Ersten, die Wohltätigkeitsveranstaltungen durchführten.

Aus seinem Schaffen (alle Uraufführungen fanden in Wien statt):

„Wilhelm Grieskirch, der edle Wiener", Schauspiel (F. Kauer), 1804. – „Der Gürtel der Bescheidenheit", Zauberspiel (Josef Neugebauer), 1811. – „Orpheus und Euridice = So geht es im Olymp zu", Travestie (F. Kauer), 1813. – „Der österreichische Grenadier", Singspiel (Wenzel Müller), 1813. – „Wiens froheste Erwartung", Gemälde (Wenzel Müller), 1814. – „Die getreuen Gebirgsbewohner Böhmens", Schauspiel (F. Volkert), 1814. – „Die alte Ordnung kehrt zurück", Posse (Wenzel Müller), 1815. – „Der diebische Affe", Posse (Franz Roser), 1816. – „Der ästhetische Narr", Quodlibet (Fr. Roser), 1816. – „Odioso der kleine Teufel", Schauspiel (F. Kauer), 1817. – „Amor und Psyche", Karikatur-Oper (F. Kauer), 1817. – „Frau Gertrud", Parodie der „Ahnfrau" von Grillparzer (Wenzel Müller), 1817. – „Die Schwabenwanderung", Posse (Ignaz Schuster), 1817. – „Amors Triumph", Allegorisches Gemälde (Ignaz von Seyfried), 1817. – „Die falschen Kosaken", Posse (F. Volkert), 1817. – „Die travestierte Zauberflöte", Parodie (Wenzel Müller), 1818. – „Halb Fisch, halb Mensch = Die modernen Zauberinnen", Zauberspiel (Wenzel Müller), 1818. – „Der lustige Fritz = Schlummere, träume, erwache, kleide dich und bessere dich", Quodlibet (F. Volkert), 1818. – „Diogenes und Alexander", Karikatur-Oper (F. Volkert), 1818. – „Axel und Tugendreich", Ritterstück (F. Volkert). – „Die Zwillingsbrüder von Krems", Singspiel (Wenzel Müller). – „Der Kirchtag von Petersdorf", Posse (Wenzel Müller). – „Die beiden Spadifankerln", Quodlibet (F. Volkert). – „Die Stärke und die Arbeiten des Herkules", Karikatur (F. Volkert). – „Die nach Norden reisende und auf eine Insel durch Stürme verschlagene Schauspieler-Gesellschaft", Quodlibet (F. Volkert). – „Der Esel des Timon", Karikatur-Stück (F. Volkert). – „Das Gespenst (Der Geist) auf der Bastei", Posse (F. Volkert), 1819. – „Die Abenteuer eines echten Shawls in Wien", Posse (Ignaz Schuster). – „Das Gespenst in der Familie = Sappho's und Tobias Vermählung im Reiche der Toten", Posse (F. Volkert). – „Das Gespenst im Prater", Posse (F. Volkert), 1820. – „Die Fee aus Frankreich = Liebesqualen eines Hagestolzen", Posse (Wenzel Müller). – „Der Drache der Langweile", Posse (F. Volkert), 1821. – „Die Weihe des Hauses", Vorspiel (Ludwig van Beethoven). – „Das Bild des Fürsten", Allegorie (Josef Drechsler). – „1722, 1822, 1922", Zeitgemälde (F. Gläser). – „Die neue Medea", Parodie (Wenzel Müller). – „Die Witwe aus Ungarn", Posse (Wenzel Müller), 1822. – „Die Wiener in Bagdad", Zauberspiel (Josef Drechsler). – „Liebesabenteuer in Strümpfelbach", Posse (F. Gläser). – „Arsena die Männerfeindin", Zauberspiel (F. Gläser). – „Das Gespenst in Krähwinkel", Posse (F. Gläser). – „Arsenius der Weiberfeind", Zauberspiel (F. Gläser). – „60 Minuten nach 12 Uhr", Parodie (Wenzel Müller). – „Der Schutzgeist guter Frauen = Eifersuchtsstrafe", Feenspiel (Wenzel Müller, 1823), „Der Brief an sich selbst", Oper (F. Gläser). – „Sauertöpfchen = Der Ritter mit der goldenen Gans", Oper (F. Gläser). – „Rettung durch die Sparkassa", Posse (F. Gläser). – „Die kurzen Mäntel", Zauberspiel (F. Gläser). – „Arsena und Arsenius = Liebe durch Haß", Zauberspiel (F. Gläser). – „Die Fee und der Ritter", Feenspiel (Wenzel Müller), 1824. – „Die Wölfin um Mitternacht", Märchen (Josef Drechsler). – „Fortuna vor Gericht", Posse (F. Gläser). – „Die geraubten Haarzöpfe", Posse (F. Gläser). – „Armida die Zauberin im Orient", Zauberposse (F. Gläser). – „Hensler's Gedächtnisfeier", Gelegenheitsstück (F. Gläser), 1825. – „Oskar und Tina = Der Kampf um die Schönheit im Reiche der Lüge", Zauberspiel (Josef Drechsler). – „Der Untergang des Feenreiches", Gemälde (F. A. Kanne). – „Das grüne Männchen = Der Vater von 13 Töchtern", Posse (Josef Drechsler). – „Der Wiener Schuster in Damask", Posse (F. Gläser). – „Die schwarze Frau", Parodie (Adolf Müller), 1826. – „Die Fahrt nach der Schlangenburg = Das Ebenbild", Zauberspiel (Josef Drechsler). – „Fee Sanftmuth und Fee Gefallsucht", Märchen (Josef Drechsler). – „Sir Armand und Miss Schönchen", Zauberspiel (Josef Drechsler), – „1727, 1827, 1927", Zeitgemälde (F. Gläser). – „Moisasurs Hexenspruch", Parodie (Wenzel Müller), 1827. – „Der falsche Virtuose auf der G-Seite", Posse (F. Gläser). – „Elsbeth = Die Brautschau auf Kronstein", Oper (F. Gläser). – „Der Stock im Eisen", Sage (Erasmus Kessler). – „Das Feenkind", Zauberspiel (G. Michenz). – „Das Reimspiel von Landeck", Gemälde (G. Michenz). – „Siebenmal Anders = Langohrs Verwandlungen", Feenspiel (Wenzel Müller). – „Der Barbier von Sievering", Parodie (Adolf Müller), 1828. – „Urgands Prüfung = Wettstreit der Genies", Posse (Josef Drechsler). – „Der Taschenspieler wider Willen", Posse (F. Gläser). – „Julerl die Putzmacherin", Parodie (Adolf Müller). – „Der Alpenkönig und die Mutter", Zauberspiel (F. Roser). – „Der delikate Tirann = Der 5-jährige tapfere Stummerl = Die verwechselten Bouteillen",

Parodie (F. Roser). – „Othellerl, der lustige Mohr von Wien = Die geheilte Eifersucht", Parodie (Adolf Müller). – „Adam Bünkerl und Jungfrau Katherl = Fatalitäten eines Glückskindes", Posse (F. Roser), 1829. – „Fra Diavolo = Das Gasthaus an der Heeresstraße", Posse (Jos. Gläser). – „Julerls Entführung", Posse (F. Gläser). – „Die Müllerin und ihr Kind", Parodie (F. Gläser). – „Der schwarze Bräutigam = Alles à la Mohr", Posse (Wenzel Müller). – „Werthers Leiden" nach Kringsteiner, Parodie (Wenzel Müller). – „Der geschwätzige Stumme von Nußdorf", Parodie (Ph. J. Ricotte), 1830. – „Christian und Pummerl", Gemälde (Adolf Müller). – „Die Kathi von Hollabrunn", Parodie (Th. Nidetzky), 1831. – „Versöhnung, Wohltätigkeit und Liebe", Gelegenheitsstück (Th. Nidetzky). – „Der Streichmacher", Posse (G. Ott), 1834. – „Der Preis einer Lebensstunde", Märchen (Josef Lanner). – „Griselina", Parodie (G. Ott), 1836. – „Die neuen Zwillingsbrüder", Posse (W. S. Görgl). – „Der Straßenjunge", Drama (M. Hebenstreit). – „Ein Traum des Grafen…", Gedicht (F. Marinelli), 1837. – „Die Verwechslung der Bindbänder am Annatag", Posse (M. Hebenstreit), 1838. – „Zar Peter der Große in Paris", Gemälde (K. Binder), 1840. – „Die Landpartie nach Kaltenleutgeben = Familie Krampelmeier", Posse (Karl Binder), 1841. – „Die blonden Locken", Gemälde nach dem Französischen (Adolf Müller), 1842.

Freiherr Benedikt von Püchler, am 22. 3. 1797 in Ofen geboren und am 9. 10. 1842 in Wien verstorben:

„Fee und Harlekin", Pantomime, mit Occioni und Minotti (Riotte), 1824. – „Maurerpolier Klucks Reise von Berlin nach Wien", Posse (Adolf Müller), 1833. – „Baden bei Wien", Zeitbild (Karl Binder), 1840 – alle drei in Wien.

*Das Buch zur Posse „Maurer-Polier Kluck's Reise von Berlin nach Wien" schrieb Freiherr Benedikt von Püchler aus Ofen*

Ferdinand Rosenau kam 1788 zur Welt und verstarb in Agram am 29. 6. 1841:

„Die Wolfsburg", Zauberspiel (Kargl, W. Miller und Volkert), 1815. – „Das Geistergelage der 7 Brüder", Volksmärchen (Franz Roser), 1816. – „Mai, Juni, Juli = Leopoldstadt, Jägerzeile und Prater", Posse (W. Miller), 1817. – „Der Vitzliputzli", Volksmärchen (Wenzel Müller), 1817. – „Der Geist am Hafnerberg = Der Treue Schwur", Sage (Wenzel Müller), 1817. – „Boleslav = Die Zerstörung von Zunsky", Schauspiel (J. F. Gläser), 1818. – „Robinson Crusoe's Rückkehr ins Vaterhaus", Gemälde nach dem Französischen (Gläser), 1818. – „Das Mädchen ohne Zunge", Melodrama n. d. Französ. (Gläser). – „Der verlorene Sohn", Melodrama n. d. Französ. (J. Drechsler), 1819. – „Coppi, denari, bastoni e spada", Zauberspiel (J. F. Gläser). – „Das Felsenmädchen = Der Unbekannte im Ardennenwald", Schauspiel n. d. Französ. (J. F. Gläser). – „Die letzte Ziehung des Theaters", Posse mit F. X. Told (Gläser). – „Scüs, Mond und Pagat", Posse (Gläser). – „Staberl in Marokko", Zauberspiel (F. Volkert). – „Der Tambour = Die flammendische Hochzeit", Singspiel n. d. Französ. (Gläser), 1820. – „Die Plutzerbirne", Zauberspiel mit Told (J. Fr. Gläser), 1821. – „Der kleine Thomas = Glocke und Sporn", Melodrama (August Eckschlager), 1823. – „Clotilde die Sprachlose", Melodrama (E. Keßler), 1824 – alle in Wien!

Philipp Zöllner, 1785 in Pest geboren:

„Das Geisterschloß", Zauberspiel (H. Proch), 1838 Wien.

In diesem Abschnitt wurden, umgekehrt wie zuvor, die Komponisten in Klammern genannt. Deren Werke und die der Bühnenschriftsteller, welche auf Bühnen im Heimatbereich erstaufgeführt wurden, haben wir jetzt nicht wiederholt.

h) Theater-Direktoren

Manche heimatliche Künstlerpersönlichkeiten brachten es in ihrem Berufsleben zu gehobenen und verantwortlichen Anstellungen, z. B. als Theaterkapellmeister, Regisseure und Theaterdirektoren.

Im Heimatbereich war das sogar sehr häufig der Fall.

Als Beispiel eines Landsmannes in der Position des Direktors wollen wir uns nachfolgend auf **Josef Wurda** beschränken. Am 11. Juli 1807 in Raab geboren, fiel er schon früh, wie auch seine acht Brüder, durch seine angenehme Stimme auf. Der Vater war Lederfabrikant und schickte ihn zur beruflichen Ausbildung ins Ausland. Sein Onkel, ein musikalisch talentierter Weihbischof in Königgrätz, der ein Freund Wolfgang Amadeus Mozarts war, regte an, Josef solle seinen herrlichen Tenor ausbilden lassen. In Wien kam dies endlich zustande. Daraufhin sang er fünf Jahre lang in Berlin an der Strelitzer Hofbühne. Nach Gastspielen auf mehreren anderen deutschen Bühnen kam er 1834 nach Hamburg. Vom Publikum überschwenglich gefeiert, erhielt er dort eine feste Anstellung bis zum Ende seiner Laufbahn 1854. „Er war ein elegischer Sänger, wie Deutschland zu seiner Zeit keinen zweiten besaß", heißt es in

*Josef Wurda in Braunschweig*

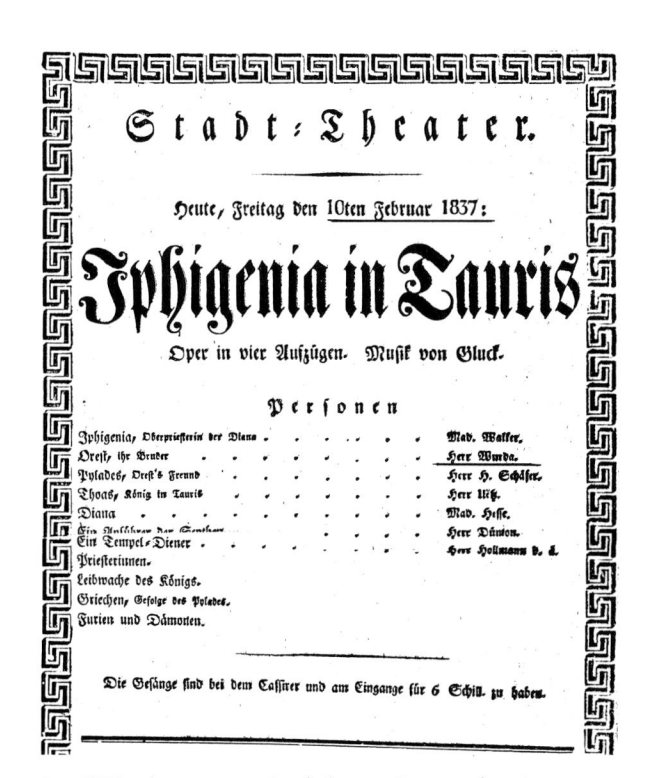

*Josef Wurda 1837 am Stadttheater Braunschweig*

Wurzbachs Biographischem Lexikon. Er wurde schließlich Mitdirektor des Hamburger Stadttheaters.

Wurda war auch als Liederkomponist hervorgetreten; aus seinen Werken können genannt werden:

„Ich und die Blume", „Wehmut", „Das erste Lied", „Am See", „Schäfers Klagelied", „Dein denk' ich noch in später Nacht", „Der tote Soldat: Auf fremder, ferner Aue", „Die Wolken", „Erinnerung", „Es rauscht eine Welle", „Im Mai", „Kutschke-Marsch", „Nein, ich will es nicht verhehlen", „Reine Liebe", Romanze in drei Sprachen: „Du hast an meinem Blick gehangen, du hattest zärtlich mich geküßt", „Schau ich in deine Augen", „Soldatenliebe", „Wackl-Polka".

i) Besonderheiten

Bei der Aufzählung der musikalischen Bühnenwerke fällt auf, wie relativ häufig Zusammenarbeiten zwischen heimatlichen Librettisten und Komponisten besonders in Wien stattfanden, so daß zahlreiche gemeinsam geschaffene Werke in die Theater gekommen waren.

Von Interesse sind aber auch einige aus der Literatur ersichtliche Fakten aus dem **Bühnengeschehen unserer andersnationalen Nachbarn:**

So war das von Hugo Wenzel Zavrtal (1821–1893) aus Leitmeritz in Böhmen verfaßte und am 31. Juli 1847 in Temeschburg erstaufgeführte Werk „Die Berghirten" die erste serbische Oper.

Die erste komische Oper in der ungarischen Sprache soll „Csel" (Die List) gewesen sein, welche Stefan von Jacoll geschrieben und Andreas von Bartay vertont hatte; sie wurde in Pest am 29.4.1839 im „Magyar Szinház" auf die Bühne gebracht.

Im Jahre 1846 fand die Uraufführung der ersten kroatischen Oper statt – „Ljubav i zloba" (Liebe und Eintracht) nach dem Textbuch von Dim. Demeter und der Musik von Vatroslav Lisinsky aus Agram (1819–1854).

Die gelegentlich anzutreffende Meinung, daß sich unsere aus dem Heimatgebiet nach Wien und anderen auswärtigen Orten abgewanderten künstlerischen Landsleute auch innerlich von ihrer Geburtsheimat gelöst hätten, kann teilweise auch aus den Namensgebungen ihrer Werke widerlegt werden. Historische Persönlichkeiten und Begebenheiten, aber auch andere aus dem Leben aufgegriffene **Themen, welche den Südostraum und seine Menschen betreffen,** wurden sogar gerne und gar nicht selten als stoffliche Vorlagen herangezogen; und das nicht nur von Landsleuten allein. (Beispiele hierzu werden im Abschnitt „Inhaltliche Bezüge der Theaterkunst zu Südosteuropa im 19. Jahrhundert" genannt).

## 5. „Die Schwaben-Wanderung" (Posse von 1817) – erste literarische Beachtung der donauschwäbischen Kolonisation

(eigener Beitrag in
„Donauschwäbische Forschungs- und Lehrerblätter"
Heft 4, Dezember 1986
München, S. 171–173)

Wieder einmal ist es unsere heimatliche Musikforschung, welche Neues, bisher völlig unbekannt Gebliebenes aus unserem kulturellen Erbe entdeckt und aufzeigt – dieses Mal handelt es sich geradezu um eine Sensation!

Bereits mehrere Jahrzehnte vor dem Erscheinen der bisher bekannt gewesenen Werke von Karl Wilhelm Ritter von Martini, Gustav Adolf Famler und Adam Müller-Guttenbrunn, welche stofflich aus der Ansiedlungszeit der donauschwäbischen Vorfahren und deren Schicksal in der neuen Heimat um die mittlere Donau schöpften, wurde **in Wien** im Jahre **1817** die Posse **„Die Schwaben-Wanderung"** aufgeführt!

Das Stück hatte der damals erfolgreiche Bühnenschriftsteller **Karl Meisl (1775–1853) aus Laibach** verfaßt, die Musik stammte von dem Wiener Komponisten Ignaz Schuster. Die Posse dürfte beim Publikum recht gut angekommen sein, denn sie erschien 1820 im Hartlebens Verlag zu Pest als Buch.

Darin heißt es: „Die Handlung geht in Preßburg vor". Sie ist eine harmlose Liebesgeschichte in drei Akten mit mehreren Gesangeinlagen. Jörgle aus Oberlengenbach im Schwabenland hatte vor einigen Jahren seine Heimat verlassen und bei einem Schiffsmeister in Preßburg eine Anstellung gefunden, wo er es bis zum Schiffschreiber bzw. Geschäftsführer gebracht hatte. Katton, die deutlich ältere Wirtschafterin des Chefs, setzt alle weibliche List und einen entfernten Verwandten ein, um den tüchtigen jungen Burschen zu ihrem Ehemann zu machen. Dieser weiß schließlich keinen anderen Ausweg als die Flucht, was jedoch im letzten Moment verhindert werden kann, nachdem Kattons Liebhaber, dem sie entflohen war, aus Wien erscheint und deren Eheversprechen reklamiert. Das macht endlich den Weg zum Glück für Jörgle frei, denn er hatte in der Heimat auch seine Thekla zurückgelassen ...

Als Hintergrund für diese Abläufe zieht der Verfasser die Zeit der Schwabenzüge heran, ohne jedoch auf detaillierte historische Angaben näher einzugehen, was in dieser Posse auch gar nicht beabsichtigt ist.

Das Stück beginnt mit einer Arie des Jörgle:

„Schon schwammen sechs hundert Schwaben hinab ...! / Sie schwammen hinunter, sie schwammen hinab, / Und jedes von ihnen die Hände mir gab ...! / O wär ich im lieben Schwabenland nur ...! / Es gibt halt ein einziges Schwabenland nur! / Macht man von den Ländern noch so viel G'schrey – Juhhey! / Im Schwabenland hab ich ein Dirndle gehabt – Mein Treu – / Ein Dirndle – so eine hat keiner noch g'habt – / Mein Thekla hat mir mein junges Herzel weggschnappt."

Mathias, ein Schiffsknecht, hat von Jörgle den Auftrag, bei den ankommenden Schiffen Ausschau zu halten, ob Schwaben dabei sind, um von diesen möglicherweise etwas über seine Familie zu erfahren. Der Knecht berichtet:

„Wir wollten auf den Schloßberg gehen – / Da haben wir ein Schiff gesehn – / Wenn wir uns nicht betrogen haben, / So ist's ein neues Schiff voll Schwaben."

**Theatralisches Quodlibet**
oder
sämmtliche dramatische Beyträge
für die
Leopoldstädter Schaubühne
von
Carl Meisl.

―

Die
Schwaben=Wanderung.
Eine Posse mit Gesang
in drey Acten.
Die Musik ist vom Herrn Ignaz Schuster.

―

Pesth, Hartlebens Verlag. 1820.

*Montage der beiden Titelseiten des sensationellen Fundes eines Textbuches, welches aus der Einwanderungszeit der donauschwäbischen Vorfahren schöpfte. „Die Schwaben-Wanderung" wurde 1817 in Wien uraufgeführt, hatte offensichtlich Erfolg, nachdem 1820 in Pest die Posse in Druck erschien; sie dürfte auch hier auf die Bühne gekommen sein*

Jörgle ordnet an:

*„Voll Schwaben? gehts nur gleich hinaus – / Und bringt's mir Landsleut in das Haus, / Ihr wißt wie gerne ich sie hab – / Das Blut ist halt kein Schusterpapp!"*

Über die Gründe seiner eigenen Flucht aus der Heimat erzählt Jörgle dem Mathias: „Wo zu viele g'scheidte Leute auf einen Fleck sind – müssen mehrere auswandern ... ich wäre in meinem Leben nit aus meiner Heimath fort, wenn mich nicht Familien-Angelegenheiten davon getrieben hätten"; außerdem wäre daheim niemand vor seinem „Muthwillen" sicher gewesen ... Entscheidend dürfte aber gewesen sein, daß der Vater Kuhhirt gewesen war und sieben Söhne zu ernähren hatte.

Nun aber zurück zu dem ankommenden Schiff. Mathias stellt fest: „Richtig – sie werden gleich anfahren – das ist wieder ein Schiff voll – bey allen Löchern schauens heraus, wie die Heuschrecken ..." und vom Schiff her vernimmt man im Chor:

*„Ade, du liebes Schwabenland! Wir sehen dich nit mehr – / Das Schwabenland ist weit bekannt, / Wir kommen grad draus her! / Die Welt hat mehr als einen Schritt – / Der Herr verläßt kein Schwaben nit."*

Das Textbuch gibt dann für die erste Szene des 2. Aktes an: „Eine andere Gegend an der Donau, mit elenden Zelten und Baraken. Im Hintergrund auf dem Schiffe sind Feuer, an denen die Schwäbinnen kochen."

Wie in solchen Stücken üblich, geht auch hier alles gut aus – auf dem Schiff waren nämlich auch die sechs Brüder und der Vater von Jörgle angekommen; die Mutter war schon verstorben. Freilich „wollte" es der Zufall, daß auch Jörgles Mädchen, die Thekla, unter diesen Auswanderern war! Diese sang, noch bevor sich Jörgle ihr und seinen Angehörigen zu erkennen gegeben hatte:

*„Ich bin ein Mädchen aus Schwaben, / Hübsch glatt ist mein Gesicht – / An Mutterwitz und Gaben / Fehlt's mir gottlob auch nicht. / Ich kann nicht Bücher lesen, / Doch weiß ich, wie viel's schlagt – / Macht so ein Herr viel Wesen, / Und uns viel Schönes sagt."*

Jörgle hatte schließlich alle in sein Haus eingeladen, wo das Wiedersehen groß gefeiert wurde. Der menschenfreundliche Schiffsmeister spielte schließlich „Schicksal", indem er zu Jörgle sagte: „Deinen Vater kannst du bey dir behalten und ihm beweisen, daß ein verlorener Sohn oft der dankbarste ist – einige deiner Brüder können bey der Schiffarth arbeiten..."; daß der junge Schwabe endlich seine Thekla heiraten kann versteht sich fast von selbst.

*Bei der Uraufführung der Posse „Die Schwaben-Wanderung" von Karl Meisl am 25. November 1817 in Wien wirkte auch der 1776 in Peterwardein geborene Anton Hasenhut mit*

Bevor ein „schwäbischer Tanz" das Stück beschließt, singt der Chor:

*„Hoch blühe jedes Landle. / Wo's gute Menschen gibt – / Wo's Weible, wie das Mandle / Den Fleiß und d'Arbeit liebt!"*

Die Grundansicht des Autors über die Kolonisation selbst ist aus dem Lied der ersten Szene des 3. Aktes erkennbar, wo er zwei Harfenspieler spielen und singen läßt:

*„So mancher lacht über die Wanderung laut – / Weil er nicht der Sache auf ihren Grund schaut; / Doch wer's überlegt, mit Kälte, der weiß, / Man schätzet halt überall den deutschen Fleiß! – Drum sind sie willkommen, wohin sie auch ziehn – / Der Deutsche bringt Fleiß und den Segen mit hin! / Drum lob' ich auch immer, weil ich es so weiß – / Die Treue des Deutschen, und den deutschen Fleiß."*

Dem ist wohl nichts hinzuzufügen ...

Daß der Stoff dieser Posse tatsächlich aus einem der großen oder vielleicht aus einem der kleineren Schwabenzüge schöpfte und diese „Schwaben-Wanderung" in Preßburg lediglich eine Zwischenstation gemacht hatte, wird u.a. aus zwei Dialogen deutlich. Mathias hatte Jörgles Angehörige in dessen Haus mit folgenden Worten eingeladen: „Der Herr Schiffschreiber ... hat mir den Auftrag gegeben, sie zu ihm ins Haus zu bringen – sie sollen bey ihm logiren, bis sie wieder fortfahren – er will sie tractieren, daß sie nimmermehr aufs Schwabenland denken sollen." Jörgle hatte, als er sich der aufdringlichen Katton nicht mehr erwehren konnte, zu Mathias gesagt: „Jetzt hab ich genug – der Principal kommt mir just recht, ich will meine Sachen übergeben, und hernach mit meinen Landsleuten abfahren ..."

# 6. Gesangskultur

Die Kolonisten hatten in ihre neuen Heimatbereiche zahlreiche **Volkslieder** mitgebracht. Nachdem es aber herkunftsmäßig keine geschlossenen Ortsgründungen gab, dauerte es natürlich eine Zeit, bis Prozesse der Angleichung von text- und melodienmäßigen, aber auch mundartlichen Verschiedenheiten abgeschlossen waren. Dieses alte Liedgut hatte sich in seinen neuen Varianten sehr lange erhalten, zum Teil sogar bis zum Verlust der alten Heimat. Alte Menschen singen es heute noch.

Es kann aber auch mit hoher Wahrscheinlichkeit angenommen werden, daß zu dem alten Bestand im Laufe der Zeit auch neue, früher nicht bekannt gewesene **Volksgesänge** aufgetaucht sind, angenommen und gepflegt wurden.

Ebenso hatten in diesem Zeitabschnitt auch **Lieder, welche von der Bühne kamen**, ihre Verbreitung angetreten. Sie gelangten bis in unsere Dörfer und nahmen den Charakter von Volksgesängen an.

Wie Hans Volk in seinem Heimatbuch „150 Jahre Karlsdorf" (1958, Pannonia-Verlag Freilassing) mitteilt, entstand anläßlich der Heuschreckenplage, welche 1849 die ganze Umgebung heimgesucht hatte, folgendes Volkslied:

„*In Karlsdorf war die Heuschreckerschlacht, / die hawe die Werschitzer mitgemacht, / sie solle lewe, sie solle lewe, sie solle lewe mit Hurra ... usw.*

Dieses Lied war noch in der Zwischenkriegszeit im Ort bekannt und gelegentlich gesungen worden.

Im Zusammenhang mit den Wochenmärkten in Bonnhard, in welches vor 250 Jahren die ersten deutschen Siedler kamen, heißt es im „Deutschen Kalender 1982" (Budapest) u. a.: „Denke man nur an die Handwerker, die sich oft nur mit einer ausgiebigen Prügelei einen Platz sichern konnten oder an die Freude der Bauern, die den guten Verkauf immer mit Musik und Singen würzten."

In Werschetz entstand im Jahre 1839 ein **Liederbuch** des N. Zircher mit 10 und 1850 ein weiteres von Franz Gettmann mit 42 Liedern.

Die Entfaltung der Singfreudigkeit war schon längst nicht mehr ausschließlich auf den **Volks- und Kirchengesang** begrenzt.

Wie Luzian Geier in der „N. B. Z." vom 30.11.1977 berichtet, hatte der 1819 geborene Lehrer Leopold Herrmann 1838 seine Lehrerstelle in Neuarad angetreten, wo er 1845 zum Organisten bestellt wurde. „Mit seinem Wirken ist vor allem die Liedpflege durch den von ihm geleiteten Chor in Verbindung zu bringen wie auch die Ausbildung zahlreicher Musikschüler aus Neuarad und Arad im Laufe von über fünfzig Jahren." Der Genannte hatte auch selbst komponiert, u. a. auch eine Messe.

Betty Rauschenberger berichtet in ihrem Beitrag „Franz Liszt in Nádasd" (Deutscher Kalender 1978, Budapest, Seite 193), daß der gefeierte Komponist nach einem Konzert in Pest auch eines in Secksard/Szekszárd am 13. Oktober 1846 gegeben hatte. Dort hatte ihn eine Einladung des Bischofs Szitovszky nach Fünfkirchen erreicht. Unterwegs machte er am 24. Oktober 1846 in der Sommerresidenz des Bischofs in Nádasd Halt. „Den Abend", so heißt es dann wörtlich, „verbrachte Liszt im Schloß, wo ein aus Fünfkirchen kommendes Männerquartett ‚den großen Lehrer der Stimmen' mit einer Serenade empfing. Dieses Männerquartett bestand aus Johann Witt, Violinkünstler; Peter Schmidt, Organist; August Karlitzky, Musiklehrer und Emmerich Raderich, Stadtrat."

In dieser Periode hatten mehrere schöpferische Persönlichkeiten aus dem Heimatbereich namentlich in Wien eine **große Anzahl von Kunstliedern** hervorgebracht. Manche von diesen wurden so populär, daß sie geradezu zu Volksliedern wurden. Oft ist jedoch eine scharfe Abgrenzung kaum möglich.

Obwohl zu diesem Gesamtkapitel erst im Abschnitt über die Zeit von 1850 bis 1918 ausführlicher die Rede sein wird, werden nachstehend nur die von

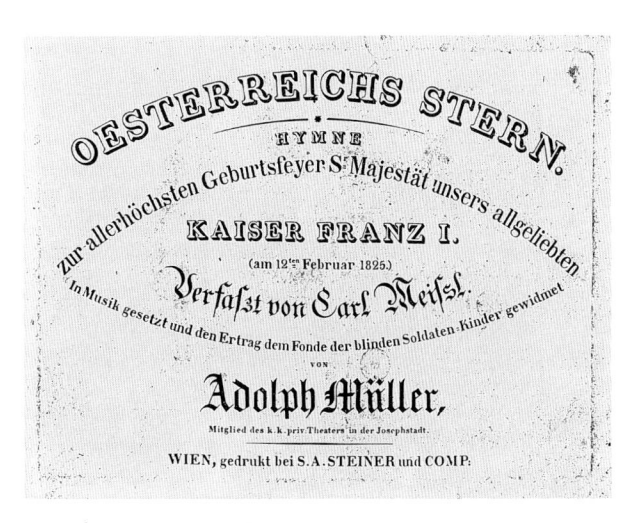

*12. Februar 1825 in Wien*

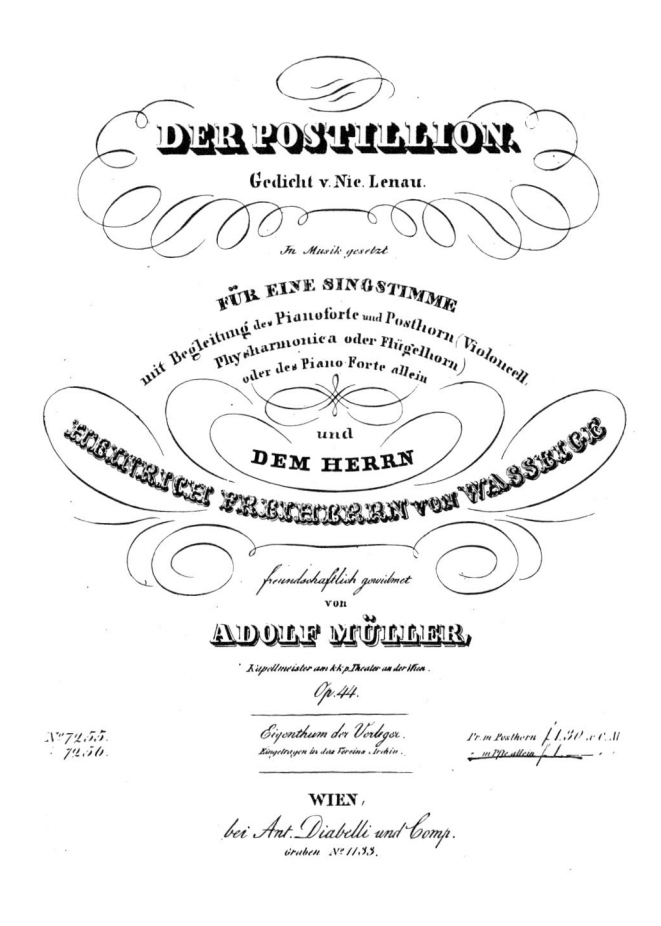

unserem fruchtbarsten Komponisten – **Adolf Müller (1801–1886) aus Tolnau** – bis 1850 geschaffenen Lieder angeführt. Die Dichter werden in Klammern genannt. Sämtliche Titel wurden mit Begleitung des Pianofortes geschrieben, in einigen Fällen auch zusätzlich für andere Instrumente:

1821 „Nachtgesang" (Jakobi). – „Abendphantasie" (Hermann). – „Sehnsucht" (Jany).
1822 „Heure du soire" (Millevoye). – „Sehnsucht" (Goethe).
1823 „Wiegenlied" (J. G. Seidl).
1825 „Der Schäfer Abendlied". – „Auf der Alm"; beide Vocal-Quartette. – „Österreichs Stern" (Karl Meisl).
1826 „Der Wanderer an den Mond" (J. G. Seidl). – „Empfindungen am Tage, der uns den Vater gab" (J. Schickh). – „Der blinde Hirtenknabe" (Otto von Hennet).
1827 „Liebhabers Wünsche" (J. N. Vogl).
1829 Zwei Jägerlieder: „Vier Schüsse" (J. G. Seidl); „Weidmanns Leben" (C. M. Baldamus). – „Der frohe Schäfer" (A. Müller). – „Der Stutzer und der Schmetterling" (Fr. A. Kleinschmid). – „Das Röschen" (Fr. A. Kleinschmid). – „Sehnsucht nach den Alpen" (Karl Meisl).
1830 3 geistliche Lieder: „Die Treue der heiligen Kirche"; „Tod der Jungfrau"; „Der lieben Eltern unbeholfene Klage" (A. Passy).
1831 „Tauch an!" – „Das Thiergespräch" (Volksdichtung).
1834 „Mondhelle" (J. G. Seidl). – „Jäger und Horn" (A. Müller).
1835 „Empfindungen dankbarer Kinder und treuer Freunde".
1836 „Das Erkennen" („Ein Wanderbursch mit dem Stab in der Hand …") von Johann Nepomuk Vogl. – „Süß ist die Ruh" (J. N. Vogl). – „Im Wind" (J. N. Vogl).
1837 „Der fröhlichste Zecher" (J. N. Vogl). Drei Csikos-Lieder: „Der Ritt zum Liebchen"; „Die Heimkehr vom Liebchen"; „Auf der Haide" (J. N. Vogl). – „Der Thürmer" (J. N. Vogl). – „Das Mütterchen an der Kirchenthüre" (J. N. Vogl). – „Die Alpenrose" (J. N. Vogl). – „Vision" (O. Prechtler). – „Sängerlust" (J. N. Vogl). – „Der Zecher Rath" (J. N. Vogl). – „In die Ferne" (K. Kläcke). – „Lied zur Cachucha". – „Waldconzert" (J. N. Vogl). – „Morgen wieder" (J. N. Vogl). – „Abschied und Gruß an das alte und neue Jahr".
1838 „Hochzeitslied". – „Blumengabe". – „Häusliches Glück". – „Der Silberkranz" (vier Gelegenheitsgesänge). – „12 Kinder auf einmal". – „Tief d'runten" (J. N. Vogl). – „Mein' Hütten" (Karl Haffner). – „Der Retter" (J. N. Vogl). – „Ihr blauen Augen, gute Nacht" (Friedrich Halm). – „Baumgeflüster" (J. N. Vogl).
1839 „Zu spät" (J. N. Vogl). – „Das kleine Lied" (D. F. Reibersdorfer). – „Schilflied" (J. N. Vogl). – „Der Ritt des Walachen" (J. N. Vogl). – „Posthornklänge" (J. N. Vogl). – „Des Hammerknechts Liebe" (J. N. Vogl).
1840 „Die blasse Schöne" (Roswitha Kind). – „Gruß an Emil Titl" (Levitschnigg). – „Das Licht am Fenster" (Vinzenz Zusner). – „Mit Gott" (J. N. Vogl). – „Russisches Liedchen" (J. N. Vogl). – „Sängers Schwanenlied" (F. Kaiser). – „Das Mädchen, das ich liebe" (H. von Wasseige). – „Beim Wein" (D. B. Reibersdorfer). – „Rheinlied" (Sie sollen ihn nicht haben …) von N. Becker. – „Napoleon's Leiche" (Dellazia). – „Große Cantate zum Empfange des Directors Carl" (Fr. Kaiser). – „Vorwärts und Zurück" (Kaiser).
1841 „Der Postillion" (Nikolaus Lenau). – „Das Mühlrad" (F. Kaiser). – „Der Schifferin Brautfahrt" (Ludwig Löwe). – „Letzte Treue" (J. N. Vogl). – „Täuschungen" (Franz von Braunau). – „Der Kukuk" (Fr. v. Braunau). – „Main Wai und 'n Nachbarn saini" (Ignaz Castelli). – „Klage" (Ludw. Löwe). – „Nachtigallenlied" (J. N. Vogl). – „Drei Mühlenlieder" (J. N. Vogl).
1842 „Vergebene Fragen" (Kuhn). – Reisebilder: „Der Reisegefährte"; „Im Wirthshause"; „Das lebendige Schild"; „Der Harfner" (Vinzenz Zusner). – „Mahlers Liebchen" (V. Zusner). – „Der Gefangene" (Hofmann). – „Das Leben ist doch schön" (F. Kaiser). – „Das Vöglein im Käfig" (A. Rotter). – „Thränen" (K. Haffner). – „Der Porträtmaler" (F. Kaiser). – „Sahara", Trinklied (J. N. Vogl). – „Der Alpengang" (A. v. Tschabuschnigg). – „Weihnachten" (J. N. Vogl). – „Der Sänger" (Karolina Lyser).
1843 Nachtbilder: „Der Wanderer an den Mond" (J. G. Seidl); „Die Schneebraut" (A. Müller); „Zigeunerleben" (J. N. Vogl); „Wellenstimmer" (J. N. Vogl). – „Vergebliches Wandern" (J. G. Seidl). – „Hymne bei Einweihung der Ferdinands-Wasserleitung am Brunnen nächst dem Theater an der Wien" (Fr. Kaiser). – „Seeluft" (Kuhn). – „Das versunkene Kloster" (Ludwig Uhland). – Rosenlieder (Ed. Breier): „Der Rose Traum"; „Der Liebesstern"; „Meine Rose". – „Das Gewitter" (G. Schwab).
1844 „Vöglein, mein Bote" (J. G. Seidl). – „Alles ist mein!" (J. N. Vogl). – „Reiterlied" (Rupertus).
1845 „Vier Marienlieder" (G. Görres). – „Einkehr" (L. Uhland). – „Das große Fest" (A. v. Chamisso). – „Der Prager Musikant" (Wilhelm Müller). – „Mein Orchester" (A. Müller). – „Hinaus vors Thor" (A. Müller). – „Vogelnester" (A. Müller). – „Der Parlamentär" (A. Müller). – „Liebesschwur" (Hammer). – „Champagnerlied" (Oettinger). – „Das Glöckchenspiel". – „Wunsch und Entsagung" (I. Castelli). – Zwei schwäbi-

sche Volkslieder: „Untreue Liebe"; „Gute Lehre". – „Soldatenlust".

1846 „Die vier Wünsche" (Fr. Rückert). – „Thränen und Rosen" (Wilhelm Müller). – „Meerfahrt" (Anastasius Grün). – „Warnung vor dem Wasser" (Wilh. Müller). – „Der Trinker von Gottes Gnaden" (Wilh. Müller). – „Die Arche Noah" (Wilh. Müller). – „Noah's Vermächtnis" (J. N. Vogl). – „Hoch d'roben" (C. F. Schmidt). – Lieder eines Waldhornisten (J. N. Vogl): „Dort drüben"; „Gefangen"; „Hornklang"; „Liebesfragen"; „Des Müllermädchens Augen"; „Das Waldhornblasen"; „Sie hat dich nicht verstanden"; „Das Waldhorn"; „Nächtliche Klänge"; „Vorschlag"; „Beim Mondenschein"; „Letzter Waldesgruß". – „Der Kuckuck" (A. Müller). – „Zurück" (Kaltenbrunner). – Sechs Landsknechtslieder (Kuhn): „Liebeslied"; „Ständchen am Abend"; „Im Frieden"; „Der Rekrut"; „Auf der Wacht"; „Marschlied". – „Mütterlicher Rath" (Kuhn).

1847 „Wann der Mond in's Fenster scheint" (Lud. Bowitsch). – „Hammermeisters Töchterlein" (J. N. Vogl). – „Fromme Bergleut" (J. N. Vogl). – Russisches Liedchen: „Lied und Leier". – „Selige Augenblicke" (O. Prechtler): „Sabbathstille"; „Werbung"; „Nächtliche Wallfahrt"; „An Marie".

1848 „Das Lied vom deutschen Kaiser" (Dr. Jurende). – „Das Lied von der deutschen Cocarde". – Politische Liebeslieder (Caj. Cerri): „Ich bin ein Student"; „Neue Liebe". – „Sie war bei den Studenten" (A. Buchheim).

1849 „Soldaten-Heimweh" (J. N. Vogl). – „Soldatenphilosophie" (J. N. Vogl). – „Bei Dir" (C. Serri). – „Grabgesang für Maria Pokorny" (H. Mirani). – „Die grauen Gesellen" (Ad. Müller). – „A Bleamerl und a Herz" (Anton von Klesheim). – „Der arme Honvéd" (Prechtler). – „Wolkenlied" (J. N. Vogl). – „Schon flattert hoch die Fahne" (J. N. Vogl).

Von den angeführten Dichtern stammten folgende aus dem südosteuropäischen Heimatraum: **Anastasius Grün, Anton von Klesheim, Nikolaus Lenau, Karl Meisl** und **Vinzenz Zusner.** Nachdem **Adolf Müller** nachweislich auch eigene Gedichte vertont hatte, dürften die Vermerke „Ad. Müller" mit Sicherheit, und die mit „A. Müller" angegebenen Werke zumindest teilweise auf diesen zurückzuführen sein. **Johann Nepomuk Vogl** wurde in Wien geboren, seine Mutter war ein „Kind deutscher Eltern aus Ungarn."

## 7. Beethoven und wir

Bei der Aufarbeitung unserer musikgeschichtlichen Vergangenheit gewinnen auch die Berührungspunkte mit den Großen und Größten der Musik begreiflicherweise hohes Interesse.

Ludwig van Beethoven, 1770 in Bonn geboren und 1827 in Wien gestorben, hatte als einzige Oper „Fidelio" (Leonore = Die eheliche Liebe) hervorgebracht, welche am 20. 11. 1805 am Theater an der Wien uraufgeführt wurde. Das **Libretto** hatte **Joseph Sonnleithner** (1766–1835) aus Wien (nach Bouilly) verfaßt. Dessen Vater, der Komponist und Rechtsgelehrte Christoph Sonnleithner, kam 1734 in Segedin als Sohn eines österreichischen Beamten zur Welt und starb um 1777 in Wien.

Die erste Rolle der Leonore im „Fidelio" hatte die 1785 in Konstantinopel geborene **Anna Milder-Hauptmann** gesungen. Von 1803 bis 1816 war sie in Wien, von 1826 bis 1829 an der Berliner Hofoper aufgetreten, wo sie im Jahre 1838 starb.

Im Jahre 1807 hatte Beethoven anläßlich eines Besuchs beim Fürsten Esterházy in Eisenstadt diesem seinen **Marsch in B-Dur** gewidmet.

Dem 1759 in Ungarn geborenen Nikolaus Edler von Domanovecz Zmeskall, der in Wien Sekretär der ungarischen Hofkanzlei war, hatte Beethoven das **Quartett opus 95** zugeeignet.

Am 9. Februar 1812 wurde zur Eröffnung des neuen Deutschen Theaters zu Pest das Festspiel „Die Ruinen von Athen" mit einem Buch von August von Kotzebue und der Musik von Beethoven aufgeführt.

Im gleichen Jahr wurde an der vorgenannten Bühne auch das **Drama „König Stephan"** von den beiden Autoren Kotzebue und Beethoven vorgestellt.

K. auch k. k. pr. Schauspielh. a. d. Wien

NEUE OPER.

Heute Mittwoch den 20. November 1805 wird in dem k. auch k. k. priv. Schauspielhaus an der Wien gegeben:

Zum Erstenmal:

# FIDELIO,
oder:
### Die eheliche Liebe.

Eine Oper in 3 Akten, frey nach dem Französischen bearbeitet von Joseph Sonnleitner. (sic)

Die Musik ist von LUDWIG VAN BEETHOVEN.

Personen:

| | |
|---|---|
| Don Fernando, Minister | Hr. Weinkopf. |
| Don Pizarro, Gouverneur eines Staatsgefängnisses | Hr. Meier. |
| Florestan, ein Gefangener | Hr. Demmer. |
| Leonore, seine Gemahlinn unter dem Namen Fidelio | Dlle. Milder. |
| Rocco, Kerkermeister | Hr. Rothe. |
| Marzelline, seine Tochter | Dlle. Müller. |
| Jaquino, Pförtner | Hr. Caché. |
| Wachehauptmann | Hr. Meister. |
| Gefangene. | |
| Wache. Volk. | |

Die Handlung geht in einem Spanischen Staatsgefängnisse einige Meilen von Sevilla vor.

Eröffnung des k. k. pr. Theaters

Heute Donnerstag den 3. October 1822 wird in dem k. k. priv. Theater in der Josephstadt gegeben, am Vorabend des glorreichen Nahmensfestes Seiner Majestät des Kaisers, unter der Direction des Carl Friedr. Hensler zum ersten Mahle:

**Die Weihe des Hauses.**

Gelegenheitsgedicht in einem Acte von Herrn Carl Meisl. Musik für dieses Feyer neu komponirt von Herrn Ludwig van Beethoven. Die neuen Decorationen sind von den ersten Theater-Mahlern in Wien gemahlt. Herr van Beethoven wird selbst die Ehre haben, seine Musik selbst zu dirigiren.

Personen:

| | | | |
|---|---|---|---|
| Pallas | Dem. Kaiser. | Die Grazie | Dem. Miebisch. |
| Thespis, ein Mime | Hr. Blumenfeld. | Der Tanz | Hr. Stiasny. |
| Der Oberpriester des Apollo | Hr. Gued. | Der Gesang | Hr. Hobel. |
| Ein griechischer Jüngling | Hr. Kreiner. | Das Schauspiel | Dem. Felsenthal. |
| Ein griechisches Mädchen | Mad. Ney. | Das Lustspiel | Dem. Neuefer. |
| Priester und Jungfrauen. | | Die Parodie | Dem. Grünthal. |
| Nimphen und Hirten. Genien. | | Die Satyre | Dem. Wella. |
| Der Schutzgeist von Oesterreich | — | — | Dem. Eutorius, d. ä. |

Zur Eröffnung des umgebauten und vergrößerten Josephstädter Theaters in Wien am 3.10.1822 hatte Ludwig van Beethoven zum Text von Karl Meisl „**Die Weihe des Hauses**", ein Vorspiel, die Musik geschrieben.

Der hervorragendste aus unserem Heimatraum stammende Lyriker, **Nikolaus Lenau,** war ein glühender Verehrer Ludwig van Beethovens, und das nicht nur verbal. Lenau, musikalisch hochbegabt, hatte zeitweise stundenlang täglich auf seiner Violine geübt, um auch schwierigste Stellen von Kompositionen des Meisters zu beherrschen. Sein Gedicht „Beethovens Büste" hatte übrigens der Komponist J. Liebeskind aus Leipzig als Melodrama vertont.

Man nimmt an, daß **Catharina Dorothea von Erdmann** aus Frankfurt am Main die Empfängerin der Liebesbriefe an die „Unsterbliche Geliebte" war. Diese hatte sich einige Jahre lang nicht nur in Wien, sondern auch in unserem Heimatraum, z.B. in Temeschburg, aufgehalten.

Bei der Beerdigung Ludwig van Beethovens hatte unser Heimatkomponist **Adolf Müller** aus Tolnau zusammen mit weiteren 11 Musikern dessen Sarg zum Friedhof in Währing getragen.

Der große Meister der Musik war aber auch selbst in unserem Heimatgebiet – am 7. Mai 1800 gab er zusammen mit dem Hornkünstler Punto im Festungstheater zu Ofen ein mit großem Beifall aufgenommenes Konzert.

## 8. Amerika Tournee 1848. Josef Gungl auch in der Neuen Welt erfolgreich

Heute gehört es gewissermaßen zum „guten Ton", daß künstlerische Ensembles auch einmal überseeische Verpflichtungen absolvieren. In unserer Zeit der Großflugzeuge stellt zumindest die Überwindung von Raum und Zeit hierzu kein großes Problem dar. Aus donauschwäbischer Sicht gewinnen solche Vorgänge gegenwärtig eine besondere Aktualität, da Kapellmeister Kornel Mayer mit seinen Original-Donauschwaben und dem Donau-Duo zusammen mit dem als Ansager fungierenden Georg Weiner aus Putinzi vom 17. September bis 12. Oktober 1970 in einer Reihe nordamerikanischer Städte Konzerte gibt.

Amerika-Tournees von Donauschwaben sind jedoch nichts Neues. In diesem Zusammenhang können wir heute, dank der Forschungstätigkeit des in Heilbronn lebenden ungarndeutschen Landsmannes Franz Jelinek, zeitmäßig weit „zurückblenden".

Der am 1.12.1809 in Zsámbék bei Budapest geborene Josef Gungl dürfte wohl der bedeutsamste Komponist der gehobenen Unterhaltungsmusik des 19. Jahrhunderts gewesen sein, der aus unserem Heimatraum hervorgegangen ist und dessen außerordentlich zahlreichen Schöpfungen teils noch bis in unsere Tage aktuell nachklingen.

Josef Gungl begab sich am 15. Oktober 1848 mit seiner 30 Mann starken Kapelle nach Amerika, wo er 11 Monate lang Gastspiele gab. Er konzertierte in **New York, Boston, Philadelphia, Baltimore, Washington** usw. Dabei wurde ihm seitens der amerikanischen Regierung die seltene und hohe Ehre zuteil, anläßlich der **Inaugurationsfeier (Amtseinführung) des damaligen US-Präsidenten Taylor** den musikalischen Rahmen zu bestreiten. Aus diesem Anlaß komponierte er die „Inaugurations-Quadrille" (op. 91).

Dem Amerika-Aufenthalt verdanken wir weitere Werke Josef Gungl's: „Indianer-Polka", op. 78, „Yankee-Galopp", op. 84, „Souvenir de Philadelphia", op. 87, „Mulatten-Marsch", op. 88, „Klänge vom Delaware", op. 89, „Rough and Ready-Polka", op. 90. Ferner ist mit berechtigter Sicherheit anzunehmen, daß der weitbekannt gewordene Walzer „Träume auf dem Ozean", op. 80, während der Ozeanreise entstanden ist. Josef Gungl erntete in den Vereinigten Staaten überaus große Erfolge. Bedenkt man, daß Amerika in der Mitte des vorigen Jahrhunderts noch vom „Goldrausch" gepackt war, wird auch ein schwerer Rückschlag Gungl's verständlich – eines Tages waren nämlich 17 seiner Musiker plötzlich „verschwunden". Der Meister gab jedoch nicht auf. Es gelang ihm, aus der italienischen Oper in New York deutsche Musiker für seine Kapelle zu gewinnen und seine Tournee erfolgreich zu beenden.

Trotz des Fehlens von Massenmedien und mechanischer Vervielfältigung (Rundfunk, Fernsehen, Schallplatten, usw.) vor mehr als hundert Jahren, erlebte Josef Gungl bereits beim Betreten amerikanischen Bodens einen sinnfälligen Beweis seiner damals schon bestandenen großen Popularität: Beim Landen in New York klang ihm nämlich sein Festmarsch „Kriegers Lust", von einem Jungen gepfiffen, entgegen! Übrigens – das auch heute noch viel in Studentenkreisen gesungene scherzhafte **Lied „Als die Römer frech geworden"** entstammt melodienmäßig dem erwähnten Marsch.

Die bewußte Popularität Josef Gungl's in unserem heimatlichen Siedlungsbereich war dagegen nicht überragend. Diese erstaunliche, aber bedauerliche Tatsache erklärt sich wohl dadurch, daß unsere Musikkapellen kaum auf den Komponisten achteten. Trotzdem, der Forschungsstelle der Münchner „Original-Donauschwaben" liegen Nachweise vor, daß sogar heute noch im rumänischen Teil des Banats für Blasmusik arrangierte Stücke Gungl's gespielt werden.

(Aus: Der Donauschwabe, 27.9.1970, Beitrag des Verfassers.)

## 9. Musikliteratur

Wenn auch vielleicht recht unterschiedlich, so waren doch die meisten der bisher genannten **Kompositionen** auch **im Druck** bei heimatlichen oder ausländischen Verlegern erschienen. Eine Wiederholung erübrigt sich daher.

Außer den Notendrucken waren zahlreiche aus dem Heimatraum hervorgegangene Urheber mit Veröffentlichungen aus dem übrigen, weitverzweigten Bereich des Musikschrifttums hervorgetreten.

So wurden auch viele **Textbücher** zu den erwähnten musikalischen Bühnenwerken verlegt; eine genaue Nachprüfung, um welche es sich im einzelnen handelt, ist heute kaum mehr möglich.

Von Karl Meisl hatte beispielsweise der Verlag Hartleben in Pest im Jahre 1820 in 6 Bänden ein „Theatralisches Quodlibet, oder sämmtliche dramatische Beiträge für die Leopoldstädter Schaubühne" mit 25 Werken veröffentlicht. 1824 und 1825 erschienen bei Mörschner und Jasper in Wien 4 Bände „Neuestes theatralisches Quodlibet, oder: Dramatische Beiträge für die Leopoldstädter Schaubühne" mit 10 gedruckten Textbüchern von ihm.

Als Einzeldrucke kamen von Meisl u. a. weiter heraus: „Amors Triumph. Allegorisches Gemälde mit Chören und Tänzen", Wien 1817; „Die Croaten in Zara. Militärisches Schauspiel in 3 Aufzügen", Wien 1814; „Gisela von Bayern, erste Königin der Magyaren" – dieses historische Schauspiel wurde erstmals in Preßburg „am glorreichen Krönungstage Ihrer Majestät der Kaiserin Karolina als Königin von Ungarn" aufgeführt (Wien 1825).

In Temeschburg war 1828 die erste **Theaterzeitung** mit dem Titel „Notizen" herausgekommen. Von Karl Schaubach redigiert und in der Druckerei Josef Klapka (1787 in Arad geboren) hergestellt, erschien das Blatt halbmonatlich. 1830 erschien dazu „Thalia. Kritische Beurteilung der Temesvarer Bühne-Leistungen für Gebildete".

Von 1800 bis 1824 gab es ein „Ofner und Pester Theater-Taschenbuch".

„Das „Temesvarer Wochenblatt" begann ab 1840 regelmäßig **Theaterkritiken** zu veröffentlichen.

In Agram hatte 1815 Andreas Josef von Guttenberg das „Agramer Theater-Journal" herausgebracht.

Josef Pauscher hatte einen „Almanach des Theaters in Lugos zum neuen Jahre 1838" herausgegeben.

In der Zeit von 1809 bis 1849 wurden in Temeschburg mindestens 28 „Theater-Almanache" oder „Theater-Journale" gedruckt, welche die in der abgelaufenen Saison aufgeführten Stücke anführten.

Von Adolf Müller ist 1845 bei Haslinger's Witwe und Sohn in Wien erschienen: „Vollständige **Gesang**schule in 4 Abtheilungen. In deutscher und französischer Sprache"; das 191 Seiten umfassende Werk zählte jahrzehntelang zu den besten Lehrbüchern dieser Sparte.

Der Violoncellist J. Wagner war Kunst- und **Musikalienhändler** in Pest gewesen.

Stephan Koch (1772–1828) aus Wesprim hatte in Wien das Buch „Neueste Tonleiter für die Clarinette" veröffentlicht.

## 10. Instrumentenbauer

In Katschfeld/Kácsfalu/Jagodnjak kam am 7. Juli 1834 **Josef Angster** zur Welt, der später ein Orgelbauer von hohem Ansehen geworden war.

**Johann Binder** (1782–1856) stammte aus Kaschau und kam später nach Wien, wo er als Klavierbauer tätig wurde, aber auch k. u. k. Hof-Klavier-Stimmer war.

Die Gemeinde Bulkes hatte im Jahre 1822 bei dem Apatiner Orgelbauer **Kaspar Fischer** ein Instrument für ihre Kirche bestellt. Für die 1830er Jahre wird in Apatin ein **Johann Fischer** als Orgelbauer erwähnt, auch ein gewisser **Gebauer**.

In Arad betrieb in dieser Periode **Anton Dangl** eine Orgelfabrik. Er hatte 1841 das Instrument in der Kirche zu Hatzfeld gereinigt und gestimmt.

Im Jahre 1836 errichtete **Franz Horn** in Apatin (Abthausen) seine Blasinstrumenten-Werkstätte, welche später landesweite Berühmtheit erlangen sollte.

1833 ließ die Gemeinde (Groß-)Komlosch ihre Orgel durch **Joh. Josephin** aus Temeschburg renovieren.

**Stephan Koch**, der bereits unter „Musikliteratur" genannt wurde, lebte in Wien. Hier hatte er das Drechslerhandwerk und den Blasinstrumentenbau erlernt. Vor allem hatten seine Holzblasinstrumente dankbare Abnehmer im In- und Ausland gefunden. Als technische Verbesserung gehen die Lederabdichtungen der Klappen auf Koch zurück.

Der aus Wien stammende **Johann Baptist Schweitzer** ließ sich 1825 als Instrumentenbauer in Pest nieder, wo er 1865 starb.

Laut Josef Brandeisz und Luzian Geier („NBZ-Kulturbote" vom 17.7.1975) baute kurz nach 1800 der angesehene Orgelbauer aus Temeschburg, **Franz Welder (Welter)** die Orgeln in Marienfeld, Bogarosch, Liebling und womöglich auch in Lowrin. „Um die Mitte des vorigen Jahrhunderts bauten und restaurierten ferner **Paul Gály** und **Georg Josefi** im Banat Orgeln."

## 11. Das Musikgeschehen in der Militärgrenze

Im Jahre 1816 hatte Oberst Wilhelm von Grueber das Kommando des St. Georger Regiments in **Warasdin** übernommen. Er fand dort eine aus 13 Mann bestehende „Musique-Banda" ohne Kapellmeister und mit alten, unbrauchbaren Instrumenten vor. Dieser Offizier setzte alles daran, um eine leistungsfähige Formation zustandezubringen. So konnte das Regiment bereits im Jahre 1821 mit einer 32köpfigen „türkischen Musique-Banda" nach Laibach ausrücken. Doch den Oberst hatte auch der Ehrgeiz gepackt, denn er wollte seine Banda sogar auf den Stand von 40 Mann bringen. Daher ließ er u. a. bei den in Kanischa/Kanizsa/Kanjiža und Wukowar/Vukovár/Vukovar gelegenen Kavallerie-Kapellen 6 Musiklehrlinge zu Trompetern ausbilden. Er nahm sogar einen zweiten Kapellmeister auf.

Der Hofkriegsrat stellte sich den Grenzregimentern gegenüber aber keinesfalls großzügig ein. Er verfügte 1822 die Abschaffung der „türkischen Musik" und die Rückkehr zu den genehmigten acht Hautboisten.

Dem Tschaikisten-Bataillon in Tittel wurden gar nur vier Hautboisten zugestanden, weshalb sich dieses beklagte, daß man „aus 4 Individuen keine vollständige Harmonie Musik" zusammensetzen könne.

Die Kommandanten der Grenztruppen waren aber auch recht einfallsreiche Leute und verstanden es, bürokratische Hemmnisse geschickt zu umgehen. So hatte es sich zur Erhaltung der „türkischen Banden" allmählich eingebürgert, daß die Grenzbevölkerung, welche zu den Musikbanden sehr positiv eingestellt war, zur Erntezeit **„Früchtegeschenke"** in die Regimentsmagazine brachte; diese wurden dann, sobald die Preise am günstigsten waren, zugunsten des Musikfonds verkauft.

Über die Finanzierung der Musik schreibt Emil Rameis in seinem Buch „Die österreichische Militärmusik" (Hans Schneider Verlag, Tutzing 1976), welches zu diesem Abschnitt als Quelle herangezogen wurde, u. a.: „Eine weitere Einnahmequelle bildeten bei allen Grenzregimentern die Verdienstgelder der Banda bei Bällen und den oft mehrere Tage dauernden Hochzeitsfeierlichkeiten". Dadurch wird der **Kontakt mit der Bevölkerung** augenscheinlich, was nachfolgend am Beispiel einer donauschwäbischen Gemeinde sogar konkret dokumentiert wird: „Im Jahre 1838 wurde im Bereich der Banater Militärgrenze ein neuer Truppenkörper aufgestellt: das Illyrisch-Banater Grenz-Bataillon mit dem Stabsort **Weißkirchen**. Nachdem bald nach der Errichtung dieses Bataillons auch eine Musikbanda aufgestellt und hiezu vier Hautboisten normiert worden waren, machten sich sogleich die zum Bereich des Bataillons gehörigen Gemeinden erbötig, zur Dotierung eines Bandafonds Früchtegeschenke beizutragen. Wohlhabende Familienväter trugen ihre Söhne zur musikalischen Ausbildung für die Banda an, von denen vorerst 12 aufgenommen wurden und von dem vorzüglichsten Hautboisten des Bataillons musikalisch unterwiesen wurden. Bereits 1840 war diese aus 16 Mann, den 4 Hautboisten und den 12 Grenzjünglingen bestehende Banda spielfähig."

Dieses Bataillon wurde im Jahre 1845 zum „Illyrisch-Banater Grenzregiment" Nr. 18 umgewandelt und erhielt 1851 die Nummer 14; außerdem wurde es nunmehr in „Serbisch-Banater-Grenzregiment" umbenannt. 1852 erfuhr auch das Tschaikisten-Bataillon eine Namensänderung – es hieß fortan „Tittler Grenz-Infanterie-Bataillon"; seine Musikbanda wurde mit 25 Mann festgesetzt.

In **Pantschowa** hatte die Militärkapelle – laut Felix Milleker – nicht nur beim Ausrücken gespielt, sondern auch die Platzmusik vor dem Haus des Brigadiers besorgt und an Sonntagen im Volksgarten konzertiert. Ihr tüchtiger Kapellmeister war Anton Jachimek, der auch komponierte.

In Alfred Kuhns „Weißkirchen im Banat" (Fehértemplom/Bela Crkva) lesen wir: „Eine Militärmusikkapelle wird in **Weißkirchen** erstmals ausdrücklich beim Empfang des Kaisers Franz I. mit Gemahlin am 8. Oktober 1817 erwähnt."

Der Militärkapellmeister Josef Sawerthal bemerkt in einem Reisebericht über die Musikbanden der Grenztruppen, daß sie „gewissermaßen einen kulturellen Mittelpunkt in ihren Stabsorten und deren Bezirken" bildeten. Zur Bedeutung dieser Musiken, an welchen zweifelsfrei auch manche unserer Landsleute entweder passiv oder aktiv teilhatten, schreibt Emil Rameis wohl zutreffend: „Im übrigen waren es auch hier stets Musiker aus den deutschen und böhmischen Ländern der Monarchie gewesen, die ein Stück der dem fruchtbaren Boden der Musikmetropolen Wien und Prag entstammenden deutschen Musikkultur nach dem Südosten des alten Kaiserstaates getragen hatten."

Otto Voggenberger gibt in seinem Heimatbuch „Pantschowa", Pannonia-Verlag Freilassing 1972, ein anschauliches Bild über den Beitrag der Militärkapellen am musischen Leben eines Banater Ortes mit deutschem Bevölkerungsanteil: „Damals hatte das Leben in der Stadt ein eigenes militärisches Gepräge. Allerorten sah man Uniformen. Oft gab es Veranlassung zur Entfaltung militärischen Prunkes. Besonders der Geburtstag des ‚obersten Kriegsherren', des Kaisers, wurde feierlich begangen. Da gab es Paraden mit Gewehrsalven und Kanonendonner, Militärmusik, Festgottesdienste, zu dem alles festlich gekleidet ausrückte, Festtafeln, Festveranstaltungen und Bälle."

# DIE ÖSTERREICHISCHE MILITÄRMUSIK – EIN VORBILD DES DONAUSCHWÄBISCHEN MUSIZIERWESENS

## 1. Abriß ihrer Entwicklung

Wenn wir das Stichwort „k. u. k. Militärmusik" hören, assoziieren wir wohl alle die aus unzähligen Filmen bekannten und äußerst ansprechenden Formationen; unsere alten Landsleute erinnern sich ihrer Jugendzeit.

Doch zur Zeit der Ansiedlung unserer Ahnen im 18. Jahrhundert sahen diese Musikkapellen noch ganz anders aus und wären womöglich in ihrer damaligen Form ohne besonderen Einfluß auf unser Musizierwesen geblieben.

Die komplexe Entwicklung der österreichischen Militärmusik kann hier nur stark vergröbert und in wenigen Sätzen dargestellt werden.

Anfangs des 18. Jahrhunderts war die „Militärmusik" eine Angelegenheit der (meist adeligen) Regimentsinhaber. Man nannte sie **„Hautboisten"** (nach dem französischen Wort für die Oboe). Dabei muß bemerkt werden, daß sich diese Bezeichnung noch gehalten hatte, als die Besetzung schon längst nicht mehr aus Oboe-Instrumenten bestand. Nachdem die Regimentsinhaber später auch ihre Offiziere zur finanziellen Erhaltung der Hautboisten-Banden herangezogen hatten, gab es neue Probleme. Um die Mitte des Jahrhunderts war den Regimentern bereits der Stand von 8 Bläsern etatmäßig gestattet. Die Besetzung war zumeist: 2 Oboen, 2 Klarinetten, 2 Hörner und 2 Fagotte. Nachdem ein solcher Klangkörper durchaus in der Lage war, eine angenehm anzuhörende Musik zu bieten, nannte man sie auch **„Harmonie"**.

Nun war man aber um diese Zeit herum schon längst durch die Türkenkriege deren **„Janitscharenmusik"** begegnet. Dabei handelte es sich hauptsächlich um verschiedene Schlaginstrumente, welche vornehmlich rhythmische Wirkungen hervorriefen. Vielerorts hatte man in bestehende Orchester bereits die Trommeln, Tschinellen, Triangel usw. übernommen. Solche Klangkörper bezeichnete man dann allgemein als **„Türkische Musik"**.

Nachdem den Regimentern die 8 Hautboisten zugestanden waren, ergänzten viele Inhaber ihre Klangkörper um die genannten „türkischen" Instrumente aus eigener Tasche und zogen hierfür wiederum auch die Offiziere heran.

Etwa im Jahre 1799 wurde der Stand von bereits über 20 genehmigten Musikern sogar auf 34 Mann festgesetzt. Schon in der Folgezeit waren die Musiker auch an Streichinstrumenten ausgebildet, so daß sie bestens in der Lage waren, allen damaligen Ansprüchen der gehobenen Musik zu entsprechen.

Besonders wichtig waren in den ersten Jahrzehnten des 19. Jahrhunderts die **Fortschritte im Instrumentenbau** – es kam zur Einführung der Ventile bei den Blechblasinstrumenten. Viele technische Verbesserungen führten zunehmend zu günstigeren Handhabungen und Klangwirkungen. Die Oboe verschwand – mit Ausnahme von konzertanten Erfordernissen. Dafür eröffneten das Tenorhorn, das Bariton und das Helikon (Baß) neue qualitative Möglichkeiten.

Ein langwieriger Entwicklungsprozeß verlief auch hinsichtlich der Uniformen.

## 2. Ihre Wirkung auf die Öffentlichkeit

In der „Einführung" zu Emil Rameis' „Die österreichische Militärmusik" heißt es u. a.: „Schon sehr früh nahmen die österreichischen Militärmusik-Banden neben Märschen auch Konzertstücke in ihr Repertoire auf und weitaus früher als anderswo galt selbst das Streichorchester als wesentlicher Bestandteil der Militärmusik. Bereits in den zwanziger Jahren des vorigen Jahrhunderts versahen österreichische Militärkapellen Orchesterdienste in den Theatern ihrer Garnisonsstädte und waren somit in das regionale zivile Musikleben weitestgehend integriert. Sie erfüllten eine eminente kulturelle Funktion, indem sie die vielen Völker des alten Kaiserstaates mit den Tonwerken unserer Klassiker bekannt machten … Indem die Regimentsmusik vorzugsweise angewiesen ist, im Freien zu spielen, hat sie stets die zahlreichste, dank-

## 3. Die Donauschwaben und die Militärmusik

Um die Mitte des 19. Jahrhunderts hatte sich die österreichische Militärmusik allmählich zu dem entwickelt, was wir in unserer Vorstellungswelt mit ihr verbinden. Hinzu kamen noch einige ganz wichtige Aspekte. Als nämlich eine Anzahl von neuen Infanterie-Regimentern aufgestellt wurde, verlegte man solche auch in einige unserer Heimatorte. Nachdem schon vorher auch 15jährige Knaben in die Militärmusik eintreten konnten, wurde 1869 die Einrichtung der **„Musik-Eleven"** gesetzlich geordnet. Diese Knaben wurden bei den Regimentern in Musik ausgebildet und traten dann nahtlos, als sie wehrpflichtig geworden waren, der Regimentsmusik bei.

Nachdem nun unsere Siedlungsgebiete in unmittelbare Berührung mit den Militärkapellen gekommen sind, inzwischen auch die allgemeine Wehrpflicht eingeführt war, lag es nahe, daß unsere musikbegabten Wehrpflichtigen in die Militärmusik strebten; dazu begaben sich viele Knaben als Eleven in die Kasernen.

*Josef Broder (1888–1958) aus Karawukowa diente langjährig in der k.u.k. Militärmusik. Im Zivilleben war er Kleinlandwirt und Friseur, außerdem Musiker des örtlichen Schützenvereins*

barste und empfänglichste Hörerschaft ... Da darf jeder teilnehmen, ohne Eintrittsgeld und Salontoilette ... Der Stab eines Regiments kommt häufig in Orte, wo nie ein Orchester ertönt hat, wo man nun die ersten Eindrücke einer großartigen, vollen, reinen Musik empfängt ..."

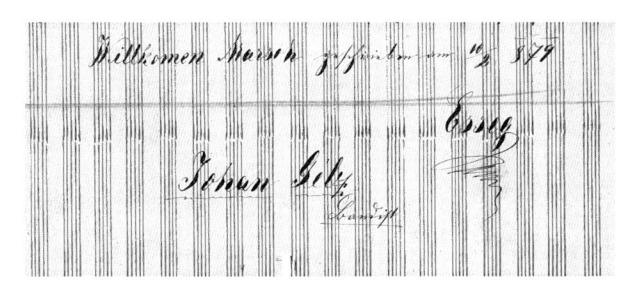

*Die Garnisonsorte waren „Umschlagplätze" für Musikgut aller Art. Der „Bandist" Johann Gilz brachte aus Essegg 1879 den „Willkommen-Marsch" ins heimatliche Banat mit*

*Die bekannten Orzydorfer Kapellmeister Fidel Unterweger (1872–1924) und Sohn Hans Unterweger (1898–1928) als Militärmusiker*

Foto aus dem Jahre 1865 (!): Anton und Franz Salma aus Marienfeld (geboren ca. 1846 bzw. 1850) als Militärmusiker in Großwardein. Die Brüder waren später in Pest, Segedin und in anderen Orten als Musiker tätig

Michael Agnes aus Kreuzstätten um 1912 bei einer Militärkapelle in Agram

Anton John, ein tüchtiger Arrangeur, schrieb sich am 24. Juni 1903 in der Garnison zu Triest den „Hinke Marsch" auf, um ihn in den Heimatort in der Schwäbischen Türkei mitzunehmen

K. u. k. Infanterie-Regiment No. 29, Temeschburg im Mai 1892

Von entscheidender Bedeutung für unsere Musiker war aber die Tatsache, daß die Funktion der Militärkapellen längst nicht mehr auf das rein Militärische beschränkt war, sondern im Gegenteil die **Pflege von konzertanter Musik** Priorität erhielt. Die Militärkapellen traten nun immer häufiger nicht nur in den Garnisonsorten für die Zivilbevölkerung auf.

All dies fand allenthalben größten Anklang, so daß namentlich durch unsere in die Heimatorte zurückgekehrten Musiker in zunehmendem Maße Blaskapellen entstanden. Sie waren es auch, die beim Militär mit österreichischen, böhmischen und mährischen Musikern tagtäglich zusammengekommen waren und Notenmaterial mitbringen konnten. Aus allen diesen Beziehungen und Verflechtungen setzte sich in unseren Heimatgemeinden ein Entwicklungsprozeß in Gang, welcher hinsichtlich der Instrumente und des Musikgutes zu einem einheitlichen Geschmack führte.

Über die engen Bindungen der Zivilbevölkerung mit der Militärmusik gibt eine Notiz im „Werschetzer Gebirgsbote(n)" vom 7.2.1857 exemplarischen Aufschluß: „Die Schützengesellschaft wird einen Ball veranstalten unter Mitwirkung der Militärmusik aus Weißkirchen." Später ist die Militärmusikkapelle des 43. Infanterieregiments in der erwähnten Nachbarstadt unter ihrem Kapellmeister Alois Buresch bis 1914 öfter in Werschetz aufgetreten.

## 4. Donauschwäbische und südostdeutsche k.u.k. Militärkapellmeister

(eigener Beitrag in
„Der Donauschwabe", 7080 Aalen/Wttb.,
13.10.1985, S. 4, und 20.10.1985, S. 4)

Die österreich-ungarische Militärmusik, welche bei der Entwicklung und Ausformung unseres musikalischen Geschmacks – in konzertanter und volkstümlicher Hinsicht – geradezu Pate gestanden hatte, war unzähligen Landsleuten offen gestanden. Nach oft jahrelangem Dienst hatten sie viele als Unteroffiziere oder Feldwebel verlassen und konnten ihre erlangten Fachkenntnisse im eigenen Heimatort oder sonstwo beruflich oder nebenberuflich nutzbringend zur Anwendung bringen.

Einer ganzen Reihe von Donauschwaben und Südostdeutschen gelang es jedoch auch, Militärkapellmeister zu werden. Manche von ihnen hatten im Anschluß an diese Tätigkeit im In- und Ausland Chancen auf der beruflichen Erfolgsleiter wahrgenommen, so daß ihre musikalische und häufig auch kompositorische Entfaltung zumindest nicht immer direkt auch dem Heimatraume zugute gekommen war.

*Aus dem donauschwäbischen und südostdeutschen Heimatraum hervorgegangene k.u.k. Militärkapellmeister in der ersten Hälfte des 19. Jahrhunderts (die Abkürzungen „I.R." stehen für „Infanterie-Regiment"):*

**Wilhelm von Asboth** (1821–1871) aus Radautz/Rădăuţi (Buchenland/Bukowina) von 1842 bis 1861 bei den 10er-Husaren, anschließend beim I.R. 58. Kompositionen u.a.: 57er Regiments-Marsch, Wallonen-Marsch.

**Karl Blaschek**, 1813 in Rezbanya (Siebenbürgen) geboren, beim Linien-I.R. 79.

**Johann Gungl**, 1818 in Schambeck/Zsámbék geboren und 1883 in Fünfkirchen gestorben, beim Linien-I.R. 27 in Graz. Mit ziviler Kapelle hatte er in St. Petersburg (heute Leningrad) konzertiert; 113 Kompositionen in Druck erschienen.

**Josef Gungl**, ebenfalls aus Schambeck, 1809 geboren und 1889 in Weimar verstorben, beim 4. Artillerie-Regiment in Graz und später vorübergehend in Brünn. Leiter mehrerer ziviler Kapellen, zahlreiche Konzertreisen fast durch ganz Europa, 1848 Amerika-Tournee. 436 Eigenschöpfungen in Druck herausgebracht.

**Anton Jachimek**, dessen Herkunft nicht bekannt ist, war beim Illyrisch-Banater Grenzregiment Nr. 12 und wurde 1840 Ehrenbürger der Stadt Pantschowa (wegen seiner Verdienste um die Verbreitung der Musik).

**Josef Müller** aus Tolnau (1812–1876) beim I.R. 39 und 62. Kompositionen u.a.: Kossuth-Lied, zwei Batthyáni-Märsche, Jászkún-Marsch, Damjanich-Marsch.

**Josef Seyler** stammte aus Gran/Esztergom, wo er Domorganist war; zu Beginn des 19. Jahrhunderts befand er sich bei einem österreichischen Regiment in Italien.

**Anton Schmidl** von Hegyes (1819–1880) aus Ofen war ab 1848 im I.R. 32 und 63.

**Franz Urschitz** wurde 1818 in Adelsberg/Postojna geboren und war im Linien-I.R. 70.

**Josef Wendl** (1808–1887) stammte aus Lockenhaus und diente ab 1844 beim 1. Banater Grenzregiment Nr. 10.

**Julius Stefan Wahl** (1824–1893) wurde in Kula/Kúla geboren; von 1841–1850 war er beim 3. Kürassier-Regiment, von 1850–1860 beim 3. Husaren-Regiment.

*Aus dem donauschwäbischen und südostdeutschen Heimatraum hervorgegangene k.u.k. Militärkapellmeister in der zweiten Hälfte des 19. Jahrhunderts:*

**Stefan Bachó von Dezcer** kam 1858 in Preßburg zur Welt und starb 1915 in Budapest. Nach dem Besuch der Konservatorien in Budapest wurde er Militärkapellmeister beim I.R. Nr. 55. Im Jahre 1896 wurde er Leiter der Honvéd-Musik Nr. 1. In Budapest waren seine Konzerte hoch geschätzt.

Der 1823 in Moritzfeld/Móriczföld/Măureni geborene **Peter Brausch** war u. a. beim 8. Ulanen-Regiment tätig.

In Triest kam 1853 **Anton Chero** zur Welt. Ab 1894 bekleidete er den Posten eines Militärkapellmeisters in Zara/Zadar. Er komponierte u. a. den „Triester Lieder Marsch".

**Alfons Czibulka** wurde 1842 in Kirchdrauf/ Szepesváralja/Špišské Podhradie in der Zips geboren und starb 1894 in Wien. Er leitete u. a. die Kapellen der I.R. Nr. 25, 36 und 19. Er war auch ein beliebter Komponist.

Aus Pest stammte der 1830 geborene **Johann Fischer**, der beim I.R. Nr. 15 wirkte.

**Anton Heller** aus Hermannstadt, 1878 geboren, war Kapellmeister beim I.R. Nr. 61 und 71.

**Max Heyda**, 1867 in Ofen geboren, war seit 1892 beim 36., seit 1910 beim I.R. Nr. 42. Er hatte das „Goldene Vedienstkreuz" erhalten.

**Johann Nepomuk Hock**, 1850 in Pest zur Welt gekommen, war von 1870 bis 1873 und von 1883 bis 1912 beim I.R. 13, in der Zwischenzeit auch beim I.R. Nr. 39. Er schrieb u. a. den „13er Regiments-Marsch".

*Militärkapellmeister Richard Hunyaczek um 1914*

*Richard Hunyaczek*

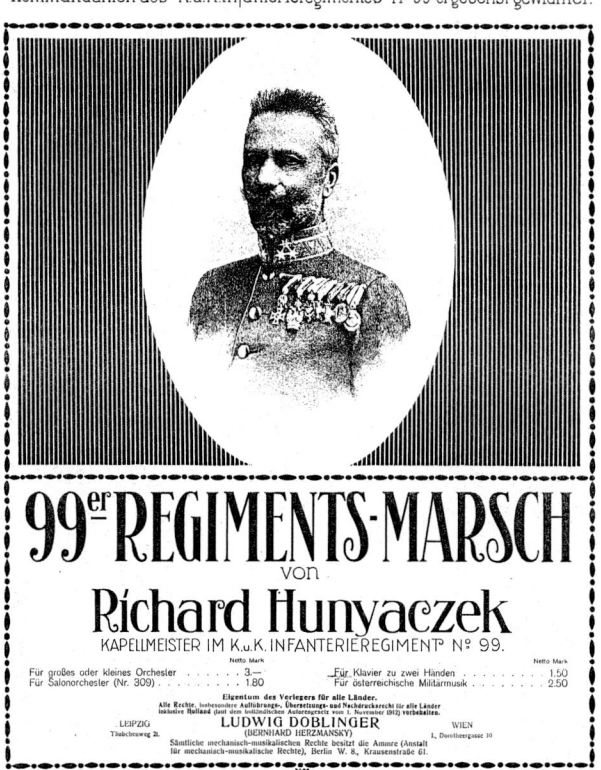

Sr. Hochwohlgeboren Herrn k.u.k. Oberst **Otto Herzmansky**, Kommandanten des k.u.k. Infanterieregimentes N° 99 ergebenst gewidmet.

**99er REGIMENTS-MARSCH**
von
**Richard Hunyaczek**
KAPELLMEISTER IM K.u.K. INFANTERIEREGIMENT N° 99.

| Netto Mark | | Netto Mark |
| Für großes oder kleines Orchester . . . . . . 3.— | | Für Klavier zu zwei Händen . . . . . . . . . 1.50 |
| Für Salonorchester (Nr. 309) . . . . . . . . 1.80 | | Für österreichische Militärmusik . . . . . . 2.50 |

Eigentum des Verlegers für alle Länder.
Alle Rechte, insbesondere Aufführungs-, Übersetzungs- und Nachdrucksrecht für alle Länder inklusive Holland (laut den landläufigen Autorrechten vom 1. November 1912) vorbehalten.

LEIPZIG **LUDWIG DOBLINGER** WIEN
Täubchenweg 21. (BERNHARD HERZMANSKY) I., Dorotheergasse 10
Sämtliche mechanisch-musikalische Rechte besitzt die Anstalt
für mechanisch-musikalische Rechte, Berlin W. 8, Krausenstraße 61.

---

**Anton Horner** hatte bis zum 1. Weltkrieg fast 50 Jahre lang in Pantschowa als Chordirigent, Organist und Musiklehrer gewirkt. Vorher war er Militärkapellmeister gewesen.

**Richard Hunyaczek** wurde 1877 in Budapest geboren und starb 1917 in Wien. Von 1908 bis 1912 war er Kapellenleiter beim I. R. Nr. 51, danach bei den 99ern.

**Ludwig Jeschko** aus Ofen (1830–1863) wirkte beim I. R. Nr. 16.

**Adalbert von Keller** – Kéler Béla – wurde 1820 in Bartfeld/Bártfa/Bardejov geboren; er starb 1882 in Wiesbaden. 1856 leitete er die Kapelle des I. R. 10 in Wien, später diente er auch in anderen Garnisonen. Er brachte zahlreiche Kompositionen hervor.

**Franz Kellner** (1819–1891) aus Blumenthal/Máslak/Maşloc im Banat leitete ab 1853 die Musik beim Tittler Grenz-Infanterie-Bataillon.

In Ödenburg kam 1877 **Eugen Kerner** zur Welt, der beim Landwehr-Distrikts-Kommando in Segedin und Kaschau diente.

Aus Kolut (Ringdorf)/Küllöd ging **Mathias Knipl**, Jahrgang 1833, hervor, der ab 1867 im 13. Husaren-Regiment die Kapelle leitete.

**Josef Kovacs** (eigentlich Schmitz) wurde 1825 in Preßburg geboren und starb 1890 vermutlich in Wien. Von 1857 bis 1861 leitete er die Musik beim I. R. Nr. 27. Aus seiner Feder stammen der „Württemberg-Marsch" und der „Admiral-Bourgengnon-Marsch".

**Franz Lakony**, 1882 in Karlsburg geboren, war ab 1909 beim I. R. 57.

Der berühmte Operettenkomponist **Franz Lehár** (1870–1948) aus Komorn war bei den Infanterie-Regimentern Nr. 25, 26, 3 (Budapest) und 26 (Wien).

Aus Kronstadt kam der 1886 geborene **Ernst Lorenz**, der beim 2. Regiment der Tiroler Kaiserjäger tätig war.

**Viktor Lorenz** stammte aus Ödenburg, 1868 geboren. Er war bei den I. R. Nr. 6 und 61.

Aus Jink/Gyönk (Tolnau) ging **Rudolf Mestyan** hervor, der während des 1. Weltkrieges bei einer nicht mehr bekannten Einheit Militärkapellmeister war.

Der 1840 in Czernowitz zur Welt gekommene **Hermann Moller** war beim I. R. Nr. 79.

**Karl Neumann** aus Alt-Ofen, Geburtsjahr 1822, war beim I. R. Nr. 27 und ab 1863 beim 22. Feldjäger-Bataillon.

**Josef Neuner** (1864–1911) aus Hatzfeld, der viele Auszeichnungen erhalten hatte, war von 1895 beim I. R. Nr. 46, von 1898 beim I. R. 68 Kapellenleiter.

**Karl Novaček** (1864–1929) aus Weißkirchen war beim I. R. 61 Kapellmeister.

Karls Bruder **Rudolf Novaček** kam 1860 in Weißkirchen zur Welt; er war von 1882–1885 beim I. R. Nr. 74 und von 1885–1890 beim I. R. 28. Besonders bekannt wurde sein „Castaldo-Marsch".

*Adam Proházka*

**Josef Nyari** wurde 1860 in Poppau/Pápa geboren; er diente bei der königlichen Honved III.

Aus Pest ging **Anton Panhans** (1836–1888) hervor, der beim 6. Husaren-Regiment und von 1867 bis 1870 beim I.R. Nr. 30 diente.

**Karl Pauspertl** (Karl von Drachenstein), der 1897 in Plevlje/Pljevlje (Montenegro) zur Welt kam und 1963 in Wien starb, war von 1916 bis 1918 beim I.R. Nr. 57 Kapellmeister. Später trat er mit einer Reihe viel beachteter Kompositionen, insbesondere mit Filmmusiken hervor („Die Regimentstochter", „Franz Schubert", „Wiener Mädeln" u.a.).

Der in Warjasch am 17.3.1880 geborene und am 20.9.1971 in Wien verstorbene **Adam Proházka** ging aus der Knabenblaskapelle Michael Steiner hervor, mit welcher er auch auf ausländischen Konzertreisen war. Mit 17 Jahren rückte er zur Regimentsmusik des I.R. Nr. 53 in Arad ein, später war er beim I.R. 50 Ausbilder und schließlich zwei Jahre lang auch Regimentskapellmeister. Er hatte sieben verschiedene Auszeichnungen erhalten. Seit 1923 in Wien lebend, bildete er dort und in Kirchberg am Wagram Jugendblaskapellen aus. Proházka war auch der Begründer der Musikkapelle der „Österreichischen Turn- und Sportunion". Von seinen zahlreichen Kompositionen war noch 1966 ein Notendruck für Blasmusik seines Marsches „Der österreichische Soldat" als Jahresbestseller des Verlages „Austro-Scotia" in Aberdeen (Schottland) erschienen.

**Anton Rausch**, vermutlich 1890 in Tschakowa/Csákova/Ciacova zur Welt gekommen, war bei einer nicht mehr näher bekannten Einheit. Er komponierte den „Ernst König-Marsch".

**Gustav Režek**, Geburtsjahr 1880, stammte aus Großkikinda/Nagykikinda/Kikinda. Er war ab 1910 beim I.R. 66 und hatte mehrere Auszeichnungen erhalten.

Aus Karlsburg (Siebenbürgen) stammte **Franz Scharoch** (1836–1899). Er war beim I.R. Nr. 6 und von 1867 bis 1898 beim I.R. 72. Er komponierte u.a. den „Dormus-Marsch".

**Heinrich Strobl** war bei den Infanterie-Regimentern Nr. 27, 29 und 43 tätig. Nähere Lebensdaten sind nicht bekannt, doch ist es von Interesse, daß am Schluß seiner handgeschriebenen Partitur zur Polka „Cis und Trans" wörtlich vermerkt steht: „Guttenbrunn am 18ten December 1872"; später erschien dieser Titel bei Rózsavölgyi in Pest im Druck.

In Fiume/Rijeka wurde 1835 **Anton Tyrner** geboren, der beim I.R. Nr. 92 diente.

**Rudolf Wagner** (1850–1915) leitete die Kapelle des I.R. Nr. 44. Hernach ließ er sich in Marburg a.d. Drau nieder, wo er Chordirigent wurde und mehrere Kompositionen (Tanzstücke und Märsche) schrieb.

Aus Ödenburg kam **Ignaz Wanek**, Geburtsjahr 1819, der u.a. beim 3. Kürassier-Regiment tätig war.

In Güns/Kőszeg kam **Johann Weinlich** zur Welt und war um 1860 beim 11. Kürassier-Regiment.

**Michael Zimmermann** (1833–1907) stammte aus Hermannstadt und arbeitete bei den I.R. Nr. 14, 17, 38, 40, 49, 73, bei der Marinemusik und beim Kürassier-Regiment Nr. 1. Er hatte mehrere Märsche komponiert.

Die **Militär-Kapellmeister** der österreich-ungarischen Armee sind nicht immer durch Beförderungen aus dem militärischen Musikerstand hervorgegangen – im Gegenteil, man hatte schon relativ früh **tüchtige zivile Musiker** in diese Funktionen aufgenommen, wobei die Regimenter mit ihnen entsprechende Verträge abschlossen. Nachdem die Altersversorgung dieser Menschen jedoch nicht gesichert war, wurde ein „Militärkapellmeister-Pensionsverein" gegründet, dessen Statuten 1860 von Kaiser Franz Josef I. sanktioniert wurden. Die vier „Grundbücher" dieses Vereins, welche im Kriegsarchiv Wien ausgewertet werden konnten, ermöglichten die Feststellungen über etwa die Hälfte der vorstehend aufgezählten Personen.

Der **Regiments-Tambour oder Tambour-Major** war – vereinfacht ausgedrückt – stellvertretender Kapellmeister; er war an der Ausbildung beteiligt, ging beim Ausmarsch an der Spitze der Kapelle und dirigierte sie auch. Bis es aber dazu kam, gab es lange und komplizierte Entwicklungsprozesse.

*Anton Kraul*

*Alois Wenz 1917 in Budapest*

Mit Sicherheit gab es in dieser Funktion zahlreiche Landsleute, doch können mangels einschlägiger Aufzeichnungen nur einige präziser angegeben werden:

**Anton Kraul** aus Waschkut (1871–1940), dessen Einheit aber nicht bekannt ist. Hernach war er Kapellmeister der Ungarischen Landes-Postkapelle. Zahlreiche Kompositionen, am bekanntesten der „Magyar diszmenet indulo" (ungarischer Defilier-Marsch).

**Stefan Maisl** stammte gleichfalls aus Waschkut und war beim I. R. 52 in Fünfkirchen.

**Alois Wenz**, 1900 in Traunau/Cseralja/Aluniş (Banat) geboren und 1980 in Bremen verstorben, wurde mit 18 Jahren in Budapest stellvertretender Kapellmeister.

*Johann Kneip komponierte u. a. den Walzer „Der Traum eines Kriegers". Das Notenblatt wurde in Amerika aufgefunden*

Über den 1865 in Kowatsch/Temeskovácsi/Covaci geborenen **Johann Kneip** hatte sein Landsmann Michael Horn recherchiert. Danach hatte Kneip bereits als Zehnjähriger in der Knabenblaskapelle Johann Schütt im Ort die Es-Klarinette beherrschen gelernt. Mit 18 Jahren eingerückt, konnte er sich in der Militärmusik beachtlich weiterbilden, so daß er es bis zum stellvertretenden Kapellmeister brachte. Am Ende des 1. Weltkrieges, als 1919 die rumänischen Truppen in Temeschburg einmarschierten, hatte Johann Kneip diese als Militärkapellmeister mit seiner Formation empfangen. Das Angebot, in gleicher Eigenschaft mit seinen Musikern ins rumänische Militär einzutreten, lehnte er aus unbekannten Gründen ab. Kneip verfiel zunehmend dem Alkohol und wurde von einem unerklärbaren Wandertrieb beherrscht. Für ein Essen oder eine Flasche Wein arrangierte oder komponierte er für die örtlichen Kapellen Musikstücke. Auch in Amerika hatte er es nicht lange ausgehalten. Anfangs der 1930er Jahre starb er im Heimatort. Von seinen Kompositionen, welche teilweise in Amerika und nach dem 2. Weltkrieg auch in Deutschland Schallplattenaufnahmen erfuhren, können genannt werden: „Der Traum eines Kriegers" (Walzer), „Musikvereins-Marsch", „Im Feuer" (Schnellpolka), „Vor der Schlacht" (Marsch), „Aus der Ferne" (Marsch).

Ein über den üblichen Rahmen hinaus bekannt gewesener dörflicher Kapellmeister in Botschar war **Peter Naumann**. Er ging aus der k. u. k. Militärmusik hervor und war, der Überlieferung nach, dort auch Kapellmeister gewesen. Der aus dem Ort hervorgegangene Arzt, Dr. Benedikt Bardo, hatte ihm in der Zwischenkriegszeit einen „Peter-Naumann-Marsch" gewidmet.

*Nikolaus Ott*

## 5. Auswärtige k.u.k. Militärkapellmeister in Garnisonen des Heimatraumes

Viele Militärmusiken in unseren heimatlichen Garnisonsorten wurden auch von Kapellmeistern aus anderen Teilen der Monarchie geleitet. Manche von ihnen blieben bei uns. Andere wieder hatten durch ihre Kompositionen oder Kontakte mit ortsansässigen zivilen Kapellen am Musikleben unserer Heimat mehr oder weniger teilgenommen.

**Franz Eduard Albert** wurde 1879 in Kremsier (Mähren) geboren und war von 1900 bis 1910 in Stuhlweißenburg beim Honved-Regiment Nr. 17, dann beim I.R. Nr. 17 in Essegg.

Aus Freistadt in Schlesien kam **Anton Blaton** (1862–1940), der in Budapest seine musikalischen Studien vervollkommnet hatte und dort auch starb; er hatte die Kapelle des I.R. 82 dirigiert.

Der Wiener **Karl Albin Bock** (Jahrgang 1886) war in Klausenburg beim I.R. 51.

**Alois Buresch** (1879–1919) stammte aus Kladno in Böhmen. Er war außer in Wien auch in Weißkirchen Kapellmeister, wo er auch am Musikleben der deutschen Einwohner aktiv teilnahm und einige Kompo-

**Nikolaus Ott** aus Karlsdorf (1883–1928) diente in der k.u.k. Militärmusik beim Inf. Rgt. Nr. 61 in Temeschburg, Slawonisch Brod und anderen Orten. Er erreichte den Dienstgrad eines Feldwebels und war zuletzt Regiments-Tambour. Noch vor Ausbruch des 1. Weltkriegs kehrte er ins Zivilleben zurück und leitete im Geburtsort eine 10-Mann-Kapelle. Um 1920 bildete er in Mramorak eine Knabenkapelle aus.

Der aus Engelsbrunn stammende **Nikolaus Vogel** (1881–1935) war in einer k.u.k. Militärmusik von 1914 bis 1918 Regiments-Tambour.

sitionen hervorbrachte, z.B. den „Franz-Bauer-Marsch".

In Prag wurde 1871 **Josef Čermák** geboren, der 1938 in Neusatz starb. Er war u. a. von 1894 bis 1899 Kapellmeister am Landestheater zu Agram, dann beim I.R. Nr. 70 in Peterwardein.

**Ludwig Domansky** (1873–1926) aus Starvicska in Mähren war u. a. von 1897 bis 1902 in Lizenz/Losonc/Lučenec beim I.R. Nr. 25.

Der 1878 in Wien geborene **Emanuel Dvořák** leitete von 1889 bis 1918 die Kapelle des I.R. Nr. 31 in Hermannstadt, wo er auch den Marsch „Souvenir de Hermannstadt" komponierte.

Ein Wiener war **Philipp Fahrbach junior** (1843 bis 1894), der zwischen 1870 und 1880 Leiter einer Militärkapelle in Ungarn war.

**Friedrich Fahrbach** (1809–1867) aus Wien war beim Illyrisch-Banater Grenz-Regiment.

Aus Rapice in Böhmen war **Johann Fiala** (1854 bis 1921) gekommen, der die Kapelle beim Ungarischen I.R. Nr. 37 in Großwardein geleitet hatte.

**Richard Fryčaj**, 1867 in Kremsier (Mähren) geboren, war Leiter der Honved-Kapellen Nr. 5, von 1913 bis 1914 Nr. 4, von da ab in Budapest.

**Julius Fučik** (1872–1916) aus Prag wurde 1897 Militärkapellmeister beim I.R. 86 in Budapest, wo er bis 1910 verblieb. Er schrieb bekannte Märsche und Tänze.

Aus Prag kam auch **Johann Gottwald** (1869–1935), der ab 1900 die Kapelle des Ungarischen I.R. Nr. 64 anführte.

**Ludwig Grossauer**, 1861 in Losenstein bei Steyr geboren, war von 1889 bis 1909 beim I.R. 48 in Ödenburg. Er starb 1911 in Tyrnau (Oberungarn).

**Wenzel Josef Heller** wurde 1849 in Dobroměřice geboren und leitete ab 1885 die Musik beim Ungarischen Infanterie-Regiment Nr. 29 in Temeschburg. Von 1873 bis 1877 war er Regens chori, Organist und Stadtkapellmeister in Hermannstadt.

In Proseč, Böhmen, kam **Josef Horák** 1874 zur Welt. Von 1907 bis 1918 diente er beim I.R. 69 in Fünfkirchen.

Aus Böhmen war auch **Franz Anton Hüttisch** gekommen, der 1874 in Joachimsthal geboren wurde. Er war u. a. Militärkapellmeister in Segedin.

Der Wiener **Karl Kees** (1864–1907) war u. a. Militärkapellmeister in Slawonisch-Brod/Slavonski Brod und starb in Cilli/Celje.

**František Kmoch** aus Zásmuky bei Kolin (1848 bis 1912) hatte 1885 auch in Budapest gewirkt.

**Viktor Kosteletzky** (1851–1899) stammte aus Jilek in Böhmen und wurde 1887 beim I.R. Nr. 41 in Czernowitz Kapellmeister.

**Josef Král** (1860–1920) kam aus Pilsen. Von 1887 bis 1906 wirkte er als Militärkapellmeister beim I.R. Nr. 68 in Budapest.

Der 1840 in Wien zur Welt gekommene **Alois Kraus** war auch beim I.R. Nr. 2 in Kronstadt.

**Anton Kučera** aus Kralup (1872–1934) war von 1900 bis 1908 beim I.R. Nr. 51 in Klausenburg.

**Jaroslav Labský** (1875–1949) aus Praskačka bei Königgrätz war von 1916 bis 1918 beim I.R. Nr. 37 in Großwardein.

Der Niederösterreicher **Josef Laßletzberger** (1862 bis 1939) diente von 1911 bis 1918 beim I.R. Nr. 41 in Csernowitz.

**Franz Lehár senior** (1838–1898) stammte aus Schönwald in Mähren; er war nach den Garnisonen in Preßburg, Ödenburg, Karlsburg und Klausenburg ab 1880 Militärkapellmeister in Budapest.

Der 1796 in Bilin (Böhmen) geborene und 1858 in Pest verstorbene **Josef Liehmann** war als Militärkapellmeister u. a. in Peterwardein, Bukarest, Segedin und Pest tätig.

Aus Matzen in Niederösterreich ging **Alois Neidhart** (1856–1936) hervor, der von 1895 bis 1912 beim I.R. Nr. 34 in Kaschau tätig war.

**Hans Pavlis** aus Prag (1858–1915) starb nach langjähriger Tätigkeit als Militärkapellmeister in Raab.

„K.K. Linien Infanterie Regiment B. Kussevich Nr. 33. Capellmeister Franz Lehár. Zeugniß. Dem Musik Feldwebel Michael Steiner wird hiemit bestättigt das er während seiner 4 Jährigen Dienstzeit durch Fleiß, Kentnisse, und insbesondere, durch vortrefflichen Unterricht an Skolaren, beim obigen Regiments Stab, das größte Lob und meine volste Anerkennung erwarb, und kann ich den genanten allerseits auf's beste anempfehlen. Budapest am 29ten August 1881. Franz Lehár Capellmeister im 33ten Lin.Inf.Reg."
*Beim dem Kapellmeister handelte es sich um Franz Lehárs Vater des gleichen Namens, geboren 1838 in Schönwald, Mähren, gestorben 1898*

*„Erinnerung an Herkulesbad", Walzer*

**Jakob Mathias Pazeller** kam am 2.1.1869 in Baden bei Wien zur Welt. Nach Verpflichtungen in Theater-Orchestern leitete er ab 1896 in Arad die Kapelle des I.R. Nr. 33. Von 1906 bis 1918 war er Kapellmeister des I.R. Nr. 38 in Budapest. Hier starb er am 24.9.1957. Er hatte u.a. die Operette „Esther" komponiert und brachte zahlreiche Märsche, konzertante Musik und Tanzstücke hervor. Heute noch ist sein Walzer „Erinnerung an Herkulesbad" bekannt. Weiters schrieb er den „Bacha-Walzer" und „Belle Bergère", valse.

In Biskubitz in Mähren wurde 1874 **Josef Přichystal** (Pecsi) geboren. In Budapest, wo er 1958 starb, leitete er die Kapelle des I.R. Nr. 6 von 1907 bis 1918.

Der 1827 in Prag geborene **Anton Rosenkranz** starb, nach Tätigkeiten als Militärkapellmeister bei verschiedenen Regimentern, 1888 in Ödenburg.

**Josef Franz Wagner** aus Wien (1856–1908) war u.a. in Marburg a.d. Drau Militärkapellmeister.

Aus Wien kam auch **Karl Wetaschek** (1859–1936), der u.a. beim I.R. Nr. 32 in Budapest wirkte.

**Alexander Zellner** (1861–1940), ebenfalls aus Wien, war der Sohn eines Landsmannes aus Agram. Er leitete ab 1886 die Kapelle des I.R. Nr. 38 in Sarajewo.

**Franz Zita** kam 1880 in Cečelice zur Welt. Von 1912 bis 1915 leitete er die Kapelle des I.R. Nr. 97 in Triest.

## 6. Die Hausregimenter der österreich-ungarischen Armee in Südosteuropa und ihre offiziellen Märsche

Eine der Hauptaufgaben einer jeden Militärkapelle für den rein militärischen Bereich war, einen besonderen Marsch für die Defilierung der Truppe – besonders des eigenen Regiments – zu besitzen und zu spielen. Obwohl es für die bis zum Ende des 1. Weltkrieges bestandenen **106 Infanterie-Regimenter** keine „von oben" festgelegten **Defilier-Märsche** gab, kann man dennoch die 1895 vom Reichskriegsministerium in einer Sammlung herausgegebenen Militärmärsche als die „offiziellen" bezeichnen. Daneben besaßen wohl die meisten Regimenter ihre eigenen Märsche, welche zumeist von den Kapellmeistern komponiert wurden und sich vielfach einer noch größeren Popularität erfreuten; nachdem auch diese Musikstücke häufig mit der Nummer des Regiments versehen waren, könnte es namentlich bei den Wissensträgern und sonstigen Kundigen leicht zu Irritationen kommen.

Nachfolgend werden nach den jeweiligen Regiments-Nummern die in Südosteuropa gelegenen Standorte – Garnisonen – genannt, weil unsere Landsleute überwiegend dort ihren Militärdienst geleistet hatten, der Titel des „offiziellen" Marsches, sein Komponist und evtl. Bemerkungen angefügt. Auch hierbei muß angemerkt werden, daß es sich bei den Garnisonsorten nicht um den „letzten Stand" handelt, sondern um die Verhältnisse (offensichtlich) des Jahres 1895. So befand sich beispielsweise das Infanterie-Regiment Nr. 43 in den letzten Jahren der Donaumonarchie nicht in Karansebesch (wie hier angeführt), sondern in Weißkirchen!

Die Ortsnamen werden prinzipiell zunächst in der Schreibweise gebracht, wie sie in dem benützten Quellenbuch von Emil Rameis („Die österreichische Militärmusik", verlegt bei Hans Schneider, Tutzing, 1976) angegeben sind.

Infanterie-Regiment Nr. 2: Kronstadt, Alexander-Marsch von E. Persuis; bestand bereits um 1812.

Nr. 5: Szatmar-Németi (Sathmar, Satu Mare), Monte-Groce-Regiments-Marsch von F. Grimm; zur Erinnerung an die Schlacht bei Custozza im Jahre 1866.

Nr. 6: Neusatz, 6er Regiments- und Defiliermarsch von J. Peczi.

Nr. 12: Komorn, Coronini-Marsch von V. Hartmann (Defiliermarsch des Deutsch-Banater Grenzschutz-Regiments Nr. 12 nach Motiven aus dem Jahre 1850.

Nr. 16: Belovar (Belowar, Bjelovar), Freiherr-von-Gießlinger-Marsch von F. Dobesch.

Nr. 17: Laibach, 17er-Regiments-Marsch von F. Korolany.

Nr. 19: Györ, Kronprinz-Rudolf-Marsch von A. Leonhardt (1858).

Nr. 23: Zombor, Szlankamen-Marsch von K. Schlögl (zur Erinnerung an den Markgrafen Ludwig Wilhelm I., 1691).

Nr. 26: Gran, unbekannt.

Nr. 29: Nagy-Beczkerek (Gross-Betschkerek, heute Zrenjanin), Laudon-Marsch von J. N. Fuchs (zur Erinnerung an den Feldmarschall Laudon).

Nr. 31: Hermannstadt, unbekannt.

Nr. 32: Budapest, Maria-Theresia-Marsch von J. N. Fuchs (1888).

Nr. 33: Arad, 33er-Regiments-Marsch von A. Czibulka (Motive aus dem Jahre 1877).

Nr. 37: Groß-Wardein, 37er Regiments-Marsch von J. Labsky.

Nr. 38: Kecskemét, 38er-Freiherr-von-Molinary-Marsch von A. Zellner.

Nr. 39: Debrezin, unbekannt.

Nr. 41: Czernowitz, 41er-Defilier-Marsch von A. Nechwalska.

Nr. 42: Theresiopel (Winga, Vinga), 42er-Wagram-Marsch von J. Wiedemann.

Nr. 43: Karansebes, Jovanovic-Marsch von K. Seber.

Nr. 44: Kaposvár (Kopisch, Ruppertsburg), 44er-Erzherzog-Albrecht-Marsch von K. Komzak.

Nr. 46: Szegedin, „Fejevari"-Marsch von J. Müller (1888).

Nr. 47: Marburg, 47er-Somacampagna-Marsch von A. Tischler (1848).

Nr. 48: Groß-Kanizsa (Groß-Kanischa, Nagykanizsa), 48er-Regiments-Marsch von L. Grossauer.

Nr. 50: Karlsburg, Oliosi-Sturm-Marsch von F. Léhar sen. (1866).

Nr. 51: Klausenburg, Splényi-Marsch (um 1822).

Nr. 52: Fünfkirchen, Erzherzog-Friedrich-Marsch von A. Czibulka (1879).

Nr. 53: Agram, Trenck-Panduren-Marsch von F. Freiherr von der Trenck (1741 nach alten Zigeunerweisen zusammengestellt).

Nr. 61: Temesvár (Temeschburg, Timişoara), Concordia-Marsch von F. Toman (1851).

Nr. 62: Maros-Vásárhely, 62er-Regiments-Marsch von J. Müller (1866; wahrscheinlich handelt es sich um Josef Müller aus Tolnau).

Nr. 67: Szolnok, Reicher-Marsch von S. von Bacho.

Nr. 69: Székesfehérvár (Stuhlweißenburg), 69er-Regiments-Marsch von E. Sechter.

Nr. 70: Peterwardein, 70er-Blauer-Brigade-Marsch von J. Kral.

Nr. 76: Ödenburg, 76er-Regiments-Marsch von A. Rosenkranz.

Nr. 78: Essegg, 78er-Sockievič-Marsch.

Nr. 83: Steinamanger (Szombathely), 83er-Regiments-Marsch von F. Sykora.

Nr. 85: Marmaros-Sziget (Sighetu Marmatiei), 85er-Regiemtns-Marsch „Kommando Feuer" von J. Prechtl.

Nr. 86: Maria-Theresiopel, Szveteney-Marsch von J. Stern (um 1890).

Nr. 87: Cilli, 87er-Regiments-Marsch von F. Blaschke.

Nr. 101: Békésscaba, Bellmond-Marsch von P. Oberthor.

(Aus eigenem Beitrag in „Südostdeutsche Vierteljahresblätter", München, Folge 1/1986, S. 53–54).

*K. u. k. Militärkapelle in Maria-Theresiopel/ Szabatka/Subotica*

## 7. Heimatmusiker in fremden Heeren

Für das Können und die Anpassungsfähigkeit unserer Heimatmusiker spricht auch die Tatsache, daß sie sogar in fremden Heeren als Musiker Aufnahme fanden:

**Heinrich Haller** aus Schowe, geboren 1887, lernte schon als Kind eine ganze Reihe von Musikinstrumenten beherrschen (Violine, Klarinette, Baßgeige, Baßflügelhorn usw.). Zunächst spielte er mit seinen sechs Brüdern in der Kapelle des Vaters. Die Musik wurde schließlich zu seinem Hauptberuf. Schon vor dem 1. Weltkrieg zog es ihn nach Amerika, wo er in die US-Armee eintrat und vielerorts, für längere Zeit jedoch auf der Insel Hawaii musizierte.

In Bogarosch/Bogáros/Bulgaruș kam 1879 **Joseph Frank** zur Welt, der später in Wien bis 1900 in einer Militärkapelle diente und ein Jahr darauf nach den Vereinigten Staaten auswanderte. Dort entfaltete er eine vielfältige musikalische Tätigkeit und trat in Vereinsbereichen als Kapellmeister hervor. Eine Zeit lang diente er auch in der „Philadelphia-Police-Band" (Polizeimusik).

*Heinrich Haller*

*... auf einem US-Kriegsschiff auf der Fahrt nach Hawaii vor dem Ersten Weltkrieg*

Luzian Geier hat eine Ansichtskarte vom Fort Bliess bei El Paso im US-Staat Texas vom 28. Februar 1917 entdeckt, welches sechs Musiker in amerikanischer Militäruniform zeigt. Obwohl einige davon aus Freidorf im Banat stammten, konnte nur der Schlagzeuger, **Matthias Konrad,** als solcher identifiziert werden.

*Eine amerikanische Militärkapelle 1917 in Fort Bliess bei El Paso (Texas) – der Schlagzeuger war Matthias Konrad aus Freidorf im Banat. Die übrigen Mitglieder waren zumeist ebenfalls Landsleute aus dem Banat (nach Luzian Geier in „Neue Banater Zeitung" vom 29. August 1979)*

# 8. Musiker in der Kriegsgefangenschaft

Das Musikantentum erwies sich namentlich in Notzeiten oft als schicksalserleichternd. Als Kriegsgefangener gab es dabei doch manche Erleichterungen oder Vorzüge – zum Beispiel etwas besseres Essen. So hatte **Michael Bogyos**, 1887 in Segenthau (Dreispitz = Némestsag/Șagu) geboren, während des Ersten Weltkrieges in Rußland in einem größeren Orchester reichsdeutscher und österreich-ungarischer Gefangener mitgewirkt. Die weiteren, in dieser Formation tätig gewesenen Donauschwaben waren nicht mehr zu ermitteln.

Zwei weitere Fälle, jedoch etwas spektakulärer Art, sind noch bekannt geworden:

**Johann Kern** aus Gakowa/Gádar/Gakovo, Jahrgang 1892, diente drei Jahre lang in der Budapester Militärmusik. Später geriet er in russische Gefangenschaft und wurde nach Sibirien verbracht. Nachdem die Oktoberrevolution ausgebrochen war, erhielt er das verlockende Angebot, in die russische Militärmusik der Armee unter Admiral Koltschak einzutreten, um angeblich früher entlassen zu werden. Als sich jedoch der Sieg der Roten abzeichnete, floh unser Landsmann und erreichte nach langen Wochen endlich den Heimatort.

Der 1896 in Kernei geborene spätere Schuldirektor **Heinrich Ehrlich** wurde im Jahre 1915 zum 30. Honved-Regiment eingezogen und kam bald an die Front. In der Schlacht um Czernowitz geriet er in Gefangenschaft und kam nach Sibirien. Während der russischen Revolutionszeit entkam er der Gefangenschaft und trat einem von ehemaligen Kriegsgefangenen gegründeten Orchester bei. Ehrlich gelang es, von Wladiwostok aus mit dem Orchester nach Shanghai zu fliehen. Nach dreimonatiger Schiffsreise traf er dann in Hamburg ein, und im Oktober 1920 konnte er wiederum den Heimatort betreten.

(Aus dem Beitrag „Einer unserer Großen" von A. Ackermann in „Kerneier Heimatblätter", Ostern 1975, Seite 28.)

*Michael Bogyos (×) aus Segenthau (Dreispitz) in einer Kriegsgefangenen-Musikkapelle in Rußland während des Ersten Weltkriegs*

# VON 1850 BIS ZUM ENDE DES ERSTEN WELTKRIEGS

## 1. Blaskapellen bis ins kleinste Dorf

Die überwältigende **Ausstrahlung der k. u. k. Militärmusikkapellen** bildete den Ansatz zur Lösung der eigenen Bedürfnisse im geselligen und gesellschaftlichen Leben in weiten Teilen des Heimatbereiches. Durch die beschriebenen engen Kontakte mit diesen Klangkörpern kam es **ab der Mitte des 19. Jahrhunderts** zu intensiven Gründungen von Blechblaskapellen. Im Laufe der Zeit besaß nahezu jeder Ort in unserer alten Heimat eine eigene Blaskapelle, oft sogar auch zwei oder gar mehrere. Es muß allerdings bemerkt werden, daß sehr oft die Bläser auch Streichinstrumente beherrschten und namentlich bei Tanzveranstaltungen sowohl in Blas- als auch in Streichbesetzung auftraten. Obwohl es weiterhin Formationen mit andersgearteten Besetzungen gab – die Blasmusik hatte ihren Siegeszug angetreten und von ihrer Beliebtheit bis auf den heutigen Tag nichts eingebüßt.

Nachfolgend werden mehrere **Heimatorte mit der Zeitangabe der Errichtung einer Blaskapelle** genannt; in einigen Fällen handelt es sich jedoch nicht um das Gründungsjahr, sondern um den Hinweis, daß es um diese Zeit bereits eine solche Formation gab. Der Zeitraum der Tätigkeit der Kapellmeister, welche in Klammern angegeben werden, war nicht mehr genau abgrenzbar, so daß auch diesbezüglich lediglich Anhaltspunkte gegeben werden können:

**Ág**/Neuda: 1870er Jahre (... Gold); 1900 (... Gold).
**Anina**: 1870 (Blaskapelle des Bergbauunternehmens); 1880 (Franz Urbanek).
**Apfeldorf**/Almás/Jabuka: um 1884.
**Batsch-Sentiwan**/Bácsszentiván/Prigrevica: 1870 (Andreas Augustin).
**Bentschek**/Bencsek/Bencecul de Sus: um 1860; um 1870 (Peter Hehn); 1906–1914 (Peter Hartl).

*Die Kapelle Matthias Braun mit den Rekruten des Jahrgangs 1903 in Billed*

*Die einstige „alte Kapelle" in Baranyabán/Popovac. Kapellmeister Valentin Wolf sen. (1876–1945) diente in Mohatsch in der Militärmusik*

*Silvester Herzog aus Budaörs/Wudersch (1893–1968) war eine Hochbegabung. Sein kompositorisches Schaffen wurde auf Anregung des Verfassers am 21.7.1973 von seiner neuen Heimatgemeinde Neckarelz gewürdigt, indem sie eine „Silvester-Herzog-Straße" einweihte. Kapellmeister Kornel Mayer aus Kubin/Karlsdorf spielte mit den „Original-Donauschwaben" beim Festakt auf*

*Feuerwehr mit Signalbläsern 1914 in Bulkes*

*Adam Heinrich (×) 1906 mit seiner Kapelle in Csatalya*

*Feuerwehrkapelle in Kolut 1910 unter Kapellmeister Johann Faller (Feller?)*

**Bia**/Wiehall: 1892 (Stefan Schiffmann); vorher schon Johann Bär.

**Billed:** 1851 (Michael Thöreß); 1892 (Michael Geiß); um 1900 (M. Braun).

**Birda:** vor 1863 (Kneip); danach Peter Speckert.

**Bogarosch:** 1881–1890 (Michael Thierjung sen.); 1891–1905 (Michael Thierjung jun.); 1906–1916 (Michael Wimmer).

**Boschok**/Palotabozsok: ab 1860 (Tobias Krebs, danach Josef Heilmann).

**Branjina-Kisfalud:** vor 1914 (Adam Lips).

**Budajenő:** um 1880 (Anton Schöneck); ab 1886 (Johann Lieber); ab 1900 (Josef Paxian).

**Budakalász/Ährendorf:** um 1880 (Martin Vollhofer); 1885 (Josef Gaschler); 1898 (Ignaz März).

**Budakeszi/Johannistal:** um 1870 (Josef Diebl); 1876 (Franz Eszterle); 1888 (Franz Rieth); 1904 (Johann Eszterle).

**Budaörs/Wudersch:** um 1880 (Michael Bognar); 1891 (Gregor Ritter); 1911 (Franz Deigner); 1893 (Andreas Herzog); 1897 (Johann Heß); 1900 (Alois Woletz).

**Bulkes:** vor 1914 (Feuerwehrkapelle).

**Csátalja/Tschatali:** 1892 (Adam Heinrich).

**Csobánka/Tschowanka:** 1904 (Josef Kopecki).

**Darowa/Darova:** nach 1900 (Michl Fetzer).

**Elek:** um 1900 Blaskapelle „Willkommen", 14 Mann (Martin Wittmann).

**Ernsthausen/Ernestháza/Banatski Despotovac:** vor 1900 und ab 1907 (Holz); 1902 (Adalbert Sebastian).

**Etyek/Edeck:** um 1890 (Adam Liesch).

**Franztal** bei Semlin: 1880–1920 (Peter Linnebach).

**Filipowa/Szentfülöp/Filipovo:** 1909 (Adam Held), auch Franz Teppert.

**Freidorf/Szabadfalu:** vor 1914.

**Glogowatz/Öthalom/Vladimirescu:** 1880 (Anton Burian).

**Gadatsch/Gadács:** lange vor 1900.

**Gottlob/Kisősz/Gotlob:** um 1900 (Peter Kathrein).

**Grabatz:** 1887 (Nikolaus Tillschneider).

**Großkikinda:** vor 1914 (Stefan Kasteier).

**Groß-Komlosch:** vor 1908 (Feuerwehrkapelle).

**Großkowatsch:** um 1860; 1866 (Florian Tauber, dann Martin Zemmer).

**Groß-Scham/Nagyzsám/Jamu Mare:** vor 1900; 1900–1910 (Matthias Hubert).

**Großturwall/Törökbálint:** um 1885 (Stefan Killi); vor 1914 (Ignaz Weingärtner).

**Guttenbrunn:** 1869 (Georg Schiller).

**Haschad/Hásságy:** um 1870 (Lorenz Freitag).

**Hatzfeld:** 1870 (Feuerwehrkapelle).

**Heideschütz/Haidusicza/Hajdušica:** vor 1914 (Christian Hetzel).

**Heppenfeld/Hetvehely:** um 1860 (9 Mann).

**Hodon/Hodony/Hodoni:** vor 1914 (Peter Packes).

**Homolitz/Omlód/Omoljica:** vor 1914 (Paul Gerum).

**Jahrmarkt/Gyarmat/Giarmata:** 1874; 1908 (Loris).

**Jarek/Tiszaistvánfalva/Bački Jarek:** 1908 (Jakob Jung).

**Johannisfeld/Jánosfölde/Iohanisfeld:** 1870 (Michael Rothen).

**Jula/Gyula:** 1860.

**Karlsdorf:** 1859 (Karl Jaschke); 1880 (Schröder); 1890 (Michael Steibl).

**Kernei:** 1895–1910 (Martin Riffner); 1910–1914 (Michael Schnaufer); 1897–1912 (Georg Klein).

**Klein-Betschkerek/Kisbecskerek/Becicherecu Mic:** 1835–1869 (Johann Götter).

**Klein-Omor/Kisomor/Rovinița:** 1910 (Weichand, Johann Stein).

**Klein-Teremin/Kisteremia/Teremia Mică:** 1905 (Hie, Nikolaus Hügel).

**Kleinturwall/Torbagy:** um 1860.

**Königsgnad:** 1872–1885 (Dominik Riemschneider, dann Johann Brück); ab 1901 (Johann Divo).

**Kolut:** vor 1910 Feuerwehrkapelle (Johann Faller – Feller ? –).

**Kudritz:** um 1880 (10 Mann, auch als Feuerwehrkapelle).

**Kula:** ab 1867 stets zwei Blaskapellen; Feuerwehrkapelle vor 1914 (Pawlowitsch).

**Kumbai/Kunbaja:** vor 1914 eine „große Banda".

**Lenauheim:** 1882; 1910 (Peter Schwarz).

**Liebling:** 1880 (Gerhard; Peter Speckert).

**Mecseknádasd** (Püspöknádasd/Rohrbach): (um 1910 Wohlschein).

**Modosch/Módos/Jaša Tomić:** vor 1900 (Kreutzer; Hans Portscheller).

**Nakodorf/Nákófalva/Nakovo:** um 1900 (Johann Husl).

**Neuarad:** 1877–1937 (Feuerwehrkapelle).

**Neupanat/Ujpánad/Horia:** 1908 (Peter Unterländer).

**Neusiedel auf der Heide/Újhely/Uihei:** vor 1914 (Schlupp).

**Orzydorf:** 1860; ab 1895 (Fidel Unterweger); 1899 bis 1903 (Fidel Eippert); 1903–1927 (Michael Trettner).

**Pantschowa:** 1855 wurde eine Stadtkapelle, bestehend aus 14 deutschen Musikern, unter der Leitung von Johann Häußler gegründet.

**Parabutsch:** vor 1914 (Anton Benkert, 1872 geboren; Josef Helleis, 1874–1931).

**Pesthidegkút/Kaltenbrunn:** um 1870 (Johann Noob); 1910–1914 (Franz Rack).

**Piliscsaba/Tschawa:** 1891 (Andreas Kurz).

**Pomáz/Paumasch:** vor 1914 (Ignaz Metzger).

**Reschitz:** 1860–1906 Werkkapelle (Anton Pawelka); 1906–1930 (Otto Sykora).

**Rudolfsgnad/Rezsöhaza/Kničanin:** 1910 (Karl Schmidt).

**Ruma:** Nach 1860 vergrößerte Lehrer Benedikt Preisz die schon bestandene Blaskapelle, welche bei Hochzeiten und sonntäglichen Tanzveranstaltungen auftrat. – 1909 (Gesellschaft der Musikfreunde).

**Sackelhausen/Szakálháza/Săcălaz:** zweite Hälfte des 19. Jahrhunderts (Peter Herbstler).

**Schag/Temesság/Sąg:** um 1870 (Wendel).

**Schowe:** um 1880 (Jakob Hetzel); vor 1914 (Haller).

**Segenthau:** um 1900 (J. Wagner): 1910–1935 (Josef Bernath).

**Sekitsch:** 1870 (Walter David); 1890 übernahm Peter Freund die Kapelle seines Vaters.

**Setschan/Torontálszécsányi/Sečanj:** 1901 (Josef Hilier, 15 Mann); 1912–1914 (Jakob Friedrich).

**Solymár/Schaumar:** um 1875 (Michael Hillebrand, dann sein Sohn Michael); 1893 (Thomas Thaller).

**Sonta:** vor 1914 Feuerwehrkapelle (Josef Krupp).

**Stanischitz/Ürszállás/Stanišić:** um 1900 (Matthias Reitz).

**Steierdorf/Anina:** 1859; 1870 (Blaskapelle der Kumpel).

**St. Hubert/Sveti Hubert:** vor 1912 (Josef Kady); um 1912 (Wilhelm Wottreng); in Charleville: Nikolaus Kasimir; in Soltur: Johann Stoffle.

**Szajk/Seik:** vor 1914 (Franz Siebert).

**Telki/Töleck:** vor 1914 (Simon Pickermann).

**Tenje/Tenja:** vor 1914.

**Towarisch/Bács Tóváros/Tovariševo:** vor 1914 (Georg Held).

**Tschanad:** um 1900; nach 1910 (Nikolaus Gilot).

**Tschawal/Csávoly:** seit 1870 Musikerdynastie der Familie Mayer.

**Tscheb/Dunacséb/Čib:** 1895–1912 (Jakob Mattusch).

**Tscherwenka/Cservenka/Crvenka:** um 1904 (Feuerwehrverein).

**Tscholnok/Csolnok:** um 1900.

**Überland/Szöllötelep/Viile Termata Haltă:** nach 1900; 1910–1915 (Michael Klein).

*Hochzeit in Tschawal/Csávoly im Jahre 1908 mit der Blaskapelle Johann Mayer, welche dieser bis zu seinem Tod 1928 leitete. Nachfolger wurde sein Bruder Peter, der – wie auch seine Brüder Johann und Florian – mit gefälligen Kompositionen hervortrat. Sein Sohn Sebastian und sein Enkel Sepp waren ebenfalls musikalisch veranlagt. Diese „Dynastie" gründete um 1870 Anton Mayer mit der Aufstellung einer Blaskapelle*

*Johann Mattusch (1891–1968) aus Tscheb lernte bei seinem Vater, Jakob Mattusch, Musik. Nachdem er in einer k.u.k. Militärkapelle diente, wurde er später Kapellmeister im Heimatort*

*Philipp Keller, 50 Jahre Chormeister des Weinproduzenten- und des Gewerbegesangvereins Werschetz*

**Uröm/Ürben:** um 1870 (Anton Hau).
**Vokány/Wakan:** nach 1900 (Anton Emozer).
**Waldneudorf**/Tiszakálmánfalva/Budisawa: vor 1900 (Daniel Tyrian).

**Warjasch:** um 1883 (Nikolaus Metzger).
**Waschkut:** Am 26.6.1873 musizierte eine „Musikbanda" zum Empfang des Kardinal-Erzbischofs Ludwig Haynald; um 1880 (Lorenz Maisl, später Georg Mayer, dann Peter Kraul); ab 1888 Thomas Stadler, ab 1910 Matthias Dobler) ab 1914 Anton Hirneth.
**Weindorf:** vor 1914 (Matthias Blattner).
**Weißkirchen:** ab 1850 Stadtbanda; ab 1875 Feuerwehrkapelle.
**Werischwar:** um 1850 bis 1914 (Jakob sen., Jakob jun. und Johann Mauterer); um 1911 (Matthias Ziegler).
**Werschetz:** 1869 (Johann Fleiner); vor 1914 (Philipp Keller); 1908–1944 (Peter Hochstrasser). Zuvor schon, 1856, ein Musikorchester, 9 Mann (Lehrer Karl Halbhuber).
**Wetschehausen**/Vecseháza/Pietroasa: 1868–1897 (Wilhelm Previsz); 1897–1901 (Eduard Westreicher, dann Josef Schmidt).
**Wiesenhaid**/Rethát/Tisa Nouă: vor 1914 (Nikolaus Jakob).
**Schambek/Zsámbék:** um 1870 (Johann Döberling); 1901 (Josef Baron).
**Zichydorf**/Zichifalva/Mariolana: um 1900 (Herold, dann Habermüller); um 1908 (Seitz).

Die Stärke dieser Blaskapellen war recht unterschiedlich. Es liegen Zahlenangaben zwischen 20 und 30 Mann vor, aber auch über Klein- und Kleinstbesetzungen von nur 6 bis 7 Musikern. Die reinen dörflichen Blechblaskapellen, welche im Wirtshaus zum Tanz aufspielten, traten zumeist mit 10 bis 15 Mann auf.

**Das Musikgut**, welches um die Jahrhundertwende herum aktuell war, wurde noch lange verwendet, es war nahezu „zeitlos". Manche Ländler, Walzer und Polkas aus jener Zeit haben sich bis heute in den Notenmappen unserer Kapellen erhalten. Natürlich sind auch Stücke veraltet, und die Kapellenleiter waren ohnehin stets bemüht, Neues zu erhalten. Diese Ausführungen werden durch die Tatsache abgestützt, daß die in der Zwischenkriegszeit in Amerika aufgenommenen rund 300 heimatlichen Schallplatten aus diesem Musikgut gespeist wurden.

Im Berichtszeitraum wurde noch die „Mazurka" (Polka-Mazur) getanzt, aber auch Tänze wie „Tramblan" usw. werden genannt; diese gehen jedoch deutlich zurück und verschwinden in einigen Gegenden gänzlich.

Die angesprochene donauschwäbische Musiktradition, welche auch in anderen Gegenden, z.B. in Siebenbürgen, gleichgeartet war, erhellt u.a. ein Beitrag aus eigener Feder, welcher in der Wochenschrift „Der Donauschwabe" vom 29. September 1968 auf Seite 8 veröffentlicht wurde und nachfolgend wiedergegeben wird:

Unsere ältesten Blaskapellen

Norbert Petri, Kronstadt, schreibt u. a. in der im heutigen Rumänien erscheinenden Zeitung „Neuer Weg" vom 29. Juni 1968 in einem Beitrag: „Die Blaskapellen sind, geschichtlich gesehen, eine unserer jüngsten Volksinstrumentalgruppen. Durch die bei den Regimentskapellen dienenden Burschen allmählich um die Mitte des vorigen Jahrhunderts bei uns eingeführt, haben sie sich rasch große Beliebtheit erworben und sind heute, vor allem auf den Dörfern, nicht mehr aus unserem Gemeinschaftsleben wegzudenken." Dieser wohl zutreffend formulierte Entwicklungsvorgang bestätigt nebstbei auch die uns schon längst bekannte Tatsache, daß die so entstandenen Blasmusikkapellen in allen südostdeutschen Streugebieten ihrer Besetzung und ihrem musikalischen Charakter nach absolut ähnlich waren.

Interessant ist die Beobachtung, daß sich dabei manche Dorfkapelle aus der Gründerzeit bis heute kontinuierlich erhalten konnte, ja oft sogar in der Hand von „**Musiker- bzw. Kapellmeisterdynastien**"! An einer anderen Stelle im erwähnten „Neuer Weg" lesen wir: „Die Blasmusik hat **in Liebling** eine mehr als hundertjährige Tradition. Ihren größten Aufschwung erlebte sie zur Zeit des Kapellmeisters Peter Speckert, der auch zahlreiche Tänze und Lieder komponierte."

Ein weiteres Beispiel finden wir in der „Geschichte der Gemeinde Orzidorf" auf der Seite 145: „**Orzidorf** hatte schon im Jahre 1860, unter eigener Leitung, eine Musikkapelle. Sie bestand aus 9 Mann." Als ein besonders talentierter Dirigent ab 1895 wird dabei Fidel Unterweger herausgestellt. In der Monographie wird weiters gesagt: „Die Orzidorfer Musikkapelle bereiste auch einigemale das Reich. Die letzte Reise unternahm mit glänzendem Erfolg, als Dirigent, der Sohn des ersteren: Johann Unterweger, im Jahre 1926."

Während gegenwärtig im rumänischen Banat und in Siebenbürgen zum **Schlagwort „Stunde der Blasmusik"** eifrige Diskussionen zur Erhaltung und weiteren Forcierung unserer musikalischen Tradition geführt werden, können wir in Ungarn ähnliche Bemühungen feststellen. Im „Deutschen Kalender 1968", Budapest, ist ein Artikel von Gesangs- und Musik-Fachinspektor Franz Varnai Wolf unter der Überschrift „Blasmusik gehört zum täglichen Leben" enthalten. Darin heißt es u. a.: „In den auch von Deutschen bewohnten Gegenden Ungarns gehört die Blasmusik zum alltäglichen Leben wie die Sonne zum Sommertag."

Unter dem Titel „Musikkapelle vor 100 Jahren gegründet" erfahren wir an einer anderen Stelle des erwähnten Kalenders: „Als vor 5 Jahren die Reporter der Deutschen Sendung von Studio Pécs die **Hetvehelyer Blasmusikanten** in Wort und Klang vorstellten, erzählte man auch, daß dieses aus 9 Mann bestehende Ensemble zu den ältesten seiner Art gehört; es soll vor mehr als 100 Jahren gegründet worden sein. Die Kapelle wurde ins Leben gerufen zur Verschönerung der kirchlichen und weltlichen Feste." Freilich, auch dieser Kapelle widerfuhr die kriegs-, bzw. nachkriegsbedingte Unterbrechung. Doch schon im Jahre 1948 nahm Sebastian Krachenfelser die Neugründung vor, welche auch heute noch unter seiner Leitung steht.

Aber auch die Blasmusikanten aus **Hásságy** erfreuen sich einer alten Tradition. Derselbe Kalender führt darüber aus: „In Konrad Freitags Ahnentafel findet sich der Musikantenberuf reichlich vertreten, bis zurück in die siebziger Jahre des vergangenen Jahrhunderts, als sein Großvater, Lorenz, mit dem Blasen angefangen hatte. Er spielte bis 1910, während Konrad bis in die fünfziger Jahre hinein in der Kapelle seines Vaters war. Jetzt hat Kapellmeister Freitag seinen Sohn Jakob in der Kapelle, er ist zugleich mit 27 Jahren der jüngste."

Die hier aufgezeigten vier hundertjährigen, bzw. noch älteren Heimatkapellen lassen sich sicherlich noch durch weitere Beispiele ergänzen.

# 2. Streich- und Schrammelkapellen

Namentlich beim Sonntagstanz herrschte häufig die Gepflogenheit, daß die Musikanten zunächst in Blas- und dann in Streichbesetzung aufspielten. Es gab aber auch reine Streichorchester. Außerdem muß noch auf die mancherorts äußerst beliebt gewesenen Schrammelkapellen verwiesen werden, aber auch auf Formationen mit mancherlei Mischbesetzung.

Laut Paul Flach war es beispielsweise in **Waschkut** bis zum Ersten Weltkrieg, „um Ruhestörungen zu vermeiden, verboten, nach Mitternacht Blasmusik zu spielen. Gezwungenermaßen nahm man dann die Streichinstrumente hervor". Außer diesen üblichen Gruppen – so weiter Flach in seinem Heimatbuch „Waschkut" – „gab es bis zum Ersten Weltkrieg auch einige kleinere deutsche Kapellen, die in der Regel in folgender Zusammensetzung spielten: Violine, Ziehharmonika, Zimbel oder Hackbrett und eine Baßgeige; unter Umständen auch eine Klarinette".

Für **Hatzfeld** wird bereits vor dem Jahre 1870 eine Streichkapelle erwähnt, deren Leiter Johann Koch war.

In **Kernei** existierte von 1902 bis 1908 die „Schnaufer"-Kapelle, welche mit einer Es-Klarinette, einer Violine und zwei Harmonikas besetzt war.

Jakob Ambros leitete 1904 die Streichkapelle in **Ruma**.

*Kapellmeister Josef Rottenbücher (links unten), 1843 in Marienfeld geboren, mit seiner gemischten Formation lange vor dem Jahr 1900*

*Streichorchester in Ruma (1904)*

Adam Held hatte 1909 in **Filipowa** eine Schrammelkapelle.

1910 gab es in **Torschau** die Streichkapelle Jakob Burger.

In **Apatin** existierte 1912 ein Salonorchester.

Der **Werschetzer** Josef Ostheimer (1867–1933) hatte eine eigene Schrammelkapelle, wobei er die Ziehharmonika spielte, Franz Zentner († 1936) die Flöte und Franz Hennemann die Harfe.

*Die Kapelle Hetzel I in Schowe wurde um 1880 von Jakob Hetzel gegründet. Sie spielte in Streich- und Blasbesetzung und war auch außerhalb sehr erfolgreich*

## 3. Kleinstbesetzungen und Alleinunterhalter

Es dürfte in unserem alten Heimatbereich vor dem 1. Weltkrieg keinen Ort gegeben haben, wo nicht zumindest ein Harmonikaspieler für kleinere Anlässe zur Verfügung gestanden wäre (Namenstags-, Geburtstagsfeiern, kleinere Hochzeiten, aber auch Tanzveranstaltungen im kleineren Rahmen).

In **Kernei** hatte es sogar zwei Harmonika-Doppelbesetzungen gegeben (jeweils eine 1. und 2. Harmonika). Ansonsten standen im Ort noch drei Einzel-Harmonika-Spieler zur Verfügung.

Als um die Jahrhundertwende das Dorf **Lunga** (Gemeinde Großkomlosch) noch keine eigene Musikkapelle hatte, hatte zum Tanz ein „Harmoniespieler" die Musik besorgt.

Über den Bedarf für solche Einzelmusiker liefert das Heimatbuch „**Kunbaja**" auf Seite 203 ein Beispiel: „Unsere Jugend vom 12. bis 14. Jahr, der im Wirtshaus zu tanzen verboten war, suchte sich über die Faschingstage ein Zimmer zu mieten und auch einen jugendlichen Ziehharmonikaspieler zu bekommen. Die jungen Burschen und Mädchen kamen gegen eine kleine Gebühr dort zusammen, um tanzen zu lernen."
Ähnlich war es auch in **Tschawal**: „ Eine Frau ... hatte einst ein Zimmer zur Verfügung gestellt, wo die Kleinen ungestört das Tanzen üben konnten. Dieser Brauch wurde beibehalten, und so traf man sich jeweils zur Faschingszeit für mehrere Sonntagnachmittage in einem Zimmer, in dem ein Ziehharmonikaspieler gegen ein kleines Entgelt für die Kleinen aufspielte. Dort versuchte man seine ersten Tanzschritte." (Aus dem Heimatbuch „Csavoly", Waiblingen 1980, Seite 309.) – Über dieses Verfahren des

Tanzenlernens erfahren wir auch durch Hans Bräuner in seinem Heimatbuch „Lenauheim/Tschatad": „Die ‚Kerweihbuben' verpflichteten sich die Dorfkapelle und beherrschten den Kirchweihplatz und das ganze Kirchweihgeschehen der Gemeinde. Die Jüngeren tanzten im Wirtshaus in einem Nebenraum, und die Kleinen hatten ein Tanzzimmer in einem Privathaus bei einer Ziehharmonika."

In **India** war „neben der Blasmusik ... die diatonische Handharmonika beliebt und ziemlich verbreitet. Gute Harmonikaspieler waren sehr geschätzt und wurden zu kleinen Hochzeiten und Familienfeierlichkeiten geladen" (Valentin Oberkersch: „India").

„In **Bogaroch** spielte von 1868 bis 1880 ein Trio auf der Fiedel, Ziehharmonika und auf dem Baß-Helikon", bemerkte Karl E. Reb in einem Beitrag „Freizeitgestaltung im Jahreslauf" (Schwäbischer Jahreslauf, Facla Verlag Timişoara 1978).

Von Adam Müller-Guttenbrunn erfahren wir in seinem Buch „Deutsche Sorgen in Ungarn" von der Bestellung eines Instrumentes durch einen Banater Schwaben von einer Firma in Wien. Der rechtschriftlich korrigierte Brief lautete: „Lieber Herr Johann! Ich schreibe Ihnen, daß Sie mir eine Harmonika schikken für 35 Kronen, 60 Heller, hoch 25 cm, 14 breit, 19 Klappen, 14 Eckenbeschläge, 8 Bässe, Stahlstimme, mit Riemen, grüner Riemen, von Leinwand, und wie Sie können geschwinder schicken, gleich kriegen Sie Geld per Nachnahme. Sind Sie so gut! Gleich zu schicken. Lieber Herr Johann! Expreß schicken Sie, nur gut soll sie sein ..."

(Aus: „Zweihundert Jahre Donauschwaben", Matthias Weiland, Verlag Johann Wilhelm Naumann, Augsburg 1949.)

Jakob Pfeil teilt mit, daß in **Tschawal/Csávoly** von etwa 1868 bis 1878 der Knopfharmonikaspieler Wilhelm Titzner bekannt gewesen wäre.

*Christoph Rottenbücher aus Marienfeld (ca. 1860–1946) war dort zusammen mit „Heß-bácsi" Kapellmeister. Er führte in Marienfeld vor 1900 das Zitherspielen ein*

## 4. Die Knabenblaskapellen – ein schillerndes Kapitel unserer Musikgeschichte

Die Anzahl der Knaben-Kapellen, welche bereits ab der Mitte des vergangenen Jahrhunderts bekannt und allerorten immer wieder aufs neue gegründet wurden, versetzt ins Erstaunen. Ein Kapitel der donauschwäbischen Volkskultur, welches schon längst hätte geschrieben werden müssen!

Die vielschichtige Bedeutung dieser Gründungen ist in volkskundlicher, kultureller und sozialkritischer Sicht hochinteressant. Natürlich, die **Nachwuchsfrage** für die örtliche Musik war durch die Existenz einer Knabenkapelle so gut wie gelöst. Von den begabteren Schülern, die anschließend noch in der Militärmusik dienten, konnten manche aufgrund der erworbenen praktischen und theoretischen Kenntnisse später sogar Kapellmeister der Ortskapelle werden. Aber schon die Tatsache allein, daß in unzähligen unserer Heimatdörfer ganze Kinderscharen nahezu täglich auf zwei Stunden in die Proben gingen, zeugt von der Aufgeschlossenheit und Bildungswilligkeit unserer Menschen – wo man doch immer der Meinung war, daß nur das tägliche Abrackern auf den Feldern und im Hof ihr ganzer Lebensinhalt gewesen wäre. Während ihrer Ausbildungszeit begegneten die Buben auch zunehmend konzertanter Musik namhafter österreichischer, deutscher und anderer Komponisten. Auf diese Weise erreichte vielfach **europäische Musikkultur** unsere Dörfer! Die Kapellmeister waren aber auch gezwungen, ihren Kapellen – je nach ihrem Ausbildungsstand – als Arrangeure, oft aber auch als Komponisten mit passendem Musikgut hilfreich zu sein. Die Ausbildungssprache in den Kapellen war zweifelsfrei die **Muttersprache** – selbstverständlich auch in den Jahrzehnten der Magyarisierungsphase. Und hatte man uns damals auch die deutschen Schulen genommen, im gesamten südöstlichen Siedlungsraum wurden laufend auf Hunderttausenden von Notenblättern die Titel der Stücke deutsch geschrieben. Mancherorts pflegte man sinnigerweise nicht zu sagen „Ich geh' in die Probe", sondern „in die Schul'"! Und in der Tat – die Knaben-Musik-Kapellen stellten **„Schulen des Volkes"** dar.

Ohne jeden Zweifel erfolgte die Aufstellung von Knaben-Musik-Kapellen nicht unbedingt und keinesfalls immer nur aus ideellen Gründen. Die schon relativ früh pensionierten Militärmusiker, die einen Dienstgrad erreicht hatten, und besonders die Kapellmeister, suchten nach ihrer Rückkehr ins zivile Leben nach zusätzlichen Einkommensquellen. Und auf dem Gebiet der Musik ließ sich in unserem Heimatraum schon etwas verdienen. Anderseits entstammten die

*Johann Weber aus Groß-Jetscha mit einer seiner Jugendkapellen*

Musikschüler häufig kinderreichen Familien und den sozial schwächeren Schichten, welche wir ohne jeden Zweifel auch hatten. Die Eltern waren bestrebt, ihren Kindern eine Ausbildung angedeihen zu lassen, damit sie es einmal im Leben besser haben sollten. Ein wichtiges Ziel war daher, die Aufnahme in eine Militärmusikkapelle zu erreichen. Dann wiederholten sich diese Vorgänge von Generation zu Generation. Interessant ist auch, daß die Eltern der auszubildenden Kinder **Elternzusammenschlüsse** bildeten, welche den Kapellmeistern gegenüber **als Dienstgeber** auftraten. Ein Ausschuß nahm die vertraglichen Regelungen vor (über die Ausbildungszeit und -ziele, die Anzahl der Proben, das meist monatliche Entgelt usw.).

Die meisten der Knaben-Musik-Kapellen erreichten einen hohen Ausbildungsstand. Es ist daher nicht verwunderlich, daß die Kapellmeister nach Gelegenheiten Umschau hielten, um das Können ihrer Gruppe auch außerhalb des Heimatortes produzieren zu können. So können wir schon ab der zweiten Hälfte des vorigen Jahrhunderts eine unwahrscheinlich hohe Zahl von in- und ausländischen Gastspielreisen vermerken.

*Matthias Elmer mit seiner Knabenkapelle 1910 in Karawukowa*

*Knabenkapelle Michael Steibl (geb. 1854) in Karlsdorf im Jahre 1898*

a) Ausbildungsorte

Bei der Aufzählung der Gemeinden, in welchen Knabenblaskapellen ausgebildet wurden, werden Jahreszahlen als grobe Anhaltspunkte mitgeteilt. Wenn die angeführten Kapellmeister nicht aus dem Ausbildungsort stammten, wird – sofern überhaupt bekannt – deren Geburtsgemeinde in Klammern angegeben.

**Anina:** nach 1900.
**Bakowa**/Bakovár/Bacova: Lorenz Balogh.
**Banat-Brestowatz** (Rustendorf)/Beresztócz/Banatski Brestovac: 1908 Heinrich Weiß.
**Banater Kapelle** (möglicherweise in Modosch): 1908 Johann Ugronyi.
**Bethausen**/Bethlenháza: 1904–1907 Josef Schmidt (Weidenthal).
**Bia:** 1892 Johann Pirl (Perbál).
**Billed:** 1851 Michael Thöreß; 1870 Blaha; 1870 Michael Steiner; 1891 und 1897 Michael Nußbaum; 1892 Michael Geisz; 1902 Peter Schmidt; 1905 Lambert Steiner.
**Blumenthal:** um 1900 August Hügner; 1918 Heinrich Granofsky; vor 1914 Lefor, dann Popowitsch und Sandor Gartenmann.

*Josef Jacobi aus Kleinbetschkerek als Mitglied der Kapelle Michael Friedl etwas nach 1900 in Breslau*

**Bogarosch** (mit Billed): 1891 und 1899–1901 Nikolaus Schilzonyi.
**Budakalász:** 1885 Josef Mayer (Üröm).
**Budaörs:** 1897 Johann Heß.
**Bulkes:** 1900 Adam Wahl.
**Bukin**/Bács Bukin: vor 1914.
**Csátalja**/Tschatali: 1906 Adam Heinrich.
**Darowa:** 1891.
**Engelsbrunn**/Angyalkút/Fîntînele: 1904 Kaspar Lennert; 1917 Nick Titsch.
**Elek:** um 1880 (32 Knaben) Winter.
**Freidorf:** 1900 Johann Weber; 1912 Holz.
**Fünfkirchen:** ab 1865 Karl Hoffer (mehrere Gruppen, teils diverse Besetzungen).
**Futok**/Futak/Futog: vor 1900 Urschel.
**Gertianosch**/Gyertyános/Cărpiniș: 1900 Johann Weber.
**Glogowatz:** 1906 Jakob Münnich (Perjamosch).
**Groß-Jetscha:** 1865–1868 und 1868–1871 Bernhard Metzger; 1897–1902 Peter Bojar; nach 1900 Johann Weber zwei Kapellen.
**Großikinda:** 1904 Johann Huber.
**Groß-St.-Nikolaus**/Nagyszentimiklós/Sinnicolau Mare: vor 1900 Michael Steiner.
**Groß-Scham:** 1891 Hochstrasser.
**Guttenbrunn:** 1869 Adam Danius; 1869 Georg Schiller; 1886 Johann Lulay.
**Jarek:** 1908 Jakob Jung.
**Johannisfeld:** 1902 Peter Schmidt.
**Kalotscha**/Kalocsa: 1886–1927 Josef Berauer (Milititsch) an der Lehrerbildungsanstalt.
**Karawukowa**/Bácsordás/Karavukovo: nach 1900 Schibranyi (2 Kapellen).
**Karlsdorf:** 1859 Jaschke (diverse Besetzung); 1880 Schröder; nach 1900 Fidel Erdödy (Orzydorf).
**Kathreinfeld**/Katalinfalva/Katarina: nach 1900 Anton Weiß; 1912 Georg Krecsan.
**Ketfel**/Kétfél/Gelu: um 1900 Georg Steiner.
**Kleinbetschkerek:** 1884 Johann Weber; 1896 und 1905 Michael Friedl aus Mercydorf (1866–1937).
**Klein-Jetscha**/Kisjécsa/Iecea Mică: nach 1900 Johann Weber (Neubeschenowa).
**Klein-St.-Peter**/Kisszentpéter/Sînpetru Mic: 1904 Valentin Berenz.
**Kleinturwall:** vor 1914 Sebastian Theiss (Budakeszi).
**Klopodia**/Klopódia/Clopodia: um 1900 Jakob Strubert.
**Kowatsch**/Temeskovácsi/Covaci: 1877 und noch nach 1900 Peter Schütt.
**Kreuzstätten**/Temeskeresztes/Cruceni: Der hier geborene Michael Bardl (1876–1954) hatte vor 1914 zahlreiche Kinder in Musik ausgebildet.
**Krottendorf**/Békásmegyer: 1892 Emmerich Erdödi.
**Lenauheim** (damals Csatád): 1886 und 1908 Peter Schwarz junior.

*Knabenkapelle Johann Schütt um die Jahrhundertwende in Kowatsch*

*Kapellmeister Peter Schmidt, Modosch*

*Nikolaus Bleich aus Orzydorf 1908 in Hamburg*

*Karl Schmidt (1871–1941) bildete auch 1910 und 1924 in Rudolfsgnad je eine Knabenkapelle aus*

*Anton Köhler aus St.-Anna
um 1909 in der Knabenkapelle Steiner*

*Michael Bogyos aus Segenthau (links)
mit seinem Freund Ballner*

**Lowrin**/Lovrin: um 1900 Mathias Streng (1863 bis 1928); 1910 Lambert Steiner.

**Mercydorf**/Mercyfalva/Carani: 1905 Mathias Scharnofsky.

**Modosch**/Módos/Jaša Tomić: vor 1900 Kreutzer; 1905 Peter Schmidt und Johann Ugrin (Kleck).

**Moritzfeld:** um 1900 Jakob Strubert.

**Mramorak**/Homokos: nach 1900 Karl Bäcker.

**Nakodorf:** um 1904 (42 Jugendliche) Stelzner, der danach nach Amerika ging.

**Németkér**/Kremling: 1904–1910 Rudolf Mestyan.

**Neuarad:** zweite Hälfte des 19. Jahrhunderts, mehrere Gruppen, Leopold Herrmann; 1901 Lambert Steiner.

**Neubeschenowa**/Újbesenyö/Dudeşti Noi: vor 1900 Nikolaus Schilzonyi.

**Neusatz**/Újvidék/Novi Sad: um die Jahrhundertwende leitete 20 Jahre lang Jakob Leh (Filipowa) hier Studentenorchester.

**Neusiedel:** 1901–1904 Nandor Andorfi.

**Orzydorf:** 1885–1887 Johann Schröder; 1868 Johann Metz (Bruckenau); 1902 Michael Trettner; vor 1900 Sebastian Groß; 1903 Fidel Unterweger, dann Michael Scholz.

**Ostern**/Kiskomlós/Comloşu Mic: 1885–1917 Anton Baitz.

**Pankota**/Pincota: 1887 Philipp Donauwell; nach 1900 Michael Donauwell.

**Rekasch**/Temesrékas/Recas: 1875–1878 und 1913 bis 1917 Josef Holz (Deutsch-St.-Michael); 1887 bis 1890 Franz Kessler.

**Rudolfsgnad:** 1883 Konrad Philipps; 1900 Karl Schmidt.

**Ruma:** ab ca. 1860 Benedikt Preisz mehrere Gruppen in der Musikschule.

**Sackelhausen:** 1884–1916 Peter Herbstler (mehrere Gruppen); vor 1914 Mathias Loris.

**St.-Anna**/Szentanna/Sîntana: 1870 Lambert Steiner (Billed); um 1900 Georg Steiner; nach 1900 Nikolaus Steiner.

**Schag:** 1900 Matthias Mohler.

**St. Hubert:** ab 1877, 1895 und 1903 Josef Kady; 1867 Johann Groß.

**Sarwasch-Hirschfeld**/Sarvaš: 1904 Wendelin Klauser.

**Segenthau:** 1899–1902 und 1902–1905 Matthias Mohler.

**Steierdorf:** 1865–1870 Krivanek; ab 1912 diverse Besetzung.

**Towarisch:** nach 1900 Georg Held.

**Triebswetter**/Nagyósz/Tomnatic: 1902 Fidel Erdödy (Orzydorf).

**Tschanad:** vor 1918 Franz Klemmer.

**Tschowanka**/Csobánka: um 1900 Geier (Weindorf).

**Tscholnok:** um 1904.

**Udwo**/Udvar: 1915.

**Wakan**/Vokány: 1910 Peter Vogelstetter.

**Warjasch:** 1858 Lambert Steiner; 1860 Michael Thöreß; 1883 und 1896 Michael Steiner; 1897 Franz Reb.

**Weißkirchen:** Laut dem Wochenblatt „Die Nera", Nr. 23, vom 29. 12. 1867, wurde ein Aufruf zur Gründung eines „Musik- und Gesangschulvereins" veröffentlicht; am 1. 10. 1870 eröffnete Martin Novaček eine Musik- und Gesangschule für Kinder; Kapellmeister Zefirin Koblitz beabsichtigte, mit dem Unterricht an seiner Musikschule am 15. 1. 1872 zu beginnen; 1910 Joseph Neudert; 1910 Otto Weikert.

**Werischwar:** um 1900 Johann Mauterer mehrere Kapellen.

**Werschetz:** ab 1862 Josef Hajek (mehrere Gruppen in Musikschulen); ab 1869 Johann Fleiner (mehrere Gruppen in Musikschulen); um 1900 Philipp Keller (aus Mähren) mehrere Gruppen.

**Wetschehausen:** 1912 Stefan Hubatschek; um 1912 Franz Kozilek.

Allein diese unvollständige Erhebung verweist auf rund 80 Heimatgemeinden, in welchen an die 100 Kapellmeister Knabenkapellen ausgebildet hatten. Geht man davon aus, daß ein Kapellenleiter in der Regel mindestens 3 Gruppen beschult hatte (manche sogar weit mehr), so kommen wir leicht auf die Zahl von einigen Hundert solcher Musikkörper.

Wir vermerken vorsorglich nochmals, daß die Kinder und Jugendlichen fast immer ein Blas- und ein Streichinstrument zu beherrschen gelernt hatten. In manchen ausgesprochenen Musikschulen überwog der Einzelunterricht, doch wurden auch hier bei besonderen Anlässen orchestrale Zusammenschlüsse gebildet.

Ab etwa 1900 weisen uns Fotos nach, daß zuweilen auch Mädchen in „Knabenkapellen" integriert waren.

### b) Schriftlich geregelte Ausbildung – Kapellmeister-Vertrag aus dem Jahre 1868

In die **„Musikschule"**, wie solche Formationen während der Ausbildungszeit im Volksmund genannt wurden, traten **Kinder und Jugendliche zwischen 6 und 16 Jahren** ein und lernten zumeist drei Jahre lang. Die Proben fanden täglich – außer sonntags – an den Nachmittagen oder Abenden statt (2 bis 3 Stunden); in den Schulferien vormittags und oft auch nachmittags. Der anfangs notwendige Einzel- und Gruppenunterricht (nach Instrumenten) wurde schon bald im orchestralen Zusammenwirken fortgesetzt.

Der Kapellmeister erhielt von den **Elterngemeinschaften** als Arbeitgeber eine monatliche Barbezahlung und jährliche Naturalentlohnungen, zuweilen auch freie Miete und Brennmaterial; bei den späteren öffentlichen Auftritten bekam er aus den Einnahmen gestaffelte Anteile.

Die Stärke der Knabenkapellen war sehr unterschiedlich – in der Regel waren es kaum weniger als 20 Jungbläser, ihre Höchstzahl bewegte sich gegen 60 Schüler.

Außer den ehemaligen Militärmusikern hatten namentlich später auch aus dem Zivilleben kommende Kapellmeister derartige Ausbildungstätigkeiten aufgenommen.

Die schon beschriebene Gepflogenheit der k.u.k. Militärkapellen, Musik-Eleven aufzunehmen, stand auch Pate bei ähnlichen Praktiken in unseren Ortschaften. Zuweilen stellte man nämlich keine komplette Kinder- oder Jugendformation auf, sondern nahm zu einem alten Musikerstamm von 3 bis 5 Mann Schüler hinzu und bildete sie zur Einsatzfähigkeit aus. Die „Lehre" dauerte auch hierbei in der Regel drei Jahre.

Ein Dokument besonderer Art stellt der von Josef Hellmann aufgefundene und zur Verfügung gestellte **Kapellmeister-Vertrag** aus seinem Heimatort **Groß-Jetscha vom 14. Oktober 1868** dar. Er wird, wie er mit einer Einleitung des Verfassers in der Zeitung „Der Donauschwabe", Weihnachten/Neujahr 1977, auf Seite 5, veröffentlicht wurde, nachstehend vollinhaltlich zur Kenntnis gebracht:

Im Zusammenhang mit der im „Donauschwaben" kürzlich erfolgten Veröffentlichung „Heimatliche Knaben-Musik-Kapellen schon vor 130 Jahren", gewinnt das inzwischen aufgefundene **Original eines Vertrages** zwischen den Eltern von in Musik auszubildenden Kindern und dem Kapellmeister Bernat Metzger in **Groß-Jetscha** aus dem Jahre 1868 hohes Interesse.

Wie schon früher aus zahlreichen Quellen bekanntgeworden, gründeten die Eltern, die ihre Kinder in einer Knabenkapelle ausbilden lassen wollten, **Zusammenschlüsse**. Häufig wählten sie aus ihrer Mitte eine mehrköpfige Repräsentanz, welche sich nach einem geeigneten (zuweilen auch ortsfremden) Kapellmeister umschaute, um ihn ins Dorf zu rufen und einzustellen. Die auf zwei bis drei Jahre befristeten Absprachen regelten die gegenseitigen Rechte und Pflichten. Für die Kapellmeister selbst, die anfangs jährlich, später jedoch zumeist monatlich entlohnt wurden, bedeuteten diese Verträge die **Begründung eines Dienstverhältnisses**.

Der nachfolgend vollinhaltlich zum Abdruck kommende ausführliche Vertrag gewährt nach mehreren Aspekten Einblicke in unser damaliges Dorf. So werden wir angenehm von dem pädagogischen Gespür dieser Eltern-„Gesellschaft" überrascht, welche dem Kapellmeister aufträgt, die Kinder auch im Lesen, Schreiben und Rechnen zu unterweisen und ihn anhält, bei der Zuteilung der Musikinstrumente die Fähigkeiten und natürlichen Anlagen seiner Schützlinge zu berücksichtigen. Bei der vor über hundert Jahren ohne jeden Anstoß praktizierten körperlichen Züchtigung fällt in diesem Schriftwerk um so mehr die Auflage auf, daß der Kapellmeister hierbei weder das Schamgefühl, noch die Ehre des „Betreffenden" über Gebühr verletzen durfte!

Bemerkenswert ist aber auch die seinerzeitige hohe Pflichtauffassung. Das unentschuldigte Fernbleiben von den Proben zog harte Geldstrafen nach sich – für die Kinder und den Kapellenleiter.

Das Vertragswerk ist in sehr schöner und deutlicher deutscher („gotischer") Schrift abgefaßt, gut stilisiert und weist kaum Rechtschreibfehler auf! Im ganzen – ein wertvolles Mosaiksteinchen in der **Dokumentation** unserer **Heimatgeschichte**.

Und nun der Wortlaut:

### Vertrag

Welcher an zu Ende gesetzten Jahr und Tag zwischen den Gr. Jecsaer Insassen Johann Ludwig mit seinem Sohne Josef

Insassen Aidrich Klingler mit seinem Sohne Josef
Insassen Johann Klingler mit seinem Sohne Peter
Insassen Michael Gilyon mit seinem Sohne Johann
Insassen Philipp Pulyer mit seinem Sohne Mathias
Insassen Joszef Zimmermann mit seinem Sohne Nikolaus
Insassen Johann Pulyer mit seinem Sohne Karl
Insassen Michael Stemper mit seinem Sohne Joszef
Insassen Johann Holcz mit seinem Sohne Johann
Insassen Bernat Bito mit seinem Sohne Peter
Insassen Josef Hellmann mit seinem Sohne Peter
Insassen Philipp Pellendorf mit seinem Sohne Philipp
Insassen Johann Taller mit seinem Sohne Joszef
Insassen Johann Pulyer mit seinem Sohne Fridrich
Insassen Angela Gilde mit seinem Sohne Josef
Insassen Otilia Gehl mit seinem Sohne Michael
Insassen Josef Gilde mit seinem Sohne Josef

einerseyts, dann dem Musikus Bernat Metzger als Capellmeister andererseyts nachstehender Weise verabredet und rechtsgültig geschlossen wurde.

1tens Obengenannte Väter, deren Söhne bereits seit drei Jahren eine Musik-Capelle bilden, erklären mit gegenwärtigem daß diese Gesellschaft unzertrennlich und solange zu bestehen hat, bis deren Auflößung sich nicht von selbst aus den Umständen ergibt, oder aber durch die ganze Gesellschaft einstimmig beschlossen wird. Es ist somit niemanden gestattet auszutreten, und noch viel weniger zu einer anderen Musikcapelle zu übertreten. Sollte trotzdem Einer oder der Andere die Gesellschaft verlassen so hat Er weder an den Vermögen noch an den Instrumenten einen Anspruch zu machen; und sollte Er über dieß in eine andere Musikcapelle eintreten; so

*Kapellmeister-Vertrag 1868 aus Groß-Jetscha*

hat Er oder dessen Eltern eine Geldstrafe von 100 f Sage! Ein Hundert Gulden ö. wär. an die Gesellschafts Casse zu entrichten. Wobei ein Jeder der Contrahenten jetzt schon für damals aller Wiederrede entsagt, und sich einem jedem durch die Gesellschaft frei zu wählendem Gerichte und dem mündlichen summarischen verfahren unterwirft.

Auch in dem Falle wenn einer oder der Andere mit Tod abgehen sollte oder aber das Ort aus was immer für einem Grunde verläßt, verliert Er seinen Antheil an den Instrumenten, wobei bemerkt wird daß in jenen Fällen wenn der betreffende entweder zum Militär eingereuet wird, oder aber zur Erlernung eines Handwerkes in die Fremde geht, es Ihm freisteht sobald er wieder heimkehrt, abermals zur Gesellschaft einzustehen.

2tens Bernat Metzger übernimmt die Führung und Leitung der Capelle, und wird als Capellmeister von Seite der Gesellschaft auf die Dauer von zwei Jahren bestellt. Wehrend dieser Zeit ist er gehalten jede Woche drei Abende Probe und respektive Unterricht zu halten; und zwar sowohl in der Musik als auch im Lesen, Schreiben und Rechnen. Außerdem steht es Ihm aber frei und hat Er das Recht zu jeder beliebigen zeit die Banda zusamzurufen. Wobei bestimmt wird daß wenn einer oder der Andere eine Probe versäumt oder aber auf das Rufen des Capellenmeisters nicht erscheint eine Ordnungsstrafe von 50 H. ö. wär. für einen jeden Fall in die Gesellschafts Caße zu entrichten hat; Befreuet hievon sind nur jene welche Krankheitshalber nicht erscheinen konnten, welcher Umstand jedoch beim Capellmeister anzuzeigen ist. Dem Capellmeister steht ferner das Recht zu die Instrumente nach seinem Gutdenken einzutheilen, wobei er jedoch Fähigkeit und natürliche Anlagen des betreffenden zu berücksichtigen hat. Auch kann er die Kinder wegen Ungehorsam oder was immer für ein Vergehen nach Verdienst bestrafen, jedoch soll Er dieß selbst vollziehen, und nicht etwa einen durch den anderen prügeln lassen, überhaubt die Strafen der Art ertheilen daß dabei das Schamgefühl und die Ehre des betreffenden am möglichst wenigsten verletzt werde.

3tens Dafür hat Bernat Metzger als Entlohnung jährlich 150 f. ö. wär. Sage Ein Hundert fünfzig Gulden ö. wär. so wie auch den achten Theile von dem durch die Banda ins Verdienen gebrachtem Betrage.

4tens Die Gesellschafts Gelder verwaltet der Capellmeister in Gemeinschaft mit Philipp Pulyer, und sind beide gehalten, nach Ablauf eines jeden viertel Jahres Rechnung zu legen wobei der vom Verdienst auf einen Jeden entfallende Antheil zugleich vertheilt und ausgefolgt wird.

5tens Von den laut Punkt 1 und 2 einzufließenden Strafgelder hat der Capellenmeister keinen Antheil und werden diese Gelder zum Anschaffen von Instrumenten, und zur Deckung sonstiger Auslagen verwendet.

6tens Auch der Capellenmeister kann von der Gesellschaft nicht vor Ablauf der eingegangenen zwei Jahre abtreten, ansonsten Er ebenfalls einer Geldstrafe von 100 f Sage! Ein Hundert Gulden ö. wär. zu gunsten der Gesellschafts Caße unterliegt; Eine Ausnahme hievon bildet nur der einzige Fall wenn er Krankheitshalber gehindert wäre, jedoch auch nur zeitweilig, und ist der Fall sobald Er wieder genesen ist, gehalten seiner eingegangenen Verpflichtung nachzukommen.

7tens Das Quartier zur Abhaltung der Proben samt Beheizung wehrend der Wintermonate hat die Gesellschaft zu stellen, wohingegen im Sommer im Hofe des Capellmeisters eine aus breter zu errichtende geeignete Räumlichkeit hergestellt wird. Schließlich.

8tens Hat der Capellenmeister das Recht noch fünf Zöglinge in die Gesellschaft aufzunehmen, welche sich jedoch den in diesem Vertrage enthaltenen Bedingnißen zu unterwerfen haben.

Urkunde dessen wurde gegenwärtiger Vertrag verlesen als mit dem wahren und ersten Willen der Partheien übereinstimmend erklärt und mit dem allerseits gefertigt daß das Original Exemplar im Gemeinde Archiv zur Aufbewahrung hinterlegt wurde, von wo einem jeden die Einsicht frei steht, und auf verlangen Abschriften ausgefolgt werden.

Sig. Grosz Jétsa am 11ten Oktober 1868
War uns als Zeugen:
gez. Philipp Keiner Richter, gez. Johann Göttner Geschworener.
Durch Franz Gabor, Not.: als Zeuge und Namensfertigender Schreibensunkundiger.

(gez. Unterschriften –
einschließlich die des Kapellmeisters)

Endesgefertigter erkläre mit gegenwärtigem in obige Gesellschaft einzutreten, und mich allen in diesem Vertrage enthaltenen Bedingnissen zu unterwerfen, mit Ausnahme der in Punkt 3 enthaltenen Entlohnung des Capellenmeisters wozu ich nichts beizutragen habe, was auch von Seite der Gesellschaft angenommen und gebilligt wird.

Sig. Grosz Jétsa am 14ten Oktober 1868. gez. Philipp Weber.
Von uns als Zeugen: gez. Philipp Keiner. Richter. Franz Gabor, Not.

Die Gefertigten treten mit ihren Söhnen der Musikkapelle bei unterwerfen sich allen in diesem Vertrag enthaltenen Bedingnißen mit nachstehenden Änderungen:

1tens Hat ein jeder dem Capellmeister Bernat Metzger außer den im Punkt 3 bestimmten 150 f ö. wär. jährlich 16 f ö. wär. Sage Sechzehn Gulden ö. wär. Zehrgeld zu zahlen.

2tens Ein jeder der Eintretenden hat 25 f ö. wär. Sage! Zwanzig fünf Gulden ö. wär. in die Gesellschafts-Casse einzuzahlen, wofür sie sodann, mit den Übrigen gleichen Antheil an den Instrumenten haben.

3tens Von dem Verdienste haben die neu eingetretenen bis 1ten Juny keinen, vom 1ten Juny bis 1ten December halben, und von da weiter einen ganzen Antheil gleich den Übrigen zu fordern.

Sig. Grosz Jétsa am 16ten December 1868.

(gez. 6 Unterschriften)

13. IV. 869
Für den Gemeinde Archiv.

c) Konzertreisen durch Europa, Amerika und Afrika

Zu welchen qualitativen Leistungen unsere Knabenkapellen gelangt waren, beweisen die vielen Konzertreisen in Gegenden außerhalb des Heimatraumes. Dabei mußten bestimmte Mindestanforderungen erfüllt werden können. Wir wissen, daß diese Formationen zunächst im Ausbildungsort und dann in der näheren und weiteren Umgebung öffentlich aufgetreten sind. An die **50 Gruppen** hatten darüber hinaus **Gastspiele** nahezu in ganz Europa durchgeführt (**Belgien, Dänemark, Deutschland, England, Finnland, Frankreich, Holland, Italien, Norwegen, Österreich, Rumänien, Rußland, Schweden, Schweiz**). Dabei wurden in den Haupt- und anderen Städten, in Kurorten usw. dieser Länder über Wochen oder Monate Konzerte gegeben, welche in der Regel großen Anklang fanden. Von den mehr als 30 Kapellmeistern, die solche Reisen durchgeführt hatten, sind u. a. zu nennen: Nandor Andorfi, Valentin Berenz, Peter Bojar, Philipp Donauwell, Fidel Erdödy, Michael Friedl, Mathias Granofsky, Holz, Georg Krecsan, Kaspar Lennert, Mathias Loris, Mathias Mohler, Jakob Münnich, Michael Nußbaum, Franz Reb, Nikolaus Schilzonyi, Peter Schmidt, Johann Schröder, Peter Schwarz, Georg Steiner, Lambert Steiner, Michael Steiner, Michael Thöreß, Johann Ugrin, Johann Weber, Anton Weiß. An den knapp 20 bisher belegten **Überseefahrten** heimatlicher Knabenblaskapellen hatten u. a. folgende Kapellenleiter die Verantwortung: Valentin Berenz, Michael Friedl, Holz, Mathias Mohler, Michael Nußbaum, Nikolaus Schilzonyi, Peter Schmidt, Lambert Steiner, Johann Ugrin, Johann Weber.

Von den zahlreichen Kunstreisen über die Grenzen des engeren Heimatlandes hinaus wollen wir nachstehend nur diejenigen zur näheren Beschreibung auswählen, von welchen mehr als ihre reine Kenntnisnahme bekannt ist:

Der 1880 in Klein-St.-Peter geborene **Valentin Berenz** gründete, nachdem er 1904 aus der Militärmusik ausgeschieden war, eine Knabenkapelle, mit welcher er später in London, ja sogar in Nordafrika und Amerika auftrat.

**Peter Bojar** (1857–1932) aus Groß-Jetscha leitete ab 1899 eine Knabenformation, die er 1902 zu Auftritten nach Budapest, Wien, Berlin, Hamburg, Paris, London usw. führte. Außerdem bereiste er auch Dänemark.

Der Stiefsohn Lambert Steiner's, **Philipp Donauwell,** hatte u. a. in Pankota/Pîncota gewirkt. Im Jahre 1887 hatte er mit seinen jugendlichen Bläsern auch in Wien konzertiert. Sein Sohn, Michael Donauwell, wurde ebenfalls Kapellmeister und Musiklehrer.

*Valentin Berenz mit seiner Knabenkapelle in Deutsch-St.-Peter um 1907*

*Philipp Donauwell
mit seiner Knabenkapelle aus Pankota (Banat) 1887 in Wien*

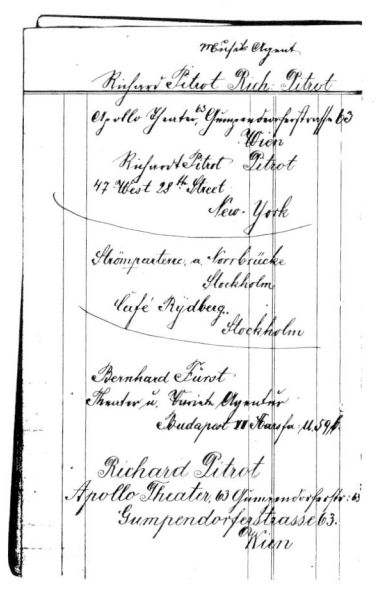

*Eine Seite aus dem Notizbuch
Michael Friedls: Musik-Agenten*

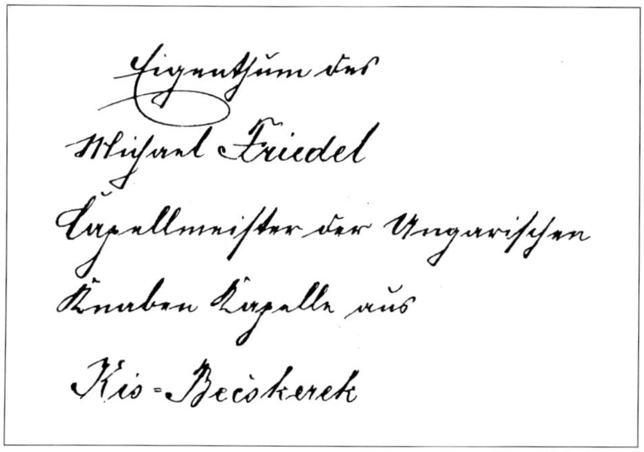

*Michael Friedl führte Buch bei seinen Reisen*

Aus Mercydorf stammte **Michael Friedl** (1866 bis 1937), der möglicherweise zuerst in Bruckenau war, auf jeden Fall aber sich in Klein-Betschkerek niedergelassen hatte. Hier schulte er ab 1896 eine Knabenkapelle, mit welcher er zweimal in Schweden gastierte und auch vor König Oskar II. auftrat. Aus eigenen Aufzeichnungen Friedls, leider ohne Datum, geht hervor, daß er in „Rutka, Stillein, Oderberg, Ruschau, Mährisch-Ostrau, Ratibor, Oppeln und Breslau" war; aus letzterer Stadt ist das Foto eines seiner Jungmusiker erhalten. Anfangs des laufenden Jahrhunderts war er mit einer Knabenkapelle auch in Amerika auf Gastspielreise. Friedl hatte in seinem

*Michael Friedl
komponierte auch für
Streichbesetzungen*

*Georg Krecsan mit seiner Kathreinfelder Knabenkapelle in Frankreich*

*Mathias Mohler, Kapellmeister der „ersten ungarischen Knabenkapelle"*

Repertoire auch Eigenkompositionen; ebenfalls den Walzer „Träume auf dem Ozean" von Josef Gungl.

Eine in Freidorf gegründete und von einem Kapellmeister **Holz** geleitete Gruppe begab sich 1912 nach Amerika. Nachdem der Kapellmeister jedoch die Kinder im Stich gelassen hatte, mußten diese zusehen, daß sie das benötigte Geld für die Heimreise „einspielten".

Aus Schag oder Neu-Petsch (Ulmbach) = Újpécs/Peciu Nou stammte **Georg Krecsan**, der zu Beginn dieses Jahrhunderts nach Kathreinfeld kam und dort eine Knabenblaskapelle, nach einem Foto aus 24 Kindern bestehend, gegründet hatte. Wie so viele andere, trat auch diese Formation, in schmucke Uniformen gekleidet, eine Gastspielreise an. Nach Hans Rasimus ging es über Hatzfeld, Segedin, Wien (Konzerte im Prater), Berlin, Hamburg und Kiel zu monatelangen Kurkonzerten auf die Insel Fehmarn. Das überzeugende Können unserer Jungmusiker brachte eine Verpflichtung nach Paris ein. Ein weiteres Engagement kam dort für eine Tournee nach Amerika zustande. Nachdem meine Informanten angegeben hatten, daß dort Kapellmeister Krecsan die Gruppe im Stich gelassen hätte und nach U.S.A. gezogen sei, stellte Hans Rasimus in der Wochenschrift „Der Donauschwabe" vom 27.6.1982 unter der Überschrift „Die Kathreiner Knabenkapelle auf Europatournee" den Sachverhalt richtig. Danach war es das Heimweh der

*Knabenkapelle Mathias Mohler aus Segenthau (Dreispitz) um 1904*

*Mathias Mohler mit einer seiner Knabenkapellen (um die Jahrhundertwende)*

Kinder gewesen und der Entschluß der Eltern, dies nicht zuzulassen. Ein Vertreter der Elternschaft war nach Paris gefahren und holte die Kinder ab. Kapellmeister Georg Krecsan wanderte nach Amerika aus, wo er noch lange unter dem Namen George Blandon auf dem Gebiet der Musik tätig war und Kompositionen hervorbrachte.

**Mathias Mohler** hatte um die Jahrhundertwende seine in Segenthau geleitete Formation „Erste ungarische Knabenkapelle" genannt. Mit seinen 34 Jungmusikern war er in mehreren europäischen Hauptstädten auf Tournee gewesen, allem Anschein nach um 1902 auch in Amerika. Trotz des Namens der Kapelle waren alle Mitglieder heimatliche Schwabenkinder, wie auch bei den anderen Gruppen mit ähnlicher Benennung nichts mit „Ungarischem" zu tun hatte. Auch bei Mohler kam es oft vor, daß mehrere Orchestermitglieder von den Gastspielreisen nicht mehr nach Hause zurückgekehrt sind. Sie wurden mit offenen Armen und guten Angeboten in Musikkörper des Auslands und in Übersee aufgenommen und brachten es zu gesicherten Existenzen. Eine ganze Reihe der zwischen den beiden Weltkriegen besonders in den Vereinigsten Staaten von Nordamerika

*Knabenkapelle Mathias Mohler um 1902 auf Tournee (vermutlich in Amerika)*

*Trotz des auf den Staat bezogenen Namens – lauter Schwabenkinder aus dem Banat!*

tätig gewordener donauschwäbischer Musiker und Kapellenleiter, die dann mit einigen Hundert Schallplattenaufnahmen hervortraten, ging aus solchen Knabenblaskapellen hervor.

Der Lehrer **Jakob Münnich** aus Perjamosch/Perjámos/Periam gründete 1906 in Glogowatz eine aus über 40 Schülern bestehende Blaskapelle, mit welcher er bereits zwei Jahre später in Budapest konzertierte, dann in Wien, Brünn, Bremen, Bremerhaven und Hannover insgesamt mehrere Monate hindurch auftrat. 1910 gab die Formation Konzerte in Wolfenbüttel und im Wintergarten von Hamburg. Im gleichen Jahr ging es aber auch noch nach Brüssel, Breslau, Csernowitz, Kaschau, Miskolc usw.

Im Jahre 1893 traten über 40 Knaben aus der Banater Gemeinde Billed mit ihren Kapellmeistern **Michael Nußbaum** und **Nikolaus Schilzonyi** ihre auf drei Jahre festgelegte Tournee durch die Vereinigten Staaten von Nordamerika an. Hierzu wurde im Dorfwirtshaus mit den Vertretern einer amerikanischen Agentur ein entsprechender Vertrag unterschrieben. Nachdem es sich bei den Musikanten um sechs- bis zwölfjährige Kinder handelte, war auch deren Beschulung geregelt worden. Bei ihrer Rückkehr trat diese Knabenkapelle noch in London, Paris, Berlin, Wien und Budapest auf.

Der Eleker Kantorlehrer **Adam-Eduard Niedermayer** trug wesentlich dazu bei, daß im Ort eine neue Knabenblaskapelle aufgestellt wurde. Die 24 Jungen zwischen 12 und 16 Jahren wurden von **Emanuel Franyik**, einem ortsfremden Kapellmeister, ausgebildet und geleitet. Auch diese Formation bestach bereits bei ihren ersten Auftritten durch ihr Können. So verpflichtete sie ein Bukarester Gartenhotel-Besitzer auf fünf Monate in die rumänische Hauptstadt. Unterwegs konzertierte die Gruppe u. a. im heimatlichen Neuarad. Im Jahre 1897 erhielt diese Jugendkapelle wiederum einen Ruf von dem Hotel in Bukarest auf ein halbes Jahr. Nachdem die Zeitungen viel von den Erfolgen dieser Knabenformation berichteten, durften sie sogar im Königspalast vor dem König Rumäniens aufspielen. Die Uniform dieser Gruppe war von zivilem Zuschnitt, während sonst Husarenuniformen bevorzugt wurden.

1897 übernahm **Franz Reb** in Warjasch eine aus 32 Mitgliedern bestehende Knabenkapelle von Michael Steiner, mit welcher er 1902 in Berlin und Hamburg und 1903 in einem Gartenlokal zu Budapest einige Monate hindurch auftrat. Bei einer zweiten Tournee nach Hamburg soll das Vorhaben an der Disziplinlosigkeit eines Teils der Jugendlichen gescheitert sein.

**Nikolaus Schilzonyi** begab sich ein weiteres Mal mit einer Knabenkapelle aus Bogarosch und anderen Banater Gemeinden nach Amerika. Von dieser Reise liegt noch ein farbiges, in New York gefertigtes Plakat im Format 102 mal 69 cm vor. Wie in diesen Zeiten häufig, so trug auch diese Formation schicke Husarenuniformen, was im fernen Amerika gewiß gewaltig imponiert haben dürfte. Die Auswertung des Tagebuches eines an der Tournee beteiligt gewesenen Buben ergibt, daß diese Gruppe von 38 Knaben am 19. Mai 1899 die Heimat verließ, in Wien, Leipzig und Bremen auftrat und am 3. Juni das Schiff „H. H. Meier" bestieg. Am 15. Juni wurde New York erreicht. Die Kapelle gab in Hotels, Parks und „Music Halls" Konzerte quer durch die Staaten, von der Ost-

bis zur Westküste und zurück. Der Junge hatte jeden Tag genau nachgewiesen. Ein Schmunzeln ruft seine Bemerkung hervor: „Die Reise war immer in herrlichen Schlafwagen"! Die Unterbringung war in Hotels, teilweise aber auch in Privatquartieren erfolgt. Das Tagebuch läßt uns ferner wissen: „Der Kapellmeister hatte eine Farm gekauft, zum Ausrasten und Lernen". Nach längeren Auftritten ist in dem Büchlein häufig das Wort Rast – oft für mehrere Tage – vermerkt. Auf der Farm fanden Erholungspausen und Lernabschnitte von mehreren Wochen statt. Lerninhalte aus der Geographie waren z. B.: Die Einwohnerzahl der größten Städte der Welt, die Länge der größten Ströme der Erde, die Hauptreligionen der Erde, die größten Bauwerke der Erde. Der Bub schrieb auch Liedertexte in sein Büchlein, den Titel von Musikstücken, einige fremdsprachige Redewendungen und Adressen von Bekannten. Über Schilzonyis Gastspielreisen sind noch rund 25 Pressestimmen erhalten, woraus exemplarisch zitiert werden darf – Chicago Herald: „Sie spielen so feurig, so genau, und ihr Takt und Melodie betreffend, ist ‚wonderful'". Boston American: „Ihr Spiel war eine Sensation. Das Publikum applaudierte jede Nummer, die gespielt wurde und klatschte dann und stampfte fünf Minuten lang, um sie wieder auf die Bühne zu bringen". Pittsburg Dispatch: „Die Musikkritiker waren am lautesten beim Loben". – Am 9. März 1901 kehrte diese Knabenkapelle wieder in die Heimat zurück.

**Michael Scholz** hatte nach Fidel Unterweger in Orzydorf die Knabenblaskapelle geleitet und war mit ihr kurz nach 1900 im Deutschen Reich gewesen. Nach zwei Jahren übernahm **Johann Unterweger,** der Sohn Fidels, die Formation.

Der aus Billed stammende **Peter Schmidt** leitete ab 1902 in Johannisfeld eine erfolgreiche Knabenkapelle, mit welcher er in Budapest auftrat und eine Gastspielreise in Deutschland und Holland durchgeführt hatte.

Anfangs dieses Jahrhunderts bildeten in Modosch die Kapellmeister **Peter Schmidt** und **Johann Ugrin** eine Knabenkapelle aus, mit welcher sie zunächst in Böhmen und Mähren auftraten. Im Jahr 1908 bereisten sie gemeinsam (wahrscheinlich mit einer neuen Formation) Amerika, wo sie bei verschiedenen großen Veranstaltungen konzertierten.

In Csatád (später Lenauheim) wurde 1851 **Peter Schwarz** geboren (dessen gleichnamiger Sohn in einer

*Siehe Farbplakat dieser Konzertreise auf dem Einband*

*Nikolaus Schilzonyi mit einer Knabenkapelle vor der Jahrhundertwende (vermutlich) in Billed*

*Johann Ugrin mit seiner (vermutlich) Modoscher Knabenkapelle 1908 in Amerika*

Jugendkapelle des Vaters ausgebildet und später selbst Kapellmeister wurde), der 1882 die bestehende Ortskapelle übernommen hatte. 1886 bildete er eine Knabenblaskapelle aus, mit welcher er nach dreijährigem fleißigen Üben auf Tournee nach Wien aufbrach und sogar in Rußland aufspielte. Seine nächste Jugendkapelle entstand 1908.

**Georg Steiner** (ein Sohn Lamberts) hatte mehrmals im Deutschen Reich Konzerte gegeben, u. a. war er in Hamburg und Düsseldorf gewesen.

**Michael Steiner,** Bruder des Vorgenannten, hatte mit seiner 1883 zur Ausbildung übernommenen Knaben-Formation in Wien, Berlin, Warschau, St. Petersburg (dem heutigen Leningrad), Helsinki, Odessa usw. musiziert. Um 1900 leitete er die Jugendblaskapelle in Groß-St.-Nikolaus.

Ein anfangs dieses Jahrhunderts in Billed geborener Kapellmeister und Komponist berichtet, daß sein Urgroßvater mütterlicherseits, **Michael Thöreß,** mit seiner seinerzeit geleiteten Knabenkapelle auch in Italien und Deutschland aufgetreten sei; dies müßte demnach in der zweiten Hälfte des 19. Jahrhunderts gewesen sein.

Ein Foto aus dem Jahre 1908 aus White-City, USA,

*Johann Weber mit einer seiner Kapellen*

zeigt eine heimatliche Knabenblaskapelle mit der Benennung „The Imperial Hungarian Military Band, Johann Ugronyi, Leader". Aufgrund des zeitlichen Zusammentreffens und der großen Namensähnlichkeit dürfte es sich hier um den bereits erwähnten **Johann Ugrin** mit der Formation aus Modosch handeln.

**Johann Weber** (1858–1932) aus Neubeschenowa hatte ab 1896 in Gertianosch eine Knabengruppe mit 33 Mitgliedern unterrichtet. Kurz nach der Jahrhundertwende übernahm er in Groß-Jetscha die Formation von Peter Bojar. Weber war auch auf einer Amerika-Tournee. Um 1906 unternahm er mit einer zweiten Knabenblaskapelle aus Groß-Jetscha eine ausgedehnte Europa-Tournee. Zwei seiner Brüder sollen ebenfalls tüchtige Kapellmeister gewesen sein.

Ein von außerhalb nach Elek gekommener **Kapellmeister Winter** (Viktor oder Emanuel) hatte 1882 mit 32 Musikern seiner Knabenblaskapelle eine Tournee angetreten, welche auch nach Amerika führte, was durch Fotos bestätigt ist. Die Konzerte dürften sehr erfolgreich gewesen sein, denn der Dirigent hatte sich eines Tages von seinen Schützlingen mit der Kasse abgesetzt, sodaß der älteste Teilnehmer mit Geschick die Initiative ergriff und durch weitere Konzerte soviel Geld aufbrachte, um die Heimreise aus Übersee antreten zu können. In Europa eingetroffen, gab die Formation u. a. noch in Paris, Prag, Berlin und Wien Konzerte, ehe sie 1883 ins Heimatdorf abgeholt wurde.

*Martin Wittmann, 1866 in Elek geboren, anläßlich einer Tournee in Amerika; die Aufnahme wurde in New York gemacht*

*Johann Weber 1904 in Budapest*

*Johann Weber 1905 in Chicago*

133

*Lambert Steiner aus Billed*

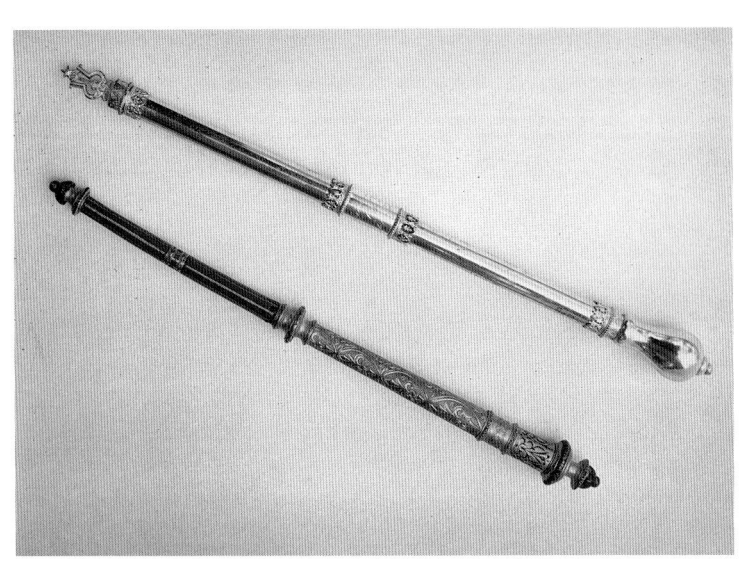

*Nach erfolgreichen Auftritten Lambert Steiners mit seinen Banater Knabenmusikern erhielt er zwei kunstvoll gefertigte Taktstöcke mit der Inschrift „Erinnerung an Riga, 15.6.1876"*

d) Donauschwäbische Jugend-Blaskapelle im Indischen Ozean

Unter dieser Überschrift hatte die Wochenschrift „Der Donauschwabe" von 16. Juni 1974 auf Seite 4 einen Beitrag von mir veröffentlicht, welcher nachstehend vollinhaltlich wiedergegeben wird:

„Beim Aufspüren musikgeschichtlicher Fakten aus der Vergangenheit unseres Volksstammes stößt man heute noch auf unvermutete Überraschungen. Unterlagenmaterial aus Schweden ermöglicht es uns, nunmehr auch über das Wirken des 1837 in Billed geborenen **Lambert Steiner** ein abgerundetes Bild zu erhalten.

Bereits als Zwanzigjähriger begründete der Genannte die **„Steiner-Dynastie"** im Banat, indem er in Warjasch beginnt, eine Musikkapelle „abzurichten". Um das Jahr 1870 zieht er nach Sankt-Anna um, und es dauert gar nicht lange, bis dieser begabte und tüchtige Musiker aus Berufung über die bereits erlangte provinzielle Bedeutung hinauswächst. Lambert Steiner unternimmt jetzt eine Sommer-Tournee

*Ein Silberpokal für die Leistungen Lambert Steiners und seiner Knabenkapelle aus dem Banat. Er trägt folgende Inschrift: „In dankbarer Erinnerung an die Konzerte dieses Sommers in Strömparterren und Berns Salonger, Stockholm, den 17.9.1884"*

*Lambert Steiner, 1837 in Billed geboren, heiratete in zweiter Ehe die aus Stockholm stammende Flötenvirtuosin Johanna Vilhelmina Abrahamsson (unteres Bild Mitte, rechts neben dem Kapellmeister), die dann bei den Banater Knabenkapellen mitmachte. Der aus dieser Ehe hervorgegangene Sohn, Birger Steiner, hatte bereits mit 10 Jahren den Vater beim Dirigieren vertreten. Er kam am 13.12.1892 in Aringsås, Schweden, zur Welt. Die Aufnahme stammt aus England*

# BAND PROGRAMMES.

### MONDAY, MAY 11, 1908.

## Lambert Steiner's Hungarian Cadet Band

**QUEEN'S COURT.**
From 1 to 2.30.

**IMPERIAL COURT.**
From 4 to 5.30.

**QUEEN'S COURT.**
From 7 to 8.30.

**QUEEN'S COURT.**
From 9 to 11.

| | | | |
|---|---|---|---|
| 1—MARCH | "Hunyadi" | | *Erkel* |
| 2—OVERTURE | "The Witch of Boissy" | | *Joh. v. Zayiz* |
| 3—WALTZ | "Over the Waves" | | *Rosas* |
| 4—ORIENTAL SCENE FOR TROMBONE "Dervish Choir" | | | *Sebeck* |
| 5—POTPOURRI | "Hungarian Airs" | | *Strobb* |
| 6—MARCH | "Kossuth" | | *Muller* |
| 7—OVERTURE | "Orphee aux Enfers" | | *Offenbach* |
| 8—WALTZ | "The Downfall of Venus" | | *Von Paul Lincke* |
| 9—ECHO PIECE | "In the Forest" | | *Kling* |
| 10—SELECTION | "Geisha" | | *Sidney Jones* |
| 11—MARCH | "Szamosmenti" | | *Borsay* |
| 12—OVERTURE | "French Comedy" | | *Keler Bela* |
| 13—WALTZ | "Fideles Wien" | | *Komzak* |
| 14—THE TURK'S PRAYER from Opera "Wanda" | | | *Doppler* |
| 15—POTPOURRI from the Opera "Bank Ban" | | | *Erkel* |
| 16—MARCH | "The Motor" | | *Georgey Rosey* |
| 17—ENTRANCE OF THE GUESTS "Tannhauser" | | | *R. Wagner* |
| 18—WALTZ | "Aurora" | | *Camilo Linka* |
| 19— | "Ne Nyulj Hoszam" | | |
| 20—AIR | "Kurutz" | | *Kraul* |

**GOD SAVE THE KING.**

*Konzertprogramm Lambert Steiners 1908 in London*

nach der anderen nach **Deutschland, Schweden, Rußland** und in die **USA**. Sein Sohn Birger Steiner (aus Lamberts zweiter Ehe mit einer Schwedin), in Aringsås am 13.12.1892 geboren, besitzt aus dieser Zeit noch zwei wertvolle Erinnerungsstücke: Einen silbernen Taktstock mit der Inschrift: „Erinnerung an Riga, 15.6.1876" und einen großen Silber-Pokal mit der Inskription „In dankbarer Erinnerung an die Konzerte dieses Sommers in Strömparterren und Berns Salonger, Stockholm, den 17.9.1884". Bis zum Jahre 1904 hatte Steiner mit mehreren Banater Blaskapellen allein in Stockholm zehn Sommer hindurch konzertiert.

Seinen Wohnsitz verlegte Steiner 1901 nach Neu-Arad. Auch hier leitete er eine Jugendkapelle und wirkte, selbst ein Kornett-Virtuose, als Lehrer an der Arader Musikschule. Zwischendurch war er für einen Monat mit seinen Bläsern nach Budapest verpflichtet.

Im **Januar 1903** begann ein neuer Höhepunkt in der glanzvollen Karriere dieses Banater Meisters des Taktstocks. Geordnet durch eine englische Konzertagentur, trat Lambert Steiner mit 54 Banater jugendlichen Musikern eine **Tournee nach Südafrika** an. Die Reise ging von Arad über Berlin und Hamburg nach dem englischen Hafen Southampton, von wo die 30tägige Schiffsreise vorbei an den Kanarischen Inseln und der Insel St. Helena bis nach Kapstadt führte. Nachdem hier ein anderer Passagierdampfer bestiegen war, setzte sich die Fahrt in den Indischen Ozean bis zum Zielhafen Durban fort. Steiner's Jugend-Blaskapelle konzertierte nun in den südafrikanischen Städten Pietermaritzburg, Ladysmith, Harrysmith, Johannesburg, Pretoria, Kimberley, Bloemfontein, Eastlondon, Port Elisabeth usw. bis zuletzt in Kapstadt jeweils 8 bis 14 Tage abends von 8 bis 10 Uhr.

Das großartige Angebot, von Südafrika aus weiter nach **Australien** zu reisen, konnte Steiner allerdings nicht annehmen, weil die Eltern der Bläserbuben im fernen heimatlichen Banat bereits allzu besorgt waren! Schließlich begab sich die Gruppe von Kapstadt aus per Schiff auf der selben Route wieder auf den Heimweg.

Zu dieser, in unserer heimatlichen Musikgeschichte wohl einmaligen Konzert-Tournee nahm Lambert Steiner auch seine Frau mit, sowie einen pensionierten Musikfeldwebel, der auf die Ordnung bei den Buben zu achten hatte. Zur Bereicherung seines Programms war auch eine ungarische Tänzerin vom Budapester National-Theater mit von der Partie, die auf der Bühne durch ihre Csárdás-Tänze das Publikum begeisterte. Die Bekleidung der Banater Bläserbuben war, der Zeit entsprechend, auf ungarisch zugeschnitten. Lambert Steiner erhielt während dieser Reise **mehrere Ehrungen.** In Kapstadt ließ ihn der englische Gouverneur von Süd-Afrika in seine Loge kommen, um ihm seine Bewunderung über die Glanzleistungen der Buben auszusprechen!

Das Steiner'sche **Konzertprogramm** begann jeweils mit einem Marsch, daran schlossen sich eine Ouvertüre, ein Konzertwalzer, einige Charakterstücke sowie ein Opern-, Operetten- oder Liederpotpourri; nach der Pause verlief der Vortrag in der gleichen Anordnung.

Im Sommer 1904 konzertierte diese Kapelle noch für drei Monate in verschiedenen Parkrestaurants in Stockholm. Hernach löste sie sich auf, denn nach fünf bis sechs Jahren waren die Buben nahezu Erwachsene geworden. Ungarische Militärkapellmeister, hauptsächlich aus Budapest, witterten hier mit sicherem Instinkt die große Gelegenheit, ihren Bedarf an Nachwuchskräften zu decken. Die jungen Banater Schwabenmusiker hatten ja Jahre hindurch mindestens vier Stunden täglich unter Lambert Steiner musiziert und waren in bester Form. Mancher von ihnen kam rasch vorwärts und kletterte auf der militärischen Rangleiter nach oben!

Ende 1905 verzog Steiner nach Billed. Natürlich gründete er auch hier wieder eine Kapelle, mit welcher er 1908 einen Sommer lang in London Konzerte gab und auch mit englischen Garde-Musikkapellen im Wettstreit stand. Im darauffolgenden Jahr konzertierte er in der „Wilhelmshalle" zu Hamburg. Nach Auflösung dieser Gruppe übersiedelten Steiners auf Vorschlag von Baron Frigyes Lipthay etwa im Jahre 1910 nach Lovrin. Von Krankheit bereits gezeichnet, gründet Lambert Steiner nochmals eine Musikkapelle, welcher allerdings größere Reisen versagt blieben. Am Tage des Kriegsausbruchs 1914 fand ein Konzert in Hatzfeld statt. Nicht lange darauf, am 11. August 1914, starb Lambert Steiner.

Steiner hatte aus seiner ersten Ehe zwei **Söhne, Michael und Georg,** die sich ebenfalls der Musik widmeten und zuerst mit dem Vater zusammenarbeiteten. Später gründeten sie im Banat ihre eigenen Musikkapellen. Georg Steiner konzertierte mehrere Jahre in Hamburg und Düsseldorf und ist vermutlich in Rotterdam begraben. Aber auch Lambert Steiners Stiefsohn **Philipp Donauwell** wurde Musiklehrer, ebenso später auch dessen Sohn Michael. Mit größter Wahrscheinlichkeit darf angenommen werden, daß zahlreiche Banater dörfliche Blaskapellen aus den einstigen Knabenkapellen Lambert Steiners, seiner Söhne bzw. Stiefsöhne entstanden sind! Die Jungen hatten die seltene Gelegenheit, während ihrer vielen sommerlichen Europa- und Welttourneen zwischen 1875 und dem Ersten Weltkrieg reiche Erfahrungen zu sammeln, welche ihnen hernach in ihren Heimatdörfern sehr zugute kamen.

Interessant ist aber auch der **Lebenslauf Birger Steiners.** Zur Jahrhundertwende kam er aus Schweden nach Neu-Arad, besuchte dort die Schule und lernte Flöte und Klarinette blasen. Übrigens: Die Musikproben in der Kapelle seines Vaters fanden täglich zwei Stunden vor dem Schulunterricht und zwei Stunden am Nachmittag statt! Bereits 1901 war Birger mit dem Knabenorchester Lambert Steiners für einen Monat in Budapest. Bei der großen Südafrika-Tournee durfte der Knabe jeden Abend eine Konzert-Nummer selbst dirigieren. Schon bei der nächsten, in Billed gegründeten Kapelle wurde der jugendliche Bläser zunehmend auch zu Einstudierungen und dann besonders in London auch zur Leitung der Nachmittagskonzerte eingesetzt. Später, in Hamburg, wurde Kapellmeister Lambert Steiner krank, und seinem tüchtigen Sohne Birger war bei den musikalischen Auftritten nahezu alles überlassen. Nach dem Tode seines Vaters am Beginn des Ersten Weltkrieges war Birger Steiner als „Rechte Hand" des Barons Lipthay in der Kranken- und Verwundetenhilfe des Ungarischen Roten Kreuzes tätig. Seit seiner Geburt im Besitz der schwedischen Staatsangehörigkeit, übersiedelte Birger Steiner im August 1916 nach Stockholm. Die Absicht, nach dem Kriege in die Banater Heimat des Vaters zurückzukehren, konnte nicht realisiert werden, weil da alle Vermögenswerte verloren gegangen waren.

Die Besetzung der stets rund 50 „Mann" starken Knabenkapellen nahm Lambert Steiner etwas eigenwillig vor. So konnte er von den bestehenden Verlagen kaum komplette Notensätze beziehen. Er war jedoch ein fleißiger Notenschreiber, guter Arrangeur und beachtlicher Komponist! Namentlich ungarische Märsche, Potpourris und Charakterstücke, aber auch Walzer und Polkas entstammten seiner Feder. Leider gingen seine sämtlichen Kompositionen 1916 bei der Übersiedlung Birger Steiners nach Stockholm verloren."

*Siehe Farbplakat der Südafrika-Tournee mit Reise-Souvenir, Seite 347.*

e) Konzertreisen ins Deutsche Reich dokumentiert

Auch der nachfolgende eigene Artikel wurde am 30. März 1908 auf Seite 7 in der Zeitung „Der Donauschwabe" abgedruckt:

„Zu den Heimatgemeinden, welche schon frühzeitig Kapellmeister von überregionalem Ruf hervorgebracht hatten, zählt auch das im rumänischen Banat gelegene **Orzydorf.**

Vor rund zwei Jahren entpuppte sich ein Dachboden in dem erwähnten Ort für eine junge, aber für heimatgeschichtliche Vorgänge interessierte Landsmännin als eine dokumentarische Fundgrube. Sie fand eine Anzahl noch erhaltener Ansichtskarten, aus welchen sich eine **Tournee ins Deutsche Reich** einigermaßen rekonstruieren läßt!

Danach richtete die **„Europäische Musiker-Centrale"**, Direktion Soma Németh, am 14. 1. (die unleserliche Jahreszahl kann wohl nur 1903 sein) aus Berlin eine Postkarte an „Herrn Kapellmeister der ung. Knabenkapelle **Fidel Unterweger**, Orczyfalva, Ungarn" mit folgendem Wortlaut: „Bitte um sofortige telegraphische Benachrichtigung, wann ihre Kapelle frei – Wieviel Personen – äußerste Bedingungen. Engagement von Mai ab, Sommer-Saison. Gleichzeitig bitte um Einsendung von Material. Hochachtungsvoll S. Németh."

Aus dem Tonfall dieser Anfrage darf man schließen, daß zwischen dieser Agentur und Kapellmeister Fidel Unterweger auch schon vorher Kontakte bestanden haben müssen, zumal, was schon vordem mehrfach bestätigt wurde, dieser „mit seiner Kapelle einige Male in Deutschland" war.

Jedenfalls – die hier sicherlich auch nur lückenhaft nachvollziehbare Konzertreise findet die Knabenkapelle am 28. Mai 1903 im Victoria Bad zu **Gleiwitz** (Oberschlesien), von wo der Kapellmeister seiner Frau auf einer Ansichtskarte das Hotel nennt, wo sie während der (Pfingst-)Feiertage untergebracht wa-

*Kapellmeister Fidel Erdödy schrieb am 15. Juni 1902 aus Reichenberg, wo er mit seiner Knabenkapelle weilte, an seinen Kollegen Fidel Unterweger in Orzydorf*

*Vermittlung eines Gastspiels im Jahre 1903*

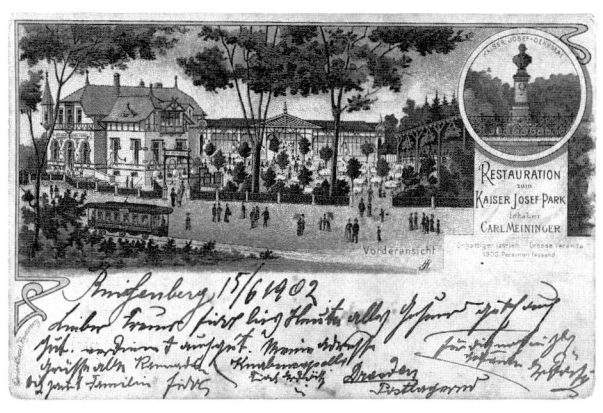

*Fidel Erdödy gastierte mit seiner Knabenkapelle aus Triebswetter am 11. Juli 1903 auch in Berlin, von wo er diese Karte nach Orzydorf sandte*

ren. Am 8. Juni meldete er sich aus **Bad Warmbrunn** und berichtet in die Heimat: „Die letzte Reise dauerte von 5 Uhr früh bis 8 Uhr abends. Hier conzertieren wir im Landhause, sind in der Nähe der Schneekoppe. Schnee ist noch sehr viel hier im Riesengebirge, aber sonst alles sehr schön." Seiner Tochter Anna schickt dann Unterweger am 30. Juni eine Ansichtskarte vom Orangeriehaus in **Potsdam**. Am gleichen Tage teilt er seiner Frau mit: „Seid gestern sind wir wieder in Berlin ... Wir sind alle wohlauf." Während er am 5. Juli abermals aus **Berlin** schreibt, liegt vom 11. desselben Monats ein Lebenszeichen von ihm aus **Leipzig** vor. Am 29. Juni war die Kapelle wiederum in Berlin, aber schon am 31. Juni berichtet Fidel Unterweger seiner Frau aus **Iserlohn**: „Heute abends 5 Uhr glücklich angelangt. Es war eine sehr lange Fahrt ..." Das Ende dieser Tournee einer banatschwäbischen Knaben-Blaskapelle dürfte **Dortmund** gewesen sein. Der Kapellmeister schrieb am 3. September u. a. seiner Frau: „Hier geht es sehr gut. Die Zeit fliegt so schnell, und das ist mir doch recht." Am 16. 9. meint er dann: „Werde Dir später Bericht schreiben. Bisher alles wohlauf."

Im Oktober 1903 muß sich die Kapelle wieder daheim befunden haben, zumindest aber Fidel Unterweger selbst. Nicht ganz geklärt werden konnte bisher, ob sein später (kurzfristiger) Nachfolger **Michael Scholz** einen Monat später allein oder mit der Kapelle in **Dresden** war, denn er schrieb am 17. Oktober nach Orzydorf: „Herrn Kapellmeister. Bitte Wenn Sie die Märsche erhalten haben schreibt uns dan, ob sie guth sind. Wir haben nur den Schützen Marsch studirt, der ist schön, dan habe Ich Ihn auch gekauft. Ist aber keine erste Es-Trompeter Stime nur B Trompete. Grus Scholz."

Fidel Unterweger, der auch langjähriger Militärmusiker war, konnte am 15. Mai 1921 feierlich das 25jährige Jubiläum seiner Kapelle begehen. Zu diesem Anlaß war u. a. auch zur größten Überraschung aller Anwesenden der Oberbürgermeister von Bukarest, Dobrescu, erschienen, um den hervorragenden schwäbischen Dirigenten zu beglückwünschen! Der Meister starb am 24. Januar 1924 als 52jähriger.

Etwas später übernahm die Leitung der Kapelle sein Sohn **Johann Unterweger,** der ebenfalls hoch anerkannte Konzertreisen ins Deutsche Reich unternommen hatte.

Am 19. April 1875 kam in Orzydorf auch **Fidel Erdödy** zur Welt. Er diente ebenfalls in einer Militärmusikkapelle. Nach dem Ersten Weltkrieg war er eine Zeitlang als Feldwebel in der Werschetzer jugoslawischen Militär-Musikschule tätig, später bildete er in Franzfeld eine Knabenkapelle aus, um sich schließlich nach Karlsdorf zu begeben, wo er ebenfalls eine Kapelle bis zu seinem Tode Ende der zwanziger Jahre leitete. Von Erdödy ist belegt, daß er gleichfalls kurz nach der Jahrhundertwende zweimal **Konzertreisen durch das Deutsche Reich** unternommen hätte. Auf einer noch vorhandenen Postkarte mit der Abbildung seiner 30 Personen umfassenden Formation steht: „Nagy-Öszer, Ungarische Knabenkapelle. Direction: Fidél Erdödy." Natürlich handelte es sich hierbei ausschließlich um schwäbische Kinder aus Triebswetter (= Nagy-Öszer)!

Am 15. Juni 1902 schrieb Fidel Erdödy aus Reichenberg eine Postkarte an „Herrn Fidel Unterweger, Kapellmeister, Orczyfalva, Ungarn-Temesmegye. Lieber Freund. Für bis heute alles gesund, geht auch gut, verdient auch gut. Meine Adresse: Knabenkapelle Fidel Erdödy, Dresden, postlagernd. Grüße alle

Kameraden ..." Ein in Dortmund hergestelltes Foto dieses Kapellmeisters bestätigt, daß er auch dort geweilt hatte.

Wenn auch die hier aufgezeigten Konzertreisen heimatlicher Knabenkapellen keinesfalls die ersten und auch nicht die letzten gewesen sind, auch nicht nach Dauer und Entfernung zu den aufsehenerregendsten zählen, so heben sie sich doch insofern von den übrigen, unzähligen ähnlichen Unternehmungen ab, als nunmehr über sie Dokumentationsmaterial aufgefunden werden konnte!"

f) Zwei Tagebücher einer Übersee-Tournee

1. **Mathias Hirsch** aus Billed wurde um 1886 geboren. Er war bereits mit den Kapellmeistern Michael Nußbaum und Nikolaus Schilzonyi von 1893 bis 1896 bei einer Kunstreise in Amerika. Nach dieser – von 1899 bis 1901 durch Amerika und Kanada unter Nikolaus Schilzonyi – kehrte er, wie manche andere, nicht in die Heimat zurück. Hier einige Einträge:
„**Erinnerung an meine 2te Reise durch Europa nach America. Jahre 1899–1900 und 1901:**

Hotel Bremer Schlüssel, Wiesenstraße Nr. 10, 27. März (Mai?) 1899. In Bremen gleich den 28. Mai und 1ten Juni 1899 in Weserlust konzertiert, und am 30. Mai haben wir konzertiert im Schweizerhaus. Weggefahren von Bremen den 3. Juni 1899 in der Früh um 6 Uhr mit der Bahn nach dem Hafen: 8 Uhr. ½9 gleich weggefahren mit dem Schiff H. H. Meier, von Europa nach America zu reisen. Dort, das Wasser, welches die Küste bildet, heißt Weser. Das Wasser ist ganz gelb, nur ein wenig salzig. ½11 Uhr sind wir in die Nordsee gekommen. Da war das Wasser schon sehr grün und salzig. Der Salzgeist ist sehr stark. Da wir weiter in die See kamen, da sahen wir sehr viele Segelschiffe, welche in der See geankert haben und abgesegelt haben und standen. Dann sahen wir ein kleines Segelschiff, welches sich unserem Schiffe näherte. Als das kleine Schiff näher kam, da kam ein Kahn zu unserem Schiffe, in dem 2 Männer saßen. Da sprang ein alter Kapitän in den kleineren Kahn, dann fuhren sie dem Segelschiffe zu. Dies geschah um 11 Uhr. Als wir weitergefahren sind, da sahen wir einige Schiffe, welche Reisen machten. Vor dem Mittagessen kam ein großes Schiff von America, welches Barbarossa hieß. Es ist 10 500 (?), 7000 Pferdekraft. Kapitän A. Richter. Dieses Schiff hatte unten in den Kajüten gebrannt, hat deswegen doch Reise gemacht. Als wir 10 Minuten gefahren sind, kam ein Schiff, welches die Leute, welche nicht in das Schiff gehörten, herausnahm. Das Schiff heißt Kehre wieder. Es ist 499 D, 570 Pferdekraft. Der Kapitän heißt Vöge. Das Schiff war auch bei der Lloyd Gesellschaft. Dann fuhren wir wieder an und gingen nach America. Dann kam ein kleiner Postdampfer, welcher nach Bremen ging. Und links im stillen See lag eine Insel namens Dunigori, sie ist ziemlich groß und schön und ist eine holländische Insel. Auch das Land Holland haben wir gesehen. Hier ist das Wasser schon etwas schlimmer und sehr grün. Das Schiff fängt an zu wiegen und wir sahen nichts mehr als Himmel und Wasser.

Heute, den 4. Juni, in der Früh, als wir an Deck gingen, sahen wir sehr viele Schiffe, und zwar Segel mit Dampf. 26 derselben standen hier auf einem Platze. Und auch ein Reiseschiff kam uns entgegen, das hieß mit Namen Bremer Schiff. Aber bald war das alles wieder verloren, und wir sahen nichts als Himmel und Wasser. Das Wasser ist nicht so schlimm, aber sehr grün und salzig. Die Sonne schien sehr schön, und es ist ein schöner Tag auf der See.

Montag, den 5. Juni 1899.

Als wir auf Deck kamen, da sahen wir schon einige Inseln, auf welchen sehr großes Gebirge war, und sehr große Leuchttürme standen, welche noch gebrannt haben von der Nacht. Diese Insel gehören schon zu England. Um ¼4 Uhr kamen wir vor dem Frühstück, und sahen wir England. Dann sind wir weiter gefahren und hielten noch an bei England, also haben wir den ganzen Tag Land gesehen, und zwar England. Wir sind ganz neben England gefahren, und es liegen einige kleine Städte neben dem Wasser, welches sich sehr schön ansieht. Die Luft ist sehr gesund und schneidig, sehr scharf. Der Tag war schön.

Dienstag, den 6. Juni 1899.

Als wir an Deck gingen, war der Tag sehr schön angebrochen, die Sonne schien sehr schön. Das Wasser ist etwas schlimmer, der Salzgeist fing zu steigen an, wir verließen England schon nachmittags, und wir sahen nichts als Himmel und Wasser. Der Morgen war sehr schön und der Nachmittag neblig und trübe, es begann, als wollte es regnen ... Hier beginnt der Ozean.

Mittwoch, den 7. Juni 1899.

Hier finden wir schon das schlimmere Wasser, welches den Salzgeist sehr hoch treibt, hier gibt es Fische, und zwar Schweinfische. Sonst sahen wir nichts als Himmel und Wasser, kein Schiff war mehr zu sehen, die Luft ist sehr schneidig und kalt, der Tag ist nicht schön, es trübt sich zum Regnen.

Donnerstag, den 8. Juni 1899.

Als wir aufgestanden und aufs Deck gingen, war es sehr unangenehm, die Luft zog sehr schneidig und kalt, und es war trübe und regnete auch nachmittags. Das Schiff wog schon sehr stark, und die Wolken schlagen schon sehr hoch, und der Salzgeist spritzt sehr hoch in die Höhe, und man glaubt

*Aus dem Tagebuch von Mathias Hirsch*

teilweise, es liegt Schnee, so schaumig ist das Wasser, teilweise dunkelgrau. Der Tag war ganz unangenehm.

Freitag, den 9. Juni 1899.

Als wir auf Deck kamen hörten wir, daß ein Mann begraben ist, welcher am 8. Juni gestorben ist. Er war 38 Jahre alt, und sein Tod war Herzleiden. Sein Leichnam wurde in die Tiefe des Meeres gesenkt. Sein Sarg wurde voll mit kleinen Löchern versehen, und sehr viel Essen wurde in den Sarg gelegt, und somit wurde der Leichnam in die Tiefe gesenkt. Auf dem Boden geht der Kapitän, versah den Leichnam des Mannes. Der Tag war sehr unangenehm, die Luft ist sehr schlimm. Der Wind bläst fürchterlich, und es regnete auch ein wenig. Dann sahen wir ein Segelschiff und Dampfer von Hamburg. Dieser ging sehr schnell. Das Wetter ist sehr regnerisch und ungesund. Das Wasser ist sehr wild, und der Salzgeist spritzt frei in die Höhe, und das Wasser ist dunkelgrün.

Samstag, den 10. Juni 1899.

Als wir aufgestanden sind, war das Wasser nicht so schlimm als gestern, und wir sahen viele Schiffe, welche Fische fangen. Später, als wir vom 4 Uhr-Essen gingen, sahen wir 2 große Eisberge. Da sie sehr weit von uns entfernt waren, sie waren sehr hoch und schneeweiß. Es war sehr kalt und die Luft zog sehr schneidig.

Sonntag, 11. Juni 1899.

Da wir gefahren sind, sahen wir einige Schiffe auf See, und auch ein Reiseschiff fuhr an uns vorbei namens Kaiser Friedrich, es ist 12 888 D., 25 000 Pferdekraft ... Der Tag ist sehr schön, aber später wurde es neblig. Das Wasser ist nicht so schlimm als vorher.

Montag, den 12. Juni 1899.

Als wir gefahren sind, brach der Tag wieder schön an, die Sonne schien sehr schön. Es sind sehr viele Fische, und zwar Schweinfische. Das Wasser ist nicht mehr so schlimm als am 11. Juni und schon gelb und still. Die Luft ist sehr gesund und frisch.

Dienstag, den 13. Juni 1899.

Als wir fuhren, war das Wasser wieder schlimmer als am 12. Juni, die Luft zog schärfer und die Sonne schön, sehr schön. Gegen Abend sahen wir ein kleines Boot, welches im Wasser gestanden hat, und es waren keine Leute drinnen.

Mittwoch, den 14. Juni 1899.

Als wir an diesem Tag das Deck betraten, da war es ganz neblig bis Mittag. Dann verging es auf einige Minuten, dann wurde es wieder neblig bis 4 Uhr. Dann kamen wieder viel Schweinfische, welche sehr große Sätze machten von einer Welle zur anderen. Die Luft ist sehr frisch.

Donnerstag, den 15. Juni 1899.

Heute ist der beste, wo wir fahren auf dem Schiffe H. H. Meier. Im 1899 heute Morgen kamen wir an in Amerika, und zwar um 4 Uhr, und um ½26 Uhr kamen wir an den Doktor-Platz und verbringen eine Zeit auf dem Platze. Hier werden die Kranken heraus und werden an das Land geführt. Und wir müssen hier halt bleiben, bis die Kranken zurück kamen und zwar bis ½27 Uhr. Abends kamen wir in dem Hafen an, und links im Fluß ... stand die amerikanische Schützerin, eine Frau, und zwar ein sehr großes Monument. Wir konnten abends aber nicht mehr aussteigen, wir mußten warten bis in der Früh um ½29 Uhr. Dann konnten wir doch noch nicht aussteigen, wir mußten wieder zurück in das Schiff. Wir müssen unsere Instrumente da lassen, dann können wir aussteigen. Um 10 Uhr, den 16. Juni, gingen wir in das Hotel Fischer. Freitag, 16. Juni 1899, betreten wir America.

Hier betreten wir Hobocen und gingen in das Hotel Fischer, dann nahmen wir ein Mittagsmal und blieben 2 Tage im Hotel. Und unsere Instrumente sind aus dem Hafen, auch unsere Koffer, also sind wir in der Stadt New York.

Also sind wir 3675 Seemeilen gefahren von Bremen bis N. York. In dem Schiffe H. H. Meier befinden sich in der 1. Klasse 66 Menschen und in der 2. und 3. 1544 Menschen, also wir 1600 Menschen auf dem Schiffe H. H. Meier, welches nur 5475 Tonnen groß war, aber er hätte nur 1000 Menschen aufnehmen sollen.

Sonntag, den 17. Juni 1899.

Wir gehen unser Gepäck nehmen, so auch die Instrumente, dann bereiten wir uns zum Wegfahren vor, und als wir abends gegessen hatten, dann gingen wir auf den Bahnhof. Abends um 9 Uhr fuhren wir weg von New York über den Vorort New York nach Washington. Angekommen in Washington am 18. Juni, Sonntag in der Früh, um 8 Uhr ausgestiegen, und gleich sind wir in die elektrische Car eingestiegen und sind in der Park Glenacho (?) angekommen um 10 Uhr in der Früh. Zwei Tage waren wir in dem Park, den 18., 19. Juni. In dem Park den 20. Juni 1899 in der Früh mit der elektrischen Car weggefahren in die Stadt. ¾ Stunden, dann kamen wir zu dem Hotel Bessler. Dann nahmen wir ein Mittagessen, dann sind wir in die Zimmer. Also haben wir hier 10 Tage in dem Hotel gewohnt. Hier ist das Klima sehr gesund, und die Luft ist sehr rein. Weggefahren von Washington am 30. Juni 1899 nach Norfolk. In Washington eingestiegen in das Schiff Norfolk um 10 Uhr. Wieder ein Fluß namens Atlantic Ocean. Erst sind wir in einem Fluß. dann sind wir in die Chesapeake Bay gekommen. Dann sind wir in den Ocean gekommen, dann kamen wir wieder mit dem Schiff Norfolk in den Atlantic Ocean, da fuhren wir in der Früh. Angekommen um ½8 Uhr in Old Pint Comford, und dann sind wir ausgestiegen. Die Stadt, welche wir mit dem Schiffe Old Point Comford ... war hier. Wir sind wieder in ein Schiff gestiegen, welches den Namen hatte „Toronto Norfolk", welches uns zu dem Sommerplatze Ocean View fahren wird. Als wir aus dem kleinen Schiffe ausgestiegen sind, dann sind wir sogleich in die elektrische Bahn gestiegen und nach dem Park Ocean View. Da haben wir einen Kaffee getrunken. Heute haben wir kein Konzert gegeben. Angekommen in Ocean View 30. Juni 1899. Am 2. Juli 1899 fangen wir an zu konzertieren in Ocean View. Das ist das erste Konzert auf dieser Reise, welches wir geben. Die Beschäftigung ist hier sehr stark in Ackerbau, und es gibt sehr viel Obst hier, welches aber noch nicht reif ist. Es ist sehr warm hier, und es hat sich auch Militär hier aufgeschlagen, welches auf einige Wochen hier bleibt.

Sonntag, den 16. Juli 1899

fuhren wir weg von Norfolk um 6 Uhr in der Früh mit der elektrischen Bahn bis an den Hafen des Schiffes, welches Ocean View hieß. Eingestiegen in das Schiff um ½7 Uhr in der Früh, dann sind wir eine halbe Stunde mit dem Schiff gefahren, dann kamen wir an an der Seite des Ufers, diese Stadt hieß Old Point Comford. Um 7 Uhr gingen wir auf den Bahnhof und stiegen ein, um nach Lexington zu fahren. Um ½8 ging die Bahn an. Da fuhren wir über Virginia Stadt und West Virginia Stadt und über Kentucky, und dann kamen wir nach Lexington. Angekommen am 17. Juli 1899. In der Früh um 6 Uhr stiegen wir in die elektrische Bahn und fuhren nach dem Park Woodland (Holzland), um ½8 Uhr kamen wir in den Park, dann nahmen wir ein Frühstück und gingen in die Zimmer. Konzertiert am 17ten Juli 1899 in dem Park Woodland, und zwar 2 Wochen konzertierten wir hier. Sonntag, den 23ten hatten wir hier nichts zu spielen, dann spielten wir in einem Park „Hear". Da sind sehr viel Pferdeställe, in welchen die schönsten Pferde Amerikas sind. Vom 24ten Juli 1899 haben wir wieder konzertiert im Park Woodland und das letzte Konzert gegeben den 29ten Juli 1899. Sonntag, den 30. Juli 1899 fuhren wir weg von Lexington um 11 Uhr vormittags mit der Staatsbahn über die Staaten Kentucky, Tennesee, Alabama, Mississippi, Louisiana. Als wir eine ½ Stunde von Lexington entfernt waren, kamen wir an eine Brücke, welche über den Fluß geht, sie war 286

*Aus dem Tagebuch
des Mathias Thierjung*

Fuß hoch. Der Fluß hieß Cumberland, und die Brücke hieß ‚Heimbrücke'. Als wir in Chatanoog ankamen, da sahen wir ein großes Gebirge".

Das Tagebuch stellte Peter Krier, Schweinfurt, zur Verfügung.

**2. Mathias Thierjung** stammte aus Bogarosch. Er hatte in seinem Büchlein jeden Tag festgehalten, jedoch nur in knappesten Worten hinterlassen, ob die Gruppe auf Reise war, gerastet oder konzertiert hatte. Danach war diese Tournee im ganzen und großen über folgende Orte verlaufen:

New York (14. Juni 1899) – (Washington 26. Juni 1899) – Lexington (18. Juli 1899) – New Orleans (1. August 1899) – El Paso (30. August 1899) – San Franzisko (4. September 1899) – Los Angeles (2. Oktober 1899) – Cansas City (28. Oktober 1899) – Omaha Nebras (?) (6. November 1899) – Brooklyn (18. November 1899) – Boston (11. Dezember 1899) – Springfield (19. Dezember 1899) – New York (26. Dezember 1899) – Philadelphia (16. Januar 1900) – Brooklyn (29. Januar 1900) – Rochester (11. Februar 1900) – Toronto (14. Februar 1900) – Buffalo (19. Februar 1900) – Glawelan (?) (5. März 1900) – New York (13. März 1900) – N. H. (?) (7. Mai 1900) – N. H. (?) (7. Mai 1900). – Philadelphia (16. Juli 1900). – Lexington (13. August 1900). – Hatford (20. August 1900). – Wuston (?) (27. August 1900). – Spring (3. September 1900). – Canz Palm (?) (9. September 1900). – Buffalo (13. September 1900). – Cleveland (24. September 1900). – Syracuse (1. Oktober 1900). – Elis (?) (14. November 1900). – Planfield (15. November 1900). – Syracuse (19. November 1900). – Albani (20. November 1900). – Philadelphia (3. Dezember 1900). – New York (23. Dezember 1900). – Baltimore (7. Januar 1901). – Brooklyn (5. Februar 1901). – Bremen (5. März 1901). – Berlin – Breslau – Oderberg – Bogarosch (Mitte März 1901).

Die Datumsangaben beziehen sich auf den Beginn der Konzerte in einer Stadt; wie viele es waren, ist schwer feststellbar. Natürlich wurden oft Rast-Zeiten eingelegt. Am 2. April 1900 hatten der Bläserjunge eingetragen: „Der Kapellmeister hatte eine Farm gekauft zum Ausrasten u. Lernen." Längere Pausen fanden dort statt: Vom 2. April bis zum 5. Mai 1900, vom 20. Mai bis zum 15. Juli 1900, vom 22. Juli bis zum 11. August 1900. In der Farm, aber auch ansonsten hatten die Buben Unterricht erhalten. Einige Einträge erhellen, daß auch Geschichte, Erdkunde und Sozialkunde gelehrt wurden.

Mathias Thierjung ist bald nach seiner Rückkehr von dieser Reise zum k. u. k. Infanterie-Regiment Nr. 61 eingerückt und erreichte den Rang eines Zugführers. Er hatte später eine beachtliche musikalische Karriere gehabt. Er wurde über 100 Jahre alt und starb in Wien.

g) Die kulturelle Bedeutung der Knabenblaskapellen

Fast alle Knabenkapellen wurden mit schicken, zeitgemäßen Uniformen ausgestattet – zumeist militärischer Art, wobei Husaren- oder andere dem k. u. k.-Militär nachempfundene Bekleidungen den Ausschlag gaben. Darüber hinaus wurden diese Formationen gerne als **„Ungarische Knabenblaskapelle"** bezeichnet.

Es ist jedoch erwiesen, daß die **Ausbildung der Kinder prinzipiell in der Muttersprache** stattfand und sämtliche Musikstücke auf den Notenblättern in der deutschen Sprache geschrieben wurden! Die aus dem Militär gekommenen Ausbilder hatten ja dort in deutsch gelernt und hätten Schwierigkeiten in der sprachlichen Umsetzung gehabt. Bei den Konzertreisen führten manche Kinder Tagebücher, auf jeden Fall aber fand intensiver Postverkehr mit den Angehörigen in der Heimat statt – in deutsch, wie nachzuweisen ist! Obwohl uns die deutschen Schulen genommen wurden, waren die zahlreichen Musikschulen und die damit verbundenen Nebenwirkungen immerhin noch als **Oasen zur Pflege der Muttersprache** verblieben!

Die Knabenblaskapellen wurden von Anfang an keineswegs als Ersatz für die örtlichen Kapellen gedacht, welche buchstäblich von der Wiege bis zur Bahre die Menschen begleiteten. Sie waren schon vom Vorbild – den Militärkapellen – und ihrer zahlenmäßigen Stärke her als konzertante Formationen bestimmt. Dieser Tatsache war man sich bedauerlicherweise in unseren eigenen Reihen niemals bewußt geworden, obwohl alle diese Gruppen ihr Können ja auch einmal vor Publikum unter Beweis stellen wollten und mußten. So gaben sie nicht nur im Heimatort, sondern auch in benachbarten oder weiter entfernt gelegenen Gemeinden zahlreiche öffentliche Konzerte, welche natürlich von unseren Bewohnern besucht wurden. Auf diese Weise begegneten unsere Dorfbewohner auch gehobenen musikalischen Ansprüchen und lernten Werke international bekannter Komponisten kennen!

Über die Ansprüche bei solchen Anlässen gibt ein Plakat Aufschluß, welches zum 17. Februar 1901 zu einem Konzert in Perjamosch, Banat, mit den Knabenkapelle Michael Steiner aus Groß-St.-Nikolaus einlud und als ,Programm' ankündigte: Ouverture zur Oper ,Hunyady László' von Erkel, Walzer ,Kreuzfidele Sect-Brüder' von Vollstedt, Lied ,Verlorenes Glück' von Huber, ,Salon-Polka' von Strauß, Potpourri ,Zick-Zack' von Schlenk, Ouverture zu ,Dichter und Bauer' von Franz von Suppé, ,Concert-Polka' von Fourmont, ,Magyar nóták' von Ivanfy, ,Kunstreiter' Galopp von Oertel und Potpourri ,Nagy-Szent-Mikloser Leben' von Michael Steiner selbst. Am Abend spielte die Kapelle zum Tanz, was beweist, daß diese Kapellen natürlich auch den üblichen dörflichen Ansprüchen genügen mußten. Übrigens hatte der kleine Tagebuchschreiber in Amerika folgende Tanzstücke vermerkt: Postillon Polka, Luisa-Polka, Plausch-Polka, Circus-Galopp, Ländler Nr. 1 usw.

Über zwei Auftritte im Heimatbereich erfahren wir auch aus der Presse. Die „Neue Werschetzer Zeitung" vom 1. Mai 1902 schrieb u. a.: „(Concert). Heute Donnerstag den 1. Mai findet im ‚Hotel Hemberger' ein Concert der Moritzfölder Knaben-Kapelle statt, für welche sich das lebhafteste Interesse kundgibt. Der Kapelle geht ein sehr guter Ruf voran und hat der Kapellmeister derselben Herr **Jakob Strubert**, der uns noch von der Zeit, als er die Klopodiaer-Knabenkapelle leitete, bestens bekannt ist, für diesen Abend ein sehr gewähltes Programm zusammengestellt, so daß dem p. t. Publikum ein genußreicher Abend in Aussicht gestellt ist, weshalb ein je zahlreicherer Besuch nur wärmstens anzuempfehlen ist. Für Küche, Keller und aufmerksame Bedienung wird der tüchtige Gastgeber Herr Johann Wirth bestens sorgen."

Nikolaus Engelmann berichtet im Heimatbuch „Warjasch" (erschienen ca. 1983) u. a.: „Die älteste Kunde von einer Warjascher Musikkapelle ist in Form einer gedruckten **Einladung zu einem Konzert in Neuarad** erhalten geblieben. Auf ihr heißt es: ‚Große Reunion am Samstag, den **21. Jänner 1860** im großen Saal Zur Traube in Neuarad, bei welcher die Warjascher Musikkapelle bestehend aus jugendlichen Individuen unter der Leitung ihrer Kapellmeister Michael Thöres und Lambert Steiner folgende Stücke vorzutragen die Ehre haben wird …' Dann folgt das 14 Musikstücke umfassende Programm, darunter mehrere Opernarien."

Johann Stöckl und Franz Brandt verlauten in ihrem Heimatbuch „Elek" auf Seite 201 u. a.: „Auch in St. Anna, etwa 15 km von Elek entfernt, wurde in der zweiten Hälfte des 19. Jahrhunderts eine Musikkapelle gegründet. Diese Kapelle kam auch häufig nach Elek zum Gastspielen. Die Eleker Bevölkerung besuchte diese Konzerte gerne und sehr zahlreich."

Die vorgenannten Autoren geben für die zweite Knabenblaskapelle in Elek (1894–1897) an: „Im Jahre 1895/96 haben sie nach Meinung der Fachleute mehr als fünfzig schwere Stücke mit größter Sicherheit nach Noten gespielt."

Erinnert man sich der dargestellten Blütezeit der anspruchsvollen Musik in unserer Heimat um die Mitte der vorigen Jahrhunderthälfte, so kann man sich derartige Konzerte von Knabenkapellen ohne perfekte musikalische Leistungen gar nicht vorstellen. Es war natürlich nicht genug, Werke aus der europäischen Musikliteratur zu vermitteln – dies mußte auch fachgerecht geschehen. Die Knabenkapellen dürften den gestellten Anforderungen voll entsprochen haben.

Damit setzten die Knabenblaskapellen solche kulturellen Vermittlungstätigkeiten der k. u. k. Militärmusikkapellen fort bzw. ergänzten sie. Daraus ist aber auch der **Übergang der militärischen Musiktätigkeit in den zivilen Bereich** klar ersichtlich. Obwohl uniformiert, waren die Knabenkapellen doch zivile Einrichtungen.

Nur wenn man sich zu vergegenwärtigen versucht, was es vor hundert Jahren bedeutete, aus einem konservativen Schwabendorf unserer einstigen Heimat 40 bis 50 Buben auf Wochen, Monate oder gar Jahre in die weite Welt ziehen zu lassen, wird man sich der aufgezeigten Leistungen voll bewußt. Aber auch die indirekten Wirkungen solcher Unternehmungen bedürfen einer Würdigung. Die Kinder lernten Europa (und manche auch Amerika und Afrika) kennen, sahen viel Neues, Unbekanntes, lernten sehr viel dazu. So wie sie mit Sicherheit ihrem enthusiastischen Publikum über ihre Herkunft berichten mußten – also Kunde von unserer Heimat und uns in die Welt getragen hatten –, so kamen sie mit Lebenserfahrungen und bereichertem Wissen nach Hause und mußten sicherlich endlos erzählen. Musikalisch waren sie bei den unzähligen bewältigten Konzerten ohne Frage immer besser geworden, so daß nun auch eine „Kehrseite" angesprochen werden muß. Es kam nicht selten vor, daß so manches Kapellenmitglied, inzwischen Jüngling geworden, nicht mehr die Heimreise antrat, sondern in Amerika blieb. Andere wieder hatten als Musiker eine Stelle an einem Theater oder in einem namhaften Orchester erhalten. Es ist überliefert, daß z. B. Militärkapellmeister aus Budapest usw. bei der Rückkehr von Knabenkapellen Ausschau nach frischen, jungen Kräften hielten. Wiederum andere packten nach ein paar Jahren ihre Koffer und begaben sich nach Amerika. Dies sollte nicht ohne Folgen bleiben, denn eine ganze Anzahl von ehemaligen Jungmusikern waren später diejenigen, welche in Amerika unsere Heimatmusik im Medienbereich (Schallplatten) besonders in der Zwischenkriegszeit zu einer staunenswerten Blüte brachten!

Zwei **Kritiken aus südafrikanischen Zeitungen aus dem Jahre 1903** über die wohl spektakulärste Konzertreise einer donauschwäbischen Knabenblaskapelle vermitteln eine plastische Vorstellung über den Ablauf eines Konzertabends. Es sei erinnert, daß der ebenfalls als „Kapellmeister" erwähnte zehnjährige Birger Steiner der Sohn Lambert Steiners war und als musikalische Hochbegabung durchaus seinen Vater beim Dirigieren vertreten konnte. Seine Mutter, Lambert Steiners zweite Frau, Johanna Vilhelmina Steiner, geborene Abrahamsson, kam 1869 in Stockholm zur Welt und trat als Flötenvirtuosin bei solchen Gastspielreisen ebenfalls auf.

„The National Advertiser", 19.02.1903 (Durban):
**„Ungarische Militärkapelle. Konzert von gestern abend.**
Die Veranstaltung der Herrn Friedmann und Fleming in Durban gestern abend in der Stadthalle, mit der Königlich-Ungarischen Militär-Knabenkapelle unter der Leitung von Herrn Steiner, assistiert von Kapellmeister Birger Steiner, zehnjährig, versprach, eine besonders angenehme Unterhaltung zu werden. Die Halle war treppauf und treppab vollbesetzt mit einem erwartungsvollen Publikum, einschließlich einer ganzen Menge Kinder, als um 8.15 h Herr Steiner mit seinem Taktstock auf sein Dirigentenpult klopfte und damit das Konzert mit Offenbachs Ouvertüre ‚Orpheus in der Unterwelt' eröffnete, dargeboten unter Einsatz der ganzen Kapelle. Es war sofort erkennbar, daß die jungen Musiker ein überdurchschnittliches Talent besaßen. Es war gleichermaßen sofort erkennbar, daß das Publikum entzückt war, und nach Beendigung des ersten Stückes verlangte das volle Haus eine Zugabe, welche mit prächtigem Schmiß hingespielt wurde. Es folgte Steffens Walzer aus der Oper ‚Himmelsleiter', ein gewagtes Musikstück, das die Jungs jedoch prächtig vortrugen und als Antwort auf eine weitere Bitte nach einem ‚Bis' noch eine schöne Auswahl unter der Leitung von Kapellmeister Birger Steiner spielten. Seine wiederholten Anstrengungen führten dazu, daß er sein Bestes gab und aus dem im Programmheft verzeichneten dritten Stück das sechste werden ließ. Dieses Stück war eine Szene und Arie von Schneider mit einem Solo für Euphonium. Der Solist, Meister Valentin Berenz, spielte wunderschön auf seinem ziemlich seelenlosen Instrument. Wiederum verlangte das Publikum eine Beigabe. Nummer vier, die Rakoczy-Ouvertüre von Kélér-Béla, war ein brillantes Stück Arbeit, welcher sich die Jungs mit erstaunlichem Erfolg entledigten. Beide, also dieses und das darauf folgende Stück, nämlich „Le Canari", eine Konzertpolka für Pikkoloflöte, in welcher die Meister Reiter und Zimmer einen hervorragenden Auftritt hatten, wurden mit Applaus aufgenommen. Kapellmeister Steiner dirigierte die Wiederholung des an zweiter Stelle genannten Stücks. Das Potpourri, tituliert mit ‚Amerikanische Lieder', bereitete große Freude.

Nach einer Pause von ca. zehn Minuten wurde der zweite Teil des Abends mit Baumann's Ouvertüre ‚Mignonette' eingeleitet. Es folgte der Walzer ‚Fideles Wien', ein brillantes, kraftvolles Musikstück, dessen Charme seine Wirkung auf keinen Zuhörer verfehlt. Variationen zu „Kärntner Lieder" für zwei Flügelhörner, gespielt von Meister Buchacker und Friedrich, begleitet von der ganzen Kapelle, sowie ‚Das Gebet der Türken', eine bewegte Einblendung voll reicher Melodien, erhielten sehr herzlichen Beifall. Das letzte Stück im Programm, der immer populäre „Österreichische Zapfenstreich", von Asboth, stellte den passenden Abschluß zu einem durchaus genußreichen Konzert dar.

Allgemein kann über die Kapelle nur ausgesagt werden, daß jedes einzelne ihrer Mitglieder ein echter Musiker ist. Ein flüchtiger Blick über die knabenhaften Gesichter der Jungen läßt erkennen, daß sie mit Leib und Seele bei der Musik sind und daß es eine Freude ist, nicht etwa leidliche Pflichterfüllung, die ihr Musizieren inspiriert. Das Konzert war ein Vergnügen für jedermann, der es hörte, und die verbleibenden Abende der zu kurzen Saison sollten zu einer unvergeßlichen Erinnerung für das musikliebende Publikum werden. Für jede Vorstellung wurde ein gänzlich abgeändertes Programm versprochen."

(Übersetzt von Elisabeth Reisner, Ernsthausen/Stuttgart).

„The National Mercury", 19.02.1903 (Durban):
**„Konzert einer Ungarischen Kapelle. Ein erfolgreiches Debüt.**

Die Stadthalle war gestern abend vollbesetzt bis zur Tür, als die Königlich-Ungarische Militär-Knabenkapelle, die durch Vermittlung der Veranstalter Herren Fleming und Friedmann ins Land gekommen ist, ihre erste Vorstellung gab. Die Kapelle stellt eine entschiedene Neuheit dar und mit großer Wahrscheinlichkeit können wir voraussagen, daß sie auf ihrer Tournee in Südafrika beachtlichen Anklang finden wird. Es kann kein Zweifel über die herzliche Aufnahme sowie die Wertschätzung der Kapelle seitens des Publikums gestern abend bestehen. Gewiß, in Würdigung der Darbietung verlangte das Publikum ein ‚Bis', manchmal sogar zwei, von fast jedem Stück im Programm, was dazu führte, daß die Vorstellung übermäßig in die Länge gezogen wurde. Die Zusammensetzung der Kapelle, bestehend aus 54 Mitgliedern zwischen 10 und 15 Jahren, ist eine gute Kombination, und die Jungs spielen mit reinem Klang, präzisem Takt und allgemein korrektem Einsatz, worüber das fachliche Können sowie die künstlerische Empfindsamkeit des Leiters, Herr Kapellmeister Lambert Steiner, Zeugnis ablegt. Die Kapelle ist allgemein gut ausgeglichen, die Blechbläser sind besonders gut. Von den Holzinstrumenten hören wir gekonnte Ausführungen, besonders zu unterstreichen ist jedoch die hervorragende Technik der gesamten Kapelle, wenn man das jugendliche Alter der Musikanten berücksichtigt. Am vorteilhaftesten konnte man ihr technisches Können vielleicht bei der Darbietung von Kélér-Béla's ‚Rakoczy'-Ouvertüre hören, zumal es sich hierbei um eine sehr schwer von einer Militärkapelle zu spielende Komposition handelt. Da es jedoch ein typisch ungarisches Musikstück war, fiel es der ganzen Kapelle sichtlich leicht, sich geistig und gefühlsmäßig in diese Komposition zu versetzen, was zu einer prächtigen Darbietung führte. Auch die Eingangs-Ouvertüre wurde sehr schön gespielt, desgleichen bot die junge Musikantenschar einige hervorragende Solo-Nummern für Euphonium, Pikkoloflöte und Flügelhörner dar. Die Ouvertüre von Kélér-Béla wurde so wunderschön gespielt, daß wir empfehlen möchten, die Kapelle möge mehrere solch typische ungarische Musikstücke in ihr Programm aufnehmen. Wir können uns nämlich gut vorstellen, daß die Kapelle ihren nationalen Csárdás und ähnliche ungarische Tänze mit der ihr eigenen unvergleichlichen Hingabe und rhythmischen Präzision spielen würde, und es erscheint uns als wesentlich, darauf hinzuweisen, daß keine ungarische Kapelle auf diese wild-romantischen Musikstücke in deren jeweiligen Programmen verzichten sollte. Obgleich das Programm durch häufige Wiederholungen der gespielten Stücke verlängert wurde, haben wenig Besucher die Stadthalle vor Programmschluß verlassen, was als bester Beweis für das erfolgreiche Debüt der Kapelle in Durban bezeichnet werden kann. Herr Lambert Steiner, der die wichtigsten Stücke dirigierte, bewies eigentlich mehr durch die Leistung der Kapelle als durch seinen Auftritt als Dirigent, daß er ein durchaus befähigter Musiker und Kapellmeister ist. Bei mehreren Stücken, die von der Kapelle als Beigabe gespielt wurden, übernahm sein Sohn, Meister Birger Steiner, ein aufgeweckter 10jähriger Bursche, die Funktion des Dirigenten und schwang den Taktstock mit der vollverschwenderischen Kaltblütigkeit eines wahren Maestro. Nachstehend das Programm von gestern abend, das an jedem weiteren Abend vollständig geändert wird, da die Kapelle über ein sehr reichhaltiges Repertoire verfügt:

– Ouvertüre aus ‚Orpheus in der Unterwelt' von Offenbach,
– Walzer ‚Himmelsleiter' aus der gleichnamigen Oper von G. Steffen,
– Szene und Arie, Solo für Euphonium von H. J. Schneider, Valentin Berenz,
– Ouvertüre ‚Rakoczy' von Kélér-Béla,
– ‚Le Canarie', Konzertpolka für Pikkoloflöte, von Sabathiel, Ferenc Reiter und Sebastian Zimmer,
– Potpourri ‚Amerikanische Lieder' von Moses,
– ‚Mignonette', leichte Ouvertüre von Baumann,
– ‚Fideles Wien' von Komzak,
– Variationen über ‚Kärntner Lieder', für Flügelhörner, von Strobel, Josef Buchacker und Gregory Friedrich,
– „Das Gebet der Türken" aus der Oper ‚Wanda' von Doppler,
– Potpourri ‚Österreichischer Zapfenstreich' von Asboth."

(Übersetzt von Elisabeth Reisner.)

# 5. Repertoire und Besetzung unserer Blaskapellen

Zu diesem Komplex sei nachstehend aus meinem Beitrag „Repertoire und Besetzung von Blaskapellen der Donauschwaben" (Die Blasmusik, Freiburg, März und April 1977) exemplarisch zitiert:

„Der am 13. Dezember 1892 geborene und seit 1916 in Schweden lebende Birger Steiner schreibt über das

Programm seines Vaters **Lambert Steiner**, welches dieser mit seinen meist aus über 50 Banater Kindern bestehenden Kapelle in aller Welt zum Vortrag brachte (etwa 1870 in Deutschland, Schweden, Rußland, USA; 1876 in Schweden; 1884 bis 1904 jährlich ein Sommerkonzert in Stockholm; 1903 in Südafrika und auf Schiffskreuzfahrt im Indischen Ozean; 1908 in London; 1914 noch in Hatzfeld, wie natürlich auch früher schon im heimatlichen Bereich): Zuerst ein Marsch, nachher eine Ouvertüre, ein Konzertwalzer, einige Charakterstücke und ein Opern- oder Operetten- oder Lieder-Potpourri; nach der Pause Fortsetzung des Konzerts in derselben Reihenfolge. „Ländler, Tänze und Polkas, wie auch (ungarische) Märsche komponierte und arrangierte er selbst."

Die damals weit verbreitet gewesene komplexe Problematik, von Musikverlagen Stücke in der richtigen eigenen Besetzung zu erhalten, klingt in den Mitteilungen Birger Steiners auch an: „Viele bezogene Noten wurden umgearbeitet und umarrangiert oder transponiert, mein Vater war ein tüchtiger Arrangeur."

Die **Konzertbesetzung** bei Lambert Steiner beschreibt sein Sohn wie folgt: „9 B-Klarinetten, in drei Stimmen verteilt, 2 Flöten und 1 Piccolo, 2 Oboen, 2 Es-Klarinetten, 2 B-Baß-Klarinetten und ein Alto-Saxophon; 4 Flügelhörner in B in zwei Stimmen verteilt, 4 B-Trompeten (wovon die erste ganz auf die Melodie eingerichtet war), 2 Alt-Hörner in Es und 3 Posaunen; 3 Baßflügelhörner und 3 Euphoniums (teilweise Melodie), 4 Waldhörner in F, 2 F-Tuben, Bombardons und 2 B-Helikons; 3 Jungen am Schlagzeug und Glockenspiel, 1 Streich-Kontrabaß."

Der Stiefsohn Lambert Steiners, **Philipp Donauwell**, trat mit seiner Knabenkapelle aus Pankota, Banat, bei seinen Konzerten 1887 in Wien demgegenüber ohne Oboen, Saxophon, Glockenspiel, Streich-Baß und überhaupt ohne die verstärkte Baß-Besetzung auf.

Die Konzertform der Knabenkapellen des aus Kleinsanktpeter stammenden **Valentin Berenz**, mit denen er kurz nach der Jahrhundertwende nahezu im gesamten Banat, dann aber auch in London, Afrika und Amerika auftrat, ähnelte in der Besetzung der von Ph. Donauwell.

Aber auch **Nikolaus Schilzonyi** hielt sich im Prinzip an die vorstehende Zusammensetzung (1899 bis 1901 mit seiner Knabenkapelle aus Billed in Amerika und Kanada), ebenso wie Georg Krecsan, der vor dem Ersten Weltkrieg mit seinen Buben aus Kathreinfeld in Paris konzertierte.

Im Mai 1914 schrieb **T. Hellebrand** in Solymar, Ungarn, „Die Post im Walde" von Schäffer und „Retraite" von Kéler Béla (Adalbert von Keller, ein Südostdeutscher) für seine Kapelle mit folgenden Stimmen: Piccolo, Es-Klarinette, 1. und 2. B-Klarinette,

„*Tout en Rose (In bester Laune), Walzer von Emil Waldteufel für großes Orchester arrangiert v. Alois Rothen, Johannesfeld, 4ten November 1887*"

1. und 2. Flügelhorn, Baßflügelhorn, Euphonium, Tromba 2 in B, Tromba 1 und 2 in Es, Baß in F, Schlagzeug.

Peter Focht beschreibt in der „Neuen Banater Zeitung" die erste Kinderblasmusikkapelle in **Rekasch**, Banat, welche 1875 gegründet und von **Josef Holz** aus Deutschsanktmichael geleitet wurde. „Das Repertoire umfaßte Walzer, Polkas, Mazurkas, Quadrillen, Märsche und als Konzertmusik Ouverturen, Phantasien aus Opern und Operetten, Charakterstücke, Suiten und Rhapsodien." Eine Besetzung für die 29 Schüler ist dabei nicht angegeben, doch hatte der Kapellmeister „das Temesvarer Städtische Konservatorium besucht und war ein Meister aller Blasinstrumente", so daß mit Sicherheit angenommen werden darf, daß er zur Bewältigung der Kapellenziele die notwendigen Arrangements fachgerecht ausführen konnte.

Der „Kirchweihmarsch" von **Georg Wagner** aus Deutsch-St.-Peter/Németszentpéter/Sînpetru German (1883–1965) mit 21 Stimmen und der „Nikolaus-von-Lenau-Marsch" von **Adam Prohaszka** aus Warjasch (1880–1971), ebenfalls mit 21 Stimmen, sind eindeutig in großer Konzertbesetzung geschrieben. Der erstere Teil ist besetzt mit: Picolo Des, Clarinette in Es, Clarinette 1, 2 und 3 in B, Flügelhorn 1 und 2, Euphonium, Posaune II B (Melodie), Basso F und II B, Tromba I B, Tenor I B, Tromba 1, 2 und Es, Corno 1, 2 und 3 F, Cassa und kleine Trommel; es darf angenommen werden, daß hierbei noch eine Baßflügelhornstimme und zumindest noch die 1. Posaunenstimme fehlt.

Der Banater Johann Gelz schrieb am 20. Dezember 1879 in **Peterwardein**, während seiner Dienstzeit bei der Militärmusik, die Partitur der „Bertha"-Polka schnell von Anton Seifert ab, um sie nachher in seine Heimat mitzunehmen. Erstaunlich ist, daß dieses

Tanzstück in Großbesetzung geschrieben wurde: „Piccolo et Flauto Des, Clarinetto As, Clarinetto Es, Clarinetto B 1, 2 und 3, Flügelhorn 1 und 2 B, Baßflügelhorn, Euphonion, Fagott, Corno F, Tromba 1, 2, 3 und 4 Es, Corno in B, Tromboni, Basso, Tambouri".

In **Gara**, Ungarn, existierte ein Notendruck (als Verlagsangabe ist „Armonia 3 b", angegeben) mit einem Couplet „Die kleine Witwe" und dem Csárdás „Lanyok, lanyok a faluban" auf der Rückseite – jedoch nur in Normalbesetzung: Klarinette Es und B, Flügelhorn 1 und 2, Baßflügelhorn und Euphonium, Tromba 1, 2 und 3 in Es, Bombardon in F, Cassa, Tambour piccolo!

**Mathias Thierjung** aus Bogarosch war Mitglied der Knabenkapelle des Landsmannes Nikolaus Schilzonyi, welche von 1889 bis 1901 auf US-Tournee war. In Wien konnte eine von Thierjung in New York geschriebene Mappe für das 1. Flügelhorn sichergestellt werden, in welcher 50 konzertante Stücke festgehalten sind. Es ist anzunehmen, daß es sich um ein (Teil-)Programm der Kapelle Schilzonyi handelt, welches während der Tournee, aber auch zuhause Verwendung gefunden hatte. Bei diesem Repertoire handelt es sich um 17 (deutsche, russische u. a.) Lieder, 1 Idylle, 2 Arien, 3 Gawatinen, 2 Romanzen, 1 Ständchen, 1 Humoreske, 1 Ländler, 13 Konzert-Polkas, 4 Phantasien, 1 Polonaise und 4 sonstige Stücke.

Die Konzertbesetzungen, wie sie hier nur exemplarisch angedeutet werden konnten, begannen sich örtlich schon relativ früh auch auf **Normalbesetzungen** zu reduzieren. In einer Partitur erfahren wir über diesen Vorgang: „‚Im Zauber des Frühlings', Ouverture von H. J. Schneider – Eigentum des Capellmeisters Adalbert Sebastian aus Ernestháza, 31. Juli 1902: Clarinetto Es, Clarinetto B, Flügelhorn 1 B, Flügelhorn 2 B, Baßflügelhorn B, Euphonion B, Tromba I Es, Tromba II Es, Tromba III Es, Baß I F, Helikon F, Tambour piccolo, Tambour grande."

Uns Donauschwaben fällt bei diesen Untersuchungen die bisher unbekannt gewesene Tatsache auf, in welch staunenswertem Umfang in unserer Heimat **Konzertmusik,** auch von internationalem Rang, bekannt war und gepflegt worden ist!

Kein Wunder also, daß sich auch manche unserer **Heimatkomponisten** auf diesem Felde eifrig betätigt hatten!

**Franz Oesterreicher** aus Ruma (1869–1941) hinterließ den „Traum" – Konzertwalzer, „Aurelia" – Konzertwalzer, einen Fest-Marsch und einen Konzertmarsch.

Dessen Sohn Johann Oesterreicher, ebenfalls aus Ruma (1900–1956), komponierte u. a. einen Konzertwalzer, 2 Gavotten, den Trauermarsch „Batschki Jarek" und „Choräle des Jahres 1945".

Von **Peter Speckert** aus Liebling (1861–1941) liegt die Konzertpolka „Gute Nacht, lieb Vögelein" vor.

Von Kapellmeister **Peter Hoffmann** aus Schag, Banat, liegt aus den Jahren 1902 und 1903 ein Partitur-Buch vor. Die 39 Stücke darin gliedern sich wie folgt auf: 8 Märsche, 1 Trauermarsch, 7 Walzer, 4 Ländler, 10 Polkas, 2 Schnellpolkas, 1 Csárdás und 6 konzertante Stücke. Drei Schöpfungen davon stammen von Heimatkomponisten.

Zur Bewältigung von Marsch- und Tanzmusik traten unsere Kapellen in der „Normalbesetzung" auf. Auch diese Klangkörper unterlagen, ähnlich wie die Konzertbesetzungen, häufigen Variationen.

**Heinrich Strobl** schrieb am 18. Dezember 1872 in Guttenbrunn seine „Cis und Trans – Polka française" mit folgenden Stimmen: „Clarinett 1 Es, Clarinett 2 Es, Clarinett 1 B, Clarinett 2 B, Flügelhorn 1 B, Flügelhorn 2 B, Bariton 1 B, Bariton 2 B, Corni 1, 2 und 3 Es, Tromba 1, 2 und 3 Es, Trombon 1 und 2, Bassi (zwei Stimmen), Tambour piccollo und Tambour grandi."

Die Partitur zur „Jockel-Polka", welche **Johann Rezats** am 8. September 1877 in Neudorf bei Guttenbrunn schrieb, enthält nur mehr eine Es-Klarinetten-Stimme, 2 Klarinetten in B, 3 Corni-Stimmen in Es, zwei Flügelhörner in B, zwei Trombi in Es, 2 Baritonstimmen (Melodie und 1 Begleitung), zwei „Tromboni" B, 2 Bässe und „Tambouri" (zwei Schlagzeugstimmen).

**Fidel Unterweger** aus Orzydorf besetzte in seinem Arrangement zum „29er Regiments-Marsch" von Strobl am 4. April 1889 folgende Instrumente: Clarinetto Es, 1 B, 2 B; Flügelhorn 1 und 2 B, Baßflügelhorn, Euphonium in B, Bariton 1 und 2 B (Begleitung), Tromba 1, 2 und 3 in Es (ebenfalls Begleitung), Basso und Schlagzeugstimmen.

Ein „Brautwalzer" von N. Bickert wurde im Banat am 17. September 1912 so arrangiert: Klarinette Es,

*Im Repertoire der donauschwäbischen Kapellmeister befanden sich nicht nur dörfliche Tänze. Adalbert Sebastian hatte 1902 in Ernsthausen die Ouvertüre „Im Zauber des Frühlings" von H. J. Schneider in sein Programm aufgenommen*

*Die Polka „Cis und Trans" von Heinrich Strobl entstand am 18. Dezember 1872 in Guttenbrunn*

Klarinette 1 und 2 in B, Flügelhorn 1 und 2 in B, Baßflügelhorn in B, Euphonium in B, Helikon in F, Tromba 1 und 2 in B, Horn 1 und 2 in Es, Tromba 1, 2 und 3 in Es.

Von **Michael Friedl** aus Mercydorf, Banat (1866–1937), der anfangs dieses Jahrhunderts mit seinen heimatlichen Knabenkapellen halb Europa und auf drei Jahre Amerika durchreiste, liegen 15 Partituren, auch mit Eigenkompositionen vor, welche für solche Kleinbesetzungen gedacht waren: „Clarinetto Es und Clarinetto B, Flügelhorn, Tenorhorn, Corny Es, Basso."

Hinsichtlich des Repertoires erscheinen einige zusammenfassende Feststellungen wichtig: Durch die Konzertprogramme unserer Blaskapellen waren in vielen unserer Dörfer Namen und **Werke international bekannter Komponisten** vertraute Begriffe geworden: Robert Stolz, Rossini, Bellini, Suppé, Verdi, Tomani, Offenbach, Mozart, Wagner, Franz Schubert und viele andere. Hier erreichte unsere „Dorfkultur" schon den eigentlichen Kunstbereich! – Unsere Musikkapellen betätigten sich aber nicht nur reproduzierend, zahlreiche ihrer Kapellmeister oder Musiker traten auch eigenschöpferisch durch teils **beachtliche kompositorische Leistungen** hervor. Der Anteil an Heimatkompositionen am Gesamtrepertoire erscheint gering. Doch wissen wir schon längst, daß man beim Abschreiben von Musikstücken (hauptsächlich bei volkstümlichen Tänzen) fast in der Regel den Komponisten nicht mehr vermerkt hatte. Durch die zunehmenden Vergleichsmöglichkeiten entdecken wir nun immer wieder aufs neue Schöpfungen unserer Volkskomponisten. – Unsere Blaskapellen waren repertoiremäßig nicht nur für die Tanzveranstaltungen bestens gerüstet, sondern auch für alle sonstigen Bedürfnisse im Jahreslauf und alle Wechselfälle des Lebens. Nahezu jedes Dorf hatte ein besonders geeignetes Stück z.B. als Brautwalzer verwendet. Auch kristallisierten sich allenthalben die besonderen „Kirchweihstück'l" heraus. Schließlich war überall auch die benötigte Trauermusik (Märsche und Choräle) vorhanden."

Martin Kurzhals berichtete in einer 1939 verfaßten Ortsmonographie der Gemeinde **Großkomlosch** im Banat, daß er aufgrund der vorgefundenen Verträge zwischen dem dortigen Grundherrn Johann Nako und 21 zumeist aus Böhmen gekommenen Musikern für das Jahr 1860 folgende Besetzungen rekonstruieren konnte:

Streichmusik – 1 Flöte, 2 Klarinetten, 3 Violinen I, 3 Violinen II, 1 Viola (Bratsche), 1 Cello und 1 Contrabaß:

Blechmusik – 2 Klarinetten, evtl. 1 Flöte, 2 Flügelhörner, 2 Horn I, 1 Horn II, 1 Tromba I, 1 Tromba II, 1 Bariton, 1 Bombardon und 1 Trommler (nach Bedarf).

In **Waschkut** besaß die Blaskapelle Matthias Dobler um das Jahr 1910 folgende Zusammensetzung: je 1 Es-Klarinette, B-Klarinette, Flügelhorn 1, Flügelhorn 2, Baßflügelhorn, Es-Trompete 1, Es-Trompete

2, B-Trompete, F-Baß und B-Baß (nach Dr. Flach). In beiden vorgenannten Fällen wird im mittleren Stimmenbereich nur eine Viola bzw. nur ein Bariton (Baßflügelhorn) genannt, in den Großkomloscher Formierungen fehlt das Schlagzeug gänzlich, für Waschkut wird der „Trommler" mit Einschränkung angeführt („nach Bedarf").

Die drei in **Kernei** bestandenen Blaskapellen ab 1895 setzten sich jeweils aus 8 Mann zusammen und wiesen folgende Besetzung auf: Es-Klarinette, B-Klarinette, Flügelhorn (Trompete), Baßflügelhorn, Es-Trompete, Trombon 1 und 2, Baß (nach „Kerneier Heimatblätter", Ostern 1961, Seite 12, ein Beitrag von Heinrich Ehrlich).

Das Heimatbuch „Die Geschichte der Gemeinde **Elek** in Ungarn" von Johann Stöckl und Franz Brandt, Weinheim 1977, sagt aus, daß die Blaskapelle ab 1882 dort folgendes Repertoire hatte: 23 Walzer, 11 Ländler, 15 Polkas und 17 Märsche. Die um 1900 zustandegekommene Eleker Formation unter dem Dirigenten Martin Wittmann hatte, so heißt es in dem Buch weiter, folgende instrumentale Zusammensetzung: Piccolo in Des, Klarinette 1, 2 und 3 in B, Flügelhorn 1 in B, Tenorhorn 1 in B, Baßflügelhorn 2 in B, Corno 1, 2 und 3 in Es, Trompete in B, Baß-Trompete in B, Helicon in F, Crasse (Schlagwerk).

Rudolf Hartmann gibt in seiner Veröffentlichung „Deutsches Dorf in Ungarn" (Verlag des Südostdeutschen Kulturwerks, München 1976) auf den Seiten 81 und 82 das Repertoire „aus dem Musikantenbuch des Matthias Schäffer" aus **Sier/Szür** (Branau) an, welches vom Ende des 19. Jahrhunderts bis zum 1. Weltkrieg angelegt wurde:

„Polka und Schnellpolka: Verehrungs-, Brünner, Der lustige Bua, Bin verschwunden, Die schöne Jugend, Pepinka, Zamika, Schicksal, Nevino, Milka, Lieschen, Ein liebender Blick, Soldaten Liebesdienst, Wer mich liebt, Der Lenz ist da, Heut wirds lustig, Mein Wien, Ein Liebestraum, Pleni Kroka, Holzschuh, Vor- und Rückwärts-Polka, Der gute Reiter.

Märsche: Fest und treu, So leben wir beim Militär, Das arme Madel, Ambrosi, Militär-Festklänge, Andulka Safarva, Hei Hazsenka, Tagwache in der Kaserne, Veteraner, Alt-Starhemberg, Erzherzog Albrecht, Kavallerie, Tiroler Holzhacker-Bubn, Deutschmeister, Erzherzog Karl, A Pécsi hegye, A világon, Sinai Hora, Viribus unitis, A kis szökevény, Der Stiefelputzer, Vindobona, Marsch der Böhmen, Mein Geburtsfest, Nach Ödenburg, Neujahrgruß, Bienenhaus, Leicht zu Fuß, Heimwärts, Wlastonil, Abschiedsklänge, Trauermarsch, Kis angyalom, Trauermarsch.

Walzer: Erholungswalzer, Die Liebschaft im Traume, Mit Gott, Bürgerlich, Freudentanz, Über den Wellen, Am Bauernball, Soldatenlust, Wiener Lieder.

Verschiedenes: Sausewind Galopp, So leben wir beim Militär, Ich kenn ein Aug, Wenn ich in deine Augen schaue, Lied als ‚Indrukzion', Szózat, Király himnusz, Magyar doll, Leicht zu Fuß, Mein Wien, Auf dem ersten Wege, Gott erhalte (Österreichische Volkshymne), Herbstrosen Mazurka, Herzinnig Mazurka, Schweizer Bilder Mazurka, Monatslied, Lassu csárdás, In meiner schönen Blüte".

Das Reperteoire dieser Formation umfaßte nahe einhundert Titel.

Aus einer Programmankündigung des Kapellmeisters Lambert Steiner (leider fehlen Orts- und Zeitangaben) kann des weiteren zitiert werden:

Steffen G.: „Himmelsleiter", Walzer. –Sabathiel: „Le Canari", Konzert-Polka, Strobel: „Kaernthner Songs", Variationen. – Doppler: „Wanda", Oper. – Asboth: „Austrian Retreat", Potpourri. – Zaytz: „Ouverture". – Rosas: „Über den Wellen". – Strobb: Hungarian Airs". – Borsay: „Szamosmenti", Marsch. – Rosey Georgey: „The Motor", Marsch. – Kraul: „Kurutz".

Aus dem Musikgut, welches Anton Biringer aus Engelsbrunn im Banat während seiner Reisen mit dem Zirkus „Killyan" um 1910 in seinen Mappen hatte, sind folgende Titel erhalten:

„Bei der Wal" (Wahl), Polka: „Bulkarischer Kriegers Marsch" (Bulgarischer ...) – beide von Jozsef Koszko 1913 in Engelsbrunn handgeschrieben. „Stefanie Gavotte" und „Polka Mazurka"; „Stehlicek Walzer" und „Suspinal Walzer" – 1913 geschrieben. „Flamo Galopp" und „Polka Nr. 1"; „Tanz Botpore" (Potpourri) und „Cor der Derwisch" (Chor der Derwische). „Frauenherz Ländler" und „Einsam und allein" (1918). „Silvester Erinerung", „Nr. 9 Ländler" (1912). „Duett für Flügelhorn und Basflügelhorn", „Arie aus Ernani" (1913). „Aria aus Oper Sevila" (1913), „Anscuk aus der Opper Freiszic" (Freischütz) – In Neuarad geschrieben. Von dort stammen auch seine Noten „Balsirenen Walzer aus der Operette Lustige Witwe von Lehár" (1909), „Walzertraum Walzer". Einer seiner Musiker, Stefan Miklos, hatte 1912 geschrieben: „Nr. 30 Walzer", „La belle Raumaine Walzer" und „Es regnet Bier und Wein, Polka".

Die Rechtschreibfehler wurden hier bewußt wiedergegeben, weil sie die Defizite der Schulbildung infolge der Madjarisierung deutlich aufzeigen.

Eine im Banat aufgefundene Partitur des Marsches „Willkommen" von **Anton Panhans** (1836–1888) aus Pest berücksichtigte folgende Stimmen: Clarinetto As, Es, 1./2., 3./4. in B, Corni in Es: 1/2, 3/4, Flügelhorn 1 und 2 in B, Baßflügelhorn B, Euphonium, Piston Es, Tromba oblig. E, 1/2, 3/4 Es, Tromba-Basso B, Trombon 1/2, 2 Bässe, 2 Tambouri.

**Lorenz Mayer** wurde 1833 in Alt Futok geboren und starb 1917 in Tscheb. Von ihm liegt auch sein 1. Flügelhorn-Buch vor, welches Aufschluß über das von der dortigen Blaskapelle gespielte Programm ab der Zeit nach der Jahrhundertwende gibt. Fünf Titel sind Eigenkompositionen Mayers.

Nr. 1 Heimat und Fremde, Marsch. – Nr. 2 Tramblan. – Nr. 3. Schnell-Polka. – Nr. 4 Walzer. – Nr. 5 Gramofon Walzer. – Nr. 6 Iwni Marsch. – Nr. 7 Carneval Marsch. – Nr. 8 Mathilde Walzer. – Nr. 9 Aus der Ferne, Walzer. – Nr. 10 Salut an Luxemburg, Marsch. – Nr. 11 Grammophon Tramblan. – Nr. 12 Nur gemütlich, Tramblan. – Nr. 13 Frühlingsgruß, Tramblan. – Nr. 14 Die Seidenpuppe, Walzer. – Nr. 15 Bamberg Marsch. – Nr. 16 Lust u. Lieb, Tramblan. – Nr. 17 Allerliebst, Tramblan. – Nr. 18 Frei und froh, Tramblan. – Nr. 19 Im Zigeunerlager, Marsch. – Nr. 20 Joveseu, Marsch rumän. – Nr. 21 Jünglings-Verein, Marsch – (Nr. 22 und 23 fehlen). – Nr. 24 Nachtschwalbe, Polka. – Nr. 25 Deák indulo. – Nr. 26 Habsburg Marsch. – Nr. 27 Blut und Eisen, Marsch. – Nr. 28

Herzog Albrecht Marsch. – Nr. 29 Seyffertiz Marsch. – Nr. 30 Ländlich, sittlich, Tramblan. V. Mayer. – Nr. 31 Régi, de jó Csárdás. – Nr. 32 Juch heidi! Juch heida! Marsch-Polka. – Nr. 33 Beim Trinkgelage, Marsch. – Nr. 34 Jux Polka. – Nr. 35. – Das Schönste bei Wein und Tanz, Walzer. – Nr. 36 Im stillen Heim, Ländler. – Nr. 37 Rumänischer Tanz. – Nr. 38 Serbischer Liederkranz. – Nr. 39 Lebe wohl Továros! Marsch. – Nr. 40 Glück auf den Hopfenbauern! Marsch. – Nr. 41 GramophonWalzer. – Nr. 42 Bäsl Onein und Vetter Rümmel, Polka. – Nr. 43 Zur Kirchweih! Tramblan. – Nr. 44 Die Namenlose, Tramblan. – Nr. 45 Bäuerlein, Bäuerlein, tick, tick, tack, Tramblan. – Nr. 46 Herzpinkerl, Ländler. – Nr. 47 ohne Rast! Polka schnell. – Nr. 48 Josefinen Polka-schnell. – Nr. 49 Bauern-Polka, Tramblan. – Nr. 50 Mein Liebling, Tramblan. – Nr. 51 O wie lieb bist du mir, Tramblan. – Nr. 52 Schau wie es regnet, Ländler. – Nr. 53 Fanny, Polka-Tramblan. – Nr. 54 Matocór, Polka-schnell. – Nr. 55 Bruderlustig, Schnell-Polka. – Nr. 56 Karola Walzer. – Nr. 57 Hop-sa-sa-tralala! Schnell-Polka, v. Mayer. – Nr. 58 Der Brauttanz, Schnell-Polka. – Nr. 59 Spielmannslieder, Walzer. – Nr. 60 Frei und froh! Tramblan. Nr. 61 Rumänischer Walzer. – Nr. 62 Hónvéd Induló. – Nr. 63 61er 100jähr. Jubiläums Marsch. – Nr.64 Glück auf! Tramblan. Der Kapelle Mattusch gewidmet von ihrem alten Freund und Gönner L. Mayer. – Nr. 65 Die Rose von Pirg, Tramblan. – Nr. 66 Sofia Walzer. – Nr. 67 Kriegers Heimkehr, Schnell-Polka. – Nr. 68 Hohlenberger Grüße, Walzer. – (Nr. 69 fehlt). – Nr. 70 Damenwahl Tramblan. – Nr. 71 Jubiläums-Marsch. – Nr. 72 Emilie Polka. – (Nr. 73 und 74 fehlen!). – Nr. 75 Hipp, Hipp! Polka-schnell. – Nr 76 Mátyás Polka. – Nr. 77 Malaga, Polka-Tramblan. – Nr. 78 Zum Erntefest, Marsch. V. L. Mayer. – Nr. 1 Österreichische Volkshymne. – Nr. 2 Hymnus. – Rákóczy Induló. – Hunyadi Induló. – Nr. 3 Szózat. – Nr. 4 Einsam zog ein Wandersmann. – Nr. 5 Ei, du glaubst ich werd' mich kränken. – Radeczky Marsch. – Nr. 6 Jäger-Lied. – Nr. 7 Schönster Flangini. – Nr. 8 Die Pinzgauer wollten Wallfahrten gehn. – Nr. 9 Bez tebe Draga ljubezna, Serbisches Lied. – Nr. 10 Beim Trinkgelage, Serbisches Lied. – Nr. 11 Deutschlands Volkshymne. – Nr. 12 Studentenlied.

Von diesen 86 Stücken entfallen 24 auf Märche, 20 sind Tramblans, 5 Polkas, 1 Marsch-Polka, 8 Schnell-Polkas, 12 Walzer, 3 Ländler, 1 Csárdás, 1 Tanz und 11 Lieder.

Aus heutiger Sicht fällt auf, daß in diesem Programm relativ sehr viele Märsche, dagegen aber recht wenig Tänze im 3/4-Takt aufgezeichnet sind. Die Anzahl der Schnell-Polkas ist auch hoch.

Lorenz Mayer hatte von unseren mitwohnenden Nachbarn in sein Repertoire aufgenommen: 1 rumänischen Marsch, 1 rumänischen Tanz und 1 rumänischen Walzer; 3 serbische Lieder; 2 ungarische Märsche.

Die Märsche „Bamberg" und „Glück auf den Hopfenbauern" lassen vermuten, daß sie Mayer aus seiner Gefangenschaft in der Festung Kufstein kennengelernt und in die Heimat mitgenommen hatte. Es könnte natürlich auch sein, daß er auch weitere österreichische und bayerische Tänze mitnahm, welche durch ihre neutralen Namen jedoch nicht erkennbar sind.

Mehrere Autoren erwähnen das Singbedürfnis unserer Landsleute zur Tanzmusik. Derzeit kann als das älteste in unserem Heimatraum entstandene **Blasmusiklied** die „Jockel-Polka" genannt werden, welche am 8. September 1877 Johann Rezats in Neudorf (Banat) geschrieben und seinem Freund, dem Kapellmeister Johann Schiller aus Guttenbrunn, gewidmet hatte. Der einfache Text lautete: „Wo is' denn der Jockel, is' dr Jockel no nöt z'haus? Na, er sitzt im Wirtshaus, hat an Esels-Rausch!"; er wurde im Trio gesungen.

Die vor dem 1. Weltkrieg in Budapest mit einer „Bauernkapelle" (mit ziemlicher Sicherheit handelte es sich um die aus Budakeszi) produzierte **Schallplatte** der Firma Diadal Record D 258 enthält zwei Gesangstitel zur Blasmusik: „Elternliebe" und „S' Häusla am Rah"; zwei volkstümlich gewordene Lieder, wobei das zweitere Ignaz Castelli schrieb und die erste Vertonung Gustav Hölzel aus Pest vorgenommen hatte.

Es sollte sich erweisen, daß auch späterhin zu den Blasmusikliedern überwiegend Texte von Volksliedern oder volkstümlich gewordener Gesänge, aber auch von Volksballaden herangezogen wurden. **Donauschwäbische Blasmusiklieder neuer Prägung** entstanden in bedeutendem Umfang – trotz einiger Vorläufer aus der Zwischenkriegszeit – erst nach dem 2. Weltkrieg, namentlich in der Bundesrepublik Deutschland.

# 6. Einsatzmöglichkeiten und Wirkungsbereich der Musikkapellen

In den Weiten Pannoniens waren inzwischen bereits mehrere Generationen von Nachkommen der einstigen Ansiedler herangewachsen. So hatten sich in den Dörfern selbst in jeder Beziehung Gemeinsamkeiten entwickeln können, welche darüber hinaus zu ortsübergreifenden Merkmalen führten. Trotz mancher Nuancen von Gegend zu Gegend bildete sich Typisches und Charakteristisches eines neuen Volksstammes heraus. Hinsichtlich des Musiklebens können wir daher zu diesem Kapitel mehr oder weniger wahllos zitieren – und alle dürften sich in den Grundzügen angesprochen fühlen.

„In den auch von Deutschen bewohnten Gegenden Ungarns gehört die Blasmusik zum täglichen Leben wie die Sonne zum Sommertag ... Es ist ein Geschenk der Natur, daß es unter den Jugendlichen immer welche gab, die für die Musik aufgeschlossen, empfänglich waren. In den Blaskapellen hatten sie die Möglichkeit, ihr Können, ihre Begabung zu beweisen. Unter den älteren Musikanten wiederum gab es immer wieder welche mit gutem pädagogischen Sinn. Die Voraussetzung zur Gründung bzw. Aufrechterhaltung einer Blaskapelle waren also gewöhnlich vorhanden ... Hat eine Gemeinde nicht genügend Musikanten stellen können, so rekrutierte sich die Kapelle

lichkeiten in den Dörfern eine eigene Note, und sie entfalteten auch einen eigenen Vortragsstil." (Franz Várnai Wolf in „Deutscher Kalender 1968, Budapest", Seite 5 und 7.)

Über die Bedeutung und Funktion der Blaskapellen schreibt Hans Walter in seinem Beitrag „Volkslied und Volksmusik der Donauschwaben in der Heimat" (Festschrift „Zehn Jahre Donauschwäbischer Männerchor in Klagenfurt", Donauschwäbische Landsmannschaft in Kärnten, 1963):

„An der Gestaltung des heimatlichen Brauchtums hatten unsere Blaskapellen wesentlichen Anteil. Ihr Wirken war im dörflichen Leben so stark verankert, daß sie immer zur Stelle waren, wenn es galt, religiöse oder weltliche Feste auszuschmücken. Sie haben einer höheren Aufgabe als allein dem Vergnügen und der Unterhaltung gedient, weshalb ihre Tätigkeit im Dienste der Allgemeinheit unentbehrlich war. Wir liebten diese Musik und konnten uns keine Festwiese, kein Maibaumstecken, kein Kirchweihfest, keine Hochzeit, keinen Sonntagstanz, keine Prozession und kein Begräbnis ohne Blechmuik vorstellen. Sie war das Symbol der Dorfgemeinschaft, sie hob bei festlichen Anlässen die Begeisterung, sie vertiefte die Erbauung bei kirchlichen Feiern, sie war oft Dolmetsch für die ganze Gemeinde, wenn sie beim Ständchen, bei der Hochzeit und beim Begräbnis Gefühle und Stimmungen verdeutlichte, für welche dem Menschen auf dem Dorfe oft die Worte fehlten."

a) Beim Sonntagstanz

Allseits beliebt war der Sonntagstanz. An ihm nahm die gesamte Dorfjugend begeistert teil. Auch diejenigen, die in die Schulen der Städte kamen und später Intelligenzberufe erlernten, besuchten während ihrer Ferien und Urlaube das Heimatdorf und gingen ins Wirtshaus, wenn dort die Musik aufspielte. Die von dort ausgehende Atmosphäre hatte ihren eigenen, faszinierenden Reiz und erklärt möglicherweise schon damit, daß noch heute, vier Jahrzehnte nach Flucht und Vertreibung, bei donauschwäbischen Veranstaltungen mit ähnlichem Kolorit alle aufs neue dem einst erlebten Zauber erliegen.

Und wie die Donauschwaben tanzen konnten! Nach dem Abrackern auf den Feldern, oft in der Glut der südosteuropäischen Sonne, den Arbeiten im Haus und im Stall – ohne 8-Stunden-Tag und ohne 5-Tage-Woche – hatten sie noch genügend Kräfte, um sich im Dorfwirtshaus auszutoben. Philipp Sandles beschreibt dieses Phänomen in seinem Heimatbuch „Sekitsch 1786–1944; Erlebte Heimat, 1977" auf Seite 164 folgendermaßen: „Wenn Tanz der Ausdruck von Lebensfreude ist, so müssen unsere Vorfahren von den Titanen abstammen, denn die Entladung dieses gespeicherten Kraftpotentials grenzt ans Titanische!"

*Wo Vereine waren, war die Musik nicht weit ... Münze (Originalgröße ⌀ 3,6 cm) mit deutscher, ungarischer und serbischer Inschrift: „100 jähr. Jubiläum der Neusatzer bürgl. Schützen Gesellschaft" und „25. V. 1790–1890"*

aus Jugendlichen und Erwachsenen mehrerer Gemeinden der Umgebung. Und wenn die Kapelle gut spielte, so wurde sie überhäuft mit Einladungen zu Bällen, Kirchweih- und Hochzeitsfesten. In der Umgebung gab es immer genügend Gelegenheit zu musizieren ... Das Musizieren bei verschiedenen Gelegenheiten hatte seine eigene Ordnung, seine Tradition. Das Brauchtum vererbte sich von Generation zu Generation und verschmolz mit der ‚Geschichte'. Das Musizieren war eng verbunden mit dem alltäglichen Leben des Volkes. Die Blaskapellen gaben den Fest-

Aus Sekitsch stammt auch unser nächstes Zitat, welches wesentlich älter ist und abermals dem Werk „Hundert Jahre der Gemeinde Sekitsch" entnommen ist: „War im Anfang des Jahrhunderts bis in die 1830er Jahre nur jährlich 5- bis 6mal Tanzmusik, so war in den 1850er und 1860er Jahren – Advent, Fasten- und Erntezeit ausgenommen – jeden Sonntag ohne Ausnahme in allen Wirtshäusern Tanzmusik. In den 1870er Jahren bis heute wurde die Einrichtung getroffen, daß die obgenannten Zeiten auch jetzt ausgenommen, nur jeden zweiten Sonntag Tanzmusik gehalten werden darf, und zwar von Nachmittags bis Abend 10 Uhr." Außerdem erfahren wir: „Daß heute nicht nur Landler, Galopp, sondern auch ,Walzer', ,Zepperl', ,Mazur', ja selbst der ungarische ,Csárdás' von der Jugend getanzt wird – bringt die Zeit mit sich."

Die in einigen Gegenden verbreitet gewesene Redensart, daß ein Dorf so viele Blaskapellen wie Wirtshäuser hatte, kann freilich nicht allgemeingültig genommen werden. Der Bedarf an Musikformationen war auf jeden Fall groß. Stark besetzte Klangkörper spielten zuweilen in zwei Partien auf.

Aus Kernei kann weiters angeführt werden: „Vom Sonntag nach Hl.-Drei-Könige durfte bis Faschingsdienstag abends getanzt werden. In der Fastenzeit war Tanzen verboten. Vom Ostermontag bis Mitte Juni war wieder Tanz. Von Mitte Juni bis Mitte August war kein Tanz. Ausnahme nur, wenn ein Kirchweihfest dazwischen war. Von Rochus (16. August) bis zu Kathrein war wieder Tanz. Nachmittagstanz fand erst ab der Vesper statt und abends nach dem Gebetläuten (19 bzw. 20 Uhr) ... Beim Sonntagstanz hielten sich die Mädchen im Tanzsaal auf. Für sie gab es an den Wänden Sitzbänke, die wenig genutzt wurden, um die Röcke nicht zu zerdrücken. Wenn die Musik spielte, eilten die Burschen aus der Trinkstube (Ausschank) in den Tanzsaal und forderten die Mädchen zum Tanz auf. Hernach verließen sie wieder den Saal ... Auf den Bänken rings um den Tanzsaal saßen die Mütter als Zuschauer, damit sie sahen, wer mit wem tanzt."

Die Landsleute aus anderen Gemeinden werden zahlreiche Ähnlichkeiten mit den eigenen örtlichen Gepflogenheiten feststellen.

In manchen Orten hatte sich eine eigene soziale Komponente herausgebildet, indem nämlich die Bauernjugend, die Knechte und Arbeiter und die Handwerker in verschiedenen Gasthäusern ihren Sonntagstanz abhielten.

b) Im Jahreslauf, bei Sitte und Brauchtum

Im Heimatbuch der Nordschomodei, redigiert von Anton Tafferner, München 1973, heißt es u. a. wörtlich: „Durch die Abgeschiedenheit spielten die Feste des Jahres im Leben der Menschen eine besondere Rolle. Weihnachten, Neujahr, Ostern, Pfingsten, der Fasching und Hochzeiten wurden nach althergebrachten Sitten gefeiert und dokumentierten die enge Verbundenheit der Bewohner mit ihrem Glauben und dem Brauchtum der Väter. Wie fast überall in unserer alten Heimat war die Kirchweih ... eines der festlichen Höhepunkte des Jahresablaufes."

Am **Neujahrstag** besuchten sich Verwandte und Bekannte gegenseitig und hatten für das Formulieren

*Bauernfasching 1912 in Weißkirchen*

ihrer Wünsche allerlei Sprüche parat; insbesondere hatte man den Kindern solche angelernt. Oft zogen die Musikkapellen von Haus zu Haus. In zahlreichen Orten besuchten Zigeunerkapellen die Familien, von denen sie sich ein lohnendes Entgelt versprachen, und spielten fleißig auf. Am Nachmittag und am Abend fanden auch Tanzunterhaltungen statt.

Das Fest **Heilige-Drei-Könige** war mit überkommenem Brauchtum verbunden, wie es auch heute noch im deutschen Sprachraum weit verbreitet ist. Die Schulkinder hatten gerne als Sternsinger ihre Bereiche aufgesucht und – wohl noch lieber – die ihnen gereichten Gaben entgegengenommen.

„Zu **Fasching** werden jeden Sonntag eine Freimusik, außerdem noch drei oder vier Bälle abgehalten", heißt es aus der Feder des seinerzeitigen Notärs Eugen Gruda in „Das Dorf Filipowa und seine Umgebung" aus dem Jahre 1859 („Filipowaer Heimatbriefe", Heft 21, 1973). Andernorts dürfte es damals etwas lebhafter zugegangen sein. So schrieb die Zeitung „Werschetzer Gebirgsbote" in ihrer Ausgabe vom 7.2.1857 u. a.: „Der Carneval ist im vollen Gange, die Jugend unterhält sich auf den von den Gastgebern gegebenen Bällen und Freimusiken auf das beste ... Auch in Privathäusern amüsiert man sich mit Musik und Tanz." Weiters werden in dem Blatt noch mehrere stattgefundene und bevorstehende „Nobelbälle" und „Bürgerbälle" erwähnt. In Elek/Almáskamarás/Deutsch-Apfeldorf und wohl auch in weiteren Ortschaften fanden am **Faschingsdienstag** Maskenumzüge statt. Maskierte zu Fuß und zu Pferd, geschmückte Wägen, Harmonikaspieler und Musikapellen brachten Stimmung in das närrische Treiben. Für seine aufwendigen und spektakulären Faschingsumzüge war Weißkirchen im Banat bekannt, wohin auch gerne auswärtige Besucher kamen. Ansonsten wurde jedoch allenthalben während dieser Zeit fleißig getanzt. Am **Aschermittwoch** wurden die Musikanten nochmals bemüht, als man den Fasching nach einem bestimmten Ritual „begraben" hatte.

Während der Fastenzeit gab es nirgendwo Tanzveranstaltungen. Nachdem am Gründonnerstag die Glocken „nach Rom geflogen" waren und bis zum Karsamstag verstummt blieben, hatten deren Funktion die „**Ratscher**" übernommen. Meistens hatte der Mesner die Buben auf einzelne Gassen eingeteilt, dann zogen diese mit ihren aus Holz gebastelten Lärminstrumenten, den Ratschen, los und traten in Tätigkeit. Diese war mit allerlei Sprüchen verknüpft. Zum Schluß verteilten die Buben den eingesammelten Ratscherlohn. Auch die Folgezeit war, häufig mit örtlich unterschiedlichem Gepräge, von reichlich überliefertem Brauchtum gekennzeichnet.

Die Musikanten waren bei den vielfältigen Maibräuchen abermals stark gefordert. Die Jugendlichen trugen ihre Maibäume vor das Wirtshaus oder die Häuser von Persönlichkeiten, wo nach einem bestimmten Ritual das **Maibaumstecken** stattfand. Mancherorts wurden am darauffolgenden Sonntagnachmittag die Maibäume „ausgetanzt". Abends war dann Tanz im Wirtshaus. Sehr beliebt waren die in manchen Gegenden als „**Majalus**" benannten Feste.

Beim nächsten Doppelfeiertag des Jahres war der Brauch des „Pfingstlümmels" verbreitet, der allerdings nach unterschiedlichen Kriterien gepflegt wurde. Am Montag fand zumeist der **Pfingstball** statt.

In den Garnisonsorten hatte an den **Fronleichnamsprozessionen** auch das Militär teilgenommen, ansonsten aber zumeist die örtliche Blaskapelle.

Die **Kirchweih**, von einer einheitlichen Grundtendenz ausgehend, fand in den einzelnen Ortschaften zu verschiedenen Terminen statt und variierte in ihrem Ablauf von Gemeinde zu Gemeinde sehr stark, wie die Beschreibungen in den diversen Heimatbüchern erkennen lassen. Sie zählte jedoch zu den bedeutendsten Festen des donauschwäbischen Brauchtums im Jahreslauf. Die Musikkapellen kamen bei den mehrtägigen Zeremoniellen und dem Tanz zur Geltung.

Musik und Gesang bestimmten auch das Brauchtum beim **Erntedankfest,** den **Schlacht- und Weinlesefesten.**

Am Sonntag vor **Kathrein** fand in der Regel der letzte Tanz statt, denn auch bei uns galt der Spruch „Kathrein stellt die Geigen ein!" In der Adventszeit fanden keine Tanzvergnügen mehr statt.

Nun kam die Zeit der **Spinnstuben**, nebst der Arbeit willkommene Anlässe zur Pflege der Geselligkeit, des Austausches von Neuigkeiten, des Erzählens von Märchen und Geschichten. Dabei wurden gerne Volks- und volkstümliche Lieder gesungen. In manchen Orten führte auch das **Federschleißen** zu ähnlichen geselligen Zusammenkünften, wobei zum Ab-

*Kameradschaft der Jahrgänge 1892 und 1894 in Werschetz – Musik war stets dabei!*

schluß der Arbeiten der „Federball" mit Musik gefeiert wurde.

Am Jahresende, zu **Silvester,** wurde wieder getanzt.

Musik und Gesang hatten die Menschen buchstäblich von der Wiege bis zur Bahre begleitet. Oftmals wurden die Kinder zur **Taufe** in die Kirche und zurück von Musikkapellen begleitet.

Die Jugend bildete **Kameradschaften,** wobei gesungen und auf dem Akkordeon aufgespielt wurde. Im Winter fuhr man gerne mit den Pferdeschlitten aus, wobei fröhliche Lieder angestimmt wurden.

Die **Verlobungsfeiern** und namentlich die **Hochzeiten,** welche zuweilen drei Tage lang gefeiert wurden, waren mit reichlichem Brauchtum, Sprüchen und Gesängen verbunden und machten oft ein großes Aufgebot an Musikanten erforderlich.

**Geburtstags- und Namenstagsfeste** boten weitere willkommene Gelegenheiten, fröhlich zusammenzukommen und mit Musik und Gesang zu feiern.

Aber auch der Tod und die **Beerdigungen** waren im Brauchtum eingebettet und hatten ihr spezifisches vokales und instrumentales Repertoire.

Der Gebrauch von Instrumenten hatte aber auch anderweitig seinen festen Platz. Die **Halter** (Hirten) bedienten sich beim Austreiben der Tiere vom Dorf zur Weide und zurück der Hornsignale. Der **Austrommler** verlas an den Straßenkreuzungen die Verlautbarungen der Behörde, nachdem er die Anwohner buchstäblich „zusammengetrommelt" hatte. Mancherorts wurde der **Ausbruch eines Feuers** u. ä. durch Hornsignale mitgeteilt.

Solange es noch den **Nachtwächter** in den Gemeinden gab, war dessen Tätigkeit mit Signalen und oft gesungenen Rufen verbunden. Adam Müller-Guttenbrunn schrieb in seinem Roman „Die Glocken der Heimat" hierzu: „Der Straubmichel schritt mitten auf dem hartgefrorenen Straßendamm dahin, und der Schnee knirrschte von seinen festen Tritten. An der linken Seite hatte er sein Horn ... Er machte seine Runde in dem schlafenden Dorfe, so wie jeder sie machte, den die Reihe der Nachtwache traf. Und halblaut summte er vor sich hin:

*Liewe Nachbarn, loßt euch sage, / Elfe hot die Glock' geschlage; / Alle Lichtle löschet aus, / Guck a jeder uf sei' Haus.*

Er hatte viele Sprüche auch selbst gemacht ... und hat so manchen im Dorf schon damit gehänselt."

Bevor in der zweiten Hälfte des neunzehnten Jahrhunderts in unserer südosteuropäischen Heimat das Eisenbahnnetz ausgebaut wurde, herrschte auch hier das Postkutschen-Zeitalter. Der Postknecht bzw. **Postillion** setzte beim Entgegenkommen anderer Fuhrwerke sein Posthorn an und blies seine allen vertraute Melodie, worauf man ihm ausweichen mußte.

Die Kinder, in eine musikliebende Umwelt hinein-

*Anton Ritter (1862–1917) aus Marienfeld war der letzte Postillion zwischen seinem Heimatort und Mokrin. Später wurde er als Briefträger beschäftigt*

gewachsen, bastelten häufig ihre ersten „Instrumente" selbst (aus Weidenruten usw.).

Schließlich noch einige Bemerkungen über die eigentlichen **Volkstänze** im donauschwäbischen Bereich: sie sind relativ rasch den neueren Entwicklungen im Repertoire der Musikkapellen gewichen. Früher hatten sie ihre Funktion bei nahezu allen beschriebenen geselligen Anlässen im Volksleben. Während einige aus Deutschland gekommene Forscher in der Zwischenkriegszeit solches Gut aufzeichnen und beschreiben konnten, hatten sich auch einige engagierte Landsleute in der neuen Heimat bemüht festzuhalten, was noch zu retten war. So hatte beispielsweise Karl Horak Mitte der 1930er Jahre in der Nordbatschka 14 Volkstänze festhalten können. Die fleißigen Autoren des Heimatbuches „Csávoly" haben einige der aus ihrem Ort noch rekonstruierbar gewesenen Volkstänze genannt und ihre Ausführung beschrieben: Siebenschritt, Schustertanz, Figlitanz,

Fischer bzw. Wetzer, Kreuzpolka, Nonnentanz, Hansdamaltanz, Ellenbogentanz, Storchtanz, Besentanz, Polstertanz u. a. Bei den Heimatortstreffen, so heißt es, werden sie heute wieder – auch von der Jugend – gerne getanzt. Es steht außer Zweifel, daß einige dieser Tänze auch andernorts gepflegt worden waren.

c) Lokalitäten- und Kinomusik

Bereits vor dem 1. Weltkrieg begann **die Zeit der Stummfilme,** welche allmählich auch unseren heimatlichen Raum erreicht hatte. Die hiermit für die Bevölkerung errichtete Abwechslung und neue Art des Zeitvertreibs bzw. der Unterhaltung bedurfte aber zusätzlich der Musik. Diese Tatsache wiederum eröffnete unseren Musikanten eine neue Einnahmequelle.

Gustav Weinhöpl hatte in seiner zeitgeschichtlichen Aufzeichnung „Chronik des **Weißkirchner Kinos**" („Weißkirchner Nachrichten" vom März 1975, Seite 4) u. a. folgendes ausgeführt: „... und einzelne Szenen (wurden) individuell von einem Klavierspieler, Instrumentalsolisten, manchmal auch von der Regimentsmusik oder einem anderen Orchester untermalt." Noch vor dem Ersten Weltkrieg waren für ein Kinoprogramm beispielsweise 12 Nummern vorgesehen, von welchen als die musikalischen genannt seien: „1. Eröffnungsmarsch, am Klavier gespielt von Josef Neuderth ... 4. Ouverture, am Klavier gespielt von Frau Marie Neuderth ... 8. Kleines Intermezzo, musikalische Kostbarkeiten, vierhändig am Klavier gespielt von Herrn und Frau Neuderth ... 12. Schlußmarsch, gespielt von Josef Neudert." Im gleichen Aufsatz verwies der Verfasser auf das „Weißkirchner Volksblatt", in welchem das Programm des „Burg-Kinos" für den 28. und 29. Juni 1914 bekanntgegeben war, jedoch wegen des Attentates am 28. Juni in Sarajevo ausgefallen war. Jedenfalls – für den Eröffnungs- und Schlußmarsch war die Musikkapelle des k. u. k. Infanterie-Regiments Nr. 43 vorgesehen gewesen. Gustav Weinhöpl sagt im „Weißkirchner Heimatblatt" vom September 1976 auf Seite 6 weiterhin aus: „Das war noch zur Stummfilmzeit, als bei der Vorführung des Streifens ‚Die Donkosaken' der Chor des in Weißkirchen stationiert gewesenen russischen Kadettenkorpus und der Singkreis des Donischen Marianeninstitutes das Publikum mit Gesangseinlagen begeisterten."

In **Werschetz** gab es den ersten Stummfilm im Jahre 1897. In den in der Folgezeit eröffneten Kinos spielten: im „Kino Schüssler" Hans Kempf (Violine), seine Frau (Klavier), ein Klarinettist und ein Flötist; im „Städtischen Kino" Mathias Ravelhofer mit seiner Schrammelkapelle und im „Baross-Kino" die Zigeunerkapelle Dima. (Nach Heimatbuch „Werschetz".)

Auch in Weißkirchen hatten häufig **Zigeunerkapellen** während der Stummfilmzeit die Musik besorgt (zwei Violinen, Kontrabaß und Zymbal). Diese traten aber auch oft in den Kaffeehäusern auf.

Natürlich waren die **Kaffeehäuser** keine ausschließliche Domäne der Zigeunerkapellen. So war in Weißkirchen auch Josef Neuderth in Lokalen tätig.

Am verbreitetsten war die Musikausübung in unserer südosteuropäischen Heimat natürlich in den Gasthäusern (Wirtshäusern), in welchen der Sonntagstanz, die großen Hochzeiten usw. stattfanden. In den Städten, aber auch in größeren Gemeinden gab es aber auch Lokalitäten, welche zur Unterhaltung der Gäste Musiker engagierten.

Manche **Lokale** hatten während der schönen Jahreszeiten **Gärten,** wo das Publikum saß. Auch hier bot sich die Gelegenheit, eine Kapelle zur Unterhaltung einzustellen. Schließlich sei noch auf die Bäder verwiesen (z. B. Herkulesbad), wo Kurkapellen, wie auch heutzutage, benötigt wurden. Viele unserer Musiker oder gar ganze Formationen fanden hier eine Anstellung. Die vorhandenen Angaben sind jedoch viel zu vage, so daß auf eine Aufzählung von Beispielen verzichtet wird. Was das Kino während der Stummfilmzeit betrifft, so liegen leider nur die vorgenannten in einer etwas ausführlicheren Darstellung vor. So ähnlich dürfte es jedoch auch in zahlreichen anderen Orten gewesen sein.

In **Nakodorf** hatten drei Mann die Kinomusik bestritten (2 Geigen und ein Baß).

d) Zirkus-Begleitmusik

In Anbetracht der staunenswert umfangreichen musikalischen Entfaltung in unserer alten Heimat und der Tatsache, daß im Laufe der Zeit eine Unzahl von Musikern ausgebildet wurde, die praktisch in der ganzen Welt ihr Unter- und Auskommen fanden, kann man mit Recht von einem eigenen Musikerstand sprechen.

Der Musikerberuf war auch bei uns Broterwerb.

Schon relativ früh wurden auch unsere Gemeinden von verschiedenen kleineren und größeren Zirkusunternehmen aufgesucht, welche eine willkommene Abwechslung in die Unterhaltungsmöglichkeiten brachten. So kam es auch dazu, daß mancher Zirkus für die Dauer seines Aufenthaltes in einem Ort die Dorfkapelle für die benötigte Begleitmusik seiner Programme verpflichtete. Dies schien sich bewährt zu haben, denn es kam auch zu längerfristigen Engagements. Auf diese Weise machten mehrere unserer heimatlichen Blaskapellen monatelange Gastspielreisen dieser Unternehmer im In- und Ausland mit. Dies war auch eine Chance für Knabenblaskapellen, welche auf diese Weise gefordert waren und ihr Können perfektionieren konnten.

*Notenblatt des Kapellmeisters Anton Biringer 1913 bei einem Zirkus in Hatvan im Komitat Heves*

Aus diesem Tätigkeitsbereich liegen zwar zahlreiche absolut glaubwürdige Mitteilungen vor, jedoch sind manche sehr ungenau, oder es fehlen nähere Zeitangaben. Die Benennung der Zirkusunternehmen könnte in einigen Fällen fehlerhaft geschrieben sein:

Der seinerzeitige Schuldirektor von Wetschehausen – **Franz Brevis** – hatte 1878 dort die erste Blaskapelle gegründet. Noch vor 1900 war er mit einer Kapelle für eine Saison bei einem Zirkus verpflichtet.

Als **Michael Bogyos**, 1887 in Segenthau geboren, im Jahre 1908 eine eigene Kapelle hatte, hatte er eine feste Anstellung beim Zirkus „Könyöd" erhalten; auf wie lange, ist nicht bekannt.

Die Kapellmeister **Hügner/Mahler** aus Blumenthal waren vor 1914 als Zirkuskapelle eingesetzt.

**Josef Kohl** aus Königshof (Németremete/Remetea Mică) war zehn Sommer hindurch mit dem Zirkus „Karteyl" auf Tournee gegangen, sogar bis nach Schweden.

Luzian Geier weiß, daß auch aus **Kreuzstätten** „jahrelang ganze Kapellen beim Zirkus" verpflichtet waren.

Der in Glogowatz tätig gewesene Lehrer **Jakob Münnich** war mit seiner Knabenblaskapelle 1908 mehrere Monate lang in einem Zirkus beschäftigt.

**Stefan Hubert** gründete 1908 eine (wahrscheinlich Knaben-)Blaskapelle, mit welcher er später beim Zirkus „Könyöd" verpflichtet war; die Tournee fand 1914 in Agram ihr Ende, als der 1. Weltkrieg ausbrach.

Die Modoscher Kapelle reiste mit ihrem Kapellmeister **Peter Schmidt** 1904 mit dem Zirkus „Omanjosch (?)" mit.

Vor 1900 fuhr die Blaskapelle aus **Schag** mit einem Zirkus „quer durch die Lande", wie es in einem Text heißt.

Der 1881 in Lippa geborene Kapellmeister **Nikolaus Vogel** war mit seiner Kapelle aus Engelsbrunn elf Jahre hindurch während der Saison mit dem Zirkus „Kludsky" unterwegs.

Der 1894 in Glogowatz geborene **Georg Lowitz** war bereits 1908 im Rahmen einer 7 bis 8 Mann starken Musikkapelle, welche nur aus Landsleuten bestand, bei einem Zirkus in Budapest.

Auf den Notenblättern „Tanz-Potpourri" findet sich jeweils am Schluß des Stückes ein Vermerk: „**Biringer Antal,** Kapellmeister, Circus Killyan, Hatvan, 1913/10/7." Biringer stammte aus Engelsbrunn im Banat und war demnach um diese Zeit bei dem genannten Zirkus engagiert. Auf den Noten des Walzers „Gefühl im Herzen" von Mohler vermerkt der Kapellmeister den Heimatort. Nach einem Musiker dieser Kapelle (Josef Schmidt) trat der Zirkus auch in Abony im Komitat Pest auf.

Am Ende der ebenfalls handgeschriebenen Noten des Marsches „Aller Ehren ist Österreich wert" steht „Johan Krämer Musziker Cirkusz Blumenfeldt Ekenförde Schleszvig Holstein. Deutsch-Land. 1907 13/8". Kapellmeister **Johann Krämer** war auch gebürtiger Engelsbrunner und betätigte sich gleichfalls bei einem Zirkus.

# 7. Die volkstümliche Musik und unsere andersnationalen Nachbarn

Es wäre ungewöhnlich, wenn die **Ausstrahlungskraft der Militärmusikkapellen** nur auf die deutschschwäbische Bevölkerung des Vielvölkerstaates der Donaumonarchie gewirkt hätte, waren doch die Musiker in den Regimentern, wie übrigens beim gesamten Heer, aus allen ethnischen Gruppen rekrutiert worden. So entwickelte sich, teils parallel, teils mit zeitlichen Verzögerungen, bei unseren andersnationalen Nachbarn das Kulturleben in allen Sparten der weltlichen und kirchlichen Musik ähnlich wie bei uns.

In manchen schwäbischen Kapellen saßen aber auch andersnationale Bläser neben unseren Landsleuten und machten „auf unsere Art" mit.

Eugen Bonomi vermerkt, daß die erste Blaskapelle in Budaörs in den 80er Jahren des vorigen Jahrhunderts der Sohn eines madjarischen Schäfers bei der Kronherrschaft, **Michael Bognár**, gegründet hatte. „Dieser nahm eine Budaörserin zur Frau und mündete dadurch in das Leben der deutschen Gemeinde ein." Er leitete die Gruppe bis 1891.

Im Jahre 1852 leitete in Werschetz das städtische Orchester der Serbe **Lazar Jovanović**. Mit den 12 Mitgliedern gab er im Stadtpark regelmäßig Konzerte.

Luzian Geier schreibt wörtlich: „Es ist bemerkenswert, daß die schwäbischen Blaskapellen und die Militärkapellen zur Gründung vieler ähnlicher Formationen in rumänischen Dörfern – besonders in der ehemaligen Militärgrenze – beitrugen" und führt eine Reihe von Beispielen auf.

Franz Dickmann, seinerzeit Gemeindearzt in Filipowa, bemerkt in einem ausführlichen Bericht 1933 über seine Heimatgemeinde u. a.: „Es spielte auch schon eine **französische Kapelle** hier, 1918, zu Weihnachten." Es dürfte sich um eine Formation der Besatzungsmacht am Ende des 1. Weltkrieges gehandelt haben.

Allerdings wußte Bonomi auch auf einen anderen Tatbestand hinzuweisen: „Eine ungarische oder serbische Blaskapelle bestand im Ofner Bergland nicht. Von der sváb rezesbanda (schwäbische Blasmusik) waren Madjaren und Serben nicht begeistert. Allein die **Slowaken von Piliscsaba** hatten eine. Sie wurde nach dem Ersten Weltkrieg gegründet. Ihr Kapellmeister hieß Nikolaus Belik. Dieses Orchester spielte im slowakischen Wirtshaus, aber auch bei den Deutschen."

Bei den **Serben** war zumindest noch um die Jahrhundertwende bei volkstümlichen Anlässen der Dudelsack gebräuchlich. Die Tambura hielt sich bis in die Zwischenkriegszeit, teilweise sogar in der Form ganzer Orchester.

Nicht übersehen werden dürfen die zahlreichen **Zigeunerkapellen**, von denen es gewissermaßen zwei „Sorten" gab. Die einen, höchst gewöhnlich bekleidet, spielten nur nach dem Gehör und fanden sich häufig auch bei den Deutschen ein (Neujahr und andere Feiertage, Geburts- und Namenstage und „zusätzlich" bei Hochzeiten). Die anderen, die „ungarischen Zigeuner" waren gepflegt und sahen gut aus, sie kannten die Noten und waren oft von Gastwirtschaften und Hotels zum täglichen Aufspielen verpflichtet worden. In beiden Fällen handelte es sich um Klein- bis Kleinstbesetzungen, wobei Streich- und Zupfinstrumente benutzt wurden.

# 8. Die Vokalmusik im weltlichen Bereich

### a) Volksgesang, Liederbücher

Mehrere Autoren heben die Liedpflege unserer Kolonisten-Ahnen in den ersten Jahrzehnten nach der Ansiedlung mit Recht als bedeutsam hervor; manche bezeichnen sie sogar als die einzige Äußerung der Musikalität. So schreibt Hans Eck: „Auf dem flachen Lande sang man die **Volkslieder,** die man bei der Einwanderung aus der alten Heimat mitgebracht hatte. Diese waren der Zusammensetzung der Siedler entsprechend recht mannigfaltig und stammten zumeist aus dem Elsaß, dem Rheingau, aus Schwaben und Hessen."

Ob und inwiefern diese Volkslieder zum Allgemeingut der nicht nur aus den soeben genannten Herkunftsgebieten stammenden Einwanderern geworden sind, ist eine andere Frage. Es gibt jedoch zahlreiche Nachweise, daß sich Liedgut aus jener Zeit bis in die Tage nach der Flucht und Vertreibung erhalten hatte.

Wenn auch nicht alle diese Melodien „ausgeklungen" waren, so gibt es dennoch Anzeichen dafür, daß schon nach einigen Jahrzehnten **Bedürfnisse nach Neuem** erkennbar wurden. So sagte Peter Focht in einem Beitrag „Kleine Heimatkunde" in der „NBZ" aus dem Jahre 1977: „Die Harmonikaspieler waren begeisterte Volksmusiker, spielten nach dem Gehör, hatten aber keine musikalische Ausbildung. Einige von ihnen waren auch schöpferisch tätig und schufen Lieder und Tänze."

Hans Diplich äußerte in seiner Veröffentlichung „Das deutsche Volkslied im Banat" (Banater Blätter, gedruckt bei Josef Botschner in Hermannstadt, 1938) u. a. folgende Gedanken: „Indem wir uns mit dem Volkslied unserer engeren Heimat beschäftigen, werden wir zunächst vor die Frage gestellt: Was war und was ist das Lied im Leben unseres Volkes? ... Die ältesten Lieder, Balladen und religiösen Gesänge sind durchaus geschaffen aus dem Grund des Herzens, das die Gefühle der Liebe, des Scheidens, die Treue und Untreue und nicht zuletzt das Ungewöhnliche oder gar Schauderhafte der Begebenheiten zum Ausdruck bringt. Alle Gemütskräfte werden auf eine eigene Weise laut und finden einen angemessenen Ausdruck ... Diese Lieder entsprangen dem Herzen und standen gewiß auch in der Mitte der dörflichen Seele und berührten sie nicht nur wie die Lieder der späteren Zeiten. Das alte Lied setzt noch die Notgemeinschaft voraus, wie sie sich in den Fährnissen der Siedlerjahre entwickelt hat ... Das Lied, wie alle Ausdrucksformen des Dorflebens, brauchte die alte Dorfgemeinschaft und umgekehrt wurde das Lied wieder zum Mitbegründer, zum Festiger und Schmücker des dörflichen Zusammenlebens ... Wir vermuten, daß sich die alten Lieder aus dem Reich bis in die 60er Jahre des 19. Jahrhunderts erhielten, ohne die Wortprägungen und Stilformen neuerer Epochen in sich aufzunehmen."

Der Notar Eugen Gruda hatte 1859 in seiner Arbeit „Das Dorf Filipowa und seine Umgebung" zum Kapitel „Gesang" geschrieben: „Neigung zu diesem ist in den kirchlichen Gesängen besonders bemerkbar, denn jung und alt singt die **Meßlieder in der Kirche** mit, auch werden Volkslieder häufig gesungen, aber ohne alle Harmonie, und noch die von ihren Großeltern gelernten Lieder. Neue kommen hier selten auf und verstummen bald wieder ..."

(Aus: „Filipowaer Heimatbriefe", Heft 21, 1973.)

In dem bereits erwähnten Werk „Die österreichisch-ungarische Monarchie in Wort und Bild" heißt es über die Verhältnisse im ausgehenden 19. Jahrhundert: „Eine andere Unterhaltung bietet den jungen Leuten der Besuch der Spinnstuben und das Federschleißen in Gesellschaft, wobei die Zeit mit Erzählungen und Gesang vertrieben wird. Sie singen, wenn auch mit manchen Änderungen jene alten Liebeslieder und Volksballaden, welche noch ihre Vorfahren mitgebracht haben. Auch ihre Volksmärchen sind alt. Überdies hat noch jedes Dorf seine Ortssagen."

Im „Donau-Schwaben-Kalender 1971" schreibt „Dr Seppvetter aus India" in seinem Beitrag „Meini zwati Fahrt aus mei'm Heimatsort" auf den Seiten 168 und 169 u. a.: „Es war im Jahr 1896 ... In **Neu-Pasua** henn die Madle un Buwe uff die Gaßbänkle g'sotze un henn schöni deutschi Liedr gsunge. Ons drvun, was sie gsunge henn, henn mir a in dr Schul g-lernt: ,Im schönsten Wiesengrunde steht meiner Heimat Haus'".

Das Bedürfnis, solche Überlieferungen zu erhalten und weiterzugeben, drückte sich auch im Anlegen von Handschriften aus. Hans Diplich erwähnt, daß die Mutter der „Mersdorfs-Basl" aus Neu-Petsch (Ulmbach) zwei **handgeschriebene Liederhefte** aus dem Jahre 1867 besaß. Katharina Kalkbrenner, ebenfalls aus Neu-Petsch, nahm 1889 Liederaufzeichnungen vor. Josef Jochum aus Groß-Jetscha hatte von 1911 bis 1914 ein Liederbuch angelegt. Ein solches besaß in Deutsch-Bentschek A. Eichinger.

Das Liederbuch der Werschetzerin **Maria Zircher** aus dem Jahre 1877 umfaßte 34 Titel.

**Johannes Künzig,** seinerzeitiger Leiter des Instituts für ostdeutsche Volkskunde in Freiburg, hatte in der Zwischenkriegszeit im Banat einige Liederhefte der **Katharina Klug** aus Lowrin aufgefunden, welche um 1880, 1896 und 1900 geschrieben worden waren; deren Ehemann, **Peter Kneip,** hatte 1908/09 ebenfalls ein Liederheft angelegt.

Der Großvater des Verfassers, **Nikolaus Rohr** (1854–1888), hatte in Karlsdorf ein handgeschriebenes Liederbuch mit ungefähr 200 Titeln geschrieben.

**Adam Schlitt,** der in der Zeit zwischen den beiden Weltkriegen umfangreiche Forschungen betrieben hatte, wies u. a. mehrere Liederhefte in der Gemeinde **Sagetal** nach.

*Anna Schnitzl aus Heufeld nahm 1906 in ihr handgeschriebenes Buch über 200 Lieder auf*

Beachtenswert ist das „Liederbuch für **Josef Ostheimer**. Werschetz den 19. October 1876, No. 1276". Ostheimer war Bauer, dann Maurer, doch später über seine Heimatstadt hinaus ein bekannter (berufsmäßiger) Volkssänger geworden. Bei Namenstagen, Geburtstagsfeiern, Hochzeiten und hauptsächlich im Fasching war er „ausgebucht" (seine Termine schrieb er auf einer Türe auf). **Eugen Bonomi**, dem wir hauptsächlich das Nähere über diesen Mann verdanken, sagt über das Liederbuch: „Von den Liedern lassen sich 47 nachweisen. Darunter sind 7 alte Lieder (4 Balladen, 1 historisches Lied, 1 Ehestandslied, 1 Liebeslied); die übrigen sind neueren Ursprungs. Unter den neueren Liedern gibt es z. T. sehr verbreitete Kunstlieder, aber auch weniger verbreitete Lieder, deren Parallelen aus der Steiermark, aus Niederösterreich und Böhmen vorliegen." Zu dem angesprochenen Fragenkomplex haben die folgenden Ausführungen Bonomis möglicherweise eine allgemeinere Gültigkeit: „Ostheimer hielt sich, wie wir sehen, an das Neue. Die Anpassung an den Zeitgeschmack ist bei einem Volkssänger verständlich. Es darf daher nicht verwundern, daß das alte Liedgut in seiner Sammlung so schwach vertreten ist. Übrigens flossen zu seinen Lebzeiten die Werschetzer deutschen Volksüberlieferungen schon spärlich. Ihr Versiegen konnte er noch miterleben ... Erster Werschetzer Volkssänger war Ostheimer gewiß nicht, wohl aber der letzte."

Die Familie Hans und Mädy Gerhardt aus **Heufeld**/Nagytószeg/Hajfeld besitzt noch eine handgeschriebene Liedersammlung ihrer Verwandten **Anna Schnitzl** aus dem Jahre 1906.

Hatte schon Adam Müller-Guttenbrunn auf die Spinnstube und ihre Lieder hingewiesen, so muß auch auf die Sammlertätigkeit der Banater Dichter **Josef Gabriel d. Ä.** (1853–1927) und **Johann Szimits** (1852 bis 1910) hingewiesen werden. Diplich hatte 1937 in seiner Veröffentlichung „Gedichte" aus der Feder Gabriels auch einige „Volks- und Spinnstubenlieder" eingestreut. In der „Banater Bibliothek" wurden seinerzeit auch Liedertexte aus der Sammlung von Szimits gebracht.

Die handgeschriebenen Liederhefte lassen bereits den schon angesprochenen Wandel erkennen. Es tauchen zunehmend **Gesänge aus Bühnenwerken** auf, aber auch volkstümliche Lieder, an welchen teilweise aus der Heimat hervorgegangene Autoren schöpferisch beteiligt waren.

An gedruckten Liederbüchern können angeführt werden:

„**Braut-Sprüche und Braut-Lieder** auf dem Heideboden in Ungern", gesammelt und geordnet von Remigius Sztachovics, Benediktiner Ordens-Priester in Raab, veröffentlicht bei Wilhelm Braumüller, 1867 in Wien. Das Werk enthält rund 225 Titel religiösen und weltlichen Inhalts.

Um das Jahr 1865 erschien – wahrscheinlich in Temeschburg – eine Volksliedersammlung „**Alleweil fidel!** 150 singbare Volks-, Gesellschafts- und Liebeslieder aus aller Herren Länder. Zusammengetragen von Amadeus Murrkopf".
(Aus: „Banater Chortätigkeit" von Erwin Lessl in „Schwäbische Familie", Facla Verlag, Temeswar 1981, S. 209.)

**Karl v. d. Haide** hatte 1901 in Temeschburg ein Volksliederbuch herausgebracht, von welchem Mizzi Welsch, geborene Matuschek, aus Weindorf die vierte Auflage aus dem Jahre 1912 zur Verfügung stellte. Der Druck beinhaltet rund 130 Lieder in breiter herkunftsmäßiger Streuung. Dabei ist von Interesse, daß hier bereits ein Gesang mit einer Selbstdarstellung der Ansiedler-Nachkommen auftaucht; der mit „A. K." signierte Text „Banater Land" lautet:

*„Von Elsaß und Lothringen, vom Schwarz- und Odenwald, noch viele Lieder klingen, viel Lieder gut und alt. – Vom grünen Rhein die Sagen verpflanzten wir ins Land, aus alten, fernen Tagen sind sie uns noch bekannt. – Noch klingt die deutsche Zunge in dem Banater Kreis, noch lebt die deutsche Sitte, noch webt der deutsche Fleiß. – Man soll sie nicht begraben! 's ist unser höchstes Gut, 's ist unser bestes Haben, es liegt im deutschen Blut. – Treu sind wir unserm König, das war stets deutscher Brauch, Gesetzen unterthänig, sind wirs dem Lande auch. – Verlangt, was recht und billig, dem deutschen Unterthan, das gibt er gern und willig, als echter deutscher Mann."*

Die angesprochene „Untertänigkeit" der Schwaben jener Zeit findet auch in dem Lied „Das Vaterland" Ausdruck:

*„Kennt ihr das Land, so wunderschön, in der Karpaten stolzem Kranz, das Land, wo auf den milden Höh'n, Tokajer reift im Sonnenglanz? Das schöne Land ist uns bekannt: es ist ja unser Vaterland."* Die zweite Strophe spricht die Loyalität deutlicher aus: „... es ist ja unser Ungarland"!

Außer diesen beiden mit Sicherheit im Heimatbereich entstandenen Liedern finden sich in dem Büchlein weitere, zumindest mundartlich angepaßte Titel:

*„Un soll ich dir drei rodi Aepple üwer die Donau scheiwle, so muscht du mir a dicke Tannabam mit der Scheer abschneide ..."* und *„Jetzt wescht vrwas ich traurich sin?"* (Krischanlied)

Bei „Karl von der Haide" handelt es sich um das Pseudonym des Lehrers, Schriftstellers und Volkskundlers **Karl Kraushaar**, der am 24. 5. 1858 in Hatzfeld im Banat zur Welt kam und am 8. 3. 1938 in Budapest starb. Karl Kraushaar hatte sich mit der Herausgabe des erwähnten Liederbuches große Verdienste erworben, zumal es in der Zeit der Madjarisierung herauskam und in den donauschwäbischen Dörfern verbreitet war.

Der in **Elek** (Renndorf) tätig gewesene Kantorlehrer und Dirigent Adam Eduard Niedermayer gab 1904 ein „Weltliches Gesangsbüchlein" mit deutschen und ungarischen Volksliedern heraus.

Etwa um die gleiche Zeit veröffentlichte **Johann Goll** aus **Baderseck**/Bátaszék eine Sammlung von rund 200 ungarischen Volksliedern.

**Mathias Gaß** gab 1909 in **Apatin** ein „Volks-Liederbuch" heraus, welches im nachfolgenden Abschnitt nochmals besprochen wird. Es enthielt auf 381 Seiten rund 430 Lieder. Hier wird das in dem Büchlein von Karl von der Haide erwähnte „Banater Lied" als „Batschkaer Lied" abgedruckt; die Stelle „... in dem Banater Kreis" wird mit der Wendung „... in dem Batschkaer Kreis" ersetzt.

### 278
### Batschkaer Lied.

Von Elsaß und Lothringen, vom Schwarz- und Odenwald,
Noch viele Lieder klingen, viel Lieder gut und alt.

Vom grünen Rhein die Sagen verpflanzten wir ins Land,
Aus alten, fernen Tagen sind sie uns noch bekannt.

Noch klingt die deutsche Zunge in dem Batschkaer Kreis,
Noch lebt die deutsche Sitte, noch webt der deutsche Fleiß.

Mann soll sie nicht begraben! 's ist unser höchstes Gut,
Es ist unser bestes Haben, es liegt im deutschen Blut.

Verlangt, was recht und billig, vom deutschen Untertan,
Das gibt er gern und willig, als echter deutscher Mann.

*Aus dem Liederbuch von Mathias Gaß, Apatin*

Es ist nicht zu leugnen, daß man in der neu erworbenen Heimat Südosteuropas oft diejenigen Landsleute zu vergessen begann, die aus irgendwelchen Gründen in die Metropole der Doppelmonarchie weggezogen sind. Andererseits liegen aber Nachweise vor, daß sich diese Menschen selbst durchaus ihrer Herkunft bewußt geblieben waren. Gaß brachte unter der Nummer 3 auch das „**Heimatlied der Bacskaer in Wien**", dessen Text für sich spricht:

*Dort wo einstens noch vor hundert Jahr'n, / Öde Wüsten und Sümpfe war'n; / Dort blüht heut' ein Aehren tragendes Feld, / Ungarns Kornkammer nennt's die Welt. / Es sind die Felder Bacska's und Banat's, / Der schönste Schatz des ungarischen Staat's. / Dort wohnen Magyar'n und Slovaken, / Es gibt auch Serben und Rußnjaken; / [: Doch deutscher Fleiß und echter Schwabenwitz, / Führen immer an der Spitz':]*

*Wir sind froh und heiter alle z'samm! / Senden singend uns're Grüße ha'm / In uns're Heimat, Dörfer, Markt und Stadt; / Jeder, der dort noch liebe Freunde hat. / Der schöne Gruß kommt aus dem lieben Wien, / Wo Bacskaer Kinder froh vereinigt sind. / Gruß nach Zombor, Gruß nach Bukin, / Gruß nach Hodschagh, Filipova, Apatin, / [: Karavukova am Mostong'strand, / Dich auch grüßen wir aus fernem Land.:]*

*Beim vollen Tschutra zanken wir uns nie, / Da herrscht bei uns die schönste Harmonie; / Wer Frieden, Eintracht nicht ertragen kann, / Der ist für uns auch nicht der rechte Mann, / Der bleibt bei uns nicht einen halben Tag, / Weil unser Kleinrichter solche Leut' net mag. / Es ist ja g'scheit'r und viel heit'rer, / Hier d'r Tschutra, trink' und gib 'n weiter! / [: Sei immer froh und sing' mit heit'rem Sinn: / Es leben hoch die Bacskaer Leut' in Wien!:]*

In welchem Umfang neue Lieder auf heimatlichem Boden entstanden sind, ist offensichtlich bisher nicht erforscht worden. Thematisch weisen jedoch einige weitere Titel auf solche Vorgänge hin. August Härtel hatte beispielsweise in seine Sammlung „Deutsches Liederlexikon" unter Nummer 58 „**Der Fischerknabe an der Theiß**" aufgenommen; die 1. Strophe lautet: „An der Tissa vor der Hütte auf und ab schweift von Alföld dort der arme Hirtenknab'! Zartes Mädchen, ruhe aus dich, komm' herein! Laben soll dich da mein altes Mütterlein." Nachdem unter dem Titel in Klammern „Ungarisch" steht, handelt es sich möglicherweise um eine Übersetzung.

Für manchen Ort traf auch die folgende Beschreibung von Josef Hauk zu:

„Im Gasthaus und bei fröhlichem Gelage sangen gehobene Kreise gerne ungarische Lieder, wobei zu bemerken wäre, daß diese nicht nur von der Zigeunerkapelle begleitet, sondern fast von allen Anwesenden, Männern und Frauen, mitgesungen wurden, wobei sich Gesang und Musik oft zu einem schönen, einheitlichen Klangkörper vereinigten. Deutsche Lieder wurden in solcher Wirkung selten gehört."

(„Gesang und Musikpflege an der Somborer Lehrerbildungsanstalt und unter den deutschen Zöglingen" in „Deutsch-serbisches schulisches Miteinander", herausgegeben von Josef Volkmar Senz, München 1979, Donauschwäbisches Archiv, Heft 25, S. 82).

Daß sich Volksliedgut über Jahrhunderte hinweg in den deutschen Siedlungen Südosteuropas erhalten hatte, obwohl man es als verschüttet oder gar erloschen glauben konnte, bewies **Johannes Künzig**, der 1930 und 1933 Studienfahrten ins Banat unternommen hatte und daraufhin u. a. eine Sammlung von rund 60 Titeln veröffentlichen konnte: „Volkslieder aus dem rumänischen Banat mit Bildern und Weisen" (Verlag Walter de Gruyter & Co., Berlin und Leipzig 1935). In der Zwischenkriegszeit hatten aber auch mehrere heimatliche Forscher umfangreiche und verdienstvolle Arbeiten auf diesem Gebiet durchgeführt.

Den einst vorhandenen gewesenen reichen **Volksliederschatz** in allen deutschen Siedlungen des Südostens und Ostens dokumentierte auch **Konrad Scheierling** aus Kolut, der nach dem 2. Weltkrieg von Wissensträgern ablauschte, was eben noch zu vernehmen war. Sein damaliges Buch bedeutete eine der wertvollsten Veröffentlichungen, welche wir seit 1945 registrieren können: „Ich bin das ganze Jahr vergnügt. Lieder für uns alle" (Bärenreiter-Verlag Kassel und Basel, 1955). Auf 104 Seiten wurden 165 Lieder festgehalten.

Inzwischen ist auch sein „Donauschwäbisches Liederbuch", Straubing 1985, erschienen, welches auch in Fachkreisen große Beachtung findet.

„In **Siebenbürgen** haben Gottlieb Brandsch und Adolf Schullerus um 1900 die Lieder der Sachsen aufgeschrieben und veröffentlicht", schrieb Hans Diplich. Aber schon 1865 war in Hermannstadt das Buch „Siebenbürgischsächsische Volkslieder, Sprichwörter, Rätsel, Zauberformeln und Kinder-Dichtungen mit Anmerkungen und Abhandlungen" erschienen. In Mediasch in Siebenbürgen kam bei G. A. Reissenberger 1897 heraus: „Siebenbürgisch-sächsische Volkslieder von Hermann Kirchner, 1. Heft, 2. Auflage, mit Wörterverzeichnis. Ausgabe für gemischten Chor oder für 1 Singstimme mit Klavierbegleitung".

Für die einstige deutsche Sprachinsel **Gottschee** kann folgendes Werk genannt werden: „Die deutsche Sprachinsel Gottschee. Geschichte und Mundart, Lebensverhältnisse, Sitten und Gebräuche, Sagen, Märchen und Lieder. Von Dr. Adolf Hauffen, Docenten an der deutschen Universität Prag. Graz, k. k. Universitäts-Buchdruckerei und Verlags-Buchhandlung ‚Styria'. 1895". Es enthält geistliche Lieder und Legenden (Nr. 1–43), Balladen und Liebeslieder (Nr. 44–101) und Lieder zu Sitte und Brauch, Scherz- und Kinderlieder (Nr. 102–168).

Ein im Jahre 1902 aufgekommener Gedanke, eine Serie „Das Volkslied in Österreich" zu veröffentlichen, führte zu einer intensiven Sammeltätigkeit. Der erste Band mit Gottscheer Volksliedern sollte 1919 erscheinen, was jedoch durch die Schwierigkeiten nach dem verlorenen 1. Weltkrieg nicht realisiert werden konnte. Das umfangreiche Material (1170 Titel) gelangte 1928 an das Deutsche Volksliedarchiv in Freiburg. Spätere Veröffentlichungen waren u. a.: „Gotscheer Volkslieder mit Bildern und Weisen", Berlin 1930 (John Meier); „Gottscheer Volkslieder", Band I., Mainz 1969 (Brednich-Suppan); „Das Gottscheer Volkslied, Jubiläumsfestbuch der Gottscheer 600-Jahr-Feier", Gottschee 1930 (Perc); „Zur Gesamtausgabe der Gottscheer Volkslieder", Jahrbuch für ostdeutsche Volkskunde, Band 13, Marburg 1970 (Moser); „Das Schicksal der Gottscheer Volksliedsammlung", Jahrbuch des Österreichischen Volksliedwerkes, Band XIII, 1964 (Kundegraber).

**Ludwig Kren** hatte in seinem Eröffnungsvortrag zur Gottscheer Kulturwoche 1975 zum Thema „Unser Liedgut – Versuch einer Bestandsaufnahme" u. a. ausgeführt: „Das Volkslied abgelegener Landstriche ist ... mundartlich, das gilt auch für die Gottschee, wo besonders die Ballade bevorzugt wird. Die Lieder ergeben hier durch ihre Form (z. B. dreizeilige Strophe), durch Auffassung und Darstellung einen altertümlicheren Eindruck als entsprechende deutsche Parallelen ... Der erste Eindruck des Gottscheer Liedgutes wirkt also fremdartig und in seiner reimlosen Form von allem abweichend, was wir sonst in der deutschen Volkspoesie, die ja immer den Endreim besaß, kennen ... Im Gottscheer Volkslied ergeben sich immer wieder bedeutende metrische Unebenheiten, sie machen jedem zu schaffen, der ein solches Lied für einen Chor setzen will. Beim einstimmig gesungenen Lied haben diese Unebenheiten keine Bedeutung, da sich die Worte dem musikalischen Rhythmus unterordnen müssen.
(Aus „Gottscheer Zeitung", Oktober 1975, Seite 3.)

Wie in anderen Gegenden, so fand auch bei den Donauschwaben die erste Begegnung des Menschen mit dem Gesang praktisch schon in der Wiege statt. Die Mütter, Großmütter und Geschwister besaßen einen reichlichen **Vorrat an Wiegenliedern,** welche namentlich zur Beruhigung und zum Einschlafen ihre Wirkung tun sollten.

---

**Marschierlieder und Kreisspiele**

für den

**Kindergarten**

von

**Marie Muschka,**

Kindergärtnerin in Wr.-Neustadt.

Vertont von

**J. E. Roller,**

Professor an der k. k. Lehrerinnen-Bildungsanstalt in Troppau.

Mit einem Begleitwort von J. Ambros.

Zweite vermehrte Auflage.

Wien und Leipzig, 1906.
Verlag von A. Pichlers Witwe & Sohn,
Buchhandlung für pädagogische Literatur und Lehrmittel-Anstalt.

Hernach folgten zahlreiche Fuß- und Kniereiterspiele, welche rhythmisiert gesprochen oder gesungen wurden.

Die Kindergärten bereicherten den Liederschatz der Kleinen. Aber auch den Geschwistern und Nachbarkindern wurden zahlreiche Spiellieder abgelauscht und beim Suchen, Fangen und Verstecken zur Anwendung gebracht. Beliebt waren auch die rhythmisch gesprochenen Abzählreime und andere Verse, welche auch gesungen wurden.

Josef Bleichert aus Karlsdorf hat ein 54 Seiten umfassendes Werk aus seinem Heimatort sichergestellt, aus welchem durch Anzeichnungen der Schluß gezogen werden kann, daß es auch tatsächlich Verwendung gefunden hatte – „Marschierlieder und Kreisspiele für den **Kindergarten** von Marie Muschka, Kindergärtnerin in Wr.-Neustadt. Vertont von J. E. Roller, Professor an der k. k. Lehrerinnen-Bildungsanstalt in Troppau", zweite vermehrte Auflage, Wien und Leipzig, 1906, Verlag von A. Pichlers Witwe & Sohn. Man darf mit Recht annehmen, daß auch in anderen Orten Kindergärtnerinnen um geeignetes Arbeitsmaterial bemüht waren.

In der **Volksschule** und hernach in der **Lehrlingsschule** hatten die Kinder, allerdings örtlich völlig unterschiedlich, neues Liedgut kennengelernt.

Die Jugend hatte sich meist zu **Kameradschaften** zusammengeschlossen und begegnete im Jahreslauf häufigen Anlässen zum Singen: bei Geburts- und Namenstagen, in den Spinnstuben, beim Federschleißen, den Schlachtfesten, bei Hochzeiten, den Kirchweihfesten usw.

Das Singen hatte aber auch oft die Arbeit begleitet, namentlich bei den Handwerkern. Diese waren es auch, die nach ihren Wanderjahren **neues Liedgut aus der Fremde**, oft sogar aus dem Ausland, mitgebracht und weiter verbreitet hatten. Die **Militärzeit** war eine weitere Gelegenheit, neue Gesänge in den Heimatort mitzunehmen.

Bei dieser knappen Skizzierung langjähriger Vorgänge aus dem überlieferungsbedingten Volksleben verwundert es nicht, daß die Ortsgemeinschaften ein verhältnismäßig reichhaltiges Singgut besaßen. Viele Monographien führen darüber Nachweise. So zählt Valentin Oberkersch im Heimatbuch „India" Weihnachts-, Passions-, Begräbnis- und weltliche Lieder auf. August Rukatukl dokumentierte für seine Heimatgemeinde Csavoly 11 Soldatenlieder, 49 gesellige Lieder, 37 Liebeslieder, 39 Brauchtumslieder (Festtagswünsche im Jahreslauf) und 109 Kinderlieder, welche alle dem Bereich Volkslied zuzuordnen sind. Namentlich bei der Landbevölkerung gab es nebst vielen Gelegenheitsliedern auch diverse Beschwörungsformeln, welche liedartig vorgetragen wurden.

Lieder, welche laut Josef Harjung in **Kakasd** (Schwäbische Türkei) gesungen und vom Deutschen Volksliedarchiv Freiburg i. Br. in den 1970er Jahren aufgezeichnet wurden:

„A, a, a, die Hungersnot ist da", „Abends bei jeder Stund'", „Abends, wenn ich schlafen geh'", „Abzählreim: Ich und du 1, 2, 3, 4, 5, 6, 7", „Ach, liebes Fräulein Anna", „Alles, was auf Erden schwebet", „Als ich achtzehn Jahr alt war", „Als ich jung war", „Am Rhein, am Rhein", „Am Sonntag in der Nacht", „An der Donau steht ein Haus", „An einem Fluß, der rauschend schoß", „Auf dem Kirchhof liegt ein Kopf", „Auf den Bergen ist's halt lustig", „Auf und auf", „Auf, ihr Brüder, die Hornisten blasen", „Aus deinen blauen Äuglein",

„Bald gras ich am Acker", „Bei ihrem schwer erkrankten Kinde", „Bei München liegt ein Örtchen", „Beim alten Lindenbaum", „Beim Mondenschein, wohl Mitternacht", „Blaue Augen, blonde Haare", „Blicke nicht und lächle wieder", „Bruder, Alsdann, ei was willst denn",

„Darum bleib ich mer ledig", „Das Jagen, das ist ja mein Leben", „Das Jahr war prächtig, der Wein ist geraten", „Das Sträußerl am Hute, den Stab in der Hand", „Daß's im Wald so dunkel ist", „Den schönsten Tag, die schönste Stunde", „Der Bauer hat ein Kalb erzogen", „Der Hauptmann ist stolz auf sein Pferd", „Der Jäger, und der hat einen Knecht", „Der Krieger muß marschieren in die Welt", „Der Mensch soll nicht stolz sein", „Des is mei Kopf", „Die Auswanderung, die Lustroas ist groß", „Die Sonne sank im Westen bei Bosnien in der Schlacht", „Dort am Waldessaume", „Drei Lilien, drei Lilien", „Droben stehet die Kapelle", „Dross, dross, drill", „Drunten im Tale am rauschenden Bach", „Durch Salzburg bin ich gangen",

„Ei Mutter, ich bin ja schon achtzehn Jahr", „Eijejei, es freut mich", „Ein armer Fischer bin ich zwar", „Ein armes Mädchen klagt, die eine Waise war", „Ein liebliches Mädchen", „Ein Mädchen so schön wie ein Engel", „Ein Schäfermädchen ging in'n Wald ins Grüne", „Einmal eins ist eins", „Einmal, da ging ich aus, da treff ich mein Schätzchen zu Haus", „Einst lebt' ich froh im deutschen Vaterlande", „Einst wollte Luise spazieren gehn", „Ein Schäfermädchen weidete", „Es blüht ja gar keine Rose ohne Dornen", „Es ging ein Bettelmann vor'm Edelmann sein Haus", „Es ging ein Mädchen in die Stadt", „Es hat einmal geregnet", „Es kehrt ein Jüngling wie geschickt in die Heimat zurück", „Es klopft so häßlich an die Tür", „Es kommen drei Frauen von Ninive", „Es schlaft ein Graf bei seiner Magd", „Es sind gar schwere Sachen, ein Couplet zu machen", „Es sind zwei schöne Dörflein", „Es sprang ein Has' übers weite Feld", „Es steht a Blümlein ganz alloa", „Es steht ein Grab ganz frisch und klein", „Es treiben drei Weiber die Küh", „Es verliebte sich ein Jüngling", „Es war ein Bursch von achtzehn Jahr", „Es war ein Mädchen so weiß wie Schnee", „Es war ein Pfalzgraf hier am Rhein", „Es war einmal ein Landsturmmann", „Es war einmal ein Schwarzschlossergesell", „Es war emol a Mann von Falkenstein", „Es welken alle Blätter, sie fallen alle ab", „Es wollt' ein Graf spazieren gehn", „Es wollt ein Jäger spazieren gehn", „Es wollt ein Mann nach seiner Heimat reisen", „Es wollt' wohl ein Mädchen ganz früh aufstehn", „Es zog ein Matrose wohl über das Meer", „Es zog ein Wandersmann so still einher", „Fähnrich zog in Kriege", „Frage nicht, warum ich weine", „Frühmorgens, wenn die Sonne aufgeht",

„Gestern waren's acht Tage", „Glaubst, du bist die Allerschönste", „Graue Fluren, kahle Felder", „Gute Nacht, gute Nacht, allen Müden sei's gesagt", „Guten Morgen, schöne junge Frau",

„Hätt's Bettelmadl nit g'stohle", „Heia popeia, im Summer kommt d'Maia", „Heimat, Heimat, Heimat, wie bist du so schön", „Heuerideldam, mei Weib is krank", „Heute scheid ich, morgen reis' ich", „Horcht, was geht am Schlosse vor",

„Ich bin e Fischerjunge", „Ich bin ein armer Deserteur",

„Ich hab amol schön's Schätzel ghabt", „Ich hab emol schöns Ringel kriegt", „Ich hab ja mein schön Schätzchen", „Ich hab kein Vater mehr", „Ich hab schon drei Sommer meine Ehre vernommen", „Ich hab' ein einsam Plätzchen auf der Welt", „Ich hatt' einen Kameraden", „Ich komm vom stillen Friedhof", „Ich liebte einst ein Mädchen", „Ich war verliebt und auch so glücklich", „Ich weiß nicht, wo ich geboren", „Ich weiß nicht, bin ich reich oder arm", „Ich weiß nicht, was mir fehlet", „Ich weiß von dem Lande sunst nix", „Im Bahnhof steht ein Landsturmmann", „Im frühen Jahre – vor Liebe blind", „Im Frühjahr ist's in den Alpen so herrlich", „Im ganzen Dorf sind Bauern nur", „Im grünen Wald, dort wo die Amsel sind", „Im Maien, da blühen die Rosen", „Im Polenland drauß weit und breit", „Im Sommer ist's so heiß", „In der Nacht, als ich bin vom Schlafe erwacht", „In des Waldes finstern Gründen", „In einem heißen Sommertag", „In Hamburg, da bin ich geboren", „In Lemberg sind so viele gefallen", „In stiller Kammer ruht das Kind", „In Ungarn, dort, dort war manch stilles Haus", „Ist alles dunkel, ist alles trübe",

„Jetzt fängt schon das Frühjahr an", „Jetzt geh ich in den grünen Wald", „Jetzt geh ich vor mei'm Schatzerl seine Tür",

„Kamerad, ich bin geschossen", „Kein Heimatland, kein Mutterherz",

„Laue Lüfte fühl ich schweben", „Lebe wohl auf ewig treu Geliebter", „Leise tönt die Abendglocke", „Lenchen ging einmal spazieren", „Liebes Mädchen tanz mit mir", „Linna, bist drinna", „Lustig ist's Matrosenleben", „Lustig sind die Fuhrmannsleit",

„Macht man ins Leben kaum den ersten Blick", „Mädchen, denk' wohl an die schöne Stunde", „Mariechen saß weinend im Garten", „Mei Dirndel, das hat mir a Brieferl zugeschrieben", „Mein Schatz, der muß abreisen ins fremde Land", „Meine Frau, die liebt die Wasserfahrt", „Morgenrot, Morgenrot", „Müde kehrt ein Wandersmann zurück",

„Nach der Heimat möcht ich wieder", „Nicht weit von hier in einem tiefen Tale",

„O Susanna, du mein Schatz", „O Susanna, ist das Leben noch so schön",

„Ringel, Ringel Reihe",

„'s arme Mutterl grämt sich heimlich tot", „Sauf du alter Gasselschlangl", „Schatz jetzt kommt die schönste Zeit", „Sche bin ich, das weiß ich", „Schlof, Kindle, schlof", „Schön ist die Jugend bei frohen Zeiten", „Schön Ungarland, mein Vaterland", „Schönster Schatz, verzeih es mir", „Schönster Schatz, reise nicht so weit von hier", „Schneit d'r Katz d'r Schwanz ab", „Selze Schmelze, Ellebogele", „Setzt zusammen die Gewehre", „So herzig wie mein Liesel gibt's kane auf der Welt", „So wie wir hier beisammen sind", „Soldat bin ich's schon seit vier Wochen", „Soll ich euch mein Liebchen nennen", „Spruch: Dein größter Feind, das weißt du wohl", „Sprüche: „Krumpiern, Krumpiern", „O du edler Weingeist", „Schiwrek grieß dich"; „Steh ich an mein'm Fensterlein", „Steh ich in finstrer Mitternacht", „Stehn zwei Stern am hohen Himmel", „Stille geht die Sonne im Westen unter", „Stürmisch die Nacht und die See geht hoch", „Stürmt's im Leben noch so heftig", „Sunne, Sunne, scheine",

„Tanz, tanz, tanz, tei Hemmet is net ganz",

„Und wenn du Vaters Sohn willst sein", „Und wenn mein Schatz ein Jäger wär", „Unser Goas kecske",

„Warum soll mein Herz nicht bluten", „Was hört man denn Neues vom Kriege", „Was nützen mich tausend Dukaten", „Was wünscht man dene junge Mädchen", „Weint mit mir in Nächten stiller Haine", „Wenn der Hahn auf dem Mist spaziert", „Wenn die Blumen draußen zittern", „Wenn man die Welt umgeht", „Wenn nur alle Tage Montag wär", „Wer hat die schönsten Schäflein?", „Wie ein stolzer Adler schwingt sich auf das Lied", „Wie ist denn die Unruh so groß in der Welt", „Wie scheint der Mond so schee", „Wie schön ist doch ein Blümlein", „Wir Mädchen sind bloß nur zum Leiden geboren", „Wir sitzen so fröhlich beisammen", „Wo bist du, mein geliebtes Land", „Wo eine Hose ist",

„Zäppelpolka tanz' ich gern", „Zeigt her eure Füße".

Alfred Kuhn aus **Weißkirchen** hat im Jahre 1979 begonnen, die in seiner Heimatstadt gesungenen Lieder aufzuzeichnen; dabei halfen ihm einige seiner Landsleute mit wertvollen Beiträgen:

„1 × 1 = 1, gib dein Herz für mein's", „A Dirndl sitzt traurig z'Haus", „A Madel geht in Wald um Holz", „Abend in der Dämmerstunde", „Abschiedslied", „Ach, was führ ich …", „Ach, wer kommt von draußen rein", „Ach, wie finster sind die Wände", „Ach, wie schwer ist dieses Leben", „Ade zur guten Nacht", „Alle schwarze Brüder, die leben …", „Alle Weinbauern, sie trinken gern", „Als der Hergott hat die Welt erschaffen", „Als wir jüngst in Regensburg waren", „Am Abend zu jener Stund", „An der Weichsel im Auguste", „An der Weichsel gegen Osten", „An einem heißen Sommerabend", „An Hecken voll wilden Rosen", „Ännchen von Tharau", „Argoner Wald", „Auf der Alm, da gibt's koa Sünd'", „Auf der steirischen Alm, da bin i g'sessn",

„Bei ihrem schwer erkrankten Kinde", „Bei mein'm Dirndl bleib i nimmer", „Bei Sedan dort steht ein stilles Haus", „Bei Straßburg an der langen Brücke", „Bleib bei mir", „Brautchor: Treulich geführt", „Büb'l merk dir's fein, willst der meine sein",

„Christinchen ging im Garten",

„Da neulich geh ich mich rasieren", „Da streiten sich die Leut herum", „Das ist der Tag des Herrn", „Das Jagen ist ja mein Leben", „Das Kanapee ist mein Vergnügen", „Das Schiff streicht durch die Welle, Fridolin", „Das Schönste auf der Welt ist mein Tirolerland", „Das schwarzbraune Bier, das trinken wir so gern", „Das Wandern ist des Müllers Lust", „Das Weiß haben wir von der Infanterie", „Der Abram ist gestorben", „Der Herrgott hat auf der Welt die Menschen alle gern", „Der Jäger aus Kurpfalz", „Der Jäger in dem grünen Wald", „Der Lindenbaum", „Der Mai ist gekommen", „Der Taubert, der über das grüne Feld flog", „Die Blume, die am Bachesrand", „Die Gedanken sind frei", „Die Kapler Alm", „Die Lore am Tore", „Die Sonne sank im Westen", „Dirndl, wie ist mir so wohl", „Doktor Eisenbart", „Drei Lilien, drei Lilien", „Du, du liegst mir im Herzen",

„Ein armer Fischer bin ich zwar", „Ein deutscher Faßbinder wollt' wandern", „Ein Heller und ein Batzen", „Ein Student saß in der Schenke", „Ein treuer Ehemann", „Ein Vogel wollte Hochzeit machen", „Es blies ein Jäger in sein Horn", „Es brennt ein Weh wie Kindertränen brennen", „Es ist bestimmt in Gottes Rat", „Es kommt die Nacht mir ihrem Schatten", „Es lebe der Reservemann", „Es schlägt, es schlägt", „Es stehen zwei Freunde Hand in Hand", „Es verliebte sich ein Jüngling", „Es war amol a Müllerin", „Es war an einem Abend …", „Es welken alle Blätter", „Es wollt' ein Jägerlein jagen",

„Fahr'n ma aussi zum Peters Brünnerl", „Fern bei Sedan", „Fern vom Land der Ahnen", „Fischerlied", „Freut euch des Lebens", „Frühmorgens, wenn das Jagdhorn schallt",

„Ganz einsam und verlassen auf einem Felsen", „Gaudeamus igitur", „Gloria Viktoria" (Ich hatt' einen Kameraden), „Gold und Silber", „Gott grüße dich", „Grad aus dem Wirtshaus …", „Grüß Gott, grüß Gott mit hellem Klang",

„Hans bleib do, der Teufel holt dich sowieso", „Heut' scheid' ich, morgen wandr' ich", „Hier sitz' ich auf Rosen", „Horch was kommt von draußen rein", „Hunderttausend Mann, die zogen ins Manöver",

„Ich habe den Frühling gesehen", „Ich bau', drum bin und heiße ich Bauer", „Ich bin a Steirer Bua", „Ich bin a Turlhofer",

„Ich bin ein fahrender Gesell", „Ich bin ein Haderlump", „Ich ging amol spaziere", „Ich hab' ein kleines Hüttchen nur", „Ich hab' kan Vater und ka Mutter mehr", „Ich hatt' einen Kameraden", „Ich jagte einst nach einem Wilde", „Ich lebte einst im heimatlichen Lande", „Ich liebte einst ein Mädchen", „Ich sag', es ist auf dera Welt gar a schlechte …", „Ich weiß nicht, was soll es bedeuten", „Ihr Brüder seid gekommen (Tabaklied), „Ihr edlen Männer seid gekommen", „Im kühlen Keller sitz' ich hier", „Im Wald und auf der Heide", „In der Heimat ist es schön", „ In die Heimat kam ich nach Jahren wieder", „In einem kühlen Grunde", „In meine Heimat kam ich wieder", „Ist alles dunkel, ist alles trübe", „Ist das nicht a Freud, wenn die Sonne aufgeht", „Ist es denn nun wirklich wahr?", „Ich kenn' ein'n hellen Edelstein",

„Ja, wenn ich mein Häuserl verkauf",

„Kanapee-Lied", „Kehr ich einst zur Heimat wieder", „Kein Feuer, keine Kohle", „Kein schöner Land in dieser Zeit", „Kennst du den Auerhahn?", „Kennst du den Jüngling …", „Köln am Rhein, du schönes Städtchen", „Kommt die Nacht mit ihren Schatten", „Kommt ein Vogel geflogen",

„Lang, lang ist's her", „Lieb Heimatland ade", „Lied einer Mutter", „Lippe Detmold", „Lustig ist das Zigeunerleben", „Lustig, lustig, ihr deutsche Brüder",

„Mädle ruck, ruck, ruck", „Mama, Papa", „Matrosenleben, das heißt lustig sein", „Mein Himmel auf der Erde" (Ich bin so gern …), „Mein Mädel hat einen Rosenmund", „Morgenrot, Morgenrot", „Morgen marschieren wir", „Morgen will mein Schatz verreisen", „Müde kehrt ein Wandersmann zurück", „Musketier sind lust'ge Brüder", „Muß i denn, muß i denn zum Städtele hinaus",

„Noch sind die Tage der Rosen",

„O du lieber Augustin", „O Susanna, o Susanna", „O Tannenbaum", „O wie wohl ist's mir am Abend", „O Zufriedenheit, du lebst auf dem Lande", „Oh wie schön, oh wie schön, wenn sich zwei Verliebte wiedersehn", „O wie schwer ist dieses Leben",

„Pfeiflein, wer hat dich erschaffen", „Prinz Eugen", „Rauchtabak-Lied",

„'s arme Mutterl kränkt sich hamlich ab", „'s ist alles dunkel, 's ist alles trübe", „Sah ein Knab ein Röslein stehn", „Schatz, mein Schatz, reise nicht so weit von mir", „Schicksal, du bist unbarmherzig", „Schnadahüpferl", „Schön ist die Jugend", „So leb denn wohl, du stilles Haus", „So zwa, wie mir zwa, gibt's kani zwa mehr", „So oft der Frühling durch das off'ne Fenster", „Still ruht der See",

„Tief im Böhmerwald", „Treue Liebe hast du mir geschworen", „Turner ziehen froh dahin",

„Und als die Schneider Jahr'stag hatten", „Und was hab ich denn meinem Herzliebsten getan?",

„Vergnügt leb' ich auf dem Lande", „Verlassen, verlassen, verlassen bin ich", „Von der Wanderschaft kommt der Bua",

„Waldandacht", „Warum bist denn du so traurig", „Warum bleibst du denn draußen bei dem Lindenbaum stehn", „Was hab ich denn meinem Feinsliebchen getan", „Was kommt dort von der Höh", „Weißt du noch wie schön es war", „Weit im Süden, weit im Osten", „Wem Gott will rechte Gunst erweisen", „Wenn alle Brünnlein fließen", „Wenn alle untreu werden", „Wenn der Topf nur aber ein Loch hat", „Wenn ich den Wanderer frage", „Wenn ich ein Vöglein wär", „Wenn ich mein Häuserl verkauf", „Wenn ich vor dem Amboß steh", „Wer ein treuer Ehemann ist", „Wie ein stolzer Adler", „Wohl auf, Kameraden",

„X. Y. soll leben",

„Zu Mantua in Banden", „Zu Straßburg auf der langen Brück".

Auch aus dieser Zusammenstellung wird deutlich, daß praktisch alles gesungen wurde – Volkslieder, volkstümliche Kunstlieder, Kunstlieder, Theater- und Komödienlieder, Wiener Lieder. Mit Interesse vermerken wir, daß hier auch Gesänge von Anton von Klesheim, Alois Kutschera u. a. bekannt waren.

b) Der Anteil heimatlicher Autoren an der Entstehung volkstümlicher Lieder

„Die Singfreudigkeit aller deutschen Stämme in Vergangenheit und Gegenwart – einschließlich der Südostdeutschen im allgemeinen und der Donauschwaben im besonderen – ist allbekannt.

Unsere Einwanderer-Ahnen hatten einen reichlichen **Liederschatz aus der alten Heimat** mitgebracht und weiter gepflegt, so daß sich ein Teil davon sehr lange, oft sogar bis auf den heutigen Tag, erhalten konnte.

Wenn man jedoch Liederbücher, welche namentlich vor dem 1. Weltkrieg in Österreich und Deutschland, aber auch in unserem Siedlungsbereich erschienen sind, durchsieht und vergleicht, kommt man zum Ergebnis, daß unsere Vorfahren liedmäßig in der Gesamtentwicklung der Zeit eingebettet geblieben sind. Wien war nicht nur die Metropole der Donaumonarchie, sondern auch deren kultureller Mittelpunkt und Impulsgeber bis in den letzten Winkel seiner Grenzen.

Konkret ist damit gemeint, daß wir hier nicht nur lauter **echte Volkslieder** antreffen, sondern sogar eine beachtliche Anzahl von Liedern, welche bei einiger Bemühung auf namentlich bekannte Dichter und Komponisten zurückgeführt werden können. Solche Gesänge heißt man dann **volkstümliche Kunstlieder**, Lieder im Volkston oder gar Kunstlieder im Volksmund. Es kommt aber auch vor, daß wir in den erwähnten Liedersammlungen, welche zumeist auf „Volkslieder" verwiesen hatten, auch reine **Kunstlieder** antreffen.

Eine weitere Kategorisierung betrifft die Herkunft dieses Gutes. Manche wurden als Einlagen zu musikalischen Bühnenwerken (Possen, Volksstücken, Operetten usw.) geschaffen und könnten als **Theater- oder Komödienlieder** bezeichnet werden. Bei anderen wiederum handelt es sich einfach um die **Vertonung von Gedichten**.

Wir wollen und können in diesem Rahmen die ohnehin schwierigen theoretischen Probleme bezüglich der Definitionen und Abgrenzungen nicht fortsetzen, sondern alles als volkstümliche Lieder bezeichnen, was das „Volk" tatsächlich gesungen hatte, in Liederbücher eingegangen ist und teils auch von den Medien berücksichtigt wurde. Dabei liegt der Schwerpunkt unseres Interesses ohnedies bei der Tatsache, daß eine bedeutende Anzahl dieses Gesanggutes vor allem im 19. Jahrhundert **heimatliche Dichter und Komponisten** hervorgebracht hatten und oft im gesamten deutschen Sprachraum Verbreitung fand.

In musikgeschichtlicher Hinsicht erscheint es mit Rücksicht auf die schon zuvor angedeutete Begründung unzweckmäßig, die Betrachtungen auf den donauschwäbischen Neustamm zu begrenzen, zumal die Verflechtungen mit dem übrigen Südostdeutschtum und besonders mit dem Kulturzentrum Wien sowieso nicht übergangen werden können.

Von der Thematik her ist es aber auch geboten, zunächst einen Blick in die „vordonauschwäbische" Zeit Südosteuropas zu werfen, wo bereits in verschiedenen historischen Perioden deutsches Leben und deutsche Kulturentfaltung herrschten.

In **Laibach** hatte beispielsweise in der zweiten Hälfte des 16. Jahrhunderts als Kantor der Stände **Wolfgang Striccius** (möglicherweise Stricker) aus Wunstorf bei Hannover gewirkt, wo er sein Werk „Neue teutsche Lieder ..." schrieb und der „Ersamen Landschaft in Crain" gewidmet hatte. 1588 wurde es dann in Nürnberg veröffentlicht. Unter den 21 geistlichen und weltlichen Titeln findet sich auch das Ehestandslied:

*„Hüt dich beyleib, nimmst du ein Weib / all freyheit thust verlieren / Weil d'ledig bist / dir erlaubt ist / dein sach selbst zu regieren: / Das wird darnach nit geschehen ..."*

Dabei drängt sich ein Vergleich aus der Forschungstätigkeit Johannes Künzig's vom Deutschen Volksliedarchiv in Freiburg aus der Zwischenkriegszeit auf. Danach hatte Katharina Klug aus Lovrin 1896 in ihr Liederheft u. a. aufgenommen:

*„Heirathen a bei leib / Ich will liber ledig bleiben / braucht ka Weib ..."*

Ob zwischen den beiden Liedern wegen des auffälligen Reimes „beileib – Weib" ein Zusammenhang besteht, ist noch zu klären. – Die 3. Strophe des Verlobtenliedes „Solt ich nit frölich sein" von Striccius lautet:

*„Ein schönes Ringelein habe ich ir / Gar neulich machen lassen. / Und ein Vergiß nicht mein nach aller zier / Subtil ins kastel fassen / Das tregt gern der Morgenstern mir zu ehrn / Ach wie offt wie mir wissen / Thut sie dasselb küssen".*

**Georg Christoph Strattner**, dessen Großvater aus Marburg a. d. Drau stammte, kam um 1644 in Gols (Galos) im Burgenland zur Welt und starb 1704 in Weimar. In Preßburg hatte er seine Ausbildung genossen. Von ihm stammt die heute noch gebräuchliche Melodiefassung zu Joachim Neanders Text „Lobe den Herren, den mächtigen König der Ehren" (1691 im Druck erschienen). Dieses Kirchenlied ist in nahezu allen kirchlichen Gesangbüchern enthalten. Auf Schallplatten vor dem 1. Weltkrieg: Favorite 1003, gem. Chor mit Orchester und Kirchenglocken (1908/1909); Homokord D 763, Choral, Cornett-Quartett (um 1910); Aste 57 002 (1912). – Aus dem Jahre 1687 stammt Strattners im Druck erschienenes Lied „Himmel und Erde werden vergehen".

**Samuel Bockshorn**, genannt Capricornus, 1629 in Mähren geboren, hatte u. a. Gesangunterricht am Gymnasium zu Preßburg erteilt und war als Kantor angestellt. Er war der Vetter des Georg Christoph Strattner, den er auch ausgebildet hatte. In Frankfurt ließ er 1670 mehrstimmig und mit Baßbegleitung drucken „Neu angestimmte und erfreuliche Tafel-Musik, bestehend in allerhand Lustigen Harmonyen, oder Ergötzlichen Ehren-, Tugend-, Lust-, Schertz-, Liebes-, Schäfer- ... auch sonst kurtzweiligen Liedern. Bey Nächtlichen Ständigen, vertraulichen Gesellschaften, und anderen Fröhlichkeiten nützlich zu gebrauchen".

**Johann Celscher** stammte aus der Zips. Um 1600 hatte er in Königsberg mehrstimmige Lieder herausgebracht, z. B. „1. Teil kurtzweilige deutsche weltliche Liedlein, mit 4 Stim. lieblich zu singen, vnd auff Instrum. zu gebrauchen, nach Villanellen art", 3 Hochzeitslieder und 3 andere Gesänge.

**Johann Sigismund Kusser** kam 1660 in Preßburg zur Welt und beendete sein Leben 1727 in Dublin. Von seinem Schäferspiel „Erindo oder Die unsträfliche Liebe" sind z. B. 44 Arien, Duette und Chöre erhalten, von welchen einige möglicherweise als zeitgemäßes Singgut Verbreitung gefunden hatten.

Der am 12. 11. 1677 in Hermannstadt verstorbene **Gabriel Reilich** stammte aus St. Georgen in der Zips. Er hatte mehrere Gedichte von Martin Opitz und Angelus Silesius vertont und die Liedersammlung „Geistlichmusikalischer Blumen- und Rosenwald" veröffentlicht (1673 und 1677).

Um das Jahr 1606 war als Organist in Losdorf (Österreich) **Daniel Lagkner** aus Marburg a. d. Drau tätig, der um diese Zeit in Nürnberg ebenfalls „Newe teutsche Lieder mit 4 Stimmen" herausgab.

Aus diesen wenigen Beispielen wird erkennbar, daß der europäische Südosten als kulturelle Großlandschaft betrachtet werden muß und die aus ihm hervorgegangenen Künstler schon in der Zeit vor der Schlacht am Kahlenberg 1683 auch in anderen deutschen und europäischen Bereichen zur Entfaltung gekommen waren – wie auch umgekehrt Musikschaffende von außerhalb nach dem Südosten kamen, um hier tätig zu werden und ihre schöpferischen Spuren zu hinterlassen.

Über die Entstehung von Liedern gibt diese Phase erste Aufschlüsse, wenn auch hierzu noch umfangreiche und langwierige Forschungsarbeiten zu leisten wären.

Das 19. Jahrhundert liegt nicht so weit zurück, und so ist es verständlich, daß aus dieser Periode wesentlich mehr Unterlagen zur Verfügung stehen und ausgewertet werden können. Manche Lieder, an deren Entstehung nunmehr auch Urheber aus dem donauschwäbischen Heimatraum hinzugekommen sind, haben ihre Aktualität bis auf den heutigen Tag erhalten; andere wiederum sind verklungen, noch bevor wir von ihrer Zugehörigkeit zu unserem Erbe Kenntnis nehmen konnten.

Bevor wir eine Reihe aus unserem Heimatraum hervorgegangener Komponisten und Dichter sowie deren Lieder näher kennenlernen, wollen wir noch einen Blick in zwei bayerische, ein österreichisches und ein donauschwäbisches Liederbuch werfen:

In **Miesbach** (Oberbayern) erschien im Jahre 1891 „**Singweisen zu ‚Volks-Lieder'**, gesammelt von K. Werkmeister", mit 100 Titeln – davon sind mindestens 13 in Zusammenhang mit heimatlichen Urhebern zu bringen, nämlich: „'s Bleamerl und 's Herz", „Der verliabte Jaga", „Du liebes Aug'", „Die erste und letzte Thräne", „'s Grüaberl im Kinn", „Die Hütte", „'s Waldvögerl", „Auf der Alm da gibt's koa Sünd", „Die alten Leut", „Der Berliner Gemsenjäger", „'s Mailüfterl", „'s Herzload", „'s letzte Schwalberl".

„**Waldbleamerln**" heißt die „Sammlung auserlesener neuer und alter Volkslieder mit ihren Singstimmen", welche **Eugen Bauer** 1904 in **Waldkirchen** im Bayerischen Wald veröffentlichte. Daraus sind zu erwähnen: „Weißt du Muatterl was i' träumt hab'", „Die erste und die letzte Träne", „Die alten Leut", „A Bleamerl und a Herz", „Die Hütte", „Du liebes Aug'", „'s Waldvögerl", „Der Weana Fiaker".

Aus der Sammlung von **Otto Dengg** „**Die schönsten Salzburger Volkslieder** mit Einschluß der beliebtesten Volkslieder aus den Nachbarländern und der bekanntesten volkstümlichen Lieder" (Erscheinungsjahr ist nicht genannt) können angeführt werden: „A Blüamal", „'s Mailüfterl", „A Diandal geht um Holz in Wald", „'s Ringal und 's Rösal", „Von da Wandaschaft", „D' altn Leut", „Zwoa Sterndal", „Därf is Diandal liabn", „Da Turlhofer", „Die steirische Roas", „Von der Alpe ragt ein Haus". Dieses Büchlein enthält leider nur die Texte.

Im „**Volks-Liederbuch, Eine Sammlung der schönsten, beliebtesten und bekanntesten Volks-, Jäger-, Liebes-, Trink-, Wander- u. Gesellschaftslieder. Gesammelt von Mathias Gaß, Apatin 1909**", welches mir freundlicherweise Josef Volkmar Senz zur Auswertung zur Verfügung gestellt hatte, erwecken folgende Titel unsere Aufmerksamkeit: „An eines Bächleins Rande", „Auf fremder, ferner Aue", „Auf der Alm, da ragt ein Haus", „Batschkaer Lied", „Csikós-Lied", „Das ist im Leben häßlich eingerichtet", „Das Licht am Fenster", „Der Mensch soll nicht stolz sein", „Die Blume, die am Bachesrand", „Die schöne Adelheid", „Ein Wanderbursch mit dem Stab in der Hand", „Es ist mir alles eins", „Faßbinderlied",

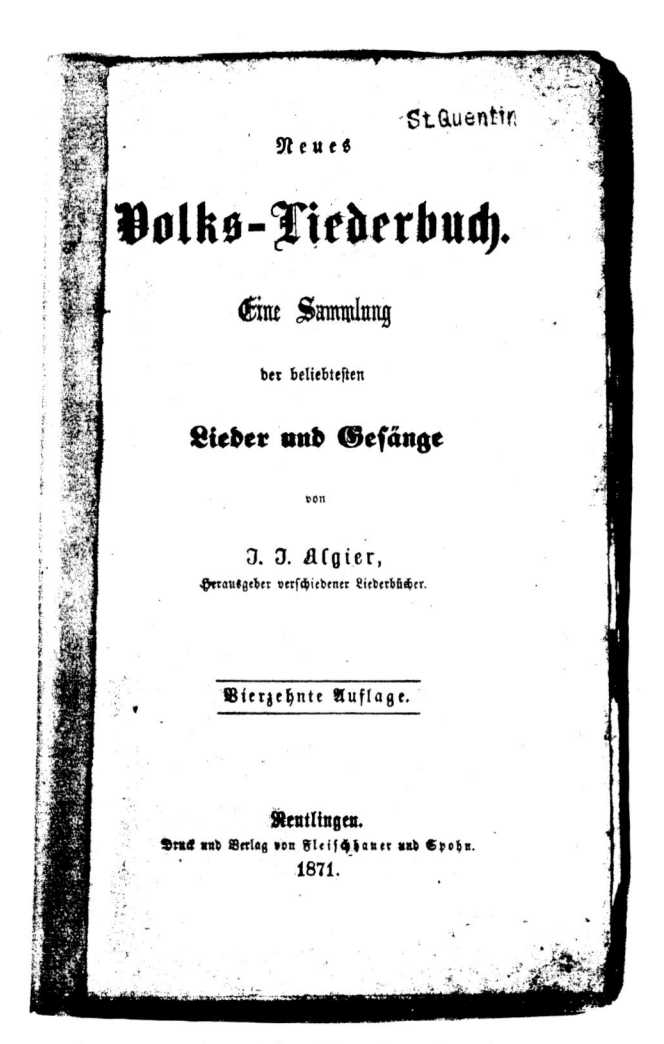

*In dieser Sammlung (ohne Noten) aus Reutlingen 1871 sind u. a. aufgenommen: „Das ist alles eins, ob wir Geld haben oder keins" (Melodie von Johann Fuß) und „Wenn's Mailüfterl weht" (Worte von Anton von Klesheim)*

„Hast mich ans Herzerl druckt", „Heimatslied der Bacskaer in Wien", „Ich bin jüngst verwichen", „Ich suchte einst ein stilles Plätzchen", „Im wunderschönen Monat Mai", „In den Augen liegt das Herz", „Komm mein Liebchen, komm ans Fenster", „Macht man ins Leben kaum den ersten Schritt", „So oft der Frühling durch das off'ne Fenster", „Von der Wanderschaft der Bua", „Vom Wald bin i füra", „Wein' nicht, Mutter", „Weißt du Mutterl was i träumt hab'", „Wenn ich einmal der Herrgott wär", „Wenn's Mailüfterl weht", „Zwoa Sternal am Himmel". Auch diese Sammlung enthält bedauerlicherweise keine Noten, was die Vergleichsarbeiten ungemein erschwert.

Diese Lieder waren im übrigen deutschen Sprachraum auch andernorts bekannt. Bei dieser Gegenüberstellung von zwei bayerischen und einem österreichischen Liederbuch mit nur einem aus unserer Heimat finden sich dennoch mehrere gemeinsame Titel: „Ich bin jüngst verwichen", „Macht man ins Leben kaum den ersten Schritt", „Von der Alpe ragt ein Haus", „Von der Wanderschaft a Bua", „Weißt du Mutterl, was i träumt hab'", „Wenn's Mailüfterl weht", „Zwoa Sternal am Himmel". Die Tatsache des gemeinsamen Liedgutes aus dieser Gattung läßt sich natürlich auch bei vielen anderen Titeln bekräftigen.

Wie das Volkslied, so unterlagen auch die volkstümlichen Kunstlieder zuweilen oft recht starken Textveränderungen; häufig gerieten die von den Urhebern geprägten Titel ebenfalls im Verlauf der Zeit in Vergessenheit, so daß oft nur mehr die Liedanfänge genannt werden. Wir können in diesem Rahmen unmöglich alle erfaßbar gewesenen Textvarianten anführen. Noch viel schwieriger ist es bei den Kompositionen. Hierbei zeigen die Melodien manchmal derart weitgehende Abweichungen, daß sie mit dem Original nur mehr wenig zu tun haben. Besonders hingewiesen werden muß aber auch auf die Tatsache, daß in vielen Fällen Gedichte von mehreren Komponisten vertont wurden und, zumal wir mehrfach nur Liederbücher ohne Noten zur Verfügung haben, nicht wissen, welche Melodie im Einzelfall die aktuelle war! Beim nachfolgenden Vorstellen der Lieder führen wir trotz aller Bedenken die heimatlichen Komponisten an, weil ihre Arbeiten nachweislich im Stich bzw. als Notendruck im Handel erschienen waren und, so gesehen, auf jeden Fall eine relative Verbreitung erfahren hatten.

Bei der näheren Betrachtung der in den vier erwähnten Büchern genannten Lieder werden exemplarisch weitere Hinweise auf Liederbücher gegeben, welche nach der ersten Nennung nur mehr mit einem unverkennbaren Stichwort wiederholt werden. Die Jahreszahlen beim Anführen von Schallplatten bedeuten meist die Zeit, wann diese Artikel in Katalogen angeboten wurden; ihre Produktion konnte sonach schon früher erfolgt sein. Bei den Platten finden sich zumeist – außer den Werktiteln – kaum nähere Urheberangaben; nachdem die Platten selbst in der Regel nicht verfügbar sind, kann auch eine endgültige Überprüfung im Sinne unseres Themas nicht erfolgen, so daß in einigen Fällen Fehler nicht auszuschließen sind.

Die Autoren dieser Lieder (auch mit einigen ihrer sonstigen Arbeiten der einschlägigen Gattung) waren:

**Anton Baron von Klesheim,** der 1812 in Peterwardein zur Welt kam, später Schauspieler wurde und danach nur mehr als Dichter hauptsächlich in „österreichischer Mundart" in Wien lebte. Er starb 1884 in Baden bei Wien. Von ihm wurden über 20 Gedichte vertont:

„Da Himml" („A Diandl geht um Holz in Wald recht zeitli in da Fruah, / und hinta ihr da schleicht ihr nach a saubra Jagasbua ..."; auch „Ein Madel geht in Wald um Holz ..." u. a.), um 1843 von Gustav Hölzel vertont, später weitere Melodiefassungen.

Handschriftliches Liederbuch, Raiding, Niederbayern, 1845–1850, Archiv Volksmusik, München; „Forst- und Jagdlieder", Gunzenhausen 1887; Weißkirchen, Sammlung Andreas Maier/Alfred Kuhn 1979/80; „Liederbuch für Josef Ostheimer, Werschetz 1876", laut Dr. Eugen Bonomi; „Der Liederschatz der Vorarlberger", Lustenau 1969; „Bibliographie des deutschen Volksliedes in Böhmen", Dr. Gustav Jungbauer, Prag 1913; „Kunstlieder im Volksmunde", John Meier 1906; „Volkslieder aus Deutsch-Mokra, einer Waldarbeitersiedlung in der Karpaten-Ukraine", Tonaufnahme von Johannes und Waltraut Werner-Künzig, 1956–1976; „Das Lied im Volke", von Eduard Kremser, Wien/Leipzig; „Unsere volkstümlichen Lieder", K.H. Prahl, Leipzig 1900; Handschriftliches Liederheft des Peter Kneip, angelegt 1908/09 in Lowrin, Banat, laut Deutsches Volksliedarchiv Freiburg, Nr. A 118613 Banat; „Schönster Schatz, Ungarndeutsche Volkslieder", Budapest 1979. – Schallplatten: Kalliope 399, Rheinländer (1910–1911); Favorite 1-19583, Nebe-Quartett Wien bzw. Berlin (1911); Jumbola W 14470, Bauernkapelle „Von der Au" (1912); SLPX 18035 „Ich bin ein Bub vom Donautal, Ungarndeutsche Volksmusik", Budapest 1980; LP „Es ist die alte Heimat noch", Eigenregie Therese Sattelberger, 6831 Altlußheim, Hölderlinstraße 1 [1980].

„D'alten Leut" (*„Was mich im Leb'n recht oft vergnügt, / das sind die alt'n Leut', / wann ich an alt'n Menschen siech, / hab ich allmal a Freud. / A alter Mensch, der kommt mir vor als wie a Gotteshaus, / denn von den Kirch'n und den alt'n Leut', / da geht der Segen aus"*). Vertont hatte es Adolf Müller, jedoch mehrere Melodiefassungen vorhanden.

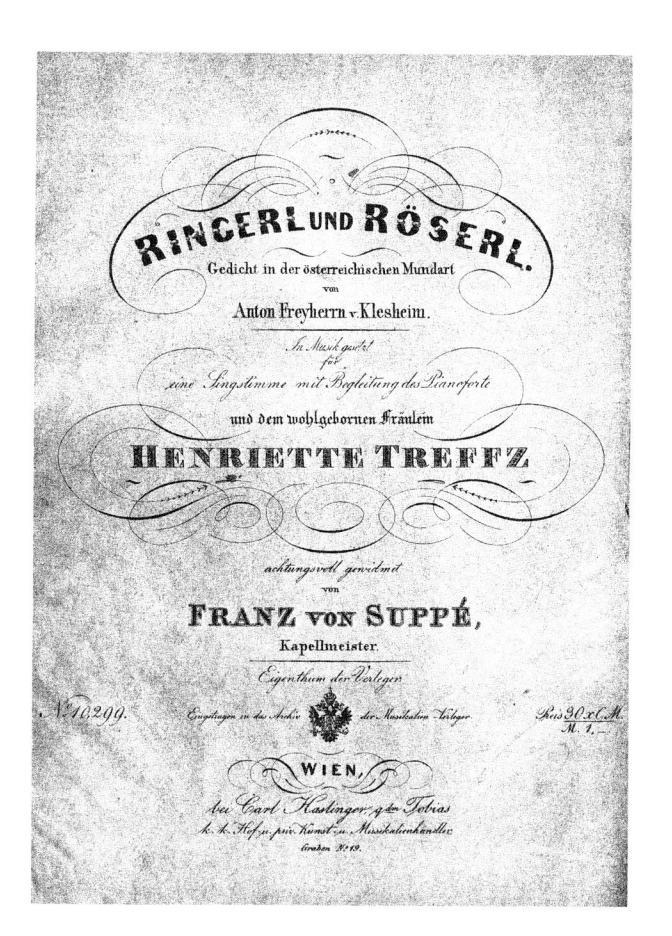

„Liederbuch, Sammlung mehrstimmiger Lieder für katholische Kreise", Würzburg 1940. – Schallplatten: Odeon O 282 a, Lied, Volksweise, Weissenbacher-Terzett, Eisenerz; dasselbe auf Parlophon R 282 / vor dem 1. Weltkrieg.

„Ringerl und Röserl" (*„I hob' amol a Ringerl kriagt / von meinem Herzenslieb. / I hob' ihm holt a Röserl gebm, / wie's holt im Sommer blühn ..."*) hatte Franz von Suppé vertont.

Rainding; Vorarlberg; Böhmen; Meier; Prahl; laut Josef Harjung vom DVI Freiburg in Kakásd/Ungarn aufgezeichnet; „Deutsche Liedpflege in Ungarn" von Adam Schlitt in „Neue Heimatblätter", Budapest 1937. – Schallplatten: Favorite 1-20360, Grausgruber Terzett, Salzburg, mit Zitherbegleitung (1912); Therese Sattelberger.

„'s Wiederfindn" (*„Von der Wanderschaft do kommt der Bua, / er geht seim Dörflein so freundlich zua. / Sein erster Weg, das is ganz g'wiß, / dort wo sein Dirndl zu finden is ..."*) hat ebenfalls mehrere Melodien, eine schrieb Franz Seraph Hölzl.

Prahl; Schlitt; Kakásd; Vorarlberg; Böhmen; Meier; Weißkirchen; „Unser Weindorf", Mizzi Welsch, Steinheim 1983; „Volks- & Küchenlieder", Albert Langer, München 1977; laut Josef Harjung aus „Sammlung volkskundlicher Überlieferungen in Karawukowo" von Hellmuth Karasek. – Schallplatte: Therese Sattelberger.

„'s Bleamerl und a Herz" (*„A Bleamerl dös schö' blüha soll / ko's Giaß'n nöt entbehr'n, / und a Herz, dös lusti' schlag'n soll, / dös will verstand'n wer'n ..."*) hatte 1849 Adolf Müller in Musik gesetzt; es wurde auch auf die Melodie „Tiroler sind lustig" von Jakob Haibel und andere gesungen (Prahl; Vorarlberg; Meier).

Schallplatten: aus dem Jahre 1901 (?) Zonophone Record X-23174, gesungen von Ida Spring, Zürich; Favorite 1-15450, Max Walden, Bariton (1908–1909); Favorite 1-20025 D, Mirzl Hofer (1908–1909); Kalliope – Nummer unleserlich – Solo mit Chor (1910–1911); Janus (Österreich), Renoth Huber, Jodler, Berlin (1911); Favorite 1-10226, Mirzl Hofer, Jodlerin, Graz, mit Orchesterbegleitung (1911); Aste (1912); Zonophone 16267, Tirol in Lied und Tanz, Nr. 8, Orchester (1912–1913); Favorite 1-29359, Grausgruber-Duett Salzburg (1913); Parlophon, die Zugspitzsänger mit Zitherbegleitung (1913); Zonophone (A) 16817, Mirzl Hofer, Jodlerin, Graz (1914–1915).

„'s Mailüfterl" (*„Wenn's Mailüfterl weht, z'geht im Wald drauß der Schnee; / da heb'n die blauen Veilchen die Köpferl in d' Höh. / Die Vögerl, die g'schlafen habn durch d'Winterszeit, / die werd'n wieder munter und singen voll Freud ..."*) hatte um 1850 der Wiener Komponist Josef Kreipl nach einer Volksweise vertont.

Prahl; Werschetz; Schlitt; Rainding; Vorarlberg; Böhmen; Meier; Kremser; „Volksthümliche Lieder der Deutschen" von Franz Magnus Böhme, Leipzig 1895; laut Nikolaus Franzen in „Deutsches Mandolinen-Liederbuch", Adolf Köster-Verlag, Berlin-Pankow 1917, und in „Volksliederbuch für Gemischten Chor", Band II, Bern 1922; „Liederbuch für die deutsche Jugend in Rumänien", Gottlieb Brandsch, Schäßburg 1925. – Schallplatten: Kalliope 1021, Volkslied, Konzertsänger Schneider, Leipzig (1910–1911); Columbia 55 095 F, Eva Leoni und Erna Pielke, Duett (U.S.A. 1930er Jahre); Elektrola C 047-91 320, Erich Kunz singt Volkslieder, aus neuerer Zeit.

„Die steirische Roas" („Znachst hon i a Roas gmacht ins steirische Land, / hon gsehn wia die Leut sand, was tragn für a Gwand ...") können auch einige Landsleute in Oberösterreich singen; der Komponist ist bisher nicht ermittelt.

„Die Ras ins wärmri Land" („Lang eh's no anfangt Winter z'wern ...") – auch hier ist der Vertoner nicht bekannt (bei John Meier angeführt).

„Obs'd hergehst" – in Werschetz war ein gleichlautender Titel im Repertoire des Volkssängers Josef Ostheimer.

„O du mein Österreich" (das Original lautete „Das ist mein Österreich, das ist mein Vaterland") hatte Franz von Suppé um 1845 vertont. Fr. X. Böhme schreibt in „Volksthümliche Lieder der Deutschen", Leipzig 1895: „Lieblingslied der Wiener und in ganz Deutschland gekannt". Dieses Lied wurde zuweilen auch als „inoffizielle österreichische Hymne" bezeichnet.

Schallplatten: Grammophon C 44665, Kinderchor (1910); Jumbola, Kapelle des k. u. k. Infanterie Regiments Nr. 19 (1911–1912).

„'s Vögerl" („'s Waldvögerl möcht die Fremd gern sehgn, / weils glaubt, daß draußen Wunder g'schehgn, / verlaßt den Wald und seine Baam / und übers Jahr kommts wieder haam ..."). Der Komponist ist derzeit noch unbekannt. Der Bayerische Rundfunk strahlte im Mai und im Juli 1986 dieses Lied aus (Aufnahme mit den „Auer Dirndln", begleitet von den „Wendelsteiner Musikanten").

„Wald G'sangl" („Das in Wald finsta is, / das macht das Lab; / das mi mei Schatz nid mag, / das macht mi harb ..."), 1837 in „Steyer'sche Alpenblumen", Graz, veröffentlicht, könnte der Ausgangspunkt zu dem von Adam Schlitt gesammelten Lied gewesen sein: „Weils im Wald so dunkel ist, / das macht das Laub, / daß mir mein Schatz so untreu ist, / das hätt' ich nie geglaubt ..." (ähnliche Fassung auch in „Schönster Schatz").

Gustav Hölzel hatte weitere Klesheim-Gedichte vertont:

„'s Röserl und der Jagerbua" (*A Röserl gar a herzigs blüaht / auf aner Rosenheckn ...*),

„'s Deandl am Apfelbaum" (*Der guathi Rath: A Büabl schaut am Apfelbam, / wia's Deandl brockn thuat ...*),

„Röserl und Vergißmeinnicht" (*In an wunderschönen Gartn ...*),

„D' Marzi-Veigerln" (*Der Tag war schön und gar nit kalt, a Bauerndeandl geht in Wald ...*).

Adolf Müller schrieb zu „Der Zitherspieler und sein Dirn" die Musik.

Franz von Suppé vertonte auch diese Gedichte von Klesheim:

„'s Masterwerk" (*Den himmlischen Vater ...*),

„Die G'fälligkeit" (*I hab a bildsauberes Deanderl gar herzi und liab ...*),

„Was is a Wunda?".

Das Klesheim-Gedicht „'s Glück" (*A Greis scho über d'Siabzig ...*) wurde in der Fassung „A alter Greis von 70 Jahr" von einer Banater Kapelle um 1930 in Amerika auf Schallplatte aufgenommen.

**Anton von Klesheim's** weitere Gedichte: (zum Teil handelt es sich um Doppelvertonungen):

„'s Öferl" (*Es gibt a liabs Öferl, a nett's und a klan's ...*), Musik von Georg Hellmesberger.

„Was d'Äugerln alles san" (*Die Äugerln san Sterndln am Himmel ...*) setzte Berthold Franckel in Musik.

„In Buam sein G'hamnis" (*Mir schmeckt nimmer 's Pfeiferl, kan Speis und kan Trank ...*) vertonte J. C. Metzger.

„Was i alles gern sein möcht" (*I wollt i kunt a Bleamerl sein ...*) – die Melodie schrieb Ignaz Lewinsky.

„Mei Susarl und i" (*In Dorf gibt's viel Deanderln de manichn g'falln ...*) hatte A. Emil Titl komponiert.

„I hab amal a Ringerl kriegt" – A. M. Storch.

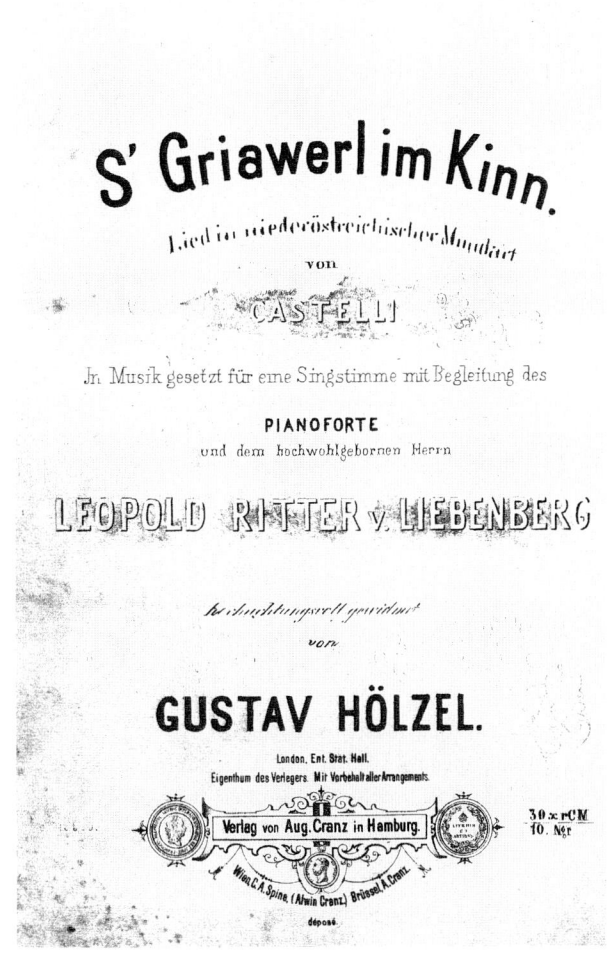

„Röserl und Vergißmeinnicht" – Adolf Randhartinger.

„'s Wiederfind'n" – C. Lewy.

Kurzbiographien der bisher genannten südosteuropäischen Komponisten von Klesheim-Liedern mit einigen ihrer weiteren Gesänge:

**Gustav Hölzel** (1813–1883) stammte aus Pest, wurde europaweit bekannter Opernsänger und hatte über 255 Gedichte vertont; gestorben ist er in Wien. Einige seiner Lieder:

„'s Grüberl im Kinn" *(Mei Diandl hat a Kinn, wo a Grüaberl is' drin ...)*, Gedicht von Ignaz Castelli aus Wien (1781–1862). Dieser hatte sich aus Furcht vor der Verfolgung durch die Franzosen von 1809 bis 1813 in Ungarn aufgehalten. – Schallplatten: Homokord D 1584, Anton Sattler, Kunstjodler (um 1910); Odeon 34298, Anton Sattler, Berlin (1910); bereits 1906 auf „Edison Goldguß-Walze" als Jodlerlied.

„Die erste und letzte Thräne" *(Macht man ins Leben kaum den ersten Schritt, / bringt man als Kind schon eine Träne mit ...)*, ein Gedicht von G. Hafner. Im Heimatbereich war dieses Lied sehr verbreitet, in India wurde es - laut Valentin Oberkersch – als Brautlied gesungen. Laut Gerlinde Haid schrieb den Text Konrad Hafner.

„Das Mädchen in der Fremde" *(In einem Tal bei armen Hirten ...)* von Friedrich von Schiller.

„Wohin mit der Freud?" *(Ach, du klarblauer Himmel ...)*.

„Die zwei Sterne" *(Ich kenne zwei freundliche Sterne ...)*.

„Die Thräne" *(Zerdrück die Träne nicht in deinem Auge ...)*.

„Nach Norden. Vöglein wohin so schnell?" *(Vöglein, Vöglein, wohin so schnell?)*.

„In den Augen liegt das Herz" ist die Vertonung eines Gedichtes von Adalbert von Chamisso.

„'s Herzload" *(„Wia i bin verwicha zu mein Deandl g'schlicha ..."; auch als „Das Herz'nload" angeführt)* soll ein Gedicht des um 1810 in Prag geborenen Angelus Schrit (eigentlich Trisch) darstellen, welches er 1835 in Preßburg geschrieben haben soll (laut Wurzbach); nach Fr. M. Böhme in „Volksthümliche Lieder" war es die Frau des Theateragenten A. Prix, und die Komposition „wurde von Gust. Hölzel der Walzermelodie von Reißiger angepaßt".

Schallplatte: Zonophone (A) 16515, Renoth und Huber (1914/1915). – Carl Gottlieb Reißiger (1798–1859) stammte aus Belzig bei Wittenberg.

„Das Herz am Rhein" („*Es liegt eine Krone im grünen Rhein, gezaubert von Gold und von Edelstein...*"), ein Gedicht von Wilhelm Dippel, vor 1856 entstanden, „wurde neunmal komponiert, am bekanntesten sind die Melodien von Gustav Hölzel, op. 117, und von Wilhelm Hill 1864" („Unsere volkstümlichen Lieder", herausgegeben von K. H. Prahl, Leipzig 1900). Das Lied war im gesamten deutschen Sprachraum, auch in unserer alten Heimat, sehr stark verbreitet, ist in vielen Liederbüchern zu finden und auf 5 Schallplatten vor dem 1. Weltkrieg.

„Hast mi ans Herzerl druckt, *(mir treu in d'Augen guckt...)* – ein Gedicht des schon erwähnten Angelus Schrit, der übrigens um 1848 in Ofen als Theaterschriftsteller tätig war (nach John Meier's „Kunstlieder im Volksmunde").

„'s Häuserl am Roan" („*I hab eng a Häuserl am Roan, des Häuserl ist nett und ned z'kloan, do all meine Zimma, de g'frein mi halt nimma, denn i bin im Häuserl alloan*") – ein Gedicht von Ignaz Castelli, welches auch andere Melodiefassungen erhalten hatte. Nicht nur in Wien und in vielen anderen deutschen Gegenden, auch in manchen heimatlichen Bereichen zum Volkslied geworden.

Schallplatte: Diadal Record D 258, Originalmelodie mit Gesang, Svábzenekar – Bauernkapelle (ca. 1912, Budapest); als Blasmusiklied der Kapelle Johann Eszterle aus Budakeszi.

„Hab in der Brust ein Vögelein" – Gedicht von Franz Brunhold, auf Schallplatte: Kalliope 1197, Konzertsänger Schneider, Leipzig (1910/1911).

„Mein Liebster ist im Dorf der Schmied", Gedicht von Friedrich Sigmund, Op. 110,

„Deutsches Matrosenlied", Gedicht von Oskar Falke, Op. 36 u. v. a.

**Adolf Müller** senior hieß eigentlich Mathias Schmid und kam 1801 in Tolnau zur Welt. Gestorben ist er 1886 in Wien. Von seinen rund 400 Gedicht-Vertonungen seien einige genannt:

„Die Hütte" („*Mei Hütt'n laß i nöt, dös hab i g'schworn...*") von Karl Haffner vertonte er 1838. In „Rainding" aufgezeichnet.

„'s letzte Schwalberl" („*Am off'na Fenster auf an Stuhl sitzt a krank's Dirndl...*"), „Gedicht in bair. Mundart" von Ant. Seifried, 1854.

„Das Licht am Fenster" („*Nimm den Ring, noch eh' wir scheiden...*"), Gedicht von Vinzenz Zusner.

„Der Prager Musikant" („*Mit der Fidel auf dem Nacken...*"), Gedicht von Wilhelm Müller.

„Henderl Bibi" (*Bi bi bi bi, Henderl bi bi, mein Henderl go go...*), Scherzgesang.

„Der liebe Heinrich und die liebe Liesel" (*...Wenn der Topf aber ein Loch hat, lieber Heinrich? Stopf es zu, liebe Liesel...*), „Duett für eine Solo-Stimme".

*Liedeinlage im Volksstück „Der Pfarrer von Kirchfeld" von Ludwig Anzengruber*

„Trink' das Tröpfchen aus dem Henkeltöpfchen".

„Därf ich's Büaberl liabn?" („*A Deandel is verwichen hin zum Pfarrer g'schlichen*") von Peter Rosegger war in das Volksstück „Der Pfarrer von Kirchfeld" von Ludwig Anzengruber/Adolf Müller eingelegt; zuweilen auch als „Därf ich's Deandl liabn?" bekannt. (In: Rainding; Meier.)

„Das Erkennen" („*Ein Wanderbursch mit dem Stab in der Hand kommt wieder heim aus dem fremden Land. Sein Haar ist bestäubt, sein Antlitz verbrannt, von wem wird der Bursch wohl zuerst erkannt?*"), ein Gedicht von Johann Nepomuk Vogl, wurde 1834 vertont und 1836 im Stich veröffentlicht.

In: Fr. M. Böhme, 1895.

„'s Herz is a g'spassig's Ding", das Lied vom Herzen, kommt aus der Posse „Stadt und Land", Libretto von Friedrich Kaiser, erstaufgeführt 1844 in Wien.

Weit verbreitet, auch in Bayern, war das „Deutschmeisterlied" („*Im Fruhjahr, wie is d'Stellung kumma*" oder schlicht als „Soldatenlied" bezeichnet).

„'s Almageh: ,Auf d'Alma geh' ma aufi'".

„Rhein-Lied" („*Sie sollen ihn nicht haben, den freien deutschen Rhein...*"), Gedicht von Nicolaus

Becker, ist als Opus 38 1840 bei Tob. Haslinger in Wien im Stich erschienen; im gleichen Jahr kam auch eine Version von Dietrich Eickhoff heraus.

In schwäbischer Mundart: „Der Kuckuck: ‚Laß dir sagen, liebes Bäsle'", 1846, und „Hans und Bäsle: ‚Der Hans, der hat lieb ghat mei Bäsle'", Op. 71. Gedicht von Louis Grois aus Sárvár.

Hier müssen wir einfügen, daß der erwähnte Dichter **Johann Nepomuk Vogl** (1802–1866) Wiener war, jedoch „seine Mutter Anna, geb. Lensch, hatte als Kind deutscher Eltern in Ungarn das Licht der Welt erblickt", wie es in der Biographie von Rudolf Kleinecke heißt; danach hatte Vogl auch „mehreremal Ungarn, die Heimat seiner Mutter", durchstreift. Von seinen vielen vertonten Gedichten wurde als Lied besonders populär:

„Von der Alpe ragt ein Haus" („Auf der Alm da gibt's koa Sünd ...") ist in zahlreichen alten und auch noch in neueren Liederbüchern aufgenommen.

Schallplatten: Odeon 376, Leopold Neumann, Theater an der Wien (1905); Favorite 1-10027, Dachauer Bauernkapelle (1908/1909); Beka B 6776-II, Koschat-Sänger mit Zitherbegleitung; Columbia E 1795, Steirer Jodler-Gesellschaft (um 1930 in U.S.A.) usw.

**Franz von Suppé**, der weltbekannt gewordene Operettenkomponist, wurde 1819 in **Split** (damals Spalato) an der Adria geboren; 1895 verstarb er in Wien. Er hatte zu mehreren Gedichten volkstümliche Melodien geschrieben, welche aber teilweise auch von anderen Komponisten vertont wurden, z. B.:

„Der Mensch soll nicht stolz sein (*auf Glück und Geld, es lenkt ja verschieden das Schicksal die Welt* ...") – aus seinem Charakterbild „Unter der Erde".

In: Kakásd; Temeswar. Schallplatte: Favorite 1-15 309 (G-Dur), Carl Nebe, Baß mit Orchester (1908/1909).

„Faßbinderlied" („*Tagtäglich zankt mein Weib* ...") aus der Operette „Boccaccio".

„Mei Schatz is a Jaga" (Österreichischer Rundfunk am 24. 7. 1986 und am 14. 8. 1986).

„Die Beichte" („*Sonst nichts*"?), Duett.

„Das Vergißmeinnicht" („*Die Blume, die am Bachesrand beim Abschied du gepflückt* ...").

**Franz Seraph Hölzl** kam 1808 in Malatzka, damals Oberungarn, zur Welt. Von 1843 bis 1862 wirkte er in Fünfkirchen als Domkapellmeister. Dort brachte er zahlreiche Kompositionen, auch Lieder, hervor, z. B.:

„Mühlenlieder". – „Waldstimmen". – „Das Kind in der Wolfsschlucht".

**Jakob Haibel** wurde 1762 in Graz geboren. Von 1806 bis zu seinem Tode 1826 war er Domkapellmeister im heimatlichen Diakowar. 1807 hatte er Sophie Weber, die Schwester von Mozarts Frau Konstanze, geheiratet. Von ihm stammt aus dem Singspiel „Der Tiroler Wastel", Libretto von E. Schikaneder, das bekannte Lied: „Tiroler sind lustig, Tiroler sind froh".

Die weiteren Urheber der aus den vier Liederbüchern entnommenen Titel mit Beispielen aus ihrer übrigen Tätigkeit:

**Alois Kutschera,** * 1859 in Pest, † 1919 in Wien, schrieb meist Texte und Melodien selbst:

„Weißt du Muatterl was i träumt hab" („*Bei ihrem schwer erkrankten Kinde, / da sitzt die Mutter still und weint, / weil für sie in diesem Leben / noch nie die Sonne hat geschient. / Sie schluchzt, gebeugt vor Schmerz und Kummer, / so daß ihr fast das Herz zerbricht, / da wird das kleine Kinderl munter, / und leise es im Fieber spricht: / Weißt du Muatterl, was i träumt hab? / I hab' in Himmel eini g'sehn, / da war'n so viele kleine Engerln, / zu denen möcht ich gerne gehn; / dort brauchen wir kan Hunger leiden, / i muß in lieben Herrgott sag'n, / er soll mir auch zwei Flügerln geben, / ich wer dich dann in Himmel trag'n*").

In: Weißkirchen; Dr. Schlitt; Kakasd; Liederheft der Katharina Klug, Lowrin, Banat, geschrieben 1896 (laut Deutsches Volksliedarchiv Freiburg); „Deutscher Liederschatz für Zither", Bayerischer Volksmusikverlag, München; Schallplatten: Odeon (A) 374, Leopold Neumann, Theater an der Wien (1905); Homokord 1218, Carlo Böhm, Johann-Strauß-Theater, mit Orchesterbegleitung (um 1910); Favorite 25 277, Jaques Rotter, Operettensänger Wien (1911 und 1912).

„Mein Elend oder verlorenes Glück" („*So oft der Frühling durch das off'ne Fenster ...*");

In: Weindorf; Handschriftliches Liederheft des Peter Kneip, angelegt 1908/1909 in Lowrin (Banat), laut Deutsches Volksliedarchiv Freiburg.

„Das Schicksal der Mädchen" („*Wir Mädchen sind rein zum Leiden geboren ...*") – in Kakasd.

„Schönau, mein Paradies" („*Ich suchte einst ein stilles Plätzchen ...*").

Schallplatten: Favorite 1-20065 D, Kunstpfeifer Gottwald mit Zitherbegleitung (1908/1909); Homokord 11 485, Cornett-Solo mit Orchesterbegleitung (um 1910); Homokord D 1011, Wienerlied, Max Herzberg mit Schrammelbegleitung, Wien (um 1910); Favorite 1-25 455, Jaques Rotter, Operettensänger, Wien (1911); Jumbola 14616, Kapelle des Hof-Musikers Béla Berkes, Budapest (1912); Favorite 1-29279, Hubert und Wolfert, Wien (Butschetty-Quartett) mit Schrammelbegleitung (1912); Parlophon 817, Fräulein Gamsjäger mit Zitherbegleitung (1913); Odeon Record 10099, Albert Schäfer, Tenor, mit Orchesterbegleitung (U.S.A. um 1930).

„Die Bestimmung" („*Ach Freunde, hört ...*").

Schallplatten: Odeon (A) 374, Leopold Neumann, Theater an der Wien (1905); Favorite 1-15 570, von Aloys Kutschera. Fritz Ettlinger, Bariton (1908/1909); Parlophon 1317, Lied von Kutschera. Max Kuttner, Hofopernsänger mit Orchesterbegleitung (1913).

„Arm und reich" („*Ich denke oft der schönen Zeit ...*").

Schallplatte: Favorite 1-25 453, von Kutschera. Jaques Rotter, Operettensänger, Wien (1911).

„Mein Ideal".
Auf mehreren Schallplatten.

„Du bist zu schön um treu zu sein" („*Einst wußt' ich nicht, wem ich es danken soll ...*").

Schallplatten: Kalliope 2007, Okarina-Solo (1910/1911); Union-Record R 4292, Zigeuner-Kapelle, Primas Berkes Béla, königl. Hofmusiker, Budapest (vor 1914); Odeon Record 10055, H. Lohalm, Tenor (um 1930, U.S.A.); Columbia 5137 F, Altmeistersänger Engel, Tenor (um 1930, U.S.A.).

Erzherzog-Johann-Jodler (vermutlich eine Bearbeitung).

Schallplatte: Favorite 1-10010, von Kutschera, Jodler B. Suffer (1908/1909).

„Lieber Gott, schick einen Engel".

Schallplatte: Jumbola 8377 (1911/1912).

„Außer Rand und Band" („*Da gibt's kan Herrgott mehr ...*").

Schallplatten: Odeon 357, Daroka-Ensemble Wien (1905); Odeon 367, Hansi Führer, Gartenbau, Wien (1905); Odeon 2033, Original Grinzinger, Wien (1905); Homokord 448, Bayerische Schützenkapelle (um 1910); Jumbola 8656, von Kutschera. Hans Führer, Wien (1911/1912); Jumbola 14147, A. Kutschera. Hansi Führer, Wien (1912); Favorite 1-20377, von Kutschera. Stanitz und Pfeiler, Wien, mit Schrammelbegleitung (1912).

„Wan net, Muatterl, wan net" (Text von R. von Ranna).

Schallplatten: Favorite 1-15324, von Kutschera. (As-Dur). Carl Nebe mit Orchester (1908/1909); Favorite 1-23248, Duett, gesungen vom Innviertler Quartett (1911 und 1912).

**Gustav Pick** wurde 1823 in Rechnitz (damals Ungarn) geboren und starb 1921 in Wien. Auch er schrieb Text und Melodie selbst:

„Wiener Fiakerlied" („*I führ zwa harbe Rappen, mein Zeug dös steht am Grab'n ...*)

In: „Chronik des Wienerliedes", Jasomirgott-Verlag Klosterneuburg–Wien. – Schallplatten: Mill Opera, Martin und Paul Bendix, Humoristen (um 1908); Homokord 1295, von G. Pick. Louis Arens, Opernsänger, mit Orchesterbegleitung (um 1910); Homokord D 1298, Max Herzberg (um 1910); Grammophon C 4-42003, von Pick. Alex. Girardi, Tenor (1910); Favorite 1-24131, Original Wiener Schrammel-Quartett (1910); Kalliope 1530, Herrengesang (1910/1911); Kalliope 1699, Schrammelmusik mit Gesang (1910/1911); Odeon Record 10280, Altmeister Adolf Engel, Wien, mit Orchesterbegleitung (um 1930 U.S.A.); MC Ariola 406 560-507, Peter Alexander „Mein Wien".

„Ich bin da Turlhofer", „O Diandle, tief drunt im Tal", „Der Wasserer", „Weaner Madln" usw. Namentlich von den ersten beiden Titeln könnte es auch Fassungen von anderen Urhebern geben, was noch zu klären ist, so daß die vorhandenen Schallplatten und Rundfunksendungen hier nicht genannt werden.

Sänger und Komponist war **Alexander Reichardt**, der 1815 (1825?) in Pax (Paks) in der Schwäbischen Türkei zur Welt kam und in Boulogne-sur-mer (Frankreich) starb:

„Du liebes Aug', du lieber Stern" („*Ich kenn' ein Auge, das so mild und glänzend wie ein Sternenbild ...*"), Text vermutlich von Herloßsohn.

In: „Theatralisches Panorama", Tobias Haslinger, Wien; „Das goldene Buch der Lieder" von Robert Klaas, Charlottenburg; „Lieder zur Gitarre" von Adolf Häseler, Hamburg 1914; Liederbuch von Karl v.d. Haide, Temesvar 1901, 4. Auflage 1912. – Schallplatten: Favorite 1-14061, L. Täubig, Corn. u. Posth. (1908/1909); Kalliope 744, Lied (1910/1911); Kalliope 901, Posaunen-Solo (1910/1911); Aste 50800, Orchester mit Solo (1912).

„Das ist im Leben häßlich eingerichtet" in handschriftlichem Liederheft des Peter Kneip, angelegt 1908/1909 in Lowrin, Banat, 1. Anhang (Laut DVI Freiburg).

„An eines Bächleins Rande". – Eine Version des Liedes „Mein Herz ist im Hochland" nach einem Gedicht von Robert Burns. – „Das Bild der Rose".

**Johann Fuß**, der zum Teil auch eigene Libretti vertont hatte, stammte aus Tolnau (Jahrgang 1777) und starb 1819 in Wien, nach einer anderen Version in Ofen:

„Das ist alles eins, ob wir Geld haben oder keins", 1818 eingelegt in dessen Parodie „Die Büchse der Pandora".

In: „Deutsche Heimat" von L. Andersen, Schott's Söhne, Mainz; „Mein Heimatland" (wie vorher); Kremser; laut N. Franzen auch in „Af d'r Ofnbank", 1819; „Der Zündschlüssel", Fidula-Verlag, Boppard. – Schallplatte: Columbia E 1021, Eva Leoni und Erna Pielke, Duett (U.S.A. um 1930).

„Vergnügt" („*Ich bin vergnügt, im Siegeston verkünd' es mein Gedicht ...*") von Mathias Claudius (in: „Deutsches Liederlexikon" herausgegeben von August Härtel, Leipzig).

„Die Verlassene an ihr Kind" („*Es muß das Herz an etwas hängen*") von Karl Müchler, 1808 (laut „Unsere volkstümlichen Lieder", herausgegeben von K.H. Prahl, Hildesheim 1966).

„Die Verlassene" („*Am heiligen Abend vor'm Osterfest ...*"), komponiert zusammen mit O. Ignatius. In „Die Volkslieder der Deutschen", herausgegeben von Fr. K. Erlach, Mannheim 1836.

„Gestern, Brüder, könnt ihr's glauben?", Gedicht von Gotthold Ephraim Lessing.

„Das Mädchen am Bach" („*Ein Mädchen saß am Bach ...*").

„An die Laute".

Der in Konstantinopel geborene und in Wien verstorbene Komponist **August Ritter von Adelburg** (1830–1873) hatte vertont:

„Im wunderschönen Monat Mai", Gedicht von Heinrich Heine („Studentenlieder", Dortmund 1978).

In Werschetz war auch einige Jahre **Ludwig Gothov-Grünecke** (1847–1921) aus Pest tätig, der dann u.a. in Wien arbeitete und dort verstarb. Von ihm stammen einige Melodiearbeiten:

„Zwa Sterndal am Himmel" („Das goldene Buch der Lieder" von Robert Klaas, Charlottenburg).

„Wann a der Wiener alles verliert" (Lanners Lieblingslied).

Schallplatte: Favorite 1-22 388, Lieblingslieder, Walzer – Grünecke. Bauernkapelle Lechner, Salzburg (1911).

**Johann Josef Rösler** kam im damaligen oberungarischen Schemnitz 1773 zur Welt und starb 1812 in Prag. Er hatte u. a. vertont:

„Komm fein Liebchen, komm ans Fenster";

„Deutscher Rundgesang" (*„Freude, Schwester edler Seelen, die im Kreis der Engel wohnt..."*), Gedicht von S. A. Mahlmann (in „Musikalischer Hausschatz", 1. Auflage 1844/1845).

Im oberösterreichischen Naarn kam 1779 **Franz de Paula Roser von Reiter** zur Welt, der von 1821 bis zu seinem Tode im Jahre 1830 in Pest Theaterkapellmeister war:

„Vom Wald bin i füra" (Ariette aus „Schloßgärtner und Windmüller").

Von dem Opernsänger und Komponisten **Josef Wurda**, der 1807 in Raab geboren wurde und 1875 in Hamburg starb, sind folgende Vertonungen bekannt:

„Der tote Soldat" (*„Auf fremder, ferner Aue"*) – in: Karawukowo, Temeswar;

„Von mei'm Steyermark", Op. 37 (in „Steyerische Heimathslust").

„Dein denk' ich noch in später Nacht";

„Schau ich in Deine Augen".

Das scherzhafte Lied „Der Berliner Gemsenjäger" (*„Wenn die Jemsen springen über Berjesjipfel..."*) ist (laut „Der Singauf", B. Schott's Söhne, Mainz) „im Jahre 1846 auf der k. u. k. östr. Bergakademie in Schemnitz (nördlich von Budapest) zum ersten Male zum Vorschein" gekommen.

Damit sind unsere Betrachtungen über heimatliche Autoren im Zusammenhang mit den bewußten vier Liederbüchern abgeschlossen, jedoch noch nicht über den gesamten Komplex der volkstümlichen Lieder. So können wir weiter erwähnen:

**Oskar Dienzl** (1877–1925) aus Budapest schuf nebst anderen Liedern zumindest eine Variante des bekannten „Es muß ein wunderbares sein", Op. 31.

Von **Arpad Doppler**, 1857 in Pest geboren, 1927 in Stuttgart gestorben, gibt es kompositorische Nachweise zu den bekannten Liedern „Der Wagen rollt: ‚Hoch auf dem gelben Wagen'" und „Nachtzauber: ‚Hell glänzt das Licht der Sterne'"; möglicherweise handelt es sich um Chorsätze. – „Herbst", Gedicht von Rudolf Baumbach.

Der wahrscheinlich aus München hervorgegangene **August Eckschlager** war von 1814 bis 1820 Theatersekretär in Preßburg. Bereits 1811 hatte er „Zwölf Lieder mit Begleitung der Guitarre" herausgebracht und das „Maienblümlein" geschrieben („Deutsches Liederlexikon" von August Härtel, Leipzig; „Volksthümliche Lieder der Deutschen" von Fr. M. Böhme, Leipzig).

Von **Josef Gungl** (1809–1889), in Schambek geboren, in Weimar gestorben, stammt der Marsch „Kriegers Lust", dessen Melodie das Gedicht von Viktor von Scheffel „Als die Römer frech geworden" unterlegt wurde.

Deutsche und österreichische Soldatenmärsche der Musik für alle; Forst- und Jagdlieder, Gunzenhausen 1887; Bibliographie des deutschen Volksliedes in Böhmen, Dr. G. Jungbauer, Prag 1913; „Liederbuch für die deutsche Jugend in Rumänien", bearbeitet von Gottlieb Brandsch, Schäßburg 1925.

**Johann Lukas Hedwig**, 1802 in Heldsdorf/Siebenbürgen geboren, 1849 in Kronstadt gestorben, hatte „Siebenbürgen, Land des Segens" von Max Leopold Moltke vertont („Allgemeines Deutsches Commersbuch", Lahr, 50. Auflage; „Liederbuch für Studenten", Heidelberg; Gottlieb Brandsch). Es wurde die Hymne der Siebenbürger Landsleute.

Nach Worten von **Nikolaus Lenau** (1802–1850) aus Csatád, jetzt Lenauheim, schrieb Walther Hensel (1887–1956) das Lied „Der Schmied" (*„Fein Rößlein, ich beschlage dich, sei frisch und fromm und wieder komm! Kling, klang..."*).

In: „Der junge Musikant", Liederbuch für die Hauptschule, Bayer. Schulbuchverlag, 8. Auflage, 1967; „Ich bin das ganze Jahr vergnügt", Gesammelt und herausgegeben von Konrad Scheierling, Bärenreiter-Verlag Kassel 1955; „Donauschwäbisches Liederbuch", Gesammelt und herausgegeben von Konrad Scheierling, Straubing 1985.

„Die drei Zigeuner", vertont von Theodor Meyer-Steineg, ist wohl das populärste Lied unseres großen Lyrikers geworden

Z. B. in „Deutscher Liederschatz", Gondrom Verlag, Bayreuth 1979; „Laßt uns singen!", herausgegeben von der Musikstelle des Schwäbisch-Deutschen Kulturbundes, Novisad 1936. – Schallplatten: Eine Aufnahme aus dem Jahre 1897 besitzt die Österreichische Phonothek, Lebgasse, Wien; Deutsche Grammophon 41 147 (78-94361), Sprecher: Josef Lewinsky, k.k. Hofschauspieler, Wien, u. v. a.

**Raoul Mader** wurde 1856 in Preßburg geboren und starb 1940 in Budapest. Von ihm stammen u. a. folgende Vertonungen, von welchen Liedern es schon andere Fassungen gab:

„Die Trompete von Gravelotte: ‚Sie haben Tod und Verderben gespien'";

„Es stand eine Lind'n in jenem Tal";

„Der Mai wird es der Rose sagen".

Von **Johann Rezats** – Lebensdaten sind nicht bekannt – liegt im Original vom 8. September 1877 aus Neudorf im Banat die „Jockel Polka" vor (*„Wo is denn der Jockel, is der Jockel no nöt z'Haus? Na, er sitzt im Wirthshaus, hat an Eselsrausch!"*). Rezats hatte dieses wohl erste Blasmusiklied aus dem donauschwäbischen Raum seinem Freund Johann Schiller in Guttenbrunn in Partitur gewidmet. In seinem Beitrag „Freizeitgestaltung im Jahreslauf" („Schwäbischer Jahreslauf", herausgegeben von Hans Gehl, Facla Verlag – 1978 Timişoara) schreibt Karl Eugen Reb im Zusammenhang mit der Neudorfer Spinnstube: „Ein anderes Lied hieß ‚Jockeltanz'" und zitiert fast wörtlich den angeführten Text.

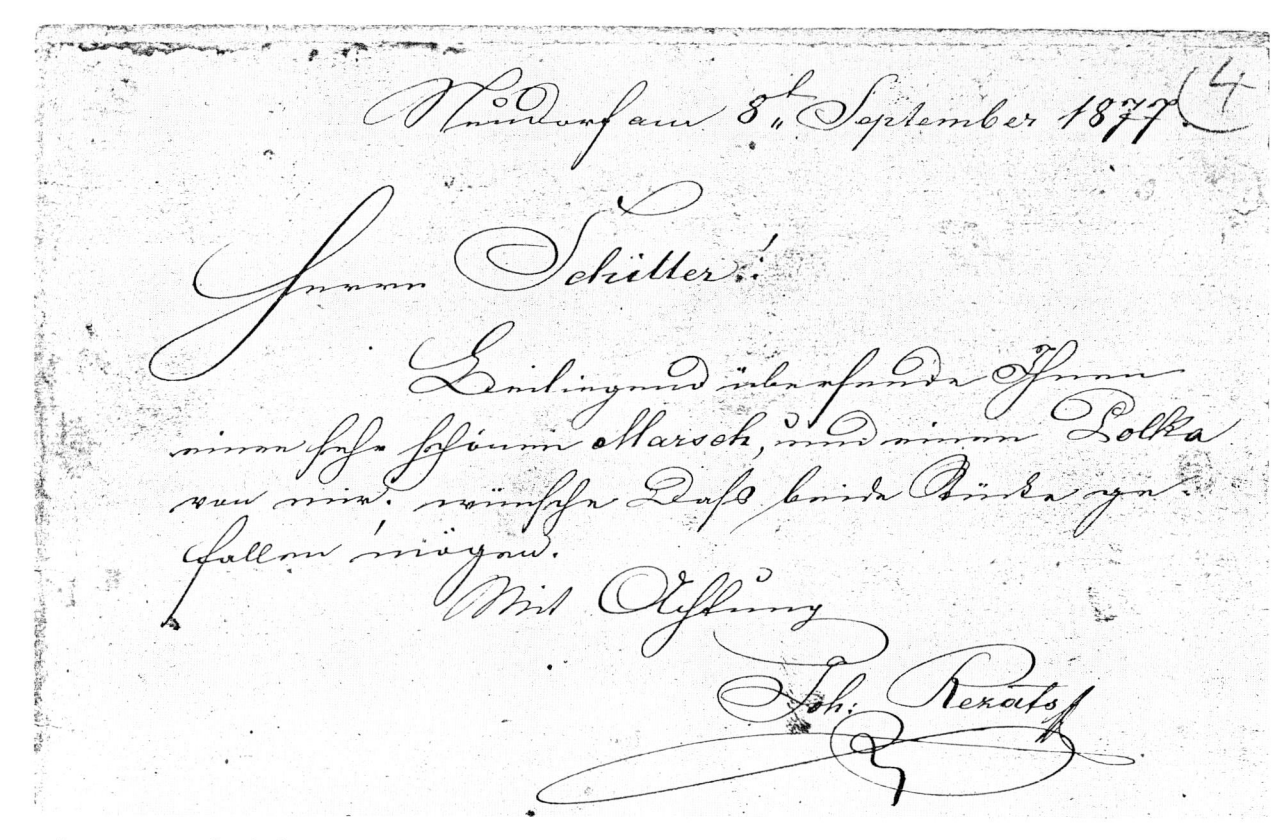

*Johann Rezats schrieb den Text und die Melodie zu seiner „Jockel-Polka" am 8. September 1877 in Neudorf (Banat) und widmete sie dem Kapellmeister Johann Schiller in Guttenbrunn*

**Joseph Seipelt** kam (laut Wurzbachs Biographischem Lexikon) 1787 in Markt Raika (Roggendorf?) im Wieselburger Komitat zur Welt und starb 1847 in Wien. „Sein Arrangement des bekannten Tirolerliedes: ‚Wenn ich in der Früh' aufsteh', als Quartett für zwei Tenöre und zwei Bässe, wurde förmlich populär, und seine Cantate ‚Kaiser Max auf der Martinswand' wurde im Jahre 1830 im großen Redoutensaale mit entschiedenem Beifall gegeben" (Wurzbach).

Der Komponist **Robert Volkmann** wurde 1815 in Lommatzsch, Sachsen, geboren, er lebte während seiner letzten vier Jahrzehnte in Pest, wo er 1883 starb. Exemplarisch kann auf zwei seiner Lieder hingewiesen werden:

„Ich halte ihr die Augen zu", Gedicht von Heinrich Heine, Op. 80 Nr. 8.

In: „Volksliederbuch für Männerchor", Leipzig, C. F. Peters.

„Der Abend senkt sich leise" nach H. C. Andersen.

In: „Liederbuch des Deutschen Sängerbundes", I. Band, im Selbstverlag; „Liederbuch, Sammlung mehrstimmiger Lieder für katholische Kreise", Rita-Verlag Würzburg 1940.

**Hugo Wolf** war ein allseits anerkannter Liederkomponist. 1860 in Windisch-Grätz (Slovenj Gradec) geboren, verstarb er 1903 in Wien. Auch von ihm nur zwei Beispiele:

„Fußreise", Gedicht von Eduard Mörike,

In: „Deutsche Musik", Verlag Carl Meyer in Hannover, 1942.

„Verschwiegene Liebe".

Auf Schallplatte Odeon 50234, mit Klavierbegleitung, k.u.k. Kammersänger Franz Naval, Tenor (1910).

Franz Naval kam 1865 in Laibach zur Welt.

„Mariechen saß weinend im Garten" wird meist als Küchenlied eingeordnet. Es stammt aus der Feder des 1790 in Österreichisch-Schlesien geborenen **Joseph Christian Freiherr von Zedlitz,** der nach seiner Eheschließung mit Ernestine von Liptay von 1811 bis 1836 in der Banater Gemeinde Lowrin zuständig war. Das auch dort höchstwahrscheinlich verfaßte Gedicht „Mariechen" lautet in seiner ersten Strophe: *„Mariechen saß am Rocken, / im Grase schlummert' ihr Kind; / durch ihre schwarzen Locken / weht kühl der Abendwind".* Dieses Lied ist wohl unstreitig bis auf den heutigen Tag weltweit verbreitet, so daß es keiner exemplarischer Nachweise bedarf.

Schallplatten: Columbia 55080 F, Walzerlied, 1. und 2. Teil, Peter Müllers Banater Kapelle mit Gesang von Altmeister Adolf Engel (U.S.A. um 1930); Columbia E 7682, Orchester mit Gesang (U.S.A. um 1930); Columbia 5004 F, Teil I und II, Manhattan-Quartett (U.S.A. um 1930); Odeon Record 10136 und 10213, Blasorchester mit Refraingesang; Opera Nr. 3258, Volksweise (vermutlich 1950er Jahre).

War bislang von diesem Dichter nur „Die nächtliche Heerschau" (*„Nachts um die zwölfte Stunde verläßt der Tambour sein Grab ..."*), 1828 im Banat verfaßt, als vertont bekannt (von Neukomm), so können jetzt noch erwähnt werden:

„Serenade" (*„Du aller Rosen Rose ..."*) – in: „Willst du dein Herz mir schenken", herausgegeben von F. Gurtis, Holbein-Verlag, Stuttgart–Cannstatt;

Lied aus „Kerker und Krone", Schauspiel in 5 Aufzügen, 1833 geschrieben und 1836 in Berlin aufgeführt.

In: „Deutsches Liederlexikon", herausgegeben von August Härtel, Leipzig. – Der Textanfang, von L. Spohr vertont, lautet: „Singet die Nachtigall im dunklen Wald, daß mir im Herz der Schall süß wiederhallt ...").

Ähnlich wie bei Johann Nepomuk Vogl war es auch bei **Karl Binder** (1816–1860) aus Wien, der das Gedicht „Wenn ich einmal der Herrgott wär" von Eduard Amthor vertont hatte („Deutscher Liederschatz", Gondrom Verlag Bayreuth 1979). Sein Vater, Johann Binder (1782–1856), stammte aus Kaschau. Als Instrumentenbauer und -stimmer war er in die Hauptstadt gekommen.

Wenn man bedenkt, daß es – zumindest meines Wissens – bislang keine Erforschung volkstümlich gewordener Lieder aus der Feder südostdeutscher Autoren gegeben hatte, so sind die Ergebnisse der seit knapp zwei Jahren begonnenen Arbeiten beeindruckend. Anton Scherer hatte in seiner Schrift „Schöpferische Donauschwaben", Graz 1957, bereits Anton von Klesheim und seine Lieder „'s Mailüfterl" und „O du mein Österreich", vertont von Franz von Suppé, erwähnt; ein Anstoß zum Erkennen und Aufarbeiten einer unerkannt gebliebenen Sparte war davon leider nicht ausgegangen. So wird es verständlich, daß auf diesem Sektor noch sehr viel zu tun übrigbleibt. Unser kulturelles Erbe ist jedenfalls um eine völlig neue Gattung reicher geworden. Erfreulich ist dabei, daß der Bayerische Rundfunk am 19. August 1986 in seinem 2. Programm in einer 20-Minuten-Sendung von dieser Kenntnis genommen hatte. Nun sollten wir selbst desgleichen tun!"

(Eigener Beitrag in: „Der Donauschwabe", 19./26. April 1987; Seite 11; 10. Mai 1987, Seite 8; 31. Mai 1987, Seite 9).

c) Kunstlieder und Lieder im Volkston, Dichter und Liederkomponisten

Eine singfreudige Bevölkerung wirkt immer auf schöpferische Kräfte anregend, Neues zu schaffen. So entstand laufend auch aus der Feder heimatlicher Dichter und Komponisten neues Liedgut, welches man unterschiedlichen Gattungen zuordnen könnte. Um den Überblick über die Produktivität einzelner Persönlichkeiten nicht zu zerreißen und auch die Schwierigkeiten der Differenzierung zu vermeiden, soll die nachfolgende Überschau in aufgelockerter Form dargebracht werden. Es können nun zunehmend Regsamkeiten im Heimatraum selbst registriert werden, es werden aber genauso die Schöpfungen heimatlicher Autoren beachtet, die außerhalb desselben tätig geworden waren.

„Die Pflege der Instrumental- und Vokalmusik in unserer alten Heimat war außerordentlich umfangreich, aber nicht weniger vielseitig. Wenn auch der größte Bedarf auf dem Sektor Tanz bzw. Unterhaltung lag, so lassen sich doch allerorten immer wieder ausgesprochene kulturelle Bedürfnisse feststellen, welche sogar Konzerte und die Aufführung von Operetten und Opern veranlaßten.

Ebensowenig selten war auch die gepflegte Hausmusik. Viele Eltern ließen ihre Kinder ein Instrument lernen, ohne damit einen besonderen praktischen Zweck zu verbinden. Mag man heute vielleicht solche Erscheinungen mit dem gängigen und etwas abwer-

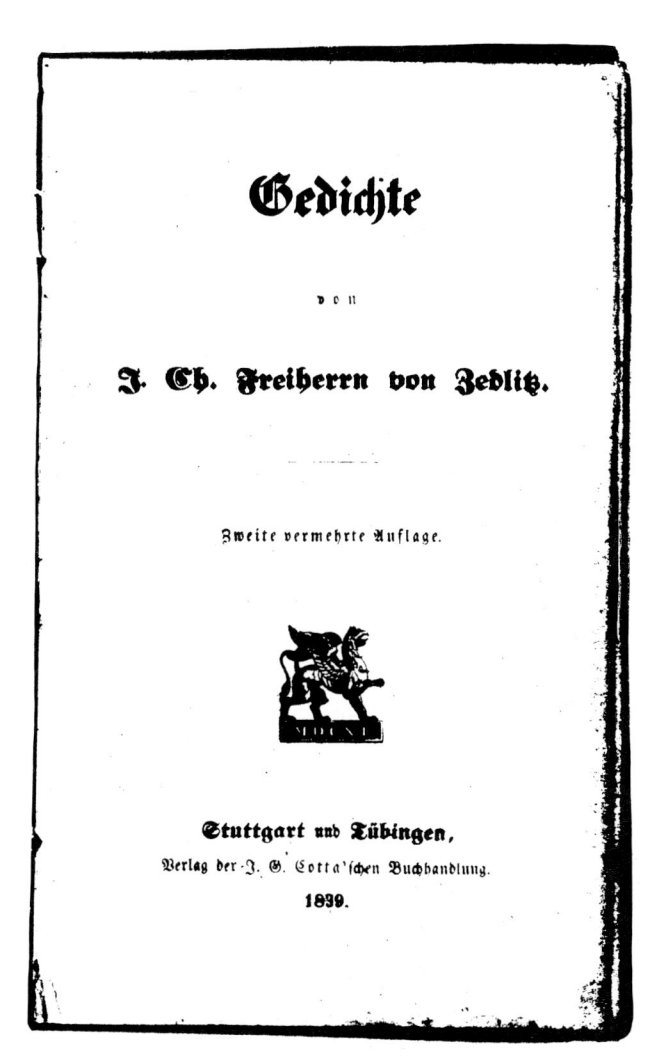

*In diesem Büchlein sind auch die beiden nach ihrer Vertonung so bekannt gewordenen Gedichte enthalten: „Die nächtliche Heerschau" und „Mariechen". Die erste Auflage stammt aus dem Jahre 1832*

*Karl Boiger*

tend klingenden Slogan „Status-Symbol" bezeichnen wollen, Tatsache ist, daß damit ein höheres Bildungsstreben verwirklicht wurde.

Wie im Bereich der übrigen Sparten, so fanden sich auch hierfür musisch begabte Landsleute, die nicht nur wegen des Bedarfs, sondern auch aus eigenschöpferischen Antrieben einschlägige Werke hervorbrachten.

Diese Vorgänge seien an zwei Beispielen aus Werschetz dargestellt.

Von **Karl Boiger, am 21. 10. 1872 in Werschetz geboren** und Ende 1944 im Lager Mariolana gestorben, konnten zwei Notendrucke mit je einem Lied für eine höhere Singstimme und Piano-Begleitung aufgefunden werden. Laut Felix Milleker, aus dessen Schriftenreihe „Banater Bücherei" (Bd. I–XX/XVIII/1925, Werschetz) die meisten Lebensdaten des Genannten entnommen wurden, ist das **Kunstlied „Vergiß es nie"** (Verlag: Rózsavölgy & Co., Hofmusikalienhandlung Budapest–Leipzig) im Jahre 1917 erschienen. Sein Text lautet:

*„Vergiß es nie, daß es ein Veilchen war, das ich Dir einst in Lieb gesendet, just als den warmen Lenz gebracht das Jahr. Das zarte Blümlein hat mir's angetan, es blüht so sonder Falsch und eitlem Wahn, drum hab' ich Dir mein Sein verpfändet, und liebend Veilchen Dir gespendet. – Nach meinem Tod soll nur ein Veilchen fein am Grabeshügel duftend blauen ... Und nahst du, Mai, nach Frost und Winterpein, mit Sonnengold und Vogelwettgesang, dann laß' mich, Herr, nur eine Weile lang, die Treue meiner Liebe schauen und segnen heimatliche Auen."*

176

Ohne nähere bibliographische Angaben, ist das nächste **Lied „Erlösung"**, Musik und Worte von Karl Boiger, von besonderem Interesse. Es heißt hier:
„*‚Wann seh' ich die Mutter Sonne wieder? Wann die Flur von Eis befreit? Hungerschauer schütteln meine Glieder, und es ist doch Weihnachtszeit!' – Huberts Hilde schläft in ihrem Bette, o, wie wunderweich und warm! ‚Wenn ich so ein mollig Nestchen hätte, schläng' um mich das Glück den Arm!' Sehnend sinnt die blasse, kleine Waise, kauert unterm Tor und weint. Fiebernd hört sie Glocken klingen leise. Sie der stille Mond bescheint. – Himmelvater hört der Kleinen Klage: Mild verhüllt der Schnee ein Leid, denn ihr ward am ersten Weihnachtstage himmlische Glückseligkeit!"*

Karl Boiger, dessen Vater langjähriger Direktor der Werschetzer Kommunal-Volksschule war, absolvierte nach dem Volks- und Bürgerschulbesuch die Handelsschule in Segedin, wurde nach seinem Militärdienst Leutnant der Reserve und nach einem später in Budapest erfolgten Studium der Philosophie um die Jahrhundertwende Beamter in der Rechnungsabteilung der Bosnischen Landesregierung. Im Ersten Weltkrieg schwer verwundet und mit einem hohen Orden ausgezeichnet, ließ er sich 1919 als Privatbeamter wieder in seiner Heimatstadt nieder. Bereits mit 17 Jahren entstanden seine ersten **Gedichte**. In Felix Millekers Broschüre sind über vierzig abgedruckt!"
(Aus: „Der Donauschwabe", 11. Februar 1979, Seite 4. Eigener Beitrag.)

**August Czeglédy** (1861–1938). Die seit knapp drei Jahrzehnten intensiv betriebene donauschwäbische Musikforschung hat sich begreiflicherweise vorwiegend mit der am umfassendsten verbreitet gewesenen Form, der Blasmusik, befaßt. Dennoch wurde immer wieder darauf hingewiesen, daß damit allein der Musiksektor keinesfalls erschöpfend beschrieben werden kann. Zu den in der Zwischenzeit bereits aufgearbeiteten anderen Zweigen tritt nunmehr mit einem Porträt die Persönlichkeit August Czeglédys als eine neue Variante in den Mittelpunkt des Interesses.

Die Freizeitbedürfnisse der Bevölkerung einer Kleinstadt wie Weißkirchen als traditionellem Garnisonsort waren vielschichtig. Die fröhlichen und lebensbejahenden Bürger ließen schon immer ihre weitgefächerten Ansprüche erkennen. Andererseits waren aber auch stets die geeigneten Menschen da, die sowohl im volkstümlichen als auch im künstlerischen Bereich die anstehenden Aufgaben bewältigen konnten. Bei dem großzügig angelegten Gefüge der einstigen Donaumonarchie verwundert es nicht, daß so manche Persönlichkeit, wenn auch von außerhalb zugezogen, durch ihre fruchtbare Tätigkeit als „echter" Weißkirchner akzeptiert worden ist.

*August Czeglédy*

Auch August Czeglédy kam von auswärts. Er wurde am 21. Juli 1861 im Banater **Moritzfeld** als zweites von sechs Kindern geboren. Sein Vater Karl war dort Obernotär, seine Mutter, Ottilie Müller, stammte vermutlich aus Detta. Czeglédy wurde durch seinen Militärdienst mit Weißkirchen bekannt, denn er diente im hier stationierten 3. Bataillon des k. u. k. Infanterie-Regiments Nr. 101. Nachdem ihm jedoch bei einer Scharfschießübung infolge eines undichten Gewehrverschlusses die explodierenden Pulverdämpfe fast sein Augenlicht nahmen, wurde er frühzeitig in den Ruhestand versetzt und war damit zu einem der jüngsten Pensionisten der Armee geworden. Der einstige Offizier, dem man nun zeitlebens die Brandflecken im Gesicht ansah, ließ sich als Zivilist in Weißkirchen nieder, wo seine Schwester Ottilie mit dem Volksschuldirektor Josef Erdélyi-Ertl verheiratet war.

Für seine jetzt folgende intensive musikalische Entfaltung war er bestens vorbereitet. Er hatte in seiner Jugend in Szeged am Konservatorium Musik studiert. In der Folgezeit wurde er **ein beliebter Pianist, Klavierlehrer** und **vielseitiger Komponist.** Von den leider nicht mehr vielen bekannten Daten sei nur erwähnt, daß August Czeglédy ab 1891 den Schülerchor des kgl. Staatsobergymnasiums in Weißkirchen leitete und im Jahre 1900 in einer amtlichen Kundmachung als Musiklehrer bezeichnet wurde.

Von seinen rund **20 Kompositionen** konnten bisher nur neun im einzelnen festgestellt werden; bei diesen handelt es sich jedoch um Notendrucke für das Pianoforte, welche Opus-Nummern tragen: 11 Der schmucke Lieutenant (ca. 1893), 12 Nachtwächter-Couplet (1895), 13 Liebesgeflüster (1895), 14 Lawn-Tennis (1896), 15 Matura-Csárdás (1897), 16 Petöfi-Marsch (1901), 17 Der Komet ist da! (1910), 18 Sei auf der Hut! (etwa 1914), 19 Helden-Marsch (ca. 1916).

Einige dieser zumeist bei Leipziger und Wiener Musikverlagen veröffentlichten Drucke enthalten **auch Texte** des Tonschöpfers. Im Galopp „Der Komet ist da!" heißt es beispielsweise:

*„Ach, ist das 'ne Drängerei, ein Tumult und ein Geschrei, alles ruft von fern und nah: ‚Der Komet, er ist schon da!' Ach, ist das ein großer Schreck, wär' er lieber nur schon weg, und die Menschen keck und naiv, schrei'n: ‚Hat der 'nen großen Schweif!' Alle Leute ohne Zweifel wünschen den Komet zum Teufel, nur die Jungen leben flott und fürchten die Gefahr nicht mehr. Doch die Alten, möcht ich wetten, tun den ganzen Tag nur beten und geloben ferner, fromm zu sein und besser wie vorher. Rasch mit seinem Feuer naht das Ungeheuer, und mit Zyankali soll die Welt zu Grunde gehn. Doch es zieht vorüber, so ist es uns lieber, der Komet ist durchgebrannt, der Welt ist nichts geschehn. Gott, der Herr, er war uns gnädig,*

*ob verheiratet, ob ledig, alles blickt von Dank erfüllt zu dem Himmel jetzt empor; doch die Menschen unterdessen haben alles schnell vergessen und sie fluchen, neiden, streiten und sind sündhaft wie zuvor."*

In der 5. Strophe des „Nachtwächter-Couplets" schreibt Czeglédy:

„*Durchwandert man abends die Straßen der Stadt, / Man oftmals den herrlichsten Kunstgenuß hat, / Die Wächter, die pfeifen aus Dur und aus Moll, / Erst pfeifen sie 'n Viertel, dann pfeifen sie voll; / Und wenn man sie braucht und ruft: ‚Wächter!' mit Macht, / Dann schlafen sie sämtlich, daß alles so kracht. / Woran das nur liegen mag, frag' ich mich still, / Die Wächter, die pfeifen des Abends zu viel!"*

Schon daraus allein ist ersichtlich, daß August Czeglédy mit seinen musikalischen und Textschöpfungen teils weitab von den Bedürfnissen etwa eines Tanzabends arbeitete. Die Atmosphäre, in welcher derartige Produktionen angesiedelt waren und einen echten Bedarf darstellten, geht am plastischsten aus Schilderungen des Neffen von „Gusztibácsi", Tibor Erdélyi, hervor, der ebenfalls Weißkirchner ist und heute als Pensionist in Ödenburg lebt. Er hat u. a. auch Notizen aus den seinerzeitigen Weißkirchner Wochenzeitungen „Die Nera" und „Volksblatt" ausgewertet, in denen es u. a. heißt: „Im Militärkasino in Weißkirchen hatte man am 7. 12. 1889 einen heiteren Abend veranstaltet, mit dem Titel ‚Conzert, Theater und Tanz'. Eine sehr gelungene Nummer war ‚Der Reporter aus Fatinicza', von Herrn Oblt. Czeglédy famos vorgetragen und zur Wiederholung verlangt (Clavierbegleitung: Hr. Direktor Ertl). – Mit dieser Gavotte (‚Liebesgeflüster') soll auch Endre Szögedy geehrt sein, nachdem A. Czeglédy Jahre hindurch bei ihm im Szegeder Konservatorium Musik gelernt hatte. Diese Gavotte wurde übrigens zum ersten Male im Kaffeehaus ‚Stadt Wien' durch die Zigeunerkapelle Vitéz Szava gespielt. – Am 1. 2. 1898 hielt das Obergymnasium in Fehértemplom einen Tanz- und Konzertabend. Die Militärmusik spielte auch die Gavotte ‚Liebesgeflüster' von A. Czeglédy. – Am 15. 3. 1896 hat der Chorleiter einen außerordentlich guten Erfolg gehabt mit dem Hymnus ‚Talpra magyar!'" – Tibor Erdélyi erinnert an weitere Aktivitäten seines Onkels A. Czeglédy:

„Am 17. 2. 1900 hatte das Obergymnasium einen gelungenen Abend in der Burg arrangiert. Auch Gusztibácsi hat mitgewirkt. Er deklamierte das Gedicht von Schiller ‚Die Bürgschaft'. – Am 28. 11. 1909 hatte der Weißkirchner ‚Arbeiter-, Lese- und Bildungsverein' einen Vortragsabend, in welchem auch Gusztibácsi eine Rolle gespielt hat."

August Czeglédy befaßte sich, wohl zum Ausgleich zu seiner Musiktätigkeit, auch mit der Imkerei. Im September des Jahres 1899 stellte er anläßlich einer landwirtschaftlichen Ausstellung in Szeged seinen Honig aus!

In der Familienkorrespondenz tauchen anfangs der dreißiger Jahre immer häufiger Nachrichten über den schlechten Gesundheitszustand des Komponisten, der in der Feldgasse wohnte, auf. Am 24. Oktober 1938 schließlich ist er in Weißkirchen gestorben.

Zu diesem Beitrag hat Lm. Alfred Kuhn wesentliche Informationen geliefert."
(Aus: „Weißkirchner Nachrichten", Juni 1978, Seite 3. Eigener Beitrag.)

Im Jahre 1918 hatte **Ludwig Napoleon Hackl**, 1868 in Sieggraben bei Ödenburg geboren, die Melodie zu dem später auch als „Lied der Donauschwaben" bezeichneten Titel **„Seid gegrüßt, ihr deutschen Brüder"** komponiert. Den Text hatte der damals ebenfalls in Budapest wohnhaft gewesene Jurist **Ernst Imrich**, ein Siebenbürger, verfaßt. – Hackl hatte u. a.

### VOLKSHYMNE
Text: Dr. Ernst Imrich (1918)  Ton: Prof. Ludwig N. Hackl (1918)

*[Notenblatt mit erster Strophe:]*
1. Seid gegrüßt ihr deutschen Brüder, wachet auf, es ruft die Zeit! Laßt uns rühmen, laßt uns preisen unsres Volkes Einigkeit. Wir sind eines Volkes Söhne, deutsche Sprache, deutsche Art, die die Väter hochgehalten, haben treu wir uns bewahrt.

2. *Ob wir in der Batschka wohnen, in der Schwäbischen Türkei, Buchenwald und Schildgebirge uns're teure Heimat sei, Ob das Grenzgebiet im Westen,\*) Ofner Bergland sei der Ort, Wollen niemals wir vergessen, jenes schöne Dichterwort:*

3. *„Deiner Sprache, deiner Sitte, deinen Toten bleibe treu! Steh in deines Volkes Mitte, was sein Schicksal immer sei! Wie die Not auch droh und zwinge, hier ist Kraft, sie zu bestehn. Trittst du aus dem heil'gen Ringe, wirst du ehrlos untergehn."*

4. *Das ist deutschen Mannes Glaube, das ist deutscher Frauen Ehr, Das ist deutschen Kindes Zierde, das ist deutschen Volkes Wehr. Deutscher Treue Lied erklinge rings im schönen Ungarnland!\*) Deutsches Volk,\*) im Glück umschlinge ewig dich der Eintracht Band!*

---
\*) In der donauschwäbischen Variation der Volkshymne wird an den entsprechenden Stellen „Das Banat, Slawonien-Syrmien" — „Donauland" bzw. „Schwabenvolk" — gesungen.

bei Hans Kössler studiert und war Lehrer am Nationalkonservatorium in Budapest geworden. Er verfaßte eine Chorgesangschule und komponierte Lieder und Chöre.

Von **Gustav Hölzel** (1813–1883) aus Pest sind die folgenden Gedicht-Vertonungen bekannt:

Opus 1 – Der Liebesschmerz: Ich trag' dein Bild im Herzen. 2 – Das Glöcklein: Es klang ein Glöcklein. 3 – Das Waldkirchlein: Von Bergen umschlossen. 8 – Sehnsucht nach dem Vaterlande: Zu den heimatlichen Auen. 9 – Da Himmel (Anton von Klesheim: A Deandl geht um Holz in Wald). 10 – 1. Aurora: Dunkel lagert auf den Matten, 2. Die zwei Sterne: Ich kenne zwei freundliche Sterne. 20 – Zwei Lieder: Schmerz. – Heimweh. 21 – Röserl und Vergißmeinnicht (Anton von Klesheim). 25 – Glockengeläute. 29 – Zwei Lieder: Das Lied von der Lanze. – Liebesfrage. 30 – Zwei Lieder: Wanderlied. – Wasserrose. 37 – Die Träne. 38 – Der Lauf der Welt. 45 – Trinklied: Was ist das für ein durstig Jahr. 50 – Perlen in der Tiefe. 51 – In der Postkutsche. 52 – Hans und Grete: Guckst du mir denn immer nach. 54 – An Sie! 58 – Zwei Lieder: Serenade. – Spielmanns Lied. 60 – Die Sternschnuppe: Wißt ihr, was es bedeutet. 61 – Der arme Minnesänger. 62 – Posthorn: Hört ihr fern das Posthorn klingen. 63 – Wia d' Miazl d' liabi Natur liabt: Die Miazl liabt Bleamerl (Anton von Klesheim). 64 – 's Röserl und der Jagabua: A Röserl gar a herzigs blüaht (Anton von Klesheim). 65 – Die Arche Noah: Das Essen, nicht das Trinken. 67 – D' Marigiveigerln: Der Tag war schön und gar nit kalt (Anton von Klesheim). 68 – Die schönsten Augen. 69 – Im Kahne: Weinend und lachend. 70 – Das Lied vom Kaiser Josef: Die zwölfte Stunde tönt vom Schloß. 71 – Süßer Tod: Wenn ohne lautes Pochen. 72 – Frage nicht: Wie sehr ich dein, möcht' ich dir sagen (Nikolaus Lenau). 73 – Wasserfahrt: Ich stand gelehnt. 75 – Der Gondoliere: Die Sonne hält errötend. 76 – Das Häuserl am Roan (Ignaz Castelli). 77 – Rom im Jahre 1845. 80 – Frühlings-Sehnsucht. 80 – Die Träne: Macht man ins Leben kaum den ersten Schritt (G. Hafner). 81 – Die G'fälligkeit (Anton von Klesheim). 81 – Nachtgebet: Zur Zeit, wo alles ... 82 – Meine Sehnsucht: Mädchen mit dem roten Mündchen (Heinrich Heine). 83 – Der Junggeselle: Ich bin ein froher Junggesell. 84 – Musik: Wer einsam steht. 86 – Rosentränen. 87 – Tsin-fa, chin. 89 – Ich komme nach: Am Allerseelentag. 90 – Die Frage: Euch Blumen will ich fragen. 91 – Hans und der Sperling. 92 – Auf der Reise zur Geliebten: Schmettere frisch, lieber Postillion. 93 – Waidmanns Lust: Horch, Hörnerschall und Büchsenknall. 96 – Das Mädchen aus der Fremde: In einem Tal bei armen Hirten (Friedrich Schiller). 97 – Abschiedsstrauß: Den Strauß, den mir mein Schatz. – Der Traum. 101 – Ob ich träume. 102 – Reiterlied. 103 – Das weiß ich wohl (Theodor von Bakody). 105 – 's Griawerl im Kinn (Ignaz Castelli). 106 – Die Bitte: Du Mond, i hätt a Bitt' an di. 107 – Im Mai: Es tönt ein Lied im schönsten Schall. 107 – Kornblumen: Kornblumen flecht' ich dir. 109 – Drescherlied: Lusti, zum Dreschen. 110 – Mein Liebster ist im Dorf der Schmied (Fr. Sigmund). 111 – An die Sterne: Zu euch, ihr Sterne oben. 113 – Glockenstimmen: Deine Stimme ist ein Glöckerl. 117 – Das Herz am Rhein (Heinrich Dippel). 118 – Mir hat amol vom Teufel tramt. 119 – Sängers Wanderlied. 121 – Wo der Hans Zwieselich zu finden ist. 122 – Blühende Rosen. 125 – Erinnerung an die Rosenau, Lied ohne Worte. 128 – Marie. 129 – Vater Abraham, oder 300.000 und mehr. 130 – Ein Traum am See. 131 – Frühlings Einzug. 135 – Drei Klavierstücke: Nachtgebet. – Heimatsklänge. – Hans und Grete. 138 – Vier Klavierstücke: Frühlingslied. – Heroischer Marsch. – Wiegenlied. – Parademarsch. 138 – Le Chancon di Printemps. 139 – Bei dir allein: Oft schau ich des Nachts. 140 – Chant du Soir. 141 – Erinnerung. 143 – Der durstige Ritter: Es war einmal ein Rittersmann. 145 – Eljen! Ungarisches Nationallied (in deutsch-ungarischer Sprache). 147 – Der Mutter Lied. 148 – Um Mitternacht. 149 – Abreise. 150 – All meine Gedanken. 151 – Mädchenwünsche. 152 – Der Waldgruß: Ein Lied, ein Lied, das inniglich. 153 – Drei Lieder ohne Worte: Gebirgs-Echo. – Erinnerung. – Sehnsucht. 154 – Die Macht der Liebe: Fühl' ich auch wohl der Jahre. 155 – Da Kerschbam (altbayerische Mundart). 156 – Salon-Tänze, Walzer. 158 – Sieben Lieder ohne Worte: Erinnerung an den Garda-See. – Gebirgsklänge. – Abendgesang. – Sehnsucht. – Ich denke dein. – Marsch. – Erinnerung an Warschau. 159 – Ännchen im Garten (Moritz Heidrich). 160 – Trois Chancons sans paroles: C-moll. – G-dur. – C-dur. 161 – Die Quelle. 162 – Sehnsuchts-Walzer: Er kommt, ich seh' ihn wieder. 164 – Sei mein!: Sage, liebes Mädchen, fein. 172 – Drei Lieder: Die Mutter und ihr Töchterlein. – Eine Nacht. – Im Rosenbusch die Liebe schlief. 173 – Dürre Blätter. 174 – Winterlied. 175 – Blumenmädchen. 179 – Zwei Lieder: Der Beichtzettel. – Die letzte Bitte. 180 – Der Liebe Sehnen: In Sehnsucht und Liebe. 185 – An die Entfernte. 188 – Lied ohne Worte. 189 – Verlor'nes Glück. 191 – Ich wollt', ich wär' das Röslein. 193 – Um Mitternacht: Nun ruht und schlummert alles. 195 – Mein Herz, das ist ein Saitenspiel. 196 – Am Almsee. 197 – Die Lerche: Ich bin ein heit'res Vögelein. 198 – Der erste Ball. 199 – Gebirgsklänge. 200 – Mein letztes Lied. 201 – Weiß nicht, wie das noch enden soll. 203 – Waldvöglein: Das Vöglein hat ein schönes Los. 204 – An die Neugierigen. 205 – Liebesaddition. 206 – Die Liab' is a Scharfschütz. 207 – Hast du mich lieb?: Ich hab dein Bild im Traum gesehn. 209 – Als ich dich kaum gesehn. 210 – Nichts für Spatzen. 211 – Hab' in der Brust ein Vögelein (E. Brunhold). 213 – Drei Lieder ohne Worte. 215 – Erinnerung an Branek. 216 – Der Wunsch: Ach, wenn ich doch ein Immchen wär. 223 – Vöglein, wohin so schnell? 226 – Sonntag: So hab' ich doch die ganze Woche. 227 – Die Abendglocken: Die Abendglocken erklangen. 228 – Im Mondenschein. 230 – Wohin mit der Freud?: Ach du klarblauer Himmel. 232 – Zwei deutsche Lieder: Erkerlied. – Ich hatt' einen Kameraden. 236 – Wenn ich ein Vöglein wär'! 244 – Der versprochene Tanz. 244 – Der Ziegelbauer. 245 – An eine Schwalbe: Was du weißt und was du plauderst. 246 – Ich hör' ein Vöglein locken. 250 – Die wählerisch'n Dirndl'n. 253 – Liebeslektion: Ich hab' in der Schule der Liebe. 255 – Der Glücklichste: Als Gott der Herr im Paradies.

**Jenő Hubay** (1858–1937) aus Budapest schrieb sich bis 1878 Eugen Huber. Er brachte zahlreiche deutsche Kunstlieder hervor:

Opus 8 – Nr. 1. Mond und Lilie, Nr. 2. Du bist so still, Nr. 3. Das verlassene Mägdelein, Nr. 4. Dein blaues Auge, Nr. 5. Märchen.

Opus 29 – 5 Gedichte von Carmen Sylva.

Opus 30 – Blumenleben, 6 charaktistische Stücke: 1. Knospensprossen, 2. Knospe und Blume, 3. Der Schmetterling, 4. Liebeswonne, 5. Der Zephyr, 6. Verlassen und verwelkt.

Opus 31 – 5 Petöfi-Lieder: 1. Ade mein Täubchen, 2. Niemand hat der Blume jemals es verwehrt, 3. Glatt ist der Schnee, 4. Zigeunerlied: Durch das Dorf dahin ich schreite, 5. Ich stand an ihrem Grabe.

Opus 36 – Lieder einer Rose: 1. Leise fällt der Schnee vom Himmel, 2. Liebesglück: Heller als die Sonne leuchtet, 3. Laß mich in dein Auge blicken, 4. Möcht's jubeln in die Welt.

Opus 37 – Nr. 1. Maiblüte, Nr. 2. Aus vergangener Zeit.

Opus 38 – Nr. 1. Vor ihrem Bilde, Nr. 2. Unter ihrem Fenster.

Opus 39 – Nachtigallen-Gesang.

Opus 53 – Fünf Gesänge: 1. Bekenntnis, 2. Die Liebe, 3. Zu einer Rose, 4. Der Nachtwandler, 5. Ständchen.

Opus 61 – Sieben Lieder: 1. Wenn nicht die Liebe wär!, 2. Er ritt hinaus, 3. Hier unter diesem Tannenbaum, 4. Das Mägdlein und der Dornenbusch, 5. Ein Namenszug, 6. Lenztraum, 7. Herzensbitten.

Opus 68 – Zwei Lieder: 1. Trauer ist die Liebe, 2. Als ich noch ein Kind war.

Die Lieder der Opuszahlen 8, 29, 31 und 36 hatte beispielsweise auch der Verlag Julius Hainauer in Breslau als Notendrucke angeboten.

Wir lassen gekürzt einen Beitrag aus eigener Feder aus der Festschrift „Ein Freundschafts- und Partnerschaftsbeispiel" (Redaktion Josef Volkmar Senz, Sindelfingen 1986, Seite 36–42) folgen:

„**Anton Baron von Klesheim** erblickte am 9. Februar 1812 als Sohn eines k.k. Grenadier-Hauptmanns zu **Peterwardein** das Licht der Welt. „Meine früheste Jugend verlebte ich in steter Kränklichkeit in Folge eines Sturzes, der mir auch die Verkrümmung meines Rückgrats zuzog", schrieb er in seiner Schrift „Siebzig Jahre aus meinem Leben" (L. Rosner, Wien, 1882). In der Tat, er wird als „unansehnlich und bucklig" beschrieben, was wohl auch der Grund dafür war, daß er seine Tätigkeit als **Schauspieler unter dem Pseudonym Anton Platzer in Preßburg beendete.**

Nun wandte er sich ganz der schriftstellerischen Tätigkeit zu und versah auch für Wiener Vorstadttheater Sekretärsdienste. „Schon als Knabe von 14 Jahren fühlte ich einen inneren Drang zum Dichten,

*Anton von Klesheim*

welcher mein erstes Gedicht veranlaßte; es besang ein Schwarzblattl (ein Vogel), welches meine Mutter gefangen hielt und dem ich die Freiheit gab", erfahren wir aus seiner eigenen Feder.

Am 12. Februar 1833 war von Klesheim zum ersten Male an die Öffentlichkeit getreten, als im k.k. privaten Theater in der Leopoldstadt sein patriotisches Festspiel „Des Lebens höchste Gabe" zum Geburtstag von Kaiser Franz mit beachtlichem Erfolg aufgeführt wurde.

Wegen des Todes seines Vaters mußte er nach Graz umziehen, wo er zwölf Hefte „**Steyerische Alpenblumen, gepflückt auf der Alpe des Humors**" (Graz 1837) und „Der Fremdenführer in Grätz. Wegweiser in der Stadt Grätz usw." (Graz 1838) veröffentlichte. Sein Wohnsitz wurde dann jedoch wiederum Wien, in dessen Nähe, nämlich in Baden, er schließlich am 6. Juli 1884 starb.

Von Klesheim schrieb nahezu alle seine Werke „in der österreichischen Volksmundart", wobei er sich manche herbe Kritik einhandelte; es sei der Dialekt „des Wieners der untersten Volksklasse". Weiters beanstandete man, vom Inhaltlichen her, daß das Volk von seiner „kränkelnden Sentimentalität und Zimperlichkeit" nichts wisse und er in seinen Dichtungen die Individualität, die Ansichten, die Denk- und Gefühlsweise des Volkes nicht getreu charakterisiere.

Dennoch – bei seinen zahlreichen Reisen durch Deutschland, wo er an den kleineren und größeren Höfen Lesungen hielt, erntete er ungewöhnliche Erfolge!

In diesem Rahmen soll seine Bedeutung lediglich aus der Sicht der Musikforschung untersucht werden – und diese ist gewiß beträchtlich!

Unter dem genannten Aspekt sind zwei Bereiche aus dem Schaffen des Dichters von Interesse – seine **Bühnenwerke** und die **Gedichte,** welche vertont wurden und in der Regel eine unwahrscheinlich große Verbreitung im gesamten deutschen Sprachraum erlebten!

Leider gibt von Klesheim in seiner kurzen Selbstbiographie in keinem einzigen Falle einen Komponisten für seine Bühnenstücke an, so daß wir nicht in allen Fällen sicher sein können, ob es sich um ein musikalisches Werk für das Theater handelt oder nicht; das erstere ist jedoch das wahrscheinlichere. Bei allen folgenden Nennungen werden die Komponisten, soweit bisher zu ermitteln gewesen, in Klammern angegeben.

Zunächst soll Anton von Klesheim selbst aufzählen: „Im Jahre 1836 wurde im k. k. priv. Theater in der Josefstadt zu Wien von mir an 40 Abenden aufgeführt: ‚Der falsche Concertist auf dem Holz- und Stroh-Instrumente', diesem folgte ‚Der goldgelockte Maxl' (= ‚Hochmut kommt vor dem Fall', Posse, M. A. Scutta), ‚Sehen, lieben, heiraten' und ‚Xantippe' (Anton Maria Storch) und in den nächsten Jahren an der Preßburger Bühne: ‚Das Wachsfiguren-Cabinet', ‚Die schlimmen Buben' und ‚Der Kampf der Riesen mit den Zwergen'".

Um diese Zeit herum schrieb er für die Sommerbühne in Ofen: „Des Malers Traumbild", „Die Hexen am Blocksberg" und „Die Reise nach Füred".

Im Jahre 1848 wurde im Wiener Josefstädter Theater sein patriotisches Stück „Vater Ferdinand" (Georg Hellmesberger jun.) aufgeführt und 1849 ebendort **das Lebensbild „Peterwardein"** (Anton Maria Storch). Mit diesem Titel hatte er seinem Geburtsort in Südosteuropa wohl ein Denkmal setzen wollen!

Für das Wiedener Theater hatte er im gleichen Jahre „'s Alraunl" geschrieben, welches **Franz von Suppé** (1819–1895) aus Split (damals Spalato) vertont hatte.

**Seine weiteren musikalischen Bühnenwerke:** „Der Geist der Verführung" und „Der Erdgeist und die Wasserfee" (für das Friedrich-Wilhelm-Theater Berlin), „Märchenbilder und Geschichten", „Die vier Jahreszeiten", „Prinz Liliput = Das Schneiderlein", 1855 (Franz von Suppé), „Die Naßwalder", „Der Musikant und sein Lieb" (Franz von Suppé), „Der Waldfrevel", „Der Dorfrichter und die Almlerin", „Das Wald-Concert", „Amor vor Gericht", „Der Traum einer Nacht", „Österreichs Stern", „Percival

*„'s Mailüfterl. Gedicht in österreichischer Mundart von Baron Anton von Klesheim, in Musik gesetzt für eine Singstimme mit Begleitung des Piano Forte von Josef Kreipl. Zum Erstenmal gesungen von Fräulein Theresia Schäffer am Theater zu Preßburg 1844"*

und Griselda", Oper (Fr. Müller), „Bubenstückeln" (Adolf Müller), „In Ischl", Festspiel, Wien 1879 (Franz von Suppé).

Vermutlich ist **Anton Scherer** der einzige Donauschwabe, der Anton von Klesheim bisher überhaupt erwähnt hatte – in seiner „Einführung in die Geschichte der donauschwäbischen Literatur", Graz 1960, und in seinem Werk „Die nicht sterben wollten". Dabei schreibt er nach der Namensnennung in Klammern: „,'s Mailüfterl', ,Das ist mein Österreich, das ist mein Vaterland', vertont von Suppé". Nun ist es jedoch an der Zeit, die Leistungen dieses Mannes auch in unseren Reihen zu würdigen, ist er doch dereinst aus diesen hervorgegangen!

Klesheims Arbeiten (zumeist Gedichte) wurden in folgenden weiteren Werken, welche teils mehrere Auflagen erlebten, veröffentlicht: „'s Schwarzblatt'l aus'n Weanerwald. Gedichte in der österreichischen Mundart", 5 Bände (1844, 1847, 1850, 1866 und 1881), „Schwarzblatl auf Wanderschaft. Ergebnisse und Erlebnisse auf einer Reise durch Deutschland" (1852), „Das Mailüfterl. Gedichte in der Wiener Mundart" (1853), „Frau'n-Kaeferl. Gedicht in österreichischer Mundart" (1854), „Von der Wartburg. Eine Taubenpost in Liedern" (1855), „In der Cantin'. Soldatenlieder und Geschichten" (1865), „Nimm mich mit. Humoristische Gedichte aus dem Badeleben in Kissingen, Karlsbad etc." (1865).

Eine beachtliche Anzahl von Gedichten, vor allem aus den fünf Bänden „'s Schwarzblatl", wurden – zumeist von heute noch bekannten Komponisten – vertont und somit **Kunstlieder.**

Sie erlebten jedoch in erstaunlich kurzer Zeit eine unwahrscheinliche Popularität und Verbreitung, so daß viele von ihnen noch zu Lebzeiten des Dichters sogar in Liederbüchern bereits als Volkslieder bezeichnet worden waren. Nachdem es jedoch in der letzten Zeit gelungen ist, solche und weitere Lieder von eigenen Landsleuten der Anonymität zu entreißen, können wir in der Tat von einer neuen, bisher völlig unbeachtet gebliebenen Sparte unseres kulturellen Besitzes sprechen, welche von der Fachwelt als volkstümliche Kunstlieder oder Lieder im Volkston oder gar als Kunstlieder im Volksmunde apostrophiert wird! Mehrere solcher Titel wurden auch in unserem einstigen Heimatbereich gesungen und von unseren Landsleuten als Teil ihres Volksliedbestandes betrachtet!

Freilich, die meisten dieser Lieder sind bereits wieder verklungen, und wir hatten leider nicht registriert, daß sie auch die unseren waren, zumal sie von vielen unserer Landsleute gesungen wurden. Sie sollen zumindest zur Kenntnis genommen und als Bestandteil unseres Kulturerbes akzeptiert werden.

Anton von Klesheim hatte übrigens bei seinen rund eintausend Lesungen auch Südosteuropa besucht: Marburg, Cilli, Fiume, Triest, Preßburg, Ödenburg, Pest, Ofen, Temeschwar und Arad.

Der heimatliche Komponist Raoul Mader hatte für das „Gedenkblatt der Aristokratie Preßburg's zum 50jährigen Dichter-Jubiläum Baron Anton Klesheim's" einen Jubiläums-Marsch geschrieben."

**Nikolaus Lenau** und die Komponisten seiner Lieder:

Der bedeutendste aus dem Heimatraum der Donauschwaben hervorgegangene Dichter, Nikolaus Lenau (Nikolaus Franz Niembsch, Edler von Strehlenau), kam am 13. August 1802 in Csatád im Banat (seit dem Ende des 1. Weltkrieges offiziell „Lenauheim") zur Welt und starb am 22. August 1850 in geistiger Umnachtung in Oberdöbling bei Wien.

Abgesehen von seiner eigenen hervorragenden Musikalität – **Lenau war ein ausgezeichneter Violinspieler** –, war er ein glühender Verehrer der Musik Ludwig van Beethovens und hatte in mehreren anderen Hinsichten ein enges Verhältnis zu dieser Kunstgattung. Schon bald nach 1831, als der Dichter zum ersten Male in Stuttgart weilte, wurden Pläne für ein **Opernlibretto** ernsthaft beraten; zur Ausführung kam es jedoch nicht, weil Lenau meinte, daß die Darsteller durch den gebotenen Ernst der Texte nicht entsprechend singen könnten. Anläßlich eines Zusammentreffens mit dem Komponisten Felix Mendelssohn im Jahre 1844 wurde erneut erwogen, für diesen ein **Oratorium** „Judas Ischariot" zu schreiben; auch dieses Vorhaben kam nicht zur Vollendung. Schließlich wollte Robert Schumann Liederkomponisten auf die Gedichte Lenaus aufmerksam machen.

Unabhängig von diesen Zusammenhängen hatten viele Komponisten Lenau-Gedichte vertont. Es ist heute kaum mehr möglich, hierüber eine vollständige Dokumentation zu erstellen. Aber selbst die nachfolgende lückenhafte Überschau beeindruckt. Für die Südostdeutschen und besonders die Donauschwaben ist sicherlich von Interesse, daß auch heimatliche Komponisten an diesen Arbeiten beteiligt waren; in diesen Fällen werden den Namen auch die Personalien angefügt.

Die Autoren und ihre **Kunstlieder** von Nikolaus Lenau:

Julius Becker:

Opus 8: Vier Schilflieder – „Auf dem Teich, dem regungslosen"; „Drüben geht die Sonne scheiden"; „Trübe wird's, die Wolken jagen"; „Auf geheimem Waldespfade".

Alan Berg:

„Schilflied".

K. E. Th. Ehrenberg:

Opus 3 – Nr. 2. „Bitte: Weil auf mir, du dunkles Auge".

Carl Gottfried Friedrich Evers:

Opus 68 – Frühlingslieder: Nr. 1. „Der Lenz"; Nr. 2. „Liebesfeier"; Nr. 3. „Frühlingsgedränge"; Nr. 4. „Frühlingsblick"; Nr. 5. „Der Baum der Erinnerung"; Nr. 6. „Frühlings Tod".

Robert Franz:

Opus 2 – Fünf Schilflieder: 1. „Auf geheimem Waldespfade"; 2. „Drüben geht die Sonne scheiden"; 3. „Trübe wird's, die Wolken jagen"; 4. „Sonnenuntergang: Schwarze Wolken"; 5. „Auf dem Teich, dem regungslosen". – Op. 9.3 „Bitte: Weil auf mir, du dunkles Auge". – Op. 14, Nr. 2. „Lenz: Die Bäume blühn"; Nr. 5. „Liebesfrühling: Ich sah den Lenz einmal"; Nr. 6. „Frage nicht: Wie sehr ich dein, soll ich dir sagen?" – Op. 21, Nr. 4. „Liebesfeier: An ihren bunten Liedern"; 5. „Winternacht: Vor Kälte ist die Luft erstarrt". – Op. 28.4 „Nebel: Du trüber Nebel, hüllest mir das Tal". – Op. 30.6 „An die Wolke: Zieh' nicht so schnell vorüber". – Op. 37.4 „Der schwere Abend: Die dunklen Wolken hingen". – Op. 51.1 „Der Eichwald: Ich trat in einen heilig düstern Eichwald". – Op. 52.6 „Frühlingsblick: Durch den Wald, den dunklen, geht".

Robert Freund wurde 1852 in Pest geboren:
Opus 4, Nr. 1 „Der schwere Abend: Die dunklen Wolken hingen". – 2. „Nun die Schatten dunkeln". – 4. „Frage nicht: Wie sehr ich dein, soll ich dir sagen?" – Nr. 5. „Blick in den Strom: Sahst du ein Glück vorübergehn".

Robert Fuchs:
Opus 3, Nr. 3. „Der schwere Abend: Die dunklen Wolken hingen"; Nr. 6. – „An die Melancholie: Du geleitest mich durchs Leben". – Op. 16, Nr. 1. „Schilflied: Drüben geht die Sonne scheiden".

Rudolf Glickh:
Opus 18, Nr. 1. „Der schwere Abend".

Walther Hensel:
„Der Schmied" (Fein Rößlein, ich beschlage dich).

Ferdinand Hiller:
Opus 42 „Die drei Zigeuner".

Gustav Hölzel kam 1813 in Pest zur Welt und starb 1883 in Wien:
Opus 72 „Frage nicht: Wie sehr ich dein, möcht' ich dir sagen".

Franz Liszt (22.10.1811–31.7.1886) aus Raiding/Doborján, der in Bayreuth starb:
„Die drei Zigeuner". – „Der traurige Mönch".

Felix Mendelssohn-Bartholdy:
Opus 71, Nr. 3. „An die Entfernte: Diese Rose pflück' ich hier"; Nr. 4. „Schilflied: Auf dem Teich …"; Nr. 5. „Ich wand're fort"; Nr. 6. „Herbstklage: Holder Lenz, du bist dahin!" – Op. 47.3 „Frühlingsblick: Durch den Wald, den dunklen".

Erik Meyer-Helmund:
Opus 29.3 „Bitte".

Theodor Meyer-Steineg:
„Drei Zigeuner fand ich einmal".

Edmund von Mihalovich kam am 13.9.1842 im slawonischen Feričanci zur Welt und starb am 22.4.1929 in Budapest. Er hatte die Musik zu mehreren Bühnenwerken geschrieben und zahlreiche deutsche und ungarische Gedichte vertont; von Lenau: 6 Gesänge:
Nr. 2. „Stumme Liebe: Ließe doch ein hold Geschick"; Nr. 3. „Nächtliche Wanderung: Die Nacht ist finster"; Nr. 4. „Himmelstrauer: Am Himmelsantlitz wandelt ein Gedanke". – 7 Lieder: 1. „Weil' auf mir"; 6. „Winternacht: Vor Kälte ist die Luft erstarrt". – 6 Lieder: 1. „Der schwere Abend"; 6. „An die Melancholie".

Adolf Müller (1801–1886) stammte aus Tolnau/Tolna:
Opus 44 „Der Postillion".

Richard Pohl
„Einsamkeit: Wild verwachsne dunkle Fichten"; „Blick in den Strom: Sahst du ein Glück vorübergehn"; „Waldlied: Der Nachtwind hat in den Bäumen"; „Bitte: Weil auf mir, du dunkles Auge"; „Heißer Wunsch: Rosen fliehen nicht allein".

Josef Rheinberger:
Opus 26.5 „Schilflied: Drüben geht die Sonne scheiden".

Heinrich Rietsch:
„Weil auf mir, du dunkles Auge".

Ernst Fr. K. Rudorff:
Opus 2.6 „Weil' auf mir, du dunkles Auge".

Cornelius Rübner:
18.1 „Frage nicht".

Wilhelm Rust:
Opus 15 „Drei Zigeuner".

O. Schoek:
Opus 2, Nr. 1. „Drüben geht die Sonne scheiden"; Nr. 2. „Trübe wird's"; Nr. 3. „Auf geheimem Waldespfade". – Op. 5, Nr. 1. „Himmelstrauer"; 2. „An die Entfernte"; 3. „Frühlingsblick". – Op. 45 „Wanderung im Gebirge". – Männerchor: „Der Postillion", op. 18.

Robert Schumann:
Opus 90, Nr. 1. „Lied eines Schmiedes: Fein Rößlein, ich beschlage dich"; 2. „Meine Rose: Dem holden Lenzgeschmeide"; 3. „Kommen und Scheiden: So oft sie kam"; 5. „Die Einsamkeit: Wildverwachsne dunkle Fichten"; 6. „Der schwere Abend: Die dunklen Wolken". – Op. 117 „Husarenlieder". – „Frühlingsgrüße".

Richard Strauss:
Opus 26, Nr. 1. „Frühlingsgedränge: Frühlingskinder im bunten Gedränge"; 2. „O, wärst du mein". – „Nebel".

Josef Sucher, am 23.11.1843 im ungarischen Döbör geboren und am 4.4.1908 in Berlin verstorben:
„Liebesfrühling". – „Schilflied". – „Einsamkeit".

Paul Felix von Weingartner kam 6. Juni 1863 in Zara/Zadar an der Adria zur Welt:
Opus 16, Nr. 2. „Liebesfeier"; 3. „Welke Rose"; 6. „Bitte"; 8. „Blick in den Strom".

Hugo Wolf wurde am 13. März 1860 in Windisch-Grätz (heute Slovenj Gradec, in Jugoslawien gelegen) geboren und starb am 22. Februar 1903 in Wien: 13 nicht näher bekannte Titel und als Chorlied „Die Stimme des Kindes".

**Weitere Komponisten,** die Lenau-Gedichte vertont hatten:

Eugen d'Albert, Julius von Beliczay (1835 in Komorn geboren, 1893 in Budapest gestorben), J. Dessauer, J. Fischhof, Fr. Gernsheim, Charles Th. Griffés, H. von Herzogenberg, Ch. E. Horn, Fr. Lachner, Cz., Marek, H. Marteau, Michael Mosonyi (eigentlich: Brand; er stammte aus Frauenkirchen, Jahrgang 1816, und starb 1871 in Pest), V. Novák, Hans Pfitzner, Fr. Philipp, H. H. Pierson, Max Reger, H. Riemann, J. Rietz, Alexander Ritter, A. G. Rubinstein, Ph. Wolfram, Emilie Zumsteg u. a.

Von Lenaus „Faust" angeregt, waren auch **Instrumentalkompositionen** hervorgegangen. Franz Liszt schrieb „Der nächtliche Zug", „Der Tanz in der Dorfschenke", „Mephisto-Walzer" und „Mephisto-Polka"; H. Rabaud „La Procession Nocturne". Phantasiestücke über die Schilflieder hatte A. Klughardt komponiert.

Von den hier genannten 54 Tonsetzern stammten zehn aus dem südosteuropäischen Raum: Knapp **vier Dutzend Gedichte** von Nikolaus Lenau wurden vertont, am häufigsten wohl „Bitte" (Weil auf mir, du dunkles Auge), „Der schwere Abend" (Die dunklen Wolken hingen) und „Drüben geht die Sonne scheiden" (aus den Schilfliedern).

Diese Kunstlieder waren ausnahmslos als Notendrucke erschienen, häufig sogar von mehreren Verlagen. Einige davon gingen in Liederbücher ein.

Lenau-Lieder fanden schon relativ früh **Eingang in das Medium Schallplatte**. Die Österreichische Phonothek in Wien besitzt eine Aufnahme „Die drei Zigeuner" aus dem Jahre 1897. Eine aus der Zeit vor dem 1. Weltkrieg stammende Sprechplatte/Lyrik ist die der Deutschen Grammophon 41 147 (78-94 361)-Lenau: „Die drei Zigeuner". Sprecher: Josef Lewinsky, k. k. Hofschauspieler, Wien. Auch die folgende Aufnahme ist alt (Drehzahl der Scheibe: 78): Odeon 133 500. Liebesfeier („An ihren bunten Liedern..."). Musik: Felix Weingartner, Op. 16, Nr. 2. Text: Nikolaus Lenau. Herbert Ernst Groh mit Orchester unter Leitung von Kapellmeister O. Dobrindt. 0-25 080 a.

Weitere beispielhaft zu nennenden Schallplatten (Drehzahl 33):

Amadeo AVRS 5034.
Richard Strauss. Seite 2 (u. a.), Text: Nikolaus Lenau: O wärst du mein, op. 26, Nr. 2. Sopran: Viorica Ursuleac. Klavier: Clemens Kraus.

Electrola WALP 516.
Richard Strauss. Seite 1 (u. a.), Text: Nikolaus Lenau: O wärst du mein, op. 26 Nr. 2. Bariton: Dietrich Fischer-Dieskau, Klavier: Gerald Moore.

Electrola SME 80 698.
Robert Schumann – (u. a.) Text: Nikolaus Lenau: Meine Rose, op. 90 Nr. 2. Dem holden Lenzgeschmeide. Sopran: Anneliese Rothenberger, Klavier: Hubert Giesen.

EMI 1 C 193-02 180/1.
Felix Mendelssohn-Bartholdy – Seite 1 (u. a.); Text: Nikolaus Lenau: Frühlingslied, op. 47, Nr. 3. Durch den Wald den dunkeln. Bariton: Dietrich Fischer-Dieskau, Klavier: Wolfgang Sawallisch.

Decca BLK 21 055.
Seite 1 (u. a.) – Robert Schumann. Text: Nikolaus Lenau: Meine Rose, op. 90 Nr. 2 „Dem holden Lenz". Bariton: Hermann Prey, Klavier: Karl Engel.

Deutsche Grammophon Gesellschaft LPM 18 793.
Gesänge von Franz Liszt. Seite 2 (u. a.) – „Die drei Zigeuner", Text: Nikolaus Lenau. Bariton: Dietrich Fischer-Dieskau, Klavier: Jörg Demus.

Deutsche Grammophon Gesellschaft 17 106.
Felix Weingartner. Text: Nikolaus Lenau: Liebesfeier, „An ihren bunten Liedern". Tenor: Cornelius van Dijk. Sinfonie-Orchester des Bayerischen Rundfunks.

Philipps N 00 937. Freudvoll und leidvoll: Liebeslyrik.
Gedichte von (u. a.) Nikolaus Lenau. Musikalische Untermalung: Franz Liszt, Franz Schubert, Robert Schumann, Frédéric Chopin und Henry Purcell. Johanna Matz, Sprecherin, Erik Schumann, Sprecher.

Telefunken BLE 14 220-P. Heut ist ein Feiertag!
(U. a.) Weingartner-Lenau: Liebesfeier (An ihren bunten Liedern). Willy Langel, Ges. und Chor. Bela Sanders, Orchester.

Erwähnt sei noch die auf Nikolaus Britz zurückgehende Sonderanfertigung der Internationalen Lenau-Gesellschaft aus neuerer Zeit: Philipps 842 538 PY. Nikolaus Lenau. Lyrische Gedichte (Eine Auswahl).
Seite 1: Zyklus „Natur" – Liebesfeier. Stimme des Windes. Waldlieder 1, 5, 6, 9. Ein Herbstabend. Winternacht 1 und 2. – Zyklus „Liebe" – An die Entfernte 1. u. 2. Das tote Glück. Schilflieder 1–5. Der schwere Abend. Der schwarze See. – Sprecher: Burgschauspieler Erich Auer. Seite 2: Zyklus „Reisebilder und Gestalten": Die drei Zigeuner. Auf eine holländische Landschaft. Der Postillion. Seemorgen. Das Blockhaus. – Zyklus „Melancholie": Bitte. Nebel. An die Melancholie. Herbstklage. Himmelstrauer. Einsamkeit 1 u. 2. Eitel nichts. Blick in den Strom. – Sprecher: Burgschauspieler Helmut Janatsch.

**Edmund** (Ödön) **von Mihalovich** kam am 13. 9. 1842 in Feričanci (**Slawonien**) zur Welt und starb am 22. 4. 1929 in Budapest. Er studierte in Pest, Leipzig und München, wo er mit Richard Wagner und Franz Liszt freundschaftliche Verbindungen anknüpfte. 1872 wurde er Präsident des Wagner-Vereins in Pest, 1881 Direktor der dortigen Theaterschule, 1887 bis 1919 Direktor des Konservatoriums. Außer seinen Bühnenwerken und Vertonungen von Lenau-Gedichten komponierte er:

„Csata dal" (Schlachtlied).
„Die Nixe", Ballade.
„Ereszkedik le a felhö".
„Faust-Fantasie" und „Faust-Ouverture".
„Geisterschiff", Ballade.
Gesänge und Lieder: „Neue Liebe: Hinaus ins Weite"; „Nächtliche Wanderung: Die Nacht ist finster"; „Schwüle Nacht: Hörst du nicht die Bäume rauschen"; „Nachtlied: Der Mond kommt still gegangen"; „In der Sturmnacht: Es kommt mein Freund"; „Nun die Schatten dunkeln"; „Waldnacht: Wie uralt weht's"; „Lied des Glücklichen: Wie glänzt nun die Welt"; „Winternacht: Vor Kälte ist die Luft"; „Durch den Wald im Mondenschein"; „Der schwere Abend"; „In der Mondnacht"; „In Liebeslust"; „Liebesleid"; „Nachtreise".
„Hat kurucz dal" (6 Kuruzzen Weisen).
„Hero und Leander", Ballade.
„Király Hymnus".
„Trauerklänge".
„Völgy és Bércz. Férfi négyes, vezérkar".

In Fortsetzung des Abschnitts „Gesangskultur" (C, 6) werden nachstehend die weiteren **Lieder von Adolf Müller** (1801–1886) aus Tolnau angeführt, wobei bis 1868 die Entstehungsjahre bekannt sind und anschließend nur lückenhafte Quellen ausgewertet werden konnten:

1850 „Der Müllerknappe und sein Schatz" (J. N. Vogl); „In der Waffenschmiede" (Marlo); „Fragen" (Vinzenz Zusner); „Wie im Tode, so im Leben" (Ernst Ritter v. Steinhauser); „Chancons de Béranger: 1. Bon vin et fillette", 2. „L'exilé", 3. „Le violon brisé", 4. „Le bon viellard", 5. „Le Juif-Errant", 6. „Le petit homme gris", 7. Le chasseur et la laitière", 8. „Les étoiles qui filent"; „Der Königssohn" (H. Th. Schmidt); „Liebespreghiera" (O. Prechtler).

1851 „Am Friedhof" (Wilhelmine Müller, die Tochter des Komponisten (1828–1866 Wien), die Schauspielerin wurde); „I trau mi nit recht" (F. Ullmayer).

1852 „Von mir" (M. G. Saphir); „Fern von dir" (Jenöfi); Drei Canons für Männerstimmen; „Hans und Bäsle: Der Hans, der hat lieb ghat mei Bäsle" (in schwäbischer Mundart von Louis Grois aus Sárvár).

1853 „Die geträumten Blumen" (R. Labrès); „'s wär besser – weit besser" (Nißl).

1854 „'s letzti Schwalberl" (Ant. Seifried); „'s Almagehn" (J. G. Seidl); „Veilchen im März" (J. N. Vogl); „Mein Herz" (R. Labrès).

1855 „Mein' Seligkeit" (Fr. Ullmayer); „Zip, zip, zip, Nachtigall" (Blank); „Der Himmel" (V. Zusner); „Trinklied" (J. N. Vogl).

1856 „Ich hab' an dich gedacht" (A. Müller); „'s verhexte Deandl" (Fr. Ullmayer).

1857 „Der guade Bua" (A. Müller); „Das weinende Mädchen"; „Glaube nicht" (C. Cerri); „Der Buschen" (A. Müller); „Zwei Worte" (A. Müller).

1858 „Lore-Ley" (Heinrich Heine); „'s erste und 's letzte Busserl" (A. Müller); „I hab ihm's verboten" (A. Müller); „Des Bettlers Kind" (A. Müller).

1860 „Ein lustiger Bettelmann" (Alexander Müller); „Die Perle der Frauen" (Kuhn); „Die Waldcapelle" (Feldmann).

1861 „Waldhornklänge" (J. N. Vogl); „Die hohe Jagd" (J. N. Vogl).

1862 „Grabgesang für Johann Nestroy" (A. Müller); „Mein Büaberl, da bin ich" (Haffner); „Das Lied von der Treue" (Mosenthal).

1865 „Ständchen an Rosa" (Kuhn); „Hochzeitslied" (A. Müller).

1866 „Einmal sah ich dich nur" (Josef Gilge).

1867 „Schlummerlied" (Ad. Müller); „Der Silberkranz" (Müller).

Opus 104: „Die Millibäuerin"; 106: „Mein letzter Wunsch"; 107: „Ständchen an Marie"; 108: „Wenn ich dich liebe, was geht's dich an?"; 109: Drei Lieder: 1. „Malers Liebchen", 2. „Wann der Mond in's Fenster scheint", 3. Mütterlicher Rat"; 110: Csikos-Lieder – 1. „Der Ritt zum Liebchen", 2. „Heimkehr vom Liebchen", 3. „Auf der Heide"; 115: „Seitdem ich dich im Traum gesehn".

„Das Licht am Fenster" (Nimm den Ring noch eh' wir scheiden …), Gedicht von Vinzenz Zusner.

A Deandl lahnt im Fenster drin.

*„'s letzti Schwalberl. Gedicht in bair. Mundart von Ant. Seifried. Musik von Adolf Müller, Capellmeister. Jänner 1851"*

*Hans und Bäsle. Schwäbisches Lied von Louis Grois (aus Sárvár), Musik von Adolf Müller*

*Adolf Kirchl hatte Adam Müller-Guttenbrunns Gedicht „Es brennt ein Weh wie Kindertränen brennen…" vertont. Ein Erinnerungs-Mal im 3. Wiener Gemeindebezirk an der Ecke Neulinggasse–Baumannstraße*

# Es brennt ein Weh...

**Von Adam Müller-Guttenbrunn**
**Vertont von Adolf Kirchl**

*Es brennt ein Weh, wie Kindertränen brennen,*
*Wenn Elternherzen hart und stiefgesinnt.*
*O, daß vom Mutterland uns Welten trennen*
*Und wir dem Vaterland nur Fremde sind!*

*Noch läuten uns der alten Heimat Glocken,*
*Die Glocken unsrer Väter treu und schlicht.*
*Doch frißt der Sturm ihr seliges Frohlocken.*
*Und Blitz auf Blitz zerstört das Friedenslicht.*

*Von deutscher Erde sind wir abgeglitten*
*Auf diese Insel weit im Völkermeer.*
*Doch wo des Schwaben Pflug das Land durchschnitten,*
*Wird deutsch die Erde und er weicht nicht mehr.*

*Wer mag den Schwaben fremd in Ungarn schelten?*
*Hier saß vor ihm der Türke, der Tatar!*
*Er will als Herr auf seiner Scholle gelten.*
*Ist Bürger hier und nicht dein Gast, Madjar!*

*Er hat geblutet in Prinz Eugens Heeren,*
*Vertrieb den Feind, der hier im Land gehaust.*
*Dein eigner König rief ihn einst in Ehren:*
*„Pflüg' mir den Boden, wackre Schwabenfaust!"*

*Aus einer Wüste ward ein blühend' Eden,*
*Aus Sümpfen hob sich eine neue Welt.*
*Von diesem Land laßt deutsch und treu uns reden,*
*Verachten den, der's nicht in Ehren hält.*

*O Heimat, deutschen Schweißes stolze Blüte.*
*Du Zeugin mancher herben Väternot.*
*Wir segnen dich, auf daß dich Gott behüte,*
*Wir stehn getreu zu dir in Not und Tod!*

Das von **Adam Müller-Guttenbrunn** (1852–1923), dem „Erzschwaben", verfaßte Gedicht „**Es brennt ein Weh**", früher oft als „Schwabenlied", heute meist als „Donauschwabenlied" bezeichnet, hatte der Wiener Komponist **Adolf Kirchl** (1858–1936) vertont. Er war Lehrer, hatte sich aber später ganz der Musik verschrieben und brachte eine Anzahl von Männerchören, Liedern und Instrumentalkompositionen hervor.

**Alexander Reichardt** (1825–1885) aus **Pax**/Paks an der Donau im Komitat Tolnau war als erfolgreicher Tenorist aufgetreten und hinterließ, wie es in der Literatur heißt, „einst bekannte Lieder", von welchen nur mehr einige wenige angegeben werden können:

Opus 5 – „Du liebes Aug'!: Ich kenn' ein Auge, das so mild." – Opus 8 – „Das Bild der Rose".

Außerdem: „Mein Herz ist im Hochland" (Robert Burns).

8 Lieder über deutsche und französische Texte: „Lang ist's her". – „An eines Bächleins Rande". – „L'abbandonnée". – „Sie sagen, es wäre die Liebe". – „Si tu la vois". – „Der Wald wird dichter". – „Chanson du rossignol". – „Das ist im Leben häßlich eingerichtet".

Reichardt brachte auch viele Lieder in französischer und englischer Sprache hervor.

**Hugo Wolf** kam am 13. 3. 1860 in **Windisch-Grätz** (Gräz/Slovenj Gradec (in Slowenien) zur Welt. Seine Musikstudien betrieb er in Wien. Als er Richard Wagner kennengelernt hatte und sich für dessen Musik begeisterte, betätigte er sich als Musikkritiker, wobei er auch seine Zuneigung zu Bruckners Schaffen erkennen ließ. Anregend für sein späteres kompositorisches Schaffen war für ihn auch Franz Liszt. Mit seiner sinfonischen Dichtung „Penthesilea" hatte er Erfolg. Während er mit seinen beiden Opernversuchen weniger Glück hatte, ging er als bedeutender Liederkomponist in die Musikgeschichte ein. Er hatte u. a. rund 53 Gedichte von Eduard Mörike vertont, 20 von Joseph von Eichendorff, 51 von Johann Wolfgang von Goethe. Sein „Spanisches Liederbuch" enthält 44 Titel von Paul Heyse und Emanuel Geibel, das „Italienische Liederbuch" in zwei Teilen etwa die gleiche Anzahl. Wolf schrieb auch geistliche Lieder und instrumentale Werke. Am 22.2.1903 ist er in Wien verstorben.

**Vinzenz Zusner** (18.1.1803 Bischoflack/Škofja Loka in Krain – 12.6.1874 Graz) hatte zunächst eine Lehre besucht und befand sich während seiner Jugendzeit oft in materiellen Nöten. Als er ein Handelsunternehmen aufbaute und nach Graz übersiedelt war, änderte sich dies jedoch wesentlich. Um das Jahr 1840 erschienen seine ersten Gedichte. Sie wurden günstig aufgenommen, so daß er sich weiterhin mit seinen literarischen Arbeiten befaßte. Zusner hinterließ eine Stiftung für Preise an junge Komponisten des Konservatoriums in Wien für die besten Vertonungen seiner Gedichte. So hatte der in Weißkirchen im Jahre 1860 geborene **Rudolf Nováček** 1876/1877 den zweiten Preis für seine Melodie zu dem Lied **„Das alte Liebespärchen"** erhalten. Von den auf diese Weise entstandenen 21 Kunstliedern wurden am bekanntesten: „Das Abendglöcklein", „Blumenseelen", „Des Mädchens Klage", „Das Mädchen und die Zigeunerin", „Das Veilchen" und „Vergißmeinnicht". – Unabhängig von der erwähnten Stiftung hatte **Adolf Müller sen.** (1801–1886 aus Tolnau) Zusners Gedicht **„Das Licht am Fenster"** (Nimm den Ring, noch eh wir scheiden ...) vertont. Dieses Lied wurde in zahlreichen Gesangvereinen gepflegt und war auch im Heimatbereich der Donauschwaben gesungen worden.

### d) Theater- und Komödienlieder, Wiener Lieder, Soldatenlieder

Wie bereits angedeutet, entstammten sogar relativ viele im Volke verbreitet gewesene Lieder den Musikbühnen – und das schon ziemlich früh. Sie wurden ebenfalls von Generation zu Generation weitergegeben, und später wußte kaum mehr jemand, daß er dabei ein Theater- oder gar ein Komödienlied singt. Die so bekannten Titel wie „Kommt ein Vogel geflogen", „So leb denn wohl du stilles Haus", „Mein Schatz ist ein Reiter" kommen beispielsweise aus Bühnenstücken mit der Musik des aus Mähren hervorgegangenen Komponisten Wenzel Müller (1767 bis 1835); das Lied „Schier dreißig Jahre bist du alt" wiederum ist das „Mantellied" des Breslauer Dichters

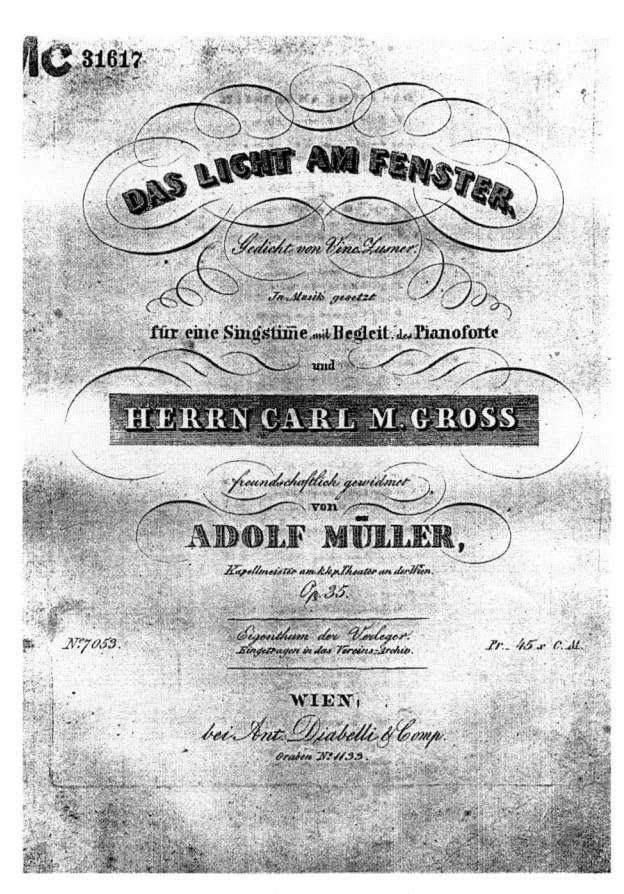

*„Das Licht am Fenster" (Nimm den Ring, noch eh wir scheiden ...), ein Gedicht von Vinzenz Zusner, hatte Adolf Müller sen. vertont*

Karl von Holtei (1798–1880) aus dem Schauspiel „Lenore", zu welchem Max Eberwein die Kompositionen vornahm.

Bei der Betrachtung dieser Liedgattung kommt es wiederum darauf an, den Beitrag der aus unserem Heimatraum hervorgegangenen Künstler an ihrer Entstehung aufzuzeigen.

„'s ist mir alles eins, ob wir Geld haben oder keins" wurde bereits genannt. Niemand von uns wußte mehr, daß es aus der Parodie „Die Büchse der Pandora" mit der Musik von Johann Fuß (1777–1819) aus dem heimatlichen Tolnau stammt; populär wurde das Lied, als es Karl Meisl aus Laibach in sein Lustspiel „Der lustige Fritz" übernommen hatte und 1818 in Wien auf die Bühne brachte.

Die Abgrenzungen zu anderen Gattungen sind zuweilen auch in diesen Fällen schwierig, ebenso wie bei den Wiener Liedern. Hier kommt es jedoch weniger auf Feinheiten dieser Art an, sondern auf die Fülle und Vielfalt der Schöpfungen, welche die singfreudigen Menschen gerne in ihr Repertoire einbezogen und gepflegt hatten.

Die Theater-, Komödien- und Wiener Lieder werden hier in einem Kapitel behandelt, weil manche Verlage, welche davon unzählige Einzeldrucke mit Text und Melodie als **Handzettel** herstellten, oft Überschriften gebrauchten, welche die Verwandtschaft dieser Gattung zum Ausdruck brachten, z. B. „Wiener-Lieder und Couplet".

Der beachtliche Anteil südostdeutscher Urheber an der Entstehung der angesprochenen Liedgattung geht schon aus der Analyse eines einzigen Werkes hervor: **„Wiener Comödienlieder aus drei Jahrhunderten"** (Herausgegeben und bearbeitet von Blanka Glossy und Robert Haas, Kunstverlag Anton Schroll & Co. in Wien, 1924). Nach der Nennung der Komponisten werden die Textschreiber in Klammern angegeben; die Jahreszahlen sind die Zeiten der Erstaufführungen in Wien.

**Josef Weigl** (Karl Friedrich Hensler) – aus dem Schauspiel „Das Petermännchen": „Wenn Fische sich spiegeln" und „Mein Hänschen liebt nur mich allein", 1794.

**Josef Weigl** (Ignaz Franz Castelli) – aus der Oper „Die Schweizerfamilie": „Wenn sie mich nur von weitem sieht", 1809.

Wenzel Müller (**Karl Meisl**) – aus „Die beiden Spadifankerl": „Es gibt noch Mädchen in der Welt", 1819.

Franz Gläser (**Karl Meisl**) – aus der Zauberposse „Liebe aus Haß": „Hat kein' Andre dir gefallen?", 1824.

Josef Drechsler (**Karl Meisl**) – aus dem Zauberspiel „Fee Sanftmuth und Fee Gefallsucht": „Allen Freunden guten Morgen", 1827.

Franz Roser (**Karl Meisl**) – aus dem Märchen „Der Alpenkönig und die Mutter": „Seh' ich oft ein Madel", 1830.

**Adolf Müller sen.** (Johann Nestroy) – aus der Parodie „Der gefühlvolle Kerkermeister": „Ja, mit die Madeln da ist's richtig allemal a rechter G'spaß", 1832.

**Adolf Müller sen.** – aus der Posse „Sommerfasching auf dem Lande oder Die bekehrten Verkehrten": „Schätzchen, ich umarme dich", 1833.

**Adolf Müller sen.** (Johann Nestroy) – aus der Zauberposse „Lumpacivagabundus": „Es ist kein' Ordnung mehr jetzt in die Stern" (Die Welt steht auf kein Fall mehr lang), 1833.

**Adolf Müller sen.** (Johann Nestroy) – aus der Posse „Tritsch-Tratsch": „Schnupferlied" (Übers Schnupfen was zu sagen), 1833.

**Adolf Müller sen.** (Johann Nestroy) – aus der Parodie „Weder Lorbeerbaum noch Bettelstab": „Am Sonntag steh' i Vormittag", 1835.

Josef Lanner (**Karl Meisl**) – aus dem Volksmärchen „Der Preis einer Lebensstunde": „Die flatternden Männer", 1836.

**Adolf Müller sen.** (Eleonore Condorussi) – aus der Posse „Die Räuber bei der Hausunterhaltung oder Die Gefangenen": „Die Lieb' ist ein Orchester", 1840.

**Adolf Müller sen.** (Johann Nestroy) – aus der Posse „Der Talisman": „Wenn einer uns g'fallt", 1840.

**Adolf Müller sen.** (Josef Schickh) – aus der Posse „Die beiden Rauchfangkehrer": „Nimmt man ein' Fidelen", 1841.

**Adolf Müller sen.** (**Louis Grois**) – aus dem ländlichen Spaß „Der Ang'schmierti": „Uhrenlied" (Ja, ich möcht' parieren), 1844.

**Adolf Müller sen.** (Anton Langer) – aus der Posse „Eine Ausspielerin": „Am Straßeneck, im Sonnenlicht", 1855.

**Adolf Müller sen.** (Julius Findeisen) – aus dem Volksstück „Fanny, die schieche Nuß": „'s Haserl sitzt im grünen Kohl", 1859.

**Adolf Müller sen.** (Ludwig Anzengruber) – aus der Bauernkomödie „Die Kreuzelschreiber": „Schön blau ist der Himmel, schön grün ist der Klee" (Steinschlagerlied); Mondenschein, Sternenstrahl, 1872.

**Adolf Müller sen.** (Ludwig Anzengruber) – aus der Bauernkomödie „Der G'wissenswurm": „Schneeweiß Täuberl", 1874.

**Franz von Suppé** (Karl Elmar) – aus dem Lustspiel „Dichter und Bauer": „Ein Acker ist die ganze Welt", 1844.

**Franz von Suppé** (Friedrich von Radler) – aus dem Gemälde „Josef Haydn": „Am Asterl drob'n sitzt er …" (Spatzenlied), 1887.

Bei den allein in diesem Werk etwas über 80 angeführten Stücken der Musikbühne waren bei rund einem Viertel **heimatliche Komponisten oder Schriftsteller** urhebermäßig beteiligt.

Es handelt sich um:

**Louis Grois**, 1811 in Sárvár in Nordwest-Ungarn geboren;

**Karl Meisl** (1775–1853) aus Laibach;

**Adolf Müller sen.** (1801–1886) aus Tolnau;

**Franz Roser** wurde in Naarn, Niederösterreich, geboren, er war von 1821 bis zu seinem Tode 1830 in Pest Theaterkapellmeister;

**Franz von Suppé** (1819–1895) stammte aus Split an der Adria;

**Josef Weigl** (1766–1846) wurde in Eisenstadt, damals in Ungarn gelegen, geboren.

**Jakob Haibel**, 1762 in Graz geboren, lebte von 1806 bis zu seinem Tode 1826 im heimatlichen **Diakowar**; während dieser Zeit – im Jahre 1809 – wurde sein Quodlibet „Rochus Pumpernickel" nach dem Text von M. Stegmeyer aufgeführt; darin war das ebenfalls in dem hier beachteten Buch festgehaltene Lied „Es reißt mich, es sticht, es plagt mich die Gicht", enthalten. Von ihm stammt auch das Lied „Tiroler sind lustig, Tiroler sind froh" (Worte von Emanuel Schikaneder).

Der Kapellmeister **Vinzenz Franz Tuczek** wurde 1755 in Prag geboren und starb 1820 in Pest. Auch er hatte Theatergesänge vertont, von welchen in dem genannten Werk ein Beispiel vertreten ist: „Ein Humpen voll Weinel" (aus der Zauberposse „Dämona, das Höckerweibchen" von Joseph Bullinger), 1806.

**Ferdinand Rosenau** war Bühnenschriftsteller und starb 1841 in Agram; 1788 kam er zur Welt, sein Geburtsort ist nicht bekannt. Von ihm ist das Lied „Wann i amal a Geld hab" aus dem Zauberspiel „Staberl in Marokko", Musik von Franz Volkert, aufgenommen (1820).

Am 6. März 1847 kam in Pest **Ludwig Gothov-Grünecke** (Grüneke) zur Welt, der am 17. Oktober 1921 in Wien starb. Seine Kompositionen können überwiegend der hier betrachteten Gattung zugeordnet werden:

„Bayrisches Bierlied". – „Bald hier, bald dort! Marsch". – „Das ist bös", Couplet. – „Gengans ham!" (Couplet). – „Lanner's Lieblingslied: Wann a der Wiener alles verliert". – „Liebes Schatzerl, sei nicht betrübt". – „Mondlied: Der Mond geht fort". – „Mondschein-Gavotte". – „O die Männer!" (Polka francaise). – Repertoire der Wiener Sängerinnen mit unterlegtem Gesangstext: „Wir Wienerinnen sind bekannt" (Marschlied); „Wiener Genrebilder: Draußt sind wir fern" (Walzer); „Fächer-Polka: Wer den Fächer hat erfunden"; „Zwa Sterndal am Himmel" (Kärntner Volkslied). – Aus der Gesangsposse „Soldatenstreiche": „Soldatenlust" (Marsch). – „Spiegel-Polka". – „Warum? – Darum!" (Couplet). – „Was liegt da uns dran!" (Couplet). – Wiener Gesangs-Humoresken: „Der Geist des Junggesellen" und „Entgegnung: Mitternächtlich fern am Kreuzweg"; „Der liebe, gute Felix: Felix, reicher Eltern Sohn"; „Ein Damen-Stundenplan: Mein allerhöchstes Streben"; „Klatsch, Quatsch, Tratsch!: Es gibt so viele Menschen mit Wichtigtuerei"; „Wissen Sie vielleicht warum?: Mutter sagte oft zu mir"; „Der Kavallerist: Kavall'riste hussalopp". – Aus der Operette „Zweierlei Tuch": „Ein Krach, ein Knall, ein Blitz, ein Bumm" (Couplet); „O du mein Wien".

## Mondlied.

Aus Bruno Zappert's Gesangsposse:
„Ein Böhm in Amerika."
Aufgeführt im k. k. priv. Theater in der Josefstadt.
Musik v. Gothov Grünfeke.

Volksausgabe à 5 kr.
Druck und Verlag von Wilh. Hendl.
Wien, IX. Hörlgasse 3.

Wenn mit ih-rem dunk-len Fit-tig, uns-'re Welt um-armt die Nacht, hat ein Mäd-chen keusch und sit-tig, ih-re Fen-ster auf-ge-macht. Jh-rer Au-gen dunk-le Ster-ne, sen-det sie zum Ho-ri-zont, sagt, wen sucht sie in der Fer-ne? Nie-mand als den blei-chen Mond, Jhm ver-traut sie ih-re Kla-gen, ihm ver-traut sie ih-re Pein, was sie drückt, sie kann's nur sa-gen, ihm dem bleichen Mond al-lein. Auf ihn baut sie, ihm ver-traut sie, zu ihm seufzt sie, er be-greift sie, auf ihn baut sie, ihm ver-traut sie, und was sagt er zu dem Mal-heur-? Der Mond geht fort, ob früh, ob spät, er sagt kein Wort, er ist dis-eret, der Mond geht fort, ob früh, ob spät, er sagt kein Wort, er ist dis-eret.

**2.**
's eilt ein Jungling mit der Zither
zu dem Hause der Marie,
Sauber ist sie, gar nicht bitter,
aber treu war sie gar nie.
Während er in Mondscheinnächten
singt von Liebeslust und Leid,
Hat die Maid bei sich den Rechten,
der sich seines Lebens freut'.
Und der Mond, er sieht den Jammer,
blickt auf den, der unten steht,
Sieht hinein auch in die Kammer,
sieht wie gut's den Beiden geht.
    Sieht die Freuden, — sieht die Leiden,
    Diesen küsst sie, — den vergisst sie,
    Dieser jammert, — der umklammert,
    Und was sagt er — zu der Affaire?
    Der Mond geht fort, — ob früh, ob spät,
    Er sagt kein Wort, — er ist discret,
    Der Mond geht fort, — ob früh, ob spät,
    Er sagt kein Wort, — er ist discret.

Im Einverständniss der Verlagsfirma V Kratochwill, Wien, I. Wollzeile № 1.

---

**Josef Holzer**, 1881 in Budapest geboren, wurde Kapellmeister und Komponist. Nach dem 1. Weltkrieg war er als erster Deutscher in Italien als Dirigent aufgetreten. Er komponierte u. a.:

„Es gibt nur a Wien", Marsch; und „Grüße aus Wien", Walzer.

**Hans Krenn** kam am 16. 11. 1854 in St. Gotthard/Szentgotthárd im Komitat Vas zur Welt. Er komponierte:

Opus 12 — „Gratulations-Ouverture". 34 — „D' Heimkehr". 35 — „Im Wald drauß a Blüamerl". 41 — „Herbstlied". 46 — „'s is anderscht". 47 — „Im Walde". 97 — Drei Lieder: „Rot und weiß"; „Der Ring"; „Der Beduine". 100 — „Missa Papae Leonis".

Aus der Posse „Der Stabstrompeter": Entrée-Lied der Gusti: „Ja, diese Männer"; Entrée-Lied der Poldi: „Gott sei Dank, da bin ich". — „Sei gut, mein lieber Schatz", Polka. — „In der Brühl", Polka. — „Stramm marschiert", Marsch.

Aus „Die beiden Schwammerl": „Nähere Auskunft erteilt die Expedition"; „Geht's wie's geht", Polka schnell.

Aus der Operette „In der Kadettenschule": „Coquetterie-Polka"; „Leni-Walzer"; „Liebe allein nur beglückt die Welt".

Aus der Posse „Österreich-Ungarn wie es lebt und lacht": „Weana Drahrer! Wir san die Weana Drahrer!" Marsch-Lied.

„Verkehrte Reime", Couplet („Es reisen drei Thore zum Burschen hinaus …").

Aus der Posse „Wien bleibt Wien": „Aber a Hetz", Couplet; „Strohwitwer", Walzer.

Aus der Posse „Zehntausend Gulden Belohnung": „Die drei Grade der Liebe"; „Nacha san ma aus'm Wassa", Couplet.

**Alois Kutschera** kam am 5. Dezember 1859 in Pest zur Welt und starb am 22. Oktober 1919 in Wien. Zu seinen zahlreichen Liedern, von welchen einige im gesamten deutschen Sprachraum Verbreitung fanden, schrieb er zumeist Text und Melodie selber:

Opus 4 – „Weißt du Muatterl, was i träumt hab?" 4 – „Reves du Paris: La triste mère veille et pleure". 5 – „Arm und reich: Ich denke oft der schönen Zeit". 6 – „Vergiß das arme Mädchen nicht". 7 – „Das Christkinderl: Es war zur Weihnachtszeit". 8 – „In der Not frißt der Teufel Fliegen". 14 – „Du bist zu schön, um treu zu sein: Einst wußt' ich nicht, wem ich es danken soll …" 15 – „Ich nehme den Traum mit mir: Es gab einst für mich eine wonnige Zeit". 16 – „Das Glück: Der Himmel hat mir einst beschieden". 17 – „A dicker Mensch hat halt ka Glück: Der ane is reich, der and're arm". 18 – „Der Rabe und das Täubchen: Ein alter Rabe, der schon lang' als Witwer fliegt umher". 19 – „Es ist vorbei: Gott Amor ist es einst gelungen". 20 – „Na nu! Herr Professor Schenk!: Wunderbar ist die Entdeckung vom Professor Schenk in Wien". 21 – „Nur immer elegant: Daß so viel Maderln ledig bleib'n". 22 – „Was Hänschen mal gewöhnt ist, das läßt der Hans gar nie: Ich lebe immer lustig in die liebe Welt hinein". 23 – „Die kleine Pikante: Man sieht wie hier Figura zeigt". 24 – „Das Schicksal der Mädchen: Wir Mädchen sind rein zum Leiden geboren". 25 – „Servus Pepi: Es geht ein Mann". 26 – „Frauen-Engel", Walzer. 27 – „Schweigen ist Gold: Im Leben da gibt es Momente sehr oft". 28 – „Die Gelehrte: Ich war schon ein ganz kleines Mädchen". 29 – „Die Bestimmung: Ach Freunde hört …" 30 – „Die Vielbereiste: Reisen durch die ganze Welt". 31 – „Alles nur weg'n der Frau: Ein Herr der geht ins Gasthaus". 32 – „Wer ein edles Herz gefunden: Die Wohltat ist …" 33 – „Moderne Benennungen: Schlankerl sagt man zu an Knab'n". 34 – „Es gibt auf dieser großen Welt". 35 – „Mit geschlossenem Visier! oder Die gute alte Ritterzeit: Zu alten Ritterzeiten". 36 – „Heut' tät ich's nimmer mehr: Wie glücklich ist man doch als Kind". 37 – „Die Blume der Liebe: Ich fand eine Rose". 38 – „Der Frauenkapitän". 39 – „Busserl, Kuß und Schmatz". 40 – „Das wäre ein Malheur!: Zu mir sprach einst ein alter Herr". 41 – „Auf nach Paris!", Marsch. 42 – „Das kann er in Kobi mit'n Strohhut erzähl'n: Die Welt is' meschugge". 43 – „Die Blumenspenderin: Ich liebe die reizenden Blumen so sehr". 44 – „Das süße kleine Wörtchen ‚Rendezvous': es gibt ein süßes Etwas". 45 – „Der liebe Cousin: Mit siebzehn Jahren war ich in den Cousin verbrannt". 46 – „Wie heilsam eine Badekur, da hat man keine Spur: Es geht so mancher Mann zur Kur". 47 – „Was klein ist, das ist herzig: Ich war als Kind voll Übermut". 48 – „Das Kabinett: Ich hatte als Mädchen ein klein' Kabinett". 49 – „Die närrische Soubrette: Als ich noch jung vom Elternhaus". 50 – „Es gibt keinen Menschen, dem Liebe nicht schmeckt: Ich habe schon nachgedacht". 51 – „Da gibt's kan Herrgott mehr (Außer Rand und Band, Marschlied)". 52 – „Du reizendes Mädi". 53 – „Pardon, ich habe Prob' gehabt". 54 – „Die geschiedene Frau". 55 – „Das fin de siècle-Weib". 56 – „Durch die Blume". 57 – „Mir ist ein Stein vom Herzen g'fallen". 58 – „Ich war so sonderbar". 59 – „Nobel geht die Welt zugrund". 60 – „Ist das net blöd?" 61 – „Was kann mir die Welt da noch bieten?" 62 – „Schönau, mein Paradies: Ich suchte einst ein stilles Plätzchen". 63 – „Ich bin ja nur ein schlichtes Wesen". 64 – „O gib mir den Himmel!" 65 – „Zu wohltätigen Zwecken". 66 – „Ich war zu schwach, um dir zu widerstehn". 67 – „Lieber Gott, schick' einen Engel". 74 – „Ein süßes Geheimnis". 76 – „Ich liebe dich ewig und treu". 78 – „Der alte Page: Als Page zieh ich durch die Welt". 80 – „Das Jagdschloß im Walderl oder Erinnerung an Johnsbach" (steirisches Lied). 81 – „Das

Taubenpärchen". 82 – „Schönauer Jagdlied". 83 – „Dich liebt ein Herz voll edler Poesie". 84 – „Das süße Goscherl". 98 – „Man braucht nicht reich zu sein, damit man glücklich ist". 99 – „Das süße Wunder". 100 – „O gönne mir den Blick ins Paradies". 101 – „Der Schmetterling". 102 – „Du gleichst dem Frühling".

Zu den populärsten Liedern Alois Kutscheras, welche gerne auch von den Wiener Heurigen Musikern gebracht wurden und im gesamten deutschen Sprachraum Verbreitung fanden, zählen auch „Mein Elend oder Verlorenes Glück" (So oft der Frühling durch das off'ne Fenster am Sonntagmorgen uns hat angelacht …), „Wan net, Muatterl, wan net" (Text: Richard von Ranna) und „Die unvergeßlichen Augen" (Graue Augen: Wie oft denk ich der schönen Stunde …).

Mit seinem „Budapester Wirten-Marsch" hatte sich Kutschera wohl seiner Geburtsstadt erinnern wollen.

**Raoul Mader**, 1856 in Preßburg geboren und 1940 in Budapest verstorben, brachte auch Lieder verschiedener Gattungen und Instrumentalstücke hervor:

Opus 32 – „Gute Lehren". 100 – „Dich will ich ewig lieben" (als Einlage für die Oper „Der Postillon von Lonjumeau" von A. Ch. Adam). 102 – „Wenn du kein Spielmann wärst". 103 – „Bei dir allein". 104 – „Mondnacht". 105 – „Für wen?" 106 – „Nun bin ich nur ein Reitersmann". 107 – „Der Mai wird es der Rose sagen". 107 – „J'y pense", Polka-Caprice. 116 – „Offenes Geheimnis". 120 – „Spielmanns Liebchen". 121 – „Ich lasse die Augen wanken". 123 – „Nur rrrasch!" Polka schnell. 124 – „Kurze Rast: Halloh, Herr Wirt! Nur nicht gespreizt". 125 – „Die Trompete von Gravelotte: Sie haben Tod und Verderben gespie'n". 139 – „Ein schön teutsch Reiterlied". 167 – „Der Schmetterling".

Ohne bekannte Opuszahlen:

„Arm und reich", Lied. – „Dann bist du's nicht". – „Das klagende Veilchen". – „Das muß a Engerl vom Himmel drob'n sein", Walzerlied. – Aus seiner komischen Oper „Die Flüchtlinge": „Reiterlied: Es war ein wildes Reiten"; „Duettino: Des Prinzen Schicksal"; „Auftrittslied: Wenn Sie gestatten"; „Ariette: In ein Schößchen"; Arie: „Sie wagt es". – Aus seiner Operette „Fräulein Kadett": „Yes! Yes! English spoken schadet nie!" – Landsknechtslieder: „Der Aufbruch"; „Im Lager". – „Liebesklage: Es steht ein' Lind' in jenem Tal". – „Minnelied: All' mein Gedanken sind bei dir". – Männerchöre: „Zu später Stunde"; „Dem Glück entgegen". – „Waldeinsamkeit". – „Waldfrieden".

Der bekannte Wiener Operettenkomponist **Karl Millöcker** (1842–1899) war 1868 und 1869 **Kapellmeister am Deutschen Theater zu Pest**. Dort hatte er die Operetten „Die Fraueninsel", „Die verkehrte Welt" und „Der Dieb" geschrieben. Das im letzteren Stück enthaltene Lied „Ach, ich hab' sie ja nur auf die Schulter geküßt" wurde später, als es in Millöckers Operette „Der Bettelstudent" eingelegt wurde, zum Welterfolg.

(Nach den von Dr. Egon Past zur Verfügung gestellten Unterlagen.)

Von den ungezählten Liedern des 1801 in Tolnau geborenen **Adolf Müller** sollen ergänzend noch einige angeführt werden, welche vornehmlich aus seinen rund 640 vertonten Bühnenwerken stammen:

„Seither bin i gscheit wordn …" – „Die Männer sein schlimm, meiner Seel, es is wahr". – „Die hat mich erheitert, daß ich springen grad möcht". – „Der Branntwein, das ist schon ein reiner Genuß". – „Es glaubt mancher, weil er ein'n Backenbart hat". – „Ich hab ein Amur, die mir treu is". – „Die Lieb bringt mich um". – „Der Tandelmarkt ist wie die Welt". – „Gibt mein Herr eine Tafel, so trinkt er nur Wein". – „'s war

## Verschiedene Mischungen.
### Couplet von Josef Philippi.

Gesungen von H. Eisenbach
in der Buda-Pester Orpheum Gesellschaft.

1. Man nimmt zu-erst den Wien-fluss, der macht sich im-mer nett, dann kommt die Schwieger-mut-ter, und dann das Tram-Way-G'frett. Es folgt so-dann die Stadt-Bahn, der G'mein-de-rath, o weh! Rührt man das durch ein-an-der, so wird d'raus ein Cou-plet, rührt man das durch-ein-an-der, so wird d'raus ein Cou-plet.

D. Seg.

2.
Man nimmt sehr grosse Zettel,
Die werden plakatirt,
Die Leute steh'n und lesen,
Ein Fest wird annoncirt.
Dann kommt a grosser Regen
Vermischt mit Sturmgebraus.
:|: Reibt man das durcheinander,
So wird der Stuwer draus! :|

J. B. 1449

einer von Eisen, hat wütend getanzt". – „'s kommt ei'm Einer ins Zimmer". – „Die Lieb ist ein Rausch allemal bei die Männer". – „Manche Madeln uns'rer Zeit". – „Ein jedes Handwerk hat mehr Glück". – „Auf Mittel geg'n d' Lieb' hab'n die Leut schon …" – „So recht fidel leb'n und umsunst". – „Es heiratet einer a Madel mit Geld". – „Ich kenn' eine Frau, sie ist schon hübsch bei Jahren". – „Des wüsten Lebens flücht'ger Reiz". – „Unser G'schäft ist zwar grob …" – „Ein blutjunges G'schöpf nimmt ein' Millionär". – „Der hat weiter net g'schaut". (Mitgeteilt vom Deutschen Volkslied-Archiv in Freiburg.)

Aus „Die Perlenschnur" nach dem Buch von Karl Holtei:

„Wohl hat des frühen Winters Schnee sich frostig vor mir …" – „Von der Liebe Blumenkranz umwunden". – „Durch Feld und Wald schweifen, an Wiesen hinzustreifen". – „Haben wir es je verdient, daß der Frühling blühe?" – „Sie war so hold, doch mußt ich ihr entsagen".

Der am 16. April 1841 in Großau (Grossau)/Cristian in Siebenbürgen geborene **Josef Philippi** hinterließ einige Gesänge dieser Gattung, welche u. a. in der „Buda-Pester Orpheum Gesellschaft" zu Wien vorgetragen wurden:

„Das macht doch nix". – „Annoncen Couplet". – „Verschiedene Mischungen" (Man nimmt zuerst den Wienfluß, der macht sich immer nett …).

Philippi hatte auch den Text zu dem Lied „Der Wiskočil" verfaßt:

„Wer ist beim Veteranen-Corps, / hat musikalisch feines Ohr, / und ist dabei bei jeder Leich, / besonders, wenn der Tote reich? / Blast Bumbardon dort mit Gefühl: / der Wiskočil ..."

Seine Worte zu „Verkehrte Reime" hatte als Couplet Hans Krenn vertont (siehe bei diesem!).

**Gustav Pick** kam am 10. Dezember 1832 in Rechnitz im Burgenland (damals in Ungarn gelegen) als Sohn eines Arztes zur Welt. Er hatte keine musikalische Ausbildung genossen, wurde jedoch als Autodidakt zu einem hervorragenden Klavierspieler. Als Privatmann in Wien lebend, brachte er eine Anzahl viel beachteter Lieder hervor, deren Texte und Melodien er selbst verfaßte.

Bei einem Wohltätigkeitsfest der Wiener Freiwilligen Rettungsgesellschaft in der Rotunde am 24. und 25. Mai 1885 hatte Alexander Girardi aus Anlaß des hundertjährigen Jubiläums der Wiener Fiaker zum erstenmale das „Wiener Fiakerlied" vorgetragen. Damit wurde Gustav Pick mit einem Schlage berühmt. Seitdem wird „Ich führ zwa harbe Rappen, mein Zeug, dös steht am Grab'n ..." in aller Welt gesungen; bekannte Interpreten waren u.a. Paul Hörbiger (in Budapest geboren), Peter Alexander usw.

Von Gustav Pick stammen weitere, zum Teil ebenfalls bekannt gewordene Lieder:

„Ah, da muß ma mit!", Walzerlied. – „Der Wasserer: Wann's nit just gossen epper hat ...". – „Deutschmeisterlied: Mir san die Weanakinder". – „Die Burg-Parade", Marsch. – „Der Tanzfex: Möcht noch einmal jung sein". – „Das was nur a Weaner, a weanerisches Blut". – „Weana Maderln". – „Wein, Weib und Gesang".

Pick starb am 29. April 1921 in Wien.

Bei der bisherigen Werkbeschreibung wurden bereits von mehreren Komponisten auch **Soldatenlieder** erwähnt. Außerdem seien genannt: **Emil Hochreiter**, 1871 in Debrezin/Debrecen geboren, hatte im Dezember 1914 in Wien „zu Gunsten des ,Witwen- u. Waisen-Hilfsfonds der ges. bewaffneten Macht'" folgende „Kriegslieder" veröffentlicht:

Opus 39 – Nr. 1 „In Gottes Namen" (Dr. Rich. Kralik). – Nr. 2 „Soldatenabschied" (Rich. Seys-Inquart). – Nr. 3 „Habsburg-Zollern-Hymne" (Dr. Ad. Pilz). – Nr. 4 „Schwarz-gelb und Schwarz-weiß-rot" (Franz Eichert). – Nr. 5 „Vor dem Kampfe" (Franz Graf Marenzi). – Nr. 6 „Abschied vom Ehering" (Kory Tonska). Opus 40 – Nr. 1 „Neuösterreichs Bluttaufe" (Franz Eichert). – Nr. 2 „O Nikolaus, o Nikolaus!" – Nr. 3 „Deutschland-Öst'reich Hand in Hand" (Max Bewer). – Nr. 4 „Treubund-Hymne" (Dr. Ad. Pilz). – Nr. 5 „Reiterlied" (Gerhart Hauptmann). – „Ein Weihnachtslied". Opus 41 – Nr. 1 „Kampfespause" (R. v. Schalkenstein). – Nr. 2 „Kosakenjagd" (R. v. Schalkenstein). – Nr. 3 „Unser Kaiser im Gebet" (H. Sheff). – Nr. 4 „Österreichisches Reiterlied" (H. Zuckermann). – Nr. 5 „Tod in Ähren" (Detlev v. Liliencron). – Nr. 6 „Weckruf" (Dr. A. Pilz). – Nr. 7 „Österreich" (J. Herdan).

**Adolf Müller** schrieb die Singweise zu einem Text „Soldatenheimweh" (Theure Heimath, dein gedenk' ich, so im Feld wie im Quartier …).

e) Gesangvereine entstehen

„Die Männergesangvereine haben ihren Ursprung in der Liedertafel, die Karl Friedrich Zelter (1758–1832) in Berlin gegründet hatte", erläutert Erwin Lessl, Kenner dieses Kulturbereichs, und fährt fort: „Sie wurden im 19. Jahrhundert in den deutschsprachigen Gebieten zu einer weitverbreiteten gesellschaftlich-musikalischen Institution. In rascher Folge entstanden Männergesangvereine in vielen Städten und Dörfern dieser Gebiete".

Die **Männergesangvereine** wurden freilich später häufig in **gemischte Chöre** umgewandelt, oder es wurden solche neu gegründet. Die Hinzunahme von Frauenstimmen ergab naturgemäß einen wesentlich größeren Tonumfang, was hinsichtlich des Repertoires neue Möglichkeiten eröffnete.

Auch bei der reinen Gesangpflege ist die Hinzunahme eines Musikinstrumentes (z.B. eines Klaviers) kaum entbehrlich. Bei manchen Aufführungen (z.B. Singspielen) reicht auch das nicht. So gründeten da und dort Gesangvereine Orchester, so daß sie sich dann häufig als **Musikvereine** bezeichneten. Einige dieser Vereine errichteten auch angeschlossene **Musikschulen,** in welchen der Nachwuchs ausgebildet wurde.

Für uns ist von großem Interesse, was Wurzbachs Biographisches Lexikon über den schon vorgestellten **Franz Seraph Hölzl** aus dem damaligen oberungarischen Malatzka enthält, der von 1843 bis 1862 in Fünfkirchen erfolgreich tätig war: „In kurzer Zeit fand H., der sein Amt mit Liebe und Eifer versah, in Innsbruck festen Boden, … und wurde der Liebling der akademischen Jugend, welche er zu einer Liedertafel vereinte. Diese Liedertafel wurde bald allgemein beliebt, wo nur immer ihre Chöre ertönten, strömte das Volk herbei; ein neues ungekanntes Leben begann, und Hölzl wird mit Recht in seinem Ehrendiplome als **erster Gründer der Liedertafel** (in Österreich) benannt, auch dürfte die Innsbrucker Liedertafel die erste im österreichischen Kaiserstaate gewesen sein … Im August 1843 erhielt H. den Ruf als Domcapellmeister nach Fünfkirchen in Ungarn. H. nahm denselben in der Voraussetzung an, daß ihm nun jene Mittel zu Gebote stehen würden, welche von einem gut fundirten Chore zu erwarten sind."

Wie bei den Musikkapellen, so können hier die Gründungen von Gesangvereinen auch nur mit einigen Beispielen angegeben werden. Das jeweilige (bekannte oder nur vermutete) Gründungsjahr wird vorangestellt.

**Apatin** (Abthausen): 1859 Gesangverein; 1895 Bauernverein mit Gesangverein; 1898 katholischer Gesellenverein mit Gesangschor; 1902 gemischter Chor „Ave".
**Arad:** 1878.
**Batsch/Bács/Bač:** 1907 Gesangverein.
**Betschkerek:** 1868 Chor.
**Bokschan/Boksán/Bocşa:** 1870.
**Bonnhard:** 1871 Gesangverein, gegründet von Karl Hoffer.
**Budapest:** 1871 gründete Matthias Engesszer den ersten Frauenchor („Liszt-Verein"), der 1873 in einen gemischten Chor umgewandelt wurde; 1873 Bürger-Gesangverein.
**Csatád** (später Lenauheim): 1907 Männergesangverein (Gründer war Lehrer Nikolaus Riegler).
**Dognatschka/Dognecea:** 1878 Männergesangverein.
**Filipowa:** 1898 Männergesangverein.
**Fünfkirchen:** 1861 wurde ein Gesangverein gegründet, dessen leitende Männer auch eine Musikschule errichteten; später entstand eine Musikschule mit Orchester. J. Weidlein schreibt im „Donau-Schwaben-Kalender 1972" dazu: „Zu erwähnen ist, daß nach dem Vorbild des Fünfkirchner Gesangsvereins in vielen Ortschaften der Schwäbischen Türkei Gesangvereine gegründet wurden."
**Groß-Komlosch:** 1865 Männergesangverein, gegründet vom herrschaftlichen Kapellmeister Josef Wanoucek; 1894 röm.-kath. Kirchengesangverein, durch Martin Kurzhals gegründet.
**Hatzfeld:** 1864.
**India:** 1910 Deutscher Männergesangverein, Chorleiter Jakob Ambros aus Ruma.

*Siehe Farbfoto der Vereinsfahne Jahrmarkt, Seite 351*

**Karansebesch:** 1867.
**Karlsdorf:** 1887 Männergesangverein (Chorleiter war Schuldirektor Josef Jung).
**Kikinda:** 1872.
**Kleck/Bégafő/Klek:** 1897 Männergesangverein.
**Klein-Omor:** 1897 Männergesangverein, Leiter: Sepp Schirado.
In **Kronstadt** hatte sich Ottomar Neubauer um den Männergesang verdienstvoll bemüht.
**Lasarfeld/Lazarföldye/Lazarevo:** 1863 gründete der Lehrer Michael Eisler einen Männergesangverein, welcher den Gottesdienst umrahmte, aber auch das deutsche Lied pflegte und bei öffentlichen Veranstaltungen auftrat. Meist war der Kantorlehrer der Chorleiter. Der Verein wurde schon bald in einen gemischten Chor umgewandelt.
**Liebling:** Deutscher Männergesangverein durch Lehrer Samuel Hetzel.
**Lippa/Lipova:** 1865.
**Lugosch:** 1852, von Lehrer Konrad Wusching gelei-

*Zur Erinnerung an das 50jährige Jubiläum des Werschetzer Männergesang[vereins]*

*1861 – 1911*

tet; dieser spätere Musik- und Gesangverein eröffnete auch eine Musikschule.

**Neubeschenowa:** 1874.
**Neu-Moldowa**/Újmoldova/Moldova Nouă: 1874.
**Ofen:** 1870er Jahre.
**Orawitz:** 1863 Musik- und Gesangverein.
**Orschowa:** 1859 Musik- und Gesangverein.
**Orzydorf:** 1870.
**Ostern:** 1885.
**Pantschowa:** 1850 gab es hier ein Sänger-Quartett, aus welchem bald ein Chor entstand. 1862 war Chorleiter des Deutschen Männergesangvereins Josef Funke. 1883 gründete Andreas Merkle den evangelischen Kirchengesangverein. 1887 entstand der Deutsche Gewerbegesangverein, dessen langjähriger Leiter Kapellmeister Franz Schirka war. Der Verein hatte auch eine eigene Theatertruppe.
**Raab:** 1888 wurde Julius Kirchner aus Mucsfa (Mutschwar) Dirigent des schon bestandenen Musik- und Gesangvereins.

**Reschitza:** 1870.
**Ruma:** 1891 Deutscher Leseverein mit Gesangabteilung; 1894 Rumaer Deutscher Männergesangverein, 1898 ergänzt durch Frauenchor; 1909 Gesellschaft der Musikfreunde; 1912 Rumaer Deutscher Bauerngesangverein.
**Saderlach**/Zădăreni: 1878.
**Schag:** 1878.
**Segenthau** (Dreispitz): 1886 Männergesangverein.
**Sekitsch** hatte um 1876 einen Männergesangverein, für 1899 wird ein Männerchor erwähnt.
**Sombor:** 1857 Männergesangverein.
**Steierdorf:** 1868.
**Steinacker** (Nadrág): 1877.
**St. Hubert:** 1883 Männergesangverein.
**Subotica:** 1865 Chor.
**Temeschburg:** 1858 Temeswarer Musikverein, der eine Gesangschule und einen Männerchor bildete. – 1856 gründete Friedrich Heim einen Männerchor (Liedertafel). – 1862 arbeitete Ludwig Kleer mit dem

*Inschrift der Medaille: Erinnerung an das Fahnenweihfest des Gewerbegesangvereins Ung. Weisskirchen 20. August 1904. Durchmesser des Originals: 3 cm*

Männergesangverein, der mit einer Musik- und Gesangschule verbunden war. – 1875 Gesangverein der Farbrikstadt. – 1894 Banater Sängerbund.

**Tschakowa:** 1854.

**Ulmbach/Újpécs/Peciu Nou:** 1884 Ujpécser Männergesangverein, erster Chorleiter Karl Anheuer.

**Weißkirchen:** 1856 (oder bereits 1854) Männergesangverein.

**Werschetz:** 1861 Gewerbe-Sängerbund; 1861 Männergesangverein; 1882 Gesangverein der Gewerbetreibenden; 1895 Arbeiter-Gesangverein; 1895 Landwirtschaftlicher Gesangverein.

**Wiesenhaid:** 1878.

**Winkowzi/Vinkovci:** 1872 Gesangverein „Eintracht"; 1892 bestand bereits der Verein „Frohsinn".

**Zychidorf:** 1894 Deutscher Männergesangverein.

f) Aktivitäten der Gesangvereine

In einem Protokoll des Weißkirchner Deutschen Männergesangvereins aus dem Jahre 1859 heißt es: „Seine erste Ausfahrt unternahm der Verein mit der Weißkirchner städtischen Musikkapelle nach Semlin."

Im „Hausbuch des Mathias Siebold aus Neubeschenowa, Banat, 1842–1878: ‚Deutsches Bauernleben im Banat'", München 1957, Verlag des Südostdeutschen Kulturwerks, findet sich aus dem Jahre 1865 folgende Festhaltung: „Am 19-ten mit einem Vergnügungszug nach Pest gereist, wo am 20-ten ein 25jähriges Jubiläum seit dem Bestande des Konservatoriums gefeiert wurde, wo von allen Städten Ungarns die Sängerchöre an diesem Fest teilnahmen; wo auch der Tonkünstler Franz Liszt aus Rom erschien." Es gibt gar keinen Zweifel, daß diese Chöre zum Großteil deutsche waren.

Es ist einsichtig, daß auch die Gesangvereine ihr Können unter Beweis stellen wollten – willkommene Anlässe hierfür waren **Fahnenweihen, Jubiläen und ähnliche Feiern**. Dabei fanden **zahlreiche Gastreisen** statt.

Erwin Lessl berichtet, daß der **Tschakowaer Gesangverein** 1857 eine Veranstaltung in Detta zu wohltätigen Zwecken abhielt. Bei der Fahnenweihe in Orawitz 1871 nahmen bei dem damit verbundenen Sängerfest und Preissingen die Gesangvereine aus Hatzfeld, Lippa, Lugosch und Werschetz teil. Dann schreibt er wörtlich: „Auch 1882, gelegentlich der Hundertjahrfeier der Erhebung Temeswars zur Freistadt, fand ein Sängerfest mit Preiswettsingen statt, an dem außer dem Chor des ‚Temeswarer Philharmonischen Vereins' die Gesangvereine von Lugosch, Detta, Weißkirchen, Karansebesch, Chizatau, Großkikinda, Ferdinandsberg und Orawitza teilnahmen." Und noch ein Beispiel Lessls: „Gelegentlich der Gewerbe- und Landwirtschaftsausstellung in **Temeswar,** 1891, fand auch das Fahnenweihfest des ‚Temeswarer Philharmonischen Vereins' und zugleich ein Konzert statt, an dem die Gesangvereine aus Budapest, Szeged, Debreczen, Eger, Weißkirchen, Werschetz, Großsanktnikolaus, Lugosch, Karansebesch, Reschitza, Orawitza, Steierdorf-Anina, Orschowa und Temeswar teilnahmen."

Laut Johann Weidlein hatte der Fünfkirchner Gesangverein auch im Ausland große Erfolge; ihm sei auch der „Landesverband der Sänger" zu danken. Weiter wörtlich: „Das erste ungarische Sängerfest wurde in **Fünfkirchen** veranstaltet. Zur Fahnenweihe des Gesangvereins und seinem fünfundzwanzigjährigem Jubiläum (es dürfte 1886 gewesen sein; eig. Anmerkung) wurden sämtliche Gesangvereine des Landes eingeladen. In verschiedenen Städten Österreichs und der Schweiz konzertierte er ..."

Der Männergesangverein **Karlsdorf** hatte, wie Hans Volk im Heimatbuch „Karlsdorf" vermerkt, im auslaufenden 19. Jahrhundert „auch in den umliegenden deutschen Orten und Städten Gastspiele gegeben, wie auch auswärtige Vereine in Karlsdorf auftraten".

Im Jahre 1868 war im Hofe des Theaters von Carl Zeh in **Werschetz** der preußische Hofpianist Anton von Kontsky unter der Mitwirkung des Deutschen Männergesangvereins aufgetreten.

Der **Neuarader Chor** hatte 1888 seinem Leiter, Leopold Herrmann, zum 50. Lehrerjubiläum einen Lorbeerkranz geschenkt. Herrmann hatte im selben Ort auch ein Quartett geschult (nach Luzian Geier).

Die Gesangabteilung des Deutschen Lesevereins in **Ruma** (1891 gegründet) veranstaltete jährlich einige Liedertafeln und begab sich auch auf eine Sängerfahrt nach Mitrowitz. Der Rumaer Deutsche Männergesangverein hatte sich 1908 am Sängerwettstreit in Neusatz beteiligt.

Friedrich Kühbauch zitiert in seinem Beitrag „Deutsche Schulen in Bosnien vor dem ersten Weltkrieg" (Donau-Schwaben-Kalender 1984, Seite 82): „Im August 1912 fand in **Ruma** in Syrmien eine Tagung des Verbandes der Karpatendeutschen statt, verbunden mit einem Turn- und Sängerfest der Syrmier und Batschkaer Schwaben."

Aladár Goll, geb. 1886 in Budapest, gründete den **Chor der Budapester Studentenschaft**, der 1911 und 1912 mit großem Erfolg in Wien und Berlin konzertierte – schreibt Johann Weidlein wörtlich.

Zum 100. Geburtstag von Ludwig van Beethoven wurde 1870 in **Orawitz** eine Feier von hohem Niveau veranstaltet.

Nach Auflösung der Militärgrenze (1873) unterhielt im Lusthaus zu **Winkowzi** an Sonn- und Feiertagsnachmittagen der Musik- und Gesangverein „Eintracht" das Publikum.

Im Jahre 1910 fand ein **Torontaler Sängerfest** mit Vereinen aus Billed, Csatád, Gertianosch, Mastort, Marienfeld, Groß-Jetscha und St. Hubert statt.

Anläßlich seiner Fahnenweihe hatte 1888 der Gesangverein in **Pantschowa** ein Sängerfest abgehalten, zu welchem Gastvereine aus dem Banat, aus Belgrad, Semlin und Fünfkirchen erschienen waren. Der Verein hatte auch den röm. kath. Kirchenchor gestellt und eine Theatertruppe ins Leben gerufen, auch einen gemischten Chor, so daß bald Operetten aufgeführt werden konnten.

Der Männergesangverein in **St. Hubert** hatte im Jahre 1887 bei der Konzert-Liedertafel in Groß-St.-Nikolaus den ersten Preis gewonnen, in Temeschburg erhielt er 1895 volle Anerkennung und 1897 errang er in Groß-Kikinda beim Preissingen den zweiten Platz.

g) Musik und Gesang –
ein Mittel der Völkerverständigung

Im April 1873 fand im Theater zu Werschetz ein Wohltätigkeitskonzert zugunsten des Armenhauses statt, wobei der Serbische und der Deutsche Gesangverein sowie einige Berufs- und Amateurmusiker mitgewirkt hatten.

Ende des 19. Jahrhunderts wurde unter der Leitung von Emanuel Pihert, dem Dirigenten des Serbischen Kirchengesangvereins, in Zusammenarbeit mit dem Kapellmeister Philipp Keller in Werschetz das „Requiem" von Wolfgang Amadeus Mozart aufgeführt. Dabei wirkten 50 Instrumentalisten und 100 Sänger, aus den örtlichen Vereinen ausgewählt, mit. (Beide Informationen stammen von Anton Eberst.)

Im Jahre 1884 hatten Dr. Julius Makanec und Oberbaurat Josip von Vancas in **Sarajevo** die ersten Dilettantenkonzerte veranstaltet. Zwei Jahre später wurde ein Männergesangverein gegründet. Das Ziel war „die Pflege der Musik im allgemeinen und des

*Dr. Georg Graßl (23. 4. 1863 Pantschowa – 28. 7. 1948 Salzburg) war Sektionschef für Kultur und Unterricht in der bosnisch-herzegowinischen Landesverwaltung und später Senator in Belgrad*

Gesangs im besonderen, mit Ausschluß jeder einseitigen nationalen Richtung". Die Hälfte der Mitglieder waren Deutsche. Der Verein, welcher anfangs 30 Sänger und später auf die doppelte Zahl angewachsen war, hatte Konzerte, Messen und Opernabende bewältigt und gastierte mit seinen Programmen aus der europäischen Musikkultur in zahlreichen Orten. Zwei Chorleiter waren Deutsche, als Vereinsvorstand hatte u. a. auch **Dr. Georg Grassl** fungiert!

Josef Gungl aus Zsámbék (1809–1889) bearbeitete in seinen Kompositionen auch musikalische Themen unserer benachbarten Völker, z. B. „Zsambeki Csardas", op. 163; „Marsch über serbische Volksmelodien", op. 166; „Marsch über rumänische Volksmelodien", op. 168.

Zuweilen waren die „Tamburica"-Orchester auch mit deutschen Mitgliedern besetzt, namentlich im kroatischen Bereich; es kam auch vor, daß ein Deutscher solch eine Gruppe geleitet hatte.

Wie bei der Musik, so verhielt es sich auch beim Gesang – auch unsere andersnationalen Mitbürger widmeten sich dieser kulturellen Entfaltung.

Nach Anton Eberst wurde in Sombor 1868 ein **Ungarischer Gesangverein** gegründet, 1870 ein **Serbischer Gesangverein**. In Werschetz entstand der Serbische Gesangverein bereits 1866.

Erwin Lessl schreibt in seinem mehrmals erwähnten Beitrag auf Seite 203 u. a.: „Angeregt von den deutschen Gesangvereinen, entstanden bald auch **rumänische Singgemeinschaften** in Reschitza (1872), Lugosch (1875), Karansebesch (1877), Orawitza (1879) …"

Natürlich sind dies nur einige Erwähnungen aus der Frühgründerzeit. Auch bei unseren andersnationalen Mitbürgern hatte sich die Chortätigkeit im Laufe der Zeit „flächendeckend" entwickelt.

## 9. Aus dem musikalischen Bühnenleben

a) Allgemeine Entwicklungstendenzen

**Das deutsche Theater in Südosteuropa** konnte seine Aktivitäten weiterhin steigern und ausbauen und erreichte etwa in der Mitte der Periode **zwischen 1850 und 1918 seine absolute Blütezeit**. Diese Entwicklung war regional von 1849 bis 1861 durch die Schaffung des „Temescher Banats und Serbische Wojwodschaft" begünstigt, wo die Amts- und Unterrichtssprache wiederum deutsch wurde.

Bei der im nächsten Abschnitt erstellten Liste der Uraufführungen fällt jedoch auf, daß die deutschsprachigen Stücke gegenüber den ungarischen und kroatischen im Abnehmen begriffen waren. Wenn auch, wie schon früher zum Ausdruck gebracht, Erstaufführungen keinesfalls Maßstäbe für die Gesamteffizienz einer Bühne darstellen, so ist die erwähnte Beobachtung doch von schwerwiegender Bedeutung. Man pflegt zwar zu sagen, daß Musik keine Grenzen kenne, was ja auch im allgemeinen stimmt. Sie kann aber auch zu patriotischen Gefühlen und zu chauvinistischen Übersteigerungen gebraucht bzw. mißbraucht werden. Beim Musiktheater hilft das gespro-

*Die Entwicklung des Bühnenlebens führte landesweit zur Befähigung, aus eigenen Kräften auch schwierigere Stücke zu bewältigen. Der Deutsche Männergesangverein Pantschowa mit den Darstellern der Operette „Die Förster Christel" von Bernhard Buchbinder und Georg Jarno (beide aus Budapest) im Jahre 1929. Zweite Reihe (stehend) in Husarenuniform Mathias Merkle, der sich heute noch um die donauschwäbische Bühne verdient macht*

> **Einladung.**
>
> Veranstalte Sonntag, den 17. August l. J. im Saale des Martin'schen Gasthauses zu Szenthubert unter Mitwirkung der Klavierprofessorin Frl. Mathilde Cyprian einen musikalischen
>
> **Märchen-Nachmittag**
>
> und einen
>
> **Opernabend mit Tanz**
>
> wozu ich Euer Wohlgeboren samt werter Familie höflichst einlade.
>
> **Beginn nachmittags um 3 Uhr.**
> **Beginn abends um 8 Uhr.**
>
> Entré nachmittags: I. Platz 6 K, II. Platz 4 K, Stehplatz 2 K, für Schulkinder 1 K.
> Entré abends: I. Platz 10 K, II. Platz 7 K, Stehplatz 5 K.
>
> Numerierte Karten zum Märchennachmittag sind von Freitag nachm. an bei mir zu haben.
> Numerierte Karten zum Opernabend sind im Vorverkauf bei Hrn. Lehrer Christoph Kiefer erhältlich.
>
> Hochachtungsvoll
> **Josef Bidó**, Kaplan.
>
> Überzahlungen werden dankend angenommen. Vom Reingewinn wird ein Ewigeslichtfond in unserer Kirche gestiftet.
>
> Perlstein, Zsombolya.

*Die kulturelle Entfaltung im donauschwäbischen Bereich setzte sich schon bald nach dem Ende des 1. Weltkrieges auch in kleineren Gemeinden, zumeist aus eigenen Kräften, fort. So fand bereits 1921 diese Veranstaltung in St. Hubert mit einem beachtlich anspruchsvollen Programm statt*

chene und gesungene Wort, derartige Tendenzen zu forcieren. So sehr man vollstes Verständnis dafür aufbringen muß, daß die andersnationalen Nachbarn mit den deutschen Bühnen gleichzuziehen bestrebt waren, so kann die daraus erwachsene Unduldsamkeit nicht verschwiegen oder gar akzeptiert werden. Im slowenischen, kroatischen und ganz besonders im ungarischen Bereich hatte sich der Druck derart gesteigert, daß **im Jahre 1896 die Tätigkeit der deutschen Wandergesellschaften verboten** wurde. Das bedeutete für eine Reihe von Bühnen das Ende des hochentwickelten deutschen Theaterlebens im Südosten Europas.

Über den Rückgang des deutschen Theaterwesens im Heimatbereich schreibt Josef Müller (India/München) zutreffend: „Ende der siebziger Jahre des vorigen Jahrhunderts gab es in ganz Ungarn ständige deutsche Theater nur noch in Ofenpest, Preßburg, Ödenburg, Temeschburg, Oravica, Hermannstadt und Kronstadt."

(„Zeugnisse donauschwäbischer Vergangenheit", in: „Donauschwäbische Forschungs- und Lehrerblätter", Heft 1, März 1982, S. 16.)

Daß diese, aus heutiger Sicht völlig unverständlichen und eines Kulturvolkes unwürdige Maßnahmen dennoch nicht imstande waren, die zum Kulturbedürfnis des Inseldeutschtums gewordene muttersprachliche Bühne völlig abzuwürgen, hatte glücklicherweise entwicklungsbedingte Ursachen. Bereits im 18. Jahrhundert hatten die reisenden Theatergesellschaften häufig **Musiker und Statisten aus den örtlichen Garnisonen** zur Ergänzung des benötigten Personals herangezogen. Inzwischen waren aber schon längst auch **Kräfte aus der heimischen Bevölkerung** hervorgegangen, die man gut und gerne für diese Zwecke engagieren konnte. Ausgediente Militärmusiker, ungezählte Musiker aus den Knabenblaskapellen, örtliche Kapellmeister und Mitglieder von Gesangvereinen standen hierfür zur Auswahl. In zunehmenden Maße hatten sich außerdem in mehreren Gemeinden **Laien- und Amateurtruppen** formiert. **Männergesangvereine** und andere **hatten sich auch mit dem Theaterspiel** befaßt. Diese Entwicklung hatte sich nach dem Verbot von 1896 noch verstärkt, so daß es im donauschwäbischen Bereich allmählich kaum einen Ort gab, wo nicht Theateraufführungen gegeben worden wären. Freilich, diese konnten das Niveau von ausgebildeten Künstlern nicht erreichen, boten jedoch für die in die Isolation gedrängte Bevölkerung einen optimalen Ersatz. Unter diesen Darstellern und Musikern befanden sich manche Talente, die hernach den mühsamen Weg über eine solide Ausbildung zu bekannten Bühnen fanden.

Bei dem beachtlichen Ausmaß des südosteuropäischen Bühnenlebens erhebt sich naturgemäß die Frage nach der **Herkunft des Publikums**. Mit den im Lande weilenden österreichischen Beamten und Militärs samt ihren Angehörigen allein wäre die Rentabilität der Theater mit der Zeit keinesfalls abgesichert gewesen. Beim Anwachsen der Städte mit Garnisonen und Verwaltungseinrichtungen sowie der Zentren von Handel und Verkehr kamen zunehmend Gewerbetreibende, Kaufleute, Intellektuelle und andere aus den ländlichen Bereichen hierher, deren Interesse an den gegebenen Möglichkeiten der Unterhaltung und der Freizeitgestaltung nicht geringer war. Es liegen aber auch absolut glaubhafte Berichte aus jener Zeit vor, daß manch einer aus dem Landvolk, der in der Stadt zu einer Erledigung weilte, den Abend zu einem Theaterbesuch ausnützte. Wenn die donauschwäbische Bevölkerung nicht genügend kunstinteressierte Menschen besessen hätte, wäre der fast nahtlose Übergang vom Verbot der deutschen Theatertruppen in die Eigenregie ihrer Vereine und Laienspieler nicht denkbar gewesen.

Die künstlerischen Kräfte der Wandergesellschaften, welche übrigens nicht nur aus dem Ausland gekommen waren, müssen unterschiedlich bewertet werden. Manche Schauspieler oder Musiker debütierten auf unseren Bühnen, andere wieder waren bereits erfahrene und anerkannte Meister ihres Faches. **Die Tätigkeit auf Provinzbühnen war** damals wie heute **das Sprungbrett in Häuser der Großstädte und Metropolen.** Mit dem Ausbau des Eisenbahnnetzes – was nicht übersehen werden sollte – waren die Gastspiele wesentlich erleichtert worden, so daß schon da her manche Persönlichkeit mit klingendem Namen den Weg in unsere Heimatbereiche gefunden hatte.

Die Theateraufführungen wurden in völlig unterschiedlichen Räumlichkeiten gegeben. Mancherorts bediente man sich geeigneter Säle in Gastlokalen und Hotels, in anderen Fällen wiederum nahm man entsprechende Gebäudeumbauten vor. Beachtenswert sind die Zitate aus dem Beitrag „Deutsches Theater im Banat" (Beiträge zur deutschen Kultur, Heft 1, Freiburg 1987): „1875 … erstand in dem neuen Stadtzentrum ein Renaissance-Theater, das von der Wiener Firma Fellner & Helmer errichtet worden war. Von Augsburg bis Odessa, von Preßburg, Pest, Klausenburg bis Temeswar, Jassy und Agram reichten über fünfzig Theatergebäude der Wiener Firma, die architektonische Schwerpunkte und ein einheitliches System über Mittel- und Südosteuropa ausbreitete. 1880 brannte das Theater in Temeswar ab, von 1880–1882 erbauten Fellner & Helmer ein neues Gebäude, das seinerseits 1919 abbrannte … Bekannter als das Temeswarer Theatergebäude ist allerdings das – einem kleinen Hoftheater nachempfundene – Gebäude in Orawitza. Es ist 1816 errichtet worden und ist heute noch zu sehen." In Essegg fanden die Vorstellungen von 1774 bis 1866 im Bühnensaal der „Gränitzfestung Essek" statt, ehe das deutsche Stadttheater in der Oberstadt eröffnet wurde. In Pest wurde – laut Wilhelm Kronfuss – 1875 ein Varieté zum „Deutschen Theater in der Wollgasse" umgewandelt, welches später „Deutsches Theater" hieß.

Die passive und aktive **Theaterfreudigkeit der Südostdeutschen** hat aber noch weitere, tiefere Wurzeln, gewissermaßen eine Parallelentwicklung zur eigentlichen Bühne, und läßt die vorstehenden Darlegungen verständlicher erscheinen. Die Ansiedler hatten nämlich aus ihren unterschiedlichen Herkunftsgebieten ebenso unterschiedliche **Volksschauspiele** mitgebracht, bei denen es, ähnlich wie beim Volkslied, erst der Angleichungsprozesse bedurfte, ehe sie, gewissermaßen in einem neuen Gewande, wieder voll zum Tragen gekommen sind. Außerdem besaßen aber die schon in Südosteuropa lebenden und von der Türkenherrschaft verschont gebliebenen Deutschen ein reiches diesbezügliches Gut, so daß es hierbei – schon wegen der geographischen Nähe – zu bereichernden Einflüssen gekommen war. Aber auch die Nachbarschaft mit den andersnationalen Mitbürgern färbte mehr oder weniger ab.

In dem 1858 in Wien erschienenen Werk „Deutsche Weihnachtsspiele aus Ungern. Geschildert und mitgeteilt von Karl Julius Schröer" werden u. a. folgende Punkte abgehandelt: „Die Handschriften der Oberuferer Spiele / Sterngesang und Oberuferer Christgeburtspiel / Oberuferer Paradeisspiel / Presburger Dreikönigslied / Krikehaier Weihnachtslied / Krikehaier Dreikönigslied / Kasmarker Dreikönigslied / Kasmarker Weihnachtslied". Das Werk untersucht auch die Abweichungen zwischen den Preßburger und Oberuferer Spielen; beide Orte lagen nahe beieinander.

Ein weiteres, relativ früh erschienenes Werk mit einschlägiger Berücksichtigung eines Teiles unseres Heimatraumes heißt „Volksschauspiele. In Bayern und Österreich-Ungarn gesammelt von August Hartmann. Mit vielen Melodien, nach dem Volksmund aufgezeichnet von Hyacinth Abele. Leipzig 1880". Die uns darin interessierenden Abhandlungen: „Ofener Christkindelspiel, Ofener Dreikönigspiel, Andere Spiele und Weihnachtssitten in und bei Ofen, Pfingstkönigreiten bei Ofen".

Über diesen wichtigen Bereich unserer Volkskultur hatten in der Zwischenkriegszeit einige aus Deutschland gekommene kompetente Forscher fruchtbare Arbeiten geleistet, z. B. Alfred Karasek-Langer.

Karl Horak veröffentlichte u. a.: „Das deutsche Volksschauspiel im Banat" und „Das deutsche Volksschauspiel in Mittelungarn" (1975 bzw. 1977 beim N. G. Elwert Verlag in Marburg erschienen). In beiden Werken konnte ein reicher Schatz geborgen und festgehalten werden. Außer ausgesprochenen Spielen gab es zahlreiche spielartige Bräuche zum religiösen Jahresfestkreis. Horak schreibt u. a.: „Noch einmal wird die Tatsache bekräftigt, daß das donauschwäbische Siedlungsgebiet eine weiträumige, außerordentlich lebendige und reiche Spiellandschaft darstellt, mit der sich nur ganz wenige, engbegrenzte Gebiete des geschlossenen deutschen Sprachraums messen können."

Solche Spiele wurden teils ortsgebunden, z. B. im Tanzsaal des Wirtshauses, oder aber auch als Umzugsspiele ausgeführt. Die Spieler bestanden häufig aus Familienmitgliedern oder aus jungen Leuten eines Ortes. Zuweilen traten Spielgruppen auch in Nachbarorten auf. Es kam aber auch vor, daß Wandertruppen größere Bereiche, auch gegen Entlohnung, aufgesucht hatten.

Freilich, bei der zuletzt genannten Form wird der Grenzbereich zum Theater erreicht. So kamen namentlich zu den Jahrmärkten **Theater- und Puppenspieler** in die Ortschaften und führten Liebesgeschichten, Ritter- und Räuberstücke vor.

*In Tschawal/Csávoly hatte man schon vor dem 1. Weltkrieg Textbücher für kleinere Theaterstücke von einem Münchner Verlag bestellt*

Professor Horak nennt beispielsweise einen Spieler Rudolf Sack, der sich von seiner Truppe absetzte, in Deutsch-Zerne (Német-Czernya/Srpska Crnja) niederließ, dort eine Musikkapelle gründete und das Volksschauspiel unterstützte. Um 1900 hätte sich der aus Böhmen hervorgegangene Josef Homola u. a. in Groß Gaj (Nagygáj/Veliki Gaj) und Heufeld ähnlich betätigt. Auch ein Karldorfer namens Schneider wanderte zwischen Werschetz und Groß-Betschkerek, wo er in den Dörfern spielfreudigen Leuten ihre Rollen beibrachte und hauptsächlich Leiden-Christi-Spiele aufführte. Weiters nennt Horak die beiden Brüder Kron aus Fodorhausen (Fodorháza/Gad). Sie boten kurze Stummfilme, einige Akrobatik und einige Puppenspiele. Die Familie Franz und Aurelia Reisner hatte mit ihrer Truppe im Sommer Zirkus geboten, in der Winterzeit führte sie Theaterstücke (Genoveva usw.) auf. Ihr Sohn, Rudolf Reisner (1904 Großsteffelsdorf/Rimaszombat/Rimávská Sobota – 1941 Groß-Betschkerek), verriet schon als Kind eine musikalische Hochbegabung und wirkte mit, bis er später (in der Zwischenkriegszeit) in Ernsthausen, Kathreinfeld und Banat-Brestowatz Knabenblaskapellen ausbildete und hervorragende volkstümliche Kompositionen hervorbrachte. Von den heimatlichen Puppenspielern erwähnt Karl Horak eine Familie aus Schorokschar/Soroksár, die bis zum 1. Weltkrieg in der Schwäbischen Türkei und in der Batschka aufgetreten war.

Daraus wird ersichtlich, daß die Menschen auch auf dem flachen Land schon früh mit verschiedenen Formen des Schauspielens vertraut geworden sind. Damit waren die **Voraussetzungen des Übergangs zur Theaterkunst** sicherlich begünstigt. Es ist gewiß richtig, daß die Volksschauspiele mancherorts in dem Ausmaß abnahmen, als die Bühnenaktivitäten zunahmen. Einen Mittelpunkt des dörflichen gesellschaftlichen Lebens hatten jedoch nach der Mitte der vorigen Jahrhunderthälfte beide Formen nicht dargestellt. Diesen hatten in zunehmendem Maße die Blaskapel-

*Theater in Arad*

*Innenansicht des Theaters in Groß-Betschkerek*

len eingenommen. Beim Sonntagstanz, den Kirchweih- und anderen Festen waren zweifelsohne mehr Dorfbewohner auf den Beinen als bei jedem anderen Anlaß.

Das deutsche Theater in **Arad** hatte schon lange vor dem offiziellen Verbot von Veranstaltungen deutscher Wandergesellschaften gegen Schikanen und mancherlei Behinderungen schwer zu kämpfen. Dem Direktor Karls Friese gelang es trotzdem, in der Zeit von 1850 bis 1873 mit seiner Truppe dort während der Sommerzeit zu spielen. Im Jahre 1877 hörte in Arad, wahrscheinlich mit Ludwig Anzengrubers „Der Meineidbauer", das deutsche Theater auf. Die Wintersaison hatten schon längst die „Freunde des Ungarischen Theaters" an sich gerissen.

Gemäß einem Hinweis im Betschkereker „Wochenblatt" brachte dort am 21. September 1861 die Violinkünstlerin Charlotte Decker aus Wien ein Konzert, welches von einigen Musikern unter der Leitung von Rudolf Witschg (Witscheg?) begleitet wurde. Nach dem gleichen Blatt fanden in **Betschkerek** in den 1870er Jahren im Theater regelmäßige Operettenaufführungen und „Stücke mit Musik" statt (laut Anton Eberst). Um 1873 war hier auch Gustav Lötsch aufgetreten, der zuvor die Temeschburger Bühne geleitet hatte.

Über die Bühnenentfaltung in **Budapest** (Ofen und Pest) äußert sich Wilhelm Kronfuss: „Zwischen 1843 und 1870 zeigte das Burgtheater in der Ofner Burg sehr gute deutsche Aufführungen. Den letzten Abschnitt des deutschen Theaterlebens im alten Pest brachte die Umwandlung eines Varietés 1875 zum ‚Theater in der Wollgasse', später ‚Deutsches Theater', das 14 Jahre lang, bis 1891 spielte. Auch im Horváth-Garten in Ofen gab es deutsche Theaterstücke ... 1870 bekamen die zwei deutschen Theater in Ofen keine Spielerlaubnis mehr."

(Südostdt. Vierteljahresbl., Folge 1, München 1985, S. 56.)

Nachdem Josef Blau 1879 in **Temeschburg** gewirkt hatte, wurde er Direktor des deutschen Theaters in Budapest, wo er 1916 als 75jähriger starb.

*Nationaltheater in Budapest*

*Lustspieltheater in Budapest*

*Stadttheater in Czernowitz*

Kapellmeister. Außer seinen eigenen Werken wurden damals nahezu sämtliche Opern des europäischen Bestandes aufgeführt. Sein Nachfolger wurde bis 1900 sein Sohn Alexander (Sándor) Erkel. 1884 wurde in Pest das nach den Plänen von Nikolaus (Miklós) Ybl errichtete selbständige Opernhaus eröffnet. Hier dirigierten später auch namhafte Dirigenten aus Deutschland und anderen europäischen Ländern.

Das deutsche Theater in **Essegg** konnte sich bis 1907 halten. Darauf erfolgten die Vorstellungen in der kroatischen Sprache. Der Ruf der Bühne war ausgezeichnet und hatte zur Folge, daß namhafte auswärtige Künstler hier Gastspiele gaben. So trat hier auch Ludwig Anzengruber auf, aber auch Adele Sandrock, Karl Blasl und Johann Nestroy. Essegg brachte aber auch Persönlichkeiten von Ruf hervor, – Ferdinand Eszlair, der später Schauspieler am Wiener Burgtheater wurde, Josie Petru, die Hofopernsängerin in Wien wurde, und Viktor von Reisner, der einige Theaterstücke verfaßte, welche in Berlin verlegt wurden. Außerdem wirkten da auch die aus dem Heimatraum hervorgegangenen Josef Kainz und Franz von Suppé.

Nikolaus Engelmann schreibt in seinem Bildband „Die Banater Schwaben auf Vorposten des Abendlandes" auf S. 18 u. a.: „Nach westlichen Vorbildern unterhielten auch die im Banat ansäßig gewordenen Adeligen ihre privaten **Schloßtheater**, so die Grafen Nako in Groß-Komlosch und die Grafen von Csekonics in Hatzfeld."

Zum ersteren, Johann Nako in **Großkomlosch**, berichtet Martin Kurzhals, daß er „ein prachtliebender, verschwenderisch veranlagter Mensch" gewesen sei, „dessen kostspielige Passionen Riesensummen verschlangen". „Ein leidenschaftlicher Theaterliebhaber, wie er war, ließ er sich im Herrschaftshofe ein für die damalige Zeit (1850er Jahre!) recht schönes

Das Streben nach einer ständigen, in ungarischer Sprache wirkenden Bühne in Pest aus dem Jahre 1832 wurde vier Jahre später realisiert. Von 1838 bis 1874 wirkte an diesem Nationaltheater Franz Erkel als

---

Für Loge 10. Abonnement   **Theater in Essegg.**   **Kazalište u Osěku.**   Für Sperrsitze 5. Abon. Vc

Donnerstag den 6. Februar 1851 unter der Leitung des Csernits et Wagner:   U Červertak 6. Veljača 1851 pod rukovodstvom Csernića i Wagnera.

# Michel Perin,
## der Spion wider Willen.

Lustspiel in 2 Aufzügen von L. Schneider, (Repertoirstück des Hoftheaters.)
(Im Zwischenakte große Arie aus „Montechi und Capuletti." Gesungen von Fr. Löger Walter.)

**Personen:**

| | | |
|---|---|---|
| Michel Perin, ehmals Pastor — Hr. Siege | Therese, Perins Nichte — Fr. Wehr |
| Fouché, Polizei-Minister — Hr. Wehr | Ein Beamter — Hr. Buchmann |
| Desaunais, Polizei-Rath und Bureau Chef — Hr. Rauch | Ein Thürsteher — Hr. Helfer |
| Julius von Crussac — Hr. Haubold | Gensdarmen, Verschworne. |
| Bernard, Tischler, früher Soldat — Hr. Löger | |

**Preise der Plätze: Eine Loge 2 fl. Sperrsitz 20 kr. Parterre 12 kr. Gallerie 6 kr. CM.**
Cěna Městah: Loža 2 fr. Zatvoreno město 20 kr., u Parteru 12 kr., na Galerii 6 kr. srebra.

Anfang um halb 7 Uhr.   Početak polak 7 Satih.   (Nro. 30.)

*Theater-Ankündigung in Orawitz 1889*

*Nationaltheater in Großwardein um 1900*

Theater erbauen, darin eine Bühne mit allem Zubehör errichten, verpflichtete hiezu vertraglich gute Schauspieler, ferner ein unter Leitung des berühmten Kapellmeisters Josef Wanoucsek stehendes Orchester. Sowohl die Schauspieler als auch die Musiker erhielten außer Wohnung, Heizung und Beleuchtung, noch Barentlohnung und Getreide ausgefolgt." Kurzhals teilt auch mit, daß Nako „in den fünfziger Jahren des vorigen Jahrhunderts" einen am Theaterhimmel neu aufgegangenen „Stern" – eine Sängerin an der Mailänder Oper – an seine Bühne in Komlosch verpflichten konnte. Besonders aufschlußreich ist schließlich der folgende Satz des Genannten: „Zu den ständigen Gästen der Theateraufführungen gehörten die Adeligen der weiten Umgebung und deren Beam-

1. Abonnement. **Theater in Oravicza.** 8. Vorstellung.

Direction Louise Köstler. Artistischer Director J. L. Friedrich.

Novität! **MONTAG DEN 14. JUNI 1886.** Novität!

Zum ersen Male:

# Robert und Bertram,
## oder
## Die lustigen Vagabunden.

Grosse Posse mit Gesang und Tanz in 4 Abtheilungen von Gustav Raader. Musik von Franz v. Suppé. (Repertoirstück sämmtlicher deutschen Bühnen.)

*Theatergebäude in Kaschau (links oben)*

*Theatergebäude in Lugosch*

*Stadttheater in Segedin*

*Theatergebäude in Ödenburg*

*Theater in Temeschburg am 29. Juli 1855. Übrigens – die Musik zum aufgeführten Stück „Die falsche Pepita" hatte Adolf Müller sen. aus Tolnau komponiert*

ten, aber auch die Dorfbewohner hatten sehr oft Zutritt zu denselben, wofür sie aber ein kleines Entgelt (10 kr. pro Kopf) entrichten mußten." Im Jahre 1861 war hierher zu 12 Gastvorstellungen der in Preßburg tätig gewesene Schauspieler Grätz gekommen, 1862 Direktor Karl Remay und 1868 Direktor Mathias Otepp.

Der 1809 in **Neusatz** geborene Christoph Schiffmann war, nebst vielen anderen Tätigkeiten, auch Güterinspektor Johann Nako's in Komlosch geworden. Er initiierte in seiner Heimatstadt eine Stiftung „zur Unterstützung kultureller Tätigkeiten mit dem Ziele der Errichtung eines Theaters" (laut Martin Kurzhals).

Im Jahre 1895 hatte der Pfarrer Josef Anderle in **Kakasd** und **Belac** je einen katholischen Leseverein gegründet, welche in der Winterzeit Theaterstücke aufführten.

Über den 1887 in **Karlsdorf** gegründeten Männergesangverein schrieb Hans Volk u.a.: „... später wurde jährlich ein Theaterstück aufgeführt und auch in den umliegenden deutschen Orten und Städten Gastspiele gegeben, wie auch auswärtige Vereine in Karlsdorf auftraten."

In **Pantschowa** fanden ab 1855 unter der Leitung des Theaterdirektors Alois Rauch über die Wintersaison Theatervorstellungen statt. 1868 beabsichtigte die Schauspieler-Gesellschaft des Karl Remay in der Stadt Vorstellungen zu geben.

Der in Pantschewo bis 1882 bestehende „Leseverein" hatte eine Theater-Sektion unterhalten, welche unter der Leitung des Ing. Worizek und danach des Schuldirektors Karl Weiß stand. Im Winter wurden zweimal wöchentlich Vorstellungen gegeben, im Sommer wurde im Garten des Gasthauses „Zur Sonne" gespielt.

Um die Jahrhundertwende hatte der „**Rumaer Deutsche Männergesangverein**" und das Streichorchester die Operette „Zehn Mädchen und kein Mann" aufgeführt. Die im Jahre 1909 gegründete „**Gesellschaft der Musikfreunde**" hatte dort „abendfüllende Theateraufführungen, bestehend aus Schauspielen, Singspielen und Operetten" veranstaltet, darunter Werke von Franz von Suppé und Paul Lincke.

Mit einschlägigen Erfahrungen in mehreren europäischen Städten und zuletzt in Troppau kam 1862 **Eduard Raimann** in die Banater Hauptstadt, wo er bis 1870 als Theaterdirektor wirkte. Er widmete sein Augenmerk besonders den namhaften europäischen Opern. Zu seiner ersten Aufführung von Richard Wagners „Tannhäuser" auf einer Bühne in der Provinz zog er auch Mitglieder des örtlichen Männergesangvereins und ausgesuchte Amateurmusiker heran. Während des Sommers trat Raimann mit seiner Truppe auch in Hermannstadt, Groß-Betschkerek und Segedin auf.

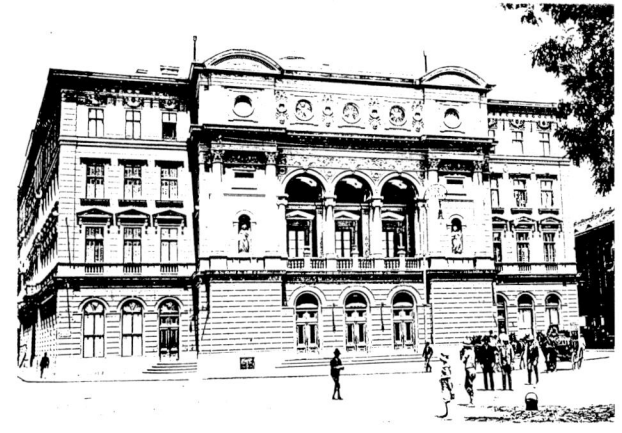

*Franz-Josef-Theater in Temeschburg um 1900*

Den größten Erfolg brachte das Drama ‚Der Müller und sein Kind' und die Operette ‚Baron Trenck' von F. Albini".

Über eine andere südostdeutsche Sprachinsel bemerkt Hans Joachim Moser in seinem Buch „Musik der deutschen Stämme": „Wie die abseitige Lage des Landes besondere Fähigkeiten wachruft, lehrte das Opernwesen: Da **Siebenbürgen** kein eigenes stehendes Ensemble besaß, führten die besten Musikvereine Hermannstadts und Kronstadts alljährlich mit Laienkräften selbst Opern auf und ließen sich dabei von der einen oder anderen Fachkraft höchstens gastweise unterstützen."

In **Temeschburg** hatte Benedikt Dominik Anton **Cremeri** bereits 1772 regelmäßige deutsche Theateraufführungen eingeführt. Diese Bühne erfuhr in der zweiten Hälfte des 19. Jahrhunderts eine weitere Aufwärtsentwicklung und Hochblüte. Unter der Direktion von **Friedrich Strampfer** – 1852–1862 – kamen 39 Opern, 212 Lust-, Schau- und Trauerspiele, 56 Ballette und andere Stücke zur Aufführung. Strampfer leitete zwischendurch auch die Bühnen in Laibach und Triest. 1862 wurde er Theaterdirektor in Wien.

*Theater in Temeschburg*

**Karl Selzer** leitete die darauffolgenden vier Jahre, ebenfalls erfolgreich, das Haus. 1873 wurde jedoch das neue Theatergebäude bezogen.

Nach seiner Tätigkeit in Essegg und Kaschau übernahm **Gustav Lötsch** die Leitung des Temeschburger Theaters, wo er Operetten und Opern darbot. Auch er hatte Gastspiele gegeben, z.B. in Segedin, Lugosch und Hermannstadt. 1875 trat er dann in Groß-Betschkerek auf.

**Wilhelm Sasse,** der 1876 und 1877 als Direktor fungierte, brachte u.a. Wagners „Lohengrin" auf die Bühne. 1879 wirkte **Josef Blau**, danach kamen **Schwabe** und **Wolf**.

Der frühere Leiter des Theaters in Essegg, **Julius Schulz,** war von 1882 bis 1885 für die Temeschburger Bühne verantwortlich. Seine sommerlichen Gastspiele führten nach Werschetz, Weißkirchen, Großbetschkerek, Lugosch und Karansebesch.

Von 1887 bis 1890 kam **Max Kmentt** mit ausgezeichneten Kräften in die Stadt. Das Niveau seiner Opern- und Operettenaufführungen wurde allgemein anerkannt. Kmentt trat selbst als Schauspieler auf. Ansonsten hatte er in seine aus zwölf Damen und zwölf Herren bestehende Truppe gute Kräfte verpflichtet. Sein Theaterorchester bestand aus 32 Mann. Unter seiner Direktion wurde 1888 das elektrische Licht im Theater eingeführt.

**Emanuel Raul,** ein hervorragender Theaterdirektor, arbeitete in Temeschburg von 1890 bis 1899. Er war äußerst umsichtig und engagierte ebenfalls erlesene Kräfte, so daß das dortige Theater im damaligen Ungarn gleich nach Budapest rangierte. Allerdings hatte auch er, wie schon sein Vorgänger, lediglich die Erlaubnis für eine Spielzeit vom 1. Februar bis April pro Jahr erhalten. In der Herbstzeit trat er in Preßburg auf. Im Jahre 1898 war unter seiner Direktion der weltberühmt gewordene Bruno Walter als Dirigent tätig. Der ungarische Innenminister Desider Perczel hatte am 18. Oktober 1896 in einem Erlaß das Verbot der Erteilung von Spielerlaubnissen an deutsche Theatergesellschaften herausgebracht. Durch zahlreiche Interventionen gelang es einigen Bühnen, Verlängerungen zu erwirken, auch Temeschburg – jedoch am 27. März 1899 fand auch hier die letzte deutsche Vorstellung statt. Ein hochentwickeltes Kunstleben, wie es in anderen Provinzen der westlichen Welt kaum besser sein konnte, wurde infolge chauvinistischer Unduldsamkeit abgewürgt.

Das Heimatbuch der Stadt **Weißkirchen** verlautet auf S. 383 u.a.: „Für Musiktheater im allgemeinen, für Singspiele und Operetten im besonderen, konnten sich die Weißkirchner schon vor Generationen begeistern. Das bezeugen die Konzertsäle mit Guckkastenbühnen in allen größeren Hotels der Stadt ... sowie die Sommerarena des 19. Jahrhunderts im Hellebrandschen Garten, die schließlich dem Burgsaal wei-

*Theatergruppe 1913/14 in Tschawal/Csávoly. Der Lehrer Leopold Grünfelder studierte mit Jugendlichen Stücke wie „Der Eierdieb", „Traum im Walde" u.a. ein und führte sie auf*

chen mußte, und das Café ‚Stadt Wien'. Durch das Weißkirchner Wochenblatt ‚Die Nera' sind regelmäßige Gastspiele auswärtiger deutscher Theatergruppen belegt, die aus Temeswar, Hermannstadt, Lugosch ... kommend, bereits vor 1867 in Weißkirchen

*Der Deutsche Männergesangverein in Weißkirchen führte am 31. Juli 1892 in der „Burg" das Theaterstück „Mannschaft an Bord" auf. Die Musik dazu komponierte Giovanni von Zaytz*

*Vermutlich um 1860 ...*

die damals beliebten Singspiele ‚Die Großherzogin von Gerolstein', ‚Das Pensionat' sowie die neuesten Operetten von Franz v. Suppé, ‚Die schöne Galathee', ‚Flotte Bursche' und ‚Leichte Kavallerie' darboten."

Ende des Jahres 1857 gastierte in Weißkirchen bereits die Gesellschaft des Direktors **Schifferstein**. 1863 hatte Direktor **Wilhelm Weich** mit seiner aus 16 Mitgliedern bestehenden Truppe 55 Vorstellungen gegeben. Die Musik hatte dabei die im Ort stationierte Regimentskapelle besorgt. Die Direktoren Weich und **Ludwig Weber** gastierten 1867 in der Stadt, 1868 **Matthias Ottep** und **Johann Pianta**. Aus Reschitz kommend, hatte Ottep mit seinen 24 Truppenangehörigen 1870 im „Hotel Mičin" 6 Vorstellungen gegeben und danach einige in der Arena. Ende des gleichen Jahres trat die Gesellschaft **Julius Fritsche** mit anspruchsvollen Stücken im „Hotel Siegl" auf. Ab 1878 war Direktor **Ludwig Duba** mit seinem Wandertheater u. a. in Lugosch, Orawitza, Werschetz, Pantschowa, Kubin, Großkikinda und Orschowa aufgetreten. 1881 kam er nach Weißkirchen und wirkte hier mit seinen 20 Schauspielern sechzehn Jahre lang. Er besaß sehr gute Kräfte und brachte Dramen, Trauerspiele, Lust- und Singspiele, Possen und Schwänke auf die Bühne. Nach einer Verordnung des ungarischen Innenministeriums wurde ab 1897 allen deutschen Schauspieltruppen die Spielerlaubnis entzogen bzw. nicht mehr erteilt. **Ilka Duba**, die Frau des Direktors, hatte mit ihren Interventionen in ihrer Geburtsstadt Budapest – durch Weißkirchner Persönlichkeiten und Zeitungen unterstützt – nur Teilerfolge erzielen können. Am 30. September 1897 fand die letzte Vorstellung statt – und alles war überwältigt und den Tränen nahe ... Das Ende der reisenden deutschen Theater in Altungarn war zur traurigen Realität geworden ...

(Alfred Kuhn in: „Beiträge zur deutschen Kultur", H. 1, Freiburg 1987, S. 15/16.)

Im Rahmen des Männergesangvereins hatte sich in Weißkirchen ebenfalls eine Dilettantentruppe gebildet, welche im Vereinslokal, dem Hellebrandschen Gasthaus „Zur Burg", 1869 eine eigene Bühne erhielt.

**Werschetz** wurde ebenfalls vielfach von Wandergesellschaften aufgesucht. Im Winter fanden die Veranstaltungen in den Sälen des Hotels „Zur ungarischen Krone" und „Zur Königin von England" statt, im Sommer spielte man in der „Arena" im Stadtgarten, welche einmal wegen Baufälligkeit erneuert werden mußte. 1857 trat die Gesellschaft Julius Senzel auf, 1859 auch Alois Rauch, Karl Remay und Karl Friese. Der gleichnamige Sohn des letzteren hatte seine Theaterlaufbahn in Werschetz begonnen und wurde später Regisseur am Karltheater in Wien.

Gustav Pfalz gab 1863 Vorstellungen in der Stadt. Direktor Pianta gastierte 1868 mit 12 Auftritten in Werschetz. Die „Arena", welche kein Dach hatte und später abgetragen wurde, diente 1882 einer ungarischen Truppe zur Aufführung der Operette „Boccaccio" von Franz von Suppé. Während der Tätigkeit des Direktors Emanuel Raul in Temeschburg von

1890 bis 1899 hatte dessen Ensemble unter der Leitung seiner Frau wiederholt in Werschetz Gastauftritte gegeben. Für das Jahr 1890 sind für Werschetz folgende Operettenaufführungen belegt: „Die Fledermaus", „Im weißen Rößl" und einige andere Wiener Stücke.

Der 1834 in Werschetz geborene und 1902 in Weißkirchen verstorbene **Karl Zeh** hatte im Jahre 1865 in seinem elterlichen Gebäude (Ecke Lenaugasse – Weißkirchner Straße, wo später das Bezirksgericht stand) ein „Haustheater" errichtet, um Dilettanten-Vorstellungen zu ermöglichen. 1870 wurde der Komplex renoviert, vergrößert und mit neuen Dekorationen versehen. Mit diesem seinem „Theater in Werschetz" erzielte er für eine Provinzstadt von damals etwas über 20 000 Einwohner ein ungewöhnlich hohes Niveau. Er hatte bereits 1859 die Leitung einer Theatergesellschaft übernommen. Später war er um die Verpflichtung von Fachkräften, teils aus Wien, besorgt und brachte beispielsweise von 1870 bis 1874 rund 400 Vorstellungen auf die Bühne, darunter Operetten und sogar Opern („Lucia di Lamermoor" von Donizetti, „Der Troubadour" von Verdi, „Martha" von Flotow, „Lucrezia Borgia" von Flotow). Ein anderes Beispiel – in Werschetz wurden vom 1. Januar bis 1. April 1871 nicht weniger als 60 Theatervorstellungen gegeben (2 Opern, 7 Operetten, 12 Schauspiele, 6 Lustspiele, 3 Trauerspiele und diverse andere Bühnenwerke). Karl Zeh hatte in seiner Gesellschaft zeitweilig 18 Künstler beschäftigt. Er war aber auch selbst schriftstellerisch tätig und schuf Dramen, Tragödien, Volksschauspiele u. a. 1866 wurden seine beiden Operetten „Die Geisterschlucht" und „Die Chinesen" (Musik von Max Daum, Lehrer und Organist in der Stadt) aufgeführt. Von seinen mehr als zwei Dutzend Bühnenwerken verschiedener Art sind zumindest noch die folgenden mit Musik: „Ein Unglücksrabe" (Posse), „Der Schwabbelbürger" (Posse), „Der Massenmörder" (Posse), „Judith und Holofernes" („Unsinnige Tragödie" mit Ballett), „Der falsche Waldemar" (heroisch-romantische Oper). Zeh war aber auch als Schauspieler und Sänger (Bariton) selbst aufgetreten. Bei all seinen Bemühungen und seinem großen Talent als Organisator, Autor und Bühnenkünstler blieben ihm dauernde Erfolge doch versagt. In einer Kleinstadt wie Werschetz, in welcher die Deutschen nur etwa den halben Bevölkerungsanteil hatten, konnte sich all das von ihm Gebotene und Erstrebte auf Dauer nicht halten.

Für die geschilderte Glanzzeit des „Theaters in Werschetz" war aber auch der 1847 in Pest geborene **Ludwig Gothov-Grünecke** (Grüneke) von größter Bedeutung. Er kam im Jahre 1868 als Theaterkapellmeister der Gesellschaft Ottep nach Werschetz, wo er noch im selben Jahre Chormeister des Männergesangvereins wurde. Von 1869 bis 1874 war er von

213

Karl Zeh als Theaterkapellmeister engagiert, wobei er seinen Aufgaben völlig gewachsen war. Bereits 1869 hatte der Werschetzer Männergesangverein seine komische Oper „Eduard und Kunigunde" aufgeführt. In den Programmzetteln aus jener Zeit wird als Opernsängerin mehrmals eine „Frau Gothov" genannt – offensichtlich die Gattin des Orchesterleiters. Werschetz bietet somit ein Beispiel, wie der Übergangsprozeß im Kulturbereich in schöpferische und reproduzierende Hände der Kolonistennachkommen verlaufen ist, was natürlich auch aus anderen Orten nachgewiesen werden könnte. – Ludwig Gothov-Grünecke besuchte zunächst das Konservatorium in Pest, später studierte er Harmonielehre und Kontrapunkt bei Franz von Suppé (1819 im dalmatinischen Split geboren) in Wien. Aber schon mit 12 Jahren war er als erster Geiger am Theater an der Wien anzutreffen. Als Neunzehnjähriger wurde er als Orchesterdirektor an das Klagenfurter Theater berufen. Danach folgte sein Wirken in Werschetz. Seine weiteren Stationen waren das Wiener Stadttheater und das Josephstädter Theater. Von 1883 bis 1900 hatte er mit einem Ensemble Wiener Tanzsängerinnen eine großangelegte Tournee durch Österreich, Deutschland und Amerika durchgeführt. 1891/1892 verbrachte Gothov-Grünecke als Pächter und Direktor des Königstädtischen Theaters am Alexanderplatz in Berlin. Anschließend lebte er wieder in Wien, wo er u. a. eine Operettenschule leitete und als Gesanglehrer tätig war. Hier starb er im Jahre 1921.

Milleker erwähnt einen weiteren, den „**Deutschen Theater-Dilettanten-Verein**", welcher von 1862 bis 1870 in der Stadt tätig war. „Dieser, sowie der Männer-Gesang-Verein, vereinigten damals in ihren häufig arrangierten und immer zahlreich besuchten Unterhaltungen die Crème der hiesigen Gesellschaft." Man bemühte sich, u. a. Operetten auf hohem Niveau zu bieten.

Von 1886 bis 1905 hatte in Werschetz die Gesellschaft des Ehepaares **Rudolf Mazsáry** gespielt. Dabei ist interessant, daß bei dieser Truppe zeitweilig auch **Franz Herzog**, der später als großer ungarischer Schriftsteller bekannt gewordene Ferenc Herczeg, mitgewirkt hatte.

„Eigene Initiative entfaltete Frau **Irma v. Páthy-Waldherr**. Ihr hatten wir solch' denkwürdige Veranstaltungen zu verdanken, wie Suppé's ‚Die schöne Galathee' und andere lustige Opern" (laut Richard Thor sen.).

Anläßlich einer großangelegten Wein-Ausstellung fanden nach Berichten in der „Neuen Werschetzer Zeitung" vom 1. Mai 1902 auch Theater- und andere Vorstellungen statt.

Natürlich war auch Werschetz vom Verbot des Besuchs deutscher Theatergesellschaften betroffen; die letzte solche Veranstaltung fand am 30. September 1897 statt.

Der **Theaterdirektor Weber** hatte ein Vierteljahrhundert lang in Südosteuropa gewirkt. Im Sommer 1870 spielte er mit seiner Truppe in Werschetz, danach 4 Jahre lang in Konstantinopel (Istanbul). Am deutschen Theater in Bukarest war er 3 Jahre hindurch tätig und in Czernowitz 2 Jahre. Danach trat er 1867 und 1868 in Weißkirchen auf. 1870 wirkte Weber als Schauspieler in Betschkerek, während ein ehemaliges Mitglied seiner Gesellschaft, Volk, mit anderen Kräften in Kikinda tätig wurde.

Eine Gesellschaft, welche von einer **Frau Köstler** geleitet wurde, besuchte hauptsächlich Provinzbühnen außerhalb der Banater Hauptstadt.

**Direktor Ludwig Duba**, 1842 in Salzburg geboren, hatte sich ab 1864 in mehreren Orten Siebenbürgens als Theatersekretär betätigt. Ab 1868 bereiste er Lugosch, Werschetz, Weißkirchen, Orawitz, Pantschowa, Semlin und andere Orte mit einer eigenen Gesellschaft.

Laut Felix Milleker wurde damals „nicht nur in den Städten, sondern auch in den Marktflecken und volkreicheren Ortschaften deutsch gespielt", z. B. in **Orschowa, Herkulesbad, Detta**/Deta u. a.

*Theateraufführung um 1916 in Werschetz mit Dilettanten*

*Kaiser-Franz-Joseph-Jubiläums-Theater in Laibach*

*Plakat des Stadttheaters in Marburg (20. März 1914)*

In Temeschburg hatte Franz Szabó mit seiner **ungarischen Theatergesellschaft** im Jahre 1852 sechs Wochen lang Vorstellungen gegeben. 1858 kam er abermals in diese Stadt. Im selben Jahr kam aus Arad Josef Szabó mit ungarischen und deutschen Kräften hierher, um abwechselnd Vorstellungen in der einen bzw. anderen Sprache zu geben. Laut Felix Milleker, von dem diese Informationen stammen, hatte dieses Experiment jedoch keinen Erfolg, so daß der Direktor mit seiner ungarischen Truppe wieder nach Arad zurückkehrte.

Im Jahre 1857 hatte eine **ungarische Theatertruppe** sechs Auftritte in Werschetz geboten.

Um das Jahr 1860 gastierte in Tschanad eine deutsche Wandertruppe, was die dort lebenden **Serben** anregte, eine eigene Gesellschaft zu gründen. Diese spielte im Ort, aber auch auswärts, wie beispielsweise in Großkikinda. Hier hatte Johann (Jovan) Knježević die Truppe konsolidiert, so daß sie in mehreren Banater Orten auftreten konnte und in Neusatz die Basis zur Errichtung des serbischen Nationaltheaters wurde.

Nachdem in Orawitz 1870 eine **rumänische Theatertruppe** aus Bukarest aufgetreten war, traten dort in der Folgezeit Bestrebungen zur Errichtung eines rumänischen Nationaltheaters auf. Die gleichen Bemühungen setzten in Reschitz 1875 ein, wo um diese Zeit der rumänische Gesangverein aus Lugosch eine Operette aufgeführt hatte. In Craiova existierte eine rumänische Theatergesellschaft unter C. Petrescu, welche 1877 in Bokschan (Boksán/Bocşa) und Weißkirchen mehrmals auftrat.

b) Uraufführungen, Librettisten und Komponisten

Die Komponisten werden in Klammern angegeben.

Agram:

1870 „Sejslav ljut", Oper von Franz Zigrović (Georg Eisenhut, der auch die Musik zu „Peter Bačić" schrieb). – „Mislava", Oper von Franz Marković (Giovanni de Zaytz).

1872 „Ban Legat", Oper von Dezmann (Giovanni de Zaytz). – „Amelia = Il bandito" nach Schiller, ins Kroatische übersetzt von V. Gjorgjević (Giovanni de Zaytz).

1876 „Nicola Šubić Zrinjski", Oper von Hugo Badalu (Zaytz).

1878 „Lizinka", Oper von Eugen Tomić (Zaytz).

1880 „Pan Twardowski", Oper von Eugen Tomić (Zaytz).

1885 „Zlatka", Oper von E. Tomić (Zaytz).

1886 „Gospodje i husari", Oper (Zaytz).

1888 „Afrodita", Operette von Nicola Milan (Zaytz).

1889 „Kraljev hir" (Zaytz).

1896 „Amida", Oper (Zaytz).

1897 „Porin", von Dim. Demeter (Vatroslav Lisinsky). – „Xenia", Oper (Victor Parma).

1898 „Stara pisem" (Das alte Lied), Oper von Guido Menasci (Victor Parma). – „Cvijeta" (Vladimir von Bersa).

1900 „Andrija Čubranović" (Vladimir von Bersa).

1901 „Maricon", Oper von Milan Smrekan (Felix Albini). – „Primorka" (Zaytz).

1904 „Die Amazonen der Zarin" (Carine amazonke), Operette von A.D. Borum (Victor Parma).

1905 „Primorka" (Zaytz).

1906 „Die Nihilistin", Operette von Wilhelm Otto (Zaytz). – „Die letzte Wacht", Oper von Richard Betka (Risto Savin = Friedrich Edler von Schirza).

1907 „Madame Troubadur", Operette von Béla Jenbach und Robert Pohl (F. Albini). – „Der Stammhalter" (Venerinhram), Operette (Victor Parma). – „Die erste Sünde", Oratorium (Zaytz). – „Persida", Operette von St. Sirota (Ivan Mukvić).

1908 „Scaski plemić" (Zaytz).

1909 „Der Apollostempel" (Apolonov hram) Operette (Victor Parma).

1911 „Krasuljica", Märchendrama von Antonia Kassowitz-Coijet (Zaytz). – „Povratak (Die Rückkehr)" von Strajan Tučić (Josef Hatze). – „Oganj" (Der Eisenhammer) von Alfred M. Willner (B. v. Bersa?; Benito von Berra?). – „Vater unser", Oper (Zaytz).

1914 „Postolar od Delfta" (Der Schuster von Delft), Oper von A.M. Willner und Julius Wilhelm (Berra oder Bersa).

1916 „Komedijaš", Operette (Vladimir von Bersa).

1917 „Vilen Ves" (Der Schleier der Villa), Oper (Peter Konjović).

1918 „Minka", Oper (Fran Lhotka).

215

Arad:

1869 „Zuaven zu Hause", Operette (Julius Kaldy).
1877 „Die Auswanderer", Oper (Heinrich Bauer; nicht bekannt ist, wann und wo dessen Stück „Des Dorfrichters Ring" erstaufgeführt wurde).

Budapest:

(Nachdem die Städte Buda/Ofen und Pest 1872/1873 zu Budapest/Ofenpest zusammengeschlossen wurden, werden die vor diesem Jahr stattgefundenen Erstaufführungen unter den ursprünglichen Städtenamen angeführt.)

1874 „Brankovics (György), Szerbia despotája", Oper von Odry mit Ormai (Franz Erkel).
1875 „A király csókja", Oper von Arpad Benczyk (Karl Huber). – „A falu rossza", Volksstück von Eduard Toth (Gyula Erkel).
1876 „A toloncz", Volksstück von Eduard Toth (Gyula Erkel). – „Herrn Bendels Abenteuer", Operette von Alois Berla (Karl Millöcker). – „A bajadera", Oper nach Goethes ‚Gott und die Bajadere' von L. Farkas (Eduard Farkas).
1879 „Ein kleiner Don Juan", Operette von Pollhammer (Carl Michael Ziehrer). – „Székely Katalin", historische Operette von Alexander Lukács (Alexius/Elek Erkel).
1880 „A névtelen hösök", Oper von Eduard Toth (Franz Erkel).
1881 „Atala", Oper von Anton Varady (Ferenc Sárosy/Franz Schauer).
1883 „Az ember tragédiaja", Drama von Imre Madách (Gyula Erkel). – „A fekete hajó", Operette von Eugen Rákosy/Rákocsy (Georg Banffy). – „Tempefö", Operette von Eugen Rákosy (Alexander Erkel). – „Titilla hadnagy", Operette von Eugen Rákosy (F. Puks).
1885 „István Király", Oper von Anton Varadi (Franz Erkel).
1886 „Királyfogás" (Der Königsfang), Operette von Gregor Csiki (Josef Konti). – „Studenten am Rhein", Operette von Bernhard Buchbinder (Josef Goldstein).
1887 „Uj király", Operette von Béla Hegyi und Isidor Bator (Béla Hegyi). – „Az Abencerage", Oper von Bartok (F. Sárosy).
1888 „A titkos csók", Operette von Alexander Lukacs (I. Bator und B. Hegyi). – „A Pipacósz király", Operette von Johann Szilay (G. Köszeghi). – „Lelia", Operette nach Schauferts ‚Schach dem König' von Johann Sziklai (Géza Köszeghi). – „Peking rózsája", Operette von Max Rothauser (Eugen Stojanovics). – „A Suhancz" (Der Gamin), Operette nach Vanderburk (Josef Konti).
1890 „Pepita", Operette (Béla Hegyi). – „Liliputi herczegnö", Vaudeville von Josef Markus (Béla Hegyi). – „Kassai diák", Operette (Alexius Erkel). – „Das Soldatenfräulein", Operette (Desider Megyeri).
1891 „Penna király", Operette (Alexius Erkel). – „Tél és Tavasz", Operette von S. Lukacsi (V. und A. Rosenzweig). – „A köpe" (Der Schelm), (Josef Konti). – „Alienor", Oper von Anton Váradi (Jenö Hubay). – „König und Spielmann" (Blondel) von Hugo Klein (J. A. Kerner).
1892 „Az elsö és második", Operette von Eugen Rákosy (B. Szabados).
1893 „Toldi szerelme", Oper von Emil Ábrányi (E. v. Mihalovich).
1894 „Vezeklök" (Die Büßer), Oper (Eduard Farkas). – „A Cziterás" (Der Zitherschläger), Operette von Karl (Josef Konti).
1895 „Tamara", Oper von Anton Váradi (Em. Elbert). – „Das Damenregiment", Singspiel von Fr. Reiner (W. Rosenzweig).
1896 „Alar", Oper (Text u. Musik: Géza Graf Zichy). – „Balassa Balint", Oper von Josef Hamvas (Eduard Farkas). – „Karin", Oper von Aurel Kern (K. Czobor).
1897 „Die roten Schuhe", Ballett von H. Regel und Haßreiter (Raoul Mader).
1898 „Ninon", Oper von Emil Ábrányi (Eugen Stojanovics). – „A Bolond", Operette von Eugen Rákosy (B. Szabados). – „A Talmi herczegnö" (Talmiprinzen), Operette von Emil Makai und Kövesi (J. Konti). – „She-he", Ballett von Eugen Kemény (Raoul Mader).
1899 „Roland Mester", Oper (Buch u. Musik: Géza Graf Zichy). – „Betyárvilág", Operette von Josef Markus (Jenö Féjer). – „Der Herzog von Liliput", Vaudeville von Josef Markus (B. Hegyi). – „Die Perle von Ägypten", Operette von Eugen Hetay (Miklos Forrai). – „Sulamith" (Abraham Goldfaden).
1900 „Kadet kisasszony", Operette von Arpad Pásztor (Raoul Mader). – „Primadonnák", Operette von Arpad Pásztor (Raoul Mader). – „Asszony habora", Posse von Karl Gerö (I. Barna). – „Tetemre hivás", Oper von George Versenyi (Ed. Farkas). – „Zuleika", Ballett von Eugen Brüll (Armin Stern). – „Napfogyatkozás" (Sonnenfinsternis), Burleske Operette (Josef Bokor jun.).
1901 „Budapest szépe", Operette von Geza Markus mit J. Farago (J. Barna). – „Der Günstling" (Katalin), von Izar Béldi (Jenö Fejér). – „Erzsike", Oper (Julius J. Major).
1902 „Szerelmi kaland" (Liebesabenteuer) von H. Regel (Raoul Mader). – „Niobe", Singspiel von Arpad Pásztor (Karl Stoll). – „Finfin", Operette (Aurel Schwimmer). – „Berlichingen Götz", Oper von A. M. Willner, ungarisch von S. Varadi (Karl Goldmark). – „Az uj földesur" (Der neue Grundherr), Operette von Heinrich Incze (Ivan Hŭvös). – „Bob herczég", Operette von Karl Bakonyi und Franz Martos (Eugen Huszka). – „Niche", Singspiel von Arpad Pásztor (Karl Stoll).
1903 „Aranyvirág", Operette von Franz Martos (Eugen Huszka). – „A Ködkirály" (Der Nebelkönig), Oper von Arpad Pásztor (E. Ábrányi). – „Huszár kisasszony", Operette (Buch u. Musik: Josef Bokor jun.). – „Senki", Operette von Nikolaus Balla mit A. Nyarai (J. Barna). – „Udvari Kaland", Operette von Sandor Ratkay (Garay/Geiger). – „Csavargó és királyleány", Oper von Seligmann (Eduard Poldini). – „Masinka", Operette von Ferdinand Rössel (Jenö Erkel). – „Moosröschen", Oper von Max Rothauser (Jenö Hubay).
1904 „Huszárvár" (Husarenburg/Das Garnisonsmädel), Operette von Landsberg und Leo Stein (Raoul Mader). – „A fecskék" (Die Schwalben), Operette von Arpad Pásztor (Josef Konti). – „A kis császár", Singspiel von Arpad Pásztor (Karl Stoll). – „János vitéz", Singspiel von Karl Bakonyi (P. Kacsóh). – „Katinka grofnö", Operette von Eugen Faragó (Ivan Hüvös). – „Felsöbb asszonyok", Operette von L. Károly (B. Szabados). – „A mumia", Operette von Wilhelm Kácer (Bela Szabados). – „Muki", Posse von E. Wolf und Eugen Heltay (G. Chorin). – „A Próféta álma", Operette von Adolf Nerei (Eugen Markus). – „A királynö férje", Vaudeville von Eugen Heltay (Lászlo Kun). – „A rátartós királykisasszony", Märchenspiel von Eugen Heltay (Victor Jacobi). – „Boris király", Operette von Sigmund Szöllösi (Béla Hegyi). – „A hajduk hadnagya", Operette von Ferenc Rajna (K. Czobor).
1905 „Nemo", Oper (Buch und Musik: Géza Graf Zichy). – „A legvitézebb huszár", Singspiel von F. Martos (Victor

Jacobi). – „A próféta álma", Operette von Adolf Mérei (Eugen Markus). – „Két Hippolit", Operette von Emmerich Földös (Ivan Hüvös). – „A bolygó görög", Operette von Arpad Pásztor (A. Buttykay). – „Nászutazás a kalgárnyoba", Operette (Buch und Musik: Josef Bokor jun.). – „Gül-Baba", Singspiel von Franz Martos (Eugen Huszka). – „A granadai völegény", Singspiel von Ferenc Martos (Josef Bahnert). – „A legvitézobb huszár", Singspiel von Ferenc Martos (V. Jakobi). – „Kültelki herczegnö", Operette von I. Béldi (Jenö Fejér). – „A Tigris", Oper von Richard von Perger, ungarisch von S. Varády (P. Sztojanovics). – „Sigrid", Oper (Ladislaus Toldy).

1906 „Holyre asszony", Vaudeville von Elek Kada (L. Kun und Gyula Szént-Sály). – „Rákóczi", Singspiel von Karl Bakonyi (Pankraz Kacsóh). – „Szép Ilonka", Operette von Béla Vago mit J. Szávny (B. Szabados). – „A nagyidai czigányok", Oper von Anton Varadi (F. Rekay). – „Psyche", Ballett von Regel (Paul Juon).

1907 „Csibészkirály", Operette von Lajos Szél (A. Buttykay). – „Monna Vanna", Oper von Emil Abranyi jun. (Emil Abranyi). – „A cserkészlány", Operette von Béla Télekes (Albert Metz). – „A századik menyasszony", Singspiel von Geza Vájo mit A. Merei (I. Barna). – „Tüskerózsa", Operette von Ferenc Martos (Victor Jacobi). – „Göre Gábor Budapesten", Singspiel von Adolf Merei (G. Verö). – „A sárga Domino", Operette von Adolf Merei (Albert Szirmai). – „Tünderszerelem", Singspiel von Karl Bakony mit Fr. Martos (Eugen Huszka). – „A harang", Legende von Arpad Pásztor (P. Kacsóh und Buttykay).

1908 „Mary-Ann", Operette von Sandor Hajo (Pankraz Kacsóh). – „A nagymama", Operette von A. Pásztor (Raoul Mader). – „Van-de nincs", Operette von F. Martos (V. Jacobi). – „Eliána", Oper von H. Herrig, ungarisch von E. Abranyi (Edmund von Mihalovich). – „Tatárjárás", Operette von Karl Bakony (Emmerich Kálmán). – „Csókkirály", Singspiel von Dezső Orban (E. Stojanovics). – „Rab Mátyás", Operette von F. Rajna (K. Czobor). – „A Csodaváza" (Die Zaubervase), Ballett von Nik. Guerra (Ivan Hüvös).

1909 „Tánczos huszárok", Operette von F. Rajna (Albert Szirmai). – „Janoska", Singspiel von F. Martos (Victor Jacobi). – „Tilos a csók", Operette von A. Pásztor (Sigmund Vincze). – „Liliom, egy csirkefogó és halála", Legende von Franz Molnar (P. Kacsóh). – „Rébusz báró", Operette von Ferenc Herczeg/Franz Herzog (Eugen Huszka). – „Betyárkirály", Operette von Árpád Benczik (Ladislaus Toldy). – „Rahab", Oper von Oskar Mayer (Kl. Frankenstein). – „A furfangos tate", Märchenspiel von Julius Komor (Karl Stephanides). – „Rákoczi Ferencz", Oper (Buch und Musik: Géza Graf Zichy). – „Fortunatus", Oper von Jakob Wassermann (Clemens Freiherr von Frankenstein).

1910 „Az obsitos", Operette von Karl Bakonyi (Emmerich Kálmán). – „György barát" (Frater Georg), Oper von Viktor Fardos (Ferdinand Rékay). – „Vizibetyárok", Operette von Desider Uray (L. von Donath). – „Narancsvirág", Operette (Eduard Farkas). – „A csillagszemü király-leány", Weihnachtsmärchen von Julius Körner (Karl Stephanides).

1911 „A kis gróf", Operette von F. Martos (Al. Renyi). – „Leányvásár", Operette von F. Martos (V. Jacobi). – „Havasi gyopár", Ballett (Ivan Hüvös). – „A Bolond", Oper von Eugen Rákosy (B. Szabados).

1912 „A Csókszanatorium", Operette (Rudolf Baron). – „Hamupipőke", Oper von Andor Gabor mit J. Farkas und K. Bakody (A. Buttykay). – „A Mexikói lány", Operette von A. Gabor mit F. Rajna (Alb. Szirmai). – „Paolo és Francesca", Oper von Emil Ábrányi (Emil Ábrányi jun.). – „Rodostó", Oper (Buch und Musik: Géza Graf Zichy).

1913 „Dolores", Operette von Kurt Robitschek (Robert Stolz). – „Aladár nem szamár", Märchenspiel von Julius Komor (K. Stephanides). – „Bathory Erzsébet", Oper (Alexander Szegö). – „Sulamith", Oper von Albert Kövesi nach A. Goldfaden mit E. Makai (E. Donath).

1914 „Nemtudomka", Operette von Karl Bakonyi mit Harsanyi (Eugen Huszka). – „Ezüstpille", Komödie von A. Gabor (Alb. Szirmai). – „Léni néni", Posse von Eugen Heltay. – „Vilmos Huszarok", Operette von Andor Kardos (M. Nádor). – „Szöke Pepi", Operette von Friedrich Hervay (N. Sas). – „Szibill", Operette von Henry Brody mit F. Martos (V. Jacobi). – „Radda", Oper (Buch und Musik: Karl Clement). – „Bözsi" (Klein Else), Operette Emil Szomory (Stefan/Istvan Gajáry). – „Der faule Christian", Operette von Karl Weiss (K. Czobor).

1915 „Zsuzsi kisasszony", Operette von F. Martos (Emmerich Kálmán). – „Katicza" (Kis Katonák), Operette von Emil Szomory (Stephan Gajáry). – „Tiszavirág", Operette von Lászlo Vajda mit J. Brody (A. Renyi). – „Smadlowka vendéglátók", Operette von Géza Vájo (I. Barna).

1916 „A nagybácsi", Operette von Géza Vájó (Eugen Virányi). - „Servus Mädel", Operette von Willy Sterk (Robert Stolz). – „Hol' dich der Teufel", Groteske von Louis Taufstein (Egon Neumann). – „Der Artistenball", Operette von Zoltan von Harsányi (F. Gy). – „Marionetten", Pantomime (Sándor László). – „Fedák Sári boulette", Operette von Endre Nagy (P. Zerkowitz).

1917 „Der widerspenstige Prinz", Singspiel von Emil Szomory (Stephan Gajáry). – A fából faragott királly", Ballett (Béla Bartók). – „Otello mesél", Operette von Dezsö Orban (E. Sztojanovics).

1918 „Ritter Blaubarts Burg", Oper von Béla Balazs (Béla Bartók). – „Wo die Lerche singt", Operette von Alfred M. Willner und Heinz Reichert, ungarisch von Franz Martos (Franz Lehár). – „Gróf Rinaldo", Operette von Karl Bakonyi (Alb. Szirmai). – „Der Geburtstag der Infantin", Oper (Miklos Radnai). – „Christus", Passionsspiel von Georg Fuchs mit Felix Robert Mendelssohn (Emil Hochreiter).

## Czernowitz:

1901 „Ein Wintermärchen" von Maria Thiersch-Parès (Milan Röder). – „Mosul Ciocarlan", rumänische Oper (Theodor Johann Ritter von Flondor).

1907 „Die Sankt-Georgs-Nacht", rumänische Operette (Flondor).

1908 „Rouge et Noir", Operette (Text und Musik: Karl Felix, Pseudonym von Felix Krzysniowski).

1911 „Das vierblättrige Kleeblatt", Operette von Eugenie Nikoras (N. ?utterotti).

1914 „Der Onkel aus Amerika", Operette (Fritz Schönhof).

## Essegg:

1905 „La belle Annette", Volksstück von Grobmann (Franz Wagner, Militärmusiker).

## Fiume/Rijeka:

1850 „Amelia = Il bandito", Oper nach Schiller (Giovanni de Zaytz).

1861 „Zaručnica Mesinske" (Zaytz). – „I funerali del carneval", Farse von G. Prodam (Zaytz).
1898 „Qui pro quo", Operette von M. Rak (O. Lukesich).

## Fünfkirchen:
1854 „Virginia", Oper von Siegfried Kapper (Josef Eduard Wimmer).

## Hermannstadt:
1892 „Der Pfeifer von Hardt", Oper von Julius Niedt (Edgar Krones).
1902 „Stephania", Oper (Hermann Kirchner).

## Klausenburg:
1881 „A golya kiraly" von Andreas Baron Kémeny (Baron Georg Banffy).

## Laibach:
1855 „Marianne = Liebe und Verrat", Oper (Ludwig Klerr).
1867 „Esmeralda", Oper (Friedrich Müller).
1870 „König Heinrich II. und Rosamunde", Oper (Friedrich Müller).
1872 „Gorenjski slavček" (Die Oberkrainer Nachtigall), Oper (Anton Förster).
1895 „Ulrich Graf von Cilli (Urh, grof Celjski)", Oper (Victor Parma).
1909 „Lepa Vida", Oper vom Komponisten und Richard Batka (Risto Savin = Friedrich Edler von Schirza).
1912 „Assumptio B. M. V." (Pater Hugolin Sattner).
1913 „Jungfrau von Orleans" von Friedrich Schiller (Walter Subak).
1914 „An den Ölbaum" (Oljki), Kantate (Pater Hugolin Sattner).
1917 „Soči" (An den Isonzo), Kantate (Pater Hugolin Sattner).

## Marburg an der Drau:
1879 „Alexander der Große", Operette von Carl Costa (Karl Michael Ziehrer).
1861 „Der orientalische Schwur", Operette (Josef Blumlacher).

## Mediasch/Medgyes/Mediaș:
1899 „Der Herr der Hann", Oper (Hermann Kirchner).

## Ödenburg:
1855 „Die Nixe", Oper nach Fouqué's Undine von Josef Karl Schmidt (Johann Baptist Klerr).
1884 „Az Eleven ördög (Der lebendige Teufel)", Operette (Josef Konti).
1891 „Der Tugendwächter", Operette von A. Schwimmer (B. Zappert).

## Ofen:
1862 „A szerelmes Kantor (Der verliebte Sänger)", Operette von Benyey (Geza Allaga). – „A Zeneszerző (Der Komponist)", Operette von Benyey (Géza Allaga).

## Pest:
1850 „Morsiung Erszébet" von Franz (Ferenc) Kirchlehner (F. G. Császár).
1852 „A Csigány", Volksstück von Eduard Szigligeti (K. Doppler und J. Szerdahelyi). – „A Csikós", Volksstück von Eduard Szigligeti (J. Szerdahelyi).
1853 „Granados tabór", Oper von Czayuga (Karl Doppler). – „Két huszár (Die beiden Husaren)" (Albert Franz Doppler).
1854 „Benvenuto Cellini", Oper von O. Prechtler (L. Kern). – „Viola der Betyar", Volksstück von Szigeti (Ignaz Bognar).
1855 „Die Höhle von Agytelet" (Agtelek?), Volksstück von Szigligeti (Karl Doppler). – „Salvator Roza", Melodrama von Degré (Karl Doppler). – „Huszár csiny", Schauspiel von J. Vahot (Gustav Böhm). – „Képzelt beteg" (Der Hypochonder) (Karl Thern). – „10 000 forint", Volksstück von E. Szigligeti (Karl Doppler). – „Der Dorfnotär" von Josef Szigeti (Ignaz Bognar). – „A ven bakancsos és fia a huszár", Volksstück von J. Szigeti (Ignaz Bognar). – „Der Doppelgänger", Oper (Franz Kirchlehner).
1856 „Wanda", Oper von Theodor von Bakody (Franz Albert Doppler). – „Tudor Maria", Oper nach Victor Hugo von Cséki (Ignaz Bognar).
1857 „Erzsébeth", Oper (Franz Albert Doppler mit Karl Doppler und Franz Erkel). – „Maximilian", Oper (M. Mosonyi).
1858 „Szekely léany", Oper von Bulyovsky (Karl Huber).
1860 „Az adósok Börtöne", Volksstück von E. Szigligeti (Gyula Erkel).
1861 „Das war ich = Die böse Nachbarin", Operette nach einem Lustspiel von Hutt (Joh. Bapt. Klerr). – „Bánk-Ban", Oper von Benjamin Egressy (Franz Erkel). – „Szép Ilon", Oper von Feketi (Mihaly Mosonyi = Michael Brand).
1862 „Das Buch des Teufels", Operette von Louis Schnitzer (Stephan von Kassás). – „Almos", Oper (M. Mosonyi). – „Sarolta", Oper (Franz Erkel).
1863 „A debricini biró", Oper von Maurus Jokai und Szigligeti (Gustav Böhm). – „Was ist Liebe?", Oper von Morländer (Heinrich Weidt).
1865 „Csobáncz", Oper (Alexander Erkel). – „Die Empörung im Harem", Operette von L. Schnitzer (H. Weidt). – „Szent Erzsébeth (Die heilige Elisabeth)", Oratorium von Otto Roquette (Franz Liszt). – „Camilla", Oper von Béla Fay (Guszti Fay). – „A Vig czimborák (Der lustige Kumpan)", Operette (Karl Huber).
1866 „Az Szakallas farkas", Operette (Geza Allaga).
1867 „Der Sackpfeifer", Singspiel von Ludwig Anzengruber (Karl Millöcker). – „Dozsa György", Oper von Szigligeti (Franz Erkel). – „Kemeny Simon", Schauspiel (Karl Huber). – „Die Federschlange", Operette von Friedrich Zell (Carlo de Barbieri). – „A szent Korona", Festspiel von E. Szigligeti (Gustav Böhm).
1868 „Fiesko", Oper (Guszti Fay).
1869 „Die Fraueninsel = Die verkehrte Welt", Operette nach Cogniard (Karl Millöcker).
1871 „Minister und Straßensänger", Operette (Ludwig Klerr).

## Preßburg:
1861 „Die Waise auf Frywalden", Oper (Johann Nepomuk Köck).
1865 „Zwei Blätter Weltgeschichte", Festspiel von Pfeiffer (Josef Pohl).
1866 „Die falsche Wachtel = Das gestörte Brauttständchen", Operette (Josef Pohl).
1868 „Die Entführung der Prinzessin Europa", Burleske Oper (Karl Mayrberger).
1876 „Melusine", Oper von Ernst Marbach (Karl Mayrberger).
1890 „Gödölö", Singspiel von C. Groß (Aloys Hermann Mayer).
1893 „Jadwiga", Oper von Frau A. W. (August Norgauer). – „Ein Königstraum", Operette (August Norgauer).

1894 „Hier werden Näherinnen aufgenommen", Singspiel von Albert Schnitter (Eduard Schweiger).
1907 „Pamaro", Oper von Fr. X. v. Gayrsperg und Hugo Schwertner (Alexandrine Gräfin Esterházy). – „Ninion", Melodrama von E. May-Lucey mit A. Hagen (Mojsisovics).
1908 „Der Soubretten-Onkel", Operette von J. W. Frieser (Eduard Schweiger).
1910 „Erénypróba" (Tugendprobe), Operette von Siegmund Fornheim (Berthold Silbernagel).
1913 „Mila", Oper von Richard Batka mit M. Wassermann (Julius Major).

Raab:
1865 „Das erste Rendezvous", Operette von F. Liehl (Julius Schulz).
1885 „Hilda", Operette (Josef Bokor).
1911 „Zach Klara", Oper (Gabriel Franek).

Risana/Dalmatien:
1891 „Asmodo", Operette von Kovalik (Josef Wünsch).

Ruma:
1909 „Baron Trenck (Der Pandur)", Oper (Felix Albini) – nach der Aufführung in Leipzig 1908.

Schäßburg/Segesvár/Sighişoara:
1887 „Die Türken vor Schäßburg", Oper von Michael Albert (Em. Silbernagel).

Stuhlweißenburg:
1886 „A férfi gyűlölök (Die Männerfeindinnen)", Operette (Malvine Gräfin O'Donell).

Temeschburg:
1901 (angeblich) „Im Zauberwald", Oper (Wenzel Josef Heller).

Totis/Tata (Schloß Esterházy):
1888 „Der letzte Kuß", Operette von Anna Krauer (Alfred Merz).
1889 „Der Bettler von Serajewo", Operette (Ivo Max Hegenbarth). – „Gödölö", Operette von Al. H. Mayer (Karl Groß). – „Das Narrentestament", Operette von Ludwig Pick und M. Simon (Ladislaus Ungar).
1890 „Das Damenregiment", Operette (Rudolf Raimann). – „Szimán Basa", Operette von Zöldi (Rudolf Raimann). – „Harun al Raschid" (Rudolf Raimann).
1891 „Imre Király", Oper von Karl Groß (Rudolf Raimann). – „Codrillo", Oper (Text und Musik: Rudolf Wurmb). – „Das Gespenst auf der Post", Posse von Karl Groß (Rudolf Raimann). – „Im Dachstübchen", Singspiel von F. Lauer (Richard Haller).
1892 „König Sverre", Oper von Karl Groß (Rudolf Raimann). – „In Bayreuth", Posse von Karl Groß (Rudolf Raimann).
1893 „Der Weihnachtsabend", Oper von Karl Groß (Rudolf Raimann). – „Enoch Arden", Oper von Karl Groß (Rudolf Raimann). – „Im Coupé", Posse von Karl Groß (Rudolf Raimann). – „Ivonne", Oper von Henrik Lenkey (B. Hegy). – „Nászy (Die Hochzeitsnacht)", Operette nach Delacour und Moraud (Leonce d'Amant).
1894 „Arnelda", Oper nach Musäus (Karl Frotzler).
1895 „Die Brautschau", Oper von Josef Philippi (Th. Kretschmann). – „Corvin Mátyás" (Karl Frotzler).

Triest:
1865 „La madre slava", Oper von Fichert (Nicolo Stermich).

Werschetz:
1869 „Eduard und Kunigunde", komische Oper (Ludwig Gothov-Grünecke), aufgeführt vom Männergesangverein.

Zara:
1861 „Desiderio duca d'Istria" (Nicolo Stermich).

Personalien der Bühnenschriftsteller und Komponisten, sofern sie aus Südosteuropa stammten oder dort gewirkt hatten und bekannt sind:

Komponisten

**August Ritter von Adelburg** wurde am 1. 11. 1830 in Konstantinopel/Istanbul geboren und starb am 20. 10. 1873 in Wien. Seine diversen Kompositionen erreichten mindestens 112 Opus-Zahlen.

**Felix Albini** (Srećko Albini) kam am 10. 12. 1869 in Županja/Slawonien zur Welt und studierte in Graz Musik, wo er von 1893 bis 1895 Kapellmeister am Stadttheater war. Danach begab er sich als Operndirigent nach Agram. Von 1902 bis 1909 betätigte er sich in Wien als Komponist, anschließend war er in Agram bis 1919 Operndirektor. Von seinen Kompositionen hatte sich am meisten seine Bühnenmusik durchgesetzt. Er starb am 18. 4. 1933 in Agram.

Der 1840 geborene **Géza Allaga** starb 1913 in Frankenstadt/Baja.

Im Jahre 1860 kam in Neapel **Joseph Januarius Bahnert** zur Welt, der in Budapest starb.

**Béla Bartók** wurde am 25. 3. 1881 in Groß-Sankt-Nikolaus/Nagyszentmiklós/Sinnicolau im Banat geboren und starb 1945 in New York.

**Gustav Böhm** (1823–1878) stammte aus Pest. Als Musiklehrer und Kapellmeister war er in Arad tätig, später leitete er den Musik- und Gesangverein in Raab. In Pest, wo er schon einmal Mitglied des Orchesters am Nationaltheater war, wurde er nun Opernregisseur. Böhm übersetzte Werke der europäischen Bühnenliteratur ins Ungarische. Er brachte in mehreren italienischen Städten Opern zu Aufführung.

**Karl Clement** aus Budapest, Jahrgang 1875, beendete mit 59 Jahren selbst sein Leben.

**Benjamin Egressy** (1814 Lászlofalva – 1851 Pest).

**Georg Eisenhut** kam aus Agram (25. 12. 1841 bis 2. 4. 1891). Nach dem Besuch der dortigen Musikschule, autodidaktischer Weiterbildung und Studien in Wien, war er in Agram Musiklehrer, Theater- und Militärkapellmeister. Er schuf kroatische Tänze und Opern, Orchesterstücke, Chöre und Kirchenlieder.

**Emmerich Elbert** (1868–1897) stammte aus Budapest.

**Franz Erkel** wurde am 7. 11. 1810 in Gyula/Jula im Komitat Békés geboren. Er hatte in Preßburg studiert, kam um 1830 als Klavierlehrer und Theaterkapellmeister nach Klausenburg. Nach einer Zeit als erfolgreicher Pianist in Budapest wurde er um 1836 Kapellmeister am deutschen Theater in Pest, 1837 Kapellmeister am ungarischen Nationaltheater. Von 1853 bis 1869 leitete er die Konzerte der Philharmonie in Budapest, von 1875 bis 1889 war er Leiter der Landesmusikhochschule. Franz Erkel schuf 1845 die Melodie zur ungarischen Nationalhymne. Er war der erste bedeutende nationalungarische Opernkomponist. Am 15.6.1893 starb er in Budapest. Seine drei Söhne:

**Alexander** (Sandor) **Erkel** (1846 Pest – 1900 Békéscsaba) wurde ebenfalls Komponist. Zunächst Mitglied des Orchesters des Nationaltheaters, wurde er dort Chordirigent, 1875 Kapellmeister und ab 1896 Operndirektor. Ab 1894 leitete er die Budapester Philharmonie;

**Alexius** (Elek) **Erkel** (1843 Pest – 1893 Budapest) wurde von seinem Vater ausgebildet und trat mit seinen Operettenkompositionen erfolgreich hervor;

**Gyula Erkel** (1842 Pest – 1909 Budapest) war von 1856 bis 1860 Orchestermitglied am Nationaltheater und von 1863 bis 1889 Kapellmeister. Von 1880 bis 1890 war er als Professor an der Landes-Musikhochschule in Budapest tätig. Die Gründung des dortigen Konservatoriums geht auf ihn zurück.

**Eduard** (Ödön) **Farkas** ging 1851 aus „Jász Monostor" hervor und verstarb 1912 in Klausenburg.

Von **Gustav** (Guszti) **Fay** sind die Geburtsdaten nicht bekannt, 1866 ist er in Pest gestorben.

**Gabriel Franek** kam 1861 in Raab zur Welt.

**Stephan Gajáry** wurde 1884 in Budapest geboren.

**Karl Goldmark** (1830 Keszthely/Kesthell – 1915 Wien).

**Ludwig Gothov-Grünecke** (1847 Pest – 1921 Wien).

**Josef Hatze** stammte aus Spalato/Split in Dalmatien (Jahrgang 1879). Er komponierte Kantaten, Lieder und Opern.

**Béla Hegy** (1887–1904) trat in Budapest mit Operettenkompositionen hervor.

**Emil Hochreiter** wurde 1871 in Debrezin geboren und starb 1938 in Wien.

**Jenő Hubay** (Eugen Huber) war Budapester (1858–1937). Sein Vater:

**Karl Huber** (1828 Warjasch im Banat – 1885 Budapest).

**Davorin Jenko** (1835 Dvorje – 1914 Laibach) hatte die Musik zu rund 40 Bühnenstücken komponiert.

**Victor Jakobi** (Jakabsi) kam 1883 in Budapest zur Welt und starb 1921.

**Pongrác Kacsóh** (1873–1923 Budapest) studierte in Klausenburg, wo er ein Studentenorchester leitete. Als Lehrer an Mittelschulen in Budapest tätig, vervollkommnete er dort seine Musikkenntnisse. Nach der Jahrhundertwende gab er die Musikzeitung „Zenevilág" heraus. Als Komponist wirkte er vor allem auf dem Gebiet der ungarischen Operette bahnbrechend. Seine Verdienste gipfelten im Bemühen, zu einem modernen ungarischen Musikleben beizutragen.

**Gyula Kaldy** (1838 Pest – 1901 Budapest) war an der Oper Direktor und Spielleiter, aber auch Kapellmeister und Gesanglehrer. In seinen Veröffentlichungen alter ungarischer Musik berücksichtigte er namentlich Volkslieder.

**Emmerich Kálmán** (1882–1953) wurde in Siófok, Südufer des Plattensees, geboren. Er machte sich vor allem als Operettenkomponist einen Namen. Es war ihm gelungen, in seiner Musik wienerisches Empfinden mit (schein)ungarischen Melodien wirksam zu verknüpfen.

**Peter Konjović**, am 6.5.1882 in Zombor/Sombor geboren, wurde in Prag ausgebildet und war später Direktor der Agramer Oper. Er komponierte Instrumentalstücke, Chöre und Lieder.

**Josef Konti** kam aus Warschau (Geburtsjahr 1852) und starb 1905 in Budapest.

**Sándor László** wurde 1895 in Budapest geboren.

**Vatroslav Lisinski** aus Agram (1819–1854) hieß eigentlich Fuchs. Außer den ersten kroatischen Opern brachte er Orchester-, Klavierwerke und zahlreiche Lieder hervor.

**Franz Liszt** (1811 Raiding – 1886 Bayreuth).

**Raoul Mader** (1856 Preßburg – 1940 Budapest).

**Julius Major** (1859 Kaschau – 1921 Budapest) gründete 1894 in der ungarischen Hauptstadt den „Ungarischen Damen-Chorverein" und zwei Jahre später eine Musik-Akademie. Nebst einem „Lehrbuch für Kontrapunkt" trat er mit zahlreichen konzertanten Kompositionen, Frauenchören und Liedern hervor.

Der aus Wien stammende **Karl Mayrberger** (geb. 1828) war seit 1869 Domkapellmeister in Preßburg, wo er 1881 starb. Er komponierte nebst Opern und Operetten auch Männerchöre und Lieder, ferner gab er ein „Lehrbuch der musikalischen Harmonie" heraus.

**Edmund von Mihalovich** (1842 Feričanci in Slawonien – 1929 in Budapest) war von 1887 bis 1919 Direktor der Landes-Musikakademie in der ungarischen Hauptstadt. Von ihm stammen Klavierstücke, Sinfonien, Ouvertüren, Chöre und Lieder.

**Michael Mosonyi** hieß eigentlich Brand (4.9.1814 Boldogasszony, Komitat Wieselburg – 31.10.1870 oder 1871 Budapest); 1860 änderte er seinen Namen. Er brachte nationalungarische Werke hervor, veröffentlichte Symphonien, Klavierwerke, Messen, Lieder, Opern und auch Kirchenmusik.

**Friedrich Müller** kam um 1820 in Szümegh (= Sümeg in Westungarn) zur Welt.

**Viktor Parma** (1858 Trient – 1924 Marburg a.d. Drau) war im Hauptberuf Jurist. Als Kapellmeister tätig, schrieb er auch Chorwerke, Opern und Operetten.

**Miklos Radnay** wurde 1892 in Budapest geboren.

**Rudolf Raimann** (7.5.1861 Wesprim/Veszprém – 26.9.1913 Wien) wurde in Wien musikalisch ausgebildet. Als Theaterkapellmeister wirkte er u.a. ab 1877 in Ödenburg, Graz und Köln, später auch auf Schloß Totis und vor allem in Wien. Er komponierte Lieder und Klavierwerke, am populärsten wurden jedoch seine Bühnenwerke, welche das Repertoire vieler Theater bereicherten.

Der 1870 in Budapest geborene **Ferdinand Rékay** war Kapellmeister an der dortigen Oper. Er schrieb Streichquartette, ungarische Ouvertüren und Opern.

**Risto Savin** war das Pseudonym von Friedrich Edler von Schirza, der 1859 bei Cilli zur Welt kam. Er war Generalmajor der österreichischen Armee, befaßte sich aber auch mit der Musik und schrieb Ballette, Opern, Kammermusik, Chöre und Lieder.

**Julius Schulz** (1837 Frankfurt a. M. – 1907 Ödenburg).

**Nicolo Stermich** (Conte di Valcweidta) wurde 1840 in Dalmatien geboren und starb 1894 in Zara/Zadar.

**Eugen** (Jenö) **Stojanovits**/Stojanović (1864 Pest – 1919 Budapest) war bereits mit 12 Jahren Organist an der Universitätskirche der ungarischen Hauptstadt. Er betätigte sich später als Gesanglehrer, wurde Vorsitzender des Ungarischen Musikvereins und Landesdirektor des Ungarischen Sängerbundes. Er schrieb Opern, Operetten, Ballette und Lehrbücher. Seine Töchter Lili und Edith, die Opernsängerinnen waren, traten mit der weiteren Tochter Adrienne als „Stojanovits-Terzett" in Ungarn und im Ausland erfolgreich auf.

Der Komponist **Karl Stoll** starb 1922 in Budapest, wo er tätig war.

**Béla Szabados** (1867 Pest – 1936 Budapest) studierte an der Musikakademie seiner Heimatstadt. Von 1888 bis 1893 war er Korrepetitor an der Lehranstalt für Schauspieler, danach lehrte er an der Hochschule für Musik. Er komponierte Opern und Operetten, Kammermusik, Männerchöre und Lieder.

**Karl Thern** (1817–1886) stammte aus Zipser Neudorf/Igló/Spišska Nová Ves im damaligen Oberungarn. Ab 1841 war er Kapellmeister am ungarischen Nationaltheater zu Pest. Von 1853 bis 1864 war er Professor am dortigen Konservatorium (Kompositionslehre und Klavier). Seine Kompositionen erreichten über 70 Opus-Zahlen, darunter waren Opern und Singspiele, aber auch ungarische und deutsche Lieder, welche sich einer großen Verbreitung erfreuten.

**Ladislaus Ungar** wurde 1862 in Wirowititz/Verőcze/Virovitica geboren.

Der 1820 in Wien geborene **Josef Eduard Wimmer** war 1836 bereits Kapellmeister am Theater zu Ofen, ab 1837 wirkte er in Fünfkirchen, wo er auch starb.

**Giovanni von Zaytz**, der sich auch Ivan Zajic schrieb, stammte von deutschen Eltern aus Mähren ab. Am 25.4.1837 in Fiume/Rijeka geboren, studierte er am Mailänder Konservatorium. Ab 1870 wirkte er in Agram, wo er am 17.12.1914 starb, als Lehrer am Konservatorium und als Theaterkapellmeister. Nebst Opern und Operetten brachte er Messen, Oratorien, Chöre und Lieder hervor.

**Géza Graf Zichy**, im seinerzeitigen nordostungarischen Sztára 1849 geboren und 1924 in Budapest verstorben, wurde zum Klaviervirtuosen, obwohl er bei einer Jagd seinen rechten Arm verloren hatte. Von 1875 bis 1918 war er Präsident des Konservatoriums in Budapest und von 1891 bis 1894 hatte er die organisatorische und künstlerische Leitung des Opernhauses in der ungarischen Hauptstadt inne. Zichy, der auch mit Erfolg auf Konzertreisen durch Europa ging, komponierte Klavierstücke (für die linke Hand), Opern, Chöre und Lieder.

Bühnenschriftsteller

**Emil Ábrányi** (1851–1920) war ein bekannter ungarischer Dichter, der auch als Opern-Librettist hervorgetreten ist.

**Michael Albert**, ein Schulmann und heute noch beachteter Dichter, wurde 1836 in Schäßburg/Siebenbürgen geboren und starb dort 1893.

**Theodor von Bakody**, der auch Gedichte schrieb, welche vertont wurden, kam 1825 in Raab zur Welt.

**Karl Bakonyi** (1874–1926) starb in Budapest.

**Bernhard Buchbinder** (6.7.1852 Pest – 4.6.1922 Wien) war Schauspieler und Schriftsteller, der sich auch journalistisch betätigte. Außer Dramen, Novellen u.a. verfaßte er zahlreiche Textbücher, vor allem für Operetten, von denen einige Weltberühmtheit erlangten.

**Gregor von Csiky** (Jahrgang 1842) stammte aus Pankota im Banat und starb 1891 in Budapest.

**Ferenc Herczeg** kam als Franz Herzog am 22. September 1863 in Werschetz zur Welt. Als Schriftsteller, Dichter und Bühnenautor hatte er ursprünglich in seiner deutschen Muttersprache, später jedoch in ungarischer Sprache geschrieben. 1954 ist er verstorben.

**Béla Jenbach** (eigentlich Jakobovits) wurde 1871 in Miskolc geboren. Er hatte zahlreiche Librettis, auch zu weltbekannt gewordenen Operetten verfaßt. Von 1938 bis zu seinem Tode im Jahre 1943 lebte er in Wien in einem Versteck.

**Maurus Jokai** (1825 Komorn – 1894 Budapest) war als ungarischer Dichter und Übersetzer sehr erfolgreich gewesen.

**Franz Georg** (Ferenc) **Kirchlehner** stammte aus Ofen (1791–1855).

**Hugo Klein** kam 1853 in Segedin zur Welt.

**Alexander Landsberg** (Landesberg) wurde 1848 in Großwardein geboren und starb 1916 in Wien.

**Adolf Merei,** dessen Herkunft nicht bekannt ist, starb 1918 in Budapest.

**Eduard Szigligeti** (1814 Großwardein – 1878 Budapest).

c) Werke heimatlicher Komponisten und Librettisten an auswärtigen Theatern

Komponisten

August Ritter von Adelburg (1830–1873) aus Konstantinopel:

„Wallenstein" und „Martinuzza" (nähere Angaben fehlen).

Felix Albini (1869 Županja/Slawonien – 1933 Agram):

„Der Nabob", Operette (Leopold Krenn), Wien 1905. – „Ein Weihnachtsabend", Weihnachtsmärchen (nach Dickens von Max Foges), Wien 1906. – „Baron Trenck" (Der Pandur), Operette (Willner und Bodanzky), Leipzig 1908. – „Die kleine Baronesse", Operette (R. Bodanzky), Wien 1909. – „Die Barfußtänzerin", Operette (Béla Jenbach), Leipzig 1909.

Béla Bartók (1881 Groß-St.-Nikolaus/Banat – 1945 New York):

„Der holzgeschnitzte Prinz", Tanzpantomime (Béla Balasz) und „Der wunderbare Mandarin", wahrscheinlich in Wien um 1914–1916.

Waldemar Edler von Baußnern (1866–1931) wurde zwar in Berlin geboren und starb auch dort, sein Vater stammte jedoch aus Siebenbürgen, wo der spätere Musikprofessor und Komponist seine Jugendzeit verbrachte. Mit seiner Orchestersuite „Dem Lande meiner Kindheit" hatte er wohl seine erhalten gebliebene Verbundenheit zum Südosten unterstrichen.

„Dichter und Welt", Oper (J. Petri), Weimar, 1897. – „Dürer in Venedig", Oper (Adolf Bartels), Weimar, 1901. – „Herbort und Hilde", Oper (Eberhard König), Mannheim 1902. – „Der Bundschuh", Oper (Otto Erler), Frankfurt 1904. – „Das hohe Lied vom Leben und Sterben", Oratorium, 1921. – „Satyros", musikalische Komödie (nach Goethe von Baußnern), Basel 1922.

Rudolf Bella, der am 7.12.1890 in Hermannstadt zur Welt kam, schrieb die Oper „Die welsche Pappel", deren Aufführungsort und -zeit nicht bekannt sind.

Heinrich Berté (1858–1924) stammte aus Freistadt/Galgóc/Hlohovec im damaligen Oberungarn. Er komponierte die Musik zu rund 20 Operetten, Singspielen und Balletten, welche in Wien und in anderen deutschen Städten zur Uraufführung gelangten.

Am bekanntesten wurde sein Singspiel „Das Dreimäderlhaus" (von Willner und Heinz Reichert nach dem Roman von R. H. Bartsch), welches er aus Melodien von Franz Schubert zusammensetzte.

Eugen Buresch, 1870 im seinerzeitigen oberungarischen Groß-Schur/Nagy Súr/Velké Šurovce geboren und vermutlich in Ödenburg, wo er musikpädagogisch tätig war, gestorben, war u. a. 1893 Kapellmeister in Berlin.

Er komponierte mehrere Instrumentalstücke und Chöre, aber auch die Musik zu Bühnenwerken, über deren Aufführungen keine näheren Angaben vorliegen: „Das Zauberkräutlein", Singspiel. – „Ein Pensionskommers", Liederspiel. – „Kaiserjubiläumsfestspiel". – „Das Mädchen aus der Fremde", Singspiel.

Ernst von Dohnányi (27.7.1877 Preßburg – 9.2.1960 New York) erzielte schon als Kind mit seinem Klavier- und Violinspiel anläßlich öffentlicher Auftritte beachtliche Erfolge. Nach gründlicher Ausbildung trat er als Pianist nahezu in ganz Europa auf, 1900 bis 1901 auch in Amerika. Später als Professor an der Hochschule für Musik in Berlin tätig, begab er sich während des 1. Weltkrieges nach Budapest. Hier wurde ihm 1918 die Leitung der Musikhochschule übertragen, später wurde er auch Präsident der dortigen Philharmonischen Gesellschaft. Nach

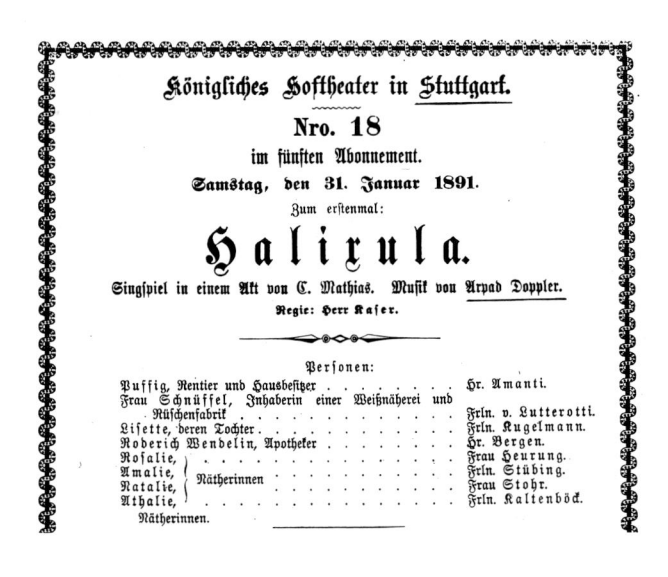

Berlin 17.2.1892

**Nachdruck verboten.**
Direction: Gothov-Grüneke.

## Alexanderplatz-Theater.

**Nachdruck verboten.**
Direction: Gothov-Grüneke.

# Berliner Pflaster.

Posse mit Gesang in 4 Akten von **W. Mannstädt** und **H. Sealtiel**. Musik von **Gothov-Grüneke**.

Personen:

| | | | | | |
|---|---|---|---|---|---|
| Balduin Hasenholz, Gutsbesitzer | Hr. Alexander | Malvine | Frl. Raban |
| Euphrosine ) seine Schwestern | Fr. Pögner | Agnes | Frl. Jeroffy |
| Thekla ) | Frl. Engl | Strubbe, Gastwirth | Hr. Ferd. Meyer |
| Fritz Waldenau, sein Neffe | Hr. Priver | Striegel, Hausknecht | Hr. Hungar |
| Charlotte Golden, Schauspielerin | Frl. Delma | Jean ) Kellner | Hr. Blum |
| Rafael Herold, Maler | Hr. Paris | Jaques ) | Hr. Caspar |
| Kneifer, Agent | Hr. Herz | Line ) | Frl. Münch |
| Kohlmann, Inspektor | Hr. Nielsdorf | Trine ) Bauernmädchen | Frl. Hinz |
| Hulda ) Balleteusen | Frl. Mocca | Dore ) | Frl. Wittenberg |
| Amanda ) | Frl. Juchutz | Ein Telegraphenbote | Hr. E. Meyer |
| Bleiwitz, Direktor eines Ballokales | Fr. Voigt | Ein Commis | Hr. Lewandowsky |
| Therese | Frl. Weid | | |
| Olga | Frl. Montorowska | Bauern u. Bäuerinnen. Balleteusen, Damen, Herren. |

Der erste Akt spielt auf einem Gute Pommerns, die anderen in Berlin.

Nach dem ersten Akte 10 Minuten, nach dem zweiten 15 Minuten, nach dem dritten 10 Minuten Pause.

**Tageskasse 10–1 Uhr. Kasseneröffnung 6½ Uhr. Anfang 7½ Uhr. Ende 10¼ Uhr.**

---

wiederholten Gastspielreisen durch Europa ließ er sich schließlich in New York nieder. Nebst zahlreichen Werken der gehobenen Musik, vertonte er auch mehrere Bühnenwerke, z. B.

„Tante Simona", Oper (Viktor Heindl), Dresden 1913; „Der Schleier der Pierrette", Ballettpantomime (Arthur Schnitzler), Dresden 1910.

Arpád Doppler (5.6.1857 Pest – August 1927 Stuttgart) hatte am Konservatorium der schwäbischen Metropole studiert, wo er später Unterricht erteilte. In gleicher Eigenschaft wirkte er von 1880 bis 1883 in New York. Ab 1889 entfaltete er an der Stuttgarter Hofbühne eine fruchtbare Tätigkeit. Außer einigen Liedern und sinfonischen Werken hatte er auf die dortige Bühne gebracht:

„Halixula", heitere Oper (C. Mathias), 1891. – „Ein Tanzfest auf der Solitude", Ballett (Fr. Scharf), 1900. – „Traumelse", Märchen (Paul Ost), 1902. – „Das Hutzelmännlein", Märchen (Ed. Frank), 1906. – „Die Reise durch das Märchenland", Märchen (Olga Doppler u. H. Alsen), 1918.

Gabriel Franek, 1861 in Raab geboren:

„Czedra", Oper (S. Pohl), Olmütz 1902.

Ludwig Gothov-Grünecke (6.3.1847 Pest – 17.10.1921 Wien) – fast alle seine Werke wurden in Wien erstaufgeführt:

„Rotkäppchen", Märchenspiel (C. Riedl u. E. Krämer), 1872. – „Kapital und Zinsen", Posse (E. Pohl u. L. Ernst), 1873. – „Undine, die Nixe der Donau", Märchenspiel (Ed. Frank), 1874. – „Fee Convallana = Die Diamantengrotte", Märchenspiel (C. Riedl), 1874. – „Das Weihnachtsglöckchen von Maria-Zell = Opfermut und Kindesliebe" (Friedr. Blum), 1874. – „Hans Jörgel von Gumpoldskirchen", Posse (L. Jacobi u. J. Richter). – „Der gehörnte Siegfried = Der Goldschatz des Nibelungen", Märchenspiel (Carl Riedl). – „Ein weiblicher Grobian", Operette, 1875. – „Freund Fritz", ländl. Gemälde (Erckmann-Chatrian). – „Marmorherzen", Sittenbild (Barrière u. Thiboust), 1877. – „Blitzaug, der Bettlerkönig von Wien", Volksstück (Radler). – „Nintscherl", Parodie (Br. Zappert). – „Der Zweck heiligt die Mittel", Volksstück (Ed. Dorn). – „Die steinerne Jungfrau", Volksstück (C. Elmar). – „Feuer", Lebensbild (Görlitz u. Dorn), 1878. – „100000 Gulden und meine Tochter", Posse (nach dem Französischen von Ed. Dorn). – „Mein Frack", Posse (Fr. Rotter). – „Das Weib des Debutanten", Singspiel (Gottsleben). – „Die Glöckerln vom Kornfeld", Operette (Zappert), 1879. – „Josef Lanner", Genrebild (Radler), 1880. – „Ein Böhm in Amerika", Posse (Zappert). – „Ein Abgestrafter", Spektakelstück (deutsch v. Schelcher). – „Soldatenstreiche", Musikposse (J. Löwy), 1881. – „Moderne Weiber", Posse (Zappert). – „Müllers Vaterfreuden", Posse (J. Doppler). – „Der Millionschwindel", Volksstück (Ed. Dorn). – „Pater Lorenz", Lebensbild (Elmar). – „Schützenliesel", Posse (L. Treptow). – „Wien bei Nacht", Volksstück (Wallsee), 1882. – „Ein Soldatenjux", Posse (J. Löwy), 1887. – „Der Amerikaner", Operette (G. v. Moser), Görlitz 1889. – „Küchenregiment", Singspiel. – „Wiener Kadetten", Singspiel. – „Wiener Sportsdamen", Singspiel, 1890. – „Berliner Pflaster", Posse (W. Mannstädt), Berlin 1892. – „Ein besserer Herr", Posse (J. Horst u. Ed. Lunzer), 1900. – „Die liebe Nachbarschaft", Volksstück (Wallhausser u. Holzapfel). – „Es ist erreicht", Posse (August Neidhardt). – „Ein Wunderkind", Posse (C.R. Wolff), 1901. – „Die Hochzeit der Schwiegermutter", Posse (B. Schier sen.). – „48 Stunden Urlaub", Posse (B. Buchbinder), 1903. – „Zweierlei Tuch", Posse (R. Krasnigg), 1907. – „Unser Franz", Posse (Antony), 1908. – „Die schöne Helena von heute", Posse (Steiner u. Krenn), 1911. – „Im Silberlande", Ballett, 1912. – „Wo die Zwerge die Riesen besiegten", Märchenspiel (E. Pleiskar u. Gothov), 1912.

Karl Graff kam 1833 im damaligen Also-Eör in Ungarn zur Welt:

„Herkules", Operette, Kassel 1859.

Viktor Hansmann (14.8.1871 Waraschdin – 12.12.1909 Berlin), der auch Liederkompositionen hervorgebracht hatte, schrieb:

„Enoch Arden", Oper (Karl Wilh. Marschner), Berlin 1897. – „Die Nazarener", Oper (K.W. Marschner), Braunschweig

*Berlin, 4.1.1892*

[Theater playbill: Alexanderplatz-Theater, Direction: Gothov-Grüneke. "Schwarze Brüder." Burleske Gesangsposse in 5 Bildern. Musik von Gothov-Grüneke.]

---

1906. – „Unter der Reichssturmfahne", Festspiel, Hohentwiel 1906.

**Johann Emanuel Hartel** (1829 Ofen – 1900 Wien vertonte die

Operetten „Die Flatterrose" und „Der falsche Raphael", welche wahrscheinlich in Wien zuerst gebracht wurden.

**Josef Heller** (1876 Budapest – 1932 Wien):

„Das Weiberdorf" (Der Narrenhof), Operette (J. Horst und R. Potsch). – „Leutnant Boby", Operette. – „Frauenlist", Oper (nach „Damenkrieg" von Scribe von H. Gröne), Wien 1917. – „Das Dorf ohne Männer". – „Der Musikant".

Heller war Lautenvirtuose, Komponist von Klavierstücken und Liedern, später betätigte er sich auch als Kapellmeister und Musikkritiker in Wien.

**Friedrich Karl Herbold** (1855 Pest – 1913 Gotenburg):

„Gustaf Adolf vid, Mainz", Oper. – Musik zu „Sanningens vägra".

**Emil Hochreiter**, 1871 in Debrezin geboren, komponierte Mariengesänge und

„Die Geburt Christi", Oratorium, Wien 1917.

**Georg Jarno** (3.6.1868 Ofen – 20.5.1920 Breslau) heiß bis 1903 Cohnen. Er war an mehreren deutschen Bühnen Kapellmeister, vorwiegend Operettenkomponist und mit einigen seiner Stücke äußerst erfolgreich:

Die schwarze Kaschka, Oper (Viktor Blüthgen), Breslau 1895. – Der Richter von Zalamea, Oper (V. Blüthgen). – Der zerbrochene Krug, komische Oper (Heinrich Lee), Hamburg 1903. – Operetten: Der Goldfisch (Richard Jäger), Breslau 1907. – Die Förster-Christel (Bernhard Buchbinder), Wien 1907. – Das Musikantenmädel (B. Buchbinder), Wien 1910. – Die Marine-Gustl (B. Buchbinder), Wien 1912. – Das Farmermädchen (Georg Okonkowski), Berlin 1913. – Mein Annerl (Fr. Grünbaum u. Willy Sterk), Wien 1916. – Jungfer Sonnenschein (B. Buchbinder), Berlin 1918. – Die Csikos-Baroness (Fritz Grünbaum) Hamburg 1920.

**Emil Koppel**, am 10.6.1837 in Agram geboren:

„Adelina", Operette (nach dem Französischen), Wien 1879.

**Hans Krenn** kam am 16.11.1854 in St. Gotthard/Szentgotthárd im Komitat Vas zur Welt und schrieb nebst Männerchören:

„In der Kadettenschule", Operette (Josef Philippi), 1885. – „Die Adoptivkinder", Singspiel (W.F. Horak), 1884. – „Der Normalmensch", Posse (W.F. Horak), 1886. – „Ihre Kinder", Liederspiel (W.F. Horak), 1886. – „Der Stabstrompeter", Posse (Mannstädt), 1886. – „Wien bleibt Wien", Posse (Schreier und Hirschel), 1887. – „Münchhausen", Burleske (Jul. Horst u. Fritz Waldau), 1887. – „Die Stütze der Hausfrau", Posse (Engelbert Karl und Hirschel), 1888. – „10000 Gulden", Posse (nach Treptow von C. Wolff), 1888. – „Nigerl's Reise nach Paris", Posse (F. Antony), 1888. – „Das Paradies", Posse (Treptow u. Lindau), 1890. – „Das fidele Wien", Posse, 1890. – „Schaun ma eini! = Ein neuer Lumpaci", Posse (Mestrozzi), 1890. – Alle in Wien uraufgeführt!

**A. Béla Laszky** kam 1868 in Neutra/Nyitra/Nitra zur Welt und starb 1938 in Wien, wo auch die meisten seiner Stücke erstaufgeführt wurden:

„Die Soubrette", Vaudeville (Leo Heller), München 1904. – „Brigantino", Lyr. Bluette (Fritz Grünbaum), 1907. – „Ein Rendezvous", Szene (Rob. Bodanzky), 1907. – „Loreley", musik. Märchenspiel (R. Bodanzky), 1908. – „Schubert", Singspiel (L. Heller u. R. Wurmfeld), 1908. – „Drei kleine Mädel", Operette (Jul. Wilhelm), 1908. – „Elektra", Parodie-Operette (J. Barmer u. A. Grünwald), 1909. – „Georgette", Operette (J.: Barmer u. A. Grünwald), 1910. – „Die schlaue Komtesse", Operette (Willy Sterk), 1910. – „Lady Excentrique", Operette

(Alex. Ziegler u. Fritz Telmann), 1912. – „The Dream Maiden", Spiel-Operette (Allan Love), New York 1913. – „Das Gartenhäuschen", Operette (Löhner-Beda), 1913. – „Das blonde Rätsel", Operette (Kurt Rubitschek), 1913. – „Der Gott der Kleinen", Operette (Willy Sterk), 1914. – „Eine verschenkte Nacht", Operette (Fritz Lunzer u. Gust. Beer), 1914. – „Amor im Panopticum", Operette (Bodanzky), 1915.

Sándor Laszlo kam 1895 in Budapest zur Welt:

„Das Märchen", Pantomime (Ernst Matray), Berlin 1916. – Nach dem 1. Weltkrieg brachte er noch drei Werke in Hamburg und eines in Budapest auf die Bühne.

Franz Lehár (1870 Komorn – 1948 Bad Ischl):

„Rodrigo", Oper. – „Kukuska", umgearbeitet als „Tatjana", Oper (Felix Falzari), Leipzig 1895 bzw. Brünn 1905. – „Wiener Frauen", Operette (Ottokar Tann-Bergler), Wien 1902, als „Der Klavierstimmer" bzw. umgearbeitet als „Der Schlüssel zum Paradies", Leipzig 1906. – „Der Rastelbinder", Operette (Viktor Léon), Wien 1902. – „Der Göttergatte", Operette (V. Léon u. Leo Stein), Wien 1904. – „Die Juxheirat", Operette (Julius Bauer), Wien 1904. – „Die lustige Witwe", Operette (V. Léon u. L. Stein), Wien 1905. – „Peter und Paul reisen ins Schlaraffenland", Zaubermärchen (R. Bodanzky u. Fritz Grünbaum), Wien 1906. – „Mihislaw der Moderne", Operette (Bodanzky u. Grünbaum), Wien 1907. – „Edelweiß und Rosenstock", Operette (Jul. Bauer), Wien 1907. – „Der Mann mit den drei Frauen", Operette (J. Bauer), Wien 1908. – „Das Fürstenkind", Operette (V. Léon), Wien 1909. – „Der Graf von Luxemburg", Operette (Bodanzky u. A. M. Willner), Wien 1909. – „Zigeunerliebe", Operette (Bodanzky u. Willner), Wien 1910. – „Eva", Operette (Bodanzky u. Willner), Wien 1911. – „Die ideale Gattin", Operette (Oskar Friedmann u. F. Lunzer), Wien 1913. – „Endlich allein", Operette (Bodanzky u. Willner), Wien 1914. – „Der Sterngucker", Operette (Fritz Löhner), Wien 1916. – „Wo die Lerche singt", Operette (A. M. Willner), Budapest 1918. Die nach dem 1. Weltkrieg entstandenen Bühnenwerke Lehárs werden nicht genannt.

Franz Liszt (1811 Raiding – 1886 Bayreuth):

„Der gefesselte Prometheus", dramatische Szene, Weimar 1850. – „Der heilige Stanislaus", Oratorium. – „Christus", Oratroium, Berlin 1881.

Raoul Mader (1856–1940) aus Preßburg, der in Budapest starb:

„Die Flüchtlinge", komische Oper (Bernhard Buchbinder), 1891 in Wien, wie auch die folgenden! – „Coeur d'orange", Operette (H. Regel u. R. Genée), 1895. – „Das Garnisonsmädel", Operette (Landsberg u. Leo Stein), 1904. – „Der selige Vincenz", Operette (Landsberg u. Stein), 1907. – „Der weiße Adler", Oper nach der Musik von Fr. Chopin (V. Léon u. H. Regel), 1917. – „Kravalleria musicana", Parodie (Alexander Weigl), 1891. – Ballette: „Die Sirenen-Insel" (H. Regel), 1892. – „Die Hochzeit im Friseurladen" (H. Regel u. Haßreiter), 1894. – „Wiener Legende" (H. Regel u. Haßreiter), 1914.

Edmund von Mihalovich (1842 Feričanci – 1929 Budapest):

„Hagbarth und Signe", Oper (Adolf Stern), Dresden 1882. – „Wieland der Schmied", Oper, 1870.

Emanuel Moór (1863 in Kecskemét geboren):

„Die Pompadour", Oper (L. v. Ferro u. A. L. Moór), Köln 1902. – „Andreas Hofer", Volksoper (E. Moór), Köln 1902. – „Hochzeitsglocken", Oper (L. V. Ferro), Kassel 1908. – „Der Goldschmied von Paris", Oper (Th. Rehbaum).

**Adolf Müller sen.** (1801 Tolnau – 1886 Wien) –

Fortsetzung der Aufzählung aus dem Abschnitt „Von 1800 bis 1850". Sämtliche Erstaufführungen fanden in Wien statt. Die Jahreszahlen der Premieren werden jeweils am Schluß der Teilaufzählungen angegeben:

„Die fünf Sinne", Zauberposse (H. Merlin); „Ferdinand Raimund", Charakterbild (Karl Elmar); „Hans geht in die Stadt", Posse (Liebold); „Zwei Blätter", Lebensbild (Al. Berla); „Die schöne Klosterbäuerin", Lebensbild (Prüller) mit Prummer, 1851.

„List und Dummheit", Posse (Feldmann); „Der falsche Wechsel", Lebensbild (C. J. Böhm); „Der Hauslehrer", Posse (Kola-Nikola-); „Fledermäuse", Scherz (Ludwig Wysber); „Faschingsabenteuer", Posse (Ludwig Wysber); „Marthe", Posse (nach dem Englischen); „Zwei Bauern", Charakterbild (Prüller); „Das Eckhaus in der Vorstadt", Lebensbild (C. J. Böhm); „Spatz auf seiner Brautfahrt", Posse (Bauernfeind); „Der Dürrkräutler", Charakterbild (C. J. Böhm); „Der Reichtum des Arbeiters = die Versuchung", Lebensbild (nach dem Französischen von Ida Schuselka); „Der Geizige", Charakterbild (Bittner); „Das Mädchen von der Spule", Charakterbild (Karl Elmar), 1852.

„Ein Abenteuer in Wien", Posse (Kola –Nikola-); „Invalide und Feldwaibel", Lebensbild (August Lang); „Die Leidenschaften", Märchen (Alois Berla); „Reicher Leute armes Kind", Volksdrama (Sigm. Schlesinger); „Die Gefoppten", Posse (Bittner); „Die falsche Pepita", Posse (J.C. Böhm); „Martin, der Sohn der Natur", Charakterbild (Nissl); „Das Ultimatum in der Luft", Schwank (Bittner und Grün); „Leere Taschen – volles Herz", Charakterbild (Sigm. Schlesinger); „Ein Rappelkopf", Posse (Bittner), 1853.

„Überlistet", Posse (J. Doppler); „Der fidele Christel", Posse (Bittner); „Der Mensch und sein Gewissen", Lebensbild (Bauernfeind); „Ein alter Deutschmeister", Posse (Alois Berla); „Der Wildschütz und sein Deandl", Charakterbild (Karl Julius); „Ein Hausmeister aus der Vorstadt", Posse (Ant. Langer); „Der Csikos", Volksstück (Szigligeti – mit Szerdahelyi); „Der Karfunkel", Volksstück (W. Faber); „Eine Nacht in Konstantinopel", Posse (Ed. Liebold); „Ein Fechter", Parodie (Bittner); „Therese Krones", Charakterbild (Karl Haffner), 1854.

„Ein Wiener Freiwilliger", Lebensbild (Ant. Langer); „Schwert und Pinsel", Schwank (C. Juin); „Ausgeglichen", Posse (Doppler); „Strauß und Lanner", Lebensbild (Ant. Langer); „Paraplui", Posse (Al. Berla); „Des Glückes und des Unglückes Launen", Posse (Feldmann und Pann); „Dick und dünn", Posse (Ludwig Karl); „Ein deutscher Schullehrer", Charakterbild (Deinhardstein); „Eine Ausspielerin", Charakterbild (Ant. Langer); „Warum traut er einem Doktor?", Posse (Feldmann); „Miss Lydia", Posse (J.C. Böhm); „Folgen eines Champagnerdusels", Posse (Blank); „Eine Buchdruckerei", Charakterbild (Bernhofer), 1855.

„Ein Gang durch die Vorzeit", Posse (O.F. Berg); „Er ist unsichtbar", Schwank; „Stadtmamsell und Bäuerin", Schwank (Blank); „Eine Schauspielerfamilie", Posse (Blank und Bernhofer); „Nach Californien", Zeitbild (O.F. Berg); „Der Aktiengreißler", Posse (Ant. Langer); „Er muß heiraten", Posse (Lud. Karl); „Trau, schau, wem", Charakterbild (Gründorf); „Der eine möcht, der andere nicht", Posse (Heinr. Bauer); „Im Leben – nach dem Tode", Lebensbild (Deinhardstein); „Der Moarhof ent an Berga", ländl. Gemälde (Blank); „Eine Frau um jeden Preis", Posse (nach dem Französischen von Blank und Bernhofer); „Das erste Kind", Charakterbild (Ant. Langer); „Der Liebeszauber = Die Kunst, geliebt zu werden", Singspiel (n. d. Französ. von A. Bahn), 1856.

„Die Mehlmesser-Pepi", Posse (Ant. Langer); „Es ist nicht alles Gold, was glänzt", Charakterbild (J.C. Böhm); „Die Kartenaufschlägerin von der Siebenbrunnerwiese", Gemälde (Blank); „Ein ehemaliger Trottl", Lebensbild (Ant. Langer); „Zaunschlüpfel", Posse (Al. Berla); „Der Dickschädel", ländl. Bild (Blank und Wysber); „Sie bleibt sitzen", Posse (mit Josef Schürer); „Alle neun!" Märchen (Franz Bock); „Der Wucherer in der Klemme", Schwank (Theod. Flamm); „Der Gutsherr von Raffnitz", Lebensbild (Ant. Langer), 1857.

„Der alte Infanterist und sein Sohn", Volksstück (nach dem Ungarischen von Mirani); „Noch ein Wiener Dienstbote", Posse (C. Juin); „Der Hausherr vom Brillantengrund", Lebensbild (Blank und Bernhofer); „Die Wildschützen", Volksbild (Prüller); Ein Praterwurstl", Lebensbild (Ant. Langer); „Nur diplomatisch", Posse (Therese Megerle); „Die Eisjungfer", Märchen (Karl Elmar); „Ein Wiener Geselle", Posse (Ehrenhäusel), 1858.

„Unsere Bettgeher", Lebensbild (Ant. Langer); „Dumm, dümmer, am dümmsten = drei Kandidaten", Posse (Feldmann); „Wenzel Scholz", Lebensbild (Karl Haffner); „Ein Faschingsgugelhupf", Burleske mit Franz v. Suppé (Ant. Langer/Jodocus Juxinger); „Der Teufel im Herzen", Lebensbild (Theod. Flamm); „Eine innere Stimme", Lebensbild (J. Grün); „Der Bauernstudent", Lebensbild (Blank); „Der Freiheitskampf in Tirol", Volksstück (Berla und Tesco); „Der Sandwirt Andreas Hofer", Volksstück (J.C. Böhm); „Ein eigener Kerl = Bettelstolz", Lebensbild (Th. Flamm und J. Wimmer); „Der Bankier von Wachs", Posse (Ant. Langer); „Über Land und Meer = Abenteuer eines Glücklichen", Zauberstück (Blank) mit Franz v. Suppé; „Frick & Comp.", Lebensbild (Varry); „Ein Wiener Volkssänger", Lebensbild (Joh. Fürst); „Salon und Barbierstube = Strafe muß sein", Posse (Varry und Findeisen); „Der Sohn des Fabrikanten", Charakterbild (Friedr. Kaiser); „Fanni, die schieche Nuß", 1859.

„Aus der Heimat in die Fremde", Lebensbild (Feldmann); „Eine neue Welt", Charakterbild (Friedr. Kaiser); „Eine Gemeinde", Charakterbild (J.H. Mirani); „Die Kinder von Aspern", Volksstück (Pirzl); „Die Weibermühle", Volksmärchen (Morländer); „Die Verwahrlosten", Posse (Blank); „Wiener und Franzos = Jäger und Zuave", Posse (O.F. Berg); „Das Bettelweib von Sievering", Charakterbild (J. Kohlhofer); „Die Kinder der Arbeit", Drama (n. d. Französ. von Alex. Bergen); „Die Wiener auf dem Lande", Posse (Bittner); „Der Csikos und sein Pferd", Charakterbild (Otto Held); „Auf der Bühne und hinter den Coulissen", Schwank (Gottsleben); „Der Stern der Liebe", Märchen (Karl Haffner), 1860.

„Aus der Gewerbewelt = Großes Geschäft und kleines Gewerbe", Charakterbild (Karl Elmar); „Die öffentliche Meinung", Volksstück (J. Findeisen); „Zwei von anno dazumal", Charakterbild (O.F. Berg); „Glänzendes Elend", Charakterbild (Merlin); „Auch ein Liberaler", Posse (Al. Berla); „Alles vergriffen", Vorspiel; „Die Studenten von Rummelstadt", Posse (Karl Haffner); „Ein 47er und ein 61er", Lebensbild (Bittner); „Heillose Confusionen", Posse (Liebold); „Versteckt", Posse (Eberhard); „Zwei Bürgermeister", Volksstück (Konrad); „Schwert, Zopf und Geld = Ein Bürgergeschlecht in 3 Jahrhunderten", Lebensbild (K. Elmar), 1861.

„Ein eiserner Kopf", Posse (Eberhard und F. Kaiser); „An der blauen Donau", Lebensbild (O.F. Berg); „Ein Mann dreier Weiber = ein alter Tarokspieler", Posse (Blank und J.L. Harisch) mit Fr. v. Suppé; „Faustin I., Kaiser von Haiti", Posse (Schlech und Feldmann); „Die Sternenjungfrau", Märchen (Karl Haffner); „Der Goldonkel", Posse (Emil Pohl mit J. Hopp u. A. Conradi); „Twardowski, der falsche Faust", Drama (Mosenthal); „Margredl", Parodie (Giugno/C. Juin), 1862.

„Der Blitzableiter in der Sylvesternacht", Schwank (Friedr. Kaiser); „Eine geschlossene Gesellschaft", Posse (Karl Bruno/Giugno); „Künstler und Millionär", Posse (Friedr. Kaiser); „Mit dem Feuer spielen", Charakterbild (Friedr. Kaiser); „Der Fuchs in der Falle", Posse (C. Julius); „Ein Trottl = Der Sohn des Wildschützen", Charakterbild (Ant. Langer); „Eine aus der Tabakfabrik = die Milaros-Pepi", Szene (Stix); „Über Land und Meer", Posse (Feldmann); „Wiener Geschichten", Posse (Blank); „Babuschka", komische Szene mit Gesang; „Ein Abenteuer in der Waldmühle", Posse (Blank); „Ein fescher Kommis", kom. Szene (Harisch); „Der Spion von Aspern", Lebensbild (Jul. Megerle); „Stahl und Stein", Charakterbild (Friedr. Kaiser); „Das Stubenmädel vom Hotel Fuchs", Intermezzo (Harisch); „Die Schwaben in Wien", Gelegenheitsstück (Zell und Mery); „Löschmannschaft = Feuer! Feuer!", kom. Szene (A. Meyer); „Haß und Liebe", Schwank (Blank); „Etwas für alte Junggesellen", Posse (Blank mit Jul. Hopp) mit Fr. von Suppé; „Ehret die Frauen", Lebensbild (Al. Berla); „Bruder Liederlich", Posse (Emil Pohl); „Die Zehner Jäger" (umgearbeitet als „Vom deutschen Kriegsschauplatze"), Zeitbild (Bittner), 1863.

„Der Teufels-Jockey", Ballett (Leon Espinosa); „Plan und Zufall", Charakterbild (J. Findeisen); „Die Greißlerin von Hungelbrunn", Charakterbild (Karl Haffner); „Der Soldat im Frieden", Charakterbild (Friedr. Kaiser); „Unsere Nachbarin", Posse (Findeisen); „Er und sein Weib = Die Wiener im Ehestand", Volksstück (O.F. Berg); „Rübezahl = Peter Nimmersatt und sein Glück", Märchen für Kinder (Jos. Kurmayer); „Eine passende Partie", Posse (J. Findeisen); „Dornröschen = Der 100-jährige Schlaf", Märchen für Kinder (Jos. Kurmayer); „Auf dem Eise und beim Christbaum", Posse (Friedr. Kaiser); „Der daumlange Hansel = Die verzauberte Prinzessin", Kinderkomödie (J. Kurmayer); „Die Fabriksmädeln", Singspiel (J. Findeisen); „Das Binsenmännchen und der Binsenmichel", Kinderkomödie (J. Kurmayer); „Der Weihnachtstraum = Der heilige Christbaum", Kinderkomödie (J. Kumayer), 1864.

„Der Nörgelkönig = die Kindesliebe", Kinderkomödie (J. Kurmayer); „Graf und Gräfin", Posse (Blank – nach „Gräfin Gusti"); „Der gestiefelte Kater und der Graf von Carabas = Die Macht der Zauberei", Kinderkomödie (J. Kurmayer); „Die Zwillingsbrüder", Posse (O.F. Berg); „Fragaria, die Erdbeerenfee und der unverträgliche Ruppert", Kinderkomödie (Wilh. Wiesberg); „Die Eselshaut", Ausstattungsstück (Jul. Megerle); „Heinrich IV.", Operette (n. d. Franz.), 1865.

„Die Gärtner-Mali", Posse (J. Findeisen); „Cœur d'Ange", Lebensbild (O.F. Berg); „Die Hirschkuh", Ausstattungsstück (nach dem Französischen von Ant. Langer); „Eine Schäferin aus der Vorstadt", Posse (n. d. Franz. von Allen), 1866.

„Wiener Leben = ob schön, ob Regen", Posse (Bittner); „Bacchus und Ariadne", Tanz-Divertiss. (Auguste); „Die Rekruten", Operette (M. Schmid), 1867.

„Napoleon", Schauspiel (nach Dumas und Grabbe); „Maria Theresia und ihr Kammerheizer", Volksstück (H. Mirani), 1868.

„Die Probiermamsell", Posse (O.F. Berg); „Ein Mensch ohne Geld", Posse (Bittner); „Die Frau Mama", Lebensbild (O.F. Berg); „Die Türken vor Wien", Volksstück (Arthur Müller); „Nemesis", Lebensbild (O.F. Berg); „Nach Ägypten", Burleske (Bittner), 1869.

„Das Mädel ohne Geld", Lebensbild (O.F. Berg); „Die Steinbrüderln", Posse (nach J.N. Nikola von O.F. Berg); „Der Pfarrer von Kirchfeld", Bauernkomödie (Ludwig Anzengruber), 1870.

„Nestroy", Lebensbild (L. Gottsleben); „Der verlorene Sohn", Volksstück (O.F. Berg); „Die wilden Schwäne", Märchen für Kinder (Jul. Feld); „Der Meineidbauer", Bauernkomödie (Ludwig Anzengruber), 1871.

„König Mammon = Peter Winzig's Abenteuer", Märchen für Kinder (Jul. Feld); „Die Kreuzelschreiber", Bauernkomödie (Ludwig Anzengruber); „Aschenbrödel", Märchen für Kinder (Jul. Feld); „Murr, der gestiefelte Kater", Märchen für Kinder (Jul. Feld), 1872.

„Aline, Königin von Golkonda = Wien in einem anderen Weltteile", Posse f. Kinder (nach Bäuerle von Jul. Feld); „Münchhausen", Zauberposse f. Kinder (Jul. Feld); „Die Zauberrose", Zauberpantomime für Kinder (Jul. Feld); „Viribus Unitis", Festspiel (Al. Berla); „Die Christfee", Weihnachtsmärchen für Kinder (Jul. Feld), 1873.

„Der Prinz von Banalien = König und Holzbauer", Zauberspiel f. Kinder (Jul. Feld); „Don Quixotte, der Ritter von der traurigen Gestalt", Komödie f. Kinder (Jul. Feld); „Der G'wissenswurm", Volksstück (Ludwig Anzengruber); „Der Geisterfürst = Die Prinzessin von Pomare", Zauberposse f. Kinder (Jul. Feld), 1874.

„Die Hirschkuh", Ausstattungsstück f. Kinder (Jul. Feld); „Die Reise um die Erde in 79 Tagen", Ausstattungsstück f. Kinder (Jul. Feld); „Admiral Tegetthoff", Lebensbild (E. Jaritz und C. Gärtner), 1875.

„Doppelselbstmord", Bauernposse (Ludwig Anzengruber); „Der kleine Heiratsbandler", Schwank (C. Gärtner); „Großpapa und Enkelin", Genrebild (C. Gärtner); „Ein Flüchtling von anno 1876", Posse (Th. Flamm), 1876.

„Der galante Vicomte", Operette (nach Bayard's „Vocomte de Letorières"), 1877.

„Cheristane", Festspiel (F. X. Keim); „Alte Wiener", Volksstück (Ludwig Anzengruber); „Die Reise durch die Sonnenwelt", Märchen f. Kinder (nach Jul. Verne von Jul. Feld); „Die Z'widerwurzn", Volksstück (Herm. Schmid); „Das Weib des Buchbinders = Die Österreicher in Bosnien", Volksstück (Ant. Langer); „Rübezahl, das verkaufte Herz", Märchen f. Kinder (Jul. Feld); „Fluidus und Cristalla", Zauberspiel f. Kinder (Jul. Feld); „Helden von heut!", Posse (L. Krenn und C. Wolff), 1878.

„Gullivers Reiseabenteuer", Märchen f. Kinder (Jul. Feld); „Teufeleien = Die Macht der Liebe", Zauberposse (Jul. Feld); „Saat und Ernte", Volksstück (Jul. Findeisen); „Spiritus Familiaris", Ausstattungsstück (J. Mühlfeld); „Der Dorflump", Volksstück (nach dem Ungarischen v. E. Toth); „Eine saubere Kompagnie", Lebensbild (Gabriel Rosa), 1879.

„Auf zum Harem!", Posse (Oerlbauer und Zappert), 1880.

„Adam und Eva", Posse (Paul Brand), 1884.

**Adolf Müller junior** (15. 11. 1839 Wien – 13. 12. 1901 Wien) ging, wie sein vorgenannter, aus dem Donauschwäbischen gekommener Vater, ebenfalls als Theaterkapellmeister und Komponist in die Musikgeschichte ein. Er schrieb für rund zwei Dutzend Bühnenwerke die Musik. Nach dem Buch von Viktor Léon und Leo Stein setzte er aus dem musikalischen Nachlaß von Johann Strauß Sohn die weltbekannt gewordene Operette „Wiener Blut" zusammen, welche am 26. 10. 1899 im Wiener Carl-Theater erstmals aufgeführt wurde. Aber schon zu Lebzeiten von Johann Strauß hatte er mit diesem eng zusammengearbeitet – so leitete Müller die Einstudierung und Generalprobe der Operette „Der Zigeunerbaron", die Uraufführung am 24. 10. 1885 am Theater an der Wien jedoch Meister Strauß selbst. Ähnlich war es bei der Operette „Der Waldmeister" mit dem Textbuch von Gustav Davis aus Preßburg; Adolf Müller jun. dirigierte hierbei sogar die Ouvertüre bei der Erstaufführung, worauf er erst den Taktstock Johann Strauß übergab.

Rudolf Raimann (7.5.1861 Weißbrunn – Wesprim/Veszprém – 26.9.1913 Wien):

„D'Artagnan = Die drei Musiketiere" (Viktor Léon), Hamburg 1881 – „Das Ellishorn", ebenfalls Operette (Bernhard Buchbinder und Jos. Philippi), München 1887.

Alle übrigen Stücke kamen in Wien zur ersten Aufführung: „Die Küchenkomtesse", Operette (Jos. Markus u. Bernh. Buchbinder), 1898. – „Das Wäschermädel", Operette (Bern. Buchbinder), 1905. – „Der Eintagskönig", Operette (Bern. Buchbinder u. Hans Liebstöckl), 1907. – „Die Tippmamsell", Operette (Wilhelm Frieser u. Karl Georg Zwerenz), 1908. – „Chantecler", Ballettoperette (Armin Friedmann), 1910. – „Das Frauenparlament" (Die Suffragetten), Operette (Jul. Horst), 1911. – „Der Jungfernbrunnen", Operette (Armin Friedmann). – „'s Kaiserlied", Charakterbild (Jos. Philippi), 1885. – „Der Hexenpfeifer", Volksstück (Hugo Klein), 1900. – „Unsere Gusti", Posse (Radler), 1900. – „Die Kindsfrau", Posse (Zell), 1900. – „Der schönste Zeitvertreib", Vaudeville (Deherre und Froyez, deutsch von Otto Eibenschütz), 1900. – „Die Herrn Söhne", Volksstück (Osk. Walther und Leo Stein), 1901. – „Tarok", Posse (Viktor Léon), 1901. – „'s Muttersöhnerl", Posse (Th. Taube), Wien 1901; „Er und seine Schwester", Posse (Bernh. Buchbinder), 1902. – „Der Burengeneral", Posse (Emil Norini u. Ernst Braun), 1902. – „Im Mars", Ballett (Godlewsky), 1902. – „Die alte Schachtel", Posse (Berg, erneuert von O. Tann-Bergler), 1902; „Der Verwandlungskünstler", Posse (Emil und Arnold Golz – Gebrüder Goldstein), 1903. – „Colinette", Vaudeville (nach A. Lenotre und Gabriel Martin von Adolf Hahn), Wien 1903. – „Der Musikant und sein Weib", Volksstück (Bernh. Buchbinder), 1903. – „Wie du mir …", Posse (Siddy Pal u. Friedrich Eisenschütz), 1904. – „Port Arthur", Ausstattungsstück (Jul. Wilhelm mit P. Laubner), 1904. – „Der kleine Märchenhans", Märchenspiel (Emil Golz), 1904. – „Der Schusterbub", Posse (Bernh. Buchbinder), Wien 1906. – „Gummiradler", Posse (Rud. Oesterreicher), 1906. – „Zur Wienerin", Volksstück (A. Skowronek u. Walter Stein, lokalisiert von Tann-Bergler), 1906. – „Sie und ihr Mann", Posse (B. Buchbinder), 1907. – „Unser Stammhalter", Posse (B. Buchbinder), 1912. – „Florians Brautschau", Posse (Hans Pflanzer), 1913. – In Wien handelte es sich hierbei hauptsächlich um folgende Bühnen: Josephstädter Theater, Lustspielhaus, Apollo-Theater, Raimund-Theater, Kolosseum, Theater an der Wien.

Heinrich Reinhardt (13.4.1865 Preßburg – 31.1.1922 Wien). Seine sämtlichen Werke wurden – bis auf eine Ausnahme – in Wien uraufgeführt:

„Die Minnekönigin", Oper (Hans Koppel), 1895. – „Das süße Mädel", Operette (A. Landesberg u. L. Stein), 1901. – „Der liebe Schatz", Operette (A. Landesberg u. L. Stein), 1902. – „Der Generalkonsul", Operette (A. Landesberg u. L. Stein), 1904. – „Krieg im Frieden", Operette (nach Moser u. Schönthan von Jul. Wilhelm), 1906. – „Die süßen Grisetten", Operette (Jul. Wilhelm), 1907. – „Ein Mädchen für alles", Operette (Waldberg u. A. M. Willner), München 1908. – „Die Sprudelfee", Operette (Jul. Wilhelm u. A. M. Willner), 1909. – „Die siamesischen Zwillinge", Operette (A. Ress u. L. Windhopp), 1909. – „Studentenhochzeit", Operette (vom Komponisten), 1910. – „Miss Exzentrik", Operette (Engel u. Friedmann), 1910. – „Napoleon und die Frauen", Singspiel vom Komponisten: a) „Die Frau Oberst" b) „Die Putzmacherin", c) „Die Wienerin", 1912. – „Prinzeß Gretl", Operette (Willner u. Bodenzky), 1913. – „Die erste Frau", Operette (Willner u. R.

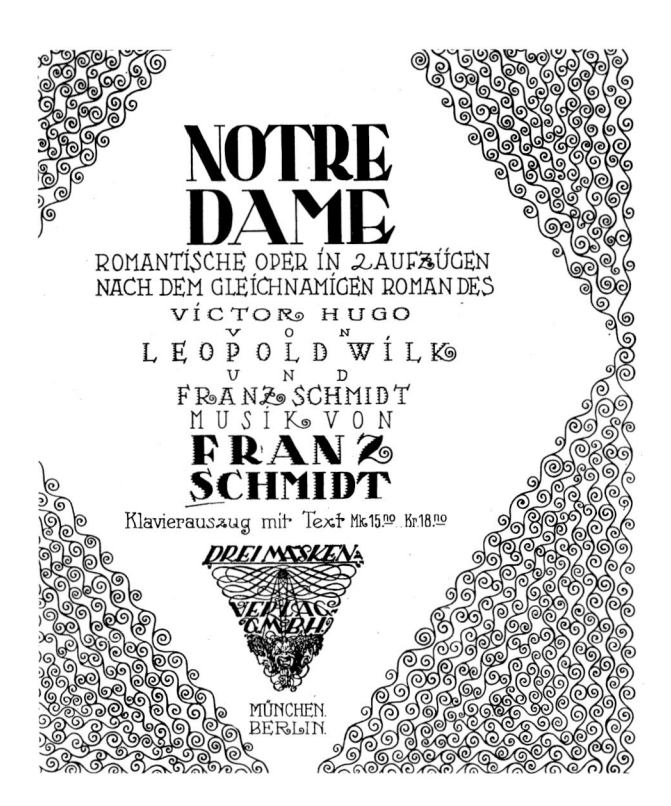

*Franz von Suppé*

Österreicher), 1915. – „Der Gast des Königs", komische Oper (Armin Friedmann), 1916. – „Der Söldner", dramatische Oper.

**Ludwig Rottenberg** (1864 Czernowitz – 1932 Frankfurt a. M.):

„Die Geschwister", Oper (nach Goethe), Frankfurt 1915.

**Franz Schmidt**, am 22. Dezember 1874 in Preßburg geboren, schrieb die

romantische Oper „Notre Dame" (Leopold Wick u. Fr. Schmidt), Wien 1914, und die Oper „Fredegundis" (Bruno Warden u. J. M. Welleminsky), Berlin 1922.

**August Stoll** (3. 1. 1853 Hermannstadt – 12. 7. 1918 Wien):

„Die Georginen = Vom Ernst zum Scherz", Singspiel (nach dem Französischen von Max Hamlich), Schönbrunn 1902. – „Noble Gäste", Singspiel (Louis Taufstein), Wien 1903. – „Das Marktkind", Operette (Max Blau u. L. Taufstein), Wien 1903. – „Das Lied", Bühnenspiel (Gregor Ritter von Pantasi u. Al. Berger), Schönbrunn 1911. – „Die selige Kinderzeit", Singspiel (Rud. Sieczynski), Wien 1918.

**Franz von Suppé** wurde am 18. 4. 1819 in Spalato/Split an der Adria geboren. Väterlicherseits entstammte er einer in Belgien lebenden Familie, von der ein Mitglied nach Italien ausgewandert war; seine Mutter war eine Wienerin. Seine Jugend verbrachte der später weltbekannt gewordene Operettenkomponist in Zara/Zadar. Erst nach dem Tode seines Vaters 1835 und seiner Übersiedlung nach Wien konnte er sich ganz der Musik widmen. 1840 wurde er – zunächst noch als unbesoldeter – Kapellmeister am Theater in der Josefstadt angestellt. Dabei wurde er auch an den Bühnen in Ödenburg und Preßburg tätig, nachdem sein Direktor auch die dortigen Häuser geleitet hatte. Im Jahre 1863 trat Franz von Suppé als Dirigent sogar am deutschen Theater zu Essegg auf. In Wien wechselte er schon bald an das Theater an der Wien. Seine bereits in den Jugendjahren komponierte Messe „Missa dalmatica" veröffentlichte er erst 1877. Er schrieb außerdem noch einige Kirchenmusiken sowie weltliche und geistliche Chöre. Für die Donauschwaben ist von besonderem Interesse, daß von Suppé mit einigen aus ihrem Heimatraum stammenden Künstlern eng zusammengearbeitet hatte; so vertonte er beispielsweise mehrere Gedichte von Baron Anton von Klesheim. In die Musikgeschichte ist er jedoch als Schöpfer der Wiener Operette eingegangen, vor allem, nachdem Offenbachs Werke dort Eingang fanden und der Meister in der neuen Richtung tätig wurde. Franz von Suppé starb in Wien am 21. Mai 1895.

Von seinen rund 120 Bühnenwerken, welche er ab 1850 hervorgebracht hatte, seien nur die bekanntesten genannt:

„Das Pensionat" (C. K.), 1860. – „Die Kartenschlägerin", 1862. – „Zehn Mädchen und kein Mann" (Friedrich), 1862. – „Flotte Bursche" (J. Braun), 1863. – „Das Corps der Rache" (J. L. Harisch), 1864. – „Franz Schubert", komisches Liederspiel (H. Max), 1864. – „Die schöne Galathee" (P. Henrion), 1865. – „Leichte Cavallerie" (C. Costa), 1866. – „Freigeister" (C. Costa), 1866. – „Banditenstreiche" (B. Boutonnier), 1867. – „Die Frau Meisterin" (Coffey, Übersetzung von C. Costa), 1868. – „Tantalusqualen", 1868. – „Isabella" (J. Weyl), 1869.

– „Fatinitza" (F. Zell u. R. Genée), 1878. – „Boccaccio" (F. Zell u. R. Genée), 1879. – „Donna Juanita" (F. Zell u. R. Genée), 1880. – „Der Gasconger" (Zell u. Genée), 1881. – „Die Afrikareise" (West/Genée/Berg), 1883. – „Die Jagd nach dem Glück" (R. Genée und B. Zappert), 1888.

Nebst diesen Operetten brachte er auch einige Opern auf die Bühne und schrieb zu zahlreichen Volksstücken und Possen die Musik. Heute noch häufig zu hören ist u. a. die Ouvertüre zu „Dichter und Bauer" (Karl Elmar), 1846. Sein Festspiel „In Ischl" mit dem Text von Anton von Klesheim wurde 1879 in Wien uraufgeführt.

Eugen von Szyll Taund kam am 17.6.1856 in Preßburg zur Welt und vertonte folgende Operetten:

„Der Gouverneur" (Karpa u. Legwarty), Graz 1890. – „Die Lachtaube" (Alex. Landesberg u. O. Stein), Wien 1895. – „Der Wunderknabe" (A. Landesberg u. L. Stein), Wien 1896. – „Der Dreibund" (A. Landesberg u. L. Stein), Wien 1898. – „Die Murnixen", Posse, Graz 1891.

Adolf Terschak (6.4.1832 Hermannstadt – 3.10.1901 Breslau):

„Thais" und „Die Indianerin", vermutlich Opern – nähere Angaben fehlen.

Mauritius Vavrinecz (18.7.1858 Czegled – 5.8.1913 Budapest):

„Christus", Oratorium. – „Der Totensee", Kantate (Otto Pouquette). – Opern: „Psyche", 1881. – „Das Fischermädchen", 1882. – „Eva", 1891. – „Rosamunde" (Arpad Zigany), Frankfurt a. M. 1895. – „Ratcliffe" (H. Heine), Prag 1895.

Gustav Wanda (10.10.1870 Pest – 30.11.1915 London) war an mehreren Orten Theaterkapellmeister, im Wintergarten Berlin ebenfalls Kapellmeister. Nebst Tänzen und volkstümlichen Liedern schrieb er folgende Possen bzw. Volksstücke:

„Leben und Lieben" (Oskar Klein), Berlin 1897. – „Der Platzmajor" (J. Kren u. Alfr. Schönfeld), Berlin 1899. – „Der Amor von heute" (Kren u. Schönfeld), Berlin 1900. – „Die Dame aus Trouville" (nach dem Französischen), Berlin 1901. – „Liebeshandel" (P. Stark u. R. Wilde), Stettin 1904. – „Die Nordseekrabbe" (Br. Decker u. Rob. Pohl), Stettin, 1913. – „Der ledige Gatte", Fritz Grünbaum u. Heinz Reichert), Dresden 1910.

Paul Felix von Weingartner, am 2.6.1863 in Zara/Zadar geboren:

„Sakuntala", Oper (nach Kalidasa von Weingartner), Weimar 1884. – „Malawika", Oper (wie vorher!), München 1886. – „Genesius", Oper (nach Herrig von Weingartner), Berlin 15.11.1892. – „Orestes" (1. Agamemnon, 2. Das Totenopfer, 3. Die Erinnyen), musikalisch-dramatische Trilogie (nach Aeschylos von Weingartner), Leipzig 1902. – „Ein Frühlingsmärchenspiel", Festspiel (Richard Voß), Weimar 1908. – „Kain und Abel", Oper (Weingartner), Darmstadt 1914. – „Dame Kobold", kom. Oper (Weingartner), Darmstadt 1916. – „Die Dorfschule", Oper (Weingartner), Wien 1920. – „Meister Andrea", kom. Oper (Weingartner), Wien 1920. – Musik zu Goethes „Faust", 1. und 2. Teil (eingerichtet von Weiser), Weimar 1908; dasselbe (eingerichtet von Weingartner), Chemnitz 1917. – Musik zu Shakespeares „Sturm", Darmstadt 1918. – Musik zu Sophokles' „Oedipus Rex" (bearbeitet von A. Wilbrand), New York 1914.

Josef Venantius von Wöss kam am 13.6.1863 in Cattaro/Kotor (Dalmatien) zur Welt, studierte in Wien und lebte dort. Er schrieb Kammermusik, Ouvertüren, Klavierstücke, Männerchöre, Lieder, Messen und Opern:

„Lenzeslüge" (H. v. Korff und F. v. Ehrenfels), Elberfeld 1905. – „Flaviennes Abenteuer" (Wilh. Schriefer), Breslau 1910.

Max Wogritsch (Vogrich), am 28.1.1852 in Hermannstadt geboren und am 10.6.1960 in New York gestorben, war Klaviervirtuose. Ausgebildet wurde er am Konservatorium zu Leipzig. Er bereiste u. a. Italien, Mexiko, Amerika und Australien.

Er komponierte zahlreiche konzertante Werke, Messen, Kantaten, Chöre und Lieder, aber auch Opern: „Wanda" (Stefan Interdonato), Florenz 1875. – „König Arthur", Leipzig 1893. – „Buddha", Weimar 1904. – Musik zu „Die Lieder des Euripides" von Wildenbruch, Weimar 1905.

Giovanni von Zaytz (25.4.1837 Fiume/Rijeka – 17.12.1914 Agram):

„Mannschaft an Bord" (L. Harisch), 1863. – „Fitzliputzli = Die Teufelchen der Ehe", 1864. – „Die Lazzaroni von Neapel" (Hans Max), 1865. – „Eine Nacht in Kairo", 1866. – „Die Hexe von Boissy" (Carl Costa), 1866. – „Nachtschwärmer" (Erik Neßl), 1866. – „Das Rendezvous in der Schweiz" (Gustav Neuhaus"), 1867. – „Das Gaugericht" (Folnes), 1867. – „Nach Mekka" (Erik Neßl), 1868. – „Der Schuß von Pottenstein" (Anton Langer), 1868. – „Meister Puff" (Erik Neßl). – „Der Raub der Sabinerinnen" (Betty Young), Berlin 1870.

Wilhelm Zsak kam 1836 in Temeschburg zur Welt:

„Die Contrabandisten", Oper, Lodz 1871.

Bühnenschriftsteller

Karl Bakonyi kam 1874 zur Welt und starb 1926 in Budapest:

„Der kleine König" (deutsch von Bodanzky), Operette (E. Kálmán), Wien 1912. – „Der Pusztakavalier", Operette (deutsch von Bodanzky), Berlin 1916.

Julius Bauer aus Raab-Szigeth, Jahrgang 1853:

„Die Wienerstadt in Wort und Bild" (mit Fuchs u. Zell), Posse (Adolf Müller junior), 1887 in Wien, wie auch alle nachfolgenden Stücke. – „Der Hofnarr" (mit Wittmann), Operette (Ad. Müller jun.), 1886. – „Die sieben Schwaben" (mit Wittmann), Operette (Karl Millöcker), 1887. – „Der arme Jonathan" (mit Wittmann), Operette (K. Millöcker), 1890. – „Das Sonntagskind" (mit Wittmann), Operette (K. Millöcker), 1892. – „Fürstin Ninetta" (mit Wittmann), Operette (Johann Strauß), 1893 – „Der Probekuß" (mit Wittmann), Operette (K. Millöcker), 1894. – Weitere Operetten: „Adam und Eva = Die Seelenwanderung" (mit Wittmann), (K. Weinberger), 1899. – „Die Juxheirat" (Franz Lehár), 1904. – „Edelweiß und Rosenstock" (Franz Lehár), 1907. – „Der Mann mit den 3 Frauen" (Franz Lehár), 1908. – „Heimliche Liebe" (Paul Ottenheimer), 1911. – „Der arme Millionär" (Ottenheimer), 1913. – Alle in Wien uraufgeführt.

Josef Braun (1840 Pest – 1902 Wien):

„Die Pagen von Versailles", Operette (Rob. von Hornstein); „Flotte Bursche", Operette (Franz von Suppé), beide 1863 in Wien. – „Diana", Operette (Karl Millöcker), Wien 1867. –

„Die Schule der Liebe" (mit P. Henrion), Operette (M. Wolf), Troppau 1868. – „Der Karneval in Rom", Operette (Johann Strauß), Wien 1873. – „Kunstreiter und Seiltänzerin", Genrebild (K. Kleiber), Wien 1882.

Bernhard Buchbinder (1854 Pest – 1922 Wien). Ist kein Ort angegeben, fand die Premiere in Wien statt):

„Vater Deák", Schauspiel (Fr. Roth), 1877. – „Das Ellishorn" (mit Josef Philippi), Operette (R. Raimann), München. – „Colombine", Oper (H. v. Zois), Graz 1887. – „Held Marko = Der Mameluk Napoleons I.", Operette (E. Rosé), Petersburg 1890. – „Die Flüchtlinge", Oper (Raoul Mader), 1891. – „Die Teufelsglocke", Oper (R. Fuchs), Leipzig. – „Das Wiener Volkslied", Posse (K. Kleiber), 1893. – „Heirat auf Probe" (mit Fr. Reiner), Posse (L. Kuhn), 1894. – „Der Heiratsschwindler", Posse (M. Weinzierl), 1895. – „Ein kecker Schnabel", Posse (Ig. Natzler). – „Der Schmetterling" (mit Willner), Operette (K. Weinberger), 1896. – „Die Göttin der Vernunft" (mit Willner), Operette (Johann Strauß). – „Verlogenes Glück", Volksstück (Weinzierl), 1897. – „Fräulein Hexe" (mit Willner, Operette (J. Bayer). – „Die Küchenkomptesse" (mit J. Markus), Operette (Raimann u. Szabados), 1898. – „Die Diva" (mit J. Wattka), Operette (K. Weinberger), 1900. – „Er und seine Schwester", Posse (R. Raimann). – „Der Spatz", Schwank (Weinberger), 1902. – „Der Glücklichste", Operette (H. A. Cesek). – „48 Stunden Urlaub", Posse (Ludwig Gothov-Grünecke). – „Der Musikant und sein Weib", Volksstück (R. Raimann), 1903. – „Das Wäschermädel", Operette (Raimann), 1905. – „Der Schusterbub", Posse (Raimann), 1906. – „Die Förster Christel", Operette (Georg Jarno). – „Sie und ihr Mann", Posse (Raimann). – „Der Eintagskönig" (mit H. Liebstöckl), Operette (Raimann), 1907. – „Der Weiberfeind", Operette (Alfred Rieger), Stettin 1909. – „Paula macht alles", Posse (Raimann), 1909. – „Das Musikantenmädel", Operette (G. Jarno), 1910. – „Das neue Mädchen", Vaudeville (R. Fronz), 1911. – „Die Frau Grete", Posse (Raimann), 1911. – „Die Marine-Gustel", Operette (G. Jarno). – „Unser Stammhalter", Posse (Raimann), 1912. – „Die Wundermühle", Posse (Zerkovitz), 1914. – „Botschafterin Leni", Operette (L. Ascher), 1915. – „Der Soldat der Marie" (mit J. Kren u. A. Schönfeld), Operette (L. Ascher), Berlin. – „Das Vagabundenmädel" (mit J. Kren u. A. Schönfeld), Posse (Gilbert), 1916. – „Egon und seine Frauen" (mit J. Kren), Operette (L. Ascher), 1917. – „Jungfer Sonnenschein", Operette (Jarno), Berlin. – „Graf Habenichts" (mit J. Kren), Operette (R. Winterberg), Berlin 1918.

Gustav Davis (ursprünglich David) kam am 3. 3. 1856 in Preßburg zur Welt und starb am 21. 8. 1951 in Hohenlehen im Ybbstal. Einer altösterreichischen Beamtenfamilie entstammend, war er zunächst Offizier geworden, widmete sich dann aber literarischen Tätigkeiten. Er wurde Redakteur der „Presse" und Herausgeber der Zeitung „Reichswehr". Mit Beginn des Jahres 1900 stellte er sein wohl bedeutendstes Lebenswerk vor – die „Kronen Zeitung", ein Tagesblatt, welches sich auch der Durchschnittsbürger leisten konnte. Davis war auch Mitbegründer des Deutschen Volkstheaters in Wien. Von seinen zahlreichen Theaterstücken wurde noch in den 1930 Jahren sein „Protektionskind" in Berlin uraufgeführt, um anschließend triumphale Erfolge zu feiern. Seine Textbücher zu musikalischen Bühnenwerken, welche alle in Wien Premiere hatten:

„Der Herrgott vom Grund", Volksstück (Franz Roth), 1891. – „Jabuka" (Das Apfelfest), Operette (mit M. Kalbeck) von Johann Strauß, 12.10.1894. – „Waldmeister", Operette (Johann Strauß), 1895. – „General Gogo", Operette (mit H. Wittmann) von Adolf Müller jun., 1896.

Ludwig Freiherr von Dóczi (1845 Ödenburg, nach anderen Quellen Deutsch-Kreuz – 1909 Budapest):

Ritter Pasman, Oper (Johann Strauß), Wien 1892.

Alexander Engel kam 1869 im damaligen oberungarischen „Turoc–Neczpal" zur Welt und war (zumeist) Mit-Librettist folgender Operetten u. a.:

„Der Heiratsautomat", Ballettpantomime (Jul. Stern), Frankfurt 1898. – „Rhodope" (Hugo Felix), Wien 1900. – „Der Schätzmeister" (C. M. Ziehrer), Wien 1904. – „Der blaue Klub" (K. Kapeller), München 1906. – „Der Ehemännerzug" (Kapeller), Nürnberg 1909. – „Der Rodelbaron" (Fr. Fürst), Wien 1909. – „Der junge Papa" (E. Eysler), Wien 1909. – „Miss Excentrik" (H. Reinhardt), Wien 1910. – „Der Liftboy" (O. Weber), Wien 1911. – „Pariser Luft" (M. Knopf), Königsberg 1912. – „Der Lockvogel" (L. Ascher), Wiesbaden 1912. – „Die blaue Maus" (L. Gruber), Wien 1913. – „Die Bretteldiva" (J. Snaga), Magdeburg 1913. – „Die tanzende Maske", Singspiel (R. Benatzky), Wien 1917.

Carl Julius Folnes (25.6.1816 Ofen – 20.8.1878 Coburg):

„Die Gezeichneten = Russe und Franzose", Schauspiel (A. M. Storch), Wien 1861.

Ludwig Germonik (1823 Fiume – 1909 Wien):
„Die Brandschatzung", Melodrama (A. Kohm), Ischl 1900.

Louis Grois (20.5.1809 Sárvár/Westungarn – 9.4.1874 Wien) war langjährig Mitglied des Wiener Carl-Theaters, wo er neben Nestroy und anderen als Komiker auftrat und dann als Regisseur wirkte. Seine Gedichte, auch in schwäbischer Mundart, vertonte Adolf Müller (aus Tolnau) in Wien. Grois schrieb außer den schon bis 1850 aufgeführten Possen noch das Stück „Der Hasenschrecker" (Johann Brandl), welches 1870 in Wien Premiere hatte.

Balduin Groller wurde 1848 in Arad geboren:
„Buffalmacco", Operette (Rudolf Glickh), Hamburg 1891.

Theodor Herzl (1860 Pest – 1904 Edlach bei Reichenau) war Journalist und der Begründer des Zionismus:

„Des Teufels Weib", Singspiel (Adolf Müller jun.), Wien 1890.

Béla Jenbach (1871 Miskolc – 1943 Wien):
„Die Barfußtänzerin" (Felix Albini), Leipzig 1909. – „Clo-Clo" (Franz Lehár), Wien 1924. – Bei den weiteren Stücken hatte er Mit-Librettisten: „Biribi" (Fr. Korolanyi), Mannheim 1909. – „Die Liebesschule" (Korolanyi), Leipzig 1909. – „Die romantische Frau" (K. Weinberger), 1911. – „Der Natursänger" (Ed. Eysler), 1912. – „Die Premiere" (J. G. Hart), 1912. – „Der tolle Kosak" (S. Ehrlich), Leipzig 1912. – „Der Lila-Domino" (Ch. Cuvillier), Leipzig 1912. – „Der fliegende Rittmeister" (H. Dostal), 1912. – „Ein Tag im Paradies", Posse (E. Eysler), 1913. – „Die oder keine" (E. Eysler), 1915. – „Liebesgeister", Schwank (E. Steffens), 1915. – „Urschula"

Singspiel (H. Dostal), 1916. – „Die blaue Mazur" (Franz Lehár), 1920. – „Das Hollandweibchen" (Em. Kálmán), 1920. – „Die Siegerin", musikalische Komödie (J. Klein), 1922. – „Paganini" (Fr. Lehár). – „Die Ballkönigin" (K. Stigler), 1923. – Ab 1911 alle in Wien uraufgeführt.

Rudolf Christoph Jenny, 1858 in Stuhlweißenburg geboren:

„Die Heimkehr", Oper (Ludwig Grünberger), Prag 1894.

Maurus Jokai (1825 Komorn – 1904 Budapest), der durch seine Erzählung „Saffi" den Stoff zur Operette „Der Zigeunerbaron" lieferte und als Übersetzer bekannt wurde:

„Held Marko = Der Mameluk Napoleons I.", Operette mit B. Buchbinder (Em. Rosé), Petersburg 1890. – „Der Mameluk" (L. Schytte), Wien 1903.

Gustav Kadelburg (1851 Pest – 1925 Berlin) hatte 1898 ein Lustspiel „Im weißen Rößl" geschrieben, nach welchem Viktor Léon und Leo Stein ein Libretto verfaßten und Ralph Benatzky die Komposition schuf. Weitere Textbücher:

„Wer ist der Vater?", Posse, Berlin 1877. – „Schloß Calliano", Operette (V. Holländer), Hamburg 1886. – „Der Liebesdiplomat", Operette (K. Dibbern), Karlsbad 1888. – „Alt-Wien", Operette mit J. Wilhelm (J. Stern), Wien 1911. – „Die Schöne vom Strande", Schwank mit Blumenthal (V. Holländer), Berlin 1915.

Ludwig Kilanyi (17.3.1819 Pest – 22.4.1861 Wien):

„Katharina, die Banditentochter", Ballett (K. Merker), Hannover 1854. – „Coralla, das Fischermädchen", Ballett (K. Merker), Wien 1858. – In Wien erstaufgeführte Pantomimen: „Die goldene Zauberrose = Colombinens Flucht" (M. Löw), 1858. – „Der Teufel im Herzen = Der Zauberring" (M. Löw), 1859. – „Die Zauberratsche = Chevalier und böser Geist" (Kodalle), 1860.

Hugo Klein, 1853 in Segedin geboren:

„Der liebe Augustin", Operette (J. Brandl), Wien 1887. – „Der Hexenpfeifer", Volksstück (R. Raimann), Wien 1900.

Anton von Klesheim (1812 Peterwardein – 1884 Baden bei Wien):

„Prinz Liliput und das Schneiderlein", Märchenspiel (Franz von Suppé), Wien 1855. – „In Ischl", Festspiel (Franz von Suppé), Wien 1859. – „Der Musikant und sein Lieb". – „A Dorfg'schicht" (Suppé).

Alexander Landesberg (Landsberg) wurde 1848 in Großwardein geboren und starb 1916 in Wien; er schrieb auch unter dem Pseudonym Otto Rechberg. Nicht näher bezeichnete Stücke waren Operetten, fehlende Ortsangaben bedeuten Wien:

„Fioretta" (Strasser u. Weinzierl), Prag 1886. – Als Mit-Librettist: „Familie Wasserkopf", Posse (Stern), 1889. – „Page Fritz" (Strasser u. Weinzierl), Prag 1889. – „Das Paradies" (Ferron), Brünn 1889. – „Münchner Kindl" (K. Weinberger), Berlin 1893. – „Der Wunderknabe" (Eugen von Taund), 1896. – „Im Pavillon", Vaudeville (Kapeller), 1896. – „Die Blumen-Mary" (Weinberger), 1897. – „Der Prokurist", Posse (Weinzierl), 1897. – „Das rote Paraplui" (Kapeller), 1897. – „Der Dreibund" (Taund), 1898. – „Fräulein Präsident" (Müller-Norden), 1899. – „Die Primadonna" (Müller-Norden), 1901. – „Das süße Mädel" (H. Reinhardt), 1901. – „Clo-Clo" (F. Pagin), 1902. – „Der liebe Schatz" (Reinhardt), 1902. – „Der Lebemann" (Grünfeld), 1903. – „Das Garnisonsmädel" (Raoul Mader), 1904. – „Der Generalkonsul" (Reinhardt), 1904. – „Der schöne Gardist" (H. Berté), Breslau 1907. – „Der selige Vincenz" (Raoul Mader), 1907. – „Der Glücksnarr" (H. Berté), 1908.

Rudolf Lothar (Spitzer), wurde 1865 in Pest geboren und verfaßte, lange in Berlin lebend, mehrere Opern-Textbücher:

„Tiefland" (Eugen d'Albert), Prag 1903. – „Tragaldabas, der betrogene Ehemann" (d'Albert), Hamburg 1907. – „Das Tal der Liebe" (Oscar Straus), Wien 1909. – „Izeyl" (d'Albert), Hamburg 1909. – „Der Gefangene der Zarin" (K. v. Kaskell), Dresden 1910. – „Die schönste Frau", Operette (G. Minkowski). – „Der Teufelsweg" (Waghalter), beide Berlin 1910. – „Liebesketten" (d'Albert); „Die verschenkte Frau" (d'Albert), beide Wien 1912. – „König Harlekin" (C. Glutsam), Berlin 1912. – „Die Betteldiva", Operette (J. Snaga), Magdeburg 1913. – „Frauenlist" (H. Röhr), Magdeburg 1917.

Eduard Mautner wurde 1824 in Pest geboren:

„Im Augarten", dramatischer Epilog (F. Roth); „Von der Aar zur Donau", Festspiel (F. Roth), beide Wien, 1880 und 1881.

Therese von Megerle (1812 Preßburg – 1865 Wien) war die Tochter des Gutsbesitzers Pop von Popenburg. Ihr Ehemann, der Arzt Dr. M. von Megerle, hatte die Leitung des Theaters in Preßburg inne und übernahm ein solches auch in Wien. Hier wurden auch sämtliche Stücke der Autorin erstmals auf die Bühne gebracht:

„Die Töchter Luzifers", Zauberspiel (Anton Maria Storch), 1851. – „Eine Bauernfamilie", Lebensbild (Storch), 1852. – „Das Wirtshaus an der Wegscheid", Volksstück (Storch), 1853. – „Die Teichsusel und der Dorfrichter", Märchen (Storch), 1853. – „Onkel Tom's Hütte", Schauspiel (J.K. Metzger, 1854. – „Die Holzsammlerin und ihr Kind", Schauspiel (Metzger), 1854. – „Eine Wiener Geschichte vor 100 Jahren", Volksstück (Metzger), 1855. – „Der Pandur", Volksstück (Eduard Stolz), 1856. – „Die Herzogin von Thury", Schauspiel (Stolz), 1856. – „Die Geheimnisse von Wien", Schauspiel (W. C. Löw), 1857. – „Der Sohn des Räubers", Volksstück (Metzger), 1857. – „Ein Wiener Kind", Volksstück (J. Hopp), 1858. – „Im Dorfe", Charakterbild (Hopp); „Nur diplomatisch", Posse (Adolf Müller); „Ein weiblicher Monte Christo", Drama (Ed. Stolz), 1858. – „Ein gebrochenes Wort", Volksstück (Hopp), 1859. – „Der Rosoli-Sepp", Volksstück (Hopp), 1860. – „Jude und Deserteur", Volksstück (Storch), 1860. – „Beldemonio = Das Raubschloß in den Abruzzen" (Hopp), 1861. – „Der Waldmichel", Volksstück (Storch); „Arbeiter und Millionär", Charakterbild (Storch); „Die Rose vom Jesuitenhofe", Volksstück (Storch); „Die Kinder des Pflanzers = Die weißen Sklaven", Schauspiel (Storch), 1861. – „Maledetto, der Bandit von Frascati", Schauspiel (Hopp), 1862. – „Das Mädchen vom Schneeberge = Ein Herz von Eis", Märchen (Storch), 1862. – „Novara" (Hopp); „Die Armen und Elenden", Bilder nach Victor Hugo (Storch), 1863. – „Zahlheim", Charakterbild (Storch), 1864. – „Die Regentrude und das Feuerwichtel", Märchen (Storch), 1865.

Alfred Möller (22.1.1877 Cilli – 30.9.1930 Graz):

„Frauchen streikt", Posse (mit L. Kastner) von Fr. Gellert, Wiesbaden 1918. – Danach hatte er weitere Textbücher verfaßt, welche alle vertont und aufgeführt wurden.

Max Morold (Max von Millenkovich) war der Sohn des Banater Dichters Stephan Millenkovich-Milow. Er kam 1866 in Wien zur Welt und starb 1945. Alle seine Opern-Textbücher wurden von Josef Reiter musikalisch aufgearbeitet:

„Klopstock in Zürich", Linz 1894. – „Der Bundschuh", Troppau 1897. – „Der Totentanz", Dessau 1905. – „Der Tell", Wien 1917.

Marie von Najmajer (Najmeyer) wurde am 3.2.1844 in Ofen geboren und starb in Bad Aussee am 25.8.1904. In Wien erhielt sie eine gründliche literarische und musikalische Ausbildung. Sie veröffentlichte Gedichte, Dramen und Romane. Für Karl Krafft-Lortzing, den Enkel des Komponisten Albert Lortzing, verfaßte sie das Libretto zur Oper „Der Goldschuh", welche 1909 in Essen auf die Bühne kam.

Arpád Pasztor, dessen Operetten ab 1900 zur Aufführung gekommen waren, schrieb für Eduard Künnecke das Buch zum Singspiel „Das Dorf ohne Glocke", Berlin 1919.

Joseph Philippi, Jahrgang 1841, stammte aus Großau in Siebenbürgen:

„'s Kaiserlied", Singspiel (R. Raimann), 1885. – „In der Kadettenschule", Operette (Hans Krenn), 1885. – „Serie 2040 Nummer 89", Posse (G. Schiemer), 1885. – „Der kleine Fridolin", Posse (F. Roth), 1886. – „Tegetthoff", Charakterbild (F. Roth), 1886. – „Das Ellishorn", Operette mit B. Buchbinder (R. Raimann), München 1887. – „Familie Herkules", Operette (H. M. Wallner), 1887. – „Freigesprochen = § 139", Volksstück (A. Radlegger), 1891. – „Die Brautschau", Oper (Th. Kretschmann), Esterházys Schloß Totis 1895. – „Jubiläumsfreuden", Posse (K. Kees), 1900. – Bis auf zwei Ausnahmen, die vermerkt sind, fanden alle Erstaufführungen in Wien statt.

Alexander Roda-Roda (Friedrich Sándor Rosenfeld) kam – nach Feststellungen Anton Scherers – 1872 in Drnowitz/Drnovice in Mähren zur Welt, wuchs jedoch in Zdenci in Slawonien auf. Als Mit-Librettist schrieb er:

„Majestät Mimi", Operette (Granichstädten), Wien 1911. – „Die Sklavin von Rhodus", Lustspiel (Eugen d'Albert), München 1912.

Felix Salten, 1869 in Pest geboren:

„Mein junger Herr", Operette (Oscar Straus), Wien 1910.

Sigmund Schlesinger (1832 Waagneustadtl/Vágújhely/Nové Mesto nad Váhom – 1918 Wien) verfaßte als Mit-Autor:

„Ein Beispiel", ländliches Gemälde (Franz v. Suppé), 1852. – „Leere Taschen, volles Herz", Lebensbild (Adolf Müller), 1853. – „Reicher Leute armes Kind", Volksstück (Adolf Müller), 1853. – „Nach der Stadterweiterung", Posse (Fr. v. Suppé), – „Vater Radetzky", Festspiel (J. Hellmesberger), 1892. – „Pufferl", Operette (Eysler), 1905. – „Zur indischen Witwe", Operette (Oscar Straus), Berlin 1905. – „Der Elektriker", Operette (C. J. Fromm), 1906. – „Tip-Top", Operette (J. Stritzko), 1907. – Mit einer Ausnahme war Wien der Premierenort.

Ignaz Schnitzer (1839 Pest – 1921 Wien) hatte zumeist Mit-Librettisten: „Muzzedin", Oper (S. Bachrich), 1883;

Rafaela", Operette (M. Wolf), München 1884. – „Der Goldmensch", Schauspiel (Adolf Müller jun.), 1885. – „Der Zigeunerbaron", Operette (Johann Strauß), 1885. – „Die Königsbraut", Oper (R. Fuchs), 1889. – „Das Orakel", Operette (J. Hellmesberger), 1889. – „Hand in Hand", Volksstück (F. Roth), 1891. – „Husarenblut", Operette (H. Felix), 1894. – „Bruder Straubinger", Operette (Eysler), 1894. – „Der Hexenspiegel", Oper (Eysler), 1903. – „Pufferl", Operette (Eysler), 1905. – „Zur indischen Witwe", Operette (Oscar Straus), Berlin 1905. – „Der Elektriker", Operette (J.C. Fromm), 1906. – „Tip-Top", Operette (J. Stritzko), 1907. – „Kreolenblut", Operette (H. Berté), Hamburg 1910. – „Anno 1814", Zeitbild (P. Eisler), 1914. – Bei den nicht angegebenen Aufführungsorten handelte es sich jeweils um Wien.

Johann Schönau wurde 1816 in Wien geboren, ab etwa 1856 lebte er in Pest, wo er am Deutschen Theater tätig war. 1876 starb er in Budapest. Während seiner dortigen Zeit kamen in Wien seine folgenden Possen auf die Bühne:

„Ein seelenguter Mensch = Undank ist der Welt Lohn" (A. M. Storch), 1859. – „Ein Loch in der Hölle" (Franz von Suppé), 1861. – „Ein Wiener Dienstmann" (Schlechta), 1865. – „Eine Hundemarke" (M. Weinzierl), 1877.

Ludwig Sendach (eigentlich Ludwig Déschán) kam 1848 in Kleinschlatten (Zalatna/Zlatna) zur Welt und verfaßte zusammen mit A. Landsberg die Operetten

„Die Bonifatiusnacht" (Fr. v. Thal), Prag 1888, und „Das Paradies" (A.F. Ferron), Brünn 1889.

Wilhelm Sterk, 1880 in Budapest geboren, hatte teilweise Mit-Librettisten zu den Operetten:

„Odysseus' Heimkehr" (H.A. Cesek), Wien 1907. – „Die Wunderquelle" (H. Berté) Wien 1908. – „Herr und Frau Biedermeier", Singspiel (Carl Michael Ziehrer) München 1909. – „Die schlaue Komtesse" (Béla Laszky), Wien 1910. – „Champagner" (K. Stigler), Wien 1910. – „Der flotte Bob" (K. Stigler), Leipzig 1911. – „Ball bei Hof" (C.M. Ziehrer), Stettin 1911. – „Die klingende Mühle" (H.A. Cesek), Wien 1912. – „Der Märchenprinz" (H. Berté), Hannover 1914. – „Der Kriegsberichterstatter", Wien 1914. – „Der Gott der Kleinen" (B. Laszky); „Das Mädchen im Mond" (K. Stigler); „Das dumme Herz" (C.M. Ziehrer), Wien 1914. – „Der Favorit" (Der Frauengünstling), (Robert Stolz), Berlin 1916. – „Das muß man sehen" (Robert Stolz), Berlin 1916. – „Bitte vorgehen", Revue (Fritz Lehner), Wien 1918.

Alexander Weigl aus Temeschburg, am 26.9.1858 geboren, schrieb für Raoul Mader das Buch zur Parodie „Krawalleria musicana", welche 1891 in Wien auf die Bühne kam.

Emil Weissenturn kam am 20.8.1852 in Ungarn zur Welt (Geburtsort nicht bekannt):

„Die Spiritisten", Operette (J. Einödshofer), Innsbruck 1889.

Betty Young (1832 Pest – 1887 Wien):
„Die rote Liesel", Lebensbild (A. M. Storch), Wien 1863. – „Die Somnambule", Operette (Giovanni von Zaytz), Wien 1868. – „Der Raub der Sabinerinnen", Oper (G. v. Zaytz), Berlin 1870. – „Ein Wundermärchen", Operette (Edgar Krones), Budweis 1875.

### d) Bühnenkünstler aus Südosteuropa

Die Zahl der aus den angesprochenen geographischen Gebieten hervorgegangenen Sänger und Sängerinnen, Schauspieler und Schauspielerinnen, Tänzer und Tänzerinnen ist beträchtlich. Ihre Wirkungsbereiche waren jedoch recht unterschiedlich – manche sind im heimatlichen Südosten geblieben, die meisten führte der Weg jedoch nach Wien bzw. über Wien in andere österreichische, deutsche oder europäische Städte; erstaunlich viele bewältigten Gastspiele sogar in Übersee. Entsprechend der Bevölkerungsstruktur der Donaumonarchie, waren auch die Künstler in nationaler und religiöser Hinsicht unterschiedlicher Herkunft. Es erscheint unzweckmäßig und ist in zahlreichen Fällen sogar unmöglich, hier diesbezügliche nähere Angaben zu machen. Alle hatten der Kunst gedient und das Publikum, welches diese genossen hatte, war ebenso übernational. Gelegentlich werden allerdings einige Donauschwaben besonders berücksichtigt, was ja aus dem Untertitel dieser Arbeit hervorgeht.

Bei der alphabetischen Aufstellung dieses Personenkreises darf gleich über den ersten zu nennenden Künstler wörtlich zitiert werden: „**Anton Arnold**, Staatsoperntenor, * 31. Jänner 1880 in Weißkirchen, † 13. Juli 1954 in Wien, begann seine Sängerkarriere 1909 am Stadttheater Olmütz, in Teplitz-Schönau, Regensburg und Dortmund, sang ab 1914 an der Breslauer Oper, dann am k. k. priv. Carltheater Wien und gehörte schließlich der Wiener Hofoper an. Nach dem Ersten Weltkrieg ersang Anton Arnold 16 Millionen Kronen auf Konzerttourneen in Amerika und stellte sie dem Hilfswerk des Wiener Schwabenvereins zur Verfügung, damit hungernde und notleidende Wiener Kinder bei donauschwäbischen Pflegeeltern im Banat und in der Batschka Erholung finden. Im Hungerjahr 1918 wurden allein in Weißkirchen 154 Wiener Kinder jeweils sechs Wochen lang betreut." So Alfred Kuhn in „Heimatbuch der Stadt Weißkirchen im Banat", Seite 384. Übrigens – von 1918 bis 1930 wurden insgesamt rund 40 000 Kinder ins Banat auf Erholung geschickt.

Erwähnt werden soll noch, daß Anton Arnold auch in seiner Heimatstadt Weißkirchen mehrmals aufgetreten war, aber auch im benachbarten Werschetz.

Nach einem Engagementsgastspiel in Dortmund hatte die „Dortmunder Zeitung" (etwa 1912) kommentiert: „Die gestrige Aufführung diente wohl in erster Linie dazu, einen Kandidaten für das Fach des Tenors Buffo, einem eventuellen Nachfolger Herrn Scherers, Gelegenheit zu geben, als Peter Iwanow seine Fähigkeiten zu zeigen. Herr Arnold aus Teplitz ist ein munterer Darsteller, der seine Rolle temperamentvoll und frisch gibt, der mit reichen und reizenden Nuancen sie auszuschmücken und durch sein Spiel von Anbeginn zu fesseln versteht. Nach dieser Richtung hin könnte er als Nachfolger Herrn Scherers, durch den wir allerdings in unseren Ansprüchen sehr verwöhnt sind, recht wohl in Frage kommen; denn durch sein munteres Spiel hat Herr Arnold sich die Sympathien des Publikums offenbar im Sturm erobert." Während des 1. Weltkrieges verwundet, organisierte Arnold im Rahmen des VII. Armeekorps einen „Invaliden-, Witwen- und Waisenfonds". Er leitete Künstlergruppen zur Truppenbetreuung in die Frontgebiete und sammelte bei eigenen Konzerten für

*Im Dezember 1910 in Regensburg: Anton Arnold als „David" in „Die Meistersinger von Nürnberg"*

*Anton Arnold als „Gero" in „Madame Butterfly"*

die genannte Hilfsorganisation auch im heimatlichen Bereich. Nach Kriegsende hatte Anton Arnold – unter beträchtlichen persönlichen Opfern – kurzfristig auch das deutschsprachige Theater zu Temeschburg gekauft und geleitet. Über weitere karitative und Vorhaben heimatkultureller Art gewährt eine Notiz im „Werschetzer Gebirgsbote(n)" (Nr. 13., 67. Jahrgang) vom 4. 2. 1923 Einblick: „Wie wir hören, wurde Herr Arnold wieder für eine amerikanische Tournee eingeladen und reist Anfang April nach Amerika ab, um auch Sammlungen für ein Denkmal des Banater Dichters Adam Müller-Guttenbrunn unter den dortigen Deutschen einzuleiten." Wenn man bedenkt, daß der „Erzschwabe" erst vier Wochen vor Erscheinen des zitierten Artikels gestorben war, so dürfte Arnold einer der ersten Initiatoren eines Denkmals für ihn gewesen sein!

**Gisela Bajor (Bayer)** aus Budapest (1896–1951) hatte am dortigen Nationaltheater Triumphe ihres Könnens als Schauspielerin gefeiert. Die Zeit ihrer größten Entfaltung lag zwischen den Weltkriegen, doch wirkte sie noch nach 1945 erfolgreich.

**Ida Bauer** kam 1872 (1873?) in Großkikinda zur Welt und begann als 15jährige ihre Schauspiellaufbahn in Marburg, Hermannstadt, Linz und Graz. Später war sie besonders in Berlin, Hamburg und München erfolgreich.

Der 1848 in Werschetz geborene **Anton Baumann** hatte sich mit dem Weinhandel befaßt, er ließ sich schließlich in Wien nieder, wo er auch ein erfolgreicher Kommunalpolitiker wurde. So war er von 1894 bis 1919 Bezirksvorsteher des 18. Wiener Gemeindebezirks Währing, er stand „30 Jahre lang an der Spitze des Stadttheatervereins ‚Volksoper in Wien'" (laut Helmut Frisch), und in seiner Amtsperiode wurde die Volksoper am Währinger Gürtel errichtet. Sein Sohn, **Anton Baumann junior** (1890–1941), wurde Opernsänger. Als Reichskammersänger leitete er von 1938 bis 1941 als Intendant die Volksoper in Wien. Ein weiterer Sohn, **Alfred Baumann**, der während des 1. Weltkrieges gefallen ist, war Klaviervirtuose und als Professor am Wiener Konservatorium tätig. – Nach dem Senior gibt es im XVIII. Wiener Bezirk einen „Anton Baumann-Park".

In Großsteffelsdorf/Rimaszombat kam 1850 **Luise Blaha,** geborene Reindl, zur Welt. Mit 8 Jahren stand sie bereits in Raab auf der Bühne. 1872 trat sie, nachdem sie ihre Ausbildung als Koloratursängerin abgeschlossen hatte, in Pest erstmals auf. Im Jahre 1922 konnte sie auf fünf Jahrzehnte Mitgliedschaft am Budapester Nationaltheater zurückblicken. Sie hatte zahlreiche Ehrungen erhalten.

**Louis von Bignio** (1839 Pest – 1907 Wien) wirkte ab 1859 als Bariton am Deutschen Theater seiner Heimatstadt. Nach seiner Tätigkeit am Nationaltheater wurde er 1863 an die Hofoper in Wien engagiert.

Die in der Zwischenkriegszeit vor allem in Deutschland (Dresden, Berlin) äußerst populär gewordene Opernsängerin **Maria Cebotari** wurde 1910 in Kischinew geboren und starb 1949 in Wien.

In Werschetz kam 1871 **Sultana Cijuk** zur Welt, die Wagner-Rollen auf deutschen Bühnen und in London sang.

**Gregor von Csiky** (1842 Pankota im Banat – 1891 Budapest) war Priester geworden. 1878 begab er sich als Lehrer der Schauspielschule nach Budapest und trat aus dem geistlichen Stand aus. Als Verfasser ungarischer Schauspiele war er erfolgreich und betätigte sich auch als Übersetzer fremdsprachiger Werke.

**Rosa Csillag** (eigentlich Goldstein) aus Irsa im Komitat Pest (geboren 1832) war langjährig Sängerin an der Hofoper in Wien, wo sie 1892 starb.

**Ilona Durigo** kam 1881 in Budapest zur Welt. Sie war Konzertsängerin und nach dem 1. Weltkrieg in Zürich Gesanglehrerin am Konservatorium.

Eine bedeutende Sängerin war **Bertha Ehnn** (1847 Pest – 1932 Aschberg bei Neulengbach). Ihre Karriere begann sie 1864 am Landestheater Linz. Ein Jahr später sang sie in Graz, 1866 in Nürnberg. Nach einer Zeit an der Hofoper zu Stuttgart war sie von 1868 bis 1885 an der Wiener Hofoper engagiert. Ab 1869 Kammersängerin, beendete sie 1885 ihre sehr erfolgreiche Künstlerlaufbahn.

**Ludwig Stefan von Ernest (Baußner Edler von Baußnern)** stammte aus Hermannstadt, wo er am 25.3.1826 zur Welt kam. Im Heimatbereich war er in Temeschburg und Pest als Schauspieler tätig, danach erntete er in zahlreichen deutschen Städten, namentlich in Berlin, Erfolge. Er war auch in Amerika und Rußland (St. Petersburg, Moskau usw.) aufgetreten. Sein Sohn Waldemar machte sich später im Musikleben Berlins einen Namen.

**Dragutin Freudenreich** aus Agram (1862–1937) war Schauspieler, der vornehmlich am Theater seiner Heimatstadt, aber auch in Budapest, Graz und Wien auftrat.

*Bertha Ehnn als „Mignon" in der gleichnamigen Oper von Ambrois Thomas*

### Gesellschaft der Musikfreunde.

Donnerstag den 6. Jänner 1876, Mittags:

# I. ausserordentliches Concert

unter der Leitung des artistischen Directors, Herrn

JOHANN HERBECK.

**PROGRAMM:**

### Die Legende von der heiligen Elisabeth

Dichtung von Otto Roquette.

## Musik von Franz Liszt.

**ERSTER THEIL.**
Einleitung.
Nr. 1. Ankunft der Elisabeth auf der Wartburg
a) Bewillkommung des Volkes und des Landgrafen Hermann.
b) Ansprache des ung. Magnaten und Einstimmung des Chores.
c) Erwiederung des Landgrafen Hermann.
d) Erstes Mittheilen Ludwig's und Elisabeth's.
e) Wiederholte Bewillkommung des Chores.

Nr. 2. Ludwig.
a) Jagdlied.
b) Begegnung Ludwig's mit Elisabeth.
c) Das Rosenmirakel.
d) Danksagungsgebet Ludwig's und Elisabeth's mit Chor.

Nr. 3. Die Kreuzritter.
a) Chor der Kreuzritter.
b) Recitativ und Ansprache des Landgrafen Ludwig.
c) Abschied Ludwig's von Elisabeth.
d) Chor und Marsch der Kreuzritter.

**ZWEITER THEIL.**
Nr. 4. Landgräfin Sofie.
a) Dialog der Landgräfin mit dem Seneschal.
b) Klage der Elisabeth.
c) Ihre Vertreibung auf der Wartburg.
d) Sturm.

Nr. 5. Elisabeth.
a) Gebet.
b) Heimathstraum und Gedanken.
c) Chor der Armen, Stimmen der Werke der Barmherzigkeit.
d) Elisabeth's Hinscheiden.
e) Chor der Engel.

Nr. 6. Feierliche Bestattung der Elisabeth.
a) Orchester-Interludium.
b) Der Kaiser Friedrich II. von Hohenstaufen.
c) Trauerchor der Armen und des Volkes.
d) Aufzug der Kreuzritter.
e) Kirchenchor; ungarische und deutsche Bischöfe.

**Personen:**
Elisabeth . . . . Fr. Bertha Ehnn, k. k. Kammer- u. Hofopernsängerin.
Landgräfin Sofie . . Frln. Louise Kaulich, Schülerin des Conservatoriums.
Landgraf Hermann } Hr. Louis v. Bignio, k. k. Hofopernsänger.
Landgraf Ludwig
Ein ung. Magnat
Seneschal            Hr. Heinrich Gassner.
Kaiser Friedrich

Streichinstrumente: Semböck.

Dieses Programm unentgeltlich.      Textbuch 10 kr.

Ende des Concertes halb 3 Uhr.

---

**Josip Freudenreich** (1827 Neu-Gradischka/Nova Gradiška – 1881 Agram) war ein vielseitiger Schauspieler, der u. a. in Operetten auftrat. Für das kroatische Theater wirkte er als Schriftsteller und Übersetzer mit wertvollen Beiträgen.

**Siegwart Friedmann** stammte aus Pest (Jahrgang 1842). Er war als Schauspieler auf verschiedenen deutschen Bühnen zu sehen, trat in Wien auf und war Mitbegründer des Deutschen Theaters in Berlin.

**Gisela von Flatt**, die am 14. 5. 1875 in Wesprim/ Veszprém (Weißbrunn) zur Welt kam, hatte schon im frühen Mädchenalter als Sängerin in öffentlichen Konzerten Aufsehen erregt. Nach ihrer Ausbildung an der kgl. Landes-Musikakademie in Budapest wurde sie aufgrund ihrer bestandenen Prüfung sofort an der kgl. Oper zu Budapest engagiert. Einige ihrer Hauptrollen waren: Ortrud in „Lohengrin", Elisabeth in „Tannhäuser", Fricka in „Rheingold", Brunhilde, Walküre in „Götterdämmerung", Königin von Saba in „Aisa", Gertrud in „Hamlet".

**Siga Garso** war zunächst als Tenor aufgetreten, dann lebte er als Gesanglehrer vor allem in Berlin. Er veröffentlichte: „Ein offenes Wort über Gesang" und „Schule der spezifischen Stimmbildung auf der Basis des losen Tones". Garso wurde 1831 in Tisza Vecseny geboren und starb 1915 in Wien.

In Kaschau kam 1855 **Etelka Gerster** zur Welt, die in Wien studierte und dann als Opernsängerin in zahlreichen europäischen Städten und in Amerika mit großem Erfolg auftrat. In Berlin hatte sie 1896 eine Singschule gegründet. 1906 veröffentlichte sie den „Stimmführer", eine musikpädagogische Schrift. 1910 starb sie.

**Berta Glöckner** kam aus Komorn, wo sie 1848 geboren wurde. Sie debütierte 1869 als Schauspielerin am Linzer Theater. Weitere Stationen waren Brünn, Wien, von 1876 bis 1877 Budapest, dann wieder Wien und München. Von 1878 bis 1881 trat sie in St. Petersburg auf, danach in Moskau. Ein Gehörleiden zwang sie zur Aufgabe ihres Berufes. Sie starb 1916 in Wien.

**Lula Gmeiner** (nach ihrer Eheschließung **Mysz-Gmeiner**) war Siebenbürgerin. 1876 in Kronstadt geboren, wurde sie nach ihrer Ausbildung in der Heimatstadt, in Wien und in Berlin eine hochangesehene Liedersängerin. Sie bewältigte erfolgreiche Konzertreisen in Amerika und Europa. In Berlin, wo sie seit

*Gustav Hölzel*

*Maria Ivogün als „Rosine" in „Der Barbier von Sevilla" von G. Rossini*

1899 tätig war, wurde sie ab 1920 Professorin an der Hochschule für Musik. Sie hatte auch mehrere Schallplatten der Firma Polydor besungen. – Die Geschwister der Künstlerin, **Ella** und **Rudolf Gmeiner**, wurden ebenfalls erfolgreiche Konzertsänger. Luise Gmeiner starb 1948 in Schwerin.

Der Sänger **Benedikt Gross** ging 1851 aus Pest hervor und starb 1912 in Wien. Er trat oft in Italien auf (Florenz, Rom, Genua, Neapel, Mailand, Venedig), aber auch in Iglau, Triest und Wien. Hier wurde er schließlich an die Hofoper engagiert.

**Gustav Hölzel** wurde am 2. September 1813 in Pest geboren und hatte in der Folgezeit als Opern- bzw. Konzertsänger und als Liederkomponist Hervorragendes geleistet. Sein Vater, Nikolaus Hölzel, war Sänger, Schauspieler und Theaterdirektor gewesen, und seine Mutter Elisabeth, geborene Umlauf (deren Vater als Musiklehrer Kaiser Franz in der Musik unterwiesen hatte), war eine anerkannte Altsängerin. Die Berufsrichtung des Sohnes stand demnach mehr oder weniger schon recht früh fest. Gustav Hölzel hatte sich, nach entsprechender Ausbildung, bereits als Siebzehnjähriger an die Bühne zu Ödenburg begeben. Später führte den jungen Schauspieler und Sänger der Weg nach Graz, worauf er von 1833 bis 1837 am Hofoperntheater in Wien auftrat. Zwischendurch bewältigte er Gastspiele in Preßburg, Laibach, Olmütz und anderen Städten. 1837 sang er in Berlin und unternahm seine erste große Gastspielreise durch Deutschland; dabei trat er in Opern auf oder gab Konzerte. Ein Jahr später begab er sich nach Paris zu weiteren Gesangstudien. Nach einem Engagement von 1838 bis 1840 in Zürich war er zweimal in London, wo er auf Wunsch der englischen Königin Viktoria einige seiner Liedkompositionen für deren Stimmlage transponierte. Von 1840 bis 1863 gehörte er dem Theater am Kärntner-Tor in Wien an, in den darauffolgenden zwei Jahren wirkte er in Darmstadt. Im Jahre 1860 war Hölzel in St. Petersburg (heute Leningrad) und Stockholm. Dann trat er in Nürnberg auf (1865), im Theater an der Wien (1866) und in München. Hier sang er am 21. Juni 1868 bei der Uraufführung der Oper „Die Meistersinger von Nürnberg" unter der persönlichen Leitung von Richard Wagner als erster die Rolle des Beckmesser. Im Jahre 1870 trat Hölzel eine Amerika-Tournee an. Ab 1874 war er in Wien nur mehr als Konzertsänger und Gesanglehrer tätig. Gustav Hölzel hatte in seinen jüngeren Jahren Bariton gesungen, später trat er als Baß-Buffo auf. Er beherrschte eine beachtliche Zahl von Opernrollen und fand allgemein großen Anklang mit seinen Leistungen. Am 3. Dezember 1883 ist er in Wien verstorben.

Die 1874 in Pantschowa geborene **Hermine Hoffmann** wurde Opernsängerin und trat u. a. auch in Breslau, Leipzig und Riga auf.

**Anka Horvat-Gottlieb** aus Zlatar in Kroatien, 1884 geboren und 1948 in Agram verstorben, hatte in Wien Gesang studiert und erzielte nach einer Verpflichtung in Agram große auswärtige Erfolge. Von 1912 bis 1914 war sie an der Wiener Opernschule tätig, darauf wurde sie Mitglied der Dresdner Oper. Sie sang auch in Kassel, Hannover, Leipzig, Berlin, München, Darmstadt, Prag und Wien. Ab 1918 trat sie nur mehr als Konzertsängerin in Agram auf.

Aus Fünfkirchen ging 1898 **Felicie Mihaczek** (nach ihrer Eheschließung **Hüni-Mihaczek**) hervor, die nach ihrer Ausbildung in Wien namentlich am Nationaltheater in München tätig wurde. Die Kammersängerin fand auch als Liedersängerin Anerkennung. Sie hatte für die Firma „Odeon" Schallplatten besungen.

**Inge von Günther** wurde als **Maria Ivogün** bekannt. Sie kam 1891 in Budapest zur Welt und war als Koloratur-Sängerin von 1913 bis 1925 an der Oper in München, von 1925 bis 1932 an der Städtischen Oper in Berlin erfolgreich tätig. Von 1950 bis 1957 wirkte sie als Lehrerin an der Berliner Musikhochschule.

**Maria Jászai** hieß eigentlich Krippel. 1850 in Aszár im Komitat Komorn geboren, wurde sie zu einer über Jahrzehnte hinweg gefeierten Schauspielerin in Budapest. Nach Tätigkeiten in Ofen und Klausenburg hatte sie als Tragödin hier zahlreiche Auszeichnungen und Ehrungen erhalten.

Aus Siebenbürgen war der Gesanglehrer und Bariton **Gerhard Jekelius,** der in Berlin tätig war und 1945 dort umgekommen ist.

**Irma Jelenska** (Maria Ferk) war Schauspielerin aus Kreutz/Križevci in Kroatien. 1852 geboren, begann sie ihre Laufbahn in Agram und Essegg. Später trat sie in Belgrad auf, dann in Wien, 1875 in Frankfurt und von 1876 bis 1879 in Prag. Weitere Stationen waren Hamburg, Graz und Stuttgart. Sie starb 1882 in Barcelona.

**Rudolf Christoph Jenny** (1858 Stuhlweißenburg – 1917 Graz) hatte sich als Schauspieler betätigt, bedeutender war er durch seine Theaterstücke, welche namentlich in Innsbruck mit Erfolg aufgeführt wurden.

In Wieselburg (Mosonmagyaróvár) kam der später berühmt gewordene Schauspieler **Josef Kainz** (1858) zur Welt. Sein früh erkanntes Talent ließen die Eltern ausbilden, so daß er schon mit 15 Jahren erstmals öffentlich auftreten konnte. Seine erste Verpflichtung erhielt der junge Künstler während der Saison 1875/76 in Marburg a. d. Drau. Danach war er in Leipzig und am Hoftheater zu Meiningen engagiert. Kainz war stets bestrebt, sich weiter zu bilden, was sich in seinen Leistungen positiv auswirkte. 1880 kam er nach München, wo er die Gunst König Ludwigs II. genoß. Am Deutschen Theater in Berlin feierte er danach Triumphe seines schauspielerischen Könnens. Aber auch Enttäuschungen blieben ihm nicht erspart. Eine Amerika-Tournee wurde ein großer Erfolg. Endlich wurde er an das Burgtheater in Wien verpflichtet,

*Josef Kainz*

**Stadt-Theater.**
(Direction: B. Pollini.)
Dienstag, den 5. Mai 1885.
205. Abonnements-Vorstellung.
1. Gastspiel der Fr. **Katharina Klafsky**
vom Stadt-Theater in Bremen.
Mit grossem Orchester.

## Tristan und Isolde.

Handlung in 3 Akten von Richard Wagner.
Regie: Herr F. W. Schmitt. Dirigent: Herr Capellmeister Sucher.

| | |
|---|---|
| Tristan | Hr. Ernst |
| König Marke | Hr. Wiegand |
| Isolde | Fr. **Klafsky** |
| Kurwenal | Hr. Krauß |
| Melot | Hr. Wolff |
| Brangäne | Fr. Garso |
| Ein Hirt | Hr. Landau |
| Ein Steuermann | Hr. Ritter |

Schiffsvolk. Ritter und Knappen.

*In Hamburg*

was schon längst sein geheimer Wunsch war. Dort konnte er noch jahrelange Triumphe feiern, bis ihn, nach schwerer Krankheit, am 20.9.1910 der Tod ereilte.

Die Sängerin und Gesangpädagogin **Maria Kiseljak** (1855–1939) aus Agram hatte die Musikschule und in Wien das Konservatorium besucht. Ihren ersten Auftritt bewältigte sie in Bern an der Oper. In Würzburg sang sie 1884 und danach in München. Von 1886 bis 1903 wirkte sie an der Musikschule ihrer Heimatstadt als Gesanglehrerin.

**Katharina Klafsky** (1855 St. Johann/Szentjános/Barice – 1896 Hamburg) war als Sängerin zuerst in Ödenburg und dann in Wien verpflichtet. Nach ihrer Weiterbildung erhielt sie Rollen in Opern und Operetten in Salzburg, 1876 in Leipzig, von 1883 bis 1886 in Bremen und von 1886 bis 1895 in Hamburg. Nach einer Europa-Tournee mit einer Richard-Wagner-Truppe bereiste sie Nord- und Südamerika. Die Künstlerin wurde zu einer bedeutenden Wagnersängerin, so daß sie zu vielen Musikfesten in Deutschland, Frankreich, England, Holland, Rußland und Italien engagiert wurde. Sie war schließlich auch an der Hofoper zu Wien aufgetreten.

In Orawitz kam 1859 **Thessa Klinkhammer** zur Welt. Nach ihrer Ausbildung betrat sie zunächst am Hoftheater zu Sigmaringen die Bühne, danach war sie in Berlin, Dresden, Frankfurt a. M., Hamburg und anderen Städten tätig. 1896 gründete sie in Frankfurt eine Theaterschule. Ihre Gastspielreisen führten sie durch ganz Deutschland, Wien, Amsterdam und Brüssel und schließlich nach Amerika. Die Künsterlin starb 1935 in Frankfurt am Main.

Die Kammersängerin **Anny Gisela Konetzni-Wiedmann** kam am 12.12.1902 in Weißkirchen zur Welt und starb am 7.9.1968 in Wien. Über sie schreibt Alfred Kuhn im „Heimatbuch der Stadt Weißkirchen im Banat" u. a.: „... eine der weltbesten Sopranistinnen, die große Wagnersängerin der zwanziger und dreißiger Jahre, die unvergessene Isolde und Brünhilde, sowie die beste Marschallin in Richard Strauss' „Rosenkavalier", die jemals auf einer Opernbühne stand." Sie trat in Chemnitz, ab 1931 an der Berliner und ab 1934 an der Wiener Staatsoper auf und bewältigte viele Gastspiele. Auch ihre Schwester, **Hilde Konetzni,** war eine beachtete Sängerin. Beide hielten mit ihrer Heimatstadt enge Verbindungen aufrecht.

**Béla Környei** war als Helden-Tenor Mitglied der Oper in Budapest und später als Kammersänger in Wien tätig. Etwa 1917 konzertierte er auch in Werschetz.

**Otto Lamborg** (1850–1911) aus Raab war als Baßbuffo auf deutschen und österreichischen Bühnen aufgetreten, aber auch in St. Petersburg und Amsterdam. Später war er als Humorist in zahlreichen europäischen Varietés erfolgreich.

Die Schauspielerin **Ilka Lánczy** stammte aus Siebenbürgen, wo sie 1861 in Borszék/Borsec zur Welt kam. Sie war in Arad und Segedin, dann am Lustspiel- und Nationaltheater zu Budapest verpflichtet. Hier starb sie 1908.

Im Miskolc wurde 1824 **Boldizsár Lángh** geboren. Er gehörte schon als Kind Wandertruppen an. Mit einer eigenen Theatergesellschaft aus Debrezin bereiste er dann mehrere Städte des Landes. Von 1857 bis 1858 war er Direktor des Theaters in Klausenburg. 1868 beendete er seine Laufbahn und starb 1890 in Siebenbürgen.

Aus Hallasch/Kiskunhalas ging 1812 der Schauspieler **Endre Latabár** hervor, der 1873 in Miskolc seine letzte Ruhe fand. Zunächst Mitglied einer Theatertruppe, gründete er bald selbst eine solche, mit welcher er Südosteuropa bereiste. In Kaschau und Klausenburg war er in Operetten als Tenor aufgetreten. Später war er als Theaterdirektor in Miskolc und Kaschau tätig. Er übersetzte Bühnenwerke und schrieb die Musik zu mehreren Volksstücken.

Die 1830 in Ödenburg geborene **Luise Liebhard** hatte an den Opern von Kassel und Wien gesungen. Ab 1865 trat sie in London auf, wo sie hohe Anerkennung genoß und 1899 starb.

**Antonie Link-Dessauer** (1853 Pest – 1931 Wien) erhielt ihre erste Ausbildung als Sängerin in ihrer Geburtsstadt und später in Wien. Als Schauspielerin hatte sie am dortigen Burgtheater begonnen, ab 1872 trat sie als Operettensängerin am Carl-Theater auf. Ihre Leistungen fanden allseitige Anerkennung.

**Emmerich Magyar** (Pseudonym: Robert) kam 1847 in Pest zur Welt und starb 1899 in Würzburg. Er wurde als Schauspieler ausgebildet und trat auch in Operetten auf. Er wirkte in Stuttgart, Berlin und Wien. Nach Gastspielen in Deutschland und Österreich kam er abermals nach Wien, wo er am Burgtheater 1888 Regisseur wurde.

**Bianka Maleczky,** verehelicht mit Wilhelm Pászt, wurde am 14.1.1889 in Budapest geboren und starb am 14.5.1946. Sie wurde als Opernsängerin ausgebildet (Sopran) und war ab 1912 Mitglied des Opernhauses Budapest, gab aber auch Gastspiele im Ausland. Von 1922 bis 1944 wirkte sie als Lehrkraft am Konservatorium ihrer Heimatstadt. – Biankas Vater, **Wilhelm Maleczky** (1845–1924 Budapest) war gleichfalls Opernsänger (Heldentenor). 1863 hatte er in Paris weiterführende Gesangstudien betrieben, in München war Hans von Bülow sein Lehrer. Nach Auftritten in Paris und Wien war er ab 1872 am Pester Nationaltheater engagiert. Von 1884 bis 1888 war er Mitglied des Opernhauses in Budapest. An der Fodor-Musikschule hatte er längere Zeit Unterricht erteilt. Seine Frau, **Jozefa Ellinger,** war auch Opernsängerin. Biankas Bruder, **Oskar Maleczky,** war ein gefeierter Charakterbaritonist des Budapester Opernhauses. (Vilmos Somogyi: „A Maleczky-család" Muzsika, Budapest 1959).

**Emma Mampé** (geborene Babnigg) kam 1825 in Pest zur Welt. Sie wurde in Paris zur Koloratursängerin ausgebildet und trat von 1842 bis 1845 am Hoftheater in Dresden auf. Ab 1847 sang sie zwei Jahre hindurch in Hamburg. Nach weiterer stimmlicher Vervollkommnung in Paris hatte sie zahlreiche Bühnen in Deutschland betreten und gastierte auch in England und Spanien. Nachdem sie sich von der Bühne zurückgezogen hatte, trat sie als Konzertsängerin auf und gab Gesangunterricht in Breslau und Wien, wo sie 1904 starb.

Der 1808 aus Raab hervorgegangene **Augustin Martzy** kam 1835 als Glasermeister nach Großkomlosch im Banat, wo er es als Autodidakt am herrschaftlichen Theater des Barons Nako als Tenorsänger zu erstaunlichen Leistungen brachte.

In Temeschburg wurde am 1.6.1881 **Margarete Matzenauer** (Preuse-Matzenauer) geboren, die eine berühmte Opernsängerin wurde. Von 1901 bis 1904 war sie in Straßburg tätig, von 1904 bis 1911 in München (königlich-bayerische Kammersängerin). Ab 1923 sang sie an der Metropolitan-Oper in New York.

In Arad wurde 1856 der Schauspieler **Károly Mihályfi** geboren, der als Mitglied einer Theatergesellschaft zum ersten Male 1875 in Orosháza auftrat. Später spielte er in Segedin und Klausenburg. Ab 1880 war er am Budapester Nationaltheater, wo er hauptsächlich Helden- und Liebhaberrollen übernahm.

**György Molnár** (eigentlich Müller) stammte aus Großwardein, wo er 1830 zur Welt kam. Zunächst war er Mitglied von Wanderbühnen. Mit einer eigenen Schauspielertruppe hatte er 1861 in Ofen das Volkstheater gegründet. Nach Tätigkeiten in Debrezin, wiederum in Ofen und in Pest, wurde er 1876 Direktor des Theaters in Klausenburg. Molnár hatte sich als Regisseur betätigt und schrieb einige Operetten.

Der Schauspieler und Schriftsteller **László Molnár** kam 1857 aus Kiskunfélegyháza. Er trat in Segedin, Großwardein, Temeschburg, Klausenburg und Budapest auf. Hier wirkte er ab 1902 am Nationaltheater und war seit 1918 Direktor der Theaterschule.

Mit sechs Lebensjahren war **Käthe Müller,** 1860 in Pest geboren, bereits Mitglied des Nationaltheaters. Sie war eine hervorragende Tänzerin und zuletzt Mitglied der Budapester Oper gewesen.

**Ilma von Murska** (1835 Agram – 1889 München) war eine beachtete Koloratursängerin, die von 1865 bis 1870 an der Hofoper in Wien und von 1874 bis 1888 in Amerika wirkte.

Der Schauspieler und Schriftsteller **Gustav Adolf Nadler** (1834 Czernowitz – 1912 Passau) wandte sich relativ spät dem Theater zu. Zunächst war er Schauspieler und Regisseur in Prag, ab 1877 betätigte er sich in Pilsen und ab 1886 in Passau, wo er Oberregisseur wurde. Zwischendurch wirkte er auch in Straßburg. Nadler schrieb auch einige Theaterstücke.

**Virginie Naumann-Gungl**, die Tochter des berühmten donauschwäbischen Kapellmeisters und Komponisten Josef Gungl, wurde während der Gastspielreise ihres Vaters am 31.12.1848 in New York geboren. Nach Gesangsstudien trat sie 1868 erstmals in München vor die Öffentlichkeit. In Wien weitergebildet, begab sie sich 1872 nach Köln, dann nach Schwerin, Frankfurt, Bremen, Kassel und Weimar. Am dortigen Hoftheater wirkte sie mit großem Erfolg. Die Künstlerin beherrschte alle Wagner-Rollen und um 78 Partien in klassischen und modernen Opern. Nach ihrer Bühnenlaufbahn bildete sie Nachwuchstalente in Weimar und zum Schluß in Frankfurt a. M. aus.

**Franz Naval** (Pogačnik) kam 1865 in Laibach zur Welt und starb 1939 in Wien. Nach seiner Ausbildung als Tenor sang er am Stadttheater Frankfurt. Nach sieben Jahren begab er sich nach Berlin, wo er von 1895 bis 1898 wirkte. Nach Stationen in Wien und Amerika kehrte er nach Berlin zurück. Von ihm stammen mehrere Schallplattenaufnahmen aus der Zeit zwischen 1901 bis 1909.

**Maria Neméth**, 1897 in Körmönt (Kirment) geboren und 1967 in Wien verstorben, hatte nach ihrer Ausbildung als Sopran in Budapest, Wien und Neapel eine erfolgreiche Bühnenlaufbahn vor sich. Nachdem sie 1923 an der Budapester Nationaloper debütiert hatte, kam sie 1924 an die Staatsoper von Wien. Von hier aus begab sie sich häufig zu Gastauftritten in deutsche und europäische Städte. Auch besang sie Schallplatten.

Der Sänger und Schauspieler **Karl Ott** (1843–1903) begann seine Karriere in seiner Heimatstadt Preßburg. Später kam er auf die Bühnen von Baden, Ödenburg, Brünn, Bad Ischl, Salzburg, Temeschburg, Hermannstadt, Graz und Linz. Hinsichtlich der Rollen war Ott recht vielseitig. Ab 1876 gehörte er zum Ensemble des Stadttheaters in Brünn, wo er auch starb. Hier hatte er sich auch als Dekorationsmaler und Bibliothekar betätigt.

**Lehel Odry von Pacsér** (1837 Nemesmilitics/Svetozar Miletić/Militić – 1920 Arad) hatte eine angenehme Baritonstimme und schloß sich 1858 einer Theatergruppe in Fünfkirchen an. Nachdem er dann Chorsänger am Nationaltheater in Pest war, war er in Klausenburg und im Ausland tätig. Später war er in Pest auch Regisseur.

Die Operettensängerin **Ilka Palmay** ging 1864 aus Kaschau hervor. Sie hatte viel im Ausland gewirkt, wo ihre Leistungen hoch bewertet wurden.

Die Opernsängerin **Irma von Páthy-Waldherr** wurde um 1880 in Werschetz geboren. Sie trat auch als geschätzte Gesanglehrerin auf und konzertierte öfter in ihrer Heimatstadt.

**Imre Pethes** (1864 Jászárokszállás im Komitat Szolnok – 1924 Budapest) wurde in Budapest zum Schauspieler ausgebildet. Danach trat er auf den Bühnen in Raab, Ödenburg, Debrezin, Fünfkirchen, Kaschau, Großwardein, Segedin und Temeschburg auf. Hierauf wurde er am Budapester Lustspiel- bzw. Nationaltheater angestellt.

**Geza von Pilinsky** (Pseudonym: Geza von Belti) wurde in Budapest, wo er 1891 zur Welt kam, als Sänger ausgebildet. Er sang u. a. in Berlin und betätigte sich auch kompositorisch.

Vielfältig tätig war **Djuro Prejac** (1870 Desinić in Kroatien – 1936 Agram). Er trat als Sänger, Schauspieler, Regisseur und Komponist in Erscheinung. Seine Wirkungsorte waren Agram, Laibach, Spalato/Split und Essegg.

**Sidonia** (Szidi) **Rákosi**, die sich bis 1867 Kremsner schrieb, wurde 1852 in Ötvösd im Komitat Somogy geboren. Nach ihrer Ausbildung trat sie in Pest als

*Franz Naval*

Schauspielerin am Volks- und Nationaltheater auf. 1892 gründete sie in Pest eine Schauspielschule, in welcher hervorragende Nachwuchskräfte herangebildet wurden.

Der 1852 in Ofen geborene **Hugo Ranzenberger** (Ranzenberg) wurde in Wien zum Schauspieler ausgebildet und trat danach u. a. in Temeschburg und in mehreren deutschen Städten auf. Zweimal durchreiste er Amerika. Nachdem Adam Müller-Guttenbrunn die Direktion des Raimund-Theaters in Wien niedergelegt hatte, wurde Ranzenberger in das Regiekollegium aufgenommen. 1896 starb er in Wien.

In Paks/Pax bei Tolnau kam am 17. 4. 1825 (1815?) **Alexander Reichardt** zur Welt, der als Sänger erstmals in Lemberg die Bühne betrat. Nach weiterer Ausbildung und Erfolgen in Wien machte ihn Fürst Paul Esterházy zu seinem Kammersänger. Reichardt gab als hervorragender Lieder- und Opernsänger zahlreiche Gastspiele in deutschen Städten, er war auch in England und Frankreich. Er gründete in Boulogne-sur-mer die Philharmonische Gesellschaft. In dieser Stadt starb er 1885. Der Künstler schuf mehrere, einst beliebt gewesene Lieder.

**Therese Rothauser** stammte aus Budapest und wirkte ab 1890 ein Vierteljahrhundert lang an der Berliner Hofoper.

*Alexander Reichardt (rechts) als „Rafael"
in „Der Anteil des Teufels" von Daniel Auber*

In Fegyvernek (Federneck) an der Theiß kam 1866 **Gisela Rotter** zur Welt, die nach ihrer Ausbildung in Budapest und Großwardein als lyrische und dramatische Sängerin bis 1903 der Oper in Budapest angehörte.

**Julius Rünger** (1874 Weißkirchen/Holics/Holič – 1932 Berlin) war Bariton und ab 1914 in München und anderen Orten tätig. Er komponierte auch Messen, Lieder und Orchesterwerke.

Der 1860 in Semlin geborene **Žarko Savić** war Bassist und sang u. a. an den Opern von Berlin, Dresden und Hamburg. 1930 starb er in Chicago. 1915 erschien von ihm „Der Weg zum freien Ton". Mit seiner Frau **Sultana Cijuk-Savić** gab er auch in Werschetz Konzerte.

Die zunächst als Gesangslehrerin tätig gewesene **Emma Saxlehner** aus Pest (Jahrgang 1850) gehörte als beliebte Sängerin (Mezzosopran bzw. Alt) viele Jahre der Oper in Budapest an.

Der später weltberühmt gewordene Tenor **Joseph Schmidt**, 1904 in Davidende geboren, hatte schon als Kind im Chor der Synagoge zu Czernowitz gesungen. Nach seinen Gesangsstudien in Wien begann seine erfolgreiche Karriere in Berlin. In Konzerten, beim Rundfunk, in Tonfilmen und mit Schallplattenaufnahmen brillierte der Künstler, bis er 1933 emigrierte und 1942 in Girenbad in der Schweiz starb.

**Karl Freiherr von Schönstein** (1797 Ofen – 1876 Wien) war Beamter und hatte sich als vorzüglicher Sänger hervorgetan. Franz Schubert widmete ihm seinen Liederzyklus „Die schöne Müllerin".

Auch **Friedrich Schorr** kam erst relativ spät zur Bühne. 1888 aus Großwardein hervorgegangen, wurde er ab 1911 Opernsänger (Heldenbariton). Von

1923 bis 1931 war er an der Staatsoper Berlin, sang aber auch in Bayreuth und trat in New York auf.

**Anni Sieburg-Schmidl**, geborene Ptach, kam um das Jahr 1898 in Weißkirchen zur Welt und starb 1979 in Wien. Sie wurde Operettensängerin und erntete in Graz und später in Zürich ungeteilten Beifall. Später wechselte sie zur Oper und sang nahezu auf sämtlichen deutschen Bühnen, ebenfalls sehr erfolgreich. Die Künstlerin betätigte sich aber auch als Liedersängerin; zahlreiche ihrer Schallplattenaufnahmen wurden im Rundfunk wiedergegeben.

In Pest kam 1834 **Adolf Sonnenthal** zur Welt, der nach einiger Zeit am Hofburg-Theater zu Wien als Statist ohne Bezahlung nach Temeschburg ging. Hier begann er 1851 seine Bühnenlaufbahn, die später recht erfolgreich wurde. Im Jahre 1858 kam er zu Gastauftritten wieder in die Stadt und bestimmte seine Einnahmen für das „Theater-Unter-Personal".

Die 1880 in Temeschburg geborene **Ilona Sperr** war die Tochter eines Gutsbesitzers. Sie begann ihre Laufbahn als Schauspielerin in Wien, Preßburg und Karlsbad. Danach errang sie namentlich in Berlin die Gunst des Publikums.

**Hermine Spitzer** aus Pápa/Poppa hatte hauptsächlich in Italien (Venedig, Bologna, Neapel usw.) und Spanien gesungen, ehe sie 1873 einen spanischen Grundbesitzer heiratete und von der Bühne abtrat.

Der Sänger **Franz Steger** stammte aus Szentendre (St. Andrä) im Komitat Pest und hieß eigentlich Stazics bzw. Staszic. Als Student in Wien ergab sich der Zufall, daß er gebeten wurde, für einen erkrankten Sänger einzuspringen; er tat es mit soviel Erfolg, daß er sich weiter ausbilden ließ. Nach mehreren Jahren trat der Künstler unter dem Namen Steger in Pest auf, wo er ungarisch, danach in Prag, wo er deutsch sang. Anschließend verpflichtete ihn das Hofoperntheater Wien. Nachher unternahm er Gastspiele nach Bukarest, Prag, Stuttgart, Frankfurt, Leipzig und Hamburg, trat aber auch in Agram, Temeschburg und Hermannstadt auf. Um das Jahr 1870 hatte er auch in Lissabon gesungen.

**Franz Steiner**, der um 1880 in Ungarn zur Welt kam, war Bariton und unternahm viele Gastspielreisen. Ansonsten lebte er in Wien.

**Marie Stumpf** aus Setschan im Banat gastierte 1929 erfolgreich an der deutschen Oper in Prag (laut Felix Milleker).

**Karoline Tellheim** (eigentlich Bettelheim) – 1843 in Pest geboren, 1896 in Wien gestorben – war Pianistin und später Sängerin. Nach Tätigkeiten am Carl- und Hofoperntheater in Wien wirkte sie als Konzertsängerin.

Aus Kroatien war die 1863 geborene **Milka Ternina**, die als Opernsängerin von 1890 bis 1899 in München und dann in New York auftrat. Später lebte sie in Agram.

**Valérie Thomán** war eine geborene Neuschlosz, Jahrgang 1873, aus Budapest. Sie war Konzertsängerin, wobei sie meistens von ihrem Ehemann am Klavier begleitet wurde. 1948 starb sie in ihrer Geburtsstadt.

Um das Jahr 1840 kam **Louise Tipka** in Güns zur Welt. Ihr Talent wurde schon früh im Heimatort erkannt, so daß sie nach Wien zur weitern Ausbildung als dramatische Sängerin kam. In Ödenburg erntete sie als Koloratursängerin große Erfolge. Dann trat sie in Bremen auf, in Königsberg und Pest. Später wirkte sie in Prag, Brünn und Wiesbaden; von hier aus gab sie Gastspiele in Mainz, Frankfurt, Darmstadt und Mannheim. Später erntete sie weitere Erfolge auf ausländischen Bühnen (Holland, Belgien, Frankreich, Italien). Danach erfolgten wiederum Auftritte auf deutschen Bühnen.

**Karoline Unger** (Ungher) kam 1803 in Stuhlweißenburg zur Welt und starb 1877 in Florenz. Sie war eine gefeierte Sopranistin auf den Bühnen ihrer zahlreichen Gastspiele.

Die 1899 in Czernowitz geborene dramatische Sängerin **Viorica Ursuleac** wirkte zunächst in Wien und Dresden, ab 1933 an der Berliner Staatsoper, wo sie 1934 preußische Kammersängerin wurde.

*Viorica Ursuleac*

**Wilma von Voggenhuber** war erst 16 Jahre alt, als sie 1860 als dramatische Sängerin am ungarischen Nationaltheater in ihrer Geburtsstadt Pest ein Engagement erhielt. 1864 begab sie sich nach Deutschland, wo sie in Berlin, Stettin, Hannover, Köln usw. mit Erfolg auftrat. Weiters war sie in Prag und am deutschen Theater in Rotterdam tätig. Später begab sie sich nach Wien, Bremen und abermals nach Berlin. Von ihren Kritikern hieß es, „Wilma's Stimme ist ein kräftiger, besonders für dramatische Partien geeigneter Sopran, von seltener Reinheit in seiner ganzen Stimmlage". Einige ihrer Hauptrollen: Eleonore in „Fidelio", Donna Anna in „Don Juan", Norma in der gleichnamigen Oper. Für ihre Leistungen in einigen Wagner-Opern erhielt sie in Berlin den Titel einer königlichen Kammersängerin.

Die Opernsängerin **Margarete Wein**, 1864 in Ofen geboren, begann 1884 am Nationaltheater der ungarischen Hauptstadt. Daraufhin gehörte sie bis 1900 der königlich-ungarischen Oper an. Ihr Ehemann war der bekannte Dichter Emil Ábrányi.

*Vilma von Voggenhuber als „Medea"*

### e) Auswärtige Darsteller bei uns

Südosteuropa hatte auch ab der zweiten Hälfte des vergangenen Jahrhunderts seinen Reiz für auswärtige Bühnenkünstler nicht verloren. So sind auch jetzt noch zahlreiche bekannte und weniger bekannte Personen gekommen, um sich in dieser Region in ihrer Kunstsparte zu entfalten. Wenn nachfolgend einige Beispiele aufgezählt werden, dokumentiert das auch, daß dieser Raum in das gesamtkulturelle Geschehen des Landes eingebunden war.

Der Schauspieler **Josef Hermann Altmann** (1845 Rzseszow – 1910 Wien) trat u. a. auch am Deutschen Theater in Pest auf.

Die Sängerin und Schauspielerin **Poldi Augustin**, 1863 in Wien geboren, nahm Engagements in Essegg und in Rumänien an.

Aus Birkholz kam **Paul Bulss**, 1847 geboren, ein berühmter Bariton, der 1902 während eines Gastspiels in Temeschburg starb.

**Leopold Demuth** (Pokorny) kam 1861 in Brünn zur Welt und war ein bewährter Opern-Bariton. 1910 starb er in Czernowitz.

**Heinrich Eisenbach** (1870 Krakau – 1923 Wien) war Schauspieler und „importierte aus Budapest die Art der Jargonbühne", wie es in der Musikliteratur heißt. In Wien wurde er dann Direktor des „Budapester Orpheums".

Die einst sehr bekannte und berühmte Schauspielerin **Josefine Gallmeyer** (1838 Leipzig – 1884 Wien) wirkte am Deutschen Theater in Pest und später längere Zeit in Temeschburg unter Direktor Strampfer, der sie 1862 nach Wien mitnahm. Wie Milleker ausführt, ging es der „feschen Pepi" in der Banater Hauptstadt anfangs nicht besonders gut. Sie hatte mit wirtschaftlichen Schwierigkeiten zu kämpfen. Nach sechs Gastauftritten in Orawitz begab sie sich zu einer Wallfahrt zur „Maria im Felsen" in Tschiklowa/Csiklóbanya/Ciclova Montană, wo sie das Versprechen ablegte, daß sie, falls sie in ihrer Karriere Glück habe, „Dankopfer bringen und auch die Wallfahrt wiederholen werde", was sie auch tatsächlich einhielt. In Temeschburg spielte die Gallmeyer viel mit **Karl Blasel**, Jahrgang 1831, der hier den Anfang seiner Bühnenlaufbahn bewältigte.

Aus Wien stammte der Schauspieler und Theaterdirektor **Heinrich Jantsch** (1845–1899). Er trat 1866 in Marburg auf, dann u. a. in Ödenburg. Von 1872 bis 1874 wirkte er in Pest am Deutschen Theater.

Auch **Siegfried Jelenko** war Wiener (1858–1935). Er war Schauspieler und Regisseur und betätigte sich ebenfalls auch in Pest (1880–1881).

**István Graf Keglevich von Buzin** kam 1840 in Wien zur Welt. Von 1898 bis 1902 war er Intendant des Orpheums und Nationaltheaters in Budapest. 1905 starb er dort.

*Josephine Gallmeyer*  *Karl Blasel (rechts)*

Der aus Lemberg stammende Schauspieler **Eduard Kierschner,** Jahrgang 1825, debütierte 1843 in Preßburg und Ödenburg. In Berlin starb er 1879.

**Josef Koller** aus Wien (1872–1945) war Schauspieler und Schriftsteller und Mitglied des „Budapester Orpheums".

Am Deutschen Theater in Budapest war 1884 auch der Wiener Schauspieler **Karl Langkammer** (1854 bis 1936) tätig.

**Katharina Lanner** (1829 Wien – 1908 London) war Tänzerin und Choreographin. Sie gab u. a. Gastspiele in Pest und Bukarest.

Der Schauspieler **Anton Lechner** (1845 Wien – 1905 Brünn) war, bevor er Theaterdirektor wurde, auch in Marburg a.d. Drau, Hermannstadt, Kronstadt und Pest auf der Bühne.

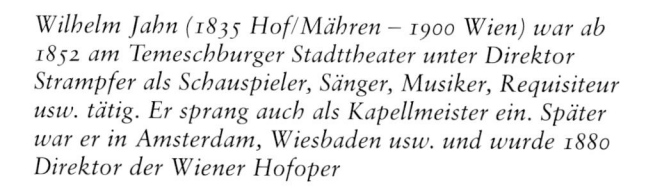

*Wilhelm Jahn (1835 Hof/Mähren – 1900 Wien) war ab 1852 am Temeschburger Stadttheater unter Direktor Strampfer als Schauspieler, Sänger, Musiker, Requisiteur usw. tätig. Er sprang auch als Kapellmeister ein. Später war er in Amsterdam, Wiesbaden usw. und wurde 1880 Direktor der Wiener Hofoper*

*Heinrich Jantsch (1845–1899) aus Wien trat als Schauspieler zuerst in Marburg/Drau und Pest auf. Später wurde er Theaterdirektor in Köln und in anderen Städten, zuletzt in Wien*

Aus Graz stammte **Guido Lehmann** (1826–1909), der als Schauspieler sein erstes Engagement 1848 in Laibach erhielt. Später gastierte er auch in Pest.

In Dresden wurde 1819 **Moritz Lehmann** geboren, ein hochgeschätzter Dekorationsmaler. Als solcher arbeitete er auch für die Bühne in Pest. 1877 starb er in Budapest.

Die Tänzerin und Soubrette **Anna Lieberzelt** (1843 Wien – 1918 Mödling) wirkte 1863 in Pest.

**Marie Liedtke** (1844 Wien – 1898 Berlin) war als Schauspielerin auch in Pest und Hermannstadt verpflichtet.

Der Schauspieler und Regisseur **Josef Lippert** (1834 Lemberg – 1913 Graz) war ab dem Jahre 1860 auch in Ofen, Pest und Preßburg auf der Bühne.

Der Wiener **Anton Löger** (1813–1862) trat als Schauspieler auch in Pest auf.

**Sofie Johanna Löwe**, 1815 in Oldenburg geboren, war eine international anerkannte Koloratursängerin, die nach Erfolgen in Wien und Berlin 1866 in Pest starb.

**Josef Matras** stammte aus Wien (1832–1887) und gastierte als Schauspieler auch in Marburg a. d. Drau, Laibach und Pest.

**Wilhelmine Mitterwurzer** (um 1840 Freiburg – 1909 Wien) hatte als Schauspielerin ein Engagement am Pester Deutschen Theater.

Der Gesangskomiker **Josef Modl** (1863 Wien – 1915 Karlsbad) war am Orpheum Somossy in Budapest tätig. Später war er in Wien Mitbegründer der Budapester Orpheum-Gesellschaft. Von Modl stammt das Couplet „Jetzt trink' ma no' a Flascherl Wein".

**Anton Nowak** aus Wien (1848–1896) war als Schauspieler und Volkssänger erstmals in Budapest aufgetreten.

**Elisabeth Charlotte Gräfin O'Sullivan de Grass** (1834 Köln – 1897 Wien) hatte 1857 ihr erstes Engagement als tragische Liebhaberin in Pest. Darauf wirkte sie bis 1858 auf verschiedenen Bühnen in Ungarn.

Der Komiker **Leopold Paasdorfer** aus Wien (1856 bis 1905) trat u. a. in Somossys Orpheum in Budapest, dann in Rumänien und Serbien auf.

Gastwirt und Volkssänger war **Ludwig Rainer** (1821 Fügen/Tirol – 1893 Kreuth/Bayern). 1869 unternahm er eine Tournee durch Ungarn einschließlich Siebenbürgen, die Walachei und die Türkei.

**Adolf Ranzenhofer** (1856 Wien – 1910 Mödling) war Schauspieler. Von 1890 bis 1892 oblag ihm die Leitung der Vorstellungen am Schloßtheater zu Totis/Tata. Als Theaterdirektor war er dann von 1892 bis 1907 in Czernowitz angestellt.

In Wien kam 1868 **Adolf Rauch** zur Welt, der als Schauspieler 1880 in Preßburg wirkte und später auch in Temeschburg auftrat.

Die 1861 in Rotterdam geborene und später außerordentlich bekannt gewordene **Adele Sandrock** war im Jahre 1888 in Budapest als Schauspielerin tätig, wo ihr Talent entdeckt wurde. Sie wurde daraufhin nach Wien geholt, wo ihre steile Karriere begann.

f) Theater-Direktoren

So mancher Bühnenkünstler aus dem südosteuropäischen Heimatraum hatte es im Laufe seines Berufslebens zu Ansehen gebracht und rückte aufgrund seiner hochbewerteten Leistungen in heimischen Theatern in höhere Positionen auf. Derartige Vorgänge muten wie eine Selbstverständlichkeit an und sollen in diesem Zusammenhang auch außer Betracht bleiben. Von wesentlich größerem Interesse, weil bisher noch nicht umfassend untersucht, sind die im Theaterleben außerhalb des heimatlichen Bereiches erreichten gehobenen Positionen von Persönlichkeiten aus Südosteuropa. Rund zwei Dutzend Künstler konnten inzwischen ermittelt werden, die als Theater-Direktoren in Deutschland oder Österreich in der Zeit zwischen 1850 und 1918 tätig waren. Obwohl bei der nachfolgenden Aufzählung unser Augenmerk in erster Linie auf die Donauschwaben gerichtet ist, handelt es sich aber auch um andere Südostdeutsche und Menschen anderer Nationalität oder Religion – getreu den Gegebenheiten, wie sie auch in nahezu allen übrigen Bereichen des einstigen Vielvölkerstaates herrschten.

**Karl Arnau,** 1843 im damaligen Szobotist/Sobotište geboren und 1910 in Hall in Tirol verstorben, wurde Schauspieler und kam 1872 an das Stadttheater in Wien, später an das dortige Burgtheater. Zum Hofschauspieler ernannt, wurde er Professor am Konservatorium und Leiter einer Wiener Theaterschule.

Aus Pest war 1842 der Schauspieler **Ludwig Barnay** gekommen, der 1924 in Hannover starb. Anfänglich Mitglied von Wanderbühnen, war er 1883 Mitbegründer des Deutschen Theaters Berlin; 1888 eröffnete er dort das „Berliner Theater". Von 1906 bis 1907 leitete er das königliche Schauspielhaus zu Berlin und von 1908 bis 1910 das Hoftheater in Hannover. Gastspielreisen führten ihn durch Deutschland, England und Amerika. Verdienstvoll ist seine 1871 erfolgte Gründung der „Genossenschaft der Bühnenangehörigen".

Aus Fünfkirchen stammte der 1814 geborene Schauspieler **Franz Czernits,** der viel auf Tournee war und auch am Wiener Carl-Theater wirkte. Theaterdirektor war er in Graz, Olmütz, Brünn, Preßburg, Klagenfurt und Innsbruck. 1894 starb er in Peggau bei Graz.

**Jakob Karl Engel** kam 1821 in Pest zur Welt. Er war bereits als Dreizehnjähriger in Ofen, Pest und Wien als Konzertmeister aufgetreten. Nach einem Gastspiel in St. Petersburg hatte er 1852 die Leitung der Kroll-Oper in Berlin angetreten, zehn Jahre später wurde er auch deren Inhaber und Direktor.

**Siegmund Eibenschütz** (1856 Pest – 1922 Wien) unternahm mit seiner Schwester **Ilona Eibenschütz** Konzertreisen nahezu durch ganz Europa. Bevor er von 1908 bis 1922 Direktor des Wiener Carl-Theaters wurde, wirkte er als Opernkorrepetitor und Dirigent an mehreren österreichischen und deutschen Bühnen.

Die Schauspielerin **Valerie Grey-Stipek** stammte aus Pest (Jahrgang 1845). Nachdem sie in Pest, in Deutschland und am Deutschen Theater zu St. Petersburg aufgetreten war, gründete sie in Wien das „Grey-Theater" und eröffnete eine eigene Schauspielschule. Sie starb 1934 in der österreichischen Metropole.

**Ludwig Gothov-Grünecke** (1847 Pest – 1921 Wien) war Theaterkapellmeister (u. a. in Werschetz) und 1891/92 Pächter des Theaters am Alexanderplatz in Berlin. Später war er in Wien Leiter einer Operettenschule.

Der Schauspieler **Julius Hertzka** wurde 1859 gleichfalls in Pest geboren. Als Schauspieler trat er u. a. in Temeschburg, Troppau, Czernowitz und Wien auf. Hernach betätigte er sich als Regisseur, ab 1901 am Deutschen Volkstheater in Brünn, wo er 1910 Direktor des Stadttheaters wurde und 1925 seinem Leben ein Ende setzte.

**Josef Jarno** (1866 Pest – 1932 Wien) hieß eigentlich Cohner. Seine schauspielerische Laufbahn führte ihn nach Bad Ischl und Laibach, von 1887 bis 1890 an das deutsche Schauspielhaus Budapest, danach nach Berlin. Als Leiter von Theatern wirkte er 1897 in Bad Aussee und von 1899 bis 1918 in Wien (Theater in der Josefstadt). 1905 eröffnete er das Lustspieltheater und von 1926 bis 1931 leitete er die Renaissancebühne in Wien. Sein Bruder, der Komponist **Georg Jarno** (1868 Ofen – 1920 Breslau), hatte 1903 seinen Familiennamen Cohner aufgegeben. Er war Komponist – wohl am bekanntesten wurde seine Operette „Die Försterchristel" – und wirkte als Theaterkapellmeister in Bremen, Gera, Halle, Metz, Liegnitz, Chemnitz und Magdeburg. In Kissingen, Breslau und Wien war er als Oberregisseur tätig.

Der Schauspieler **Heinrich Kadelburg** wurde 1856 in Pest geboren und starb 1910 in Marienbad. Nach Engagements in Königsberg, Karlsruhe, St. Petersburg und Berlin führte er die erste deutsche Schauspielergesellschaft durch die Vereinigten Staaten von Nordamerika. Dann war er als Regisseur am Wiener Carl-Theater tätig, dessen Mit-Direktor er 1908 wurde.

Aus Szered/Sered im damaligen Oberungarn ging 1864 der Sänger und Schauspieler **Martin Klein** hervor. Als Gesangskomiker wirkte er auf verschiedenen Bühnen Deutschlands und Österreichs, aber auch in Budapest. Am Münchner Schauspielhaus war er eine Zeitlang Oberregisseur. Als Theater-Leiter betätigte er sich anschließend in Baden-Baden, Czernowitz und Königsberg.

**Sigmund Lautenburg** (1851 Pest – 1918 Marienbad) trat als Schauspieler zum ersten Male in Neusohl auf. Nach Hamburg und Bremen war er 1875 und 1876 am Deutschen Theater in Pest. Es folgten weitere Gastspiele auf deutschen Bühnen, wo er sich teils auch als Regisseur betätigte. Im Jahre 1882 wurde er Direktor des Theaters in Stettin, im folgenden Jahr des Deutschen Theaters in Amsterdam, 1884 des Tivoli-Theaters in Bremen, 1885 und 1886 des Stadt- und des Residenz-Theaters in Hannover. Mit einer kurzen Unterbrechung war er von 1887–1904 Leiter des Residenztheaters in Berlin. 1907 hatte er für kurze Zeit die Direktion des Raimund-Theaters in Wien inne. Er war während des Ersten Weltkriegs in den Jahren 1915 bis 1916 der Organisator von Frontgastspielen an der Ostfront.

Der Kapellmeister und Komponist **Raoul Mader** kam am 25.6.1856 in Preßburg zur Welt und starb in Budapest am 16.10.1940. Nach dem Besuch des Konservatoriums in Wien war er als Solokorrepetitor der Hofoper tätig. Von 1895 bis 1907 war er Kapellmeister bzw. Direktor der königlichen Oper in Budapest. Von 1917 bis 1919 stand Mader als Direktor der Volksoper in Wien vor. In Budapest war er von 1921

*Raoul Mader*

bis 1925 abermals als Direktor an der Oper tätig. Zeitweilig wirkte er auch als Musiklehrer im Hause des Erzherzogs Karl Ludwig.

**Max Morold** (Millenkovich) war Wiener (1866 bis 1945) und der Sohn des Banater Dichters Stephan Milow. Er leitete im Jahre 1917 für kurze Zeit das Burgtheater in Wien, verfaßte auch Opern-Libretti und betätigte sich als Musikschriftsteller.

**Adam Müller-Guttenbrunn**, am 2. Oktober 1852 zur Welt gekommen und am 5. Januar 1923 in Weidling bei Wien verstorben, war von 1893 bis 1896 Direktor des Raimund-Theaters und von 1898 bis 1903 Leiter des Kaiser-Jubiläums-Theaters in Wien. Der „Erzschwabe", wie ihn seine donauschwäbischen Landsleute wegen seiner auf sie bezogenen literarischen Arbeiten gerne liebevoll nennen, nahm in seine Programme auch Bühnenwerke von Johann Nestroy und Ludwig Anzengruber auf, zu welchen Adolf Müller senior aus Tolnau die Musik geschrieben hatte. Zum Beispiel im Raimund Theater:

15. 4. 1895 „Der Talismann", 26. 4. 1896 „Einen Jux will er sich machen", 23. 5. 1896 „Der Zerrissene", 28. 11. 1896 „Eulenspiegel";

im Kaiser-Jubiläums-Stadttheater:

22. 5. 1899 „Der Zerrissene", 9. 2. 1902 „Die verhängnisvolle Faschingsnacht", 8. 2. 1903 „Lumpacivagabundus", 20. 2. 1903 „Einen Jux will er sich machen".

Von Ludwig Anzengruber wurden im Raimund-Theater gebracht:

14. 11. 1895 „Der Pfarrer von Kirchfeld", 23. 2. 1896 „Die Kreuzelschreiber".

Die Beziehung Adam Müller-Guttenbrunns zur Musik ist damit natürlich nicht annähernd erschöpfend beantwortet. Einen weiteren Einblick gewährt hierzu auch ein Brief, welchen er an den österreichischen Komponisten Eduard Kremser geschrieben hatte:

„Wien, 30/6 866, III Ungargasse 3. Verehrter Herr! Ich gebe für den Deutschen Schulverein u. zu seinen Gunsten einen Kalender heraus, der ein sehr vornehmes Gepräge erhalten wird. Eine musikalische Beilage thut uns dringend noth! Wollten Sie die Güte haben, in Ihrer Liedermappe zu prüfen für den Schul-

*Max Morold*

*Unter der Direktion von Adam Müller-Guttenbrunn fand diese Aufführung des Preßburgers Gustav Davis statt. Auch Adele Sandrock wirkte mit*

verein? Wir wären schon für ein schönes Lied oder was Sie sonst für geeignet halten, sehr dankbar. In der angenehmen Erwartung einer sehr baldigen Antwort zeichne ich mich ergebenst Adam Müller-Guttenbrunn."

Der Komponist und Dirigent **Arthur Nikisch** (12. 10. 1855 Lébény-Szentmiklós im Komitat Wieselburg – 23. 1. 1922 Leipzig) besuchte in Wien das Konservatorium und trat dann eine steile Karriere an: 1878 kam er nach Leipzig und wurde Kapellmeister des Stadttheaters; 1899 dirigierte er das Symphonieorchester Boston; 1893 war er erster Kapellmeister

*Theater in Wien unter der Direktion von Adam Müller-Guttenbrunn. Die Musik des Volksstückes ist von Adolf Müller sen.*

*Arthur Nikisch*

und Operndirektor in Budapest; 1895 Dirigent beim Gewandhausorchester Leipzig und beim Berliner Philharmonischen Orchester. Von 1905 bis 1906 war Nikisch Operndirektor in Leipzig. Er unternahm außerdem ausgedehnte Konzertreisen durch Europa und Amerika.

Am 4. Mai 1847 kam in Neu-Betsche/Törökbecse/Novi Bečej (auch Türkisch-Betsche genannt) **Jocza Savits** zur Welt (Schreibweise des Namens nach Felix Milleker). Er wurde Schauspieler und trat zunächst in Basel, St. Gallen, München, Augsburg, Weimar und Wien auf. In Weimar wurde er im Jahre 1875 Regisseur. Von 1884 bis 1885 leitete er das Hoftheater zu Mannheim, darauf begab er sich nach München, wo er von 1885 bis 1906 als Regisseur und Oberregisseur am Hoftheater eine äußerst fruchtbare und vielbeachtete Tätigkeit für die deutsche Bühne entfaltete. Am 7.5.1915 starb er in München.

Aus Pest war **Anton Seidl** (1850–1898) gekommen, von dem nebst seinen zahlreichen anderen musikalischen Leistungen auch seine Direktion der deutschen Oper in New York erwähnt werden muß.

**Felix Weingartner** (eigentlich Edler von Münzberg) wurde 1863 in Zara/Zadar geboren. Als Opernkapellmeister war er u.a. 1884 in Königsberg, ab 1885 in Danzig, ab 1887 in Hamburg, ab 1889 in Mannheim und ab 1891 in Berlin tätig. Im Jahre 1898 wurde er Direktor des Kaim Orchesters in München, von 1908 bis 1911 war er in Wien Direktor der Hofoper. Nachdem er zwischenzeitlich als Kapellmeister in den Opern in Hamburg und Darmstadt gewesen war, leitete er von 1919 bis 1920 die Volksoper in Wien. In Zürich wurde er 1927 Direktor des Konservatoriums, dann ab 1935 abermals Direktor in Wien (Staatsoper).

Im Jahre 1857 kam in Lugosch **Adolf Weiße** zur Welt, der als Schauspieler seine Laufbahn am Deutschen Theater in Budapest begann. Von 1879 bis 1885 trat er in Kassel auf, anschließend am Berliner Schauspielhaus. Von 1887 bis 1889 wirkte er in Köln. Ab 1882 war er Mitdirektor des Deutschen Volkstheaters in Wien, wo er nach 40jähriger Tätigkeit ein beachtenswertes Direktorenjubiläum begehen konnte.

g) Inhaltliche Bezüge der Theaterkunst des 19. Jahrhunderts zu Südosteuropa

Im vergangenen Jahrhundert war das Theaterleben ein bedeutender Faktor des Kunstgenusses und der Unterhaltung für breite Bevölkerungskreise. Im donauschwäbischen Heimatbereich strebte es seiner absoluten Blütezeit zu.

Wenn wir unsere Betrachtungen auf das Musiktheater beschränken, fällt bei der Analyse der dargebotenen Stücke auf, daß von den Inhalten her **Südosteuropa** in einer recht beachtlichen Anzahl vertreten war. Dabei wurden Stoffe um herausragende **Persönlichkeiten** (Herrscher usw.), **historische Abläufe** und Ereignisse aus dem **Volksleben** gerne aufgearbeitet. Am häufigsten aber waren wohl Stücke, welche einen heimatlichen Ortsnamen beinhalteten.

Die Bedeutung dieser Kunstsparte für die Südostdeutschen im allgemeinen und die Donauschwaben im besonderen wurde bisher offensichtlich nicht erkannt, denn es liegen keinerlei Nachweise über einschlägige Arbeiten vor. Wir stehen also vor einem Neuland, und so kann nicht erwartet werden, daß in diesem Rahmen abschließende Aussagen gemacht werden. Zu allem ist es fraglich, ob die Textbücher zu den nachfolgend zu nennenden Werken überhaupt noch aufgefunden werden können.

Der Umfang der Zusammenhänge mit Themen, welche für uns von Interesse sind, kann aufgrund der vorherigen Andeutungen nicht abgeschätzt werden. Nachdem es sich bei all diesen Werken um Opern, Operetten, Possen, Volksstücken, Singspielen und ähnlichen Stücken handelt, dürften naturgemäß recht unterschiedliche qualitative und quantitative Aussagen zu unserer Herkunft, Geschichte und Lebensbewältigung gemacht worden sein. Aus der Sicht der Zeit bestanden wohl auch keine darüber hinausgehenden Anforderungen.

Die in Betracht kommenden Werke werden in der Reihenfolge ihrer Uraufführungen erwähnt, wobei zunächst die Textautoren und in Klammern die Komponisten angeführt werden:

**Die Witwe aus Ungarn.**

Lustspiel mit Gesang und Chören;
der Brockmann'schen
Witwe von Ketskemet frey nachgebildet;
in
zwey Aufzügen.

Von
Carl Meisl.

*In Leipzig*

**Arien und Gesänge**
aus
**Johann von Wieselburg.**
Musikalisches Quodlibet in 2 Aufzügen,
als Seitenstück
zu
**Johann von Paris**
bearbeitet
von
**Joseph Alois Gleich.**
In Musik gesetzt
vom
Kapellmeister Herrn Franz Roser.

Königsberg, 1817.
Gedruckt bei George Karl Haberland.

Sonntag, den 28. Februar 1897.
**Altes Theater.**
Anfang 7 Uhr.  Anfang 7 Uhr.

Zum ersten Male:

**Jabuka.**
(Das Apfelfest.)
Operette in 3 Akten von Max Kalbeck und Gustav Davis.
Musik von Johann Strauß.
Regie: Regisseur Unger. — Direktion: Musikdirektor Meyer.

**Personen:**

Mirko von Gradinaz, } Land-Edelleute . . {Hr. Bauberger.
Vasil von Gradinaz, }                      {Hr. Heine.
Mischa, ein reicher Bauer . . . . . . . . . Hr. Greiner.
Jelka, dessen Tochter . . . . . . . . . . . Frl. Linda.
Petrija, deren Tante . . . . . . . . . . . . Frl. Buse.
Joschko, Gerichtsdiener . . . . . . . . . . Hr. Searle.
Bambora, Stärkefabrikant . . . . . . . . . Hr. Prost.
Annita, dessen Tochter . . . . . . . . . . Frl. Wildner.
Franjo, Pandur . . . . . . . . . . . . . . . Hr. Wack.
Staflo, Wirth . . . . . . . . . . . . . . . . Hr. Unger.
Katscha, die Wirthin . . . . . . . . . . . . Fr. Renner.
Sava, Diener des Mirko . . . . . . . . . . Hr. Bärwinkel.
Pervo, } alte Bauern . . . . . . . . . . . {Hr. Stid.
Zdrugo, }                                   {Hr. Schröder.
Bogdan, } Musikanten . . . . . . . . . . . {Hr. Renner.
Demeter, }                                  {Hr. Schäfer.
Marica, ein Bauernmädchen . . . . . . . . Frl. Horl.

Ort der Handlung: Das serbische Süd-Ungarn.

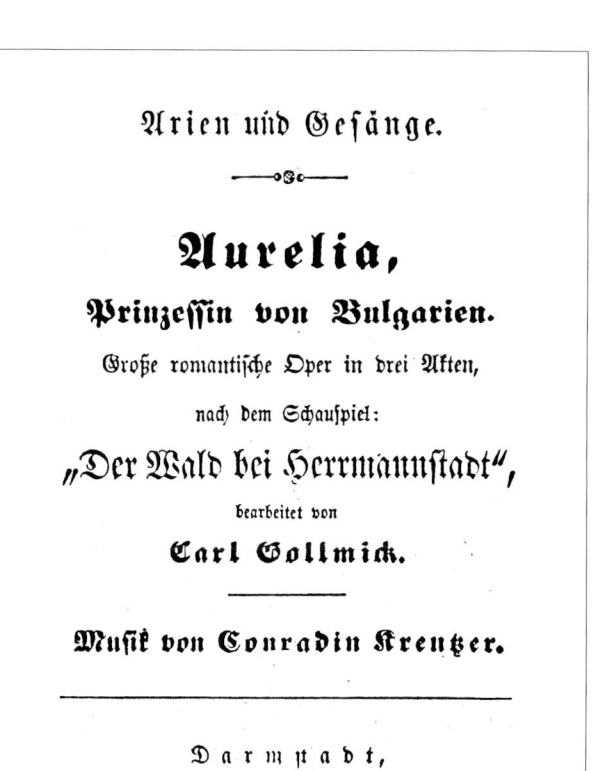

Am 1. und 3. September 1761 hatte in Salzburg bei seinem ersten öffentlichen Auftreten mit 5½ Jahren **Wolfgang Amadeus Mozart** im Schauspiel „Sigismundus Hungariae Rex" (Scena Varadini in Croatia) von Pater Marianus Wimmer (J.E. Eberlin) mitgewirkt. Insgesamt waren 146 Darsteller und Chormitglieder beteiligt.

In Prag wurde 1805 die Oper „**Elisene, Prinzessin von Bulgarien**" nach dem Französischen von Ignaz Castelli auf die Bühne gebracht.

„**Johann von Wieselburg**", eine Parodie von Alois Gleich (Franz Roser), Wien 1812.

**Ludwig van Beethoven** schrieb die Musik zum Drama „**König Stephan**" von A. Kotzebue, Pest 1812.

„**Die Erstürmung des Prinz Eugenius Thores oder Temeswars Befreiung**" von Franz Xaver Girzik wurde 1813 in der Banater Hauptstadt aufgeführt.

Eine Posse, „**Die Schwaben-Wanderung**" von **Karl Meisl** (Ignaz Schuster), kam 1817 in Wien auf die Bühne. Ein gleichnamiges Stück wurde als Singspiel 1821 im Landschaftlichen Theater zu Linz gebracht (Musik von A. Feichtinger).

Vom selben Verfasser wurde 1825 in Wien „**Die Witwe aus Ungarn**", ein Lustspiel mit Gesang, aufgeführt. Die Musik hatte Wenzel Müller aus Mährisch-Trübau geschrieben.

„**Gisela von Bayern, erste Königin der Magyaren**", historisches Schauspiel von Karl Meisl, Preßburg 1825.

„**Das Kroatenmädchen in Ungarn**", Ballett von Ulich (Franz Roser), Pest 1832.

„**Die Fahrt auf der Eisenbahn nach Wagram = Der Bräutigam von Ödenburg**" von Louis Grois (Adolf Müller sen.), Theater an der Wien 1838.

Die große ungarische Oper „**Matyás királynak valasztása**" (**Die Erwählung des Königs Mathias**) komponierte Josef Heinrich; Pest 1839. Hier wurde auch die Oper „**Béla futása**" (**Bélas Flucht**) des gleichen Komponisten erstaufgeführt.

„**Hunyadi Lászlo**", Oper von Benjamin Egressy (Franz Erkel), Pest 1844.

„**Napolyi Johanna**" (**Die Ungarn in Neapel**), Oper von Nay (Andreas von Bartay), Pest 1845.

Ludwig Kilanyi brachte 1847 das Ballett „**Sobri, der ungarische Räuberhauptmann**" heraus.

In Pest wurde 1847 die Oper „**La Buda liberata**" von Luigi Guglielmi (Sacchero) vorgestellt.

„**Az idegenek Aradan**" (**Die Fremden in Arad**), Lustspiel mit Gesang von Eduard Gots (Julius von Sarossy), Arad 1848.

Im Jahre 1849 wurde in Wien das Zeitbild „**Peterwardein**" von Anton Baron von Klesheim (Anton Maria Storch) gegeben. Um dieselbe Zeit in Ofen „**Die Reise nach Füred**".

„Maria Theresia" mit der Musik von Giovanni de Zaytz wurde 1849 in Fiume gebracht.

Der Komponist Konradin Kreutzer schrieb die Musik zur Oper „Aurelie = Die Prinzessin von Bulgarien" von C. Gollmick nach dem Schauspiel „Der Wald von Hermannstadt"; Kassel 1851.

„Der Csikos", Volksstück von Szigligeti mit Szerdahelyi (Adolf Müller sen.), Theater an der Wien 1854.

„Eine ungarische Dorfgeschichte", Volksstück von Berla und Bittner (Franz von Suppé), Wien 1856.

„Der Csikós und sein Pferd", Charakterbild von Otto Held (Adolf Müller sen.), Theater an der Wien 1860.

Die Posse „**Von Wien nach Pest**" von Karl Haffner (Johann Baptist Klerr) wurde 1862 in Wien aufgeführt.

Im Jahre 1863 wurde der Titel „**Die Schwaben in Wien**" in zwei Versionen gegeben – als Gelegenheitsstück von F. Zell und Mery (Adolf Müller sen.) und als Schwank von K. Bayer (Karl Kleiber).

„Der Ochsenhändler von Szegedin", Genrebild von Stix (J. B. Klerr), Wien 1868. Das Theater an der Wien brachte 1869 das Volksschauspiel „**Die Türken vor Wien**" von Arthur Müller (Adolf Müller).

„Die Erstürmung von Serajewo", Zeitbild von Julis Gebauer (K. Bayer), Fürst-Theater in Wien 1878.

„Reiseabenteuer zwischen Kikinda und Becskerek" hieß eine Posse von Ludwig Gottsleben (Karl Kleiber), welche 1878 in Wien dargeboten wurde.

Eine dritte Variante von „Die Schwaben in Wien" wurde als Schwank von Josef Doppler (Karl Kleiber) 1880 im Wiener Fürst-Theater im Prater gebracht.

„Mathias Corvin", Oper von Paul Millet und Julius Levalbois (Alexander Eugen von Bertha), Paris 1883.

„Die Türken vor Schäßburg", Oper von Michael Albert (Em. Silbernagel), Schäßburg 1887.

„Der Bettler von Serajewo", Operette von Ivo Max Hegenbarth, Schloß Totis/Tata 1889.

„Gödölö" (Gedele im Komitat Pest), Singspiel von Karl Groß (Aloys Hermann Mayer), Schloß Totis 1889.

Die Operette „**Jabuka**" (Das Apfelfest) von Gustav Davis (Johann Strauß) spielt in Kroatien; Wien 1894.

In Laibach wurde 1895 die Oper „Ulrich Graf von Cilli" von Viktor Parma aufgeführt.

Svetozar Manojlović brachte 1908 sein Bühnenstück mit Noten „**Der Liebeswunsch der Serbenmaid**" heraus.

In Wien wurde 1913 das Charakterbild „**Der Trommler von Klausenburg**", Text und Musik von Konrad Stieber, auf die Bühne gebracht.

Anton von Klesheim schrieb für das deutsche Theater in Ofen um 1840 „Die Reise nach Füröd".

Über die Erstaufführungen folgender Stücke konnten keine Nachweise gefunden werden: „Der Fleischhauer von Ödenburg"; „Die Erstürmung Ofens durch die Türken", Oratorium (Andreas von Bartay); „Von Pesth fährt nach Debrezin" (Pesttól fogva Debreczenyi) von G. Mátray.

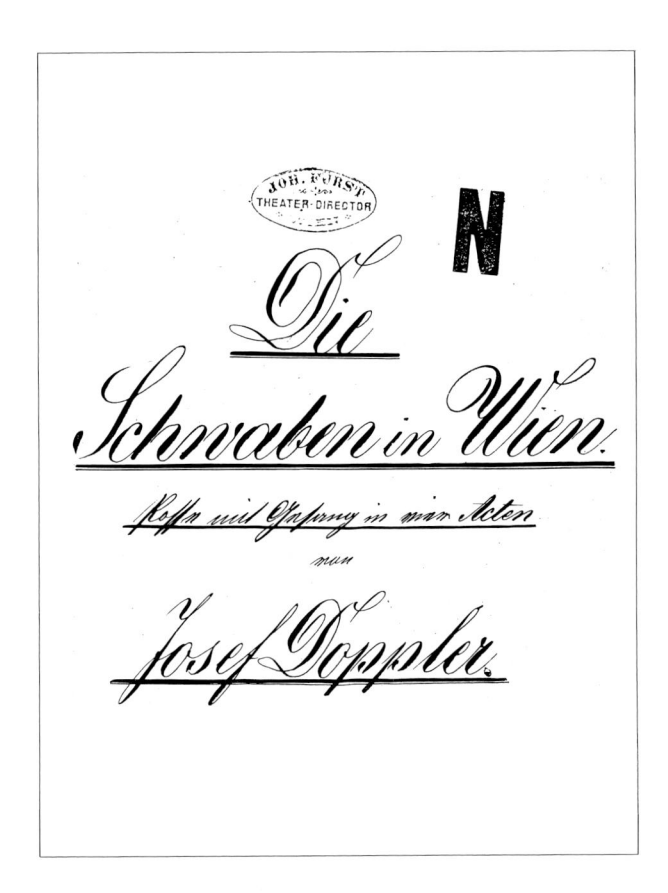

Das Pester Deutsche Theater brachte am 26.10. 1835 „Die Seiltänzerin in Soroksár" von B. Notna (= Anton Berkert) zur Aufführung.

**Personalien der Autoren,** sofern sie bekannt sind und **aus dem südosteuropäischen Raum** stammten oder mit diesem verbunden waren:

**Andreas von Bartay,** Komponist, wurde 1798 in Széplak/Abranyer Komitat geboren und starb 1856 in Mainz.

**Alexander Eugen von Bertha** (1843–1912), Komponist, stammte aus Pest und starb in Paris.

**Ignaz Franz Castelli** (1781–1862) aus Wien war Dichter und Bühnenschriftsteller. Von 1809 bis 1813 war er vor den Franzosen nach Ungarn (Schloß Totis) geflüchtet. In Temeschburg war er kurzfristig Theaterdirektor und schrieb das Vorspiel **„Temeswar, das kleine Wien"**.

**Gustav Davis** (David), 1856 in Preßburg geboren, starb 1951 in Hohenlehen im Ybbstal. Er betätigte sich u. a. auch schriftstellerisch.

**Benjamin Egressy,** * 1814 in Lászlofálva, † 1851 in Pest, war Komponist.

Der bedeutende Komponist **Franz Erkel** kam 1810 in Gyula/Jula zur Welt und starb 1893 in Budapest.

**Franz Xaver Girzik** stammte aus Pest. Er war Schauspieler und schrieb bzw. übersetzte Theaterstücke.

**Louis Grois** aus Sárvár, Jahrgang 1805, trat als Librettist und Dichter hervor. 1874 starb er in Wien.

**Karl Haffner** wurde 1804 in Königsberg geboren. Von 1830 bis 1841 war er in Pest als Dramaturg und Theaterdichter tätig. In Wien ging 1876 sein Leben zu Ende.

Der Dichter und Bühnenschriftsteller **Anton Baron von Klesheim** trat 1812 in Peterwardein ins Leben und starb 1884 in Baden bei Wien.

**Svetozar Manojlović** war Offizier, später dichtete er in deutscher und serbischer Sprache. Er stammte aus Dolovo/Dolowo (1848–1909) im Banat.

**Karl Meisl** (1775–1853) war Dichter und Bühnenschriftsteller aus Laibach; er starb in Wien.

Der Librettist **Michael Albert** (1836–1893) stammte aus Schäßburg/Siebenbürgen.

**Adolf Müller sen.,** der produktivste Komponist aus dem Donauschwäbischen, wurde 1801 in Tolnau/Tolna geboren und verstarb 1886 in Wien.

**Viktor Parma** war Triester (1858 geboren) und starb 1924 in Laibach.

**Franz Roser** (Franz de Paula Roser von Reiter) wurde 1779 im oberösterreichischen Naarn geboren; er war als Theaterkapellmeister und Komponist lange Zeit in Pest tätig, wo er auch 1830 gestorben ist.

Der weltberühmt gewordene Operettenkomponist **Franz von Suppé** kam 1819 in Split zur Welt und starb 1895 in Wien.

**Eduard Szigligeti** (1814–1878) aus Großwardein war zuletzt in Budapest tätig, dort starb er auch.

**Giovanni de Zaytz** (1832 Fiume – 1914 Agram) war Komponist.

(Als Beitrag des Verfassers veröffentlicht in „Beiträge zur deutschen Kultur", Januar–März 1987, Heft 1, Freiburg 1987, Seite 12–15.)

# 10. Musikausübende und Komponisten

Eines der Probleme jeder Musikkapelle ist, stets ein ausgewogenes Repertoire zu besitzen, um das Publikum zufrieden stellen zu können. Das bedeutet, daß man immer wieder auf der Suche nach neuen Stücken sein muß. So ist es heute, und so war es auch früher. Nur waren damals im heimatlichen Bereich gedruckte Noten nicht unbedingt im erforderlichen Umfang zugänglich. Außerdem – der Schwabe war sparsam und hatte sich sein Programm ohnedies am liebsten handschriftlich angefertigt. Daher gab es in den Mappen unserer (Blas-)Musikkapellen fast nur mit der Hand geschriebene Noten.

Neue Programme kamen durch den Tausch von Notenmaterial mit befreundeten Kapellmeistern der Nachbarorte zustande. Oder man hatte Stücke abgeschrieben. Dabei kam es allerdings vor, daß – nach unterschiedlicher Besetzung der Kapellen oder auch nach Stärken und Schwächen einzelner Musiker – einzelne Stimmen verändert bzw. umgearbeitet wurden. Man kann bei Vergleichen von hundert Jahre alten Musikstücken solche Abweichungen heute noch gut erkennen. In solchen Fällen ist es meistens unmöglich festzustellen, welche Fassung dem Original entspricht. Jeder Musiker aber behauptet das für die Bearbeitung, welche er von seinem Heimatort her kennt.

Der Bedarf an neuem Musiziergut war es, welcher begabte Kapellmeister oder Musiker schon seit jeher veranlaßte, sich selbst im Komponieren zu versuchen. Es war kein krankhafter Ehrgeiz, als Komponist gelten zu wollen. Obwohl die Urfassungen bestimmt signiert waren, hatte man beim Abschreiben es meist schon unterlassen, den Namen des Urhebers auf den Notenblättern zu vermerken. So gehen wir mit Sicherheit an Hunderten von alten Noten vorbei, ohne zu ahnen, daß dahinter ein eigenschöpferischer Landsmann gesteckt hat.

Was den volkstümlichen Musikbereich betrifft, so hatten unsere Volks- oder Dorfkomponisten – wie immer man sie nennen mag – wohl im Geschmack der Zeit geschrieben, jedoch, und das sicherlich unbewußt, Gefühl und Melodienfreudigkeit aus der eigenen Mentalität einfließen lassen. Eine besondere, eigenständige donauschwäbische Musizierart ist dabei natürlich nicht entstanden, jedoch eine Variante des in der Donaumonarchie bekannt und beliebt gewordenen Stils.

Es gab aber auch noch andere Anlässe, um zur kompositorischen Feder zu greifen. Zur Verabschiedung von Musikerkollegen, zu Geburts- und Namensfesten und Jubiläen von Persönlichkeiten usw. wurden Kompositionen geschaffen und aufgeführt.

Bei diesen Vorgängen entdeckte manch einer seine eigene ausgesprochene Begabung und wurde von seinen Kollegen geradezu bewogen, wieder mal etwas Neues zu schreiben. Es gab natürlich auch „Eintagsfliegen", wobei auch solche Stücke durchaus jahrelang in den Programmen blieben.

Ohne etwas unbillig übertreiben zu wollen – es gingen auch Komponisten hervor, welche geradezu aus einem „Muß" heraus tätig wurden, also zumindest Ansätze einer potentiellen schöpferischen Gabe verrieten.

Der ehemalige Kapellmeister von Gakowa hatte einmal mitgeteilt: „... mein Vater hat schon früher von dem Steiner aus dem Banat (Arad) Noten gekauft, das war noch in der guten alten Zeit aus Ungarn." Damit war gemeint, daß der Gakowaer Michael Kern für seine Kapelle von Kapellmeister Lambert Steiner (1837–1914) in Arad Noten bestellt hatte, höchstwahrscheinlich dessen Eigenkompositionen; es könnte sich aber auch um dessen Sohn Michael Steiner gehandelt haben. Diese Form der Repertoire-Erweiterung läßt sich noch aus der Zwischenkriegszeit nachweisen; damals hatte man gerne Eigenschöpfungen des weit bekannt gewesenen Kapellmeisters Rudolf Reisner (1904–1941) erworben, der in Ernsthausen, Kathreinfeld und Banat-Brestowatz lebte, wo er Knabenblaskapellen ausbildete.

Bei der nachfolgenden Nennung von Musikern, die in Theater- und anderen Orchestern Beschäftigung fanden, von Kapellmeistern und Komponisten wird nicht zwischen der volkstümlichen und gehobenen Musikkultur unterschieden, weil zuviele fließende Übergänge vorhanden waren und jede Sparte schließlich auf ihre Weise eine gleich bedeutsame Funktion hatte. Auch die Komponisten von Kirchenmusik brachten häufig weltliches Musiziergut hervor, so daß auch diesbezügliche Trennungen in personeller Hinsicht nicht immer zweckmäßig erscheinen.

Manche später bekannt gewordene Musiker hatten ihr Grundwissen und -können in den Kinder- und Jugendmusiken, den Musikschulen, in der Militärmusik oder als Privatschüler erworben. Trotz räumlicher, verkehrsmäßiger und vor allem auch finanzieller Schwierigkeiten hatten die Begabten Konservatorien im In- und sogar im Ausland besucht. Sie fanden auf ihrem weiteren Wege zumeist erstmal in Konzert- und Theaterorchestern Anstellungen, um später durch Leistung und etwas Glück unterschiedlichen beruflichen Schicksalen entgegen zu gehen.

Aus verständlichen Gründen kann man heute zum Teil nur mehr die Namen von tonschöpferischen Menschen anführen, ohne auch nur ein Beispiel aus ihrem Schaffen mehr zu kennen. Andererseits erheben die namentlich bezeichneten Werke keinesfalls den Anspruch einer vollständigen Aufzählung. Bei nicht mehr vollständig bekannten Zusammenhängen bedeuten angegebene Jahreszahlen lediglich die ungefähre Zeit des Wirkens der betreffenden Person.

a) Aus dem Südosten hervorgegangen

**Paul Abraham** (1892–1960) kam aus Apatin in der Batschka, wo er bereits aktiv im Salon-Orchester mitwirkte. Nach Musikstudien in Budapest schrieb er Streichquartette, seinen internationalen Ruf erwarb er sich jedoch während der Zwischenkriegszeit als Operettenkomponist. Besonders bekannt wurden: „Victoria und ihr Husar" (Leipzig 1930), „Blume von Hawaii" (Leipzig 1931) und „Ball im Savoy" (Berlin 1932). Er komponierte auch die Musik zu einigen Musicals und schuf rund 30 Filmmusiken. Abraham emigrierte 1933 nach Amerika, wo er jedoch seine kompositorischen Erfolge nicht halten konnte. Er starb in Hamburg.

**Kornél Ábrányi** (1822 Szent Györy [György?] – 1903 Budapest) war als Schüler Franz Liszts Pianist geworden und Lehrer an der Landes-Musikakademie. Er komponierte Klavierstücke, Chöre und Lieder. – Sein Enkel, **Emil Ábrányi**, kam 1882 in Budapest zur Welt. Als Opernkapellmeister war er 1904 in Köln, 1910 in Hannover, 1911 in Budapest, wo er 1921 Leiter der Volksoper und 1922 Dirigent des Sinfonieorchesters wurde. Kompositionen: Opern, Sinfonien, Chöre und Lieder.

Der Klaviervirtuose **Vinzenz Adler** wurde 1826 in Raab geboren. Nachdem er in Budapest und Paris gewirkt hatte, starb er 1871 in Genf. Werke: Klavierstücke und Etüden.

Auch **Carolus Agghàzy** war Klaviervirtuose und wurde 1855 in Pest geboren. Hier war er Lehrer am Konservatorium. Werke: Oper, Kammermusik, Klavierstücke. Von 1883 bis 1889 war er aber auch in Berlin als Klavierlehrer tätig. Er hatte das Talent Béla Bartóks erkannt. 1918 starb er in Budapest.

Der 1885 in Arad geborene **Alexander Albrecht** studierte in Preßburg und Budapest. Als Domorganist und -kapellmeister wirkte er in Preßburg, wo er auch Dirigent der Musikschule wurde. Hier starb er 1958. Er brachte Kammermusik, Orgelstücke, Messen und sinfonische Dichtungen hervor.

Aus Zombor/Sombor ging der 1877 geborene (Dr. phil.) **Rudolf Ameseder** hervor, der in Graz ausgebildet wurde und in Wien lebte. Er komponierte (Frauen-)Chöre und Lieder.

**Nandor Andorfi** (Ferdinand Gimpel) aus Neusiedel/Ujhelj/Uihei im Banat brachte um die Jahrhundertwende mehrere Kompositionen hervor, welche verloren gegangen sind.

**Desider von Antalffy-Zsiross** aus Groß-Betschkerek war Orgelvirtuose und an der Landesakademie Budapest als Orgel-Professor tätig. 1921 nach Amerika ausgewandert, wurde er 1923 an der Universität Rochester in gleicher Eigenschaft beschäftigt. Nebst Klavier- und Orgelstücken schrieb er auch eine Oper, Chöre und Lieder.

Als Wunderkind galt **Leopold Auer** (1845 Wesprim bis 1930 Loschwitz/Dresden). Von namhaften Lehrern unterrichtet, wurde er zu einem Violinvirtuosen von internationalem Ruf. Schon mit 14 Jahren unternahm er eine Tournee und trat in mehreren Städten in Ungarn und Kroatien auf, aber auch in Triest, Wien, Linz, Salzburg, München, Leipzig usw. Er begab sich auch nach England und Dänemark, wurde 1864 in Düsseldorf Konzertmeister und gab anschließend Konzerte in Ofen und Stuhlweißenburg. In St. Petersburg war er 1868 Sologeiger des russischen Kaisers und Professor am Konservatorium. 1887 bis 1892 dirigierte er die Konzerte der kaiserlich-russischen Musikgesellschaft. 1918 war er in New York. Er hinterließ mehrere konzertante Kompositionen.

Der Haydn-Schüler **Georg Adler**, Regens chori in Raab und Ofen (1839–1867), machte sich auch als Komponist einen Namen.

In Arad wurde 1859 **Albert Back** geboren, der später in Warnsdorf (Böhmen) als Beamter lebte und dort mit dem Verein der Musikfreunde viel beachtete Konzerte gab.

Am 25. 3. 1881 kam in der Banater Gemeinde Groß-St.-Nikolaus **Béla Bartók** zur Welt. Sein Vater war dort Direktor der Landwirtschaftsschule, seine Mutter, Paula Voit, die einer zipser-sächsischen Familie entstammte, war Lehrerin an der Volksschule. Der musikalisch hochbegabte Junge komponierte bereits als Achtjähriger und trat mit 10 Jahren als Pianist schon öffentlich auf. Von 1899 bis 1904 studierte er an der Landesakademie in Budapest. Bartók wurde einer der bedeutendsten Sammler und Volksmusikforscher; nebst ungarischen Volksliedern hielt er auch die der benachbarten Nationalitäten fest. Außer den schon genannten Bühnenwerken schrieb er Orchestermusik, Streichquartette, verschiedene Klavierstücke, Rhapsodien für Klavier und Orchester, Volkstänze und Lieder. Nach erlangter Weltberümtheit starb er am 26. 9. 1945 in New York.

**Julius von Beliczay** (1835 Komorn – 1893 Budapest) war Klaviervirtuose und von 1850 bis 1871 Kompositionslehrer in Wien, danach in Budapest. Er schuf Sinfonien, Klavierwerke, Streichquartette, Messen, Chöre und Lieder.

**Augustin Bena** wurde 1880 in Unter-Pian bei Mühlbach in Siebenbürgen geboren. Bereits vor seinem (gr.-orthod.) Theologiestudium in Hermannstadt nahm er Unterricht in Klavier und Violine und bildete sich in Berlin weiter aus. In Bukarest studierte er die rumänische Volks- und Kirchenmusik. Ab 1906 war er Chordirigent und Musiklehrer in Hermannstadt, ab 1909 in Naszód (Năsăud). Er schrieb mehrere kirchliche und weltliche, instrumentale und vokale Werke.

**Adolf Benda** (1841–1876) lebte seit 1869 in Werschetz und komponierte Klavierstücke, Messen, Chöre und Lieder.

Der in Boldog im Komitat Pest 1839 geborene **Eduard von Berecz** war Musiklehrer an den Lehrerbildungsanstalten in Klausenburg und Temeschburg. Im erstgenannten Ort war er auch als Opernkapellmeister und ab 1868 als Domkapellmeister tätig. Er gab mehrere Liedersammlungen für Schulen heraus und hinterließ mehrere weltliche und kirchliche konzertante Kompositionen.

**Julius Berger** kam 1848 in Arad zur Welt. Er wurde Konzertmeister des Orchestervereins der Gesellschaft der Musikfreunde in Wien und Dirigent an der dortigen Komischen Oper. Er komponierte einige Stücke für Violine und Piano sowie Lieder.

Aus Kaschau ging 1846 **Eduard Bix** hervor, der in Triest, wo er 1883 starb, als Klavierlehrer tätig war. Von ihm stammen einige Klavierstücke.

Der Budapester **Josef Bloch** (1862–1922) war seit 1890 Violinlehrer an der Landesakademie. Aus seiner Feder stammen diverse Orchesterwerke und Violinstücke sowie Violinschulen und das Werk „Methodik des Violinspiels".

Aus der ersten Knabenblaskapelle in Elek (Komitat Békés) ging um 1883 **Kaspar Bloch** hervor, der später als Feldwebel einer Militärmusik in Großwardein die bekannte Sängerin Luise Blaha auf der Flöte begleitete.

**Berta Bock**, geborene von Conradsheim, 1857 in Hermannstadt geboren, schrieb Ballette, Chöre, Duette und vor allem Lieder.

**Alois Bodo** war Pester (geb. 1869). Er war Pianist, seit 1899 Professor an der Musikakademie und Komponist mehrerer Klavierstücke.

Der Violinvirtuose **Josef Böhm** (1795 Pest – 1876 Wien) hatte mit Erfolg Konzertreisen durchgeführt und wurde später Lehrer am Konservatorium der Gesellschaft der Musikfreunde in Wien. Von 1821 bis 1868 war er Mitglied der Hofkapelle.

Violinvirtuose war **Samuel Bondi**, 1873 in Budapest geboren, der ab 1899 in Wien lebte und Violinstücke und Lieder komponierte.

**Judith Bokor** wurde 1899 in Budapest geboren. Als Virtuosin (Violoncello) hatte sie viele Gastspiele gegeben.

**Riccardo Bonicioli**, der eigentlich Frühmann hieß, kam 1853 in Zara zur Welt. Er war in Buenos Aires Theaterkapellmeister und hatte Opern und sinfonische Dichtungen geschrieben. 1933 starb er in Como.

**Ernestine Brankowitsch** (Brancovici) war eine geborene Benedikt (1871 Weißkirchen – 1946 Wien). Sie war Musiklehrerin und Organistin und gründete den Weißkirchner katholischen Kirchenchor, deren Leiterin sie auch war.

Aus Militisch stammte **Josef Braunhoffner**, der um 1904 die Polka frc. „Zur Erinnerung" und „Damenwahl", Mazur, als Notendrucke veröffentlichte.

Aus Lugosch im Banat ging 1887 **Tiberius Bredi-**

ceanu hervor, der in Kronstadt lebte, Opern schrieb und „Rumänische Volkslieder" herausgab.

Der als Kirchenchordirektor in Preßburg tätig gewesene **Hans Breiter-Szelessy** (Jahrgang 1878) hatte außer Messen auch Kammermusik, Klavierstücke und Tänze komponiert.

**Irene von Brennerberg** (1873–1922) aus Kronstadt wurde nach ihrer Ausbildung in Wien eine ausgezeichnete Violinvirtuosin.

**Julius Brück,** 1859 in Nagykörös im Komitat Pest geboren, war Lehrer am Konservatorium in Debrezin, wo er 1918 starb. Werke: Streichquartette, ungarische Tänze, Etüden u. a.

**Ákos von Buttykay** (1871 Halmi/Halmeu, damals Nordostungarn – 1935 Debrezin) studierte in Budapest und Weimar und trat anschließend in mehreren europäischen Städten erfolgreich als Pianist auf, u. a. auch in Berlin. Ab 1905 betätigte er sich in der ungarischen Hauptstadt auch als Operettenkomponist und Klavierlehrer an der Musikakademie. Mit seinen Orchester- und kammermusikalischen Werken zählte er um die Jahrhundertwende zu den begabtesten ungarischen Komponisten.

**Josef Chodora,** von 1890 bis 1900 Leiter der Blaskapelle in Steierdorf-Anina, komponierte den „Anina"-Marsch.

Im Jahre 1852 kam in Szarvas (Komitat Békés) **Coloman Chovân** zur Welt. Er studierte in Preßburg und Wien, wo er hernach an den Horak'schen Klavierschulen tätig war. 1889 wurde er an die Budapester Musikakademie berufen. Er brachte zahlreiche Kompositionen der verschiedensten Art hervor und gab Klavierschulen heraus.

In Czernowitz wurde 1888 **Cornelius Czarniawski** geboren, der nach dem Besuch des Konservatoriums in Wien als Pianist ab 1913 in Wiesbaden lebte und Klavierkonzerte, Kammermusik und Sinfonien schrieb.

In Kirchdrauf/Széges-Varallja/Spišské Podhradie in der Zips kam 1842 **Alfons Czibulka** zur Welt. Als Fünfzehnjähriger trat er anläßlich einer Konzertreise als Pianist in Südrußland auf. Später wurde er k. u. k. Militärkapellmeister, u. a. in Prag. Zwischendurch betätigte er sich als Theaterkapellmeister in Odessa, Wiener-Neustadt, Innsbruck, Triest und in Wien (Carltheater). Bei einer internationalen Konkurrenz der Musikkapellen 1880 in Brüssel errang er den ersten Preis. Sein kompositorisches Schaffen erreicht rund 390 Opus-Zahlen. Nebst Operetten schrieb er u. a. Märsche und Lieder; seine „Stephanie-Galopp" wurde besonders bekannt.

Der Zigeunermusiker **Pista Danko** kam um 1840 in Segedin zur Welt und starb 1903 in Budapest. Er war ein bekannter Violinvirtuose und schrieb volkstümlich gewordene Lieder.

**Oskar Dienzl** (1877–1925) aus Budapest war ein hoch anerkannter Konzertbegleiter. Als solcher wirkte er bei zahlreichen Schallplattenaufnahmen mit. Er komponierte konzertante Musik sowie deutsche und ungarische Lieder.

**George Dima** (1847 Kronstadt – 1925 Klausenburg). Er studierte in Leipzig und betätigte sich in Hermannstadt und Kronstadt als Gesangslehrer an Schulen, Kirchen-Musikdirektor und Vereinsdirigent. Nebst Instrumentalstücken schuf er Messen und Chöre.

In Jelsa auf Hvar (Kroatien) wurde **Antun Dobronik** 1878 geboren. Nach Studien in Prag wurde er später in Agram als Professor der Musikakademie tätig. Von ihm stammen Opern, Ballette, Sinfonien, Klavierstücke, Kammermusik, Chöre und Lieder.

**Lajos Dömötör** (1881 Karácsonyfalva bei Groß-Scham im Banat – 1965 Budapest) lernte zunächst bei Peter Hochstrassers Vater das Violinspiel. In Budapest ausgebildet, wurde er als Flötenvirtuose Mitglied des dortigen Opernorchesters. Ab 1912 wirkte er als Professor an der Hochschule für Musik. Während des 1. Weltkrieges gab er öfter auch in Werschetz Konzerte, wobei ihn seine spätere Frau, **Gizi Rittchen,** am Klavier begleitete. Als Kammermusiker trat er u. a. mit Béla Bartók auf.

**Franjo Dugan** (geb. 1874 in Krapinica) wirkte in Agram als Domorganist und Direktor der Musikakademie. Nebst Orgelstücken und Chören komponierte er auch Kammermusik.

Die Eltern des 1857 in Berlin geborenen und 1930 in Wien verstorbenen **Albert Eibenschütz** waren aus Ungarn gekommen. Albert studierte in Leipzig und wurde Lehrer am dortigen Konservatorium, aber auch in Köln, Berlin, Wiesbaden und Aachen. Werke: Klavierstücke, Kammermusik, Operetten und Sinfonien.

**Josef Eisenkolb** aus Lowrin (1820–1899) wurde anläßlich eines Jubiläums am 25. Mai 1881 „in großartiger Weise mit Fackelzug und Ständchen sowie Ansprachen, Festbankett und Tanzkränzchen – dort erklangen seine neuesten Tanzkompositionen – geehrt …" (Nach Sepp Schmidt: „In Gottes Namen. Handbuch der Familie Hügel aus Lowrin" in „Donau-Schwaben-Kalender" 1981, Seite 76). – Von einem **G. Eisenkolb** werden in der Musikliteratur folgende Kompositionen erwähnt, welche bei Rózsavölgi in Pest erschienen: Csanader-Czárdás, Fest-Quadrille, Hozzád. Népdal énekre és zongora, Mileva-Polka.

**Marietta Elschnig,** 1860 in Triest geboren, wirkte in Graz als Musiklehrerin und schrieb Lieder.

**Matthias Engesser** (1812 Bonnhard/Bonyhád – 1885 Pest) war zunächst Kantor in Kolotschau, ab etwa 1840 wirkte er als Musiklehrer an der Pest – Ofner Musikschule, danach auch als Chordirigent an der Innenstädter Kirche. Außer Kirchenmusik brachte er auch Märsche, Chöre und Lieder hervor (z. B. Rákóczi Marsch, Maikäfer, Braunes Mädel).

**Julius Epstein** (1832 Agram – 1926 Wien) wurde Pianist und war von 1867 bis 1901 in Wien als Lehrer am Konservatorium der Gesellschaft der Musikfreunde tätig. Er machte sich um die Bearbeitung und Herausgabe von Klavierwerken (z. B. von Franz Schubert) verdient.

In Pest wurde 1846 **Josef Erney** geboren, der Professor und später Direktor des dortigen Konservatoriums wurde. Er schrieb Klavier- und Orgelstücke, Melodramen mit Orchester, Liederspiele, Männerchöre und Lieder. Außerdem gab er eine „Neue Klavierschule" und eine „Praktische Gesangschule" heraus.

**Adila Fachiri,** geborene Aranyi, kam 1889 in Budapest zur Welt. Sie war Schülerin von Hubay und Joachim und wirkte als ausgezeichnete Geigerin vor allem in London.

Der Pianist und Komponist **Nikola von Faller** (1862 Ivanec – 1938 Agram) studierte in Wien und war ab 1887 Klavierlehrer an der Musikschule in Agram und Theaterkapellmeister. 1897 wurde er Direktor der Oper in Agram. Werke: Bühnenmusik u. a.

**Edmund Farkas** (1851 Jász-Monostor – 1912 Klausenburg) war im letztgenannten Ort Direktor des Konservatoriums. Er hatte Opern, Sinfonien und Streichquartette geschrieben.

Der in Gran geborene **Geysa Viktor Feigler** (1842 bis 1876) leitete jahrelang den deutschen Gesangverein „Unio" in Pest. Kompositionen: Klavier- und Orgelstücke, Messen, Quartette, ungarische Phantasien u. a. An der Musikzeitschrift „Apollo" hatte er mitgearbeitet.

Aus Neusohl stammte **Viliam Figuš-Bystrý** (1875 bis 1937), der 1914 an der Budapester Musikakademie die Staatsprüfung ablegte. Er brachte zahlreiche instrumentale und vokale Kompositionen heraus und war bemüht, damit Ausgangspunkte für eine slowakische Nationalmusik zu erreichen. In gleicher Weise versuchte er, eine slowakische Nationaloper zu schaffen.

**Jurij Flajšman** (Georg Fleischmann) kam 1818 in Beričevo bei Laibach zur Welt und starb 1874 in Laibach. Er gab den Lehrerberuf auf und wurde Musiklehrer in der slowenischen Hauptstadt. Er schuf zahlreiche im volkstümlichen Stil gehaltene Kompositionen und vertonte Gedichte von Franc Prešern.

Aus Makó, östlich Segedin, stammte **Anton Fleischer** (geb. 1891). In Budapest ausgebildet, wurde er dort ab 1915 Kapellmeister der Staatsoper. Er schrieb Sinfonien, Kammermusik und Lieder.

**Karl Flesch** (1873 Wieselburg/Moson – 1944 Luzern) studierte an den Konservatorien in Wien und Paris. Als Violinvirtuose trat er zuerst in Wien und Berlin auf. Von 1897 bis 1902 war er Professor am Bukarester Konservatorium und Primarius des Streichquartetts der rumänischen Königin. Später unterrichtete er am Amsterdamer Konservatorium, danach schlossen sich Tätigkeiten in Berlin, Amerika (Philadelphia), Baden-Baden, London und wieder in Amsterdam an. Er lebte häufig im aufreibenden Wechsel zwischen seiner Lehr- und Konzerttätigkeit. Flesch veröffentlichte „Die Kunst des Violinspiels" und bearbeitete Werke namhafter Komponisten.

Aus Budapest stammte der 1882 geborene **Arnold Földesy,** der als Virtuose (Violoncello) lange in Berlin tätig war.

**Anton Foerster** aus Osenice, 1926 in Rudolfswert/Nove Mesto gestorben, war von 1868 bis 1909 Domorganist in Laibach. Er schuf diverse kirchliche und weltliche Kompositionen.

**Anton Förster** (1867 Zengg/Kroatien – 1915 Triest) besuchte das Konservatorium in Leipzig und wurde ein hervorragender Pianist. Er lehrte an Berliner Konservatorien und war von 1908 bis 1913 in Chicago tätig.

Der 1861 in Raab geborene **Gabriel Fránek** war dort Domkapellmeister, Stadtkapellmeister, Musikvereinsdirektor und Theaterkapellmeister. Er war Ehrenmitglied des „Pancsovaer Männergesangvereins". Werke: Messen, Gradualien, Offertorien, Balladen für gemischten Chor, Ouvertüren, gemischte und Männerchöre.

**Aranka Frankl** aus Werschetz (1880–1944) war eine treffliche Pianistin. – Der Budapester **Lorenz Frater** (1872–1930) trat mit Liederkompositionen hervor.

*Auch Michael Friedl komponierte*

In Pest kam 1852 **Robert Freund** zur Welt, der nach seiner Ausbildung am Konservatorium zu Leipzig von 1875 bis 1921 in Zürich und dann in seiner Geburtsstadt wirkte. Er schrieb Klavierstücke und Lieder.

**Michael Friedl** (1866–1937) aus Mercydorf hinterließ mehrere dörfliche Tänze für Blasmusik: „Veilchen-Polka", „Hedwig-Polka", „Die Zierliche" (Konzert-Mazurka), „Sarajevo-Marsch", „Das Leben ein Traum" (Walzer), „Carneval-Walzer", „Gedanken in der Einsamkeit" (Walzer), „Brieftauben-Galopp", „Guten Morgen" (Polka), „Frühling" (Polka schnell).

**Dr. phil. Stefan von Gajary,** der 1884 in Budapest zur Welt kam, betätigte sich als Musikkritiker, schrieb aber auch Opern, Operetten, Klavierstücke, Streichquartette und Lieder.

**Fran Gerbić** (1840 Cerknica – 1917 Laibach) studierte in Laibach und Prag und trat als Opernsänger in Prag, Agram, Ulm und Lemberg auf. Danach unterrichtete er am Konservatorium in Lemberg. In Laibach wurde er Direktor der Musikschule. Er schrieb weltliche und kirchliche Vokalmusik, Orchester- und Klavierwerke, Lieder.

Der Budapester **Edmund Geßler,** Jahrgang 1878, wurde 1912 am National-Konservatorium Professor und 1922 Direktor der höheren Musikschule. Werke: Klavierstücke, Quartette, Chöre und Lieder.

**Wendelin Gilde** ging aus der Klein-Betschkereker Knabenblaskapelle Johann Weber (1884) hervor und wurde Lehrer an der Musikschule in Stuhlweißenburg.

**Wilhelm Gleich** von der 43er Regimentsmusik in Weißkirchen widmete seinem dortigen Freund den „Kuhn-Marsch".

Der Musiklehrer und -kritiker **Henri Gobbi** aus Pest (1842–1920) komponierte Sonaten, Phantasien für Klavier, Chöre u. a.

**Karl Goldmark** (1830 Kesthell – 1915 Wien) wurde in Ödenburg und Wien ausgebildet. Nachdem er eine Zeit lang als Geiger im Orchester des Carl-Theaters gewirkt hatte, wurde er durch seine Oper „Die Königin von Saba", 1875 erstaufgeführt, weit bekannt.

Außer weiteren Opern schrieb er Orchesterwerke, Klaviermusik, Chöre und Lieder.

Aus Badeseck im Komitat Tolnau stammte **Johann Goll** (1841–1911). Er war als Musiklehrer in Budapest tätig, wo er die Fachschrift „Tánc" redigierte und eine Liedersammlung „Enektan és Polyhymnia" (Gesanglehre und Polyhymnia) herausgab. – **Aladar Goll**, sein Sohn, 1886 in Budapest geboren, gründete den Chor der ungarischen Studentenschaft, der 1911 und 1912 u. a. in Wien und Berlin erfolgreiche Konzerte gab. Die von seinem Vater gegründete Fachschrift „Apollo" leitete er weiter.

Im dalmatinischen Spalato/Split kam 1895 **Jakob Gotovac** zur Welt, der später in Agram Opernkapellmeister wurde und Bühnenmusik, Streichquartette, Chöre und Lieder schrieb. Seine Ausbildung genoß er u. a. in Wien.

Der 1846 in Pest geborene **Leo Grill** war von 1871 bis 1907 Lehrer am Leipziger Konservatorium. Werke: Klavierstücke, Kammermusik, Chöre und Lieder.

**Marco Großkopf** kam 1877 in Pax zur Welt. Von 1902 bis 1905 war er Musikdirektor am Dom zu Temeschburg. Er betätigte sich auch kompositorisch.

**Jakob Grün** (1837 Pest – 1916 Baden bei Wien) war in Wien von 1868 bis 1909 Konzertmeister an der Hofoper, später auch Lehrer am Konservatorium.

*Deckblatt eines Notendruckes von Johann Gungl*

### Sommers Salons.

Mittwoch d. 4.: Concert der Sommerschen Capelle unter Dir. des Musik-Directors **Johann Gung'l** aus St. Petersburg. Anf. 7 Uhr. E. 5 sgr. Kinder d. Hälfte.

Das Auftreten des Herrn Johann Gungl in dem Sommerschen Lokal hatte allgemeine Aufmerksamkeit und Theilnahme schon deshalb erregt, weil man an die reichen Genüsse seines Verwandten und Namensvetters gewöhnt, sich für die Fortsetzung derselben jedenfalls interessiren mußte. Leider war für den ersten Abend der Saal nicht eben zahlreich besucht, da zwei neue interessirende Darstellungen in dem Opernhause und Friedrich-Wilhelmstädtischen Theater das Publikum nach zu verschiedenen Seiten hin in Anspruch genommen haben mochten. Dennoch war der Beifall ein sehr entschiedner, sowohl was das Spiel der Ouvertüre zu Egmont und die Jubelouvertüre von Lindpaintner als die originellen, frischen Compositionen von Joh. Gungl selbst anbetrifft. Seine Kapelle ist gut zusammengesetzt und eingespielt und zweifeln wir nicht, daß er das durch seine musikalischen Produktionen beliebte Lokal zu einem neuen Sammelplatz der Garten- und Musikfreunde für den bevorstehenden Sommer machen werde.

*Aus: „Vossische Zeitung", Berlin, 4. Juni 1851*

Der 1855 in Pest geborene **Wilhelm Grünfeld** hatte bei Karl Huber studiert und wurde Primarius eines Streichquartetts.

Der Zither-Virtuose **Richard Grünwald** kam 1877 in Budapest zur Welt. In Honnef am Rhein hatte er einen Musikverlag. Später lebte er in Berlin. Er gab die Zeitschrift „Die Muse des Saitenspiels" heraus und veröffentlichte eine Zither-Schule und Kompositionen.

Schambe(c)k war die Heimat der hervorragenden donauschwäbischen Musikerfamilie Gungl:

**Franz Gungl**, ein Neffe Josefs, war ein begabter Musiker und soll in St. Petersburg Direktor der Oper gewesen sein. Er schrieb u. a. eine Quadrille.

**Johann Gungl**, ebenfalls ein Neffe von Josef, wurde am 15. 10. 1818 geboren. Ab 1843 gab er Gartenkonzerte in Berlin, 1845 konzertierte er in St. Petersburg, 1848 war er Geiger in der kaiserlich russischen Hofkapelle. Seit 1862 lebte er als Musiklehrer und Chordirigent in Fünfkirchen. Im Druck sind rund 113 seiner Kompositionen erschienen, meist Märsche und Tänze. 1883 starb er in Fünfkirchen.

**Josef Gungl** kam am 1. Dezember 1809 in Schambe(c)k zur Welt und starb am 31. Januar 1889 in Weimar. Sein Lehrer unterwies ihn als erster in Musik, später, als er Lehrergehilfe im Heimatbereich war, unterrichtete ihn der Regenschori Saemann in Ofen. 1828 rückte er nach Pest ein, 1835 ging er als Oboist zum 4. Artillerie-Regiment nach Graz, wo er nach dem Abschied des Kapellmeisters dessen Posten antreten durfte. Dort führte er die Orchestermusik (mit Saiteninstrumenten) für öffentliche Vergnügungen ein. Gungl wurde der „Gratzer Strauß" genannt. 1836 schrieb er seine erste Komposition, den „Ungarischen Marsch". Insgesamt schuf er 436 Werke (Märsche, konzertante Walzer, Polkas und andere Tänze), die alle beim Berliner Verlag Bote & Bock verlegt wurden; weitere Verlagsorte seiner Schöpfungen gab es außerdem in Rußland, England, Italien, Amerika und Australien. Beim Militär blieb Gungl bis zum April 1843. Mit einer daraufhin gegründeten Kapelle aus 16 steirischen Musikern unternahm er eine Tournee durch

*Josef Gungl am 21. 5. 1847*

*Brief Josef Gungls*

---

**Donnerstag den 7. December 1843**
**Abends 7 Uhr.**
**Dritte Soirée musicale à la Strauss,**
**im Saale des Hôtel de Russie**
**von**
**Josef Gungl.**
**Erster Theil.**
Ouverture zur Oper Sarah von Grisar.
Tanzlocomotive, Walzer von Gungl.
Bestürmung von Saida, Manöver-Marsch von Gungl.
Carnevals-Quadrille von Strauss.
Reminiscences musicales von Gungl.
**Zweiter Theil.**
Ouverture zur Oper Maria von Brabant von Gaudini.
Lebewohl-Polonaise mit Gesang von Goedeke.
Künstler-Ball-Tänze, neueste Walzer von Strauss.
Carnevals-Traum, Galopp von Gungl.
Auf mehrseitiges Verlangen:
Klänge aus der Heimath, Oberländler von Gungl.
Billets à 15 sgr. sind in der Löbl. Musikhandlung der Herren Ed. Bote u. G. Bock, Jägerstrasse Nr. 42., so wie Abends an der Kasse à 20 sgr. zu haben.

*Aus „Berlinische Nachrichten"*

---

(895) **Einladung.**
**Im Baugarten.**
Heute Samstag den 22. Juli:
**musikalische Produktion**
der
**Schwarzbacher-Musik-Gesellschaft**
unter Leitung des Direktors
**J. Gungl.**
Anfang Abends 7 Uhr
und morgen Sonntag den 23. Juli:
**Morgen-Musik**
ausgeführt von derselben Gesellschaft von Früh 10 Uhr bis 1 Uhr Nachmittags.
Entrée 6 kr.
Wozu höflichst einladet:
**J. Gungl, Kapellmeister.**
Abends
**Tanzmusik.**
Kräuterer,
Wirth im Baugarten.

*Aus „Augsburger Tagblatt" vom 22.7.1843*

---

Oberösterreich, nach München, Augsburg, Nürnberg und Frankfurt am Main. Im Herbst desselben Jahres stellte er in Berlin eine 36 Mann starke Kapelle auf, mit welcher er bis 1848 auftrat. Zwischendurch führte ihn eine Konzertreise nach Wien, Pest und einige deutsche Städte. Am 15. Oktober 1848 begab er sich mit 30 Musikern nach Amerika, wo er in New York, Boston, Philadelphia, Baltimore usw. Konzerte gab. Bei der

**Kemper-Hof.**

**Dienstag den 6. Mai.**

Großes Concert, gegeben von den Herren Josef Gung'l, Hugo Hünerfürst und C. Liebig, mit ihren Kapellen. Sämmtliche Piecen werden in Vereinigung der drei Kapellen gespielt.

**Programm.**

**1. Theil.**

Krönungsmarsch aus der Oper: Der Prophet, von Meyerbeer. Dirigent Hr. Hünerfürst.
Ouvertüre zur Oper: Oberon, von C. M. v. Weber. Dir. Hr. Liebig.
Immortellen-Walzer von Josef Gung'l. Dirigent Hr. Gung'l.
Arie aus der Oper: Titus, von Mozart. Dir. Hr. Hünerfürst.
Jeanetta-Polka von Hugo Hünerfürst. Dir. Hr. Hünerfürst.

**2. Theil.**

Ouvertüre zu Shakespeare's Sommernachtstraum, von Mendelssohn. Dirigent Hr. Gung'l.
Giralda-Quadrille von Josef Gung'l. Dirigent Hr. Liebig.
Marien-Walzer von Strauß. Dirigent Hr. Hünerfürst.
Präludio u. Chor aus der Oper: Il Giuramento, von Mercadante. Dirigent Hr. Liebig.
Klänge aus der Alpenwelt, steirische Tänze von Josef Gung'l. Dirigent Hr. Gung'l.

**3. Theil.**

Ouvertüre zur Oper: Wilhelm Tell, von Rossini. Dirigent Hr. Liebig.
Antipoden-Quadrille von Hugo Hünerfürst. Dirigent Hr. Gung'l.
Die Namenlose, Polka von Johann Gung'l. Dirigent Hr. Hünerfürst.
Die Werber, Walzer von Lanner. Dirigent Hr. Liebig.
Erzählungen aus der Tanzwelt, Tanz-Potpourri von Josef Gung'l. Dirigent Hr. Gung'l.

Anfang 6 Uhr. Entree 5 sgr.

Freie Entree's sind ohne Ausnahme nicht gültig.

*Aus „Vossische Zeitung", Berlin, 5.5.1851*

---

**Musiker gesucht.**

Der Unterzeichnete sucht behufs Konstituirung einer Musikkapelle auf hiesigem Platze befähigte Instrumentalisten zu engagiren.

München, 12. Dec. 1864.

**Josef Gungl**
k. k. österr. Kapellmeister und k. preuss. Musik-Director,
wohnhaft im Gasthof zum Oberpollinger Zimmer Nr. 64.

*Aus „Signale", München 1864*

---

**Elb-Pavillon.**

Heute, Sonntag, den 11. August:

**Großes Abschieds-Concert**

der Hamburger Stadt-Theater-Capelle, unter Leitung des

Herrn **Eduard Strauß** aus Wien,

K. K. österr. Hofballmusik-Director u. kaiserl. brasil. Ehren-Hofkapellmister,
sowie des Königl. preuß. Musikdirectors

Herrn **Josef Gungl.**

Entrée 50 ₰. Abonnenten und Parloutkarten-Inhaber 35 ₰. Anfang 5 Uhr.

Morgen, Montag, den 12. August:

**Großes Garten-Concert**

der Hamburger Stadt-Theater-Capelle,
Dirigent **J. Gungl.**

Entrée 20 ₰. Anfang 7 Uhr.

*Aus „Hamburgischer Correspondent" Nr. 190 vom 11.8.1878*

---

Amtseinführung des US-Präsidenten Taylor war Gungl seitens der Regierung mit der musikalischen Umrahmung betraut. Ende August 1849 aus der Neuen Welt zurückgekehrt, gastierte er in St. Petersburg und Pawlowsk. In Wien, wohin er 1856 ging, war es ihm nicht gelungen, sich gegen Johann Strauß durchzusetzen, so daß er vorübergehend wieder Militärkapellmeister (in Brünn) wurde. In München gründete Gungl 1864 wiederum eine Kapelle, mit welcher er Berlin, Kopenhagen, Stockholm, Amsterdam und die Schweiz bereiste. 1872 übersiedelte er von München nach Berlin, wo er im Konzerthaus auftrat. Von hier erfolgten Abstecher nach Breslau und Warschau. In London dirigierte er 1873 ein 100 Mann starkes Orchester. Die nächsten Stationen waren Schwerin, wiederum München und 1880 abermals für vier Wochen London. 1881 dirigierte er ein Orchester bei den Opernbällen in Paris. Danach trat er noch in Bremen, Köln und Weimar auf. Bei einem Manne von der Kompetenz eines Josef Gungl dürften die Engagements infolge seines Bekanntheitsgrades relativ problemlos zustandegekommen sein, wenn auch Anhaltspunkte dafür vorliegen, daß auch er den Lebenskampf kannte. Es ist naheliegend anzunehmen, daß der Meister bei seinen Konzerten in erster Linie seine Eigenschöpfungen ins Programm nahm. Dennoch – er hatte in sein Repertoire auch Symphonien und andere Werke der gehobenen Musikkultur, z. B. von Haydn, Beethoven, Mozart und Mendelssohn, einbezogen. Wie der Gungl-Forscher Alfred Dreher nachweisen konnte, gab der schon längst international populär gewordene Kapellmeister z. B. in Hamburg im Jahre 1878 gemeinsam mit Eduard Strauß öffentliche Konzerte. Übrigens – die Kurkapelle in Bad Reichenhall wurde 1868 von Josef Gungl gegründet; er übergab sie dann seinem Schwiegersohn, Gustav Paepke (1853–1933), der auch kompositorisch tätig war. Gungls Töchter Virginie, Katharina, Maria, Cajetana und Martha waren ebenfalls musikalisch begabt und wurden entsprechend ausgebildet.

Die Beliebtheit Josef Gungls bis zu seinem Tode am 1. Februar 1889 in Weimar fand in München insofern einen Höhepunkt, als bereits 1864, da er in die Stadt kam, eine Kapelle mit der Bezeichnung „Dilettantenverein Wilde Gungl" gegründet wurde, welche später in **„Münchner Orchesterverein Wilde Gungl"** umbenannt wurde und heute noch besteht!

In einer Schrift über seine Heimatgemeinde heißt es bei Franz Jelinek hierzu wörtlich: „Gungl selbst behielt gute Beziehungen zu dieser Kapelle, sie überdauerte sogar seinen Daueraufenthalt in München. Er bezeichnete sie jedoch mit dem Namen ‚Kapelle à la Gungl'."

Der Initiator dieser Neugründung war der Jurist Ernst Rutz, der von dieser seiner Idee so „fanatisch begeistert" war, „daß man ihn auch ‚den Wilden Gungl' nannte"; das erfahren wir aus der Festschrift des Vereins vom Jahre 1970. Rutz war übrigens in

*Aus „Hannoverscher Courier" vom 4.5.1879*

*Ein Gungl-Konzert 1868 in Genf*

den ersten zehn Jahren auch der Dirigent der neuen Kapelle.

Über den etwas eigenartig klingenden Orchesternamen klären die „Informationen 1970" des Vereins auf: „Den Hauptsitz hatte Gungl's Orchester von 1864–1870 in München. Im Stil dieses Orchesters wollten die ersten Spieler unseres Vereins überwiegend mu-

**Nr. 75****Zweites Blatt.**

## Süddeutsche Presse und Münchener Nachrichten.

**München, Donnerstag den 16. März 1882.**

m.- (**Wilde Gungl.**) Die heurige Konzertsaison ist sicherlich eine der reichhaltigsten und steht in künstlerischer Beziehung den vergangenen Jahren weitaus voran, auch die „Wilde Gungl" bewies mit ihrem Anfangskonzert den aufgestellten Satz. Brachten wohl schon die früheren Konzerte ganz Gediegenes, so steht doch der am vergangenen Samstag im Bürgervereinssaale arrangirte Konzertabend obenan, sowohl durch die Auswahl der neuen Programmnummern, als in der Durchführung derselben. Mozart's C-dur-Symphonie mit Schlußfuge nimmt hierin den ersten Platz ein; die vielen schwierigen Stellen wurden mit Bravour überwunden, so daß die Gesammtausführung den mächtigen Zauber des Stückes auf die Zuhörerschaft nicht verfehlte; reicher Beifall lohnte auch das Andante aus dem Mozart'schen A-dur-Quartett, sowie die übrigen Programmnummern. Der oft und mit Recht hervorgerufene verdiente Dirigent, Herr Kammermusiker Fr. Strauß, gab schließlich noch eine Quadrille eigener Komposition zum Besten, welche mit gleicher Anerkennung aufgenommen wurde; sie bildete zugleich die Einleitung zu jener gemüthlichen, man möchte sie eigentlich familiäre Unterhaltung nennen, die stets den Rest derartiger Gesellschaftsabende bildet. Der ungezwungene Verkehr seitens der Gäste, unter denen Vertreter aus den höchsten Zivil- und Militärkreisen sich befanden, bewahrt jedem dieser Abende, im Vereine mit dem übrig Gebotenen, eine schöne Erinnerung, mit dem steten Wunsche nach baldigem Wiedersehen.

*Kapellmeister Johann Schiller aus Guttenbrunn legte sich um 1896 eine Partitur von Josef Gungls Trauermarsch „Trost in Tränen" an*

sizieren. Da aber unser Laienorchester nicht die echte ‚Gungl' war, nannte sie sich die ‚wilde', ähnlich wie man eine nicht legitime Ehe eine wilde nennt. Man darf aber nicht glauben, daß unsere Gründer wilde und unbändige Radaubrüder waren. Wir haben diesen alten Namen, welcher mit unseren heutigen Bestrebungen nichts mehr zu tun hat und jemand, der uns nicht kennt, über den Charakter unseres Musizierens leicht irreführt, beibehalten, weil der Ruf unseres Orchesters mit diesem Namen verbunden ist."

In der Tat, dieses Orchester pflegte schon seit Anbeginn und später sogar überwiegend Werke aus der gehobenen europäischen Musikkultur; in seinen Programmen sind die Gungl-Kompositionen zwar nicht verschwunden, jedoch (leider) immer seltener geworden.

Tatsache ist allenfalls, daß sich der Münchner Orchesterverein Wilde Gungl eines äußerst guten Rufes erfreut und von einem vergleichbaren Berufsorchester kaum zu unterscheiden ist. Die Sammlung allerbester Kritiken aus diversen kompetenten Zeitungsspalten ist derart umfangreich, daß hier ihre bloße Erwähnung genügt.

Der hohe Anspruch der aus Amateuren bestehenden Formation kam in Vergangenheit und Gegenwart nicht von ungefähr. Man übertrug die Leitung schon seit der Entstehung versierten Kapellmeistern. So konnte der Verein bereits im Jahre 1875 Prof. Franz Strauss – den Vater von Richard Strauss – als Berufsdirigenten gewinnen. Richard Strauss selbst wirkte von 1882 bis 1885 als Geiger in diesem Klangkörper mit, wo auch mehrere seiner Kompositionen ins Programm einflossen. Eine davon sei besonders erwähnt: „Festmarsch der ‚Wilden Gungl' zur XXV-jährigen Jubelfeier gewidmet und componirt von Richard Strauß, kgl. bayr. Hofmusikdirector." Einige Angehörige des hochbekannt gewordenen Prof. Dr. Carl Orff waren gleichfalls eng mit dem Verein verbunden. Bei den übrigen Kapellenleitern, die mit der Kapelle arbeiteten, handelte es sich ebenso um Spitzenkräfte.

Als Besetzung des vollen Orchesters, welches derzeit unter dem Dirigenten Jaroslav Opela arbeitet, wird in den „Informationen 1970" angegeben: 14–16 1. Violinen, 14–16 2. Violinen, 10–12 Bratschen, 10–12 Celli, 6–8 Contrabässe, 12–16 Holzbläser, 12–16 Blechbläser und 2 Schlagzeuger.

Die Werke Josef Gungl's können nahezu komplett angegeben werden:

Ungarischer Marsch. Op. 1. – Kettenbrücken-Galopp. Op. 2. – Schnellpost-Galopp. Op. 3. – Grätzer-Polka. Op. 4. – Eisenbahn-Dampf-Galopp. Op. 5. – Die Berliner, Walzer. Op. 6. – Mazurka in F. Op. 7. – Die Bestürm. v. Saida-Marsch. Op. 8. – Ungar. Zigeuner-Marsch. Op. 9. – Großes Marsch-Potp. Op. 10. – Frühlingsfeier-Galopp. Op. 11. – Schach d. Traurigkeit. Galopp. Op. 12. – Alpen-Klänge, Steyr. Tänze. Op. 13. – Ehestandsfreuden-Galopp. Op. 14. – Fest-Polonaise. Op. 15. – Herbstblumen-Walzer. Op. 16. – Ton-Mährchen, Walzer. Op. 17. – Die Magyaren, Walzer. Op. 18. – Ungar. National-Tanz. Op. 19. – Sirenen-Galopp. Op. 20. – Mazurka in D. Op. 21. – Carnevalstraum-Galopp. Op. 22. – Tanz-Locomotive, Walzer. Op. 23. – Bachusfreuden, Galopp. Op. 24. – Grätzer-Colosseums-Marsch. Op. 25. – Kriegers Lust, Fest-Marsch. Op. 26. – Münchner-Polka. Op. 27. – Murlieder ohne Worte. Op. 28. – Colombien-Galopp. Op. 29. – Die Salzburger, Walzer. Op. 30. – Klänge aus der Heimat, Oberl. Op. 31. – Die Erlanger, Walzer. Op. 32. – Hyacinthen-Polka. Op. 33. – Der fröhliche Ulane, Masurek. Op. 34. – Mein Gruß

*Josef Gungl*

an Berlin, Marsch. Op. 35. – Maiblümchen, Galopp. Op. 36. – Paulinen-Polka. Op. 37. – Steyrers Heimweh, Marsch. Op. 38. – Mein erster Walz. in Berlin. Op. 39. – Une fleur de danse, Galopp. Op. 40. – Aurora-Fest-Marsch. Op. 41. – Der 15. October, Marsch. Op. 42. – Gazellen-Polka. Op. 43. – Die Industriellen, Walzer. Op. 44. – Potsdamer Casino-Polka. Op. 45. – Ein Tropfen a. d. Oder, Polka. Op. 46. – Preuss. Parade Marsch. Op. 47. – Stettiner Soirée-Walzer. Op. 48. – Willkomm. i. Grünen, Walzer. Op. 49. – Sommer's Salon-Polka. Op. 50. – Parade-Marsch. Op. 51. – Wiedersehen, Walzer. Op. 52. – Breslauer Vauxhall-Polka. Op. 53. – Masurek Nr. 4 in D. Op. 54. – Vagabunden-Polka. Op. 55. – Gambrinus-Polka. Op. 56. – Elfen-Quadrille. Op. 57. – Terpsichores Schwingen, Walzer. Op. 58. – An Schlesw. Holst., Marsch. Op. 59. – Wiener-Lustkl., Walzer. Op. 60. – Grazien-Polka. Op. 61. – Elite Quadrille. Op. 62. – Venus-Reigen, Walzer. Op. 63. – Reminiscences musical. Ptp. Op. 64. – Illustrierte Polka. Op. 65. – Waffenruf, Marsch. Op. 66. – Ideal und Leben, Walzer. Op. 67. – Signale f. d. mus. Welt, Ptp. Op. 68. – Hanseaten Marsch. Op. 70. – Matrosen-Polka. Op. 71. – Norddeutsche Weisen, Wlz. Op. 72. – Schlesische Lieder, Walzer. Op. 73. – Melod. Skizzen, Potp. Op. 74. – Vielliebchen Polka. Op. 75. – Osmanen-Marsch, Op. 76. – Abschied v. Berlin, Walz. Op. 77. – Indianer-Polka. Op. 78. – Quad. üb. Mel. v. Ch. Minstrels. Op. 79. – Träume auf dem Ozean, Walzer. Op. 80. – Wanderlieder-Walzer. Op. 81. – Immortellen-Walzer. Op. 82. – Andorra-Quadrille. Op. 83. – Yankee-Galopp. Op. 84. – Der Neuigkeitskräm. Gr. Ptp. Op. 85. – Narragansett-Walzer. Op. 86. – Souv. d. Philadelphia, Polka. Op. 87. – Mulatten-Marsch. Op. 88. – Klänge v. Delaware, Walz. Op. 89. – Rough and Ready, Polka. Op. 90. – Inauguration-Quadrille. Op. 91. – Benefice-Polka. Op. 92. – Bohrer-Marsch. Op. 93. – Reussenlieder, Walzer. Op. 94. – Quadr. a. Sophia Catharina. Op. 95. – Erinner. a. Peterhof, Wlz. Op. 96. – Giralda-Quadrille. Op. 97. – Fleurs de Fantaisie. Walz. Op. 98. – Der Gratulant, Marsch. Op. 99. – Klänge aus der Alpenwelt. Op. 100. – Alexander-Marsch. Op. 101. – Marien-Walzer. Op. 102. – Sympathie-Töne, Walzer. Op. 103. – Slowanka-Klänge, Walz. Op. 104. – Erzählungen a. d. Tanzwelt. Op. 105. – Camelia-Mazurka. Op. 106. – Minnit-passé-Quadrille. Op. 107. – Abschied v. Petersburg. Op. 108. – Frühlingsboten, Walzer. Op. 109. – Elisentänze. Op. 110. – Tanzperlen, Walzer. Op. 111. – Helenen-Polka. Op. 112. – Retour à Pawlowsk. Op. 113. – Pfingstrosen, Walzer. Op. 114. – Octavie-Polka. Op. 115. – Cajetana-Tänze. Op. 116. – Zephyr-Lüfte, Walzer. Op. 117. – Tropf. i. d. Walzmeer, W. Op. 118. – Bardenlieder, Walzer. Op. 119. – Constantin-Marsch. Op. 120. – Imre-Walzer. Op. 121. – Pawlowsk-Vauxhall-Polka. Op. 122. – Tanzlieder, Walzer. Op. 123. – Scheidegrüße. Op. 124. – Gruß an m. Vaterl., Marsch. Op. 125. – Graziosa-Polka. Op. 126. – Schönbrunner Quadrille. Op. 127. – Die Priessnitzthaler, Wlz. Op. 128. – Reseda-Polka-Mazurka. Op. 129. – Rosenfest-Polka. Op. 130. – Frühlingsfantasien, Wlz. Op. 131. – Heiligenst. Soir.-P. Op. 132. – Concordia-Marsch. Op. 133. – Salon-Quadrille. Op. 134. – Baron Airoldi-Marsch. Op. 135. – Ludmilla-Polka-Mazurka. Op. 136. – Blumen der Lust, Walzer. Op. 137. – Jubel-Fest-Marsch. Op. 138. – Casino-Polka-Mazurka. Op. 139. – Glöckchen-Polka (franc.). Op. 140. – Rataplan-Polka. Op. 141. – Franz-Josef-Marsch. Op. 142. – Erinnerung an Gratz, Walz. Op. 143. – Hesperus-Klänge, Walzer. Op. 144. – Friedrichs-Marsch. Op. 145. – Phöbus-Marsch. Op. 146. – Die Wiener, Walzer. Op. 147. – Soldaten-Polka (franc.). Op. 148. – Die Hydrophaten, Walzer. Op. 149. – Ital. Lieder, Marsch-Potp. Op. 150. – Elfenreigen, Walzer. Op. 151. – Die Namenlose, Polka. Op. 152. – Aus der Mappe eines wandernden Musikanten, Potp. Op. 153. – Die Gräfenberger, Walz. Op. 154. – Frühlingslieder, Walzer. Op. 155. – Kaleidoscop. Potp. Op. 156. – Fiumara-Lieder, Walzer. Op. 157. – Rudolphs-Marsch. Op. 158. – Annen-Polka-Mazurka. Op. 159. – Die Prager, Walzer. Op. 160. – Amoretten-Tänze, Walzer. Op. 161. – Marie-Polka-Mazurka. Op. 162. – Zsambeki Csardas. Op. 163. – Troppauer Kiosk-Polka. Op. 164. – Brünner Polka (francaise). Op. 165. – Marsch üb. Serb. Volksmel. Op. 166. – Wilhelminen-Tänze, Wlz. Op. 167. – Marsch üb. Rumän. Volksm. Op. 168. – La Belle, Polka-Maz. Op. 169. – Leopolds-Marsch. Op. 170. – Sommernachtsträume, Wlz. Op. 171. – Blanche Veilchen, Polka-Mazur. Op. 172. – Brünner Offiz. Kränzch.-Polka. Op. 173. – Lust und Leben, Walzer. Op. 174. – Die Antilope, Polka. Op. 175. – Kirmess-Polka. Op. 176. – Fortunio-Marsch. Op. 177. – Irenen-Polka. Op. 178. – Buntes aus der Zeit. Op. 179. – Deutsche Lieder, Potp. Op. 180. – Julientänze, Walzer. Op. 181. – Narren-Galopp. Op. 182. – Soldatenlieder, Walzer. Op. 183. – Anemonen-Polka (francaise). Op. 184. – Herzblättchen-Polka-Maz. Op. 185. – Narrentanz, Walzer. Op. 186. – Mit hundert Atmosphären, Walzer. Op. 187. – Prinzen-Polka. Op. 188. – Csardas-Marsch. Op. 189. – Streithansel-Polka. Op. 190. – Defilir-Marsch. Op. 191. – Vereins-Ball-Polka. Op. 192. – Melodien-Album, Potp. Op. 193. – Potp. üb. slavische Lieder. Op. 194. – Gruß an München. Op. 195. – Die Kosende, Polka-Maz. Op. 196. – Abschied von München, Walzer. Op. 197. – Apollo-Polka-Mazurka. Op. 198. – Erinnerung an Dresden, Wlz. Op. 199. – Eine Rose aus Nymphenburg, Polka. Op. 200. – Der Rekrut, Marsch. Op. 201. – Debatten-Walzer. Op. 202. – Thaya-Veilchen-Polka. Op. 203. – Über Land und Meer, Wlz. Op. 204. – Habt Acht! Marsch. Op. 205. – Das Eichhörnchen. Op. 206. – Elbröschen-Polka. Op. 207. – Gamerra Marsch. Op. 208. – Isar-Lieder, Walzer. Op. 209. - Un bouquet,

## ZWEI POLKA

### GRUSS AN MÜNCHEN
OP. 195.

### EINE ROSE AUS NYMPHENBURG
OP. 200.

componirt von

**JOSEF GUNG'L.**

K. K. Oest. Kapellmeister u. Königl. Preuß. Musikdirector.

OP. 195.
Für Pianoforte Th. 7½ Sgr.

OP. 200.
Für Pianoforte Th. 7½ Sgr.

Eigenthum der Verleger

BERLIN u. POSEN

Unter den Linden N° 27.  Wilhelm-Strasse N° 21.
Französische-Strasse N° 33.  Mylius Hôtel.

**ED. BOTE & G. BOCK.**
(E. Bock.)

Hof-Musikhandlung I.I.M.M. des Königs u. der Königin,
u. S.K.H. des Prinzen Albrecht von Preußen.

Breslau.  Stettin.
Schlenberg.  Simon.

London, A. Hammond & Co. Leipzig, Leede. Mailand, F. Lucca.

---

Polka-Maz. Op. 210. – Terrassen-Lieder, Walzer. Op. 211. – Joujou-Quadrille. Op. 212. – Jungherren Tänze, Walz. Op. 213. – Bavaria Marsch. Op. 214. – Josephinen-Polka. Op. 215. – Aphorismen, Potp. Op. 216. – Une bagatelle, Polka. Op. 217. – Rheinsagen, Walzer. Op. 218. – Souvenir de Franc., Polka. Op. 219. – Artusklänge, Walzer. Op. 220. – Huldigung d. Münchnern, Marsch. Op. 221. – Visionen Walzer. Op. 222. – Die Bayadere, Polka. Op. 223. – Deutscher Muth, Marsch. Op. 224. – Tonmosaik, Potpourri. Op. 225. – Pandekten, Walzer. Op. 226. – Plaudermäulchen, Polka. Op. 227. – Der kleine Trompeter, Polka. Op. 228. – Corpsballtänze, Walzer. Op. 229. – Tafelrunde, Walzer. Op. 230. – Sylvesterträume, Walzer. Op. 231. – Im Traum, Polka-Mazurka. Op. 232. – Wanderlust, Marsch. Op. 233. – … Klänge, Walzer. Op. 234. – Salut à Genève, Polka-Maz. Op. 235. – Les Adieus, Walzer. Op. 236. – Kaufmanns-Casino-Tänze. Op. 237. – Studenten Polka. Op. 238. – Der Bummler, Marsch. Op. 239. – Gruß ans Vaterland, Csardas. Op. 240. – Gedenke mein! P.-Mazur. Op. 241. – Namensfeier-Polka. Op. 242. – Improvisationen, Walzer. Op. 243. – Waldröslein, Polka-Mazur. Op. 244. – In stiller Mitternacht, P. Op. 245. – Die Internationalen, Walz. Op. 246. – Ein Gänsemarsch. Op. 247. – Auf Bergeshöhen, Ländler. Op. 248. – Die Temperamente, Walz. Op. 249. – Mein schönster Tag in Berlin, Walzer. Op. 250. – Frohsinnslieder, Walzer. Op. 251. – Backfisch-Polka. Op. 252. – Erzählungen aus der Musikwelt, Potpurri. Op. 253. – Polka im ungar. Styl. Op. 254. – Deutsch. Waffenruf, Marsch. Op. 255. – Kriegers Heimkehr, Marsch. Op. 256. – Neujahrsgruß-Polka. Op. 257. – Ein flüchtiger Gedanke, Polka-Mazurka. Op. 258. – Trianon-Polka. Op. 259. – Gruß an Stockholm, Polka. Op. 260. – Künstler Gruß, Polka-Maz. Op. 261. – Daheim! Walzer. Op. 262. – Harlequin-Polka. Op. 263. – Najaden-Quadrille. Op. 264. – Erinnerung an Copenhagen, Wlz. Op. 265. – Marietta-Polka. Op. 266. – Lilli, Polka-Maz. Op. 267. – Leipziger Lerchen, Walz. Op. 268. – Berliner Concerthaus-Polka. Op. 269. – Die Flensburgerin, Polka-Maz. Op. 270. – Gruß an Hamburg, Marsch. Op. 271. – Copenhagener Tivoli-Polka. Op. 272. – Hochzeitsreigen, Walzer. Op. 273. – Huldigung Sr. Maj. Christian IX., Marsch. Op. 274. – Die Improvisirte, Polka. Op. 275. – Tanz-Metronome-Walzer. Op 276. – Unter den Linden, Walzer. Op. 277. – Novellen-Walzer. Op. 278. – Die tanz. Muse, P.-Maz. Op. 279. – Oerömhangok (Freudenkl.), Csárdás. Op. 280. – Frühlings-Polka. Op. 281. – Die Benefizianten, Walzer. Op. 282. – Minnelieder, Walzer. Op. 283. – Potpourri üb. slav. Lieder. Op. 284. – Defilier-Marsch. Op. 285. – Magyar Juhásnota. Ungar. Schäfertanz, Csárdás. Op. 286. – Schön Suschen, Polka. Op. 287. – Lacoquette, Polka. Op. 288. – Durch Dick und Dünn, Galopp. Op. 289. – Themselieder, Walzer. Op. 290. – Künstler-Marsch. Op. 291. – Die Elfe, Polka. Op. 292. – Marsch über Motive aus Mamsell Angot. Op. 293. – Es geht ein Mühlenrad, Polka. Op. 294. – Ein Festgeschenk für die Kleinen, Kinderpolka. Op. 295. – Am Strande, P.-Mazurka. Op. 296. – Phantome, Walzer. Op. 297. – Hofball-Polonaise. Op. 298. – Brautlieder, Walzer. Op. 299. – Wendische Weisen, Walzer. Op. 300. – Lanciers, Quadrille. Op. 301. – Fantasiebilder, Walzer. Op. 302. – Fragmente. Gr. Potpourri. Op. 303. – Hans-Dampf-Galopp. Op. 304. – Wégsö szerelem, Csárdás. Op. 305. – Ella Polka. Op. 306. – Alexandra Walzer. Op. 307. – Gruß an die deutschen Sänger, Marsch. Op. 308. – Immergrün, Polka-Maz. Op. 309. – Husaren-Polka. Op. 310. – Alpenrosen-Walzer. Op. 311. – Ball-Röschen, Polka. Op. 312. – Carolinen-Polka-Maz. Op. 313. – Soldatengruß, Marsch. Op. 314. – Schneewittchen, Polka. Op. 315. – …, Marsch. Op. 316. – Perpetuum mobile, Burlesque. Op. 317. – Füsilier-Marsch. Op. 318. – Siehst du

## BAVARIA-MARSCH
### VON
### JOS. GUNG'L
Op. 214.

wohl? Galopp. Op. 319. – Arabesken, Walzer. Op. 320. – Hofball-Quadrille. Op. 321. – Potpourri über Fr. Schubert's Lieder. Op. 322. – Epigramme-Walzer. Op. 323. – Elfe im Mondschein, Polka. Op. 324. – Amazonen-Quadrille. Op. 325. – Hamburger Kinder, Walzer. Op. 326. – Virginia-Polka, Mazurka. Op. 327. – Grenadier-Marsch. Op. 328. – Die Schnaderhüpfler, Walzer. Op. 329. – Fliegende Blätter, Walzer. Op. 330. – Ein Blümchen aus Richmond, Polka-Mazurka. Op. 331. – Mit Trommeln und Pfeifen, Marsch. Op. 332. – Reiseskizzen, Walzer. Op. 333. – Amsterdamer Park-Polka. Op. 334. – Memoiren-Walzer. Op. 335. – Musenkinder, Walzer Op. 336. – Der Volontair, Marsch. Op. 337. – Ballgeheimnisse, Walzer. Op. 338. – Cupides-Polka. Op. 339. – Mein Gruß im Scheiden, Walzer. Op. 340. – Martha-Polka. Op. 341. – Magyar Honved-Induló (Ung. Landwehr-Marsch). Op. 342. – Rendes-vouz-Quadrille. Op. 343. – Die ersten Schwalben, Walzer. Op. 344. – Die Königsteinerin, Polka. Op. 345. – Die Nachtwandlerin, Polka-Mazurka. Op. 346. – Federzeichnungen für die tanzende Welt, Walzer. Op. 347. – Mimosa-Polka. Op. 348. – Lenzblüthen, Walzer. Op. 349. – Turner Rheinfahrt, Marsch. Op. 350. – Glöcklein in der Nacht, Polka. Op. 351. – Tiraden Walzer. Op. 352. – Rotkäppchen Polka. Op. 353. – Rocco-Quadrille. Op. 354. – Jungfer-Naseweis. Polka. Op. 355. – Florinda-Quadrille. Op. 356. – Taunusklänge, Walzer. Op. 357. – Im Skating-Rink, Polka. Op. 358. – Der alte Haudegen, Marsch. Op. 359. – … (?) Op. 360. – Am Königsee, Ländler. Op. 361. – Cajetana, quadrille. Op. 365. – Elisabeth, Csárdás. Op. 375. – L'âme, Csárdás. Op. 380. – Schmetterling im Sonnenschein, Intermezzo, Op. 381. – Tausendschön, Polka-Maz. Op. 382. – Frühlingsträume, Walzer. Op. 383. – O merveilleux Paris! valse. Op. 388. – Die Wassernixe, Polka-Maz. Op. 390. – Störenfried, Schnell-Polka. Op. 394. – Sehnsucht, 2 steir. Oberländler. Op. 395. – Ludmilla, Polka-Maz. Op. 436.

Der Komponist **Anton Hajdrih** aus Laibach (1842 bis 1878) wollte Priester werden, studierte dann aber in Prag Musik. Mit seinem Quartett gab er in Triest erfolgreich Konzerte. Dort war er auch Chorleiter. Er gab mehrere Chorwerke heraus.

In Kronstadt wurde 1888 **Egon Hajek** geboren, der in Berlin Musik studierte und hernach bis 1925 in seiner Geburtsstadt Prediger und Professor war. 1929 wurde er als Pfarrer in Wien angestellt, wo er später auch eine Professur an der Staatsakademie für Musik (Abt. Kirchenmusik) annahm. Er veröffentlichte das Buch „Die Musik in Siebenbürgen".

In Hermannstadt wurde 1898 **Norbert Hann von Hannenheim** geboren, der in seiner Heimatstadt, in Budapest und schließlich in Berlin wirkte. Er schrieb sieben Sinfonien, Orgelsonaten, Chöre und Lieder.

(Dr. phil.) **Emil Haraszti** kam 1885 in Großwardein zur Welt. Er wurde 1917 Privatdozent für Musikgeschichte an der Budapester Universität und in der Zwischenkriegszeit Direktor des National-Konservatoriums. Er veröffentlichte Fachschriften.

Der 1892 in Budapest geborene **Sándor Harmati** war Geiger und begab sich 1914 nach Amerika, wo er später Dirigent eines Sinfonieorchesters wurde und eine Oper, sinfonische Dichtungen, Streichquartette und Lieder schrieb.

Aus Sächsisch-Regen/Reghin stammte **Josef Harrach** (1848–1899), ab 1888 Professor an der Landesakademie für Musikpädagogik. Er brachte Lehrbücher der Musik und weitere Werke zur Musikliteratur heraus.

Die Eltern der 1881 in Philadelphia geborenen **Arthur Hartmann** waren aus Ungarn eingewandert. Er lebte in New York und war ein vielgereister Violinvirtuose. Aus seiner Feder stammten mehrere Violinstücke.

**Josef Emmerich Hasel** (1828 Ofen – 1900 Wien) war seit 1873 Musiklehrer am Wiener Theresianum und veröffentlichte „Die Grundsätze des Harmoniesystems".

Von **Hans Haubner**, der in Pantschowa lebte, erschien 1870 im Druck der Marsch „Gruß an Pancsowa".

Der Violinvirtuose **Miska Hauser** (1822 Preßburg – 1887 Wien) schrieb virtuose Violinstücke und das „Wanderbuch eines österreichischen Virtuosen".

Violinvirtuose war auch **Emil Hauser**, 1893 in Budapest geboren, der Hochschullehrer wurde und dem Budapester Streichquartett vorstand.

**Emanuel Hegy**, 1877 in Preßburg geboren, war Jurist, trat aber ab 1910 als Klaviervirtuose und ab 1914 als Hochschulprofessor in Budapest auf.

**Ludwig Hegyesi** (eigentlich Spitzer) aus Pápa/Poppau war als Cellist Mitglied des einst berühmt gewesenen Florentiner-Quartetts.

In Fünfkirchen kam 1881 **Ferenc Hegedüs** zur Welt, der in Budapest ausgebildet wurde, ein beachteter Violinvirtuose war und in Zürich lebte.

Der Klaviervirtuose **Stephan Heller** wurde 1813 in Pest geboren und unternahm schon im jugendlichen Alter mit seinem Vater Kunstreisen durch Ungarn und Deutschland. Seit 1838 lebte er in Paris, wo er 1888 starb. Er schrieb u. a. Klavierstücke.

*Druck aus der Zeit um 1870*

**Peter Herbstler**, 1846 in Billed im Banat geboren, war in Temeschburg bei der Militärmusik und von 1892 bis zu seinem Tod 1916 in Sackelhausen. Von seinen Kompositionen kennt man u. a. noch einen Trauermarsch, die „Herbst-" und „Liebling-Polka".

Der Geiger und Komponist **Viktor von Herzfeld** (1850 Preßburg – 1920 Budapest) studierte in Wien und Berlin. In Budapest wurde er 1886 Professor an der Landesakademie für Musik und Mitglied des Hubay-Popper-Quartetts.

Als Pianist machte sich **Siegmund Herzka** (1843 Segedin – 1917 Wien) einen Namen, der u. a. auch in Agram unterrichtete. Veröffentlichung: „Musikalische Unterrichtskurse".

Der 1877 in Marburg/Drau geborene **Ludwig Heß** studierte Gesang und Musik in Mailand. In München lebte er als Dirigent der Konzertgesellschaft und Komponist (Chorwerke, Streichquartette u. a.).

In Agram wurde 1890 **Eduard Rudolf Hladisch** geboren. In Wien ausgebildet, dirigierte er ein eigenes Orchester und wurde in Stockholm Kapellmeister eines Salonorchesters. Er schrieb Orchesterwerke und bearbeitete Lieder.

**Emil Hochreiter** (1871 Debrezin – 1938 Wien) hatte eine slowenische Mutter und wuchs bei den Großeltern in Novo Mesto auf. In Wien studierte er Jura und Musik und war später als Beamter bzw. Musiklehrer in Kalksburg tätig. Er schrieb kirchliche und

*Der Musikfeldwebel F. Herbstler schrieb während seiner Dienstzeit in Temeschburg am 22. 3. 1904 seine Polka „Maiblumen"*

weltliche Musik – Lieder, Chöre und Orchesterwerke. Seine Beiträge zur österreichischen Kirchenmusik, vor allem aber zur slowenischen sind beachtlich. Mit seinem Studentenorchester führte er Sinfonien und Oratorien auf.

**Franz Hochstrasser** (Ferenc Hartai), der Bruder Peter Hochstrassers, wurde an der Musikhochschule Budapest Lehrer des Flöten-Hauptfaches.

Am 25. 1. 1880 kam in Csatád/Lenauheim **Peter Hochstrasser** zur Welt. Ab dem 7. Lebensjahr erhielt er Violinunterricht, in Groß-Scham wirkte er als Klarinettist in der Jugendkapelle seines Vaters mit und lernte beim Organisten Franz Kern das Orgelspiel. 1896 begab er sich nach Budapest in eine Regimentsmusik und besuchte die Musikakademie. Hernach wirkte er in den Theaterorchestern von Budapest, Klausenburg und Agram mit. Von 1908 bis 1944 spielte er im Werschetzer Musikleben eine hervorragende Rolle. Er wurde Chormeister beim Gesang-

*Der Verfasser 1966 bei Peter Hochstrasser (links) in Budapest auf Besuch*

verein „Vorwärts", später auch beim „Gewerbe-Sängerbund". Hochstrasser leitete aber auch die Feuerwehrkapelle und hatte ein eigenes Blas- und Streichorchester. Außerdem erteilte er Privatunterricht und wirkte als Musiklehrer an Schulen in Werschetz. 1945 begab er sich zu seinen in Budapest künstlerisch tätig gewesenen Kindern, wo er eine Jugendkapelle unterrichtete. Aus seinem kompositorischen Schaffen sind 31 Partituren für Blasmusik, 22 für Streichbesetzungen und 7 komplett arrangierte Werke aller Art erhalten geblieben. Nebst Tänzen schrieb er auch konzertante Stücke und Lieder. Von ihm stammt auch die Musik zu den Volksstücken „Im goldenen Engel", „Onkel Konstantin" und „Die Jugendsünd". Am 10.5.1967 starb Hochstrasser in Budapest.

Im Jahre 1850 wurde **Johann Nepomuk Hock** in Pest geboren. Außer seiner Tätigkeit als Militärkapellmeister war er Operndirigent in Krakau. Er schrieb Kammermusik, Bühnen- und Orchesterwerke, Klavierstücke und Lieder.

Der um die Jahrhundertwende in Jarek als Eisenbahn-Stationschef tätig gewesene **Josef Holley** ließ seine Kompositionen „Bánáti rózsák" (Banater Rosen), Walzer und den „Elisabeth-Trauermarsch" (Klavierausgaben) drucken.

**Emil Honigberger**, der 1881 in Kronstadt zur Welt kam, wirkte dort von 1906 bis 1920 als Organist und Musikdirektor, ab 1925 in Mediasch. Er war Komponist von Kammermusik, Orchester- und Klavierstücken, Chören und Liedern.

Aus Kronstadt kam auch die 1892 geborene **Selma Honigberger**, die in Berlin als Klaviervirtuosin und Musiklehrerin tätig wurde.

**Géza Horvath** (1868 Komorn – 1925 Wien) war Leiter einer Musikschule in Wien und komponierte Klavierstücke, Chöre und Lieder.

Der 1883 aus Czernowitz geborene (Dr. phil.) **Ottokar Hřimaly** lebte ab 1908 als Komponist in Moskau (Kammermusik, Sinfonien usw.).

**Matthäus Hubad** aus Povodje, Jahrgang 1866, war ab 1917 in Laibach Direktor des Konservatoriums und seit 1922 Generalintendant der dortigen Theater. 1892 war er Mitbegründer der slowenischen Oper. Seine Ausbildung hatte er in Graz und Wien genossen.

„Der im Jahre 1784 in Hof im Leithagebirge geborene **Michael Huber** kam 1805 als Kantorlehrer in die Banater Gemeinde Warjasch. Sein Sohn, **Karl Huber** (1827–1885), ein musikalisch hochbegabter Junge, genoß eine gründliche einschlägige Ausbildung und hatte eine steile Karriere vor sich.

**Eugen Huber**, Karls Sohn, der am 15.9.1858 in Pest zur Welt kam, ließ ebenfalls schon früh eine außergewöhnliche Musikbegabung erkennen. Mit neun Jahren gab er bereits sein erstes öffentliches

*Jenő Hubay (Eugen Huber)*

Konzert. Er entwickelte sich zu einem Violinkünstler von internationalem Ruf und konzertierte mit großem Erfolg in Frankreich, Belgien, Holland, Deutschland, Rußland und sogar in Algerien. Im Jahre 1882 nahm er in Brüssel die Stellung eines ersten Violinprofessors am Konservatorium an, 1886 übernahm er den Posten seines verstorbenen Vaters als Professor der Landesmusikakademie in Budapest; von 1919 bis 1934 war er auch deren Direktor. Besonders erfolgreich waren seine Opern ‚Der Geigenmacher von Cremona' (1894), ‚Anna Karenina' (1915), ‚Die Maske' (1931). Er trat aber auch als Komponist von Sinfonien, Violinkonzerten, Etüden, Liedern und Chorwerken auf. Noch zu Lebzeiten wurden dem Meister Ehrungen aller Art – sogar die Ehrendoktorwürde – zuteil.

Eugen Huber trat erstmals im Jahre 1878 als ‚Jenő Hubay' auf. Bei uns Donauschwaben taucht in solchen Fällen unwillkürlich die Frage auf, ob der Betreffende seinen Namen lediglich dem ungarischen Zungenschlag angepaßt hatte, um von vornherein manchen Schwierigkeiten aus dem Weg zu gehen, oder ob er damit in seiner Gesinnung und Haltung sein angestammtes Volkstum aufgegeben und sich in allem einem anderen zugewandt hatte.

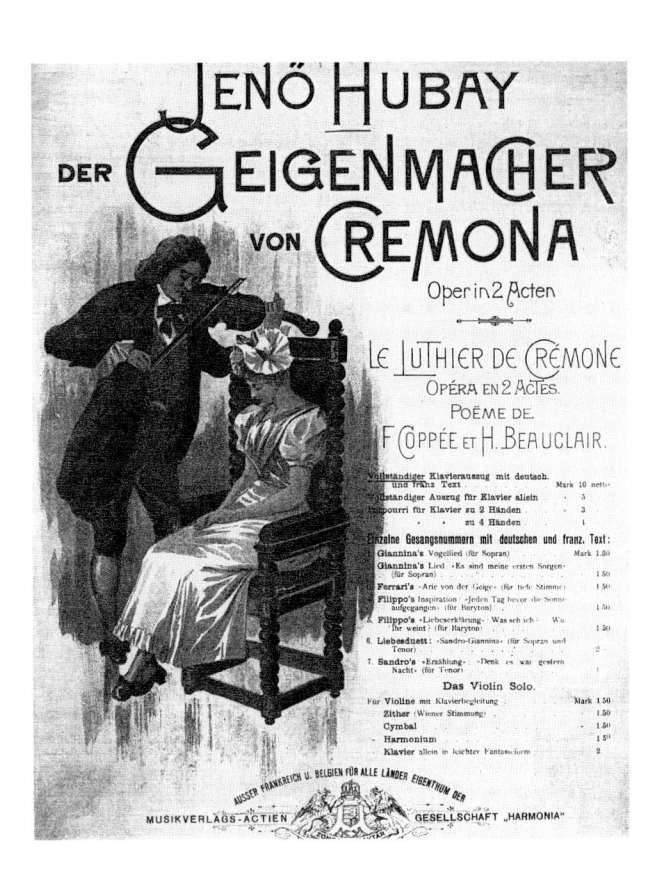

Von **Jenő Hubay** ist allerdings bekannt, daß er öfter in Temeschwar auftrat, aber auch beispielsweise am 26. Oktober 1889 im Geburtsort seines Vaters, nämlich in Warjasch im Banat, konzertierte und somit seine Verbundenheit mit der Heimat seiner Vorfahren dokumentierte.

Zwei in der Wiener Stadt- und Landesbibliothek aufgefundene Briefe, stilistisch und rechtschriftlich im besten Deutsch verfaßt, erhärten die Auffassung, daß bei diesem Manne von einem erwiesenen Sinneswandel nicht die Rede sein kann.

Der eine Brief: ‚Sr. Hochwg. Herrn Direktor Ferdinand Löwe, Wien. – Budapest 1910, den 19. Mai. – Hochgeehrter Herr Direktor, Darf ich Sie an Ihr Versprechen erinnern, Joseph Szigeti, den wirklich hervorragenden Violinisten, für eines Ihrer nächsten großen Wiener Concerte zu engagieren? – Szigeti spielt morgen bei der …-Feier das Violinconcert mit den Budapester Philharmonikern. – Sie würden mich mit einer günstigen Antwort hocherfreuen können. – Hochachtungsvoll ergeben Jenő v. Hubay!'

Am 15. Januar 1891 hatte der Künstler an Johannes Brahms geschrieben: ‚Hochverehrter Meister, Ich habe Ihre liebenswürdigen Zeilen erhalten, und das Programm Ihrem Wunsche gemäß festgesetzt. Die Hornpartie im Trio wird Herr Drescher – erster Hornist unserer Oper – blasen. – Wann dürfen wir Sie erwarten? Hoffentlich Samstag Abend, oder Sonntag Mittag. – Wir sind alle begeistert von Ihrem neuen Quintett und studieren es fleißig. – Mit den herzlichsten Grüßen von uns allen zeichne hochachtungsvoll Ihr ergebenster Jenő Hubay.'

Nach all dem ist zweifelsfrei erwiesen, daß Jenő Hubay in der Tat bis zu seinem Tode am 12. März 1937 ‚Eugen Huber' geblieben war!

Hubay war zusammen mit Propper der Begründer des weit bekannt gewordenen Quartetts gleichen Namens gewesen. Im Jahre 1911 wurde er zum Dr. h. c. der Universität Klausenburg ernannt und 1912 erhielt er den Titel ‚Hofrat'".

(Auszug aus einem Beitrag des Verfassers in: „Der Donauschwabe" vom 11. Juli 1982, Seite 3.)

In Warjasch wurde 1873 **Peter Huß** geboren, der nach seiner Militärzeit nach Amerika auswanderte, wo er in verschiedenen Kapellen mitwirkte.

**Jenő Huszka** (1875 Segedin – 1960 Budapest) wirkte nach seinem Studium in Budapest in Paris, lebte aber seit 1897 wieder in der ungarischen Hauptstadt. Er gilt als der Begründer der ungarischen Operette und erzielte mit seinen Werken allgemein durchschlagende Erfolge. Mit den Problemen der Autorenrechte beschäftigt, gehörte er zu den Mitbegründern des Verbandes ungarischer Komponisten, Textdichter und Verleger.

Der Pianist und Komponist **Franz Karl Jachimek** kam am 20.2.1830 in Ödenburg zur Welt, wo sein Vater, **Franz Jachimek,** Stadtmusikdirektor war. Nach Studien in Wien und Prag kam er 1857 nach München, 1844 trat er in Güns auf, 1855 im Heimatort, dann in Groß-Betschkerek, Temeschburg, Pantschowa, Budweis, Pisek und Groß-Kanischa. Erfolgreich in Belgrad, beabsichtigte er 1862 eine Reise nach Konstantinopel, worauf er sich in Galacs/Goleţ niederließ. Er komponierte Symphonien, diverse andere Werke und schrieb Lieder, z.B. „Das böse Lüftchen", „Die träge Spinnerin", „Der Traum vom Freunde".

**Victor Jacobi** (1883 Budapest – 1921 New York) war Operetten-Komponist.

**Marietta Jagodić,** geb. Brankowitsch (1894 Weißkirchen – 1972 Wien), wirkte nach dem Besuch des Konservatoriums in ihrer Vaterstadt als Gesang- und Musiklehrerin, später als Organistin und Leiterin des katholischen Kirchenchores, des Deutschen Männergesangvereins und des Landwirtschaftlichen Gesangvereins. 1943 begab sie sich nach Wien, wo sie am Horak-Konservatorium ein Lehramt ausübte. Sie vertonte mehrere Lieder.

**Eugen von Jambor** (1853 Pest – 1914 Budapest) war Jurist, befaßte sich aber auch mit Kompositionen (Klavierstücke, Kammermusik, Lieder u. a.).

**Stefan Jaray-Janetschek** kam 1868 in Pest zur Welt, wo er als Klavierlehrer an der Landeshochschule tätig war. Kompositionen: Klavierkonzerte, Pantomimen, Kammermusik.

Der 1905 zum Priester geweihte **Desider Járossy** (1882–1932) aus Csatád/Lenauheim wurde 1906 Dom-Regenschori in Temeschburg und Chormeister des Philharmonischen Vereins. Er schrieb Arrangements für Orgelkonzerte und betätigte sich als Musikschriftsteller. Er veröffentlichte: „Die ästhetische Abhandlung des traditionellen Chorgesangs", „Die Musik der Eucharistie", „Der Universitäts-Gesangverein im Dienste der Musikkultur" u. a. Außerdem redigierte er die ungarische Kirchenmusikzeitung. Nach dem 1. Weltkrieg war er weiterhin äußerst fruchtbar tätig. 1921 brachte er in Temeschburg den „Liederkranz, Volksweisen" heraus.

**Alexander** (Sándor) **Jemnitz** (1890 Budapest – 1963 Balatonföldvár) studierte in Budapest und Leipzig. Von 1911 bis 1913 wirkte er als Korrepetitor und Dirigent an den Opernhäusern in Bremen, Czernowitz, Iglau und Scheveningen. Darauf begab er sich zur Vervollkommnung nach Berlin. Seine erste gedruckte Komposition, eine Sonate (op. 8) erschien in München. Von 1924 bis 1950 betätigte er sich als Musikkritiker in Budapest. Er brachte mehrere Orchester- und Klavierwerke hervor.

In Kittsee/Köpcseny wurde 1831 **Josef Joachim** geboren, der schon zwei Jahre später mit seinen Eltern nach Pest kam. Der äußerst begabte Knabe wurde zum bedeutendsten Violinkünstler und -pädagogen seiner Zeit. Eines seiner ersten Konzerte fand 1839 im Pester „Adelskasino" statt, worauf ihn die Presse als einen „zweiten Paganini" rühmte. Er trat erfolgreich in Wien, als 12jähriger in Leipzig, dann in London und Berlin auf. 1854 wechselte er zum evangelischen Glauben über. Als Primarius eines Quartetts erlebte er in Deutschland und England große Erfolge und zahlreiche Ehrungen. Laut der „Temeswarer Zeitung" vom 15.9.1879 gab Joachim im dortigen Redoutensaal zusammen mit Johannes Brahms ein Konzert, das Aufsehen erregte. Aus seiner Feder stammen zahlreiche konzertante Kompositionen. 1907 starb er in Berlin.

Der 1853 in Miskolc geborene **Rafael Joseffy** begab sich 1880 nach New York, wo er Lehrer am Nationalkonservatorium wurde und 1915 starb. Er schuf Klavierkompositionen und eine Klavierschule.

Um das Jahr 1890 kam in Werschetz **Desanka Jorgović** zur Welt, die ihr Klavierstudium in Wien und Prag absolvierte. Als Musiklehrerin arbeitete sie dann in Prizren, trat aber als Solistin in Jugoslawien und Deutschland auf.

Aus Ofen ging 1856 der spätere Konzertpianist **Aladár Juhász** hervor. Er war einer der begabtesten Schüler von Franz Liszt und schrieb vor allem Klavierwerke. Er starb im Jahre 1922 in Budapest.

**Ludwig Karpat** wurde 1866 in Pest geboren und betätigte sich ab 1894 in Wien als Musikkritiker. Er veröffentlichte das Buch „Siegfried Wagner" und gab Wagners Briefe an eine Putzmacherin und an Hans Richter heraus.

**Tibor von Kazacsay,** 1892 in Budapest geboren, war Pianist und Musikschriftsteller, 1934 wurde er Landesinspektor der ungarischen Musikschulen.

**Béla Kéler** (Albert Paul von Köhler, nach einer

anderen Version: Adalbert von Keller) kam am 13. 2. 1820 in Bartfeld/Bardejov, heute in der Slowakei gelegen, zur Welt. Seit 1845 war er Violinist am Theater an der Wien, 1854 dirigierte er die Kapelle von Josef Gungl in Berlin und 1855 die von Lanner. In Pest gründete er 1860 ein eigenes Orchester und leitete 1872 das Kurorchester in Wiesbaden. Zwischendurch betätigte er sich als k. u. k. Militärkapellmeister. Im Jahre 1872 begab er sich auf eine Tournee durch Deutschland, England, Dänemark und die Schweiz. Seine Kompositionen erreichten 139 Opuszahlen; seine „Lustspiel-Ouverture" und seine „Ungarische Lustspiel-Ouverture" werden heute noch beachtet. Seine Tanzkompositionen waren seinerzeit sehr beliebt.

**Aurel Kern** (1871–1918) aus Budapest war hier Musikschriftsteller und seit 1917 Präsident des Konservatoriums. Er schuf Bühnenmusik, Kammermusik, Chöre und Lieder.

**Stefan Kerner** (1867–1924) aus Máriakéménd (Keimend, Gemendorf) war in Budapest Orchesterleiter, Ballettmeister und Chordirigent der Oper. Als Leiter der philharmonischen Konzerte und einer der besten Wagner-, Beethoven- und Mozartinterpreten errang er sich einen ausgezeichneten Ruf. Im Jahre 1917 wurde er zum Chefmusikdirektor der Oper berufen.

Der Arzt Dr. **Jenő Kerntler**, 1878 in Budapest geboren, betätigte sich namentlich in der Zwischenkriegszeit aktiv auf dem Musiksektor. Er wurde 1923 Klavierprofessor am Konservatorium, 1926 auch an der Landeshochschule. Werke: Klavierkonzerte und -stücke, Kammermusik, Lieder.

Budapester war auch **Eugen Kerpely**, Jahrgang 1885, der als Cellovirtuose im In- und Ausland gastierte. Er war Mitglied des Waldbauer-Kerpelyschen-Quartetts und wurde 1913 an der Landesakademie Professor.

**Leo Kestenberg**, 1882 in Rosenberg (Rózsahegy/Ružomberok) geboren, war hervorragender Klavierspieler, der in Prag lebte und ab 1918 in Berlin wirkte (Vorsitzender des Volkschors, Referent für musikalische Angelegenheiten im preußischen Ministerium für Wissenschaft, Kunst und Volksbildung). Er war Herausgeber der „Musikpädagogischen Bibliothek" und veröffentlichte 1921 das Buch „Musikerziehung und Musikpflege".

Der Pianist und Salonkomponist **Henri Ketten** kam 1848 in Baja/Frankenstadt zur Welt und starb 1883 in Paris.

Die Pianistin **Gebriele Klees** kam 1895 in Kronstadt zur Welt. Kompositionen: Klavierkonzerte und Sonaten, Ballette.

Der 1892 in Budapest geborene **Fritz Heinrich Klein** ließ sich in Linz nieder, schrieb eine Oper, Kammermusik, Orchestervariationen, Klavierstücke und Lieder.

(Dr. phil.) **Zoltán Kodály**, 1882 in Kecskemét geboren, studierte in Budapest und befaßte sich intensiv mit der Erforschung des ungarischen Volksliedes. Ab 1907 lehrte er Komposition an der Landesakademie in der ungarischen Hauptstadt. In seinen Werken zeigte er sich auch der Atonalität nicht abgeneigt. Für die Entwicklung der ungarischen Musikkultur war er von großer Bedeutung. Er schrieb Opern, Kammermusik und vor allem Vokalmusik.

Die Klaviervirtuosin **Estella Köhler** (Popp-Köhler), die 1903 in Bistritz/Besztercze/Bistriţa in Siebenbürgen zur Welt kam, wurde in Wien und Berlin ausgebildet, wo sie auch tätig war. An den Konservatorien in Klausenburg und Bukarest wirkte sie als Klavierlehrerin. Sie komponierte Unterhaltungsmusik.

**Victor Kolar** ging 1888 aus Budapest hervor. Er war Geiger, begab sich 1904 nach Amerika und war ab 1919 zweiter Dirigent des Symphonieorchesters in Detroit. Er komponierte Sinfonien, Violinstücke und Lieder.

Wie Peter Schwarz mitteilt, wurde in der Nr. 39 der „Großkikindaer Zeitung" des Jahres 1887 berichtet: „Der hiesige Klaviervirtuose **Kollinger** gab mehrere Konzerte in Bosnien".

**Franz Alexander Korbay** wurde 1846 in Pest geboren. Hier ausgebildet, begab er sich 1894 nach London, wo er 1913 starb. 1871 war er in Amerika als

Klaviervirtuose und Sänger aufgeteten. Kompositionen: Ouvertüren, sinfonische Dichtungen und Lieder.

Der Musikschriftsteller und Klaviervirtuose **Sándor Kovács** stammte aus Budapest (1886–1918).

In Pantschowa kam 1897 **Michael Krausz** zur Welt, der sich in Budapest niederließ und Opern sowie Operetten schrieb.

Der Violinkünstler **Géza von Kresz**, 1882 in Budapest geboren, wurde 1907 Konzertmeister des Wiener Tonkünstler-Orchesters, von 1917 bis 1921 war er Konzertmeister der Philharmonie in Berlin. Von 1909 bis 1915 lehrte er an der Musikakademie in Bukarest. In Toronto wirkte er von 1923 bis 1935 und danach an der Budapester Musikhochschule.

**Franz Krezma** (1862 Essegg – 1881 Frankfurt) war Violinvirtuose und schrieb für dieses Instrument Kompositionen und Lieder.

**Franz Xaver Kuhać** (1834 Essegg – 1911 Agram) betätigte sich als Sammler von Volksliedern der Südslawen und veröffentlichte Schriften über deren Musik. Vorübergehend hatte er den deutschen Familiennamen „Koch" benutzt – angeblich auf Druck eines ungarischen Magnaten, bei dem er angestellt war. Kuhać war 1851/52 in Fünfkirchen als Volksschullehrer tätig, dann begab er sich nach Pest, wo er die Musikakademie absolvierte. Ab 1871 lebte er in Agram als Klavierlehrer an der Musikschule. Als Musikkritiker schrieb er für die „Narodne novine" und „Agramer Zeitung". Er veröffentlichte auch Schriften in deutscher Sprache.

In Klein-Jetscha wurde 1871 **Martin Kurzhals** geboren, der 1898 nach alten deutschen Liedern eine „Deutsche Messe" komponierte. Er starb 1956 in Temeschburg. Kurzhals war Volksschullehrer und lange Zeit in Groß-Komlosch tätig.

**Anton Lajović**, 1878 in Vace/Litija geboren, lebte in Laibach und schrieb Sinfonien, Kantaten, Chöre und Lieder.

**Ludwig Lajtaj** kam 1900 in Budapest zur Welt. Er wurde u. a. in Wien ausgebildet und brachte Operetten und Kabarettlieder hervor.

Auch **Laszlo Lajtha** war Budapester, Jahrgang 1891, Lehrer am Konservatorium, und komponierte Klavierstücke, Lieder, aber auch Kammermusik.

**Josef (Jóska) Lakatos** wurde 1871 in Szilágysomlyó (Şimleul/Silvaniei) geboren und wirkte in Bremen als Musiker. Er schrieb Unterhaltungsmusik.

In Pest kam 1842 **Viktor Langer** zur Welt, der dort u. a. als Professor der Schauspielschule, Chorleiter an der königlichen Oper und Schriftleiter der Musikzeitschrift „Zenelap" war. Seine Lieder veröffentlichte er unter dem Pseudonym Aladár Tisza. 1902 starb er in Budapest.

Der 1861 geborene **Rudolf Lassel** starb 1918 in Kronstadt. Er schrieb weltliche und geistliche Chöre und Lieder, Orgelstücke, Singspiele.

Von **Béla Latzky**, 1867 in Neutra/Nyitra/Nitra zur Welt gekommen, stammen mehrere Operetten-Couplets.

Der Klaviervirtuose **Stefan Laub**, Jahrgang 1883, wirkte ab 1902 am Konservatorium in Debrezin und ab 1907 in Budapest an der Landes-Musikakademie.

Der in Preßburg als Finanzbeamter tätig gewesene (Dr. jur.) **Desider Lauko**, 1872 in Sarwasch-Hirschfeld zur Welt gekommen, schrieb Klavierstücke, vor allem Rhapsodien nach slowakischen Melodien.

**Franz Lehár** (ursprüngliche Schreibweise der Vorfahren: Lehar) war der Sohn des 1838 im nordmährischen Schönwald geborenen Militärkapellmeisters gleichen Namens und der Christine Neubrandt aus Komorn, deren Familie aus Ofen kam. Der Komponist wurde am 30. April 1870 in Komorn geboren und starb am 24. Oktober 1948 in Bad Ischl. Er ist in Preßburg, Ödenburg, Karlsburg, Klausenburg und Budapest – den jeweiligen Garnisonsorten seines Vaters – aufgewachsen. Nachdem er in Prag die Musikschule besucht hatte, wirkte er als Geiger in einem Theater-Orchester. Bald darauf begab er sich zur Militärmusik nach Wien, 1890 wurde er Militärkapellmeister (in Losontz/Losoncz/Lučenec, Pola/Pula, Triest, Budapest und Wien). Später widmete er sich nahezu ausschließlich als Komponist zahlreicher weltbekannt gewordener Operetten und Dirigent seiner eigenen Werke. Lehár hatte um die Jahrhun-

*Franz Lehár (1910)*

dertwende der Wiener Operette zu neuem Aufschwung verholfen.

**Eugen Lehner** (Lener) wurde 1871 in Maria-Theresiopel geboren. Nach seiner Ausbildung in Budapest wurde er zum Begründer eines namhaften Streichquartetts, das später hauptsächlich in London auftrat.

Der Musiklehrer **Franz Lenz**, 1887 in Budapest zur Welt gekommen, betätigte sich als Musikschriftsteller („Oper und Musikdrama", „Religion und Musik", „Geschichte des Klaviers") und komponierte Messen, Melodramen und gemischte Chöre.

Aus Budapest kam der Kapellmeister **Emil Lichtenberger** (geb. 1876), der seine Laufbahn in Köln begann, später in Riga wirkte und 1903 Leiter der Hofoper in Budapest wurde. Er war der Gründer und Dirigent des ungarischen Frauenchorvereins. Kompositionen: Motetten, Lieder, vor allem für Frauenchöre. Er war auch musikschriftstellerisch tätig.

Der Pianist **Eugen Linz** stammte aus Budapest (Jahrgang 1889), lebte später in Dresden und unternahm viele Konzertreisen.

**Martha Linz** wurde 1898 in Budapest geboren und wirkte u. a. ab 1924 als Violinvirtuosin und Dirigentin in Berlin. Sie komponierte Kammermusik, Violinstücke und Chöre mit Orchester.

**Franz Liszt** kam am 22. Oktober 1811 in Raiding in der Nähe von Ödenburg zur Welt. Sein Vater war Bediensteter des Fürsten Esterházy und sehr musikliebend gewesen. Franz trat bereits mit neun Jahren als Klavierspieler öffentlich auf. Nach fortgeschrittener Ausbildung bereiste der Vater mit ihm u. a. München und Stuttgart. Danach gab er Konzerte in Paris, in der Schweiz und in London, wo er überall gefeiert wurde. Als Pianist durchreiste er praktisch ganz Europa. Im Jahre 1846 führte er eine ausgedehnte Konzertreise im Heimatbereich durch, wo er überall triumphal gefeiert wurde, wie Josef Brandeisz in der NBZ vom 21. Januar 1973 schrieb. Danach weilte er vom 13. bis 24. Oktober in Szekszárd, wo der mit Liszt befreundet gewesene Baron Anton Augusz ein glänzendes Fest veranstaltet hatte. Am 25. und 27. Oktober konzertierte der Künstler in Fünfkirchen, darauf reiste er über Mohatsch, Essegg, Semlin und Pantschowa nach Banlok/Bánlak/Banloc, um am 1. November in Temeschburg begeistert empfangen zu werden. Hier gab er am 2., 4. und 14. November Konzerte. Am 7. und 9. konzertierte er in Arad, am 14. in Lugosch. Franz Liszt blieb auch im Heimatbereich seiner sozialen Einstellung treu und spendete reichlich für Wohltätigkeitszwecke. Am 16. November 1846 bereiste er Siebenbürgen, wo er in Hermannstadt, Klausenburg usw. auftrat. Von Bukarest aus setzte er seine Tournee über Jassy nach Kiew fort und traf schließlich in Konstantinopel/Istanbul ein, wo er am 8. Juni 1847 vor dem Sultan ein

*Franz Liszt*

Konzert gab. – Liszt wurde 1842 Hofkapellmeister in Weimar, wo er mehrere Jahre verbrachte. Nun wandte er sich zunehmend auch dem Komponieren und Dirigieren zu. 1850 leitete er die Uraufführung von Richard Wagners „Lohengrin". Seine außerdem begonnene Lehrtätigkeit zeitigte große Erfolge, zumal daraus namhafte Klaviervirtuosen hervorgingen. Seine weiteren Lebensstationen waren Rom, wiederum Weimar, Budapest, wo er Präsident der Landes-Musikakademie wurde, und Bayreuth. Hier ist er am 31. Juli 1886 verstorben. Aus der Feder dieser überragenden und international populär gewordenen Künstlerpersönlichkeit stammen zahlreiche Kompositionen: Orchesterwerke, Konzerte, Klaviermusik und Vokalmusik. Bereits im Alter von 16 Jahren schrieb Liszt die Oper „Don Sancho ou le Chateau d'Amour" (Don Sancho oder der Palast der Liebe).

Der Musiklehrer, Kantor und Komponist **Franz Lochschmidt**, am 29.1.1900 in Bukarest geboren, kam früh nach Weißkirchen, wo er bis 1944 blieb und lebt heute, noch immer aktiv, im oberösterreichischen Leonding-Doppl. Ab 1919 war er im Weißkirchner Musikverein tätig, war Initiator eines Streichquartetts und überall anzutreffen, wo es um das Musikleben des Nerastädtchens ging. Er bereicherte auch das Repertoire der Kapellen mit Eigenkompositionen. Mit seiner „Donauschwäbischen

*Eine Komposition Lorenz Mayers*

Tonspielgruppe Linz" veranstaltet er noch immer Konzerte.

Der 1843 in Pest geborene **Franz Josef Löwenstamm** betätigte sich ab 1862 in Wien als Gesangslehrer und Vereinsdirigent; er brachte Chöre sowie Lieder hervor.

**Peter Loris** kam 1876 in Jahrmarkt zur Welt und komponierte: „Gruß aus Jahrmarkt" (Marsch), „Fest und einig" (Jubiläumsmarsch), „Für Ruhm und Ehre", „Frei und kühn", „O, gedenkt meiner" (Romanze).

(Dr. phil.) **Eusebius Mandyczewski** (1857 Czernowitz – 1929 Wien) war in Wien tätig – ab 1887 als Archivar der Gesellschaft der Musikfreunde und Chormeister der Singakademie, ab 1897 Lehrer am Konservatorium. Er komponierte Messen, Kantaten, Klavierstücke, Lieder und besorgte Gesamtausgaben der Werke von Brahms, Haydn und Schubert.

In Alt-Futok/Ó-Futak/Futog kam 1833 **Lorenz Mayer** zur Welt. Seine Eltern wurden in den Revolutionsjahren 1848/49 ermordet, während er zur Festungsmannschaft in Peterwardein flüchten konnte. Nach der Kapitulation der Festung wurde die gesamte Besatzung nach Kufstein in Tirol verbracht. Mayer, der bereits hervorragend Flöte spielte, hatte nun Gelegenheit zu weiterer musikalischer Ausbildung. In die Heimat zurückgekehrt, ergriff er den Lehrerberuf und kam als Kantorlehrer nach Tscheb/Dunacséb/Čib. Er war auch der Lehrer von Dr. Jakob Bleyer, dem bekannten Repräsentanten des ungarländischen Deutschtums der Zwischenkriegszeit. Lorenz Mayer hinterließ zahlreiche Kompositionen für dörfliche Blaskapellen.

Der Kantorlehrer **Josef Merkl** (1811–1870) aus Tolnau war in Kalotscha/Kalocsa tätig. In Wien hatte er sich musikalisch fortgebildet. In Pest gründete er 1831 eine private Musikschule und trat als Liederkomponist hervor.

Aus Tolnau stammte auch **Andor Merkler** (1862 bis 1920), der Bühnenmusik, Werke für Klavier, Violine und Orchester komponierte und Musikreferent der Zeitung „Magyarország" war.

(Dr. jur.) **Robert Meszlényi** aus Budapest, Jahrgang 1883, schrieb Opern, Ballette, Sinfonien, Kammermusik, Klavierstücke und Lieder. An der Musikhochschule wurde er 1921 Professor, 1926 stellvertretender Direktor.

Der Siebenbürger **Albert Metz** aus „Heradto" war 1895 Professor am Nationalkonservatorium, ab 1908 Direktor des städtischen Konservatoriums in Neumarkt, wo er 1925 starb. 1907 gelangte seine Operette „Das Tscherkassenmädchen" zur Aufführung. Er verfaßte außerdem eine zweibändige Violinschule.

**Georg Mihevec** (Micheux) kam 1805 in Laibach zur Welt und war später in Paris tätig, wo er 1882 starb. Kompositionen: Opern, Klavierstücke und Lieder.

Der Klaviervirtuose **Karl Mikuli** (1821 Czernowitz – 1897 Lemberg) wurde 1858 Direktor des Konservatoriums in Lemberg. Er schuf zahlreiche konzertante Kompositionen und war Sammler rumänischer Volksweisen.

*Adolf Müller sen. im Jahre 1875*

Pianist war **Emanuel Moór** (1863 Kecskemét – 1931 Mont-Pélerin sur Vevey), der zumeist in der Schweiz, in Paris, London und Berlin wirkte. Er schrieb Opern und diverse Werke für Klavier, aber auch Lieder.

Der 1892 in Neusohl geborene **János von Móry** war Schöpfer von Operetten, einer Tatra-Sinfonie, Orgelstücken, Liedern u. a.

**Andreas Moser** (1859 Semlin – 1925 Berlin) war Lehrer an der Hochschule für Musik in Berlin, hatte sich aber auch in Heidelberg betätigt. Selbst ein hervorragender Geiger, schrieb er u. a. „Methodik des Violinspiels" und „Geschichte des Violinspiels". – Sein Sohn, **Hans Joachim Moser**, der 1889 in Berlin zur Welt kam, war Konzertsänger, in der Zwischenkriegszeit Dozent an der Universität Halle, Professor für Musikwissenschaften in Heidelberg, Direktor der Akademie für Schul- und Kirchenmusik in Berlin. Er veröffentlichte mehrere musikwissenschaftliche Werke, u. a. „Die Musik der deutschen Stämme".

Der produktivste donauschwäbische Komponist war ohne Zweifel Adolf Müller aus der Gemeinde Tolnau/Tolna. Er hieß ursprünglich **Mathias Schmid** und kam am 7. Oktober 1801 zur Welt (laut Taufschein der dortigen röm. kath. Pfarrei vom 30. 12. 1985). Nach dem frühen Verlust seiner Eltern wurde er von seiner Tante und deren Gatten, dem Schauspieler und Bühnenschriftsteller Albin Johann Medelhammer (1776–1838) aus Marburg a. d. Drau, erzogen und erhielt Musikunterricht. Mit acht Jahren gab er bereits in Brünn Konzerte. Nachdem er sich als Schauspieler und Sänger auf den Bühnen von Prag, Lemberg und Brünn bewährt hatte, begab er sich nach Wien zu einem Engagement, wo er bis zu seinem Lebensende am 29. Juli 1886 bleiben sollte. Die von ihm komponierte Kantate „Österreichs Stern" nach einem Text von Karl Meisl aus Laibach wurde 1823 zum 57. Geburtstag des Kaisers Franz I. aufgeführt und fand Beachtung. Seine erste Operette („Wer andern eine Grube gräbt, fällt selbst hinein") kam 1825 zur Aufführung, 1826 folgte seine komische Oper „Die schwarze Frau", die auf allen deutschen Bühnen mit Beifall aufgenommen wurde. Darauf berief ihn das k. k. Hof-Opernteater zum Kapellmeister. 1828 beendete Müller seine Laufbahn als Sänger und nahm am privaten Theater an der Wien die Stelle eines Theaterkapellmeisters und -komponisten an. Im Laufe der Jahre komponierte er für vier Wiener Theater, sodaß es öfter vorkam, daß an ein und demselben Abend in all diesen Häusern Stücke gebracht

*Johann Nestroy*

wurden, deren Musik seiner Feder entstammte. Die unwahrscheinliche Schaffenskraft Müllers läßt eine erstaunliche Bilanz ziehen – er hatte für ca. 640 Bühnenwerke die Musik geschrieben, darunter zu 40 Johann-Nestroy-Possen und mehreren Volksstücken von Ludwig Anzengruber, ferner hatte er rund 400 Gedichte (u. a. von Nikolaus Lenau, Anastasius Grün, Johann Nepomuk Vogl, Ludwig Uhland, Adalbert von Chamisso, Karl Haffner) vertont und damit Kunstlieder, von welchen einige volkstümliche Popularität und Verbreitung fanden, geschaffen. Während hierüber schon vorher ausführliche Werksangaben gemacht wurden, wird später noch über seine Tätigkeit als Musikschriftsteller zu berichten sein. Aber auch die Anzahl der instrumentalen Kompositionen Adolf Müllers ist beträchtlich. Er schrieb Märsche, Tänze und konzertante Stücke für das Pianoforte bzw. diverse Besetzungen, darunter auch Titel wie „An der Donau" oder „An der Theiß". Für die Kirche hatte er 1842 eine Messe in D-Dur verfaßt, später 8 Offertorien und andere Werke.

Um 1820 kam in Szümegh (Sümeg) **Friedrich Müller** zur Welt, der bereits im jugendlichen Alter Lieder vertonte und Bühnenmusik hervorbrachte. Später war er Theaterkapellmeister in Linz. Neben weiteren Kompositionen schrieb er auch eine große Festmesse, welche in einigen Wiener Kirchen zur Aufführung kam.

**Karl Müller** kam 1882 in Budapest zur Welt, wo er zu einem bekannten Dirigenten wurde, eine Messe, zwei Opern sowie Chöre und Lieder schrieb. An der Musikschule in Ofen wirkte er als Professor.

**Tivadar Nachèz** (1859 Pest–1930 Lausanne) hieß eigentlich **Theodor Naschitz**. Als Violinvirtuose war er viel auf Reisen, lebte jedoch hauptsächlich in London. Er schrieb Violinkonzerte u. a.

**Josef Nemeti** stammte aus Budapest (Jahrgang 1881) und wurde 1917 Orchesterdirektor in Leipzig, wo er Klavierstücke, Märsche, Tänze und Orchesterwerke hervorbrachte.

Der in Werschetz 1895 geborene **Max Nermešan** war Violoncellist und Mitglied der Zigeuner-Musikkapelle seines Bruders Jovo. Er war ein ausgezeichneter Kammermusiker und wirkte später im Kurorchester Baden-Baden mit.

In Zalaegerszeg wurde 1891 **Richard Neumann** geboren, der es 1920 zum Theaterkapellmeister in St. Gallen brachte. Er schrieb Bühnenmusik und Lieder.

**Adam-Eduard Niedermayer** aus Elek komponierte um die Jahrhundertwende weltliche und kirchliche Lieder.

**Arthur Nikisch** (12. 10. 1855 Lebény-Szentmiklós – 23. 1. 1922 Leipzig) war ein Wunderkind und hatte eine hervorragende musikalische Laufbahn vor sich: 1878 war er Kapellmeister am Leipziger Stadttheater, von 1879 bis 1889 auf Konzertreise in Amerika, dirigierte er u. a. die Sinfoniekonzerte in Boston, 1893 war er Operndirektor in Budapest, ab 1895 dirigierte er das Gewandhausorchester in Leipzig, 1897 auch das Philharmonische Orchester Berlin. Als Gastdirigent war er u. a. auch in Hamburg und St. Petersburg aufgetreten. Er hatte Orchester- und Kammermusikwerke, Kantaten und Lieder geschrieben.

In Arad kam 1834 der Komponist und Musiklehrer **Sándor Nikolics** zur Welt, der in Pest und Wien studierte. 1857 wirkte er als Kapellmeister einer Theatertruppe in seiner Heimatstadt, Temeschburg, Segedin, Maria-Theresiopel und Groß-Betschkerek. Ab 1862 wieder Kapellmeister in Temeschburg, wirkte er abermals als Flötist am Nationaltheater zu Pest, zugleich als Dirigent an der griechisch-orthodoxen Kirche. Von 1865 bis 1875 betätigte er sich als Professor für Flöte an der Musikschule, 1870 auch an der Landestheaterschule, 1875 wurde er Professor für Kompositionslehre an der Musikakademie. 1884 bestellte man ihn zum Musikreferenten des Opernhauses, 1889 wurde er Direktor der ungarischen Musikschule. Er schrieb 1885 die ungarische Hymne, komponierte die Musik zu vielen Theaterstücken und übersetzte Bühnenwerke. 1895 starb er in Budapest.

Der 1834 geborene **Martin Novaček** wird zwanzig Jahre später erstmals in Weißkirchen erwähnt, wo er als Musiker, Organist und Dirigent der städtischen Musikschule tätig war. Das Wochenblatt „Die Nera" berichtete: „Am 1. November 1868 eröffnete Regenschori und Chormeister Martin Novaček eine private Gesangs- und Musikschule"; am 1. Oktober 1870 begründete er eine solche auch für Kinder. Das erwähnte Blatt berichtete am 26.11.1871 u.a.: „Von den Solo-Piecen ist besonders zu erwähnen ‚Serenade' von Gounod, auf dem Klavier vorgetragen von Frl. Nickerl, der sehr talentierten Schülerin des Chormeisters Herrn Novaček, ferner „Eine Gerichtsscene", Terzett von Schäffer ... Die jugendlichen Sängerinnen entfalteten wirklich prächtige Stimmittel, und es gebührt dem Herrn Chormeister Novaček auch hier wieder das Verdienst, die schlummernden Talente geweckt und zur Blüte gebracht zu haben." Nach der Übersiedlung der Familie nach Temeschburg trat Martin Novaček 1871 dem „Temeswarer Philharmonischen Verein" bei, wo er aktiv und leitend tätig wurde. Ein Jahr später wurde er an der Musikschule Klavierlehrer. Verdienstvoll waren seine Anregungen zur Pflege der Kammermusik. Von 1876 bis 1886 bildete der Künstler mit seinen Söhnen die „Kammermusikvereinigung Familie Novaček"; mit dieser gab er regelmäßig Konzerte und unternahm auch eine Gastspielreise ins Ausland. Bevor er am 19.3.1906 in einem Wiener Sanatorium starb, hatte er im Temeschburger Musikleben als Chorleiter, Domorganist und Regenschori, als Musikpädagoge und Kammermusiker erfolgreich gewirkt. Seine Söhne:

**Karl Novaček** dürfte um 1868 in Weißkirchen zur Welt gekommen sein. Nachdem er Militärkapellmeister gewesen war, betätigte er sich als Solocellist an der ungarischen Oper in Budapest.

**Ottokar Novaček** (1866 Weißkirchen – 1900 New York) war Mitglied des Leipziger Gewandhausorchesters und als 2. Violinist, später als Bratschist auch des Brodsky-Quartetts. 1891 wirkte er im Boston Symphony Orchestra unter seinem Landsmann Arthur Nikisch und im Orchester der Metropolitan Opera in New York. Kompositionen – Opus 5 Acht Konzert-Capricen; 6 Serbische Romanze; 7 Suite; 8 Concerto eroico; 9 Sechs Gedichte („Horch, welch süße Vogellieder" / „Stehst verwundet, Birke" / „Mandelbäumchen schmückt zur Zeit" / „Die Spur zweier Mädchenfüße" / „Nicht traf der Wind vom Bergrevier" / „Es war zur goldenen Frühlingszeit"), 10 Quartett Es-Dur; Bulgarische Tänze für Violine und Klavier.

**Rudolf Novaček** (1860 Weißkirchen – 1929 Prag) war ein ausgezeichneter Geiger und Dirigent, der sich auch in Rumänien, Bulgarien, Rußland, Holland und Belgien einen guten Ruf verschaffte. Nachdem er Militärkapellmeister war, begab er sich als Musiklehrer nach Temeschburg. Der Umfang seiner diversen kompositorischen Werke beträgt über 90 Opuszahlen. Besonders bekannt wurde sein „Castaldo-Marsch", der auch auf zahlreichen Schallplatten aufgenommen wurde.

Von **Viktor Novaček,** in Weißkirchen oder Temeschburg geboren, liegen keine näheren Lebensdaten vor. Nach seinem Musikstudium in Prag und Leipzig wurde er Musiklehrer und Konzertmeister in der finnischen Hauptstadt Helsinki.

Der 1858 in Temerin (Batschka) geborene **Johann Oswald** brachte 1908 ein in ungarischer Sprache verfaßtes Werk heraus: „Nationale Tonkunst. Eine historisch-kritische Studie". Ab 1903 lehrte er in Budapest an der Musikakademie.

Von dem 1836 in Pest geborenen **Anton Panhans** sind bekannt: „Willkommen-Marsch" und „Herlinger Polka-Mazur".

**Casimir von Pasthory** kam 1886 in Budapest zur Welt. Er lehrte am Wiener Volkskonservatorium. Kompositionen: Oper, Melodram, Klavier-Trio und Rilke-Lieder.

Die Violinvirtuosin **Palma von Pasthory** stammte gleichfalls aus Budapest (Jahrgang 1884). Sie lebte zuletzt in Tutzing bei München.

Auch **Ilonka von Pathy** war Budapesterin. 1894 geboren, wirkte sie als Pianistin in Berlin.

**Emil Paur** (1855 Czernowitz – 1932 Mistek/Mähren) studierte in Wien und wurde ein beachteter Dirigent, Klavier- und Violinvirtuose. Nachdem er in Mannheim und Leipzig Opernkapellmeister war, dirigierte er die Symphoniekonzerte in Boston und war von 1898 bis 1903 Direktor des Nationalkonservatoriums in New York. Von 1904 bis 1910 war er als Konzertdirigent in Pittsburg tätig und von 1912 bis 1913 königlicher Opernkapellmeister in Berlin. Er schrieb Klavierkonzerte und Stücke für dieses Instrument und für die Violine u.a.

**Anton Pavelka** (1866–1906) hatte für die Werkskapelle in Reschitza komponiert.

Die Komponistin **Dora von Pejacsevich** (1885 Budapest – 1923 München) hatte in Agram und Dresden studiert und schrieb Sinfonien, Kammermusik, Klavierkonzerte, Sonaten und Lieder.

**Heinrich Petri** (1876 Nakodorf – 1950 Balatonakarattya) initiierte und leitete vor dem ersten Weltkrieg den Musikverein in Rákospalota, einem Stadtteil von Budapest. Er hatte bei seinem Onkel Johann Petri, dem Leiter der dörflichen Streichkapelle, gelernt. Nach seiner Dienstzeit bei der ungarischen Militärmusik studierte er bei Professor Hubay. Er war Mitglied des Budapester Opernorchesters und der Philharmonie. Im eigenen Haus unterhielt er auch eine Musikschule.

(Dr. jur.) **Dragan Plamenac** hatte in Prag, Paris und Wien studiert und komponierte in Agram, wo er 1895

*Heinrich Petri aus Nakodorf als Leiter des Musikvereins Rákospalota vor dem Ersten Weltkrieg*

*Josef Pulyer (Puljer) aus Groß-Jetscha mit seiner Eisenbahner-Kapelle in Budapest*

zur Welt kam, Klavierstücke, Streichquartette und Chöre.

**Felix K. Pichler** (1833–1876) aus Fünfkirchen war Direktor des Konservatoriums in Klausenburg und schrieb Klavierstücke, Quartette, Sinfonien und Chöre.

Cilli war die Heimat von **Victor Poigar**, 1891 geboren; er komponierte Lieder. 1916 ist er als Fliegeroffizier gefallen.

**Eduard Poldini**, 1869 in Pest geboren, lebte seit 1908 in Vevey in der Schweiz und komponierte Opern, Märchenspiele, Klavierstücke und Lieder.

Der 1832 in Pest geborene **Adolf Pollitzer** war Violinvirtuose und wirkte an der Musikakademie in London, wo er 1900 starb.

**Josef Pulyer** (Puljer) aus Groß-Jetscha war 1897 Kapellmeister der Eisenbahnerkapelle in Budapest. – Sein Bruder Peter Pulyer begab sich nach Amerika, wo er u. a. bei Schallplattenaufnahmen dirigierte.

Der aus Billed stammende **Philipp Ramacher** war um die Jahrhundertwende mit der Knabenblaskapelle Nikolaus Schilzonyi in Amerika, kehrte jedoch nicht zurück und wurde Musiker am Theater zu Los Angeles.

**Anton Rausch**, Jahrgang 1890, stammte aus Tschakowa und komponierte den „Ernst-König-Marsch".

Über **Alois Reinprecht** liegen keine Lebensdaten vor, er dürfte jedoch in der Zips beheimatet gewesen sein. Seine in Ungarn gedruckten Kompositionen sind in der Regel zweisprachig betitelt:

Op. 7 „Die Verlobte" (A mátka, polka-Maz. zongorára), op. 20 „A zöld hegyekböl. Keringö zonogorára" (Aus den grünen Bergen, Walzer), op. 24 „Találka Koritnyczán zonogorára" (Rendezvous in Koritnycza, Walzer), op. 28 „A szepesi fensikom" (Im Zipser Hochlande, Polka), op. 30 „Tátrai visszhangok" (Echo aus der Tatra, Walzer), op. 31 „Hydropathen-Polka", „Marsch aus Anlaß des Einzuges der Kronprinzessin Stefanie".

**Eduard Reményi** (Hoffmann) kam um 1828 in Miskolc zur Welt und starb 1898 in San Francisco. In Wien ausgebildet, wurde er zu einem hervorragenden Violinvirtuosen, der sehr viel gereist ist. So war er 1854 Sologeiger der englischen Königin. 1875 trat er in Paris auf. Er komponierte Violinkonzerte.

**Paul Richter,** 1875 in Kronstadt geboren, wurde in Leipzig u. a. bei A. Nikisch ausgebildet. Ab 1898 war er in seiner Geburtsstadt Chor- und Orchesterdirigent, 1918 übernahm er die Leitung des Philharmonischen Orchesters. 1928 wurde er Direktor des Konservatoriums, seit 1935 war er in Hermannstadt tätig. Er komponierte 4 Sinfonien, 2 Orchestersuiten, Ouvertüren, Kammermusik, Chöre und Lieder.

Die bedeutende Pianistin **Alice Ripper** aus Budapest, geboren 1889, betätigte sich ab 1919 in München.

**Josef Riszner** (1824 St. Georgen im Komitat Turóc bis 1889 Jászberény) gründete im letzteren Ort einen Gesangverein und komponierte ungarische Lieder, Tänze u. a.

**Franz** (Ferenc) **Romagnoli** wurde im Banat geboren. In Budapest wurde er Mitglied des Opernorchesters und an der Hochschule für Musik Professor (Horn-Meisterklasse). Mit einer Werschetzerin verheiratet, gab er während des 1. Weltkrieges dort mehrere Konzerte.

Der Konzertpianist **Anatol von Roessel,** geb. 1879 in Budapest, hatte in mehreren Städten Deutschlands und Rußlands erfolgreiche Auftritte. In Leipzig und Erfurt wirkte er als Klavierpädagoge.

**Peter Rohr** (1881–1956) aus Darowa/Daruvár/Darova spielte bereits mit zehn Jahren in der örtlichen Blaskapelle das Euphonium. Mit 14 kam er als Regimentsjunge zur Militärmusik nach Weißkirchen. 1890 erhielt er eine Anstellung als Cellist am Theater an der Wien. 1902 folgte er einem Ruf an die Betriebs-Blaskapelle in Reschitz. Dort wurde er auch Chorlehrer und Dirigent dreier Gesangsvereine. Im Jahre 1920 hatte er die Gesamtleitung des 65 Mann starken betrieblichen Blas- und Streichorchesters übernommen. Rohr dirigierte auch bei zahlreichen Opern- und Operettenaufführungen. Von seinen Kompositionen ist nur mehr eine Jubiläumsmesse (op. 18) bekannt.

**Alois Rosenberg-Ružić,** 1870 in Waras(ch)din geboren, studierte am Konservatorium in Wien und wurde von 1891 bis 1895 Domkapellmeister in Spalato/Split, danach Stadtkapellmeister in seiner Geburtsstadt und Direktor des Konservatoriums in Agram. Kompositionen: Ouvertüren, Klaviersonaten, Chöre und Lieder. Er gab auch eine Klavierschule heraus und bearbeitete mehrere kroatische Volkslieder.

Der 1878 in Ungarn geborene **Max Roth** war mehrere Jahre lang in Berlin tätig, ab 1934 war er in Zürich Operettenkapellmeister. Er komponierte Unterhaltungsmusik.

In Marienfeld/Mariafölde/Teremia Mare kam 1873 **Johann Rottenbücher** zur Welt, wo bereits sein Vater Kapellmeister war. Rottenbücher unternahm mit einer von ihm gegründeten Kanbenblaskapelle ausgedehnte Konzertreisen. Nachdem er in Hatzfeld als Primgeiger tätig gewesen war, wirkte er u. a. in Heufeld und Mokrin als Kapellmeister. 1912 und 1913 besuchte er die königlich-ungarische Landesmusikakademie. Von seinen Kompositionen ist sein „Mausi-Walzer" und „Peter und Paul Marsch" (in Wien im Druck erschienen) bekannt. Zuletzt war er Musiklehrer in Großkikinda. 1954 starb er in Obertraubling.

**Emil Salzer** (geb. 1873) kam aus Raab. Von 1890 bis 1902 war er Kapellmeister an einigen Provinztheatern. Danach begab er sich als Konzertsänger nach Leipzig. Er war auch Dirigent mehrerer Gesangvereine. Kompositionen: Chorlieder (u. a. „Lenzbilder", „Morgengruß").

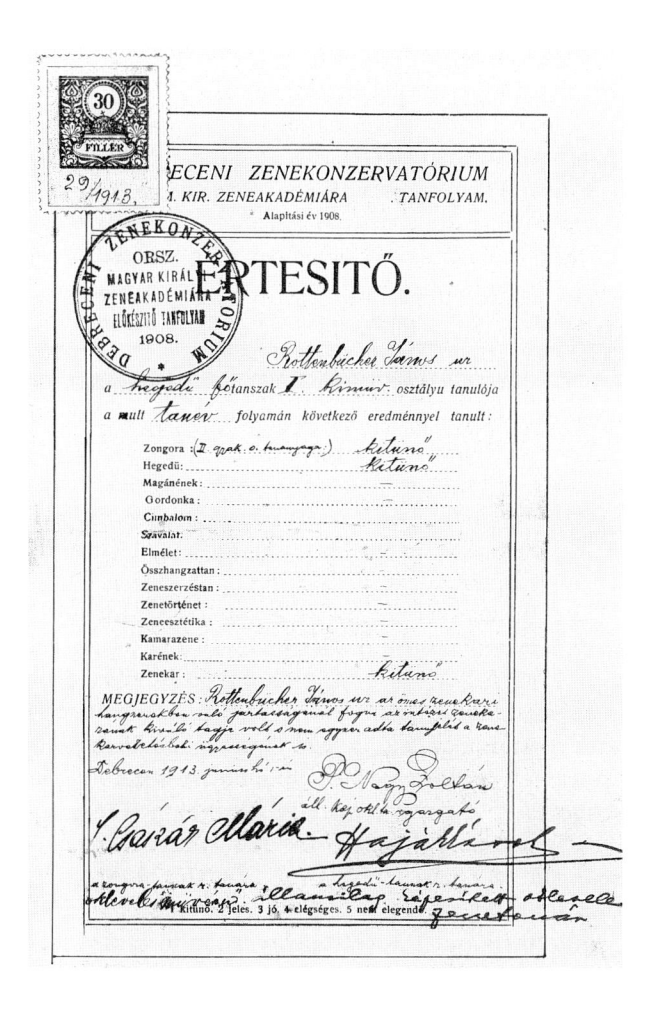

*Johann Rottenbücher aus Marienfeld besuchte, wie manche andere Landsleute auch, ein Konservatorium. Sein Zeugnis aus Debrezin vom Jahre 1908 bescheinigte ihm in den Fächern Klavier, Violine und Orchester die Note „ausgezeichnet" und Tüchtigkeit als Orchestermitglied und im Chordirigieren*

**Franz Schibringer** war Mitglied der Knabenblaskapelle Johann Weber in Klein-Betschkerek (um 1884) und wurde später Lehrer an einer Musikschule in Wien.

In Komorn kam 1882 **Ludwig Schmidthauer** zur Welt. Als Orgelvirtuose reiste er viel und fand auch bei Auftritten im Ausland Anerkennung. In Budapest war er Hochschul-Professor. Werke: Orgelstücke und -phantasien.

Der 1905 in Kaschau geborene **Ludwig Schmidts** wurde u. a. in Leipzig ausgebildet und betätigte sich später als Konzertsänger, als Chormeister der Deutschen Liedertafel und als Musikschriftsteller in Bukarest.

**Mikulas Schneider-Trnavsky** kam 1881 in Tyrnau/Trnava (heute in der Slowakei gelegen) zur Welt, wo er als Musikinspektor wirkte und Orchesterstücke, Chöre und Lieder schrieb; er war auch Herausgeber slowakischer Volkslieder.

Aus Pest kam **Ludwig Schnöller** (Jahrgang 1862) der mit **Julius Káldi** die Ungarische Musikschule gründete und ihr späterer Direktor wurde. Er erfand auch ein Streichklavier und schrieb ungarische Werke zur Musikkultur.

**Max Schönherr,** der bekannte Dirigent des Wiener Rundfunkorchesters von 1931 bis 1964, wurde 1903 in Marburg a.d. Drau geboren. Vorher betätigte er sich als Opernkapellmeister, u. a. in Graz. Er schrieb Sinfonien, Kammermusik und Lieder. Sein Vater – **Max Schönherr senior** – hatte von 1898 bis 1918 die Musikkapelle der k.k. Südbahnwerkstätten in Marburg geleitet.

In Budapest wurde 1906 **Georg Schuler** geboren, der dort als Kapellmeister wirkte, weltliche und Kirchenmusik komponierte.

Der Violinvirtuose **Alexander Sebald** (1869 Pest bis 1934 Chicago) gehörte dem Gewandhaus-Quartett in Leipzig an, 1903 begab er sich auf Konzertreisen, 1907 eröffnete er in Berlin eine Violinschule, 1913 und 1914 betätigte er sich in Paris. In Chicago stand er einem Streichquartett vor. Er komponierte u. a. Violinstücke und Lieder und gab das Werk „Geigentechnik" heraus.

Die Komponistin **Gisela Selden** aus Budapest, Jahrgang 1884, schrieb sinfonische Dichtungen, Kammermusik und Gesänge.

Auch **Albert Siklos,** 1878 geboren, war Budapester, wo er Professor an der Landes-Musikakademie wurde. Er schrieb Bühnen- und konzertante Musik und gab u. a. in ungarischer Sprache die „Geschichte der ungarischen Musik" heraus.

In Czernowitz wurde 1876 (Dr. jur.) **Philipp Silber** geboren, der in Wien tätig war und Orchestermusik, Tänze und Lieder sowie eine Oper schrieb.

**Edmund Singer** (1831 Totis/Tata – 1912 Stuttgart) war Geiger und Hofkonzertmeister in Weimar (1854 bis 1856) und Stuttgart (1856–1903). Hier lehrte er auch am Konservatorium. Er komponierte Violinstücke und gab eine Schule heraus.

Der 1879 in Budapest geborene Pianist **Richard Singer** wirkte in Hamburg.

(Dr. phil.) **Božidar Sirola**, 1889 in Zakanj geboren, wurde in Wien ausgebildet und lebte in Agram. Kompositionen: Oper, Oratorien, Kammermusik, Chöre und Lieder.

**Helmut von Sokol** kam 1904 in Laibach zur Welt, wurde in Graz ausgebildet und wirkte in Berlin. Er schrieb Operetten, sinfonische Werke, Lieder und Chansons.

**Peter Speckert** aus Liebling (ca. 1861–1941) komponierte u. a. die Konzertpolkas „Erwacht vom Traum", „Gute Nacht, lieb Vögelein", und „Die Forelle".

Der Klaviervirtuose **Imre Stefaniai**, 1885 in Budapest geboren, war von 1914 bis 1926 spanischer Hofpianist und ab 1927 Hochschulprofessor für Musik in seiner Heimatstadt. Er schrieb 2 Klavierkonzerte und andere Klavierstücke.

**Ludwig Steiger** (1862–1901) aus Komorn unterrichtete Harmonielehre am Nationalkonservatorium Budapest. Werke: Rhapsodien, Ballett „Neuer Romeo", Streichquartette, Männer- und Frauenchöre und Kunstlieder, z. B. „Abendständchen" und „Vesper".

**Josef Stein** (um 1890 Werschetz – 1918 Budapest) wirkte nach seinem Studium in Wien als virtuoser Kontrabassist im Orchester der Budapester Staatsoper.

Aus dem dalmatinischen Zara (Zadar) stammte **Hugo Steiner**, Jahrgang 1862, der ebenfalls in Wien studierte, ab 1883 im Hofopernorchester mitwirkte und ab 1907 am Konservatorium lehrte. Er schrieb Kompositionen namentlich für die Bratsche.

Aus Sankt-Anna im Banat stammte **Michael Steiner**, der um die Jahrhundertwende u. a. folgende Titel schrieb: „Nagy-Szent-Mikloser Leben", Marsch; wahrscheinlich auch „Mädchen in der Nationaltracht" und „Warjascher Madln"; „Die große Partie" und „Die kleine Partie", beide Ländler, könnten auch von seinem Vater, Lambert Steiner, komponiert worden sein.

**Eduard Stocker** (1842 Pest – 1913 Wien) war ein geschätzter Pianist und komponierte Klavierstücke und Lieder. – Sein Bruder, **Stefan Stocker**, wurde 1845 in Pest geboren und starb 1910 in Wien. Auch er schrieb Klavierstücke und Lieder.

**Otto Sykora** leitete von 1906 bis 1930 die Werkskapelle in Reschitz und komponierte.

**Karl** (Károly) **Szabados** (1860 Pest – 1892 Budapest) war ab 1880 in Klausenburg Dirigent am ungarischen Nationaltheater und hernach Korrepetitor am Budapester Nationaltheater. Er betätigte sich auch als Gesanglehrer und komponierte das erfolgreich gewordene ungarische Ballett „Viora", welches 1891 aufgeführt wurde. Weitere Werke: Opern, Orchesterstücke und Chöre.

Der Klaviervirtuose **Janos Szegheö** (1898–1930) aus Budapest komponierte Klavierstücke und Lieder.

**Imre Szekely** (1823 Matyfalva – 1887 Budapest) war Pianist und hinterließ Orchester- und Kammermusik, Klavierstücke und Lieder.

Der Geiger **Zoltan Székely** kam 1903 zur Welt, wirkte in Budapest, war aber auch viel auf Reisen, vor allem in Holland. Er komponierte Kammermusik.

Aus Budapest stammte der 1887 geborene **Georg Szell**, der als Pianist und Komponist Beachtung fand. 1915 war er Korrepetitor an der Hofoper Berlin, danach Opernkapellmeister in Straßburg, Prag, Budapest, Darmstadt, Düsseldorf und von 1923 bis 1929 in Berlin. 1929 wurde er Operndirektor in Prag. Er brachte mehrere Orchesterwerke hervor.

**Alfred** (Aladár) **Stendrei** war Dr. phil und wurde 1884 in Budapest geboren. Ab 1905 betätigte er sich als Kapellmeister an deutschen und amerikanischen Opern. Von 1926 bis 1931 war er in Leipzig Direktor des Rundfunks, hernach in Berlin. Er schrieb Bühnenmusik und andere konzertante Musik, auch Chöre und Lieder. Außerdem veröffentlichte er: „Dirigierkunde" und „Rundfunk und Musikpflege".

**Arpad Szendy** (1863 Szarvas – 1922 Budapest) war seit 1890 Klavierlehrer an der Landesakademie. Kompositionen: Konzerte, Rhapsodien für Klavier, Lieder.

Der 1897 in Budapest geborene **Alexander Michael Szenkar** wurde später Theaterkapellmeister in Graz. Er schrieb Bühnenwerke, Kammermusik und Lieder.

Auch **Eugen Szenkar** war Budapester, Jahrgang 1891, wo er ab 1911 Opernkapellmeister wurde; 1922 war er in gleicher Eigenschaft in Frankfurt a. M., 1923/24 in Berlin und 1924 bis 1933 in Köln. 1934 wurde er Dirigent der Philharmonie in Moskau. Er war Komponist zahlreicher konzertanter Werke.

**Josef Szigeti**, 1892 in Budapest geboren, war Violinvirtuose und von 1917 bis 1924 Lehrer am Genfer Konservatorium. Danach lebte er in Paris.

In Neusatz kam 1899 **Lajos Szikra** zur Welt, ein vielgereister Violinvirtuose, der Violinstücke komponierte.

Der 1880 in Budapest geborene **Albert Szirmai** komponierte Operetten und Chansons.

*Albert Szirmai*  *Georg Wagner*

**Andreas Szommer** kam 1861 in Segedin zur Welt. Er wirkte im Domorchester zu Wesprim mit, später wurde er Violinprofessor in seiner Heimatstadt. Er komponierte ungarische Lieder, schrieb ein „Ave Maria" und war Redakteur der Segediner Musikzeitung.

Der 1891 in Arad geborene Geiger **Emil Telmányi** wurde in Budapest ausgebildet. Hernach war er viel auf Reisen, seit 1919 lebte er in Kopenhagen. Er bearbeitete Klavierstücke namhafter Komponisten.

**Thomas Thaller** (1859–1920) aus Schaumar/Solymár war Kapellmeister der örtlichen Blaskapelle und komponierte u. a.: „Freudenreich-Marsch", „Generalmarsch", „Gruß an Wien" (Marsch). Er schuf aber auch bereits Blasmusiklieder mit eigenen Texten, z. B. „Du bist zu schön, um treu zu sein". **Thomas Thaller jun.** wurde ebenfalls ein erfolgreicher und komponierender Kapellmeister.

**Mathias Thierjung** aus Bogarosch im Banat ging aus der Knabenblaskapelle Nikolaus Schilznoyi hervor und wurde kurz nach der Jahrhundertwende 1. Flügelhornist am Theater in Prag, später angeblich auch Dirigent.

In Homenau/Homonna/Humenné wurde 1862 **Stefan Thoman** geboren, ein Schüler von Erkel und Liszt. In Budapest war er von 1888 bis 1906 Professor an der Musikakademie. Dazwischen hatte er sich auf in- und ausländische Konzertreisen begeben. Er komponierte Rhapsodien und Lieder und veröffentlichte ein Buch „Technik des Klavierspielens".

Der 1882 geborene **Ladislaus Toldy** (der Großvater schrieb sich noch Schedel) war am Nationalkonservatorium ab 1904 Professor und schrieb Opern, Symphonien und Lieder.

In Warasdin kam 1848 **Carl Udel** zur Welt, der als Lehrer für Violoncello am Konservatorium in Wien tätig war und ein beliebtes humoristisches Gesangquartett begründete. 1927 starb er in Wien.

**Johann Vegh von Vereb** kam 1845 in Spatzendorf (Vereb) im Komitat Fejér zur Welt und schrieb in Budapest, wo er 1918 starb, Opern, Kammermusik, Klavierstücke, Lieder und Messen.

In Igal (Komitat Somogy) wurde um 1850 **Georg Vero** (Hauer) geboren. Am Budapester Volkstheater wurde er Regisseur. Er komponierte Operetten und Lieder.

**Emmerich Vidor** aus Budapest, Jahrgang 1893, wirkte als Klaviervirtuose in Saarbrücken und von 1919 bis 1931 in Berlin. Kompositionen: Klavierstücke, Violin-Sonaten und Lieder.

**Franz S. Vilhar** (1852 Senožeće – 1928 Agram) wurde in Prag ausgebildet und war ab 1873 Domorganist in Temeschburg und ab 1882 in Karlstadt/Karlovac Musikschuldirektor. Werke: Messen, Chöre, Lieder, kroatische Opern, Orchesterstücke, Klavierwerke.

**Georg Wagner** aus Orzydorf komponierte vor 1914 u. a. die „Adel-Polka" und einen „Kirchweihmarsch".

*Kapellmeister Georg Wagner komponierte 1911 in Orzydorf die „Adel-Polka"*

Der am 28.8.1903 in Sächsisch-Regen geborene **Rudolf Wagner-Régeny** wurde in Berlin und Leipzig ausgebildet und wirkte hernach hauptsächlich in Rostock und Berlin. Er wurde durch seine Opern (namentlich „Der Günstling", 1935 uraufgeführt), der Musik zum „Sommernachtstraum" (1934), Ballette, Klavierwerke und Lieder bekannt.

**Emmerich (Imre) Waldbauer** (1892 Budapest – 1952 Iowa/U.S.A.) wurde in der ungarischen Hauptstadt ausgebildet und war der Gründer des „Ungarischen Streichquartetts" (um 1909). Ab 1928 war er an der ungarischen Landeshochschule für Musik tätig, ab 1947 an der Universität in Iowa.

Der Violinvirtuose **Stefan Walker**, geb. 1867 in Raab, wurde an der Musikschule tätig. Darauf lebte er 19 Jahre lang in Lugosch als Chordirigent und Leiter des Gesang- und Musikvereins. In Ödenburg wurde er 1910 Chordirigent, Kapellmeister des Musikvereins und Direktor der Musikschule. Er trat auch mit großem Erfolg in Wien, Dresden und anderen Städten auf und brachte mehrere Kompositionen hervor.

Der Gitarre-Lehrer und Musikschriftsteller **Hans Wamlek**, 1892 in Marburg a. d. Drau geboren, lebte seit 1919 in Graz. Er schrieb Lieder mit Gitarrenbegleitung.

Aus Budapest kam der Pianist **Alfred (Aladár) Weigerth**, der auch in Berlin wirkte. Kompositionen: Operetten, Kammermusik, Klavierstücke, Tänze, Lieder.

Der 1885 in Budapest geborene **Leo Weiner** war da seit 1903 Theorielehrer und komponierte u. a. Kammermusik und Klavierstücke.

Die Violinvirtuosin **Gabriele Wietrowetz** kam 1866 in Laibach zur Welt und war vor allem in Berlin tätig, wo sie von 1902 bis 1911 Hochschullehrerin war.

Der Priester und Kirchengesangslehrer **Isidor Worobiewicz**, 1836 in Czernowitz geboren, schrieb liturgische Schriften, Singspiele, Melodramen und ukrainische Lieder.

Dr. phil. **Eugen Zador** wurde 1894 in Bátaszék/Badenseck geboren und lebte von 1915 bis 1920 als Musikkritiker in Fünfkirchen, danach als Lehrer für Komposition am Konservatorium in Wien. Er schrieb Opern, Sinfonien, Orchester- und Klavierstücke, Lieder.

**Leopold Alexander Zellner** (23.9.1823 Agram bis 24.11.1894 Wien) wurde schon früh in der Musik unterwiesen. Mit 15 Jahren wurde er Organist. 1849 begab er sich nach Wien. Er war Harmonium-Virtuose und Theorielehrer und wurde 1868 Generalsekretär der Gesellschaft der Musikfreunde. Zellner komponierte Orgel- und Klavierstücke, Chöre und Lieder; außerdem schrieb er „Vorträge über Akustik", „Vorträge über Orgelbau", eine Harmonium-Schule und gab von 1855 bis 1868 „Blätter für Theater, Musik und bildende Kunst" heraus.

**Franz Zemmel** aus Großkowatsch/Nagykovács schrieb 1903 die „Orion-Polka", 1904 „Aus dem Herzen", Mazurka, und „Weihnachtsklänge".

Der 1887 in Gran geborene **Nándor Zsolt** war ab 1908 mehrfach als Konzertmeister in London tätig. Ab 1919 war er in Budapest Violinlehrer an der Hochschule. Er schrieb Sinfonien, Klavierwerke und Violinstücke.

b) Musik-Direktoren

Aus Südosteuropa hervorgegangene Musiker, die außerhalb ihres Heimatbereiches Direktorenpositionen erreicht hatten, waren u. a.:

**Max Adler,** der 1863 in Gairing (Gajar/Gajary) zur Welt kam, wurde Direktor einer eigenen Musikschule in Wien.

In Hermannstadt wurde 1890 **Rudolf Bella** geboren. In Wien lebend, gab er eine „Musikpädagogische Zeitschrift" heraus und betätigte sich als Komponist. Ab 1925 war er Vereinsdirektor in Ravensburg und in Romanshorn (Schweiz).

Aus Groß-Kanischa kam **Richard Brodmann** (1858 geboren). Nach seiner Ausbildung in Budapest war er von 1882 bis 1890 Operettenkapellmeister in Neutra, Miskolc und Kaschau. Ab 1890 trat er in Berlin als Musiklehrer und Dirigent auf und war dort auch Direktor eines Konservatoriums.

**Ernst Ferand,** 1887 in Budapest geboren, komponierte Kammermusik, Klavierstücke, Chöre und Lieder. In Laxenburg bei Wien wurde er Direktor der Jaques-Dalcroze-Schule.

Am 27. 12. 1871 kam in Debrezin **Emil Hochreiter** zur Welt, der eine Oper, ein Oratorium, Kirchen- und Kammermusik, Chöre und Mariengesänge schrieb. In Kalksburg bei Wien war er Musikdirektor der Erziehungsanstalt der Gesellschaft Jesu und von 1915 bis 1920 Kirchenmusikdirektor in Wien.

**Adolf Pollitzer** (1832 Pest – 1900 London) war Violinist und Musikpädagoge. Nach erfolgreichen Konzerten in Deutschland und Frankreich kam er nach London. Hier war er als Konzertmeister bei namhaften Orchestern tätig. Von 1861 an war er Professor für Violine an der Academy of Music in London; 1890 wurde er deren Direktor.

Der Budapester **Fritz Reiner,** 1888 geboren, war von 1914 bis 1921 Kapellmeister an der Oper in Dresden. Von 1922 bis 1931 war er Direktor des Sinfonieorchesters in Cincinnati und komponierte Streichquartette und Lieder.

**Ludwig Rottenberg** (1864 Czernowitz – 1932 Frankfurt/Main) war 1891 Theaterkapellmeister in Brünn und von 1892 bis 1925 am Theater in Frankfurt. Zuvor war er in Wien Direktor der Orchestervereinigung der Gesellschaft der Musikfreunde. Kompositionen: Klavierstücke, Lieder usw.

Am 22. 12. (10.?) 1874 kam in Preßburg **Franz Schmidt** zur Welt. Nach seiner Ausbildung war er an der Wiener Hofoper als Violoncellist angestellt. Im Jahre 1910 wurde er an der Akademie der Tonkunst Lehrer, 1925 deren Direktor. Von 1927 bis 1930 übte er das Amt des Rektors an der Hochschule für Musik in Wien aus. Außer Sinfonien, Streichquartetten und Klavierkonzerten wurde von ihm besonders die Oper „Notre Dame" bekannt.

**Peter Stojanovits,** 1877 in Budapest geboren, gründete 1913 in Wien eine „Violinschule für höhere Ausbildung". In Belgrad wurde er 1925 Direktor des Konservatoriums. Kompositionen: Opern, Operetten, Konzertstücke u. a.

In Kronstadt wurde 1866 Dr. **Stefan Temesvary** geboren. Nach seinen Studien in Wien wurde er Theaterkapellmeister in Düsseldorf (1912/13) und Freiburg i. Br. (1913). 1918 wurde er Kapellmeister in Stuttgart und ab 1921 dirigierte er den Cäcilienverein in Frankfurt a. M. sowie den Sängerverein und die Konzertgesellschaft in Offenbach. Ab 1927 war er Universitäts-Musikdirektor in Gießen.

**Carl Wehle** wurde 1868 im damals in Ungarn gelegenen Kovartc bei Groß-Tapolcsany geboren. Er war Violinvirtuose und hatte mit Erfolg Rumänien, die Türkei, Ungarn und zusammen mit Eduard Strauß Rußland bereist. Auch in Österreich und Deutschland war er auf Tournee. 1899 war er mit seinem Orchester in Norwegen, dann leitete er das „Greizer" Philharmonische Orchester. Dort übernahm er auch die Musikschule.

c) Junge Talente

In Budapest wurde 1888 **Stefi Geyer,** die Tochter eines Arztes, geboren. Mit sieben Jahren wurde sie ins Konservatorium aufgenommen. In der Landes-Musikakademie war Prof. Jenö Hubay ihr Lehrer. Als Violinvirtuosin begann sie 1900 in Ungarn aufzutreten und Konzertreisen durch Deutschland, Österreich, Frankreich, Italien usw. durchzuführen. Sie ließ sich in Wien und später in Zürich nieder. Einige Kompositionen für die Violine entstammten ihrer Feder.

Ebenfalls aus Budapest kam auch **Árpád Kun,** der 1894 zur Welt kam. Mit drei Jahren erhielt er bereits Violinunterricht, mit 4 Jahren fand sein erster öffentlicher Auftritt statt. In Paris betrieb er später weitere Studien. Um 1900 begann er nahezu ganz Europa zu bereisen. Auch er schrieb einige Violinstücke.

**Erwin Nyiregyházy** aus Budapest, 1903 geboren, war wegen seiner ungewöhnlichen Begabung schon in früher Kindheit aufgefallen. Er wurde u.a. von Dohnanyi ausgebildet und beherrschte virtuos das Klavier. Längere Zeit verbrachte er auch in Amerika. Seiner Feder entstammten Werke für Orchester, Klavier und Kammermusik.

Der Geiger **Eugen Ormandy**, Jahrgang 1899, war auch Budapester. Nach seiner Phase als Wunderkind begab er sich 1921 nach Amerika, wo er u.a. in New York als Dirigent tätig war.

Die **Brüder Thern** aus Pest (**Louis**, geb. 18.12.1848, und **Willi**, geb. 22.6.1847) wurden von ihrem Vater, Karl Thern, schon früh in Musik unterwiesen und pflegten vor allem das Zusammenspiel auf zwei Klavieren. Bereits im Alter von sieben bzw. acht Jahren erregten sie bei ihren öffentlichen Auftritten in Pest und anderen Städten des Landes Aufsehen. 1864 führte sie eine Konzertreise nahezu durch ganz Deutschland (Leipzig, Weimar, Wiesbaden, Berlin usw.). Sie gastierten aber auch in England, Holland und Frankreich. Die Brüder wurden vom Publikum und der Presse ausnahmslos gefeiert. Sogar Liszt und Rossini zollten ihnen Anerkennung. 1880 begaben sich die Brüder nach Wien, wo sie als Professoren an ein Musikinstitut berufen wurden. Beide hatten auch komponiert.

**Franz von Vecsey** (1893 Budapest – 1935 Rom) war bereits als Zehnjähriger ein anerkannter Violinvirtuose. Seine Ausbildung hatte er von Joachim und Hubay erhalten. Er war viel auf Reisen, lebte in letzter Zeit in Venedig. Er schrieb Streichquartette und Violinstücke.

In Kaschau kam 1864 **Josef Weiss** zur Welt, ein pianistisches Wunderkind. Auch er hatte viele Konzertreisen durchgeführt. Von 1891 bis 1893 wirkte er als Professor am Konservatorium in St. Petersburg. Kompositionen: Klavierstücke, Kammermusik, Lieder.

d) Lehrer, Doktoren und Pfarrer als Kapellmeister und Komponisten

Die Zeit von der Ansiedlung bis zum Ende des 2. Weltkrieges hatte ausgereicht, um typische Formen des beruflichen, gesellschaftlichen und geselligen Lebens der Donauschwaben entstehen und ausreifen zu lassen. So gesehen, gewinnt der für die meisten eingetretene Verlust der Heimat – nebst dem individuellen Schmerz der Betroffenen – auch in kultureller Hinsicht für die Gesamtheit der Gruppe eine besonders tragische Bedeutung.

Was die Musik betrifft, so begleiteten unsere Menschen seit mehr als 130 Jahren namentlich die Blaskapellen mit ihren im wahrsten Sinne des Wortes zur Volksmusik gewordenen Melodien buchstäblich von der Wiege bis zur Bahre. Aber nicht nur das „Volk" selbst, sondern auch den Mittelstand und die Intellektuellen! Diese sind jedenfalls mit der Prägewirkung der genannten Formationen aufgewachsen, feierten als Jugendliche die Kirchweihfeste mit, nahmen am Sonntagstanz teil und begegneten immer wieder diesen Geschehnissen, wenn sie während ihres Studiums, der Militärzeit oder ihres späteren Berufslebens außer Orts nach Hause auf Urlaub kamen.

So ist es sicherlich nicht verwunderlich, wenn so mancher „Intelligenzler" auf dem weiten Gebiet der Musik aktiv blieb oder es erst wurde. Außer zahlreichen Lehrern traten auch Ärzte, Rechtsanwälte, Beamte und sogar Pfarrer als **Komponisten, Kapellmeister, Kapellengründer** und -vorstände oder **Musikschriftsteller** hervor. Einige von ihnen brachten es auch zu überregionaler Anerkennung.

In den bisherigen Abschnitten wurden bereits mehrfach Künstler aus diesem Personenkreis erwähnt – andere wiederum sind später in anderen Zusammenhängen zu nennen. Nachfolgend soll es daher lediglich bei der Nennung einiger Repräsentanten bleiben.

In Ernsthausen leitete vor dem 1. Weltkrieg der **Lehrer Baitz** eine gemischte Kapelle.

**Josef Berauer**, der am 8.4.1864 in Miletitsch in der Batschka zur Welt kam, unterrichtete zunächst als Lehrer in Batsch-Sentiwan und dann von 1886 bis 1927 an der Lehrerbildungsanstalt in Kolotschau/Kalocsa. Hier leitete er den Schülerchor und das Schülerorchester. Ab 1901 war er Domkapellmeister.

Dem Kantorlehrer **Josef Braunhoffner** (1870–1915 Miletitsch) oblag die Redaktion und Administration der Fachschrift „Die Dorfmusik" mindestens von 1901 bis 1904, in welcher er seine Kompositionen „Zur Erinnerung", Polka, und „Damenwahl", Mazur, als Notendrucke anpries.

Der Schuldirektor **Franz Brevis** (Previsz) gründete 1878 in Wetschehausen die erste Blaskapelle und leitete sie auch.

Im Jahre 1866 wurden in Werschetz die Operetten „Die Geisterschlucht" und „Die Chinesen" des Werschetzers Karl Zeh aufgeführt; die Kompositionen dazu stammten von dem in der Stadt tätigen Lehrer und Organisten **Max Daum**.

Der Pfarrer **Geysa Felber** leitete in Großkowatsch/Nagykovácsi eine Streichkapelle, welche allgemein als „Pfarrermusik" bezeichnet wurde. Er war aber auch Kirchenmusiker und gründete einen Kirchenchor. Als Komponist brachte er Messen, Motetten, Graduales und ein Tantum ergo hervor.

Der Arzt Dr. **Josef Fitz** war bei Konzerten als Könner am Violoncello und Kontrabaß hochgeschätzt.

**Johann Götter** (1835–1869) aus Hatzfeld war Lehrer und gründete mehrere Kapellen, u. a. eine in Klein-Betschkerek.

In India errichtete der Lehrer **Wilhelm Gössl** schon vor 1848 eine Blechmusikformation.

**Leopold Herrmann**, Jahrgang 1819, wirkte als Lehrer in Neuarad und leitete in seiner 50jährigen Tätigkeit dort einen Chor und bildete zahlreiche Musikschüler aus. Er komponierte u. a. eine Messe.

In Werschetz dirigierte der Lehrer **Karl Halbhuber** ein Orchester.

**Karl Jaschke** war Lehrer in Karlsdorf und stand dort 1859 einer Kapelle vor.

Prof. Dr. **Lorenz Kesztler** (1892 Kolut – 1978 Budapest) war Doktor der Rechtswissenschaften, studierte aber auch an der Musikhochschule in Budapest, wo er 1918 das Diplom als Komponist erwarb. In der Folgezeit wirkte er jahrzehntelang als Professor für Musiktheorie am Budapester Konservatorium, betätigte sich als Musikschriftsteller und veröffentlichte Kompositionen.

Der evangelische Pfarrer **Elek Kirchner**, 1852 in Mucsfa (Mutschwar) im Komitat Tolnau geboren, war von 1888 bis 1922 in Raab Organist, Chordirigent und Direktor der Musikschule. Er komponierte Kammermusik, Klavierstücke, ungarische Tänze, Männerchöre und Lieder.

In den 60er Jahren des 19. Jahrhunderts gründete der Lehrer **Benedikt Preisz** in Ruma eine Musikschule, wobei sich die Zöglinge verpflichten mußten, hernach in seiner Kapelle mitzuwirken.

**Franz Spanischberger** war Lehrer und hatte in Großkowatsch schon 1840 eine Musikkapelle aufgebaut. Er widmete sich auch der Pflege der klassischen und der Kirchenmusik.

Vermutlich in Freudenthal (Groß-Scham)/Jamu Mare kam **Peter Ströbl** zur Welt, der auch in Groß-Scham als Lehrer beschäftigt war. Hier leitete er einige Orchester und brachte Kompositionen hervor.

**Stefan Tillinger** war vor und nach dem 1. Weltkrieg als Lehrer und Kantor in Tscheb tätig. Er gab als anerkannter Violinvirtuose auch im weiteren Heimatbereich Konzerte als Solist und mit Orchestern.

Aus Sackelhausen stammte der Lehrer **Adam Weimann**, der ab 1900 als Liederkomponist hervortrat.

e) Unsere blinden Musiker

Anhand einiger Beispiele kann aufgezeigt werden, wie sich behinderte Landsleute in ihrer Umgebung zurechtfinden konnten. Diejenigen, die musikalisch begabt waren, hatten gute Chancen zur Lebensbewältigung, denn sie wurden voll akzeptiert.

**Attila Horwath** kam 1862 in Nuštar bei Wukowar in Slawonien zur Welt. Er lebte in Budapest, wo er seit 1889 am Blindeninstitut tätig war, Klavierstücke und Ouvertüren schrieb und im Jahre 1920 gestorben ist.

Der Klavierkünstler und Komponist **Carl Mathes** (15.10.1893 Weißkirchen – 9.5.1957 South Bend, USA) verlor mit zwei Jahren sein Augenlicht. Nach abgeschlossenen Studien an der Landesmusikschule und -akademie in Budapest erwarb er 1918 an der Philosophischen Fakultät für Musikwissenschaften der Universität das Professoren-Diplom. Darauf war er Konzertpianist und Solist beim Budapester Symphonieorchester und Wiener Konzertorchester. 1919 lehrte er an der Städtischen Musikschule in Temeschburg, 1922 wurde er Hofpianist des rumänischen Königs, dann wanderte er nach Amerika aus. Dort wirkte er in verschiedenen Funktionen mit großen Erfolgen. Als Klaviervirtuose komponierte er vor allem zahlreiche und vielbeachtete Werke für dieses Instrument.

In Werschetz war der blinde Klavierstimmer und -lehrer **Ferdinand Rakuff** allbekannt. Er wurde meist von seinem Neffen zu den Kunden geführt; während er das Instrument stimmte, reinigte es der Junge vom Staub.

Aus Bulkes stammte der von Geburt an blind gewesene **Adam Wahl**, der dort 1900 zusammen mit seinem Bruder **Christian** eine Blas- und Streichkapelle gründete und deren Kapellmeister wurde. Er beherrschte zahlreiche Instrumente und hatte ein ausgezeichnetes Gehör. Diese Formation leitete er bis 1928. Während des 1. Weltkrieges spielte er auf der Geige, begleitet von einem Harmonikaspieler. Nachdem er die Formation an den aus Slankamen zugezogenen Philipp Klaar übergeben hatte, trat er nur mehr mit einer 3-Mann-Kapelle auf.

In der „Neuen Banater Zeitung" vom 15.3.1978 berichtete Jakob Leptich über die im Jahre 1908 in Neupanat/Ujpánad/Horia gegründete und von Peter Unterländer geleitete Blaskapelle wörtlich: „Das Kuriosum dieser Musikgruppe war, daß der blinde **Josef Waschbill** die Trommel schlug."

Der am 22. April 1885 in Heufeld geborene **Gustav Schnitzl** war zwar selbst nicht blind, doch hatte er in seinem späteren Berufsleben jahrzehntelang mit Blinden zu tun. Nachdem er im Heimatort die Volksschule besucht hatte, erlangte er 1904 in Segedin sein Volksschullehrer-Diplom. Entsprechend begabt, stellte er während seiner Studienzeit kleinere Gesang- und Musikgruppen zusammen und leitete sie. Von 1904 bis 1906 in Kleck/Bégafő/Klek als Lehrer tätig, brachte ihn ein Klassenausflug nach Segedin mit der Blindenanstalt in Berührung. Nach zweijährigem Studium an der Heilpädagogischen Hochschule in Budapest arbeitete er von 1908 bis 1910 am Taubstummen-Institut in Kecskemét und danach bis 1922 in Segedin. Er wirkte nebenbei in verschiedenen Orchestern als Violinist und auf anderen Instrumenten mit. 1922

*Gustav Schnitzl (Bildmitte) und sein Gesangchor der Blinden „Homeros"*

begab er sich nach Budapest, wo er Generalsekretär des Musikverbandes wurde. 1923 wurde er Musiklehrer am Landes-Blindeninstitut. Im Unterricht mit den ihm anvertrauten Kindern und Jugendlichen entwickelte er eine neue, einzigartige Methode. Hatte es bislang nur Blinden-Chöre mit Musikbegleitung gegeben, so erreichte Schnitzl in mühevoller Arbeit, daß die Blinden a capella singen konnten. 1928 gründete er den „Blindenchor Homeros", der weltbekannt wurde. 1936 wurde Gustav Schnitzl der Doktor-Titel verliehen. 1940 wurde er Direktor des Instituts und noch im selben Jahr Direktor der Landesblindeninstitute, aber auch Oberinspektor des Blindenwesens in Ungarn. Dr. Eugen Hubay schrieb nach einem Konzert des „Homeros"-Gesangchores folgende Kritik: „In Ungarn gibt es kaum seinesgleichen und auch im Auslande könnte ich ihn nur mit dem italienischen Sixtiner-Chor vergleichen." Schnitzl starb am 29. November 1977 in seinem Budapester Institut.

f) Bei uns zu Gast bzw. heimisch geworden

Auch in diesem Zeitabschnitt nahmen zahlreiche Musikschaffende Gelegenheiten wahr, um in unseren Heimatraum zu kommen und sich mit ihrer Kunst an der kulturellen Entfaltung zu beteiligen. Oft handelte es sich auch um Persönlichkeiten mit Klang und Namen, für andere wiederum waren es die ersten Sprossen auf ihrer Erfolgsleiter. Manche kamen und blieben. Es gab aber auch Künstler, die lediglich im Rahmen einer begrenzten Verpflichtung verweilten oder sich auf Gastspielreise befanden. Wie schon bisher beobachtet, handelte es sich auch bei diesen Menschen um Angehörige verschiedener Nationalitäten und Religionen. Von wo immer diese Kräfte nach dem Südosten gekommen waren, sie alle leisteten einen Beitrag zum Kulturleben dieses Raumes.

**Ferdinand Bilek,** 1868 in Jarmeritz/Mähren geboren, war von 1908 ab Stadtkapellmeister in Hermannstadt, wo er auch Ouvertüren, Märsche und Tänze schuf.

**Karl Binder** (1816–1860) aus Wien, dessen Vater aus Kaschau stammte, war u. a. in Preßburg Theaterkapellmeister. Er schrieb die Musik zu rund 260 Bühnenwerken.

**Hermann Bönicke,** der 1821 in Endorf zur Welt kam, war seit 1861 in Hermannstadt als Musikdirektor tätig. Er gab Werke zum Orgel- und Klavierspiel heraus.

In Wien wurde 1865 **Theodor Friedrich Bolte** geboren. Er studierte u. a. in Budapest, leitete hier ab 1902 die Innerstädter Klavierschule und gab einen „Führer durch die ungarische Musikliteratur" heraus.

Aus Lemberg stammte **Franz Albert Doppler,** Jahrgang 1821, der von 1838 bis 1845 erster Flötist am deutschen Theater in Pest und danach bis 1858 am ungarischen Nationaltheater war. Anschließend begab er sich nach Wien. Von Interesse sind besonders seine in Pest uraufgeführten Opern, z.B. „Benyovszky" (1847), „Ilka" (1849), „Wanda" (1850). Er schrieb aber auch Klavier- und Kammermusik. 1883 starb er in Baden bei Wien. – Sein Bruder, **Karl Doppler** (1825 Lemberg – 1900 Stuttgart), war ebenfalls Flötist am deutschen Theater und dann am Nationaltheater in Pest; hier auch als zweiter Kapellmeister. Von 1865 bis 1898 war er als Kapellmeister des Hoftheaters in Stuttgart tätig. In Pest hatte er Liedeinlagen zu deutschen Bühnenwerken geschrieben und die Musik zu ungarischen Singspielen komponiert. – Der Vater der beiden, **Josef Doppler,** 1819 in Kiew geboren, war Violinvirtuose und ein beliebter Komponist, der in Lemberg und Warschau tätig war. Als seine Söhne noch Kinder waren, unternahm er mit ihnen

Konzertreisen, auch nach Wien. Ob Josef Doppler mit einem „J. H. Doppler" identisch ist, dessen Werkverzeichnis rund 300 Opuszahlen aufweist und einige Gedichte von Baron Anton von Klesheim vertonte, konnte bisher nicht geklärt werden.

Die Schwester des Komponisten Hermann **Dostal** (1874–1930) aus Strelitz in Mähren hatte sich als Musiklehrerin in Segedin niedergelassen.

Der 1880 in Krems geborene Dr. phil. **Otto Drinkwelder** war von 1904 bis 1912 am bischöflichen Seminar in Travnik (Bosnien) als Organist und Gesanglehrer angestellt.

**Johann Nepomuk Dunkl** kam 1832 in Wien zur Welt und starb 1910 in Budapest, wo er 1866 Chef des Verlages Rózsavölgyi wurde. Er war auch als Klaviervirtuose bekannt. – Sein Sohn, **Norbert Dunkl**, 1862 in Wien geboren, förderte das ungarische Musikleben, aber auch junge Talente, und war Konzertdirektor in Budapest.

In Gibraltar wurde 1872 Dr. med. **Emil Fischer** geboren, der als Arzt in Hermannstadt wirkte und Klavier-Trios, Chöre und Lieder schrieb.

Der Münchner **Franz Fischer**, Jahrgang 1849, hatte zeitweise als Solocellist Engagements an der Oper in Pest.

Der Violincellovirtuose **Ludwig Ebert** (1834 Klattau – 1908 Koblenz) wirkte von 1852 bis 1854 im Theaterorchester in Temeschburg mit.

**Anton Foerster** (1837 Osenice/Böhmen – 1926 Novo Mesto/Slowenien) war Organist in Zengg und ab 1868 Domorganist und Musikdirektor in Laibach, wo er auch verschiedene Kompositionen herausbrachte.

In Brünn kam 1843 **Wilhelm Floderer** zur Welt, der ab 1868 u. a. Theaterkapellmeister in Bukarest, Temeschburg und Laibach war. 1917 starb er in Karlsbad.

**Johann Nepomuk Fuchs** (1842 Frauenthal/Steiermark – 1899 Vöslau) war als Theaterkapellmeister auch in Preßburg tätig.

In Sonneberg/Thüringen wurde 1884 **Armin Haag** geboren, der von 1910 bis 1915 Musikdirektor in Schäßburg war.

Der 1840(?) geborene **Emanuel Haas** komponierte u. a. Orchester- und Kammermusik, er wirkte und starb 1903 in Ödenburg.

Auch von **Rudolf Haber**, Jahrgang 1882, ist der Geburtsort nicht bekannt. Er lebte in Budapest und schrieb Unterhaltungsmusik.

**Josef Hellmesberger jun.** aus Wien (1855–1907) war Geiger, Dirigent und Komponist. Er konzertierte auch in Temeschburg.

Der 1808 in Linz geborene **Karl Hölzel** wirkte seit 1842 in Pest als Gesang- und Klavierlehrer. Er schrieb Lieder und starb 1883 in Budapest.

Seit 1874 war **Adalbert Hřimaly** (1842 Pilsen bis 1908 Wien) Musikschul-Direktor in Czernowitz. Er schrieb einige Opern.

**Karl** (Dragutin) **Kaiser** (1873 Wien – 1915 Edlitz-Grimmenstein/N. Ö.) kam 1896 nach Agram, wo er sich als Kammermusiker betätigte und eine private Musikschule ins Leben rief. Von 1901 bis 1902 war er Operndirigent. Nach einer Unterbrechung in Bayreuth war er wieder an der Agramer Oper, wo er sogar Wagners „Walküre" dirigierte. Als Musikkritiker hatte er bei der „Agramer Zeitung" mitgearbeitet.

Der Harfenvirtuose **Alfred Kastner**, 1870 in Wien geboren, wirkte u. a. auch in Budapest (1892–1898).

**Wilhelm Kienzl** (1857 Waizenkirchen – 1941 Wien), der Komponist der erfolgreich gewordenen Opern „Der Evangelimann" und „Der Kuhreigen", hinterließ ein Erinnerungswerk „Meine Lebenswanderung". Daraus ist ein Beitrag von Hans Diplich entstanden, der in den „Südostdeutschen Vierteljahresblättern", Folge 2, München 1985, veröffentlicht wurde. Kienzl hatte sich danach mit einigen anderen Künstlern 1881 auf eine Konzertreise durch Ungarn und Kroatien begeben. Die insgesamt 16 Auftritte fanden u. a. in Fünfkirchen, Temeschburg, Lugosch, Deutsch Bogschan statt. Kienzl legte seine Eindrücke über die Verhältnisse im Südosten, die positiven und die negativen, objektiv und spontan nieder. 1897 stand der Komponist in Budapest am Dirigentenpult, um eine Jubiläumsaufführung seines „Evangelimanns" zu leiten.

Tenorist und Komponist war **Hermann Kirchner** (1861 Wölfis/Thüringen – 1928 Breslau), der ab 1893 in Mediasch Musikdirektor, von 1900 bis 1906 in Hermannstadt Chordirigent und anschließend Lehrer am Bukarester Konservatorium war.

**Otto Kitzler** (1834 Dresden – 1915 Graz) wirkte als Dirigent um 1866 in Temeschburg und Hermannstadt.

In Budapest wirkte 1885 **František Kmoch** (1848 Zásmuky – 1912 Kolin) als Kapellmeister.

In Rosseg/Steiermark 1870 geboren, wurde **Peter König** in Graz und Budapest ausgebildet. Er war u. a. in Arad, Raab, Kaschau und Lugosch als Kapellmeister tätig. 1904 wurde er Direktor des Städtischen Konservatoriums in Segedin, wo er 1940 starb.

Einen besonderen Ruf genoß in Budapest **Hans Koessler** (1853 Waldeck im Fichtelgebirge – 1926 Ansbach). Da wurde er 1883 Lehrer an der Landesmusikakademie und blieb bis 1918. Von 1920 bis 1925 war er abermals in der ungarischen Hauptstadt, wo er der Leiter einer Meisterklasse war. Zu seinen Schülern zählten u. a. B. Bartók, Z. Kodály, E. Dohnányi, E. Kálmán. Er schuf die Oper „Der Münzenfranz" (1902), Kammermusik, Chöre, Lieder u. a.

**Josef Konti** stammte aus Warschau, Jahrgang 1852, er wurde in Budapest Theaterkapellmeister und schrieb Operetten. Hier starb er 1905.

In Graz wurde 1875 Dr. jur. **Gojmir Krek** geboren. Er wurde ordentlicher Professor an der Laibacher Universität und komponierte Klavierstücke, Kammermusik, Chöre und Lieder.

Der Orgelvirtuose **Johann Lohr,** der 1828 in Eger zur Welt kam, lebte in Segedin und gab Werke für Orgel, Klavier und Gesang heraus. Er starb 1892 in Budapest.

**Gustav Mahler** (1860 Kalischt in Böhmen – 1911 Wien), der berühmte Dirigent und Komponist, betätigte sich von 1888 bis 1891 als Operndirigent in Budapest.

Dr. jur. **Roderich von Mojsisovics,** 1877 in Graz geboren, war von 1908 bis 1910 in Pettau/Ptuj Dirigent und Direktor des Konservatoriums.

**Johann Mörth** aus Wien (1848–1904) war um 1865 als Orchestermusiker am Theater in Budapest beschäftigt.

**Roman Moßhammer** kam 1868 in Wien zur Welt. 1889 wurde er erster Harfenspieler an der Oper in Budapest, wo er 1897 auch Professor der Musikakademie wurde und 1920 starb. 1918 war er auch in Werschetz aufgetreten.

Der Pianist **Karel Napravnik** (1882 Humpolec/Böhmen – 1968 Werschetz) studierte in Prag und kam 1912 ins Banat, wo er Chormeister des serbisch-orthodoxen Kirchenchores und des serbischen Kirchen-Gesangvereins in Werschetz wurde. Er beteiligte sich aber auch allgemein am Musikleben der Stadt (Kammermusik usw.).

**Oscar Nedbal** (1874 Tabor – 1930 Agram) war am Ende seiner beruflichen Laufbahn Operndirektor in Preßburg.

Der 1843 in Bautzen geborene **Ottomar Neubner** wurde 1863 Organist in Hermannstadt, 1869 in Kaschau und anschließend Vereinsdirigent in Hermannstadt und Kronstadt. Er starb 1913 in Köln.

Cellovirtuose war der 1872 im niederösterreichischen Gunskirchen geborene **Johann Niedermayer,** der ab 1890 in Fünfkirchen als Tenor wirkte und 1896 Professor für Cello an der dortigen Musikschule wurde.

In Schönbach (Egerland) kam 1891 **Rudolf Niedermayer** zur Welt. Nach dem Musikstudium in Prag nahm er die Organistenstelle der röm. kath. Dekanalkirche in Semlin an. Später wurde er Musikprofessor an der deutschen Lehrerbildungsanstalt in Essegg. Er war außerdem als Chorleiter tätig, gründete eine Musik- und eine Kantorenschule. Nach seiner Flucht 1944 war er als Professor für Musik u. a. an der Lehrerbildungsanstalt Lauingen/Donau beschäftigt.

Aus dem Sudetengebiet war **Alfred F. Nowak** nach Hermannstadt gekommen, wo er ab 1896 in weltlichen Musikleben eine bedeutende Stellung einnahm.

Zunächst Theologe war Dr. phil. **Dobroslav Orel** aus Ronow/Böhmen (Jahrgang 1870), der Chordirigent in Preßburg wurde und ab 1921 an der dortigen Universität wirkte.

Nach Beendigung seiner Studien in Prag, wo er 1860 zur Welt gekommen war, übersiedelte **Emanuel Pihert** nach Werschetz. Er wurde Chormeister des serbischen Kirchen-Gesangvereins, beteiligte sich aber auch als Lehrer, Organist und Theatermusiker am Kulturleben der Stadt. Zusammen mit Kapellmeister Philipp Keller führte er Mozarts Requiem mit rund 50 Musikern und 100 Sängern auf. 1902 starb er in Werschetz.

Der Violinvirtuose **Ferdinand Plotenyi,** der ein Freund Franz Liszts war und Violinstücke komponierte, starb 1933 als Neunzigjähriger in Budapest.

Der Dirigent und Komponist **Franz X. Rafael** (1816 Troppau – 1867 Graz) war 1855 am Deutschen Theater in Pest tätig.

*Friedrich Renger*

**Fritz Renger** kam 1866 in Deutsch-Kamnitz zur Welt, war Mitglied der „Regensburger Domspatzen", besuchte in Wien das Konservatorium und begab sich nach Werschetz, wo er 1937 starb. Er war ein hervorragender Klavierspieler, Musikpädagoge, Chormeister und Dirigent und hat sich um das Musikleben der Stadt verdient gemacht. Mehrere seiner Singspiele und Klavierstücke waren in Leipziger Musikverlagen erschienen.

Die Herkunft von **Alexander Ristits** ist nicht bekannt, möglicherweise stammte er aus Temeschburg. Im Musikleben von Weißkirchen spielte er eine aktive Rolle und komponierte um die Jahrhundertwende u. a.: „Sängerfreund", Marsch für Männerchor; „Was mir als Kind die Mutter sang", Lied für gemischten Chor und Orchester; „Rumänischer Marsch"; „Weißkirchner Marsch"; „Bauernmarsch".

Ein Neffe Johann Nepomuk Hummels war der Theaterkapellmeister und Komponist **August Rökkel**, der 1814 in Graz zur Welt kam und 1876 in Budapest starb.

Die Ordensschwester **Maria Siviarda** stammte aus Bayern und war eine Baronin Rasch. Sie wirkte jahrzehntelang im Werschetzer „Kloster" als Klavierlehrerin und Musikpädagogin und brachte hervorragende Künstler hervor.

**Emil Skala**, vermutlich aus Böhmen stammend, war in Weißkirchen bei der 43er Regimentskapelle und hatte u. a. einem befreundeten Weißkirchner Mitbürger, der den Musikanten öfter ein Faß Bier schenkte, den „Weilinger-Marsch" gewidmet.

Der 1880 aus Rotterdam hervorgegangene **Harry Son** war als erstklassiger Violoncellist jahrelang Mitglied des Budapester Streichquartetts.

**Robert Stolz**, der 1880 in Graz zur Welt kam und später mit seinen Kompositionen Weltruhm erlangt hatte, wurde am Beginn seiner Laufbahn Korrepetitor und zweiter Kapellmeister in Marburg a. d. Drau, wo er auch als Schauspieler kleine Rollen übernahm und eine Possenmusik veröffentlichte.

In Berlin wurde 1866 **Artur Stubbe** geboren, der 1901 in Hermannstadt Vereinsdirektor wurde.

Der Pianist **Theodor Szanto** aus Wien, Jahrgang 1877, betätigte sich vor 1914 u. a. in Budapest; später kam er wieder in diese Stadt, wo er 1934 starb.

**Robert Volkmann** (6. 4. 1815 Lommatzsch bis 29. 10. 1883 Budapest) wirkte über vier Jahrzehnte in unserem Heimatraum und errang als Tonkünstler, Musikschriftsteller und Komponist große Bedeutung. 1840 bis 1841 war er Musikmeister beim Grafen Wilczek in Szemeréd, danach wirkte er bis 1854 in Pest. Nach vier Jahren in Wien kehrte er nach Ofen bzw. Pest zurück, wo er 1875 an der Landesmusikschule als Musikprofessor tätig wurde. Bei seinen Konzerten trug er als Pianist zunehmend eigene Werke vor. Er komponierte Sinfonien, Orchesterwerke, Streichquartette, Klavierstücke, Messen, Motetten und Lieder.

Der berühmte Dirigent **Bruno Walter** (Schlesinger) wurde 1876 in Berlin geboren und war u. a. in Preßburg als Opernkapellmeister tätig. Eine Gastspielreise hatte ihn auch nach Temeschburg geführt. Er starb 1962 in Beverly Hills bei Los Angeles.

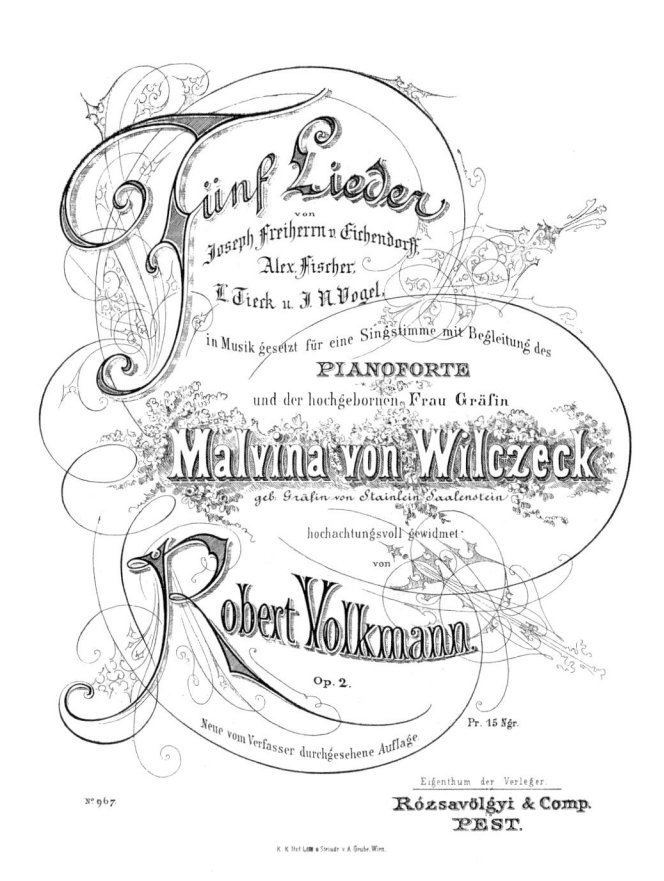

**Lucy Weidt** (verheiratete Urményi), kam 1876 in Troppau zur Welt und starb 1940 in Wien. Bis etwa 1901 lebte sie eine Zeit lang in Werschetz und gab Klavierunterricht. Später wurde sie an die Wiener Staatsoper engagiert.

Der 1865 in Prag geborene **Johann Zeman** war nach Abschluß seiner Studien als Kontrabassist im Orchester des Deutschen Theaters in Budapest tätig. Danach ging er zur Militärmusik.

**Josef Zöhrer** wurde 1842 in Wien geboren. Er war u. a. Pianist und Theaterkapellmeister in Triest, 1882 wurde er Direktor der Musikschule der Philharmonischen Gesellschaft in Laibach. Er schrieb Orchester- und Kammermusik, Chöre und Lieder.

In Prag wurde 1864 **Simon Zucker** geboren, der um 1890 als Klavierlehrer nach Segedin kam. Er gründete ein populär gewordenes Trio und schrieb mehrere volkstümliche Lieder.

## 11. Richard Wagner und wir

Es ist selbstverständlich, daß ein kleiner Volksstamm wie die Donauschwaben beim Aufspüren von musikgeschichtlichen Fakten gerne Bereiche festhält, wo Berührungspunkte mit den Großen und Größten dieser Kunstgattung zu finden sind. Aber nicht nur die Donauschwaben allein, sondern die Südosteuropäer insgesamt kamen sogar recht oft personell oder in seinen Werken auch mit Richard Wagner (1813 Leipzig – 1883 Venedig) in Kontakt. Die Nähe zu solchen Meistern beflügelte, wirkte anregend und erhöhte das Selbstwertgefühl. Kein Wunder also, wenn hier versucht wird, einige dieser Bezüge darzustellen.

**Johann Leopold** (Jan Levoslav) **Bella** (1843 St. Nikolaus i. d. Liptau/Liptószentmiklós/Liptovský Mikuláš – 1936 Preßburg) wurde in Wien in Musik ausgebildet und wurde Gesanglehrer in Neusohl und Stadtkapellmeister in Kremnitz. Ab 1873 begab er sich nach Deutschland auf Studienreisen und wurde 1881 Musikdirektor in Hermannstadt. Hier veröffentlichte er mehrere musikgeschichtliche Abhandlungen und brachte weltliche und geistliche Kompositionen hervor. Bella vollendete 1899 die nach Richard Wagners Entwurf von O. Schlemm textierte Oper „Wieland der Schmied" in drei Akten; in Preßburg wurde dann das Werk 1926 aufgeführt.

In Warjasch (Banat) kam 1827 **Karl Huber** zur Welt, der seinen ersten Musikunterricht vom Vater erhielt und danach das Konservatorium in Arad besuchte. Als Vierzehnjähriger setzte er in Wien seine Studien fort. 1844 wurde er am Budapester Nationaltheater angestellt, 1851 war er Konzertmeister an der Wiener Oper. Von 1852 bis 1871 wirkte er als Konzert- und Kapellmeister abermals in der ungarischen Hauptstadt. Seit 1852 bis zu seinem Tode im Jahre 1885 war er auch Violinlehrer an der dortigen Musikhochschule. 1853 gab er eine „Theoretisch-praktische Violinschule" heraus. 1857 gründete Huber ein Streichquartett. Eine Konzertreise führte ihn

*Eine Komposition von Karl Huber aus Warjasch*

durch Europa. 1871 wurde er Leiter des Budapester Sängerbundes, 1881 Chorleiter des Landessängerbundes. Franz Liszt schlug ihn 1884 zum Professor der Musikakademie vor. Nebst einigen Opern schrieb er eine Anzahl konzertanter Kompositionen. Ein heimatbezogenes Werk trägt den Titel „Souvenir d'Arad". Ein besonderes Verdienst Karl Hubers besteht in der Tatsache, daß er – trotz mancher Voreingenommenheiten – im Jahre 1866 am Budapester Nationaltheater **Richard Wagners „Lohengrin"** mit großem Erfolg aufführte. Diese Oper kam 1850 erstmals in Weimar auf die Bühne, Wien folgte erst 1870, Mailand 1873. Huber konzertierte u. a. 1876 mit seinen Söhnen Karl und Eugen im heimatlichen Temeschburg.

Der 1813 in Pest geborene **Gustav Hölzel** sang am 21. Juni 1868 bei der Uraufführung der **„Meistersinger von Nürnberg"** in München den ersten Beckmesser.

**Katharina Klafsky** (1855 St. Johann/Mosonszentjános bei Wieselburg – 1896 Hamburg) war eine hochangesehene **Wagner-Sängerin.**

Die dramatische Sängerin **Mathilde Mallinger,** 1847 in Agram geboren, sang 1868 die erste Eva in Richard Wagners „Die Meistersinger von Nürnberg" bei der Uraufführung in München. Von 1869 bis 1882 wirkte sie am Hoftheater in Berlin, 1890 betätigte sie sich als Gesanglehrerin am Prager Konservatorium. 1895 kehrte sie nach Berlin zurück, wo sie 1920 starb.

Auch **Edmund von Mihalowich** (1842 Feričanci/Slawonien – 1929 Budapest) komponierte nach dem Text von Richard Wagner eine **Oper „Wieland der Schmied".**

**Hans Richter** (1843 Raab – 1916 Bayreuth), dessen Vater Kapellmeister an der Kathedrale seines Geburtsortes war, genoß in Wien seine Ausbildung. Am dortigen Kärntnertor-Theater wirkte er als Hornist. Von 1868 bis 1869 war er Chordirektor am Hoftheater in München. Nachdem Richter bereits für Richard Wagner in Triebschen eine Kopie der „Meistersinger"-Partitur für die Drucklegung angefertigt hatte, leitete er 1870 in Brüssel eine Aufführung der Oper „Lohengrin". Von 1871 bis 1875 war Richter Kapellmeister am Pester Nationaltheater. Danach wirkte er mit großen Erfolgen in Wien. 1876 leitete er in Bayreuth die Aufführung von Wagners „Ring des Nibelungen", wofür er eine Auszeichnung König Ludwigs II. erhielt. Er wurde danach ein angesehener **Festspiel-Dirigent in Bayreuth.** Bei seinen Gastspielen in England führte er auch Wagner-Opern auf. Von 1900 bis 1910 war er Konzertdirigent in Manchester. Im Sommer 1912 dirigierte er in Bayreuth wiederum „Die Meistersinger von Nürnberg" und trat danach in den Ruhestand.

In Pest kam 1850 **Anton Seidl** zur Welt, der in Leipzig u. a. auch bei Hans Richter studierte. Dieser

*Hans Richter*

hatte ihn Richard Wagner empfohlen, dessen Mitarbeiter er auch wurde. Seidl dirigierte 1875 im **Leipziger Wagnertheater,** aber auch bei den Auslandsreisen dieses Hauses. In Amerika, wohin er sich 1885 begeben hatte, wirkte er für die Durchsetzung Wagners. Er wird neben Hans Richter als der bedeutendste **Wagner-Dirigent** seiner Zeit angesehen. In New York, wo er 1898 starb, wirkte er auch an der Metropolitan Opera.

Auch **Josef Sucher** (1843 Döbör – 1908 Berlin) zählte zu den bedeutenden Wagner-Dirigenten. Nach seinem Studium wurde er Korrepetitor an der Hofoper Wien und Dirigent des Akademischen Gesangvereins, später auch Kapellmeister der Komischen Oper. 1876 am Leipziger Stadttheater, brachte er 1878 – zwei Jahre nach der Aufführung in Bayreuth – den **„Ring des Nibelungen"** auf die Bühne. Danach begab er sich an die Oper zu Hamburg und 1888 als Hofopernkapellmeister nach Berlin. Er schrieb einige Werke für Chor und Orchester, Lieder, Messen, Kantaten u. a.

**Michael Takats** (1863 Großwardein – 1913 Kesthell) war ein vorzüglicher Heldenbariton, der außer in Budapest auch in **Bayreuth** sang.

Richard Wagner hatte 1842 seine große tragische Oper „Cola Rienzi, der letzte der Tribunen" herausgebracht. Am 21. März 1844 dirigierte er dieses sein Werk am Stadt-Theater zu Hamburg. Dabei sang die Hauptrolle (**Cola Rienzi,** päpstlicher Notar) der 1807 in Raab geborene Künstler **Josef Wurda,** der auch an Aufführungen unter der persönlichen Leitung des Komponisten Conradin Kreutzer teilnahm.

> **Der Anfang ist heute um 6 Uhr.**
> (Sechzehnte Vorstellung mit aufgehobenem Abonnement.)
> **Stadt-Theater.** Hamburg
> Heute, Donnerstag den 21ten März 1844.
> Zum Benefiz des Herrn Wurda,
> zum ersten Male:
> **Cola Rienzi, der Letzte der Tribunen.**
> Große tragische Oper in fünf Aufzügen, von Richard Wagner,
> Königl. Sächsischem Hof-Capellmeister.
> **Personen:**
> Cola Rienzi, päbstlicher Notar . . . . . Herr Wurda.
> Irene, seine Schwester . . . . . . . . Dem. Jazede.
> Steffano Colonna, Haupt der Familie Colonna . . Herr Lehr.
> Adriano, sein Sohn . . . . . . . . . Mad. Febringer.
> Paolo Orsini, Haupt der Familie Orsini . . . Herr Brassin.
> Raimondo, päbstlicher Legat . . . . . . Herr Gley.
> Baroncelli, } römische Bürger . . . . . . Herr Bost.
> Cecco del Vecchio, } . . . . . . . . . Dem. Eichbaum.
> Ein Friedensbote . . . . . . . . . .
> Gesandte der lombardischen Städte, Neapels, Baierns, Böhmens u. s. w.
> Römische Nobili, Bürger und Bürgerinnen Roms.
> Friedensboten, Priester und Mönche.
> Römische Trabanten.
> **Ort der Handlung:** Rom. **Zeit:** Um die Mitte des 14ten Jahrhunderts.
> **Unter persönlicher Leitung des Componisten.**

## 12. Konzerte, Kammermusik, Hausmusik

Der Umfang und die Qualität des Musiklebens in Südosteuropa wurden bisher – höchstens mit Ausnahme der wenigen großen Zentren – kaum einmal in einem Gesamtüberblick untersucht und dargestellt. Ein solches Unterfangen wäre aber jetzt kaum mehr auch nur annähernd vollständig zu bewältigen. Die Fülle der bis in die Dörfer spürbar gewordenen kulturellen Bedürfnisse wurden eher geringschätzig bewertet, als daß man sie in ihren Ausmaßen erkannt und dokumentiert hätte. So mögen hier aus wenigen Beispielen Eindrücke über die **Pflege der gehobenen Musikkultur** entstehen, wie sie mit Sicherheit stellvertretend für den gesamten Raum gelten dürfen.

In der zweiten Hälfte des 19. Jahrhunderts übte in **Filipowa** die Familie Turnowszky eine überragende musikalische Tätigkeit aus. „Neben der Volksmusik pflegten sie sehr eifrig auch die Kammermusik. Neben den damals modernen Meistern wie Bellini, Rossini und Strauß wurden auch die Werke der Klassiker wie Haydn, Mozart, Beethoven und andere viel gespielt."

(Aus: Paul Mesli/Franz Schreiber/Georg Wildmann: „Filipowa – Bild einer donauschwäbischen Gemeinde. Zweiter Band: Gesellschaftsleben, Wien 1979.")

Die Konzerte der **Fünfkirchener Philharmoniker** waren ab 1850 „besonders in der Fastenzeit an den Sonntagnachmittagen" beim Publikum sehr beliebt (nach Dr. Weidlein).

Um die Jahrhundertwende hatten sich in **Groß-Betschkerek** der Männerchor „Harmonie" und das Orchester der Musikfreunde zu einer Philharmonischen Gesellschaft vereinigt (laut Anton Eberst).

Über gepflegte Hausmusik berichtet Martin Kurzhals, indem er den Güterinspektor bei Johann Nako in **Groß-Komlosch** nennt, der ab der Mitte des 19. Jahrhunderts „als Freund der Musik ... seinem jeweiligen Bekanntenkreis viele frohe Stunden durch sein Klavierspiel und seinen Gesang" schenkte.

Hans Volk schreibt in seinem Heimatbuch: „Viele Karlsdorfer Burschen und Männer waren Harmonikaspieler, während bei den Mädchen Zither beliebt war. Dann wurde das Akkordeon- und Gitarrenspiel populär und viele lernten es, sodaß für Musik bei Namenstagen, Hausbällen usw. in **Karlsdorf** gesorgt war."

„Die ersten Deutschen von **Kula** waren ganz in musikalischer Hinsicht nach Wien orientiert. Damals gab es weder Fernsehen noch Rundfunk, weder Schallplatten noch Kassetten. Die Hausmusik wurde eifrig gepflegt, und man spielte Partien aus italienischen Opern, Mozart, Schubert ..."

(Aus: „Kula und seine Deutschen", Hw-Verlag Christof Hase, Peter Wranesch, 1976.)

„Mit Ausnahme des Hochsommers finden hier abends Hausgesellschaften unter Verwandten, Nachbarn und sonstigen Bekannten statt, wobei die Mädchen öfter am Klaviere und die Burschen auf der Harmonika oder Geige spielen."

(Nikolaus Hess: Heimatgemeinde der drei Schwestergemeinden **St. Hubert-Charleville-Soltur** 1770–1927.)

Nachdem der „**Temeswarer Musikverein**" wegen der Revolution 1848/49 seine Tätigkeit hatte einstellen müssen, wurde er 1858 neu gegründet. Es wurde eine Gesangschule eröffnet und ein Männerchor ins Leben gerufen. Im Jahre 1860 gehörten dem Verein 60 Choristen, der Gesangschule 77 und der Geigenklasse 20 Schüler an. Er wurde jedoch bereits 1862 aufgelöst.

Im Jahre 1871 wurde in **Temeschburg** der „Philharmonische Verein" gegründet, dessen Chormeister Heinrich Wendt und Wilhelm Speer wurden. Bei seinem ersten Auftritt wurde auch die Komposition „Der Taucher" von Wendt zum Vortrag gebracht. Die 1872 hinzugekommene Musikschule wurde von Heinrich Wendt und Martin Novaček geleitet. Sie existierte allerdings nur etwa fünf Jahre lang. Das Orchester des Vereins setzte sich aus Musikliebhabern, Berufs- und in der Stadt stationierten Militärmusikern zusammen. Die Zahl der 1872 verfügbar gewesenen Sänger betrug 70 Personen.

Felix Milleker schreibt in seiner „Kulturgeschichte der Deutschen im Banat" u. a. wörtlich: „**Durch den Philharmonischen Verein kamen viele Künstler ins Banat.** Es konzertierten in Temeswar und manchmal auch in den anderen Städten: 1873 Klaviervirtuos Heinrich Ketten, 1879 Violinkünstler Joachim, Komponist Brahms, 1881 Klaviervirtuos Leopold Auer, 1884 Hofkammersänger Gustav Walter, 1886 das Streichquartett Heckmann, Cellist David Popper, 1887 Violinkonzertist August Wilhelmy, Kammersängerin Anna Senkrah, das Quartett Heckmann zum zweiten Mal, 1889 Opernsängerin Gisela Breinvolk, 1891 das Udelquartett." Ins Banat waren aber auch Schüler von Franz Liszt gerne gekommen, die vornehmlich Werke dieses Meisters darboten: Karl Tausig (1864), Sophia Menter (1873), Alfred Reisenauer (1886) und Roaul Koczalsky (1900). In Temeschburg gastierte aber auch 1873 das Hellmesberger und 1874 das Florentiner Quartett. Im Jahre 1880 brachte der Philharmonische Verein unter der Leitung des aus Budapest stammenden Militärkapellmeisters Johann Nepomuk Hock „Die Schöpfung" von Joseph Haydn zur Aufführung. Haydns Streichquartette wurden in der Stadt auch von mehreren Liebhabergruppen gepflegt. In den Programmen des Vereins befanden sich zahlreiche Werke der gehobenen europäischen Musikliteratur, so wurde beispielsweise auch „Das Nachtlager von Granada" von Konradin Kreutzer dargeboten. Die vielfältige Entfaltung des Vereins wurde häufig auch in anderen Banater Gemeinden vermittelt, wo zu verschiedenen Anlässen, auch zu Wohltätigkeitszwecken, Konzerte gegeben wurden.

Im Jahre 1907 wurde in **Temeschburg** eine „Städtische Musikschule" eröffnet. Ihr Direktor, Guido Pogatschnigg, hatte in der Folgezeit ein Sinfonieorchester aufgebaut. Zu seinen Mitgliedern zählten Professoren, Schüler sowie Amateur- und Militärmusiker. Von 1909 bis 1915 trat er mit kleineren sinfonischen Werken öffentlich auf. Der Initiator dieser Einrichtung war der 1858 in Kaschau geborene Julius Major, der in Budapest u. a. bei Robert Volkmann und Franz Erkel studiert hatte. Er komponierte vier Opern, Sinfonien, Werke für Kammermusik, Chöre u. a. 1925 starb er in Budapest.

Der 1858 in Budapest geborene **Jenö Hubay** (Eugen Huber) war anläßlich seiner Konzertreisen als Violinkünstler nicht nur in zahlreichen europäischen Staaten aufgetreten, er konzertierte 1876, 1910 und 1931 auch in **Temeschburg** und 1889 in **Warjasch**, dem Geburtsort seines Vaters Karl Huber.

Während man schon immer in **Weißkirchen** der Musikpflege größte Aufmerksamkeit geschenkt hatte, kam es im Jahre 1918 zur Gründung eines Orchesters der Musikfreunde. Aus vorangegangenen Jahren seien zwei Veranstaltungen vorgestellt:

Das „Weißkirchner Volksblatt", Nr. 12, vom 24. März 1912 schrieb: „Künstlerabend. Am 13. April wird Herr Carl Mathes, Klaviervirtuose, Frequentant der Budapester Musikakademie, mit der Mitwirkung eines Opernsängers ein Konzert arrangieren, worauf wir das werte Publikum schon hiemit aufmerksam machen. Herr Mathes hat mit seinem Klavierspiel die Gunst seiner Zuhörer auch letzthin erworben, nun dürfen wir untäuschlich hoffen, daß uns auch diesmal ein genußvoller Abend zuteil wird. Programm und nähere Mitteilungen werden durch Plakate geboten." Dieselbe Zeitung brachte in ihrer Nummer 31 vom 31. Juli 1910 die folgende Ankündigung: „**Opernabend Arnold.** Der für Samstag, den 6. August, angekündigte Gesangabend des Herrn Opernsängers Anton Arnold und des Herrn Carl Mathes, Zögling der Budapester Blinden-Musikakademie, findet wegen Abreise der Regimentsmusik vier Tage später, d. i. Mittwoch, den 10. August, im Saale des Hotels Haller-Ruzsicska statt, und zwar mit folgendem Programm:

1. a) ‚Urbarz', Marsch von Alois Buresch, vorgetragen von der Regimentskapelle;
   b) ‚Freischütz', Ouvertüre von C.M. von Weber, Regimentsmusik.
2. a) ‚Asis Tod' von E. Grieg;
   b) ‚An den Frühling!', Klaviervortrag von Herrn Carl Mathes.
3. a) ‚Barcarola' aus der Oper ‚Hoffmanns Erzählungen',
   b) ‚Wer uns getraut' aus der Oper ‚Der Zigeunerbaron', Duette von Frl. Irma Arnold und Herrn Anton Arnold.
4. Große Fantasie aus der Oper ‚Bánk Bán' von F. Erkel, Regimentsmusik.
5. Lieder, vorgetragen von Frl. Irma Arnold.
6. a) ‚Still wie die Nacht' von Carl Böhm. – ‚Mutterl', Lied von E. Eysler, vorgetragen von Herrn A. Arnold.
7. Mondscheinsonate von L. van Beethoven, Klaviervortrag von Herrn Carl Mathes.
8. a) ‚Miért vagy másé?' von Bauer, gesungen von Herrn Anton Arnold;
   b) ‚Luxemburg grófja' von F. Lehár, gesungen von Frl. Irma Arnold und Herrn Anton Arnold.
   c) ‚Goldfisch-Duett' von Kerker, gesungen von Frl. Irma Arnold und Herrn Anton Arnold.
9. ‚Lohengrin', Phantasie von Richard Wagner, Regimentsmusik.
10. a) ‚Evangelimann', Opernarie von Kienzl, gesungen von Herrn Anton Arnold mit Regimentsmusikbegleitung;
    b) ‚Aida', große Arie von Verdi, gesungen von Herrn Anton Arnold. – ‚Lenz', Lied von Hildach, gesungen von Herrn Anton Arnold."

In **Werschetz** hatten u. a. folgende auswärtige Künstler gastiert: 1875 das Florentiner Streichquartett, 1876 das schwedische Frauenquartett des königlichen Konservatoriums Stockholm, 1884 der Violinkünstler Maurice Dangremann aus Brasilien unter Begleitung des Pianisten Georg Leitner.

Hier waren aber schon längst auch eigene Musikliebhaber tätig geworden. So hatten die Lehrer und Schüler der 1862 eröffneten Städtischen Musikschule laufend **Kammermusik- und Konzertveranstaltungen** gegeben. Nach Robert Zichler-Gasparović bestand anfangs 1900 in Werschetz ein **Streichquartett** von hohem Niveau, dessen Mitglieder Richard Thor, Franz Taus, Schönborn und Dr. Petrović waren.

Richard Thor schreibt u. a.: „... sicherlich hat man gelegentlich, insbesondere bei den Schülerkonzerten der Realschule u. a. Streich- oder Klavierquartette oder Quintette gespielt ... Dr. Ferenc Kara ... leitete in den Wintermonaten 1912/13 und 1913/14 eine Reihe anspruchsvoller Kammermusik-Vorträge ... Er selbst sprach die Einleitung, kurzgefaßte Schilderung des Lebenslaufes und des Werkes des Tondichters, dem der Vortrag gewidmet war. So kamen zur Aufführung Werke von Haydn, Mozart, Beethoven, Schumann, Schubert, Sibelius, Franck, Tschaikowsky und Chopin."

Der „Werschetzer Gebirgsbote" von 6. September 1918 schrieb u. a.: „Großes Parkfest. Das Offizierskorps des Werseczer 7. Honved-Ers. Bats. veranstaltet am 24. und 25. d. M. im Stadtgarten zu Gunsten des Kriegs-Witwen- und Waisenfondes ein großes Parkfest unter Mitwirkung der vollzähligen Honved-Musikkapelle. Das Programm dieses Festes, welches voraussichtlich eines Massenbesuches teilhaftig wird, bringen wir in unserer nächsten Nummer."

Die Beispiele ließen sich endlos ausweiten, ebenso wie auch bei der **Hausmusik** nur auf die Tatsache ihrer ausgedehnten Pflege in unserem Heimatbereich hingewiesen werden kann. Nicht nur die Berufsmusiker selbst, sondern auch ungezählte Musikfreunde aus allen Bevölkerungsschichten freundeten sich ausschließlich aus Freude am Musizieren an und trafen sich privat – in den unterschiedlichsten instrumentalen Besetzungen – zu ihrem Tun. Dabei waren die Familienangehörigen, nachdem die Geselligkeit auch nicht zu kurz gekommen war, oft das nicht unwillkommene Publikum. Diese Form unterschied sich natürlich grundlegend von der kommerziellen Musikausübung.

## 13. Musiklehrer und Musikunterricht

Die Musikausbildung fand in unserem Heimatraum keinesfalls nur in den Kinder- und Jugendmusikkapellen oder in Musikschulen und Konservatorien statt. Allerorten gaben einschlägige Fachleute auch Privatunterricht, wobei praktisch sämtliche Instrumente gelehrt wurden. Besonders beliebt waren: Klavier, Geige, Akkordeon, Gitarre, Zither usw. Nebst dem Beherrschen eines oder mehrerer Instrumente wurde zuweilen auch Musiktheorie gelehrt.

In den Städten dürften mindestens fünf bis zehn solcher Musiklehrer hauptberuflich tätig gewesen sein.

Bei den Schülern handelte es sich gewiß auch um Kinder wohlhabender Eltern, wo das Beherrschen eines Musikinstruments gewissermaßen zum guten Ton gehörte. Es gab aber auch in den anderen Volksschichten Begabungen, welche man ausbilden lassen wollte.

Für diesen abzuhandelnden Zeitabschnitt ließen sich sicherlich mehr als tausend privater Musiklehrer und wohl das Zehnfache an Schülern nennen, was jedoch weder durchführbar noch der Sinn dieser Arbeit wäre.

*Früh übt sich ... Kapellmeister Johann Rottenbücher (1873 Marienfeld – 1954 Obertraubling) erteilte Sohn Josef (1907–1943), der später Lehrer wurde, Violinunterricht*

*Foto aus dem Jahre 1910: Peter Hegel sen. (sitzend) mit Michael, Stefan und Jakob Hegel aus Nakodorf*

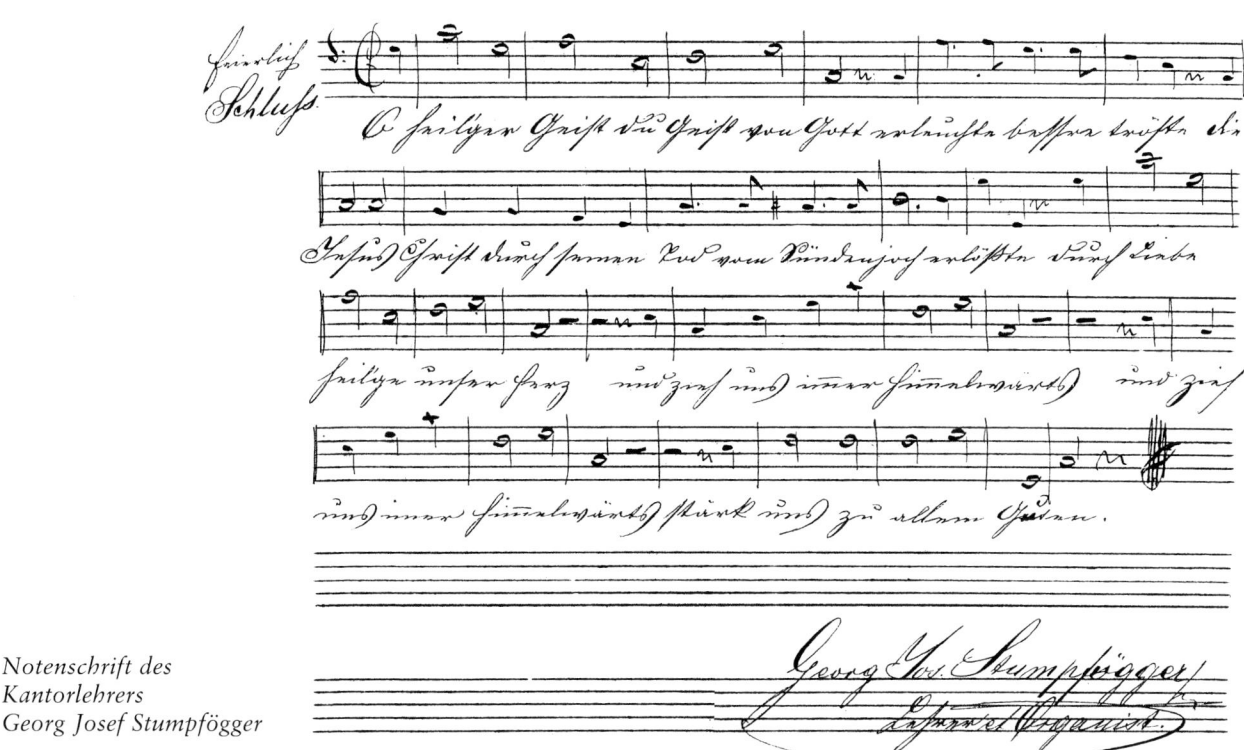

*Notenschrift des Kantorlehrers Georg Josef Stumpfögger*

## 14. Die Kirchenmusik

### a) Allgemeines

Bis zum Jahre 1850 war die Ansiedlung der donauschwäbischen Vorfahren längst abgeschlossen. Nachdem sie in aller Regel religiös eingestellt waren, waren sie bemüht, je eher ein Gotteshaus zu erhalten. Eine Orgel sollte auch nicht fehlen. Freilich, manche Kirchen aus der Gründerzeit waren inzwischen zu klein oder aber auch baufällig geworden. Die neu erbauten Häuser erhielten oft auch neue Orgeln. Inzwischen sind aber auch Tochtersiedlungen entstanden, in welchen es noch diesbezügliche Probleme zu bewältigen gab.

Zur **Verschönerung der Gottesdienste** waren aber auch noch die geeigneten Menschen nötig. Früher waren die Lehrer in den deutschen Gemeinden zugleich die Organisten. Sie erhielten in den Lehrerbildungsanstalten meist eine recht gute allgemeine Musik- und Organistenausbildung mit entsprechender Prüfung. Dies galt für alle Konfessionen. Sie wurden gewöhnlich als **Kantorlehrer** bezeichnet.

Die Kantorlehrer bzw. Organisten hatten – wie die Kapellmeister im weltlichen Bereich – stets für das benötigte Notenmaterial zu sorgen. Auch hier behalf man sich durch Ausleihen und Abschreiben von Musikgut benachbarter Kollegen. Befähigte Kantoren komponierten selbst.

Daß die Verbindung unserer Siedlungsgebiete mit dem geschlossenen deutschen Sprachraum wohl niemals gänzlich abgerissen war, lassen auch die Notenarchive für Kirchenmusik erkennen. Die Sichtung des von Horst Melzer zur Verfügung gestellten Materials aus **Batsch-Brestowatz** erweist, daß man dort schon lange und häufig auch vom Verlag Anton Böhm & Sohn in Augsburg gedruckte Noten aller Art bestellt hatte. Umarbeitungen, Ergänzungen und andere Anpassungen an die Gegebenheiten der eigenen Kräfte für Chor und Orchester nahmen dann die tüchtigen

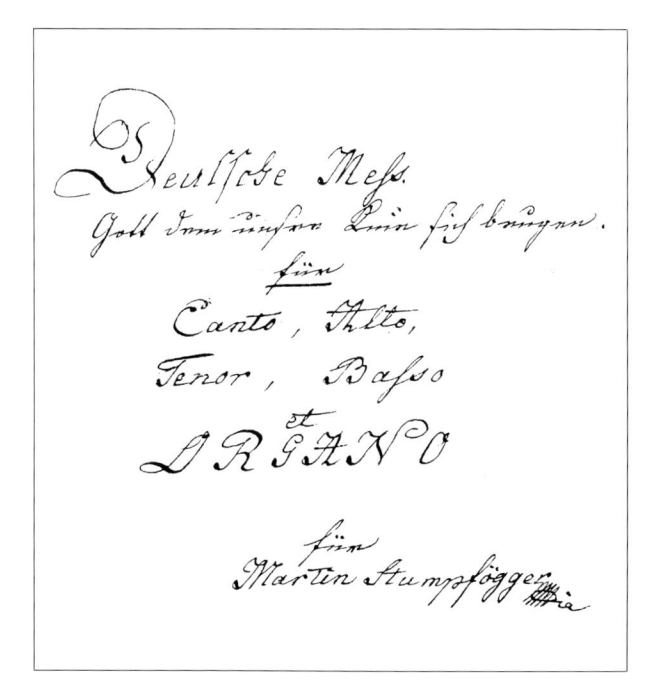

Kantoren vor. In dem Bestand findet sich aber auch ein Druck des Verlags L. Auer in Donauwörth aus dem Jahre 1889: „Zehn Lieder zu dem Krippenspiele ‚Die Hirten von Bethlehem' von P. v. Berlichingen, Soc. Jesu."

Wie auch in manchen anderen Orten, so kamen auch in Batsch-Brestowatz die Kantorlehrer oft über hundert Jahre aus der selben Familie. Laut Georg Hehn werden im Heimatbuch dieses Ortes folgende Organisten aufgezählt: Gottlieb Till bis 1807, Martin Stumpfögger I. von 1807 bis 1862, Martin Stumpfögger II. von 1862 bis 1873, Georg Stumpfögger von 1875 bis 1925, Martin Stumpfögger III. von 1925 bis 1940 und Kolomann Stumpfögger von 1940 bis 1946.

b) Komponisten

Die meisten Tonschöpfer religiöser Musikwerke hatten auch weltliche Musik komponiert, so daß sie bereits früher erwähnt wurden und eine Wiederholung unterlassen wird.

Der Chordirigent in Pest-Innenstadt, **Franz Bräuer** (1799–1871) war auch Vizevorsitzender des Pest-Ofner Musikvereins. Von ihm stammen zwei Messen, Offertorien und Graduales.

Aus dem Banat stammte **Anton Buchner**, Jahrgang 1882, der Chordirigent in Kirchdrauf und Sathmar war und danach als Dirigent an der Metropolitankathedrale in Gran wirkte. Werke: 25 Messen und Motetten.

Der 1871 in Budapest geborene Pfarrer **Dezsö Demeny** war ab 1913 hier Chordirigent am Stephansdom. Er komponierte Messen, Melodramen, Orchesterwerke und Lieder.

**Johann Greisinger** (1862–1899) aus Stuhlweißenburg war als Arzt in Pest im Rochus-Spital tätig. An der Spitalskirche wirkte er als Kirchenmusiker mit und schrieb zwei Messen und kirchliche Gesänge.

**Johann Groß** aus Ernsthausen im Banat komponierte eine Messe.

**Alois Hennig** (1826 Ragendorf/Rajka – 1902 Preßburg) war Priester in Tyrnau und Gran. 1860 wurde er bei den Jesuiten in Kolotschau Musiklehrer. Außer einer zweistimmigen Messe schrieb er einige Motetten.

Aus Neumarktl/Krize (Krain) ist 1865 **Ignaz Hladnik** hervorgegangen, der in Rudolfswert als Organist tätig war und Kirchenmusik, aber auch weltliche Chöre und Lieder schrieb.

**Karl Hoffer** (1840 Bonnhard – 1927 Fünfkirchen) betätigte sich als Chorsänger und Vizedirigent des Chores der Kathedrale und wurde schließlich Direktor der Fünfkirchner Städtischen Musikschule. Er brachte kirchliche Gesänge und Männerchöre hervor.

**Franz (Ferenc) Kersch** (1853 Almasch/Bácsalmás – 1910 Graz) studierte in Kolotschau und in Budapest bei Franz Liszt. Er wirkte zunächst in Groß-Betschkerek, 1886 als Kapellmeister in Großwardein. Von 1897 bis 1910 war er Domkapellmeister in Gran. Er war an der Erneuerung der Kirchenmusik wesentlich beteiligt. Nebst einer Oper schrieb er 17 Messen, 3 Requiems, 2 Te Deum, 12 Tantum ergo usw.

Dr. theol. **Franz Kimovec**, der 1878 in Cerklje zur Welt kam, war Domherr in Laibach und komponierte 10 Messen und andere Kirchenmusik sowie weltliche Chöre.

Der 1848 in Warasdin geborene **Watroslaw Kolander** wirkte ab 1875 als Domorganist in Agram, wo er 1914 starb. Er war in Prag und Wien ausgebildet worden und komponierte Kirchenmusik.

**Gustav Krausz** kam 1858 in Pest zur Welt, lehrte Gesang an der kalvinistischen theologischen Akademie und war Chordirigent der reformierten Kirche in Budapest. Er brachte in ungarischer Sprache eine „Gesanglehre" heraus.

Der Kantor und Chordirigent **Johann Laub** (1844 bis 1909) an der Pfarrkirche in Alt-Ofen komponierte Messen und Requiems.

Aus Filipowa stammte der Lehrer **Jakob Leh**, Jahrgang 1864, der sich 1892 als Kantor nach Neusatz begab, wo er eine vierzigjährige ersprießliche Tätigkeit auf dem Gebiete der Kirchenmusik begann. Er trat mit seinem Chor 1893 erstmals in der armenischen Kirche auf. Mit seinem „Cäcilia"-Kirchenchor gab er auch weltliche Konzerte. Von 1898 bis zum Ende des 1. Weltkrieges hatte er in Neusatz am Gymnasium auch Jugendchöre gegründet, welche er auf ein hohes Niveau brachte und bei öffentlichen Auftritten anspruchsvolle Programme aus der weltlichen und Kirchenmusik bot. „Lehs Chor sang in vier Sprachen: Lateinisch, Deutsch, Ungarisch und Kroatisch. Es ist nicht uninteressant zu bemerken, daß der Chor auch bei zahlreichen weltlichen Anlässen auftrat, wobei die Grenzen der nationalen Kultur wohltuend relativiert wurden." (Georg Wildmann: „Kultur und Volksbildung" in Donauschwäb. Forsch.- u. Lehrerbl., H. 3, Sept. 1981, S. 110.) 1897 veröffentlichte Leh sein (ungarisches) Liederbuch „Jubilate Deo", 1925 das deutschsprachige Kirchengesangbuch „Laudate Dominum". Er starb 1944 in Neusatz. Über das zuweilen zu beobachtende recht hohe Niveau des weltlichen und kirchlichen Musiklebens im Heimatraum gibt auch Georg Wildmann mit folgendem Zitat über Jakob Leh Aufschluß: „Seine jüngste Tochter Sr. Maria Maristella, Schulschwester, berichtet in einem Brief darüber: ‚Am Neusatzer Gymnasium hielt er jährlich mit seinen Schülern Musikkonzerte von hohem Niveau. Einmal spielte er während der Maiandacht Rheinbergers ‚Ave Maria', Betty Sorger sang und ein Soldat begleitete sie auf der Harfe. Als das Lied zu Ende war, herrschte Totenstille in der Kirche, der Priester, die Gläubigen standen wie bezaubert, unbewegt. Unser Vater ging zur Sängerin, bedankte sich bei ihr und flüsterte ihr zu: ‚Die Regungslosigkeit redet lauter als der größte Beifallsorkan'." (Aus „Perioden einer donauschwäbischen dörflichen Kulturgeschichte, dargestellt am Beispiel von Filipowa/Filippsdorf" in „Donauschw. Forsch.- und Lehrerbl., München, Sept. 1981). Seine weiteren Kompositionen: „Ego sum pastor bonus" (Lied für eine Baßstimme mit Chorbegleitung); „Jöjj el Szentlélek Uristenünk" (Lied zur Firmung); ein Herz-Jesu-Lied und Ad multos annos, eine vierstimmige Messe, ein Tedeum, ein Stabat Mater, eine Litanei.

**Emmerich Meißner** war von 1893 bis 1908 Kantor in Budapest, danach Domdirigent an der Kathedrale zu Erlau. Er schrieb Messen, Requien, Präludien u. a.

**Hugo Morascher,** 1871 in Szászrégen/Sächsisch Regen/Reghin geboren, besuchte das ungarische theologische Seminar in Hermannstadt und betrieb Musikstudien in Budapest. Er wurde Chordirigent des Kaschauer Männergesangvereins, in Budapest Musik- und Gesangprofessor, Leiter eines Kirchenchores des Konservatoriums und des Orchesters der königlich-ungarischen Ludowika-Militärakademie. Werke: Orgelstücke, Fugen, Motetten, Kantaten für gemischten Chor.

Von dem schon mehrfach erwähnten **Adolf Müller** sind aus dem Jahre 1845 bisher zwei Marienlieder nach Gedichten von Guido Görres belegt: Nr. 1: „Die Kapelle" (O stille Kapelle am Alpensee, du machst mir das Herz so sehnsuchtsweh …) und Nr. 2: Das „Schifferlied" (Geleite durch die Welle das Schifflein treu und mild, zur heiligen Kapelle, zu deinem Gnadenbild …); hierbei muß bemerkt werden, daß seine Komposition mit der in mehreren Gegenden gebräuchlichen nicht übereinstimmt. Müller soll mindestens noch zwei weitere Marienlieder geschrieben haben.

„Marien-Lieder. Gedichte von Guido Görres, Musik von Adolf Müller sen. 1845"

**Josef Nitsch** (1829–1906) wurde 1861 Chordirigent an der bischöflichen Kathedrale in Sathmar, wo er auch als Musiklehrer wirkte. 1871 gründete er den ersten Cäcilienverein in Ungarn.

In Komorn kam 1884 **Tibor Pikethy** zur Welt, der Organist und Chordirigent in Waitzen war. Er schrieb Messen und andere Kirchenmusik, Orgel- und Klavierstücke sowie weltliche Chöre.

Der Priester und Domorganist **Gregor Rihar** (1796 Billichgratz/Krain – 1863 Laibach) schrieb Kirchenmusik, zahlreiche Marienlieder und weltliche Chöre.

Pfarrer und Chorleiter war auch **Hugolin P. Sattner** (1851 Kandia/Rudolfswert – 1934 Laibach). Von ihm stammen einige Oratorien und Kantaten.

**Sigmond Sautner** (1844 Teting/Tétény – 1910 Budapest) wurde 1878 Dirigent der Gesang- und Musikakademie in Ofen. Er war auch Chorleiter der Burgkirche und komponierte Messen und Gradualien.

In Grawitz/Grábóc kam 1799 **Peter Schmidt** zur Welt, der 1874 in seinem späteren Wirkungsort Fünfkirchen starb. Er war Organist an der Kathedrale und komponierte Messen und andere Kirchenmusik. 1857 wurde in Pest ein Musiklehrbuch von ihm veröffentlicht.

**„Mit frohem Herzen will ich singen"** war wohl eines der bekanntesten Marienlieder im donauschwäbischen Heimatraum, welches aber auch zumindest bis nach Bayern ausstrahlte. Sein Urheber in Text und Melodie war der 1841 in Gödre/Gedri geborene Kantorlehrer **Josef Schober**. In Fünfkirchen ausgebil-

> **Trauerlieder**
> **bei**
> **Leichenbegängnissen.**
>
> Handbuch
> für
> Landschullehrer und Sänger.
>
> Verfaßt und mit Melodien versehen
> von
> **Josef Schober,**
> Lehrer und Sänger an der Pfarrschule in Göbre, der Diöcese
> Fünfkirchen, in Ungarn.
>
> Eigenthum des Verfassers.
>
> Fünfkirchen Lyc.-Buchdruckerei J. C. Steegmüller.
> 1880.

det, wirkte er alsbald bis zu seinem Tode im Jahre 1917 in seinem Heimatort. Das erwähnte Lied (mit einem anderen Text) und Schobers **„Was glänzt in unsre Erdennacht"** wurde um 1902 in eine umfangreiche Sammlung von Gesängen, „Lobsinget dem Herrn", beim Verlag Seyfried & Co. in München gedruckt, aufgenommen. 1881 erschien in Erlau und 1905 beim Verlag Dvorzsák „Zwölf Lieder zu Ehren der seligsten Jungfrau Maria". Bereits 1880 kam aus der Feder Josef Schobers heraus: „Trauerlieder bei Leichenbegängnisssen", gedruckt in Fünfkirchen; die zweite Auflage erschien 1914 in Budapest und enthielt bereits 156 Titel aus der Feder des Dichters und Komponisten. Der „Gerhardsbote" brachte im April 1967 eine von Anton Tafferner verfaßte Analyse dieses Werkes, welches sich auch in der Münchner Staatsbibliothek befindet. Im gleichen Blatt (November 1977) rechnet Konrad Scheierling auch folgende Marienlieder urhebermäßig Josef Schober zu:

„Höre, du Süße, heut meine Grüße", „Aus dem Jammer dieses Lebens", „Auf der Wanderschaft begriffen", „Der Himmel tut sein Tor dir auf", „Heut fuhr Maria in den Himmel", „Dort oben in dem Himmelsgarten", „Wenn mir das Leben nicht Trost kann geben", „Maria, erhöre mein kindlich Flehn", „Auf, mein Herz, aus Gram und Leiden", „Sieh vom Himmelsthron, du Reine", „Erheb, mein Geist auf Andachtschwingen", „Menschenherz, vergiß den Jammer", „Maria, Jungfrau, keusch und rein".

Scheierling schreibt dann weiter: „Für andere Zeiten und Anlässe des Kirchenjahres schuf unser begabter Landsmann auch noch nachfolgende Lieder:

‚Alleluja! Der Heiland ist erstanden', ‚Der Heiland ist erstanden' (Ostern), ‚O Gott, die Zeit ist angekommen' (Markustag), ‚Eilt, ihr Himmelsgeister, nieder', ‚Menschen, öffnet eure Augen' (Fronleichnam), ‚Auf, auf ihr Hirten' (Weihnachten), ‚Erhebt euch zum Himmel, o ihr Menschenkinder', ‚Wer auf Erden treu mich liebet' (Vertrauen in Gott), ‚Ein Jubelfest wird heut gefeiert' (Primiz), ‚Es ist kein Kreuz zu schwer auf Erden'".

Schober schuf aber auch das Kriegslied I: „Es ist kein Kreuz zu schwer auf Erden" und (nach derselben Melodie) das Kriegslied II: „So weit entfernt von ihrer Heimat auf einem Schlachtfeld weit und groß …" (mitgeteilt vom Deutschen Volksliedarchiv, Aufzeichnung von Konrad Scheierling).

*Siehe Farbfotos: „Donau-Duo" und „Donauschwäbische Trachtengruppe München", Seite 352*

**Karl Seyler** (Sayler) kam 1815 in Ofen zur Welt. In Gran, wo er 1884 starb, war er Chordirigent. Er schrieb Kammermusik und Klavierstücke, auch Messen, Offertorien, Requien u. a.

Der im burgenländischen Halbturn 1863 geborene **Franz Tornyay-Tränkler** studierte in Wien Theologie und Kirchenmusik. Als Priester wirkte er in Rumänien, Stuhlweißenburg und 1907 bis 1908 als Chordirigent am bischöflichen Dom zu Sathmar. Zuletzt war er in Mány und Kleinturwall/Torbágy tätig. Als Mitbegründer der cäcilianischen Kirchenmusikbewegung in Ungarn war er auch Komponist.

**Josef Weikert** schrieb in Weißkirchen einige kleine Sonntagsmessen, darunter die „4. lateinische Messe". Sein Sohn, **Otto Weikert,** komponierte um 1910 ebenfalls in Weißkirchen Kirchenmusikwerke.

**Adalbert Ziegler** (1858–1929) wirkte in Budapest als Organist und Chorleiter der St.-Stephans-Basilika und schrieb Motetten und Chöre.

Pfarrer **Franz Greszl** verweist auch hinsichtlich der Kirchenlieder auf Wortschöpfer und erwähnt beispielsweise die Banater **Josef Gabriel** aus Mercydorf und **Johann Weber,** Lehrer in Schöndorf.

### c) Kirchenchöre

Häufig wirkten die weltlichen Gesangvereine – in der Regel die **Männerchöre** – auch bei den Gottesdiensten mit. Ab der Mitte des 19. Jahrhunderts mehrten sich jedoch **spezielle Gründungen.** Zum Teil sangen diese wiederum auch bei weltlichen Anlässen.

Bei der nachfolgenden exemplarischen Aufzählung handelte es sich, sofern nicht ausdrücklich anders vermerkt, um katholische Singgemeinschaften.

Der in **Bulkes** bereits 1866 bestandene evangelische Männergesangverein pflegte kirchliche und weltliche Lieder und gab Theatervorstellungen und Konzerte.

**Ignaz Glatt** (1855 Ungarischstuhl/Magyarszék bis 1918 Fünfkirchen) studierte in Wien Theologie und betrieb Musikstudien u. a. in Regensburg. In **Fünfkirchen**, wo er 1918 starb, gründete er einen Knaben- und einen Männerchor. Er erwarb sich um die Erneuerung des Kirchengesangs in Ungarn große Verdienste. 1900 gab er in Fünfkirchen „Die Methodik des Gesangsunterrichts" in ungarischer Sprache heraus.

In **India** pflegte der Männergesangverein weltliche und kirchliche Lieder und spielte Theater.

Rudolf Lassel (1861–1918) gründete in seinem Heimatort **Kronstadt**, wo er ab 1887 tätig wurde, einen „Evangelischen Schülerchor". Zuvor war er in Bistritz Musikdirektor. Er schrieb Chorlieder, Psalmen, Klaviergesänge und eine Passion.

**Kudritz** erhielt 1868 einen Kirchengesangverein.

Der Kantorlehrer Josef Tietz hatte im Herbst 1877 aus einer jugendlichen Singschar den Reschitzaer Katholischen Kirchenchor geschaffen. – Im Jahre 1906 wurde Peter Rohr der ständige Dirigent bei den musikalischen Aufführungen dieses Chores. 1909 wurde die Krönungsmesse von Wolfgang Amadeus Mozart aufgeführt, wobei auch der weltliche Gesangverein mitwirkte; als Gastdirigenten hatte man den in **Reschitz** geborenen Géza Fessler berufen, der Dirigent der Volksoper Budapest und später Dirigent der Züricher Philharmonie war. Im Jahre 1917 wurde der Regenschori Josef Tietz in Reschitz für seine 40jährigen Verdienste um die Kirchenmusik von Papst Benedikt XV. mit dem Kreuz „Pro Ecclesia et Pontifice" ausgezeichnet (Aus „100 Jahre Kirchenchor in Reschitz/Banat" in „Banater Post", 15.9.1977, S. 6).

Ab etwa 1868 leitete in **Ruma** der Organist Benedikt Preisz den Kirchenchor.

In **Sekitsch** gründete der Kantorlehrer Stötzer 1909 einen evangelischen Männerchor.

Ein Kantorlehrer leitete 1875 in **Sonta** den deutschen Kirchenchor.

In **Waschkut** sangen 1873 beim festlichen Empfang des Erzbischofs die Kinder der 4. Schulklasse in der Kirche das Lied „Ecce Sacerdos" in deutscher Sprache; der Verfasser war Pfarrer Breinfolk (nach Paul Flach).

Die Organistin Ernestine Brankowitsch gründete 1915 in **Weißkirchen** den Kirchenchor der St.-Anna-Kirche.

In den 80er Jahren des vorigen Jahrhunderts unterhielt die röm. kath. Kirche in **Werschetz** ein ständiges Orchester und einen Gesangchor, wobei man sich auch an schwierige Darbietungen heranwagte. 1892 wurde der Kirchenchor Hl. Cäcilie gegründet.

In **Winkowzi** bewältigte 1904 der Männerchor auch Aufgaben eines Kirchenchors.

Im slawonischen **Zeritsch**/Cerić wurde 1850 die Kirche eingeweiht, doch wurden bei den Gottesdiensten nur an den hohen Feiertagen auch deutsche Lieder gesungen.

Die folgenden zwei Notizen empfinden wir aus heutiger Sicht sicherlich amüsant:

Die Fachschrift „Die Dorfmusik" (in Mililitsch erschienen) berichtete in ihrer Januar-Ausgabe des Jahres 1904 auf Seite 11 wörtlich: „Die ämtliche Zeitung Sr. Heiligkeit des Papstes ‚Osservatore Romano' bringt einen interessanten Erlaß des Papstes in Kirchenmusik- und Kirchengesangs-Angelegenheiten, in welchem er seine Ansichten und Meinungen recht deutlich dartut und es verbietet, daß Weibsbilder sich bei Kirchenmusik und Kirchengesang beteiligen mögen. Er will Kinder-Chöre (Knaben-Chöre) errichtet wissen, statt Frauen-Chöre."

Diese recht befremdend klingende Verfügung scheint man bei den damaligen offensichtlich fortschrittlicheren Donauschwaben auch entsprechend unterlaufen zu haben, was eine Notiz in derselben Nummer des erwähnten Blattes zeigt: „In Hodschag, in einer Gemeinde des Bacs-Bodroger Komitates ist man beflissen das durchzuführen, daß in der Kirche während des Gottesdienstes sämmtliche Gläubigen die Kirchenlieder mitsingen mögen. Dies widerspricht erstens den cäcilianischen Anregungen, durch welche man den Gregorian-Gesang in alle Kirchen einführen will, und zweitens erschien soeben ein Erlaß von Sr. Heiligkeit dem Papste zu Rom, daß Weibsbilder beim Kirchengesang sich nicht beteiligen dürfen."

### d) Gesangbücher

Außer den bisher in anderen Zusammenhängen schon angeführten religiösen Gesangbüchern können nachstehend weitere genannt werden. Wenn nichts anderes angegeben, handelt es sich um Werke für röm. kath. Christen.

Im Jahre 1854 war das (evangelische) „Lieblinger Gesangbuch" bereits in einer neuen Auflage erschienen.

„Die Andacht des katholischen Christen", ein Gebet- und Gesangbuch, hatte 1858 Johannes Schwerer (1806–1893) in Kolotschau, wo er Domherr war, herausgegeben.

Im Jahre 1864 kam heraus: „Christliches Gesangbuch für die öffentliche und häusliche Gottesverehrung. Zum Gebrauche der evangelischen Gemeinden im Tolna-Baranya-Sümegher Seniorat."

Im Selbstverlag der evangelischen Kirche Ondód wurde 1891 veröffentlicht: „Christliches Gesangbuch zum Gebrauch für die evangelische Gemeinde Ondód aus dem neueren und älteren Liederschatz der ev. Kirche. Gesammelt und mit einer Sammlung von Gebeten und frommen Liedern von Alexander

*Ein Kirchenliederbuch aus Sonta*

Payr, evang. Pfarrer." Gedruckt wurde das Buch bei C. Romwalter & Sohn in Ödenburg.

„Katholischer Kirchenliederkranz. Gesammelt von Johann Zombori in Szonta, 1895. Druck von Josef Pfister, Hodschagh."

Im Jahre 1909 hatte der in Kernei tätig gewesene Kantorlehrer Anton Bäcker sein Buch „Marien-Gesänge" veröffentlicht. Es erschien in Hodschag und enthielt 109 Lieder.

Die Kirchengemeinde Bulkes benutzte das „Christliche Gesangbuch der evangelischen Gemeinden in Mezőberény, Bulkes, Gyoma, Hartau, Saembok und Vadkert." 1913 wurde in Hermannstadt bereits die 6. Auflage gedruckt.

Der Dechant Csepregy und der Kantor Farkas stellten 1914 in Elek ein Gesangbuch „Lobet den Herrn" zusammen.

Anton Prießlinger (1891–1969) aus Legin/Regőce/Ridjica in der Batschka war als Kantorlehrer in Edeck/Etyek und Gara beschäftigt und veröffentlichte sein bereits vorbereitetes Gebet- und Gesangbuch „Rette deine Seele" unmittelbar nach dem 1. Weltkrieg.

In der Lyzeums-Druckerei zu Fünfkirchen war mit nicht bekanntem Erscheinungsjahr veröffentlicht worden: „Katholisches Gesang- und Gebetbuch", gesammelt und herausgegeben vom Organisten und Lehrer in Szigetvár (21 Meßlieder und 400 andere Kirchengesänge).

Konrad Scheierling berichtet im „Donau-Schwaben-Kalender" 1983 über einen **Flugblattdruck** „Litanei von der wunderthätigen Mutter Gottes Maria zu Radna", Druck und Verlag von Koloman Rózsa und Frau, Budapest 1898.

In Totis/Tata wurde im Jahre 1972 ein **„Ungarndeutsches Museum"** errichtet, welches unter zahlrei-

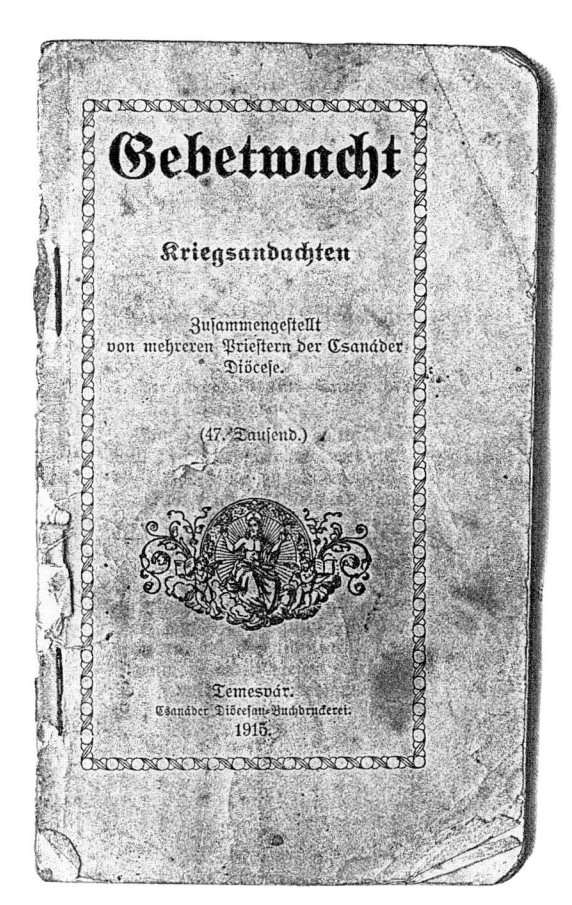

*Temeschburg 1915*

chen anderen Exponaten auch „Gebetbücher und religiöse Flugblätter sowie Heiligenbilder aus dem 18./19. Jahrhundert" birgt. Auf solchen Flugblättern waren häufig auch Kirchengesänge abgedruckt.

(Aus: „Deutscher Kalender", Budapest 1985.)

Nach Mitteilung des St. Gerhardwerkes, Stuttgart, können außerdem genannt werden:

„Katholisches Gesang- und Gebetbuch", Johann Papp, Fünfkirchen 1884. „Kirchengesangbuch. Eine Sammlung alter und neuer Kirchengesänge für Schüler und Volk." Herausgeber: Familie Turnovszky, Filipowa 1889. „Christkatholisches Gebet- und Gesangbuch. Eine besonders für das fromme Landvolk verbesserte und vermehrte Ausgabe des Hajoscher Gesangbuches." Baja, 1892. „Christkatholisches Gesang- und Gebetbuch zum Gebrauche des gläubigen Volkes", herausgegeben von einem Weltpriester der Csanader Diözöse, Temeswar, 1895. „Kirchenliederbuch für Katholiken, mit einem Anhang von Wallfahrtsliedern", Josef Weninger, Nagybecskerek (Groß-Betschkerek), 1915.

In Hermannstadt wurde im Jahre 1888 für die deutschen Katholiken in Siebenbürgen ein Kirchengesangbuch herausgegeben, welches 1926 mit Verbesserungen neu erschienen ist.

Das bischöfliche Ordinariat in Raab genehmigte 1900 folgendes Werk für Westungarn: „Gebetbuch und vollständiger kirchlicher Liederkranz für die Katholiken jeden Standes. Gesammelt und zusammengestellt und Jesu Christo, dem guten Hirten, als Huldigung zur Jahrhundertwende gewidmet von August Reuter, Lehrer i. R., Mörbisch am Neusiedlersee. Mit oberhirtlicher Genehmigung. Druck und Verlag: D. Horváth, Neusiedl am See. Melodienbuch dazu von Franz Berghofer auch in diesem Verlag zu haben." (Nach Franz Greszl).

In Budapest erschien 1900: „O süßer Jesu stärke uns! Sammlung von Gebeten, Liedern und gemeinschaftlichen Andachten. Zusammengestellt von Ladislaus Clementis, Oberlehrer und Chordirigent in Budaörs." Die zweite Auflage kam 1910, die dritte 1924 heraus (laut Franz Riedl).

Im Verlag Gustav Emich erschienen die „Perlen der Andacht", von P. Alfons als Gebetbuch mit Liederanhang zusammengestellt.

Für die Diözese Steinamanger/Szombathely brachte der Pfarrer Baumgartner das Gesangbuch „Der heilige Gesang beim Gottesdienste" heraus.

In dem fundierten Werk „Die katholischen Donauschwaben in der Doppelmonarchie 1867–1918" (Stuttgart 1977, Verlag Buch und Kunst Kepplerhaus) werden u. a. folgende Gesangbücher genannt:

Johann Michael Leonhard: „Suchet zuerst das Reich Gottes; Gebet- und Gesangbuch für katholisches Christentum." Pest 1870, 228 S. – Carl Liszkay: „Christlicher Gottesdienst oder Gebete und Gesänge bei dem hl. Meßopfer zum Gebrauch frommer Christen." Leutschau 1892 und 1903, 428 S. – „Jubilate Deo! Liederbüchlein für den katholischen Gottesdienst." Tyrnau 1895, 154. S. – Josef Stanislaus Albach, Franziskanerpater und Kanzelredner von Ofen: „Heilige Anklänge", 1874 bereits 18. Aufl. – Anton Reigl: „Meßgesänge und Kirchenlieder für die Schuljugend." Ofen 1870, 127 S. – Josef Hahnekamp/Anton Aistleitner: „Gesang- und Gebetbuch für die katholische Jugend." Ödenburg 1893, 196 S. Jozsef Horvath: „Gebet- und Gesangbuch für die katholische Jugend mit ungarischem und deutschem Text." Preßburg 1894 und 1902, 112 S. – „Sammlung katholischer Kirchenlieder für die Schuljugend." Felsöör 1906, 47 S. – Klein Desider: „Kirchliches Gesangbuch zum Lobe Gottes und zur Erhebung der Andacht; zum frommen Gebrauch der röm. kath. Pfarrgemeinde in Nemet-Boly." Fünfkirchen 1887, 104 S. – Franz Romaisz: „Gebet- und Gesangbuch für die christkatholische Jugend zum frommen Gebrauch der röm. kath. Pfarrgemeinde in Bataszek." Budapest 1888, 159 S. – Johann Josgits: „Katechismus-Gebet- und Gesangbuch für die Schüler der Volksschule und solche, die dieselbe verlassen haben." Fünfkirchen 1890, 146 S. – Josef Streicher: „Der Schutzengel, Gebet- und Gesangbüchlein. Der katholischen lieben Schuljugend gewidmet." Fünfkirchen 1892, 124 S. – Alois Rausz: „Flammen der Liebe. Christkatholisches Gebet- und Gesangbuch." Mohacs 1900, 352 Lieder. – Mathias Perler: „Gesang- und Gebetbuch zum katholischen Kirchengebrauch, insbesondere für den Gebrauch der gesangliebenden katholischen Christen in Tolna." 1900. – Franz Grosch: „Christkatholisches Gebet- und Gesangbuch zum Gebrauch kirchlicher und Wallfahrtsandachten der katholischen Gläubigen" ... Mohacs 1906, 307 S. – Georg Scherka (Hatzfeld): „Kirchengesänge für katholische Christen" um 1876, 5. Auflage 1881 in Großsanktnikolaus. – Franz Hartmann: „Gott hilf! Christkatholisches Gesangs- und Gebetbuch." Arad 1884. – Michael Seitz (Schöndorf) – Johann Weber: „Christkatholisches Erbauungsbuch mit Gebeten und Gesängen", Arad. 1139 S. – Adam Niedermayer (Elek): „Maria, die Hilfe der Christen", Gebet- und Gesangbuch. Arad 1883, 508 S.

In Werschetz waren erschienen:

„Christkatholisches Handbuch – Gebete, Belehrungen und Lieder zum religiösen Gebrauche in Kirche und Haus. Für die Angehörigen der Verseczer römisch-kathol. Kirchengemeinde gesammelt und erklärt von Rel. Prof. Franz M. Sávoly", Versecz 1906, Wettel & Veronits (332 S.). (Aufzeichnung von Eugen Bonomi, von Erika Steinberg-Seemayer mitgeteilt).

**Kirchen=Liederbuch**

Gesänge für den Gebrauch beim Volksgesang in der Werschetzer r.-k. Pfarrkirche

Gesammelt u. durchgesehen von

**Fritz Renger**

Chordirektor und Organist

Mit oberhirtlicher Genehmigung herausgegeben vom
Kirchenrat

*Aus dem Jahre 1913*

Vier schöne
**Geistliche Lieder.**

Das Erste:
Wohl auf, wir wollen eins lesen rc.
Das Zweite:
Ach mein Jesu! könnt ich bald rc.
Das Dritte:
Wehe! ach weh mir armen Seele rc.
Das Vierte:
Wach' auf mein' Seel', weil du hast Zeit rc.

Druck von M. Bagó in Ofen. 1866.

Ein schönes
**Geistliches Lied**
zu der
ALLERSELIGSTEN
Jungfrau und
**Mutter Gottes**

**MARIA.**

Zweite Auflage.
Druck von Joh. Ed. Kirchner in Werschetz.

*Flugblatt aus Werschetz (Druck von Joh. Ed. Kirchner)*

„Kirchen-Liederbuch. Gesänge für den Gebrauch beim Volksgesang in der Werschetzer r.-k. Pfarrkirche. Gesammelt u. durchgesehen von Fritz Renger, Chordirektor und Organist", mit hoher Genehmigung des Hochwürdigen Csanader bischöflichen Ordinariats unter Zahl 6764 1913 (Von Julius Past zur Verfügung gestellt).

Von den bereits angesprochenen religiösen Flugschriften können (aus dem Nachlaß Bonomis) weitere genannt werden:

„Vier schöne Geistliche Lieder (Wohl auf, wir wollen eins lesen usw.; Ach mein Jesu! könnt ich bald usw.; Wehe! ach weh mir armen Seele usw.; Wach' auf mein' Seel', weil du hast Zeit usw.)", Druck von M. Bagó in Ofen. 1866.

„Vier geistliche Lieder (1. O Jesu! du mein Trost und Leben, usw.; 2. Maria von Gyüd, hellglänzende Sonn usw.; 3. Ach ich bin schon lang gegangen, usw.; 4. O Jesulein! was große Pein, usw.)", Ofen, 1870, Druck und Verlag von M. Bagó.

„Vier geistliche Lieder (O freudenvolle Stunde, usw.; Im Himmel und auf Erden, usw.; O Maria, du mein Leben, usw.; Wann ich Morgens früh aufsteh, usw.)", Ofen, 1872, Druck und Verlag von M. Bagó.

„Das heilige Rosenkranz-Lied (Es glänzt ein Licht im Sternensaal)" und „Fest des Herzens Maria (Maria voll Gnaden! dein Herz ich verehr)", Traub B. es Társa, Szeged.

„Ein schönes geistliches Lied (Wir flehen an den Pforten, …)", gedruckt und zu haben bei J.E. Kirchner's Witwe in Werschetz (o. J.).

„Ein schönes Geistliches Lied zu der Allerseligsten Jungfrau und Mutter Gottes Maria (Nun so bin ich kommen an, o

### Das heilige Rosenkranz-Lied.

**1.**

Es glänzt ein Licht im Sternensaal,
So hell als wie der Sonnenstrahl,
Und unter Blumen glänzt hervor,
Der Rosa schönster Purpurflor.
Ein Meisterstück aus Gotteshand,
Gepflanzt, gepflegt im heiligen Land,
Gefeilt du schon von Ewigkeit,
Der heiligsten Dreifaltigkeit.

**2.**

Er blüht im Garten Nazareth,
Dort wo der Engel grüßend steht,
Er spricht: es sei Dir Keine gleich,
Er nennt dich Rosa-Gnadenreich.
Des Himmels und der Erde Pracht
Aus dieser wilden Rosa lacht.
Maria du entzückst mich ganz,
Dir flecht in einen Rosenkranz.

*Flugblatt, in Segedin gedruckt*

Königin! ...)", zweite Auflage. Druck von Joh. Ed. Kirchner in Werschetz (o. J.).

„Lied zu dem sterbenden Heiland, welches am Charfreitage Abends vor Einsetzung des Hochwürdigsten und am Charsamstage vor der Auferstehung abgesungen wird (Erforsche mich, erfahr mein Herz, ...)", Druck von Kirchner in Werschetz (o. J.).

#### e) Die Blaskapellen bei kirchlichen Festanlässen

„Die Blaskapellen waren in Stadt und Land beliebt und trugen durch ihre Mitwirkung auch bei kirchlichen Festanlässen zur Erbauung der Gläubigen bei. Sie scheinen schon früh auf militärische Anregungen zurückzugehen, denn zu der militärischen Ausbildung und dem Militärdienst der Burschen haben wir es im Militärgrenzgebiet und darüber hinaus mit einer paramilitärischen Gemeindeordnung zu tun. Die Blaskapelle der Freiwilligen Feuerwehr bot in der Christnacht den Gläubigen in der Pfarrkirche zu India ein eigenartiges Erlebnis. Während der Priester aus der Sakristei zur Christmette zog, ertönte vom Chor nach einem kräftigen Vorspiel das beliebte Lied: ‚Sei uns gegrüßt, o heilige Nacht, die Licht und Segen uns gebracht, in der Heiland Jesu Christ als Kind zur Welt geboren ist. Alleluja, Alleluja.' Aber nicht nur durch die Blaskapelle leistete die Freiwillige Feuerwehr der Kirche einen Dienst ... Solche Freiwillige Feuerwehrvereine begegnen uns in **Ruma** (1873), **India** (1884), **Franztal** (1905) und anderwärts." So berichtete Michael Lehmann in „Die katholischen Donauschwaben in der Doppelmonarchie 1867–1918."
(Stuttgart 1977, Verl. Buch u. Kunst Kepplerhaus.)

Ähnliches vermerkt auch Heinrich Ehrlich in seinem Aufsatz „Das Musikleben in **Kernei** in den letzten 50 Jahren" (Kerneier Heimatbl., Ostern 1961, S. 11 und 12); „Ihre Liebe zur Blasmusik ging so weit, daß sie sie sogar in der Kirche nicht missen wollten, und es war zur Tradition geworden, daß die festlichen Gottesdienste an den größeren Feiertagen, an den Neumondsonntagen und feierlichen Prozessionen mit Blasmusik verschönert wurden. Waren das erhebende Momente, wenn im festlichen Gottesdienst die Pauken einsetzten und danach die ‚Intrada' (Einleitung) folgte und man bei Musikbegleitung die herrlichen Kirchenlieder singen durfte. Ohne die Blasmusik wären auch die zahlreichen Veranstaltungen insbesondere die des Vereins der Freiwilligen Feuerwehr, des Vereins der bäuerlichen Jugend (Jünglingsverein) u. a. mit ihren Aufmärschen undenkbar gewesen."

„Es gab in **Vaskút** keine feierliche Veranstaltung, bei der die eine oder andere Musikkapelle nicht ‚mitgespielt' und ihr Bestes gegeben hätte. Auch Hochzeiten, besonders Begräbnisse, Prozessionen und feierliche Gottesdienste waren ohne Musikkapelle unvorstellbar" – so schreibt Paul Flach in seinem Heimatbuch „Waschkut", München 1983, auf S. 699.

„Ein besonderer Festtag war der erste Sonntag im Neumond. An diesem Tage spielte in der Kirche und beim Umgang um die Kirche die Musikkapelle. Bei jeder Ecke der Kirche gab der Pfarrer den Segen. Auch die Muttergottes wurde an diesem Tage von sechs weißgekleideten Mädchen getragen."
(Anton Feigl im Heimatbuch **„Kunbaja"**, S. 207.)

„Noch bedeutender dürfte die Wirkung des Kirchengesanges zu dieser Zeit gewesen sein. In der inbrünstigen Liebe des Volkes zum Gesang, unterstrichen in der heimeligen Dorfkirche von den erhabenen Klängen des gekonnten Orgelspieles und von den lieblichen Weisen der vertrauten Blasmusik, fand das religiöse Erlebnis des ungarndeutschen Volkes seinen höchsten Ausdruck."
(Aus: **Csavoly**, Waiblingen 1980, S. 330.)

Im Protokoll der „kanonischen Visitation" in der Kirchengemeinde **Kaskad** vom 7. 7. 1811 heißt es u. a.: „Zur Winterszeit wird der Gottesdienst um 10 Uhr gehalten, im Herbst um 9 Uhr, nachmittags um 3, später um 2 Uhr an allen Sonntagen und Festen, wobei gesungen und Orgel gespielt wird. An den höheren Feiertagen werden auch Musikinstrumente zugezogen. Das Volk hier konnte auf keine Weise dazu gebracht werden, daß es mit dem Organisten zur Messe oder anderen Gottesdiensten mitgesungen hätte."

(Aus: „Kakasd" von Johann Fitz, 1979.)

„In der Christmette und im Hochamt zu Weihnachten und Ostern spielte statt der Orgel die Blechmusik", schreibt Valentin Oberkersch in „India, Deutsches Leben in Ostsyrmien (1825–1944)", Stuttgart 1978.

## 15. Ein Blick über den östlichen Nachbarzaun (Bulgarien, Griechenland, Rumänien, Serbien, Türkei)

Die musikalische Entfaltung in einer kulturellen Großlandschaft endet kaum einmal mit den staatlichen Grenzen. Das Übergreifen von Einflüssen und die Ausbildung von Wechselbeziehungen ist vielmehr eine natürliche Erscheinung. Nicht anders war es an den östlichen Nachbarzäunen der einstigen österreich-ungarischen Monarchie. Es lohnt sich, zumindest einige exemplarische Fälle aus dem Musikleben der angrenzend gewesenen Staaten Rumänien, Bulgarien, Serbien und der inzwischen abgedrängt gewesenen Türkei anzuführen. Dabei ist zu bemerken, daß sich in einigen Bereichen die politischen Grenzen mehrfach verschoben hatten, was hier im einzelnen nicht beachtet werden kann. In personeller Hinsicht fällt jedenfalls auf, daß manche künstlerischen Kräfte im Westen ihre Ausbildung erhielten und ihr Wissen und Können im Heimatbereich umsetzten, daß aber auch Bereicherungen auf Gegenseitigkeit beruhen. Eine auch nur annähernde Vollständigkeit all dieser Abläufe ist hier weder beabsichtigt noch möglich.

Hans Joachim Moser schreibt in seinem Werk „Die Musik der deutschen Stämme" (S. 921): „Allenthalben weiter auf dem Balkan, zu Belgrad und Nisch, Saloniki und Athen, Bukarest und Sofia, in Konstantinopel und Ankara haben im 19. und 20. Jahrhundert deutsche Tonkünstler als Musiklehrer gewirkt, sind aus den deutschen Kreisen dieser und anderer Städte Musiktalente hervorgewachsen und in die Heimat zurückgewandert, haben deutsche Chöre und Kammermusikvereinigungen auch trotz mancher Rückschläge das Heimatgefühl versprengter Deutscher wachzuhalten verstanden."

Einige Beispiele aus den erwähnten Ländern:

### Bulgarien

Der Violinist **Rudolf Fitzner** (1868 Ernstbrunn in Niederösterreich – 1934 Maxglan/Salzburg) gründete 1894 ein Streichquartett, mit welchem er viel auf Konzertreisen war. Der bulgarische König ernannte 1911 Fitzner zum Kammer-Virtuosen.

Der aus Deutschland stammende **K. Machan** schrieb die Musik zur Oper „Beim Horatanz" nach dem Buch von Cyrill Christow, die am 7. Juli 1902 in Sofia uraufgeführt wurde. Es war die **erste bulgarische Oper.**

**Johann Strauß** (Enkel), der sich zunächst im heimatlichen Wien betätigt hatte, trat als Dirigent erstmals in Budapest auf. Eine Tournee, welche er im Jahre 1902 antrat, führte ihn nach Rumänien, Bulgarien und in die Türkei.

### Griechenland

Hier kam 1840 **Jakob Geis** zur Welt, dessen Vater Bediensteter am Hofe des Königs Otto war. Statt Priester, wie es vorgesehen war, wurde er ein beliebter Volkssänger. Zuerst trat er in einem Münchner Restaurant als Zitherspieler auf, dann betätigte er sich im Rahmen einer Truppe. „Papa Geis" wurde sehr populär. Er nahm in seinen Couplets zeitgemäße gesellschaftliche Schwächen aufs Korn. 1908 starb er in München.

### Rumänien

Im Schallplattenkatalog der Firma „Odeon" aus dem Jahre 1910 wird der kgl. rumänische Kammersänger **Werner Alberti** angeführt, der 19 Schellacks in deutscher Sprache besungen hat.

**Alfred Alessandrescu** (1893–1959) aus Bukarest hatte dort und in Paris studiert. Ab 1915 war er Dirigent des Orchesters des rumänischen Unterrichtsministeriums. In der Zwischenkriegszeit dirigierte er das Opernorchester, die **Bukarester Symphonie,** das Sinfonieorchester des Rundfunks u. a. Er war auch Komponist von Orchesterwerken, Werken für Klavier und Gesang und betätigte sich auch als Musikschriftsteller.

Der 1896 in Kottbus geborene **Ernst Erich Buder** war als Opernkapellmeister u. a. auch in Bukarest tätig.

Ein Librettist namens **Cargeali** schrieb zusammen mit J. Negruzzi die Oper „Hatmanuel Baltag", welche 1884 erstmals in Bukarest auf die Bühne kam. Der Komponist war **Eduard Caudella** (1841–1923) aus Jassy, der Violinvirtuose und von 1894 bis 1901 Direktor des Konservatoriums war. Nebst Opern schrieb er Streichquartette, Klavier-, Violinstücke und Lieder.

Sylva Carmen-Elisabeth, **Königin von Rumänien** (1843 Wied – 1916 Bukarest) – war als **Librettistin** unter dem Pseudonym „P. de Laroc" hervorgetreten. Ihre Oper „Verful cu dor", zu welcher Ljubiez die Musik schrieb, wurde 1879 in Bukarest auf die Bühne gebracht. Carmen Sylvas weitere Werke: „Ullranda", Drama, wurde 1896 in Wien uraufgeführt; die Oper „Neaga", vertont von Iv. Hallström, wurde 1885 in

Stockholm gebracht; die Oper „Mariodora" 1905 in Prag, der Komponist war Cosmovici.

Der rumänische Komponist **M. Cohen-Linari** brachte 1890 in Bukarest und Jassy seine Bühnenwerke zur Aufführung: „Tudorel", „L'ile des fleurs" und „Mazeppa".

**Gheorgh Cucu** (1882 Puiești-Vaslu – 1932 Bukarest) genoß seine Ausbildung in Bukarest und Paris. Er war von 1907 bis 1911 Dirigent des Chors der rumänischen Kapelle in Paris und später in vielfältigen Funktionen in der rumänischen Hauptstadt, auch als Komponist, tätig. Zur Entwicklung der rumänischen Musikschule leistete er bedeutsame Beiträge.

Auch **Dimitrie Cuclin**, 1885 in Galați geboren, studierte in Bukarest und Paris. Am Bukarester Konservatorium war er später Professor für Violine und Musiktheorie. Er komponierte Opern und Orchesterwerke.

Aus Wiznitz kam **Dol. Dauber** (1894 geboren), der als Violinvirtuose u. a. in Hamburger Variétés als Kapellmeister auftrat. Er komponierte Operetten-Schlager.

Der Pianist **Teophil Demetriescu** aus Bukarest, Jahrgang 1891, betätigte sich vor allem in Berlin.

**Gheorghe Dima** (1847 Kronstadt – 1925 Klausenburg) wurde in Karlsruhe, Wien, Graz und Leipzig ausgebildet. 1873 sang er bei Konzerten in Leipzig (Baß), dann an der Oper in Klagenfurt. Ab 1880 war er u. a. in Bukarest und Jassy. Danach übte er verschiedene Tätigkeiten im Musikleben siebenbürgischer Städte aus. 1916 flüchtete er nach Bukarest. Nach dem 1. Weltkrieg wurde er Direktor am Konservatorium in Klausenburg. Seine zahlreichen Kompositionen waren vor allem Beiträge zum rumänischen Lied.

**Constantin Dimitrescu** (1847 Blejoi-Prahova – 1928 Bukarest) war Violoncellist und studierte in Bukarest, Wien und Paris. Später wirkte er als Dirigent am Nationaltheater und am Konservatorium Bukarest, aber auch als Kammermusiker und Solist. Er schrieb Bühnenwerke und Orchestermusik.

Der Violinvirtuose **Eusebio Dzworzak** kam 1850 in Braila zur Welt. Er war viel gereist, starb 1905 in Venedig und komponierte Violinstücke.

**Georges Enesco**, der auch das Pseudonym Camille Grozza benützte, wurde 1882 in Cordaremi geboren. 1900 kam er nach Paris, lebte aber auch in Sinaia in Rumänien. Er war ein beachteter Violinvirtuose und betätigte sich auch als Orchesterdirigent in der rumänischen Hauptstadt. Er komponierte Kammermusik, Konzerte für Klavier, Violoncello, Sinfonien, Orchestersuiten u. a.

**Adolf** (Alexandru) **Flechtenmacher** (1823 Jassy – 1898 Bukarest), dessen Vater ein Siebenbürger Sachse aus Kronstadt war, studierte in Jassy und Wien. Er wirkte als Dirigent am Theater in Jassy, Bukarest und Craiova. Außerdem war er Lehrer am Konservatorium. Er schrieb über 600 Werke – hauptsächlich Bühnen- und Orchesterwerke sowie Lieder.

Der Klaviervirtuose **Paul Frenkel** aus Kischinew, Jahrgang 1891, wurde in Berlin ausgebildet und war u. a. Lehrer am Konservatorium in Rotterdam.

In Vaslui wurde 1875 **Stan Golestan** (Golesteanu) geboren, der in Paris ausgebildet und tätig war. Er arbeitete als Musikkritiker und Theorielehrer und schuf Kammermusik, Klavierstücke, Lieder, aber auch Ouvertüren und Orchesterrhapsodien.

Paris war auch der Ausbildungsort und hauptsächliche Wohnsitz des 1864 in Bukarest geborenen **Raoul Gunsbourh**, der u. a. Opernintendant zu Monte Carlo war. Er schrieb Opern und bearbeitete Werke anderer Autoren.

Der Militärkapellmeister **Eduard A. Hübsch** (1833 bis 1894) komponierte 1861 die rumänische Hymne.

In Jassy kam 1875 der Pianist **Willy Hutter** zur Welt, der in Darmstadt Direktor der Schmittschen Akademie für Musik wurde.

**Michai Jora**, 1891 in Jassy geboren, komponierte sinfonische Dichtungen, Klavierstücke, Gesänge u. a.

Über den bekannten Komponisten des „Donauwellen"-Walzers, **Josif Ivanovici**, liegen widersprüchliche Lebensdaten vor. Er soll 1850 im Banat zur Welt gekommen und 1902 (1905?) in Bukarest gestorben sein. Er war Militärkapellmeister und seit 1895 **Generalinspekteur der rumänischen Militärkapellen**. Seine Kompositionen belaufen sich auf über 130 Opuszahlen.

**Demetri Kiriac** (1866–1928) aus Bukarest, in Paris ausgebildet, wirkte im Heimatort als Folklorist und komponierte Kirchenmusik und Kinderlieder.

Sohn eines Militärkapellmeisters aus Olmütz war der Geiger **Franz Kneisel** (1865 Bukarest – 1926 Boston/U. S. A.). Er studierte in Bukarest und Wien, war in Wien und Berlin tätig, wurde 1885 in Boston Konzertmeister des Symphonieorchesters und begründete das Kneisel-Streichquartett. In New York betätigte er sich als Musiklehrer. Werke: Violinstücke.

**Filip Lazar** kam 1894 in Craiova zur Welt, wirkte in Bukarest und schrieb Orchester-, Violin- und Klavierstücke.

Die **Tänzerin Leopoldine Löscher** (1853 Wien – 1928 München) trat im Rahmen einer Gesellschaft u. a. am Bukarester Deutschen Theater auf.

**Camilla Mandl**, geborene Barda (1872–1922) aus Bukarest, war eine vortreffliche Pianistin und Musiklehrerin. Sie veröffentlichte das Werk „Kompendium der gesamten Klavier-Technik".

**Jean Nadolowitsch** (1875 Zvorestéa – 1966 Berlin) wurde nach seinen Medizinstudien in Bologna, Paris und Wien Dr. med. Nebstbei ließ er seine Stimme ausbilden und wurde ein anerkannter Tenor. 1904 debütierte er am Grazer Stadttheater und trat dann in Wien, Klagenfurt und Belgrad auf. 1905 kam er an die Komische Oper Berlin; dort wurde er auch Inhaber eines Instituts für Gesangsphysiologie.

**J. Nonna Otescu,** 1888 in Bukarest geboren, war ab 1918 Direktor des Konservatoriums und der Oper. Er schrieb Bühnenwerke, sinfonische Dichtungen und Lieder.

Der 1871 in Kischinew geborene **Alexander Ossowsky** wurde 1921 Professor am Konservatorium und 1924 Direktor der Philharmonie in Leningrad. Er betätigte sich auch als Musikschriftsteller und Komponist.

Der Pianist **Bernhard Seidmann** kam 1893 in Ismail in Bessarabien zur Welt, wurde in Zürich und Wien ausgebildet und war u. a. 1915 bis 1916 Opernkapellmeister in Karlsruhe und von 1917 bis 1922 in Braunschweig. Später lebte er als Pianist und Dirigent in Zittau. Er war auch Liederkomponist.

**Adam Steigerwald** war in der zweiten Knabenblaskapelle des Ortes Elek und blieb anläßlich eines Gastspieles in Rumänien, wo er um die Jahrhundertwende der rumänischen Militärmusik beitrat, dort Karriere machte, eine eigene Kapelle leitete und am Bukarester Konservatorium arbeitete.

Im Juni des Jahres 1903 wurde in Bukarest die Operette „Die Schwiegermutter" des Komponisten **Stephanescu** auf die Bühne gebracht.

**Lionello Ventura** (1833–1904) aus Triest war Komponist. Sein Werk „Una giovane figlia naturale" wurde 1885 in Bukarest erstaufgeführt.

**Eduard Wachmann** (1836–1908) aus Bukarest studierte dort, in Wien und in Paris. Er leitete das Orchester des Nationaltheaters in Craiova und der rumänischen Operntruppe des Nationaltheaters der rumänischen Hauptstadt (von 1895 bis 1901). Er war auch Direktor des Bukarester Konservatoriums. Im Musikleben Rumäniens spielte er eine bedeutsame Rolle.

Der in Jassy geborene **Heinrich von Waldberg** war Librettist und arbeitete hauptsächlich in Wien. Aus seiner Feder kamen rund 15 Operetten in Wien, München, Hamburg und anderen Städten zur Erstaufführung.

Der berühmte Wiener Operettenkomponist **Carl Michael Ziehrer** (1843–1922) war von 1885 bis 1893 königlich-rumänischer Hofkapellmeister in Bukarest.

**Alexander Zirra** (1883 Roman – 1946 Hermannstadt) hatte in Jassy und Mailand studiert. Von 1912 bis 1924 war er Professor für Harmonielehre in Jassy, auch Direktor des Konservatoriums. Zu seinen Schülern zählte auch der weltberühmte Tenor Joseph Schmidt. Er schrieb Opern, Orchesterwerke, Kammermusik und Vokalmusik.

Die Oper „Maddalena" des Komponisten **A. T. Zisso** wurde 1861 in Bukarest erstaufgeführt.

## Serbien

Der serbische Militärkapellmeister **Sascha Binicki** lebte in Belgrad und brachte 1904 als **erste serbische Oper** „Na uranku" – ein Seitenstück zu „Cavalleria rusticana" – auf die Bühne.

**Vladimir Djordjević** (1869 Brestowatz/Brestovac – 1938 Belgrad) hatte seine Musikstudien in Wien abgeschlossen und wirkte hernach in Serbien als Chorleiter und Musiklehrer, in Belgrad an der Musikschule „Stanković". Während des 1. Weltkrieges war er in Frankreich tätig. Seine Bühnen- und Vokalwerke lehnten sich an das serbisch-volkstümliche Überlieferungsgut an.

Die letzte Wirkungsstätte des 1875 in Prag geborenen Theaterkapellmeisters **Antonin Vojtêch Horak** war Belgrad, wo er 1910 starb.

**Davorin Jenko** (1835 Dvorje/Cerklje – 1914 Laibach) war ab 1865 in Belgrad als Kapellmeister tätig. Dort schrieb er die serbische Hymne, Orchesterstücke, Lieder und Bühnenwerke.

Der Schauspieler **Toša Jovanović** kam 1845 in Groß-Betschkerek zur Welt. Nachdem er bei einigen Wandergesellschaften tätig war, wurde er 1868 an das Theater in Belgrad berufen. Nach einem Zwischenspiel von sechs Jahren in Agram begab er sich wieder in die Hauptstadt Serbiens, wo er auch als Regisseur arbeitete.

In Wien wurde der 1877 in Belgrad geborene **Peter Krstić** ausgebildet. Er war Dirigent und Direktor der Musikschule in der serbischen Hauptstadt und schrieb Bühnenmusik, Ouvertüren, Klavierstücke und Chöre.

In Belgrad wurde 1884 **Miloje Milojević** geboren, der seine Musikstudien in München betrieb. Er war hernach Professor der Musikwissenschaften in Belgrad und hinterließ Bühnenmusiken, Streichquartette, Chöre und Lieder.

In München, Rom und Leipzig wurde **Stepan Mokranjac** (Stojanović) ausgebildet. 1855 kam er in Negotin zur Welt und starb 1914 in Skoplje. Er war Violoncellist und ein anerkannter Komponist. 1899 gründete er eine Musikschule in Belgrad, wo er auch Direktor des serbischen Gesangvereins war.

Der Schauspieler **Ernst Nedelkowitsch** (Pseudonym: Nedelko) wurde 1846 in Temeschburg geboren und starb 1896 in Budapest. Er trat in Wien auf, von 1870 bis 1872 in Belgrad, dann wieder in Wien, 1880 in Bukarest, von 1883 bis 1884 in Sarajewo. 1885 begab er sich auf eine Rußland-Tournee. Sein Baß wurde als sehr angenehm gelobt. Er wurde serbischer Hofschauspieler.

In **Kragujevac** wurde 1841 die von Nicolaia verfaßte und von Schlesinger komponierte Oper „Ženica cara Dušana" aufgeführt.

Aus Laibach stammte die Schauspielerin und Sängerin **Vela** (**Avgusta**) **Nigrin,** die 1882 nach Belgrad verpflichtet wurde. Dazwischen gastierte sie in Prag, Neusatz, Agram und Sofia. 1908 starb sie in Belgrad.

Der Schriftsteller **Anastasije Nikolić** (1803 Banat-Brestowatz – 1882 Belgrad) studierte in Wien und war als Ingenieur und Lehrer in Neusatz und Sombor tätig. 1841 gründete er in Belgrad ein Theater, wie er auch sonst für die Fortentwicklung des serbischen Theaterlebens verdienstvoll gewirkt hatte.

In Sajkásszentiván/Šajkaški Sveti Ivan kam 1889 **Milenko Paunović** zur Welt, der in Prag und Leipzig als Geiger ausgebildet wurde. Er wurde Theaterkapellmeister in Jagodina und später Militärkapellmeister.

In Belgrad wurde 1881 **Alexander Savine** geboren, der in Wien als Sänger ausgebildet wurde und später auch als Dirigent tätig war. Später war er Lehrer am Institute of Mus. Art in New York. Seine Oper „Ksenia", deutsch von Walter Haeser, kam 1919 in Zürich auf die Bühne. Er schrieb auch sinfonische Dichtungen.

**Josip Slavenski** (Stolcer = Stolzer?) stammte aus Čakovec, Jahrgang 1896, wurde in Budapest und Prag ausgebildet und war Theorielehrer am Belgrader Konservatorium. Er komponierte Klavierstücke, Kammermusik, Sinfonien, Chöre und Lieder.

**Türkei** (europäischer Teil)

Der bereits genannte **August Ritter von Adelburg** (1830 Konstantinopel – 1873 Wien) war Komponist mehrerer Opern. Nach Theodor Körner verfaßte und vertonte er das Libretto zur großen Oper „Zrinyi", welche 1888 in Budapest auf die Bühne kam. Zu seinen weiteren Werken „Wallenstein" und „Martinuzza" finden sich keine näheren Angaben.

Der Violoncellist **Diran Alexian** stammte gleichfalls aus Konstantinopel, wo er 1881 zur Welt kam. Er lebte seit 1900 in Paris und veröffentlichte eine Armenische Suite und eine Violoncello-Schule.

In Konstantinopel wurde auch **Hans Lange** geboren (1884), der 1910 Konzertmeister der Oper in Frankfurt a. M. wurde und ein Streichquartett leitete. In New York wurde er 1924 Konzertmeister und Dirigent des Neuen Philharmonischen Orchesters.

Der Operettenkapellmeister **Fritz Piket** aus Konstantinopel, Jahrgang 1903, lebte in Wien und komponierte Operetten.

# 16. Die Madjarisierung und Slawisierung mit ihren Folgen

Alle Autoren, die sich zum angesprochenen Thema äußerten, bekundeten die **schweren Einbußen,** welche durch die Madjarisierung **am deutschen Wort und Lied** in Südosteuropa entstanden sind. Nach einer Phase der höchsten kulturellen Entfaltung – welche sicher nicht nur dem deutschen Bevölkerungsanteil zugute gekommen war – trat nun eine **betrübliche Stagnation** ein.

Erwin Lessl schreibt: „Nach dem Ausgleich 1867 griff die Magyarisierung, die bereits 1830 eingesetzt hatte, auch auf die deutschen Gesangvereine über. Auf dem großangelegten Sängerfest 1903 in Temeswar, an dem 31 Chöre, darunter sechs aus Temeswar, teilnahmen, wurde nur noch ungarisch gesungen. Auch in der Schule erklang das deutsche Volkslied nicht mehr."

Eine weitere Bemerkung aus der Feder von Hans Eck: „Als 1898 das deutsche Theater in Temeswar geschlossen wurde, hörte auch die deutsche Oper auf. Selbst auf dem Lande, besonders auf der Schwäbischen Heide, verschwanden die deutschen Volkslieder." Dabei war, ebenfalls nach Hans Eck, auch der Kirchengesang betroffen.

Bei Alfred Kuhn heißt es in seinem Heimatbuch: „Nach dem Anschluß des Banats an Ungarn wurden die Gastspiele deutscher Theatergruppen seltener, und da begann der Weißkirchner Deutsche Männergesangverein … mit vereinseigenen Kräften auch Singspiele aufzuführen."

Über künstlerische Aktivitäten und die Hemmnisse ihrer Entfaltungsmöglichkeiten durch die ungarische Unduldsamkeit gibt ein Brief des Werschetzers Franz Julius Wettel Aufschluß, den er am 5. November 1907 aus Temeschburg an einen Banater Dichter (Stephan Milow?) geschrieben hatte: „Sehr verehrter Herr! Anfaltet gestatte ich mir drei Lieder für eine Singstimme, deren Text Ihrer letzten Gedichtsammlung entnommen ist, ergebenst zu überreichen. Dieselben wurden auf … Anregung von einem städtischen Musikprofessor Karnaß componiert. – Belieben dieselben geneigtest durchzusehen oder durchsehen zu lassen – mein Urtheil soll ja nicht maßgebend sein – und mir dann mitzutheilen, ob dieselben, was die Musik betrifft, werth sind gedruckt zu werden. – Ob sich in Wien ein Verleger findet? Hier wird es schwer gehen, da ein an Wahnsinn grenzender Chauvinismus alles Deutsche erwürgen möchte. – Entspricht Ihnen die Musik u. findet sich kein Verleger, werde ich dafür sorgen, daß die Lieder im Druck erscheinen. – Mich dem geneigten Wohlwollen empfehlend, bin ich Ihr hochachtsam ergebener J. Wettel. – Temesvar-Fabrik, 5/XI/07."

Ähnliche Entwicklungen gab es auch in Kroatien, welches ja damals zu Ungarn gehörte. Wie bereits aus einigen Abschnitten zu ersehen war, trifft man **slawisierte Namen** von ursprünglich deutschen Autoren zunehmend häufig an; aber auch deren Werktitel erscheinen häufiger mit kroatischen Benennungen.

Es besteht gar kein Zweifel, daß damals **Assimilie-**

rungsvorgänge von einem Volkstum zum andern **auch völlig zwanglos** verliefen, was vielleicht sogar als Markenzeichen eines Vielvölkerstaates angesehen werden könnte. Auf künstlerischem Gebiet erkennt das Biographische Lexikon Konstant von Wurzbachs auch Vorzüge derartiger Verschmelzungen. Im Falle der Opernsängerin Rosalie Schodel aus Klausenburg, die am Pester Deutschen Theater gesungen hatte und später, nach längerem Werben, auch ein Engagement am ungarischen Nationaltheater annahm, heißt es wörtlich: „Das Charakteristische ihrer Künstlerschaft bestand in der Verschmelzung der Vorzüge des ungarischen Naturells mit jenem der deutschen Kunst und deutscher Kunstbildung." Dabei ist allerdings sehr fraglich, ob diese Künstlerin überhaupt ein „ungarisches Naturell" besessen hatte!

Wie dem auch sei, nach verschiedenartigen Pressionen setzte gegen Ende des vergangenen Jahrhunderts auch die staatlich und gesetzlich geplante Madjarisierung der andersnationalen Gruppen ein. Die Unterrichtssprache an den Schulen wurde das Ungarische.

Mit Interesse und Genugtuung beobachten wir, daß **das heutige Ungarn** die seinerzeitigen Praktiken nicht gutheißt und seinen nationalen Minderheiten von allen Oststaaten die vorbildlichsten Rechte zur Wahrung ihrer Identität und kulturellen Entfaltung einräumt.

## 17. Instrumentenhersteller

**Peter Ambros** (1856–1926) aus Ruma arbeitete dort zunächst als Weber im väterlichen Betrieb. Später führte er ein Musikaliengeschäft und besaß eine bestens ausgestattete Werkstätte. Er reparierte Geigen und stellte vor allem für seine serbischen Kunden Zupfinstrumente her. Aber auch der Bedarf an Darm- und Drahtsaiten war allenthalben groß, so daß er sich auch der Erzeugung dieser Artikel widmete. Das Geschäft, die Werkstätte und das Lager waren in einem eigenen Haus untergebracht. In der Regel hatte Ambros drei Mitarbeiter gehabt. Er selbst war leidenschaftlicher Musiker und Kapellmeister. Vor allem liebte er die Violine und war Meister auf der Klarinette. Nach seinem Tode übernahm sein jüngster Sohn, **Franz Ambros**, den Betrieb. Dieser war jedoch kränklich und starb bald, was das Ende des Unternehmens bedeutete.

Aus Katschfeld stammte **Josef Angster** (1834 bis 1918), dessen Lebenswerk mehr als 600 Orgeln wurden, welche fast im gesamten altungarischen Raum auch in namhaften Gotteshäusern erklangen. 1850 begann er in Essegg die Tischlerlehre und war als Geselle in mehreren Banater Ortschaften tätig. Danach erwachte sein Interesse für den Orgelbau. In zahlreichen Städten Deutschlands, in Wien und schließlich in Paris eignete er sich die nötigen Kenntnisse und Fertigkeiten an. Zunächst in Essegg tätig, baute er dann seine Werkstätte in Fünfkirchen zu einer Orgelfabrik aus und beschäftigte einige Dutzend Mitarbeiter. 1866 veröffentlichte er in ungarischer Sprache „Geschichte, Wesen und Konstruktion der Orgel". Nach seinem Tode führten seine Söhne **Emil** und **Oskar** das Werk des Vaters bis zum Jahre 1950 fort.

Im Heimatbuch der Gemeinde **St. Georgen** an der Bega/Bégaszentgyörgy/Begejski Sveti Djuradj/Žitište wird erwähnt, daß die dortige Orgel das Werk eines Arader Orgelbauers aus dem Jahre 1867 gewesen sei.

In Mohatsch besaß **Johann Bingold** eine kleine Werkstatt für den Orgelbau.

Von 1867 bis 1906 unterhielt **Johann Braun** in Segedin eine Firma für Holzblas- und Saiteninstrumente. Sein gleichnamiger Sohn wurde 1895 Musikinstrumentenhändler und -reparateur in Temeschburg. Dessen Sohn, **Michael Braun,** wurde in gleicher Eigenschaft in Klausenburg tätig.

**Johann Dangl** (1842–1892) aus Arad hatte in ausländischen Orgelfabriken eine gediegene Ausbildung erhalten und übernahm nach dem Tode seines Vaters dessen Orgelfabrik. Laut Johann Weidlein wurde seine Einführung des „Kegelwindkasten-Mechanismus" patentiert und mehrfach ausgezeichnet. Seine Erzeugnisse fanden Eingang in die Oper, die Musikakademie und die Krönungskirche in Budapest, die Kirche von Gödöllö und 1879 in Komlosch usw.

Der 1856 in Totis geborene **Paul von Janko** erfand im Jahre 1882 „eine neue, terrassenförmige, chromatische, sehr viele Vorteile bietende Klaviatur". Er starb 1919 in Konstantinopel.

Für die Mitte des vergangenen Jahrhunderts werden in Temeschburg als Orgelbauer ein **Johann Josephin** und **Georg Josefi** angegeben, aber auch ein **Paul Galy** war dort tätig.

Ein zuverlässiger Gewährsmann teilte mit, daß in Pantschowa um 1870 **Hans Haubner** „eine besondere Zither" hergestellt hätte, welche „schön weich" geklungen haben soll.

**Die Familie Hörbiger und Werschetz** (eigener Beitrag zum „Donau-Schwaben-Kalender" 1988):

Wenn wir den Familiennamen Hörbiger vernehmen, denken wir wahrscheinlich – und das mit Recht – an die von unzähligen Filmen her weltberühmt gewordenen Brüder Paul und Attila. Diese hatten zwar mit unserem ehemaligen südosteuropäischen Heimatraum recht viel zu tun, mit Werschetz selbst verbanden sie nur verwandtschaftliche Beziehungen.

Und das kam so:

Der Urgroßvater der Genannten, **Alois Hörbiger,** kam am 17. Februar 1810 in **Thierbach in Tirol** zur Welt und war „der Sohn eines Bauern, der noch in seinem zwanzigsten Jahre die Kühe auf die Alm trieb, Butter und Käse machte und nie einen Unterricht genossen hatte", wie es in Constant von Wurzbachs Biographischem Lexikon des Kaiserthums Oesterreich wörtlich heißt. Allerdings war dieser auf dem Gebiete der Mechanik und der Musik ein Naturtalent. So hatte er für die Kirche seines Heimatortes mit Erfolg eine Orgel erbaut, was ihn ermutigte, sich als **Autodidakt** alle für dieses Handwerk erforderlichen Kenntnisse und Fertigkeiten anzueignen. Außerdem unternahm er eine Reise durch Italien, um dort weitere Studien zu Fragen des Orgelbaus zu betreiben.

Nachdem Alois Hörbiger schließlich seine **eigene Werkstatt** beisammen hatte, baute er für eine Reihe von Kirchen in Tirol und in der Steiermark Orgeln. Dann ließ er sich in Cilli nieder, und endlich errichtete er einen Betrieb in Atzgersdorf bei Wien. Dort arbeitete er eine Zeitlang mit seinem Bruder Bartholomäus zusammen.

Als nun im Jahre 1870 die Werschetzer für ihre römisch-katholische Kirche eine neue Orgel brauchten, wandten sie sich an die Firma Hörbiger in Wien.

Nachdem Alois Hörbiger die bei ihm bestellten Orgeln an Ort und Stelle zu erbauen pflegte, übersiedelte er mit seiner gesamten Familie in die Banater Weinstadt – mit seiner Frau Viktoria, seinen ebenfalls als Orgelbauer tätig gewesenen Söhnen Fritz und Wilhelm samt Familien sowie den Töchtern Amalia und Anna. Die Werkstätte befand sich in der Weißkirchner Straße. Das Werk wurde geschaffen und 1871 in die Kirche eingebaut.

Nachdem ein Jahr darauf Hörbigers Frau gestorben war, verblieb die Familie zunächst in **Werschetz**. Die Tochter Anna verheiratete sich hier und war die Mutter von Amalia Oswald, geborene Dehm, Großmutter der Landsmännin Malvine Krenn/Petrović, die über diese Zusammenhänge freundlicherweise Informationen lieferte. Amalias Bruder, **Karl Dehm**, hatte bei seinem Großvater Alois Hörbiger den Orgelbauerberuf erlernt und begab sich später nach Philadelphia, wo er erfolgreich tätig wurde.

Alois Hörbiger fertigte seine letzte Orgel in **Semlin**, wo er am 7. Mai 1876 verstarb.

Damit sind die Beziehungen der Hörbigers zu Werschetz noch keinesfalls erschöpft. Alois' Tochter Amalia brachte ihren am 29.11.1860 in Atzgersdorf bei Wien geborenen Sohn **Hanns** (eigentlich: Johann Evangelist) mit. Dieser erlernte bei dem Werschetzer Meister Seiberth das Schmiedehandwerk. Meister und Lehrling beherrschen die Zither und musizierten öfter gemeinsam am Feierabend. Hanns Hörbiger hatte sein Instrument von seinem Großvater bekommen, gelernt hatte er als Autodidakt. Nach Beendigung seiner Lehrzeit trat er zu Fuß den Weg nach Wien an, wo er zu studieren gedachte. Dabei kam ihm seine musikalische Begabung zugute. Er ließ Plakate herstellen und füllte sie in den Ortschaften, wo er gerastet oder übernachtet hatte, entsprechend aus und gab **Zither-Konzerte**. Sein Weg führte ihn dabei zwangsläufig durch eine Reihe von heimatlichen Schwabendörfern, worüber jedoch leider Einzelnachweise fehlen.

In Wien studierte Hanns Hörbiger Maschinenbau und arbeitete danach bei verschiedenen Firmen. Im Jahre 1891 begab er sich nach Budapest, wo er zunehmend mit technischen Erfindungen hervortrat, welche er patentieren ließ. In Wien existiert heute noch die Firma „Hörbiger Ventilwerke AG, Spezialfabrik für Stahlplattenventile, Regler und Kupplungsscheiben". Die Rohrpost in Wien wurde 1902 mit Kompressoren und Vakuumpumpen nach den Entwürfen Hörbigers ausgerüstet. Seine „Welteislehre" hatte zwar viele Menschen begeistert, wurde aber wissenschaftlich nicht anerkannt. Hierüber hat Anton Scherer in den „Südostdeutschen Vierteljahresblättern" berichtet.

Nun aber wieder zurück zu den beiden Schauspielern der so bekannten Familie.

Hanns hatte vier Söhne, von denen die beiden ältesten wohl das technische Erbe des Vaters verspürten und die beiden jüngsten in die musischen Fußstapfen des Großvaters traten.

*Instrumentenbauer Ludwig Horn
in Apatin*

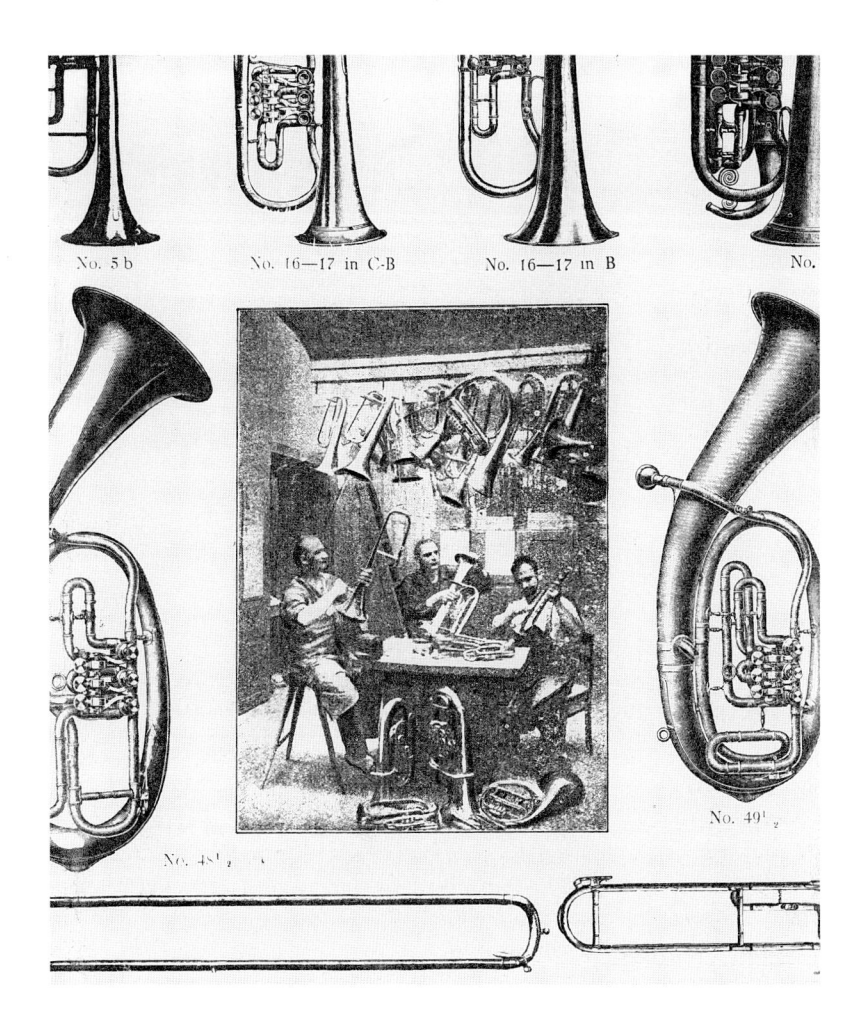

*Auszeichnungen für Ludwig Horn
um 1880*

Paul Hörbiger kam am 29. April 1894 in **Budapest** zur Welt, wo er, ehe die Familie um 1903 ihren Wohnsitz nach Wien verlegte, die ersten drei Volksschulklassen besuchte. Er wirkte als Schauspieler in Reichenberg, Prag, Berlin und Wien und wurde namentlich als **Filmschauspieler** ab der Mitte der 1920er Jahre weltweit bekannt und beliebt.

Attila Hörbiger wurde am 21. April 1896 ebenfalls in **Budapest** geboren. Dort besuchte er noch die 1. Volksschulklasse. Seine Stationen als **Schauspieler** waren Wiener Neustadt, Stuttgart, Brünn, Prag, Berlin und Wien. Er wurde zum Kammerschauspieler ernannt und war Mitglied des Wiener Burgtheaters. Auch er übernahm viele Filmrollen, wie auch seine Frau, die beliebte Schauspielerin Paula Wessely. Attila Hörbiger ist 1987 in Wien gestorben, sein Bruder Paul bereits vor einigen Jahren.

In Apatin war nach 1850 noch immer **Franz Horn** mit seiner Blasinstrumenten-Werkstätte tätig. Während sein **Sohn Ludwig** (1849–1905) die Herstellung von Blasinstrumenten weiterbetrieb (ein Plakat und ein Foto mit zahlreichen Auszeichnungen liegen aus der Zeit um 1875 vor), widmete sich der **Sohn Josef** (1841–1881) den Holzblasinstrumenten. Bei der Firma Horn war auch **Alois Honzak** (1866 Brünn – 1961 Apatin) als Fachkraft beschäftigt. Der aus Apatin stammende **Johann Häsli** lernte den Beruf bei der bekannten Firma Stowasser in Budapest und arbeitete dann bei Horn, wo er nebst den Blasinstrumenten sich auch auf das Reparieren von Harmonikas spezialisiert hatte.

In den 1870er Jahren war in Werschetz der Geigenbauer **Veit Horvath** tätig.

**Josef Hromadka** errichtete nach 1850 in Temeschburg eine Musikinstrumentenfabrik, welche im weiten Umkreis bekannt war.

Vor dem 1. Weltkrieg war in Neufreidorf **Georg Huber** als Instrumentenbauer und Musikalienhändler tätig.

In Ödenburg wirkte – vermutlich um dieselbe Zeit – der Orgelbauer **Philipp König**.

**Michael Krogloth** übte seinen Beruf als Orgelbauer in Csatád (später Lenauheim) ab dem ausgehenden 19. Jahrhundert aus.

In Fünfkirchen hatte **Albert Mayer** eine kleine Werkstatt als Orgelbauer.

Um 1890 war in Kikinda ein **Johann Mayer** als Klavierstimmer tätig.

Nach 1870 arbeitete in Werschetz **Johann Morawetz** als Drehorgelbauer.

**Johann Moszliwiczek** (1830–1907) war in Temeschburg als Blechblasinstrumentenbauer beschäftigt.

Eine in Schönbach (Böhmen) befindliche Firma für Blasinstrumentenbau, **A. Osmanek**, hatte um die Jahrhundertwende in Temeschburg eine Verkaufsstelle.

Der 1878 in Ödenburg geborene **Emil Pliverics** war ein Geigenbauer, der viel herumgekommen ist und sich 1909 in Berlin niedergelassen hat.

In Temeschburg setzte **Anton Ridwal jun.** (1845 bis 1901) die Tätigkeit seines Vaters als Erbauer von Blechblasinstrumenten fort.

**Franz Schneider** stellte in Agram Gitarren und andere Holzinstrumente samt Zubehör (Geigen, Klaviere, Harfen usw.) her. Er wurde königlicher Hoflieferant. Nachdem das Wappen im Hohlraum einer Gitarre die Stephanskrone des ungarischen Königshauses zeigt, muß der Betrieb schon vor dem 1. Weltkrieg bestanden haben. (Nach „Unserer Hände Arbeit" von Konrad Gerescher, Gauke GmbH Verlag, 1981.)

Der in Vál im Stuhlweißenburger Komitat 1819 geborene **Anton Sitt** hatte sich 1848 nach Prag begeben, wo er als Violinbauer und Instrumentenreparateur einen hervorragenden Ruf genoß und 1878 dort starb.

**Johann Stowasser** kam 1845 in Graslitz (Böhmen) zur Welt und übernahm 1867 in Pest die Fabrik zur Herstellung von Blasinstrumenten. Nach J. Weidlein erfand er eine Echoflügel-Trompete, welche bei den ungarischen Militärkapellen sehr beliebt war.

In Güns war, wahrscheinlich schon vor dem 1. Weltkrieg, **Hans-Jakob Treffer** als Orgelbauer tätig.

Um die Mitte des vergangenen Jahrhunderts war in Magotsch/Mágocs **Nikolaus Unger** als Instrumentenbauer bekannt.

**Karl Leopold Wegestein** (1858–1937) hatte sich um 1888 in Temeschburg niedergelassen und zunächst eine Orgel- und Harmoniumbauwerkstätte errichtet. Diese wurde nach erfolgreichem Wirken in eine Fabrik umgewandelt. Das Werk genoß hohes Ansehen, und Wegestein erhielt zahlreiche Anerkennungen.

**Ludwig Windisch** aus Apatin (1851–1941) arbeitete bei der Firma Josef Horn, doch nach dessen Tod machte er sich selbständig und baute ein gutgehendes Instrumentengeschäft auf. Bekannt wurde er hauptsächlich durch die Herstellung von Klarinetten.

Aus Böhmen stammte der 1812 geborene **Thomas Zach**, der als Violinbauer in Pest, Maria-Theresiopel, Fünfkirchen und Bukarest (1865 bis 1872) wirkte. 1872 begab er sich nach Wien, wo er 1892 starb.

## 18. Heimatmusiker fassen in Amerika Fuß

Am beginnenden 20. Jahrhundert setzte eine beachtliche **Auswanderungstendenz** unserer Landsleute nach Amerika ein. In diesem Zusammenhang können als Ursachen nur politische, wirtschaftliche und soziale Unzulänglichkeiten angeführt werden, ohne darauf näher eingehen zu können.

Im Heimatbuch Zichydorf im Banat heißt es beispielsweise: „So gingen um 1900 viele hinüber in die Staaten und Kanada; dort lebten sie meistens in Regina und dessen näherer Umgebung. Es stimmt auch, daß einige Zichydorfer sich zusammentaten und ein

*Andreaser Kirchweih 1910 in Philadelphia (vorn rechts mit Violine Kapellmeister Peter Müller, der in der Zwischenkriegszeit in Amerika über 110 Schallplatten bespielte)*

Dorf gründeten, dem sie den Namen Zichydorf gaben."

Es entstanden aber auch in anderen großen Städten geradezu Zentren von donauschwäbischen Landsleuten, die nun aber auch, nebst der „Jagd" nach dem Dollar, heimatliche Geselligkeit nicht missen wollten. Solche Schwerpunkte gab es in New York, Chicago, Philadelphia usw.

Eine größere, geschlossene Auswanderergruppe verließ z.B. 1907 ihre Heimatgemeinde Kernei, um in Amerika ihr Glück zu suchen. Für die rund 70 Personen spielte die Musikkapelle am Bahnhof Abschiedsklänge. Ebenfalls im Jahre 1907 wanderten zahlreiche Lieblinger namentlich nach Chicago und Harrisburg aus.

Im Laufe der Zeit bildeten sich in Amerika Schwerpunkte heraus, wo in zunehmendem Maße ein **Bedarf an heimatlicher Musik** spürbar wurde. Diese entstandene „Marktlücke" konnte alsbald geschlossen werden, denn der Nachfrage konnte meist ein entsprechendes Angebot entgegengesetzt werden.

Anläßlich der intensiven **Gastspielreisen heimatlicher Knabenblaskapellen,** welche auch um diese Zeit herum stattfanden, hatten bereits mehrere der inzwischen zu Jugendlichen herangewachsenen Musiker die Gelegenheit benutzt, um nicht mehr in die Heimat zurückzukehren. Andere wieder wanderten ein paar Jahre später aus. Hauptsächlich aus diesen Menschen entwickelte sich ein beträchtliches Potential, welches unsere heimatliche Blasmusik in der Neuen Welt zu ungeahnten Höhepunkten führen sollte.

So spielte beispielsweise **Peter Müller**, 1892 in Kowatsch bei Temeschburg geboren, bereits 1910 in Philadelphia für Kirchweihpaare aus St. Andreas auf (Violine, von einem Harmonikaspieler begleitet). Der 1884 in Bogarosch geborene **Peter Stahl** war 1902 nach Amerika aufgebrochen. Er muß schon einige Jahre darauf seine erste Kapelle gegründet haben, denn schon vor dem Ersten Weltkrieg hatte er seine ersten **Schellack-Schallplatten** aufgenommen. Um dieselbe Zeit trat bereits eine „Columbia Kapelle" heimatlicher Bläser auf, welche für die gleichnamige Firma ebenfalls Platten bespielte. **Konrad Metterle** (1888–1963) stammte aus Segenthau im Banat und trat nachweislich bereits ab 1911 in New York mit einer eigenen Kapelle auf.

Aus der Frühzeit dieser Aktivitäten in Amerika kann auch **Johann Kraemer**, geboren etwa 1880 in Engelsbrunn, genannt werden. Vermutlich lernte er bei dem aus Segenthau stammenden Kapellmeister Mathias Mohler Musik, der mit seiner „Ersten ungarischen Knabenkapelle" häufig auf Tournee durch fast ganz Europa und auch in Übersee war. Kraemer dürfte schon bald nach der Jahrhundertwende ausgewandert sein – auf jeden Fall saß er erwiesenermaßen zumindest bereits 1912 „fest im Sattel". Das bestäti-

*Peter Müller*

*Peter Stahl*

gen im Original vorliegende Noten, auf welchen Stempel mit folgendem Inhalt aufgedruckt sind: „John Kramer – Music Leader" und „Music Band of Harlem, 150 East 125th Street, Allys Tantzing Hall" (Johann Kraemer, Musikleiter ... Musikkapelle von Harlem ...).

Durch diese Noten erfahren wir auch Näheres über sein damals (zumindest zum Teil) eingesetztes Musikgut: „Frauenherz-Ländler", „Nr. 9 Ländler", „Knospe-Walzer", „Cordon Walzer", „Duett für Flügelhorn und Baßflügelhorn" – alles Stücke, welche ohne jeden Zweifel aus dem heimatlichen Banat stammten und mitgenommen worden waren.

Der 1877 in Batsch-Neudorf/Bácsújlak/Bačko Novo Selo zur Welt gekommene **Johann Reible** war Schneider und Musiker. Er befand sich dreimal in Amerika: um die Jahrhundertwende, ca. 1910 und von 1911 bis 1920 in Milwaukee, wo er in einer 7-Mann-Blaskapelle des Kapellmeisters **Schäffer** (auch ein Landsmann, dessen Herkunft aber nicht mehr in Erfahrung gebracht werden konnte) mitwirkte. Es handelte sich hier um eine Erwachsenenformation.

Auf der Rückseite einer Foto-Postkarte (Abbildung der „D.U.G.U.V.-Kapelle", 21 Mann in Musikeruniform, ausschließlich Erwachsene) schrieb am 22.12.1913 aus Whitewater, U.S.A., ein **Josef Streitmatter** Grüße an seinen „Koßin" Mathias Kremer, Nr. 59, Uj-Pécs, Torontal Com., Ungarn. Auch hier war es nicht mehr möglich, Näheres zu erfahren, d. h. ob es sich um eine rein donauschwäbische Kapelle handelte oder nicht und wer der Kapellenleiter war. Streitmatter selbst war ohne Zweifel ein Banater

*Johann Krämer aus Engelsbrunn war 1912 Kapellen-Leiter im New Yorker Stadtteil Harlem*

*Johann Reible (Vater), um 1877 in Neudorf an der Donau/ Bácsújlak/Bačko Novo Selo geboren, war Schneider und Musiker. Er war dreimal in Amerika, um Geld zu verdienen. Von 1911 bis 1920 spielte er in Milwaukee unter Kapellmeister Schäffer, einem Landsmann*

*Der Musiker Josef Streitmatter, Angehöriger der abgebildeten „D.U.G.U.V"-Kapelle, schrieb am 22.12.1913 diese Karte aus Whitewater, U.S.A., an seinen Cousin Mathias Kremer in Újpécs/Ulmbach*

*Im heimatlichen Südosteuropa waren die Trianon-Grenzen nach dem Ende des Ersten Weltkrieges noch nicht definitiv gezogen, da entstand in Amerika um 1920 auch die abgebildete „Banater Husaren Kapelle", die Hans Fischer (Mitte) leitete. Mancher Musiker hatte bereits mit einer Knabenkapelle die Neue Welt bereist. Ludwig Weisenburger (ganz links, sitzend) aus Kreuzstätten gründete danach eine „Original Banater Kapelle". Auch diese Gruppen bespielten Schallplatten*

Landsmann. (Das erwähnte Foto stellte Josef Kupi zur Verfügung.)

Vorsorglich wird darauf hingewiesen, daß zwischen der Auswanderung unserer Landsleute und dem Niederlassen unserer Musiker in Amerika kein eigentlicher oder gar beabsichtigter Zusammenhang bestand. Es ergab sich wohl in mehreren Gegenden, daß das heimatgewohnte Freizeitvergnügen fortgesetzt und gepflegt werden konnte. Davon allein allerdings hätten unsere Musiker in Übersee nicht leben können. Sie fanden erfreulicherweise Zugang zu anderen deutschen Vereinigungen, was eine Ausweitung der Einnahmequellen bedeutete. Andere wiederum wurden auch von anderen Volksgruppen (besonders von Tschechen und Polen), aber auch von „echten Amerikanern" engagiert.

Interessant ist die Beobachtung, daß die donauschwäbischen Musiker dem bayerischen Element recht nahestanden. Manche Formationen zogen bei bayerischen Veranstaltungen auch deren Tracht an und nannten sich dann auch „Edelweiß-Kapelle" usw. Aber auch bei manchen **„Schwaben-Kapellen"** in Amerika kann heute kaum mehr unterschieden werden, ob es sich um eine **donau- oder neckarschwäbische Formation** handelte ...

Von dem Heimatmusiker **Johann Freidhof**, der möglicherweise in der Formation von Johann Krämer mitgewirkt hatte, stammen aus New York handgeschriebene Noten der bekannten Walzer „An der schönen blauen Donau" und „Frühlingsahnung".

In einem Brief vom 3.9.1982 fügte **Franz Hamm** in einer Nachschrift an: „Noch eine kleine Erinnerung: Vor 20 Jahren erzählte in Chicago ein Landsmann aus dem Banat, Leiter einer Musikbande, daß er – es war die große Wanderwelle vor 1914 – sehr viel zu tun hatte. **Aus Heimweh kamen die Landsleute zusammen,** da wollten sie auch tanzen. Freilich stritten sie manchmal auch. ‚Wie deheem', meinte er. Einmal verhinderten sie einen Ausbruch der Leidenschaften auf die Weise, daß sie unaufhörlich, stundenlang, spielten, wodurch die Streitlustigen durch das Tanzen von ihrem Vorhaben abgehalten wurden. Der gute Vetter erzählte recht engagiert; möge er recht geredet haben. An der Musik Freude hatten er, und offensichtlich seine Zeitgenossen, allemal."

## 19. Der technische Medienbereich

Die im letzten Viertel des vergangenen Jahrhunderts stattgefundenen intensiven Bemühungen, Wort und Ton aufnehmen, speichern und dann nach Wunsch reproduzieren zu können, führten allmählich zu konkreten Ergebnissen und brauchbaren Modellen. Damit begann auch für den Musikbereich praktisch **ein neues Zeitalter,** wenngleich manches noch in den Kinderschuhen steckte. Thomas Alva Edison hatte in Amerika um 1876 seinen „Phonographen" erfunden. Seine (**„Edison"-**)Walzen rotierten auf einem Gerät, so daß die in den Rillen gespeicherten Aufnahmen zum Wiedererklingen gebracht werden konnten. Etwa zehn Jahre später kam als Tonträger (nach Versuchen mit Wachs und anderen Materialien) die **Schellack-Scheibe** als Vorläuferin unserer heutigen Schallplatte auf den Markt (durch Emil Berliner aus Hannover, 1887).

Schon vorher hatte man bereits verschiedenartige Geräte entwickelt, welche Musik zwar nicht reprodu-

*Phonograph aus dem Jahre 1905 mit dazugehöriger Platte*

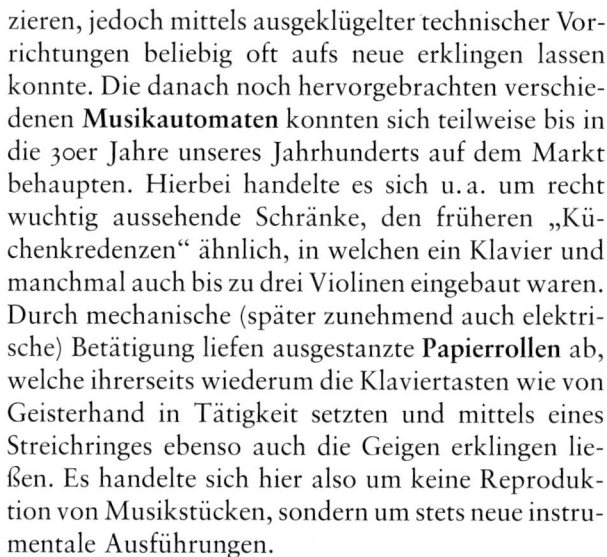

*Phonoliszt-Violina, ca. 1912*

zieren, jedoch mittels ausgeklügelter technischer Vorrichtungen beliebig oft aufs neue erklingen lassen konnte. Die danach noch hervorgebrachten verschiedenen **Musikautomaten** konnten sich teilweise bis in die 30er Jahre unseres Jahrhunderts auf dem Markt behaupten. Hierbei handelte es sich u. a. um recht wuchtig aussehende Schränke, den früheren „Küchenkredenzen" ähnlich, in welchen ein Klavier und manchmal auch bis zu drei Violinen eingebaut waren. Durch mechanische (später zunehmend auch elektrische) Betätigung liefen ausgestanzte **Papierrollen** ab, welche ihrerseits wiederum die Klaviertasten wie von Geisterhand in Tätigkeit setzten und mittels eines Streichringes ebenso auch die Geigen erklingen ließen. Es handelte sich hier also um keine Reproduktion von Musikstücken, sondern um stets neue instrumentale Ausführungen.

Hier ist von Interesse, daß aus dem südosteuropäischen Raum hervorgegangene künstlerische Kräfte und Autoren schon früh Zugang zu diesen technischen Medien gefunden hatten. Nachdem die Beschriftungen bei vielen dieser Produkte unzureichend sind, werden die in Betracht kommenden Namen von Personen aus dem Heimatraum ergänzend hinzugefügt.

a) Notenscheiben, Metallplatten, Musikautomaten

Um 1907 erschienen folgende Notenscheiben (56 cm Durchmesser):

Polyphon 5068 Hunyadi László indulo. Erkel Ferencz.
Polyphon 5133 Castaldo-Marsch. Novaček Rudolf.
Polyphon 6436 Nincsen csillag. Huber Sandor.

Vermutlich älteren Datums ist die Metallplatte:

Polyphon (Leipzig) Nr. 1103 Hunyadi László indulo. Erkel Ferencz.

Blechscheibe Polyphon-Musikwerke Leipzig zum Musik-Automaten 13/39 324 Standuhr mit Zungenspielwerk:

5133 R. Novaček, Castaldo-Marsch.

Blechscheibe Symphonionfabrik A.G., Symphonion Typ Nr. 6:

2085 's Mailüfterl (Anton von Klesheim und Josef Kreipl).

Papierrollen bzw. Lochstreifen zu Musikautomaten:

Prof. Arthur Nikisch war der Interpret auf „Welte-Mignon" bzw. „Welte-Mignon-Piano":

1085 J. Brahms, Hungarian Dance Nr. 1,
1087 J. Brahms, Ungarischer Tanz Nr. 5,
1088 J. Brahms, Ungarischer Tanz Nr. 6,
1089 L. Delibes, Valse Lente (Coppelia).

„Phonoliszt-Violino", 73492:
- 2891 Kélér Béla, Lustspielouvertüre, op. 73.
- 17804 Heinrich Berté, Dreimäderlhaus (nach Schubert).

Firma Wöhle u. Co.:
- D 49 Schubert/Berté, Dreimäderlhaus.

„Piano" The Aeolin Co. (Klavier-Vorsetzer Aeolin, 74910):
- 2021 J. Gung'l, Träume auf dem Ozean.

„Phonolist-Violina, 73492", Firma Hupfeld:
- 33021 A. v. Kélér-Béla, Lustspiel-Ouvertüre.
- 39028 Jos. Gungl, Klänge aus der Heimat.
- 54044 Siebenbürgisches Jägerlied: „Ich schieß den Hirsch".

„Animatik" (Firma Hupfeld):
- 55581 Georg Jarno, Das Musikantenmädel.
- 55683 Heinrich Berté, Das Dreimäderlhaus, Potp.

„Phonola" (für Klaviervorsatzgerät):
- 9189 Die Hydropathen, op. 149, Gungl Josef.
- 3364 Träume auf dem Ozean, Gungl.

„Solodant":
- 16251 Ungarische Lustspielouvertüre, Kélér Béla.

Von den namhafteren Komponisten, wie z.B. Franz Lehár und Franz Liszt, wurden Dutzende von Papierrollen mehrerer Hersteller angeboten.

b) Edison-Walzen

Goldguß-Walzen „Edison" (D) – aus dem Katalog von ca. 1906:
- 15357 Wiener Fiakerlied, Pick (Gustav).
- 9161 Lustspiel-Ouvertüre, Kélér Béla. Edison-Orchester Berlin.
- 16005 Castaldo-Marsch, Rudolf Nováček. Edison-Orchester Berlin.
- 15208 Donauwellen-Walzer, Ivanovici. Edison-Orchester Berlin.
- 9121 Donauwellen-Walzer, Ivanovici. Edison Sinfonie-Orchester.
- 89 Stephanie-Gavotte, Czibulka. Edison Konzert-Kapelle.
- 15118 Das Grüaberl am Kinn, Jodlerlied (Gustav Hölzel).
- 15495 Komische Serenade aus dem Potpourri „Die falsche Pepita", A. Müller. Nebe-Quartett mit Orchesterbegleitung.
- 15492 Weg'n der Wasch'l, Couplet mit Orchesterbegleitung, Béla Laszky.

Edison. Operette:
- 1573 Lustspiel-Ouvertüre (Kélér Béla). Edison Concert-Band (4 min.).

Privat. Vortrag:
- 100500 Gedichte von Lenau (2 min.).

c) Schallplatten mit Werken heimatlicher Autoren

In der Österreichischen Phonothek (Wien, Lebgasse) befindet sich eine Platte aus dem Jahre 1897 mit einer Aufnahme des Gedichtes „Die drei Zigeuner" von Nikolaus Lenau.

Deutsche Grammophon 41147 (78-94361).
Sprechplatte/Lyrik:
Lenau: „Die drei Zigeuner". Sprecher: Josef Lewinsky, k. u. k. Hofschauspieler, Wien.

Im Katalog I der Platten 1–2000 des Phonogrammarchivs der Österreichischen Akademie der Wissenschaften in Wien, herausgegeben im Namen der Phonogramm-Archiv-Kommission von Dr. Sigmund Exner, Wien 1922, sind folgende dort befindliche Schallaufnahmen donauschwäbischer Dichter vorhanden:

*Protokoll über die Aufnahme des Stimmporträts von Adam Müller-Guttenbrunn am 22. März 1907*

*(Gedicht: Anton von Klesheim, Melodie: Adolf Müller)*

Nr. 340 Stimmporträt Stephan von Millenkovich (Stephan Milow), aus Orawitz, Schriftsteller und Dichter, aufgenommen im Phonogramm-Archiv 1907 von F. Hauser: Rezitation des eigenen Gedichtes „An die Lebenden".

Nr. 341 Stimmporträt Marie Eugenie delle Grazie (aus Weißkirchen): Rezitation aus dem Epos „Robespierre", I. Band, 12. Gesang „Die Mysterien der Menschheit". Aufgenommen 18. März 1907.

Nr. 871 Stimmporträt Adam Müller-Guttenbrunn: Rede „Franz Grillparzer". Aufgenommen 22. März 1907.

Folgende Schallplatte wurde angeblich zwischen 1901 und 1903 gepreßt:

Zonophone Record X-23174. International Zonophone Company. German. Vocal Female. A Blümerl und a Herz, gesungen von Ida Spring, Mitglied der Berner Oberländer Nachtigallen-Gesellschaft Zürich. (Worte: Anton von Klesheim, Melodie: Adolf Müller?)

Im folgenden wird aus Schallplatten-Katalogen verschiedener Firmen zitiert.

### Odeon Records (A) 1905:

374 Weißt du Muatterl, was i träumt hab' (Alois Kutschera) – Die Bestimmung (Alois Kutschera). Leopold Neumann, Theater an der Wien.

376 Auf der Alm, da gibts koa Sünd (Text: Johann Nepomuk Vogl). Leopold Neumann, Theater an der Wien.

122 Die Beichte (Fr. v. Suppé ?). Josefine Dora, Berlin.

367 Außer Rand und Band (Alois Kutschera). Hansi Führer (Gartenbau), Wien.

2163 Gebet der Türken aus „Wanda" (Doppler). Capelle des Inf.-Regiments Nr. 101 Wien.

357 Außer Rand und Band (Alois Kutschera). Daroka-Ensemble Wien.

2033 Außer Rand und Band (Alois Kutschera). Original-Grazinger Wien.

### Odeon Records 1905 (Standard Records 19 cm, Kronen 3,–):

354 Ahoi!-Marsch, (Rudolf Novaček). Capelle des Inf.-Reg. Nr. 101 Wien.

172 Weißkirchner-Marsch. Capelle des bosn.-herzegowinischen Inf.-Reg. Nr. 1 Wien.

### Geyer Stefi hegedü-müvésznö (Violin-Künstlerin), Budapest:

271 Hubay: Magyar poem, A-dur (5018); Magyar poem, B-dur (5019).

### Geyer Stefi hegedü-müvésznö, Budapest; Zongora-kiséret (Klavierbegleitung): Oskar Dienzl

2015 Hubay: A fonóban (35053); Csárdás-jelenet (35060).
2273 Hubay: Bercense (35151); Papillon (35128).
2012 Hubay: Csak egy szép lány ... (35063); Ne sirj, ne sirj Kossuth Lajos (35001).

Oskar Dienzl hatte bei weiteren drei Dutzend Plattenaufnahmen als Klavier-Begleiter mitgewirkt.

### Mill-Opera-Records, Berlin ca. 1908:

511 Lustspiel-Ouvertüre (Kélér Béla). Kaiser Franz-Garde-Grenadier-Reg. Nr. 2, kgl. Kapellmeister Becker, Berlin.

903 Wiener Fiakerlied (Gustav Pick). Martin und Paul Bendix, Humoristen.

### Favorite 1908/09:

10003 Lobe den Herrn (G. Chr. Strattner?) Franzer.

1-20065 D Schönau, mein Paradies (Alois Kutschera). Kunstpfeifer Gottwald mit Zitherbegleitung.

1-25148 D „Abschied des Julius" aus „Hofnarr" von Adolf Müller jun. – C. Streitmann, Tenor.

1-15324 „Wein nicht Mutter" von Kutschera (As-Dur), Carl Nebe, Baß mit Orchester.

1-15309 Der Mensch soll nicht stolz sein (Franz von Suppé?). Carl Nebe, Baß mit Orchester.

1-2014 Donauwellen, Walzer von Ivanovici. Kaiser Franz Garde-Grenadier-Regim.

1-15388 Angelo-Walzer von Czibulka. Oskar Braun, Tenor.

1-15450 A Blüml und a Herz (Worte: Anton von Klesheim, Musik: Adolf Müller sen. ?). Max Walden, Bariton.

1-2022 Die Hydropathen, Walzer von Gungl. Kapelle Peupus.

1-21035 D Castaldo-Marsch von Novaček. Inf.-Reg. Nr. 51.

1-20061 D Castaldo-Marsch von Novaček. Kunstpfeifer Gottwald mit Zitherbegl.

1-23038 D Österreichische Retraite, Tongemälde von Kélér Béla. – Inf. Reg.Nr. 51.

1-23030 D Duett aus der Oper „Zrinyi" von Zajc (Zaytz). Inf. Reg. Nr. 51.

1-23031 D Finale aus der Oper „Zrinyi" von Zajc (Zaytz). Inf. Reg. Nr. 51.

### Walhalla-Record 1908:

2199 Ar: A Dirndl geht um Holz in Wald. – Nachtschwärmer-Terzett München mit Zitherbegleitung. (Gedicht von Anton von Klesheim, Musik: Gustav Hölzel ?)

### Favorite (25 cm) 1908/09:

1-10010 Erzherzog Johann-Jodler von Kutschera. Jodler B. Suffler.

1-10027 Auf der Alm da gibt's ka Sünd' (Worte: J. N. Vogl). Dachauer Bauernkapelle.

1-14061 „Du liebes Aug', du lieber Stern" v. Reichardt. L. Täubig, Corn. a Pist.

1-15324 „Wein' nicht, Mutter" von Kutschera (As-Dur). Carl Nebe mit Orchester.

1-15 388 „Angelo-Walzer" von Czibulka (Es-Dur). Oskar Braun, Tenor.

1-15 570 Die Bestimmung von Aloys Kutschera. Fritz Ettlinger, Bariton.

## Homokord Musik-Schall-Platten (um) 1910 (25 ½ cm Durchmesser):

D 565 Rakoczy-Marsch, Liszt.
870 Weibermarsch aus „Die lustige Witwe", Lehár.
628 Ungarische Lustspiel-Ouvertüre, Kélér Béla.
D 11030 Hunyadi indulo, ungar. Marsch, Erkel.
868 Maxim-Marsch aus „Die lustige Witwe", Lehár.
D 718 Castaldo Marsch, Nováček.
D 727 Holzbach-Marsch, Nováček.
D 502 Signalmarsch aus „Der Mann mit den drei Frauen", Lehár.
736 Dormus-Marsch, F. Scharoch.
D 11167 Trenck-Marsch (So ist der Trenck) aus der Operette „Baron Trenck" (Der Pandur), Felix Albini.
D 11168 Kroaten-Marsch (Ja so sind wir Kroaten) aus der Operette „Baron Trenck", Felix Albini.
11165 Kaiserhusaren-Marsch, Lehár.
D 674 Donauwellen, Ivanovici.
D 11071 Carmen Sylva-Walzer, Ivanovici.
D 11183 Lydia-Walzer (Das ist zwar schrecklich) aus der Operette „Baron Trenck" (Der Pandur). Felix Albini.
D 11191/D 11192 Glücks-Genien, Walzer nach Motiven der Operette „Baron Trenck" (Der Pandur), 1. und 2. Teil, Felix Albini.
D 11429 Christel-Walzer aus „Die Förster-Christel", Jarno.
11300 Gavotte de la Princesse, A. Czibulka.
11643 Die Hydropathen-Walzer, Gungl.
11645 Liebestraum nach dem Balle, Gavotte, Czibulka.
11070 Die Odaliske, Mazurka, Czibulka.
D 11267 Variationen über das Fuchslied, Suppé.
D 783 Vergißmeinnicht, Suppé.
D 613 Lustspiel-Ouvertüre, Kélér Béla.
D 920 Ouvertüre zu „Banditenstreiche", Suppé.
D 11159/D 11160 Ouvertüre zur Operette „Pique Dame", 1. u. 2. Teil, Suppé.
D 11634/D 11635 Ouvertüre zu „Dichter und Bauer", 1. u. 2. Teil, Suppé.
D 11510/D 11511 Ouvertüre zu „Die schöne Galathé", 1. u. 2. Teil, Suppé.
D 11659/D 11660 Ouvertüre zu „Leichte Kavallerie", 1. u. 2. Teil, Suppé.
11894 Oberländler, Gungl. Sinfonie-Orchester.
D 11144 Entree-Akt aus „Unter der Erde", Cornett-Solo mit Orchesterbegl., Suppé.
11377 Faßbinderlied aus „Boccaccio", Suppé.
D 11313 Hab' ich nur deine Liebe aus „Boccaccio", Suppé.
D 1584 Grüberl im Kinn (Gustav Hölzel). Anton Sattler, Kunstjodler.
448 Da gibt's kan Herrgott mehr (Alois Kutschera). Bayerische Schützenkapelle.
D 1818 Gastwirts-Marsch, Kutschera. Salzburger Bauern-Kapelle.
D 763 Lobe den Herrn, Choral (Georg Christoph Strattner?). Cornett-Quartett.
11485 Schönau, mein Paradies (Alois Kutschera). Cornett-Solo mit Orchesterbegleitung.
1295 Wiener Fiakerlied, G. Pick. Louis Arens, Opernsänger mit Orchesterbegleitung.
1218 Weißt du Mutterl, was i träumt hab, Lied ... Kutschera. Carlo Böhm, Johann-Strauß-Theater mit Orchesterbegleitung.
1873 Am Weihnachtsabend (mit Glocken), (A. Kutschera). Chor der Kgl. Hofoper Berlin.
1589 Der Turlhofer, (Gustav Pick?). Anton Sattler, Kunstjodler.
D 1011 Schönau, mein Paradies, Wienerlied (A. Kutschera). Max Herzberg mit Schrammelbegleitung, Wien.
D 1016/D 1017/D 1018 Die drei Hochzeiten, Lied I., II. und III. Vers, Kutschera. Max Herzberg mit Schrammelbegleitung, Wien.
11739 D Die grauen Augen, Kutschera. Franz Wolfert mit Quartett Lenz und Ernst.
D 1298 Wiener Fiakerlied (Gustav Pick). Max Herzberg und Martin Bendix.

## Kalliope Schallplatten, Haupt-Katalog 1910–1911, 25 ½ cm Durchmesser (Grammophon Import-House Johann Arlett, Wien):

399 S' Dirndl' geht nach Holz in' Wald, Rheinländer (Worte: Anton von Klesheim, Musik: Gustav Hölzel?). Orchester.
744 Du liebes Aug', Lied (Alexander Reichardt).
901 Du liebes Aug', du lieber Stern (Alexander Reichardt). Posaunen-Solo.
2007 Du bist zu schön, um treu zu sein, Lied (Alois Kutschera). Okarina-Solo.
1530 Wiener Fiakerlied (Gustav Pick). Herrengesang.
1785 Pepita (Adolf Müller sen. ?).
2037 Wiener Fiakerlied (Gustav Pick). Posthorn-Duett, Wlazak und Auer.
1699 Fiakerlied (G. Pick). Schrammelmusik mit Gesang.
1237 Der Turlhofer, Jodler (G. Pick?). Max Janner, Wien.
2625 Mein Ideal, von Kutschera. Original Trocadero Ensemble „D'Lanner", Wien.
2663 Strammes Regiment, Marsch von A. Kutschera. Bosn.-herzegovinisches Inf.-Reg. Nr. 1, Kapellmeister Ferd. Domansky.

## Kalliope Schallplatten, Haupt-Katalog 1910–1911 (25 ½ cm Durchmesser):

637 Castaldo Marsch (Rudolf Nováček). Orchester.
51 Donauwellen, Ivanovici.
417 Hydropathen-Walzer (Josef Gungl).
489 Träume auf dem Ozean (Josef Gungl).
748 Carmen Sylva. Orchester.
740 Lustspiel-Ouvertüre (Kélér Béla).
919 Ungarische Lustspiel Ouvertüre (Kélér Béla).
771 Es liegt eine Krone im tiefen Rhein (Gustav Hölzel?).
143 Das Herz am Rhein, Lied (Gustav Hölzel?). Posaunen-Chor.
1021 Wenn's Mailüfterl weht (Volkslied) (Gedicht: Anton von Klesheim). Konzertsänger Schneider, Leipzig.
1197 Hab' in der Brust ein Vögelein (Gustav Hölzel). Konzertsänger Schneider, Leipzig.
1164 Das Herz am Rhein (Gustav Hölzel?). Konzertsänger Schneider, Leipzig.
... A Bleamerl und a Herz (Gedicht: Anton von Klesheim; Musik: Adolf Müller?). Solo mit Chor.
2394 Du lieber Herrgott oben. Lied aus „Das Musikantenmädel" (Georg Jarno). Original Trocadero-Ensemble „D'Lanner", Wien.
2086 Ja, ja, mein Wien aus „Paula macht alles" (Georg Jarno), Anton Stribruy, Flügelhorn mit Orchesterbegleitung.
3291 Montmartre-Lied aus „Paula macht alles" (Georg Jarno), Viktor Flemming, Tenor, Theater an der Wien.
675 Prinz-Eugen-Marsch.
2727 Was mir so gefallen hat in Wien, Walzer aus „Musikantenmädel" (Georg Jarno). Orchester.

Odeon 1910:

64151 Träume auf dem Ozean, Walzer, Gungl. Odeon-Orchester, Kpm. Kark.

64188 Stephanie-Gavotte, Czibulka. Odeon-Orchester, Kpm. Kark.

64206 Vincenz-Marsch aus „Der selige Vincenz" (Raoul Mader). Odeon-Orchester.

64313 Irenenwalzer aus „Der selige Vincenz" (Raoul Mader). Odeon-Orchester, Kapellmeister Kark.

67579 Kaiserreise-Marsch, Ivanovici. Odeon-Orchester.

50234 Verschwiegene Liebe, mit Klavierbegleitung ... Hugo Wolf. – Franz Naval, Tenor, k. u. k. Kammersänger.

34459 O, Pepita ... A. Müller. Vokal-Künstler-Quartett der kgl. Hofoper Berlin.

34488 Erinnerung an Peterhof, Walzer, Jos. Gungl.

34298 Das Grüberl im Kinn (Gustav Hölzel). Anton Sattler, Berlin.

Odeon, März 1910:

167122 Frauenlist, Gavotte, Czibulka.

164003 Weylas Gesang, H. Wolf. Astrid Loous vom Stadttheater in Leipzig. Mit Orchesterbegleitung.

99066 Erinnerung an Peterhof, Walzer, Gungl. Männerchor der kgl. Hofoper Berlin mit Klavierbegleitung.

164906 Ungarische Ouvertüre, Kéler Béla. Josef Adelmann (Xylophon-Terzett).

39925 Der Zephir, Jenö Hubay. Jan Kubelik, Violinist.

Grammophon 1910
(Serie: Schwarz- und Rot-Etikett).

4-42003 Fiaker-Lied von Pick. Alexander Girardi, Tenor.

C 2-4059 Stephanie-Gavotte v. Czibulka.

C 2-40938 / C 2-40939 Kroatenmarsch und Trenck-Marsch aus „Baron Trenck" (Felix Albini). Grammophon-Orchester.

C 2-40629 Träume auf dem Ozean von Gungl. Grammophon-Orchester.

C 2-43222 / C 2-43223 Entree der Christel; Herr Kaiser, Herr Kaiser ... aus „Die Försterchristel" (Georg Jarno und Bernhard Buchbinder).

C 2-43224 Hundeballade aus „Die Försterchristel" (Jarno, Buchbinder).

C 2-43225 I bin der Turlhofer (Jodellied), (Gustav Pick?).

C 3-44052 / C 3-44053 Ist man ein hübscher Bursch' wie ich; Blamieren Sie sich nicht – aus „Baron Trenck", Felix Albini.

C 44665 Das ist mein Österreich, von Franz von Suppé (Worte: Anton von Klesheim). Kinderchor.

C 49507 Castaldomarsch von Novaček.

Favorite (Österreich) 1911:

1-24131 Fiakerlied (Gustav Pick). Original Wiener Schrammel-Quartett.

1-25277 Weißt du Mutterl, was i träumt hab' (A. Kutschera); Jaques Rotter, Operettensänger, Wien.

1-25453 Arm und reich, von Kutschera. Jaques Rotter.

1-25455 Schönau, mein Paradies (A. Kutschera). Jaques Rotter.

1-21303 / 1-21305 Ein strammes Regiment, Marsch, A. Kutschera; Über Berg und Thal, Marsch, A. Kutschera.

327

1-25026 Die grauen Augen, Alois Kutschera. Jaques Rotter, Wien, mit Orchesterbegleitung.

1-23248 Wan net Muatterl (A. Kutschera), Duett, gesungen vom Innviertler Quartett.

### Favorite (Österreich) 1911, einschließlich Nachtrag 5/1911 bis 3/1912:

1-23226 Lustspiel-Ouvertüre von Kéler Béla.

1-21282 Dormus-Marsch von Scharoch. Favorite-Elite-Orchester Wien.

1-23233 Ländliches Hochzeitsfest von Czibulka. Favorite-Elite-Orchester.

1-12113 Donauwellen, Walzer (Ivanovici).

1-110018 Castaldo-Marsch, von Novaček. Kapelle des kgl. bayr. Musikmeisters Peuppus, München.

1-110416 Donauwellen, Walzer von Ivanovici.

1-10226 A Bleamerl und a Herz (Worte: Anton von Klesheim, Musik: Adolf Müller?). Mirzl Hofer, Jodlerin, Graz, mit Orchesterbegleitung.

1-20061 Castaldo-Marsch v. Novaček.

1-19583 A Diandl geht um's Holz in Wald (Anton von Klesheim), Nebe-Quartett Wien bzw. Berlin.

1-21323 Prinz-Eugen-Marsch. Favorite-Elite-Orchester, Wien.

1-22388 Lieblingslieder, Walzer, Gründecke (richtig: Ludwig Gothov-Grünecke). Bauernkapelle Lechner, Salzburg.

1-20360 I hab a mal a Ringerl g'kriakt (Worte: Anton von Klesheim, Melodie: Franz von Suppé?). Grausgruber Terzett, Salzburg, mit Zitherbegleitung.

### Janus Schallplatten (Österreich) 1911:

5012 Prinz Eugen, der Edle Ritter.

5100 Lustspiel-Ouvertüre von Kéler Béla.

5130 Christel-Walzer aus „Försterchristel" (G. Jarno).

5136 Carmen-Silva-Walzer, Ivanovici.

(Alle bespielt vom: Janus-Orchester, Wien.)

5424 Castaldomarsch (R. Novaček).

5012 Prinz Eugen, der Edle Ritter. Janus-Orchester, Wien.

5492 Prinz Eugen-Marsch. Janus-Orchester, Wien.

5100 Lustspiel-Ouvertüre von Kéler Béla. Janus-Orchester, Wien.

5124 Träume auf dem Ozean (Josef Gungl). Janus-Orchester, Wien.

5130 Christel-Walzer aus „Försterchristel" (G. Jarno).

5136 Carmen-Silva-Walzer von Ivanovici. Janus-Orchester, Wien.

5336 A Blümerl und a Herz (Worte: Anton von Klesheim, Melodie: Adolf Müller?). Renoth-Huber, Jodler, Berlin.

### Jumbola (Österreich), 25 cm Durchmesser, Ausgabe 1911/12:

8656 Außer Rand und Band. Von A. Kutschera. Hansi Führer, Wien.

8377 Lieber Gott, schick einen Engel (A. Kutschera).

### Favorite, Schallplatten-Katalog (Österreich) 1912, einschließlich Nachtrag 4/1912 bis 2/1913:

1-21282 Dormus-Marsch von Scharoch. Favorite-Elite-Orchester.

1-21323 Prinz Eugen-Marsch. Favorite-Elite-Orchester.

1-23233 Ländliches Hochzeitsfest von Czibulka. Favorite-Elite-Orchester.

1-14263 Klänge aus der Heimat, Oberländler, von Gungl. Violin-Solo mit Orchesterbegleitung.

1-110018 Castaldo-Marsch, von Novaček. Kapelle des kgl. bayer. Musikmeister Peuppus, München.

1-20360 I hab a mal a Ringerl g'kriakt (Anton von Klesheim und Franz von Suppé?), Grausgruber Terzett, Salzburg.

1-24178 Herkulesfürdö-Walzer von J. Pazeller. Violine und Klavier, Schmidt und Tichy, Wien.

1-29359 A Blüamerl und a Herz (Worte: Anton von Klesheim, Melodie: Adolf Müller?). Grausgruber-Duett, Salzburg.

1-21302 Mit dem Edelweiß, Marsch von A. Kutschera. Favorite-Orchester Wien.

1-21303 Ein strammes Regiment, Marsch von A. Kutschera. Favorite-Orchester Wien.

1-21305 Über Berg und Tal, Marsch von A. Kutschera. Favorite-Orchester Wien.

1-23248 Wan' net Mutterl (A. Kutschera). Duett, gesungen vom Innviertler Quartett.

1-25026 Die grauen Augen, von Alois Kutschera. Jaques Rotter, Wien, mit Orchester.

1-25277 Weißt du Muatterl, was i träumt hab? (A. Kutschera). Jaques Rotter, Wien, mit Orchesterbegleitung.

1-29279 Schönau, mein Paradies (A. Kutschera). Hubert und Wolfert, Wien (Butschetty-Quartett), mit Schrammelbegleitung.

1-20377 Außer Rand und Band von Kutschera. Stanitz und Pfeiler, Wien, mit Schrammelbegleitung (Quartett „Dragon").

1-25086 Mein Ideal, von Kutschera. Jaques Rotter, Wien, mit Orchesterbegleitung.

1-24176 Die grauen Augen, von Kutschera. Violine und Klavierbegleitung, Karl Mastny, Wien.

### Zonophon Schallplatten 1912/13:

16076 Hamburger Gavotte, von Czibulka. Inf.-Reg. Alt-Württemberg, Ludwigsburg.

16077 Gavotte aus „Das Musikantenmädel" (G. Jarno), Inf.-Reg. Alt-Württemberg, Ludwigsburg.

16001 In deinem Lager ist Österreich, von (Richard) Hunyaczek Inf.-Reg. Nr. 51, Freiherr von Probst.

16286 Liebeskonkurrenz-Marsch aus „Das Musikantenmädel" (G. Jarno), Kapelle Schäfer, Reutlingen.

16300 Juristenball-Polka, von Novaček. Kapelle Schäfer, Reutlingen.

16237 Erinnerung an Herkulesbad (Jakob Pazeller), Orchester.

16241 Oberländler von Gungl.

16244 Träume auf dem Ozean, Walzer (Josef Gungl).

16257 Kasino-Tänze von Gungl.

16267 (u.a.) A Bleamel und a Herz, Lied (Worte: Anton von Klesheim, Melodie: Adolf Müller?).

16055 Castaldo-Marsch von Novaček.

16063 Die Hydropathen, Walzer, von Jos. Gungl.

16437 Prinz Eugen, der edle Ritter. Doppelquartett der königl. Hofoper.

### Parlophon-Record, September 1913:

1317 Die Bestimmung, Lied von Kutschera. Max Kuttner, Großherzogl. Weimar. Hofopernsänger mit Orchesterbegleitung. Kapellmeister F. Kark.

817 Schönau, mein Paradies (A. Kutschera). Fräulein Gamsjäger mit Zitherbegleitung.

1296 Lustspiel-Ouvertüre, Kéler Béla. Parlophon-Orchester, Berlin, Kpm. F. Kark.

648 Seufzer-Walzer, Ivanovici.

1512 Heyre Kati, Scene de la Czarda, Hubay (Jenö). Prof. Hugo Heermann, Violine, mit Orchesterbegleitung, Kpm. F. Kark.

773 A Bleamerl und a Herz (Worte: Anton von Klesheim, Melodie: Adolf Müller?). Trinkl und Gröbl, genannt die Zugspitzsänger, mit Zitherbegleitung.

*Die donauschwäbischen Schallplattenproduktionen setzten sich in Amerika während der Zwischenkriegszeit besonders intensiv fort*

Zonophone (Österreich) 1914/15:

16001 In deinem Lager ist Österreich, von Hunyaczek. Militär-Orchester.
16055 Castaldo-Marsch von Novaček. Orchester.
16117 Pester Walzer, Orchester.
16766 Die Hydropathen, Walzer von Gungl. Orchester.
16707 Prinz Eugen-Marsch. Welser Stadtkapelle, Kpm. Leop. Albrecht.
16241 Oberländler von Gungl. Wiener Bürgerkapelle.
16244 Träume auf dem Ozean (Josef Gungl). Wiener Bürgerkapelle.
16768 Erinnerungen, Walzer, von Czibulka. Wiener Bürgerkapelle.
16788 I bin der Pester Franzl, Jodler. Franz Nornsee, begleitet vom Schrammelquartett „Lenz".
16817 Das Bleamerl und a Herz (Worte: Anton von Klesheim, Melodie: Adolf Müller?). Mirzl Hofer, Jodlerin, Graz.
16497 Prinz Eugen, der edle Ritter. Doppelquartett „Berolinia".
16836 Darf i's Diandl liab'n (Worte von Rosegger) (Adolf Müller sen.?). Herzl-Quartett.
16515 's Herzload (Gustav Hölzel?). Renoth und Huber.
16660 Frauenlist-Gavotte aus „Der Glücksritter" von Czibulka.
60054 Juristenball-Polka von Novaček. Bauernkapelle.
60020 Castaldo-Marsch von Novaček. Kaiser Franz – Garde-Grenadier-Reg. Nr. 2.
60050 Castaldo-Marsch von Novaček. Peuppus-Kapelle.
60059 Die Hydropathen, Walzer von Josef Gungl.

Im Schallplatten-Katalog der Firma „Janus" aus dem Jahre 1911 finden sich unter „Couplets" auch folgende zwei Produktionen:

5388 Sigi Berger von Ujhely v. Ch. Schneider (1734) und
5394 Sigi Berger von Ujhely (1734).

Die Aufnahmen dürften identisch sein. Ausführender war Karl Liebal, Humorist, Wien. Nachdem es sich bei dem Ortsnamen Újhely (heute Uihei) um Neusiedel auf der Heide im Banat handelt, kann mit Recht ein inhaltlicher Bezug zu diesem angenommen werden, was jedoch noch nicht geklärt werden konnte.

Zwei Regimentskapellen des Militärkapellmeisters Richard Hunyaczek (1877 Budapest – 1917 Wien) hatten bei drei Schallplattenfirmen 90 Schellacks bespielt. Im „Janus"-Schallplatten-Katalog 1911 heißt es: „Musik des k. u. k. Infanterie-Regimentes Freiherr v. Probszt Nr. 51, Wien. Kapellmeister Richard Hunyaczek". 14 Plattenaufnahmen werden genannt.

Der Katalog der Firma „Favorite" aus dem Jahre 1911 nennt von denselben sogar 59 Platten, darunter:

1-21035 Castaldo-Marsch (Rudolf Novaček).
1-20007 O du mein Österreich (Franz von Suppé nach den Worten von Anton von Klesheim).
1-120021 In deinem Lager ist Österreich, Marsch von Hunyaczek.
1-120040 Jung Splényi, Marsch von Hunyaczek.

Die Firma „Zonophon" gibt für 1914/15 vom „K. u. K. Infanterie-Regiment Nr. 99, Kapellmeister Richard Hunyaczek", 17 Produktionen an, darunter:

17602 Weiße Rosen, Walzer von Hunyaczek.

Richard Hunyaczek, dessen Eltern ebenfalls aus Pest stammten, wurde an der dortigen Militärakademie ausgebildet und wirkte bis 1905 in Budapest, danach, bis 1912, in Neumarkt/Marosvásárhely/Tirgu Mureş und daraufhin in Wien. Hier trat er mit seiner Kapelle in der Hofburg bei Empfängen auf und spielte bei der Burgwache, im Schloß Schönbrunn, im Burggarten, im Lusthaus usw. Zum letzten Male dirigierte er am 21. 9. 1917 in der Hofburg anläßlich eines Empfanges der Kaiserin Zita. Von da mußte er ins Garnisonsspital eingeliefert werden, wo er bald darauf starb.

Jumbola Schallplatten-Katalog (Österreich), 25 cm Durchmesser, Ausgabe 1911/12:

8817 O du mein Österreich (Franz von Suppé, Worte: Anton von Klesheim). Kapelle des k. k. Inf.-Reg. Nr. 19.
8818 Castaldo-Marsch (Rudolf Novaček).
8001 Dormus-Marsch (Franz Scharoch). Deutschmeister-Schützenkapelle, Wien.
8001 Prinz Eugen-Marsch.
8049 Donauwellen (Ivanovici). Militär-Orchester.
W 14470 Diandl geht nach Holz in Wald (Anton von Klesheim und Gustav Hölzel?). Bayer. Polka, Bayernkapelle „Von der Au".
W 14594 Souvenir de „Herkulesfürdö" (Jakob Pazeller). Julius Schmidt, Violinsolo mit Klavierbegleitung.
14616 Schönau-Kutschera. Kapelle des Hof-Musikers Béla Berkes, Budapest.

Aste – Schallplatten 1912:

50967 Förster-Christel-Walzer (G. Jarno).
53018 A Bleamerl und a Herz (Worte: Anton von Klesheim, Melodie: Adolf Müller?).
0443 Duett aus der Oper „Zrinyi" (Felix Albini).
50965 Träume auf dem Ozean (Josef Gungl).
50800 Du liebes Aug', du lieber Stern (Alexander Reichardt). Orchester mit Solo.
57002 Lobe den Herren (G. Chr. Strattner?). Gemischter Chor mit Orchester und Kirchenglocken.

Jumbola (A), März 1912:

14147 Außer Rand und Band, A. Kutschera. Hansi Führer, Wien.

Es bleibt noch zu bemerken, daß – abgesehen von wenigen Ausnahmen – von der Nennung der unübersehbar großen Zahl von Schallplatten der Bekanntesten, wie Liszt, Lehár, von Suppé usw. schon aus Raumgründen abgesehen werden muß.

d) Erste donauschwäbische Schallplatten im Heimatbereich

Die Schallplattenfirma „Jumbola" führte in ihrem Katalog 1911/12 folgende 13, von einer „**Schwaben-Kapelle**" bespielte Schallplatten an:

8262 Postillion-Polka / Feuerwehr-Polka.
8263 Marien-Walzer / Husaren-Walzer.
8476 Holadria-Walzer / Assentierungs-Marsch.
8484 Schlitten-Polka / Banater Ländler.
8487 Reserl, kumm her, Walzer / Rosenländler.
8588 Soroksarer Ländler / Apatiner Ländler.
8489 Feuerwehr-Marsch / Der alte Drahrer.
8585 Temeswarer Ländler / Schneeglöckchen-Mazurka.
11187 Aus dem Walde, Ländler / Erinnerungs-Polka.
11189 Ofener Ländler / Schlittenpolka.
11458 La Paloma, Walzer / Meine Brautnacht, Walzer.
15450/15456 Am Eislaufplatz, Walzer / Schützenmarsch.
15456/15460 Auf der Budakeszer Hochzeit, Polka / Holzhackerbuabn, Marsch.

Schon die Orts- und Gebietsnamen in einigen der aufgezählten Titel lassen den Schluß zu, daß es sich hier um eine heimatliche Blaskapelle gehandelt haben mußte. Unabhängig von diesem Firmenkatalog waren bereits folgende Beschriftungen von Platten-Etiketten in ungarischer Sprache bekannt, von dieser und von anderen Firmen, wobei mehrere aufgenommene Stücke absolut identisch sind:

*Jumbola-Record No. 15306: Marien Walzer, jatsza, Budakészi sváb parasztzenekar*

*Jumbola-Record No. 15352: Schlittenpolka, jatsza, Budakészi sváb parasztzenekar*

Jumbola-Record. Trade Mark. Budakeszi sváb parásztzenekar. Budakész.

15266/15298 Trink Bruader, Polka (játza) / Husaren-Walzer (játza).
15306/15308 Marien-Walzer / Köbányaipolka.
15352/15353 Schlittenpolk a/ Banater Ländler.
15360/15362 Der alte Drahrer, Ländler / Feuerwehrmarsch.

Metafon. Budakeszi sváb parásztzenekar. Budapest.

15351 J./15372 J. Budakeszi lakodalom / Burschenfreude.

Odeon. Budakeszi sváb parásztzenekar:
Rosen-Ländler / Reserl komm her.

A. B. C. Grand Record. Budakeszi sváb parásztzenekar, Budakesz:

5015 Auf der Budakeszer Hochzeit, Polka / Vörösvarer Ländler.

5016 Aus dem Walde, Ländler / Erinnerung, Polka.

Damit ist erwiesen, daß es sich hierbei um die schwäbische Blaskapelle aus **Budakeszi/Wudigeß** gehandelt hatte. Von Eugen Bonomi wissen wir auch, daß der **Kapellmeister Johann Eszterle** (Eßterle) war, der u. a. folgende Stücke selbst komponiert hatte: „Marienwalzer", „Budakeszer Hochzeit" (Polka), „Burschenfreude" (Polka), „Rosen-Polka", „Tänzerin-Polka". Eszterle ist am Beginn des 1. Weltkrieges (1914) gefallen.

Zur Vorgeschichte dieser Plattenaufnahmen gibt Bonomi an, daß anläßlich eines Musikwettstreites in Promontor/Budafok im Jahre 1913 (?), welcher von der Sektfabrik Törley veranstaltet wurde, Kapellmeister Johann Eszterle mit seiner Blaskapelle aus Budakeszi den ersten Preis erhalten hatte. „Der Budapester Musikalienhändler Mogyorósy veranlaßte, daß die Stücke, die die Eszterle-Kapelle gespielt hatte, auf Schallplatten aufgenommen werden." Nachdem die ersten 13 im „Jumbola"-Katalog erwähnten Platten bereits 1911/12 angeboten wurden, dürfte der Musikwettstreit vor dem Jahre 1913 stattgefunden haben – oder es handelte sich um die bei den anderen Firmen aufgezählten Platten. Übrigens – die Firma „Jumbola" hatte ganz offensichtlich für den Markt in Ungarn Etikette in ungarischer und für den übrigen Verkauf in deutscher Sprache hergestellt.

Vor dem 1. Weltkrieg ist auch die **erste donauschwäbische Schallplatte mit Blasmusikliedern** herausgekommen, wobei nicht klar ist, ob es sich um eine weitere Eszterle-Aufnahme handelt:

Diadal Record D 258. Sváb zenekar – Bauernkapelle. Originalmelodie mit Gesang. A – Elternliebe (14 116), B – S'Häusla am Rah (14 117).

Es könnte sein, daß auch die folgende Aufnahme von einer donauschwäbischen Formation stammt:

Jumbola-Record. Trade Mark. No. 1373. Orchester. A – Mädchenruf, Polka (Scotto). B – Polka für zwei Flügelhörner.

e) Schellacks in Amerika

Die in den Vereinigten Staaten erfolgten heimatlichen Kapellengründungen fanden relativ sehr schnell Zugang in den technischen Medienbereich. Nachdem dort die Etikettbeschriftungen nicht immer klare Aussagen enthalten, ist eine exakte Zuordnung leider nicht immer möglich. Mit ziemlicher Sicherheit gehen jedoch 7 Schallplatten auf heimatliche Gruppen zurück, zumindest aber eine auf **Peter Stahl aus Bogarosch** und eine auf **Peter Müller aus Kowatschi**.

Columbia. P. Stahl's Kapelle. A – Zur Erinnerung, Ländler, B – Marie Polka. Columbia E 5161. GJ Band German. Internationale Columbia-Kapelle. A – Warjaser Madeln (59 507). B – Rührt euch doch! (59 508). Columbia Graphophone Company, Payented. Made under one or more of the following U.S. Letters Patent: Jan. 2. 1906, Feb. 11. 1908, Aug. 11. 1908. Other Patents Pending.

*Der Ländler „Varjaser Madeln"
wurde vor 1918 in Amerika von der „Columbia-Kapelle"
auf die Schellack-Platte Columbia E 5161
aufgenommen*

*Den Titel „Auf nach Perjamos" (Perjamosch) hatte vor 1918 die „Schwäbische Columbia-Kapelle" in Amerika aufgenommen. Wer die Landsleute in dieser Formation waren, konnte nicht mehr ermittelt werden*

Columbia E 5162. Internationale Columbia Kapelle. A – Am Plattensee (59606). B – Mariandl (5163).

Columbia E 3514. German Band. Schwäbische Columbia Kapelle. A – Frisch und munter (58459). B – Der fesche Seppl (58457).

Columbia E 3606. A – Düppler Schanzen. Vaterland Kapelle. B – Auf nach Perjamos. Schwäbische Columbia Kapelle. Columbia Record E 2353. Columbia Orchester. A – Husaren Marsch. B – Hindenburg Marsch.

Columbia. Peter Müller's Banater Kapelle. A – Ujpecser Kirchweih Ländler. B – Die treue Träne, Polka.

In der Zeit zwischen den beiden Weltkriegen führten diese Aktivitäten zu Rekordleistungen – rund zwei Dutzend donauschwäbische Blaskapellen bzw. Chöre und Solisten produzierten in den Vereinigten Staaten über 300 Schellacks, welche dort, in England, Kanada und Argentinien gepreßt wurden. Eine stolze Bilanz, welche ihresgleichen sucht!

f) Tonträger mit südostdeutschen Mundarten

Mundarten unterliegen auch in ruhigen, unbewegten Zeiten gewissen Entwicklungsprozessen, um so mehr natürlich bei politischen Erschütterungen und Gebietsveränderungen. Das Festhalten einer mundartlichen Charakteristik, etwa zu späteren Vergleichszwecken, ist immer ein schwieriges Unterfangen, weil wohl keine Sprache genügend graphische Zeichen besitzt, um alle phonetischen Besonderheiten zuverlässig festzuhalten. Aus diesem Grunde legen zweifellos Tonträger (Wachs-, Metall-, Schellack-Platten, Matrizen, Tonbänder) am zuverlässigsten Zeugnis davon ab, wie die eine oder andere Mundart zum Zeitpunkt der Aufnahme lebendig geklungen hatte.

Dem etwa im Jahre 1899 gegründeten Österreichischen Phonogrammarchiv der Akademie der Wissenschaften in Wien, Liebiggasse 5, kommt das große Verdienst zu, daß es bereits seit der Jahrhundertwende wissenschaftliche Aufnahmen mit verschiedensten Inhalten aus fast der ganzen Welt vorgenommen hat. Eigenartigerweise findet sich in diesem Archiv keine einzige Mundartaufnahme aus den eigentlichen donauschwäbischen Siedlungsräumen. Dafür existieren um so mehr Tonträger mit Dialekten aus den übrigen südostdeutschen Gebieten. Wenn es auch den Anschein hat, daß einige dieser Konservierungen bereits ausgewertet wurden, so steht doch fest, daß in seiner Gesamtheit das Österreichische Phonogrammarchiv noch immer eine Fundgrube für unsere Forscher darstellt.

Gottschee/Kočevje /Unterkrain in Slowenien):

Platte Nr. 662. Deutsche Mundart aus Gottschee, Krain. Gesprochen vom Hochschüler Franz Perz aus Mitterdorf bei Gottschee, Krain. Unter linguistischer Kontrolle des Prof. J. Seemüller. Aufgenommen im Ph.-A. 1908. Assist. F. Hauser. Wenkersche Sätze 1–22 (Fortsetzung auf Pl. 743). Text: Siehe Abh., zit. bei Pl. 658, S. 25 f.

Nr. 743 (Forts. von Pl. 662). Wenkersche Sätze 23–40. Text: Siehe Abh., zit.zu Pl. 728, S. 26.

Buchenland/Bukowina/Bucovina/Bukovina:

Platte Nr. 1211. Deutsche Mundart von Monastierka (Bukowina). Gesprochen von Josef Stocker, Postbeamter in Monastierka. Aufgenommen in Czernowitz 1912 von Prof. E. Herzog. Wenkersche Sätze 1–18 (Forts. auf Pl. 1212).

Nr. 1212. Wie Pl. 1211 (Forts. von Pl. 1211. Wenkersche Sätze 18–32 (Forts. auf Pl. 1213).

Nr. 1213. Wie Pl. 1211. Wenkersche Sätze 31–40 (Forts. auf Pl. 1212).

Platte Nr. 1214. Deutsche Mundart von Unter-Stanestie (Bukowina). Gesprochen von Hans Lindenbach, Postoffizial aus Unter-Stanestie. Aufgenommen in Czernowitz 1911 von Prof. E. Herzog. Wenkersche Sätze 1–17. (Forts. auf Pl. 1215).

Nr. 1215. Wie Pl. 1214 (Forts. von Pl. 1214). Wenkersche Sätze 18–34 (Forts. auf Pl. 1216).

Nr. 1216. Wie Pl. 1214. Wenkersche Sätze 35–40. Bruchstücke von Volksliedern (Forts. von Pl. 1215).

Siebenbürgen/Erdély/Transilvania:

Platte 735. Deutsche Mundart aus Schässburg, Siebenbürgen. Gesprochen von stud.phil. Hermann Fabiani aus Schäßburg. Unter linguistischer Kontrolle von Prof. J. Seemüller aufgenommen im Ph.-A. 1907 vom Assist. F. Hauser. Wenkersche Sätze 1–27. (Forts. auf Pl. 736). Text: Siehe Abh. zit. zu Pl. 728, S. 17 ff.

Nr. 736. Wie Pl. 735 (Forts. von Pl. 735). 1. Wenkersche Sätze 28–40. 2. Freie Erzählung. (Forts. auf Pl. 737). Text: Siehe Abh., zit. zu Pl. 728, S. 30 ff.

Nr. 737. Wie Pl. 735 (Forts. von Pl. 736). Freie Erzählung. Text: Siehe Abh., zit. zu Pl. 728, S. 32 ff.

Ferner sind folgende Phonogramm-Matrizen aus den Jahren 1913 und 1918–1922 vorhanden:

2091 Siebenbürg. Sächsisch Spr. (Huss 1913).
2092 und 2093 Siebenbürg. Sächsisch Mda. von Lechwitz (Huss 1913).
2094, 2095 und 2096 Siebenbürg. Sächsisch v. Klein-Bistritz (Huss 1913).
2097 und 2098 Siebenbürg. Sächsisch v. Jaad (Huss 1913).
2100 Siebenbürg. Sächs. Mda. v. Bistritz (Huss 1913).
2101, 2102 und 2103 Siebenbürg. Sächs. (Archivaufnahmen, 1913).

g) Begegnungen mit dem Film

Der aus Werschetz stammende **Franz Herzog** (1863–1954) war der Sohn des Apothekers und zeitweiligen Bürgermeisters Franz Josef Herzog und seiner Ehefrau Luise, geborene Hoffmann. Er war in Budapest zunächst als Jurist tätig und wurde einer der erfolgreichsten ungarischen Schriftsteller. Nachdem er seinen Namen in **Ferenc Herczeg** geändert hatte, schrieb er auch in der ungarischen Sprache. Etwa 1917 verfaßte er das Bühnenwerk „Kék róka" – zu deutsch „Der Blaufuchs". Dieses Stück diente als Vorlage für das Drehbuch zum gleichnamigen Spielfilm, welcher 1938 mit Zarah Leander, Willy Birgel, Paul Hörbiger, Jane Tilden, Karl Schönbeck, Rudolf Platte u. a. entstanden ist. Die darin von Zarah Leander gesungenen Lieder „Von der Pußta will ich träumen" und „Kann denn Liebe Sünde sein?" wurden Schlager.

**Grete Lundt** wurde 1892 in Temeschburg geboren und starb 1927 in Berlin. In Wien wurde sie als Schauspielerin ausgebildet. Bereits 1914 kam sie nach der Gründung der „Sascha-Filmfabrik" (nach Felix Milleker) zu diesem neuen Medium. In den Streifen „Kämpfende Liebe" und „Liebe unter dem Schnee" war sie der „Star" und erlangte einen hohen Bekanntheitsgrad. Als sie später nach Berlin übersiedelte und in unseriöse Kreise geraten war, verzweifelte sie am Leben und griff zum Gift.

Aus Czernowitz war 1896 **K. Lothar Mikuličz** hervorgegangen, der als Kriegsteilnehmer gleich nach dem Ende des 1. Weltkrieges in Berlin Film-Kapellmeister wurde. In der Folgezeit komponierte er Filmmusiken.

**Karl Pauspertl** (von Drachenthal) kam 1897 in Plevlje (Montenegro) zur Welt. Nach seiner Ausbildung in Wien war er während des 1. Weltkrieges Militärkapellmeister. Später errang er mit seinen Kompositionen zu folgenden Filmen große Erfolge: „Wiener Mädeln", „Operette", „Die goldene Fessel", „Abenteuer im Schloß", „Die Regimentstochter" und „Franz Schubert".

Der 1886 in Jassy geborene und 1931 in Berlin verstorbene **Lupu Pick** hatte sich zu einem bedeutenden Filmschauspieler und -regisseur entwickelt. Er hatte bei folgenden Streifen Regie geführt: „Kitsch", 1919; „Tötet nicht mehr", 1919; „Grausige Nächte", 1921; „Das Haus der Lüge", 1925; „Das Panzergewölbe", 1926; „Napoleon auf St. Helena", 1929; „Gassenhauer", 1931. Der Film „Scherben", welchen er als Neuheit ohne Zwischentitel geschaffen hatte, entstand 1921. Zusammen mit dem Filmautor C. Mayer brachte er 1923 „Sylvester" auf die Leinwand. Als Filmschauspieler lagen ihm besonders Verbrecherrollen. Seine Ehefrau, Edith Posca, hatte in vielen seiner Filme Hauptrollen gespielt.

In Kronstadt kam 1886 **Julius Reich** (Pseudonym: Rey) zur Welt, der in Wien ausgebildet wurde und Operetten, Tänze, Märsche, Lieder und Schlager komponierte. 1922 wurde er in Danzig Kino-Kapellmeister.

**Felix Salten** war das Pseudonym des Schriftstellers Siegmund Salzmann (1869 **Pest** – 1947 Zürich), der hauptsächlich in Berlin und Wien wirkte. 1938 emigrierte er und betätigte sich in Hollywood bzw. Zürich. Er war Theaterkritiker und schrieb auch Bühnenstücke. Weltbekannt wurde er aber durch seine Tiergeschichten, besonders durch sein 1923 erschienenes Jugendbuch „**Bambi**. Eine Lebensgeschichte

*Johnny Weissmüller „erblickte erstmals 1918 das Licht des Film-Projektors", wie es im „Münchner Merkur" vom 5./6. März 1983 heißt. Auf dem Bild als „Tarzan" mit seiner Partnerin*

aus dem Walde" und „Bambis Kinder" (1940). **Walt Disney** verfilmte Saltens „Bambi" 1941/42. Gegenwärtig noch wird die Figur des Rehleins als begehrter Filmpreis verliehen.

Nach Helfried Patz (in: Der Donauschwabe, 13.11.1960, S. 5 f.) war die weitbekannt gewesene Filmschauspielerin **Gloria Swanson** die 1896 in Franztal geborene Donauschwäbin **Franziska Pfeffer**. Ihr Vater wanderte 1908 nach St. Louis in Amerika aus, wo er eine Selcherei eröffnete. Seine Frau, die er nachkommen ließ, starb während der Schiffsreise. Später nahm er „Franzi" zu sich, die in Franztal verblieben war. Dem jungen Mädchen behagte die Arbeit im Geschäft des Vaters anscheinend nicht, denn sie verließ ihn, nachdem sie einen wohlhabenden Deutschamerikaner kennengelernt hatte. Dieser entdeckte das Schauspielertalent seiner späteren Frau. Nach einigen kleineren Rollen um 1914 bewältigte sie hervorragend ihren ersten großen Film. Als Gloria Swanson ging sie in die Filmgeschichte ein.

Weltbekannt ist heute noch **Johnny Weissmüller**, der am 2. Juni 1904 in Freidorf im Banat zur Welt kam. Er war ein Schwimmgenie und holte bei den Olympischen Spielen 1924 in Paris und 1928 in Amsterdam vier Goldmedaillen für die Vereinigten Staaten, wohin er mit seinen Eltern ausgewandert war. Noch populärer wurde er beim Film als Darsteller des Dschungelmenschen „Tarzan". Am 21. Januar 1985 starb er in Acapulco (Mexiko).

## 20. Musikliteratur, Verlage, Musikalienhandlungen

Wenn man unter Musikliteratur sämtliche Druckerzeugnisse verstehen darf, welche mit vokaler oder instrumentaler Musik aller Gattungen in irgendeinem Zusammenhang stehen, also Noten, Fachschriften, wissenschaftliche Abhandlungen, Lehr- und Übungsbücher, Biographien, Kritiken usw. usw., so zeichnet sich für Südosteuropa abermals ein beeindruckendes Bild des Umfangs und der Vielfalt ab.

Die überwiegende Zahl der bisher erwähnten Kompositionen waren als Notendrucke erschienen, so daß hier fast nur Wiederholungen gebracht werden müßten. Allerdings, die Vertonungen von Librettis für die Musiktheater waren nur recht unterschiedlich auch im Druck erschienen; eine Aussonderung wäre heute ein kaum zu bewältigendes Unterfangen.

Inzwischen wurden aber in anderen Zusammenhängen auch schon Werke von Musikschriftstellern und andere Veröffentlichungen genannt, was hier ebenfalls nicht nochmals wiedergegeben werden kann.

**Kornel Ábrányi sen.** (1822 Szent Györy?, vermutlich: Szentgyörgy – 1903 Budapest) war Gründer und Redakteur der **Musikalischen Blätter** „Zenészeti Lapok", welche in Budapest von 1860 bis 1876 erschienen sind.

Der 1858 in Pest geborene (Dr. jur.) **Moritz Alfiero-Adler** war als Heldentenor auf österreichischen, deutschen und italienischen Bühnen aufgetreten und dann als Gesangprofessor und Musikschriftsteller tätig gewesen. In Berlin war er Eigentümer und Herausgeber der **Wochenschrift „Musik und Theater"**.

Der Opernsänger **Albert Bernhard Bach** (1844 Jula bis 1912) betätigte sich auch als Gesanglehrer und veröffentlichte in englischer Sprache „Musical education and vocal Culture", „The princioles of singing" usw.

Eine **ungarische Musikgeschichte** hatte der 1887 geborene **Desider Bánkuti** (Böhm) verfaßt, welche 1930 in deutscher Übersetzung herauskam.

In **Militisch** in der Batschka war ab der Jahrhundertwende eine Fachschrift, „**Die Dorfmusik**", erschienen. Die Redaktion und Administration oblag dem dortigen Kantorlehrer **Josef Braunhoffner** (1870–1915). Das einzige aufzufindende Exemplar dieser Schrift ist die Nummer 1 des 3. Jahrgangs 1904 und stammt vom Januar. In einem „Ansuchen" forderte die Redaktion auf, man möge die Güte haben, „uns von den dort stattgefundenen Konzerten, Musik- und Liederabenden resp. Festlichkeiten und sonstigen musikalischen Ereignissen Berichte zukommen lassen. Man könnte dadurch evtl. ein regeres und strebsameres musikalisches Wetteifern am Lande erzielen, was doch sehr erwünscht ist. Bisher ist es ja eher noch gar zu tief verhüllt, wie es eigentlich mit dem Musikwesen auf dem Lande steht!". Die Zeitung brachte u. a. „Praktische Ratschläge für Musikleiter am Lande", „Das Streich-Quartett", „Entsprechende Musikalien für Dorfkapellen", „Briefwechsel", „Nachrichten und Berichte", „Literarisches" und Inserate. Bei diesen findet sich u. a.: „C.L. Wegenstein. Erste südungarische Orgelbau-Anstalt mit Dampfbe-

```
Die beiden Musikbeilagen der
            „Dorfmusik"
    a) „Zur Erinnerung" Polka frq und
    b) „Damenwahl" Mazur für Klavier
          zu 2 Händen von:
         Josef Braunhoffner
  sind so lange noch vorrätig- um je eine
  Krone per Stück zu haben. Beide Stücke auf
  einmal bezogen, werden um 1 Kro. 50 Heller
              franko zugestellt.
       Red. und Adm. der „Dorfmusik"
       Bacz-Militios, Bácska, Ungarn.
```

*Inserat in der Fachschrift „Die Dorfmusik", welche kurz nach der Jahrhundertwende in Militisch herauskam*

trieb, Temesvar (Elisabethstadt). Liefert gediegene, nach neuestem System Pneumatische-Orgeln in allen Größen zu billigen Preisen."

Redakteur der Fachschrift „Zenélö Magyarország" (Musizierendes Ungarn), von 1894 bis 1913 in Budapest erschienen, war **Gyula Csengery-Klökner**.

Der 1862 in Wien geborene **Norbert Dunkl** redigierte in Budapest die „Zeneirodalmi Szemle" (**Rundschau für Musikliteratur**) 1894/95.

Im Jahre 1872 existierte das „**Musikblatt**", welches den Vermerk enthielt, „erscheint in **Pesth** unter der Direction von **Viktor Fellegi** und genießt die Unterstützung mehrerer ungarischer Musiker".

**Johann Goll** (1841–1911) aus Baderseck/Bátaszék, der in Budapest als Musiklehrer aktiv war, veröffentlichte eine Liedersammlung „Enektan és Polyhymnia", ein ungarisches Fachwörterbuch für Musik und eine Sammlung von rund 200 ungarischen Volksliedern. Außerdem war er Redakteur der Fachschrift „Tánc", welche Tätigkeit sein 1886 in Budapest geborener Sohn, **Aladár Goll**, später fortsetzte. 1911 und 1912 hatte er mit seinem Chor der Budapester Studentenschaft erfolgreich u. a. in Wien und Berlin Konzerte gegeben. Auch die Zeitschrift „Apollo" war die Gründung seines Vaters, welche er hernach leitete.

Von 1900 bis 1916 redigierte in Budapest der 1868 in Sieggraben (Burgenland) geborene **Ludwig Napoleon Hackl** die Fachschrift „Zenevilág".

**Ludwig Heckenast** (1811 Kaschau – 1878 Preßburg) war der Sohn eines evangelischen Geistlichen, wurde Buchhändler und machte sich 1834 in Pest selbständig. Ab 1841 betätigte er sich auch als Verleger.

In Pest kam 1869 **Emil Hertzka** zur Welt, der 1907 in Wien die Leitung des Musikverlages „Universal-Edition A. G." übernahm.

**Jenő Hubay** (Eugen Huber) aus Budapest (1858 bis 1937) war von 1893 bis 1896 Redakteur der „Harmonia. Hangversenyszemle" (Konzertrundschau).

**Karl Huber** (1828 Warjasch – 1885 Budapest) veröffentlichte eine vielbeachtete Violinschule.

**Sándor Jemnitz** (1890 Budapest – 1963 Balatonföldvár) wurde in der ungarischen Hauptstadt Musikkritiker.

**Ludwig Karpath**, 1866 aus Pest hervorgegangen, wurde ab 1894 Musikreferent des „Neuen Wiener Tagblattes" und gab mehrere Werke über bedeutende Komponisten heraus.

**Eduard Kloekner** gründete 1893 in Budapest einen Musikverlag, welche 1829 an den Berliner Richard Birnbach übergegangen ist.

Der 1847 in Mindszent an der Theiß geborene **Adolf Kohut** war in Berlin tätig, wo er 1917 starb. Er war Musikschriftsteller und gab u. a. heraus: „Weber-Gedenkbuch", „Tragische Primadonnen-Ehen", „Die Gesangsköniginnen der letzten 3 Jahrhunderte".

Auch der 1889 in Halas geborene (Dr. phil., jur. und rer.pol.) **Kalman von Kriegner** wurde in Berlin Musikschriftsteller, wo er Schriften über einige Komponisten herausgab.

Aus Laibach stammte (Dr. phil.) **Josef Mantuani**, der ab 1893 Leiter der Musikabteilung der Hofbibliothek in Wien wurde. Er schrieb u. a. auch eine „Geschichte der Musik in Wien".

Um 1904 gab es in Budapest ein „Journal der ungarischen Musiker", welches offensichtlich **E. Markus** leitete.

Seit dem Jahre 1860 veröffentlichte **C. Maschek** in Laibach die Fachschrift „Cäcilia, Musikalische Monatshefte für Landorganisten und Schullehrer"

Der aus Tolnau stammende **Anton Merkler** (1862 bis 1920) war als Musikreferent der Zeitung „Magyarország" tätig.

In Pantschowa kam 1881 (Dr.) **Richard Meszlény** (Messer) zur Welt, ein Germanist und Kunstkritiker.

**Géza Molnar** (1872–1895) aus Budapest, der Lehrer an der Musikakademie war, gab u. a. heraus: „Theorie der ungarischen Musik" und „Musik der ungarischen Tonleiter". Sein im Jahre 1890 geborener **Sohn Anton** wurde ebenfalls Musikschriftsteller.

**Adolf Müller** (1801–1886) aus Tolnau gab heraus: „Große Gesangsschule in vier Abtheilungen" in deutscher und französischer Sprache und „Accordion-Schule oder: Vollständige Anleitung das Accordion in kurzer Zeit richtig spielen zu erlernen; mit Übungen und Unterhaltungsstücken für alle Arten des Accordions". Im Vorwort schrieb er: „Die allgemeine Beliebtheit dieses, in neuerer Zeit erfundenen Instrumentes, so wie der gänzliche Mangel einer vollständigen Anleitung dasselbe spielen zu lernen, gab die Veranlassung zur Herausgabe gegenwärtiger Anleitung." Das Werk kam 1851 beim Verlag Diabelli in Wien heraus. Adolf Müller sen. redigierte auch das „Theatralische Panorama, Sammlung der beliebtesten Theatergesänge", welches beim Wiener Haslinger-Verlag verlegt wurde.

Der Musikschriftsteller (Dr. phil.) **Erich H. Müller**, 1892 in Dresden geboren, war u. a. auch in Hermannstadt tätig.

In Czernowitz kam 1903 von **Anton Norst** heraus: „Der Verein zur Förderung der Tonkunst in der Bukowina 1862–1902".

**Victor von Papp** wurde 1881 in Szilágysomlyó/Şimleu-Silvaniei geboren. Er lebte in Budapest und veröffentlichte Werke über namhafte Komponisten (Bach, Beethoven, Dohnanyi, Haydn u. a.).

Wie Anton Scherer im „Donau-Schwaben-Kalender 1971", Seite 72, in einem Beitrag schreibt, wurde unser Erzähler **Johann Eugen Probst**, dessen Eltern in Arad beheimatet waren, im Jahre 1904 „Direktor der Städtischen Sammlungen, also der weltberühmten **Wiener Stadtbibliothek** und des Historischen Mu-

*Felix Milleker am 5. Mai 1933 im Hofe des Werschetzer Stadtmuseums. Manche seiner Schriften stellen wertvolle Quellen für die Musikforschung dar*

**Josef Ságh** (1852 Pest – 1922 Waitzen) begründete 1886 die Musikzeitung „Zenelap", veröffentlichte eine „Schulgesangs-Lehre" und ein ungarisches Lexikon der Tonkunst. Die Musikzeitung hatte „regelmäßig auch deutsche Beilagen".

Der weltberühmte Anthroposoph **Rudolf Steiner** (1861–1925) aus Kraljević in Kroatien benannte eines seiner Werke „Eurythmie als sichtbarer Gesang".

Die Musikfachschrift „Der Kapellmeister" brachte in der Dezember-Nummer 1903 eine Lebensbeschreibung von **Rudolf Szeczepanski**. Dieser war Mitarbeiter der bereits erwähnten Schrift „Die Dorfmusik" und lebte in Siebenbürgen, wie aus seinem Inserat hervorgeht: „Instrumentieren für Streich- und Blasmusik besorgt gut und billig ... Hermannstadt, Elisabethgasse 89".

Im Jahre 1865 kam beim Verlag Rózsavölgyi & Co. zu Pest eine „Elementar-Chorgesangschule zum Gebrauche für Schulen" heraus, welche ein „Musicus" F. **Thill** verfaßt hatte.

seums ... Bei der Internationalen Musik- und Theaterausstellung im Jahre 1892 betreute er den allgemeinen theatergeschichtlichen Teil. Außerdem wurde ihm die wissenschaftliche Bearbeitung und übersichtliche Schaustellung der dramatischen Abteilung dieser für die Geschichte der Musik und des Theaters denkwürdigen Ausstellung übertragen." Probst hätte sich besonders der in den Anfängen stehenden Musikaliensammlung angenommen. Dabei widmete er seine Aufmerksamkeit auch der Wiener Volksmusik und stellte „im Jahre 1910 den Antrag zur Drucklegung einer umfassenden Sammlung Altwiener Lieder und Tänze".

In Siófok am Plattensee kam 1878 (Dr. phil. et jur.) **Géza Révétz** zur Welt, der ab 1908 an der Universität Budapest lehrte und tonpsychologische Schriften herausbrachte.

**Leopold Rosner** aus Pest, Jahrgang 1838, widmete sich dem Buchhandel und war in Wien auch Verleger. Er arbeitete auch bei diversen Theaterzeitungen mit.

In Budapest war der **Musikverlag Rózsavölgyi & Co.** sehr bekannt, den Julius Rózsavölgyi im Jahre 1850 gegründet hatte.

In Budapest wurde 1889 auch ein Musikverlag von **Karl Rozsnyai** eröffnet.

*Brief Franz J. Wettels an den Dichter Stephan Milow in Wien vom 5. 11. 1907*

Aus Groß-Betschkerek stammte Dr. **Rudolf Payer von Thurn** (1867–1932), der in Wien 1908 und 1910 zwei Bände „Wiener Haupt- und Staatsaktionen" veröffentlichte, worin er **Josef Stranitzky**, dem Schöpfer des „Hanswurstes", eine Lebensbeschreibung widmete und 14 seiner Theaterstücke brachte. (Nach Felix Milleker).

**Josef Weinberger** (1855 St. Nikolaus i. d. Liptau/Szent-Miklos – 1928 Wien) hatte 1885 in der Metropole der Donaumonarchie einen Musikverlag gegründet, welchen er 1895 erweiterte. Er gründete 1898 auch die Gesellschaft der Autoren, Komponisten und Musikverleger in Österreich.

Der Souffleur des Theaters in **Weißkirchen** veröffentlichte 1867, gedruckt bei Johann Eduard Kirchner in Werschetz: „Abschied des Souffleurs. Erinnerungsblatt, allen Gönnern und Freunden der Kunst hochachtungsvoll gewidmet."

Von **Felix Milleker** stammt die vorstehende und die folgende Information: „Journal pro 1871–1872 allen Gönnern des Stadt-Theaters in Werschetz. Hochachtungsvoll gewidmet von M. Adler, Souffleur."

Der Werschetzer Schriftsteller und Historiker **Franz Julius Wettel** (1854–1938) brachte von 1882 bis 1883 die in seiner Heimatstadt gedruckte „Banater Musik- und Sängerzeitung" in Temeschburg heraus. Bereits vorher besaß er einen Musikalienverlag, in welchem er 94 Notendrucke veröffentlichte. In Temeschburg gab er danach 322 Drucke heraus. Wettel hatte in Wien Musikstudien betrieben, um als späterer Musikverleger mit der Materie besser vertraut zu sein. Anläßlich eines Konzertes lernte er Franz Liszt kennen. Seine Verlagswerke fanden in deutschen Fachzeitungen ein günstiges Echo. Er gab Kompositionen von Franz Abt, Karl Reinecke und anderen heraus; ob auch südostdeutsche Urheber darunter waren, ist nicht mehr bekannt.

Der 1886 in Kronstadt geborene **Jon Woiku** kam schon als Kind nach Berlin, wo er studierte und der Erfinder „eines abgeschrägten Frosches für den Bogen der Streichinstrumente" war. Er gab den „Natürlichen Aufbau des Violinspiels, Technik der linken Hand" heraus.

**Constant von Wurzbach** (Ritter von Tannenberg) kam 1818 in Laibach zur Welt und starb 1893 in Berchtesgaden. Sein bedeutendstes Werk stellt das „Biographische Lexikon des Kaiserthums Österreich" dar, welches aus 60 Bänden besteht. Es kam in Wien von 1856 bis 1891 heraus und bringt u. a. 1472 Musikerbiographien.

Außer den hier nicht genannten zahlreichen weiteren Musik- und Theaterfachschriften in Ungarn gab es noch mehrere Veröffentlichungen in rumänischer Sprache, vor allem auch in Siebenbürgen, die hier nicht aufgezählt werden können.

# EINE KURZE RÜCKSCHAU

## 1. Nach 200 Jahren ein neuer Volksstamm

Seit der ersten Ansiedlung der donauschwäbischen Vorfahren in Ungarn bis zum Ende des 1. Weltkrieges waren rund 200 Jahre vergangen. Die anfänglichen mehr oder weniger großen Unterschiede in Sprache (Dialekte), Sitte und Brauchtum, Arbeitsweisen und Lebensgewohnheiten, hatten sich schon längst geglättet, vor allem innerhalb der Dorfgemeinschaften selbst. Die gemeinsam mitgebrachten Tugenden wie Fleiß, Sauberkeit, Sparsamkeit, aber auch die Zwänge des neuen Heimatraumes in Südosteuropa, welche nur durch hartes Zupacken ein Überleben ermöglichten, leisteten diesen Prozessen der relativen Angleichungen Vorschub. Trotz der Streulage unter zahlreichen andersnationalen Mitbürgern verliefen diese Vorgänge auch über die Ortschaften hinaus und prägten allmählich das gesamte Siedlungsgebiet. Hans Diplich drückte sich einmal so aus: „**Die Deutschen der Siedlungsgebiete an der mittleren Donau zeigen stets gleiche, verwandte oder ähnliche Charakterzüge.** Obwohl sie räumlich mehrere voneinander getrennte Sprachinselgruppen bilden, tragen sie ... ein ausgeformtes, im 18. Jahrhundert empfangenes Erscheinungsbild zur Schau."

Diese Ausformungen wurden in der täglichen Arbeitsweise sichtbar, nachdem die Siedler das verwüstete Land bezwungen und aus ihm eine Kornkammer geschaffen hatten, aber auch in der Dorfkultur, wo sich das einfache Leben, die Sitten und das Brauchtum aus dem Mitgebrachten den gegenwärtigen Bedürfnissen anpaßten. Obwohl dabei regionale Verschiedenheiten nicht ausblieben, können wir in allen Bereichen von Typischem der Donauschwaben als Bewohner Pannoniens sprechen.

Wenn auch offensichtlich auf seinen Heimatort Tscherwenka bezogen, so dürfen die Ausführungen von Johannes Albrecht, welche er in seinem Artikel „Zur soziologischen Struktur der Ansiedler" (Donau-Schwaben-Kalender 1984, S. 39–42) niedergelegt hat, auch allgemeingültig gesehen werden: „Das kulturelle und gesellschaftliche Leben spielte sich in der Ansiedlungsphase in Verwandtschaften, in Sippenverbänden und in Landsmannschaftsgruppen ab. Die Auswanderer zogen vielfach in Gruppen in die Fremde, um notfalls einander beizustehen. Die Kolonisten: Elsässer, Pfälzer, Hessen u. a. waren nach Tradition, Kultur, Mundart, Charakter differenziert. Trachten und Sprachen verrieten ihre Herkunftsländer. Gesellschaftspolitische Gemütsbewegungen ließen heftige Meinungsverschiedenheiten und Gruppenverbindungen aufkommen. Die sturen, unnachgiebigen Gruppendenker errichteten Mauern der Gewohnheit, statt sie zu sprengen. Egoistisch motiviert, vertraten sie Eigeninteressen, konservierten ihre Eigenart, Tradition und Kultur. ... Die Jugendlichen, weniger an materiellen Werten orientiert als die Eltern, schliffen von Anbeginn an die gesellschaftspolitisch anstößigen Kanten und Ecken ab. Im Beitrag zur Entgiftung des gesellschaftlichen Lebens fanden sie bald zueinander ... Streit und Hader unter den Gruppen legten sich ... Weitdenker strebten nach einem überkonfessionellen, friedlichen, harmonischen Miteinander. Sie förderten Toleranz, Zusammenrücken, Zusammenarbeit, außerdem bauten sie die Selbstisolation ab, entwickelten mehr Verständnis füreinander, lernten sich kennen und kamen einander näher ... Die Angleichung der Gruppen, die gemeinsamen Interessen – vom Heimischwerden bis in die Auswirkung des sozialen Lebens –, das alles schuf grundsätzlich eine neue funktionsfähige Gesellschaft. Sie führte auch mit zur Vertiefung des Bewußtseins von der miteinander erarbeiteten neuen Heimat und der Identifikation mit ihr. So erkämpften die Siedler ... aus einem diffusen Haufen konträrer Individualisten, aus dem Spektrum von Gruppen und Grüppchen – von Protestanten und Katholiken – ein stabiles, intaktes, harmonisches, christlich geprägtes Gemeinwesen kritischen Geistes und toleranter Gesinnung."

## 2. Unser Musikwesen aus eigener Sicht

Über das Musikgeschehen im Südosten Europas und namentlich über dasjenige der Kolinisten-Nachkommen liegen nur allzu spärliche schriftliche Festhaltungen von außerhalb vor. Ein Einzelbeispiel soll daher, trotz seiner Kurzfassung, zur Kenntnis gebracht werden. Es stellt freilich – auch nicht annähernd – einen Gesamtüberblick aus allen Bereichen dar.

„Die deutschen Gemeinden in Südungarn haben, mit wenigen Ausnahmen, ihre eigenen, mit Blasinstrumenten ausgerüsteten **Musikbanden.** Sie pflegen diese bei allen ihren Lustbarkeiten zu benützen. Manche Gemeinden halten sich geschulte sachkundige Kapellmeister, doch ist es meist nur der Schullehrer oder Cantor des Dorfes, der die spiellustigen Bauernburschen in der Musik unterweist. Einige dieser deutschen Dorfmusikern bringen es in ihrem harmonischen Handwerk so weit, daß sie selbst die schwierigsten Musikstücke nach den Noten überraschend gut vorzutragen verstehen. Einen besonderen Ruf haben sich die deutschen Kinder-Musikkapellen von Zsombolya, Varjás und Groß'becskerek erworben, welche sogar Kunstreisen im Ausland machen." Das Zitat entstammt dem Werk „Die österreichisch-ungarische Monarchie in Wort und Bild". Unter „Zsombolya" ist Hatzfeld zu verstehen.

Von Josef Hauk liegen **aus donauschwäbischer Sicht einige zutreffende Formulierungen** vor, welche auszugsweise zitiert werden sollen:

„In fast jedem deutschen Dorfe gab es mindestens eine Musikkapelle, in den größeren mehrere, die auf Streich- und Blechinstrumenten zum Tanz aufspielten. In der Feuerwehrkapelle und in der Kirchenmusikkapelle waren oft mehrere Kapellen – bis zu dreißig und mehr Mann – vereinigt, deren Können beachtlich war und an das Können von Militärkapellen herankam. Auch gab es in vielen Gemeinden Gesangsvereine und in einigen wenigen Orten Orchestervereinigungen (Salonorchester), gleichfalls dreißig und mehr Mann, bei denen alle Instrumente eines großen Orchesters mit Ausnahme von Harfen und Pauken – also Geigen, Bratschen, Celli, Baßgeigen, Klarinetten, Flöten, Oboe, Fagott, Hörner, Trompeten, Posaunen, Tuben, Klavier, Harmonium und Schlagwerk besetzt waren. Die Konzerte dieser Orchester waren beachtlich, wenn sie auch keine Sinfonien zur Aufführung brachten, so standen doch Ouvertüren, Operetten- und Opernarien und gehobene Musik auf ihrem Programm.

Die größte Breitenwirkung kam natürlich dem Kirchengesang zu. Alle Kirchen, die katholischen und die evangelischen, besaßen eine Orgel, die teils von relativ guten Kantoren gespielt wurde. Während in der katholischen Kirche, dem Zeitgeist entsprechend, romantisch-sentimentales Liedgut Eingang gefunden hatte, das an die Stelle manch alten, wertvollen Liedes trat, stützte sich bei den Evangelischen der Kirchengesang auf den weitgehend einheitlichen evangelischen Choral. Die Skala der Darbietungen reichte vom Einzelgesang der Kantoren, gelegentlich auch anderer Solisten, über den Gesang einzelner Gruppen und des Kirchenchors bis zum Gesang der ganzen Gemeinde. Die Vielfalt der Darbietungen war bei den Katholischen mit ihren in barockem Gepränge veranstalteten feierlichen Umzügen und Prozessionen und bei Hochfesten, vielfach unter Mitwirkung der Kirchenmusikkapellen, eine größere als bei den Evangelischen.

In vielen deutschen Gemeinden erteilten Kantoren, Lehrer und Privatmusiklehrer Musikunterricht in Form von Privatstunden, hauptsächlich Geige und Klavier, der sich nicht nur auf den Anfangsunterricht beschränkte, sondern technisch bis zu mittlerem Können führte."

(Aus: „Gesang und Musikpflege an der Somborer Lehrerbildungsanstalt und unter den deutschen Zöglingen" in: „Deutsch-serbisches schulisches Miteinander", herausgegeben von Josef Volkmar Senz, Donauschwäbisches Archiv, München 1979.)

# 3. Musikalisch-kulturelle Berührungspunkte und Gemeinsamkeiten zwischen Donauschwaben und dem deutschen Binnenraum

Wer das vorliegende Werk durchgearbeitet hat, wird anhand zahlreicher Beispiele von den immer wieder festzustellenden häufigen und engen stammesmäßigen **Wechselbeziehungen** Kenntnis genommen haben, an welchen auf dem Gebiet der Musikentfaltung die Donauschwaben auf der einen Seite solcher Partnerschaften beteiligt waren. Daraus resultiert geradezu die Forderung, auf diese Berührungspunkte nochmals besonders hinzuweisen, weil eine derartige Betrachtungsweise bisher kaum oder aber nur höchst unzulänglich üblich war, jedoch dringend erforderlich erscheint.

Der in Südosteuropa entstandene deutsche Neustamm war, trotz seiner Insellage, nach der Ansiedlung seiner Vorfahren keinesfalls vom geschlossenen deutschen Sprachraum abgekoppelt. **Im Volkslied** und in den Volksschauspielen hatten sich die **Gemeinsamkeiten** wohl am längsten erhalten. Später kamen laufend neue Bereiche des weitgefächerten Musiklebens hinzu und führten zu weiteren Kontakten und Verbindungen. Dabei war es sicherlich nicht ausschließlich um fachliche und berufliche Angelegenheiten der Künstler gegangen. Es wurden Freundschaften geschlossen, Einladungen ausgesprochen und eheliche Verbindungen eingegangen. Die in den Heimatbereich der Donauschwaben angereisten Persönlichkeiten brachten Kunde aus den deutschen

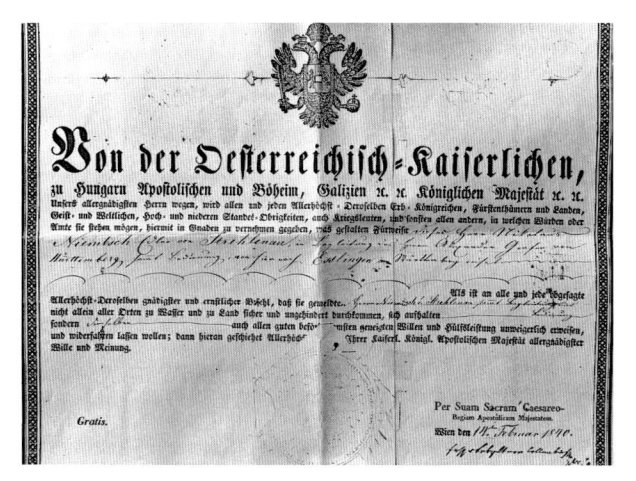

*Dokument für Nikolaus Lenau und Alexander Graf von Württemberg samt Bedienung für eine Reise von Wien nach Esslingen/Württemberg vom 14. Februar 1840. Größe des Originals: 40 cm × 32 cm*

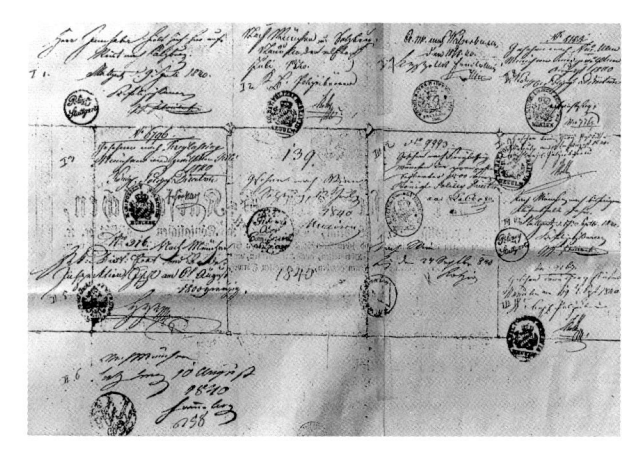

*Teil der zahlreichen Stempel bei einer solchen Reise in damaliger Zeit*

Landen, die aus dem Südosten hervorgegangenen Kräfte erzählten dagegen von ihrer Herkunft.

Die Menschen und die einzelnen Volksstämme waren sich sonach **durch künstlerische Betätigungen** schon immer näher gekommen, als man gewöhnlich annimmt. Die Beiträge der aus dem donauschwäbischen Heimatraum hervorgegangenen produzierenden und reproduzierenden Kräfte auf dem Musiksektor waren **im gesamten deutschen Sprachraum** staunenswert groß. Unter Berücksichtigung der angesprochenen musikalisch-kulturellen Berührungspunkte aus der Vergangenheit ergibt sich **die Tatsache eines gemeinsamen Erbes**. Und dieses wiederum verpflichtet. Es sollte, wenn wir den aufgenommenen Aspekt weiter verfolgen, zum Bewußtsein führen, daß keiner dem anderen ein Fremder sein kann, wenn im gesamten Kulturbereich alle gleichermaßen eingebunden sind.

Fast alle Gebiete, aus welchen im 18. Jahrhundert Kolonisten zur Ansiedlung im Südosten angeworben wurden, waren damals in den Grenzen des „Heiligen römischen Reiches deutscher Nation" eingebettet. Dieses, von den Habsburgern beherrschte Staatsgebilde, welches im Westen bis zum Atlantik reichte, wurde von Wien aus regiert. Die Menschen in solch einem Staatsgebilde gehören in der Regel auch einer kulturellen Großlandschaft an, deren Impulse vornehmlich aus der Hauptstadt ausgehen. Nachdem das damalige Reich jedoch aus einem mehr oder weniger losen Zusammenschluß zahlreicher Kleinstaaten bestand, welche von Königen, Erzherzögen, Herzögen, Fürsten und anderen Potentaten föderativ verwaltet wurden, dürfen die oft zu beachtlicher Blüte herangewachsenen Kulturzentren der einzelnen Regenten auch nicht verkannt werden. Der Austausch von Dichtern, Schriftstellern und Künstlern aller Gattungen fand, trotz der bestandenen Schwierigkeiten durch die vielen Grenzen der kleinen Staatsgebilde, recht intensiv statt. Nach der Auflösung dieses Großreiches im Jahre 1806 hatte sich der Einfluß Österreichs in Südosteuropa, welcher freilich schon vorher bestand, noch verstärkt, bis es schließlich zur Doppelmonarchie „Österreich-Ungarn" kam. Nun fanden sich die Kolonisten-Nachkommen abermals in einer von Wien beeinflußten kulturellen Großlandschaft, deren Prägekraft jedoch jetzt deutlicher sichtbar wurde. Nachdem aber Staatsgrenzen damals schon musikalische Ausstrahlungen erfreulicherweise nicht aufhalten konnten, konnten sich in der Regel Kunstschaffende in ganz Europa, zum Teil auch schon in Amerika, kulturell beheimatet fühlen.

Bei diesen Gegebenheiten wird verständlich, daß die über das volkstümliche Geschehen mit Regionalcharakter hinausgehende kulturelle Entfaltung nicht isoliert verlaufen konnte und daher zweckmäßigerweise in den größeren Zusammenhängen betrachtet werden soll, was bei der Bewältigung dieser Arbeit als Prinzip Pate stand. Dabei darf der Hinweis freilich nicht fehlen, daß die gewissermaßen zwischen den Zeilen immer wieder aufgezeigten – wenn auch nicht ausdrücklich formulierten – musikalisch-kulturellen Berührungspunkte nicht auf die Donauschwaben begrenzt waren, sondern zwischen allen Deutschen und ihren Nachbarn aus Südosteuropa und dem übrigen Kontinent sowie Amerika als gegeben angesehen werden müssen.

Diese Berührungspunkte und Gemeinsamkeiten ergaben sich am intensivsten und ergiebigsten naturgemäß mit Wien, von wo aus im Laufe der Zeit unzählige Künstler aus allen Sparten nach dem Südosten gezogen waren, wo aber auch umgekehrt viele Kräfte aus diesem Bereich ihre beachtlichen Beiträge zum Kulturleben lieferten. Aber auch das gesamte Österreich in seinen damaligen Grenzen war in die Entfaltung dieser Kräfte einbezogen, besonders die Städte, wie zum Beispiel Linz, Salzburg, Graz, Inns-

*Herzog Maximilian in Bayern*

bruck, Prag. Auf Einzelbeispiele kann hier verzichtet werden, sie sind auf Schritt und Tritt in Fülle anzutreffen.

Wenn wir den übrigen deutschen Sprachraum unter diesem Aspekt betrachten, so tun wir das am einfachsten unter den heutigen geographischen Gegebenheiten, indem wir auf einige Länder der Bundesrepublik Deutschland verweisen, zu welchen die meisten stammesmäßigen Verwandtschaften zu den Donauschwaben bestehen: **Bayern, Baden-Württemberg, Rheinland-Pfalz, Hessen.** Zu allen diesen Bereichen hatten die beschriebenen **Beziehungen in personeller und schöpferischer Hinsicht** in bedeutendem Umfang stattgefunden, wobei selbstverständlich jeweils einige bedeutender gewesenen Städte an solchen Prozessen besonders beteiligt waren. Aus den übrigen deutschen Gegenden können in diesem Zusammenhang folgende Städte aufgezählt werden: **Berlin, Leipzig, Dresden, Weimar, Hannover, Hamburg, Köln, Dortmund, Braunschweig** u. a.

Nachdem diese perspektivischen Betrachtungen zu einer entsprechenden Neuaufarbeitung des Stoffes reizen könnten, was in diesem Rahmen natürlich nicht möglich ist, seien diese Gedanken und Hinweise mit einem einzigen Beispiel aus der großen Fülle abgeschlossen:

### K. K. priv. Theater in der Leopoldstadt.

Unter der Leitung des Eigenthümers Director Carl.

**Heute**

Zum ersten Male:

# Der Fehlschuß.

Eine Alpenscene mit Gesang in österreichischer Mundart.
Die Gesangstücke aus Volksmelodien zusammengesetzt vom Capellmeister Adolf Müller.

**Personen:**

| | |
|---|---|
| D'Frau Lisel — Mad. Rohrbeck. | Kellerer Natzi, ) — Hr. Gämmerler. |
| Rosel, ihr Tochter — Dlle. Herzog. | Meier Hiersel, ) Jaga — Hr. Schmitt. |
| Seppel, a Bauernbursch — Hr. Grois. | Sanderer Jakob, ) — Hr. Raffel. |
| Hanns Bankhuber — Hr. Stahl. | Hanns Stöber, a junga Müllner — Hr. Brabbée. |
| Da Haltu — Hr. Benda. | An alta Baua — Hr. Jungwirth. |
| Mirzl, sein Tochter — Dlle. Erhartt. | D' Schullehrers Tochter — Dll. Th. Preschl. |

Bauern. Bäuerinnen.

Billets zu Logen und Sperrsitzen sind in der Stadt auf dem Haarmarkte, im Durchhause Nr. 730, die erste Gewölbsthüre rechts, und letztere auch im Theatergebäude in der Leopoldstadt die Gewölbsthüre ebener Erde nächst dem Cassa-Eingange, Vormittags von 9 bis 12 Uhr, und Nachmittags von 3 bis halb 5 Uhr zu bekommen.

Heute ist der freie Eintritt für Jedermann, ohne Ausnahme aufgehoben.

**Anfang um 7 Uhr.**

**Herzog Maximilian in Bayern** (1808–1888), der Vater der österreichischen Kaiserin Elisabeth („Sissi") – Kaiser Franz Josephs Gattin – war ein musisch begabter Mensch. Er war ein hervorragender Zitherspieler, weswegen ihn das Volk liebevoll „Zithermaxl" nannte. Aber auch ein **Einakter** in oberbayerischem Dialekt – „**Der Fehlschuß**" – entstammte seiner Feder. Diese Alpenszene kam am 8. Oktober 1846 am Leopoldstädter Theater in Wien erstmals auf die Bühne, wo die österreichische Mundart gebraucht wurde. Die Musik (Gesangstücke aus Volksmelodien) hatte der aus dem donauschwäbischen Tolna/Tolnau stammende Komponist Adolf Müller (1801–1886) zusammengesetzt. Unter den Darstellern befand sich auch Louis Grois aus Sárvár in Nordost-Ungarn.

In München wurde „Der Fehlschuß" wahrscheinlich am 26. Februar 1847 zum ersten Male aufgeführt.

## 4. Ein musik- und gesangliebender Stamm übertrifft sich in seinen Leistungen

Jene deutschen Volksstämme, welche Kolonisten nach Südosteuropa abgegeben hatten, sind an und für sich als zum Musischen neigend bekannt. Nicht anders war es bei den anderen Nationalitäten, welche man im neuen Heimatbereich angetroffen hatte bzw. die dorthin ebenfalls zusiedelten. Somit waren alle Voraussetzungen gegeben, nach der schweren Tagesarbeit, an den Sonn- und Feiertagen auch den Äußerungen der Lebensfreude freien Lauf zu lassen. So setzten sich praktisch Gesang und Musik nahezu übergangslos fort und, was nunmehr noch wichtiger war, begünstigten das Zusammenfinden und Anpassen.

Später kam dann der gewaltige Einfluß der k. u. k. Militärmusikkapellen voll zum Tragen. Es ist erstaunlich, wie dieser wortwörtlich zu einer neuen Phase im Musizierwesen führte, welcher von selbst, also freiwillig, allenthalben aufgegriffen und angenommen wurde.

Der sich neu entwickelnde Volksstamm hatte zwar immer wieder Impulse von außerhalb erhalten, es kamen häufig Musikerpersönlichkeiten, die zu beachtlichen Leistungen inspirierten. Umgekehrt jedoch hatten aber auch die Donauschwaben solche hervorgebracht und nach außen abgegeben, wobei es manche zu internationalem Ruf gebracht hatten.

Wenn man das hier Aufgezeigte aus der Instrumental- und Vokalmusik überblickt, so darf man, bei aller Bescheidenheit, auf ein staunenswert positives Verhältnis zwischen den Aktivitäten in allen Sparten des Kulturlebens und der in der Streulage lebenden relativ sehr kleinen Volksgruppe hinweisen.

Bei der bäuerlich-handwerklichen Grundstruktur dieses Volksstammes gilt vor allem, daß der volkstümliche Kulturbereich den Nährboden darstellte, aus welchem sich die darüber hinaus wachsenden Kräfte entwickelten. Die religiöse und weltliche Liedpflege trug wesentlich zur Bildung und Erhaltung der volklichen Identität bei, hatte aber im Würgegriff der Madjarisierung schwere Behinderungen und Rückschläge zu verkraften. Der volkstümlichen Instrumentalmusik war jedoch nicht beizukommen. Hierbei entfaltete sich vor allem landesweit die Blasmusik buchstäblich „in vollen Tönen".

**Ein Volksstamm**, welcher sich schon dadurch mehr als bewährt hatte, daß er ein beträchtliches **geographisches Gebiet Europas** nach Verwüstung, Öde und Entvölkerung mit anderen wieder **in eine westliche Kulturlandschaft verwandelte,** hat sich ganz gewiß **selbst übertroffen,** wenn er außerdem auf ein Kulturleben verweisen kann, wie es hier aufzuzeigen versucht wurde!

*Vorn links: Kapellmeister Josef Schmalz (bis 1983),
daneben das „Donau-Duo" (Mathias und Theresia Klein),
hinter dem Sänger Kapellmeister Jakob Konschitzky (ab 1983).
Von 1964 an leitete 14 Jahre lang Kornel Mayer die Kapelle*

**Die Original Donauschwaben und das Donau~Duo**

Lambert Steiner mit seinen 40 Jungmusikern aus Warjasch 1885 anläßlich eines Gastspiels in Stockholm (Schweden)

*Plakat der Knabenkapelle Lambert Steiner aus dem Jahre 1903
für die Tournee nach Südafrika und den geplanten, aber nicht durchgeführten Abstecher nach Australien*

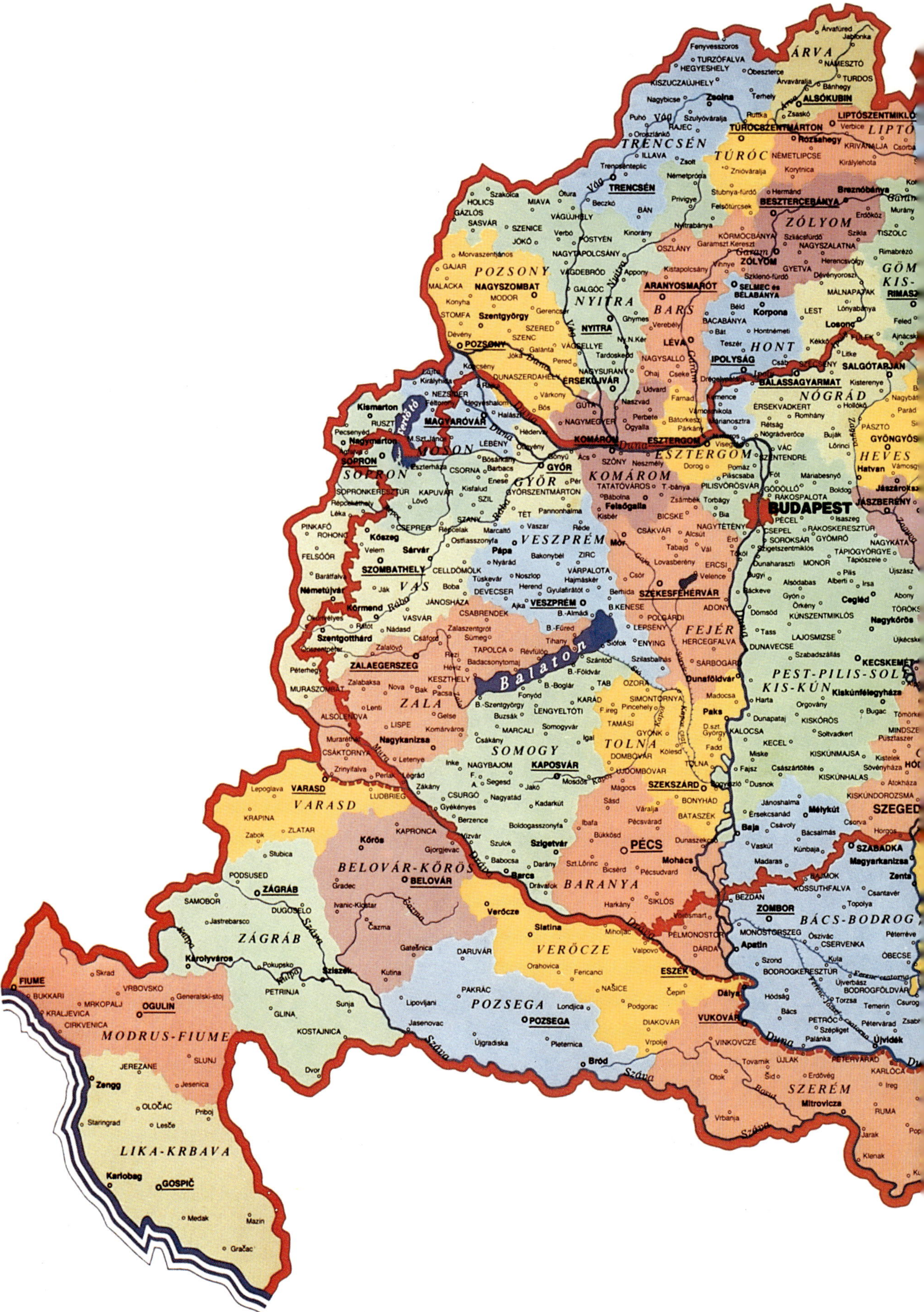
ÁRVA
TRENCSÉN
TÚRÓC
ZÓLYOM
POZSONY
NYITRA
BARS
HONT
NÓGRÁD
HEVES
MOSON
SOPRON
GYŐR
KOMÁROM
ESZTERGOM
BUDAPEST
VESZPRÉM
VAS
FEJÉR
KIS-KÚN
Balaton
ZALA
SOMOGY
TOLNA
VARASD
BELOVÁR-KŐRÖS
BARANYA
BÁCS-BODROG
ZÁGRÁB
VERŐCZE
POZSEGA
SZERÉM
MODRUS-FIUME
LIKA-KRBAVA

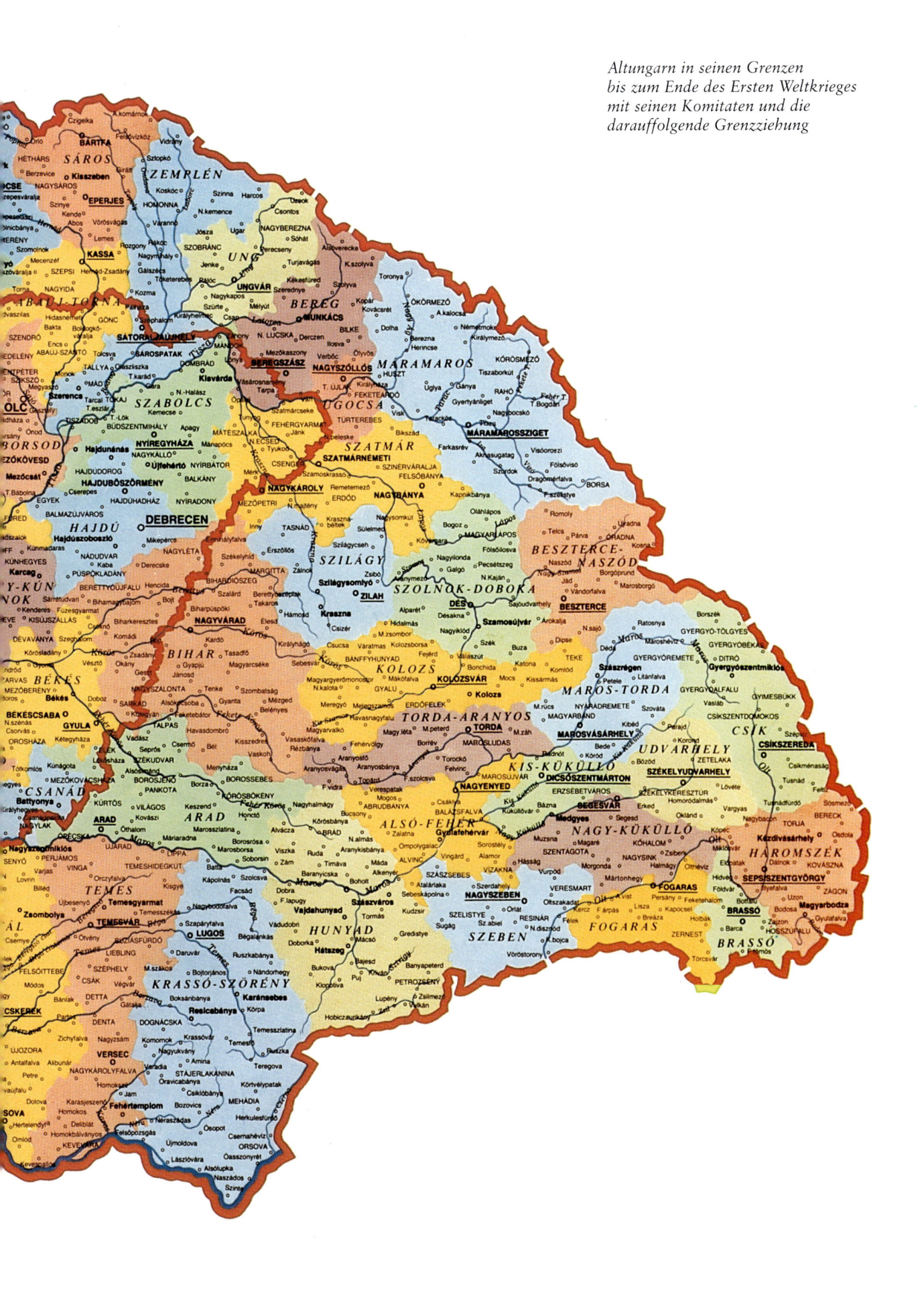

*Altungarn in seinen Grenzen bis zum Ende des Ersten Weltkrieges mit seinen Komitaten und die darauffolgende Grenzziehung*

*Erinnerung an Südafrika 1903.
Auch dieses Schiff, R. M. S. „Kildonan Castle",
hatte Lambert Steiner
mit seiner Knabenkapelle benützt*

*Vereinsfahne:
Männer-
gesangverein
Jahrmarkt 1910*

*Das Donau-Duo pflegt heute noch auch die Gesänge von Josef Schober*

*Wie zahlreiche andere in fast allen Erdteilen unserer Welt, so erwirbt sich auch die „Donauschwäbische Trachtengruppe München" große Verdienste durch ihre Kulturarbeit. Sie untermalte gesanglich die Interpretation der Marienlieder durch das „Donau-Duo" (vorn links) auf Musik-Kassette (1985). Rechts neben den Mutter-Gottes-Mädchen Heinrich Klein, der Vorstand der Gruppe*

# ANHANG

# PERSONENREGISTER

Abele, Hyacinth 203
Abraham, Paul 258
Abrahamssohn, Johanna Wilhelmina 135, 143
Ábrányi, Cornel 258, 334
Ábrányi, Emil 217, 221, 246, 258
Abt, Franz 337
Ackermann, A. 110
Adelburg, August Ritter von 172, 219, 222, 315
Adelmann, Josef 327
Adler, Georg 259
Adler, Max 291
Adler, Vinzenz 258
Aelia Sabina 26
Aeschilos 231
Agghâzy, Carolus 258
Aistleitner, Anton 309
Ainweg 55, 78
Albach, Josef Stanislaus 66, 309
Albert, Eugen d' 233 f.
Albert, Franz Eduard 105
Albert, Michael 219, 221, 256 f.
Alberti, Werner 312
Albini, Felix (Srečko) 210, 215, 219, 222, 232, 326 ff.
Albrecht, Alexander 258
Albrecht, Johannes 339
Albrechtsberger, Johannes 40, 56
Alessandrescu, Alfred 312
Alexander, Peter 172, 196
Alfiero-Adler, Moritz 334
Alfons, P. 309
Aliticz, Alexander von 55, 78
Allaga, Géza 218 f.
Alsen, H. 223
Altmann, Josef Hermann 246
Amant, Leonce d' 219
Ambros, Franz 316
Ambros, Jakob 115, 197
Ambros, Peter 316
Ameseder, Rudolf 258
Amthor, Eduard 175
Amtmann, Prosper 55
Anderle, Josef 209
Andersen, H. C. 174
Andersen, L. 172
Andorfi, Nandor 122, 126, 258
Angiolini 79
Angster, Emil und Oskar 316
Angster, Josef 93, 316
Anheuer, Karl 198
Annabring, Matthias 67
Antalffy-Ziross, Desider von 258
Antony 223 f.

Anzengruber, Ludwig 170, 190, 205, 206, 218, 227 f., 251, 283
Arens, Louis 172, 326
Arnau, Karl 249
Arndt, Ernst Moritz 45
Arnold, Anton 235 f., 301
Arnold, Djurko 66
Arnold, Georg 55
Arnold, Irma 301
Arth, Maria Magdalena („Eleonore") 46 f.
Asboth, Wilhelm von 100, 144, 148
Ascher, Leo 232
Astaritta, Gennano 49
Auer, Erich 186
Auer, Leopold 259, 301
Augusta (Kaiserin) 62
Augustin, Andreas 111
Augustin, Poldi 246

Babnigg, Anton 75
Bach, Albert 334
Bach, Friedrich 83
Bach, Johann Sebastian 42
Bacher, Arnold 44
Bachó, Stefan von Dezcer 100, 108
Bachrich, Siegmund 234
Back, Albert 259
Badalu, Hugo 215
Bäcker, Anton 308
Bäcker, Karl 122
Bär, Johann 112
Bagó, M. 310
Bahn, A. 226
Bahnert, Josef 217, 219
Baitz (Lehrer) 122, 292
Bajor (Bayer), Gisela 236
Bakody, Theodor von 180, 221
Bakonyi, Karl 216 f., 221, 231
Balassi, Bálint 28
Balasz, Béla 217, 222
Baldamus, C. M. 90
Balla, Nikolaus 216
Balogh, Lorenz 119
Balogh, L. 73
Bánffy, Graf Georg 64, 216, 218
Bánffy, Gräfin Jeanette 64
Bánkuti, Desider 334
Barbieri, Carlo 218
Bardl, Michael 119
Bardo, Benedikt 104
Barna, István 216 f.
Barnay, Ludwig 249
Baron, Josef 114
Baron, Rudolf 217

Bartay, Andreas 55, 78, 86, 255 ff.
Bartay, Stefan 77
Barteles, Adolf 222
Bartók, Béla 51, 216 f., 219, 222, 259, 295
Bartsch, R. H. 222
Batka, Richard 218 f.
Bator, Isidor 216
Batthyány 27, 43
Batthyány, Joseph Gottfried (Kardinal) 42
Bauer, Heinrich 215, 226
Bauer 225, 231, 236
Bäuerle 81, 228
Bauernfeind 226
Baumann, Alfred 236
Baumann, Anton sen. 236
Baumann, Anton jun. 236
Baumgartner (Pfarrer) 309
Baußnern, Waldemar Baußner Edler von 222, 237
Baußnern, Baußner Edler von = Ernest, Ludwig Stefan von 237
Bayer, E. R. 83
Bayer, J. 232
Beck, Johann Nepomuk 71
Becker, Julius 184
Becker, Nikolaus 90, 171
Beethoven, Ludwig van 52, 84, 91 f., 184, 200, 255, 266, 300 ff.
Beheim, M. 27
Behrend-Brand, Magdalena 75
Beldi, I. 216 f.
Beliczay, Julius von 185, 259
Bell, Karl 45
Bella, Johann Nepomuk 298
Bella, Rudolf 222, 291
Bellini, Vincenzo 70, 147
Bena, Augustin 259
Benatzky, Ralph 232 f.
Benczyk, Árpád 216 f.
Benda, Adolf 259
Bendix, Martin und Paul 172, 325 f.
Benedikt XV. (Papst) 307
Benkert, Anton 113
Benyey 218
Benza, Karl 71
Berat, Philipp 44
Berauer, Josef 119, 292
Berecz, Eduard von 259
Berenz, Valentin 119, 126, 143, 145
Berg, Alan 184
Berg, O. F. 226 f., 229, 231
Bergen, Alexander 227
Berger, Alois 230
Berger, Julius 259
Berger, William 45

355

Berghofer, Franz 309
Berkes, Béla 171 f., 329
Berla, Alois 83, 214, 226 ff., 256
Berliner, Emil 322
Bernath, Josef 113
Bersa, Vladimir von 215
Bertati, Giovanni 50
Berté, Heinrich 222, 233 f., 324
Bertha, Alexander von 256 f.
Bessler, Laurenz 29
Bethlen, Graf Farkas 56
Bewer, Max 196
Bexheft, Johann Conrad 66
Biedenfeld, Freiherr von 78
Bignio, Louis 237
Bihari, János 52
Bilek, Ferdinand 294
Binder, Johann 93, 175
Binder, Karl 83, 85, 175, 294
Bingold, Johann 316
Binicki, Sascha 314
Birch-Pfeifer, Charlotte 79
Birgel, Willy 333
Biringer, Anton 148, 155
Birnbach, Richard 335
Bischof, Carl 39
Bittner 226, 256
Bix, Eduard 259
Bladl, Ludwig 69
Blaha, Luise 237
Blandon, George (s. Krecsan Georg)
Blank 226 f.
Blaschek, Karl 100
Blaschke, F. 108
Blasl, Karl 192, 207, 246
Blaton, Anton 105
Blattner, Matthias 114
Blau, Josef 211
Bleichert, Josef 161
Bleyer, Jakob 281
Bloch, Josef 259
Bloch, Kaspar 259
Blüthgen, Viktor 224
Blum, Friedrich 81 ff., 223
Blum, Konrad 17
Blumlacher 218
Bock, Bertha 259
Bock, Franz 226
Böckl, Pankrätz 37
Bodanzky, Robert 222, 225, 231
Bodenburg, Gertrud 45, 48
Bodenburg, Juliana 47
Bodo, Alois 259
Bognar, Michael 112, 156
Bogner, Ignaz 218
Bogyos, Michael 110, 121, 155
Böhm, Gustav 218 f.
Böhm, J.C. 83, 226
Böhm, Josef 259
Böhm, Karl 83
Bohorić, Adam 29
Boiger 176 f.
Bojar, Peter 119, 126, 133
Bokor, Josef 216 f., 219
Bokor, Judith 259
Bonilly 69
Bonomi, Eugen 156, 158, 167, 309 f., 331

Börnstein 78
Borum, A.D. 215
Boskovsky, Willy 36
Boutonnier 230
Bowitsch, Ludwig 91
Brabée, Wilhelm 81
Bradl, Johann 54
Brahms, Johannes 276, 281, 301, 323
Brandeisz, Josef 44, 46, 94
Brandl, Johann 232 f.
Brandsch, Gottlieb 160, 168, 173
Brandt, Franz 142, 148
Brankowitsch (Brancovici), Ernestine 259, 307
Bräuer, Franz 304
Bräuer, Hans 38
Braumüller, Wilhelm 158
Braun, Ernst 229
Braun, Josef 230 f.
Braun, M. 111 f.
Braun, Michael 316
Braunau, Franz 90
Bräuner, Hans 117
Braunhoffner, Josef 259, 292, 334
Brauny, Oskar 325 f.
Brausch, Peter 101
Brediceanu, Tiberius 259
Bredl, Michael 21
Breier, Eduard 82 f., 90
Breinfolk (Pfarrer) 307
Breinvolk, Gisela 301
Breiter-Szellessy, Hans 260
Brennenberg, Irene von 260
Bretschneider, Heinrich Gottfried 8, 44
Brevis (Previsz), Franz 155, 292
Brežovsky, Michael 71
Britz, Nikolaus 186
Brockmann 47 f.
Broder, Josef 98
Brodmann, Richard 291
Brody, Henry 217
Bruck, Arnold 33
Bruck, Johann 113
Brück, Julius 260
Brücker, Christian Ludwig 45
Bruckner, Anton 188
Brüll, Eugen 216
Brunhold, E. 180
Bubenhofen, Josef 67
Buchbinder, Bernhard 201, 216, 221, 224 f., 229, 232 f., 327
Buchheim, A. 91
Buchner, Anton 304
Buder, Ernst 312
Bulla, Franz 45, 46
Bullinger, Josef 191
Bulss, Paul 246
Buresch, Eugen 222
Buresch (Bureš), Alois 100, 105, 301
Burger, Jakob 115
Burian, Anton 112
Burns, Robert 188
Buttykay, Akos von 217, 260

Cammera, de 50
Capricornus (Bockshorn), Samuel F. 31, 164

Caragiales 73
Cargeali 312
Carpani 83
Castelli, Ignaz Franz 69, 82 f., 90, 149, 169 f., 180, 190, 255, 257
Caudella, E. Eduard 312
Cebotari, Maria 237
Celscher, Johann 29, 164
C(z)engery-Klökner, Gyula 355
Čermák, Josef 106
Cezek, H.A. 232, 234
Chamisso, Adalbert von 90, 169, 283
Chero, Anton 101
Chodora, Josef 260
Chopin, Frédéric 64, 186, 225, 302
Chorin, G. 216
Chôvan, Coloman 260
Christow, Cyrill 312
Cibulka, Alois 48
Claudius, Mathias 172
Clement, Karl 217, 219
Clementis, Ladislaus 309
Cosmovici, Clymann 78
Cohen-Linari, M. 313
Conderussi 81
Condorussi, Eleonore 190
Corally 79
Cosmovici 313
Costa, Carl 218, 230 f.
Cram, Frederic 37
Cremeri, Benedikt Dominik Anton 44, 46, 210
Crügers, Johann 29
Csaplovics, Johann 67
Csekonics, Graf von 206
Csepregy (Dechant) 308
Csermak, Anton 41
Csiki, Gregor von 216, 221, 237
Csillag (Goldstein), Rosa 237
Cuclin, Dimitrie 313
Cucu, Gheorgh 313
Couvillier, Ch. 232
Czako, Siegmund von 71
Czarniawski, Cornelius 260
Czegledy, August 177 f.
Czernitz, Franz 249
Czibulka (Sängerin) 62
Czibulka, Alfons 101, 108, 260, 324 ff.
Czibulka, Alois 68, 69
Czobor, K. 216 f.

Dangl, Anton 51, 94
Dangl, Johann 316
Dangremann, Maurice 301
Danius, Adam 119
Danko, Pista 260
Dauber, D. 313
Daum, Max 213, 292
David, Walter 113
Davis (David), Gustav 228, 232, 256 f.
Davorin, Jenko 220, 314
Decker, Br. 231
Decker, Charlotte 205
Defranceschi 50
Degré 218
Deigner, Franz 112
Deinhardstein 226

Delibes, L. 323
Dellazia 90
Demeny, Dezsö 304
Demeter, Dim. 86, 215
Demetriescu, Teophil 313
Demus, Jörg 186
Demuth (Pokorny), Leopold 246
Dengg, Otto 165
Déry, Stefan 71
Déry/Szepp (Schönbach), Rosa 71
Dessauer, J. 83, 185
Diabelli (Verlag) 65
Dickens 222
Dickmann, Franz 156
Diebl, Josef 112
Dienzl, Oskar 173, 260, 325
Dijk, Cornelius 186
Dima George 154, 260, 313
Dimitrescu 313
Diplich, Hans 8, 44, 156 f., 158, 160, 295, 339
Dippel, Wilhelm 170, 180
Dittersdorf, Karl Ditters von 35, 42, 49
Ditfurth 33
Divo, Johann 113
Diwald, Franz 46
Djordjević, Vladimir 314
Djurković, Nikolaus 71
Döberling, Johann 114
Dobesch, F. 107
Dobler, Matthias 114, 147
Döbrentei, Gabriel 71
Dobrescu 138
Dobrindt, O. 186
Dobronik, Antun 260
Doczi, Ludwig 232
Dohnanyi, Ernst von 222, 295
Dolar, Johann 29
Domansky, Ferdinand 326
Domansky, Ludwig 106
Dömötör, Lajos 260
Donath, L. von 217
Donauwell, Michael 122
Donauwell, Philipp 122, 126 f., 136, 145
Doppler, Árpád 173
Doppler, Franz Albert 78, 218, 223, 294
Doppler, Josef 226, 256, 294
Doppler, Karl 144, 148, 218, 294
Doppler, Olga 223
Dora, Josefine 325
Dorn, Ed. 223
Dostal, Hermann 232 f., 295
Dragičević 69
Drauner, Johann 42
Drechsler, Josef 84 f., 190
Dreger 79
Dreher, Alfred 266
Drinkwälder, Otto 295
Druschetzky, Georg 42
Duba, Ilka 212
Duba, Ludwig 212, 214
Dugan, Franjo 260
Dunkl, Johann 295
Dunkl, Norbert 295, 335
Durandi 49
Durigo, Ilona 237

Dvořák, Emanuel 106
Dzworzak, Eusebio 313

Eberlin, J.E. 255
Eberst, Anton 54, 66, 200 f., 205
Ebert, Ludwig 295
Eberwein, Max 190
Ebner, Anton 63
Ebner, Karl 63
Eck, Hans 39, 54, 156, 315
Eckhartshausen, Karl von 66
Eckschlager, August 85, 173
Edison, Thomas Alva 322, 324
Egressy, Benjamin (Béni) 55, 78, 219, 255, 257
Egyed, Anton 53
Ehnn, Bertha 237
Ehrenberg, K. 184
Ehrenhäusel 226
Ehrlich, Heinrich 110, 148, 311
Ehrlich, S. 232
Eibenschütz, Albert 261
Eibenschütz, Otto 229
Eibenschütz, Siegmund 249
Eichendorff, Joseph von 188
Eichert, Franz 196
Eichinger 157
Eickhoff, Dietrich 171
Eimann, Johann 37
Einödshöfer 234
Eintrag, Anton 44
Eippert, Fidel 113
Eirich, Peter 44
Eisenhut, Georg 215, 219
Eisenkolb, Josef 261
Eisler, Michael 197
Eisler, P. 234
Elbert, Emmerich 216, 219
Ellinger, Jozefa 241
Elmar, Karl 83, 190, 223, 226 f., 231
Elschnig, Marietta 261
Emich, Gustav 309
Emozer, Anton 114
Enesco, Georg 313
Engel, Adolf 172, 174
Engel, Alexander 232
Engel, Johann 40
Engel, Karl 186, 249
Engelhardt, Anna 71
Engelmann, Nikolaus 44, 142, 206
Engesser, Matthias 55, 197, 261
Engler, Johann 29, 51
Engler, Michael 29, 51
Epstein, Julius 261
Erckmann, Chatrian 223
Erdelyi, Tibor 179
Erdélyi-Ertl, Josef 178
Erdmann, Catharina Dorothea 92
Erdödi, Emmerich 119
Erdödy, Fidel 119, 122, 126, 137 f.
Erdödy, Graf 49
Erhardt, Antonie 75
Erkel, Alexander (Sándor) 206, 220
Erkel, Alexius (Elek) 216, 220
Erkel, Franz 55, 78, 142, 206, 216, 218, 219, 255, 257, 301, 323
Erkel, Gyula 216, 220

Erl, Josef 75
Erlach, Fr. K. 172
Erler, Otto 222
Ernest, Ludwig Stefan von (Baußnern Edler von Baußnern) 237
Erney, Josef 261
Ernst, F. V. 79
Ernst, L. 223
Espinosa, Leon 227
Esterházy 27, 49
Esterházy, Gräfin Alexandrine 219
Esterházy, Nikolaus Joseph 42, 61, 77
Esterházy, Paul Anton 42
Eszlair, Ferdinand 206
Eszterle, Franz 112
Eszterle, Johann 112, 170, 331
Ettlinger, Fritz 171, 326
Evers, Carl Gottfried Friedrich 184
Exner, Siegmund 324
Eysler, Edmund 232, 234, 301

Faber, W. 226
Fabiani, Hermann 332
Fachiri (geb. Aranyi), Adila 261
Fahrbach, Friedrich 106
Fahrbach, Philipp 81
Fahrbach, Philipp jun. 106
Falke, Oskar 170
Faller (Feller?), Johann 112 f.
Faller, Nikola von 261
Famler, Gustav Adolf 36, 87
Farrago, Eugen 216
Fardos, Viktor 217
Farkas, Edmund 261
Farkas, Eduard 216, 220
Fay, Béla 218
Fay, Guszti 218, 220
Feichtinger, A. 255
Feigl, Anton 311
Feigler, Geysa Viktor 261
Féjer, Jenő 216 f.
Felber, Geysa 292
Feld, Julius 227 f.
Feld, Madame 44
Felder, Franz Xaver 46
Feldmann 187, 226 ff.
Feleky, Nikolaus 70
Felix, Hugo 232, 234
Felix, Karl (Krzysniowski, Felix) 217
Felix, Peter 44
Fellegi, Viktor 335
Fenzl, Johann 81
Ferand, Ernst 291
Ferdinand I. (Kaiser) 33
Ferro, L. v. 225
Ferron, A. F. 233 f.
Fessler, Géza 307
Festetits, Graf Georg 43
Fetzer, Michl 112
Fiala, Johann 106
Figuš-Bystrý Viliam 261
Filtsch, Josef 64
Filtsch, Karl 63 f.
Findeisen, Julius 82, 190, 226 f.
Fischer, Emil 295
Fischer, Hans 101, 322

Fischer (Militär-Kapellmeister) 101, 322
Fischer, Johann 93
Fischer, Karl 72
Fischer, Kaspar 93
Fischer-Dieskau, Dietrich 186
Fischer-Schwarzböck, Beatrix 71
Fischhof, J. 185
Fitz, Johann 312
Fitz, Josef 292
Fitzner, Rudolf 312
Flach, Paul 38, 115, 148, 307, 311
Flajšman, Jurij 261
Flamm, Theodor 226, 228
Flatt, Gisela von 238
Flechtenmacher, Adolf 313
Fleiner, Johann 114, 122
Fleischer, Anton 261
Flesch, Karl 261
Floderer, Wilhelm 295
Flondor, Theodor Johann Ritter von 217
Focht, Peter 145, 156
Foerster, Anton 261, 295
Foges, Max 222
Foldesy, Arnold 261
Földős, Emmerich 217
Folnes, Karl Julius 83, 231 f.
Fornheim, Siegmund 219
Forrai, Miklos 216
Förster, Anton 218, 261
Fourmont 142
Francisci, Johann 42
Franek, Gabriel 219 f., 223, 261
Frankl, Aranka 261
Frank, Ed. 223
Frank, Josef 109
Frankenstein, Freiherr Clemens 217
Franyik, Emanuel 130
Franz I. (Kaiser) 68, 95, 282
Franz Josef I. (Kaiser) 103
Franz, Robert 184
Franzen, Nikolaus 167, 172
Frater, Georg 217
Frater, Lorenz 261
Freidhof, Johann 322
Freiligrath, Ferdinand von 33
Freitag, Jakob 115
Freitag, Konrad 115
Freitag, Lorenz 112, 115
Frenkel, Paul 313
Freudenreich, Dragutin 237
Freudenreich, Josip 238
Freund, Peter 113
Freund, Robert 185, 262
Frey, K. A. 80
Fribeth, Karl 49
Friedel, Johann 39, 46, 47, 69
Friedl, Michael 119, 126 f., 147, 262
Friedmann, Armin 229 f.
Friedmann, Günther 54
Friedmann, S. 238
Friedrich, Franz 54
Friedrich, Jakob 113
Friedrich Wilhelm IV. (König) 65
Friese, Karl 205, 212
Frieser, J. Wilhelm 219, 229
Frisch, Helmut 44, 54
Fritsche, Julius 212

Fronz 232
Frotzler, Karl 219
Fryčaj, Johann 106
Fuchs, Georg 217
Fuchs, Johann Nepomuk 108, 295
Fuchs, R. 232
Fuchs, Robert 185
Fučik, Julius 106
Führer, Hansi 172, 325, 330
Funke, Josef 198
Fürst, Johann 226
Fuß (Fuss), Johann Nepomuk 55, 56, 78 f., 166, 172, 190

Gabor, Andor 217
Gabriel d. Ä., Josef 158, 306
Gajáry, Stefan von 217, 220, 262
Gallmayer, Josefine 246
Galy, Paul 94, 316
Garso, Siga 238
Gartenmann, Sándor 119
Gärtner, C. 228
Gaschler, Josef 112
Gaß, Mathias 159, 165
Gayrsperg, Fr. X. von 219
Gebauer, Julius 93, 256
Gehl, Hans 173
Gehrle, Eva Maria 35
Geibel, Emanuel 188
Geier 122
Geier, Luzian 37, 89, 94, 109, 156, 200
Geis, Jakob 312
Geiß, Michael 112, 119
Gellert 50
Gellert, Fr. 234
Gelz, Johann 145
Genée, Friedrich 78
Genée, R. 225, 231
Gerbić, Fran 262
Gerescher, Konrad 37, 38, 45, 319
Gerhard 113
Gerhardt, Hans und Mädy 158
Gernsheim, Fr. 185
Geromnik, Ludwig 232
Gerster, Etelka 238
Gerum, Paul 112
Gessler, Edmund 262
Gettmann, Franz 89
Gewey 79
Geyer, Steffi 291, 325
Geysa (Géza) II. (König) 25
Giesen, Hubert 186
Giezeke 69
Gilbert 232
Gilde, Wendelin 262
Gilge, Josef 187
Gilot, Nikolaus 113
Gindl, Lorenz 68, 69
Gioja 51
Gjorgjević, V. 215
Girardi, Alexander 172, 196, 327
Girzik (Girzick), Franz Xaver 49, 50, 77 f., 255, 257
Gisela von Bayern 25, 93
Gläser, Franz 79, 84, 190
Glatt, Ignaz 306

Gleich, A. 79
Gleich, Alois 255
Gleich, Wilhelm 262
Glickh, Rudolf 185, 232
Glöckner, Berta 238
Glutsam, C. 233
Gmeiner, Ella 239
Gmeiner, Luise
 (siehe: Mysz-Gmeiner, Lula) 238
Gmeiner, Rudolf 239
Gobbi, Henri 262
Godlewsky 229
Goethe, Johann Wolfgang von 67, 90, 188, 222, 231
Gold 111
Goldfaden, Abraham 216
Goldmark, Karl 216, 220, 262
Goldoni, Carlo 49
Goldstein, Josef 216, 229
Golestan (Golesteanu), Stan 313
Goll, Aladár 200, 263, 335
Goll, Johann 159, 263, 355
Gollmick, C. 256
Görgl, W. S. 85
Görgl, Wenzel L. 77 f.
Görres, Guido 90, 305
Gössl, Wilhelm 53, 293
Gothov-Grüne(c)ke, Ludwig 172 f., 191 f., 213, 219 f., 223, 232, 249
Gotovac, Jakob (Jakov) 263
Gots, Eduard 77, 255
Götter, Johann 53, 113, 293
Gottsched, Johann Christoph 49
Gottsleben, Ludwig 223, 227, 256
Gottwald 171, 325
Gottwald, Johann 106
Graff, Karl 223
Granichstädten, Br. 234
Granofsky 126
Granofsky, Heinrich 119
Grassalkovitz (Grassalkovich) 42, 43
Graßl, Georg 200 f.
Grazie, Marie Eugenie delle 325
Greff, Michael 28
Greff, Valentin
 (Bakfark = Bockschwanz) 28
Grefinger, Wolfgang 27
Greisinger, Johann 304
Greszl, Franz 40, 306, 309
Grey-Stipek, Valerie 249
Grieg, Eduard 301
Grill, Johann 78
Grill, Klara 78
Grill, Leo 263
Grillparzer, Franz 67, 79, 84
Grimm, F. 107
Grobmann 217
Groh, Herbert Ernst 186
Grois, Louis (Alois) 72, 81, 83, 171, 187, 190, 232, 255, 257
Grosch, Franz 309
Gross, Benedikt 239
Gross, C. Karl 218 f., 256
Gross, Johann 122, 304
Gross, Sebastian 122
Grossauer, Ludwig 106, 108
Großkopf, Marco 263

Gruber, L. 232
Gruda, Eugen 152, 157
Grueber, Oberst Wilhelm von 94
Grün, Anastasius 91, 283
Grün, Jakob 263
Grünbaum, Fritz 224f., 231
Gründer, Gottfried 29
Grünfeld, Wilhelm 233, 264
Grünwald, Richard 264
Guerra, Nik. 217
Guglielmi, Luigi 78, 255
Gumbert 82
Gungl, Cajetana 266
Gungl, Franz 264
Gungl, Johann 100, 264
Gungl, Josef 92, 100, 173, 201, 243, 264ff., 324, 326ff.
Gungl, Katharina 26
Gungl, Maria 266
Gungl, Martha 266
Günther, Inge von (siehe Ivogün Maria)
Guttenberg, Andreas Josef von 93
Gy, F. 217
Gyulay, Ignaz 54

Haag, Armin 295
Haas, Emanuel 295
Haber, Rudolf 295
Habermüller 114
Hackl, Ludwig Napoleon 179, 335
Haffner, Karl 69, 78, 81ff., 90, 170, 226f., 256f., 283
Hafner, G. 169, 180f.
Hagemann 69
Hagen, A. 219
Hahnekamp, Josef 309
Haibel, Jakob 60f., 79, 167, 171, 191
Haid, Gerlinde 169
Haide, Karl von der (Kraushaar, Karl) 158, 172
Hain 69
Hajdrih, Anton 272
Hajek, Egon 28, 272
Hajek, Josef 122
Hajo, Sándor 217
Halbhuber, Karl 114, 293
Haller 113
Haller, Heinrich 109
Haller, Richard 219
Hallström 312
Halm, Friedrich 90
Hamlich, Max 230
Hamm, Franz 322
Hammer 90
Hammer, Franz Xaver 42
Handl-Gallus, Jakob 28
Hannenheim, Norbert Hann von 273
Haraszti, Emil 273
Harjung, Josef 161, 167
Harmati, Sándor 273
Harrach, Josef 273
Harsanyi, Zoltán von 217
Hart, J. G. 232
Härtel, August 159, 172f., 175
Hartel, Johann Emanuel 224
Hartl, Peter 111
Hartleben (Verlag) 87, 93

Hartmann, Arthur 273
Hartmann, August 203
Hartmann, Franz 309
Hartmann, Rudolf 148
Hartmann, V. 107
Hase, Christof 300
Hasel, Josef Emmerich 273
Häseler, Adolf 172
Hasenhut, Anton 46, 49, 88
Hasenhut, Josef 45
Häsli, Johann 318
Haslinger, Tobias 171f.
Hassler 29
Haßreiter 216, 225
Hatze, Josef 215, 220
Hau, Anton 114
Haubner, Hans 273, 316
Hauffen, Adolf 160
Hauk, Josef 159, 340
Hauptmann, Gerhart 196
Hauser, Emil 273
Hauser, F. 332
Hauser, Miska 273
Häußler, Jakob 54
Häußler, Johann 113
Haydn, Joseph 40ff., 49, 61, 266, 281, 300, 302
Haydn, Michael 42
Haynald, Ludwig 114
Hebenstreit, M. 81, 85
Heckenast, Ludwig 335
Heckmann 301
Hedwig, Johann Lukas 56, 173
Hegedüs, Ferenc 273
Hegel, Peter sen. 302
Hegenbarth, Ivo Max 219, 256
Hegy, Emanuel 273
Hegyesi, Ludwig 273
Hegyi, Béla 216, 219f.
Hehn, Georg 304
Hehn, Peter 111
Heidrich, Moritz 180
Heim, Friedrich 81, 198
Heinauer, Julius 181
Heindl, Viktor 222
Heine 82
Heine, Heinrich 172, 174, 180, 187, 231
Heinisch, Jozsef 56, 77ff.
Heinrich, Adam 112, 119
Heinrich, Josef 255
Held 115
Held, A. 112
Held, Georg 113, 122
Held, Otto 227, 256
Helleis, Josef 113
Heller, Stephan 273
Heller, Anton 100
Heller, Josef (K. Th.) 224
Heller, Wenzel Josef 106, 219
Hellmann, Josef 123
Hellmesberger, Georg jun. 84, 168f., 182
Heltay (Heltai), Eugen 216f.
Hennemann, Franz 116
Hennemann, Johann Jakob 38
Hennet, Otto von 90
Hennig, Alois 304

Henrion 230, 232
Hensel, Walther 173, 185
Hensler 50, 190
Henzler 69
Herbold, Friedrich Karl 224
Herbst, Friederike 72
Herbstler, Peter 113, 122, 273
Herczeg, Ferenc (Herzog, Franz) 8, 52, 214, 217, 221, 333
Herdan, Johann 196
Herloßsohn, Hermann Hugo 172
Herold 114
Herrig, H. 217, 231
Herrmann 79, 90
Herrmann, Leopold 89, 122, 200, 293
Hertzka, Emil 335
Hertzka, Julius 249
Hervay, Friedrich 217
Herzberg, Max 171f., 326
Herzenskron 77, 83
Herzfeld, Viktor von 273
Herzka, Sigmund 273
Herzl, Theodor 232
Herzog, Andreas 112
Herzog, E. 332
Herzog, Franz 69, 76
Herzog, Franz Josef 333
Herzog, Silvester 111
Herzogenberg, H. von 185
Heß de Calvé, Gustav Adolf Gustavowitsch 56
Heß, Johann 112, 119
Heß, Ludwig 273
Heß, Nikolaus 300
Hetzel, Christian 112
Hetzel, Jakob 113, 116
Hetzel, Samuel 197
Hevesy, Emmerich 70
Heyda, Max 101
Heyse, Paul 188
Heyser, Christian 77
Hie 113
Hilier, Josef 113
Hill, Wilhelm 170
Hillebrand, Michael jun. 113
Hillebrand, Michael sen. 113
Hillmandl, Christoph 40
Hilverding (Hülverding) 44, 46
Hirmann, Michael 54
Hirneth, Heinrich 114
Hirsch, Mathias 139
Hirschfeld, Johann B. 69
Hladnik, Ignaz 304
Hladisch, Eduard Rudolf 273
Hochmeister, Martin 46
Hochreiter, Emil 196, 217, 220, 224, 273, 291
Hochstrasser (Vater) 119
Hochstrasser, Franz (Hartai, Ferenc) 274
Hochstrasser, Peter 114, 274, 275
Hock, Johann Nepomuk 101, 275, 301
Hofer, Mirzl 167, 329
Höffer, Johann 49
Hoffer, Karl 119, 197, 304
Hoffmann, Georg von 83
Hoffmann, Hermine 239
Hoffmann, Leo 37

Hoffmann, Peter 146
Hofmann (Dichter) 90
Hofmannsegg, Graf Johann Centarius 38
Holley, Josef 275
Holtai, Karl von 78, 81, 190, 195
Holz 112, 119, 126, 128
Holz, Josef 122, 145
Holzapfel 223
Hölzel, Gustav 149, 168 ff., 180, 184 f., 239, 299, 324, 326
Hölzel, Karl 295
Hölzel, Nikolaus 239
Hölzl, Franz Seraph 56 ff., 79, 167, 171, 197
Holzmann, Josef 72
Holzmeister, Johann 33
Honigberger, Emil 275
Honigberger, Selma 275
Honterus, Johann 28
Honzak, Alois 318
Hopp, Friedrich 80, 81
Hopp, J. 227
Horák, Antonin Vojtech 314
Horák, Josef 106
Horak, Karl 153, 203 f.
Horak, W. F. 224
Hörbiger, Alois 316 f.
Hörbiger, Amalie 317
Hörbiger, Attila 316, 318
Hörbiger, Hanns 317
Hörbiger, Paul 196, 316, 318, 333
Hörmann, Johann Andreas 29
Horn, Franz 94, 318
Horn, Josef 319
Horn, Ludwig 318
Horn, Michael 104
Horner, Anton 102
Horning, Balthasar 40
Hornstein, Robert von 231
Horst, J. 224
Horst, Julius 229
Horváth, Adám Pálóczi 58
Horváth, Géza 275
Horváth, Josef 70
Horvath, József 309
Horvath, Veit 318
Horvath-Gottlieb, Anka 239
Horwath, Attila 293
Hřimaly, Adalbert 295
Hrimaly, Ottokar 275
Hromadka, Josef 318
Hubad, Matthäus 275
Hubatschek 49
Hubatschek, Stefan 122
Hubay, Jenö (Huber, Eugen) 66, 181, 220, 275, 276 f., 294 f., 299, 301, 325, 327, 335
Huber 142
Huber, Ignaz 69
Huber, Georg 318
Huber, Johann 119
Huber, Karl 66, 216, 218, 220, 275, 298 f., 301, 335
Huber, Michael 66, 275
Huber, Sándor 323
Hubert, Matthias 112
Hubert, Stefan 155

Hübsch, Eduard A. 313
Hügel, Nikolaus 113
Hügner, August 119
Hügner 155
Hugo, Victor 218, 233
Hummel, Johann 61
Hummel, Johann Nepomuk 61 f., 77, 79
Hunyaczek, Richard 101 f., 328 f.
Hupfeld 324
Husl 113
Huß, Peter 277
Huszka, Eugen 216 f.
Huszka, Jenö 277
Hüttenmeyer, Martin 72
Hutter, Willy 313
Hüttisch, Franz Anton 106
Huvös, Ivan 216 f.

Iffland 67, 69
Ignatius, O. 172
Incze, Heinrich 216
Imrich 179
Ivanfy 142
Ivanovici, Josif 313, 324, 326 f.
Ivogün, Maria (Günther, Inge von) 240

Jaborßky (Jaborsky), Michael 54, 58
Jachimek, Anton 95, 100
Jachimek, Franz Karl 277
Jakobi, Victor 90, 216, 220, 277
Jacobi 119, 223
Jacoll, Stefan 86
Jäger, Richard 224
Jagodić, Marietta 277
Jakob jun. 114
Jakob, Nikolaus 114
Jakobi 217
Jambor, Eugen 277
Janatsch, Helmut 186
Janichek, Joseph(us) 51
Janko, Paul von 316
Janković, Emanuel 48
Janner, Max 326
Jantsch, Heinrich 248
Jany 90
Jaray-Janetschek, Stefan 277
Jaritz, E. 228
Jarno (Cohner), Georg 201, 224, 232, 249, 324, 326 f.
Jarno (Cohner), Josef 249
Járos(s)y, Desider 277
Jaschke, Karl 113, 119, 293
Jast, F. 50
Jászai (Krippel), Maria 240
Jauß, Johann 54
Jekelius, Gerhard 240
Jelenko, Siegfried 246
Jelenska, Irma 240
Jelinek, Familie 39
Jelinek, Franz 92, 266
Jelisejić, Marko 48
Jemnitz, Alexander (Sándor) 277, 335
Jenbach, Béla 215, 221 f., 232
Jenny, Rudolph 233, 240
Jenöfi 187
Jeschko, Ludwig 102
Joachim, Josef 277, 301

Jochum, Josef 157
John, Anton 99
Jókai, Maurus (Moritz) 218, 221, 233
Jora, Michai 313
Jorgović, Desanka 277
Josef, Anton 42
Joseffy, Rafael 277
Josefi, Georg 94, 316
Joseph I. (Kaiser) 43, 49
Joseph II. (Kaiser) 18, 35, 48
Josephin, Johann 51, 94, 316
Josgits, Johann 309
Jovanović, Lazar 156
Jovanović, Toša 314
Juin, C. 82, 226 f.
Julius, Karl 226
Jung, Antonius 28
Jung, Georg 48
Jung, Jakob 112, 119
Jung, Josef 197
Jungbauer, Gustav 167, 173
Jünger 69
Juon, Paul 217
Jurende 91

Kácer, Wilhelm 216
Kacsóh, Pankraz (Pongrác) 216 f., 220
Kada, Elek 217
Kadelburg, Gustav 233
Kadelburg, Heinrich 249
Kady, Josef 113, 122
Kaempfer, Joseph 42
Kahlert 78
Kainz, Josef 206, 240
Kaiser, Fr. 90
Kaiser, Friedrich 28, 81 f., 170, 226 f.
Kaiser, Karl Dragutin 295
Kaldy, Julius 216, 287
Kaldy, Giulay 220
Kalkbrenner, Katharina 157
Kálmán, Emmerich 217, 220, 233, 295
Kaltenbrunner 91
Kamienski, Matthias 50
Kanne, Friedrich August 59, 84
Kapeller, K. 232 f.
Kapper, Siegfried 218
Kara, Ferenc 302
Karasek-Langer, Alfred 203
Kardos, Andor 217
Kargl 85
Kärgling, Franz 58
Kärgling, Johann Tobias 58
Kark, F. 327
Karl der Große (Kaiser) 25
Karl III. (Kaiser) 45
Karl VI. (Kaiser) 18
Karlitzky, August 89
Karnaß 315
Karolina (Kaiserin) 93
Karoly, L. 216
Karpa 231
Karpath, Ludwig 277, 335
Kaschak, Josef 38
Kasimir, Nikolaus 113
Kaskell, K. von 233
Kassas, Stephan von 218
Kassowitz-Coijet, Antonia 215

Kasteier, Stephan 112
Kastner, Alfred 295
Kathrein, Peter 112
Kauer, F. 84
Kazacsay, Tibor von 277
Kees, Franz 79
Kees, Karl 106, 234
Keglevich, Graf István von Buzin 246
Keim, F. X. 228
Kélér, Béla (Keller, Adalbert von; Köhler, Albert Paul von) 102, 144, 326
Keller, Philipp 114, 122, 200
Kellner, Franz 102
Kémeny, Eugen 216
Kempf, Hans 154
Kern, Aurel 216, 278
Kern, Franz 274
Kern, Johann 110
Kerner, Eugen 102
Kerner, J. A. 216
Kerner, Stefan 278
Kerpely, Eugen 278
Kersch, Franz (Ferenc) 304
Kessler 84 f.
Kessler, Franz 122
Kessler, Johann Kaspar 29
Kestenberg, Leo 278
Kesztler, Lorenz 293
Ketten, Henri 278, 301
Khevenmüller, Graf 54
Kienzl, Wilhelm 295, 301
Kierschner, Eduard 247
Kilanyi, Ludwig 76, 233, 255
Killi, Stefan 112
Kimovec, Franz 304
Kind, Roswitha 90
Kirchl, Adolf 188
Kirchlehner, Franz (Ferenc) 59, 218, 221
Kirchner, Elek 293
Kirchner, Hermann 160, 218, 295
Kirchner, Johann Eduard 311, 337
Kirchner, Julius 198
Kirchner's Witwe, J. E. 310
Kiriac, Demetri 313
Kirschhofer, Anton 53
Kiseljak, Maria 249
Kitzler, Otto 295
Klaas (Klahs), Ignaz 75
Klaas, Robert 172
Kläcke, K. 90
Klafsky, Katharina 241, 299
Klapka, Josef 93
Klauser, Wendelin 122
Klees, Gabriele 278
Kleiber, Karl 232, 256
Klein, Desider 309
Klein, Fritz Heinrich 278
Klein, Georg 113
Klein, Heinrich 59, 66
Klein, Heinrich (München) 352
Klein, Hugo 216, 221, 229, 233
Klein, Martin 249
Klein, Mathias und Theresia 22, 345, 352
Klein, Michael 113
Klein, Oskar 231
Kleinecke, Rudolf 171
Kleinheinz, Franz Xaver 59, 77 f.

Kleinschmid, Fr. A. 90
Kleist, Heinrich 67
Klemmer, Franz 122
Klerr, Julius Baptist 218, 256
Klerr, Ludwig 198, 218
Klesheim, Anton Baron von 58, 77, 83, 91, 163, 166 ff., 175, 180, 181 f., 230 f., 233, 255, 257, 323, 325, 327, 329
Klinkhammer, Thessa 241
Kloekner 335
Klug, Katharina 157, 164, 171
Klughardt, A. 186
Kmentt, Max 211
Kmoch, František 106, 295
Knabl, Wilhelm 53
Kneip, Johann 104
Kneip, Peter 112, 157, 167, 171 f.
Kneisel, Franz 313
Knipl, Mathias 102
Knježević, Johann (Jovan) 71, 214
Knopf, M. 232
Koblitz, Zefirin 122
Koch, C. W. 78, 82
Koch, Johann 115
Koch, Karl Matthias 75
Koch, Stephan 93 f.
Köck, Johann Nepomuk 218
Koczalsky, Raoul 301
Kodály, Zoltán 278, 295
Koessler, Hans 295
Kohl, Josef 155
Köhler, Anton 121
Kohler (Popp-Kohler), Estella 278
Kohlhofer, J. 227
Kohut, Adolf 335
Kolander, Vatroslav 304
Kolar, Viktor 278
Koller, Josef 247
Kollinger 278
Kollmann 79
Koltschak (Admiral) 110
Komlóssy, Franz (Ferenc) 70, 72
Komor, Julius 217
Komzak, Karl 108, 144
Konetzni, Hilde 241
Konetzni-Wiedmann, Anny Gisela 241
König, Eberhard 222
König, Peter 295
Konjović, Peter 215, 220
Konrad, Matthias 109, 227
Konschitzky, Jakob 22, 345
Konti, Josef 216, 218, 220, 295
Kontsky, Anton von 200
Kopecki, Josef 112
Koppel, Emil 224
Koppel, Hans 229
Korbay, Franz Alexander 278
Kordany, F. 108
Körner, Theodor 67, 78, 315
Környei, Béla 241
Kösseghi, Georg 216
Kössler, Hans 180, 295
Kosteletzky, Viktor 106
Köstler 214
Koszko, Josef 148
Kotzebue, August von 50, 67, 69, 71, 77 ff., 91, 255

Kovacs 279
Kovacs (Schmitz), Josef 102
Kövesi, Albert 216 f.
Kozilek, Franz 122
Krachenfelser, Sebastian 115
Kraemer, Johann 155, 320
Krafft-Lortzing, Karl 234
Kraft, Nikolaus 42, 62
Král, Josef 106, 108
Kralik, Richard 196
Krämer, E. 223
Krämer, Mathias 54
Krasnigg, R. 223
Kratochwill, Josef 54
Krauer, Anna 219
Kraul, Anton 104, 148
Kraul, Peter 114
Kraus, Alois 106
Kraus, Clemens 186
Kraushaar, Karl 158
Krausz, Gustav 304
Krausz, Michael 279
Krebs, Tobias 112
Krecsan, Georg 119, 126, 128
Kreibing, Eduard 70, 75 f.
Kreipl, Josef 183, 323
Krek, Gojmir 296
Kren, J. 231
Kren, Ludwig 160
Krenn, Hans 192, 224, 234
Krenn, L. 228
Krenn, Leopold 222
Kresz, Géza von 279
Kreutz, Ferdinand 58, 66
Kreutzer 113, 122
Kreutzer, Konradin 256, 301
Krezma, Franz Xaver 279
Kriegner, Kalman von 335
Krier, Peter 141
Kringsteiner 82
Krivanek 122
Krogloth, Michael 318
Kron (Brüder) 204
Krones, Edgar 218, 235
Krones, Josef 79
Krones, Therese 76, 79
Kronfuss, Wilhelm 45, 203, 205
Krstić, Peter 314
Krstnik, Janez 29
Krupp, Josef 113
Kubelik, Jan 327
Kučera, Anton 106
Kuhač, Franz Xaver 279
Kühbauch, Friedrich 200
Kuhn (Dichter) 90 f.
Kuhn (Direktor) 46
Kuhn, Alfred 38, 94, 162, 167, 179, 212, 235, 241, 315
Kuhn, Raimund 71, 72
Kumlik, Josef 66
Kumpf, Hubert 48
Kun, Árpád 187
Kun, László 216 f.
Kundegraber 160
Künnecke, Eduard 234
Kunz (Kuntz), Johann Christoph 44 ff., 67, 69

Kunz, Erich 168
Künzig, Johannes 157, 159, 164, 167
Kurmayer, Josef 227
Kurz, Andreas 113
Kurzhals, Martin 147, 197, 206 f., 279, 300
Kurzweil, Franz 58
Kusser, Johann 29
Kusser, Johann Sigismund 29, 164
Kutschera, Alois 163, 171, 193 ff., 325 f.
Kuttner, Max 171, 328

Laborfalva, Judith Benke von (Laborfalvy, Rózsa) 73
Labres, R. 187
Labsky, Jaroslav 106, 108
Lachner, Franz 78, 185
Lagkner, Daniel 30, 164
Lajović, Anton 279
Lajtaj, Ludwig 279
Lajtha, Laszlo 279
Lakony, Franz 102
Lamborg, Otto 241
Lanczy, Ilka 241
Landsberg (Landesberg), Alexander 216, 222, 229, 231, 233 f.
Lang, Adam 71
Lang, Adam Janos 73, 78
Lang, August 226
Lang, J. 27
Lange, Hans 315
Langel, Willy 186
Langer, Albert 167
Langer, Anton 190, 226, 228, 231
Langer, Johann 58
Langer, Viktor 279
Langh, Boldizsar 241
Langkammer, Karl 247
Lanner, Josef 59, 85, 190
Lanner, Katharina 247
Lassel, Rudolf 279, 307
Laßletzberger, Josef 106
Lasslob, I. 23
Laszky, Béla 224, 234, 324
Laszlo, József 73
Laszlo, Sándor 217, 220, 225
Latabár, Endre 241
Latzky, Béla 279
Laub, Johann 304
Laub, Stefan 279
Laubner, Paul 229
Lauer, F. 219
Lauko, Desider 279
Lautenburg, Sigmund 249
Lavotta, Johann (Jan) 58
Lazar, Filip 313
Lechner, Anton 247
Lee, Heinrich 224
Leh 122, 304 f.
Lehár, Franz 102, 217, 225, 231, 233, 279, 301, 324, 326
Lehár, Franz (Vater) 106, 108
Lehmann, Guido 248
Lehmann, Michael 311
Lehmann, Moritz 248
Lehner, Fritz 234
Lembert, J. W. 79, 82

Lenau, Nikolaus 90 ff., 173, 180, 183, 283, 324, 341
Lendvay, Marton 73
Lendvay-Hivatal, Aniko 73
Lenkey, Henrik 219
Lennert, Kaspar 119
Lenz, Franz 280
Léon, Viktor 225, 228 f., 233
Leonhard, Johann Michael 309
Leonhardt, A. 108
Leoni, Eva 168, 172
Leptich, Jakob 293
Lessing, Gotthold Ephraim 67, 172
Lessl, Erwin 44, 46, 158, 197, 199, 201
Levitschnigg 90
Lewinsky, Josef 173, 186, 324
Lhotka, Fran 215
Lichtenberger, Emil 280
Lichtenthal, Peter 58
Lickl, Johann 59, 79
Lickl, Karl Ägidius 60
Lickl, Karl Georg 60
Lidl (Lidel), Andreas 42
Liebal, Karl 329
Lieber, Johann 112
Lieberzelt, Anna 248
Liebeskind, J. 92
Liebhard, Luise 241
Liebold 226 f.
Liebstöckl, Hans 229, 232
Liedtke, Maria 248
Liehl, F. 219
Liehmann, Josef 106
Liesch, Adam 112
Liliencron, Detlev von 196
Limmer, Franz 60, 69, 78
Lincke, Paul 209
Linden, Eduard 79
Lindenbach, Hans 332
Link-Dessauer, Antonie 241
Linnebach, Peter 112
Linz, Eugen 280
Linz, Martha 280
Lips, Adam 112
Liptay, Ernestine 174
Liptay, Baron Frigyes 136
Lisinsky, Vatroslav 78, 86, 215, 220
Lisska, Anton 68
Liszkay, Carl 309
Liszt, Franz 51 f., 54, 63 ff., 89, 185 f., 188, 199, 218, 220, 225, 232, 280, 299, 304, 324, 326, 337
Lobkowicz (Fürst) 58, 62
Löbl 82
Lochschmidt, Franz 280
Loewe, Carl 33
Löger, Anton 248
Lohr, Johann 296
Lonovics (Bischof) 54, 60
Loous, Astrid 327
Lorenz, Ernst 102
Lorenz, Viktor 102
Loris 112
Loris, Peter 281
Loris, Mathias 122
Lortzing, Albert 234
Löscher, Leopoldine 313

Löschinger 77
Lothar (Spitzer), Rudolf 233
Lötsch, Gustav 211
Lotz, Friedrich 37
Löwe, Ludwig 90
Löwe, Sophie Johanna 248
Löwenstamm, Franz Josef 281
Lowitz, Georg 155
Löwy, J. 223
Ludwig II. (König) 27
Ludwig, Johann 43
Ludwig von Baden, Markgraf 17, 108
Lukacs, Alexander 216
Lukacsy, Miklos 77
Lukesich, O. 218
Lulay, Johann 119
Lundt, Grete 333
Lunzer, Ed. 223, 225
Lynker, F. E. 82
Lyser, Karolina 90

Machan, K. 312
Madách, Imre 216
Mader, Raoul 173, 183, 194, 216, 220, 225 f., 232 ff., 249, 327
Magyar (Robert), Emmerich 241
Mahler 155
Mahler, Gustav 54, 296
Mahlmann, S. A. 173
Maier, Andreas 167
Maisl, Lorenz 114
Major, Julius J. 216, 219 f.
Makanec, Julius 200
Maleczky, Bianka 242
Maleczky, Oskar 242
Maleczky, Wilhelm 242
Mallinger, Mathilde 299
Mampé (geb. Babnigg), Emma 242
Mandl (geb. Barda), Camilla 313
Mandyczewski, Eusebius 281
Maniu, Vasile 73
Mannstädt, W. 223 f.
Manojlović, Svetozar 256 f.
Mantuani 335
Marek, Cz. 185
Marenzi, Graf Franz 196
Maria (Königin) 27 f.
Maria Theresia (Kaiserin) 18, 49, 51
Marinelli, F. 48, 85
Maristella, Sr. Maria 304
Markbreiter 82
Markfelder, S. 30
Marković, Franz 215
Markus, E. 216 f., 335
Markus, Géza 216
Markus, Josef 216, 229
Marlow (Wolfram), Mathilde 76, 187
Maróthi, Georg (György) 43
Marsano 79
Marschner, Heinrich 60
Marschner, Karl Wilhelm 223
Marsollier 83
Marteau, H. 185
Martin, Gabriel 229
Martini, Karl Wilhelm Ritter von 87
Martos, Franz (Ferenc) 216 f.
Martzy, Augustin 242

März, Ignaz 112
Maschek, C. 335
Maschek (Mašek), Paul (Pavel) Lambert 43, 50, 60
Maschek, Vinzenz 54
Mathes, Carl 293, 301
Mathias, C. 223
Mätrai, G. 256
Matras, Josef 248
Matray, Ernst 225
Mattusch, Jakob 113
Mattusch, Johann 114
Matz, Johanna 186
Matzenauer, Margarete 242
Mauterer 37, 114
Mauterer, Johann 122
Mautner, Eduard 233
Max Emanuel von Bayern (Kurfürst) 17
Max, Hans 230f.
Maximilian in Bayern, Herzog 83, 342f.
May-Lucey, E. 219
Mayer, Albert 318
Mayer, Alois Hermann 218f.
Mayer 113
Mayer, Georg 114
Mayer, Johann 113, 318
Mayer, Josef 119
Mayer, Kornel 22, 92, 111, 345
Mayer, Lorenz 148f., 281
Mayer, Oskar 217
Mayrberger, Karl 218, 220
Mazalik, J. 50
Mazsáry, Rudolf 214
Medelhammer (Albini), Johann Albin 84, 282
Mederitsch, Johann 43
Megerle, Julius von 227
Megerle, M. von 233
Megerle, Therese von 78, 226, 233
Meier, John 160, 167f., 170
Meindl, W. J. 57
Meisl, Karl 69, 79, 82, 84, 87, 90ff., 190, 255, 257, 282
Meißner, Emmerich 305
Meister, Georg A. 79
Melzer, Horst 303
Menasci 215
Mendelssohn, Felix Bartholdy 185f., 266
Mendelssohn, Felix Robert 217
Menner, Bernhard 62
Menninger, Johann Matthias 48
Menter, Sophia 301
Mercy, Graf Florimund 17, 20, 38
Merei, Adolf 81, 217, 222
Merkl, Josef 281
Merkle, Andreas 198
Merkle, Mathias 201
Merkle, Mathias (Pfarrer) 38
Merkler, A. 281, 335
Merlin, H. 226f.
Mertz, Johann Kaspar 58
Merz, Alfred 219
Mesli, Paul 300
Mestrozzi 224
Mestyan, Rudolf 102, 122
Meszleny (Messer), Richard 335
Meszlenyi, Robert 281

Metastasio 49
Metterle, Konrad 320
Metz, Albert 217, 281
Metz, Johann 122
Metzger, Bernhard 119, 123ff.
Metzger, Ignaz 113
Metzger, J. K. 168, 233
Metzger, Nikolaus 114
Meyer-Helmund, Erik 185
Meyer-Steineg, Theodor 173, 185
Michenz, G. 84
Mihaczek (Hüni-Mihaczek), Felicie 240
Mihalowich, Edmund von 185f., 216, 220, 225, 299
Mihályfi, Károly 242
Mihevec (Micheaux), Georg 281
Miklos, Stefan 148
Mikuli, Karl 281, 333
Milan, Nikola 215
Mildner-Hauptmann, Anna 91
Milleker, Felix 8, 27, 44ff., 51, 54, 67, 69ff., 94, 176f., 214, 253, 336
Miller, W. 85
Millevoye 90
Millöcker, Karl 194, 216, 218, 231
Milojević, Miloje 314
Milow (Millenkovich), Stephan 22, 234, 324, 336
Mink (geb. Schweitzer), Therese 76
Minkowski, G. 233
Mirani, H. 91, 226f.
Mitterwurzer, Wilhelmine 248
Modl, Josef 248
Mohler, Mathias 122, 126, 128f., 155, 320
Mojsisovics, Roderich 219, 296
Mokranjac (Stojanović), Stephan 314
Möller 81
Möller, Alfred 234
Moller, Hermann 102
Möller, Karl von 38
Molnar (Müller) 242
Molnar, Anton 335
Molnar, Franz 217
Molnar, Géza 335
Molnár, László 242
Moltke, Max 173
Monti 83
Moór, Al. L. 225
Moór, Emanuel 225, 282
Moore, Gerald 186
Morascher, Hugo 305
Morawetz, Johann 318
Mörike, Eduard 174, 188
Morländer 218, 227
Morold (Millenkovich), Max von 234, 250
Mörschner und Jasper (Verlag) 93
Mörth, Johann 296
Móry, János von 282
Mosenthal 187, 227
Moser, Andreas 282
Moser, G. von 223
Moser, Hans Joachim 21, 44, 62, 210, 282, 312
Mosonyi (Brand), Michael 185, 218, 220
Moßhammer, Roman 296
Moszliwiczek, Johann 319

Mozart, Wolfgang Amadeus 7, 41, 58, 60f., 63, 85, 147, 200, 255, 266, 300, 302
Müchler, Karl 172
Mühlfeld, J. 228
Mukvić, Ivan 215
Müller, Adolf jun. 228f., 231f., 234, 256, 325
Müller, Adolf sen. (Schmid, Mathias) 79, 83ff., 90ff., 167f., 170, 184f., 187, 190, 194, 197, 209, 226, 234, 255ff., 282, 305, 324f., 335, 343
Müller, Alexander 187
Müller, Arthur 227, 256
Müller, Erich H. 335
Müller, Friedrich 77, 83f., 218, 220, 283
Müller, Josef (Mil.-Kpm.) 100, 108
Müller, Josef 202
Müller, Karl 283
Müller, Käthe 242
Müller, Peter 319f., 331f.
Müller, Theodor 67, 69
Müller, Wenzel 84f., 188, 190, 255
Müller, Wilhelm 90f., 170
Müller, Wilhelmine 187
Müller-Guttenbrunn, Adam 36, 38, 87, 117
Müller-Norden 233
Münnich, Jakob 119, 126, 130, 155
Murrkopf, Amadeus 158
Murska, Ilma von 243
Muschka, Marie 160f.
Muzarelli, A. 50
Mysz-Gmeiner, Luise (Lula) 238

Nàchez, Tivadar 283
Nádasdy 27
Nadler, Gustav Adolf 243
Nadolowitsch, Jean 313
Nádor, M. 217
Nagy, Endre 217
Najmajer, Marie von 234
Nako, Johann 147, 300
Nako, Josef 77, 206
Napravnik, Karl 296
Naray, Georg 30
Natzler, Ignaz 232
Naumann, Johann Wilhelm 117
Naumann, Peter 104
Naumann-Gungl, Virginie 243
Naval (Pogačnik), Franz 174, 243, 327
Nay 255
Neander, Joachim 31, 164
Nebe, Carl 171, 325f.
Nechwalska, A. 108
Nedbal, Oscar 296
Nedelkowitsch (Nedelko), Ernst 314
Negruzzi, J. 312
Neidhardt, August 223
Neidhardt, Alois 106
Németh, Maria 243
Németh, Soma 137
Nemeti, Josef 283
Nerei, Adolf 216
Nermešan 283
Neßl, Erik 231
Nestroy, Johann Nepomuk 67, 78, 80ff., 190, 206, 232, 283

Neubauer, Ottomar 197, 296
Neuber, Caroline 49
Neubner, Ottomar 296
Neudert, Joseph 122, 154
Neudert, Marie 154
Neugebauer, Josef 84
Neuhaus, Gustav 231
Neumann (Sessi), Anna Maria 70, 76
Neumann, Leopold 171, 325
Neumann, Richard 283
Neuner, Josef 102
Neusiedler, Hans 28
Neusiedler, Melchior 28
Nicolaia 314
Niedermayer, Adam Eduard 130, 159, 283, 309
Niedermayer, Johann 296
Niedermayer, Rudolf 297
Niedetzky, Th. 85
Niedt, Julius 218
Nigrin, Vela 315
Nikisch, Arthur 252, 283, 284, 323
Nikola, J. N. 227
Nikolić, Anastasije 315
Nikolics, Sándor 283
Nikoras, Eugenie 217
Nipp, Josef 58
Nissen 60
Nitsch, Josef 305
Noob, Johann 113
Norgauer, August 218
Norini, Emil 229
Norst, Anton 335
Nötzl, Karl Philipp 69 f., 76
Nováček, Karl 102, 284
Nováček, Martin 122, 284, 300
Nováček, Ottokar 284
Nováček, Rudolf 102, 188, 284, 323 f., 326, 328 f.
Nováček, Viktor 284
Novak, V. 185
Nowak, Alfred F. 296
Nowak, Anton 248
Nußbaum, Michael 119, 126, 130, 139
Nyarai, A. 216
Nyari, Josef 103
Nyiregyháza, Erwin 292

O'Donell, Gräfin Malvine 219
O'Sullivan de Grass, Elisabeth 248
Oberkersch, Valentin 44, 53, 67, 117, 161, 169, 312
Oberthor, P. 108
Ochsenreiter 51
Odri 216
Oesterreicher, Franz 146
Oesterreicher, Johann 146
Oesterreicher, Rudolf 229 f.
Oettinger 90
Offenbach, Jacques 144, 147
Okonkowski, Georg 224
Opela, Jaroslav 269
Opitz, Martin 30, 164
Orban, Dezsö 217
Orel, Dobroslav 296
Orff, Carl 269
Ormai 216

Ormandy, Eugen 292
Oskar II. (König) 127
Osmanek, A. 319
Ossowsky, Alexander 314
Ost, Paul 223
Ostermayer, Georg 28
Ostermayer, Hieronymus 28
Ostheimer, Josef 116, 158, 167 f.
Oswald, Johann 284
Ottep (Otepp), Mathias 209, 212
Otescu, J. Nonna 314
Ott, G. 85
Ott 104 f., 243
Ottenheimer 231
Otto (König von Griechenland) 312
Otto, Wilhelm 215

Paasdorfer, Leopold 248
Pacha, Kaspar 50
Packes, Peter 112
Pacsér, Lehel Odry von 243
Paepke, Gustav 266
Pagin, F. 233
Pal, Siddy 229
Palmay, Ilka 243
Panek 48
Panhans, Anton 103, 148, 284
Pantasi, Gregor Ritter von 230
Papp, Therese 76
Papp, Viktor von 335
Paraskowitz, Konstantin 69
Parma, Victor 215, 218, 220, 256 f.
Paroy 68
Passy, A. 90
Past, Egon 194
Past, Julius 310, 348–349
Pasthory, Casimir von 284
Pasthory, Palma von 284
Pászt, Wilhelm 242
Pásztor, Árpád 216 f., 234
Pathy, Ilonka von 284
Páthy-Waldherr, Irma von 214, 243
Patz, Helfried 44, 48
Paunović, Milenko 315
Paur, Emil 284
Pauscher, Josef 93
Pauspertl, Karl (von Drachenstein) 103, 333
Pavelka, Anton 113, 284
Pavlis, Hans 106
Pawelka, Anton 284
Pawlowitsch 113
Paxian, Josef 112
Payr, Alexander 308
Pazdirek, Franz 62
Pazeller, Jakob Mathias 107, 328
Peczi, J. 107
Pejacevich, Dora von 284
Perczel, Desider 211
Perger, Anton von 79
Perger, Richard von 217
Perinet 69, 79
Perler, Mathias 309
Persius, E. 107
Perz, Franz 332
Pethes, Imre 243
Petrescu, C. 215

Petri, Anton Peter 38
Petri, Heinrich 284 f.
Petri, J. 222
Petri, Norbert 115
Petrović 302, 317
Petru, Josie 206
Peuppus (Peupus) 328
Pfalz, Gustav 212
Pfeiffer, Adolf 64
Pfeil, Jakob 117
Pfister, Josef 308
Pfitzner, Hans 185
Pflanzer, Hans 229
Pfundheller 83
Philipine, Gräfin Anna 53
Philipp, Fr. 185
Philippi, Josef 192, 195, 219, 224, 229, 232, 234
Philipps, Konrad 122
Pianta, Johann 212
Piatoli 50
Pichler, Felix K. 285
Pick, Lupa 333
Pick, Gustav 172, 196, 324, 326
Pick, Ludwig 219
Pielke, Erna 168, 172
Pieringer 37
Pierson, H. H. 185
Pihert, Emanuel 200, 296
Pikert, Emanuel 296
Piket, Fritz 315
Pikety, Tibor 305
Pilinski, Géza von (Belti) 243
Pilz, Ad. 196
Pintarić, Pater Fortunat Josef 58
Pipin 25
Pirl, Johann 119
Pitz, Adam 53
Plamenac, Dragan 284
Platschek 37
Platte, Rudolf 333
Platzer, Anton = Klesheim, Anton von
Plautz(ius), Gabriel 30
Pleisker, E. 223
Pliverić, Emil 319
Plondo, Josef 40
Plotenyi, Ferdinand 296
Pohl, Josef 218
Pohl, Richard 185
Pohl, Robert 215, 231
Poigar, Victor 285
Poldini, Eduard 216, 285
Pollhammer 216
Pollini, Francesco 58
Pollizer, Adolf 285, 291
Polzelli, Alois Anton (Antonio) 58, 77
Polzelli (geb. Mireschi), Luigia 76
Ponte, L. da 50, 51
Popenburg, Pop von 233
Popović, Jovan Sterija 71
Popovići, Joan 71
Popowitsch 119
Popper, David 301
Portscheller, Hans 113
Posca, Edith 333
Potsch, R. 224

Prahl, K. H. 167, 170
Prandau, Baron Gustav 53
Prechtl, J. 108
Prechtler, Otto 78, 90f., 187, 218
Preißler, Josef 21
Preisz, Benedikt 113, 122, 293, 307
Prejac, Djuro 243
Previsz, Wilhelm 114
Prey, Hermann 186
Přichistal 107
Prießlinger, Anton 308
Prinz Eugen von Savoyen 17, 33, 34, 45
Prix, A. 169
Proch, H. 85
Prohászka, Adam 103, 145
Prónay von Próna und zu Tót-Blathnitza,
    Gabriel Freiherr 65
Propper 277
Probst 328, 335
Prüller 226
Püchler, Freiherr Benedikt von 80, 85
Pukánszky-Kádár, Jolantha 48
Puks, F. 216
Pulyer, Josef 285
Pulyer, Peter 285
Punto 92

Rabaud, H. 186
Rack, Franz 113
Radler, Friedrich von 190, 223, 229
Radnai, Miklos 218, 221
Rafael, Franz X. 296
Raics, J. von 78
Raimann, Eduard 210
Raimann, Rudolf 219, 221, 229, 232f.,
    234
Raimund, Ferdinand 67, 76
Rainer, Ludwig 248
Rajna, Ferenc 216
Rak, M. 218
Rákócsi 27
Rakosi (Kremser), Sodonia (Szidi) 243
Rákosy (Rákocsy), Eugen 216
Rakuff, Ferdinand 293
Ramacher, Philipp 285
Rameis, Emil 94f., 97, 107
Ranna, Richard von 172, 195
Ranzenberger, Hugo 244
Ranzenhofer, Adolf 248
Rasimus, Hans 128
Ratkay, Sándor 216
Rauch, Adolf 248
Rauch, Alois 209, 212
Rauch, Andreas 30
Raul, Emanuel 210, 212
Raupach 82
Rausch, Anton 103, 285
Rauschenberger, Betty 89
Rausz, Alois 309
Ravelhofer, Mathias 154
Raymann, Franz Johann 50
Reb, Franz 122, 130
Reb, Karl Eugen 117, 173
Regel, H. 216f., 225
Regényi, Isabella 20, 23
Reger, Max 185
Reibersdorfer, D. F. 90

Reible, Johann 320
Reich, Julius 333
Reichardt, Alexander 172, 244, 326
Reichel, Josef 71, 73f.
Reichert, Heinz 217, 222, 231
Reigl, Anton 309
Reil, Friedrich 79, 83
Reilich, Gabriel 30, 164
Reinecke, Karl 337
Reiner, F. 216
Reiner, Fr. 232, 291
Reinhardt, Heinrich 229, 232
Reinprecht, Alois 285
Reisenauer, Alfred 301
Reisner, Elisabeth 144
Reisner, Franz und Aurelia 204
Reisner, Rudolf 204
Reisner, Viktor von 206
Reissenberger, G. 160
Reißiger, Carl Gotthold 169f.
Reiter, Franz de Paula Roser von 173
Reiter, Josef 234
Reitz, Matthias 113
Rékay, Ferdinand 217, 221
Remay, Karl 209, 212
Reményi, Eduard 286
Renger, Fritz 296, 310
Ress, A. 229
Reuling, Ludwig Wilhelm 77f.
Révétz, Géza 336
Režek, Gustav 103
Rezsatz, Johann 146, 149, 173f.
Rheinberger 304
Rheinberger, Josef 185
Richter, Hans 277, 299
Richter, J. 223
Richter, Paul 286
Ricotte, Ph. J. 85
Ridwal, Anton jun. 319
Riedl, Carl 223
Rieger, Alfred 232
Riegler, Nikolaus 197
Riemann, H. 186
Riemschneider, Dominik 113
Rietsch 78
Rieth, Franz 112
Rietsch, Heinrich 185
Rietz, J. 186
Riffner, Martin 113
Rihar, Gregor 305
Ripper, Alice 286
Ristits, Alexander 297
Riszner, Josef 286
Ritter, Alexander 186
Ritter, Anton 153
Ritter, Ernst 81
Ritter, Gregor 112
Rittinger, Franz 70
Robitschek, Kurt 217
Röckel, August 297
Roda-Roda
    (Rosenfeld, Friedrich Sándor) 234
Röder, Adam 53
Röder, Milan 217
Roessel, Anatol von 286
Röhr, H. 233
Rohr, Nikolaus 157

Rohr, Peter 286, 307
Rohr, Robert 7, 10
Roller, J. E. 161
Romagnoli, Franz 286
Romaisz, Franz 309
Romanelli, L. 83
Rosa, Gabriel 228
Rosé, E. 232f.
Rosegger, Peter 170, 329
Rosenau, Ferdinand 85, 191
Rosenberg-Ružic, Alois 286
Rosenkranz, Anton 107f.
Rosenmüller 29
Rosenzweig, V. und A. 216
Roser, Franz 60, 77f., 84f., 190f., 255,
    257
Rösler (Rössler), Johann Josef 50, 58,
    83
Rosner (Rosnik), Franz 74
Rosner, Leopold 181, 336
Rössel, Ferdinand 216
Rossini 70, 74, 147
Roth, Franz 232ff.
Roth, Max 286
Rothauser, Max 216
Rothauser, Therese 244
Rothen, Michael 112
Rothenberger, Anneliese 186
Rottenberg, Ludwig 230, 291
Rottenbücher, Christoph 117
Rottenbücher, Johann 286, 302
Rottenbücher, Josef 116
Rotter, A. 90
Rotter, Gisela 244
Rotter, Jaques 171, 327
Rózsavölgyi 103, 176
Rózsavölgyi, Julius 336
Rozsnayai, Karl 336
Rubinstein, A. G. 186
Rubinstein, Anton 64
Rübner, Cornelius 185
Rückert, F. 91
Rüdiger, Hermann 39
Rudorff, Ernst Fr. K. 185
Rukatukl, August 161
Rünger, Julius 244
Rünner, Franz Xaver 44, 46, 69
Rupertus 90
Rust, Wilhelm 185
Rutz, Ernst 266
Ružitska 50, 59, 77

Sabathiel 144, 148
Sacchero 255
Sack, Rudolf 204
Sagh, Josef 336
Salieri 44
Salma, Anton u. Franz 99
Salten, Felix 234, 333
Salzer, Ambros 43
Salzer, Emil 286
Sanders, Béla 186
Sandles, Philipp 150
Sandrock, Adele 206, 248
Sarossy, Julius 77, 255
Sárosy, Ferenc 216
Sas, N. 217

Sasse, Wilhelm 211
Sattelberger, Therese 167
Sattler, Anton 169, 326 f.
Sattner, Hugolin 218, 305
Sautner, Sigmond 305
Savić, Žarko 244
Savin, Risto
 (Schirzer, Friedrich Edler von) 215, 218, 221
Savine, Alexander 315
Savits, Jocza 253
Sávoly, Franz M. 309
Sawallisch, Wolfgang 186
Sawerthal, Josef 95
Saxlehner, Emma 244
Schadetzky 81
Schaeffer 183, 321
Schäfer, Albert 171
Schäffer, Matthias 148
Schalkenstein, R. von 196
Scharf, Fr. 223
Scharoch, Franz 103, 326, 329
Scharnofsky, Matthias 122
Schaubach, Karl 93
Schauer, Franz 216
Scheffel, Viktor von 173
Scheierling, Konrad 160, 173, 306, 308
Schein 29
Scheitinger, Ignaz 53
Schencker 43
Scherer, Anton 9, 20 ff., 48, 175, 183, 234, 317, 336
Scherka, Georg 309
Schibinger, Franz 287
Schibranyi 119
Schickh 77, 79, 81, 83, 90, 190
Schier, B. sen. 223
Schifferstein 212
Schiffmann, Chr. 209
Schiffmann, Stefan 112
Schikaneder, Eleonore 46
Schikaneder, Emanuel 46 ff., 60, 69, 79, 191
Schiller 46
Schiller, Friedrich von 67, 77, 169, 180, 217 f.
Schiller, Georg 112, 119
Schiller, Johann 149, 173 f.
Schilzonyi, Nikolaus 119, 122, 126, 130, 139, 145 f., 285
Schindelmeißer, Louis A. B. 77 f.
Schirado, Sepp 197
Schirka, Franz 198
Schlechte, Franz von 78
Schlemm, O. 298
Schlenk 142
Schlenkert 79
Schlesinger, Sigmund 226, 234, 314
Schlitt, Adam 157, 167, 171
Schlögl, K. 108
Schlupp 113
Schmal(l)ögger, Johanna 45, 46
Schmal(l)ögger, Josef 46
Schmalz, Josef 22, 345
Schmid, Hermann 228
Schmid, M. 79, 227

Schmidl, F. L. 50
Schmidt, Alexander 67, 69 f., 78
Schmidt, C. F. 91, 230
Schmidt, H. Th. 187
Schmidt, Josef 114
Schmidt, Josef (Bethausen) 119
Schmidt, Josef (Sepp) 261
Schmidt, Josef Karl 218
Schmidt, Joseph 244
Schmidt, Karl (Rudolfsgnad) 113, 121 f.
Schmidt, Peter (Organist) 89, 305
Schmidt, Peter (Johannisfeld) 119
Schmidt, Peter (Billed) 119
Schmidt, Peter (Modosch) 120, 122, 131, 155
Schmidtbauer, Thadäus Edler von 33
Schmidthauer, Ludwig 287
Schmidtmann, Karl 76
Schmidts, Ludwig 287
Schnaufer, Michael 113
Schneider 69, 82, 329
Schneider (Konzertsänger) 168, 170, 326
Schneider, Franz 319
Schneider, H. J. 144, 146
Schneider, Hans (Verlag) 94
Schneider-Trnavsky, Nikolaus 287
Schnitter, Albert 218
Schnitzer, Ignaz 234
Schnitzer, Louis 218
Schnitzl, Anna 157 f.
Schnitzl, Gustav 293 f.
Schnitzler, Arthur 223
Schnöller, Ludwig 287
Schober, Josef 305 f.
Schodel (geb. Klein), Rosalia 76, 316
Schoek, O. 185
Scholl, Miklos 52
Scholz, Michael 122, 138
Scholz, Wenzel 81 f.
Schönau, Johann 234
Schönbeck, Karl 333
Schönborn 302
Schöneck, Anton 112
Schönfeld, Alfred 231
Schönherr, Max 287
Schönherr Max (Vater) 287
Schönhof, Fritz 217
Schönstein, Gust. 83
Schönstein, Karl Freiherr von 244
Schorr, Friedrich 244
Schreiber, Franz 300
Schrit, Angelus 169
Schröder 113, 119
Schröder, Johann (Orzydorf) 122
Schroer, Karl Julius 203
Schubert, Franz 81, 147, 186, 222, 281, 302, 324
Schuler, Georg 287
Schüller 49
Schullerus, Adolf 160
Schulz, Julius 211, 219, 221
Schumann, Erik 186
Schumann, Robert 184 ff., 302
Schürer, Josef 226
Schuselka, Ida 82, 226
Schuster, Ignaz 84, 87, 255
Schütt, Johann 104, 120

Schütt, Peter 119
Schütz 29
Schwab, Gustav 90
Schwarz, Peter (Kikinda) 278
Schwarz, Peter 113, 126, 131
Schwarz, Peter jun. 119
Schwarzbach 37
Schwarzböck, Ludwig 71
Schweiger, Eduard 218
Schweitzer, Johann Baptist 94
Schweitzer, Michael 38
Schwerer, Johannes 307
Schwertner, Hugo 219
Schwimmer, Aurel 216, 218
Schytte, L. 233
Scotty, Josef 69
Scribe 224
Scutta, M. A. 83, 182
Sebald, Alexander 287
Sebastian, Adalbert 112, 146
Seber, K. 108
Sechter 64, 108
Seemüller, J. 332
Seicher 46
Seidl, Anton 253, 299
Seidl, J. G. 82, 90, 187
Seidmann, Bernhard 314
Seifried, Anton 65, 170, 187
Seipelt, Amalie 65
Seipelt, Joseph 69, 74 f., 174
Seipelt, Josephine 65
Seipp, Christoph Ludwig 45, 46
Seitz 114
Seitz, Michael 309
Selden, Gisela 287
Sellner, Josef 62
Selzer, Karl 211
Semann, Josef 59
Sendach (Déschán), Ludwig 234
Senz, Josef Volkmar 159, 165, 181, 340
Senzel, Julius 212
Seppvetr aus India 157
Seyfried, Ignaz von 84
Seyler (Sayler), Karl 306
Seyler, Josef 100
Seyß-Inquart, Richard 196
Shakespeare 67
Shef, Harry 196
Sicard, Pauline 76
Siebert, Franz 113
Siebold, Mathias 199
Sieburg-Schmiedl, Anni 245
Sieczynski, Rudolf 230
Sieger, Robert 20
Sigismund (König) 25, 27
Sigmund, Friedrich 176, 180
Siklos, Albert 287
Silber, Philipp 219
Silbernagel, Berthold 219
Silbernagel, Em. 256
Silesius, Angelus 30, 164
Singer, Edmund 288
Singer, Richard 288
Sirola, Božidar 288
Sirota, St. 215
Sitt, Anton 319
Siviarda, Sr. Maria 297

Skala, Emil 297
Skerics, Anton 54
Skowronek, A. 229
Slavenski, Josip 315
Slavik, Josef 60
Snaga, J. 232 f.
Sokol, Helmut von 288
Somogyi, Vilmos 242
Son, Harry 297
Sonnenthal, Adolf 245
Sonnleithner, Christoph 43, 50, 91
Sonnleithner, Joseph 91
Sorger, Betty 304
Spanischberger, Franz 293
Spech, Johann 59
Spech, Josef 77
Speckert, Peter 112 f., 115, 146, 288
Speer, D. 27, 300
Sperr, Ilona 245
Spiegelberger, Johannes 30
Spitzer, Hermine 245
Spohr, L. 175
Spring, Ida 167, 325
Stadler, Anton 43
Stadler, Thomas 114
Stahl, Peter 320, 331
Stamitz, Johann Wenzel Anton 43
Stamitz, Martin 43
Stark, P. 231
Stefaniai, Imre 288
Steffen, G. 144, 148
Steffens, E. 232
Steger, Franz 245
Stegmayer, Matthäus (Matthias) 76 f.
Steibl, Michael 113, 118
Steiger, Ludwig 288
Steigerwald, Adam 314
Stein, Johann 113
Stein, Josef 288
Steinberg-Seemayer, Erika 309
Steiner, Birger 135 f., 143 f.
Steiner, Franz 245
Steiner, Georg 119, 122, 126, 132
Steiner, Hugo 288
Steiner, Lambert 119, 122, 126, 134 ff., 142 ff., 148, 288, 346 f., 350
Steiner, Michael 106, 119, 126, 132, 142, 288
Steiner, Nikolaus 122
Steiner, Rudolf 336
Steinhauser, Ernst Ritter von 187
Stelzner 122
Stendrei, Alfred (Aladár) 288
Stephan der Heilige 25, 26
Stephan/István (König) 25, 26
Stephanides, Karl 217
Stephanie, Wolfgang 44
Sterk, Wilhelm 217, 224 f., 234
Stermich, Nicolo 219, 221
Stern, Armin 216
Stern, J. 108, 233
Stern, Julius 232
Stieber, Konrad 256
Stigler, K. 233 f.
Stix 227
Stocker, E. 288
Stocker, Josef 332

Stocker, Stefan 288
Stöckl, Johann 142, 148
Stoffle, Johann 113
Stojanovics, Eugen (Jenö) 216, 221
Stojanovits, Peter 217, 291
Stokem, Johannes 27
Stoll, August 230
Stoll, Karl 216, 221
Stolz, Eduard 233
Stolz, Robert 147, 217, 234, 297
Storch, Anton Maria 82, 84, 168, 182, 232 ff., 255
Stötzer 307
Stowasser, Johann 318 f.
Strampfer, Friedrich 210
Stranitzky, Josef Anton 337
Strasser 233
Strattner, Georg 31
Strattner, Georg Christoph 31, 164, 325, 326
Straus, Oscar 233 f.
Strauß, Eduard 266
Strauß, Franz 269
Strauß, Johann 142
Strauß, Johann (Enkel) 312
Strauß, Johann (Sohn) 54, 228 f., 231 f., 234, 256, 266
Strauß, Josef 77
Strauss, Richard 185 f., 241, 269
Streicher, Josef 309
Streitmatter, Josef 321
Streng, Mathias 122
Stribruy, Anton 326
Striccius (Stricker), Wolfgang 28, 164
Stritzko, J. 234
Strobl, Heinrich 103, 146 f.
Ströbl, Peter 293
Strubert, Jakob 119, 122, 142
Stubbe, Artur 297
Stumpf, Marie 245
Subak, Walter 218
Suchenwirt, Peter 27
Sucher, Josef 185, 299
Suffer, B. 172
Suffler, B. 325
Suppan, Wolfgang 7, 160
Suppé, Franz von 77 f., 84, 142, 147, 167 f., 171, 175, 182, 190 f., 206, 209, 212, 214, 226 f., 230, 231, 233 f., 256, 257, 325 ff.
Sydon 83
Sykora, Anton 288
Sykora, F. 108
Sykora, Otto 113, 288
Sylva, Carmen 181, 312
Szabados, Béla 217, 221
Szabados, Karl (Károly) 216, 232, 288
Szabo, Josef 215
Szanto, Theodor 297
Závny, J. 217
Szeczepanski, Rudolf 336
Szegheö 288
Szeitl, Franz 37
Szekely, Imre 288
Szekely, Zoltán 288
Szél, Lajos 217

Szell, Georg 288
Szendy, Árpád 288
Szenkar, Eugen 288
Szént-Sály, Gyula 217
Szerdahelyi, Josef 78, 218, 226, 256
Szigeti, Josef 218, 276, 288
Szigligeti 218, 226, 257
Szigligeti, Eduard 78, 222, 256
Sziklai, Johann 216
Szikra, Lajos 288
Szimits, Johann 158
Szirmai, Albert 217, 288
Szitowszky (Bischof) 89
Szöllösi, Sigmund 216
Szommer, Andreas 289
Szomory, Emil 217
Sztachovics, Remigius 158
Sztojanovics, P. 217, 291

Tafferner, Anton 10, 38, 151, 306
Taglioni 79
Takats, Michael 299
Taube, Fr. Wilh. 45
Taube, Th. 229
Tauber, Florian 112
Täubig, L. 172
Taufstein, Louis 217, 230
Taund, Eugen von Szyll 231, 233
Tausig, Karl 301
Télekes, Béla 217
Tellheim (Bettelheim), Karoline 245
Telmanyi, Emil 289
Temesvary, Stefan 291
Teppert, Franz 112
Ternina, Milka 245
Terschak, Adolf 231
Teyber, Franz 50
Thal, Freiherr von 234
Thalhammer 81
Thaller, Thomas 113, 289
Thaller, Thomas jun. 289
Theiss, Sebastian 119
Thern, Karl 78, 218, 221
Thern, Louis 292
Thern, Willi 292
Thierjung, Mathias 139, 141, 146, 289
Thierjung, Michael jun. 112
Thierjung, Michael sen. 112
Thiersch-Parès, Maria 217
Thill, F. 336
Thököli 27
Thoman, Stefan 289
Thoman, Valerie 245
Thor, Richard sen. 44, 214, 302
Thöreß, Michael 112, 119, 122, 126, 132, 142
Tietz, Josef 307
Tilden, Jane 333
Tillinger, St. 293
Tillschneider, Nikolaus 112
Tinódi, Sebestyén (Sebastian) 27 f.
Tipka, Louise 245
Tirry 43
Tischler, A. 108
Titsch, Nick 119
Tittl, Em. 83, 168

Told, F. X. 79, 81
Toldi, Ladislaus 289
Toldy (Schedel), Ladislaus 217
Toman, F. 108
Tomani 147
Tomić, Eugen 215
Tonska, Kory 196
Tornyay-Tränkler, Franz 306
Tost, Johann 50
Toth, Eduard 216, 228
Trattner, Karl 66
Trattner, Matthias 48
Traub, B. 310
Treffer, Hans 319
Treitschke 83
Trenck, F. Freiherr von 108
Treptow, L. 223
Trettner, Michael 113, 122
Truber, Primus (Trubar, Primož) 28
Tschabuschnigg 90
Tuczek, Vincenz Franz (Ferrarius) 77 f., 191
Turnowsky, Familie 300, 309
Tyrian, Daniel 114
Tyrner, Anton 103

Udel, Karl 289, 301
Uffer, Josef 78
Ugrin (Ugronyi), Johann 119, 122, 126, 131 f.
Uhland, Ludwig 90, 283
Ulich 255
Ullmayer, Fr. 187
Umlauf, Elisabeth 239
Ungar, Ladislaus 219, 221
Unger (Ungher), Karoline 245
Unger, Matthias 49
Unterländer, Peter 113
Unterweger, Fidel 98, 113, 115, 122, 137 f., 146
Unterweger, Johann 98, 115, 138
Uray, Desider 217
Urbanek, Franz 111
Urschel 119
Urschitz, Franz 100
Ursuleac, Viorica 186, 245

Vago, Béla 217
Vahot, J. 218
Vajda, László 217
Vájo, Géza 217
Vanderburk 216
Vankas, Josip 200
Varadi, S. 217
Varady, Anton 216
Vavrinecz, Nauritius 231
Vecsey, Franz von 292
Veith, Emanuel 79
Venantius, Josef 231
Ventura, Lionello 314
Verdi, Giuseppe 147, 213
Vereb, Johann Vegh von 289
Verne, Jules 228
Verö (Hauer), Georg 217, 289
Verseghy, Franz 50
Vesemann 83
Vidor, Emmerich 289

Vigano, S. 50, 79
Vilhar, Franz 289
Viotti 41
Viranyi, Eugen 217
Vogel, Nikolaus 105, 155, 187
Vogelstetter, Peter 122
Voggenberger, Otto 95
Voggenhuber, Wilma von 246
Vogl, Johann Nepomuk 33, 57, 83, 90 f., 170 f., 175, 187, 283, 325
Voit, Paula 259
Volk, Hans 89, 200, 209, 300
Volkert, F. 84 f.
Volkert, Franz 191
Volkmann, Robert 174, 297, 301
Vollhofer, Martin 112
Vollstedt 142
Voss, Richard 231
Vuić (Vujić) 70
Vulpius 35

Wachmann, Eduard 314
Waghalter 233
Wagner, Franz 217
Wagner, Georg 145, 289
Wagner, J. 93, 113
Wagner, Josef Franz 107
Wagner, Richard 7, 147, 186, 188, 239, 298
Wagner, Rudolf 103
Wagner-Régeny, Rudolf 290
Wahl, Adam 119, 293
Wahl, Julius Stefan 100
Wahr, Karl 45
Waldau, Fritz 224
Waldbauer, Emmerich (Imre) 290
Waldberg, Heinrich 229, 314
Walden, Max 167, 325
Walker, Stefan 290
Wall, Anton 77
Wallhauser 223
Wallner, Vinzenz 50
Wallsee 223
Walter (Familie) 54
Walter, Bruno 211, 297
Walter, Gustav 301
Walter, Hans 150
Walther, Matthäus 40
Walther, Oskar 229
Wamlek, Hans 290
Wancura, Eduard 21, 50
Wanda, Gustav 231
Wanek, Ignaz 103
Wanoucsek, Josef 197, 206
Wanzura, Ernst Baron 50
Warden, Bruno 230
Waschbill, Josef 293
Wasseige 90
Wassermann, Jakob 217
Watzelhan, Johann Michael 43
Weber, Johann 309
Weber, Johann (Kapellmeister) 118 ff., 126, 132 f.
Weber, Johann (Lehrer) 306
Weber, Karl Maria von 54, 69, 301
Weber, Konstanze 60
Weber, Ludwig 212

Weber, O. 232
Weber, Sophie 60
Wegenstein, Karl Leopold 319, 334
Wehle, Karl 291
Weichand 113
Weidlein, Johann 71, 197, 199 f., 316
Weidmann, Franz Karl 78
Weidmann, Paul 50
Weidt, Heinrich 218
Weidt (verh. Urmény), Lucy 297
Weigert, Alfred (Aladár) 290
Weigl, Alexander 225, 234
Weigl, Franz Josef 43
Weigl, Josef 50, 83, 190 f.
Weikert, Josef 306
Weikert, Otto 122, 306
Weil, Edmund 77
Weiland, Matthias 117
Weilhammer 44
Weimann, Adam 293
Wein, Margarete 246
Weinberger, Josef 337
Weinberger, K. 231 ff.
Weiner, Georg 92
Weiner, Leo 290
Weingartner (Edler von Münzberg), Felix 185 f., 231, 253
Weingärtner 112,
Weinhöpl, Gustav 154
Weinlich, Johann 103
Weinmiller 48
Weinzierl, M. 232 f.
Weippert 66
Weisenburger, Ludwig 322
Weiß, Anton 119
Weiß, Heinrich 119
Weiss, Josef 292
Weiße, Adolf von 253
Weißenthurm 68, 234
Weissmüller 334
Wekerle, Josef 51
Welleminsky, J. M. 230
Welsch (geb. Matuschek), Mizzi 158, 167
Welter (Welder), Franz Anton 51, 94
Wendel 113
Wendl, Josef 100
Wendt, Heinrich 300
Weninger, Josef 309
Wenz, Alois 104
Werkmeister, Karl 165
Werner, Gregor Josef 43
Werner, Z. 78
Wessely, Paula 318
Westreicher, Eduard 114
Wettel, Franz Julius 22, 315, 337
Wettel & Veronits 109
Wetter, Wolfgang 28
Wetaschek, Karl 107
Weyl, J. 230
Wick, Leopold 230
Wiedemann, Johann 108
Wiesberg, Wilhelm 227
Wiesner, Georg 53
Wietrowetz 290
Wilczek 297
Wild, Friedrich 37
Wilde, R. 231

Wildmann, Georg 300, 304
Wilhelm, Julius 215, 224, 229, 233
Willner 215 ff., 222, 232
Willner, Alfred M. 229
Wimmer, Johann Jakob 78
Wimmer, Josef Eduard 65, 218, 221
Wimmer, Joseph 226
Wimmer, Michael 112
Wimmer, Pater Marianus 255
Windhopp, L. 229
Windisch, Ludwig 319
Winkhler, Karl 59
Winkler, Michael 37
Winter 119, 133
Winterberg, R. 232
Wirth, Johann 142
Wittmann 232
Wittmann, Christoph 54
Wittmann, Martin 112, 133, 148
Wogritsch (Vogrich) 231
Wöhle u. Co. 324
Wohlmuth, Johann 31
Wohlschein 113
Woiku, Jon 337
Woletz, Alois 112
Wolf, E. 216
Wolf, Franz Várnai 115, 150
Wolf, Hugo 174, 185, 188, 327
Wolf, Ludwig Josef 60
Wolf, M. 232, 234
Wolf, Valentin sen. 111
Wolfert, Franz 171, 326
Wolff, C. R. 223, 228
Wolfram, Ph. 185
Wolkenstein, Oskar von 27
Worizek 209
Worobkiewicz, Isidor 290
Wottreng 113

Wranesch, Peter 300
Wranitzky, Paul 43, 69
Wünsch, Josef 219
Wurda, Josef 71, 85, 173, 300
Würm, Anton 59
Wurmb, Rudolf 219
Wurzbach, Constant von 69, 74, 76, 86, 169, 174, 197, 316, 337
Wysber, Ludwig 83, 226

Ybl, Nikolaus 206
Young, Betty 231, 235

Zach, Thomas 319
Zador, Eugen 290
Zanger, Johann 28
Zápolya, Johann 28
Zappert, Br. 218, 223, 228, 231
Zarewutius, Zacharias 31
Zavrtal, Hugo Wenzel 85
Zaytz, Giovanni von 148, 212, 215, 217 f., 221, 231, 235, 256 f., 325
Zedlitz, Joseph Christian Freiherr von 174 f.
Zeh, Karl 200, 213 f., 292
Zell, Friedrich 227, 229, 231, 256
Zellner, A. 108
Zellner, Alexander 107
Zellner, Leopold Alexander 290
Zelter, Karl Friedrich 57, 197
Zeman, Johann 298
Zemmel, Franz 291
Zemmer, Martin 112
Zengraf, Elise 76
Zentner, Franz 116
Zerkowitz, P. 217, 232
Zichler-Gasparović, Robert 44, 302

Zichy, Graf Géza 216 f., 221
Ziegler 69, 225
Ziegler, Adalbert 306
Ziegler, Matthias 114
Ziehrer, Carl Michael 216, 218, 232, 234, 314
Zierrath, Elise 82
Zigany, Árpád 231
Zigrović, Franz 215
Zimmermann, Anton 43, 51
Zimmermann, Michael 103
Zircher 89, 157
Zirra, Alexander 314
Zisso, A. T. 314
Zita, Franz 107
Zmeskall, Nikolaus Edler von Domanovecz 91
Zöhrer, Josef 298
Zois, H. von 232
Zöllner, Anton 75
Zöllner, Christine 75
Zöllner, Elise 75
Zöllner, Emma 75
Zöllner, Ferdinand 75
Zöllner, Friedrich 45, 75
Zöllner, Josefine 75
Zöllner, Katharina 75
Zöllner, Marie 75
Zöllner, Philipp 75, 85
Zombori, Johann 308
Zöldi 219
Zsak, Wilhelm 231
Zsolt, Nandor 291
Zucker, Simon 298
Zuckermann, H. 196
Zumsteg, Emilie 186
Zusner, Vinzenz 90 f., 170, 187 f.
Zwerenz, Karl Georg 229

# GEBIETS- UND ORTSNAMEN-VERZEICHNIS

Die meisten der in diesem Band genannten Ortsnamen werden hier noch einmal angeführt, wobei ein kurzer Hinweis auf die jeweilige Lage und den Staat nach den gegenwärtigen Verhältnissen gegeben wird.

Von dem Prinzip, **zuerst die deutsche Benennung** zu bringen, wird in den Fällen abgewichen, wo es wahrscheinlicher erscheint, daß die Bewohner selbst eine andere Bezeichnung im täglichen Sprachgebrauch benutzt hatten.

Um die weniger bekannten Orte im Bedarfsfalle leichter der Landschaft zuordnen zu können, werden zunächst **die wichtigsten südosteuropäischen Siedlungsgebiete der Deutschen** kurz erläutert, wobei insofern Überschneidungen auftreten, als es sich zum Teil um Gebrauchsnamen handelt, welche nicht immer mit den geographischen oder offiziellen Bezeichnungen übereinstimmen.

Die Übersicht soll lediglich eine **Orientierungshilfe** darstellen, sie kann in diesem Rahmen weder vollständig sein noch absolut präzise Abgrenzungen beinhalten.

## Das Banat
Gebiet zwischen der Donau, der Theiß, den Karpaten und der unteren Marosch (Mieresch); Hauptort des in Rumänien liegenden größeren Teils ist Temeschburg, in Jugoslawien: Groß-Betschkerek. Ein unbedeutend kleiner, in Ungarn befindlicher Teil wird kaum mehr als Banat bezeichnet.

## Banater Bergland
östlicher Rand des Banats im „Banater Gebirge" der Südkarpaten in Rumänien.

## Die Baranya (Branau)
umfaßt den Bereich zwischen der Donau und der unteren Drau und erstreckt sich in Ungarn und Jugoslawien.

## Die Batschka
das Land zwischen der Donau und der unteren Theiß mit dem Hauptort Neusatz; es liegt in Jugoslawien und Ungarn. Auch als „Batscher Land" bekannt.

## Die Bergstädte,
z. B. Schemnitz und Kremnitz, liegen in der Nord-Slowakei.

## Bessarabien
heißt die Landschaft zwischen Dnjestr und Pruth im Nordwesten vom Schwarzen Meer mit der Hauptstadt Kischinew; 1812 fiel Bessarabien an Rußland, 1918 wieder an Rumänien, heute der UdSSR zugehörig.

## In Bosnien,
südlich der mittleren Save in Jugoslawien, gab es eine Reihe größerer und kleinerer deutscher Siedlungen.

## Buchenwald (Bakonyer Wald)
nordwestlich vom Plattensee in Ungarn (Teil des Ungarischen Mittelgebirges).

## Die Bukowina (Buchenland)
befindet sich in den Nordostkarpaten und ihrem Vorland; 1775 wurde sie von Österreich besetzt, 1919 kam sie an Rumänien, heute gehört die Nordbukowina mit dem Zentrum Czernowitz zur Sowjetunion.

## Das Burgenland
gehörte vor dem 1. Weltkrieg zu Ungarn; seit dem Ende des 1. Weltkrieges österreichisches Bundesland mit dem Hauptort Eisenstadt.

## Burzenland
südöstlicher Teil Siebenbürgens um Kronstadt.

## Der Donau-Drau-Winkel
gehört zur Baranya.

## Die Gottschee
ist eine ehemalige alte deutsche Sprachinsel in Unterkrain, Slowenien, mit dem gleichnamigen Zentrum.

## Krain
Landschaft in Slowenien, ehemaliges österreichisches Kronland, welches bis 1918 zu Österreich gehörte, jetzt zu Jugoslawien.

## Kroatien
(Hauptstadt: Agram) ist eine autonome Teilrepublik Jugoslawiens.

## Als Oberungarn
werden die vor dem 1. Weltkrieg im Norden des Landes gelegenen Bereiche verstanden, welche danach als Slowakei und Karpato-Ukraine in die Tschechoslowakische Republik einbezogen wurden.

## Das Ofener Bergland,
westlich von Budapest gelegen, gehört zum Ungarischen Mittelgebirge.

## Pannonien
war eine römische Provinz in der Donauebene.

## Sathmar
das Gebiet im Nordosten der Ungarischen Tiefebene gehört heute zu Rumänien; Zentren: Großkarol und Sathmar.

## Das Schildgebirge
ist ein Teil des Ungarischen Mittelgebirges westlich von Budapest im Anschluß an das Ofener Bergland.

## Die Schwäbische Türkei
Gebiet zwischen dem Plattensee, der Donau und Drau mit dem Hauptort Fünfkirchen in Ungarn.

Siebenbürgen
: liegt im Ostteil des Karpatenlandes in Rumänien.

Slawonien
: eine Landschaft in Jugoslawien zwischen Donau, Drau und Save.

Die Slowakei
: ist der östliche Landesteil der ČSSR und gehörte mit der Hauptstadt Preßburg bis zum Ende des 1. Weltkrieges zu Ungarn („Oberungarn").

Slowenien
: ist die nordwestliche Teilrepublik von Jugoslawien mit der Hauptstadt Laibach; vor 1918 gehörte es zu Österreich.

Syrmien
: Landschaft zwischen der unteren Save und Donau in Jugoslawien mit dem Hauptort Semlin.

Transdanubien
: das in Ungarn westlich der Donau gelegene Gebiet.

Transilvania = Siebenbürgen

Das Ungarische Mittelgebirge
: liegt zwischen Raab, dem Donauknie und dem Plattensee und besteht aus dem Buchenwald, Schildgebirge, Ofener Bergland mit Budapest und Umgebung.

Die Untersteiermark
: mit dem Hauptort Marburg an der Drau gehörte vor dem Ende des 1. Weltkrieges zu Österreich; seit damals bei Jugoslawien.

Die Zips
: Landschaft südöstlich der Hohen Tatra in der Slowakei, ČSSR; gehörte bis zum Ende des 1. Weltkrieges zu Ungarn.

Die Orte:

Agram = Zágráb/Zagreb (Hauptstadt von Kroatien in Jugoslawien).
Also-Eör = Unterwart (Burgenland, Österreich).
Anina, Steierdorf = Steierdorf-Anina = Stájerlakanina (Banater Bergland, Rumänien).
Apatin/Abthausen/ = (an der Donau, Batschka, Jugoslawien).
Apfeldorf = Almás/Jabuka (Banat, Jugoslawien).
Arad (an der Marosch, Rumänien).
Badeseck = Bátaszék (Schwäbische Türkei, Ungarn).
Bakowa = Bakóvár/Bacova (Banat, Rumänien).
Banat-Brestowatz (Rustendorf) = Beresztócz/Banatski Brestovac (Jugoslawien).
Bartfeld = Bártfa/Bardejov (Slowakei innerhalb der ČSSR).
Batsch-Sentiwan = Bácsszentiván/Prigrevica (Sveti Ivan) – (Batschka, Jugoslawien).
Belgrad = Belgrád/Beograd (jugoslawische Hauptstadt).
Belowar = Bjelovar (bei Agram in Kroatien).
(Deutsch-)Bentschek = Bencsek/Benecu de Sus (Banat, Rumänien).
Bethausen = Bethlenháza (Banater Bergland, Rumänien).
Bia/Wiehall = (Ofener Bergland, Ungarn).
Billed = Billéd/Biled (Banat, Rumänien).
Blumenthal = Máslak/Maşloc (Banat, Rumänien).
Bösing = Bazin/Pezinok (Slowakei, ČSSR).
Bogarosch = Bogáros/Bulgăruş (Banat, Rumänien).
Bonnhard = Bonyhád (Schwäbische Türkei, Ungarn).
Boschok = Palotabozsok (Schwäbische Türkei, Ungarn).
Botschar = Bocsár/Bočar (Banat, Jugoslawien).
Broos = Szászváros/Orăştie (Siebenbürgen, Rumänien).
Branjina = Kischfalok/Baranyakisfalud (Donau-Drau-Winkel, Jugoslawien).
Bruckenau = Hidasliget/Pişchia (Banat, Rumänien).
Buda = Ofen (an der Donau, Ungarn; 1873 zusammen mit Pest zu Budapest verschmolzen).
Budakalász = Ährendorf (Ofener Bergland, Ungarn).
Budakeszi = Johannistal (Ofener Bergland, Ungarn).
Budaörs = Wudersch (Ofener Bergland).
Budapest = Ofen-Pest (ungarische Hauptstadt, 1873 aus Ofen, Pest u. a. gebildet).
Bukin = Bács-Bukin/Dunabökény/Mladenovo (Batschka, Jugoslawien).
Bulkes = Bulkeszi/Buljkes/Maglić (Batschka, Jugoslawien).

Cilli = Celje (Slowenien, Jugoslawien).
Csátalja (Tschatali) – (Batschka, Ungarn).
Csobánka (Tschowanka) – (Ofener Bergland, Ungarn).
Csernowitz = Tschernowzy/Tscherniwtzi (früher Hauptstadt der Bukowina, jetzt UdSSR).

Darowa = Darova (Banat, Rumänien).
Debrezin = Debrecen (Ost-Ungarn).
(Deutsch-)Bentschek = Bencsek/Benecu de Sus (Banat, Rumänien).
Deutsch-St.-Michael = Németszentmihály/Sînmihaiu German (Banat, Rumänien).
Deutsch-St.-Peter = Németszentpéter/Sînpetru German (Banat, Rumänien).
Diakowar = Diakóvár/Djakovo (Slawonien, Jugoslawien).

Eisenstadt = Kismarton (Hauptstadt des österr. Bundeslandes Burgenland).
Elek = Renndorf (südöstliches Ungarn).
Engelsbrunn = Angyalkút/Fîntînele (Banat, Rumänien).
Eperies (Preschau) = Prešov (Slowakei).
Erlau = Eger (Nord-Ungarn).
Essegg = Eszék/Osijek (an der Drau, Slawonien, Jugoslawien).
Eszterháza = Fertőd (West-Ungarn).
Etyek = Edeck (Ofener Bergland, Ungarn).

Filipowa = Szentfülöp/Filipovo (Batschka, Jugoslawien).
Fiume = Rijeka (an der Adria, Jugoslawien).
Frankenstadt = Baja (Batschka, Ungarn).
Franzfeld = Ferenczhalom/Kraljićevo/Kačarevo (Banat, Jugoslawien).
Franztal (gehört jetzt zu Semlin/Zemun, Syrmien, Jugoslawien).
Freidorf = Szabadfalu (Banat, Rumänien).
Fünfkirchen = Pécs (Schwäbische Türkei, Ungarn).
(Alt- und Neu-)Futog = (O- und Új-)Futak/(Stari und Novi) Futog (Batschka, Jugoslawien).

Gadatsch = Gadács (Schwäbische Türkei, Ungarn).
Gajdobra (Schönau) = Szépliget (Batschka, Jugoslawien).
Gakowa = Gádár/Gakova (Batschka, Jugoslawien).
Gertianosch = Gyertyános (Cărpiniş) (Banat, Rumänien).
Glina (südlich von Agram, Jugoslawien).
Glogowatz = Öthalom/Vladimirescu (Banat, Rumänien).
Gols (südöstlich von Neusiedl am See, Burgenland, Österreich).
Gospić (Kroatien, Jugoslawien).
Grabatz = Garabos/Grabaţ (Banat, Rumänien).
Gränz-Sigeth = Szigetvár (südlich vom Plattensee, Ungarn).
Gran = Esztergom (an der Donau, Ungarn).

(Groß-)Betschkerek = (Nagy-)Becskerek/(Veliki-)Bečkerek/ Petrovgrad/Zrenjanin (Banat, Jugoslawien).
Groß-Jetscha = Nagyjécsa/Iecea Mare (Banat, Rumänien).
Groß-Kanischa = Nagykanizsa (südwestliches Ungarn).
Großkikinda = Nagykikinda/Velika Kikinda (Banat, Jugoslawien).
Groß-Komlosch Nagykomlós/Comloşu Mare (Banat, Rumänien).
Großkowatsch = Nagykovácsi (Komitat Pest, Ungarn).
Groß-St.-Nikolaus = Nagyszentmiklós/Sinnicolau (Banat, Rumänien).
Groß-St.-Peter = Nagyszentpéter/Sînpetru Mare (Banat, Rumänien).
Groß-Scham = Nagyzsám/Jamu Mare (Banat, Rumänien).
Großschlagendorf = Nagyszalók/Vel'ký Slavkov (Slowakei, ČSSR).
Großsteffelsdorf = Rimaszombat/Rimávska Sobota (Slowakei, ČSSR).
Großturwall = Törökbálint (Ofener Bergland, Ungarn).
Großwardein = Nagyvarad/Oradea (Gebiet Sathmar, Rumänien).
Güns = Köszeg (nordwestliches Ungarn).
Guttenbrunn = Temeshidegkút/Zăbrani (Banat, Rumänien).

Haschad = Hásságy (Schwäbische Türkei, Ungarn).
Hatzfeld = Zsombolya/Jimbolia (Banat, Rumänien).
Heideschütz = Haidusicza/Haidušica (Banat, Jugoslawien).
Heppenfeld = Hetvehely, Hetfehell (Schwäbische Türkei, Ungarn).
Herkulesbad = Herkulesfürdö/Băile Herculane (Banat, Rumänien).
Hermannstadt = Nagyszeben/Sibiu (Siebenbürgen, Rumänien).
Heufeld = Nagytószeg/Hajfeld/Novi Kozarei (Banat, Jugoslawien).
Hodon = Hodony/Hodoni (Banat, Rumänien).
Hodschag = Hódság/Odžaci (Batschka, Jugoslawien).
Homolitz = Omlód/Omoljica (Banat, Jugoslawien).

India = Indjija (Syrmien, Jugoslawien).

Jahrmarkt = Gyarmat/Giarmata (Banat, Rumänien).
Jarek = Tiszaistvánfalva/Bački Jarek (Batschka, Jugoslawien).
Jasbrin = Jászberény (östlich Budapest, Ungarn).
Jassy = Iaşy (Stadt in der Moldau, Rumänien).
Jink = Gyönk (Schwäbische Türkei, Ungarn).
Johannisfeld = Jánosfölde/Iohanisfeld (Banat, Rumänien).
Jula (Julau) = Gyula (südöstliches Ungarn).

Kakasd = Kockers (Schwäbische Türkei, Ungarn).
Kalotscha (Kolotschau) = Kalocsa (Batschka, Ungarn).
(Alt- oder Ungarisch-)Kanischa = Magyarkanizsa/Stara Kanjiža/Kanjiža (Batschka, Jugoslawien).
Kaposvár = Kopisch/Ruppertsburg (Schwäbische Türkei, Ungarn).
Karansebesch = Karánsebes/Caransebeş (Banater Bergland, Rumänien).
Karawukowa = Bacsordás/Karavukovo (Batschka, Jugoslawien).
Karlsburg, früher: Weißenburg = Gyulafehérvár/Alba Julia (Siebenbürgen, Rumänien).
Karlsdorf = Nagy Károlyfalva/Banatski Karlovac (Banat, Jugoslawien).
Karlstadt = Karlovac (südwestlich Agram, Jugoslawien).
Kaschau = Kassa/Košice (Slowakei, ČSSR).

Kathreinfeld = Katalinfalva/Katarina/Ravni Topolovac (Banat, Jugoslawien).
Katschfeld = Kácsfalu/Jagodnjak (Donau-Drau-Winkel, Jugoslawien).
Kernei = Kernyáya/Krnjaja (Banat, Jugoslawien).
Kesthell = Kesthely (am Plattensee, Ungarn).
Ketfel = Kétfél/Gelu (Banat, Rumänien).
Kirchdrauf = Szepesváralja/Špišské Podhradie (Zips/Slowakei, ČSSR).
Klausenburg = Koloszvár/Cluj (Siebenbürgen, Rumänien).
Klein-Betschkerek = Kisbecskerek/Becicherecu (Banat, Rumänien).
Klein-Jetscha = Kisjécsa/Iecea Mică (Banat, Rumänien).
Klein-Omor = Kisomor/Roviniţa (Banat, Rumänien).
Klein-St.-Peter = Kisszentpéter/Sînpetru Mic (Banat, Rumänien).
Kleinteremin (Albrechtsflor) = Kisteremia/Teremia Mică (Banat, Rumänien).
Kleinturwall = Torbagy (Ofener Bergland, Ungarn).
Königsgnad = Királykegye/Tirol (Banater Bergland, Rumänien).
Königshof = Németremete/Remetea Mică (Banater Bergland, Rumänien).
Kolut (Ringdorf) = Küllöd (Batschka, Jugoslawien).
Komorn = Komárom (an der Donau, Ungarn).
Konstantinopel = Istanbul (Türkei).
Kowatsch = Temeskovácsi/Covaci (Banat, Rumänien).
Kremnitz = Körmöcbánya/Kremnica (Slowakei, ČSSR).
Kreuzstätten = Temeskeresztes/Cruceni (Banat, Rumänien).
Kronstadt = Brasso/Braşov (Siebenbürgen, Rumänien).
Krottendorf = Békásmegyer (Stadtteil von Budapest).
Kudritz = Temeskutas/Gudurica (Banat, Jugoslawien).
Kula (Wolfsburg) = Kúla (Batschka, Jugoslawien).
Kumbai = Kunbaja (Batschka, Ungarn).

Laibach = Ljubljana (Hauptstadt Sloweniens, Jugoslawien).
Latzendorf = Lászlófalva/Abramova (Slowakei, ČSSR).
Lenauheim = Csatád (Banat, Rumänien).
Leutschau = Löcse/Levoča (Slowakei, ČSSR).
Liebling = Kedvencz (Banat, Rumänien).
Lippa = Lipova (Banater Bergland, Rumänien).
Lockenhaus (an der Güns, Burgenland, Österreich).
Lowrin = Lovrin (Banat, Rumänien).
Lugosch = Lugos/Lugoj (Banater Bergland, Rumänien).
Lunga = Kunszöllös (Banat, Rumänien).

Malatzka = Malacka/Malacky (Slowakei, ČSSR).
Marburg = Maribor (an der Drau in Slowenien, Jugoslawien).
Maria-Theresiopel = Szabadka/Subotica (Batschka, Jugoslawien).
Marmarossziget = Sighetu Marmaţiei (östlich Sathmar, Rumänien).
Martinsberg = Pannonhalma (West-Ungarn).
Mecseknádasd (Püspöknádasd) = Rohrbach (Schwäbische Türkei, Ungarn).
Mediasch = Medgyes/Mediaş (Siebenbürgen, Rumänien).
Mercydorf = Mercyfalva/Carani (Banat, Rumänien).
Militisch = Rács Militics/Srpski Miletić (Batschka, Jugoslawien).
Miskolc (nördlich von Budapest).
Mitrowitz = Mitrovicza/Sremska Mitrovica (Syrmien, Jugoslawien).
Modosch = Módos/Jaša Tomić (Banat, Jugoslawien).
Mohatsch = Mohács (an der Donau, Ungarn).
Moritzfeld = Móriczföld/Măureni (Banat, Rumänien).
Mramorak = Homokos (Banat, Jugoslawien).
Mühlbach = Szászebes/Sebeş (Siebenbürgen, Rumänien).

Nádasd (Rohrbach) = Mecseknádasd (Schwäbische Türkei, Ungarn).
Nagybajom (westlich von Kaposvár, Ungarn).
Nagyszöllös = Vinogradov (heute in der Sowjetunion gelegen).
Nakodorf = Nákófalva/Nakovo (Banat, Jugoslawien).
Németkér = Kremling (Schwäbische Türkei, Ungarn).
Neuarad = Újarad/Aradul Nou (bei Arad an der Marosch, Rumänien).
Neubeschenowa = Újbesenyö/Dudestii Noi (Banat, Rumänien).
Neudorf = Temesújfalu (Banat, Rumänien).
Neu-Gradischka = Nova Gradiška (Kroatien, Jugoslawien).
Neumarkt = Marosvásárhely/Tirgu Mures (an der Marosch, Rumänien).
Neupanat – Újpanat/Horia (Banat, Rumänien).
Neu-Petsch (Ulmbach) = Újpécs/Peciu Nou (Banat, Rumänien).
Neusatz = Újvidék/Novi Sad (an der Donau, Jugoslawien).
Neusiedel auf der Heide = Újhely/Uihei (Banat, Rumänien).
Neusiedl (Burgenland, Österreich).
Neusohl = Besztercebánya/Bánska Bystrica (Slowakei, ČSSR).
Neutra = Nyitra/Nitra (Slowakei, ČSSR).

Ödenburg = Sopron (nordwestliches Ungarn).
Ofen = Buda (1873 mit Pest zu Budapest verschmolzen).
Ogulin (Kroatien, Jugoslawien).
Orawitz = Oraviczabánya/Oravița (Banat, Rumänien).
Orschowa = Orsava/Orşova (an der Donau, Rumänien).
Orzydorf = Orczyfalva/Orţişoara (Banat, Rumänien).
Ostern = Kiskomlós/Comloşu (Banat, Rumänien).

Pankota = Pîncota (nordöstlich Arad, Rumänien).
Pantschowa = Páncsova/Pančevo (Banat, Jugoslawien).
Parabutsch = Parabuty/Parabuć/Ratkovo (Batschka, Jugoslawien).
Pax = Paks (an der Donau, Schwäbische Türkei, Ungarn).
Perjamosch = Perjámos/Periam (Banat, Rumänien).
Pest (1873 mit Ofen/Buda zu Budapest verschmolzen).
Pesthidegkút/Kaltenbrunn (Stadtteil von Budapest).
(St.) Petersburg = Petrograd/Leningrad (UdSSR).
Peterwardein = Pétervárad/Petrovaradin (an der Donau, Syrmien, Jugoslawien).
Petrinja (Kroatien, Jugoslawien).
Pilicsaba = Tschawa (Ofener Bergland, Ungarn).
Pilisvörösvár = siehe Werischwar!
Pomáz = Paumasch (Ofener Bergland, Ungarn).
Poppa(u) = Pápa (Buchenwald, Ungarn).
Potok = Sárospatak (nordöstliches Ungarn).
Preßburg = Pozsony/Bratislava (Slowakei, ČSSR).
Pußtawahn = Pusztavám (Schildgebirge, Ungarn).

Raab = Györ (West-Ungarn).
Radautz = Rădănţi (Bukowina, Rumänien).
Raiding = Doborján (Burgenland, Österreich).
Rekasch = Temesrékas/Recas (Banat, Rumänien).
Reschitz = Resiczabánya/Reşita (Banater Bergland, Rumänien).
Roggendorf = Kiszsidány (Nordwest-Ungarn).
Rudolfsgnad = Rezsőháza/Knićanin (Banat, Jugoslawien).
Ruma (Syrmien, Jugoslawien).
Ruskberg (Rußberg) = Ruszkabánya/Rusca Montana (Banater Bergland, Rumänien).

Sackelhausen = Szákalháza/Săkălaz (Banat, Rumänien).
Sächsisch Regen = Szászrégen/Reghin (an der Marosch, Rumänien).

Sagetal = Szakadát (Schwäbische Türkei, Ungarn).
St.-Anna = Szentanna/Sîntana (nördlich von Arad, Rumänien).
St.-Georgen = Szentgyörgy/Svätý Jur (nördlich von Preßburg, Slowakei, ČSSR).
St.-Georgen = Sîngeorgiu Nou (Rumänien).
St.-Hubert = Sveti Hubert/Banatsko Veliko Selo (Banat, Jugoslawien).
Sárvár (Nordwest-Ungarn).
Sarwasch (Hirschfeld) = Sarvaš (Slawonien, Jugoslawien).
Saßwar (Sachsenburg) = Szászvár (Schwäbische Türkei, Ungarn).
Sathmar = Szatmárnémeti/Satu Mare (Nordwest-Rumänien).
Schag = Temesság/Şag (Banat, Rumänien).
Schambek (Schambeck) = Zsámbék (bei Budapest).
Schemnitz = Selmecbánya/Banská Štiavnica (Slowakei).
(Alt- und Neu-)Schowe = Ósóve und Újsóve/Stare Šove und Nove Šove/Ravno Selo (Batschka, Jugoslawien).
Secksard = Szekszárd (Schwäbische Türkei, Ungarn).
Segedin = Szeged (an der Theiß, Ungarn).
Segenthau (Dreispitz) = Németság/Şagu (Banat, Rumänien).
Sekitsch = Szeghegy/Sekić/Lovčenac (Batschka, Jugoslawien).
Semlin = Zimony/Zemun (Syrmien, Jugoslawien; gehört heute zu Belgrad).
Setschan = Torontálszécsány/Sečanj (Banat, Jugoslawien).
Sieggraben (Burgenland, Österreich).
Sier = Szür (Schwäbische Türkei, Ungarn).
Slankamen = Sovár (Syrmien, Jugoslawien).
Slawonisch-Brod = Slawonski Brod (Slawonien, Jugoslawien).
Solymár = Schaumar (Ofener Bergland, Ungarn).
Sombor = Zombor (Batschka, Jugoslawien).
Sonta = Szónta (Batschka, Jugoslawien).
Stanischitsch = Ürszállás/Staniśić (Batschka, Jugoslawien).
Steierdorf = Stájerlakanina/Anina (Banater Bergland, Rumänien).
Stein = Kamnik (Slowenien, Jugoslawien).
Steinamanger = Szombathely (Nordwest-Ungarn).
Stuhlweißenburg = Székesfehérvár (südwestlich von Budapest).
Sümeg (Szümegh, Sümegh) – (bei Tapolca, Buchenwald, Ungarn).
Szajk/Seik (Schwäbische Türkei, Ungarn).

Tállya (Komitat Zemplin, Ungarn).
Telki (Töleck) – Ofener Bergland, Ungarn.
Temeschburg (Temeschwar, Temeswar) – Temesvár/Timişoara (Banat, Rumänien).
Tenje = Tenja (Slawonien, Jugoslawien).
Theresiopel = Winga/Vinga (an der Marosch, Rumänien).
Tittel = Titel (an der Theiß, Batschka, Jugoslawien).
Tolnau = Tolna (Schwäbische Türkei, Ungarn).
Totis = Tata (Schildgebirge, Ungarn).
Torschau = Torzsa/Torža/Savino Selo (Batschka, Jugoslawien).
Towarisch = Bács Tóváros/Tovariševo (Batschka, Jugoslawien).
Traunau = Cseralja/Alunis (Banat, Rumänien).
Triebswetter = Nagyösz/Tomnatic (Banat, Rumänien).
Triest = Trst/Trieste (an der Adria, Italien).
Tschakowa = Csákova/Ciacova (Banat, Rumänien).
Tschanad = Csanad/Cenad (Banat, Rumänien).
Tschawal = Csávoly (Batschka, Ungarn).
Tscheb = Dunacséb/Čib/Čelarevo (Batschka, Jugoslawien).
Tscherwenka = Cservenka/Crvenka (Batschka, Jugoslawien).
Tscholnok = Csolnok (nordwestlich Budapest).

Tschowanka = Csobánka (Ofener Bergland, Ungarn).
Tyrnau = Nagyszombat/Trnava (Slowakei, ČSSR).

Udwo = Udwar/Pécsudvard (Schwäbische Türkei, Ungarn).
Überland = Szöllőtelep/Giarmata Vii/Viile Iermata (Banat, Rumänien).
Üröm = Ürben (Ofener Bergland, Ungarn).
Ulmbach = Újpécs/Pecio Nou (Banat, Rumänien).
Urwegen = Girbova (Siebenbürgen, Rumänien).

Vöröb (ehemalige Besitzung im Komitat Stuhlweißenburg, Ungarn).
Vokany = Wakan (Schwäbische Türkei, Ungarn).

Waitzen = Vác (an der Donau, Ungarn).
Wakan = Vokany (Schwäbische Türkei, Ungarn).
Waldneudorf = Tiszakálmánfalva/Budisawa (Batschka, Jugoslawien).
Waraschdin (Warasdin) = Varaždin (Kroatien, Jugoslawien).
Warjasch = Varjas/Variaș (Banat, Rumänien).

Waschkut = Vaskút (Batschka, Ungarn).
Weindorf = Pilisborosjenö (bei Budapest).
Weißenburg = siehe Karlsburg!
Weißkirchen = Fehértemplom/Bela Crkva (Banat, Jugoslawien).
(Alt- und Neu-)Werbaß = (Új- bzw. Ó-)Verbász/(Stari bzw. Novi) Vrbas (Batschka, Jugoslawien).
Werbau = Verbó/Vrbové (Slowakei in der ČSSR).
Werischwar = Pilisvörösvár (Ofener Bergland, Ungarn).
Werschetz = Versecz/Vršac (Banat, Jugoslawien).
Wesprim = Veszprém (Buchenwald, Ungarn).
Wieselburg (und Ungarisch Altenburg) = Mosonmagyaróvár (östlich Ödenburg, Ungarn).
Wiesenhaid = Rethát/Tisa Nouă (Banat, Rumänien).
Winkowzi = Vinkovci (Slawonien, Jugoslawien).
Wukowar = Vukovár/Vukovar (Syrmien, Jugoslawien).

Zara = Zadar (an der Adria, Jugoslawien).
Zichydorf = Zichifalva/Mariolana/Plandište (Banat, Jugoslawien).
Zombor = Sombor (Batschka, Jugoslawien).

# AUSGEWERTETE LITERATUR

Hyacinth Abele: Volksschauspiele. In Bayern und Österreich-Ungarn gesammelt von August Hartmann, Leipzig 1880.
Matthias Annabring: Vater, erzähl von der Heimat, Neuhausen/F. bei Stuttgart 1975.
Apatiner Heimatblätter, Straubing, Juni 1985.
Banater Blätter, Hermannstadt 1938.
Banater Post, Mitteilungsbl. d. Landsmannschaft d. Banater Schwaben aus Rumänien in Deutschland e. V., München – mehrere Jgg.
Beiträge zur deutschen Kultur, Januar–März 1987, H. 1, Freiburg 1987.
Karl Bell (Hrsg.): Das Deutschtum im Ausland. Monographiensammlung, Dresden.
Carl Bischoff: Geschichte der Marktgemeinde Ruma, Freilassing 1958.
Konrad Blum: Liebling, Weilheim 1958.
Eugen Bonomi: Deutsche Blasmusik im Ofner Bergland/Ungarn und ihr Schicksal in der neuen Heimat. In: Jb. f. ostdt. Volkskde., Bd. XVI/1973, Marburg.
Eugen Bonomi: Der Werschetzer Volkssänger Josef Ostheimer, SA aus dt. Forsch. in Ungarn, VI. Jg. (1941), Budapest.
Josef Brandeisz/Erwin Lessl: Temeswarer Musikleben – Zweihundert Jahre Tradition, Bukarest 1980.
Michael Bredl: Volksmusik aus Schwaben, München 1966.
Hans Bräuer: Lenauheim/Tschatad, 1982.
Brockhaus: Enzyklopädie in 20 Bänden, Bd. 14, Wiesbaden 1972, Bd. 16 (1973).
Brückner-Rock: Judentum und Musik, 3. Aufl., München 1938.
Ernst Challier's „Großer Lieder-Katalog", Berlin 1885.
Csavoly 1780–1980. Heimatbuch einer ungarndeutschen Gemeinde aus der Batschka, Waiblingen 1980.
Das Donautal Magazin, 7126 Sersheim. Mehrere Jgg.
Der Donauschwabe, Wochenschrift, 7080 Aalen. Mehrere Jgg.
Deutscher Kalender, Jb. für die Ungarndeutschen, Demokratischer Verband der Ungarndeutschen, Budapest. Mehrere Jgg.
Deutsche Tonkünstler und Musiker in Wort und Bild. Friedrich Jansen, Leipzig 1911.
Deutschlands, Österreich-Ungarns und der Schweiz Musiker in Wort und Bild. Leipzig-Cohis 1909.
Die österreichisch-ungarische Monarchie in Wort und Bild. Ungarn. Bd. II. Wien.
Hans Diplich: Das deutsche Volkslied im Banat. Hermannstadt 1938.
Hans Diplich (Hrsg.): Deutsches Bauernleben im Banat. Hausbuch des Mathias Siebold aus Neubeschenowa, Banat, 1842–1878. München 1977.
Donau-Schwaben-Kalender. Aalen/Wttb. Zahlreiche Jgg.
Duden. Wörterbuch geographischer Namen. Europa (ohne Sowjetunion). Mannheim.
Anton Eberst: Muzički amateri Vojvodine. I.P. „Prosveta", Novi Sad 1974.
Anton Eberst: Muzički brevijar grada Vršca. I.P. „Prosveta", Novi Sad 1978.

Ludwig Eisenberg: Das geistige Wien, Bd. 1, 1983.
Ludwig Eisenberg: Großes Biographisches Lexikon der Deutschen Bühne im XIX. Jahrhundert. Leipzig 1903.
Robert Eitner: Biographisch-Bibliographisches Quellen-Lexikon, Bd. 9. Graz 1959.
Nikolaus Engelmann: Die Banater Schwaben auf Vorposten des Abendlandes. Freilassing 1966.
Ludwig Erk: Deutscher Liederhort, bearbeitet von Franz M. Böhme. Leipzig 1893.
Anton Feigl: Kunbaja. Heimatbuch.
Filipowa – Bild einer donauschwäbischen Gemeinde, 2. Bd.: Gesellschaftsleben. Wien 1979.
Filipowaer Heimatbriefe, H. 21, 1973.
Johann Fitz: Kakasd, Heimatbuch (1979).
Paul Flach: Waschkut. München 1983.
Paul Frank/Wilhelm Altmann: Kurzgefaßtes Tonkünstler-Lexikon. Wilhelmshaven 1936.
Frisch gesungen! Singbuch A. Heinrichs, Pfusch, Martens, Münnich. 87. Aufl. Hannover 1936.
Helmut Frisch: Werschetz (Versecz-Vršac). Wien 1982.
Galerie von Teutschen Schauspielern und Schauspielerinnen der älteren und neueren Zeit. Wien 1783.
Hans Gehl: Schwäbische Familie: Temeswar 1981.
Hans Gehl: Schwäbischer Jahreslauf. Timișoara 1978.
Konrad Gerescher: Unserer Hände Arbeit. Münden 1981.
Gerhardsbote, St. Gerhardswerk e. V., Stuttgart. Mehrere Jgg.
Franz Greszl: Tausend Jahre deutschen Lebens im Karpatenraum. Stuttgart 1971.
Eduard Griesbach (Hrsg.): Des Knaben Wunderhorn. Leipzig 1906.
Bernhard Grun: Kulturgeschichte der Operette. München 1961.
F. Gurtis: Willst du dein Herz mir schenken. Ein Strauß von Liebesliedern aus acht Jahrhunderten deutscher Dichtung. Stuttgart-Cannstatt.
Franz Hadamowsky: Das Theater in der Wiener Leopoldstadt 1781–1860. Wien 1934.
A. J. Hammerle: Mozart und einige Zeitgenossen. Salzburg 1877.
Rudolf Hartmann: Deutsches Dorf in Ungarn. München 1976.
Hans Hauenstein: Chronik des Wienerliedes. Klosterneuburg–Wien.
Heimatbuch der Deutschen aus Vinkovci und Umgebung, hrsg. v. d. Arbeitsgemeinschaft f. d. Heimatbuch, Biberach 1975.
Nikolaus Heß: Heimatbuch der drei Schwestergemeinden St. Hubert-Charleville-Soltur 1770–1927.
Johannes Holzmeister (Hrsg.): Carmina historica. Geschichte im Lied.
Karl Horak: Das deutsche Volksschauspiel im Banat. Marburg 1975.
Peter Horwath: St. Georgen, Freilassing.
Karl Isenburg: Geistliche Lieder des Barock, 1. H.: Lieder von Joachim Neander und Georg Christoph Strattner 1680–1691. Kassel und Basel.

Johann Jauß: Szeghegy/Sekitsch/im ersten Jahrhundert seines Bestandes. 1866.
Alfred Karasek/Karl Horak: Das deutsche Volksschauspiel in der Batschka, in Syrmien und Slawonien. Marburg 1972.
Kerneier Heimatblätter, Ostern 1975.
Anton Baron von Klesheim: Siebzig Jahre aus meinem Leben. Wien 1882.
Karl M. Klied: Linzer Geiger und Linzer Tanz im 19. Jahrhundert. In: Historisches Jahrbuch der Stadt Linz, 1956.
Wilhelm Knabl: Geschichte Bonyháds (Bonnhards) von der Urzeit bis 1945. München 1972.
Wilhelm Kosch: Deutsches Theater-Lexikon. Klagenfurt und Wien 1953.
Hermann Kosel (Hrsg.): Deutsch-Österreichisches Künstler- und Schriftsteller-Lexikon, Bd. 1. und Bd. 2 Wien 1902.
Alfred Kuhn: Weißkirchen im Banat. Salzburg 1980.
Kula und seine Deutschen. 1976.
Martin Kurzhals/Hans Diplich: Heimatbuch der Heidegemeinde Großkomlosch im Banat. St. Michael 1983.
K. J. Kutsch/Leo Riemens: Unvergängliche Stimmen. Sängerlexikon. Bern und München 1979.
Lorenz Lang: Geschichte der Gemeinde Klek (1818–1944). München 1977.
I. Lasslob: Deutsche Ortsnamen in der Slowakei. Stuttgart 1974.
Michael Lehmann: Die katholischen Donauschwaben in der Doppelmonarchie 1867–1918. Stuttgart 1977.
Günther Massenkeil (Hrsg.): Das große Lexikon der Musik. Freiburg im Breisgau 1981.
M. Merkle: Andreas, der Kolonist. Heilbronn 1980.
Meyer's Groschen-Bibliothek der Deutschen Classiker. Hildburghausen.
Meyer's Handbuch über die Musik. Mannheim 1961.
Felix Milleker: Geschichte der Deutschen im Banat. Bela Crkva 1927.
Felix Milleker: Geschichte des deutschen Theaters im Banat. Wrschatz 1937.
Felix Milleker: Johann Friedel. Der erste Dichter der Banater Deutschen. Wrschatz 1927.
Felix Milleker: Kulturgeschichte der Deutschen im Banat. Vršac (Werschetz) 1930.
Karl von Möller: Die Werschetzer Tat. Braunschweig/Berlin/Hamburg.
Hans Joachim Moser: Die Musik der deutschen Stämme. Wien/Stuttgart 1957.
Adam Müller-Guttenbrunn: Der große Schwabenzug. Aalen 1958.
Musik in Geschichte und Gegenwart. Allgemeine Enzyklopädie der Musik. 17. Bde. Kassel, Basel 1949–1986.
Neue Österreichische Biographie 1815–1918. Wien 1931.
Neuland, Wochenschrift, Salzburg. Mehrere Jgg.
Neu-Pasua, Heimatbuch. Stuttgart 1956.
Valentin Oberkersch: India, Deutsches Leben in Ostsyrmien (1825–1944), herausgegeben vom Indiaer Heimatausschuß. Stuttgart 1978.
Österreichisches Biographisches Lexikon 1815–1950. Graz–Köln, 9 Bände. Österreichische Akademie der Wissenschaften.
Österreich-Ungarn 1914, G. Freytags Karte. Wien.
Stefan Pauli: Berichte aus der Geschichte des Südostens bzw. Ungarns, Jugoslawiens und Rumäniens vom 9. bis zum 20. Jahrhundert. 1977.
Franz Pazdirek: Universal-Handbuch der Musikliteratur aller Zeiten und Völker. 34 Bände. Wien 1904–1910.
Karl Hermann Prahl: A. H. Hoffmann von Fallersleben „Unsere volkstümlichen Lieder", Hildesheim 1966.

Jolantha Pukánszky-Kádár: Geschichte des deutschen Theaters in Ungarn, Von den Anfängen bis 1812, München 1933.
Emil Rameis: Die österreichische Militärmusik. Tutzing 1976.
Hans Rasimus: Kathreinfeld (1794–1944). München 1982.
Isabella Regényi und Anton Scherer: Donauschwäbisches Ortsnamenbuch. Darmstadt 1980 (2. Aufl. 1987).
Anton Reppmann: Kolut in der Batschka. Gmünd 1980.
Riemann-Musik-Lexikon. Hrsg. Carl Dahhaus. Mainz 1972.
Hermann Rüdiger: Die Donauschwaben in der südlichen Batschka. Stuttgart 1931.
Philipp Sandles: Sekitsch 1786–1944, Erlebte Heimat. 1977.
Bálint Sárosy: Zigeunermusik. Budapest 1977.
Anton Scherer: Schöpferische Donauschwaben. Wien (Graz) 1957.
Anton Scherer: Einführung in die Geschichte der donauschwäbischen Literatur. Graz 1960.
Anton Scherer: Donauschwäbische Bibliographie (1935–1955). München 1966.
Anton Scherer: Donauschwäbische Bibliographie (1955–1965). München 1974.
Anton Scherer: Die nicht sterben wollten. Donauschwäbische Literatur von Lenau bis zur Gegenwart. 2. Aufl. Graz 1985.
Anton Scherer, s. Regényi.
Josef V. Senz (Hrsg.): Deutsch-serbisches schulisches Miteinander. München 1979.
Josef V. Senz (Redaktion): „Ein Freundschafts- und Partnerschaftsbeispiel". Sindelfingen 1986.
Siebenbürgen (Faltblatt), Wort und Welt Buchverlagsges. m. b. H. Innsbruck.
Heinrich Simbringer: Werkkatalog zeitgenössischer Komponisten aus den deutschen Ostgebieten. Esslingen/Neckar 1955 (u. Erg. Bde. 1, 2, 3).
Vilmos Somogyi: A Maleczky-család Muzsika. Budapest 1959, 2. sz.
Theo Stengel: Lexikon der Juden in der Musik. Hahnfeld 1940.
Franz Stieger: Opernlexikon, 11 Bde., Tutzing 1977.
Johann Stöckl/Franz Brandt: Die Geschichte der Gemeinde Elek in Ungarn. Weinheim 1977.
Südostdeutsche Vierteljahresblätter. München. Mehrere Jgg.
Armin Suppan: Repertorium der Märsche für Blasorchester, Teil 1. Tutzing 1982.
Wolfgang Suppan: Lexikon des Blasmusikwesens. Freiburg i. Br. 1976.
Anton Tafferner (Redaktion): Heimatbuch der Nordschomodei. München 1973.
Richard Thor: Aus dem Musikleben der Stadt Werschetz. Erinnerungen und Aufzeichnungen 1870–1970. Schwenningen a. N. 1970.
Ungarischer Künstler Almanach. Budapest um 1920.
Ungarn. Budapest 1960.
Roland Vetter/Hans Keiper: Unser Tscherwenka. Der Weg einer Batschkadeutschen Gemeinde in zwei Jahrhunderten. 1980.
Otto Voggenberger: Pantschowa, Zentrum des Deutschtums im Südbanat. Freilassing 1961.
Johann Nepomuk Vogl: Ausgewählte Dichtungen, hrsg. v. Rudolf Kleinecke. Leipzig 1911.
Hans Volk: 150 Jahre Karlsdorf. Freilassing 1958.
Volksliederbuch für Männerchor, hrsg. durch d. Kommission f. d. deutsche Volksliederbuch, Partitur II. Bd. Leipzig.
Hans Vollmer: Allgemeines Lexikon der bildenden Künstler. Leipzig 1938.
Johann Gottfried Walther: Musikalisches Lexikon. Kassel und Basel MCMLIII.
Johann Weidlein: Deutsche Kulturleistungen in Ungarn seit dem 18. Jahrhundert, hrsg. v. d. Landsmannschaft d. Donauschwaben in Baden-Württ. e. V. Stuttgart 1963.

Matthias Weiland: Zweihundert Jahre Donauschwaben. Augsburg 1949.
Richard Maria Werner: Galerie von Teutschen Schauspielern und Schauspielerinnen. Berlin 1910.
Gerhart v. Westermann: Knaurs Opernführer. München–Zürich 1912.
Georg Wildmann: Entwicklung und Erbe des donauschwäbischen Volksstammes. München 1982.

Constant von Wurzbach: Biographisches Lexikon des Kaisertums Österreich, 60 Bde. Wien 1856–1891.
J. Chr. Freiherr von Zedlitz: Gedichte, 2. verm. Aufl. Stuttgart und Tübingen 1839.
Zehn Jahre donauschwäbischer Männerchor in Klagenfurt. Festschrift. Donauschwäbische Landsmannschaft in Kärnten. Klagenfurt 1983.
Vincenz Zusner: Gedichte. Wien 1842.

# BILDNACHWEIS

Einband:
　Plakat der Knabenkapelle Nikolaus Schilzonyi (Billed und Bogarosch) anläßlich ihrer Amerika-Tournee 1899–1911. – Katharina Fuchs, Wien.

Vorsatz:
　Südosteuropa, Karte. – Kartographie: Manfred Heitz, München.

In Farbe (Seite):
345　Die Original-Donauschwaben und das Donau-Duo, Foto. – Archiv des Verfassers.
346　Lambert Steiner 1885 in Stockholm, Foto. – Johann Engelmann, München.
347　Lambert Steiner's Knabenkapelle 1903, Plakat. – Bert Steiner, Danderyd, Schweden.
348–349　Altungarn, Karte. – Julius Past, München.
350　Souvenir aus Südafrika, Foto. – Bert Steiner.
351　Vereinsfahne: Männergesangverein Jahrmarkt 1910. – Jakob Konschitzky, München.
352　Donauschwäbische Trachtengruppe München, Foto. – Heinrich Klein, München.
　Das Donau-Duo, Foto. – W. o.

Schwarz-weiß (Seite):
18　Ulmer Schachtel, Zeichnung von Magdalena Kopp-Krumes, München.
　Johann Jakob Hennemann, Foto.
19　Kriegskarte vom Banat 1788. – Familienarchiv Dr. Egon Past (Paszt), München.
22　Gründungsprotokoll der Donauschwäbischen Blaskapelle München, Ausschnitt. – Archiv des Verfassers.
28　Samuel Bockshorn: Kompositionen, Titelblatt. – Niedersächsische Staats- und Universitätsbibliothek, Göttingen.
29　Neue Teutsche Lieder, Titelblatt. – W. o.
　Lied aus der obigen Sammlung. – W. o.
30　Arien, Duette und Chöre von Johann S. Kusser, Titelblatt. – W. o.
　Georg Chr. Strattner: Der Lobende, Lied. – W. o.
34　Prinz Eugen vor Belgrad 1717, Lied. – Wiener Stadt- und Landesbibliothek.
35　Volkslied nach der Eroberung Belgrads 1789, Titelblatt. – Österreichische Nationalbibliothek, Wien.
　Esztergom Kalesi, türkisches Lied. – Eva-Maria Gehrle und T. B., München.
39　Homagium Christiano-Marianum, Titelblatt. – Pfarrer Franz Greszl.
47　Christel und Gretchen von Joh. Friedel, Theaterzettel. – Österreichische Nationalbibliothek, Wien.
50　Theaterankündigung 1764 in Preßburg. – Bildarchiv der Österreichischen Nationalbibliothek, Wien.
52　Idylle aus dem Zigeunerleben, Zeichnung. – Aus: J. N. Vogl „Bilder aus Ungarn".
55　Lied und Chor aus „Die Büchse der Pandora" von Johann Fuß, Titelblatt. – Gesellschaft der Musikfreunde, Wien.
　IV marches par Jean Fuss, Titelblatt. – Bayerische Staatsbibliothek München.
56　Die Verlass'ne an ihr Kind, Notenblatt. – Münchner Stadtbibliothek.
　Gesänge von Johann Fuß. – Gesellschaft der Musikfreunde, Wien.
57　Lebewohl, Musik von Franz S. Hölzl, Lied. – Wiener Stadt- und Landesbibliothek.
　Waldstimmen, 5 Lieder von J. N. Vogl/Fr. S. Hölzl. – Standort w. o.
59　Melodien von C. Georg Lickl, Titelblatt. Notendruck.
60　Der Tiroler Wastel, kom. Oper, Musik von Jakob Haibel, Titelblatt.
61　Kastell des Grafen Nákó. – Jakob Pfeil, Wolfratshausen.
　Rondo Favori von Joh. Nep. Hummel, Titelblatt.
62　Die Ahnfrau, Stuttgart 1823, Theaterzettel. – Württembergische Landesbibliothek, Stuttgart.
　Schloß Esterházy in Eisenstadt, Foto. – Magistrat von Eisenstadt, Österreich.
63　Konzert der Brüder Ebner 1822 in Wien, Programmzettel. – Gesellschaft der Musikfreunde, Wien.
　Konzert Karl Filtsch 1843 in Wien. – W. o.
64　Carl Filtsch: Grabmal in Venedig. – W. o.
65　Konzert Adolf Pfeiffer 1838 in Wien. – W. o.
67　Deutsches Theater in Pest, Außen- und Innenansicht. – Jakob Pfeil, Wolfratshausen.
　Theatersaal in Hermannstadt 1844, Foto. – Bildarchiv der Österreichischen Nationalbibliothek, Wien.
68　Das Donauweibchen, Theaterzettel. – Wiener Stadtbibliothek.
　Die Soldaten, Schauspiel, 1825, Theaterzettel. – Österreichische Nationalbibliothek, Wien.
69　Pumpernickels Hochzeitstag, Theaterzettel 1821. – Bildarchiv der Österreichischen Nationalbibliothek, Wien.
70　Die Pilgerin, Temesvár 1828, Theaterzettel. – Österreichische Nationalbibliothek, Wien.
71　Die Zauberflöte, Hamburg 1838, Theaterzettel. – Hamburger Theatersammlung.
72　Othello, Karlsruhe 1852, Theaterzettel. – Badische Landesbibliothek, Karlsruhe.
　Fidelio, Theaterzettel. – Generallandesarchiv Karlsruhe.
73　Josef Reichel, Foto. – Bildarchiv der Österreichischen Nationalbibliothek, Wien.
　Die Puritaner, Theaterzettel. – Badische Landesbibliothek, Karlsruhe.
74　Norma, Stuttgart 1836, Theaterzettel. – Württembergische Landesbibliothek, Stuttgart.
　Das Nachtlager in Granada, Theaterzettel. – W. o.
　Großes Konzert 1837. – Badische Landesbibliothek, Karlsruhe.
75　Octavia, Pest 1815, Theaterzettel. – Österreichische Nationalbibliothek, Wien.
76　Mathilde Marlow, Foto.
79　Adolf Müller sen., Foto. – Gesellschaft der Musikfreunde, Wien.

80 Othellerl, der Mohr von Wien, Theaterzettel. – Wiener Stadt- und Landesbibliothek.
Sommer-Fasching auf dem Land, Wien 1833, Theaterzettel. – W. o.
Der böse Geist Lumpacivagabundus, Leipzig 1838, Theaterzettel. – Deutsches Theatermuseum München.
Robert der Teuxel, Wien 1833, Theaterzettel. – Wiener Stadt- und Landesbibliothek.
81 Das Haus der Temperamente, Wien 1837, Theaterzettel. – W. o.
82 Einen Jux will er sich machen, Wien 1842, Theaterzettel.
Der Talisman, Theaterzettel. – Deutsches Theatermuseum München.
83 Peterwardein, Wien 1849, Theaterzettel. – Wiener Stadt- und Landesbibliothek.
85 Maurer-Polier Kluck's Reise von Berlin nach Wien, Theaterzettel. – W. o.
86 Die Nachtwandlerin, Braunschweig 1836, Theaterzettel. – Staatsarchiv Braunschweig.
Iphigenia in Tauris, Braunschweig 1837, Theaterzettel. – W. o.
87 Die Schwaben-Wanderung, Pest 1820, Titelblatt. – Niedersächsische Staats- und Universitätsbibliothek Göttingen.
88 Die Schwaben-Wanderung, Theaterzettel. – Wiener Stadt- und Landesbibliothek.
89 Österreichs Stern (Hymne), Wien 1825, Titelblatt. – W. o.
90 Der Postillion, Lied, Titelblatt.
91 Fidelio, Wien 1805, Theaterzettel. – Wiener Stadt- und Landesbibliothek.
Die Weihe des Hauses, Wien 1822, Theaterzettel. – W. o.
93 Accordion-Schule von Adolph Müller, Titelblatt. – Gesellschaft der Musikfreunde, Wien.
98 Josef Broder, Foto. – Josef Harjung, Schwäbisch Hall.
Willkommen-Marsch, Notenblatt. – Johann Schiller, Guttenbrunn.
Fidel und Hans Unterweger, Foto. – Gertrude Adam, Bruck a. d. Leitha.
99 Anton und Franz Salma, Foto. – Hans und Rosa Kanz, Grafing.
K. u. k. Infanterie Regiment Nr. 29, Foto. – Gertrude Adam, Bruck a. d. Leitha
Michael Agnes, Foto. – Adam Braun, USA.
Hinke Marsch, Notenblatt.
101 Regiments-Marsch Nr. 13, Titelblatt. – Wiener Stadtbibliothek.
Richard Hunyaczek mit Militärkapelle, Foto. – Elly Hunyaczek/Monika Grünwald, Wien.
102 Richard Hunyaczek, Foto. – W. o.
99er Regiments-Marsch, Titelblatt. – Wiener Stadtbibliothek.
103 Adam Prohászka, Foto. – Dr. Hermine Nicoloussi, Wien.
104 Anton Kraul, Foto. – Dr. Paul Flach, München.
Alois Wenz, Foto. – Günther Friedmann, Sindelfingen.
Der Traum eines Kriegers, Notenblatt. – Peter Müller, Philadelphia, USA.
105 Nikolaus Ott, Foto. – Gisi Erdödy, München.
Franz Bauer Jubiläumsmarsch, Titelblatt. – Alfred Kuhn, Wernberg.
106 Zeugnis für Michael Steiner, Fotokopie. – Gesellschaft der Musikfreunde, Wien.
107 Souvenir de Herkulesfürdö, Titelblatt.
108 K. u. k. Militärkapelle in Maria-Theresiopel, Foto. – Josef Harjung, Schwäbisch Hall.
109 Heinrich Haller, Foto.
Heinrich Haller auf einem US-Kriegsschiff, Foto.
Eine amerikanische Militärkapelle, Foto.

110 Kriegsgefangenenkapelle in Rußland, Foto. – Adam Braun, USA.
111 Die „alte Kapelle" in Baranyabán, Foto.
Kapelle Matthias Braun in Billed, Foto. – Johann Bless, München.
Silvester-Herzog-Straße in Neckarelz, Foto. – Original-Donauschwaben, München.
112 Feuerwehr mit Signalbläsern 1910 in Bulkes. – Christine Diener, Kirchheim-Teck.
Kapelle Adam Heinrich in Csátalya, Foto. – A. Heinrich jun.
Feuerwehrkapelle in Kolut, Foto. – Anton Wieland sen., München.
113 Hochzeit in Tschawal, Foto. – Jakob Pfeil, Wolfratshausen.
114 Johann Mattusch, Foto.
Philipp Keller, Foto.
116 Kapelle Josef Rottenbücher, Foto. – Hans und Rosa Kanz, Grafing.
Kapelle Hetzel I in Schowe, Foto. – Peter Hetzel, Pinneberg.
Streichorchester in Ruma 1904.
117 Christoph Rottenbücher, Foto. – Hans und Rosa Kanz, Grafing.
118 Kapelle Johann Weber, Foto. – Josef Hellmann, Freiburg.
Knabenkapelle Matthias Ellmer. – Josef Harjung, Schwäbisch Hall.
Knabenkapelle Michael Steibl, Foto. – Hans Steibl, Wien.
119 Josef Jacobi, Foto. – Hans Volk und Pilger, Salzburg.
120 Knabenkapelle Johann Schütt, Foto. – Peter Müller, Philadelphia, USA.
Peter Schmidt aus Modosch, Foto. – Josef Burger.
Nikolaus Bleich, Foto. – Maria Zorneck, Raubling.
121 Knabenkapelle Karl Schmidt, Foto. – Josef Schmidt.
Anton Köhler, Foto. – Anton Köhler, Ludwigshafen.
Michael Bogyos, Foto. – Adam Braun, USA.
124 Kapellmeister-Vertrag 1868, – Josef Hellmann, Freiburg.
126 Knabenkapelle Valentin Berenz, Foto. – W. o.
127 Knabenkapelle Philipp Donauwell, Foto. – W. o.
Reise-Buch Michael Friedel, Deckblatt. – Hans Volk und Pilger, Salzburg.
Aus dem Reise-Buch Michael Friedel, Fotokopie. – W. o.
Frühlings-Polka schnell von M. Friedel, Notenblatt. – Johann Schiller, Guttenbrunn.
Knabenkapelle Georg Krecsan, Foto. – Archiv Josef Kupi, Herbrechtingen.
128 Mathias Mohler, Foto. – Johann Schiller, Guttenbrunn.
Knabenkapelle Mathias Mohler um 1904, Foto. – W. o.
129 Knabenkapelle Mathias Mohler um die Jahrhundertwende. – W. o.
Knabenkapelle Mathias Mohler um 1902, Foto. – W. o.
130 Knabenkapelle Mathias Mohler, Foto. – W. o.
131 Knabenkapelle Nikolaus Schilzonyi, Foto. – Peter Krier, Schweinfurt.
132 Knabenkapelle Johann Ugrin, Foto. – Maria Pölzl/Sellmann, Ostrach.
Knabenkapelle Johann Weber, Foto. – Josef Hellmann, Freiburg.
133 Knabenkapelle Johann Weber in Chicago. – W. o.
Knabenkapelle Johann Weber in Budapest. – W. o.
Martin Wittmann, Foto. – Johann Stöckl/Fr. Brandt.
134 Lambert Steiner. Foto. – Birger Steiner, Stockholm.
Zwei silberne Taktstöcke, Foto. – Bert Steiner, Danderyd, Schweden.
Silberpokal, Foto. – W. o.
135 Knabenkapelle Lambert Steiner in Hamburg, Foto. – W. o.

Knabenkapelle Lambert Steiner 1909, Foto. – W. o.
Knabenkapelle Lambert Steiner in England. – Bert Steiner, Danderyd, Schweden.
137 Postkarte an Fidel Unterweger. – Gertrude Adam, Bruck a. d. Leitha.
Text auf der Postkarte. – W. o.
Postkarte an Fidel Unterweger von Fidel Erdödy. – W. o.
Text auf der Postkarte. – W. o.
138 Knabenkapelle Fidel Erdödy. – W. o.
139 Tagebuch Mathias Hirsch, Titelblatt. – Peter Krier, Schweinfurt.
141 Tagebuch Mathias Thierjung, 2 Auszüge. – Katharina Fuchs, Wien.
145 Walzer von Emil Waldteufel, Titelblatt.
146 Im Zauber des Frühlings, Ouvertüre, Titelblatt.
147 Cis und Trans, Polka, Titelblatt. – Johann Schiller, Guttenbrunn.
150 Schützengesellschaft Neusatz, 2 Fotos. – Mathias Klein, München.
151 Bauernfasching 1912 in Weißkirchen, Foto. – Josef Kauer, Leonding.
152 Kameradschaft in Werschetz, Foto. – Hermine Ziwritsch-Binder, Kronberg.
153 Anton Ritter, Foto. – Hans und Rosa Kanz, Grafing.
155 Notenblatt von Anton Biringer (Auszug).
157 Aus dem Liederbuch der Anna Schnitzl. – Hans und Mädy Gerhardt, München.
159 Batschkaer Lied (aus Liederbuch M. Gaß). – Josef V. Senz, Straubing.
160 Marschierlieder und Kreisspiele, Titelblatt. – Archiv Josef Bleichert, Ingelheim-N.
165 Singweisen zu „Volks-Lieder", Miesbach 1891, Titelblatt. – Stadtbibliothek München.
Waldbleamerln (Liederbuch), Titelblatt. – Archiv für Volksmusik in Bayern, München.
Volks-Liederbuch, Apatin 1909, Titelblatt. – Josef V. Senz, Straubing.
166 Volks-Liederbuch, Reutlingen 1871, Titelblatt. – Alfred Kuhn, Wernberg.
167 Ringerl und Röserl (Lied), Titelblatt.
168 Das ist mein Österreich, das ist mein Vaterland (Lied), Titelblatt.
169 's Öferl (Lied), Titelblatt. – Wiener Stadtbibliothek.
's Griawerl im Kinn, Titelblatt.
170 Därf ich's Büaberl liabn? (Lied), Titelblatt.
174 Brief von Johann Rezats 1877. – Johann Schiller, Guttenbrunn.
175 Gedichte von J. Chr. Frhr. von Zedlitz, Titelblatt. – Münchner Stadtbibliothek.
176 Karl Boiger, Foto.
Erlösung (Lied), Notenblatt. – Alfred Kuhn, Wernberg.
Vergiß es nie (Lied), Titelblatt. – W. o.
177 August Czegledy, Foto. – W. o.
Der schmucke Lieutenant (Marsch), Titelblatt. – W. o.
178 Nachtwächter-Couplet, Titelblatt. – W. o.
Der Komet ist da! (Polka schnell), Titelblatt. – W. o.
179 Volkshymne, Notenblatt. – Aus Heimatbuch „Kunbaja" mit Genehmigung von Dr. Paul Flach.
180 Mein Liebster ist im Dorf der Schmied (Lied), Titelblatt.
181 Anton von Klesheim, Foto. – Direktion der Museen der Stadt Wien.
182 Vater Ferdinand (Szene in österreichischer Volksmundart), Titelblatt.
's Schwarzblattl (Gedichte von A. v. Klesheim), Titelblatt. – Stadtbibliothek München.
183 's Mailüfterl, handschriftliches Titelblatt. – Wiener Stadtbibliothek.
184 Die alten Leut' (Lied), Titelblatt. – Wiener Stadtbibliothek.
Da Himmel (Lied), Titelblatt.
187 's letzti Schwalberl (handschriftl. Titelblatt). – Wiener Stadtbibliothek.
Hans und Bäsle (Lied), Notenblatt. – Wiener Stadtbibliothek.
Adolf Kirchl, Foto. – Aufnahme: Robert Rohr, München.
188 Es brennt ein Weh (Lied). – Aus Nikolaus Heß/Michael Groß „Heimatbuch der Banater Schwesterngemeinden St. Hubert/Charleville/Soltur" mit Genehmigung von Michael Groß.
Ich kenn ein Auge, Notenblatt. – Gesellschaft der Musikfreunde, Wien.
189 Lieder von Hugo Wolf, Titelblatt.
Das Licht am Fenster (Lied), Titelblatt. – Gesellschaft der Musikfreunde, Wien.
191 Wiener Gesangs-Humoresken, Titelblatt. – Wiener Stadtbibliothek.
Lanner's Lieblingslied, Notenblatt.
192 Mondlied, Flugblatt.
Verkehrte Reime (Couplet), Titelblatt.
193 Weißt du Mutterl, was i träumt hab (Lied), Titelblatt.
Du bist zu schön, um treu zu sein (Lied), Titelblatt.
194 Da gibt's kan Herrgott mehr (Marsch), Titelblatt.
Lieber Gott, schick einen Engel!, Lied.
195 Wan net Muatterl, Lied.
Die unvergeßlichen Augen (Lied). – Wiener Stadtbibliothek.
Verschiedene Mischungen (Couplet), Flugblatt.
196 Wiener Fiakerlied, Titelseite.
Kriegslieder 1914–18, Titelseite.
198 Werschetzer Männergesangverein, Foto. – Familienarchiv Dr. Egon Past (Paszt), München. Fotografie der Vorlage: Herbert Mihailowitsch, München.
199 Medaille von 1904, 2 Fotos. – Jakob Pfeil, Wolfratshausen.
200 Dr. Georg Graßl, Foto.
201 Darsteller der „Förster Christel", Foto. – Familienarchiv Dr. Egon Past (Paszt), München.
202 Opernabend mit Tanz, Einladung. – Dr. Peter Witt, München.
204 Der stumme Musikant vor Gericht, Titelblatt. – Jakob Pfeil, Wolfratshausen.
Theater in Arad, Foto. – Österreichische Nationalbibliothek, Theatersammlung.
205 Innenansicht des Theaters in Groß-Betschkerek. – Paul Mazura, Karlsbad-Spielberg.
Nationaltheater in Budapest, Ansichtskarte.
206 Lustspieltheater in Budapest. – Jakob Pfeil, Wolfratshausen.
Stadttheater in Czernowitz, Ansichtskarte.
Michael Perin (Lustspiel), Theaterzettel. – Österreichische Nationalbibliothek, Wien.
207 Die Hammerschiedin aus Steyermark (Lokalposse), Theaterzettel. – W. o.
Nationaltheater in Großwardein, Foto. – Bildarchiv der Österreichischen Nationalbibliothek, Wien.
Chonchon das Savoyardenmädchen (Volksstück), Theaterzettel. – Österreichische Nationalbibliothek.
208 Robert und Bertram (Posse), Theaterzettel. – W. o.
Theatergebäude in Kaschau, Ansichtskarte. – Bildarchiv der Österreichischen Nationalbibliothek, Wien.
Stadttheater in Segedin, Ansichtskarte. – Pfarrer Frank Schleßmann, Fürstenfeld/Österreich.
Theatergebäude in Ödenburg. – Jakob Pfeil, Wolfratshausen.
Theatergebäude in Lugosch. – W. o.

209 Die falsche Pepita, Theaterzettel. – Österreichische Nationalbibliothek, Theatersammlung.
210 Ein ungeschliffener Diamant (Posse), Theaterzettel. – W. o.
Franz-Josef-Theater in Temeschburg, Ansichtskarte. – W. o.
Dom Sebastian (Oper), Theaterzettel. – W. o.
211 Der Kinderarzt (Drama), Theaterzettel. – W. o.
Theatergruppe in Tschawal, Foto. – Jakob Pfeil, Wolfratshausen.
212 Mannschaft an Bord (Posse), Foto einer Szene. – Josef Kauer, Leonding.
215 Asmodus, der kleine Teufel (kom. Gemälde mit Gesang), Theaterzettel. – Österreichische Nationalbibliothek, Theatersammlung.
213 Der Troubadour (Oper), Theaterzettel. – Ing. Richard Thor, Schwenningen.
Lucia von Lammermoor (Oper), Theaterzettel. – W. o.
214 Theateraufführung um 1916 in Werschetz. – Familienarchiv Dr. Egon Past (Paszt), München.
Kaiser-Franz-Joseph-Jubiläums-Theater in Laibach, Ansichtskarte.
215 Der Pfarrer von Kirchfeld (Volksstück), Theaterzettel. – Bildarchiv der Österreichischen Nationalbibliothek, Wien.
222 Halixula (Singspiel), Theaterzettel. – Württembergische Landesbibliothek, Stuttgart.
Traum-Else (Märchen), Theaterzettel. – W. o.
223 Berliner Pflaster (Posse), Theaterzettel. – Theatermuseum, Universität zu Köln.
224 Schwarze Brüder (Gesangsposse), Theaterzettel. – W. o.
225 Das Lied vom Garnisonsmädel, Titelblatt.
Dich will ich ewig lieben (Lied), Titelblatt.
226 Die rothen Schuhe (Tanzlegende), Titelblatt.
227 Die Kreuzelschreiber (Steinschlagerlied), Titelblatt.
228 Die Kreuzelschreiber (Bauernkomödie), Theaterzettel. – Wiener Stadtbibliothek.
Der G'wissenswurm (Lied daraus), Titelblatt.
Wiener Blut, Titelblatt (Handschrift). – Wiener Stadtbibliothek.
229 Wiener Blut (Operette), Titelblatt. – Münchener Stadtbibliothek.
Wiener Blut (Operette), Theaterzettel. – Wiener Stadtbibliothek.
230 Notre Dame (Oper), Titelblatt. – Münchener Stadtbibliothek.
Franz von Suppé, Foto.
235 Lohengrin (Oper), Theaterzettel.
Das Mädchen im Mond (Operette), Theaterzettel. – Österreichische Nationalbibliothek, Wien.
236 Anton Arnold in „Die Meistersinger von Nürnberg", Foto. – Gerti Schulz-Arnold, Nürnberg.
Anton Arnold in „Madame Butterfly", Foto. – W. o.
237 Bertha Ehnn, Foto. – Bildarchiv der Österreichischen Nationalbibliothek, Wien.
Der Freischütz (Oper), Theaterzettel. – Württembergische Landesbibliothek Stuttgart.
238 Die Legende von der heiligen Elisabeth, Programmzettel.
Gustav Hölzel, Foto. – Gesellschaft der Musikfreunde, Wien.
239 Der Schauspieldirektor, Theaterzettel. – Deutsches Theatermuseum München.
Maria Ivogün, Foto. – Bildarchiv der Österreichischen Nationalbibliothek, Wien.
240 Kabale und Liebe, Theaterzettel. – Bayerische Staatsbibliothek München.
Josef Kainz, Foto.
241 Tristan und Isolde, Theaterzettel. – Hamburger Theatersammlung.
242 Die Zauberflöte, Theaterzettel. – Bayerische Staatsbibliothek München.
Der fliegende Holländer, Theaterzettel. – Deutsches Theatermuseum München.
243 Franz Naval, Foto.
244 Alexander Reichardt, Szenenbild. – Bildarchiv der Österreichischen Nationalbibliothek, Wien.
Rigoletto (Oper), Theaterzettel. – Württembergische Landesbibliothek Stuttgart.
245 Viorica Ursuleac, Foto.
246 Vilma von Voggenhuber, Foto. – Bildarchiv der Österreichischen Nationalbibliothek, Wien.
247 Josephine Gallmeyer, Foto.
Karl Blasel, Foto.
Wilhelm Jahn, Foto.
248 Heinrich Jantsch, Foto.
250 Raoul Mader, Foto. – Museen der Stadt Wien.
Der weiße Adler (Oper), Titelblatt. – Stadtbibliothek München.
Die Sirenen-Insel (Ballett), Titelblatt.
251 Max Morold, Foto.
Die Katakomben (Lustspiel), Theaterzettel.
252 Kaiserjubiläums-Stadttheater, Briefkopf. – Wiener Stadtbibliothek.
Brief Adam Müller-Guttenbrunns an Eduard Kremser. – Wiener Stadtbibliothek.
Der Pfarrer von Kirchfeld, Theaterzettel. – Österreichische Nationalbibliothek, Wien.
253 Arthur Nikisch, Foto.
Schluck und Jau, Theaterzettel. – Bayerische Staatsbibliothek München.
254 Johann von Wieselburg (Textbuch), Titelseite. – Bayerische Staatsbibliothek München.
Die Witwe aus Ungarn (Textbuch), Titelseite. – Niedersächsische Universitätsbibliothek Göttingen.
Jabuka, Theaterzettel, Leipzig 1897. – Deutsches Theatermuseum München.
255 Der Wald bei Hermannstadt (Textbuch), Titelseite. – Göttingen.
Die Türken vor Wien, Theaterzettel. – Wiener Stadt- und Landesbibliothek.
256 Reiseabenteuer zwischen Kikinda und Becskerek, Theaterzettel. – W. o.
Die Schwaben in Wien (Posse), Titelblatt. – Theatersammlung der Österreichischen Nationalbibliothek, Wien.
260 Stephanie-Gavotte, Titelblatt.
262 Tiroler Ländler, Notenblatt. – Johann Schiller, Guttenbrunn.
263 Kuhn-Marsch, Titelblatt. – Alfred Kuhn, Wernberg.
6 Polkas von Joh. Gungl, Titelblatt. – Münchner Stadtbibliothek.
264 Notiz aus „Vossische Zeitung" 1851. – Alfred Dreher, Heilbronn.
Nordlichter (Walzer), Titelblatt. – W. o.
Josef Gungl am 21. 5. 1847, Foto. – Gesellschaft der Musikfreunde, Wien.
265 Brief Josef Gungls. – Franz Jelinek, Heilbronn.
Notiz in „Berlinische Nachrichten" v. 7. 12. 1843. – Alfred Dreher, Heilbronn.
Einladung zu Konzert in „Augsburger Tagblatt" 1843. – W. o.
266 Konzertankündigung in „Vossische Zeitung" 1851. – W. o.
Annonce in „Signale", München 1864. – W. o.

Konzertankündigung in „Hamburgischer Correspondent" 1878. – W. o.
267 Konzertankündigung in „Hannoverscher Courier" 1879. – Alfred Dreher, Heilbronn.
Gungl-Konzert in Genf 1868, Programmzettel. – W. o.
Monstre-Concert des wilden Gung'l 1867 in München, Programmzettel.
268 Konzert-Kritik in „Süddeutsche Presse und Münchener Nachrichten" 1882.
Trost in Tränen (Trauermarsch von J. Gungl), Notenblatt. – Johann Schiller, Guttenbrunn.
269 Klänge aus der Heimat (Oberländler), Titelblatt.
Die Hydropathen (Walzer), Titelblatt.
Amorettentänze (Walzer), Titelblatt.
270 Josef Gungl, Foto.
271 Zwei Polkas von Josef Gungl, Titelblatt. – Münchner Stadtbibliothek.
272 Bavaria-Marsch, Notenblatt. – W. o.
Auf Bergeshöhen (Ländler), Titelblatt.
273 Gruß aus Pancsova (Marsch), Titelblatt. – Rudolf Tantner, Wien.
274 Maiblumen Polka, Notenblatt. – Johann Schiller, Guttenbrunn.
Der Verfasser 1966 bei Peter Hochstrasser in Budapest, Foto. – Aufnahme: Grete Rohr.
275 Jenő Hubay, Foto. – Nikolaus Engelmann, Pinsdorf.
276 Jenő Hubay an Johannes Brahms, Brief. – Wiener Stadtbibliothek.
Der Geigenmacher von Cremona (Oper), Titelblatt.
Der Geigenmacher von Cremona, Theaterzettel. – Deutsches Theatermuseum München.
278 Lustspiel-Ouvertüre von Kélér Béla, Titelblatt.
279 Franz Lehár, Foto.
280 Franz Liszt, Bild.
281 Eine Komposition Lorenz Mayers, Notenblatt. – Andreas Reibl sen., Bammental.
282 Adolf Müller sen. im Jahre 1875, Foto. – Direktion der Museen der Stadt Wien.
Eulenspiegel (Posse), Theaterzettel.
283 Johann Nestroy, Foto.
285 Heinrich Petri mit Musikverein, Foto. – Johann Kahles, Unterschleißheim.
Josef Pulyer mit Eisenbahner-Kapelle. – Josef Hellmann, Freiburg.
286 Echo aus der Tatra (Walzer), Titelblatt. – Josef Kupi, Herbrechtingen.
287 Konservatoriums-Zeugnis für Johann Rottenbücher. – Hans und Rosa Kanz, Grafing.
Peter und Paul (Marsch), Titelblatt. – W. o.
289 Albert Szirmai, Foto.
Georg Wagner, Foto. – Dr. Eugen Reb, Warjasch.
290 Adel Polka, Notenblatt. – W. o.
Die Schwerterschmiede, Titelblatt (handschriftl.) – Gesellschaft der Musikfreunde, Wien.
294 Blindenchor „Homeros". – Hans und Mädy Gerhardt, München.
296 Friedrich Renger, Foto. – Frieda Hammerschmidt, Peißenberg.
297 Fünf Lieder von J. Frhr. v. Eichendorff/Robert Volkmann, Titelblatt. – Gesellschaft der Musikfreunde, Wien.
Walzer aus der Serenade, Titelblatt.
298 Souvenir d'Arad, Notenblatt. – Nikolaus Engelmann, Pinsdorf.
Die Meistersinger von Nürnberg, Theaterzettel. – Deutsches Theatermuseum München.
299 Hans Richter, Foto. – Direktion der Museen der Stadt Wien.

300 Cola Rienzi, Theaterzettel. – Hamburger Theatersammlung.
302 Johann Rottenbücher mit Sohn Josef, Foto. – Hans und Rosa Kanz, Grafing.
Peter Hegel mit Michael, Stefan und Jakob Hegel, Foto.
303 Notenschrift Josef Stumpfögger. – Fam. Horst Melzer, Königsbach-Stein.
Deutsche Messe, Titelseite (handschriftl.). – W. o.
305 Marien-Lieder, Titelblatt (handschriftl.). – Wiener Stadt- und Landesbibliothek.
Lobsinget dem Herrn! (Liederbuch), Titelblatt. – Elisabeth Mayer, Rülzheim.
306 Trauerlieder bei Leichenbegängnissen, Titelblatt. – Stadtbibliothek München.
308 Katholischer Kirchenliederkranz, Titelblatt.
Marien-Gesänge, Titelblatt. – Heinrich und Theresia Klein, München.
Vier geistliche Lieder, Flugblatt. – Dr. Eugen Bonomi und Erika Steinberg, Bebra-Breitenbach.
309 Gebetwacht (Kriegsandachten), Titelblatt. – Archiv Josef Bleichert, Ingelheim-N.
310 Kirchen-Liederbuch, Titelseite. – Julius Past, München.
Ein schönes geistliches Lied, Flugblatt. – Dr. Eugen Bonomi und Erika Steinberg, Bebra-Breitenbach.
Vier schöne geistliche Lieder, Flugblatt. – W. o.
311 Der heilige Rosenkranz, Flugblatt. – W. o.
317 Zither-Konzert, Plakat. – Malvine Petrović, Straßburg.
318 Plakat der Firma Horn (Ausschnitt). – Martin Kiefer, Budapest.
Auszeichnungen für Ludwig Horn. – W. o.
319 Andreaser Kirchweih 1910 in Philadelphia. – Peter Müller, Philadelphia, USA.
320 Peter Müller, Foto. – W. o.
Peter Stahl, Foto. – Jakob Stahl, Philadelphia, USA.
321 Notenblatt von Johann Krämer.
Johann Reible in Blaskapelle in Amerika. – Johannes Reible, Giengen/Brenz.
Musikkapelle „D. U. G. U. V." in Amerika. – Archiv Josef Kupi, Herbrechtingen.
322 Banater Husaren-Kapelle, Foto.
323 Phonograph aus dem Jahre 1905. – Bildstelle des Deutschen Museums München.
Phonoliszt-Violina, Foto. – W. o.
324 Stimmporträt Adam Müller-Guttenbrunn (Protokoll). – Phonogrammarchiv der Österreichischen Akademie der Wissenschaften.
325 A Blümerl und a Herz, Platten-Etikett. – Zonophone X 23174.
327 D'alten Leut', Platten-Etikett. – Odeon O 282 a.
Das sind die Wonnen der jungen Liebe, Platten-Etikett. – Odeon 97120.
A Diandl geht um's Holz in Wald, Platten-Etikett. – Favorite 1-19583.
329 Banater Ländler, Platten-Etikett. – Max Schauss, Detroit, USA.
330 Du bist zu schön, um treu zu sein, Platten-Etikett. – Union-Record R 4292.
Marien Walzer, Platten-Etikett. – Jumbola-Record No. 15306.
Schlittenpolka, Platten-Etikett. – Jumbola-Record No. 15352.
331 's Häusla am Rah', Platten-Etikett. – Diadal D 258.
Varjaser Madeln, Platten-Etikett. – Columbia E 5161.
332 Auf nach Perjamos, Platten-Etikett. – Columbia E 3606.
333 Johnny Weissmüller als „Tarzan", Foto.
334 Inserat in der Fachschrift „Die Dorfmusik". – Jakob Konschitzky, München.

336 Felix Milleker, Foto. – Aufnahme: Rudolf Rohr, Werschetz.
Brief Franz J. Wettels an Stephan Milow. – Wiener Stadt- und Landesbibliothek.
341 Reisedokument für Nikolaus Lenau 1840. – W. o.
Stempel auf Reisedokument Nikolaus Lenau's. – W. o.

342 Herzog Maximilian in Bayern, Bildnis. – Veröffentlicht mit Genehmigung S. K. H. Herzog Albrechts von Bayern.
Der Fehlschuß (Alpenszene), Theaterzettel. – Wiener Stadt- und Landesbibliothek.

# VERÖFFENTLICHUNGEN DES VERFASSERS

Die nachfolgend angeführten Artikel waren mit „Robert Rohr" oder mit Pseudonymen gezeichnet; insofern werden die Namen jetzt nicht wiederholt. Bei Publikationen über den Verfasser bzw. dessen Tätigkeit sind die Autoren genannt.

Die Numerierung der Veröffentlichungen bezieht sich auf das **Privatarchiv Robert Rohr,** Pachemstraße 1 A, D-8000 München 80:

1 *Donauschwäbische Blasmusik,* Folge 1 und 2.
Text auf der Rückseite der Plattentaschen. EP- (kleine Langspiel-)Platten, herausgegeben von Robert Rohr, München, Januar 1962.

2 *Robert Rohr: Unsere „Blechmusik" ist noch lebendig*
Interview mit der Wochenschrift „Neuland", Salzburg, 1962, Nr. 5, S. 3. (Gesprächsleiter: Wilhelm Kronfuss.)

3 *Donauschwäbische Blasmusik,* Folge 3 und 4.
Text auf der Rückseite der Plattentaschen. EP- (kleine Langspiel-)Platten, herausgegeben von Robert Rohr, München, Herbst 1962.

4 *Donauschwäbische Blasmusik,* Folge 5 und 6.
Text auf der Rückseite der Plattentaschen. EP- (kleine Langspiel-)Platten, herausgegeben von Robert Rohr, München, Herbst 1963.

5 *Gründungsprotokoll*
der „Donauschwäbischen Blaskapelle München" vom 28. Februar 1964, formuliert von Robert Rohr (siehe auch „Der Donauschwabe", 1969).

6 *Donauschwäbische Blaskapelle München aus der Taufe gehoben*
Einmalige Begeisterungsstürme auf der Jahresversammlung des Kreisverbandes München. Von J. M. Hahn. Mitteilungen, Karlsruhe, 15. 5. 1964, S. 9.

7 *Den Kinderschuhen entwachsen*
Erfolgreiches Auftreten der „Donauschwäbischen Blaskapelle München" anläßlich der Geburtstagsfeier von OB Gruber in Sindelfingen. Der Donauschwabe, 28. 8. 1964, S. 7.

8 *„Die Original-Donauschwaben"*
Eine große „Polydor"-Langspielplatte/„Donauschwäbische Blaskapelle München" weiht neues Studio mit Heimatkompositionen ein. Von Florian Krämer. Der Donauschwabe, Nov. 1964.

9 *Erhaltung der Volksmusik – eine wichtige Aufgabe*
Donauschwäbische Blasmusik gibt in München ihr Debüt. Von Hans Weißbarth. Der Donauschwabe, Dez. 1964.

10 *Verbindende Worte*
beim Konzert der „Donauschwäbischen Blaskapelle München" im Münchner Sophiensaal, veranstaltet vom „Südostdeutschen Kulturwerk". (Manuskript), 11. 12. 1964.

11 *Die Original-Donauschwaben spielen auf*
Text auf der Rückseite der Plattentasche, verfaßt von Robert Rohr, auf Polydor 237 414, erschienen im Dezember 1964.

12 *Donauschwäbische Volksweisen*
hp. Münchner Merkur, 29. 12. 1964, S. 12.

13 *Ein Abend der Ermutigung*
Donauschwäbische Blaskapelle erweckt alte Melodien zu neuem Leben. Der Donauschwabe, 10. 1. 1965.

14 *Donauschwäbische Blasmusik: Durchbruch zu Schallplattenfirmen von Weltruf*
Interview mit Robert Rohr. Neuland, 1965/Folge 5, S. 3.

15 *Die „Original-Donauschwaben" spielen auf*
Von Hans Weißbarth. Donauschwäbische Briefe, 1. 3. 1965, S. 1/7/8.

16 *Original-Donauschwaben erstmals im Rundfunk*
Der Donauschwabe, Febr. 1965.

17 *Donauschwäbische Volksmusik*
Robert Rohr und seine Kapelle. Von Lutz Tilleweid. Südostdeutsche Vierteljahresblätter, Heft 2/1965, S. 114/115.

18 *DS-Musiker in Brasilien erfolgreich*
Neuland, 25. 9. 1965, S. 6.

19 *Silvester Herzog*
Porträt eines bedeutenden donauschwäbischen Volkskomponisten. Der Donauschwabe, 3. 10. 1965.

20 *Lorenz Mayer (1833–1917)*
Der hervorragende donauschwäbische Volkskomponist wieder aktuell. Der Donauschwabe, 14. 11. 1965, S. 6.

21 *Donauschwäbische Volksmusikforschung*
Südostdeutsche Vierteljahresblätter, München, 14. Jahrg., Folge 4/1965, S. 231–234.

22 *Donauschwäbische Blasmusik im bayerischen Rundfunk*
Interview mit Robert Rohr am 9. 2. 1965. Donauschwäbische Briefe, 15. 4./1. 5. 1965, S. 21.

23 *Erforschung unserer volkstümlichen Heimatmusik*
Donauschwäbische Briefe, 15. 1. 1966, S. 14/15.

24 *Peter Hochstrasser*
Der 85jährige Komponist lebt heute in Budapest. Der Donauschwabe, 16. 1. 1966, S. 3.

25 *Donauschwäbische Rundfunkstunden in Amerika*
Max Schauss aus Molidorf der tatkräftige Initiator. Neuland, 29. 1. 1966, S. 6.

26 *Lehrer Rohr schafft Archiv*
Neuland, 26. 2. 1966, S. 1.

27 *Futoger Musiker in Ost und West gespielt*
Neuland, 26. 2. 1966, S. 1.

28 *Durchbruch in Massenmedien*
Der Donauschwabe, 27. 2. 1966.

29 *Zwei Jahre Blaskapelle „Original-Donauschwaben"*
Mit unseren Volkskomponisten zur populärsten Heimatkapelle geworden. Der Donauschwabe, 3. 4. 1966, S. 8.

30 *Barbara Herdt glossiert*
(... „Rosen der Liebe" ...). „Neuland", 16. 4. 1966.

31 *Donauschwäbische Blasmusik. Herausgeber und Gestaltung: Robert N. Rohr*
Franz Schunko. Jahrbuch des Österreichischen Volksliederwerkes XIII–1964. Redaktion und Verwaltung: Wien VIII, Laudongasse 19.

32 *Franz Lochschmidt*
Blaskapelle „Die Original-Donauschwaben" pflegt auch seine Kompositionen. Der Donauschwabe, Herbst 1966.

35 *Rudolf Reisner*
Vor 25 Jahren starb der Komponist der „Ida"-Polka. Der Donauschwabe, Weihnachten 1966.

36 *Robert Rohr und seine Liebe zur Blasmusik*
Von Max Schauss. Detroiter Abend-Post, 27. 12. 1966, S. 4.

38 *Erforschung donauschwäbischer Volksmusik*
Ein Denkmal unseren Volks- und Dorfkomponisten. Jahrbuch der Donauschwaben aus Jugoslawien, Patenschaftskalender 1967, Sindelfingen, S. 87–92.

40 *Interview des bayerischen Rundfunks mit Robert Rohr*
Bayerischer Rundfunk, 2. Programm, 14. 1. 1967.

41 *Große Meister der kleinen Kunst*
Aus dem Schaffen donauschwäbischer Volks- und Dorfkomponisten (Hans Steibl, Karl Herzog, Bernhard Orth, Wilhelm Schweitzer). Der Donauschwabe, 2. 4. 1967, S. 4.

42 *Blasmusiknoten in donauschwäbischer Originalfassung*
Der Donauschwabe, 9. 4. 1967, S. 4.

43 *„Die Original-Donauschwaben und das Donau-Duo"*
Tempo EP 4289. Text auf der Rückseite der Plattentasche. Veröffentlichung der Platte: Juni 1967.

44 *Volksmusik der Donauschwaben*
Eine erfreuliche Sendung des österreichischen Rundfunks. Der Donauschwabe, 23. 7. 1967, S. 5.

45 *musik report*
(u. a. Hinweis auf die Tempo EP 4289). Sommer 1967, August Seith Musikverlage München.

46 *Landsmann Robert Rohr 45 Jahre alt*
Hervorragende Leistungen auf dem Gebiet des donauschwäbischen Musiklebens. Von Florian Krämer. Der Donauschwabe, August 1967.

47 *Kornel Mayer – Ein Fünfziger*
Seit ihrer Gründung Kapellmeister der „Original-Donauschwaben". Der Donauschwabe, 8. 10. 1967, S. 5.

48 *Was ist original-donauschwäbische Blasmusik?*
Betrachtungen zu einer populär gewordenen volkstümlichen Kultursparte. Der Donauschwabe, 25. 5. 1968, S. 9.

49 *Abschied von Silvester Herzog*
Zum Heimgang des großen donauschwäbischen Volksmusik-Komponisten. Der Donauschwabe, 7. 7. 1968, S. 2.

50 *„Original-Donauschwaben" in Österreich, in Liechtenstein und in der Schweiz*
Anknüpfung an große Traditionen gelungen. Der Donauschwabe, 21. 7. 1968.

52 *Bibliographie donauschwäbischer Schallplatten und Notendrucke*
Von L. T. Südostdeutsche Vierteljahresblätter, Folge 3, 17. Jahrgang, München 1968, S. 187.

53 *Unsere ältesten Blaskapellen*
Ein Kapitel donauschwäbischer Musikgeschichte. Der Donauschwabe, 29. 9. 1968, S. 8.

54 *Kornel Mayer und die „Original-Donauschwaben"*
Vom Österreichischen Rundfunk eingeladen. Der Donauschwabe, 3. 11. 1968, S. 9.

55 *Das „Donau-Trachten-Duo" erstmals im Rundfunk*
Mathias und Resi Klein erobern die Herzen aller Zuhörer. Der Donauschwabe, 8. 12. 1968, S. 7.

56 *Unsere Bundeskapelle – die „Original-Donauschwaben"*
Jahrbuch der Donauschwaben aus Jugoslawien, Patenschaftskalender 1969.

58 *Sebastian Müller:*
*Vom Dorfschmied zum Schallplatten-Preßmeister*
(Ein Interview mit Robert Rohr.) Neuland, Weihnachten 1968, S. 3.

59 *Die Original-Donauschwaben wieder Gäste des Österreichischen Rundfunks*
Neuland, Weihnachten 1968, S. 4.

60 *Wer sind die Original-Donauschwaben?*
Werdegang einer Heimat-Blaskapelle. Der Donauschwabe, 9. 2. 1969, S. 16.

61 *Landsmann komponierte Märchen-Ballett*
Tibor Reisners „Die Schneekönigin" – ein Großerfolg. Der Donauschwabe, 9. 3. 1969, S. 6.

62 *Künstlergilde beachtet unsere Volkskomponisten*
Der Donauschwabe, 9. 3. 1969, S. 6.

63 *Spitzenleistungen eines Spitzenorchesters*
Den 5. Geburtstag gefeiert: Kornel Mayer und seine „Original-Donauschwaben". Der Donauschwabe, Ostern 1969, S. 6.

65 *Wiedergeburt unserer Blasmusik*
Donauschwäbische Lehrerblätter, Straubing, April 1969, S. 14.

66 *Adam Friesz schuf beste Blasmusik*
Erste Kostproben auf Schallplatte. Der Donauschwabe, 8. 6. 1969.

67 *Die ersten auf US-Tournee*
Banater Knaben-Blaskapelle. Der Donauschwabe, 24. 8. 1969, S. 6.

68 *Eine Million hörten „Original-Donauschwaben"*
Kornel Mayer bewältigte glänzend Frühschoppen-Konzert des ORF. Der Donauschwabe, 7. 9. 1969.

70 *Dr. Franz Riedl um unsere Blasmusik verdient*
In Budapest verlegte Notensammlungen wieder aktuell. Der Donauschwabe, 7. 12. 1969.

71 *„Echt Donauschwäbisch" – für Belgiens König Baudouin.*
Der Donauschwabe, 15. 3. 1970.

72 *„Original-Donauschwaben" und „Donau-Duo" wieder in Belgien.* König Baudouin dankt Kornel Mayer für Schallplatten-Geschenk.
Der Donauschwabe, Frühjahr 1970.

73 *Bilanz einer großen Amerika-Tournee*
Kornel Mayer's Original-Gruppe feierte triumphale Erfolge. Der Donauschwabe, 6.12.1970, S. 5.

74 *Erste donauschwäbische Musik-Cassette erschienen*
Kornel Mayer's Original-Gruppe legt neuen Leistungsbeweis vor. Der Donauschwabe, 6.12.1970, S. 2.

75 *Aus dem Musikleben der Stadt Werschetz*
Erinnerungen und Aufzeichnungen 1870–1970. Eine neue Broschüre erschienen. Der Donauschwabe, Herbst 1970.

76 *Amerika-Tournee vor 122 Jahren*
Kapellmeister Josef Gungl auch in der neuen Welt erfolgreich. Der Donauschwabe, 27.9.1970.

77 *Gastspiel in Asien*
Original-Donauschwaben spielen in Kuwait. Der Donauschwabe, Weihnachten 1970.

78 *Unsere volkstümliche Blasmusik*
„Donauschwäbische Lehrerblätter", Oktober 1971, S. 82–83.

79 *Silvester-Herzog-Straße*
Der Donauschwabe, Sommer 1973.

80 *Menschen wie Tibor Reisner ...*
Im Musikleben Brasiliens nach wie vor im Rampenlicht. Der Donauschwabe, Herbst 1973.

81 *DS-Blasmusik-Schallplatten vor dem Ersten Weltkrieg*
Dr. Eugen Bonomi legt Forschungsergebnisse vor. Der Donauschwabe, 11.8.1974, S. 4.

82 *Donauschwäbische Jugend-Blaskapelle im Indischen Ozean*
Lambert Steiner aus Billed/Banat war ein erfolgreicher Kapellmeister. Der Donauschwabe, 16.6.1975, S. 5.

83 *Donauschwäbische Blasmusik früher und heute*
Südostdeutsche Vierteljahresblätter, H. Nr. 3/1974.

84 *„Peter Müller's Banater Kapelle" in Amerika*
Große donauschwäbische Schallplatten-Erfolge zwischen den beiden Weltkriegen. Der Donauschwabe, 6.7.1975, S. 4 und 6.

85 *Tibor Reisner schuf sinfonisches Werk „Heimat-Rhapsodie"*
Glanzvolle Uraufführung mit Orchester und gemischtem Chor in São Paulo. Der Donauschwabe, 13.7.1975, S. 3.

86 *Donauschwäbische Blasmusik- und Schallplattenlieder. (Zeitraum bis 1945)*
Der Donauschwabe 27.7.1975/3.8.75/10.8.75/17.8.75/24.8.75/31.8.75/7.9.75/ – jeweils Seite 2, zuletzt Abschluß S. 6.

87 *Martin Holz aus Mercydorf brachte Heimat-Blasmusik nach Südamerika*
Der Donauschwabe, 7.9.1975, S. 5.

88 *Donauschwäbische Notendrucke vor dem 1. Weltkrieg*
Der Donauschwabe, 19.10.1975, S. 7.

89 *Donauschwäbische (südostdeutsche) Notendrucke zwischen den beiden Weltkriegen*
Eine Zusammenstellung. Der Donauschwabe, 26.10.1975, S. 6 und 2.11.1975, S. 6.

90 *1939: Schallplatten-Aufnahmen im Banat*
Peter May interpretierte Blasmusik-Lieder. Der Donauschwabe, 9.11.1975, S. 8.

91 *Donauschwäbische Blasmusik-Komponisten auf Schallplatten verewigt*
Der Donauschwabe, 7.12.1975, S. 6.

92 *Ein Walzerlied, das uns alle angeht*
Neuland, Folge 12, 20.12.1975, S. 6.

93 *Vortrag von Oberlehrer Robert Rohr*
Studientagung der Deutschen aus Ungarn vom 7.–9. Februar 1975 in Backnang, S. 33–37.

94 *Donauschwäbische Notendrucke 1945–1968*
Eine Zusammenstellung. Der Donauschwabe, 4.1.1976, S. 5/ 11.1.1976, S. 9/ 1.2.1976, S. 5/ 22.2.1976, S. 11/ 4.4.1976, S. 5/ Ostern 1976, S. 13.

95 *„Donauschwaben Gold" für Kornel Mayers Original-Donauschwaben mit dem Donau-Duo*
Zum 12jährigen Bestehen ein Doppelalbum (2 Schallplatten) von Philips. Der Donauschwabe, 21.3.1976, S. 6.

96 *Donauschwäbische (südostdeutsche) Notendrucke ab 1968*
Eine Zusammenstellung. Der Donauschwabe, 20.6.1976, S. 8 und 20.7.1976, S. 8.

97 *Donauschwäbische Blaskapellen – auch in Tito-Jugoslawien*
Der Donauschwabe, 18.7.1976, S. 5.

98 *Donauschwäbische Schallplatten-Reklame vor über 50 Jahren*
Der Donauschwabe, 25.7.1976, S. 4.

99 *Kapellmeister Peter Stahl aus Bogarosch*
Ein Senior der donauschwäbischen Schallplatte. Der Donauschwabe, 19.9.1976, S. 4 und 26.9.1976, S. 11.

100 *Auf Besuch bei Tibor Reisner in Brasilien*
Die meisten Schallplatten eines Donauschwaben nach 1945. Der Donauschwabe, 4. April 1976, S. 5.

101 *Kapellmeister Heinrich Weiß aus Banat-Brestowatz*
Seine Polka „Unsre Madln" auf Schallplatte der „Original-Donauschwaben". Der Donauschwabe, 5. Dezember 1976.

102 *Donauschwäbischer Kapellmeister-Vertrag aus dem Jahre 1868*
Klare schriftliche Regelungen bei der Ausbildung von Knabenkapellen. Der Donauschwabe, Weihnachten 1976/Neujahr 1977, S. 5.

103 *Heimatliche Knaben-Musik-Kapellen seit über 130 Jahren*
Ein bedeutsames Kapitel donauschwäbischer Volkskultur. Der Donauschwabe, 9.1.1977 (S. 5), 16.1.1977 (S. 5), 23.1.1977 (S. 5), 30.1.1977 (S. 5).

104 *Repertoire und Besetzung von Blaskapellen der Donauschwaben*
Die Blasmusik, Organ des Bundes Deutscher Blasmusikverbände e. V., Sitz Freiburg im Breisgau, M 1105 E, Nr. 3, März 1977 und Nr. 6, Juni 1977.

105 *Donauschwäbische (südostdeutsche) Schallplatten von 1945 bis 1968*
Eine Zusammenstellung. Der Donauschwabe, 3.7.1977 (S. 11), 10.7.1977 (S. 11), 24.7.1977 (S. 7), 31.7.1977 (S. 5).

106 *Unglaublich: 1949–1953 „Deutscher Klub" in Werschetz*
Rest-Deutschtum pflegte Musik und Gesang und spielte Theater. Der Donauschwabe, 7.8.1977 (S. 4).

107 *Kapellmeister Klaus Wikete aus Groß-Jetscha*
Die ersten deutschen Schallplatten im Nachkriegs-Rumänien. Der Donauschwabe, 4.9.1977 (S. 5).

108 *Nikolaus Pierre's Bauernkapelle aus Triebswetter*
1939 Schallplattenaufnahmen im Banat. Der Donauschwabe, 11.9.1977 (S. 6).

109 *Vor 50 Jahren Schallplattenaufnahmen im Banat*
Kapelle Unterweger, Orzidorf, auf Deutschland-Tournee. Der Donauschwabe, 18.9.1977 (S. 4).

110 *Thomas Just aus Grabatz*
Ein vielseitig begabter Kapellmeister. Der Donauschwabe, 2.10.1977 (S. 6).

111 *Donauschwäbische Blasmusikforschung*
International beachtet. Südostdeutsche Vierteljahresblätter, Heft Nr. 4/1977, S. 275–279.

112 *Donauschwäbische Blasmusikforschung international beachtet*
Robert Rohr hielt Vortrag in der Schweiz. Der Donauschwabe, 30.10.1977, S. 6.

113 *Banater Schwaben ehren Peter Müller und Peter Stahl*
Ehrenbriefe und Buchgeschenke für die großen Kapellmeister. Der Donauschwabe, 30.10.1977, S. 6.

114 *„Fernbach's Batschkaer Kapelle" in Amerika*
Schallplatten zwischen den beiden Weltkriegen. Der Donauschwabe, Weihnachten 1977.

115 *Der Anteil ostdeutscher Musiker am Neuaufbau des Blasmusikwesens in der Bundesrepublik Deutschland*
Wolfgang Suppan. Jahrbuch für ostdeutsche Volkskunde. Im Auftrag der Kommission für ostdeutsche Volkskunde in der deutschen Gesellschaft für Volkskunde e. V. Herausgegeben von Erhard Riemann. Band 20, 1977. N.G. Elwert Verlag Marburg, S. 244–262.

116 *Kornel Mayer – Ehren-Kapellmeister*
Original-Donauschwaben und das Donau-Duo unter neuer Leitung. Der Donauschwabe, 19. März 1978, S. 5.

117 *Die Schrammelmusik in Werschetz*
Mathias Ravelhofer schuf zahlreiche Kompositionen. Der Donauschwabe, 9. April 1978, S. 5.

118 *Die donauschwäbischen Blaskapellen im Dienste der volkstümlichen Musik früher und heute*
Der Donauschwabe, 14./21. Mai 1978, S. 5/ 28. Mai 1978, S. 6/ 4. Juni 1978, S. 5.

119 *Kapellmeister Peter Rohr*
In Reschitz jahrzehntelang ein Begriff. Der Donauschwabe, 11. Juni 1978, S. 3.

120 *Seit 150 Jahren Blaskapellen in Reschitz*
Josef Dudl der derzeitige Leiter. Der Donauschwabe, 18. Juni 1978, S. 3.

121 *Bedeutende Persönlichkeiten unserer Vaterstadt (VII): August Czegledy (1861–1938)*
Weißkirchner Nachrichten, Nummer 56, Juni 1978.

122 *Donauschwäbische Blasmusik*
Bedeutsame Veröffentlichung im „Jahrbuch für ostdeutsche Volkskunde". Südostdeutsche Vierteljahresblätter, Folge 3, 27. Jahrgang, 1978, S. 222–223.

123 *Stationen eines Heimatmusikers*
Kasper Schaljo, ein ehemaliger „Weber"-Schüler, wurde 70. Der Donauschwabe, 12. November 1978, S. 6.

124 *Donauschwäbische Musikkapellen in der Gefangenschaft*
Kulturleben, deutsche Klubs und Zeitung in Jugoslawien nach der Lagerauflösung. Der Donauschwabe, 3. Dezember 1978, S. 6, u. 10. Dezember 1978, S. 3.

125 *Text auf der Rückseite der Schallplatten-Hülle (15. Jan. 1979)*
„Ja, ja, die Schwaben" (Metronome 0060.177).

126 *Musisches Leben in der alten Heimat*
Dargestellt an Beispielen der Stadt Werschetz. Der Donauschwabe, 11. Febr. 1979, S. 4.

127 *Heimatmusiker in fremden Heeren*
Der donauschwäbischen Tradition stets verbunden bleiben. Der Donauschwabe, 1. April 1979, S. 6.

128 *Der donauschwäbische Instrumentenbau*
Ein traditionsreicher Beruf. Der Donauschwabe, 20. März 1979, S. 4.

129 *15 Jahre „Original-Donauschwaben" und „Donau-Duo"*
Eine Heimat-Blaskapelle, der Traditionspflege und Forschung verpflichtet. Das Donautal Magazin, Unabhängige illustrierte Zeitung für die Donauschwaben und Deutschen aus den anderen Ostsiedlungsgebieten Nr. 4, 1. Juli 1979, S. 15 und 26.

130 *Die „Original-Donauschwaben" und das „Donau-Duo" – eine Blaskapelle besonderer Art*
Bayerische Donauschwaben – donauschwäbische Bayern, donauschwäbisches Archiv, Reihe III – H. 26, München 1979, S. 118 und 119.

131 *Der donauschwäbische Beitrag an den deutschen Blasmusik-Schallplatten-Produktionen in Amerika zwischen den beiden Weltkriegen*
Alta Musica, Eine Publikation der Internationalen Gesellschaft zur Erforschung und Förderung der Blasmusik. Herausgegeben von Wolfgang Suppan und Eugen Brixel. Band 4. Bericht über die zweite internationale Fachtagung zur Erforschung der Blasmusik. Uster/Schweiz 1977. Verlegt bei Hans Schneider, Tutzing. 1979. S. 145–163. – (Auch als Sonderdruck erschienen.)

132 *Kapellmeister Rudolf Reisner (1904–1941)*
Ein ehemaliger Schüler plaudert „aus der Schule". Donauschwaben-Kalender 1980, S. 141–144. – Donauschwäbischer Heimatverlag, Aalen/Wttb. Ersch. Okt. 1979.

133 *Konzertreisen ins Deutsche Reich dokumentiert*
Fidel Unterweger und Fidel Erdödy – erfolgreiche Kapellmeister. Der Donauschwabe, 30. März 1980, S. 7.

134 *Text auf der Rückseite der Schallplatten-Hülle (1. April 1980)*
„Goldene Erinnerungen" (Metronome 0060.279).

135 *16 Jahre Original Donauschwaben*
*Die „Original-Donauschwaben" und das „Donau-Duo" wurden 16 Jahre alt*
Volkstümliche Musikanten, Ausg. 6, Juni 1980, 1. Jahrg., S. 6 und 7.

136 *Donauschwäbische Schallplatten vor dem Ersten Weltkrieg*
Eine Zusammenstellung. Der Donauschwabe, 22. Juni 1980, S. 8.

137 *Mehr als ein Gemeinschaftsausflug*
Unvermutete Begegnung mit einer südosteuropäischen Dokumentation. Der Donauschwabe, 3. Aug. 1980, S. 8.

138 *Musikschulen von Elterngesellschaften in der alten Heimat*
Zumeist genaue vertragliche Regelungen. Donau-Schwaben-Kalender 1981, S. 137–141. Donauschw. Heimatverl. Aalen/Wttb. Ersch. Okt. 1980.

139 *Das musikalische Geschehen in Weißkirchen*
Von Robert Rohr und Alfred Kuhn. Heimatbuch der Stadt Weißkirchen im Banat. Herausgeber: Verein Weißkirchner Ortsgemeinschaft. Ersch. im Selbstverl. des Vereins Weißkirchner Ortsgemeinschaft, A-5021 Salzburg, Postf. 56. Salzburg 1980 (S. 377–383).

140 *Donauschwäbische Musikkapelle wurde 150 Jahre alt*
Die Musiker-Familie Walter aus Sekitsch seit 1830 aktiv. Der Donauschwabe, 30. Nov. 1980, S. 8.

141 *Die Donauschwaben und die Medien*
Zum Fernsehauftritt der Original-Donauschwaben mit dem Donau-Duo. Der Donauschwabe, 11. Jan. 1981, S. 3.

142 *Die „Schwabenkapelle Lowitz" in Amerika*
Mit Plattenproduktionen hervorgetreten. Der Donauschwabe, 1. März 1981, S. 4.

143 *Heinrich Hopp's Bauernkapelle in Chicago*
Mit Schallplatten in Amerika hervorgetreten. Der Donauschwabe, 29. März 1981, S. 4.

144 *Kornel Mayer hat uns für immer verlassen*
War 14 Jahre lang Leiter der Original-Donauschwaben mit dem Donau-Duo. Der Donauschwabe, 19./26. Apr. 1981, S. 7.

145 *Donauschwäbische Komponistinnen*
Ein noch zu wenig beachtetes Kapitel unserer Musikgeschichte. Der Donauschwabe, 24. Mai 1981, S. 5.

146 *Erfolgreich in Amerika: Kapellmeister Konrad Metterle*
Mehrere Schallplatten aufgenommen. Der Donauschwabe, 31. Mai 1981, S. 9.

147 *„War nur ein schlichter Musikant"*
Kapellmeister Konrad Habich bemühte sich um unsere Volksmusik. Der Donauschwabe, 19. Juli 1981, S. 4.

148 *Einmaliges Dokument unserer Zeitgeschichte ...*
Der Donauschwabe, 16. Aug. 1981, S. 4.

149 *Erfolgreiche Banater Kapellmeister in Amerika:*
Johann Kraemer/ Peter Koska/ Michael Agnes. Der Donauschwabe, 30. Aug. 1981, S. 9.

150 *Peter Ambros aus Ruma*
Ein donauschwäbischer Instrumentenbauer. Der Donauschwabe, 4. Okt. 1981, S. 8.

151 *Peter Müller's 99 Schallplatten in Amerika*
Liederbuch zu den Aufnahmen seiner Banater Kapelle. Donau-Schwaben-Kalender 1982, 142–144.

152 Sensationeller Fund unserer Medien-Forschung: *Adam Müller-Guttenbrunn's Original-Stimme von 1907 erhalten!*
„Stimmporträt" auch von Marie Eugenie delle Grazie entdeckt. Zahlreiche Schallaufnahmen mit Werken von Nikolaus Lenau, Josef Gungl, Adalbert von Keller und Eugen Huber vorhanden. Der Donauschwabe, 3. Jan. 1982, S. 6, 17. Jan. 1982, S. 4.

153 *Donauschwäbische Blaskapellen auf Tournee*
Seit fast 150 Jahren lebhafte Musikentfaltung in aller Welt. Der Donauschwabe, 14. Febr. 1982, S. 3, 21. Febr. 1982, S. 5.

154 *Schallaufnahme mit Marie Eugenie delle Grazie aus dem Jahre 1907 gefunden*
Frühe donauschwäbische Begegnungen mit den technischen Medien. Weißkirchner Nachrichten, Nr. 71, März 1982, S. 1.

155 *Die Vielseitigkeit donauschwäbischer Musiker*
Dargestellt am Beispiel Adam Braun aus Wiesenhaid. Der Donauschwabe, 4. Apr. 1982, S. 5.

156 *Donauschwaben im technischen Medienbereich*
Stimmporträts von Adam Müller-Guttenbrunn und Marie Eugenie delle Grazie. Südostdeutsche Vierteljahresblätter, H. Nr. 2/1982.

157 *Über die donauschwäbische Kirchenmusik und Jakob Leh*
Rückseite der „Einladung zur Maiandacht" am 1. Mai 1982 um 19 Uhr in St. Katharina, Pferggasse 4, 8000 München 45.

158 *Jenö Hubay blieb im Grunde Eugen Huber*
Den weltberühmten Künstler dürfen wir uns zurechnen. Der Donauschwabe, 11. Juli 1982, S. 3.

159 *Robert Rohr 60 Jahre alt*
Sammler, Erforscher und Mehrer donauschwäbischen Erbes
Josef Volkmar Senz. Der Donauschwabe, 15. Aug. 1982, S. 5.

160 *Donauschwäbische Musikkapelle im Ausland*
20 Jahre in Frankreich und Belgien erfolgreich
Der Donauschwabe, 15. Aug. 1982, S. 5.

161 *„Musik und Mundart aus India"*
Heimatortsgemeinschaft veröffentlicht Schallplatte und Kassette. Der Donauschwabe, 22. Aug. 1982, S. 5.

162 *Donauschwäbische Schallplatten zwischen den Weltkriegen*
Eine Zusammenstellung. Der Donauschwabe, 10./17. Okt. 1982, S. 12, und 4 Fortsetzungen.

163 *Wie Militär-Kapellmeister Josef Klein Major wurde*
Erinnerungen des Hobby-Musikers und -Dichters Hans Waldeck. Donau-Schwaben-Kalender 1983, S. 145–147.

164 *Tonträger mit südostdeutschen Mundarten*
Südostdeutsche Vierteljahresblätter, Heft Nr. 1/1983, S. 14–15.

165 *Donauschwäbische Musiker nach dem Kriege in Deutschland und Österreich*
Besonders starke Einflüsse auf die Blasmusikentwicklung. Der Donauschwabe, 6. März 1983, S. 3, 20. März 1983, S. 3.

166 *Volkstümliche Kulturpflege*
25 Jahre Donauschwäbische Trachtengruppe München. Der Donauschwabe, 27. März 1983, S. 5.

167 *Karlsdorfer Kapellmeister im Nachkriegs-Jugoslawien aktiv*
Alberto Manzano bildete auch rumänische Blaskapelle aus. Der Donauschwabe, 17. August 1983, S. 6.

168 *Landsleute schufen bekannte Filmmusiken*
Der Donauschwabe, S. 4, 15. Mai 1983.

169 *Josef Gungl's Kompositionen auch für Musik-Automaten*
Ein bisher unbeachtet gebliebener Medienbereich. Der Donauschwabe, 3. Juli 1983, S. 4.

170 *Die Militärmusikschule in Werschetz*
Hoher deutscher Anteil in den jugoslawischen Militärkapellen. Der Donauschwabe, 17. Juli 1983.

171 *Hilfen für den Unterricht. Musikerziehung in der Schule. Robert Rohr – Sammler und Interpret donauschwäbischer Blasmusik*
Christian Ludwig Brücker. Donauschwäbische Forschungs- und Lehrerblätter, Juni 1983, München, S. 82–86.

172 *Südostdeutsche Komponisten in neueren Nachschlagewerken*
Südostdeutsche Vierteljahresblätter, München, H. Nr. 3/ 1983, S. 230–234.

173 *Heimatlicher Militär-Kapellmeister im Kessel von Stalingrad*
Zahlreiche Donauschwaben waren Leiter von Militär-Musiken. Der Donauschwabe, 21. Aug. 1983, S. 7.

174 *Musikernachwuchs aus Militärschule*
Hans Freivogel erinnert sich. Der Donauschwabe, 18. Sept. 1983, S. 4.

175 *20-Jahr-Feier der Original-Donauschwaben in München*
Großer Ball mit Abschied vom „Donau-Duo" und Josef Schmalz. Der Donauschwabe, 6. Nov. 1983, S. 6.

176 *Musiker und Heimatforscher*
Die Original-Donauschwaben und das Donau-Duo. Lustige Musikanten, 10. Jahrg., Dez. 1983, S. 10–12.

177 *In der Werschetzer Militärmusikschule*
Ein Franztaler Landsmann erinnert sich. Werschetzer Zeitung, Nr. 2, Dez. 1983, S. 7.

178 *Volksmusik aus deutschen Landen*
Heimatklänge: Die Original Donauschwaben, das Donau-Duo und ihr Dirigent Josef Schmalz. Rudolf Borchert. Frau im Spiegel, Nr. 40, 28.09.1978, S. 52–57.

181 *Heimatliche Grüße. Zur Erinnerung an Silvester Herzog und die Budaörser Blasmusik*
Text auf der Rückseite dieser Langspielplatte. Erschienen ca. 1973.

182 *Text auf Rückseite der Schallplatte Tempo EP 4348*, erschienen 1970 „Armin mit Kornel Mayer's Original-Donauschwaben und dem Donau-Duo".

183 *„Original-Donauschwaben" unter neuer Leitung*
Eindrucksvolle Ablöse anläßlich der 20-Jahr-Feier. Der Donauschwabe, 5. Febr. 1984, S. 7.

184 *Kameradschaft wurde groß geschrieben*
20 Jahre Original-Donauschwaben-Kapelle. Johann Henzel. Der Donauschwabe, 11. März 1984, S. 7.

185 *Ausstellung im Haus der Donauschwaben: Dokument und Denkmal der Volksmusik*
Der Münchner Robert Rohr hat in 25jähriger Forschungsarbeit ein umfangreiches Musikarchiv angelegt. Sindelfinger Zeitung, 8. März 1984. Mitteilungen, Nr. 7, 1. April 1984. Der Donauschwabe, 15. April 1984, S. 7.

186 *Erste Ausstellung aus dem donauschwäbischen Musikleben*
Ein reichhaltiges Kapitel unserer Volkskultur endlich dokumentiert. Festschrift zur 35-Jahr-Feier des Kreisverbandes Reutlingen der Landsmannschaft der Donauschwaben in Baden-Württemberg e. V., Reutlingen, Juli 1984.

187 *Banater dirigiert Stabs-Musikkorps der Bundeswehr*
Oberstleutnant Andreas Lukácsy stammt aus Arad. Der Donauschwabe, 2. September 1984, S. 4.

188 *Die Musikerfamilie Linnebach aus Franztal*
Eine über hundertjährige Tradition. Der Donauschwabe, 23. September 1984, S. 7.

189 *„Tarzan"-Bruder Adam Weissmüller bespielte Schallplatten*
Heimatliche Musikforschung beklagt ungelöste Fälle. Donau-Schwaben-Kalender 1985, S. 125–127.

190 *Karawukowaer Musikanten*
Josef Broder noch in Canada aktiv. Der Donauschwabe, 6. Januar 1985, S. 4.

191 *Heimatliche Blasmusik-Kompositionen auf Schallplatten verewigt*
Bilanz aus der Tätigkeit der „Original-Donauschwaben" von 1964 bis 1984. Donauschwäbische Forschungs- und Lehrerblätter, Dez. 1984, H. 4, S. 152–157.

192 *Unsere blinden Musiker*
Die Donauschwaben und ihre Behinderten. Der Donauschwabe, 3. März 1985, S. 5.

193 *Heimat-Kapellmeister musizierte auf Cuba*
Alois Wenz – ein Musikerschicksal aus Traunau. Der Donauschwabe, 7. April 1985, S. 5.

194 *Die Lagerlieder – ein Aufschrei der Seele ...*
Nach 40 Jahren wieder aktuelle Erinnerung. Der Donauschwabe, 26. Mai 1985, S. 5.

195 *Sind die Donauschwaben noch immer musikalische „Selbstversorger"?*
Ungebrochene Bezüge zum Eigenständigen. Der Donauschwabe, 2.–9. Juni 1985, S. 9 und 11.

196 *Kassette mit 14 Marienliedern erschienen*
„Donau-Duo" um Wahrung unseres Kulturerbes bemüht. Der Donauschwabe, 16. Juni 1985.

197 *Der „Münchner Orchesterverein wilde Gungl"*
Seit 1864 musizieren Anhänger unseres Heimatkomponisten. Der Donauschwabe, 28. Juli 1985, S. 5.

198 *Hundertfünfundzwanzig Jahre donauschwäbische Musikliteratur*
Ab 1860 erschienen mehrere Fachschriften. Südostdeutsche Vierteljahresblätter, Folge 3/1985, S. 205–210.

199 *Blieb auch in Canada den Knabenkapellen verpflichtet*
Nick Titsch aus Engelsbrunn – ein donauschwäbisches Musikantenleben. Der Donauschwabe, 8. Sept. 1985, S. 6.

200 *„Wunderkinder" im donauschwäbischen Musikleben des 19. Jahrhunderts*
Erinnerungen an vergessene Künstler von Rang und Namen. Donauschwäbische Forschungs- und Lehrerblätter", H. 3, Sept. 1985, S. 120–125.

201 *Donauschwäbische und südostdeutsche k. u. k. Militärkapellmeister*
Der Donauschwabe, 13. Okt. 1985, S. 4, u. 20. Okt. 1985, S. 4.

202 *Unsere „Intelligenzler" und die Musik*
Lehrer, Doktoren und Pfarrer als Kapellmeister und Komponisten. Donau-Schwaben-Kalender 1986, S. 133–136.

203 *Bayerischer Rundfunk würdigt Heimatkomponisten*
Josef Gungl zum 175. Geburtstag. Der Donauschwabe, 5. Jan. 1986, S. 6.

204 *Ein Mozart-Schwager war Domkapellmeister in Diakowar (Djakovo)*
Jakob Haibel trat auch als Sänger und Komponist auf. Donauschwäbische Forschungs- und Lehrerblätter, H. 4, Dez. 1985, S. 170.

205 *Aus dem Musikleben der Donauschwaben*
Einladung zur Sonderausstellung der Landsmannschaft der Donauschwaben e. V. in Bayern, München 30. 12. 1985–17. 1. 1986.

206 *Heimatliche Autoren an weltbekannten Bühnenwerken schöpferisch beteiligt*
Der Donauschwabe, 19. Jan. 1986, S. 5.

207 *Die Hausregimenter der österreichisch-ungarischen Infanterie im Südosten und ihre offiziellen Märsche*
„Südostdeutsche Vierteljahresblätter", Folge 1/1986, S. 53–54.

208 *Volkstümliche Kunstlieder*
Ein unbeachtet gebliebenes Kapitel unserer Musikgeschichte. Der Donauschwabe, 16. Febr. 1986, S. 5.

209 *„Mariechen saß weinend im Garten"*
wahrscheinlich im Banat entstanden. Der Donauschwabe, 23. Febr. 1986, S. 4.

210 *„Schwaben-Kapelle" bespielte 1911 zwei Dutzend Schallplatten*
Der Donauschwabe, 23. März 1986, S. 6.

211 *„Reiseabenteuer zwischen Kikinda und Becskerek"*
Der Donauschwabe, 1. Juni 1986, S. 3.

212 *Zur Entwicklung des donauschwäbischen Musizierwesens*
200 Jahre Parabutsch, 17. Mai 1986, Jubiläumsband.

213 *„‚Esztergom...' ein türkisches Gegenstück zu den kaiserlichen Liedern der Osmanenzeit"*
Der Donauschwabe, 15. Juni 1986, S. 2.

214 *8 Schallplatten von Banater Spielfahrt 1938 nach Deutschland*
Der Donauschwabe, 6. Juli 1986, S. 3.

215 *Der Bayerische Rundfunk beachtete den 175. Geburtstag von Josef Gungl*
Südostdeutsche Vierteljahresblätter, Folge 2, München 1986.

216 *Die Weißkirchner und die Musik der Militärgrenzer*
Weißkirchner Nachrichten, Sept. 1986, S. 1.

217 *Gustav Hölzel (1813–1883) aus Pest*
Erfolgreicher Hofopernsänger und Liederkomponist. Donau-Schwaben-Kalender 1987, Aalen/Wttb.

218 *Volkslieder – „anonym auf ewige Zeiten"?*
Südostdeutsche Vierteljahresblätter, Folge 3, München 1986.

219 *Baron Anton von Klesheim (1812–1884), ein Dichter aus Peterwardein*
Seine volkstümlichen Kunstlieder waren im gesamten deutschen Sprachraum bekannt. Ein Freundschafts- und Partnerschaftsbeispiel, Festschrift, Redaktion Josef Volkmar Senz, Sindelfingen 1986.

220 *Stimmporträt auch von Stefan Milow vorhanden*
Ein Nachtrag zu seinem 150. Geburtstag. Banater Post, München, 5. Sept. 1986, S. 10.

221 *Musikalische Bühnenwerke in den Programmen Adam Müller-Guttenbrunns als Theaterdirektor in Wien*
Banater Post, 5. Okt. 1986, S. 11.

222 *Das Werschetzer Liedgut und Schöpfungen heimatlicher Autoren*
Werschetzer Zeitung, Nr. 8, Nov. 1986, S. 7.

223 *Rundfunkwürdigung des Komponisten Adolf Müller (1801–1886)*
Südostdeutsche Vierteljahresblätter, Folge 4, München 1986.

224 *Adolf Müller (1801–1886) aus Tolna (Tolnau) an der Donau*
Zur Wiederkehr des 100. Todestages unseres produktivsten Komponisten. Donauschwäbische Forschungs- und Lehrerblätter, H. 4, Dez. 1986.

225 *„Die Schwaben-Wanderung" (Posse von 1817)*
Erste literarische Beachtung der donauschwäbischen Kolonisation. Donauschwäbische Forschungs- und Lehrerblätter, H. 4, Dez. 1986.

226 *70 Jahre der heimatlichen Blasmusik verbunden gewesen*
Vetter Niklos war der letzte Kapellmeister von Wiesenhaid. Banater Post, München, 5. Jan. 1987, S. 10.

227 *Die Schwaben-Wanderung*
Der Donauschwabe, 15. Febr. 1987, S. 5.

228 *Der Anteil heimatlicher Autoren an der Entstehung volkstümlicher Lieder*
Der Donauschwabe, 19./26. Apr. 1987, S. 11; 10. Mai 1987, S. 8; 31. Mai 1987, S. 9.

229 *Donauschwaben und Bayern – auch durch Marienlieder verbunden*
Auf: Einladung zur Maiandacht der Donauschwäbischen Trachtengruppe München, 1. Mai 1987.

230 *„Der Blaufuchs" mit Zarah Leander*
Film nach einem Werschetzer Schriftsteller. Der Donauschwabe, 10. Mai 1987, S. 4.

231 *Inhaltliche Bezüge der Theaterkunst des 19. Jahrhunderts zu Südosteuropa*
Beiträge zur deutschen Kultur, H. 1, 4. Jahrg., Freiburg 1987.

232 *Tolnauer Heimatkomponist Adolf Müller (1801–1886) noch immer aktuell*
Der Donauschwabe, 14. Juni 1987, S. 4.

233 *Rundfunksendung mit Robert Rohr*
Der Donauschwabe, 5. Juli 1987, S. 3.

234 *Karl Zeh (1834–1902) und Ludwig Gothov-Grünecke (1847–1921) schufen Blütezeit des Deutschen Theaters in Werschetz.*
Der Donauschwabe, 23. Aug. 1987, S. 5.

235 *Die Musikerfamilie Nováček in Weißkirchen und Temeswar*
Weißkirchner Nachrichten, Sept. 1987, S. 7.

236 *Dem Sammler und Erforscher donauschwäbischer Musik und Volkskultur Robert Rohr zum 65. Geburtstag*
Josef Volkmar Senz. Der Donauschwabe, 30. Aug. 1987, S. 3.

237 *Die Familie Hörbiger und Werschetz*
Donau-Schwaben-Kalender 1988, S. 131–132.

238 *Bedeutendster donauschwäbischer Musikforscher Robert Rohr 65 Jahre*
   Aus seinem Leben und über sein Buch. Ingeborg Seidl. Werschetzer Zeitung Nr. 10, Dezember 1987, S. 3–4.

239 *Interessanter und lehrreicher Vortrag*
   Robert Rohr sprach über „Musikalisch-künstlerische Berührungspunkte zwischen den Donauschwaben und Berlin". Ernst Meinhardt/Franz Mojse. Der Donauschwabe, 20./27. Dezember 1987, S. 9.

240 *Der Fehlschuß*
   Adolf Müller aus Tolnau komponierte für Herzog Maximilian in Bayern. Der Donauschwabe, 3. Januar 1988, S. 3.

241 *Premiere in Berlin*
   Robert Rohr sprach über musikalisch-künstlerische Berührungspunkte zwischen Donauschwaben und Berlin. Banater Post, 16. Dez. 1988, S. 6.

242 *Sein letztes Konzert gab er für die Kaiserin*
   Der Donauschwabe, 17. Jan. 1988, S. 3.

243 *Vor 150 Jahren in Hamburg*
   Drei Landsleute zusammen auf der Opernbühne. Der Donauschwabe, 24. Jan. 1988, S. 3.

244 *Stationen der donauschwäbischen Blasmusik*
   Bayerische Blasmusik, Nr. 2, Februar 1988, 8938 Buchloe, S. 4–6.